Dr. O. Hartwig

Centralblatt für Bibliothekswesen

Dr. O. Hartwig

Centralblatt für Bibliothekswesen

ISBN/EAN: 9783742871510

Hergestellt in Europa, USA, Kanada, Australien, Japan

Cover: Foto ©Lupo / pixelio.de

Manufactured and distributed by brebook publishing software (www.brebook.com)

Dr. O. Hartwig

Centralblatt für Bibliothekswesen

Elizabeth Foundation,

LIBRARY
OF THE
College of New Jersey.

Centralblatt für Bibliothekswesen

IX

Centralblatt

für

Bibliothekswesen

Herausgegeben

unter ständiger Mitwirkung zahlreicher Fachgenossen
des In- und Auslandes

von

Dr. O. Hartwig

Oberbibliothekar in Halle

Neunter Jahrgang

Leipzig
Otto Harrassowitz
1892

Inhalts-Verzeichniss.

	Seite
Eine unbekannte Redaction der Statuten der Universität Padua von G. Kaufmann und J. Caro	1
La Bibliothèque de la nation germanique à l'Université d'Orléans par Ch. Cuissard	8
Lutherdrucke auf der Breslauer Stadtbibliothek. 1516—1523 von A. Heyer . 21. 267. 403 (Fortsetzung) 459 (Schluss).	
Hans Wilhelm Kirchhof von Arthur Wyss. (vgl. S. 265.)	57
Schreiber Lotharius von S. Amand von L. Traube	87
Die deutschen Bibliotheken auf der Weltausstellung von Chicago von A. Graesel	88
Ludwig Sieber zum Gedächtnisse	89
Qui a imprimé la première lettre de Colomb?	105
Einiges über die Kaiserl. Universitäts-Bibliothek in Tokyo	123
Biographisches und Chronologisches zu mehreren Incunabeln von Dr. Falk	126
Eine Bücheranzeige des 15. Jahrhunderts von K. Meyer	130
Deutsche, insbesondere Hamburger Hochzeitsgedichte des XVII. und XVIII. Jahrhunderts von P. Bahlmann	153
Moltke's Gibbonübersetzung von L. Geiger	170
Instruction für die Herstellung der Zettel des alphabetischen Kataloges	172
Ueber die Verwendung von Schreibmaschinen für bibliothekarische Katalogisirungs-Arbeiten von W. Erman und H. Simon	180
Anciens catalogues de Bibliothèques anglaises (XIIe—XIVe siècle) par H. Omont	201
Hermasfragmente auf Papyrus von Prof. Dr. Albert Ehrhard	223
Bibliographisches zur deutschen Kaisersage von Adolph Schmidt	226
Mittheilungen aus der Stadtbibliothek zu Trier von Keuffer	249

	Seite.
Zum Buchhandel im Mittelalter von Th. Ilgen	262
Hans Wilhelm Kirchhof. Ein Nachtrag von Karl Scherer	265
Personale delle Biblioteche Pubbliche Governative d'Italia	274
Johannes Setzer (Secerius), der gelehrte Buchdrucker in Hagenau von Prof. Dr. Steiff	297
Die Fassungskraft des Magazins der Greifswalder Universitätsbibliothek von O. Gilbert	317
Bibliographische Miscellen (Fortsetzung) von K. Dziatzko	335
Die neuen Räumlichkeiten der St. Petersburger Universitäts-Bibliothek von O. v. Haller	343
Wachsthum und Leistung der Bibliotheken. — Volksbibliotheken von E. Reyer	351
Erlass des K. Preussischen Ministeriums der geistlichen, Unterrichts- und Medizinal-Angelegenheiten, betreffend den Leihverkehr zwischen den Universitäts-Bibliotheken zu Göttingen und Marburg	356
† Stiftsbibliothekar J. N. Idtensohn	358
Beiträge zur Geschichte des Wiener Buchhandels von Dr. Karl Uhlirz	385
Ein noch unbekanntes Flugblatt aus der Zeit der ersten Ausstellung des „heiligen Rockes" zu Trier vom Jahre 1512 von Herm. Heineck	417
Ein autobiographischer Lebens-Abriss von Arthur Schopenhauer	420
† Reinhold Koehler	422
Der alte Bestand der griechischen Patriarchal-Bibliothek von Jerusalem von Albert Ehrhard	441
Eine gräfliche Bibliothek im 15. Jahrhundert von Dr. G. Grupp	484
Die Kestner'sche Handschriften-Sammlung auf der Universitäts-Bibliothek in Leipzig von Dr. Otto Günther	490
Nachtrag zu dem Aufsatz „Ueber Tarifirung von Buchbinder-Arbeiten" von Paul Ladewig	502
Eine Botschaft des Mainzer Erzbischofs Diether von Isenburg an Papst Pius II. vom Jahre 1462 von Dr. Molsdorf	504
Die erste Ausgabe des „Seelentrost", Köln 1474, von Dr. F. Falk (vgl. S. 578)	508
Prinz Baldassarre Boncompagni und seine Bibliothek von Moritz Cantor	537
Fünfte Nachlese zu Weller: Die ersten deutschen Zeitungen von Adolf Schmidt	544
Ueber den Neubau der Universitäts-Bibliothek in Graz von Dr. Anton Schlossar	568

	Seite
Recensionen und Anzeigen 29 93 135 186 228 278 361 424 510 572	
Mittheilungen aus und über Bibliotheken 33 94 138 189 241 281 373 426 517 577	
Vermischte Notizen 40 97 143 190 241 285 376 427 523 578	
Neue Erscheinungen auf dem Gebiete des Bibliothekswesens 51 100 149 196 243 292 379 431 533 580	
Antiquarische Kataloge 55 103 151 199 247 295 383 438 535 587	
Auctionen 56	
Berichtigungen 51 148 200 536	
Personalnachrichten 56 104 152 200 248 296 384 440 536 590	

Verzeichniss der besprochenen Bücher.

Appleton, A. J. Siehe Catalogue.
Aufrecht, Theodor, Catalogus Catalogorum. An alphabetical Register of Sanskrit Works and Authors. 137.
Batiffol, Pierre, L'abbaye de Rossano. Contribution à l'histoire de la Vaticane. 572.
Bibliografia historyi Polskiej. Hrsg. v. Dr. Ludwik Finkel. I. 361.
Bibliographie des thèses No. 2. Catalogue des thèses de sciences soutenues en France de 1810 à 1890 inclusivement par Albert Maire. 186.
Βιβλιοθήκη, Ἐθνική, τῆς Ἑλλάδος. Ἔκθεσις τῶν κατὰ τὸ ἔτος 1890—91. πεπραγμένων πρὸς τὸ ἐπὶ τῶν Ἐκκλησιαστικῶν καὶ τῆς Δημοσίας Ἐκπαιδεύσεως Ὑπουργεῖον ὑπὸ Γεωργίου Κωνσταντινίδου. 237.
Burger, K., S. Monumenta.
Catalogue, The American, founded by F. Leypoldt. 1884—90. Compiled by A. J. Appleton and others. 372.
Catalogues des livres grecs et latins imprimés par Alde Manuce à Venise (1498—1503—1513) par Henri Omont. 370.
Clozel, Bibliographie des ouvrages relatifs à la Sénégambie et au Soudan occidental. 228.
Compte-Rendu de la première session de la *Conférence du Livre* tenue à Anvers au mois d'août 1890. Publié par Max Rooses. 31.
Delalain, Paul, Étude sur le libraire parisien du XIIIe au XVe siècle d'après les documents publiés dans le Cartulaire de l'Université de Paris. 93.
Doedes, J. T., Collectie van Rariora inzonderheit Godsdienst en Theologie. 2. Uitg. 515.
Finkel, Ludwik, S. Bibliografia.
Ganguli, G. D., Catalogue of the Reference Library of the Provincial Museum, N.-W. P. and Oudh. Corrected to 1st December 1891. 516.
Goedeke, Karl, Grundriss zur Geschichte der deutschen Dichtung aus den Quellen. 2. Auflage, fortgeführt von Edmund Goetze. 11. Heft. 188.
Goetze, Edmund. S. Goedeke, Karl.
Growoll, A., A bookseller's library, and how to use it. 372.
Heyd, W. von, Die Historischen Handschriften der Königlichen öffentlichen Bibliothek zu Stuttgart. 1. Bd. Die Handschriften in Folio. 278.
Hintze, O., S. Schmoller G.
Janauschek, Leopoldus, Bibliographia Bernardina qua Sancti Bernardi ... editiones ac versiones vitas et tractatus de eo scriptos quotquot usque ad finem anni MDCCCXC reperire potuit collegit et adnotavit. 135.
Jastrow, J., Handbuch zu Litteraturberichten. 371.
Katalog der Danziger Stadtbibliothek. Bd. I. Theil 1. 136.
Katalog over den Arnamagnæanske Håndskriftsamling. 2. Binds. 1. Haefte. 424.

Keuffer, Max, Beschreibendes Verzeichnis der Handschriften der Stadtbibliothek zu Trier. 2. Heft. Die Kirchenväter-Handschriften. 33.
Keysser, Adolf. Siehe Veröffentlichungen.
Konstantinides, Georg. S. $Βιβλιοθήκη$.
Litteratur, Die landeskundliche, der Provinzen Ost- und Westpreussen. Heft I. Allgemeine Darstellungen und allgemeine Karten. 280.
Maire, Albert. S. Bibliographie.
Monumenta Germaniae et Italiae typographica ... Auswahl und Text von K. Burger. 239.
Omont, Henri. S. Catalogues.
Rooses, Max. S. Compte-Rendu.
Ruepprecht, Christian, Die Büchersammlungen der Universität München. 576.
Schmoller, G. u. Hintze, O., Die preussische Seidenindustrie im 18. Jahrhundert und ihre Begründung durch Friedrich den Grossen. Bd. I—III. 514.
Schulz, Albert, Catalogue méthodique des revues et journaux parus à Paris jusqu' à fin 1891. 187.
Veröffentlichungen der Stadtbibliothek in Köln. 4. Heft. Zur geschichtlichen und landeskundlichen Bibliographie der Rheinprovinz von Dr. Adolf Keysser. 29.
Xenia Bernardina. P. I. II. III. 510.

Namen- und Sachregister zu den kleineren Mittheilungen.

Aachen, Kirchenbücher in —, Missale des St. Wenzeslaus Altars, Kloster der Windesheimer Chorherren 195.
Ablaing, W. M .d'. 518.
Academie, Ungarische. 532. 533.
Alexandrinische Bibliothek. 378.
Algonkin-Sprachen. 531.
Altbunzlauer Codex. 242.
Althorp-Bibliothek. 427.
Anderson, A., Bibliographia Klemmingiana. 42.
Anfrage. 148. 431. 580.
Anhalts Bibliotheken. 523.
Annales du Cercle archéologique de Mons. 146.
Anonyma der skandinavischen Litteraturen. 144.
Anthologia Palatina. 40.
Antonio del Monte, Kloster des 34.
Anzeiger, Russischer Bibliographischer. 429.
Architekten-Verein zu Berlin. 91.
Art, L', et l'Idée. 145.
Augsburger Buchbinder. 43.
Augustinus, Mauriner Ausgabe des. 49.
Ausgeschenk der Augsburger Buchbinder. 43.
Azteken, spanisch-mexikanische Hs. über deren Costüme und Gewohnheiten. 379.
Bahlmann, P., Buchbinder-Taxen. 529.
Baumbastpapier. 429.
Benedictinerstift Altenburg. 289.
Berichtigung. 51. 148. 200. 536.
Biagi, G. 428.
Bibel, englische. 379.
Bibelübersetzung, deutsche, des Mittelalters. 147. 578.
Biblia Latina. 45.
Bibliografia delle rime volgari. 44.
Bibliographie der Algonkin-Sprachen. 531.
Bibliographie Belgiens. 146.
Bibliographie der Bukowina. 527.
Bibliographie M. Butzers. 98.
Bibliographie Chinas. 242.
Bibliographie der Christuslitteratur. 192.
Bibliographie der École des Chartes. 580.
Bibliographie der Elektrotechnik. 242.
Bibliographie über Fischart. 291.
Bibliographie v. Kętrzyński. 44.
Bibliographia Klemmingiana. 42.
Bibliographie v. K. Koppmann. 44.
Bibliographie von Lüttich. 147.
Bibliographie von P. G. Marsh. 526.
Bibliographie, kriegswissenschaftliche, von Niederland. 526.
Bibliographie von Pompeji, Herculanum und Stabiae. 192.
Bibliographie der polnischen Geschichte. 288.
Bibliographie Russlands. 195. 429.
Bibliographie Schwedens. 144. 194.
Bibliographie der biblisch-apokryphen Litteratur der Slaven. 143.
Bibliographie der slavischen Philologie. 429.
Bibliographien. 526.
Bibliographien, hrsg. v. U. Hoepli. 46.
Bibliographien juridischer Werke. 146.
Bibliographien über technische Litteratur. 100.
Bibliographien, Schwedische. 144.
Bibliothek der Gesellschaft für Geschichte und Alterthumskunde der Ostseeprovinzen. 521.
Bibliothek der letzten Herzöge von Pommern. 142.

Bibliotheken (im Alphabet der Ortsnamen).

Aachen. 577.
Altenburg, Benedictinerstift. 289.
Amsterdam. 519.
Antwerpen. 47.
Baltimore. 375. (Johns Hopkins Univ.
Baroda. 517.
Basel. 373.
Berlin 33 (Verzeichniss der Lesesaal- u. Handbibl.). 34 (Magistratsbibl.). 94 (Bibl. d. Architekten-Vereins.). 296 (Curatorium der Königl. Bibl.). 375 (Friedrich-Wilhelms-Institut).
Bern. 426.
Braunschweig. 281 (Kirchenbibl. v. St. Andreas).
Breslau. 577. (Lesesaal der Univ.-Bibl.).
Brügge. 192.
Brüssel. 47. 139 (Bibl. royale en 1889). 189 (Bibl. de Bourgogne).
Budapest. 532. 533.
Cambrai. 289 (Katalog).
Cambridge, Mass. 95 (Harvard Univ. Bulletin). 518.
Chicago. 34. 94 (Public Library). 37 (Finding Lists). 521 (Newberry Libr.).
Christiania. 37 (Aarbog).
Dessau. 283.
Dresden. 37 (Techn. Hochschule). 375 (Katalog der Stadtbibl.).
Durham. 285.
Eisenach. 190. 285 (Lutherschriften).
Ferrara. 190.
Florenz. 428.
Frankfurt a. M. 519 (Rothschild'sche Bibl.).
Giessen. 284 (Statistik). 523 (Geschichte der Univ.-Bibl.).
Glatz, Hss. u. Wiegendrucke der dortigen Gymn.-Bibl. 531.
Goerlitz. 285 (Rathsarchiv).
Goettingen. 41 (Hss.-Verzeichniss).
Groningen. 47.
Haag. 522.
Hamburg. 44 (Katalog der Commerz-Bibl.). 286 (St. Katharinen-Kirchen-Bibl.).
Helgoland. 138.
Jena. 189. 241.
Jersey City. 95. 518 (Free Publ. Library).
Jerusalem. 138. 285 (Klosterbibl. z. hl. Kreuz).
Ithaca. 518.
Karlsruhe. 577.
Kassel. 145 (Landesbibl.). 522.
Köln. 37 (Stadtbibl., Zuwachsverzeichnisse). 289.

Kopenhagen. 520.
Krakau. 142 (Jagellon. Bibl.). 191. 291 (Museum Czartoryski). 519 (Univ.-Bibl.).
Kronstadt. 36.
Leipzig. 522 (Univ.-Bibl.).
Lemberg. 283 (Jahresber. des Ossolinski'schen Instituts).
Leyden. 47. 518. 530. (Bibl. d. Maatschappij d. Nederl. Letterk.).
London. 47. 142. (Nutzbarkeit der Bibl. des British Mus.).
Los Angeles. 142. 518.
St. Louis. 518.
Lübichau. 194 (Bibliothek der letzten Herzogin von Kurland).
Lüttich. 519.
Lyon. 193 (Hss. d. Municipalbibliothek).
Marienwerder. 282.
Milwaukee. 95. 517. (Public Library).
Moskau. 97 (Bibl. Iwans d. Schreckl.).
Neapel. 95 (Univ.-Bibl.).
Omaha. 522.
Oxford. 47. 139 (Seltene Drucke der Bodleiana). 376.
Paris. 37 (Bibliothèque Nationale). 39. 142. 189.
St. Paul in Kärnten. 50.
Petersburg. 288 (histor. Hss. aus polnischen Bibl.).
Philadelphia. 94.
Przemysl. 288 (Inventar der Domkirche).
Riga. 426.
Rom. 189 (Bibl. Borghese). 282. 375 (Vaticana).
San Francisco. 577.
Schlossberg. 195.
Schneeberg. 143 (Lyceumsbibl.).
Schönau. 35 (Klosterbibl.).
Sigmaringen. 281.
Speyer. 35 (Dominikanerkloster).
Stockholm. 190.
Stuttgart. 36 (Stadtbibl.). 97 (Katalog der hist. Hss.).
Tokyo. 95.
Toronto. 145.
Trier. 142 (Margarethenlegende).
Upsala. 95.
Washington. 36 (Library of Congress). 50. 521. 527 (Smithsonian Institution).
Wernigerode. 517.
Wien. 34 (Univ.-Bibl., Statistik). 96.
Zwickau. 34 (Rathsbibl.). 96 (Musikalien).

Bibliotheken, antike. 378.
Bibliotheken im Mittelalter. 283.
Bibliotheken Amerikas. 94 (Publicationen). 374. 517.
Bibliotheken in Anhalt. 523.
Bibliotheken Frankreichs. 254. 526 (Katalog).
Bibliotheken Italiens. 428.
Bibliotheken in Palaestina. 138.
Bibliotheken Preussens. 138 (Etat).
Bibliotheken Schwedens. 517.
Bibliotheken Spaniens. 190.
Bibliothekskataloge der Gymnasien. 143. 427.
Bibliotheksverwaltungen, Zuschriften an die —. 241.
Birkenrindenmanuscript. 98.
Blau, L., Bericht über die Leistungen in der Ohrenheilkunde. 579.
Breviar von Viviers. 579.
Breviar mit tschechischen Glossen. 194.
Brockhaus Conversationslexikon. 42. 289. 427.
Buchbindertaxen a. d. J. 1782. 529.
Buchdruckerei in Caen. 148.
Buchdruckerei in Halberstadt. 48.
Buchdruckergeschichte von Rheims. 45.
Buchgewerbeblatt. 578.
Buchhandel im Alterthum. 378.
Buchhandel in Caen. 148.
Buchhandel in England. 148.
Bücherproduction in Russland. 530.
Bücherproduction der Prov. Sachsen. 148.
Bukowina. 527.
Burger, Monumenta Germaniae et Italiae typographica. 376.
Butzbach, Joh. 193.
Butzer-Bibliographie. 98.
Caen, Buchdruckerei u. Buchhandel in —. 148.
Campbell. 47.
Castaldi. 144.
Cat, Mission bibliographique en Espagne. 190.
Catalogue général des mss. des biblioth. publ. de France. 254.
Catalogue des Statues Bustes et Vases du Card. de Richelieu. 144.
Cervini. 427.
Chicagoer Weltausstellung. 292.
Chinesische Bibliographie. 242.
Chrysostomushss. 429.
Cimelien eines Wiener Nonnenklosters. 49.

Collection du Parlement conservée à la Bibl. nationale. 50.
Columbus. 578.
Commission der k. k. Akademie in Wien f. Erforschung Kleinasiens. 193.
Constantinopel, kaiserl. Kanzlei. 526.
Corvina-Codices. 43.
Czartoryski, Museum. 191. 291.
Danziger Lutherfund. 47.
Delisle, L. 37. 39.
Delisle, Leop. 148.
Diarium Italicum. 193.
Dominikanerkloster in Speier. 35.
Donders, C. 143.
Dorez, L. 241 (Urkunden über die Erwerbung der Bibl. der Königin Christine von Schweden durch den H. Stuhl). 427 (Ueber Cervini).
Dorpater Estn. Gesellschaft. 531.
Du Cange, Glossarium. 526.
Du Pré, Galliot. 43.
Ebert, A. 48.
Ecole des Chartes. 580.
Editiones principes. 379.
Ehstländische Bibliothek. 426.
Eichler, F., Anfrage. 431.
Einheitsmass für die Raumberechnung von Büchermagazinen. 290. 524.
Elektrotechnische Bibliographie. 242.
Encyclopaedie der Naturwissenschaften. 430.
England, Buchhandel in —. 148.
Eparchos. 526.
Etat der preussisch. Bibliotheken. 138.
Erasmus, Mobiliar des. 41.
Ergänzungen der Vornamen von E. Roth. 191. 288. 376. 430. 524.
Erotica des Strozzi. 530.
Euricius Cordus. 528.
Ex-libris (Verein u. Zeitschrift). 147.
Faustbuch des christlich Meynenden. 241.
Faustsage. 522.
Félix, P. J. 99.
Festschrift für die 20. Versammlung des Hansischen Geschichts-Vereins. 47.
Fischartbibliographie. 291.
Finding Lists der Chicago Public Library. 37.
Fock, G., Bibliographischer Monatsbericht. 42.
Fournier, M., Les statuts et privilèges des universités Françaises. 287.
Fumagalli, G. 144.
Giessener Franzosenzeit. 290.
Giolito, Gabriel, de' Ferrari. 41.

Graff, L. v., Zoologische Bibliothek. 194.
Greving, J., Geschichte des Klosters der Windesheimer Chorherren zu Aachen. 195.
Gutjahr, Geschichte des Cod. Victorianus des Terenz. 193.
Gymnasialbibliotheken. 143. 427.
Haferkorn, Handy Lists. 100.
Hagiographische Hss. in Brügge. 192.
Halberstadt, Buchdruckerei in —. 48.
Handschriften der Municipalbibl. zu Lyon. 193. Französische, in deutschen Bibl. 579.
Handy Lists of technical litterature. 100.
Harrisse, Christophe Colombe devant l'histoire. 578.
Harvard University Bulletin. 95.
Hauréau. 189.
Helbig, Henri. 145.
Held, A. L., Archivium sodalitatis Mariano Angelicae. 195.
Herborner Drucke. 533.
Hessische Litteratur. 42. 428.
Heuser, Geschichte der Univ.-Bibl. Giessen. 523.
Hoepli, U. 46.
Imitatio Christi. 193. 241. 526.
Incunabeln. 45.
Italienisches Unterrichtsministerium. 427.
Iwans des Schrecklichen Bibliothek. 97.
Jahresberichte der Geschichtswissenschaft. 43.
Jahresverzeichniss d. deutschen Schulprogramme. 288 (Ergänzungen).
Jahresverzeichniss der deutschen Universitätsschriften. 191 (Ergänzungen).
Jesuitenorden. 291 (Personenverzeichnisse).
Kalenderwerk in Magdeburg. 527.
Kalewipoeg, eine estnische Sage. 531.
Karolinger Zeit, Hss. aus der —. 242.
Kartenspiel, Schweizer, in Darmstadt. 530.
Katalog der Hamburger Commerz-Bibl. 44.
Katalog der Keilschrifttafeln v. Bezold. 100.
Kataloge über die ersten griech. Hss. der päpstl. Bibl. 525.
Keilschrifttafeln. 100.
Kętrzyński. 44.
Kirchenbücher in Aachen. 195.
Kleinasien, archaeologische Erforschung von —. 193.

Klemming-Bibliographie. 42.
Klemming, G. E., Sveriges Bibliografi. 194.
Klussmann, Systematisches Verzeichniss der Schulprogramme (Ergänzungen). 376. 430. 524.
Knod, G., Joh. Butzbach. 193.
Koppmann, K. 44 (Bibliographie).
Krakauer Akademie. 50. 191 (Lesezimmer).
Kukula. 145 (Minerva). 525 (Bibliogr. Jahrbuch d. deutsch Hochsch.)
Leihbibliothek für naturwissensch. u. medicin. Werke. 283.
Lexer, M. v. 376.
Library Association of the United Kingdom. 143.
Lipsius. 523.
Liske, Xaver. 48.
Litterarische Miscellen. 99.
Litteraturdenkmäler, Lateinische, des 15. u. 16. Jahrh. 528.
Livre moderne, le. 145.
Lofzbuch anfs der karten gemacht. 291.
Lütticher Bibliographien. 147.
Lutherbriefe in Stuttgart. 528.
Lutherfund in Danzig. 47.
Lutherschriften in Eisenach. 190. 285, in Zwickau 34.
Magnus, Olaus. 45.
Manutio, Paolo. 532.
Margarethenlegende in Hss. der Trierer Stadtbibl. 142.
Marshbibliographie. 526.
Matrikel von Rostock. 41. 192.
Mauriner Ausgabe des Augustinus. 49.
Maya-Handschrift. 90.
Merode, Joh. Degenh. v. zu Schlossberg. 195.
Minerva, Jahrbuch der Universitäten. 145.
Miniatorenschule in Nürnberg. 143.
Ministerium des Unterrichts in Italien. 427.
Missale in Kiel. 48.
Missale des St. Wenzeslaus-Altars in Aachen. 195.
Moirs Joh. 578.
Montdoré Pierre de. 289.
Montfaucon, Diarium Italicum. 193.
Monumenta Germaniae et Italiae typographica. 376.
Morrhe, Gérard. 144.
Neudrucke altdeutscher Litteratur. 99.
Nörrenberg, C. 579.
Notitia dignitatum. 50.
Nürnberger Miniatorenschule. 143.

Nuttall, Zelia. 379.
Obsopei, Vincentij, biecher vonn der kunst zu trincken. 99.
Oidtmann, E. v., Joh. Degenhard v. Merode zu Schlossberg. 195.
Omont, H. 50. 144. 193. 526. 531.
Oriental Catalogue. 242.
Osterprogramme. 143. 427.
Ostseeprovinzen. 521.
Paduaner Statuten. 191.
Palaestinakunde. 532.
Papier aus Baumbast. 429.
Papier unter Einwirkung des elektrischen Lichts. 289.
Pennsylvanien. 94 (Univ.-Bibl. von).
Pentateuchhss., älteste —. 288.
Pfister, Ch., über deutsche Hss.-Kataloge. 97.
Pierre de Chalus. 523.
Platin Chph. 43.
Plettenberg, Walther v. 290.
Polnische Geschichte. 288 (Bibliographie).
Pommern, Bibl. der letzten Herzöge von —. 142.
Pompeji. 192 (Bibliographie).
Programme mit Bibliothekskatalogen. 143. 427.
Przewodnik bibliograficzny. 428.
Rathsarchiv in Görlitz. 285.
Remigius St. 145.
Repertorium der deutsch-kolonialen Litteratur. 99.
Revue bibliographique belge. 146.
Reyer, E. 528.
Rheims, Buchdruckergeschichte von. 45.
Riggenbach. 580.
Rostocker Matrikel. 41. 192.
Roth, E., Ergänzungen zum Jahresverzeichnisse der deutschen Univ.-Schriften 191, der Schulprogramme 288, zu Klussmann, Verzeichniss der Programmabhandlungen 376. 430. 524; zu den Dorpater med. Diss. 430. Warnung 579.
Ruepprecht, Chn., Ueber Inkunabeln. 45. Brief Eberts 48. Bedeutung u. Aufgabe der Bibliotheken. 50.
Russische Litteratur. 195.
Russlands Bücherproduction. 530.
Sachsen, Bücherproduction der Prov. 148.
Scherer, C. 522.
Schottwiener Rechtshandschrift. 290.
Schweden, Bibliographie von —. 194.
Schwedens Bibliotheken. 517 (Accessionen).

Seelentrost. 578.
Sieberstiftung. 373.
Slaven, biblisch-apokryphe Litteratur der —. 143.
Slavische Philologie. 429.
Smithsonian Institution. 50. 521. 527.
Snell, Joh. 532.
Sommaire périodique des revues de droit. 146.
Sommervogel, C., Personenverzeichnisse des Jesuitenordens. 291.
Sommervogel, C., Schriften des P. J. Félix. 99.
Spanische Druckwerke in Krakau. 50.
Spanisch-Niederländischer Krieg. 428.
Sperlings Adressbuch. 41. 530.
Spinoza. 532.
Sprach-Verderber, Der Unartig Teutscher. 44.
Statuten von Padua. 191.
Stolze, Von der Bilderschrift zur Stenographie. 99.
Strozzi, T. V. 530.
Stylpho des Jac. Wimpheling. 528.
Tannstetter, Georg. 49.
Tavagnutti, Christologische Bibliographie. 192.
ten Brink's Bibliothek. 242.
Terenz, Codex Victorianus des —. 193.
Titelauflagen. 98.
Typographie grecque à Paris. 531.
Ungarische Akademie. 532. 533.
Vernet, F. 523.
Versendung von Hss. 283. 426.
Volksbibliotheken. 528.
Walther, Wilh., Bibelübersetzung des Mittelalters. 147. 578.
Wandkalender des Georg Tannstetter. 49.
Warnung von R. Pietschmann. 428. betr. die Encyclopaedie der Naturwissensch. 430. Bericht über die Leistungen in der Ohrenheilkunde. 579.
Weinkauff, F. 291.
Weltausstellung in Chicago. 292.
Wiener Nonnenkloster. 49.
Wimphelingus, Jac. 528.
Zambrini, Fr., Le opere volgari a stampa dei sec. XIII e XIV (Nachtrag). 44.
Zeitschriften, deutsche. 41. 530.
Zoologische Bibliothek von L. v. Graff. 194.
Zucker, Hss. der Karolinger Zeit. 242.
Zurlauben'sche Manuscripten-Bibliothek. 49.

Namenregister zu den Personalnachrichten.

Althoff. 296.
Back. 384.
Bauer. 56.
Bederski. 152.
Bernoulli, Carl Chph. 200.
Bernoulli, Joh. 248.
Binz. 248.
Blumenthal. 440.
Boor, de. 104.
Boullaye, de la. 536.
Bulthaupt. 296.
Castan. 536.
Chantepie, J. de. 200.
De la Croix. 296.
Dorsch. 440.
Douglas. 248.
Du Rien. 440.
Ebel. 440.
Eichler. 152.
Eschke. 248.
Förstemann. 248.
Foerster. 296.
Gebhardt v. 590.
Gregorovius. 56.
Hackradt. 296.
Haeberlin. 536.
Heitmüller. 590.
Jeep. 56.
Kagelmacher. 440.
Köhler. 440.
Kossinna. 440.
Krehl. 152.
Külz. 296.

Le Page-Renouf. 440.
Lièvre. 590.
Martin. 152.
Maury. 248.
Meyer, Carl. 248.
Meyer, Friedr. Herm. 590.
Milkau. 56.
Molsdorf. 104.
Mosen. 104.
Pretzsch. 56.
Preuss. 296.
Redlich. 296.
Rommel. 440.
Rost. 440. 536.
Roth, P. v. 248.
Rowe. 152. 200.
Sandberger. 440.
Sapper. 56.
Schaarschmidt. 296.
Schnorr von Carolsfeld, Hans. 440.
Schöne. 296.
Schultze, E. 56.
Schultze, Walther. 536.
Seelmann. 440.
Simonsfeld. 384. 440.
Soldan. 440.
Steinhausen. 440.
Voss. 248.
Wattenbach. 296.
Wenzel, B. 56.
Wilmanns. 296.

Centralblatt für Bibliothekswesen.

IX. Jahrgang.   1. Heft.   Januar 1892.

Eine unbekannte Redaction der Statuten der Universität Padua.

1.

Durch meinen Kollegen Professor J. Caro wurde ich aufmerksam gemacht auf einen Codex der Kapitelsbibliothek zu Gnesen, welcher die Statuten der Juristenuniversität Padua enthalten solle. Die bezügliche Nachricht darüber findet sich in dem Bericht über eine archivalische Reise in die Provinzen Posen und Preussen von Stan. Smolka in 'Rozprawy i sprawozdania z posiedzeń wydziału historyczno-filozoficznego akademii umiejetności. Tom IV, p. 295 (Abhandlungen und Berichte über die Sitzungen der hist.-philos. Abtheilung der Akademie der Wissenschaften IV, 295. Krakau.), wo der Codex bezeichnet ist als ein „Papier-Foliant vom Jahre 1306". Die Angabe beruft sich auf den Katalog des Prälaten Brodziszewski, wo allerdings nicht 1306, sondern 1301 steht, entsprechend einer Angabe des Codex, die freilich, wie sich bald ergab, für das Alter derselben selbst nicht entscheidend sein kann.

Wir beschlossen den Codex zu untersuchen, und es gelang Professor Caro, denselben für die Pfingstwoche hierher zu erhalten. Schon die Einleitung, sodann die Vergleichung der Reihenfolge der Kapitel mit den Inhaltsübersichten der Bologneser Statuten von 1347, der Peruginer, der Florentiner und des Druckes der Paduaner Statuten von 1550/1551 liess erkennen, dass der Codex für die Geschichte der Paduaner Statuten und der ganzen auf Bolognas Statuten ruhenden Gruppe von grosser Bedeutung sei, und wir machten alsbald den Plan für die Herausgabe.

Aber auf die Bitte, den Codex, der zunächst zurückgesandt werden musste, auf eine der hiesigen Bibliotheken zu unserer weiteren Benutzung zu senden, kam nach geraumer Zeit die Antwort, dass derselbe nach München geschickt worden sei, wo ihn P. Denifle benutze, um ihn herauszugeben. Damit war die Fortsetzung unserer Arbeit unmöglich gemacht, und da die Ausgabe bevorsteht, so hat es keinen Zweck, die Beobachtungen zu veröffentlichen, die sich mir aus der Vergleichung dieser Redaction mit den übrigen Gliedern der Bologneser Gruppe aufdrängten, denn sie sind noch zu unvollständig, dagegen scheint es mir nützlich, nähere Kunde zu geben von einigen wichtigen Thatsachen, zu deren Untersuchung die Localforschung wesentliche Hülfe leisten kann.

Die Einleitung enthält eine Geschichte der Paduaner Statuten, welche die in dem Druck der Statuten von 1550/1551 [und soweit gleichlautend in der Redaction von 1463, Handsch. 1381 der Biblioteca civica zu Padua, abgedruckt von Denifle im Archiv f. Litt. u. Kircheng. III, 395] enthaltene mehrfach ergänzt und berichtigt. Nach dieser Geschichte ist die in unserem Codex vorliegende Redaction der Statuten hergestellt worden von den Rektoren Rudolfus Synenus (?) de Augusta, Kanonikus in Buchshan (an anderer Stelle Buchshayn) und Binus Mora von Mailand zusammen mit einem von der Universität zu diesem Zweck erwählten Ausschuss von 13 Scholaren.[1]) Der Codex enthält aber ausser dieser Redaction noch Zusätze aus späteren Jahren, deren letzten Caspar de Prussia canonicus Wramiensis (lies Warmiensis) rector universitatis dominorum scolarium ultramontanorum et Amicus de la Turre vicerector dominorum scolarium citramontanorum hinzufügten.

Aus mehreren bei Gloria, Monumenti della Universita di Padova (Pad. 1888) I, 98 No. 230 und II, 429 f. verzeichneten Acten wissen wir, dass diese Rectoren 1404/5 im Amte waren, aus diesem Jahre stammt also der letzte Zusatz, und der Codex ist also auch nicht früher, aber allem Anschein nach auch nicht viel später geschrieben worden.[2])

Eine eigenthümliche Schwierigkeit erhebt sich dagegen in der Bestimmung des Jahres, in welchem Rudolf von Augsburg und Binus Mora von Mailand die Redaction der Statuten veranstalteten. Die Einleitung giebt dafür nämlich zwei verschiedene Angaben. Zuerst nennt sie das Jahr 1301 und zwar in Worten anno domini millesimo tricentesimo primo, sie fügt auch die Indiction (14 ind.) und den Tag 18 Juni hinzu. Aber in der auf diesen Satz folgenden Geschichte der Statuten werden Redactionen und Zusätze von 1260. 1261. 1267. 1268. 1271. 1279 erwähnt, danach eine Redaction aus dem Rectorat des Theonitarius de Thedaldis de Pariria (Parma) anno domini M°CCCXXX indiccione XIII. Dann heisst es: Anno domini M°CCCXXXI indiccione XIIII rectoratus venerabilium virorum dominorum Johannis de Bohemia prepositi Sancti Egidii Pragensis nec non domini Gimmore (?) de Mediolano utriusque juris periti cum eis per universitatem adjunctis examinaverunt tam vetera quam nova statuta, ex quibus quoddam volumen approbaverunt. Aber diese Redaction, statutorum approbacio, sei zu hastig gemacht worden und hätte Anlass zu manchem Streit gegeben, deshalb

---

1) Wie in Bologna bei der Redaction von 1317 bestand also die ganze Kommission aus 15 Mitgliedern.
2) Siehe Artikel 2.

habe sie keine dauernde Bestätigung erhalten, dicta statutorum approbacio recepta nec confirmata fuit, vielmehr hätten die Rectoren Rudolf von Augsburg und Binus Mora von Mailand mit der genannten Kommission auf Grund einer sorgfältigen Prüfung der Statuten von Bologna und von Padua, indem sie Fehlendes ergänzten und Ueberflüssiges beseitigten presens volumen statutorum hergestellt. Darnach wäre also die Redaction unseres Codex vorgenommen, um die Fehler der im Jahre 1330 und 1331 veranstalteten und unbefriedigend ausgefallenen Redactionen zu bessern und wäre bald nach 1331 oder möglicher Weise auch noch in diesem Jahre entstanden, während sie nach der früheren Stelle der Einleitung 1301 entstanden sein soll. Es muss also entweder an der ersten Stelle, wo die Zahl in Worten mitgetheilt wird, das Wort tricesimo ausgefallen, oder es müsste an der zweiten Stelle, welche die Zeitangabe rasch nach einander zwei Mal und in Zahlen giebt, zwei Mal XXX irrthümlich hinzugefügt worden sein. Das Letztere scheint fast noch schwerer anzunehmen als das Erstere, und die Frage wird noch verwickelter durch die Thatsache, dass in der kürzeren Geschichte der Statuten, welche in der Redaction von 1463 und dem Druck von 1550/1551 erhalten ist, die Redactionen, welche unser Codex 1330 und 1331 legt, 1300 und 1301 angesetzt sind. Hier heisst es nämlich in dem Druck im Archiv f. Litt. u. Kircheng. III, 395 Zeile 24—30 und dem Druck der Statuta Universitatis Juristarum Patavini Gymnasii. Paduae 1550 (Am Ende. Venetiis 1551). fol. 1b Z. 10 f.: Anno deinde MCCC Teonitarius de Thedaldis (nach Affo, Memorie degli Scrittori-Parmigiani hiess die Familie Tebaldi) Parmensis diminuit correxitque pleraque licet per alteram universitatem non fuerint approbata. Sequenti vero anno (also 1301) Joannes de Bononia (falsch, wie unser Codex zeigt, der ihn Joannes de Bohemia nennt und ihn genau als Propst von S. Egidii in Prag bezeichnet) prepositus dum multa vetera reprobare conaretur recepta non fuerunt. Anno deinde sequenti Rudolfus de Augusta et Bonus de Mora Mediolanens. rectores creati magna diligentia constitutionibus superiorum adhibitisque [ex] Bononiensi scolarium universitate statutis volumen effecerunt. Darnach wäre diese Redaction des Rudolf von Augsburg und Binus Mora von Mailand vom Jahre 1302, oder wenn wir annehmen, dass das sequenti anno nur aus dem folgenden Rectorat erschlossen sei, allenfalls noch aus dem Jahre 1301. Also das Zeugniss der späteren Redaction spricht für die Angabe, welche die Einleitung unseres Codex zuerst giebt, aber die Ungenauigkeit in den Namen Johannes de Bononia als Rector der Ultramontanen statt Johannes de Bohemia, Bonus de Mora statt Binus Mora und 1302 statt 1301, schwächt dies Zeugniss und macht es unmöglich, mit demselben den Widerspruch zu beseitigen, der zwischen den Angaben der Einleitung unseres Codex liegt. Auch die Indictionen helfen nicht, sie passen 1301 wie 1331.

Es ist aber von grosser Bedeutung, wie die Frage entschieden wird, vor allem für die Geschichte der Statuten von Bologna, die uns mittelbar in ihnen erhalten sind und für Padua wie für Florenz und Perugia die Grundlage bilden. Wir haben die Statuten von Bologna in einer Redaction von 1347, die zurückgeht auf eine besonders wichtige Redaction von 1317, und je nachdem die Frage nach dem Rectorat des Rudolfus de Augusta und Binus Mora entschieden wird, haben wir in unserem Codex eine Ableitung aus den Bologneser Statuten vor oder nach der Redaction von 1317. Stammt die Redaction unseres Codex wirklich aus dem Jahre 1301, so haben wir hier ein Zeugniss für Bolognas Statuten, das fast gleichalterig ist mit der Benutzung derselben in den Statuten von Lerida, aber ungleich wichtiger, da die Anlehnung der Paduaner an die Bologneser weit genauer ist.

Die Entscheidung kann nun aber nur erbracht werden, wenn es gelingt, die Zeit einiger von den Persönlichkeiten festzustellen, welche bei den drei auf einander folgenden Redactionen der Jahre 1300 und 1301 oder 1330 und 31 erwähnt werden. Die Monumenti di Padova, welche wir A. Glorias mühseligen Arbeiten danken, geben leider — so weit ich bis jetzt gefunden habe — nur Auskunft über einen Namen, ein Mitglied der Statutenkommission, welche Rudolf von Augsburg und Binus Mora unterstützte, nämlich über Jacobus de Arena de Parma, der Nr. 29 der Monumenti (I, 10) unter den Assessoren des am 1. Nov. 1332 eintretenden Podesta der Stadt Pietro del Mesa genannt wird und noch einmal Nr. 1134 (Monum. II, 10) unter 1. Oct. 1333 in amtlicher Thätigkeit. Diese Erwähnung entscheidet leider nicht, denn in solcher Stellung kann dieser Jacobus de Arena sowohl ein Jahr wie 30 Jahre nach seiner Studienzeit gewesen sein.[1] Wahrscheinlich ist ferner der an fünfter Stelle erwähnte Raynaldus de Raynaldis de Tarvisio derselbe, der in den Jahren 1332—1355 in den von G. Verci, Storia della Marca Trivigiana e Veronese, Venezia. 1786 f. mitgetheilten Urkunden als Richter und hochangesehener Jurist in Treviso erscheint, zuerst T. X Docum. Nr. 1206, p. 175. 1332, 17. Dec., zuletzt T. XIII Docum. Nr. 1544, p. 48. 21. Nov. 1355. Der Name wird in diesen Urkunden verschieden geschrieben, einmal Raynaldus de Raynaldis, meistens Renaldus de Renaldo, aber auch Renaldo de Renaldo (T. XII Doc. Nr. 1395, p. 16), und Rainaldus de Rainaldo. Da das Geschlecht der Raynaldi in Treviso zahlreich gewesen zu sein scheint, so wäre es nicht ausgeschlossen, dass dieser Raynaldus bei Verci ein gleichnamiger Vetter des Paduaners wäre, nehmen wir aber an, dass es derselbe sei, so ist auch damit noch nicht entschieden, ob die Kommission 1301 oder 1331 anzusetzen ist. Ein Rector musste in Padua

---

[1] Vielleicht haben wir hier einen Sohn oder, wenn die Kommission 1331 erwählt wurde, einen Enkel des berühmten Rechtslehrers Jacobus de Arena, über den nach 1296 die sicheren Nachrichten aufhören, s. Savigny, Geschichte d. Röm. Rechts im Mittelalter B. 5, 2. Aufl., S. 399, jedenfalls ein Glied seiner Familie. Da nun dieser jüngere Jacobus in allen Erwähnungen als de Parma bezeichnet wird, so ist damit der Zweifel beseitigt, der bisher darüber schwebte, ob die Nachricht, welche den grossen Jacobus de Arena als Parmenser bezeichnete, zuverlässig sei.

damals vermuthlich 22 oder 25 Jahre alt sein,[2]) die Mitglieder der Kommission brauchten sicher nicht älter, konnten vielleicht jünger sein, und wenn Raynaldus 1301 z. B. 22 Jahr war, so könnte er 1355 wohl noch gelebt haben und diejenigen Aemter bekleidet haben, in denen ihn die Urkunden zeigen. Denn es sind Gesandtschaften der Stadt an den Dogen von Venedig und Spruchcollegien, kurz Aemter, mit denen gerade der angesehenste Mann betraut wird, über 1355 begegnet er bei Verci nicht, weder in dem sorgfältigen Register noch in den Urkunden selbst habe ich ihn gefunden. Andrerseits wäre es auch möglich, dass wir in diesem Raynaldus bei Verci einen gleichnamigen Sohn des Paduaners hätten, falls dieser 1301 und nicht 1331 in Padua war. Also eine Entscheidung der Frage nach der Zeit der Redaction unseres Codex ist durch diese beiden Namen nicht zu erbringen.

Ich gebe nun die Stelle, welche die Namen der Statutenkommission enthält, in der Hoffnung, dass es denjenigen Forschern, welche in Augsburg, Regensburg u. s. w. wohnen oder denen das dortige Material näher vertraut und zugänglich ist, gelinge, über einen oder den andern Auskunft zu gewinnen. Die Urkundenbücher u. s. w., die ich hier einsehen konnte, gaben leider keine Auskunft. Abzüge dieser Notiz werde ich zu dem Zwecke an geeignete Fachgenossen versenden. Namen, deren Lesung wir nur vorläufig feststellten und noch einmal prüfen wollten, sind durch ? bezeichnet, wie das bereits oben bei Rudolfus Synenus (?) und Gimmore (?) de Mediolano geschehen ist. Hec sunt statuta secundum novam compilacionem facta et elicita de veteribus statutis studii Padwani et ex statutis Bononiensibus per venerabiles et sapientes viros dominum Rudolfum Synenum (?) de Augusta, canonicum in Buchshau (so noch einmal, einmal Buchsau, einmal Buchshayn), dominum Binum Mora de Mediolano utriusque juris peritum rectores universitatis studii Padwani, dominum Henricum de Polenahu canonicum Frisingensem, dominum Jacobum de Arena de Parma, dominum Engelborn Canonicum veteris Capelle Rotispane, dominum Hugucionem de Tresteno (? Cresteno ?) de Vicencia, dominum Pillgrinum de Stiria rectorem ecclesie in Eisgroub, dominum Raynaldum de Raynaldis de Tarvisio, dominum Petrum de Prixna canonicum . . . ., dominum Albertum de Nullaviis de Vincentia, dominum Johannem de Constancia magistrum d . . . de Maredorfh, dominum Valentinum de Mediolano, dominum Nicolaum de Polonia, dominum Constantinum de Sauorgano et dominum Orthliebum de Moguncia per ipsam vniversitatem ad hoc specialiter electos, anno domini millesimo tricentesimo primo indiccione quarta decima die XVIII mensis Junii.

---

2) Der bezügliche Paragraph unserer Redaction (Lib. I, 1) hat keine Vorschrift über das Alter. Die spätere Redaction (Druck von 1550) forderte 22 Jahre, die Bologneser Statuten forderten 25.

Breslau. G. Kaufmann.

2.

Für die Bestimmung der Zeit, in welcher der in Rede stehende Codex geschrieben ist, sind neben allen anderen Merkzeichen entscheidend die beiden am Schluss befindlichen, von derselben Hand wie der ganze Codex geschriebenen Anordnungen, welche sich als Statuten aus dem Rectorat eines Caspar de Prussia ergeben. Wiederholt, deutlich und unanzweifelbar steht da Caspar de Prussia, und die nahe liegende Annahme, dass damit Caspar de Perusio gemeint sei, von welchem wir wissen, dass er im Jahre 1421 als Mitglied der Paduaner Juristen-Facultät sich an dem Urtheilsspruch über Verwerfung des von Kaiser Sigmund in Breslau in dem polnisch-preussischen Streit gefällten Schiedsspruchs betheiligt habe,[1] um so mehr ausgeschlossen, als dieser Caspar niemals Rector war. Dagegen ergiebt sich aus Gloria, Mon. II, 427 No. 2265 durch 2 Aktenstücke vom Jahre 1404, und zwar vom 13. August und vom 17. September, dass in dem gedachten Jahre rector ultramontanorum et citramontanorum war „Caspar Schulbempflug (sic!) canon. Wariniensis (sic!) rector parrochialis eccl. in Heisberg (sic!) Wormiensis (sic!) dioc.", woraus dann im Index ein Wormser Domherr geworden ist. Liest man die Notiz richtig, so tritt uns eine aus der Ordensgeschichte in Preussen sehr wohl bekannte Persönlichkeit entgegen, nämlich Caspar Schanenpflug, der ermländische Domherr, der Pfarrer von Heilsberg im Ermland, der in dem Concil zu Constanz als Mitbevollmächtigter des Ordens[2] in dem mit ausserordentlicher Heftigkeit geführten Streit um Preussen Wortführer war und nach vielen Verdiensten in den diplomatischen Geschäften des Ordens (1420) Bischof von Oesel wurde. Er trat jedoch das Bisthum nur an, um sich die Einkünfte zu sichern, ging aber bald wieder als Procurator des Ordens nach Rom und ist am 10. August 1423 in Montefiascone gestorben.[3] Das Königsberger Archiv bewahrt eine Unmasse von Schriftstücken, die theils von seiner eigenen Hand, theils in seinem Namen geschrieben sind.

Aus allen diesen Königsberger Akten war aber noch nicht bekannt gewesen, dass er in Padua studirt hatte und 1404 Rector gewesen war. Man verdankt jetzt diese biographische Bereicherung dem von Gloria a. a. O. mitgetheilten Dokumente. Aber aus diesem ist noch ein anderes interessantes Moment zu entnehmen. Unter den bei dem Rectoratsakt des Caspar Schauenpflug vom 17. September 1404 gegenwärtigen Scholaren werden neben anderen hier nicht ins Gewicht fallenden Namen (Henricus de Ulma, Joh. de Sansonio, Henr. de Ale-

---

[1] Allegaciones pro parte serenissimi regis Polonie facte per egregium legum doctorem dom. Gasparem de Perusio aduocatum consistorialem contra ordinem Pruthenorum. in Lites et res gestae inter Pol. ordinemque Crucifer. III, p. 265. Vgl. Caro, Gesch. Polens III, 534.

[2] Die Vollmacht für die Gesandtschaft, in der die Namen aufgezählt sind, bei Toeppen, Acten d. Ständetage Prssn's I, p. 257 No. 202.

[3] S. Scriptores rer.: Pruss. III, 41. 330. 364. 382. 388. Napiersky, Index corp. dipl. Livoniae &c: No. 928. 932. 948. 950. 987. 1058. 1096.

mannia, Joquinus de Alem., Johannes Sufuda de Regio) genannt: dominus Andreas can. Wladislaviensis de Polonia und Paulus Voladimiri scolasticus Poznaniensis. Mit diesen beiden Männern, die also 1404 die Commilitonen des Caspar Schauenpflug de Prussia gewesen waren, ist dieser aber etwa 11 Jahre später in Constanz in einem eigenthümlichen Verhältniss wieder zusammengekommen. Denn Beide hatten auf dem Constanzer Concil genau denselben Auftrag seitens des Königs von Polen, wie Caspar Schauenpflug von Seiten des Deutschen Ordens.[1]) Andreas Laskari von Goslawice wurde während seines Aufenthalts in Constanz zum Bischof von Posen vom Capitel erwählt und stand bis zu seinem am 24. August 1426 erfolgten Tode[2]) ebenso im Vordergrund der Diplomatie wie Schauenpflug. Paul Wladimiri hat es zwar zu einem Bisthum nicht gebracht, aber er war schon in Constanz als Custos und Domherr von Krakau, als ein grosser Rechtsgelehrter berühmt, und als er am 11. März 1435 gestorben war, nannte ihn der Geschichtsschreiber des XV. Jahrhunderts einen der grössten Männer der Zeit.[3])

In Constanz also waren die drei ehemaligen Commilitonen von Padua zusammengetroffen. Nun hat aber schon Smolka rücksichtlich der Bücherschätze des Gnesener Capitels die Bemerkung gemacht,[4]) dass der grösste Theil der theologischen und canonistischen Schriften, wie aus den Schlussnotizen hervorginge, in Constanz oder Basel während der grossen Concilien abgeschrieben seien, da die polnischen Delegirten den Aufenthalt im Auslande benutzt hätten, gelehrte Werke von Bedeutung für die heimischen Bibliotheken in Abschriften zu gewinnen. Meines Erachtens fallen auch die Statuta Paduana des Gnesener Codex in diese Kategorie, und wenn auch alle drei oben genannte Diplomaten ein ziemlich gleiches Interesse an dem Gegenstande nehmen mussten, so würde doch wohl der Codex sich in Königsberg befunden haben, wenn Caspar Schauenpflug — oder in Krakau, wenn Paul Wladimiri die Copie veranlasst und ihn mit nach dem Osten gebracht hätten. Da sich der Codex in Gnesen befindet, so glaube ich keine zu kühne Vermuthung auszusprechen, wenn ich annehme, dass er von dem Posener Bischof Andreas Laskari von Goslawice aus Constanz mitgebracht worden ist. Seine Entstehung würde ich demnach in die Jahre 1415—1418 setzen.

Breslau.   J. Caro.

---

1) Die Reden des Andreas Laskari bei Hardt, Acta Conc. Const. II. P. V. p. 170 u. 181. Die Schrift des Paul Voladimiri, Demonstracio infidelium terras pretextu conuersionis non esse occupandas theilweis ebendaselbst III. P. II p. 9 ff. Vgl. Gesch. Polens III, 446—449. Andere Schriften des Letzteren Tractatus de annatis in Starodawne prawa pomniki (Rechtsdenkmäler) V, p. 299 ff.
2) Caro, Liber cancellariae I, p. 9.
3) Dlugossus. ed. Crac. IV, 567.
4) Rozprawy akad. umiej. IV, p. 295.

La Bibliothèque de la nation germanique à l'Université d'Orléans.

L'Université avait une bibliothèque: la nation germanique, qui comptait de nombreux représentants aux écoles d'Orléans, voulut en posséder une qui fût à l'usage exclusif des étudiants allemands.

C'est en l'année 1560 que le procurateur allemand parle pour la première fois de l'institution d'une bibliothèque pour ceux de sa nation. Le recteur avait proposé d'acheter un nouveau corps de droit civil; mais, les comptes n'étant point réglés, on ignorait si l'on aurait une somme suffisante pour cet achat. Et à ce propos, on rappela qu'une bibliothèque avait été, il y a une quinzaine d'années, léguée à la nation par le docteur Jacques Melan, mais que sa veuve avait jusqu'ici différé l'exécution du testament. Le procureur reçut l'ordre du réitérer la demande, et l'affaire de la bibliothèque n'alla pas plus loin: l'acquisition de livres fut indéfiniment ajournée.

„Le docte Gyphanius, dit D. Fabre,([1]) s'apercevant que plusieurs écoliers de la nation manquaient de livres nécessaires, établit une bibliothèque presque toute composée de livres de droit, qui ne devaient servir qu'à ceux de sa nation; cette bibliothèque fut ensuite augmentée par les dons que lui faisaient les écoliers allemands qui avaient étudié le droit à Orléans."

Ces paroles, écrites en 1777, ont besoin de quelques explications. On pourrait croire en effet que Obert van Giffen, en latin Giphanius, écolier allemand et procurateur de sa nation, fit pour ses compatriotes ce que devait faire en 1714 Guillaume Prousteau, ce sont les propres termes du testament de ce grand bienfaiteur.

Les choses ne se sont pas passées de la sorte.([2])

Van Giffen voyant une grande abondance d'argent s'accumuler dans le trésor commun, reprit l'idée émise en 1560 au sujet de l'établissement d'une bibliothèque. L'unique raison, qui avait jusqu'ici empêché l'exécution de ce projet, le manque de numéraire, n'existait plus en 1565; alors le procurateur convoqua sa nation en assemblée générale et lui communiqua l'utilité d'une bibliothèque; mais une vive opposition se manifesta, la jalousie des uns et, le besoin de contradiction chez les autres accueillirent la proposition de van Giffen. On ne sentait pas la necéssité d'une bibliothèque particulière, celle de l'Université suffisant; d'ailleurs les autres nations d'étudiants n'avaient point de livres en propre, et l'établissement d'une librairie, la location d'un local, l'entretien des livres, le mode de contribution imposée aux élèves présentaient autant de difficultés insurmontables.

---

(1) Préface du catalogue de la bibliothèque publique de Prousteau, p. XXVII.

(2) Je n'ai fait que résumer dans ce qui va suivre, l'excellent travail de M. E. Bimbenet, publié dans les Mémoires de la Société d'Agriculture, sciences, belles lettres et arts d'Orléans t. XIX, p. 225—245 intitulé: „Recherches sur l'origines de la bibliothèque d'Orléans," et t. XX, p. 1—116.

D'après van Giffen, il faudrait peu d'argent pour jeter les fondements d'une bibliothèque; une fois établie, elle s'augmenterait par les cotisations de chaque écolier, et par les donations volontaires de ceux qui, reconnaissants de l'instruction reçue à l'Université, ne manqueraient pas d'ajouter un ou deux volumes, lorsqu'ils quitteraient les écoles. On pourrait en outre imposer une taxe particulière en vue de l'achat des livres aux étudiants qui se présenteraient à la licence et au doctorat. Tous ces moyens semblaient faciles à réaliser.

C'est ce qui arriva après de nombreuses discussions. La proposition de van Giffen fut adoptée, et sur le champ la nation fit acheter un Corpus civile et canonicum et les oeuvres de Barthole, et décida de déposer dans la demeure du bédeau de la nation les livres qui seraient achetés, jusqu'à ce que la collection présentât l'apparence d'une bibliothèque.

En 1567 on trouva un local plus convenable „dans la maison publique de l'Université où se tiennent les assemblées et où se font les promotions des docteurs, qu'on appelle vulgairement la librairie de l'Université, dans la partie la plus élevée de ce monument, au soleil levant, au dessus de la chambre où les docteurs ont accoutumé de se réunir." (¹)

Van Giffen peut donc être appelé non le fondateur, mais l'instigateur de la bibliothèque germanique, et son nom mérite de passer à la postérité. Ce fut à cette époque que la nation se créa des armoiries et un timbre.(²)

Cependant les Allemands, qui voyaient quelque inconvénient à ce que leur bibliothèque et celle de l'Université fussent ainsi rapprochées l'une de l'autre, décidèrent de chercher un autre local: mais la guerre survint, les nations des étudiants se dispersèrent; l'Université ferma ses portes. Bientôt, avec la paix et le calme, les études reprirent; les Allemands revinrent et furent heureux de retrouver leurs livres déposés chez un homme nommé Audebert. Ils les transportèrent de là dans la maison de Mme Coudière où ils les laissèrent l'espace d'un an et demi: Mais comme la chambre qui servait de bibliothèque ne pouvait être fermée, qu'elle était accessible à tout le monde, et que chacun avait par suite la facilité d'entrer, de sortir et d'emporter des livres sans être vu, circonstance qui, d'un établissement privé en faisait une bibliothèque publique, les Allemands enlevèrent encore une fois leurs livres et les déposèrent dans un petit appartement situé près de l'église de Saint-Victor. Ce fut en l'année 1585.

Pour empêcher toute dilapidation, un règlement très sévère fut élaboré. Je me contenterai d'en citer les articles les plus importants.

---

(1) „Est autem locus ille in domo universitatis publica, ubi doctorum conventus habentur et promotiones fiunt, librariam universitatis volgo usurpant, in editissima domus parte, ad orientem versus, supra conclave illud in quo doctorum conventus fieri solent." Ibid. p. 239.
(2) Sur les plats de plusieurs volumes, j'ai lu l'inscription suivante: „Liber inclitae nationis germanicae in academia Aurelianensi, 1567."

„Art. 3. — Je jure de ne vendre aucun des livres de la bibliothèque, de ne les engager ni de les aliéner en quelque manière que ce soit, de ne pas les détruire, ni de consentir à ce qu'un autre le fasse en ma présence.

„Art. 8. — Je jure de n'emporter aucun des livres de la bibliothèque, avant d'en avoir écrit le nom, le numéro, le nombre sur le régistre destiné aux inscriptions, et d'y avoir apposé ma signature en présence du bibliothécaire.

„Art. 9. — Je jure de ne prêter à aucun étranger les livres qui me seront prêtés, de ne pas les emporter en quittant les écoles, mais de les restituer fidèlement et en conscience: enfin je n'introduirai dans la bibliothèque aucun étranger sans la permission du bibliothécaire."

Ce serments que faisaient les étudiants en s'inscrivant sur le registre matricule de la nation germanique concernaient chaque individu en particulier; les fonctionnaires avaient aussi un formulaire qu'ils juraient en entrant en charge Le procurateur disait: „Je jure de restituer, à la fin de mon office, tous les livres que j'aurai pris pour m'en servir, et de faire restituer ceux que les autres auront empruntés." Le questeur, l'assesseur et les seigneurs juraient de même.

Le bibliothécaire répétait la formule suivante. „Je jure, disait il, de remplir avec fidélité ma fonction de bibliothécaire, pour laquelle je ne donnerai pas de livres, mais de l'argent en espèce, et de traiter la bibliothèque, comme il convient de le faire. J'apporterai les soins les plus vigilants à la conservation et à l'augmentation des volumes et j'inscrirai sans tarder les livres nouvellement acquis et ceux qui ne l'auront pas encore été. Je ne recevrai personne dans la salle de la bibliothèque sans permission, ni à des heures insolites. Je ne confierai à personne les clefs de la salle, je ne prêterai pas plus de huit livres à la fois, à moins d'en avoir reçu la permission expresse et signée du procurateur, et ces livres ne sortiront pas avant que j'aie inscrit sur le registre de sortie, le nom, le format, le livre et la date de l'impression, et le nom de l'emprunteur avec sa demeure. En quittant mes fonctions, ou en m'en demettant pour une cause quelconque, je rendrai compte de mon mandat et confierai au procurateur seul les clefs de la bibliothèque: toutefois je demeurerai encore huit jours pour mettre mon successeur au courant et l'instruire de tout ce qui concerne la charge de bibliothécaire. En un mot je ne chercherai que l'intérêt et l'avantage de la bibliothèque. Puisse Dieu me venir en aide." (1)

Le premier bibliothécaire fut van Giffen et pendant quelques années un seul bibliothécaire suffit pour remplir cette fonction; mais, le nombre des volumes augmentant avec les années et avec les donations successives, on fut obligé d'en nommer deux. „Chacun se tenait

---

(1) Ces formulaires nous ont été conservés dans les Catalogues imprimés des livres de la bibliothèque germanique; on les avait imprimés sous forme de pancarte pour être affichés dans la salle des délibérations et dans la bibliothèque. Cf. A. Gülnitz, Ulysses p. 228 et 239.

à tour de rôle le matin, de six heures à sept heures dans le local de la bibliothèque, prenait les livres sur les rayons, les inscrivait sur le registre de prêt, en y faisant apposer la signature de l'emprunteur et les lui remettait en le priant de veiller avec la plus grand soin à leur conservation." (¹)

Ces renseignements, que fournit Jodocus Sincerus, montrent l'importance de la bibliothèque et les précautions minutieuses que nécessitait l'emprunt d'un volume.

Quant à la manière d'augmenter le nombre des livres, elle était d'une grande simplicité.

Chaque année, on consacrait à leur achat une somme plus ou moins forte, suivant les recettes et les dépenses générales: l'argent provenait de plusieurs sources.

Tous les étudiants qui se faisaient inscrire sur le registre de la nation, devaient, outre le droit fixe d'inscription, une petite somme pour la bibliothèque.

Une quête annuelle avait lieu dans le même but.

D'après un ancien statut, renouvelé en 1565, les étudiants, qui se présentaient à la licence, donnaient un teston au profit de la bibliothèque; les docteurs, en plus de l'honoraire dû au procurateur, versaient une livre de France ou offraient un volume.

Mais ces contributions, votées dans un moment d'enthousiasme, parurent bientôt onéreuses aux écoliers qui avaient d'autre souci que celui d'avoir une bibliothèque. Il fut bientôt convenu que chaque étudiant de la nation germanique ne serait plus taxé qu'à six sols tournois, avec cette stipulation que la mesure projetée serait laissée à l'entière disposition des élèves qui pourraient augmenter leur cotisation, s'ils le voulaient, et il demeurait bien entendu que les donations de livres, sans être prescrites, seraient toujours agréables.

Cependant les fonctionnaires de la nation étaient soumis à une taxe fixe à laquelle ils devaient ajouter plusieurs volumes.

Le procurateur, à lui seul, payait cinq couronnes d'or, somme une fois versée et faisait présent d'autant de livres qu'il le désirait. Aucun d'eux ne manqua de se soumettre à cette dernière condition de sa charge, ainsi que l'attestent les souscriptions mentionnées sur une foule de livres conservés aujourd'hui encore à la bibliothèque publique de la ville.(²)

---

(1) Bibliothecarii sunt duo, quorum munus est, quotidie et hora prima ad secundam bibliothecae comparere, libros petentibus indulgere, ab ipsis commodatos libros inscribere. Itinerarium Galliae.

(2) Deux volumes offrent sur le plat ou sur le dos l'inscription suivante en lettres d'or: E 3140, Donum ob officium procuratorium Ernst Frederic Mollingeri Argentinensis 1670; E 3141, Samuel a Winterfelt I.N.G. exprocurator, 1604. — Hunc librum ratione officii procuratoris reliquit Job. Helverschow danus, 1649, D 112; hunc librum inter alios ratione muneris procuratorii reliquit Albertus Fridericus ab Hunicke, eques Marsicus, 1657. C 759 librum hunc inter alios ratione muneris procuratoris reliquit de Gouski, D 539.

L'assesseur(¹) le questeur(²) les seigneurs(³) et les bibliothécaires(⁴) outre la taxe en numéraire qu'ils payaient et dont le montant n'est pas indiqué, concouraient tous à l'accroissement de la bibliothèque.

Les gradés ne l'oubliaient pas non plus(⁵) et chaque étudiant, à son départ d'Orléans pour retourner dans sa patrie (⁶) ou se rendant en Espagne (⁷), à Poitiers(⁸), tenait à honneur de laisser un volume qui pût rappeler son amour pour la nation(⁹), sa reconnaissance(¹⁰), ou montrer qu'il songeait aux autres étudiants.(¹¹) L'un d'eux qui était bibliothécaire se donna la peine de retrouver les feuillets perdus d'un livre(¹²); un autre met en dépôt dans la bibliothèque un volume que lui avait confié un de ses amis de Bourges parti en Espagne depuis deux ans (¹³).

Plusieurs ne se privaient pas d'écrire des anagrammes (¹⁴), d'ajouter

---

(1) Hunc librum inter alios in sui memoriam reliquerunt fratres Joh. exassessor et Albertus a Lymbourg, Leodii 1632, D 813.

(2) Hunc libellum reliquit Cornelius Veem quaestor I. N. G. 1627, B 846.

(3) Hunc reliquit inclytae nationi germanicae, quae est Aureliis, Adrianus van der Houel ejusdem nationis senior, B 1135; hunc librum reliquit Jacob Vitellius senior anno 1621, B 1009.

(4) Bibliothecam hoc munusculo auctam volebat jamjam Italiam cogitans Guill. Boele exbibliothecarius et exassessor, 1608, B 927. — Ratione muneris bibliothecarii hunc librum reliquit Joannes Vermesen 1662, E 81.

(5) Hunc librum propter gradum assumptum reliquit Joannes Kemp, B 1141.

(6) Hunc librum quo sui memoria et beneficii signum erga inclytam nationem extaret P. Corn. Brederod Hagocomitatus Batav. anno 1580 discessurus ad Noriam, B 1502.

(7) Hunc librum in Hispaniam Aureliis discessurus reliquit H. a Wyngaerden 1587, B 849; Aureliis in Hispaniam discessurus J. N. B. 1020.

(8) Ad Pictones abiens reliquit J. Capelli mnemosyni loco 1580, B 1122.

(9) Moris et amoris ergo hunc in sui memoriam reliquit Ad. van der Lysse, D 1615.

(10) Hunc librum gratae memoriae ergo reliquit Marinus a Vrybergen anno 1615, B 840; ego Rinoldus hunc in amicitiae signum relinquo 1611, B 1137.

(11) Libellum hunc perexiguum bibliothecae relinqui voluit omnium in commodum inque sui recordationem Elias Brachenhoffer, B 1110.

(12) Librum hunc a blattarum tinearumque (cum quibus ut authoris verbis utar rixabatur) injuria vindicans, foliis quamplurimis hinc et inde dispersas paginas collegi in gratiam inclytae nationis germanicae multorumque utilitatem ex officio et fide qua et generaliter et specialiter commoda bibliothecae consulere teneor, eo quo potui modo restitui et eum hactenus sine alicujus usu et commodo jacere illigatus hanc in formam usque restitutam nationi offero Remexas Schrassert inclytae nationi germanicae quae est Aureliis ad lucrum bibliothecae praefectus anno 1605, D 2186.

(13) Reliquit inclytae nationi germanicae Johannes Nedermann hunc librum suae custodiae commissum Biturigibus a Joh. Warnabe ante biennium in Hispaniam profecto, eo animo ut si reversus voluerit illum repetendi facultatem habeat, vectura Pictavis Aureliam relata, 1601, C 568.

(14) Sur le feuillet de garde d'un ouvrage de Calvin, A 3062: Hunc librum bibliothecae nationis germ. ad liberandam fidem meam et testandum gratum animum reliqui Petrus Eisinge, exprocurator 1620.

des devises françaises([1]), latines([2]) ou espagnoles([3]) et de rimer pour indiquer leur nom([4]).

Les étudiants qui n'appartenaient point à la nation germanique, restèrent en dehors de ce mouvement et ne contribuèrent en aucune façon à la formation ou à l'accroissement de la bibliothèque des Allemands. Ce n'était que justice, puisque, d'après un article du règlement, aucun livre ne devait être prêté à un étranger. Je n'ai pas trouvé d'ailleurs un volume qui eût été donné par un autre écolier ou par un professeur quelconque. Il n'y a qu'une seule exception, le libraire Orléanais Saturnin Hotot offrit à la bibliothèque germanique, le 28 février 1607, les Commentaires de J. Igneus([5]).

Beaucoup de livres furent achetés avec l'argent de la caisse et dans ce cas le bibliothécaire prenait soin d'écrire sur le feuillet de garde les noms de tous les fonctionnaires en exercice au moment de l'achat([6]) et de faire graver sur la couverture le sceau de la nation avec ces mots: Liber inclitae nationis germanicae in academia Aurel. 1567, ou: Liber inclytae nationis germanicae Aureliis, ou même: Liber nationis alemanicae([7]). La première inscription se retrouve souvent, même sur des livres achetés postérieurement à la date 1567([8]), preuve manifeste que les Allemands ne modifièrent pas leur cachet ou leurs armoiries.

On lit aussi fréquemment la devise suivante imitée de Démosthène([9]) par Ovide:

Joannes Calvinus   Ovis in luce sana.
Collige Calvini mentem sub nominis umbra.
Una salus in eo,   I nova luce sinas,   Alius canon Jesu.
Praeter apostolicas Christi post tempora chartas
Huic peperere libro saecula nulla parem.

(1) Aime la vertu pendant la vie, la bonne renommée viendra en sépulcre, B 1203; espérance soustient patience, B 1197.
(2) Invia virtuti nulla est via, B 1130;
    Vive sine invidia mollesque inglorius annos
Exige, amicitias et tibi junge pares, 1586, B 1020.
(3) De los enemigos honra,   Fidélité m'oblige,
    De los envidies vertud,   J'aime qui m'aime,
    De los amigos gloria,   J'honore la fidélité.
Non sit alterius qui suus esse potest, E 2751.
(4)   Istud bon Decreit
    Michi pertinet
    Lecouvreur Egidio
    Tesmoins mon sinet
    Manuel hic aposito
    Et totum complet
    Letourneur. Corpus Canonicum, 1481, B 24.
(5) Saturninus Hotot thypographus dono dedit J. N. G. B 1358.
(6) Liber inclytae nationis germ. emptus pecunia bibliothecae, procuratore Bernhardo ab Heringha, quaestore Wernero Schlaum, adsessore J. Pegarnio, biblioth. praefecto Goffone a Zyserda, anno 1603, D 1950.
(7) B 967.
(8) E 2751.
(9) Πολλάκις δοκεῖ τὸ φυλάξαι τἀγαθὰ τοῦ κτήσασθαι χαλεπώτερον εἶναι. Thesaurus H. Stephani, Vº φυλάσσειν.

Non minor est virtus quam quaerere parta tueri,

devise que j'ai vue sur un manuscrit de la bibliothèque de Chartres de l'année 1372 (¹).

Ces livres étant le produit des cotisations générales ou le résultat de la générosité individuelle, il semble naturel de croire qu'ils aient été prêtés sans aucune rétribution; telle ne fut pas toujours la pratique.

Dans les commencements de la bibliothèque, à la période de formation, les volumes étant rares et par conséquent précieux, l'emprunt pur et simple offrait quelques inconvénients: les détériorer, les emporter même devenait chose facile pour des étudiants. Pour empêcher tout abus, on les loua. Le Corps du droit civil et canonique, relié en peau rouge (²), était prêté moyennant 16 sols par mois; pour une seule fois, on demandait 8 sols. Les Commentaires de Bartole (³) étaient loués 12 sols, ceux d'Oldendorp (⁴) 8 sols et ceux de Baldus (⁵) 6. Ce tarif nous fait connaître la valeur comparative des ouvrages de droit à la fin du seizième siècle. On ne demandait que 6 sols pour un lexique grec-latin (⁶).

Mais à mesure que le trésor s'augmentait et que les donations devenaient plus fréquentes, les livres s'accrurent et alors on les prêta sans autre contribution que celle qui était imposée à tout étudiant d'une manière générale.

Il existait cependant quelques abus. Chaque volume portait sur le titre ces mots écrits en gros caractères: „Non auferatur"; certains livres ne devaient point sortir de la bibliothèque (⁷), d'autres ne pouvaient être emportés qu'avec la permission expresse et signée du procurateur (⁸). Malgré ces sages prescriptions, la conscience des étudiants se montrait parfois d'une élasticité bien connue; ils empruntaient et ne restituaient point. Les bibliothécaires se relâchaient de leur zèle et leurs serments étaient quelquefois mis en oubli; les prescriptions minutieuses relatives au prêt devenaient lettre morte. Les fonctionnaires ne surveillaient plus l'observation des règlements et la bibliothèque, loin de s'accroître, voyait diminuer le nombre de ses volumes. „Il fut un temps, s'écrie un bibliothécaire, où notre librairie regorgeait de livres en tous genres recueillis à grands frais et conservés avec soin; aujourd'hui elle est mutilée et ses volumes les plus rares ont été volés (⁹)."

(1) Nouveau Catalogue des Mss. préface, p. XXVI.
(2) B 24.
(3) B 977, 1562, 3 vol.
(4) B 3186, Lyon 1539.
(5) B 967, 1535.
(6) Ces détails m'ont été fournis par le ms. 477⁴ mis à la disposition du public par la générosité de M. Bimbenet.
(7) Extra bibliothecam non est usus, D 681.
(8) Liber inclytae nationis germanicae qui alienari non potest neque auferri absque permissione procuratoris, E 2171.
(9) Fuit tempus quando bibliothecam nostram omnibus a multis retro annis ad usum publicum patentem illustrabant libri omnium scientiarum editi

Ce cri de détresse était poussé en 1664. Dans le but de porter remède à ces maux et d'éviter le retour de pareils larcins, il fut résolu, par une délibération commune, qu'oz dresserait l'inventaire de tous les livres composant la bibliothèque de la nation. Ce catalogue fut fait par le bibliothécaire Emmichius Neclergordio et imprimé cette même année (1); il comprend neuf classes divisées dans l'ordre suivant avec le nombre de volumes concernant chaque matière: théologie, 328; droit, 1385; médecine, 74; belles-lettres, 850; politique, 264; mathématiques, 63; histoire et géographie, 873; romans, 209; dictionnaires et grammaires, 307. Ce qui forme un total de 4353 volumes sous cinq formats: in-folio, in-4°, in-8°, in-12 et in-16; le lieu et la date d'impression manquent souvent. Il n'y avait à cette époque qu'un seul manuscrit intitulé *Loci communes philosophi* et pas un incunable.

Ce qui peut étonner dans ce catalogue, ce n'est pas le nombre des volumes de droit qui dépasse de beaucoup les autres catégories, c'est la classe des romans; elle comprenait la plupart des ouvrages français à la mode, Melle de Scudery, le grand Cyrus, la Calprenède, qui étaient lus avec plus d'avidité peut-être que les livres de droit et de théologie.

En effet, le 20 mai 1678, le bibliothécaire se plaignit qu'il manquait beaucoup de volumes de cette catégorie: on les emportait, on les prêtait à des étrangers qui ne les rendaient plus. Il n'est pas question des autres classes d'ouvrages. Les écoliers étaient alors ce qu'ils sont aujourd'hui.

Dès lors on songea à prendre de nouvelles mesures. Le catalogue, fait à la hâte ne plaisait point, il n'embrassait pas toute la bibliothèque et les indications données devenaient souvent insuffisantes, parce qu'elles n'empêchaient point les larcins. On chargea le bibliothécaire Gisbert Edingh de recommencer un catalogue sur un nouveau plan et P. Rouzeau d'Orléans offrit pour l'impression les meilleures conditions, c'est à dire qu'il demanda dix florins par feuille (2).

Ce second inventaire parut l'année même où il fut décidé.

Dans la préface l'auteur écrivait: „La nation germanique décida qu'elle aurait un trésor public qui constituerait la force et l'appui de la république, le nerf de toutes les affaires. On devait le former des livres les plus rares et des éditions les plus précieuses dans les sciences et les arts, puis, d'après une règle dictée par l'économie, ajouter peu à peu les ouvrages qui paraîtraient les plus dignes d'y figurer, et de

---

magnis cura et sumptu congesti; nunc vero videas illam mutilam et mancam bene multis iisque maximam partem rarioribus furto subductis. Préface du Catalogue de 1664.

(1) Catalogus librorum qui Aureliae in bibliotheca germanicae nationis exstant confectus anno 1664. Aureliae apud Ant. Rousselet, 80 p. in-8, plus 4 p. de préface.

(2) Nullum inveni aequiorem quique melioribus conditionibus rem in se susciperet quam Rouzeau, cum quo contraxi conventum de decem florenis in quolibet folium erogandis. Ms. 477 4, § 10, p. 9.

la sorte chacun pourrait trouver des instruments nombreux et faciles pour le travail. Cette sage mesure produisit la réunion de plusieurs milliers des meilleurs auteurs; mais il ne suffit pas d'acquérir, il faut surtout savoir conserver. Or cette maxime qui est devenue celle de la bibliothèque, a été promptement méconnue: mépris des serments, dilapidation, détournements, négligence et incurie des bibliothécaires, tout fut employé pour dissiper ce trésor, au point qu'il n'en resta pas la millième partie(1)." Ces plaintes et ces récriminations concernent des temps antérieurs à 1664; les guerres désastreuses, dont Orléans avait été le théâtre, avaient porté un coup terrible à l'Université, ses membres s'étaient dispersés, ses professeurs gémissaient à la vue de toutes les ruines amoncelées. Est-il étonnant que les livres abandonnés, négligés, devenus la proie d'ignorants, aient été lacérés ou enlevés et que la bibliothèque ait été frustrée d'une partie des trésors que les années et les économies avaient réunis.

Quoi qu'il en soit, ou le catalogue précédent était incomplet ou le nombre des volumes donnés a été considérable, car dans l'espace de quatorze ans, la différence des livres s'élève à 905, suivant le catalogue dressé en 1678. Ce nouvel inventaire fut dressé d'après un plan tout particulier et par ordre alphabétique.

Il commence par indiquer les noms des ouvrages dont la sortie de la bibliothèque est interdite; c'étaient les suivants: „Nouvel Altas par Guill. et Jean Blaeu, 3 tomes, Amsterdam, 1638; Hortus Eystettensis Basilii Besleri, 1613; Effigies imperatorum, Tyguri, ex officina Gessneri, 1559; Globus celestis et terrestris."

Viennent ensuite les grandes divisions comprises sous les différentes lettres de l'alphabet avec l'indication du nombre des rayons que renferment les armoires de la bibliothèque, de sorte que la première lettre indiquait l'armoire, la seconde le rayon et le numéro du volume déterminait l'ordre et le rang qu'il occupait.

Théologie, A, B, C, 18 rayons, 398 volumes;
Histoire et Géographie, AA, BB, CC, D, E, F, 45 rayons, 1046 volumes;
Droit, G, H, I, J, K, L, M, N, O, P, 90 rayons, 1862 volumes;
Dictionnaires, grammaires et romans, Q, S, 19 rayons, 492 vol.;
Médecine, R, 6 rayons, 96 volumes;

---

(1) Constitutum est aerarium publicum, reipublicae firmamentum et robur, rerum gerendarum nervus, quo rarissimi quique atque optimi libri variis de artibus ac scientiis undequaque compararentur; hic regulam oeconomicam quae parvo parvum addere jubet secuti ditiores cum tempore extiterunt, adeo ut pretiosissimus iste bibliothecae thesaurus tandem ad aliquot meliorum scriptorum millia excresceret. Verum quoniam non minor est virtus quam quaerere parta tueri, nulla religione jurisjurandi, sive furto et expilatione, negligentia et incuria thesaurum hunc tam male habuerunt, ut pro illo carbones invenerimus, nec millesimam quidem librorum partem reliquam acceperimus, prorsus ut egregii illi Curatores in certam perniciem potius jurasse non injuria dixeris. Praefatio.

Lettres, Philosophie et Mathématiques, T, V, X, Y, Z, 54 rayons, 1360 volumes.

Cette disposition permettait de trouver immédiatement un volume avec la série à laquelle il appartenait et le rayon sur lequel il devait être placé. Ainsi G A 1 indiquait un livre de droit qui était au premier rayon et le premier de son rang; A M 7 indiquait un volume de théologie du 18e rayon occupant le 7e rang.

Le nouveau catalogue comprenait un total de 5258 volumes, c'est à dire 905 de plus en 1678 qu'en 1664, ce qui fait en 14 ans une moyenne annuelle de plus de 64 volumes d'augmentation; il n'y avait encore qu'un seul manuscrit intitulé „Liber precum." Cette recension fait honneur au bibliothécaire Gisbert Edingh; on y trouve en effet l'indication du nombre de tomes et d'exemplaires, du lieu, la date de l'impression et le format. La plupart des villes d'Allemagne ayant une imprimerie fournirent leur contingent; ces livres étaient apportés aux étudiants par les messagers ordinaires. Pour la France, ce sont les imprimeries de Paris et de Lyon qui se rencontrent le plus fréquemment. Les donations eurent lieu surtout au commencement du dix-septième siècle, en égard à la date de l'impression; je n'ai vu que quatre incunables et encore appartiennent-ils aux Lettres, un de 1495 et trois de 1496; la date de 1511 est la plus ancienne, pour les livres de droit, celle de 1521 pour la Grammaire, et celle de 1523 pour la médecine.

En 1682 on fit un supplément qui est ordinairement ajouté au catalogue de 1678 (¹).

Telle était dans la seconde moitié du dix-septième siècle la bibliothèque de la nation germanique qui comptait à bon droit parmi les plus nombreuses collections de livres réunis à l'usage des étudiants et qui n'était dépassée à Orléans que par celle de G. Beauharnais de la Grillaire (8690 volumes).

Cependant, le 14 août 1684, six années seulement après l'impression du second catalogue, „le lieutenant général au bailliage d'Orléans, conservateur des privilèges de l'Université, Gabriel Curault, averti que quelques individus étrangers à la nation germanique, s'étaient permis de déplacer les livres composant la bibliothèque de cette nation et même avaient déjà disposé par vente d'une partie de ces livres, considérant d'autre part que l'existence de cette bibliothèque résultait d'un privilège royal accordé à la dite nation et qu'elle constituait un dépôt public, après visite faite, laquelle montra qu'elle ne s'élevait plus qu'à 400 volumes, défendit qu'aucun livre fût distrait de la maison particulière, sise au bas de la rue des grandes écoles où ils étaient

---

(1) Catalogus librorum qui Aureliae in bibliotheca inclytae nationis germanicae extant secundum seriem litterarum alphabeti digestus cura et opera G. Edingh Groningani I. N. G. procuratoris. Aureliae apud Nicol. Verjon bibliopolam et bedellum I. N. G. anno 1678, ex typographia P. Rouzeau.

déposés, ordonna que les scellés y fussent mis et les clefs confiées aux mains du greffier (¹).«

Je ne veux point contester l'authenticité ni l'existence de ce document, dont l'original est aux Archives départementales; mais, en le prenant à la lettre, il semble présenter une contradiction formelle avec ce que je viens de dire. Est-il croyable qu'en 1678, il y ait 5258 volumes, en y comprenant le supplément imprimé en 1682, et qu'en 1684, ce nombre se soit trouvé réduit à 400? Je n'ignore pas que plusieurs volumes ont pu, dans cet intervalle, être enlevés de la bibliothèque, malgré les foudres divines et humaines dont étaient menacés les voleurs(²); mais pour qu'il n'en reste plus que 400, il faut supposer de graves désordres, de terribles dilapidations ou les malheurs d'une guerre, semblable à celle, qui un siècle auparavant, avait apporté tant de troubles dans l'Université. Aucune de ces alternatives ne s'était produite; fort heureusement le ms. 4774 fournit l'explication de cette mesure insolite.

A cette date de 1684, „il s'éleva une contestation entre les écoliers allemands et Viot Mercure, le propriétaire de la maison où ils avaient déposé leur bibliothèque, et par suite entre eux et le procureur du roi au dit bailliage, à l'occasion du transport qu'ils s'apprêtaient à faire de leurs livres dans une autre maison qu'ils venaient de louer.« Les Allemands, dont les ressources diminuaient à mesure que le nombre des écoliers devenait plus restreint, avaient pris à bail une maison d'un moindre loyer que celle de Viot, et déjà ils y avaient transporté la plus grande partie de leurs livres; il n'en restait plus que 400 environ lorsque le propriétaire qui très probablement n'avait pas été payé, fit mettre les scellés sur la porte de la chambre qui renfermait ce petit nombre de volumes, jusqu'au paiement entier de la somme due.

Voilà la portée de ce document qui ne prouve aucunement la diminution du nombre des volumes de la bibliothèque germanique.

Toutefois, le 20 juillet 1689, le bibliothécaire en exercice ne craignit pas d'enlever furtivement beaucoup des livres qui avaient été confiés à sa vigilance. Plusieurs écoliers quittant l'Université agirent de même; mais cette conduite ne diminua pas tellement la bibliothèque qu'elle fut réduite au nombre donné plus haut.

En 1721, elle fut transporté du local qu'elle occupait et déposée dans une partie de la salle haute du bâtiment des Grandes Ecoles, avec les registres, les sceaux et les médailles de la nation; les Allemands firent enclore à leurs frais cette portion à eux accordée d'une cloison en bois de chêne à panneaux et, pour tout prévoir, remirent une des clefs entre les mains du recteur, une autre au grand bedeau, et le procurateur garda la troisième.

---

(1) Mémoires de la Société archéologique de l'Orléanais, t. XII, p. 380.
(2) Coerceatur vel ad ceritas tabulas duraturae notae et infamiae causa nomen ejus albo erasum referatur. Préface du catalogue de 1664.

Le 12 mai de cette même année, la nation germanique fit un décret concernant deux fêtes nouvelles; en voici la teneur.

„La nation germanique en l'Université d'Orléans célèbrera annuellement la fête du martyr saint Jean Népomucène dans l'église de Saint-Pierre-en-Pont avec le consentement des chanoines de la dite église. Elle célèbre aussi la fête de l'Immaculée conception de la Vierge Marie; en ce jour tous et chacun des étudiants de la nation germanique jurent de défendre et de propager cette pieuse croyance par tous les moyens en leur pouvoir, jusqu'à ce que le Saint-Siège en ait décidé autrement[1]."

Ces deux fêtes donnent lieu de supposer que la plupart des étudiants allemands appartenaient à la religion catholique; du reste leur nombre diminuait chaque année. En 1784, le bibliothécaire était un français; il s'appelait Salomon de la Saugerie[2]; et au moment où les cours de l'Université furent fermés, les registres de la nation germanique donnent les noms de trois écoliers seulement. Qu'allait devenir cette bibliothèque si riche de souvenirs et dont tous les volumes rappelaient un passé si glorieux? Placée dans la rue de l'Université, dans le local qu'occupe aujourd'hui une école communale, à côté du monastère de Bonne-Nouvelle, cette bibliothèque allait être exposée à de grands malheurs, au milieu de l'effervescence révolutionnaire, si l'administration ne prenait aussitôt des mesures préventives. Aucune des lois de la Convention ne pouvait rigoureusement lui être appliquée et l'on ne savait même pas si elle allait devenir la propriété du département ou de la commune. Il n'existait aucun rapport entre cette bibliothèque et celles qui appartenaient aux communautés religieuses; elle formait un établissement privé, et, les titulaires ou propriétaires n'étant plus sur les lieux, elle revenait de droit à l'Etat.

Dès lors il fallait craindre la dispersion de tant de richesses, de tous ces volumes de droit, dont quelques-uns constituent un véritable trésor bibliographique par leur antiquité et leur rareté; mêlés aux livres du dépôt qu'on avait amoncelés dans l'église de Bonne-Nouvelle, ils risquaient fort de quitter notre ville pour aller enrichir la Bibliothèque nationale où le gouvernement de la république voulait réunir toutes les curiosités des bibliothèques départementales.

---

[1] Inclyta natio germanica in Universitate Aurelianensi celebrabit annue B. Joannis Nepomuceni diem in ecclesia S. Petri ad Pontem cum consensu DD. canonicorum dictae ecclesiae. Celebrat etiam haec inclyta natio festum immaculatae conceptionis B. Virginis ac matris Mariae ubi jurant omnes ac singuli cives dictae nationis se credere tanquam sententiam piam et omnipotentis Dei matri debitam, B. scilicet Dei matrem esse immaculate conceptam et quod illam sententiam pro viribus suis protegere et propagare velint, donec a sanctissima Sede apostolica aliud statuatur. Ex decreto senatus inclytae nationis germanicae, die 12 mai 1721. — Ce renseignement est tiré de la page 18e d'un opuscule intitulé: Officium de sancto Joanne Nepomuceno presbytero et martyre inclyti Bohemiae regni et nationis germanicae in Universitate Aurelianensi patrono atque apud Deum advocato, juxta exemplar Coloniae impressum. Petit in-16, 42 pages, E 4043, pièce 11.

[2] Nouveau supplément à la France littéraire, p. 99. Paris 1784.

L'administration du Loiret prit une résolution qui l'honore.

La section de Brutus avait établi son club dans les Grandes Ecoles où elle tenait ses séances décadaires. Le 5 ventôse an II (23 février 1794) les administrateurs du département appelèrent l'attention du Directoire du district sur la situation de cette bibliothèque. „Pour assurer sa conservation, disaient ils, il nous paraîtrait convenable que vous prissiez les mesures nécessaires pour la faire enlever et déposer dans le lieu que vous croirez devoir choisir à cet effet."

Invoquant la loi du 8 pluviôse qui venait d'être promulguée, le Directoire s'empressa de répondre qu'il n'y avait rien à innover provisoirement aux bibliothèques publiques des grandes communes, que la bibliothèque de la nation allemande rentrait dans cette classe et par conséquent qu'elle ne pouvait être réunie aux autres livres du grand dépôt littéraire.

On devait cependant faire une distinction. La bibliothèque germanique était publique dans un sens et ne l'était point dans un autre. Tous les étudiants allemands jouissaient, de concert avec les professeurs, de la liberté de se servir des livres qu'elle renfermait, de les emporter même pour travailler plus facilement à la seule condition de les rapporter après un certain temps; mais aucun autre écolier, à quelque nation qu'il appartint, n'avait la jouissance de ces volumes: la bibliothèque, étant fermée à tout étranger à la nation, ne rentrait point à proprement parler dans la catégorie qu'indiquait le Directoire, et cependant on ne pouvait agir d'une autre manière. Aussi fut-il décidé qu'elle resterait provisoirement sous la surveillance du bibliothécaire public, qui seul serait chargé d'en faire le catalogue.

C'était pour Septier, le bibliothécaire, une nouvelle responsabilité et en même temps une nouvelle occasion de montrer son zèle. Il écrivit aussitôt aux administrateurs du district et tâcha de leur faire comprendre l'importance de cette bibliothèque, une des plus considérables du département par le nombre des volumes qu'elle contenait, aussi variée que riche, aussi belle que bien choisie; enfin il s'attachait à démontrer qu'elle devait être ouverte au public, mais à part et sans être réunis aux autres bibliothèques ni même à celle de Prousteau, parce que, ajoutait-il comme dernier argument, le local de cette dernière était si exigu et l'espace si restreint qu'on ne pouvait y mettre cent volumes de plus.

Quant au catalogue demandé par la loi, Septier déclarait qu'il était absolument impossible de le faire, tant que la section de Brutus tiendrait ses séances aux Grandes Ecoles, „ne voulant accepter la responsabilité de la conservation de cette bibliothèque qu'autant qu'il en aurait seul la clef et que personne n'y entrerait sans sa permission et sous sa propre surveillance.

Septier sortit victorieux: les livres restèrent dans le local qui leur était affecté, sans que l'administration départementale s'en occupât davantage, jusqu'au jour où ils furent réunis aux autres bibliothèques dans le nouveau bâtiment du Bon-Pasteur, en 1806.

Mélangés aujourd'hui avec les débris des bibliothèques des couvents, les livres de la nation germanique disparaissent et aucun indice extérieur ne les désigne aux yeux des visiteurs. J'espère cependant qu'un éternel oubli ne pèsera pas plus longtemps sur eux; je publierai un jour leur catalogue avec les noms des donateurs, et ce travail fera revivre avec leur souvenir l'intérêt qui s'attache à notre ancienne Université et l'éclat que lui ont donné durant cinq cents ans les écoliers de la nation allemande.

Orléans.   Ch. Cuissard,
                                          Biblioth.

Lutherdrucke auf der Breslauer Stadtbibliothek.
1516—1523.

Die vorliegende Beschreibung der im Besitz der Breslauer Stadtbibliothek befindlichen Lutherdrucke schliesst sich aufs engste an v. Dommer's „Lutherdrucke auf der Hamburger Stadtbibliothek 1516—1523" (Leipzig 1888) an. Bei der für die Reformationsbibliographie grundlegenden Bedeutung dieser hervorragenden und als Muster dastehenden Arbeit eines Meisters bibliographischer Forschung bedarf eine solche Anlehnung wohl keiner weiteren Erklärung, viel weniger einer Entschuldigung. Wo ich, ohne bei v. Dommer Anhalt zu finden, undatirte Drucke selbständig nach Ort und Offizin zu bestimmen hatte, ist dies nach der von jenem befolgten Methode geschehen, die auch mich mit nur wenigen Ausnahmen zu sicheren Resultaten führte; leider verhinderte die Beschränkung des Raumes, die Beweise für jeden Fall anzuführen. Unumgänglich schien mir dagegen eine grössere Ausführlichkeit bei der Beschreibung derjenigen Ornamente, welche bei v. Dommer noch nicht erwähnt sind, da sie ja das Material bereichern, welches in erster Linie eine Bestimmung undatirter Reformationsdrucke ermöglicht.

1516.

1. Eyn gehstlich ebles Buchleynn. | von rechter vnderscheyd | vnd vorstand. was der | alt vñ new mensche sey. Was Adams | vñ was gottis kind sey. vñ wie Adā | ynn vns sterben vnnd Christus | ersteen soll. ‖ [Holzschn.]
    = v. Dommer 1. Knaake I, 153 A.
    Wittenberg, Johann Grünenberg. 1516. Tag Barbarae.

1518.

2. ⟦S⟧Ermo de Pe= | nitentia P. | Martini Lu= | ther Augustiniani Wuit= | tenbergensis. ‖ [Holzschn. und Titelbordure siehe Orn. 5 und 46.]
    = Knaake I, 318 F.

4°, 6 Bl. —, Aij, Aiij, —, —, —. Mit Ueberschriften. Antiqua. Auf dem Titel und 1v ein Zierinitial. — 1v: SERMO DE POENITENTIA. P. MAR | TINI LVTHER AVGVSTINIA‹ | NI VVITTENBERGENSIS. | † | DE INDVLGENTIIs SAE‹ | pe locutus sum vobis, . . . — 5v G: | sum, ideo ad præsens omitto, lege ibidem. || TELOS. || P. G | † || — Bl. 6 leer.

[Basel, Pamphilus Gengenbach.]

3. Sermo de bigna | Praeparatione corbis | pro suscipiendo Sacramento Eucha‹ | ristiæ R. P. Martini Luther | Augustiniani Vuit‹ | tenbergensis. || [Holzschn.]

= v. Dommer 13. Knaake I, 325 B.

[Leipzig, Valentin Schumann.]

4. Eyn gutte trost= | liche predig võ der wirdigen | bereytũg zu bẽ hoch= wir= | digen Sacrament. Doctor Mar= | tini Luther Augustiner | zu Mittenberg. || ⌣⌒⌣⌒ || Item wie das leiden | Christi betrachtet soll | werbenn. || [Holzschn.]

= v. Dommer 16. Knaake I, 327 g.

[Doch haben beide Zl. 6 Wittenberg, während das vorliegende Ex. ganz deutlich Mittenberg hat.]

[Leipzig, Valentin Schumann.]

5. Ein gutte trost= || liche predig võ der wir= | bigen bereytung zu bem hochwirdi= | gen Sacrament. Doctor | Martini Luther | Augusti‹ | ner zu Witten= | berg. || Item wie das leiden Christi be= | trachtet sol werben. || [Holzschn. = v. Dommer. Ornam. 25.]

= Knaake I, 327 f (hier ist aber auf 7v ein Holzschn.: Christophorus erwähnt; im vorl. Ex. ist 7v leer.]

4°, 5 Bl. 2 × 4. A, B. Schwabacher. — 1v leer. 2r ¶ Wie nit allein gar nutz vnd fruchtpar, sonder auch | . . . [die ersten 30 Zz. in Form eines Kelches gesetzt.] — 6v 14 Wie das leiden Christi sol be= | trachtet werben. || — 7r a. E.: | des trost dich allein. || — 7v und 8 leer.

[Leipzig, Valentin Schumann.]

6. Eyn gutte trostliche | predig von der wirdigen berey‹ | tung zu bem hochwirdigen sa= | crament. Doctor Martini | Luther Augustiner zu | Wittenburgk. || Item wie das leyden Christi | betrachtet sol werben. || [Holzschn. = v. Dommer. Ornam. 58.]

= Knaake I, 327 h.

4°, 6 Bl. —, Aij, Aiij, Aiiij, —, —. Schwabacher. — 1v leer. 2r: ¶ Wie nit allein gar nutz vn fruchtpar, sonder auch nötig sey die vnter | trehsung, . . . — 6r a. E.: | dient bes trost dich allein. || — 6v leer.

[Nürnberg, Jobst Gutknecht.]

7. Eyn Freiheyt des' Sermons Beb | stlichen ablas' vn gnab belang [ ] Doctoris Martini Luther widdr | die vorlegung, s'o zur schmach sein | vnd besselben Sermon ertichtet. ||

[Titel dicht unter dem ob. Rande. Das Ende von Z. 2 beschädigt.]

= Knaake I, 381 D. [jedoch hat er in der 1. Zeile bes statt bes'].

4°, 6 Bl. —, Aij, Aiij, —, —, (—). Im vorl. Ex. fehlt Bl. 6. Schwabacher. — 1v: Jesus. | Ich Doctor Martinus Luther Augustiner zu Wittenberg, bekenne, | ... — Bl. 6 fehlt. [Bl. 5v schl.: ... Doch wiewoll dyß matery nit |].

[Leipzig, Wolfgang Stöckel.]

8. [Decem praecepta Wittenbergensi praedicata populo p. Mart. Luther 1518.]

4°, 52 Bl. 2×(6, 6, 4), 2×(6, 4). A—K. [Bl. 1 fehlt.] Antiqua. — Die Beschreibung der Nr. 21 bei v. Dommer stimmt von 2r an mit vorl. Ex. vollständig überein bis auf 51r, wo hinter dem Zusatz von 8 Zeilen in uns. Ausg. noch auf derselben Seite das (übrigens ebenfalls genau übereinstimmende) Impressum mit dem Signet Valentin Schumanns folgt. — 51v, 52 leer. Wohl = Knaake I, 395 B oder C.

Leipzig, Valentin Schumann. 1518.

9. Sermo de virtu= | te excōmunicationis Fra= | tri Martino Luther Augustiniano a | linguis tertijs tandem | euerberatus. || [Holzschnitt.]

= v. Dommer 25. Knaake I, 636 B.

Leipzig, Valentin Schumann. 1518.

10. Ab Dialogu₃ | Sylvestri Prieratis Mgri | Palatij de potestate Pape | Respōsio F. Martini Lu= | ther. Augustinēsis, Uuittenberge. [Titelbordüre = v. Dommer. Ornam. 88.]

= Knaake I, 646 A.

4°, 24 Bl. 6×4. A—F. Antiqua. Auf 1v ein Zierinitial. — 1v: REVERENDO IN CHRISTO PATRI, SYLVESTRO PRI- | erati, ... | .... Martinus Luther ... | ... || [P]Eruenit ad me Reuerēde Pater, Dialogꝰ ille | tuus, satis superciliosus, ... — Schluss 24r 4: | ceptus es. Repressi eṁ meipsum, ne malo reddere ꝓ malo. Vale. || 24r 5: ¶ Mendæ aliquot in hoc libello cōmisse, sic emendantur. || ...24r 26 ¶ Si præter annotatos: Lector: errores, alios quoq₃ | depræhēderis, ꝓ Igenio tuo (ut soles) tractato. || — 24v leer.

[Leipzig, Melchior Lotter.]

11. Appellatio. F. | Martini Luther ab | Concilium. ||

= v. Dommer 37. Knaake II, 35 B.

[Leipzig, Valentin Schumann.]

1519.

12. Die Sieben buß= || psalm mit deutscher auß|legung | nach dem schrifft=lichen synne | zu Christi vnd gottes gna= | den, neben seyns selben. ware erkent | nis'. grundlich gerichtet. || [Holzschn. = v. Dommer. Ornam. 23.]

= Knaake I, 156 D.

4°, 44 Bl. 2×(6, 6, 4) 6, 6. A—H. Schwabacher. — 1v: Allen lieben glidmaß'en Christi die dis' | buchlyn les'en. || ... a. E.: F. Martinus Luder Augustiner | zu Wittenberg. '. 1519. || — 2r beginnt die Auslegung. 43v a E.: ¶ Gedruckt zu Leyptzk durch den vorsichtigen man : Jacobum Thanner Nach Christ geburt Tausent | funff hundert vnd ym newtzehenden jare. || [Darunter das Signet Thanners.] — 44 leer.

Leipzig, Jacob Thanner, 1519.

13. **Eyn Sermon | von dem Ablas vnd gna | be bruch (!) ben wirdigen doc- | torum [!] Martinum Lut- | ther Auguſtiner cʒu | Buittenbergk ge- | macht. ‖** [Holzschn. und Titelbordure. Ornam. 7 und 48.]
 = Knaake I, 242 S.
 4°, 4 Bl. —, Aij, Aiij, —. Schwabacher. — 1v leer. 2r: Eyn Sermon von dem Ablas vnnd | genabe, burch ben wirdigen boctorn Martinum | Luther Auguſtiner ʒu Wittenbergk | geprebiget. ‖ 4r a. E.: ¶ Gebruckt ʒu Breſlaw burch Adam Dyon. 1519. ‖ — 4v leer.
 Breslau, Adam Dyon, 1519.

14. **Sermo de virtu- | te excōmunicationis Fra- | tri Martino Luther Auguſtiniano | a linguis tertijs tandem | euerberatus. ‖** [Holzschn.]
 = v. Dommer 47. Knaake I, 637 G.
 [Dommer hat aber im Titel virtu | te; auch fehlt seinem Ex. im Impressum auf 4r der Schlusspunkt, der in dem unsr. vorhanden ist.]
 Leipzig, Valentin Schumann, 1519.

15. **Sermo de Tri | plici iuſticia R. Pa- | tris Martini Luther Auguſtiniani Vuittenber- | genſis. ‖** [Holzschn. Orn. 21.]
 = Knaake II, 42 E.
 4°, 4 Bl. —, Aij, Aiij, —. Antiqua. — 1v leer. 2r: SERMO DE TRIPLICI IVSTICIA R. | PATRIS MARTINI LVTHER | AVGVSTINIANI | VVITTEN- | BERGENSIS. ‖ — 4r a. E.: | odioſa valde in actu, iucunda in fine. | ¶ Lipſiæ ex ædibus Valentini Schumañ | Anno domini Milleſimo quin- ‖ genteſimo nonodemimo. ‖ — 4v leer.
 Leipzig, Valentin Schumann, 1519.

16. **Sermo de Trip ‖ lici Juſtitia R. Patris | Martini Luther Auguſtiniani Buitēbergeñ ‖** [Holzschn. Orn. 14. Titelbordure = v. Dommer, Ornam. 96.]
 = Knaake II, 41 G.
 4°, 4 Bl. —, Aij, Aiij, —. Schwabacher. — 1v: Holzschn. = v. Dommer, Ornam. 32. — 2r: Sermo De Triplici Juſticia R. | Patris Martini Luther Auguſtiniani Vittēbergeñ. ‖ . . . — 4r a. E.: | obioſa valde in actu, iucunba in fine. | ¶ Finis. ‖ — 4v leer.
 [Leipzig, Martin Landsberg.]

17. **Replica. F. Sylue- ‖ ſtri Prieriatʒ, ſacri Palatij Apoſto- | lici Magiſtri, Ad. F. Martinum | Luther Ordinis Eremitarū. ‖** MARTINVS LVTHER, OPTIMO | LECTORI SALVTEM. ‖ [9 Zeilen.] ‖
 = Knaake II, 49 B.
 4°, 4 Bl. —, Aii, Aiii, —. Antiqua. Auf 1v ein Zierinitial. — 1v: SACRARVM LITERARVM PROFESSORI FRATRI MARTI- | no Luther Ordinis Heremitarum, Frater Siluefter de Prierio Ordinis | Predicatorum Sacri Palatii Apl'ici Mgr̃ Salutē. ‖ [S]Aluum te eſſe optarim Martine chariſſime. cū reſo | lutiōe . . . — 4v a. E.: | turº es neminem. Vale. FINIS. ‖
 [Leipzig, Melchior Lotter.]

18. Ein kurtz vnder || wehſung wie man beichten | ſol: auſz Doctor Mar-
tinus || Luther Auguſti- | ners wolmeinung | getzogen. ||
= Knaake II, 57 A (erſte Ausg. der Schrift.)
4°, 8 Bl. 2×4. A, B. Schwabacher. — 1v leer. 2r: Czum erſten.
Soll eyn hylichs Chriſtlichs | menſch . . . — 7r 14: | du haſt glorien, lob vnd ere,
zu ewigen zeiten. Amen. | Biij || ¶ Gedruckt zu Leyptzk auſz vorbzung Melchior |
Lotthers. Im tauſent funffhundert | vnd newntzehen Jar. || — 7v und 8 leer.
Leipzig, Melchior Lotter, 1519.

19. Auſlegūg beutſch || des Vater vnſer fuer die ein- | feltigen leyen
Doctoris Martini Luther | Auguſtiner zu Wittenbergk. || [Holzschn.
Orn. 22.]
= Knaake II, 77 B.
4°: 30 Bl. 5×6. A—E. Schwabacher. — 1v: Voxrede. | Es were nit
not, das man mein prediget vnnd wort auff dem | lande hre furet . . . | [9 Zz.
Ohne Unterſchr. Darunter Holzschn. Orn. 23. 2r: DO die iunger Chriſti
bathē | das er ſie . . . — 29v a. E.: | hilff mehnem glauben, wo er zu ſchwach
iſt. || Soli beo honor et gloria. || Gedruck[!] zu Leypſick durch Valentin | Schuman
anno. M.D.gig. || — 30 leer.
Leipzig, Valentin Schumann, 1519.

20. Auſzlegūg beutſch des | Batter vnnſer fur die | Eynfeltigen Leyen,
Doctoris | Martini Luther, Auguſti- | ner zu Wittemberg. | Nicht
fur die gelerten. || [Titelbordure = v. Dommer, Ornam. 75 A.]
= v. Dommer 61. Knaake II, 78 J.
[Wittenberg, Melchior Lotter d. j.]

21. Eyn Sermon || von der Betrachtung | des heyligen leybens Chriſti
D. | Mar. Luther zu Wittēberg || [Holzschn. = v. Dommer.
Ornam. 27.]
= Knaake II, 132. D.
4°, 6 Bl. —, Aij, Aiij, —, —, —. Schwabacher. — 1v leer. 2r: ¶ Zcum
erſten, bedenckē etlich [!] das leyben Chriſti | alſzo . . . — 6r 5: | bedenckē, alleyn
auff die brieff vn an die wend gemalet. || ¶ Gedruckt cju leypczgk Nach Chriſt |
geburt Funffzehnhubert vn im | neuzehenden iar. | — 6v leer.
Leipzig [Valentin Schumann] 1519.

22. Eyn Sermon vō der | Betrachtūg des heyligen leybēs Chri- | ſti.
D. Martini Luther zu Buitten- | bergk. || [Holzschn.]
= v. Dommer 64. Knaake II, 131 C.
Leipzig, Melchior Lotter, 1519.

23. Diſputatio bo- | mini Johannis Eccij et | Pa. Martini Luther in |
ſtudio Lipſenſi futura. || [Holzschn. Orn. 15. Titelbordure =
v. Dommer. Ornam. 76.]
= Knaake II, 156 b.
4°, 4 Bl. —, Aij, Aiij, —. Schwabacher. — 1 v: In Studio Lipſenſi
Diſputabit | Edius „poſitiōes infra notatas cōtra D. Bobēſtein Carle- | ſtabiū
archidiacono [!] et Doctorem Quittenbergeri. | ¶ . . . D. | Matheo . . . Cardiali
Co | abiutori Saliſzburgi . . . . Joā. Edius . . . | . . . S. D. . . . . — 2r 14 da-
tirt: . . . ex Auguſta Rhetie. iiij. Kalendas Januarias. | Anno reſtitute Salutis.

MDxviij. ‖ Positiones quas Ecius defen= | bet in studio Lipsensi cōtra nouam doc=
trinam. ‖ — 3r: ... | ... D. Andree Bodenstein Carlstadio ... | ... | ...
Mar. Luther. Aug. ‖ — 4r 6: Cotra nouos et veteres Errores | defendet Martinus.
Luther has positiones sequentes in stu= | bio Lipsensi. ‖ — 4v a. E.: Anno Do=
mini. M.D.xix. ‖

[Leipzig, Martin Landsberg,] 1519.

24. Disputatio do= | mini Johannis Eccij et | Pa. Martini Luther in
stu= | bio Lipsensi futura. ‖ [Holzschn. Orn. 11 Titelbordure
Orn. 48.]

Fehlt bei Knaake.

4°, 4 Bl. Ohne Sign. Schwabacher. — 1v: In Studio Lipsensi Dispu=
tabit Ecius ,p , positioes infra notatas cotra D. Bodenstein Carlestabium archi=
di= | acono [!] ... ‖ ¶ ... D. Matheo. | ... Cardinali Coabiutori Salis= | burgi.
... Joā. Ecius ... | ... — 4v a. E.: Anno Domini. M.D.xix. ‖ — [Offenbar
lag der voranstehende Druck Landsbergs diesem Nachdruck als Muster vor.]

[Breslau, Adam Dyon,] 1519.

25. Disputatio et ex | cusatio Domini Johā= | nis Eccij Aduersus cri= |
minationes. F. Martini | Lutter orbis Eremitar' ‖ [Holzschn. =
v. Dommer Ornam. 35. Titelbordure = ebda. 96.]

4°, 4 Bl. —, Aij, Aiij, —. Schwabacher. — 1v: ¶ Deo Amantissimᵒ pre=
latis Dno Caspari abba= | ti sontis Suessonis Et bno Johani pollinge | prepo=
sito, ... | Eccius in domino Jhesu. bene agere. ‖ ¶ Cum mihi ... — 3r 24: :
ex Ingolstistatt Baioarie. 14. Marcij Anno ... , Millesimo quingentesimo decimo=
nono. ‖ ¶ Contra F. Lutter et D. Bodenstein m Liptzen | studio has disputabit
positioes Ecciᵒ 27. Junij. | 1519 | ... — 4r a. E.: ¶ Contraximus quo ab fieri
potest ppositiones. | has paucas accepimus quod et alia ab his | pendeant. | ¶ Soli
Deo et Gloria. [!] ‖ — 4v leer.

[Leipzig, Martin Landsberg.]

26. Disputatio et ex ‖ cusatio Domini Johannis | Eccij Aduersus crimi=
natio | nes. F. Martini Lutter | orbinis Eremitarum. ‖ [Holzschn.
Orn. 9. Titelbordure Orn. 48.]

4°, 4 Bl. —, —, Aiij, —. Schwabacher. — 1v: ¶ ... Dño Caspari
abba= | ti sontis Suessonis Et bno Johani pollinge | prepofito, ... | Eccius m
domino Jhesu. bene agere. ‖ — 3r 21 datirt: ... ex | Ingolstistat Baioarie. 14.
Marcij Anno ... Mil= | lesimo quingentesimo decimonono. ‖ ¶ Contra. F. Lutter
et D. Bodenstein in Liptzen studio | has disputabit positioes Eccius 27. Junij. |
1519 ‖ — 4r a. E.: ¶ Anno Domini Millesimo quingentesimo | Decimonono. Bura=
tissauie. | Impressit. Adam. Dyon. ‖ — 4v leer. [Ebenfalls Nachdruck nach
Mart. Landsberg.]

Breslau, Adam Dyon, 1519.

27. Conclusiones ca ‖ rolostabij contra D. | Johānem Eccum | Lipsie
xxvij Ju= | nij tuende. ‖ [Holzschn. = v. Dommer Ornam. 35.
Titelbordure = ebda. 96.]

Erwähnt bei Knaake II. 155.

4°, 4 Bl. —, Aij, Aiij, —. Schwabacher. — 1v: ¶ Eximio. D. Joanni
Ecco Metaphisice theolo= | gie assertori et Magistro nostro. Andreas | Carolstadius
S. et resipiscentiam | in Domino. | ¶ Nisi ... — 3v 1⁰: ... Datu Buittebur=
t'cia paschatos ‖ MD.xix. ‖ ¶ Subscriptas Conclusiones Andreas Carolo= | stadiᵒ
aduersus dnm Joanné Eccu defendet | Lipsie die xxvij Junij. M.xix. ‖ — 4v a. E.:

¶ Originem tam iuſte pugne. in Defenſione noſtra. | abuerſus D. Joanne. edita ſpectare licet. ||

[Leipzig, Martin Landsberg.]

28. **COncluſiões** ‖ caroloſtadÿ contra D. | Johānem Eccum Lip- | ſie xxvij Junij | tuende. ‖ [Holzschn. Orn. 12. Titelbordure Orn. 48.]

4°, 4 Bl. Ohne Sign. Schwabacher. — 1v: ¶ Eximio. D. Joanni Ecco Methaphiſice theolo- | gie aſſertori ... Andreas | Caroloſtadius S. ... | ... ‖ — 3v 10 datirt: ... Datū Wittebur: tercia paſ- | chates. | M.D.xix. ‖ ¶ Subſcriptas Concluſiones, Andreas Caroloſtadius | abuerſus dñm Joannem Eccum defendet | Lipſie die xxvij Junij. M.xix. ‖ — 4v a. E.: ¶ Originem tam iuſte pugne. in De- fenſione noſtra. | abuerſus D. Joanne. edita ſpectare licet. ‖ [Ebenfalls Nachdruck nach Martin Landsberg.]

[Breslau, Adam Dyon.]

29. **Diſputatio et ex** | cuſatio Fratris Mar- | tini Luther abuerſus Cri- minatio- | nes. D. Johannis Eccij. ‖ [Holzschn. und Titelbordure.]

= v. Dommer 69. Fehlt bei Knaake.

[Leipzig, Martin Landsberg,] 1519.

30. **Diſputatio et ex** ‖ cuſatio Fratris Martini | Luther abuerſus Crimi- naciones. | D. Johannis Eccij. ‖ [Holzschn. Orn. 8. Titelbordure Orn. 48.]

Fehlt bei Knaake.

4°, 4 Bl. —, Aij, —, —. Schwabacher. — 1v: Frater Martinus Luther Optimo Lectori Salutem. ‖ ¶ Eccius meos iraſcitur. ... — 3r 8: Bene Bale mi Lector. ‖ Contra Nouos ꞇ Veteres Errores | defendet Martinus Luther has poſi- tiones ſequeꞇes. | In ſtudio Lipſenſi. ‖ — 4r a. E.: Anno Domini Milleſimo quin- gentesimo | Decimonono. Wuratiſlauiae. | Impreſſit. Adam. Dyon. ‖ — 4v leer. [Ebenfalls Nachdruck nach Landsberg.]

Breslau, Adam Dyon, 1519.

31. [Erasmi Roterod. Epistola ad Fridericum Sax. electorem.]

[Titelbordure nach einem stehengebliebenen Zipfel des weg- gerissenen Blattes = v. Dommer Ornam. 90.]

Erwähnt bei Knaake II, 157.

4°, 6 Bl. —, Aij, Aiij, —, —, —. [Blatt 1 fehlt uns. Ex.] Antiqua. — 1v: 3v 10 ... Antuerpiæ xviij. Ca- | lend. Maias. Anno a Chriſto incarnato M.D.xix. ‖ Contra F. Luther ꞇ D. Bodenſtein; | in Lipſenſi ſtudio has diſputabit poſitiões Eckius | xxvij. Junij M.D.xix. | ... — 4v 12: Cõtra nouos et veteres errores: defen | det Martin⁹ Lutheri⁹, has poſitões ſeqntes, ĩ ſtudio Lipſen. | ... — 5v: Subſcriptas Concluſiones, Andreas Caroloſtadius, ad | uerſus do- minū Joannem Eckium defendet Lipſiæ, | die xxvij Junij. M.D.XIX. | ... — 6r a. E.: Originē tam iuſtæ pugnæ, ... | ... ſpectare licet. ‖ — 6v leer.

[Leipzig, Melchior Lotter.]

32. De Ratione diſputandi, præ | ſertim in re Theologica, Pe- | tri Mo- ſellani Protegēſis ōo. | quam illuſtriſſ. Georgij Saxoñ. ducis &c. prin | cipis ſui nomine. in frequentiſſimo illu- | ſtrium aliquot, & doctiſſimorum | hominū conuentu. die. xxvij. | Junij dixit, Lipſiæ. Epiſtola quædam Eraſmi, ad Petrum | Moſellanum, mire feſtiua.

Epistola item Erasmica, ad d. docto- | rem Martinum Lutherium. ||
[Titelbordure = v. Dommer Ornam. 90.]

Erwähnt bei Knaake II. 251 Anm.

4°, 16 Bl. 4×4. A—D. Antiqua. Auf 2v ein Zierinitial. — 1v leer.
2r: Synceriſſimo amico Othoni a Pack, . . . | . . . Petrus Moſel- | lanus Pro-
tegenſis S. D. || Scis humaniſſime Otho, . . . — 2v datirt: . . . Lipſiæ, Tertio
Kal'. Julias. Anno | Milleſimo quingenteſimo decimonono. | De ratione diſpu-
tandi, præſertim in re theologi- | ca, Pe, Moſell, Protegenſis Oratio. | [N]On
optarim . . . — 10v 9: Eraſmus Roterobamus Pe- | tro Moſellano. || JAmpri-
dem . . . — 15r 4: . . . Louanij. Anno. M.D.xix. | x. Kal. Maias. || Eraſmus
Roterb. Martino Lutherio | S. P. . . . — 16r 11: Vale. Louanij, tertio kalendas
Junias. Anno M. | D.xix. || Errata ſic emendato. || [11 Zeilen.] — 16v leer.

[Leipzig, Melchior Lotter.]

33. De Ratione diſ- | putanbi: præſertim in re Theolo- | gica Petri
Moſellani protegeſis | oro. qua illuſtriſſ. Georgij Saxon. ducis ꝛc.
prin | cipis ſui nomine: in frequentiſſimo illu- | ſtrium aliquot: τ
doctiſſimorum | hominū conuentu. die. xxvij. | Junij dixit Lipſie. |
Epiſtola quebam Eraſmi: ab Petrum | Moſellanum mire ſeſtiua. |
Epiſtola item Eraſmica: ab b. docto- | rem Martinum Lutherium.
[Titelbordure Orn. 48.]

4°, 12 Bl. 3×4. A—C. Schwabacher. — 1v leer. 2r: Synceriſſimo
amico Othoni a Pack . . . | . . . Petrus Moſel- | lanus Protegenſis S. D. | . . .
[datirt]: Lipſie Tercio Kal'. Julias. Anno Milleſimo quingenteſimo deci- | mo-
nono. | — 2v: De ratione diſputanbi . . . | . . . Oratio. | — 5r: Eraſmus Retero-
bamus [!] Pe- | tro Moſellano. | 11r: . . . Louauij. Anno. M. D. xix. x. Kal.
Maias. || Eraſmus Rote- b. Martino Lutherio | — 12r: Louaanij. [!] tertio kalen-
bas Junias. Anno M.D.xix. | [folgen Errata.] 12v leer.

[Breslau, Adam Dyon.]

34. Oratio | Joannis Langij Lembergij, Encomium theo- | logicæ diſpu-
tationis, Doctorum, Joannis | Eckij, Andreæ Caroloſtadij, ac Mar-
tini Lutherij cōplectens. Illuſtriſſ: | Principi D. ac D. Georgio
Sax | oniæ duci &c, dicata- & illius iuſſu, cū gratiarū actiōe, |
xvi. Julij die recitata, | in frequentiſſima | ſummorum ui | rorum
con | cione. | ❦ || [Titelbordure = v. Dommer Ornam. 90.]

Erwähnt bei Knaake II, 251 Anm.

4°, 8 Bl. 2×4. A, B. Antiqua. Auf 2r Zierinitial. — 1v: IOANNES
LANGIVS LEMBERGIVS, CHRISTOPHORO ERIN | gio, Illuſtriſ: P, ac ducis
Saxoniæ Georgii a ſacris integerrimo. S. D. | . . . | a. E.]: . . . Datum lipſiæ
&c. | 2r: [beginnt die Oratio nach nochmaliger Anführung des Titels am
Kopfe.] — 8r 11: Dixi. || [Errata: 19 Zz.] || Lipſiæ, apud Melchiorem Lotthe-
rum, | Anno, a natali Chriſtiano. M.CCCCC. | XIX. VI. Calen. Auguſti. ||
8v leer.

Leipzig, Melchior Lotter, 1519. 27. VII.

35. EPISTOLA DE || LIPSICA DIS || PVTATIO | NE, ||

4°, 4 Bl. —, Aij, Aiij, —. Schwabacher. — 1v: Johanni oecolampabio
theo | logo Philippus Melanchthon | Salutem in Chriſto. || ¶ Req; referre . . . |
4r a. E.: | runt. omnia crebas. Bale Buittemberge. xxi. Juli. || — 4v leer.

[Leipzig, Martin Landsberg.]

36. Excusatio ecfij ‖ ab ea que falso sibi phi | lippus Melanchton gra-
maticus Buit= | tenbergen super Theologica disputatio= | ne Lipsica
abscripsit. ‖ [Holzschn. Orn. 16. Titelbordure = v. Dommer
Ornam. 97.]
    4°, 4 Bl. —, Aij, Aiij, —. Schwabacher. — 1v: Holzsch. Orn. 17. —
2r: Joannes Eckius candido lec= ‖ tori, Salutem Dicit. ‖ ¶ Dum in felici Lipsensi
gymnasio . . . — 4r a. E.: | salue Ex Lipsia. xxv. Julij, Anno gratie. M.D.xix ‖
¶ Cum Priuilegio. ‖ — 4v leer.
    [Leipzig, Martin Landsberg.]

37. Excusatio ecfij ‖ [Titel ganz = der vorherg. Nr. mit dems. Holzschn. u. ders. Bordüre.]
    4°, 4 Bl. —, Aij, Aiij, —. Schwabacher. — 1v: Holzschn. Ornam. 18. —
2r: Joannes Eckius candido lec= | tori. Salutem Dicit. ‖ ¶ Dum in felici . . . —
4r a. E.: | salue Ex Lipsia. xxv. Julij. Anno gratie. M.D.xix. ‖ ¶ Cum Priui=
legio. ‖ — 4v leer.
    [Leipzig, Martin Landsberg.]

38. PHILIPPI ME | LANCHTHONIS EPISTOLA | de Theologia disputa- | tione Lipsica. ‖ Excusatio Eckij ad eandem. ‖
    4°, 10 Bl. 4, 6. a. b. Mit Seitencustt. u. Ueberschrr. Von 2r—10r
paginirt: 3—19. Antiqua. 2r und 7r ein Zierinitial. Mit Randdruck. —
1v leer. 2r: IOANNI OECO | LAMPADIO THEOLOGO PHILIP- |
pus Melanchthon S. in Christo. | [N]Eq3 referre . . . — 6v a. E.: | omnia cre-
das. Vale Vuittenbergæ XXI. IVLI. ‖ — 7r: EXCVSATIO ECKII, ADEA
QVAE FALSO | sibi Philippus Melanchthon grammaticus Vuit | tenbergen.
super Theologica disputa- | ne[!] Lipsica adscripsit. | Joannes Eckius candido
lectori: Salutem dicit. | [D]Vm in felici Lipsensi gymnasio . . . — 10r a. E.:
. . . Vale & salue, ex Lipsia. XXV. | Julij. Anno gratiæ. M.D.XIX. | FINIS. ‖ —
10v leer.
    Drucker noch unermittelt.   (Forts. folgt.)

Recensionen und Anzeigen.

Veröffentlichungen der Stadtbibliothek in Köln. 4. Heft. Zur
geschichtlichen und landeskundlichen Bibliographie der Rheinprovinz von
Dr. Adolf Keysser, Stadtbibliothekar. Köln, 1891. Verlag der M. Du
Mont-Schauberg'schen Buchhandlung. 8°. VI, 46 S.

    Der verdiente Vorsteher der Kölner Stadtbibliothek, Dr. Keysser,
machte vor etwa 8 Jahren dem Historischen Verein für den Niederrhein den
Vorschlag, in dessen Zeitschrift einen systematischen Katalog der bei der
Kölner Stadtbibliothek angelegten Abtheilung für Rheinische Litteratur zu
veröffentlichen; auf Wunsch der Vereinsleitung wurde dieser Plan dahin erweitert, dass eine vollständige Bibliographie der Rheinprovinz hergestellt
werden sollte. Dass es zur Verwirklichung des Projects bisher noch nicht
gekommen ist, hat hauptsächlich in äusserlichen Schwierigkeiten seinen Grund
(vgl. S. 5). Die vorliegende Schrift verfolgt nun den Zweck einerseits zu
bestimmen, wie weit sich eine derartige 'Rheinische Bibliothek' zu erstrecken
hat, andrerseits gewisse Hauptpunkte für die Ausführung der Arbeit festzustellen. In ersterer Hinsicht schliesst Keysser, worin ich mit ihm vollständig übereinstimme, alles lediglich Handschriftliche von der Bibliographie
aus: Bibliographien und Handschriften-Kataloge sind eben, was man leider
manchmal vergisst, zwei ganz verschiedene Dinge. Ebenso bin ich darin mit
dem Verf. einverstanden, dass eine derartige Bibliographie sich nicht be-

schränken darf auf die selbständigen Werke, sondern auch, und zwar in umfangreichster Weise, die Aufsätze in Zeitschriften sowie die Abhandlungen in Sammelwerken verzeichnen muss: zwar nennt Keysser nicht ausdrücklich auch die Sammelwerke, doch ist dies wohl nur zufälliges Vergessen; dass er sie wirklich ausgeschlossen sehen will, kann ich mir nicht denken. Weniger beifällig muss ich den anderen Grundsatz begrüssen, dass von jeder Prüfung des aufzunehmenden Materials nach seinem wissenschaftlichen Werth abgesehen werden soll. Gewiss dass hier eine Grenze nur schwer zu bestimmen, und dass sie möglichst weit zu ziehen ist: aber eine gewisse Grenze muss nach meiner Ansicht innegehalten werden: zweifellos unwissenschaftliches, wie z. B. Darstellungen für Schulzwecke, gehört nicht in eine wissenschaftliche Bibliographie.

Inhaltlich fixirt Keysser die Schranken einer Provinzialbibliographie möglichst weit: er will alles aufnehmen, was irgendwie die Geschichte oder Landeskunde der Provinz betrifft, und das, was er auf S. 40/1 als hierher gehörig bezeichnet, geht weit hinaus über den Rahmen dessen, was die Centralcommission für wissenschaftliche Landeskunde als Stoff für die von ihr geplanten landeskundlichen Bibliographien proclamirt hat. Schon Erman hat (Verhandlungen der Gesellschaft für Erdkunde zu Berlin 1885) auf das unzulängliche des letzteren Planes hingewiesen; meines Erachtens besteht der Hauptfehler darin, dass die Centralcommission für wissenschaftliche Landeskunde in allzu einseitiger Weise das geographische Element gegenüber dem historischen betont hat. Wenn so auch gewiss eine wesentliche Erweiterung der von der Centralcommission gezogenen Grundlinien nöthig ist, dürfte doch andrerseits der Umfang, den Keysser der Aufgabe giebt, etwas allzu gross sein. Er will beispielsweise, wenn ich ihn recht verstehe, die in der Rheinprovinz gedruckten Inkunabeln mit aufnehmen. Man vergegenwärtige sich nur die Consequenzen dieses Princips: mit demselben Rechte verdiente dann auch aus späterer Zeit jedes Buch Aufnahme, das aus einer rheinischen Druckerei oder Buchhandlung stammte, mit demselben Rechte wären alle Werke aufzuzählen, deren Verfasser durch Geburt oder Wohnsitz der Rheinprovinz angehörten. Nein, eine Provinzialbibliographie hat keineswegs die Aufgabe, auch die gesammte litterarische Production der Provinz zu verzeichnen, sondern sie soll nur alles das anführen, was über die Provinz handelt, dies freilich im weitesten Sinne. So gehören beispielsweise von der praktischen Theologie, der Keysser einen ziemlich grossen Umfang beizumessen scheint (vgl. S. 44), nach dieser Auffassung nur die Gesangbücher und Liturgien in eine solche Bibliographie; alles andere geht über den Rahmen derselben hinaus.

Ueber die Anordnung des Stoffes hat sich Keysser nicht im einzelnen geäussert; es ist gewiss richtig, dass sich hier definitive Feststellungen erst treffen lassen, wenn man das Material einigermassen übersieht; einen Grundsatz indess möchte ich doch im voraus für jede provinziale Bibliographie festgehalten wissen, zumal da das Schema der Centralcommission von ihm abweicht: der entscheidende Eintheilungsgrund darf nicht der nach Wissenschaften, sondern muss der geographische sein: es kommt vor allem darauf an, dass alles, was ein bestimmtes Gebiet, einen bestimmten Ort betrifft, beisammen steht; es dürfen also beispielsweise nicht die Karten eine Abtheilung für sich bilden.

Keysser schliesst mit einigen Winken über die praktische Ausführung der Arbeit, denen man im ganzen durchaus beistimmen wird; leider indess hat er sich über den schwierigsten Punkt nicht verbreitet, wie es am leichtesten möglich sein wird, auch bei der periodischen Litteratur einigermassen Vollständigkeit zu erzielen: gerade hier ist wohl eine möglichst weitgehende Arbeitstheilung noch viel unentbehrlicher als hinsichtlich der selbständigen Werke.

Keyssers Schrift hat in erster Linie eine methodologische Bedeutung, indem sie darauf hinweist, über wie vieles man sich erst klar sein muss, bevor man mit der praktischen Ausführung einer Provinzialbibliographie beginnen kann. Seine Darlegungen sind durchgehends klar und sachgemäss, und in der Mehrzahl der Fälle wird jeder, der einigermassen mit diesen Dingen vertraut ist, des Verfassers Ansichten nur billigen können; ich konnte an dieser Stelle selbstverständlich nur ein paar hier in Betracht kommende Fragen herausgreifen. Neben ihrem theoretischen besitzt indess die kleine Schrift durch zwei Beigaben auch einen praktischen Werth: Keysser giebt einmal eine Uebersicht über die wichtigeren bisher veröffentlichten bibliographischen Arbeiten zur Rheinischen Geschichte und Landeskunde (S. 8—22), sodann ein Verzeichniss der in den letzten Jahren publicirten Territorialbibliographien (S. 27—33). Beides sind ganz dankenswerthe und nützliche Zusammenstellungen. In der zweiten Liste hätte P. E. Richter, Litteratur der Landes- und Volkskunde des Königreichs Sachsen. Dresden 1889 (eine der besten unter den auf Veranlassung der Centralcommission für wissenschaftliche Landeskunde herausgegebenen Arbeiten) nicht fehlen sollen.

W. Sch.

Compte-Rendu de la première session de la Conférence du Livre tenue à Anvers au mois d'août 1890. Publié au nom de la Commission d'organisation par le Secrétaire général Max Rooses, Conservateur du Musée Plantin-Moretus. Anvers. Imprimerie J. L. Buschmann, rempart de la Porte du Rhin. MDCCCXCI. S. XXIII. u. 282 in 4.°

Es ist wohl nicht mehr erlaubt im C. f. B. im Jahre 1892 auf Verhandlungen eines Congresses zurückzukommen, der im August 1890 stattgefunden hat. Dass dieses nicht früher geschehen ist, liegt nicht an der Redaktion des C. f. B. Sobald diese von dem Zusammentreten der Conference du Livre Nachricht erhalten hatte, wendete sie sich an einen bekannten belgischen Bibliographen in der Voraussetzung, dass dieser nach Antwerpen gehen werde. Aber dieser hatte so wenig eine Einladung zu der Versammlung erhalten als die Redaction des C. f. B. und wollte deshalb nicht nach dort reisen; erbot sich jedoch durch einen Bekannten, der dort anwesend sein werde, einen Bericht für unser Blatt zu besorgen. Obwohl der betreffende Herr auch uns jenen Bericht zusagte, haben wir ihn niemals erhalten. Ein Artikel der Indépendance Belge über die Conferenz war uns zu nichtssagend, als dass wir ihn hätten nachdrucken sollen.

Soviel zu unserer Entschuldigung und Rechtfertigung, dass das C. f. B. sich bisher über die in mancher Beziehung doch interessanten Verhandlungen ausgeschwiegen hat. Jetzt da einer Berichterstattung aller Reiz der Neuheit fehlen würde und die Verhandlungen selbst, die Herr M. Rooses aufs Beste und in der der Sache würdigsten Form herausgegeben hat, wohl auf jeder grösseren Bibliothek zu haben sein werden, lohnt es sich kaum auf sie zurückzukommen. Denn einmal haben diese Verhandlungen, so viel bekannt geworden ist, keinen weiteren praktischen Erfolg gehabt und im Grossen und Ganzen auch sehr wenig neuen Stoff zur Förderung und Erledigung bibliothekarischer und bibliographischer Fragen und Wünsche beigetragen. Es soll damit der Versammlung, in der sich ausgezeichnete Sachkenner fanden, durchaus kein Vorwurf gemacht werden. Denn der Zeitraum für die Conferenz, drei Tage am 7., 8. und 9. August, war zu kurz um alle die ihr vorgelegten Fragen auch nur mit einiger Gründlichkeit zu behandeln; ein Theil der Fragen, namentlich die rein technischen, eignete sich auch kaum zu einer Behandlung durch Mehrheitsbeschlüsse einer willkürlich zusammengesetzten Versammlung. Die Interessen der Buchdrucker, Buchhändler, Bibliophilen, Bibliothekare u. s. w., die hier vertreten waren, mussten von allem Anderen abgesehen, auseinandergehen und konnten nur durch weit gefasste, unbestimmte Resolutionen unter Einen Hut gebracht werden. Natürlicher Weise war die grosse Mehrzahl der Mitglieder der Versammlung

Belgier, von deutschen war z. B. nur der Vertreter einer sehr grossen Druckerei und eines grossen Antiquariatsgeschäftes anwesend, — und es gingen deshalb die Verhandlungen meistens von belgischen Verhältnissen aus. Neben den Belgiern spielten Franzosen die Hauptrolle. Wiederum der Sprache und der geographischen Lage Belgiens gemäss ganz erklärlich. Die Voten, die Engländer in englischen Sprachen abgaben, wurden übersetzt. Es liegt auf der Hand, dass unter solchen Verhältnissen nicht viel für allgemeines, internationales Bibliothekswesen herauskommen konnte. Hätte nicht noch ein günstiger Zufall mitgewirkt und z B. nicht den trefflichen Oberbibliothekar von Leyden nach Antwerpen geführt, so hätten gerade die internationalen Beziehungen der Bibliotheken zu einander noch empfindlichen Schaden nehmen können durch diese internationale Zusammenkunft. Nur mit einigen Worten mag hier auf diesen Theil der Verhandlungen zurückgekommen werden, da er immerhin noch eine gewisse Strömung unter den Bibliophilen und Bibliothekaren wiederspiegelt.

Der Chef der grossen Brüsseler Staatsbibliothek, Herr Ruelens — seitdem verstorben — sprach sich mit grosser Erregtheit gegen das Verleihen von Handschriften und Büchern ausserhalb der Bibliothek aus. Er ging so weit zu sagen: je propose qu'une entente soit établie entre les gouvernements, pour en prohiber la communication internationale sauf pour des cas exceptionels etc. (S. 166). Zur Begründung dieser seiner Proposition berief er sich auf mehrere Fälle, von Missbrauch, der mit Handschriften der Brüsseler Bibliothek getrieben sei, die aber nur beweisen, dass man hier mit Verleihen von Handschriften an Privatpersonen nicht vorsichtig genug vorgegangen war. Wenn Herr Ruelens noch lebte, würden wir ihn auch bitten müssen uns zu sagen, an wen er die Handschrift verliehen habe, von der er erzählt, dass man sie a laissé plus d'une fois dépasser nos frontières de l'Est, und die dann eines Tages zurückgekommen sei: tout a fait disloqué, sali, montrant des taches de bière, sursaturé d'une âcre odeur de tabac. Evidemment, il avait dû être utilisé pendant des séances du soir dans quelque bier-keller, plutôt que dans le studio d'un travailleur (S. 165). Die Richtigkeit der Schilderung der Handschrift durch Herrn Ruelens in Ehren, so glauben wir doch, dass die Entgegenstellung des „bierkeller" und des „studio" nur des rhetorischen Effects wegen gemacht ist und den thatsächlichen Verhältnissen wenig entsprochen haben wird. Ich glaube einstweilen noch nicht, dass deutsche Gelehrte Handschriften des 12. Jahrhunderts in Bierkellern studieren. Oder sollten sie sich diese von Brüssel express haben kommen lassen, um ihre Schoppen darauf zu stellen? Herr du Rieu von Leyden begann daher auch seine Rede: Je proteste de toutes mes forces contre les paroles que vous venez d'entendre. Schliesslich beschloss die Conferenz doch mit grosser Majorität:

La Conférence est d'avis que, dans aucun cas, un dépôt public ne peut être autorisé à laisser sortir un manuscrit ou un imprimé, pour le prêter à des particuliers,

und:

La Conférence est d'avis que, sous certaines réserves, les dépôts publics peuvent être autorisés à prêter leurs manuscrits et leurs livres à d'autres impôts du pays ou de l'étranger, pour y être communiqués aux intéressés sous le contrôle des conservateurs. (S. 229.)

Nachdem diese Beschlüsse gefasst waren, erklärte der gelehrte Bibliotheksvorstand der Universität Gent, Herr van der Haeghen, sofort, dass der Beschluss in Betreff der Bücher nicht réalisible sei; an Universitäten müssten Bücher ausgeliehen werden, das gehöre mit zum Wesen der Universität. Auch der Herausgeber dieser Verhandlungen, Herr M. Rooses, sprach sich noch mit wenigen Worten gegen die Beschlüsse aus. Aber der Präsident erklärte die Verhandlungen des Congresses, die er für fructueuses hielt, für geschlossen. Wir halten sie nicht allein in dieser Frage sondern auch in anderer Beziehung für irréalisibles und impraticables. O. H.

Keuffer, Max. Beschreibendes Verzeichnis der Handschriften der Stadtbibliothek zu Trier. Zweites Heft. Die Kirchenväter-Handschriften. Nr. 113—214 des Handschriften-Katalogs. Trier, Kommissionsverlag der Fr. Lintz'schen Buchhandlung. 1891. XIII. 148 S. gr. 8°.

Auf das vor zwei Jahren an dieser Stelle (Centralbl. VI. [1889] S. 121) besprochene erste Heft ist nun das zweite gefolgt, worin 102 Handschriften, hauptsächlich patristischen Inhalts, beschrieben werden. Daneben finden sich verschiedene kleinere theologische Stücke, Homilien und namentlich Sequenzen, z. B. Nr. 155 enthält 45 Sequenzen. Wohl nur wenige der hier beschriebenen Handschriften werden übrigens für die Ausgaben im Wiener Corpus Scriptorum ecclesiasticorum latinorum benutzt werden, da sie einer so späten Zeit, dem 14. oder 15. Jahrhundert, entstammen. Immerhin bietet Nr. 169, ein Juvencus des 9. Jahrhunderts, Varianten, welche in der Wiener Ausgabe fehlen. Nr. 213 enthält mehrere Briefe des Hieronymus, welche bei Vallarsi fehlen und also möglicherweise noch ungedruckt sind. Nr. 149 enthält eine Schrift Cassiodor's, die bisher noch nicht verglichen wurde. Nr. 154 dürfte die vermissten Reden des Ildephons von Toledo enthalten u. s. w. Wie in allen grösseren Sammlungen finden sich auch hier Apokryphen, so Nr. 117, fol. 98 das Klagelied der Seile, der Tochter Jephthas: Audite montes trenum meum, das ich sonst nirgends erwähnt finde. Dagegen ist das Evangelium Nicodemi Cod. 200 und wohl auch der apokryphe Brief des hl. Ignatius Cod. 154, S. 263 in den Sammlungen von Fabricius, Tischendorf u. s. w. gedruckt. Der Verfasser hat sich übrigens viele Mühe gegeben, auszumitteln, ob und wo die betreffenden Stücke gedruckt sind, wobei er den in dieser Richtung geäusserten Wünschen Rechnung trug. Leider nur, dass die betreffenden Werke ihm nicht immer zu Gebote standen, so dass hier noch verschiedene Nachträge zu bringen sein werden. So z. B. Nr. 214, 1, Johannes Chrysostomus de compunctione cordis ist im 15. Jahrhundert wiederholt gedruckt worden. Vgl. Hain 5044 ff. Der „Hymnus de paradiso", Cod. 164, 5, beginnend mit: Ad perrennis vitae fontem von Petrus Damiani ist oft gedruckt. Vgl. Chevalier, Repert. hymnol. Nr. 229. Der Rhythmus De Philomena in Codd. 197 u. 199 dem hl. Bernhard zugeschrieben, ist gedruckt unter den Werken des hl. Bonaventura, Ed. Rom. 1596. T. VI. p. 445—447. Dem Verfasser würde ich übrigens empfehlen, die literarischen Nachweise jeweilen unmittelbar bei dem betreffenden Werke gleich beizufügen, statt erst nach der Beschreibung am Schlusse, so dass man oft erst einige Blätter umwenden muss, um die betreffende Notiz, wenn sie überhaupt vorhanden ist, einzusehen. Dann wären auch solche Verwechslungen, wie sie am Schlusse unter den Berichtigungen korrigirt werden, weniger leicht möglich. Ein paar Mal scheint auch die Handschrift nicht richtig gelesen zu sein. So steht Cod. 120 f. 185 oben das Wort: Alleluia. Ferner Cod. 155. S. 234 am Schlusse: VI* lies vigilis; ebenso Cod. 206. f. 60. — Zuletzt — last not least — ist das Vorwort zu erwähnen, das einen Einblick thun lässt in das Schaffen und Treiben der Chorherren von Eberhardsklausen. Dieser Stiftung der Windesheimer Fraterherrn, 6 Wegstunden von Trier 1456 gegründet, hat die Stadtbibliothek nahezu 200 Handschriften zu verdanken. „Männer von kindlich frommem einfältigem Sinne" verstanden sie ihr Haus zu einem Mittelpunkte geistlichen Lebens zu machen. Was über ihre Thätigkeit nach authentischen Aufzeichnungen mitgetheilt wird, kann das Interesse an ihrem handschriftlichen Nachlasse nur vermehren.

Stift Einsiedeln.   P. Gabriel Meier.

Mittheilungen aus und über Bibliotheken.

Die K. Universitätsbibliothek in Berlin hat im Oktober 1891 ein Verzeichniss der Lesesaal- und Handbibliothek herausgegeben, das die Bücher angiebt, welche entweder im Lesesaale der genannten Bibliothek selbst aufgestellt oder in der dem Lesesaal benachbarten Handbibliothek untergebracht sind und den Benutzern des Lesesaales rasch — die letzteren in 15 Minuten — ausgeliefert werden können. Die K. Universitätsbibliothek entwickelt sich immer mehr zu einer Präsenzbibliothek für die Studirenden der Hochschule, um die Königliche Bibliothek in Etwas zu entlasten. Es ist daher ganz angebracht, die Benutzung des Lesesaales der Universitätsbibliothek auf jede Weise zu erleichtern. Dieses geschieht durch das vorliegende Verzeichniss in zweckmässiger Weise. Auch gegen die Auswahl der zur Benutzung herangezogenen Briefe und Zeitschriften werden sich keine begründeten Ausstellungen erheben lassen.

Das Jahrbuch der K. K. Universität Wien für das Studienjahr 1890/91 enthält S. 144—162 einen sehr eingehenden Bericht über die Wiener Universitäts-Bibliothek, auf den wir hinweisen möchten. An der Bibliothek sind jetzt beschäftigt: 1 Bibliothekar, 2 Custoden, 3 Scriptoren, 6 Amanuensen, 5 Praktikanten, 5 Volontaire und 16 Diener. Die Benutzung der Bibliothek ist in stetem Wachsen begriffen: im Jahre 1885/86 rund 250,000 Bände und 1889/90 rund 350,000 Bände im Lesesaale und ausserhalb der Bibliothek. Die Zahl der Bände der Bibliothek ist in demselben Zeitraum von 319,720 auf 381,610 gewachsen.

Italienische Zeitungen brachten im Sommer 1891 die Meldung von der Entdeckung einer werthvollen Bibliothek, welche bisher in dem Kloster des hl. Antonio del Monte, nahe Rieti, verborgen war. Prof. Monaci, welchen der Unterrichtsminister Villari an Ort und Stelle gesandt hatte, berichtete, dass die Bibliothek gegen 500 gedruckte Bücher und 69 Hss. enthält. Die letzteren, datirt vom 10. bis 15. Jahrhundert, theilweise mit schönen Illuminationen und von hohem palaeographischen Interesse, sind zum grössten Theile auf Pergament geschrieben, enthalten jedoch, wie es scheint, keine classischen Texte. Der Inhalt ist vielmehr theologischer und liturgischer Art, zum Theil auch auf bürgerliches und kanonisches Recht bezüglich; nur wenige philosophische oder litterarische Abhandlungen befinden sich darunter.

Eine ausführliche Mittheilung über The Chicago Public Library findet sich in der Beilage Nr. 256 zur (Münchener) Allgemeinen Zeitung vom 2. November 1891.

Zu dem Kataloge der Berliner Magistrats-Bibliothek ist der 7. Nachtrag erschienen, der die Erwerbungen des letzten Haushaltsjahres 1890/91 verzeichnet. Danach beläuft sich der Zuwachs der Bibliothek, die etwa 30000 Bände stark ist, auf 800 Werke. Von diesen wurden zwei Drittel aus dem mit 4000 M. dotirten Bibliotheksfond angekauft, während der Rest im Tauschverkehr mit anderen Behörden und als Geschenk einging. Die neuen Erwerbungen gehören vorzugsweise dem Gebiete der Verwaltungslitteratur, der märkischen und Berlinischen Geschichte an.

In der Rathsbibliothek zu Zwickau befinden sich mehrere Bände, die aus Martin Luthers Bücherei stammen, zwei davon hatte der Diakonus Dr. Buchwald 1889 entdeckt, die andern drei fand er 1890 wieder, nachdem ihn der Oberlehrer Dr. Beck auf einen Brief des Zwickauer Rektors Daum vom 17. Mai 1650 aufmerksam gemacht hatte, in welchem Daum, von den Raritäten seiner Bibliothek berichtend schreibt, dass er „neun Stück habe, die D. Lutheri gewesen, da er noch mitten im Mönchsthum stand, darein er viel geschrieben, als den Tauler, Augustins kleine Schriften, den Thomas Aquinas u. s. w." Die Daumsche Bibliothek bildet den Grundstock der Zwickauer Rathsbibliothek, aber wo die übrigen vier Bücher Luthers geblieben sind, ist noch nicht ermittelt. Daum hatte eine ganz ausgezeichnete Bibliothek, die zu seinen Lebzeiten 10000 gebundene Bücher aufwies und die nach seinem Tode, noch 7680 Bücher incl. einer Menge alter Pergamentcodices umfassend, von den Erben Daums für 1700 Meissnische Gulden 1694 an den Rath in Zwickau verkauft wurde. Die Lutherbücher hatte Daum aus der Erbschaft des 1622 verstorbenen Zwickauer Stadtphysikus Dr. Petrus Poach erhalten, der sie von seinem Vater Andreas, 1550—72 Pfarrer in Erfurt geerbt hatte, und dieser hatte sie vermuthlich aus der dortigen Klosterbibliothek der Augustiner erworben. Das Nähere s. in: Mittheilungen des Alterthumsvereins für Zwickau, Heft 3 (1891): 1) Beck, R., Christian Daum, ein Lebensbild aus dem 17. Jahrh. S. 1 ff., besonders S. 14 ff., und 2) Buchwald, Aus D. Martin Luthers Bücherei (mit Facsimile) S. 82 ff. W

In den Beiträgen zur Geschichte der Cistercienserabtei Schönau bei Heidelberg, die Max Huffschmied in der Zeitschrift für die Geschichte des Oberrheins N. F. Bd. 6 (1891) S. 415 ff. veröffentlicht, berührt er in einer Note auch die Schönauer Klosterbibliothek, über deren Bestand sich nach ihm nur weniges erhalten hat. Sie besass sicher eine Lebensbeschreibung der Hildegunde von Neuss (aus dem Ende des 12. oder Anfang des 13. Jahrhunderts) und das — verschollene — Autograph des Chronicon Moguntinum Konrads I. (M. G. SS. 25, 236 f.). Unter den 1623 aus Heidelberg nach Rom entführten Handschriften sind zwei (Stevenson jun. et de Rossi, Cod. Pal. lat. bibl. Vatic. Rom 1886. 1, 16 u. 1, 139 f.), die dem Kloster Schönau angehörten: 1) Cod. Pal. lat. 96 Perg. 14. Jahrh. „Expositio in apocalypsim" mit dem Vermerk am Anfang und Ende: Iste liber est beate marie virginis monasterii in Schonawe worc' dioc' cist' ordinis. 2) Cod. Pal. lat. 443 Ende des 13. oder Anfang des 14. Jahrh., gemischten Inhalts, auf den Buchdeckeln „adnotationes de monasterio s. Mariae de Schonaugia" etc. „Bei der Abfassung des Kataloges der Pfälzisch-Vatikanischen Handschriften," sagt Huffschmid mit Recht, „hätte man mehr Werth auf die Herkunft derselben legen sollen, wodurch unsere Kenntniss, aus welchen Werken die einzelnen Klosterbibliotheken bestanden, nur gewonnen hätte." Vielleicht besass Schönau auch ein Exemplar von Wolframs von Eschenbach Parzival (Mone, Anzeiger f. K. d. teutsch. Vorz. 6, 50). W.

Das Inventar des Speierer Dominikanerklosters vom Jahre 1525 giebt J. Mayerhofer in den Mittheilungen des Histor. Vereins der Pfalz Heft 15 (1891) S. 11 ff. heraus. In dem Inventar heisst es fol. 11 r.: „vff dem Dormenter In der liberey. Nr. 240. „Item ein pulpet mit achtzehen bucher an kethen mit A bezeichnet" u. s. w. bis Nr. 262; auf 13 Pulten, welche mit den Buchstaben A—N bezeichnet waren. In einem „bucherschranck" ohne Signatur lagen 367 Bücher theils an Ketten, theils, wie es scheint, frei. Mayerhofer rechnet 254 statt 245 Bücher an Ketten, 122 frei; seine Summirung 376 statt 367 führt dazu, indem er auch die unter seiner Nr. 263 verzeichneten 42 Bücher übersieht, zu der falschen Gesammtsumme 406. Ferner verzeichnet das Inventar „XLII bucher gross und clein inn einer Camer oder Zellen auch vff dem Dormenter" (Nr. 263). Dazu kommen: „ein Euangelium buch mit Silber beschlagen, verguldt vnnd mit vier Euangelistenn Silbere vnuergult (Nr. 1), XII meísbucher, zwey grofse gesang bucher, ein Euangelium vnnd Epistler buch, so Deglich gebraucht werden (Nr. 209), im Chor: vier psalter, V Missal, zwen antiphenaria, ein Antiphonarius, ein Collectare." Das macht zusammen 437 Bücher. Wenn es im Inventar fol. 14a heisst: Nachuolgende ornatenn vnd bucher seyen den Munchen vsser der sacristei teglich zubrauch gegeben worden Item IIII mefs bucher vnd sunst II bucher das Euangelium und Epistlerbuch, so werden diese Bücher des täglichen Gebrauchs nicht zur Summe der 437 Bücher hinzuzurechnen sein,

sondern zu den unter Nr. 209 bereits aufgezählten Büchern gehören. Man muss mit Mayerhofer bedauern, dass der Verfasser des Inventars, Notar Adam Pfrem, die Titel der Bücher nicht in das Inventar aufgenommen hat.
W.

In einem Aufsatz: Kronstädter Schulen vor der Reformation (Archiv des Vereins für Siebenbürg. Landeskunde N. F. Bd. 23. Heft 3) bespricht der Verfasser, F. W. Seraphin, zum Theil unter Bezugnahme auf eine ältere Arbeit von J. Gross (in demselben Archiv Bd. 21. Heft 3), die Kirchenbibliothek von St. Maria und die Bibliothek des Dominikanerklosters in Kronstadt, welche den Grundstock der von Johannes Honterus dort Mitte des 16. Jahrh. gegründeten Gymnasialbibliothek bildeten. Der älteste Katalog ist vom Jahre 1575; schon 1543 hatte der Rath auf einmal 312 fl. zum Ankauf von Büchern bestimmt, die der bibliopola Valentinus lieferte; die Bücher wurden in rothes Leder gebunden.
W.

In seinem, Juli 1889 erstatteten Jahresbericht beklagt der Sekretär der Smithsonian Institution in Washington den Zustand der Library of Congress, die von 40000 Bänden im Jahre 1865 auf 250000 Bände oder Bandtheile gewachsen ist. Die Bücher sind zur Hauptsache im Kapitol deponirt, but ... they not only remain unbound, but in a far more crowded an inaccessible condition than they were before the transfer. Die Bücherkisten, welche von der Institution dahin geschickt werden, bleiben oft ungeöffnet stehen, weil es an dem erforderlichen Raum mangelt, um die in den Kisten enthaltenen Bücher aufzustellen. Auch ist die Zahl der Bibliotheksbeamten eine zu geringe, und die Benutzung der werthvollen Sammlung ist ganz ausserordentlich erschwert. So lange nicht für mehr Raum gesorgt wird, muss die Lage von Jahr zu Jahr ungünstiger werden. Im Lesesaal liegen 432 Zeitschriften (serials) auf, zur Zeit des vorhergehenden Jahresberichts 265. Eigenthümlich ist das Verfahren, das man angewendet hat, um zu einer möglichst grossen Vollständigkeit in den periodisch erscheinenden Schriften (scientific and technical periodicals) zu gelangen. An 300 Leute, die for their eminence in the different branches of knowledge bekannt sind, hat nämlich der Sekretär Circulare geschickt mit der Bitte, eine Liste derjenigen Periodica einzusenden, die für ihr specielles Forschungsgebiet von Werth seien. Darauf hin sind 174 umfangreiche Listen eingegangen, aus denen 3600 Titel haben zusammengestellt werden können, die wohl fast die ganze periodische Litteratur von Bedeutung in den verschiedenen Forschungsgebieten (exclusive of belles-lettres and the art of medicine) umfassen. (Die Medicin scheint deshalb nicht berücksichtigt zu sein, weil für sie das Surgeon-General's Office bereits Erstaunliches geleistet hat.) Nach diesen Listen soll nun zunächst festgestellt werden, was vollständig, was unvollständig, was gar nicht in der Bibliothek vorhanden ist und welche der fehlenden oder unvollständigen Journale auf Grund des Tauschverkehrs eigentlich in der Bibliothek sein sollten. Hiernach will man endlich den Herausgebern solcher Journale, mit denen kein Schriftentausch besteht, solchen anbieten, von denjenigen, welche die Publicationen der Smiths. Institution bislang ohne Gegenleistung erhalten bleiben, letztere verlangen und drittens mittelst des Tauschverkehrs die Completirung der unvollständigen Periodica erstreben. — In der Zeit vom 1. Juli 1888 bis zum 30. Juni 1889 hat die Institution einen Zuwachs von 17354 Bänden oder Bandtheilen, Broschüren und Karten erfahren, von denen 4810 in der Bibliothek des National-Museums blieben und 521 medicinische Dissertationen an das Surgeon-General's Office gingen. Der ganze Rest kam an die Library of Congress.
W.

In der öffentlichen Stadtbibliothek zu Stuttgart wurde eine neue Zählung der vorhandenen Bestände vorgenommen, wobei sich ergeben hat, dass die Gesammtzahl der Druckschriften 408534 Nummern beträgt. Zu diesen kommen noch 3802 Handschriften, 975 Kartenwerke und Einzelkarten, 4440 Musikalien und 4418 Bilder zur württembergischen Geschichte und Landeskunde.

Seit dem Anfang des Jahres 1891 lässt die **Stadtbibliothek zu Köln** ihre Zuwachsverzeichnisse drucken. Dieselben sind in 11 Abtheilungen (A—L) nach den Hauptfächern getheilt und innerhalb dieser alphabetisch geordnet. Für eine Stadtbibliothek mag sich dieser Druck wohl empfehlen, damit die Bürger, welche ihre Stadtbibliothek unterhalten, erfahren, was ihnen für ihr Geld geboten wird. Für Universitätsbibliotheken würde diese Drucklegung mehr Schaden als Nutzen stiften. Die Kölner Zugangsverzeichnisse sind übrigens gut gearbeitet und zweckmässig angelegt.

Die **Chicago Public Library** veröffentlicht die siebente Auflage ihrer sog. Finding Lists, d. h. ganz kurz gehaltene Kataloge, die mit den Signaturen versehen sind, über die verschiedenen Abtheilungen ihrer Bücherschätze. Neun Abtheilungen liegen uns vor, welche deutsche, scandinavische, romanische, holländische, russische, klassische, englische etc. Litteratur enthalten. Deutsche und englisch-nordamerikanische Litteratur ist am stärksten vertreten. Es dürfte wenige deutsche öffentliche Bibliotheken geben, in denen die neuere schöne Litteratur Deutschlands so stark vertreten ist wie hier. Auch die Sammlung geographischer Werke und der Litteratur über Reisen ist sehr ausgedehnt. — Die Accessionen der Bibliothek vom 1. Oktober 1889 bis zum Mai 1891 sind in Bulletin 10—15 alphabetisch verzeichnet.

In der Zeitschrift „der Civilingenieur" Band XXXVII, Heft 6 findet sich ein eingehender Bericht über die **Bibliothek der Technischen Hochschule Dresden** während der Jahre 1889 und 1890, erstattet von dem Bibliothekar der Anstalt, dem Herrn Professor Dr. Arwed Fuhrmann.

Auch in diesem Jahr (1891) ist der ausgezeichnete und umfassende Jahresbericht der **Universitätsbibliothek zu Christiania**, Universitets-Bibliothekets Aarbog, für das vorausgegangene Jahr erschienen. Derselbe bringt ausser einem kurzen Bericht über das Budgetjahr 1889—90 die vollständige norwegische Bibliographie für 1889, das Zuwachsverzeichniss der Universitätsbibliothek an älteren auf Norwegen bezüglichen Schriften, an Büchern der ausländischen Litteraturen und Handschriften.

(Aus der **Bibliothèque Nationale zu Paris**.) Ich hatte gerade begonnen einen Bericht über die beiden gleichzeitig erschienenen Arbeiten niederzuschreiben, welche der Administrateur général der Pariser Nationalbibliothek, Herr L. Delisle, Ende November 1891 uns freundlichst hatte zukommen lassen, als der Auszug, den unser Herr Mitarbeiter A. Wetzel in Kiel aus der kleineren dieser zwei Arbeiten, den Notes sur le département des imprimés de la Bibliothèque Nationale Septembre 1891 angefertigt hat, einlief. Ich lasse denselben weiter unten abdrucken, um aus dem Mund eines zweiten Zeugen die grossen Verdienste, die sich Herr Delisle, seit dem er die Leitung der grossartigen Pariser Bibliothek (1874) übernommen hat, um dieselbe erworben hat und noch fortwährend erwirbt, darzulegen[1]), und be-

---

[1]) Eine für das grosse Publikum bestimmte Schilderung der B. N., die wenn auch nicht ganz fehlerfrei ist (z. B. soll die s. g. manessische Liederhandschrift über Rom nach Paris gekommen sein), so doch auf sehr zuverlässigen Nachrichten beruht, findet sich in der "Beilage zur Allgemeinen Zeitung" 1891. No. 214. Der Verfasser des sich durch vier Nummern hinziehenden Aufsatzes ist Herr Dr. Jul. Winckel.

schränke mich nun auf einen Hinweis auf das grössere Werk, das er unter dem Titel: **Manuscrits latins et français ajoutés aux fonds des nouvelles acquisitions pendant les années 1875—91**. Inventaire alphabétique in zwei Bänden bei Champion herausgegeben hat. Beide Arbeiten Delisle's stehen offenbar in einem inneren Zusammenhange. Sie sollen zeigen, was in der letzten Zeit für die Bibliothèque Nationale geschehen ist, aber gleichzeitig auch nachweisen, was in der Zukunft noch geschehen muss, um das grossartige Institut auf der Höhe seiner Aufgabe und in seiner führenden Stellung zu behaupten. Daher am Schlusse der Abhandlung über die Bücherabtheilung der lebhafte Appell an das Ehrgefühl des französischen Volks. Herr Delisle kommt mit den ihm zugewiesenen Mitteln den sich rapid steigenden Ansprüchen gegenüber nicht mehr aus; die Geldmittel zu Anschaffungen genügen nicht; die Zahl der Beamten muss vermehrt werden; dabei sind die Räumlichkeiten für die Büchermassen zu beschränkt; es lassen sich die neuen Bücher nicht mehr unterbringen und die Benutzbarkeit der Bibliothek leidet hierunter. Glücklicher Weise kann sich die Bibliothek noch ausdehnen. In den Jahren 1880 und 1882 wurden 6,650,000 Francs zum Ankauf von Gebäuden in der Rue Colbert und der Rue Vivienne verwilligt, um das ganze Häusercarrée in den Besitz zu bekommen, in welcher die Bibliothek lag, um dadurch die Feuersgefahr für sie zu entfernen. Damit ist der Bibliothek die Erweiterungsfähigkeit gesichert. Sie zu benutzen, ist die Absicht Delisle's; um dafür das Interesse des französischen Volkes und seiner Vertreter zu gewinnen, ist eins der Ziele der beiden Arbeiten. Darum enthält auch das Verzeichniss der seit 1875 neu erworbenen lateinischen und französichen Handschriften in einer Vorrede nicht nur eine Uebersicht über die Herkunft und den Charakter dieser Handschriften, sondern auch einen Ueberblick über den Gesammtbestand der Handschriften der B. N. und deren Benutzung überhaupt; ferner ein Verzeichniss von 131 Druckschriften, die als Kataloge über die ganze Masse dieser Handschriften oder einzelner Abtheilungen derselben erschienen sind u. s. w. und ein Capitel über die Hülfsmittel, welche den Benutzern der Handschriftenabtheilung zu Gebote stehen. Auch dieses „Vorwort" schliesst mit Aufzählung von Verbesserungen, welche für die Handschriftenabtheilung dringend erforderlich sind und mit einer Mahnung sich bei Gelegenheiten, den Handschriftenbestand zu ergänzen, z. B. die französischen Handschriften der Bibliothek des Sir Thomas Philipps zu erwerben, sich ja nicht entgehen zu lassen.

Wenn man bedenkt, dass die Gesammtsumme der in der B. N. aufgesammelten Handschriften 101,972 beträgt, von denen einzelne Bände oder Packete wiederum aus hunderten, ja tausenden von einzelnen Stücken bestehen, dass allein die Zahl der lateinischen und französischen Handschriften, die seit 1875 erworben sind, rund 3500 Nummern ausmacht, und weiss, dass kaum eine Bibliothek der Welt soviel werthvolle Geschenke erhält, als gerade die B. N., dann wird man kaum ernstlich besorgen dürfen, dass sobald eine andere Bibliothek der Welt diese grosse Handschriftensammlung wird erreichen, geschweige denn übertreffen können. Kommen doch nur selten wichtige Handschriften einzeln auf den Markt und werden dann mit fast unerschwinglichen Preisen bezahlt, die nur reiche Liebhaber bezahlen können. Und die grossen englischen Handschriftensammlungen, die in letzter Zeit zum Verkauf gestellt waren, neigen sich doch sehr ihrer gänzlichen Auflösung entgegen. Wenn daher auch die Befürchtungen Delisles unseres Erachtens den faktischen Verhältnissen gegenüber in diesem Punkte nicht so schwerwiegend sein dürften, so sind wir doch weit entfernt davon, dem arbeitsfrohen und gewissenhaften Vorstande der B. N. es zu verdenken, dass er nach allen Richtungen hin die Interessen seines Instituts wahrt und vor Allen nicht leiden will, dass der herrschenden Zeitströmung, welche die Staatsmittel vorzugsweise nur zur Förderung naturwissenschaftlicher und technologischer Arbeiten verwendet sehen will, die Institute nachgestellt werden und zum Opfer fallen, welche den Fortschritt und den Erwerb der wissenschaftlichen Bewegung in der Vergangenheit documentiren.

Seiner ausführlichen Einleitung lässt Herr Delisle auf S. 1—718 eine alphabetische Aufzählung der Schriften folgen, welche in den seit 1875 erworbenen Handschriften enthalten sind. Schon für uns ergiebt sich, dass wir es in unserm Werke nicht mit einem Handschriftenkatalog, der eine mehr oder weniger bibliographische Beschreibung der Manuscripte enthalten muss, sondern mit einem einfachen Inventaire zum praktischen Gebrauche zu thun haben. Die einzelnen Werke sind unter den Namen ihrer Verfasser, die in der heutigen französischen Wortform wiedergegeben werden, oder nach sonstigen Schlagworten, die nach dem Inhalte der Handschrift nicht nach ihrem Titel gewählt sind, aufgezählt. So stehen z. B. die Schriften des Boethius unter dem Stichworte Boèce, die 606 Originale der Abtei Remiremont, seien es nun Annalen, Urkunden, Briefe u. s. w., chronologisch geordnet unter dem Schlagworte Remiremont, (Pag. 519—571), und unter Bibliographie sind verschiedene Schriften zusammengefasst, die nach ihrem bibliographischen Stichworte sonst unter Notes, Tableaux, Table alphabetique u. s. w. hätten geführt werden müssen. Das Alter der Handschriften ist angegeben und wiederholt auf Beschreibungen der Handschriften, die an einem andern Orte vorliegt, verwiesen. Dass des Verfassers Catalogue des manuscrits des fonds Libri et Barrois unter diesen keine geringe Stelle einnimmt, wird sich Jeder selbst sagen.

In einem Anhang Pag. 671—715 ist dann noch ein Verzeichniss der Handschriften gegeben, um die sich die Bibliothek während des Druckens dieses Werkes bis zum 15. März 1891 vermehrt hatte, und den Schluss des Ganzen bilden ein alphabetisches, sehr ausführliches Wortregister und eine Tafel, welche nachweist, unter welchen Nummern des Hauptkatalogs die hier inventarisirten Neuerwerbungen eingetragen sind. Ein Vermerk hierüber findet sich selbstverständlich auch im Inventaire bei jeder einzelnen hier verzeichneten Handschrift.   O. H.

Herr L. Delisle veröffentlicht in der Bibliothèque de l'école des chartes T. 52 (1891) p. 357—417, und daraus in einem besonderen bei H. Champion erschienenen Hefte von 61 Seiten, einen Bericht über die Druckschriften-Abtheilung der Pariser Nationalbibliothek, die er auf reichlich zwei Millionen Bände in 32 Abtheilungen berechnet. Auf die Geschichte Deutschlands (und Skandinaviens etc.) entfallen z. B. 56,217 und auf die deutsche Section in der Abtheilung Poesie und Theater mehrere hundert Bände. Die Zahl von 3 Millionen würde aber sicher überschritten werden, sagt Delisle: si le recensement devait tenir compte de tous les volumes, fascicules ou cahiers constitués isolément, et si l'on faisait entrer en ligne les exemplaires doubles et les collections affectées au service de la salle publique de lecture. Von 1885—90 umfasst der ganze Zuwachs — ohne die Fortsetzungen, neuen Ausgaben u. A. — 119,300 Artikel, an Pflichtexemplaren (dépôt légal) gingen insgesammt 159,949 (darunter 35,671 an pièces de musique), an Erwerbungen 25,871, an Geschenken 17,872 Artikel während des genannten Zeitraums ein. Delisle klagt darüber, dass trotz aller Reklamationen noch immer viele französische Publikationen nicht in die Bibliothek gelangen, aber die Frage der Reformen in Bezug auf den service du dépôt légal sei viel zu complicirt, um nebenher erörtert werden zu können — tout comme chez nous — er klagt ferner, dass er mit der für die Druckschriftenabtheilung zur Verfügung stehenden Jahressumme von 100,000 Fr. unmöglich den gerechten Anforderungen entsprechen könne, und dass es nicht möglich gewesen ist, das Einbinden der meist ungebunden in die Bibliothek gelangenden Bücher bis zu einem angemessenen Grade ausführen zu lassen; gebunden worden sind von 1885—90 im Ganzen 144,521 Bände. In Bezug auf die neu eingehenden Bücher betont Delisle, dass man seit 1876 es sich zur ersten Pflicht gemacht habe, sie sofort zu signiren und zu katalogisiren d'une façon définitive. Er vertheidigt sodann die monatlich erscheinenden Bulletins über den Zuwachs an fremden und französischen Büchern, deren Kosten er gegenüber kolossal übertriebenen

Angaben auf reichlich 4000 Fr. für das B. français, reichlich 1000 Fr. für das B. étranger im Jahresdurchschnitt zurückführt und deren Nutzen er hervorhebt, u. a. darin bestehend, dass eine Reihe von Titelkopien und deren Revision unnöthig wird und das Publikum von den Eingängen baldigst Kenntniss erhält. Abzüge eines jeden Artikels der Bulletins werden auf Cartons geklebt — und zwar nach Erfordern der einzelnen Artikel auch mehrfach — und aus diesen Cartons ein alphabetisches und sachliches Repertorium gebildet: c'est là l'embryon d'un immense Repertoire qui doit un jour embrasser l'ensemble des collections de la Bibliothèque nationale. Man mag über die Grösse des Werths solcher gedruckten Bulletins verschiedener Ansicht sein, darin hat Delisle gewiss Recht, wenn dem Britischen Museum für den Druck seiner Kataloge im Jahre 1890/91 über 200,000 Fr. zur Verfügung standen, der Pariser Nationalbibliothek nur 12,000 Fr., so darf man die Verwaltung der letzteren wahrlich nicht der Verschwendung zeihen. Es würde zu weit gehen, hier die einzelnen Katalogisirungsarbeiten nach Delisle zu erörtern, es genüge zu erwähnen, dass in dem Zeitraum vom 25. März 1890 bis zum 24. Januar 1891: 99,548 Artikel erledigt wurden, während noch rund 222,000 Artikel unerledigt blieben. Das Arbeitszimmer der Bibliothek ist 1890 von 99,112, der Lesesaal von 66,678 Personen besucht worden, von denen — Alles eingerechnet — $\frac{1}{2}$ Million resp. 100,000 Bücher benutzt wurden. Den Besuchern des Arbeitssaales steht ausser einer grösseren Reihe gedruckter älterer und neuerer Kataloge mit 407,000 Artikeln eine Handbibliothek von 7,500 Bänden zur Benutzung frei. Den — bis zu einem gewissen Grade gerechtfertigten — Klagen über zu langsame Abfertigung hält Delisle die Unklarheit und Unzulänglichkeit u. s. w. der Bestellungen (wenn z. B. „Schmidt" als der Verf. eines Buches bezeichnet wird), die grossen Entfernungen innerhalb der Bibliothek, deren Bücherreihen eine Länge von 40 Kilometern ausmachen, und die ungenügende Anzahl der Beamten entgegen. Delisle hält zweierlei für unumgänglich nöthig: 1) Vermehrung des Personals, dessen Etat jetzt 436,000 Fr. beträgt und sich seit 1869 nur um $\frac{1}{10}$ vermehrt hat, gegenüber mindestens verdoppelter Arbeitslast und 2) den Bau eines Nebengebäudes auf dem 1852 zu Gunsten der Bibliothek mit einem Kostenaufwand von 6,650,000 Fr. freigelegten Terrain; dies Gebäude soll die Zeitungen, die dort wie überall eine der Hauptrollen in der Raumfrage spielen und die man nicht ohne Weiteres abzugeben Willens ist, die Münzsammlung aufnehmen und einen grossen, bis 1 Uhr Nachts offenen Saal für 4—500 Leser mit einer Handbibliothek von 60—80,000 Bänden u. A. enthalten. Der Neubau würde eine Concentrirung verschiedener Sectionen der Druckschriften-Abtheilung, bessere Unterbringung der unvergleichlichen Sammlung von Handschriften und Miniaturen u. s. w. ermöglichen. Ein wenig erstaunlich ist es, dass man die Last der Doubletten und Tripletten, unter der man augenscheinlich sehr leidet, nicht längst abgeschüttelt hat, vielmehr für den Fall des Neubaues eine Organisation du prêt des volumes doubles en faveur surtout des savants de province beabsichtigt. Delisle schliesst seinen ungemein lesenswerthen und lehrreichen Bericht mit einem energischen Appell an den französischen Nationalstolz: Si la fin du siècle n'en (sc. des nouveaux bâtiments) devait pas voir l'achèvement, la Bibliothèque nationale aurait cessé de tenir le rang qu'elle occupe depuis longtemps parmi les institutions savantes de l'Europe. W.

Vermischte Notizen.

Von den letzten 48 Blättern (pag. 615—709) der Anthologia Palatina (Cod. Pal. Gr. 23), die 1816 in Paris zurückbehalten wurden und erst 1864 wieder aufgetaucht sind (Suppl. grec 384) ist im Auftrage der Grossh. Badischen Regierung unter Aufsicht des Oberbibliothekars der Heidelberger Universitätsbibliothek Herrn Prof. Dr. Zangemeister im Jahre 1874 in Paris eine photographische Aufnahme gemacht worden. Die Heidelberger Universitätsbibliothek besitzt die Negativplatten dieser Aufnahme und lässt auf Wunsch Kopien davon anfertigen zum Preise von 95 Mk. für die 95 Seiten, auf Karton aufgezogen in Mappe 102 Mk. **H.**

Im Anfang 1892 wird der erste Band des Handschriftenverzeichnisses der K. Universitätsbibliothek zu Göttingen, bearbeitet von Herrn Professor W. Meyer aus Speier, erscheinen.

Von der Matrikel der Universität Rostock. Herausgegeben von Dr. A. Hofmeister, über die wir im vorigen Jahrgange des C. f. B. S. 210 eine recht anerkennende Anzeige gebracht haben, ist eine Fortsetzung erschienen, welche die erste Hälfte des 2. Bandes umfasst und die Inscriptionen von Michaelis bis Ostern 1563 umfasst. Auch dieser Theil der Matrikel ist sichtlich mit grosser Sorgfalt herausgegeben und für die Gelehrtengeschichte des Nordens sehr interessant. Die Hansastädte und die Ostseeprovinzen sind zahlreich hier durch Söhne vertreten. — Von dem Adressbuche der deutschen Zeitschriften, das jetzt von H. O. Sperling herausgegeben wird, ist uns unlängst der Jahrgang 1891 zugegangen. Dasselbe dient vorzugsweise geschäftlichen Bedürfnissen. Warum die vier Theile, aus denen es sich zusammensetzt, eine vierfache Paginirung erhalten haben, ist nicht ersichtlich. In dem ersten Theile, in welchem die periodisch erscheinenden Zeitschriften nach Fächern geordnet sind, werden 3428 gegen 3204 Nummern des Vorjahres namhaft gemacht.

Wir haben schon wiederholt Veranlassung gehabt, auf Privatdrucke hinzuweisen, in denen der † Herr College Sieber in Basel einzelne Schätze seiner Bibliothek veröffentlicht hat. Zur Erinnerung an den 1. Mai 1871, an dem er die Leitung der Bibliothek seiner Vaterstadt übernahm, hat er jetzt wieder aus einer schon vor 2 Jahren verwertheten Handschrift ein Verzeichniss des Mobiliars des Erasmus vom 10. April 1534, sehr niedlich ausgestattet, erscheinen lassen, das culturhistorisch recht interessant ist. Dieses Inventar liess der Gelehrte durch seinen Famulus ungefähr ein Jahr vor seiner Uebersiedelung von Freiburg i. B. nach Basel anfertigen. Was in Freiburg aus ihm verkauft und was später testamentarisch von Erasmus selbst verschenkt wurde, ist im Original durch Zusätze von der Hand des Erasmus, des Amerbach und des Famulus Gilbertus Cognatus angemerkt worden. Auch diese Zusätze hat Sieber abdrucken lassen, jedoch von dem eigentlichen Texte getrennt. Möchte der verehrte Herr College recht bald zur Feier der Vollendung des Neubaues seiner Bibliothek uns mit einer ähnlichen Gabe erfreuen können! (So hatte ich geschrieben — und nun müssen wir seinen Nekrolog bringen!)

Von den Annali di Gabriel Giolito de'Ferrari (Indici e Cataloghi XI), welche Herr Archivdirektor Banchi in Lucca bearbeitet hat, ist das 2. Heft S. 51—210 (s. C. f. B. VIII, S. 76) erschienen. Dasselbe verzeichnet die Drucke Giolitos von 1543 bis 1548. Man würde es nicht begreifen, dass die Titel der Werke der Presse des Venetianers von 6 Jahren 160 Seiten füllen können. Herr Banchi begnügt sich aber nicht mit der Wiedergabe der Titel. Er geht auf die Lebensschicksale der Autoren der von G. Giolito gedruckten Bücher zum Theil wenigstens ein und liefert sehr sorgfältige Monographieen über einzelne von ihnen. So z. B. über den Herausgeber der italienischen Bibelübersetzung, Antonio Brucioli aus Florenz, einen, wie es scheint, bedenklichen Burschen (S. 55—69). Ein viel grösserer Excurs (S. 150—198) ist der berühmten Courtisane und Dichterin Tullia di Aragona gewidmet und von dieser sogar ein angebliches Bild von Moretto beigegeben. Wen die moralischen und litterarischen Zustände Italiens in der ersten Hälfte des 16. Jahrhunderts interessiren, mag diese Biographie lesen. Sie instruirt besser hierüber als manche langathmigen Bücher. **O. H.**

Seit September 1890 sind innerhalb Jahresfrist 3629 verschiedene Doktor-Dissertationen, Habilitationsschriften, Programmabhandlungen etc. bei der „Zentralstelle für Dissertationen und Programme von Gustav Fock in Leipzig" eingegangen und in dem von derselben herausgegebenen „Bibliographischen Monatsbericht über neu erschienene Schul- und Universitätsschriften" verzeichnet worden. Die Mehrzahl dieser Schriften ist nicht in den Handel gekommen. Auf die einzelnen Fachwissenschaften vertheilen sich diese 3629 Schriften folgendermassen: Klassische Philologie und Alterthumswissenschaften: 396; Neuere Sprachen und Germanistik: 260; Orientalia: 45; Theologie: 45; Philosophie: 52; Pädagogik: 218; Geschichte nebst Hilfswissenschaften und Geographie: 219; Rechts- und Staatswissenschaften: 274; Medizin: 1235; Beschreibende Naturwissenschaften (Zoologie, Botanik, Geologie, Mineralogie etc.): 201; Exakte Wissenschaften (Mathematik, Physik, Astronomie etc.): 225; Chemie: 364; Bildende Künste: 17; Musik: 7; Landwirthschaft: 17; Verschiedenes (Bibliothekwesen, Reden etc.): 34.

Herr Bibliothekar A. Anderson hat in einem prächtig ausgestatteten Foliohefte von 40 Seiten eine Bibliographia Klemmingiana d. h. ein Verzeichniss aller Schriften des verdienstvollen Chefs der Universitätsbibliothek von Upsala, G. E. Klemming, das von 1844 bis 1889 sich erstreckt, herausgegeben. Ein schöner Holzschnitt des prächtigen Kopfes von Klemming ziert das Heft.

Auf der ständischen Landesbibliothek zu Cassel wird jetzt jährlich ein Verzeichniss neuer Hessischer Litteratur redigirt und von dem Vorstand dieser Bibliothek, Herrn Edgard Lohmeyer, in den „Mittheilungen des Vereins für Hessische Geschichte und Landeskunde" herausgegeben. Von ihm ist auch eine Separatausgabe bei M. Brunnenmeister in Cassel für 1890 erschienen. Diese bibliographische Arbeit scheint sehr vollständig zu sein und umfasst auch das Grossherzogthum Hessen; für spätere Zeiten wird sie sicher ein zuverlässiges Hilfsmittel für hessische Geschichtsforscher werden.

In dem Lesesaale jeder Bibliothek, wenn nicht auch in dem Arbeitszimmer derselben, wird man ein neues encyklopädisches Nachschlagewerk nicht entbehren können, das rasch über alle möglichen Gegenstände orientirt und auch einschlagende Literaturangaben enthält. Wir besitzen in Deutschland hierfür mehrere treffliche Werke, welche man nach dem ältesten und verbreitetesten von ihnen unter dem Titel „Conversationslexika" zusammenfasst. In den letzten Jahrzehnten ist diesem ältesten, von F. A. Brockhaus ins Leben gerufenen „Conversationslexikon" eine scharfe Concurrenz erwachsen. Wir erinnern nur an die Werke von Pierer und Meyer, so dass es eine Zeit lang fraglich erschien, ob es seine führende Stellung werde behaupten können. Jetzt aber hat in der „vierzehnten, vollständig neubearbeiteten Auflage", die zugleich eine Saecularausgabe werden wird, da die erste Auflage 1796 begann, das schon früher sehr brauchbare Buch wirklich alle seine Rivalen geschlagen. Der erste vorliegende Band des auf 16 Bände berechneten Werkes enthält auf 1018 eng, aber deutlich gedruckten Seiten rund 6800 Artikel, gegen 3800 in der 13. Auflage, welche die Stichworte von A bis Astrabad umfassen und zahlreiche gute Abbildungen, Landkarten u. dgl. auch in Farbendruck. Wir können auf Grund zahlreicher Proben versichern, dass die neue Ausgabe eine wirklich ganz umgearbeitete ist und schon die neuesten Forschungen berücksichtigt. So sind, um nur ein kleines Beispiel anzuziehen, in dem Artikel über „Arabische Sprache und Literatur" schon die Ergebnisse der neuesten Reisen von Charles Doughty und Julius Euting (S. 787) verwerthet. Wir können daher das grosse, zuverlässige Werk, das freilich keine wissenschaftlichen Monographien bietet wie die Encyclopaedia Britannica, aber im Einzelnen reichhaltiger ist, als das beste encyclopädische Nachschlagebuch, das es jetzt giebt, empfehlen. Der Preis, 10 Mark für jeden dauerhaft gebundenen Band, ist wirklich auch ein billiger.

Neu erschienen ist der 12. Jahrgang der 'Jahresberichte der Geschichtswissenschaft im Auftrage der Historischen Gesellschaft zu Berlin herausgegeben von J. Jastrow' (Berlin, 1891. R. Gaertners Verlagsbuchhandlung. Hermann Heyfelder. gr. 8°. XVIII, 170+454+320+201 S. 30 Mk.); er umfasst die Litteratur des Jahres 1889. Die Anordnung ist dieselbe wie beim vorigen Bande, und da wir letzteren auf S. 229 Jahrg. VIII dieser Zeitschrift ausführlich besprochen haben, begnügen wir uns diesmal hierauf zu verweisen. Neu hinzugekommen ist ein Referat über russische Geschichte. Das Wesentlichste dürfte die erreichte grössere Beschleunigung des Erscheinens sein: der Herausgeber hat es jetzt zu ermöglichen gewusst, dass ungefähr 1½ Jahr nach Schluss des Productionsjahres der Bericht über dasselbe gedruckt vorliegt, eine Leistung, die jeder, der durch eigene Erfahrung mit derartigen Arbeiten vertraut ist, als bedeutend genug anerkennen wird. Auf die bibliographische Vollständigkeit wird fortwährend mit Recht der grösste Nachdruck gelegt. W. Sch.

Die Chronique der Bibliographie de la France 1891 No. 39 enthält einen mit 2 Abbildungen versehenen kurzen Artikel über den berühmten Buchdrucker Christoph Plantin als Buchbinder, von Léon Gruel. — Die folgende Nummer derselben Chronique bringt einen gleichfalls illustrirten 2ten Artikel über den Pariser Buchhändler Galliot Du Pré von Paul Delalain; der erste Artikel erschien in der Nr. 49 des Jahres 1890. W.

Die Grenzboten (1891, 3. Quart. S. 457 ff.) bringen einen Aufsatz Adolf Buffs über das Ausgeschenk der Augsburger Buchbinder, d. h. das Zeremoniell, mit dem ein Gesell beim Verlassen der Stadt gefeiert (weggetrunken) wurde und das auf Grund des Reichsgesetzes von 1731 das Augsburger Handwerksgericht vergebens abzuschaffen suchte. An der Spitze der Meister, die für Beibehaltung des Ausgeschenks eintraten, stand Johann Georg Mozart, der Grossvater des berühmten Tondichters. W.

Am 8. Oktober 1847 schenkte Franz Grossherzog von Toscana und Herzog von Modena dem ungarischen Nationalmuseum in Budapest aus der Modenaer Bibliothek der Este zwei Corvina-Codices, noch in demselben Monat kamen sie in Wien an, aber Fürst Metternich lieferte sie wegen gewisser Formalitäten nicht an die Ungar. Hofkanzlei aus. Durch die folgenden politischen Ereignisse geriethen die Codices in Vergessenheit, wanderten mit anderen Handschriften aus dem Ministerium des Aeussern in das Geheime Hofarchiv und aus diesem 1869 in die Kaiserliche Hofbibliothek, in deren Handschriftenverzeichniss sie in Bd. 7 unter Nr. 13697 und 98 aufgezeichnet sind. Auf Anregung Johann Csontosi's und mit lebhafter Unterstützung der betheiligten ungarischen Behörden sind nunmehr nach Verlauf von 43 Jahren die beiden für das Ungar. Nationalmuseum geschenkten Codices durch die Gnade S. M. des Kaisers Franz Joseph der Hofbibliothek entnommen und dem Museum übergeben worden, das jetzt im Ganzen 12 Corvina-Codices besitzt. Die fraglichen beiden Codices stammen aus dem 15. Jahrhundert, enthalten die Homilien des Chrysostomus resp. des Hieronymus und sind glänzend ausgestattet. Die Miniaturen des einen verfertigte Attavantes de Attavantibus, des andern 1488 Francesco Antonio Cherico, den einen Codex zieren 70, den andern 120 in Polychrom gefasste Goldinitialen, beide haben grossartig ausgestattete Titelblätter, der eine auch noch 22 schöne Marginal-Ornamente. (Ungar. Revue 1891.) W.

Im Propugnatore N. S. Vol. III. Fasc. 16—17 findet sich S. 5—113 ein sehr werthvoller **Nachtrag** zu dem bekannten bibliographischen Werke Fr. **Zambrinis: Le opere volgari a stampa dei sec. XIII e XIV.** von S. Morpurgo.

In demselben Hefte der genannten Zeitschrift ist auch ein **Contributo alla bibliografia delle rime volgari dei primi tre secoli** in der Gestalt eines Indice delle carte di Pietro Bilancioni von C. und L. Frati herausgegeben, S. 179 u. f. Der Aufsatz wird fortgesetzt.

In der Zeitschrift für den deutschen Unterricht, 5. Jahrg., 5. Heft. S. 316 u. f. bespricht Herr Professor R. Bechstein die beiden ersten Ausgaben der bekannten Satire auf die Sprachmengerei von 1643: **Der Unartig Teutscher Sprach-Verderber**. Anknüpfend an einen Neudruck dieses Schriftchens (dessen Autor noch nicht festgestellt ist), welchen Herr H. Riegel besorgt hat, zeigt er, dass die von ihm im „Deutschen Museum für Geschichte, Litteratur, Kunst und Alterthumsforschung" 1862 besorgte Ausgabe ganz unbeachtet geblieben ist, obwohl sie Graesse in seinem Trésor anführt, dass aber Graesse wieder einen Fehler begangen hat, indem er meint, die Bechsteinsche Vorlage sei dieselbe gewesen, wie die, welche K. Goedeke im Grundrisse anführt. Es seien vielmehr gleich 1643 zwei Ausgaben der Schrift erschienen; welches die Editio princeps sei, wird unbestimmt gelassen.

Der Director des Ossolińskischen Institutes in Lemberg, Dr. W. von Kętrzyński, in bibliothekarischen Kreisen durch seinen Handschriftenkatalog der ihm unterstellten Bibliothek bekannt, hat Ende 1890 in einem Hefte von 19 Seiten unter dem Titel: Dr. Wojciech Kętrzyński Pisma 1865—1890 Lwów nakładem autora ein Verzeichniss seiner Schriften zusammengestellt, welches 173 Titel umfasst, die in 21 verschiedenen Zeitschriften und Sammelwerken, meist in polnischer Sprache, erschienen sind. P.

Verzeichniss der Schriften von Dr. phil. Karl Koppmann, Stadtarchivar zu Rostock, 1866—1891. Dem Herrn Verfasser zur Feier seines 25jährigen Doctor-Jubiläums am 11. Juni 1891 hochachtungsvoll dargebracht vom Verein für Hamburgische Geschichte. in 8°. 27 S. Dasselbe zählt neben 14 selbstständigen Publikationen, 11 Zeitschriften und Sammelwerken, die K. herausgegeben hat, 270 einzelne Abhandlungen und kleinere Mittheilungen, welche sich auf 17 Zeitschriften und 3 Zeitungen vertheilen und sämmtlich die Hansische, Hamburgische und Mecklenburgische Geschichte sowie die niederdeutsche Sprache zum Gegenstand haben. P.

Zu dem „**Katalog der Commerz-Bibliothek in Hamburg**" ist die fünfte Fortsetzung erschienen, umfassend die Neuerwerbungen der Jahre 1885—1890. (Hamburg, Bureau der Handelskammer. 1890. 8°. Sp. 2070—2248 und S. CXXXXII—CLXX). Die Anordnung ist ebenso wie in den früheren Theilen die systematische mit Beigabe eines alphabetischen Index. Auch diese Fortsetzung bildet ein sehr werthvolles Hilfsmittel für die Litteratur der gesammten Handelswissenschaften; besondere Bedeutung aber erhält diese neue Fortsetzung dadurch, dass sie die 1889 von der Commerzbibliothek aus der Büchersammlung des verstorbenen Dr. F. A. Cropp erworbenen Werke über Reisen und Entdeckungsgeschichte verzeichnet; insbesondere hinsichtlich der Litteratur über Geschichte und Geographie Westindiens dürfte nunmehr die Commerzbibliothek von wenigen andern europäischen Bibliotheken an Reichhaltigkeit übertroffen werden.
W. Sch.

Vermischte Notizen.

In „The Library", 1891, No. XXIX S. 161 ff. giebt W. A. Copinger eine lehrreiche Zusammenstellung der Exemplare der Biblia Latina aus dem 15. Jahrhundert. Er zählt deren 144 Ausgaben auf, von denen jedoch 19 untergeschoben sind. Bemerkenswerth ist vor allem die Steigerung im Preise. Die Gutenbergbibel kostete 1769 noch 2100 Frs.; das Pergamentexemplar im British Museum hat einen Werth von mindestens 3500 £, wahrscheinlich 4000 £. Das Exemplar auf Papier kostete zuletzt 2650 £. Die Ausgabe von 1462 (Mainz, Fust u. Schoeffer), die erste mit Datum, stieg im Preise von 3200 Frs. (i. J. 1769) auf 1025 £ (1887). Hbrln.

Ein im Verlage von H. Weissbach in Weimar (1891) erschienener Sonderabdruck aus der „Deutschen Buchhändler-Akademie" Bd. VII, Heft 10 enthält den Haupttheil eines im Histor. Verein von Oberbayern von Dr. Chr. Ruepprecht gehaltenen Vortrages „Ueber Inkunabeln", dessen zweiter die Münchener Inkunabeln behandelnder Theil (vgl. C. f. B. VIII S. 373) bereits früher in der Beilage zur Allgem. Zeitung 1891 Nr. 101 (120) abgedruckt war. Hbrln.

Im Boletin der Real Academia de la Historia für Juni 1891 giebt F. Codera einen Bericht über die durch spanische Autoren erhaltenen arabischen Mss. in der Bibliothek des Khedive zu Kairo.

Im Archivio storico italiano, Serie 5, Tomo 7 (1891), veröffentlicht A. Bertolotti documenti inediti über den Titular-Erzbischof Olaus Magnus[1]) von Upsala, darunter S. 123 dessen Testament vom 31. Juli 1557, in welchem es, bezeichnend für den Büchervertrieb jener Zeit, so heisst: dixit . . . item habere in Colonia et Antverpia certam quantitatem librorum valoris s. quadraginta auri in auro, qui fuerunt portati ex urbe ad dictas civitates ut venderentur, et sunt volumina nova Historiarum rerum Gotticarum[2]): quarum curam habere commisit quibusdam R. d. Io. Groppero[3]) et ven. D. Philippo Canabart, et ipsi sunt desuper bene informati. — Magnus vertrieb aber nicht nur seine Bücher, er druckte sie auch, denn in dem Testament sagt er ferner: . . . item et in urbe et edibus hospitalis Sancte Brigide solite sue residentie quamplures libros habere: diversarum sortium et duo torcularia pro imprimendis libris, et iam cepit et fecit imprimere et nunc sub turenlare habere nonnulla volumina revelationum S. Brigide, et valoris in totum sunt libri cum torcularibus s. 600 auri in auro vel circa. . . Das Testament bestimmt, dass der ganze Bücherschatz mit den Pressen zu Gunsten der Neffen des Testators, Magnus und Olaus Laurentii, Studenten in Löwen und Lüttich, verkauft werde. — Das Inventar, das die Testamentsvollstrecker am 2. August 1557 aufnahmen und das a. a. O. S. 125 f. abgedruckt ist, zeigt, dass O. Magnus viele Bücher hinterliess: una cassetta con molti libri sligati, una cassa piena di libri non ligati, diversi massi de libri ligati et non ligati, una cassa piena de libri, cinque casse piene de libri; über den Inhalt der Bücher erfahren wir wenig: certi libri secreti artis archimiste, le opere de la Rivelatione de Sta Brigida, un fasso di certi labori di Sta Brigida, una cassa dove sonne certe scritture di Jacobo Clefelte. W.

1) S. über ihn Jöcher u. s. Fortsetz.
2) Aus dem Nachlass seines Bruders, des Erzbischofs Johann Magnus, von ihm zuerst 1554 herausgegeben.
3) Der berühmte Kölner Scholaster, der den Kardinalshut verschmähte. s. Allg. Deutsche Biographie.

Eine Uebersicht über die neuesten Arbeiten zur Buchdruckergeschichte von Rheims giebt der gelehrte Bibliograph Emile Picot in No. 42 der Revue critique von 1891.

Der sehr rührige Buchhändler Ulrich Hoepli in Mailand, ein Schweizer von Geburt, der mit Hermann Loescher viel zur Verbreitung der deutschen Litteratur in Italien beigetragen hat, hat mehre Werkchen erscheinen lassen, die hier mit einigen Worten erwähnt sein mögen. Unter dem Titel I migliori libri Italiani consigliati da Cento illustri contemporanei hat er nach englisch-amerikanischem Vorbilde Aeusserungen von hundert mehr oder weniger bedeutenden Italienern über die Werke der italienischen Litteratur, welche ihnen als die vorzüglichsten erschienen seien und die auf ihre geistige Entwickelung den grössten Einfluss geübt hätten u. s. w., abdrucken lassen. Es kann bei den Antworten natürlich nicht viel herauskommen, da der Eine seine Antwort sehr kurz gefasst hat, der Andere recht ausführlich geworden ist. Herr Professor Mantegazza hat z B. auf die drei ihm vorgelegten Fragen dreimal geantwortet: Il gran libro della natura, während Herr College Castellani acht Seiten Büchertitel aufgeschrieben hat. Ein Anderer empfiehlt seine eigenen Werke, ist aber hierbei ohne Nachfolge geblieben, u. s. w. Interessant sind nur einige Betrachtungen, die man über das Ansehen, das augenblicklich in Italien die fremden Litteraturen geniessen, machen kann. Das Studium Darwin's wird von 16 Vertretern, der grössten Zahl, die sich auf einen Nichtitaliener vereinigt hat, empfohlen, das Shakespeares von 11; Schiller erhält 7, Goethe und A. von Humboldt 6 Stimmen; Rousseau 5, Molière und Voltaire nur je Eine. Unter den empfohlenen Italienern nehmen Manzoni mit 37, Alfieri mit 28, Macchiavelli mit 28, Dante mit 27 und M. d'Azeglio mit 26 Stimmen die ersten Plätze ein. Man sieht, wie wenig diese Abstimmung dem Werthe derer, über die votirt wird, entspricht. Die französische Litteratur, namentlich die belletristische, beherrscht thatsächlich trotz ihres Durchfalls bei den Hundert noch immer den italienischen Buchmarkt; nur auf dem wissenschaftlichen Gebiete erringt nach und nach die deutsche das Uebergewicht. — Wichtiger als die Voten dieses mehr zufällig zusammengewürfelten litterarischen Parlaments ist das nach Materien geordnete Verzeichniss der besten d. h. brauchbarsten und gebrauchtesten italienischen Bücher, das Herr Hoepli selbst entworfen hat. Hier redet der erfahrene Buchhändler, der da weiss, was gekauft wird und im Gange ist, und ihm kann sich jeder Anfänger in der Kenntniss der italienischen Bücherkunde anvertrauen. Von einem persönlichen Urtheil ist ja selbstverständlich da nicht die Rede. — Neben diesem Buche hat Herr Hoepli in der grossen Sammlung seiner Handbücher (Manuali) zwei Werkchen erscheinen lassen, die sich auf Bibliothekswesen beziehen. Das eine ist ein Dizionario bibliografico von C. Arlia, in dem alle im Buchwesen vorkommenden italienischen Worte erklärt werden. Diese Erklärungen erweitern sich in einzelnen Fällen zu kleinen selbständigen Abhandlungen und Zusammenstellungen, die auch für einen Nichtitaliener von Werth sind. Ob alle das Bibliothekswesen betreffenden Ausdrücke hier aufgenommen sind, kann ein Nichtitaliener nicht sicher beurtheilen. Mir fiel das Fehlen von zwei Worten auf, die ich gewünscht hätte. — Das andere Handbuch trägt den Titel Bibliografia und rührt von dem Bibliothekar Giuseppe Ottino her. Dass es für angehende italienische Bibliotheksbeamte brauchbar ist, geht schon daraus hervor, dass es eine zweite Auflage erlebt hat, da es auf 160 kleinen Seiten alles Mögliche, was sich auf das Buchwesen bezieht, z. B. Geschichte der Erfindung und der Fortschritte der Buchdruckerei, der Katalogisirung der Bücher u. s. w. enthält, so ist klar, dass es auch nur für die ersten Anfänger im Bibliotheksdienst bestimmt ist. Diese können auch aus ihm etwas lernen, wenn es auch in manchen Beziehungen Veraltetes vorbringt. Wer möchte z. B. jetzt noch nach der Brunetschen Eintheilung einen Realkatalog anlegen? Immerhin ist u. A. anerkennenswerth, dass der Castaldimythus von der Erfindung der Buchdruckerkunst uns nicht auch hier wieder vorgetragen wird, nachdem er so eben noch in einer eigenen, gleichfalls bei U. Hoepli erschienenen Schrift wieder einen mehr tapferen als einsichtigen Vertheidiger gefunden hat.

Für die Lutherforschung von höchstem Interesse ist ein **Lutherfund** in Danzig. In der Danziger Stadtbibliothek befindet sich eine Handschrift, die die beiden Schriften 'Ein Urteil der Theologen zu Paris über die Lehre D. Luthers. Ein Gegen-Urteil D. Luthers' und 'Von den guten Werken' in der Originalaufzeichnung des Reformators enthält. Nachdem zuerst Archidiakonus Bertling in Danzig auf diese Handschrift aufmerksam gemacht hatte, hat dann Professor Nicolaus Müller in Berlin den Codex genau untersucht und aus ihm den Tractat von den guten Werken in bibliographisch genauem Abdruck mit Beibehaltung der Orthographie und Interpunktion herausgegeben. (Neudrucke deutscher Litteraturwerke des XVI. und XVII. Jahrhunderts. Halle, Max Niemeyer. Nr. 93 u. 94.) Aus einer Vergleichung des Danziger Manuscripts mit den ersten Wittenberger Drucken ergiebt sich überzeugend die Thatsache, dass die Setzer und Correctoren der Wittenberger Druckerei mit den ihnen von Luther übergebenen Manuscripten in höchst willkürlicher Weise verfuhren: sie richteten sich nicht bloss nicht nach der Orthographie und Interpunktion des Autors, sondern verwischten auch viele sprachliche Eigenthümlichkeiten ihrer Vorlage, ja gestalteten selbst einzelne Gedanken derselben um. Es wird also durch den Danziger Fund die bereits von Dietz aufgestellte Theorie bestätigt, dass für die Schreibweise des Reformators allein die Handschriften, nicht die Originaldrucke eine sichere Grundlage für die Forschung gewähren. W. Sch.

Eine Biographie des am 2. April 1890 verstorbenen Bibliothekars der Königlichen Bibliothek in Utrecht, Dr. Marinus Fredrik Andries Gerardus Campbell, findet man in den Levensberichten der afgestorven Medeleden van de Maatschappij der Nederlandsche Letterkunde. Bijl. tot de Handelingen von 1890. Leiden 1890. S. 256—303. W.

Der Bibliothekar der Lübeckischen Stadtbibliothek, Dr. C. Curtius, hat als Festschrift für die 20. Versammlung des Hansischen Geschichtsvereins zu Lübeck aus einer Handschrift der ihm unterstellten Bibliothek die Beschreibung einer Reise herausgegeben, die der Lübecker Theolog und Historiker Jakob von Melle und der Hamburger Dichter Chr. H. Postel 1683 nach den Niederlanden und England unternommen und selbst beschrieben haben. In dieser Beschreibung wird folgender Bibliotheken Erwähnung gethan: 1) Groningen: „Universitet-Bibliothec, welche in wenigen und mehrentheils alten Büchern bestehet: doch ist ziemliche Anstalt gemacht, dass man alle Mittwochs und Sonnabend 2 Stunden hinauf gehen und daselbst der Bücher sich bedienen kan; wovon etliche gedruckte catalogi alda herum liegen." 2) Leyden: „Die Bibliothec ist nicht sonderlich, ausgenommen die raren Mss. ex legato Scaligeri." 3) Antwerpen: „Das Profess. Haus der P. P. Jesuiten, worin sie eine feine Bibliothec haben, bestehend aus 4 Kammern nach einander, darin die Bücher alle in einerlei Art vergüldeten Bänden, unter gewisse Rubriquen ordentlich herumstehen. In der ersten Kammer war an der Seiten ein vergittertes Loch, infernus genand, darin die libri haereticorum et prohibiti stehen: wie auch purgatorium, worin libri periculosae lectionis aufbehalten werden." 4) Brüssel: „Die Bibliothec (der Jesuiten) ist mit vielen Raritäten und Antiquitäten gezieret als Römischen marmoribus, vasis, lampen, urnis etc. Bey der Thür steht ein roth sammitner Stuhl, welchen K. Carolus V. vormals gebraucht und sich darin hat tragen lassen." 5) London: „Die Bibliothec (im Lambeth-House) ist ein viereckiges Gebäude mit vielen Büchern angefüllet, deren Bände alle vergüldet sind." 6) Oxford: ein längerer Abschnitt „de bibliotheca" betitelt, der zum grösseren Theil auf selbständigen Aufzeichnungen der Reisenden beruht, von dessen Wiedergabe aber mit Rücksicht auf den diesen Mittheilungen zugewiesenen Raum abzusehen ist. W.

Einer ausführlichen Biographie des am 27. Februar 1891 in Lemberg verstorbenen polnischen Historikers Xaver Liske im Kwartalnik historyczny 1891 (V, 465—539). von seinen Freunden und Schülern O. Balzer, V. Zakrzewski, L. Finkel, L. Cwikliński, H. Sawczyński, Z. Hordyński verfasst, hat L. Finkel ein Verzeichniss der Schriften Liske's beigefügt, S. 540—548, in welchem 64 Werke und Abhandlungen und 57 Recensionen aufgeführt werden.   P.

Im „Litterarischen Merkur" v. 5. September 1891 (Weimar) veröffentlicht Dr. Chrn. Ruepprecht unter dem Titel „Kleiner Nachtrag zu Fr. Ad. Eberts 100. Geburtstage" (vgl. C. f. B. VIII S. 352) einen Brief Eberts vom 18. Jan. 1819 an den Professor und Oberbibliothekar Siebenkees in Landshut. Der Inhalt des Briefes, welchen Dr. Ruepprecht auf der Münchener Universitätsbibliothek unter verschiedenen an Siebenkees gerichteten Schreiben vorfand, bezieht sich im wesentlichen auf die geplante, aber gescheiterte Wiederbelebung des Allgem. Literar. Anzeigers.   Hbrln.

In einer „Festschrift zur Jubelfeier der Drelle'schen Buchdruckerei am 12. August 1891" hat der überaus fleissige und kenntnissreiche Gymnasialdirektor Dr. G. Schmidt, der Herausgeber des Halberstädter Urkundenbuchs u. s. w., sehr interessante „Beiträge zur Geschichte der Buchdruckerei in Halberstadt" gegeben. Der erste Drucker war Ludwig Trutepul, der von 1520 bis 1523 sehr gut ausgestattete Drucke von Halberstadt hat ausgehen lassen. Erst 60 Jahre später nahm nach dem Verschwinden Trutepuls G. Kote das Buchdruckergewerbe dort wieder auf. Die Festschrift ist typographisch sehr schön ausgestattet. Der Verfasser derselben hat sich auf dem Titel nicht genannt.

In der Kieler Universitäts-Bibliothek fanden sich bei der Auflösung des alten Einbanddeckels von Vitruvii de architectura libri decem, Lugduni 1552. 4°, 18 in der Mitte durchschnittene Blätter oder 36 Blatthälften eines Missale in sehr schönem alten Druck mit abwechselnd grösseren und kleineren Typen, miniirten Initialen und Ueberschriften und 29 Zeilen auf der Seite. Herr Oberbibliothekar Dr. Steffenhagen, der zu jeder Blatthälfte schnell die dazu gehörige Hälfte herausfand, konstatirte, dass die Blätter, deren Blattzahlen nur zum Theil dem Buchbindermesser entgangen waren, in ununterbrochener Folge Blatt 53—70 eines Missale bildeten vom Sabbath der zweiten Woche bis zum Sabbath der vierten Woche in der Quadragesima, beginnend mit den (nur in der unteren Hälfte erhaltenen) Worten „Et jurgens venit ad patrem suum" und dass der Inhalt übereinstimme mit Blatt 35—47 des Missale, das Lyon 1545 erschienen ist, mit Ausnahme der den Schluss bildenden Lectio aus dem Jesaias. Während nämlich das Lyoner Missale an der betr. Stelle Jesaias Kap. 49 V. 7 (In tempore placito audiui te etc.) hat, schliesst das Fragment mit Kap. 55, V. 1: Hec dicit do|minus deus: Om|nes ficiētes venite ad aqs. | ꜯ qui nō habetis argentu₃ | properate: emite ꜯ comedi|te. Venite: emite abſq₃ ar|gento. ꜯ abſq₃ vlla comu|tacione vinu₃ ꜯ lac. Qua|re appenditis argentum et. Abgesehen von dieser Abweichung stimmt das Fragment ferner überein mit einem angeblich Lübischen Missale unserer Bibliothek aus dem 15. Jahrh. von Fol. XLIV vers. col. 1 l. 11 bis Fol. LIX rect., col. 1 l. 1, mit einem anderen desselben Jahrhunderts: von Fol. XXXVIII vers., Col. 1 l. 15 bis Fol. XLIX vers., Col. 2 l. 20 und mit dem Missale Romano-Bohemicum (Prag 1845), S. 92—117. Weitere Hülfsmittel, um das Fragment zu identificiren, fehlen hier; unsere beiden alten Missale ohne Druckort und Jahr sind bei Hain nicht verzeichnet.   W.

Im 16. Bande des Jahrbuchs für Schweizerische Geschichte wird neben einer Biographie des Gründers der Schweizer. Geschichtsforschenden Gesellschaft, Johann Caspar Zellweger's, auch eine Auslese aus dessen Briefwechsel veröffentlicht. Aus einem Briefe des Pfarrers M. Schuler in Aerlisbach vom 25. August 1841 (Seite 104* f. Nr. 47) dürften die folgenden Sätze auch heute noch für die bibliothekarischen Kreise Interesse haben: „Auf Ihre Frage um einen Correspondenten, der Beiträge zu den Regesten und anderes Urkundliches liefern könnte, wüsste ich in hiesigem Kanton Niemand zu nennen als den in seinem hohen Greisenalter immer noch sehr thätigen Bibliothekar Brouwer zu Aarau. Dieser könnte auch aus der Zurlauben'schen Manuscripten-Bibliothek Beiträge liefern — was sonst keiner kann. Denn denken Sie, in dieser Hauptstadt der schweizerischen Liberalität, in Zschokke'scher Manier, liegt diese Bibliothek seit 1806 fast unbrauchbar, weil nicht einmal ein Nominalregister, geschweige ein Realregister, wie z. B. die Zürcherische hat, gefertigt worden. Während ich aus den literarischen Schätzen der Zürcher immer erhielt, was ich wollte, erhalte ich aus der Bibliothek in meiner nächsten Nähe keinen Manuscriptenband nach Hause — weil kein Register den Inhalt verbürgt und — vermöge des Gesetzes der Rechtsgleichheit für den Bauer und den Geschichtsschreiber!" W.

Zu der Wiener s. Abhandlung Dr. R. C. Kukula's „die Mauriner Ausgabe des Augustinus" hat der gelehrte Benediktiner Odilo Rottmanner im Band CXXIV der Sitzungsberichte der Wiener Akademie sehr werthvolle bibliographische Nachträge geliefert. Dieselben beziehen sich auf die Datirung der einzelnen Bände der Mauriner Ausgabe des Augustinus. Diese ist nämlich merkwürdiger Weise schon von Dom Tassin in der Histoire littéraire de la Congrégation de Saint-Maur, — die übrigens nicht, wie der Pater Rottmanner nachweist, zuerst 1770, und auch nicht 1726, erschienen ist, wie C. Hase in seiner Kirchengeschichte hatte drucken und viele Andere ihm haben nachdrucken lassen — in Unordnung gebracht worden, und Kukula ist ihm hierin nur gefolgt. Dass dieser Fehler einem Dom Tassin begegnen konnte, erklärt sich aus dem Erscheinen von einem Nachdrucke, welchen er mit der Originalausgabe dann durcheinander geworfen hat. Zur Feststellung, ob ein Band der Originalausgabe oder dem Nachdruck angehöre, sei bemerkt, dass Tom. I. und II. der Originalausgabe 1679, Tom. III. P. 1. und 2. 1680, IV. 1681, V. 1683, VI. und VII. 1685, VIII. und IX. 1688, X. 1690 und XI. 1700 erschienen sind. — Nach Kukula sollte auch der 1700—1702 angeblich in Antwerpen, in Wirklichkeit aber in Amsterdam, erschienene Nachdruck der Mauriner Ausgabe des Augustinus von den Jesuiten ausgegangen sein. Auch das bestreitet Rottmanner mit guten Gründen, ebenso wie die Behauptung antiquarischer Kataloge, dass die 3. Venetianer Ausgabe von 1797—1807 als die „beste Ausgabe" zu bezeichnen sei. O. H.

In den Berichten und Mittheilungen des Alterthums-Vereins zu Wien, Band 26 (1890) S. 75 ff. beschreibt Joh. Wussie unter dem Titel „Alte Wiener Drucke" die Wandkalender des Georg Tannstetter von 1522, 1524, 1525, 1527, 1530, 1532, die er aus einem Banddeckel im Archiv des Grafen Franz Emerich von Lamberg in Stadt Steyr, Oberösterreich, herausgelöst hat. Gute Abbildungen sind beigegeben. Ebendort S. 145 ff. bespricht Joseph Lampel Cimelien eines Wiener Nonnenklosters (Laurenzerinnen) und zwar erstens zwei geschriebene Ablassbriefe aus dem 14. Jahrhundert und zweitens einen gedruckten, einen Inkunabeldruck aus dem Jahre 1462, „den Herr Dr. Gildlin von Tiefenau, Custos der k. k. Hofbibliothek, auf den ersten Blick als ein Erzeugniss der Fust-Schefferschen Officin zu Mainz erkannt hat". Ein nur wenig verkleinertes Schriftbild dieses Ablasses zu Gunsten des Kirchenbaues von St. Cyriak, dem ehemaligen Merowingerschloss zu Neuhausen bei Worms, ist in den Text eingedruckt. W.

Unter dem Titel: Katalog wydawnictw akademii umiejętności w Krakowie 1873—1891 hat M. Stankiewicz in Krakau ein Verzeichniss aller **Publikationen der Krakauer Akademie der Wissenschaften** erscheinen lassen. In demselben wird auf 56 Seiten der Inhalt der Schriften der drei Abtheilungen, der philologischen, historisch-philosophischen und mathematisch-naturwissenschaftlichen, einschliesslich der historischen Quellenwerke genau bandweise verzeichnet, eine Liste der von der Akademie unterstützten Werke zusammengestellt und ein Register der einzelnen Abhandlungen, nach den Namen der Verfasser alphabetisch geordnet, hinzugefügt. Nicht aufgenommen hat Herr St. den seit 1889 den Universitätsbibliotheken zugehenden Anzeiger der Akademie der Wissenschaften in Krakau, der Auszüge der Schriften in deutscher und französischer Sprache enthält.   P.

Von dem unermüdlich fleissigen Herrn H. Omont liegen in den Mémoires de la Société nationale des Antiquaires de France, tome LI. S. 225 u. f. und in der Nouvelle Revue historique de Droit français et étranger 1891, Mai- und Juniheft, zwei neue kleinere bibliographische Arbeiten vor. In der ersten theilt er das Fragment der ältesten Handschrift der **Notitia dignitatum** mit, welches sich in der Cheltenhamer Bibliothek befindet. Dorthin war es aus der Sammlung von G. Libri gekommen, der es in dem Kataloge seiner am 25. Juli 1862 verkauften Sammlung als Mappemonde bezeichnet hatte. Die Handschrift ist geschrieben 1427 von Antonio Angelo di Aquila, sie geht also nicht auf die Abschrift zurück, die 1436 der Bischof Pietro Donato von dem verloren gegangenen Codex Spirensis anfertigte und aus der alle anderen jetzt vorhandenen Handschriften der N. d. geflossen sind. — Die andere Arbeit giebt ein Inventaire sommaire de la **Collection du Parlement** conservée à la Bibliothèque nationale und analysirt in aller Kürze die 606 Bände von Registern des Parlaments, die von der grossen Pariser Sammlung aufbewahrt werden. In der Einleitung wird eine kurze Geschichte der Entstehung und Zusammensetzung dieser grossartigen Collektion gegeben.

Im Anzeiger der Akademie der Wissenschaften in Krakau, 1891 (Nr. 7) S. 246 ff. verzeichnet E. Porębowicz seltene in der Jagellonischen Bibliothek der Universität zu Krakau befindliche spanische Druckwerke des 16. Jahrhunderts.   W.

In der Carinthia I., Mittheilungen des Geschichtsvereins für Kärnten, Jg. 81 (1891, S. 33 ff. u. 70 ff.) beginnt Dr. G. Hann Aufsätze über die Kunstschätze des Benedictiner-Stifts St. Paul im Lavantthale zu veröffentlichen, deren erster eine Beschreibung des liber sacramentorum de circulo anni expositus a S. Gregorio papa giebt, eines Pergament-Codex des 11. Jahrh., der aus dem Stifte St. Blasien im Schwarzwalde in das Archiv des Klosters St. Paul in Kärnten gekommen ist und hier die Signatur XXV a/20 hat. Die Beschreibung „sieht von allem rein Theologischen und rein Paläographischen ab, fasst nur das kunstgeschichtliche Moment ins Auge und bezweckt die Stellung zu ermitteln, welche das Sacramentar nach seinem Bilder- und Initialenschmuck unter den gleichartigen Codices des früheren Mittelalters einnimmt."   W.

In der Beilage zur (Münchener) Allgemeinen Zeitung Nr. 263 (10. November 1891) befindet sich ein längerer Aufsatz über „**Bedeutung und Aufgabe der Bibliotheken**" von Dr. Christian Ruepprecht.

Der **Smithsonian Institute in Washington**, mit der ja die meisten Bibliotheken in Verbindung stehen, ist von einem unbekannten Gönner eine Million Dollars geschenkt worden.

Berichtigung[1]). Herr Th. Gottlieb hat am Schlusse seiner „Erklärung" (Jahrg. 1891 S. 525) bemerkt: „richtige Rechnung" erhalte gute Freundschaft. Ich erlaube mir mit einer Gegenrechnung aufzutreten. Ich würde zuletzt „Anstoss daran nehmen", wenn mein Name dort nicht genannt würde, selbst bei jener Notiz nicht, die Hr. G. nicht mit den übrigen zurückschickte, sondern unter einem Vorwande so lange zurückbehielt, dass ich sie a. a. O. nicht mehr verwenden konnte. Ohnehin wird mir bei diesem beständigen Anführen der „Autorität" fast botanisch zu Muth. Dass ich nicht berechtigt gewesen, das von mir Gefundene zu veröffentlichen, wird auch Hr. G. nicht behaupten wollen. Ich that es aber um so eher, als es noch eine Weile anstehen dürfte, bis jene „kritischen Beiträge" erscheinen, wenn es nämlich damit ebenso geht, wie mit dem andern Buch „Ueber mittelalterliche Bibliotheken", das als demnächst erscheinend angekündigt, erst viele Monate später erschien. Dieses die „richtige Rechnung." Ich wünsche nur, dass dadurch „gute Freundschaft" erhalten werde.

Stift Einsiedeln.   P. Gabriel Meier.

[1]) Die Red. des C. f. B. erklärt hiermit diesen Schriftwechsel für sie für geschlossen und bemerkt nur noch zur Erklärung des Herrn Dr. Gottlieb, dass das Datum derselben, März 1891, durch Versehen weggefallen ist.

Neue Erscheinungen auf dem Gebiete des Bibliothekswesens.*)

*The Bookworm. No. 49, Dec. 1891: Some technical libraries. The botanical library at Kew, E. W. Krofts. — Authors and printers. — Literary associations of St. Paul's.

Le Livre moderne. No. 23, Nov. 1891: Relieurs modernes. Aperçus sur le goût décoratif des reliures modernes. — Baudelaire amoureux. Sept lettres inédites à la présidente. — Les prémices de l'année littéraire, B. H. Gausseron. — Salmigondis de choses bouquinières.

Revue des bibliothèques. No. 5 et 6: La photographie dans les bibliothèques, E. Chatelain. — Deux lettres de Montfaucon et Wanley sur la bibliothèque Harléienne (1721), publ. p. H. Omont. — Essai d'une bibliographie de l'ancienne université de Paris, E. Chatelain et A. Maire.

Aarbog, Universitets-Bibliotekets, for 1890. Kristiania, H. Aschehoug & Co. XII. 144 S. gr. 8°. Kr. 2.—

Allibone's Critical dictionary of english literature and british and american authors. Supplement, containing over 37 000 articles and enumerating over 93 000 titles. By J. Foster Kirk. 2 vol. London, Lippincott. 1891. gr. 8°. Sh. 63.—

Arboli y Farando, S. Biblioteca Colombina. Catálogo de sus libros impresos, publicado por primera vez por acuerdo del Sr. Dean y Cabildo. Tomo II. Sevilla. Madrid, M. Murillo. XLIV. 323 p. 4°. Pes. 10.—

La Bibliografia agraria del comizio [agrario di Cesena]: relazione presentata dalla commissione al consiglio direttivo nella seduta del 15 ottobre 1891. Cesena, Società cooperativa tipografica. 1891. 4 p. 8°.

Bibliotheca belgica. Bibliographie générale des Pays-Bas, par le bibliothécaire en chef et les conservateurs de la bibliothèque de l'université de Gand, avec le concours des bibliothécaires du pays et de l'étranger. Livr. 104—107. Gand. 8°.

*) Von den mit † bezeichneten Zeitschriften sind nur die Artikel bibliographischen oder bibliothekarischen Inhalts angezeigt.
Die Titel der Werke, welche der Redaktion vorgelegen haben, sind durch * bezeichnet.

Bibliotheca juridica. Systematisches Verzeichniss der neueren und gebräuchlicheren, auf dem Gebiete der Staats- und Rechtswissenschaft erschienenen Lehrbücher, Compendien, Gesetzbücher, Commentare etc. 8. Auflage. Leipzig, Rossberg'sche Buchh. IX. 59 S. 8°. M. —.30

Bigazzi, P. A. Firenze e contorni: manuale bibliografico e biografico delle principali opere e scritture sulla storia i monumenti, le arti, le istituzioni, le famiglie, gli uomini illustri, ecc., della città e contorni. Fasc. I. Firenze, tip. Ciardelli. P. 1—32. 4°. L. 1.50

Blades, W. The pentateuch of printing. With a chapter on judges. With a memoir of the author and list of his works by Talbot B. Reed. London, Elliot Stock. 117 p. w. illustr. 4°. 15 Sh.

*****Catalogo collettivo** della libreria italiana. Nuova edizione per la esposizione nazionale del 1891—92 in Palermo con indice generale alfabetico e indice per soggetti. 2 vol. Milano, Associazione tipografico-libraria italiana. ca. 2000 + 628 p. gr. 8°. Gebd.

Catalogo della biblioteca speciale di matematica della r. università di Torino, maggio 1891. Torino, G. B. Paravia e C. 1891. 39 p. 8°.

Catalogue général des manuscrits des bibliothèques publiques de France. Départements. Tome 17: Cambrai, p. A. Molinier. Paris, Plon, Nourrit & Co. 1891. XXIV. 599 p. 8°.

Catalogus van de boeken en kaarten uitmakende de bibliotheek van het departement van koloniën. 3. vervolg. Met een alphabetisch register. 's Gravenhage, M. Nijhoff. VI. 106. XI p. 8°. Fl. —.90

Compte-rendu de la première session de la Conférence du Livre, tenue à Anvers au mois d'août 1890, publié au nom de la commission d'organisation par M. Rooses. Paris, au Cercle de la librairie. 1891. XXIII. 272 p. 4°. Fr. 10.

„Avec reproductions en phototypie et en chromotypie de pages et de cadres de divers manuscrits provenant de la bibliothèque de Mathias Corvin."

Contades, Gér. de, et Macé. Bibliothèque ornaise, Canton de Carrouges, essai de bibliographie cantonale. Paris, H. Champion. XV. 127 p. 8°.

Feldegg, F. v. Wiener Kunst-Buchbinder- und Lederarbeiten. Heft 4. Wien, Ant. Schroll & Co. 6 Lichtdruck-Tafeln mit 1 Bl. Text. In Mappe. M. 5.—

Fernández Duro, C. Colección bibliográfico-biográfica de noticias referentes á la provincia de Zamora, ó materiales para su historia. Madrid, M. Tello. 579 p. à 2 col. Fol. Pes. 10.—

Fuller, Thom. The collected sermons, 1631—1659. Edited by John Eglington Bailey, completed by W. E. A. Axon. 2 vol. London, Unwin brothers. 588 p. 8°. 31'/₂ Sh.

„A Bibliotheca Fulleriana or complete bibliography of the author will be found at the end of the work."

Fumagalli, Gius. Bibliografia di Giuseppe Gioacchino Belli. Milano 1891. 18 p. 8°.

*****Goedeke, K.** Grundrisz zur Geschichte der deutschen Dichtung. Aus den Quellen. 2. Auflage, nach dem Tode des Verfassers in Verbindung mit D. Jacoby, K. Justi, M. Koch etc. fortgeführt von E. Goetze. Heft 11. Dresden, L. Ehlermann. gr. 8°. (4. Bd. XII. u. S. 561—780) M. 5.20

Grimaud, H. Les origines de l'imprimerie à Chinon, notes historiques. Tours, Péricat. 6 p. 8°.

*****Gruel, L.** Christophe Plantin, relieur. (Chronique du journal général de l'imprimerie et de la librairie. No. 39. Page 213 à 216.)

*****Haferkorn, H. E.** Handy list of books on mines and mining, assaying, metallurgy, analytical chemistry, minerals and mineralogy, geology, palaeontology: an alphabetical reference catalogue arranged under authors and subjects, and incl. analytical references to the contents of important works, including issues from 1880 to May, 1891, and a number of books published before 1880 frequently met with in catalogues; with a list of periodicals and annuals in these branches and a short list of important works in the german language. Milwaukee, Wis., H. E. Haferkorn. 1891. 6+87 p. 8°. cloth. D. 1.—; key to publishers in same. D. —.25

*Hain, L. Repertorium bibliographicum, in quo libri omnes ab arte typographica inventa usque ad a. MD. typis expressi ordine alphabetico vel simpliciter enumerantur vel adcuratius recensentur. Indices uberrimi opera C. Burger. Lipsiae, Otto Harrassowitz. VI. 428 S. 8°. M. 16.—, auf holländ. Papier M. 25.—

*Harvard University Bulletin. Edited by Justin Winsor, No. 50 or vol. VI, No. 6. Cambridge, Mass. P. 279—340. gr. 8°.
Enthält ausser dem Accessionsverzeichniss: Books on British municipal history, by Ch. Gross.

Huart, C. Bibliographie ottomane. Notice des livres turcs, arabes et persans imprimés à Constantinople durant la période 1306—1307 de l'hégire (1889—1890). Paris, Impr. Nat. 1891. 58 p. 8°.
Extrait du Journal asiatique.

Jahrbücher, Botanische, für Systematik, Pflanzengeschichte und Pflanzengeographie, herausgegeben von A. Engler. Band 14, Heft 4. Leipzig, W. Engelmann. S. 337—426, Litteraturbericht S. 49—64 u. Beiblatt 70 S. mit 2 Holzschn. u. 5 Taf. gr. 8°. M. 11.—

Jahresbericht über die Fortschritte der Thierchemie oder der physiologischen und pathologischen Chemie von R. Maly. Band 20: 1890. Redigirt von R. Andreasch. Wiesbaden, J. F. Bergmann. XIV. 494 S. gr. 8°. M. 16.50

Jahresbericht über die Fortschritte in der Lehre von den pathogenen Mikroorganismen umfassend Bacterien, Pilze und Protozoen. Unter Mitwirkung von Fachgenossen bearbeitet von P. Baumgarten. Namen- und Sachregister zum I.—V. Jahrgang 1885—1889. Braunschweig, H. Bruhn. III. 98 S. gr. 8°. M. 2.60

Katalog der Ausstellung des internationalen geographischen Kongresses in Bern 1891. Bern, Schmid, Francke & Co. XVI. IV. 96; 68. VIII. 66 S. mit 3 Plänen gr. 8°. M. 2.—

Keiter, H. Katholischer Litteraturkalender. Jahrgang II. Regensburg, H. Keiter. VII. 284 S. mit 4 Bildnissen. 8°. cart. M. 2.70

Labande, H. et J. Vernier. Inventaire sommaire des archives communales antérieures à 1790 de la ville de Verdun (département de la Meuse). Verdun, Laurent. 1891. LXXVI. 309 p. à 2 col. gr. 4°.

Laffaille, J. Notice typographique intéressant les amateurs de livres. Montrouge, J. Laffaille. 1891. 20 p. à 2 col. 8°.

Leypoldt's, F. American catalogue: books recorded (including reprints and importations) July 1, 1884 to June 30, 1890, compiled under the editorial direction of R. R. Bowker, by A. J. Appleton. Part 3: Subject-alphabet. New York, Office of the Publishers Weekly. 1891. 225 + 1 p. 4°.

*Library of Harvard University. Bibliographical contributions, edited by Justin Winsor. No. 43: A classified list of books relating to British municipal history, by Ch. Gross. Cambridge, Mass. 18 p. gr. 8°.

Litteraturblätter, Wissenschaftliche. Mittheilungen über die neuesten Erscheinungen und über wichtige antiquarische Werke aus allen Wissenschaften. Redacteur: P. Th. Lissner. Jahrgang II: Oktober 1891—September 1892. (26 Nrn.) No. 1. Leipzig, Verlag des Allgemeinen Litterarischen Wochenberichts. 16 S. gr. 8°. Vierteljährlich 60 Pf.

Livret de l'Ecole des chartes (1821—1891), publié par la Société de l'Ecole des chartes. Nouvelle édition, refondue et augmentée de la Bibliographie des thèses (1849—1891). Paris, A. Picard. 1891. 313 p. 8°. Fr. 2.

Loll-Piccolomini, A. La bibliografia agraria e delle scienze affini all' agricoltura che si raccoglie a cura del comizio agrario cesenate: relazione letta al consiglio direttivo nella tornata dell' 11 settembre 1891. Cesena, Società cooperativa tipografica. 1891. 21 p. 8°.

Macmillan & Co.'s Publications: a bibliographical catalogue from 1843 to 1889. London, Macmillan & Co. 1891. 8°. Sh. 10.—

Mitteilungen aus dem Stadtarchiv von Köln, begründet von K. Höhlbaum, fortgesetzt von J. Hansen. Heft 20. Köln, Du Mont Schauberg'sche Buchh. VII. 138 S. gr. 8°. M. 4.—
*Picatoste y Rodriguez, F. Apuntes para una biblioteca cientifica-española del siglo XVI. Estudios biográficos y bibliográficos de ciencias exactas, fisicas y naturales y sus immediatas aplicaciones en dicho siglo. Madrid, M. Tello. VIII. 416 p. fol. Pes. 10.—
*Schreiber, W. L. Manuel de l'amateur de la gravure sur bois et sur métal au XV. siècle. Tome I, contenant un catalogue des gravures xylographiques se rapportant à la bible, l'histoire apocryphe et légendaire, la sainte trinité et la sainte Vierge avec des notes critiques, bibliographiques et iconologiques. Berlin, Alb. Cohn. XVI. 366 p. gr. 8°. M. 12.—
Seemann's Litterarischer Jahresbericht und Weihnachts-Katalog 1891. Ausgabe A. Leipzig, Art. Seemann. 96 S. mit Illustr. gr. 8°. M. —.60; Ausgabe B. XVI. 96 S. M. —.75
Sohm, R. A history of christianity. From the German by C. W. Rishell, with revisions, notes and additions. Cincinnati, Cranston & Stowe. 1891. 368 p. 8°. cloth. D. 1.
„The preface gives an important bibliography of works consulted for the material added."
*Sommervogel, C. A la mémoire du R. P. Joseph Félix de la Compagnie de Jésus. Bibliographie de ses oeuvres. Bruxelles, impr. Polleunis et Ceuterick. VII p. gr. 4°.
Extrait de la Bibliothèque de la Compagnie de Jésus.
Sortiments-Katalog, Katholischer. Eine Auswahl vorzüglicher Werke für katholische Kreise. 1. Nachtrag. Herbst 1888 bis Herbst 1891. München, H. Korff. 83 S. gr. 8°. M. —.50
Staderini, Arist. Osservazioni ad una notizia della signorina G. Sacconi, riguardante un nuovo sistema di legatura meccanica per cataloghi. Roma, tip. fratelli Pallotta. 8 p. 8°.
Stern, B. Fürst Wladimirs Tafelrunde. Altrussische Heldensagen. Mit Einleitung und Bibliographie. Berlin, S. Cronbach. VII. L. 219 S. 8°. M. 3.50
Tijdschrift, Natuurkundig, voor Nederlandsch Indië. Alphabetisch register op deel XXXI—L. 's Gravenhage, Mart. Nijhoff. 4. 127 p. 4°. Fl. 2.50
Veuclin, V. E. La bibliothèque d'un chirurgien de Bernay en 1680. Bernay, imp. Veuclin. 4 p. 8°.
Weeks, St. B. The press of North Carolina in the eighteenth century, with biographical sketches of printers, account of the manufacture of paper, bibliography of issues. Brooklyn, N. Y., Historical Printing Club. 1891. 80 p. 4°. D. 2.50
Wochenschrift, Juristische. Inhalts-Uebersicht zu Jahrgang 1872—90 und Gesammt-Verzeichniss zu den darin mitgetheilten Reichsgerichts-Entscheidungen in der Buchstabenfolge und nach der Ordnung der Gesetzesstellen. Herausgegeben vom deutschen Anwaltsverein. Berlin, W. Moeser. 402 S. gr. 4°. M. 10.—
Zenker, E. V. Geschichte der Wiener Journalistik von den Anfängen bis zum Jahre 1848. Ein Beitrag zur deutschen Culturgeschichte. Mit einem bibliographischen Anhang. Wien, W. Braumüller. XI. 159 S. gr. 8°. M. 4.—
Zugangsverzeichniss, XVIII., 1890 der grossherzoglichen Hof- und Landesbibliothek in Karlsruhe. Karlsruhe, Ch. Th. Groos. S. 1817—1919. gr. 8°. M. —.50
Zur 400jährigen Geburtstagsfeier Martin Butzers. M. Butzers an ein christlich Rath vnd Gemeyn der stat Weissenburg Summary seiner Predig daselbst gethon. (Neudruck.) — Bibliographische Zusammenstellung der gedruckten Schriften Butzer's von F. Mentz. — Ueber den handschriftlichen Nachlass und die gedruckten Briefe Butzer's. Verzeichnis der Litteratur über Butzer, von A. Erichson. Strassburg i. E., J. H. Ed. Heitz. VI. 181 S. mit 3 Abbildungen. gr. 8°. M. 6.—

Antiquarische Kataloge.

Ackermann, Th., München. No. 321: Deutsche Belletristik. 4349 Nos.
Auer Donauwörth. No. 112: Auswahl aus all. Zweigen der Litteratur. 1462 Nos.
Bamberg Greifswald. No. 91: Deutsche Sprache. Kunstgeschichte. 1123 Nos.
— No. 92: Sprachwiss. Engl. u. franz. Literatur. 592 Nos.
Baer & Co. Frankfurt. Transactions and publications of societies, sets of periodicals. 1076 Nos. — Anz. No. 416: Neuere Kriegsgeschichte, Militärcostüme. No. 562—1207. — Weihnachts-Auswahl. No. 1208—1489. — No. 289: Kunst I. (Bibl. v. J. Springer.) 1938 Nos.
Barth & v. Hirst Athen. No. 2: Neugriech. Litteratur. 486 Nos.
Bauer Zürich. No. 195: Vermischtes. 5718 Nos.
Beck'sche Bh. Nördlingen. No. 202: Geschichte. 1284 Nos. — No. 203: Deutsche Sprache und Litteratur. 1584 Nos.
Bertling Danzig. No. 84: Geheime Wissensch. Curiosa. Alte Drucke. 1203 Nos.
Bose Leipzig. No. 18: Exacte Wissenschaften. 855 Nos.
Buchholz München. No. 24: Jurisprudenz u. Staatswiss. Geschichte. 509 Nos.
Calvör Göttingen. No. 21: Protestant. Theologie. 2292 Nos.
Clausen Turin. No. 90: Orientalia. (Bibl. v. G. Gorresio.) 1261 Nos.
Coppenrath'sche Bh. Regensburg. Kunst, Kunstgeschichte. 24 S.
Dieterich's Un.-Bh. Göttingen. No. 12: Theologie. 3366 Nos. — No. 14: Rechts- und Staatswissensch. (Bibl. d. Oberlandesgerichtspräsidenten Dr. Kühne Celle.) 2116 Nos.
Fock Leipzig. No. 62: Psychiatrie, Nervenkrankheiten. 2291 Nos.
Fritzsche Hamburg. Anz. No. 1—2: Vermischtes. 868 Nos.
Geering Basel. No. 221: Alte Drucke vom XV.—XVII. Jahrh. 1924 Nos. — Anz. No. 101: Vermischtes. 788 Nos.
Gilhofer & Ranschburg Wien. No. 36: Viennensia. 2130 Nos.
Graeger Halle. No. 252: Philologie und Alterthumskunde. (Bibl. v. Prof. R. Unger Halle.) 2647 Nos.
Halle München. No. 4: Bildnisse deutscher Bischöfe. 891 Nos.
Heberle Köln. No. 91: Musik. 1181 Nos. — Auswahl v. Werken aus allen Geb. d. Literatur. 938 Nos.
Heckenbauer Tübingen. No. 123: German. Sprachen und Literatur. (Bibl. Gust. Hauff's.) 2107 Nos.
Heinrich & Kemke Berlin. No. 24: Völkerpsychologie. 2968 Nos. — No. 27: Scriptores graeci. (Bibl. v. Dr. H. Heller Berlin.) 3833 Nos.
Hiersemann Leipzig. No. 89: Deutsche Literatur mit einer umfangreichen Goethe-Sammlung. 1200 Nos.
Hoepli Mailand. No. 75: Storia d'Italia. 1150 Nos.
Hotter Regensburg. Schlossbibliothek Wernberg. 959 Nos.
Kempe Leipzig. Vermischtes. 1309 Nos.
Kirchhoff & Wigand Leipzig. No. 886: Theologie, Kirchenrecht. 3071 Nos.
Köbner Breslau. No. 212: Auswahl. 1709 Nos.
Koch Königsberg. Bibliothek Bujack. No. 61: Allgem. Geschichte. Histor. Hilfswissenschaften. 1342 Nos. — No. 64: Deutschland. 1884 Nos.
Koebler's Ant. Berlin. No. 20: Medicin, Veterinär-Medicin. 164 Nos. — No. 21: Belletristik, Kunst, Musik. 1346 Nos.
Lehmann, P., Berlin. No. 69: Staatsrecht und Nationalökonomie. 3200 Nos.
Liebisch Leipzig. No. 64: Alchemie, Magie, Spiritismus. 353 Nos.
Liepmannssohn Berlin. No. 90: Musikliteratur. 986 Nos.
Lindner Strassburg. No. 17: Deutsche Sprache und Literatur. 829 Nos.
Lippert'sche Bh. Halle. No. 28: Geschichte, Geographie. 1533 Nos. — No. 29: Preisermässigungskatalog. 32 S.
Lorentz Leipzig. No. 4: Dermatologie und Syphilis. 499 Nos.
Mayer & Müller Berlin. No. 115: Class. Philologie, Hilfswiss. No. 5458—8824.
Müller Bern. No. 32: Neueste Erwerbungen. 1234 Nos.
Neubner Köln. No. 34: Biblioth. histor.-geograph. VIII. No. 10237—11550.

Nijhoff Haag. No. 227: Livres illustrés. 775 Nos. — Pièces histor. et cur. des XV.—XVII. siècl. 34 p. — No. 229: Dern. acquisitions. 185 Nos.
Nutt London. No. 26: Greek a. roman classics. 748 Nos. — No. 27: Rare and curious books. 606 Nos.
Peppmüller Göttingen. No. 17: Theologie u. Philos. 1063 Nos.
Raabe's Nf. Königsberg. No. 90: Deutsche Literatur. 5309 Nos.
Richter, Rich., Leipzig. Pädagogik. 631 Nos.
Salomon Dresden. No. 14: Neueste Erwerbungen. 573 Nos.
Schack Leipzig. No. 68: Mathematik, Physik. 1650 Nos.
Schulz, O. A., Leipzig. No. 20: Autographen berühmter Frauen und Dichter der Liebe. 885 Nos.
Seligsberg Bayreuth. No. 215: Schönwiss. Literatur. 574 Nos.
Siebert Berlin. No. 211: Geschichte und Hilfswiss. 1492 Nos.
Spirgatis Leipzig. No. 4: Handschriften, Incunabeln und seltene Drucke. 595 Nos.
Spiro Posen. No. 5: Kath. Theol., Poln. Literatur. 726 Nos.
Unflad München. No. 155: Bibl. v. Prof. Oberst K. Pestalozzi. 1023 Nos. — General-Catalog. II. No. 1935—3270.
Verlags-Anstalt Regensburg. No. 14: Jesuiten. 393 Nos.

Auction.

Es werden nur solche Auctionen angezeigt, deren Cataloge noch rechtzeitig behufs Ertheilung von Aufträgen erlangt werden können.

Wien: 25. Jan. u. ff. A. Einsle. Bibl. v. Prof. Dr. Ferd. Lotheissen u. Dr. Faust Pachler. Französ., engl. und ungar. Litteraturgesch., Shakespeare, Musik etc. 1378 Nos.

Personalnachrichten.

Bei der Berliner Universitätsbibliothek haben folgende Veränderungen stattgefunden: Der Volontär Schulamtscandidat Bauer ist am 27. Oktober 1891, der ao. Hülfsarbeiter Gregorovius am 24. November aus Gesundheitsrücksichten aus dem Bibliotheksdienst ausgeschieden. — Der ao. Hülfsarbeiter Dr. Jeep trat am 1. December als ao. Hülfsarbeiter zur Königlichen Bibliothek in Berlin über. — Seit dem 1. April 1891 ist als ao. Hülfsarbeiter beschäftigt Dr. phil. Karl Pretzsch, geb. am 31. März 1863 zu Zeitz, ev., stud. Geschichte und Geographie in Berlin und Halle, promovirte in Halle am 26. September 1889, trat am 30. Juli 1890 an der Berliner Universitätsbibliothek als Volontär ein. — Als ao. Hülfsarbeiter sind für die Katalogisirung der Anstaltsbibliotheken der Berliner Universität ausser Dr. Drexler neu eingetreten: am 10. November Dr. phil. Gustav Sapper, geb. am 11. Juni 1866 zu Havelberg, ev., stud. Geschichte und klass. Philologie in Berlin und Marburg, promovirte in Marburg am 18. November 1891 und trat am 1. April 1891 bei der Marburger Universitätsbibliothek als Volontär ein; — am 1. December Dr. Friedr. Milkau, bisher Hülfsarbeiter an der Königl. und Universitätsbibliothek zu Königsberg. — Als Volontäre sind eingetreten: am 4. November Dr. phil. Erich Schultze, geb. am 10. November 1866 zu Berlin, stud. in Berlin und Halle klassische und deutsche Philologie und Geschichte, promovirte in Halle am 17. Juli 1891; am 24. November Dr. phil. Bernhard Wenzel, geb. am 24. April 1864 zu Zirke (Prov. Posen), stud. in Berlin klassische und deutsche Philologie, bestand daselbst im Herbst 1889 das Staatsexamen, promovirte in Rostock am 14. Januar 1890.

Verlag von Otto Harrassowitz, Leipzig. — Druck von Ehrhardt Karras, Halle.

Centralblatt für Bibliothekswesen.

IX. Jahrgang.   2. Heft.   Februar 1892.

Hans Wilhelm Kirchhof.

Ein wie beliebter Erzähler Hans Wilhelm Kirchhof durch seinen Wendunmut bei seinen Zeitgenossen auch gewesen ist — sechs Auflagen, und zwar keine Titelauflagen, erschienen in einem Zeitraum von vierzig Jahren —, so sanken doch später Buch und Autor in tiefe Vergessenheit. Als der fleissige Strieder die hessischen Gelehrten und Schriftsteller sammelte, wusste er von diesem blutwenig zu sagen. Erst Gödeke spürte für seinen Grundriss z. Geschichte der deutschen Dichtung den Schriften Kirchhofs näher nach, und mein verehrter Lehrer Theodor Dithmar unternahm es im Osterprogramm 1867 des Marburger Gymnasiums, durch Mittheilungen 'Aus und über Hans Wilhelm Kirchhoff' den alten Hessen und sein bewegtes Leben seinen Landsleuten wieder näher zu bringen. Es folgte 1869 in der Bibliothek des litterarischen Vereins in Stuttgart XCV—IC eine neue Ausgabe des Wendunmut von Hermann Oesterley. Sie geht für den ursprünglichen Wendunmut (später Theil I des fortgesetzten) auf den ältesten Druck von 1563 zurück und giebt im fünften Bande kurz, aber vollständiger als Dithmar, der nur ein defektes Exemplar des Wendunmut vor sich hatte, Auskunft über Kirchhofs Schriften und Hinweise auf seine Lebensumstände, letztere nach zahlreichen gelegentlichen Angaben, die Kirchhof selbst macht; sodann umfassende Quellennachweise, welche auch die spätere Fortpflanzung der einzelnen Geschichten nicht unberücksichtigt lassen, ein nach Stichworten geordnetes Register und ein etwas knappes Wörterverzeichniss. Ein Verzeichniss über Orte und Personen, das den nicht zu verachtenden historischen Gehalt des Anekdotenbuches erschliessen würde, fehlt leider. Archivalische Nachrichten, wie sie mir für die folgende Darstellung aus Marburg reichlich zu Gebote standen, sind weder von Dithmar noch von Oesterley benutzt worden. Auch bibliographisch vermochte ich Unbekanntes zu bieten, und selbst den am meisten gelesenen Büchern Kirchhofs war noch Neues abzugewinnen.

Ueber das Geburtsjahr Hans Wilhelm Kirchhofs[1]) fehlen be-

---

[1]) In dieser Schreibung steht der Name auf dem Titel der ersten Auflage des Wendunmut (1563). Er selbst unterschrieb sich in den später zu

stimmte Angaben. Wenn er bemerkt, dass er keiner Brille bedürfe, sondern sein scharfes Gesicht behalten habe, obwohl er 'etliche über siebenzig Jar lebe', oder dass er die Wandelungen der Kleidertracht 'von siebzig Jahren her' beobachtet habe[1]), so lässt sich mit diesen Aeusserungen um deswillen nicht viel anfangen, weil es nicht feststeht, wann sie niedergeschrieben sind. Kirchhof hat nämlich seinen Wendunmut zum grossen Theil aus gelegentlichen Einzelaufzeichnungen, die er dann systematisch ordnete, zusammengetragen. Daraus erklärt es sich, dass bisweilen spätere Kapitel früher geschrieben sind als vorausgegangene. So ist z. B. W. 3, 93 im Jahr 1592, W. 3, 99 aber im Jahre 1598 oder noch später, W. 3, 124 wahrscheinlich 1597, W. 2, 150 und 184 nicht vor 1597 abgefasst. Die am weitesten zurückgehende Erinnerung aus seinem Leben, die er erzählt, ist aus dem Jahr 1535. Damals 'und auch hernach' sah er sechs steinerne Todtenkreuze aus der Belagerung Kassels von 1384 unfern dieser Stadt bei der ehemaligen Emausklause.[2]) Nehmen wir mit Dithmar[3]) an, dass er damals etwa 10 Jahr alt gewesen sei, so kommen wir ungefähr auf das Jahr des grossen Bauernkrieges als die Zeit seiner Geburt. Mit ziemlicher Sicherheit wird man dieselbe zwischen 1525 und 1528 ansetzen. Als seinen Vater nennt er uns Peter Kirchhof.[4]) Derselbe war 1521 im Gefolge Landgraf Philipps des Grossmüthigen mit auf dem Reichstage zu Worms.[5]) Wir finden ihn in Geschäften des Landgrafen mit dem Rentschreiber von Gudensberg zu Erfurt.[6]) Kirchhof spricht von der 'Amtsverwaltung' seines Vaters[7]) und theilt nicht selten Geschichten mit, die sein Vater ihm erzählt hat.[8]) Diese spärlichen Nachrichten lassen sich aus archivalischen Quellen ergänzen. In den weiter unten zu besprechenden Akten über einen Prozess Hans Wilhelms mit seiner Schwester befindet sich Bl. 52 Abschrift einer Quittung Eckard Rohleders vom Jahr 1559 über eine von dem 'erbaren Peter Kirchof von Hall, Oberfurster im Niderfurstenthumb zu Hessen' geleistete Zahlung. Gewöhnlich wird Peter Kirchhof nur Peter von Halle genannt. 1533 ernannte Landgraf Philipp den Peter von Halle zum Schultheissen und Landknecht zu Felsberg[9]), 1538 zum Schultheissen und Förster zu Wannfried.[10]) 1544 endlich bestellte

---

erwähnenden eigenhändigen Briefen bald 'Kirchof', bald 'Kirchhof' und 'Kirchhoff'. Ein Facsimile seiner Unterschrift bei Könnecke, Bilderatlas z. Gesch. d. D. Nat.-Litt. S. 101.

1) W. 2, 126 und 1, 158. (Ich citire den Wendunmut als W. nach Büchern und Kapiteln).
2) W. 3, 61.
3) S. 26, wo zugleich als Geburtsort Kassel angegeben wird, was auch wahrscheinlich ist, ohne dass jedoch eine bestimmte Nachricht darüber vorhanden wäre.
4) W. 3, 149.   5) W. 1, 48.   6) W. 1, 154.
7) W. 1, 376.
8) W. 1, 48. 49. 78. 145. 153. 154. 184. 242. 243. 353. 369. 3, 149.
9) Geben zu Cassel 1533 Juni 12. Dienerbuch Landgraf Philipps I, 230.
10) Geben zu Cassel 1538 Donnerstag nach Reminiscere. Dienerbuch II, 158.

der Landgraf seinen lieben Getreuen Peter von Halle zum Oberförster des Niederfürstenthums.¹) Der noch vorhandene Originalrevers des neuen Oberförsters zeigt in dem aufgedrückten Siegel deutlich die Buchstaben P. K. Peter Kirchhof hatte nach seinem Bestallungsbrief die Aufsicht über den Reinhardswald, Habichtswald, Seulingswald, Kaufunger Wald und alle anderen Wälder des Niederfürstenthums: er erhielt jährlich 100 Gulden Dienstgeld, zweimal des Jahrs die gewöhnliche Hofkleidung, Futter für ein Pferd und die Kost bei Hofe für seine Person, bei Dienstreisen Nagel und Eisen und ziemlich Futter und Mahl.²) Peters Ehefrau hiess Barbara. Beide hatten ausser Hans Wilhelm noch zwei Kinder, eine Tochter Katharina, welche 1548 an Oswald Scharschmidt Holzförster zu Marburg verheirathet wurde, und einen kränklichen Sohn Peter.³) Zur Kenntniss damaliger Geld- und Ausgabenverhältnisse mag erwähnt werden, dass bei der Vermählung Katharinens die Hochzeitsgäste als Geschenk für die jungen Eheleute 300 Thaler zusammensteuerten. Der Brautvater hatte 130 Thaler auf die Hochzeit verwandt und gab seiner Tochter 100 Thaler mit.⁴)

Die Eltern, in guten Verhältnissen lebend, liessen sich die Erziehung Hans Wilhelms wohl angelegen sein, wie er selbst rühmend hervorhebt. 'Es haben meine liebe Eltern', sagt er⁵), 'mich, da ich kaum an Bäncken zu gehen anfieng, zur Schulen und Lehr mit grossem irem Kosten in und ausserhalb Landts gehalten, und ich auch besondern Lust und Lieb darzu truge'. Im Jahr 1540 besuchte er die Schule zu Eschwege.⁶) Es hängt dies jedenfalls damit zusammen, dass, wie schon bemerkt, sein Vater 1538 nach dem nahen Wannfried versetzt worden war. In Kassel war Petrus Nigidius sein Lehrer.⁷) Dieser kam 1539 als Rector nach Kassel.⁸) Ob Kirchhof in diesem Jahr oder erst nach seiner Eschweger Schulzeit den Unterricht des Nigidius genossen hat, lässt sich nicht feststellen. Lange hat er es jedenfalls unter den Büchern nicht ausgehalten; dazu fehlte ihm die Geduld. 'Einer', gesteht er⁹), 'den ich in der Person so wol kennet und mir so lieb und geheim wie meine eigene Seele ist, hat in der Jugend, wie er noch in die Schul gangen, und wie der Brauch ist an etlichen Enden bey solchen Knaben, dasz sie unterm Predigen in der Kirchen bleiben müszen und zuhören sollen, doch allezeit gar lieber

---

1) Geben zu Speier 1544 Mai 1. Orig.-Rev. Pap.
2) Der andere hessische Oberförster, der des Oberfürstenthums, hatte nach der Forst- und Jagdordnung Landgraf Philipps von 1532 seinen Wohnsitz zu Romrod. Günther, Bilder a. d. hess. Vorzeit S. 191.
3) Beilage II.
4) Prozessakten Bl. 14.
5) Milit. discipl. Vorrede.
6) W. 2, 159.
7) 'Petrus Nigidius, etwan der Schul Cassel rector fidelissimus und mein damals lieber praeceptor'. W. 7, 195.
8) W. Dilichii liber de urbe et acad. Marpurg. I. ed. Julius Caesar p. IV. f. 16—17.
9) W. 5, 16.

gewolt, dasz der Prediger bald Feyrabend machet. Darumb, dasz ihm die Zeit nit zu lang und er vernemmen und sehen möchte, wenns ein End nemmen würde, hat er darumb in seinem Evangelienbüchlein den vorgelesen Text, immer ein Wort nach dem andern, besehen, abgezehlet und dergestalt leichtlich vernemmen mögen, wie bald das End sich finden würde'. Die Grossthaten der Römer, von welchen er in der Schule las, erweckten in ihm die Begierde nach kriegerischer Auszeichnung und brachten ihn zu einem gewagten Entschluss. Er erzählt[1]): 'Haben mir, der ich noch kaum ausz der Kindheit in die Jugendt gekrochen, darzu sehr geringes Leibs, der Chronographorum und Geschichtschreiber Bücher, als Titi Livii, Julii Caesaris und anderer mehr, Anlasz geben, hinder Wissen und Willen meiner Eltern, ja ausz grossem meinem Unverstaudt, meine angefangene Studia zu seponieren, ein Weil an Nagel zu hencken und in das Kriegsleut-Leben zu verwechseln unnd auch nach einem Namen zu streben'. Er ging also unter die Landsknechte. Wann das geschehen ist, wissen wir nicht, doch lässt sich eine Vermuthung darüber aufstellen. Als im Jahre 1542 Landgraf Philipp nach Eroberung des Braunschweiger Landes seine geworbenen Knechte entliess, trieben sich viele derselben in Kassel umher, lagen in allen Wirthshäusern, vertranken und verspielten den empfangenen Sold. Kirchhof erzählt, wie einer derselben, nachdem er sein Geld im Spiel verloren, auf den Landgrafen schimpfte, worauf er von einem 'anderen, doch nicht gar alten Kriegsman' zurecht gewiesen wurde.[2]) Ich glaube in diesem jungen Krieger den Erzähler selbst zu erkennen, der sich nur, wie öfter, nicht offen nennt. Doch sei dem wie ihm wolle: wahrscheinlich ist jedenfalls, dass es ein Zug des von ihm so hoch verehrten Landgrafen war, der ihn zuerst in den Strudel des Kriegslebens riss. 1543 finden wir Kirchhof weit von der Heimath, in Dresden. Dort wohnte er bei einem Schneider in der grossen Brüdergasse, bei dem es gar karge Bisslein gab.[3]) Zu welchem Zweck er sich hier aufhielt, meldet er nicht. Dithmar sowohl wie Oesterley lassen hier das Landsknechtsleben Kirchhofs beginnen. Liest man aber die Geschichte von den beiden jungen Gesellen, welche nach Dresden wollten, um dort die schola particularis zu besuchen, und die in der Nähe dieser Stadt von einem wendischen Bauer absichtlich auf einen falschen Weg gewiesen worden, wofür sie sich später in der Erntezeit an dem tückischen Wenden durch einen lustigen Streich rächten[4]), und beachtet man die Art und Weise, wie die Sache erzählt wird, so dürfte man der Ansicht zuneigen, dass hier ein persönliches Erlebniss vorgetragen wird. Ist er in Dresden wieder zur Schule gegangen, so stimmt das gut zu seinen oben mitgetheilten Aeusserungen, dass er seine Studien eine Weile ausgesetzt und dass er inn- und ausserhalb Landes (d. h. Hessens) Schulen besucht

---
1) Milit. discipl. Vorrede.
2) W. 3, 91.
3) W. 1, 73 und 4, 128.
4) W. 4, 171.

habe. Sachsen war wohl das Heimathland seines Vaters, denn dessen Beiname von Halle wird auf Halle an der Saale zu deuten sein. 1545 taucht er in Nürnberg auf: er hatte hier bei drei Monate lang seine Herberge in eines Doctors Hause, wo eine sprechende Elster gar wundersame Reden führte.[1]) Als Herzog Heinrich von Braunschweig Anstalten machte, sein verlorenes Land wieder einzunehmen, und Landgraf Philipp eilig Gegenrüstungen unternahm (September 1545), half Kirchhof (wohl als Musterungsschreiber) dem Hauptmann Heinrich Hess für den Landgrafen Knechte werben. Eine ergötzliche Werbegeschichte, welche damals zu Bamberg in der Herberge zum Stern, wo die Werber lagen, sich ereignete, hat er uns aufbewahrt.[2]) Dem Leben der Landsknechte, unter denen wir ihn zu Bamberg zuerst ausdrücklich genannt finden, blieb Kirchhof nun Jahre lang treu. Mit Vorliebe kämpfte er für Hessen oder dessen Freunde und für die protestantische Sache, als deren eifrigen Anhänger er sich an zahlreichen Stellen seiner Schriften zu erkennen giebt. 1546 machte er im hessischen Heere den unglücklichen Feldzug Landgraf Philipps und Kurfürst Johann Friedrichs von Sachsen gegen den Kaiser mit, und manche interessante Schilderung aus diesen Tagen hat er uns überliefert. Er war mit bei Donauwörth, Pöttmes, Ingolstadt, Nördlingen und Giengen.[3]) 1547 stand er als hessischer Landsknecht bei Warburg an der Diemel und im Stift Korvey.[4]) Auch lernte er damals 'die freye ritterliche Kunst des Fechtens in allen Wehren' bei Meister Wolf Torentz von Ulm: es muss dies in Kassel geschehen sein, da er den von ihm öfter genannten Kasseler Maler Michael Müller dabei erwähnt.[5]) Nach der Niederlage der Protestanten und der Gefangennahme Landgraf Philipps, als für Hessen 'Jahre in Nöthen' begannen, zog er wieder in die Fremde. Er durchwanderte einen Theil der Schweiz, sah im Mai 1548 zu Murten die Reste der Verschanzungen Karls des Kühnen[6]) und hatte im Waadtland in einem Dorfe Berner Gebietes und zu Wifflisburg der eidgenössischen Gastlichkeit sich zu rühmen.[7]) Bald darauf nahm er französischen Sold. Hier stand er unter dem Obersten Ludwig von Deben bei einem von dessen acht Fähnlein deutscher Landsknechte.[8]) Von diesem Führer erzählt er:

---
1) W. 7, 191.
2) W. 1, 93.
3) W. 1, 95. 416. 3, 44. 56. 62. 65. 4, 259. Milit. discipl. 194. 219. Des Geschützkampfes bei Ingolstadt gedenkt er in dem Reimwerk über Landgraf Philipp:
      'Nit wol erzelen mags ein Mund,
      Wie da die grossen Pfeiffen sungen,
      Dasz Arm und Bein in Lüfften sprungen'.
4) W. 3, 94.
5) W. 3, 96. S. 362 Z. 11—13 ein unverständlicher Satz; statt 'hat' vielleicht that zu lesen.
6) W. 4, 45. 47.
7) W. 4, 174. 175 (ohne Jahr, doch wohl hierher gehörig). Wifflisburg ist Avenches bei Murten.
8) W. 1, 53. 3, 143.

'So man mit dem Feind etwas handeln solt, sprach er den Knechten auff diese Weisz zu: 'Ir lieben Brüder und Landtsknecht, habt ein frisch und tapffer Hertz, vertrauwt Gott und diesem grauwen Kopff (denn er mit der Hand seiner Gewohnheit nach sein Haupt streichlet), der hat nie keinen Landtsknecht verführet!' Dasz mancher Mann, so er disz graw ehrlich Haupt sahe, (also zu reden) zwey Hertz gewann.' Einst hielt der Oberst im Ring und ermahnte die Knechte gar ernstlich, sich des grausamen Fluchens und Schwörens zu enthalten. Da schoss plötzlich dicht hinter ihm einer sein Gewehr ab. Deben fuhr herum, und im ersten Augenblick seiner eben gesprochenen Worte uneingedenk, rief er: 'Ey scheusz, dasz dich Schelmen Gotts tausend Sacrament schend!'

Als die Truppen bei Troyes in der Champagne lagerten (1548) und König Heinrich II. von Frankreich in der Nähe war, nahm Kirchhof mit fünf Kameraden Urlaub, um ihren obersten Feldherrn einmal zu sehen. 'In Seiden und Sammat gekleidet und auffs seuberst, wie Kriegsleuten ziemt, gebutzt', stellten sie sich am Fuss einer Treppe auf, welche der König herabkommen musste. Heinrich, nachdem er den Zweck ihrer Anwesenheit erfahren, reichte jedem seine Rechte — 'on Zweiffel der teutschen Nation zu Ehren', meint der Erzähler —; auch liess er sie später zwei Tage lang reichlich bewirthen und ihnen 120 Kronen anweisen. Die Königin, die ihm folgte, 'liesz sich unterm Angesicht schawen, neigt sich etwas, wie fürstliche Sitten wol zieret, ein wenig'.¹) Sodann stand Kirchhof in diesem Jahre (1548) im Feldlager von St. Stephansberg (S. Etienne du Mont) vor Bolonien in der Picardie (Boulogne sur mer), welches die Engländer besetzt hielten.²) Als aber im August die Stadt Bordeaux sich empörte, liess König Heinrich die deutschen Landsknechte, nämlich acht Fähnlein unter Ludwig von Deben und vier Fähnlein unter dem Rheingrafen³), von Boulogne durch die Picardie, Normandie und einen Theil der Bretagne gegen Bordeaux führen. Am 18. Oktober standen sie drei Meilen von der Stadt, und bald musste Bordeaux sich unterwerfen. Am 11. November trat Kirchhofs Fähnlein unter dem obersten Leutnant Hieronymus Franck, der sein Hauptmann war, den Rückmarsch an und bezog zu Bornetta in Gascogne das Winterlager.⁴) Aus diesen Tagen hat er uns mit derbem Humor einige Landsknechtstypen gezeichnet.⁵) Da war Hans von Horb, bei dem das Hemd voll Löcher sein durfte, wenn nur der Bauch täglich Wein erhielt. Sein Gegenbild hatte er in dem kargen Sylvester von Strassburg. der sich gern an trockenem Brod und einem Häring genügen liess und Wasser dazu trank, nur um Gulden auf Gulden von seinem Sold zurücklegen zu können. Zu Bordeaux aber starben beide in einer Nacht und wurden neben ein-

---

1) W. 2, 43. Hierher gehört wohl auch W. 3, 115.
2) W. 3, 45. Militar. discipl. 27. 139. 226. 241.
3) Im Text (Oesterley II S. 87) irrig thumgrafen.
4) W. 2, 46. 4, 98.
5) W. 1, 105.

ander begraben. Da war ferner der lustige Schönwetter von Rüdelszheim, gar ein feuchter Knab' und ganz auf den Sommer gekleidet. Hatte der sein Geld bekommen, so legte er in seinem Losament ein Fässlein Wein auf, und wer vorüberging, der musste mit ihm trinken. Wenn er trunken war, so schloss er seinen Fensterladen, und Schönwetters Laden war bald zum Sprichwort geworden. Endlich der philosophische Stahl, der nicht mehr als vier Gulden Monatssold nehmen wollte, denn damit reiche ein Landsknecht aus und mehr mache einem nur Schererei; davon wusste er ein Lied zu singen, denn als er in England acht Gulden bekommen, hatte er nicht gewusst wohin damit und sich deshalb schier tot getrunken. Das Verhältniss der fremden Söldner zu den Eingeborenen scheint ein recht freundliches gewesen zu sein. Zu Blangas in Gascogne ward Kirchhof damals von einem Bürger für sein neugeborenes Töchterlein zu Gevatter gebeten, wobei ihm die Kindsamme nach Landesgebrauch 'einen groszen Rosamareinkrantz wie ein Storchsnest' aufsetzte.[1]) Ein Aufenthalt in Tours[2]) ist nicht datirt, fällt aber wohl in diese Zeit. Darauf wurden die deutschen Landsknechte wieder bei der Belagerung von Boulogne verwandt (1549)[3]) Auch bei der Belagerung von Ambretoul im August 1549 scheint Kirchhof zugegen gewesen zu sein.[4]) Im Jahr 1550 war er wieder in Deutschland, und zwar diente er der Stadt Braunschweig, als dieselbe von Herzog Heinrich dem jüngeren von Braunschweig belagert wurde.[5]) Im Hans zum schwarzen Aar in der Michaelisgasse hatte er mit 13 andern Landsknechten sein Quartier. In der Stadt wüthete die Pest, und Kirchhof zog einen Pelz an, der mit Pestkranken in Berührung gekommen war. Drei andere, die den Pelz auch trugen, holten sich darin den Tod; Kirchhof, der zudem eine Wunde auf der Brust hatte, kam mit einem Anfall der Seuche davon. Das geschah im September, als die Belagerer bereits abgezogen waren.[6]) Auch an der Belagerung Magdeburgs durch Kurfürst Moritz von Sachsen und Herzog Georg von Mecklenburg hat er, wider seinen Willen, wie er sagt, unter Hans von Dieskau Theil genommen. Bei einem durch starkes Geschützfeuer unterstützten Ausfall der Magdeburger am 19. December 1550 kam er beim Kloster St. Agnes stark in's Gedränge.[7]) In der Fastnacht 1551 wanderte er mit einem Braunschweiger Bürger aus Halberstadt, um sich nach Braunschweig zu begeben. Auf ihrem Wege kamen sie in das Heuckenthal (jetzt das Heykenthal unweit Halberstadt), wo kurz zuvor ein Strassenraub begangen worden war. Von den benachbarten Bauern als die vermeintlichen

---

1) W. 2, 104.
2) W. 4, 214.
3) Milit. discipl. 104. 171. 173. 177. W. 3, 151.
4) W. 2, 44. Ich kenne weder Ambretoul noch die vorher genannten Orte Blangas (ob Blanzac?) und Bornetta.
5) W. 1, 92. Militar. discipl. 22.
6) W. 3, 98.
7) W. 3, 71--77. 80. Oesterley spricht irrig von zwei Belagerungen Magdeburgs, denen Kirchhof beigewohnt habe.

Thäter verhaftet, wäre es ihnen übel ergangen, hätte nicht der schwer verwundete Beraubte, ein Kaufmannsdiener aus Braunschweig, der sie wohl kannte, ihre Unschuld bezeugt[1]) Für ein hier einzureihendes eigenes Erlebniss des Verfassers möchte ich die hübsche kleine Erzählung von dem ihm 'sehr wolbekannten' jungen Kriegsmanne halten, der 'mit reichem Mut und wenig Geld' von Braunschweig nach Hildesheim zog, 'auff Glück und ein frisch Geschrey zu erfahren', wenn sie auch, sei es aus Versehen, sei es absichtlich irre führend, in das Jahr 1552 gesetzt wird.[2]) Dann (1551) war er bei der Werbung von Landsknechten zu Steinheim im Paderbornischen (Stadt-Steinheim an der Emmer).[3])

Von dort wandte er sich nach langer Abwesenheit wieder einmal der Heimath zu. Im Februar 1552 war er in Kassel.[4]) Daselbst traf er den ehemaligen Kasseler Büchsenmeister Ulrich Rommel, der im Auftrag König Heinrichs von Frankreich für dessen Artillerie warb. Bald, vielleicht von diesem beredet, trat auch Kirchhof wieder unter die französischen Fahnen, und zwar diente er im Regiment des wegen seiner Strenge gefürchteten Obersten Georg von Reckrod, eines Landsmannes, als König Heinrich im geheimen Bunde mit Kurfürst Moritz von Sachsen und anderen deutschen Fürsten jenen Feldzug unternahm, der zur Befreiung Landgraf Philipps aus der kaiserlichen Haft mitgewirkt, dem Reiche aber Metz, Toul und Verdun gekostet hat. Nach Kirchhof freilich galt es neben jener Befreiung 'tentsche Nation und des Reichs Wirde in ihre alte und vorige Freyheit zu setzen'. So war er denn dabei, als der König durch Lothringen, wo man auf Schiffbrücken über die Mosel setzte[5]), heranrückend, bei Elsass-Zabern deutschen Boden betrat und bei Cronweissenburg (Weissenburg im untern Elsass) lagerte. Hier fing er ein Rebhuhn lebend und bot es (nach der Sitte der Zeit) seinem Obersten zum Geschenk an. Reckrod, dem er so bekannt geworden, bezeigte ihm in der Folge viel Freundlichkeit, lud ihn bisweilen zu Tisch, erhöhte seinen Sold und würde ihm weiter förderlich gewesen sein, hätte er länger gelebt.[6]) Auf dem Rückmarsch nach Frankreich lag er zu Anfang September unter dem Hauptmann Wolf Lotz mit der Rotte der Edelleute oder Gefreiten, zu der er gehörte, in einem Dorfe auf der Lothringischen Grenze. Entferntes Trommeln, das sie in ihrem Quartier Nachts zu hören glaubten, brachte hier Alle, eines Ueberfalls gewärtig, auf die Beine, bis es sich herausstellte, dass der vermeintliche Trommler nur ein gefangener Hase war, der in einer Kammer im obern Theil des Hauses umherrannte.[7]) Dann machte er die Belagerung und Erstürmung von Chateau Conte auf der französisch-flandrischen Grenze mit[8]) und stand später in Amiens, wo er im Januar 1553 noch verweilte.[9])

1) W. 3, 100. 101.   2) W. 4, 105.   3) W. 1, 94.   4) W. 3, 79.
5) Militar. discipl. 102.   6) W. 3, 102. 4, 261.   7) W. 3, 103.
8) W. 1, 96. Militar. discipl. 175.
9) W. 1, 206. 4, 187. 5, 130.

Der Krieg der Bischöfe von Würzburg und Bamberg und der Stadt Nürnberg gegen den Markgrafen Albrecht von Brandenburg-Kulmbach bot ihm dann Gelegenheit, seinem Soldatenberufe wieder in Deutschland obzuliegen. Im Würzburgischen Dienst lag er zu Würzburg[1]), zur Zeit der Plünderung von Neustadt an der Aisch[2]) zu Iphofen[3]), im Juli und August vor Schweinfurt[4]): dann gehörte er zu dem Belagerungsheer vor der Plassenburg.[5]) Ein Aufenthalt in einem fränkischen Kloster (1554), wo der Abt, ein Bürgerssohn von Iphofen und mehr ein Kriegsmann denn ein Mönch, nach Tisch mit den Konventsbrüdern 'Gott mit Würfeln und Karten lobte'[6]), lässt ihn über das üppige Klosterleben, und ein Vorfall, den er um die Erntezeit zu Volkach mit ansah[7]), über die geringe Gläubigkeit einzelner katholischer Geistlichen dieser Zeit klagen. In diesem Feldzuge war er verheirathet und führte seine Frau mit.[8])

Hier schliessen die Landsknechtsjahre Kirchhofs. Ein Rückblick, den er[9]) auf diese Periode seines Lebens wirft, zeigt, dass er mit Liebe und Eifer Soldat war und das Kriegshandwerk tüchtig zu lernen suchte: 'Bin also ... bisz Anno 55 solchen Händeln, von Anfang her mein selbst Mann, so wol in frembden Nationen, als in unserm lieben Vatterlandt obgelegen, mich darbey finden und brauchen lassen. Doch verstehe, alzeit under den frommen Landtsknechten.[10]) Darzwischen, da etwa kein Herr vorhanden, und darmit ich auch zuweilen an denen Ortern, da gelehrte Leut vorhanden, mit ihnen zu conversieren und conferieren verbarrete, auff dasz ich die fragmenta bonarum artium, mir uberblieben, nicht gar verzettelt, ist wenig Zeit verschienen. In solchen Zügen, auff dasz ich mit der Zeit etwas mehr dann andere werden und erfahren möchte, hab ich allweg bey diesen Kriegs- und Ehrenleuten, die ires Standts und Ampts zuvor andern tapffer und ansehnlich waren, Kundtschafft und gutwilliger Beywohnung Bequembeit gesucht und auch funden. Stattliche ehrliche Underhaltung und Besoldung ist mir, so viel jedes Orts Gelegenheit immer vergönnen wolte, nicht abgeschlagen worden. Desz Vorsatzs, so lang Gott mir mein Leben fristen,

---

1) W. 1, 207. 4, 261.
2) Sie geschah am 9. Juni 1553 durch die Nürnberger. Bavaria III, 2, 1275.
3) W. 1, 97.
4) W. 3, 60. 5, 176. Militar. discipl. 260—266.
5) W. 1, 98. 101. 3, 40. Buch 5, Widmung. Militar. discipl. 28. Die Belagerung dauerte vom 18. November 1553 bis zur Uebergabe am 22. Juni 1554. Voigt, Markgraf Albrecht Alcibiades II, 151. 208.
6) W. 1, 2, 40. Vermuthlich war es das Augustinerkloster Birklingen bei Iphofen.
7) W. 1, 2, 120.
8) W. 3, 104. Wie die Weiber der Kriegsleute im Tross mitzogen, schildert anschaulich Militar. discipl. 114 f. Vielleicht ist auch W. 1, 74 ein persönliches Erlebniss Kirchhofs (zu Frieda an der Werra belästigt ein Edelmann die Frau eines Landsknechts).
9) Militar. discipl. Vorrede.
10) 'Warumb die Landsknecht fromb heissen' erfährt man W. 1, 107.

diesen Orden nit wider zu verenderu'. Das Geschütz- und Belagerungswesen, besonders bei den Franzosen, habe er bei allen Gelegenheiten kennen zu lernen gesucht, dabei viel Willfährigkeit erfahren und Manches gesehen, was sonst keinem Deutschen zu sehen vergönnt worden, auch Kosten und selbst Lebensgefahr dabei nicht gescheut. Unter der Reiterei hat er nie gedient, sondern immer unter den Fussknechten.[1])

Nachdem im Herbst 1554 der Bischof von Würzburg und seine Bundesgenossen ihr Kriegsvolk entlassen hatten, hielt Kirchhof sich den Winter über in Marburg auf, hauptsächlich um im Verkehr mit Studenten und Gelehrten die ihm verbliebenen Reste klassischer Bildung wieder etwas aufzufrischen.[2]) Er wohnte hier bei einem Freunde, dem Marburger Bürger Georg Otterler, der ihm noch kurz vorher, bei der Belagerung der Plassenburg als Feind gegenübergestanden hatte.[3]) Dieser schenkte ihm Bebels Facetiae, welche später, in Auswahl von Kirchhof verdeutscht, den Grundstock zum ersten Buch des Wendunmut abgaben.[4]) In der Fastenmesse 1555 ging er mit seiner Hausfrau nach Frankfurt und am 22. Mai nach Kassel, um seine Eltern, die beide krank waren, zu besuchen.[5]) Auf Wunsch seines alten Vaters, der nicht mehr im Stande war, sein Oberförsteramt allein zu versehen, unterstützte er denselben fortan über fünf Jahre bis zu seinem Tode in seinen Dienstgeschäften und verzichtete auf das Soldatenleben zu einer Zeit, wo er gerade hoffen durfte, es darin zu etwas zu bringen.[6]) Später hatte das Kriegerwesen wenig Verlockendes für ihn: 'Bisz zu der Zeit waren gute, reiche, nemlich solche Kriege gewesen, wie es darinnen gute Kappen pflegt zu geben, darausz ein Landtsknecht etwas getuht werden kondte. Also war auch darneben gute Bezahlung vorhanden. Da solche Gewonheit mit Bezahlung nachliesz, wiewol aber nachgehender Zeit etlich mal mich wider hinausz zu begeben mir Raum gnug gewesen, hat mich doch derer Krieg, darbey schmale und langsame oder wol gar keine Bezahlung, nichts desto wenigers Püff mit Hauffen zu gewarten, in keinen Weg gelüstet. Etliche andere Krieg hab ich, Verletzung desz Gewissens befürchtendt, gern vermitten.'[7]) — In die amtliche Thätigkeit Kirchhofs als Gehülfe seines Vaters fällt die Erzählung, wie er dem Landgrafen Philipp Geld ablieferte.[8]) Daneben wurde er als weiterumgekommener, welterfahrener und sprachkundiger Mann vom Landgrafen mehrfach zur Beförderung wich-

---

1) Militar. discipl. 54.
2) W. 3, 104. Immatrikulirt war er nicht. Nach Koberstein, Gesch. d. deutsch. Nationalliteratur, 5. Aufl. her. v. Bartsch I, 407 A. 20 hätte er in Marburg Medicin studirt. Das ist aus seinen Schriften nicht erweislich und beruht wohl auf Irrthum.
3) W. Buch 5, Widmung.
4) W. Buch 1, Widmung.
5) W. 3, 104. 105 und Beilage II.
6) Militar. discipl. Vorrede und Beilage II.
7) Militar. discipl. Vorrede.
8) W. 3, 18.

tiger Briefe an auswärtige Fürsten gebracht, und namentlich in dem Kriege zwischen Spanien und Frankreich hat er 'etliche gefährliche Ritt' gethan.¹) Dahin wird man es zu rechnen haben, wenn er um Katharinentag (25. Nov.) 1556 'etlicher Rechtfertignng halb' auf das Rathhaus zu Hildesheim beschieden war.²) Im Juni 1557 ritt er abermals 'in nicht geringen Geschäfften' in's Braunschweiger Land, war zu Allfelden (Alfeld) und Hildesheim.³) Auch im folgenden Jahr (1558) war er zu Alfeld⁴), ritt dann von Eimbeck über den Sölling nach Uslar, verirrte sich unterwegs und stiess auf das mitten im Wald gelegene Grab des gespenstigen Jägers Hackelberg, von welchem schauerliche Sagen im Volk umgingen. 'Solches Gespensts und Wusts ward ich aber im geringsten nicht gewar, sonst hette ich wenig Haar meines Haupts, die nicht emporstiegen'.⁵) Anfangs Juni 1558 sandte ihn Landgraf Philipp mit Briefen und Aufträgen an seinen in französischen Diensten vor Dietenhofen liegenden Sohn, den Grafen Philipp von Dietz, und schenkte ihm für den Ritt einen schönen weissen fliegenfleckigen Gaul. Die Reise ging über Rheinfels, wo ihn am 6. Juni der hessische Amtmann Reinhard Schenk empfing, und von da am 8. weiter über Simmern und St. Wendel. In der Nähe des Klosters Tuli (Tholey) aber, im Blieser Thal⁶), wurde er am 10. Juni von einem in spanischen Diensten stehenden Reitertrupp aufgehoben, nach Lützelburg (Luxemburg) gebracht (12. Juni) und hier in Haft gehalten. Erst am 13. Juli erhielt er auf Verwendung des Erzbischofs von Trier von dem Grafen Peter Ernst von Mansfeld, Gubernator von Lützelburg, im Beisein des Grafen von Horn seine Freiheit wieder und wurde mit einem (noch vorhandenen) entschuldigenden Schreiben an den Landgrafen⁷) abgefertigt. Am folgenden Tag ritt er zurück, über Trier, Wittlich, Zell, Kastellaun und Rheinfels nach Kassel, wo er am 21. Juli eintraf, zur grossen Freude seiner Eltern und seiner Hausfrau, die ihn schon für tot gehalten hatten.⁸) Im September 1558 war er in Marburg, prügelte hier einen boshaften Bauer und erklärte dem mit einer Klage Drohenden, in etwa zwei Monaten werde er wieder in Marburg einreiten und im Wirthshaus zum Bären⁹) zu finden sein.¹⁰) Er

---

1) Militar. discipl. Vorrede.
2) W. 3, 106.
3) W. 1, 166. 3, 107.
4) W. 1, 103.
5) W. 4, 288.
6) Militar. discipl. Vorrede irrig 'Glisserthal'. Ueberhaupt erscheinen sinnstörende Druckfehler vielfach in den Schriften Kirchhofs, und die im Wendunmut sind auch bei Oesterley oft unverbessert geblieben. So ist W. 1, 48 statt 'Egstein' und 'Klickerszhausen' Epstein und Rückerszhausen zu lesen; W. 1. 2, 72 'eräffert' zieht sich, soweit ich vergleichen kann, durch alle Ausgaben und ist sogar in Osterley's Glossar übergegangen; es ist aber einfach eröffent zu lesen.
7) Beilage I.
8) W. 3, 180. 1, 66. 185. 2, 83. Militar. discipl. Vorrede.
9) Das Haus steht noch.
10) W. 3, 109.

stand nämlich damals im Begriff, eine ihm aufgetragene Reise nach Paris anzutreten, auf welcher er am 8. und 9. Oktober zu Troyes und am 11. Oktober zu Nangis war.[1]) Das Marburger Archiv bewahrt noch eine Niederschrift der von ihm nach seiner Rückkehr mündlich erstatteten Meldung: 'Hanns Wilhelm Kirchhoiff hat denn 16. Novembris Anno ꝛc. 58 nachvolgendenn Bericht gethann'. Der Inhalt bezieht sich auf die Entlassung der in französischen Diensten gestandenen Landsknechte. Ueber ihn selbst erfahren wir darin, 'denn 22. Octobris sey er vonn Amienns uszim frantzosischenn Lager getzogenn' und 'denn erstenn Novembris sey er zu Tholl gewesenn'. Auf der Rückseite steht: 'Bericht unnd Zeittungen, so des Oberfursters Sohn Hansz Wilhelm Kirchhoif pracht'. Gleich zu Anfang des folgenden Jahres (1559) sehen wir ihn auf einer neuen Reise nach Paris begriffen, wo er am 10. Februar eintraf. Mit ihm ritten Martin Schirmer von Kassel, auch ein alter Landsknecht, der verschiedene mündliche Beiträge zum Wendunmut geliefert hat, und der piemontesische Edelmann Michael Rogier, Hofmeister des damals in der Gefangenschaft Hilmars von Münchhausen befindlichen französischen Marschalls und Oberfeldherrn Paul des Thermes.[2]) Am 28. Oktober 1559 war er zu Wannfried, wo der Müller Setzpfand das Korn so klein zu mahlen wusste, dass die Leute kaum die Säcke wiederfanden.[3])

Fortan floss Kirchhofs Leben in ruhigeren Bahnen dahin: wir hören weder von Kriegsfahrten noch von Botenritten, die er unternommen hätte. Aber was er von einem Grösseren sagt[4]), gilt in seiner Art auch von ihm selbst: 'er hatte einen hessischen Kopff, konte nicht feiren, muste etwas zu thun haben', und so wandte er sich denn in den Mussestunden, welche ihm neben der Aushilfe bei den Amtsgeschäften seines Vaters blieben, zu schriftstellerischen Versuchen. Am 9. Januar 1561 starb sein Vater.[5]) Am 3. Oktober dieses Jahres verkaufte er auf Geheiss seiner Mutter für sich, Margarethen seine Ehefrau und seine Geschwister ihre Behausung, Grund und Hofstatt zu Oberkaufungen bei Kassel, auf dem Friedhofe gelegen, mit einer Wiese am Beilstein und einer andern Wiese an der Farnbach, an Engelbrecht Meyer für 322 Thaler.[6]) Am 2. December 1561 verlor er auch seine Mutter durch den Tod.[7]) Mit seiner Schwester Katharina, der Ehefrau des Holzförsters Oswald Scharschmidt zu Marburg, konnte er sich über die Theilung des Nachlasses der Eltern nicht einigen. Es kam 1564 zum Prozesse vor dem Hofgericht zu Marburg, der erst

---

1) W. 1, 2, 61. 3, 110. 116. Dithmar und Oesterley verwechseln Nangis mit Nancy und beziehen deshalb obige Angabe irrig auf die Rückreise.
2) W. 1, 31. 79. 125. 133. 134. 3, 112. 4, 121. 164. 7, 192. Doch bezieht sich 4, 131 vielleicht nicht auf dieselbe Reise, da andere Begleiter genannt werden.
3) W. 1, 291. Ein undatirter Aufenthalt zu Grebenstein W. 1, 423.
4) W. 4, 72.
5) Beilage II.
6) Abschrift der Urkunde in den Prozessakten Bl. 49 f.
7) Beilage II.

1571 durch gütlichen Vergleich beendet ward. Die noch vorhandenen Prozessakten[1]), welche ich in der vorhergehenden Darstellung schon öfter angezogen habe, gewähren viele Aufschlüsse über Kirchhofs Verhältnisse. Sie enthalten auch eine Anzahl Eingaben an das Hofgericht von seiner Hand, von denen ich die inhaltreichste im Anhang mitteile.[2]) Sie ist ohne Datum und Präsentatum, gehört aber dem Zusammenhang nach sicher in den Anfang des Jahres 1569. Wir lernen darin Kirchhof in einem neuen Amt kennen: er unterzeichnet sich als Mühlmeister zu Kassel, und so nennen ihn die Akten mehrfach. Landgraf Wilhelm nennt ihn in zwei Schreiben an das Hofgericht vom 29. November 1568 und vom 11. Januar 1569 seinen Mühlschreiber zu Kassel. Noch im Januar 1571 bezeichnet ihn sein Anwalt, dem er die Gebühren schuldig geblieben war, als Bürger und Mühlmeister zu Kassel.[3])

Inzwischen hatte der Mühlschreiber ganz andere Sachen geschrieben als Fruchtzettel und Mahlrechnungen. 1563 war zu Frankfurt bei Georg Rab und Weygand Han's Erben der Wendunmut, 550 Geschichten in zwei Theilen enthaltend, erschienen.[4]) Eine vorausgeschickte Widmung an die Brüder Christoph Otto, Eckbrecht und Hermann von der Malsburg, die Söhne des hessischen Hofmarschalls Hermann von der Malsburg, eines Gönners seines Vaters, trägt das Datum Cassel den 18. September 1562. Bereits 1565 erlebte das Buch im gleichen Verlag die zweite Auflage.[5]) Es wurde, wie er selbst sagt, 'mit beyden Armen angenommen und gelesen', erweckte ihm aber auch in seiner Umgebung viel Feindschaft von solchen, die sich durch die erzählten Anekdoten getroffen fühlten.[6])

Im Herbst 1564 war er auf Schloss Herzberg in Oberhessen bei Adolf Wilhelm von Dörnberg, 'dem groszen Liebhaber und Zuflucht aller Gelerten, Musicanten und Künstlern'[7]), dessen Wohlwollen ihm der kurz vorher erschienene Wendunmut gewonnen haben mag. Hier musste der als 'Gevatter' des Junkers auftretende Narr Ciliax die Hauptkosten der Unterhaltung tragen. In der Herbstmesse 1566 befand er sich in Frankfurt[8]), wo er bei seinen Verlegern vorgesprochen haben wird. Bald nach dem Ableben Landgraf Philipps liess er zu

---

1) Marburger Staatsarchiv, Sammthofgerichtsakten K. 90.
2) Beilage II. Processakten Bl. 23—26.
3) Es gab damals zwei herrschaftliche Mühlen zu Kassel, die grosse Mühle am Ahnaberger Thor und die Unterneustädter Mahlmühle. (Schmincke) Versuch einer Beschr. d. Residenzstadt Cassel S. 246.
4) Nachbildung des Titelblattes nach dem Exemplar der Königl. Bibliothek zu Berlin bei Künnecke, Bilderatlas S. 101.
5) Exemplar in der Kabinetsbibliothek zu Darmstadt, 8°. (152 auf 92 mm), Bl. 1—511 und 9 Bl. Register. Titel wie bei der ersten Auflage; Bl. 2—5 Vorrede, Bl. 6 beginnt Theil I, Bl. 376 Theil II. Bl. 489—504 fehlen leider in diesem Exemplar.
6) W. 6, 1.
7) W. 2, 207—211. Bereits W. 1, 143 eine ihm von Wilhelm von Dörnberg erzählte Geschichte.
8) W. 2, 174.

Marburg bei Andres Kolben Erben eine gereimte Beschreibung der Thaten und Erlebnisse dieses Fürsten drucken und widmete sie unterm 21. Juli 1567 den Brüdern Philipp, Franz und Bernhard Grafen von Waldeck.[1] 'Hans Wilhelm Kirchhof Bürger zu Cassel' nennt er sich darin. Walther, Literär. Handbuch von Hessen Supplement 2 (Beiträge z. Kenntn. der handschriftl. Literatur) S. 9 Nr. 64 führt als im Besitze Nebels zu Giessen befindlich einen aus Ayermanns Nachlasse stammenden Sammelband an, welcher u. a. enthalte: 'Joh. Wilh. Kirchhof, Bürgermeisters (so!) zu Cassel, Aus dem Leben Philippi Magnanimi vom Bauernkrieg, in Versen, 1575'. Der Band ist nicht, wie der grösste Theil der Sammlungen Nebels, nach dessen Tode nach Darmstadt gekommen. Doch glaube ich nicht zu irren, wenn ich annehme, dass jene Verse nur Abschrift eines Abschnitts des Druckes von 1567 gewesen sind. Dieses Werk — und das gilt auch von den späteren Arbeiten Kirchhofs in gebundener Rede — erhebt sich im Ganzen nicht über das gewöhnliche Mass der Gelegenheitsreimereien jener Zeit, wenn auch hie und da ein Ton echten Gefühls durch dringt, ja packenden Ausdruck findet. Das früheste Gedicht Kirchhofs, welches wir kennen, wohl noch aus seiner Soldatenzeit, findet sich in der Fortsetzung des Wendunmut.[2] Der Traum des Kriegsmannes — so könnte man es passend bezeichnen —, in der Manier Hans Sachsens gehalten, weist poetisch gelungene Stellen auf. Nicht von Kirchhof, obwohl gleichfalls dem Wendunmut einverleibt[3], ist ein anderes, recht hübsches Gedicht: 'Beschreibung des Weingötzen Bacchi und der Wollust Garten, concipirt Anno 1549'; Formen, wie 'Schmetzle' (S. 242), 'Hertzle' (S. 243), und Wörter, wie 'Bruch' für Hose (S. 245) deuten auf süddeutschen Ursprung.

1571 sah Kirchhof im Stift Kaufungen bei Kassel das von Kaiser Heinrich II. gestiftete kostbare Evangelienbuch.[4] Das Jahr 1573 brachte die dritte Auflage des Wendunmut (Frankfurt, bei Kilian Han).[5] Als Ende December 1573 der zum König von Polen erwählte Heinrich von Anjou auf der Reise nach seinem Reiche Hessen berührte und von Landgraf Wilhelm feierlich eingeholt und glänzend bewirthet wurde, fand Kirchhof, der eine eingehende Beschreibung der Festlichkeiten liefert[6], als Silberdiener Verwendung (er hat 'auff die Silber warten helffen'). 1574 hat er auf Ersuchen des Frankfurter Buchdruckers und Verlegers Sigmund Feyerabend eine mit Bibelstellen belegte Mahnung wider die Wollust mit Bezugnahme auf die Sage 'von König Artus Hoff, Ritterspiel und der Ehebrecher Brücken' aufgesetzt, 'der Pictur und Fürbildung der Ehebrecherbrücken und königlicher

---

1) Neben den von Oesterley nachgewiesenen Exemplaren nenne ich je eines in Darmstadt (Hofbibliothek) und Berlin (Königl. Bibliothek).
2) W. 5, 154.
3) W. 7, 10.
4) W. 5, 37.
5) Exemplare in Göttingen und Berlin.
6) W. 3, 7.

Kurtzweil, in Holtz sehr künstlich contrafetisch und artig geschnitten, anzuhencken'.[1]) Es handelt sich um einen von Feyerabend herausgegebenen grossen Holzschnitt Jost Amman's[2]), zu welchem Kirchhof einen begleitenden Text geliefert hat. In einem als Plakat gedruckten 'Verzeichnuss aller lateinischen und teutschen Bücher, welche in Sigmund Feyerabends Buchladen diese Fastenmessz Anno 1587 gefunden werden' wird das Werk bezeichnet: 'Ehebruchsbrucken König Artus etc., in einer Mappen'.[3])

Zu Beginn des Jahres 1581 erschien zu Frankfurt, gedruckt von Hans Spiess und verlegt von Johann Feyerabend, die vierte Auflage des Wendunmut.[4]) Sie ist dadurch ausgezeichnet, dass sie 76 Holzschnitte, darunter viele von Virgil Solis und einige von Jost Amman enthält. Dieselben sind, was sich ja bei Solis, der 1562 gestorben ist, von selbst versteht, nicht für den Wendunmut, sondern zu andern Zwecken hergestellt und hier nur — mehr oder minder passend — wiederbenutzt. Das einzige Exemplar, das ich habe ermitteln können, besitzt die Königliche Bibliothek zu Berlin.[5]) Beim Tode der Landgräfin Sabine, der Gemahlin Wilhelms, liess er ein Epicedion drucken (Marpurg, durch Augustin Colben 1581. 4.), das er Sabinens Tochter Hedwig widmete. Auch hier nennt er sich Bürger zu Kassel. 1584 ernannte ihn Landgraf Wilhelm zum Burggrafen, oder, wie wir sagen würden, zum Hausverwalter (Kastellan) auf dem Schlosse Spangenberg bei Melsungen.[6]) Der Bestallungsbrief Kirchhofs hat sich leider nicht erhalten. Dagegen ist der seines Dienstvorgängers Konrad Peiszken vom Jahr 1578 im Marburger Archive noch vorhanden, und wir können uns daraus über Obliegenheiten und Einkünfte eines 'Burggrafen und Lichtkämmerers' auf Spangenberg unterrichten. Ein solcher soll auf Haus und Schloss Spangenberg mit Fleiss sehen, darauf seine Wohnung haben, die Pforten allenthalben Abends und Morgens zu rechter Zeit zu- und aufschliessen, die Zugbrücke aufziehen, die Schlüssel bei sich verwahrlich behalten, auch Alles an Bettwerk, Hausrat, Munition und anderm auf dem Hause wohl verwahren, darüber ein eigenes, durch die Amtsknechte zu Spangenberg unterschriebenes Inventar jederzeit führen, sich auch sonst zu allen ehrlichen Sachen gebrauchen lassen. Er soll ferner darauf sehen, dass

---

1) W. 2, 22 (S. 43).
2) Beschrieben bei Becker, Jobst Amman S. 62.
3) Pallmann, Sigmund Feyerabend (Archiv f. Frankfurts Gesch. u. Kunst Neue Folge Bd. VII.) S. 191. Daselbst S. 133. 137. 153. 160. 161 Erwähnungen des Wendunmut in den Geschäftspapieren (Inventarien, Abrechnungen) der Verleger.
4) Frankfurter Messkatalog von Portenbach und Lutz, Fastenmesse 1581, unter Historien-Bücher.
5) Mir — wie auch der Druck von 1589 — von Herrn Generaldirector Dr. Wilmans gütig zugänglich gemacht. Beschreibung s. Beilage IV.
6) Beilage III. W. 3, 125, 4, 130. Schon aus dem Jahr 1553 erzählt er W. 3, 122 eine Spangenberger Begebenheit, doch sagt er nicht, dass er damals schon dort gewesen sei. Ueber das Haus Spangenberg W. 3, 124.

Frucht, Getränk und Proviant auf dem Hause wohl verwahrt und davon nichts veruntreut werde, desgleichen das Haus in gutem Bau und Besserung halten und mit zusehen, dass es damit und sonst allenthalben in Stadt und Amt Spangenberg aufrichtig und recht zugehe, und was er für Fehl oder Mangel befindet, dem Landgrafen unverholen anzeigen. Er soll auch bei allen Stadt- und Landgerichten neben anderen landgräflichen Amtsknechten zu Spangenberg sitzen, die Leute verhören, Busse und Brüche teidingen helfen, auch den landgräflichen Zehnten im Amt Spangenberg verleihen helfen und darauf sehen, dass solches Alles treulich zu Register gebracht und fürters verrechnet werde. Dafür erhält er jährlich 12 Gulden als Burggraf, 8 Gulden als Lichtkämmerer, 1 Rind oder 4 Gulden dafür, 2 Schweine oder 4 Gulden dafür, 4 Hämmel, 8 Viertel Korn, 3 Metzen Erbsen, 8 Metzen Hafer, 8 Metzen Dinkel, $1^{1}/_{2}$ Fuder Bier und zweimal im Jahr die gewöhnliche Hofkleidung, jedesmal 4 Ellen Tuch und 4 Ellen Barchent. Da neben Kirchhof ein Hausvorrathsschreiber erwähnt wird[1]), so mag diesem ein Theil der hier genannten Obliegenheiten zugefallen sein.

Von Kirchhofs dienstlicher Thätigkeit als Burggraf geben noch verschiedene Schriftstücke im Marburger Archiv Kunde. Da sind zunächst zwei eigenhändige Schreiben von ihm an Landgraf Wilhelm vom 24. December 1584 und 20. März 1585. Sie betreffen die Ausbesserung des das Schloss umgebenden Stackets. In einer undatirten Eingabe beschwert sich der Pförtner Jost Volant beim Landgrafen über den Burggrafen Hans Wilhelm, der ihn 'unvorschembter gesparter Warheit' beschuldigt, er habe die Franzosen, er habe das Brunnenseil zerschnitten, er habe mit seiner Magd die Ehe gebrochen; alles nur, um ihn aus dem Pfortenhaus zu vertreiben und einen andern seines Gefallens von Homberg darein zu setzen. Ein zweiter Pförtner, Peter Bach, unterhielt zarte Beziehungen im Städtchen und liess sich dadurch zu nächtlichen heimlichen Ausflügen verleiten, wobei es nicht ohne Beschädigung des Stackets abging und auch andere Folgen nicht ausblieben. Kirchhof zeigt sich darüber höchst aufgebracht; er sucht die Dienstentsetzung des Frevlers zu erwirken und einen Andern, 'so in Vorzeiten beym alten Fürsten hochloblicher christlicher Gedechtnus[2]) in Diensten, auff seiner fürstlichen Gnaden Leib zu warten, gewesen', in seine Stelle zu bringen. Er berichtet in dieser Angelegenheit an die fürstlichen Räthe zu Kassel am 4. und an Landgraf Wilhelm am 8. und 21. December 1587. Wären, meint er mit derbem Spott, dem Pförtner seine Winkelzüge geglückt, er 'hette seinen redlichen Thaten leichtlich einen Deckel funden'. Die Räthe möchten sich keinen aufdringen lassen, 'mit dem ich nit das Haus, zuvorab den Brunnen, das keines verlebten alten oder seiner Hend unmechtigen lamen Manns Thun ist[3]), versehen könne.' Der Landgraf aber, milder gesinnt als der Burggraf,

---

1) Beilage III.
2) Landgraf Philipp.
3) Vgl. W. 3. 125.

entliess den Peter Bach nicht, sondern begnügte sich, ihn sieben Wochen in den Thurm stecken zu lassen.¹)

Doch abgesehen von solchen Scharmützeln, mit welchen sich die paar Bewohner der Feste nach Menschenart das Leben sauer machten, waren es gar stille Tage, die der alte Landsknecht nach Jahren voll Sturm und Drang auf dem Hause Spangenberg verlebte. Auf ragendem Bergkegel, hoch über dem Städtchen, unter dem das geschwätzige Gebirgswasser der Pfiefe der Fulda zurauscht, liegt die Burg; rings hemmen mächtigere Berge, waldbedeckt, den Blick; ein einsamer Winkel, wie abgeschnitten von der Welt. Hier hatte einst Otto der Schütz und sein Gemahl Elisabeth von Cleve gehauset, und noch waren Gegenstände ihres Gebrauchs vorhanden.²) Hier hatte Margarethe von der Saal, die Nebenfrau Landgraf Philipps, ihre Tage verbracht. Dann waren stille Zeiten gekommen; die fürstlichen Gemächer standen leer. Nur ab und zu, wenn 'die Herrschaft' zur Jagd auf dem Schlosse verweilte, regte sich das bunte Leben eines Fürstenhofes in den alten Mauern.

Da hatte er denn 'zimlichen Raum bekommen, viel Guts zu lesen und zu verzeichnen'³), und die meisten seiner ungedruckten und auch handschriftlich nicht erhaltenen Arbeiten, von welchen er gelegentlich spricht, mögen auf Spangenberg entstanden sein. So berichtet er, nachdem manche sich durch einzelne Geschichten im Wendunmut verletzt gefühlt hätten, habe er es wieder gut machen wollen und ein sehr grosses Buch geschrieben, Schatztruhen betitelt, von 50 Hauptpunkten christlicher Lehre und deren jeden in seine notwendigen Artikel abgeteilt, allewege auch mit besondern Zeugnissen der Schrift aus altem und neuem Testament erklärt und erwiesen. Aber wiederum habe jedermann sich wider ihn erhoben und Ritter an ihm werden wollen, weil er, ohne Theolog zu sein, dergleichen geschrieben. Doch Landgraf Wilhelm habe den Tadlern Schweigen auferlegt und ihm befohlen, die Geschichte vom verlorenen Sohn in Form einer Komödie zu bearbeiten. Das sei auch geschehen, und er habe später nach heiligen und profanen Stoffen solcher Komödien gegen achtzehn verfasst, von welchen die meisten vor dem Landgrafen aufgeführt worden seien. 'Ueber das sind noch etliche Epithalamia, Epicedia und sonsten Tractätlein de variis rebus, klein und grosze, in toto bey die ungefehr sechzig, zum Theil gedruckt und ohngedruckt, vorhanden.'⁴) Einzelne dieser Schriften, von welchen er vielleicht nicht ohne die Nebenabsicht, einen Verleger anzulocken, redet, nennt er an andern Stellen genauer. Von den Komödien hat sich in der Fortsetzung des Wendunmut eine Probe erhalten, die nach weiterem nicht eben lüstern macht⁵): Alexander der Grosse, Hannibal, Scipio Africanus, Caesar, Constantin der Grosse,

---

1) Zwei weitere, mir erst während des Druckes durch Archivrath Könnecke bekannt gewordene Berichte Kirchhofs vom 9. Juni 1590 und 7. Juni 1601 betreffen den Pförtner, das Uhrwerk und das Brunnenseil.
2) W. 3, 11.   3) W. 6. 1.   4) W. 6, 1.   5) W. 5, 146—153.

Karl der Grosse, Skanderbeg und Mohammed treten nach einander auf und schildern dem geduldigen Publikum ihre Thaten; Kirchhof hat im Jahr 1584 auf Befehl des Landgrafen Moritz den Text aus einer lateinischen Komödie in deutsche Reime übertragen. Des Christian Wierstraat in niederrheinischer Mundart gedichtete Historie der Belagerung von Neuss durch Karl den Kühnen (1474) hat er 'in verstendlich Teutsch gebracht.'[1]) Ferner hat er eine Uebersetzung der Commentarien Philipps von Comines aus dem Französischen unternommen, die er drucken lassen wollte.[2]) Auch mit den altdeutschen Personennamen hat er sich befasst: 'So man aber ansihet und zu Gemüth führet, wie die löbliche unsere Vordern, die mannliche uralte Teutschen, solche Namen im Brauch gehabt, welche entweder adhortirn oder dehortirn, das ist Erinnerungs- und Warnungsnamen... wird sichs klar erweiszen, dasz sie in derivatione, etymologia et compositione... den hebräischen, griechischen und lateinischen nichts bevor laszen, sondern denselbigen wol mögen vergliechen werden. Wie ich derselbigen bey ohngefehr 2718 ausz mancherley authoribus... gesamlet... und in Druck zu bringen Willens bin, wiewol die wenigsten ietzund in dieser unser Zeit mehr breuchlich.'[3])

Wenden wir uns von seinen literarischen Plänen wieder zur Wirklichkeit, so haben wir die fünfte Auflage des Wendunmut anzuführen, welche zu Anfang des Jahres 1589, gedruckt von Johann Feyerabend und verlegt von Heinrich Tack und Peter Fischer, zu Frankfurt erschien.[4]) Je ein Exemplar besitzt nach freundlich ertheilter Auskunft die Hof- und Staats-Bibliothek zu München und die Königliche Bibliothek zu Berlin. Ein drittes, vormals dem Elsässer Historiker Strobel gehörig, war in K. Th. Völcker's Antiquarischem Lagerkatalog 102 (1883) S. 12 Nr. 180 für 100 Mark ausgeboten; es wurde, wie die Firma mir gefällig mittheilt, von Herrn Ritter von Lachoit zu Petrowitz in Oesterreichisch-Schlesien erworben. Auch diese Ausgabe enthält Holzschnitte, aber in geringerer Zahl.[5]) Die Vermählung von Landgraf Wilhelms Tochter Anna Maria mit dem Grafen Ludwig II. von Nassau-Weilburg liess Kirchhof nicht vorübergehen, ohne sie in einer Beschreibung, datirt 1. Juni 1589, zu feiern (Schmalkalden, bei Michel Schmück 1589. 4.).[6]) Die letzte solcher Gelegenheitsdichtungen, die wir von ihm kennen, ist ein aus Anlass des Ablebens Landgraf Wilhelms verfasstes Epicedion (Schmalkalden, bei Michel Schmück 1592. 4.).[7]) Die Hauptthätigkeit seiner späteren

1) W. 4, 40.
2) W. 6, 40. Proben daraus W. 4, 38. 42—50. 53—61. Es gab damals schon andere deutsche Uebersetzungen davon im Druck.
3) W. 4, 150 (S. 142.)
4) Aufgeführt im Frankfurter Messkatalog von Portenbach und Lutz, Fastenmesse 1589, unter 'Mancherley Bücher in allerhand Künsten und Sachen.'
5) S. die Beschreibung nach dem Berliner Exemplar Beilage IV.
6) Exemplare in Göttingen und Berlin.
7) Epicedion, das ist Lob vnnd Klagschrifften vber u. s. w. Ungenaue Titelangabe bei Oesterley V S. 8. Ein bisher nicht angeführtes Exemplar in der fürstlich Stolbergischen Bibliothek zu Wernigerode.

Lebensjahre aber hat er einer Fortsetzung seines Wendunmut zugewandt. 1602 erschien zu Frankfurt, gedruckt von Wolf Richter und verlegt von Peter Fischers Erben, die sechste Auflage des Wendunmut als erster Theil eines auf vier Theile berechneten Werkes ('Wend Unmuth ... in vier underschiedene Theil ... abgetheilet ... der erste Theil'). Es folgten, zum ersten Mal an's Licht tretend, in Verlegung Jonae Rosen zu Frankfurt, Buch II—VII, und zwar Buch II—V, gedruckt von Romani Beati Erben, im Jahr 1602, Buch VI und VII, gedruckt von Nicolaus Hoffmann, im Jahr 1603. In dem Frankfurter Messkatalog von Johann Saur auf die Fastenmesse 1602 wird das Werk bezeichnet: 'Wendvnmuth . . . . I. II. III. IV. vnd V. Theil, jedes sonderlich zu bekommen, Franckfurt in 8., Jonas Rosz, 1602.' Buch VI und VII verzeichnet der Saursche Katalog auf die Fastenmesse 1603.[1]) Wir ersehen aus diesen Angaben zweierlei; einmal, dass Peter Fischers Erben von dem Unternehmen zurückgetreten sind und die Auflage des bei ihnen erschienenen ersten Buches an Jonas Ros überlassen haben; sodann, dass Kirchhof seinen auf vier Bücher im Ganzen gerichteten Plan erweitert hat, und zwar scheint dies schrittweise geschehen zu sein. In der Widmung des dritten Buches hält er noch an den vier Büchern fest: er habe sich bewegen lassen, seinem ersten Büchlein Wendunmut das andere, dritte und vierte Büchlein folgen zu lassen. In der Widmung des fünften Buches aber erklärt er sich veranlasst, den alten Wendunmut 'mit andern noch vier Büchern oder Theilen zu vermehren', bei deren Aufzählung er das vorliegende (fünfte) als 'disz letzte' bezeichnet. Dann kamen, wie schon bemerkt, noch ein sechstes und siebentes Buch. Man kann nicht behaupten, dass die Fülle des Stoffs den Autor zu dieser gesteigerten Produktion gedrängt habe. Im Gegentheil, die letzten Bücher zeigen eine merkliche Abnahme; allerlei zusammengestoppelte Lesefrüchte müssen mehr als billig aushelfen.

Wenn ich die 1602 als Theil I des grösseren Wendunmut erschienene Ausgabe die sechste genannt habe, so geschah dies unter Uebergehung eines von Oesterley V, S. 8 ff. angeführten Druckes von 1598. Mit diesem hat es nämlich eine eigene Bewandtnis. In der vom 4. Juni 1601 datirten Widmung des dritten Buches sagt Kirchhof, dass der (ursprüngliche) Wendunmut 'widerumb von Johann Feyerabent vor ohngefehr dreyen Jaren auffgelegt' worden sei.[2]) Das ist der einzige Beleg für diese Ausgabe, die wir danach in 1598 zu setzen hätten. Weder ein Exemplar, noch eine Erwähnung in den Messkatalogen ist nachgewiesen worden; auch ich habe mich vergeblich bemüht, etwas zu ermitteln.[3]) Dem 1602 zu Frankfurt bei Peter

---

[1]) Zu den bekannten Exemplaren nenne ich das zu Giessen (Buch I bis VII) und das zu Frankfurt, Stadtbibliothek (Buch I—V).
[2]) In der Widmung des fünften Buches sagt er 'kurtzer Jahren.'
[3]) Auch der von Johann Feyerabend selbst herausgegebene Katalog für die Herbstmesse 1598 — ein solcher für die Fastenmesse dieses Jahres ist von ihm nicht bekannt — enthält nichts davon.

Fischers Erben herausgekommenen Druck ist eine undatirte Widmung Johann Feyerabends an Peter Fischer vorausgeschickt. Für Oesterley, der sie Bd. V. S. 9—13 daraus mittheilt, stand es ohne weiteres fest, dass sie aus jener auf Kirchhofs obige Aeusserung hin anzunehmenden Ausgabe von 1598 wieder abgedruckt worden sei. Man wird das begreiflich finden, wenn man bedenkt, dass er die von mir zuerst näher nachgewiesenen Ausgaben von 1581 und 1589 nicht als solche Johann Feyerabends, sondern nur nach der bloss Ort und Jahr des Erscheinens angebenden Notiz im Elenchus librorum von Cless kannte. Nun ist aber Peter Fischer, an welchen die Widmung sich richtet, bereits Anfangs Oktober 1595 gestorben.[1]) Der Gedanke liegt also nahe, dass die Widmung schon in einer früheren Feyerabend'schen Ausgabe gestanden habe, und in der That findet sie sich in der von 1581, und nochmals in der von 1589; in beiden ist sie vom 1. Januar 1581 datirt. Johann Feyerabend, der im August 1599 starb, hinterliess sein Geschäft überschuldet[2]); die Widmung an Peter Fischer war nichts als die Aufmerksamkeit eines Schuldners für seinen Gläubiger. Eine solche nach dessen Tode zu wiederholen, wie es in der hypothetischen Ausgabe von 1598 geschehen sein müsste, wäre sinnlos gewesen. Anders lag der Fall für Peter Fischers Erben. Wenn diese — aus dem Buche von 1589 [3]) — die Widmung mit herübernahmen, so mag sie die Pietät gegen ihren Erblasser, wie die Rücksicht auf seinen Namen, welcher ja der ihrer Firma war, geleitet haben. — Unter diesen Umständen und bei dem Fehlen jeder Spur einer Ausgabe von 1598 vermag ich an eine solche nicht länger zu glauben. Was die entgegenstehende Angabe Kirchhofs anlangt, so ist zweierlei möglich. Wie er seit vielen Jahren bis kurz vor dem Druck für die Fortsetzung des Wendunmut gesammelt hat, was wir aus gelegentlichen Zeitangaben wissen, so mag er auch die Widmung des dritten Buches bereits 1592 niedergeschrieben, und erst als der Druck bevorstand, das spätere Datum beigefügt haben, ohne an den 'dreyen Jahren' im Text etwas zu ändern. Die Widmung des siebenten Buches endet thatsächlich 'Datum Spangenberg', ohne dass Jahr und Tag beigefügt wären, was offenbar nachträglich geschehen sollte und nur aus Versehen unterblieben ist, und wie wenig es ihm auf Genauigkeit in solchen Dingen ankam, zeigt sich darin, dass er in den Widmungen des dritten, fünften und sechsten Buches als Jahr des ersten Erscheinens des Wendunmut 1565 angibt, während er W. 3, 116 und in der Widmung des siebenten Buches das richtige Jahr 1563 hat. Ein zweiter Ausweg — und er scheint mir noch näher zu liegen — besteht darin, statt 'vor ohngefehr dreyen Jaren' dreyzen zu lesen. Das würde auf 1588 führen und könnte um so leichter auf die Ausgabe von

---

1) Am 4. Oktober 1595 wurde er begraben. Pallmann a. a. O. S. 113 Anm 132.
2) Pallmann a. a. O. S. 86.
3) Mit diesem stimmt der Wiederabdruck von 1602 durchaus, während der erste Druck von 1581 Abweichungen zeigt.

1589 bezogen werden, als dieselbe bald nach dem Jahreswechsel erschienen sein muss, da sie bereits in der Fastenmesse zu haben war.
Auch seine militärischen Kenntnisse und Erfahrungen hat Kirchhof damals verwerthet. 1602 erschien zu Frankfurt, gedruckt von Joachim Brathering, verlegt von Johann Spiess und Romani Beati Erben[1]), in Quart 'Militaris Disciplina, das ist Kriegs Regiments Historische vnnd auszführliche Beschreibung'. Voraus geht eine an Albrecht Otto, Philipp und Heinrich Wilhelm Gebrüder Grafen zu Solms gerichtete Widmung, datiert Spangenberg den 19. Mai 1602.[2]) Ein Kenner dieser Literatur rühmt das bis dahin nicht genug gewürdigte Werk mit seinen guten, aus dem Leben gegriffenen Beispielen als eine selbständige Arbeit, welche den Stand des deutschen Kriegswesens im 16. Jahrhundert übersichtlich, aus eigener Anschauung und bei weitem besser zusammenfasse, als die viel genannten Bücher von Frönsperger und von der Oelsnitz.[3])

Man hat bisher angenommen, dass Kirchhof auf dem Schlosse Spangenberg als einsamer Witwer gelebt habe und im Jahr 1603 gestorben sei. Beides verhält sich anders. Er starb 1605 Montag den 30. September (alten Stils) Abends zwischen 4 und 5 Uhr und hinterliess eine Witwe mit neun Kindern.[4]) Seine Witwe kann nicht seine erste Frau gewesen sein. Als er in der Fastenmesse 1555 nach Frankfurt wanderte, befand er sich in Begleitung seiner 'seligen hauszfraw.'[5]) Sie war also bereits verstorben, als er das niederschrieb. Wann er es aber geschrieben hat, wissen wir nicht; spätestens 1601 bis 1602, kurz vor dem Druck. Auf dieselbe Stelle — denn eine andere ist nicht vorhanden — muss sich die unbelegte Angabe Dithmars (S. 37) beziehen, dass Kirchhof 'im Jahr 1660' (so!) seine Frau als selige bezeichne; und wenn Oesterley (V S. 6), gleichfalls ohne Beleg, behauptet, Kirchhofs Frau sei 1560 tot gewesen, so ist das nur eine Umprägung der Worte Dithmars unter Beseitigung des in '1660' zu Tage liegenden Druckfehlers nach der Wahrscheinlichkeit, die sich hier freilich nicht mit der Wahrheit deckt. Wie schon in der vorhergehenden Darstellung erwähnt ist, erscheint die

---

1) 'Spiesz vnd Beati Erben' werden als Verleger genannt in Johann Saur's Katalog für die Frankfurter Herbstmesse 1602, nicht auf dem Titelblatt, aber vermuthlich am Schluss, hinter dem Register der Milit. Discipl. (Das von mir benützte Marburger Exemplar ist hinten defekt; es endet im Register beim Buchstaben P.)
2) Exemplare in Berlin, Kassel und Marburg.
3) Max Jähns, Geschichte der Kriegswissenschaften vornehmlich in Deutschland Abt. II. S. 906. Daselbst auch die Bemerkung: 'Kirchhoffs i. J. 1625 zu Frankfurt erschienener 'Soldatenspiegel' ist wohl nur eine zweite Auflage der Disciplina.' Ich habe mich vergeblich um diesen Soldatenspiegel bemüht. Die Frankfurter Messkataloge von 1625—1627 wissen nichts von ihm. Ein kleines Schriftchen 'Zweyfacher Soldaten Spiegel' (o. O. 1629 4. 16 Bl.), das ich auftrieb (Exemplare in Frankfurt und Giessen), hat mit Kirchhof nichts gemein.
4) Beilage III.
5) W. 3, 104.

Frau Kirchhofs noch in den Jahren 1558 und 1561; in letzterem heisst sie Margarethe. Das ist der Name, den auch die Witwe trägt. Dennoch glaube ich, dass die Margarethe von 1561 die erste Frau war. Denn der älteste Sohn der Witwe, wie sein Vater Hans Wilhelm genannt, war 1605 22 Jahr alt[1]), also 1583 geboren. Vielleicht war die zweite Frau eine Schwester des Spangenberger Rathsverwandten Hans Stuckenrad, den Kirchhof in der Widmung des zweiten Buches Wendunmut seinen Schwager nennt. Die Spangenberger Kirchenbücher dieser Zeit, die über Kirchhofs Familienverhältnisse genauere Auskunft geben würden, sind leider verloren; die vorhandenen beginnen erst mit dem Jahr 1637.[2])

Die Bitte der Witwe, sie mit ihrem ältesten Sohne den Dienst auf dem Schlosse weiter versehen zu lassen, wurde nicht erfüllt, denn 1606 finde ich Hans Schildt als Burggrafen. Der junge Hans Wilhelm aber wurde ein Maler. Die Landesbibliothek zu Kassel besitzt ein in die Zeit des Landgrafen Moritz zu setzendes Büchlein[3]), betitelt: 'Vertzeichnüs desz Gemeltze und deren Schrifften, wie dieselbigen in unsers g. F. und Herren Gemache zu Zigenhein gemahlet stehn'. Es enthält Darstellungen theils aus dem klassischen Alterthum, theils aus der biblischen Geschichte, hauptsächlich aber Bilder hessischer Landgrafen. Voraus geht ein undatirtes Widmungsschreiben von 'Hans Wilhelm Kirchhoff Maler alhier', d. h. zu Kassel, an den (nicht genannten) Landgrafen, worin der Schreiber über Mangel an Beschäftigung klagt und zum Unterhalt für Weib und Kinder um Aufträge bittet. Gern möchte er zwei neue Lustschiffe ausmalen, die gebaut werden sollen. Ein im Wendunmut mehrfach genannter Freund seines Vaters war der Kasseler Hofmaler Michael Müller, ein Schüler von Lucas Cranach.[4]) Von ihm mag der junge Kirchhof noch die erste Unterweisung in seiner Kunst empfangen haben.

---

1) Beilage III.
2) Hochhut, Statistik der evang. Kirche im Reg.-Bez. Cassel S. 392.
3) Ms. Hass. in 4° Nr. 48, 16 Bl.
4) W. 1, 139.

Beilagen.

I.

Peter Ernst Graf zu Mansfeld entschuldigt bei Landgraf Philipp die Verhaftung seines Dieners Hans Wilhelm Kirchhof.
Luxemburg 1558 Juli 13.

Durchleuchtiger hochgeborner furst, gnediger herr! E. f. g. seyen vnsere guttwillige dhiensten yederzeit benor. Nachdem sich für ettlichen wochen zur zeith der belegerung Diedenhoben zugedragen, daß wyr ettliche reuther vnder vnserm gubernamendt vff die Frantzosischen oder dern anhengigen zu streuffen vßgeschickt vnd sich vnder anderm begeben, daß zaiger diß Hanß Wilhelm Kirchoffen denselbigen vnsern vßgeschickten reuthern vffgestossen vnd vnder henden khommen, haben dieselbige innen als einen, der sich ins vheindts leger begeben wollen, vnd er aber sich als e. f. g. dhiener angezaigt, doch, wie e. f. g. selbs erachten khunden, das in solchen geuerlichen zeitten yedem glauben zu geben nit gebuere, auch nit glauben wollen, vnß also hier pracht; den wyr biß vff diß zeith, dweil wyr nit gewißt, wie ehs mit ime ein gestaltt hette, vffgehaltten. Vnd dweil aber wyr nuhn seither in erfharung khommen, daß gemelter Hanß Wilhelm Kirchoffen e. f. g. dhiener ist, vnd nachdem der ko.ᵉʳ mat. zu Engellandt ꝛc. beuelch ist, alle gutte nachperschafftv nnd freundtschafft mit den fursten des Reichs vnd besunderlich mit e. f. g. zu vnderhaltten, so haben wyr denselben e. f. g. dhiener alhie nit lenger vffhaltten wollen, sonder innen derselben sonder rancon oder erlegung eincher zerung vnd vncosten vrey wieder geschickt, bittendt e. f. g., solche vffendthaltung vß obertzelten vrsachen in khain vnguethem vffzunemmen. Vnd wo wyr e. f. g. fur vns person dhienen khonnen, soll dieselb vnß guttwillig befinden. Damit e. f. g. dem almechtigen in seliger wolfarth zu gefristen vnd zu erhaltten beuelhende.

Datum Lutzemburgh des xiii. julii anno 1558.

E. f. g.
dinstwyllyger
Petter Ernst graff zu Mansfeltt.

Dem durchleuchtigen hochgebornen fursten vnnd herrn, heren Philipssen landtgrauen zu Hessen, grauen zu Katzenelenbogen, Ziehan vnd Nieda ꝛc. vnserm g. f. vnd hern.

praes. Lichtennaw am 22. julii A°. ꝛc. 58.

II.

Eingabe Hans Wilhelm Kirchhofs Mühlmeisters zu Kassel an das Hofgericht zu Marburg gegen seine Schwester Katharina, Erbtheilung betreffend. [1569 Ende Januar.]

Strenger edler ehrnuester f. herr hoffrichter, auch ehrnachtpare vnd hochgelartte verordnete f. hoffgerichtsrathe, grosgunstige gepietende herrenn!

Demnach verschiener jar vnserer elterlichen verlassenschaft vnd anderer erheblichen vrsachen halben zwischen meiner schwester Catharein, Oswaldt Scharschmidts ehelichenn hausfrawen, vnd mir irrung vnd gebrechenn sich begebenn vnd zugedragen haben, das beides zu Cassel vnd hie vor den f. räthenn solches alles in der gutte, als zwischen geschwistern billich were, hinzulegen wir vor bescheiden, doch sie zu Cassel vngehorsamlich, wiewol sie daselbst gewesenn, nit erschienen, auch zu Marpurg abwesens des hernn stadhalters vnd anderer rathe allein vor d. Vlner vnd d. Fischernn vorkommenn, do aber gedachte meine schwester jeder zeit so halsstarrig befundenn, das sie die angebottene vnd vorgeschlagene gutte niemals annemenn oder ir gefallenn lassen wollen, dardurch ich hochdringender notturfft nach mit ordentlichem rechtenn sie zu prosequirenn vnd alles mein anliegenn gerichtlich in schrifften am f. hoffgericht alhier anzupringen verursachtt, alda ich von ir durch eine vermeindtte vnerfindliche exception, nur zu verlengerung der sachenn angestellt, circumduciret vnd vfgehalten worden, alles nach ausweissung des protocols vnd ergangener gerichtlicher handlung; als aber anch obberurtter mein schwager ein zeit hero mit keinem dienst versehenn vnd mit weib vnd kindernn, zu schmelerung seiner narung, leider, auch inen selbstenn allen vnd mir, wie ich grosse vorsorg drage, zu mercklichem schadenn, aus der schnur zehret, derowegenn, do die angestelte rechtuertigung erst vberlangs ir endschafftt erreichen soltte, zu demjenigen, was mir mit recht zuerkandt, ich nit wol kommen möchte, das in bedrachtung dessen den durchleuchtigen hochgepornen fursten vnd hern hern Wilhelmen landgrauen zu Hessenn ꝛc., meinen gnedigenn landtsfurstenn vnd hern, ich supplicando ersuchtt vnd vndertheniglich gebettenn, an e. s. e. h. vnd g. gnediglich mich zu uerschreibenn, ob disse gebrechenn zwischen vns als geschwisternn in der gutte zu uergleichenn vnd vffzuhebenn, damit alle weitterung vnd fernerer vnkost vermitten pliebe, vnd dan s. f. g. zum zweitenmahl an e. s. e. h. vnd g. geschrieben. dessen in aller vndertbenigkeit ich zum höchstenn mich bedancke, so gib ich hieruff zum bestendigenn warhafftigenn bericht zu uernemenn, das erstlich Peter Kirchoff, weilandt oberfurster zu Cassell, vnd Barbara, mein vatter vnd mutter selige, vns drei, mich, mein schwester Catharein vnd Petern in werender ehe erzeugtt, vnd als itzberurtte mein schwester ao. 48 in der fasnachtt mit meinem schwager Oswalden hochzeit haltenn, das ir gedachter mein vatter seliger hundert daller zur breudelgab mit gegebenn, darumb es aber ein solch gestaldt hatt: als anfangs zum weinkauff vnd irer hochzeit, desgleichen vf kleidung vnd anders mehr groser vnkost anzuwendenn gewesenn, das solchs alles der vatter selig verlegenn mussenn, dan Oswaldt wedder heller noch pfennig darzu gethan oder thun wollen, wie doch sonst zu Cassell vnd anderun enden mehr gebreuchlich, wilcher vnkost dem vatter seligenn auß dem geschanck nachmals wieder erstattet, das dero wegenn ir breudelgab so viel baß zu erlegenn gewessen, derhalbenn vff etliche hochzeitlenth, so noch in lebenn, sich gezogenn.

Darjegenn aber zum heyradtgutt ich nichts entpfangen, do doch hierinnen als vnder rechtenn gschwisternn gleicheit zu halten, das mir von meiner liebenn mutter seligen in jegenwerttigkeit Leuini Pontani, apoteckers zu Cassell, vnd Christoff Hopffens. damals bawschreibers daselbst, den 23. julij ao. 61 auch hundert daller vermachtt, solche nach irem todt aus gemeiner verlassenschafftt zu uoraushabe zu entpfangen, wilchs schriftlich vnd mundlich zu beweissenn.

Weitter, als ich lust vnd gefallenn zunn kriegshendeln gehaptt, bin ich denselbigenn etlich jar nach ausweissung meiner pasportten nachgezogenn vnd einsmals ao. 55 genn Cassel kommenn, dazumal ich den vatter alters halbenn gantz vnuermuglich, auch ihn vnd die mutter kranck befundenn, das ich also vff sein bitt das forstampt vil jar lang bis an seines lebens endt im verrichttenn vnd versehen gholffen vnd zu mehr mahlenn anhero gen Marpurg, wen die f. hoffhaltung hie gewessenn, von wegen der liefferung forstgelts vnd rechnung verreittenn mussenn, wilchs dem cammermeister vnd cammerschreiber, auch anderenn beampttenn des niddern furstenthumbs Hessen bewust. Dweil ich aber albereit bestattet vnd mit einer haushaltung beladen gewessenn, hat mein vatter seliger solche muhe vnd arbeit von mir nit vergebens begeret, sondern mir jarlichs 20 fl. zu geben verheissen, wilche auch nach ausweissung der berechnetenn register in f. cammer verrechnet, mir aber noch nichts erlegtt, wie dan hiervon meines vatter seligenn gewessene diener, als mit namen Friederich des pfarhers sohnn zum Elberbergk, Baltzer von Schwarzenborn, Jacob Kremer, renthmeister zu Spangenbergk, vnd Hans von Vlm der junger gut wiessens habenn.

Vnd als eins mals, nemblich den 30. decemb. ao. 60, das forstgeltt nach inhalt der quittung geliefferet, dazumal mein vatter seliger von vorigen jarenn perresto etliche fl. schuldig pliebenn, vnd damit er auch etwas in hendenn behieltte vnd sich nicht gantz entblosset, das ich von dem meinenn 20 daller erlegtt, damit der alt auffstandt gar aus dem register köme, dessen der vatter selig hardt vor seinem endt jegenn Jacob Fuchsenn gerichtschreibernn zu Cassell sich selbst horenn lassenn vnd von mir geruhmet. Hierjegenn aber sagt mein schwester, das ich vor die 20 daler von der mutter ein klopffer bekommenn habenn soltte, dessen ich nicht gestendig, dan die mutter zu ergetzung meiner beschwerlichenn muhe vnd arbeit solchen klopffer mir freiwillig geschencktt; weiße abermahls der jung Hans von Vlm, der damals noch im Haus gewessenn. Woltte nicht dergleichen klopffer etlich nemen, das ich noch mit allem so bemuhet vnd beladenn sein vnd es allein verrichten soltte, do eß doch ir so wol als mir geburet hette oder mir irenn antheil noch meine muhe vnd arbeit zu erstattenn schuldig were. Dann als mein vatter seliger den 9. januarij ao. 61 verstorbenn vnd alle seine ampts auch eigene sachen, wie in solchen todtsfellen pflegtt zu geschehen, irrig gewessenn vnd viel thun zweifelhafftig gestandenn, also das der selbigenn sich niemandts dan ich annemen kunnenn noch wollenn, vnd was vor vnruhe mit hin vnd wieder lauffenn vnd reittenn gewessenn, ist dem itzigen hern stathalter, cantzler vnd rathenn, auch beiden damahls f. secretarienn Pflugernn vnd Harsackenn, desgleichen dem schultheisen vnd burgemeister zu Cassell zimlicher massenn bewust. Als auch nach absterbenn meines vatter seligen noch ein forstrechnung beschehenn, wilche ich denn 16. julij ao. 61 vermog der register gethan, dazumal der rest, so der vatter von der einnam obengemeltts 60. jars wiederumb vffs new schuldig pliebenn, 24 fl. 24 alb. 1 heller gewesenn, ich aber zu erlegung dessenn aus meiner erbschafft mehr nit dan 9 daler entpfangen vnd das vbrig, nemblich 14 fl. 14 alb. 6 ₰ 2 heller, von dem meinen erlegen mussenn, dero wegen vff die verwaldter der f. renttcammer zu Cassel, daß receß vnd meine vf dem rathhaus zu Cassel gethane rechnung obenn angezeigt mich gezogenn.

Folgendts als den 2. Decemb. ao. 61 mein liebe mutter selige auch verschiedenn, ist mein schwester nach der mutter todtt 15 tag im haus pliebenn, der schlussel vnd aller ding mechtig gewesen vnd irer schantz wol wargenomenn, wie her Jorg Mencken, caplan vf der freiheit zu Cassell, wol wissendtt, vnd ich sampt meinem bruder Petern die farende habe theilenn wollen, das ich dazumal, als ich mit einem fieber behafftet, Hans Schencken kangiessernn vnd Jacob Fuchsen zur theilung beneben einem anderun gutten freundtt, der nuhmehr verstorben, an meine stadt erbetten vnd die theilung anstellenn vnd bescheben sollenn, daß die casten, darinnenn leinwadtt gewesenn, nach erofnung ledig bfundenn, sie die beste betth zu sich gezogenn vnd was ir gfellig aus den fussen gthan. Dessen ich so balt bei her Jorg Menckenn caplan in geheim mich beclagt, wilcher viel neben Jacob Fuchsen zwischen mir vnd ir vmb frieden ghandlett. Vber dis alles hat sie auch beider vnser eltern vatters vnd mutters seligen kleider alle zu sich genomenn vnd in die theilung nicht kommen lassen, was von gelt da gewesenn, behalten, alle essen speis ir allein zugeeignett, item ein khue vnd etlich fuder haw verkaufftt vnd nach dissem allem erst mit mir vnd meinem bruder zur theilung gschritten vnd was ime Petern wordenn, auch behalten, wie Hanß Schenck kangiesser, Jacob Fuchs, Schildtpfaffhans vnd der burgemeister Kannenberg bezeugen kunnen. Vnd dweil mein bruder Peter ein schwacher, kranck mensch vnd apoplecticus gewessenn, haben burgemeister vnd rath zu Cassel meiner schwester befolhenn, das sie die versehung thun soltte, damit ime Petern curatores verordnet würdenn, vnd als ich vermerckt, daß sie heimzu gedrachtet, hab ich sie mit Hans Steinmetzen dem jungern vnd Storhansenn bschickt vnd bfragenn lassen, wie es mit verordnung der curatorum gschaffenn. Daruff sie mir durch itzbenandte zuentpotten, das Merttenn Muhller vnd Mertin Heidenreich als Peters vormunder vor eim erbarnn rath zu Cassell bestettiget worden, wilchs sich aber hernacher nit befunden, vnd sie als baldt zum thor ausgezogen vnd Petern mit anhero gen Marpurg genomenn, vnerachtet, das er mir von dem vatter seligen vf dem todtbeth befolhenn, ich inen auch gernn bis an seines lebens endt erhalten hette, wie albereit in ansehung seiner schwacheit bei dem alten loblichenn furstenn gotseliger gdechtnus ein verschreibung ich ausprachtt, das ime jarlich bis an sein todt 6 fl. an geltt vnd 4 viertel kornn gereicht wordenn, dessen sie genossenn vnd darzu sein Peters fahrende habe, wilche vff hundert gulden sampt der barschafftt vnd anderem mehr, so im zustendig gwesen, inbehaltenn.

Ferner dweil auch eine behaussung in Cassel von vnsern eltern vorhandenn, wilche Johann Dieterichenn itzigem renthmeister zum Hessenstein dero zeit zu bewohnen verlihen worden, das ich die herrenn burgemeister zu Cassel ersucht, das mir zwen aus dem rath vnd ein schreiber zugeordnet, auch alles vertheilt vnd vnuertheilt in angezogenem haus noch vbrig inuentirt vnd in ein bschlossene camer verwaret, darzu zwen schlussel gmacht, deren einer mir, der ander einem vnserer freunden vnd verwandten gegeben wurde, dessenn der her burgemeister Hennignus Magus, Schildtpfafhaus, Ludwig Armproster, Jacob Fuchs vnd Hans Mewerer der statt diener sonder zweifel sich noch zu entsinnenn wiessen, wilchs alles vnbedrachtet mein schwester gen Cassel kommen, diesse beschlossene camer ohne vorwiessenn itzgenandter herren vud freundenn, auch mir hinderrucks erofnet, wie hernn Johan Dietericbenn als inwonern der behausung wissendt, vnd was darin gwesenn hinweg gnomenn, do doch dasjenig allein, so noch vnuertheiltt, vber 20 daler werth gewessenn.

Wan nuhn ich aller inname vnd ausgabe von verkauftenn guttern vnd was ich vnder handenn gehaptt vor burgemeistern vnd schultheisen zu Cassel vff dem rathhaus clare vnd vfrichtige rechnung vielgedachter meiner schwester gethann, wilchs dazumal in daß stadtbuch gschriebenn vnd ir derselbigenn rechnung, daran sie gsettiget gwesen vnd nichts gehabtt darwider zu redenn, copey vnder meiner eigenen handschrifft mitgetheilt wordenn, kan ich doch sie zu keiner jegenrechnung vnd erstattung alles des jenigenn, so mir von meinenn lieben elternn, desgleichenn meinem verstorbenenn bruder seligen vff vnd anerstorben vnd sonstenn der pillichkeit nach geburenn soltt, gutlich oder sonsten nit vermogenn, sondernn mir solches alles vnpillicher weiß vorentheltt, daruber auch mich in mercklichenn grosenn kostenn führett: so ist an e. s. e. h. vnd g. mein vnderthenige hochfleissige bitt, derenn gnedigen f. vorschriftenn mich gniesen zu lassen vnd hierin ein gut mittel vnd des langwirigen hadders endschaf gunstiglich zu findenn, das ich von vielberurtter meiner schwester endlich entbunden werde vnd auch alles des jenigen, wie oben erzeltt, beides von meinen eltern seligenn vnd bruder seligen mir vfferstorbenn vnd sonsten gepuret, vnuerzuglich von meiner schwester gwertig sein moge, darjegen sie sich keiner gerechtigkeit oder billichkeit, viel weniger einiger ausflucht oder argelist zu behelffenn. Hierann befurdert e. s. e. h. vnd g. die gerechtigkeit, vnd bin ich solchs vngspartes leibs vnd guts zu uerdienen schuldig vnd willig.

E. s. e. h. vnd g.

vndertheniger

Hans Wilhelm Kirchhoff,
muhlmeister zu Cassell.

III.

Margarethe Witwe des Burggrafen zu Spangenberg Hans Wilhelm Kirchhof meldet dem Landgrafen Moritz den am 30. September 1605 erfolgten Tod ihres Mannes und bittet um Belassung im Dienst.
Uebergeben Kassel 1605 Okt. 2.

Durchleuchtiger hochgeborner furst, gnediger herr!

E. f. g. sind meine demutige gebet zu gott dem almechtigen auß betrubtem hertzen in vnterthenigkeit zuuor, vnd kan e. f. g. in meinem elend vnd betruptnis nichtt vorhalten, das nehest montagk den 30. 7bris itzo scheinenden 605 jahrs, des abents zwischen 4 vnd 5 vhr mein hauswirth Hans Wilhelm Kirchoff gewesener burggraff seliger alhir vf dem hauß Spangenbergk in gott dem heren entschlaffen vnd die scholdt der natur bezalt, mich armes Weib mit neun kindern in diesem jamerthall hinderlaßen.

Ob nue woll, gnediger furst vnd herr, mein hauswirdt seliger bei gutem alter gewesen vnd in die 21 jahr den dinst vff dem schloß vor einen burggraffen vleißig vnd trewlich vorsehen, wie e. f. g. selbst befunden, wan sie hir gewesen, auch der haußvorathsschreiber nimalß anders dan trewe vnd vleiß gespuret, was aber die arbeit in gemachen vnd allenthalben im schloß zu uorsehen, habe ich vnd mein eltester sohn Hans Wilhelm, ein jungeling von 22 jaren vngeuerlich, getrewlich vnd mit vleiß ausgerichtet, wie e. f. g. auch gesehen vnd vornommen. Vnd haben auch e. f. g. vilmalß meinen alten man seliger auß furstlichem angeboren gemuth gnediglich vortrostet, e. f. g. wolte sein, mein vnd meiner armen kinder gnediger herr sein, wie er dan sich desen in seinem absterben erinnert.

Dieweill dan, gnediger furst vnd herr, ich arme witwe mich solcher gnedigen zusage getroste, auch meine kinder, wie meniglichenn bewust, in gottes furcht vnd weltlichem gehorsam vffertzogenn, so ist mein vleliche vnd vntertbenige bitt dorch die barmhertzigkeit gottes, wollen mich von dem dinst nichtt vorstoßen, dan (*sic!*) ich mit meinem sohne Hans Wilhelm, so in die 22 jahr alt, getrewlich vnd vleißigk vorsehen vnd vorrichten wollen, wie wier dan albereits in die 14 odder 15 jahr gethan, wie e. f. g. nimalß anders dan vleiß vnd trewe gespuret. Demnach zu e. f. g. mein trostliche hoffenunge, werden mich mit meinen armen kindern nicht laßen. Solches wirdt gott der here belohnen, vnd ich vnd meine kinder gegen gott zu uorbitten, wollen wier in keinen vorges stellen, e. f. g. trostliche antwort in demuth bittende.

E. f. g.

otmutige vnd gehorsame
Margretha Kirchoffs, Hans Wilhelm Kirchoffs
seligen, gewesenen burggraffen vff dem schloß
Spangenbergk, nachgelaßene hausfrau sampt
ihren kindern.

Ohne Adresse. Auf der Rückseite steht:
ps. Cassel 2. octob. Anno 1605.

IV.

Die Wendunmutausgaben von 1581 und 1589 und ihre Holzschnitte.

1. Die Ausgabe von 1581.

Berlin, Königliche Bibliothek Yt 7286. 8⁰., 154 auf 96 mm. 𝔚𝔢𝔫𝔡𝔲𝔫𝔪𝔲𝔱𝔥. | 𝔡𝔞𝔯𝔦𝔫𝔫𝔢𝔫 𝔣ü𝔫𝔣𝔣 | 𝔥𝔲𝔫𝔡𝔢𝔯𝔱 𝔳𝔫𝔫𝔡 𝔣ü𝔫𝔣𝔣𝔱𝔷𝔦𝔤 𝔥ö𝔣𝔩𝔦= | 𝔠𝔥𝔢𝔯/ 𝔷ü𝔠𝔥𝔱𝔦𝔤𝔢𝔯 𝔳𝔫𝔡 𝔩𝔲𝔣𝔱𝔦𝔤𝔢𝔯 𝔖𝔦𝔰𝔱𝔬𝔯𝔦𝔢𝔫/ | 𝔖𝔠𝔥𝔦𝔪𝔭𝔣𝔣𝔯𝔢𝔡𝔢𝔫 𝔳𝔫𝔫𝔡 𝔊𝔩𝔢𝔦𝔠𝔥𝔫𝔦𝔰𝔰𝔢𝔫/ 𝔟𝔢= 𝔤𝔯𝔦𝔣𝔣𝔢𝔫/ | 𝔊𝔢𝔷𝔬𝔤𝔢𝔫 𝔞𝔲ß 𝔢𝔱𝔩𝔦𝔠𝔥𝔢𝔫 𝔞𝔩𝔱𝔢𝔫 𝔖𝔠𝔯𝔦𝔟𝔢𝔫𝔱𝔢𝔫 𝔳𝔫𝔫𝔡 𝔉𝔞𝔠𝔢𝔱𝔦𝔧𝔰 | 𝔖𝔢𝔦𝔫𝔯𝔦𝔠𝔦 𝔅𝔢𝔟𝔢𝔩𝔦𝔧/ 𝔤𝔢𝔨𝔯ö𝔫𝔱𝔢𝔫 𝔓𝔬𝔢𝔱𝔢𝔫 𝔣𝔞𝔪𝔭𝔱 𝔢𝔱𝔩𝔦𝔠𝔥𝔢𝔫 | 𝔞𝔫𝔡𝔢𝔯𝔫 𝔫𝔢𝔴 𝔢𝔯𝔤𝔞𝔫𝔤𝔫𝔢𝔫 𝔳𝔫𝔡 𝔴𝔞𝔯𝔥𝔞𝔣𝔣𝔱𝔦= | 𝔤𝔢𝔫 𝔊𝔢𝔰𝔠𝔥𝔦𝔠𝔥𝔱𝔢𝔫, 𝔡𝔲𝔯𝔠𝔥 | 𝔖𝔞𝔫𝔰 𝔚𝔦𝔩𝔥𝔢𝔩𝔪 𝔎𝔦𝔯𝔠𝔥𝔥𝔬𝔣. | 𝔍𝔢𝔱𝔷𝔲𝔫𝔡𝔢𝔯 𝔞𝔲𝔣𝔣𝔰 𝔫𝔢𝔲𝔴 𝔴𝔦𝔡𝔢𝔯 𝔤𝔢𝔟𝔢𝔰𝔰𝔢𝔯𝔱/ 𝔳𝔫𝔫𝔡 | 𝔪𝔦𝔱 𝔰𝔠𝔥ö𝔫𝔢𝔫 𝔉𝔦𝔤𝔲𝔯𝔢𝔫/ 𝔣𝔞𝔪𝔭𝔱 𝔢𝔦𝔫𝔢𝔪 𝔫ü𝔱= | 𝔩𝔦𝔠𝔥𝔢𝔫 𝔚𝔢𝔤𝔦𝔰𝔱𝔢𝔯/ 𝔤𝔢𝔷𝔦𝔢𝔯𝔢𝔱. | [Holzschnitt: Fama.] | 𝔊𝔢𝔡𝔯𝔲𝔠𝔨𝔱 𝔷𝔲 𝔉𝔯𝔞𝔫𝔠𝔨𝔣𝔲𝔯𝔱 𝔞𝔪 𝔐𝔞𝔶𝔫/ 1581. | [Die zweite und dritte, die Autornamen- und die letzte Zeile in Rothdruck.]

Es folgt auf 7 Blättern (a ij—a v,—,—,—) Vorrede des Johannes Feyerabendt an Peter Fischer. Am Schluss: 𝔇𝔞𝔱𝔲𝔪 | 𝔦𝔫 𝔉𝔯𝔞𝔫𝔠𝔨𝔣𝔲𝔯𝔱 𝔡𝔢𝔫 𝔢𝔯𝔣𝔱𝔢𝔫 𝔍𝔞𝔫𝔲𝔞𝔯𝔦𝔧 Anno 1581. | Die Rückseite dieses (7.) Blattes füllt ein Holzschnitt: Edelmann und Edeldame[1]); darüber und darunter je zwei Reimzeilen. Dann Bl. 1—478 der Wendunmut und im Anschluss daran auf 12 Blättern 𝔒𝔯𝔡𝔢𝔫𝔱𝔩𝔦𝔠𝔥𝔢𝔰 𝔚𝔢𝔤𝔦𝔰𝔱𝔢𝔯/ 𝔬𝔟𝔢𝔯 | 𝔞𝔩𝔩𝔢 𝔖𝔦𝔰𝔱𝔬𝔯𝔦𝔢𝔫 𝔡𝔦𝔢𝔰𝔢𝔰 𝔅𝔲𝔠𝔥𝔰. |

Auf der Vorderseite des folgenden Blattes: 𝔊𝔢𝔡𝔯𝔲𝔠𝔨𝔱 𝔷𝔲 𝔉𝔯𝔞𝔫𝔠𝔨𝔣𝔲𝔯𝔱 𝔞𝔪 | 𝔐𝔞𝔶𝔫/ 𝔡𝔲𝔯𝔠𝔥 𝔖𝔞𝔫𝔰 𝔖𝔭𝔦𝔢ß/ 𝔍𝔫 | 𝔳𝔢𝔯𝔩𝔢𝔤𝔲𝔫𝔤 𝔍𝔬𝔥𝔞𝔫𝔫 𝔉𝔢𝔶𝔢𝔯𝔞𔟟𝔢𝔫𝔡𝔱𝔰/ | 𝔑𝔞𝔠𝔥 𝔆𝔥𝔯𝔦𝔣𝔱𝔦 𝔊𝔢𝔟𝔲𝔯𝔱/ | [Holzschnitt: Fama.] | M. D. LXXXI. |

Das Buch enthält 76 Holzschnitte, die sich auf Bl. 1—355ᵛ vertheilen, darunter folgende Wiederholungen[2]): Bl. 3=51ᵛ, 36=141, 60=148, 65ᵛ=87ᵛ, 123=207, 144=187=213, 165=301, 216ᵛ=321, 297=317.

Bl. 4. 10ᵛ. 15 tragen das Zeichen des Jost Amman. Die Bilder sind längsoval, 61:49(50) mm, in reichen viereckigen Rahmen (Passepartouts), 57 auf 72,5 mm. Von gleichen Grössenverhältnissen und ohne Zweifel ebenfalls von Jost Amman sind 6. 9ᵛ. 13. 39ᵛ. 355ᵛ. Alle ausser 39ᵛ (Einritt eines Königs) und 355ᵛ (Anbetung des Antichrists?) stellen Scenen aus der Römischen Geschichte dar.

Die gleichen Formen, Längsoval in Zierrahmen, zeigen 1. 3. 8. 14. 16ᵛ. 23. 28. 30ᵛ. 44. 48ᵛ. 51ᵛ. 99ᵛ. 107ᵛ. 326. Doch messen hier die Ovale 63,5 : 53,5 und die Rahmen 58 auf 72 mm.[3]) Auch

---

[1]) Nachgebildet bei Becker, Jobst Amman S. 91, aus dem 'Stam oder Gesellenbuch.' Franckf. a. M., S. Feyerabend, 1579. 8⁰.

[2]) Druckfehler in der Blätterzählung sind, soweit sie für die folgenden Citate in Betracht kommen, stillschweigend verbessert.

[3]) Zwei ganz ähnlich gehaltene Bilder, Ovale in Zierrand in diesen Massen, giebt Könnecke, Bilderatlas 107 aus den Hystorien vom Amadis auß Franckreich, Franckf. a. M. 1561 (1569). Er schreibt sie dem Virgil Solis zu.

diese können von Amman sein, wenigstens möchte ich 16^v sicher für einen Amman halten. Darstellungen aus der Römischen Geschichte überwiegen auch hier.

Eine dritte Gruppe bilden 11^v. 36. 141. 287^v. 297. 311^v. 317. Oval 54,5 : 45, Rahmen 52,5 auf 65 mm.

Endlich 5^v (Oval mit vier Zierecken) und 279^v (Rand auch nach Innen geziert) messen 58,5 auf 75 mm.

Alle übrigen Holzschnitte sind einfache Rechtecke ohne Zierränder. Davon tragen das Zeichen des Virgil Solis: 52^v. 54^v. 60. 62^v. 65^v. 80. 85^v. 87^v. 89. 108^v. 112^v. 115. 136. 144. 146. 148. 187. 211. 213. 266. 270. 291^v. 294^v. 299. 316. Also im Ganzen 25 Stück, darunter 4 Wiederholungen. Grösse 47,5 auf 67,5 mm. Gegenstand ist vielfach die Thierfabel. 112^v. 115. 136. 144. 187. 213. 294^v zeigen einen unförmlich dicken Menschen in verschiedenen Situationen.

Die gleichen Grössenverhältnisse haben die nicht mit Marke versehenen Holzschnitte 27. 81^v. 84^v. 90. 160. 169^v. 176. 226. 239. Einzelne gehören sicher dem Virgil Solis an, vielleicht alle.

50,5 auf 69,5 mm messen 123. 130^v. 165. 207^v. 216^v. 272. 274. 301. 321^v. Davon schreibe ich 123. 165. 207^v. 301 dem Hans Brosamer zu.

Für sich steht 328^v — 331^v (Weib prügelt einen Mann) mit 53,5 auf 68 mm.

2. Die Ausgabe von 1589.

Berlin, Königliche Bibliothek Yt 7291, früher K. H. G. von Meusebach gehörig, 8°. 154 auf 97 mm.

Wendunmuth/ | darinnen fünff= | hundert vnnd fünfftzig höffi= | cher/ züchtiger vnd lustiger Historien/ | Schimpffreden vnd Gleichnissen/ be= griffen/ | Gezogen auß etlichen alten Scribenten vnd Facetijs Hein= | rici Bebelij/ gekrönten Poeten/ sampt etlichen | andern newergangnen vnd warhaff= | tigen Geschichten/ | durch | Hans Wilhelm Kirchhof. | Jetzunder auffs new wider gebessert/ vnd | mit schönen Figuren/ sampt einem nütz= lichen | Register/ gezieret. | 15 [Holzschnitt: Fama und Kriegsmann mit schlangenumwundenem Füllhorn] 89. | Gedruckt zu Frandfort am Mayn. | [Die zweite und dritte, die Autornamen- und die letzte Zeile in Rothdruck.]

Es folgt auf 7 Blättern (ɔ:c ij—ɔ:c v, —, —, —) Vorrede des Johannes Feyerabendt an Peter Fischer. Am Schluss: Datum in Frandfort/ | den ersten Januarij/ Anno 1581. | Dann Bl. 1—383 der Wendunmut. Dahinter ein den Bogen Bb schliessendes leeres Blatt und 7 Blatt Register (Ci—Cv, —, —). Auf der Rückseite des letzten Registerblattes: | Gedruckt zu Frandfort am | Mayn/ durch Johann Feyerabendt/ | In Verlegung Heinrich Tacken/ | vnd Peter Fischers im | Jahr | [Holzschnitt: drei allegorische Frauengestalten.[1])] | M. D. LXXXIX. |

---

1) Signet der Firma, ähnlich Pallmann, Sigmund Feyerabend Tafel IV.

Bl. 1—126^v finden sich 21 Holzschnitte, darunter zwei Wiederholungen (27^v=96^v, 47=116^v). Neu sind für den Kenner der Ausgabe von 1581 nur drei: 68, 102^v und 126^v; 102^v trägt die Marke des Virgil Solis, aber auch die beiden andern gehören ihm wohl an. Die genannte Marke zeigen im Ganzen 10 Holzschnitte, nämlich 40^v. 42^v. 47. 63. 69^v. 90. 102^v. 113^v. 115^v. 116^v. Eine Vergleichung mit der Ausgabe von 1581 ergiebt (unter stillschweigender Berichtigung falscher Blattzahlen) folgende Zusammenstellung: 1=(1581)1. 2^v=3, 8^v=11^v. 10^v=14. 13=16^v. 27^v=36. 40^v=52^v. 42^v=54^v. 47=60. 63=80. 66=84^v. 68 ist neu. 69^v=89. 70^v=90. 90=112^v. 96^v=36. 102^v ist neu. 113^v=144. 115=146. 116^v=60. 126^v ist neu.

Darmstadt. Arthur Wyss.

Schreiber Lotharius von S. Amand.

In den Abhandlungen der bayer. Akad. I. Cl. XIX 2 S. 392 habe ich vermutet, der in einer Laoner Handschrift als Schreiber genannte Lotharius sei der 865 verstorbene Sohn Karls des Kahlen. Dies ist nicht richtig, und ich gehe noch einmal darauf ein, weil die Richtigstellung für Palaeographie und Bibliotheksgeschichte lehrreich ist. Die Handschrift von Laon 298 (Origenis Homeliae in libro numerorum vgl. Reifferscheid Bibl. patrum II 420) gehört zu den zahlreichen jetzt in Laon (und Paris vgl. Delisle Le cabinet II 375) befindlichen, die der Scholasticus Bernardus (geb. 847, gest. 903) und der Presbyter (seit 892) Adelelmus von Laon der dortigen Cathedralbibliothek schenkten (vgl. Holder-Egger Monum. Germ. SS. XV. 1294). Am Schluss des Bandes stehen folgende Schreiberverse (Catalogue général in 4° I. 173):

Clariger exiguus quondam Lotharius istum
Librum, quem cernis, lector, conscribere iussit.

Die Handschrift von Paris 2109 (Eugippii excerpta ex operibus Augustini, auf der ersten Seite in Capitale 15 Verse aus dem Prolog des Heautontimorumenos) wurde 1700 von Le Tellier Erzbischof von Reims der Pariser Bibliothek geschenkt (vgl. Eugippii excerpta ed. Knöll S. XXI und Delisle Le cabinet I. 302). Am Schluss stehen folgende Verse (vgl. Delisle a. a. O. 313 und Knöll a. a. O.):

Presbiter exiguus librum Lotharius istum
ad decus et laudem domini sic scribere iussit.

Die Handschrift Palatino-Vaticanus 161 (Lactantii divinae institutiones) gehörte früher der Bibliothek von S. Martin in Mainz (vgl. Lactantii Opera I ed. Brandt S. XXXIV). Sie kam also wohl aus Fulda. Am Schluss stehen folgende Verse (vgl. Codices Palatini S. 27 und Brandt a. a. O.):

Antestis domini nimium praeclarus Amande,
hunc tibi Lotharius librum sic scribere fecit.

Für die Handschrift aus Paris — die andern blieben ihm unbekannt — hat schon L. Delisle bemerkt, dass Lotharius ihr Schreiber oder der sie schreiben liess Custos (vgl. *clariger* der Laoner Hs.) des Klosters S. Amand war, dort 809 die Gebeine des H. Amandus erhob und 828 starb. Er erscheint als *Hlodhari presbyter* (vgl. *presbiter* der Pariser Hs.) in dem schon vor 780 (Herzberg-Fränkel Neues Archiv XII 94) für Salzburg angelegten Verzeichniss der Brüder von S. Amand (vgl. Delisle III 368 und jetzt Necrolog. Germaniae II ed. Herzberg-Fränkel 14,21) Auch Alchvine erwähnt ihn in einem 809 für Amand geschriebenen Titulus (Poetae Carol. I ed. Dümmler S. 306, vgl. L. Desilve De schola Elnonensi Löwen 1890 S. 73). Die Handschriften sind also am Ausgang des 8. Jahrhunderts, beziehungsweise im Beginn des 9. geschrieben. Kaum 100 Jahre später sehen wir die eine von ihnen, die Laoner, an eine andere Bibliothek geschenkt. Auch die jetzt Vaticanische Handschrift ist früh von S. Amand fortgekommen; sie fehlt, wie die Laoner, in dem Bücherverzeichniss von S. Amand, das dort im 12. Jahrhundert angelegt wurde (Delisle Le cabinet II 449, Desilve a. a. O. 154; vgl. Gottlieb über mittelalterl Bibliotheken S. 142). Palaeographisch war nur durch Delisle die Pariser richtig bestimmt, die Laoner wird zu allgemein dem 9. Jahrhundert zugeschrieben, und die Vaticanische war ganz falsch ins 10. Jahrhundert versetzt und zwar von den ausgezeichnetsten Palaeographen. Von der Pariser gab ein Facsimile Delisle Planches XXIII 5 und 6.

München. Ludwig Traube.

Die deutschen Bibliotheken auf der Weltausstellung in Chicago.

The Library Journal veröffentlichte vor einiger Zeit (Vol. 16, 1891, Nr. 8) den Plan, welchen das Comité der American Library Association als Grundlage für die **Beschickung der Weltausstellung zu Chicago** seitens der öffentlichen Bibliotheken ausgearbeitet hat. Es liegt in der Absicht des Comités fremdländische Bibliotheken zur Mitwirkung einzuladen. Zur Ausstellung sollen hauptsächlich gelangen Pläne und Abbildungen von Bibliotheksgebäuden, Proben der inneren Einrichtung und Verwaltung, Bibliotheksberichte, Mustereinbände. Auch soll eine Bibliothek im Kleinen als vorbildlich zur Aufstellung gelangen. Es wäre wünschenswerth, dass auch die grösseren deutschen Bibliotheken sich an dem Unternehmen betheiligten. Brauchen dieselben doch in ihrer Mehrzahl die Concurrenz mit dem Auslande nicht zu scheuen. Sicher sollte, wenn es sich darum handelt, die Fortschritte des Bibliothekswesens einmal in grossen Zügen aller Welt vor Augen zu stellen, Deutschland nicht müssig bei Seite stehen. Mit Eifer begonnen und weise durchgeführt, würde die Betheiligung gewiss von Erfolg begleitet sein, auf alle Fälle das Ergebniss der Gesammtausstellung, wenn von fachmännischer Seite in erschöpfenden Berichten bearbeitet und dann richtig verwerthet, auch unseren Bibliotheken selbst zu Gute kommen. Neue und zum Theil vorzügliche Bibliotheksgebäude sind bei uns während den letzten Jahrzehnte — wir brauchen nur an Stuttgart, Halle, Wolfenbüttel, Leipzig, Strassburg zu erinnern — in grösserer Anzahl hergestellt worden, wir könnten also mit einer ganzen Reihe guter Pläne und photographischer Darstellungen aufwarten, an die sich solche des inneren Ausbaues und der Ausstattung unserer Bibliotheksgebäude anreihen würden. Des Weiteren würde die Art der Katalogisirung in Proben alphabetischer und der vorzüglichsten Realkataloge in Mustern von Zetteln und Zettelkästen zur Darlegung gelangen sowie die verschiedenen Handhabungen im Ausleihegeschäft, wie sie an unseren grösseren Bibliotheken üblich sind, vorgelegt werden. Bibliotheksberichte, soweit solche von bedeutenderen deutschen Bibliotheken gedruckt worden sind, Führer durch Bibliotheken, geschichtliche Darstellungen grösserer Büchersammlungen würden der nächste Gegenstand der Ausstellung sein, woran sich passender Weise gedruckte Verzeichnisse von Lesesaalbibliotheken oder guter Specialbibliotheken sowie gedruckte Handschriftenkataloge anschliessen könnten, Alles in musterhafter Weise gebunden, um zugleich eine Probe unserer besseren Buchbinderarbeit zu geben. Einzelne Bände des Serapeums, von Petzholdt's Anzeiger, des Centralblattes für Bibliothekswesen würden das Bild in günstiger Weise abschliessen.

Die Frage sei hiermit zur freien Discussion gestellt. Die Ausstellung findet 1893 statt, Zeit zu den nöthigen Vorbereitungen ist also in genügendem Masse vorhanden. Wenn mit höherer Genehmigung und fördernder Unterstützung der vorgesetzten Behörden die preussischen Bibliotheken unter Führung einer dazu bestallten Commission den Anfang machten, so würde vielleicht die eine oder die andere grössere Bibliothek in den übrigen deutschen Staaten gleichfalls in den Stand gesetzt, sich mit zu betheiligen. Die Hauptsache bleibt in jedem Falle die Beschaffung der erforderlichen Mittel. Dass diese möchten gewährt werden, sei der Fürsorge hoher Behörden vertrauensvoll anheimgestellt. A. Gräsel.

Ludwig Sieber zum Gedächtnisse.

Der am 21. Oktober 1891 verstorbene Vorstand der Universitätsbibliothek in Basel Ludwig Sieber war ein in allen bibliothekarischen Kreisen, besonders Deutschlands und Frankreichs, wegen seiner Gelehrsamkeit und Liebenswürdigkeit sehr hoch geschätzter College. Es drängte daher mich dem Freunde auch in diesen Blättern einen Nachruf zu widmen. Wie könnte das besser geschehen als mit den Worten, mit welchen der Präsident der Bibliotheks-Kommission der Universität Basel, der berühmte Jurist Professor Andreas Heusler, ein naher Freund des Verstorbenen, L. Sieber's Verdienste um die Bibliothek seiner Vaterstadt, in einem Schriftchen geschildert hat, welches die nächsten Angehörigen des Verstorbenen zu seinen Ehren (Basel. Schweighauser. 41 S.) haben erscheinen lassen, und aus dem wir im Einverständnisse mit diesen das Nachfolgende ausheben. O. H.

„Im Mai des Jahres 1871 trat Ludwig Sieber (geb. am 17. März 1833) sein Amt als Bibliothekar an, und sein Streben war von Anfang an darauf gerichtet, nicht nur das Laufende gewissenhaft zu besorgen, sondern mit dem ganzen Bibliothekswesen sich vertraut zu machen. In dieser Richtung wurde er ganz besonders gefördert durch eine Reise nach Deutschland im Herbst des Jahres 1882, welche die Besichtigung der bedeutenden deutschen Bibliotheken, namentlich in Göttingen, Halle und Dresden, zum Zwecke hatte. Von daher datiren auch grossentheils die engen Beziehungen, die er mit den hervorragendsten deutschen Bibliothekaren bis an sein Lebensende unterhielt. Und von daher stammt auch die Ueberzeugung von der völlig unzweckmässigen, ja gerade bibliothekszweckwidrigen baulichen Einrichtung unserer Bibliothek und der daraus entspringende Wunsch vollständiger Ablösung dieser Anstalt von dem Museum. Freilich dieser Wunsch musste vorerst noch ganz in den Hintergrund treten, solange nicht eine geradezu in die Augen springende Raumnoth ihn rechtfertigen konnte. Und in dieser Beziehung war für einige Zeit vorgesorgt worden durch Ueberlassung des von der physikalischen Anstalt verlassenen Saales im Museum an die Bibliothek. Aber diese Räume füllten sich bald durch werthvolle Geschenke, die kurz nach einander unserer Anstalt zu Theil wurden, die Büchersammlungen der verstorbenen Professoren W. Wackernagel, K. R. Hagenbach, W. Vischer, J. J. Stähelin, später die Meyer'sche Porträtsammlung und noch in letzter Zeit die Bibliothek von Prof. K. Steffensen. Die Aufnahme, Aufstellung und Katalogisirung dieses umfassenden Zuwachses unserer Sammlung nahm Sieber in den ersten Jahren seiner Amtsthätigkeit stark in Anspruch, wurde aber mit Hülfe der von ihm trefflich instruirten und in die Sache eingeführten Unterbeamten verhältnissmässig rasch vollendet. Die Hauptaufgabe, die ihm sein Vorgänger und Freund W. Vischer hinterlassen, musste allerdings darüber zurückgestellt werden, die Herstellung eines neuen einheitlichen Katalogs, der die für die verschiedenen Fächer und die verschiedenen Säle getrennt existirenden Kataloge zusammenfassen sollte. Was diese neue Arbeit durchaus nöthig, zugleich aber auch zeitraubend und mühselig machte, war der Umstand, dass die alten Kataloge vielfach ungenau sind und daher die Büchertitel nicht einfach aus ihnen in den neuen Katalog transcribirt werden können. Die jetzigen Kataloge sind theilweise aus früheren abgeschrieben worden, bei denen der merkwürdige Brauch beobachtet wurde, alle Büchertitel, auch die deutschen, lateinisch zu verzeichnen, was bei einem kleinen Bücherbestande allenfalls erträglich sein kann, bei grösserer Ausdehnung aber die Benutzbarkeit der Kataloge natürlich fast ganz illusorisch macht. Als vor drei Jahren endlich die grosse Arbeit an die Hand genommen werden konnte, hatte Sieber in unermüdlicher Weise schon ein vollständiges System für die Katalogisirung durchgedacht und mit einem Hülfsbeamten (Hr. Dr. C. Chr. Bernoulli) eine in alles Detail eindringende Instruktion aufgestellt, so dass nun die Arbeit von vornherein in einen festen sicheren Gang gebracht war.

In den letzten Jahren wurde nun auch die Erweiterung und Vergrösserung der Bibliotheksräumlichkeiten unabwendbar; es hatten schon einzelne Theile der Büchersammlung in Dependenzen ausserhalb des Museums untergebracht werden müssen, was die Verwaltung sehr schwerfällig machte. Es durfte nicht mehr gezögert werden, die Frage ernstlich zu berathen, wie der Bibliothek Raum zu schaffen sei. Ein aus früherer Zeit stammendes Projekt hatte für diese Eventualität die Lösung in Aussicht genommen, dass die naturhistorische Sammlung aus dem Museum entfernt und mit der anatomischen vereinigt in einem neuen Gebäude, das zugleich für Lehrzwecke einzurichten wäre, untergebracht würde; die dadurch freiwerdenden Räume des Museums aber der Bibliothek zugewiesen würden. Gegen diese Idee richtete sich Sieber mit der ganzen Kraft seiner Ueberzeugung und der ganzen Schärfe der Beweisführung auf Grund seiner reichen Erfahrung. Er wies nach, dass wie die jetzigen Bibliotheksräume durchaus bibliothekswidrig und unpraktisch seien, so auch die neuen durchaus ungenügend und unzweckmässig für die Bibliotheksbedürfnisse seien, und dass mit erheblichen Kosten doch nur etwas Unerfreuliches und auf die Dauer Unhaltbares geschaffen würde. Die Raum- und Lichtverhältnisse seien den Erfordernissen einer Bibliothek nicht gewachsen und etwas Befriedigendes könne nur durch einen Neubau erstellt werden. Gründliche Kenntniss der modernen Bibliotheksbauten gaben seiner Argumentation die feste Grundlage, die jeden Widerspruch aus dem Felde schlug, und er hatte die Freude, dass seine Ansicht auch in den vorgesetzten Behörden adoptirt und die ersten Einleitungen zu Herstellung eines neuen Bibliotheksgebäudes getroffen wurden. Die öffentliche Ausschreibung einer Konkurrenz für Baupläne, die im letzten Sommer erfolgte, basirte auf einem Programm, das Sieber ausgearbeitet und wobei er alles, was von neuen Bibliotheksbauten wie Halle, Strassburg ihm als Muster vorleuchtete, in meisterhafter Weise bis ins kleinste Detail auf unsere Bedürfnisse und Verhältnisse angepasst und zusammengestellt hatte. Leider wird er im Preisgericht, als dessen Mitglied er bezeichnet war, seine massgebende Stimme nicht mehr erheben.

Das administrative Geschick, die mehr technische Thätigkeit Siebers ist aber nicht einmal das, was ihn als Bibliothekar ausgezeichnet hat. Höher steht uns die Auffassung, die er von seiner Aufgabe und Stellung für das wissenschaftliche Leben und Förderung wissenschaftlicher Interessen hatte. Vorerst möglichste Erleichterung der Benutzung der Büchersammlung war seine beständige Sorge, aber freilich innerhalb der Schranken, welche die Aufrechterhaltung der Ordnung in der Verwaltung der Bibliothek erforderte. Man hat ihn hierin oft verkannt und seine Ablehnung übertriebener und ordnungswidriger Begehren, wenn sie auch völlig gerechtfertigt war, getadelt. Was möglich und zulässig war, dazu hat er immer mit unermüdlicher Bereitwilligkeit die Hand geboten. Namentlich sodann im Verkehr nach aussen und im Ertheilen von Auskunft aller Art und Mittheilung des von ihm selbst Gefundenen und Entdeckten für fremde Verwerthung war er dienstfertig über Alles. Er war hierin so recht das Gegentheil der Bibliothekare, welche keinem Andern etwas von ihren Schätzen gönnen, welche alles, was ihre Bibliothek von unedirten Handschriften besitzt, selbst nutzbar machen und selbst zuerst dem Publikum bekannt geben und dadurch glänzen wollen; ihm lag nichts daran, dass sein Name genannt werde und auf neuen Publikationen als Herausgeber figurire, sondern dass das Gefundene überhaupt ans Tageslicht gestellt und dass die Wissenschaft gefördert werde. Eigenes Interesse und die zahlreichen Anfragen aus dem In- und Auslande führten ihn namentlich zu intensiver Beschäftigung mit den Handschriften und den Incunabeln unserer Bibliothek, besonders in der Richtung der Geschichte der Buchdruckerkunst und der Gelehrtengeschichte des 15. und 16. Jahrhunderts, und zumal die Buchdruckerei- und Gelehrtengeschichte Basels in dieser Periode war seine Spezialität; der ging er mit Vorliebe nach und legte sich im Laufe der Jahre eine Sammlung von Collectaneen an, aus deren Reichthum er in liberalster Weise einer Menge von Gelehrten oft zu deren grössten Überraschung Beiträge zu ihren Arbeiten und Aufschlüsse über Zweifel ertheilen konnte. Immer die kleinsten Beobachtungen, die er nach dieser Richtung machte, zusammentragend, die Notizen, die er bei zufälligen Gelegenheiten in einer Handschrift oder einem Buche fand, festhaltend und aufzeichnend, erwarb er sich eine staunenswerthe Kenntniss auf dem bezeichneten Gebiete, die wesentlich andern zu Gute kam. Aus Frankreich, wo derartige Studien heutzutage besonders stark von Bibliophilen aller Art getrieben werden, war sein Rath ausnehmend gesucht, und er genoss dort des grössten Ansehens als Autorität auf diesen Gebieten, wie denn auch ungezählte französische Schriften nicht genug preisen können, was sie dem savant Dr. Sieber verdanken. Man kann bedauern, dass er nicht dazu gekommen ist, das reiche Material, das er über die Basler Gelehrten und Buchdrucker der Renaissancezeit gesammelt hat, in einer zusammenhängenden Darstellung zu verarbeiten, und bleibt uns nur der geringe Trost, dass Vieles davon in Werke anderer übergegangen ist und dass hoffentlich seine Collectaneen auch künftigen Forschern noch mannigfach nützlich sein werden."

Recensionen und Anzeigen.

Étude sur le libraire parisien du XIII⁰ au XV⁰ siècle d'après les documents publiés dans le Cartulaire de l'Université de Paris par **Paul Delalain**. Paris. Delalain Frères. 1891. XLIII, 76 S. 8⁰.

Der Verfasser, Mitinhaber der durch ihre Classikerausgaben und Unterrichtswerke rühmlich bekannten Verlagsbuchhandlung und Druckerei Delalain Frères in Paris, lernte, wie aus der Widmung hervorgeht, beim Lesen der Correktur des in diesem Verlage erschienenen Chartularium Universitatis Parisiensis[1]) das Material für das vorliegende Büchlein kennen. Sein Wunsch, einem grössern, des Lateins nicht kundigen Leserkreise die für die Kenntniss des Handschriftenhandels im Mittelalter so bedeutsamen Verordnungen der Pariser Universität über die Librarii und die verwandten Gewerbe zugänglich zu machen, liess ihn zehn der wichtigsten darauf Bezug habenden Urkunden aus dem Chartularium in französischer Uebersetzung veröffentlichen. Sieben weitere, jedoch andern Quellen entnommene Stücke gleicher Art fügte er im Anhang hinzu. Was sich aus den mitgetheilten Documenten über die Stellung der Handschriftenhändler in Paris ergiebt, wird in der Einleitung zu einem Gesammtbilde vereinigt. Nachdem der Verfasser die im Mittelalter vielfach unterschiedslos gebrauchten Bezeichnungen librarius und stationarius dahin bestimmt hat, dass erstere nur den Händler mit Handschriften, letztere als die umfassendere dagegen auch deren Verfertiger zukomme, handelt er von den Vorrechten, welche der stationarius als Mitglied der Universität genoss, von den Bedingungen, welche er zu erfüllen hatte, um diese Mitgliedschaft zu erlangen, von den Pflichten, welche ihm seine Stellung auferlegte, von den Vorkehrungen der Universität, um die Erfüllung dieser Pflichten zu überwachen, von den Handelsvortheilen, welche die Zugehörigkeit zur Universität mit sich brachte. Eine Zusammenstellung aller im Verlauf der Arbeit erwähnten Personen, welche an der Herstellung von Handschriften und am Handel damit betheiligt sind, in zeitlicher Folge unter Angabe ihres Berufes, Wohnsitzes und der Stelle, wo in dem Buche ihrer gedacht wird, beschliesst das Werkchen. Ein alphabetisches Namensverzeichniss erhöht die Leichtigkeit der Benutzung. Reichliche den Text begleitende Anmerkungen ziehen die von H. Denifle, Archiv für Litteratur- und Kirchengesch. des Mittelalters Bd. III veröffentlichten Statuten der Universität Bologna zum Vergleich herbei oder geben über Strassen und Gebäude des mittelalterlichen Paris, über den Werth der Münzen zu jener Zeit u. a. erwünschte Auskunft.

Dem Zweck des Buches einen grössern Leserkreis zu interessiren würde es meiner Meinung nach mehr entsprochen haben, wenn der Verfasser nicht die Urkunden mit ihrer im Französischen wie im Lateinischen[2]) umständlichen und schwerfälligen Ausdrucksweise, sondern die als Einleitung vorausgeschickte Abhandlung in den Mittelpunkt seines Buches gestellt, die Urkunden aber als blosse Belege seiner Darstellung in den Anhang verwiesen hätte. Bei einer solchen Anordnung wären auch die jetzt gelegentlich begegnenden Wiederholungen von selbst fortgefallen.

Die Bereicherung, welche unsere Kenntnis des Pariser Handschriftenhandels durch das Buch erfährt, ist verhältnissmässig gering. Denn abgesehen

---

[1]) Bd. I. 1889; Bd. II. 1891.
[2]) Eine kleine Ungenauigkeit in der Wiedergabe des lateinischen Textes begegnet in der 1. Urkunde, der einzigen, für welche ich die Uebersetzung mit ihrer Vorlage vergleichen konnte — Bd. II des Chartularium und die im Anhang benutzten Werke waren mir nicht zugänglich. — Die Worte auf S. 3 Z. 10 f.: avant d'avoir dénoncé au vendeur ou à son mandataire la somme qu'il aura à recevoir sagen weniger als die lateinischen: donec denuncient venditori vel mandato suo quod precium veniat recepturus. Worauf es ankommt, lehren die Statuten von Bologna (vgl. a. a. O. Anm. 2) od. die S. XXXII Z. 2 angeführten ähnlichen Stellen.

von den handschriftlichen Quellen, welche der Verfasser für S. 39—42 benutzt hat, ist das urkundliche Material im Wesentlichen dasselbe, welches bereits vor 40 Jahren sein deutscher Fachgenosse, Albrecht Kirchhoff in Leipzig, zu seiner auf sehr viel breiterer Grundlage aufgebauten Arbeit über „die Handschriftenhändler des Mittelalters"[1]) verwerthet hat. Delalain scheint diese Arbeit, deren 2. Kapitel dem gleichen Gegenstand gewidmet ist wie sein Buch, nicht gekannt zu haben, wenigstens erwähnt er sie nirgends. Leider ist sie ja auch in Deutschland zu einer solchen Seltenheit geworden, dass eine 3., das inzwischen neu erschlossene Material[2]) berücksichtigende Auflage gewiss allseitig würde mit Freude begrüsst werden.

G. Naetebus.

Mittheilungen aus und über Bibliotheken.

Zu dem Katalog der Bibliothek des Architekten-Vereins zu Berlin ist ein vierter Nachtrag erschienen. Er enthält auch ein alphabetisches Register zu den Nachträgen 1—4.

Bei der wirklich grossen Liberalität mit der die k. Bayrischen Staatsbibliotheken schon seit Jahren ihre handschriftlichen Schätze an auswärtige Bibliotheken versendet haben, fällt die Klage, welche Herr G. von Térey in seinem Buche „Cardinal Albrecht von Brandenburg und das Halle'sche Heiligthumsbuch von 1520." S. VIII u. f. über die Verwaltung der k. Hofbibliothek zu Aschaffenburg erhebt, um so mehr auf. Eine Bibliothek, die wöchentlich nur zweimal je eine Stunde geöffnet ist, kann auch kaum als eine „öffentliche" bezeichnet werden. Die Bibliotheksinstruction von 1866 besteht auch wohl noch zu Recht, da die Instruction vom 10. Januar 1891 (C. f. B. 1891. S. 282) der Regierung von Unterfranken nicht mitgetheilt zu sein scheint. Eine Aufklärung hierüber wäre sehr erwünscht, da der hier mitgetheilte Fall überall, wo er bekannt wird, Aufsehen machen wird. Vielleicht ist die Handschrift, um die es sich handelt, nur wegen „ihres künstlerischen Werthes von jeder Benutzung ausserhalb des Hauses ausgeschlossen" worden, wie es auch in der neuen Instruction mit Recht gefordert wird. Dann sollte man die fraglichen Handschriften aber nach München oder Würzburg geben, wie auch Herr von Térey vorschlägt, damit sie an Ort und Stelle benutzt werden können.

Amerikanische Bibliotheken. Am 7. Februar 1891 wurde das neue Gebäude der Universitätsbibliothek von Pennsylvanien eröffnet. Der über die Einweihung erschienene Bericht (Proceedings at the Opening etc., Philadelphia 1891) enthält ausser einer Geschichte und Beschreibung auch eine Abbildung des palastartigen Gebäudes, des Lesesaals und seiner Feuerstätte in Lichtdrucken, sowie den Grundriss des Hauptgeschosses. Zum Schluss ist ein Verzeichniss der an den Fenstern und anderswo angebrachten, meist Shakespere entnommenen Sinnsprüche hinzugefügt. — Der neunzehnte Jahresbericht der Chicago Public Library (vom Juni 1891), welchem eine kurze Geschichte des Grundstücks, auf dem das Bibliotheksgebäude errichtet wurde, eines ehemaligen Indianerforts, beigegeben ist (A Condensed History of Dearborn Park by Kirk Hawes, Chicago 1891), giebt den Zu-

---

[1]) 1852 im Börsenblatt des deutsch. Buchhandels; nochmals abgedruckt im Serapeum Bd. XIII, 257 ff. — 1853 in erweiterter Fassung als Buch: Leipzig im Selbstverlage des Verfassers. — 1854 Nachträge dazu in Petzholdt's Anzeiger für Bibliographie und Bibliothekwissenschaft. S. 332 ff.

[2]) Dazu würde auch die im 1. Beiheft dieser Zeitschrift von Spirgatis herausgegebene Matrikel der Pariser Universität von 1464 gehören.

wachs an Büchern auf 20078 an, so dass die Bibliothek 166475 Bände zählt, die Anzahl der Besucher des Lesesaals auf 492637! Eine wohl für uns, aber nicht für Amerika auffallende Erscheinung ist die überaus grosse Zahl der weiblichen Beamten, die im Personalverzeichniss etwa ein Drittel unter den 89 Angestellten der Bibliothek ausmachen. Noch bemerkenswerther ist die neue Einrichtung von Lesesaalfilialen, sogenannten „branch reading rooms" in verschiedenen Theilen der Stadt. — Die Free Public Library von Jersey City hat eine alphabetische Title List of Fiction (v. 1. Juli 1891) ausgegeben, in welcher nicht der Verfassername sondern der sachliche Titel als Stichwort betrachtet und auf jenen verwiesen ist, damit die Orientirung über den Autor eines beliebten Romans u. dergl. erleichtert wird; ausserdem das erste Supplement zur Alphabetical Finding List. — Von der Public Library of the city of Milwaukee ist uns der 13. Jahresbericht vom 1. October 1890 und der dritte Band (Juli-September 1891) des Quarterly Index of additions (Milwaukee 1891) zugegangen. Auf S. 45 ff. des Berichts sind die „Acts of the Wisconsin Legislature relating to the public library" und sämmtliche andern derartigen, ziemlich umfangreichen Reglements, Instructionen und Gesetze abgedruckt. — Das von Justin Winsor herausgegebene Harvard University Bulletin (Cambridge, Massach.) vom October 1891 enthält die Accessionen der Universitätsbibliothek und als Anhang eine auch separat (als Bibliographical Contributions No. 43) erschienene „Classified List of books relating to British municipal history" von Charles Gross. Hbrln.

Der Bibliothek der Universität Neapel ist im November 1891 die hinterlassene, 16000 Bände starke Bibliothek des italienischen Gelehrten Vittorio Imbriani von dessen Wittwe, Signora Gigia Rosnati, geschenkt worden, und zwar unter der Bedingung, dass die Bücher in einem Raume, der den Namen Imbrianis trägt, vereinigt bleiben und nicht nach auswärts verliehen werden sollen.

Eine interessante Statistik enthält der von dem Chefbibliothekar I. Tanaka veröffentlichte Auszug des Jahresberichts über die im Jahre 1872 gegründete und 1875 reorganisirte Bibliothek zu Tokyo (Japan). Mit einem Bestande von 72473 Büchern vor 20 Jahren eröffnet, deren Zahl infolge der Einverleibung in das Museum sich 1875 auf 28272 Bücher verringerte, zählt sie jetzt 123109 Bücher, von denen 3592 im Jahre 1890 hinzugekommen sind, darunter 97550 chinesische und japanische. Die Bibliothek, welche an 331 Tagen geöffnet war, wurde von 36113 Lesern benutzt; die Zahl der gelesenen Bücher betrug 247228, was als Durchschnitt für den Tag 109 Leser und 747 Bücher ergiebt. Beigefügt ist eine Liste der von auswärts eingegangenen Geschenke (126 Bände, 721 Brochuren). Die Bibliothek liegt in der Mitte eines prächtigen Parkes. Der Lesesaal ist in drei Abtheilungen eingetheilt: eine Abtheilung für alle mit Mitgliedskarten versehenen Männer, eine andere für die Damen, und die dritte endlich für das gewöhnliche Publikum. Zwei Kataloge liegen zur Benutzung aus. Die Bibliothek verleiht auch Bücher nach ausserhalb. Die kaiserliche Universität in Tokyo besitzt ebenfalls eine Bibliothek, die jedoch nur für die Lehrer der Hochschule und für die Studirenden reservirt ist. In Japan giebt es ausserdem noch acht grosse Bibliotheken, zehn Privat-Bibliotheken und eine grosse Anzahl von Leihbibliotheken, die besonders Romane gegen ein geringes Leihgeld verborgen. Tokyo allein enthält mehr als sechzig solcher Leihbibliotheken. Hbrln.

In dem von E. H. Lind herausgegebenen Jahresberichte über die Universität Upsala für 1890/91 (Redogörelse för Kongl. Universitetet i Upsala under det akademiska året 1890—91, Upsala 1891) werden S. 29—43 auch die in der Universitätsbibliothek während des Jahres 1890 stattgehabten

Veränderungen mitgetheilt. Das wichtigste Ereigniss war die Eröffnung des neuen Lesesaals und Expeditionsraumes am 1. Juni. Der Zuwachs an Büchern betrug 3202 Bände (gegen 5361 des Vorjahres), wovon 821 (1014) durch Kauf, 2381 (4347) durch Schenkung erworben wurden, eingerechnet 197 Dissertationen von 34 Universitäten. In Tauschverkehr trat die Bibliothek mit 22 neuen Instituten. Der Erat balancirt mit 20660,35 Kronen. Ausgeliehen wurden 6663 Bände und 27 Handschriften; im Lesesaal wurden vom 1. Juni ab 2656 Bände benutzt.

Hbrln.

Die K. K. Universität Wien beginnt nach dem Muster der Deutschen Universitäts-Chroniken ein „Jahrbuch" zu veröffentlichen, von dem der erste Jahrgang für das Studienjahr 1890/91 vorliegt. Darin handelt ein Abschnitt von der Universitäts-Bibliothek (S. 144—62), die am 13. Mai 1777 eröffnet, sich seit 1884 in neuen nach modernen Constructionen hergestellten und eingerichteten Räumen befindet. Seit 1885 ist die Aufstellung des gesammten Bücherbestandes nach der fortlaufenden Nummer des Bücherinventares angeordnet und bis Ende Juni 1891 waren über 80,000 Werke in dieser Weise aufgestellt. An geschriebenen Katalogen besitzt die Bibliothek 1) einen aus den Titelkopien bestehenden beweglichen in 328 Cartons angelegten Grundkatalog, 2) einen gebundenen, alphabetischen Hauptkatalog in 18 Foliobänden, beide den ganzen Bücherbestand umfassend, 3) Lokalrepertorien in 54 Foliobänden über den bis z. J. 1884 reichenden, in 100 Literaturgebieten aufgestellten Bestand, 4) ein Inventar für die seit 1884 neu aufgestellten Werke in gegenwärtig 8 Foliobänden, in welches auch der alte Bücherbestand bei seiner Uebertragung in die Neuaufstellung allmählich übertragen wird. Im J. 1889/90 sind neu gekauft 4475, geschenkt 5325 Bände und als Pflichtexemplare eingegangen 4801 Bände und Stücke, die Bibliothek bekommt nämlich nach § 18 des Pressgesetzes als Pflichtexemplare nicht bloss Erzeugnisse der Druckerpresse, sondern auch Kupfer-, Stahlstiche, Holzschnitte, Photographien u. s. w. Der Bestand der Bibliothek stellte sich am 30. Sept. 1890 auf 381,610 Bände. Der Lesesaal mit einer Handbibliothek von 15,000 Bänden, in die theol.-philos. Abtheilung mit 120, die juridische und medicinische mit je 90 Sitzplätzen abgetheilt, ist — horribile dictu — auch an Sonn- und Feiertagen von 9—12 Uhr Vormitt. geöffnet, 1889/90 wurden in ihm an 312 Tagen von 164,682 Lesern 280,636 Bände benutzt. Für die Professoren und Docenten und „besonders distinguirte Persönlichkeiten" ist neben dem Katalogzimmer das Professorenzimmer reservirt, in welchem 714 wissenschaftliche Zeitschriften aufliegen, und in dem 7750 Leser 37,200 Bände benutzten. Ausgeliehen wurden 1889/90 in Wien selbst 29,860, nach auswärts 3,046 Bände. — Zum Schluss sei erwähnt, dass der Bibliotheksvorstand im J. 1890 im Auftrage des Unterrichts-Ministeriums die Bibliotheken in Paris, London, Leyden, München, Heidelberg, Strassburg, Bonn, Göttingen, Halle, Berlin zum Zwecke des Studiums der allgemeinen Einrichtungen und insbesondere der Kataloge besucht hat. Sehr nachahmenswerth! W.

Ueber die musikalischen Schätze der Zwickauer Rathsschulbibliothek wird der „Sch. Z." geschrieben: Vor drei Jahren wurde Musikdirector Vollhardt vom Rathe der Stadt Zwickau aufgefordert, die Musikalien der Rathsschulbibliothek zu ordnen und zu katalogisiren. Diese Arbeit ist jetzt ziemlich beendet. Die Musikalien, die in der Hauptsache der Zeit von 1500 bis 1700 angehören, bilden eine besondere Abtheilung in der Bibliothek und sind in zwei besonderen grossen Schränken aufgestellt. Der Vocalcomposition gehören an: 8624 verschiedene Werke, von denen 6354 gedruckt, 2270 handschriftlich vorliegen, 6694 gehören der geistlichen und 1930 der weltlichen Musik an, 5960 sind als vollständig, 2664 als unvollständig zu bezeichnen. Der Instrumentalmusik gehören an: 137 verschiedene Werke, wovon besonders zu erwähnen sind 37 vollständige und drei unvollständige Symphonien, acht Suiten für Orchester, acht Partituren, sechs Trios für Violine, Flöte und Klavier von J. Krebs. Der liturgischen Musik sind zuzuweisen: 29 Gesangbücher mit 12,033 Seiten und 4325 Liedern, zum Theil mit Noten, 78 vollständige Messen und 34 Missalen, Agenden und Responsionalen mit 13,924 Seiten. Der theoretischen Musik gehören 58 verschiedene, meist werthvolle, zum Theil ganz seltene Werke an. Ausserdem sind noch vorhanden 353 Vocalcompositionen, 22 Messen, 10 Symphonien, ein Kyrie, ein Duett für Orchester, alles Werke, deren Verfasser nicht zu ermitteln sind. Was nun den Werth dieser über alles Erwarten reichen Sammlung anlangt, so darf man behaupten, dass neben verschiedenen „Unica", neben recht seltenen und werthvollen Werken die Meister des 16. Jahrhunderts gut vortreten sind. Vierstimmige deutsche Volkslieder aus dem Anfange und der Mitte des 16. Jahrhunderts sind ganz besonders zahlreich vorhanden. Einen grossen Werth dürften auch die 13 Gesangbücher aus dem 16. Jahrhundert haben, vor allen das wittenbergische Gesangbuch von Joh. Walther, ferner die Missalen und Agenden um 1500. Wenig Bedeutung haben dagegen die Instrumentalwerke, die der Zeit von 1780 bis 1820 angehören. Verschiedene Werke sind in doppelten Exemplaren vorhanden, die wohl ausgetauscht werden könnten.

Vermischte Notizen.

In No. 1. u. f. der Beilage zur „Allgemeinen Zeitung" veröffentlicht der Privatdocent der klassischen Philologie zu Strassburg, Herr Ed. Thrämer, wenn wir nicht irren ein geborener Livländer, einen interessanten Aufsatz: Auf der Suche nach der Bibliothek Jwans des Schrecklichen, auf welchen wir vielleicht zurückkommen werden. Das Resultat der Forschungen des Herrn Thrämer ist ein seiner Hauptsache nach negatives. Die 800 Handschriften Iwans des Schrecklichen sind nicht gefunden, und wenig wahrscheinlich ist es, dass sie noch in einem Kellergewölbe des Kreml, in dem sie einmal aufbewahrt waren, gefunden werden könnten. Gesucht wird aber danach noch in Moskau. Dagegen hat Herr Thrämer, wie es bei derartigen Untersuchungen in der Regel der Fall ist, doch allerlei mehr oder weniger Wichtiges gefunden, das zu dem alten Satze habent sua fata libelli einige recht merkwürdige Beispiele liefert. In der Bibliothek des Reichsarchivs hat Herr Thrämer die Ueberreste einer werthvollen Sammlung eines Hieromonachos Dionysios aus Janina († 1670) gefunden, die ursprünglich aus 61 Nummern bestand. Unter den 27 griechischen Handschriften des Archivs befinden sich hiervon noch 15. Einen Theil derselben hat Chr. Fr. Matthaei hier entwendet. Herr Thrämer verspricht in Kürze einen Katalog der Bibliothek des Reichsarchivs herauszugeben und im Anhange dazu die übrigen Handschriftensammlungen Moskaus und dessen Umgebung zu behandeln. Dass sich Handschriften aus Amorbach, Mainz, St. Germain-du-Prés in Moskau finden, sei nur noch erwähnt.

In No. 48, S. 406 u. f. der Revue critique vom 30. November 1891 bespricht Herr Ch. Pfister den Katalog der historischen Handschriften der königlichen öffentlichen Bibliothek zu Stuttgart, über welche wir demnächst eine eingehende Anzeige bringen werden. In der Einleitung zu dieser Besprechung ergeht sich Herr Pfister in Anklagen über die Veröffentlichung von Handschriftenkatalogen deutscher Bibliotheken, die nicht ganz zutreffend sind. So gern wir in Deutschland einräumen und stets eingeräumt haben, dass Frankreich in Folge seiner Centralisation in dieser Beziehung Deutschland überlegen ist, so wenig ist es richtig, dass in Deutschland nur „quelques catalogues" veröffentlicht sind, und dass „ni Berlin, ni Carlsruhe, ni Trèves" Kataloge ihrer Sammlungen veröffentlicht hätten. Nur der Münchener

Katalog ist Herrn Ch. Pfister bekannt; dass von Berlin schon eine stattliche Reihe von Katalogbänden veröffentlicht ist, weiss Herr Pfister offenbar nicht, dass von dem Trierer Katalog zwei stattliche Hefte schon erschienen sind, ist ihm ebenfalls wohl unbekannt geblieben. Von Karlsruhe existirt allerdings noch kein gedruckter Handschriftenkatalog. Aber aus den zahlreichen Publikationen der Verwaltung dieser Bibliothek ist ersichtlich, dass man dort mit der Katalogisirung ernstlich beschäftigt ist. Und sind denn Herrn Pfister die Handschriftenverzeichnisse anderer deutscher Bibliotheken ganz unbekannt geblieben? Kennt er nicht die in den letzten 10 Jahren erschienenen Kataloge von Wolfenbüttel, Dresden, Bamberg, Erfurt und anderen Sammlungen? Man muss es glauben. x. x.

Lieut. Bower brachte von einer Reise nach Kashgar ein höchst interessantes Birkenrindenmanuscript mit, über das Dr. Hoernle in den Proceedings der R. A. S. of Bengal, April 1891, eine vorläufige Mittheilung macht. Es enthält ein medicinisches Werk, „Návanitakam", abgefasst in dem ungrammatischen Sanskrit der nördlichen Buddhisten. Das Alphabet ist genau das der älteren Gupta-Inschriften (450—550 n. Chr.); jedoch sind in ihm 8 verschiedene Modificationen zu erkennen, so dass das Manuscript in drei Theile zerfällt, von denen der erste der umfangreichste ist. Dieser zeigt die von dem Herausgeber der Gupta-Inschriften, Fleet, so genannte nördliche Abart des Nāgarī-Alphabets. Die beiden anderen Theile weisen in ihrer Hinneigung zu den Formen des Çāradā-Alphabets auf Kashmir. Ein anderes Moment zur Fixirung der Handschrift war, dass aus den beigesetzten Zahlen der Verse hervorgeht, dass der Schreiber der Handschrift noch nicht die Null und den Werth der Zahl durch die Stellung kannte. Deshalb ist das Manuscript nicht später als im Anfange des 6. nachchristlichen Jahrhunderts geschrieben, und somit wäre es das älteste geschriebene indische Buch. Ihm fast gleich an Alter ist das Horinzi-Ms. aus Japan, das in den Anecdota Oxoniensia publicirt ist. Dasselbe wird von M. Müller um 550 n. Chr. angesetzt. Ein von Bendall im Katalog der Cambridge-Sammlung beschriebenes Ms. datirt Hoernle nach derselben Methode, der Zuhülfenahme der Inschriften für die Paläographie, von 857 auf 571 n. Chr. zurück. Der Inhalt, so weit er entziffert ist, ist in den beiden ersten Hälften bedeutender als in der letzten, die anscheinend nur aus Zauberformeln in der bekannten Tantra-Manier besteht. Er könnte vielleicht für die Geschichte der indischen Medicin von grosser Bedeutung werden. F. S.

Zu Ehren des vierhundertjährigen Geburtstages — 31. Oktober 1891 — des bekannten Reformators Martin Butzer hat die Strassburger Buchdrucker- und Buchhändler-Firma J. H. Ed. Heitz, welche von Vater auf Sohn bis in das Reformationszeitalter zurückgeht, es sich nicht nehmen lassen, in einem schön gedruckten Bändchen neben der ältesten von B. im Elsass verfassten reformatorischen Schrift eine bibliographische Zusammenstellung der gedruckten Schriften Butzer's zu veröffentlichen. Die fleissige Arbeit rührt von dem Hülfsarbeiter an der Strassburger Universitätsbibliothek Herrn Dr. F. Mentz her. Dem Bande hat dann noch der Direktor des theologischen Studienstiftes St. Wilhelm in Strassburg, Herr Lic. A. Erichson, Notizen über den handschriftlichen Nachlass und die gedruckten Briefe Butzer's, sowie ein Verzeichniss der Litteratur über Butzer beigefügt. Eine Gesammtausgabe der Werke Butzers wäre eine des Corpus reformatorum würdige Fortsetzung.

Titelauflagen, die nicht als solche sich ankündigen, gehören bekanntlich zu denjenigen Einrichtungen, in welchen die Interessen des Buchhandels und des Publikums stark auseinandergehn. Noch ungünstiger liegt die Sache, wenn die neue Ausgabe eines älteren Werkes eine im Verhältniss nicht bedeutende Vermehrung erfahren hat, deren Besitz den früheren Käufern wohl sehr erwünscht wäre, für sich allein aber zum nochmaligen Ankauf des

ganzen Werkes doch nicht reizen kann. In solchem Falle haben die säumigen Käufer den Vortheil vollständigere Exemplare zu erhalten, während die alten Käufer, denen Verleger und Autor dankbar sein sollten, dauernd geschädigt werden, nicht nur in Bezug auf die Verwerthung des Inhaltes, sondern auch bei einem etwa nothwendig werdenden Verkauf. Ein starkes Beispiel dieser Art ist die 1891 im Verlag von Karl W. Hiersemann in Leipzig erschienene zweite, mit einer einleitenden Vorrede vermehrte Ausgabe der Maya-Handschrift der K. öff. Bibliothek zu Dresden (Preis M. 200). Die einleitende Vorrede wird nicht, wie zu erwarten wäre, besonders verkauft; auch unmittelbar an den Verleger gerichtete Schritte sind erfolglos geblieben. Dem hochverdienten Herausgeber des Werkes, dem den Lesern dieses Blattes wohlbekannten früheren Oberbibliothekar E. Förstemann darf die Schuld an dem Vorgehen der Verlagshandlung nicht beigemessen werden. Auch im Vortheile der Verleger im Allgemeinen dürfte ein solches Vorgehen nicht liegen, da die Käufer leicht dazu kommen können, theuere Werke bei ihrem ersten Erscheinen mit Misstrauen und Zurückhaltung aufzunehmen.
δ.

LitterarischeMiscellen. — Als eine sehr zeitgemässe Bibliographie begrüssen wir das von dem Bibliothekar der Deutschen Kolonialgesellschaft, Hauptmann a. D. Maximilian Brose, bearbeitete Repertorium der deutschkolonialen Litteratur 1884—1890 (Berlin 1891, VIII u. 113 S. 8°). Aus praktischen Gründen ist eine sachliche, speciell geographische Anordnung gewählt worden; die Hauptabtheilungen sind: Allgemeines, Togo, Kamerun, Süd-West-Afrika, Ost-Afrika, Witu, Neu-Guinea und Bismarck-Archipel, Marschall-Inseln; doch ist ein alphabetisches Autorenregister hinzugefügt worden. Besonders hervorgehoben sei, dass die in Zeitschriften erschienenen Aufsätze in möglichster Vollständigkeit berücksichtigt sind. Nur die Stichwörter sind oft nicht glücklich gewählt; z. B. S. 25 u. 48: „Die deutschen Schutzgebiete und Kolonialunternehmungen bei Beginn des Jahres 1890" steht unter "Deutschen", „Neue Nachrichten aus dem Damara Lande" (S. 49) unter „Neue", die Cabinetsordres (S. 56) sogar unter „Allerhöchste"! Im Uebrigen darf man mit diesem „ersten Versuche" wohl zufrieden sein. — Von den vom Fr. Teubnerschen Verlage zu Köln herausgegebenen Neudrucken altdeutscher Litteratur (Deutsche Curiosa, Werke zur Bibliographie etc.) sind die 1537 zu Freiburg i. B. gedruckten „biecher Vincentij Obsopei: Vonn der kunst zu trincken, ausz dem latein in vnser Teutsch sprach transferiert, durch Gregorium Wickgramm" erschienen (Köln a. Rh. 1891, 134 S. 8°, 2 M.). Die Genauigkeit lässt Einiges zu wünschen übrig; zu der unbewiesenen Vermuthung, dass der Verfasser mit Georg Wickram identisch sei, vergl. Goedeke Grundriss II² S. 460. — Im Auftrage der stenographischen Prüfungscommission zu Berlin hat Dr. F. Stolze eine kurze Darstellung des Entwicklungsganges der Schrift „Von der Bilderschrift zur Stenographie" (Th. I, Berlin 1891, 40 S. 8°) zur Feier des fünfzigjährigen Bestehens der Stolzeschen Stenographie und in Veranlassung des IV. internationalen Stenographentages veröffentlicht. Es soll keine eigentliche Geschichte der Schrift sein, wie sie K. Faulmann in seinem jammervoll misslungenen, phantastischen, „populärwissenschaftlichen" Prachtwerke „Illustrirte Geschichte der Schrift" (Wien, Pest, Leipzig 1880) versucht hatte, von dem das vorliegende, mit Textabbildungen versehene Büchlein durch sachliche Kürze wohlthuend absticht, sondern zeigen, dass die Stenographie nicht als etwas der gewöhnlichen Schrift Gegenüberstehendes zu betrachten sei, vielmehr die letzte Entwicklungsstufe derselben bezeichne und von ihr von Anfang an (?) vorbereitet worden sei. Etwas störend wirken die Druckfehler gleich in der Vorrede, wo „V. Rose" und „Steindorff" zu lesen ist. — Ein Auszug aus der im Erscheinen begriffenen „Bibliothèque de la Compagnie de Jésus" T. III enthält das von C. Sommervogel S. J. verfasste Verzeichniss der Schriften des P. Joseph Félix (1810—1891), „A la mémoire de R. P. Félix de la Compagnie de Jésus. Bibliographie de ses oeuvres par C. S. Bruxelles 1891

(VII S. 4º). Es ist diese Schrift ein Pendant oder besser eine Ergänzung zu den in diesem Blatte (VIII S. 357. 566) öfter besprochenen Bibliographien von Tavagnutti. Möge das vollständige Verzeichniss der gesammten über und durch den Jesuitenorden publicirten Schriften nur nicht zu lange auf sich warten lassen. — Von **Haferkorns Handy Lists of technical literature** ist Part IV „Mines and Mining" (Milwaukee 1891, 87 S. 8º) erschienen, worin die englische Litteratur auf dem Gebiete des Berg- und Hüttenwesens verzeichnet wird. Dieses Mal finden wir S. 86 und 87 auch eine kurze, allerdings nicht vollständige Liste von deutschen, auf jenes Fach bezüglichen Schriften. Hbrln.

Die Verwaltung des British Museum gedenkt die zweite Abtheilung von Bezolds **Katalog der Keilschrifttafeln** in der Knyunjik Sammlung zu veröffentlichen. Dieser Band wird die Beschreibung von fast 6000 Tafeln und Fragmenten enthalten, welche einst einen Theil der von den assyrischen Königen zu Niniveh unterhaltenen „Thonbibliothek" bildeten. Dieselbe war von Assurbanipal (668—626 v. Chr.) gegründet worden und enthielt officielle Documente, welche von den Heerführern an Sargon und Sennacherib geschickt waren, sowie mehrere Werke über die den Assyrern bekannten Wissenschaften und Exemplare alter classischer Bücher und Texte aus Babylonien. In diesem Bande wird sich auch eine zum ersten Male versuchte Classification astrologischer Texte befinden.

Neue Erscheinungen auf dem Gebiete des Bibliothekswesens.*)

† Bookworm. No. 50, Jan. 1892: Our note book. — A medieval library.
The Library. No. 35, Nov. 1891: The place of the Free Public Library in popular education, by J. J. Ogle. — „Gnats", by R. K. Dent. — The sliding press of the British Museum, by K. Garnett.
Library Journal. Vol. 16, No. 10: Reference work in libraries, M. C. Mosman. — The relation of the public library to education, W. A. Mowry. — Male pseudonyms of female writers, Fr. Weitenkampf. — The Danforth library building, G. F. Winchester.
— No. 11: Normal-school libraries in Wisconsin, with a classification of education, by K. A. Linderfelt. — Jowa libraries, by Ada North. — Fines and collections, by Martha E. Buhre. — Western libraries visited by the A. L. A. party, by Mary W. Plummer. — Opinion in the Tilden Will case.
Livre moderne. Déc. 1891, No. 24: Quelques nouveaux ex-libris, O(ct.) U(zanne). — Une histoire de la littérature anglaise, B. H. G. — Amusettes bibliographiques, F. Drujon. — P. p. c. bibliographique, B. H. Gausseron. — Livres et estampes (1872—1892).
Revue des bibliothèques. Année I, No. 7: Essai d'une bibliographie de l'ancienne Université de Paris, p. E. Chatelain et A. Maire (fin et suite). — Bibliothèques Dijonnaises à la fin du XVIIe siècle, notes de Séguier, p. L. G. Pélissier.

Berliner, A. Censur u. Confiscation hebräischer Bücher im Kirchenstaate. Auf Grund der Inquisitions-Akten in der Vaticana und Vallicelliana dargestellt. Frankfurt a. M., M. Kauffmann, 1891. 65 S. 8º.

---

*) Von den mit † bezeichneten Zeitschriften sind nur die Artikel bibliographischen oder bibliothekarischen Inhalts angezeigt.
Die mit * bezeichneten Bücher haben der Redaktion vorgelegen.

Bibliographie, Allgemeine, für Deutschland. Wöchentliches Verzeichnis der Neuigkeiten des deutschen Buchhandels. Jahrgang 1892 No. 1. Leipzig, J. C. Hinrichs Verlag. gr. 8°. Jährlich M. 7.50
*Bibliographie de la France. Journal général de l'imprimerie et de la librairie. Publié sur les documents fournis par le Ministère de l'Intérieur. Année 81: 1892. Paris, au Cercle de la librairie. gr. 8°. Fr. 20.—
Bibliographie der psycho-physiologischen Litteratur des Jahres 1890. Hamburg, L. Voss. S. 459—541. gr. 8°. (S.-A.) M. 1.50
Bibliographie générale et complète des livres de droit et de jurisprudence publiés jusqu' au 30 octobre 1891. Paris, Marchal & Billard. gr. 8°. Fr. 1.—
Boissonnade, P. Les archives de Navarre à Pampelune et les archives de Castille au château de Simancas. Paris, A. Picard. 39 p. 8°. Fr. 1.50
Extrait des Archives des missions.
*Börsenblatt für den Deutschen Buchhandel und die verwandten Geschäftszweige. Jahrgang 1892. Leipzig. 4°.
Erscheint täglich mit Ausnahme der Sonn- und Festtage als das officielle Organ für alle in Deutschland und den ausserdeutschen Landen deutsch erscheinenden Bücher, Musikalien, Kunstblätter etc. Eigenthum des Börsenvereins der deutschen Buchhändler und als Manuscript nur für Buchhändler bestimmt.
Bouchot, H. Inventaire des dessins exécutés pour Roger de Gaignières et conservés aux départements des estampes et des manuscrits de la Bibliothèque nationale. Paris, Plon et Nourrit. XXVIII. 511. 569 p. 8°. Fr. 30.—
— Les livres à vignettes du XVe au XVIIIe siècle (l'histoire et l'art dans le livre, idée d'une collection documentaire, moyens d'y parvenir). Paris, Rouveyre 1891. 96 p. av. grav. 8°.
— Les livres à vignettes du XIXe siècle (du classique et du romantique, le livre à vignettes sous Louis-Philippe, sous le second Empire et de 1870 à 1880). Paris, Rouveyre 1891. 104 p. av. grav. 8°.
Brooke, Thom.: A catalogue of the manuscripts and printed books collected by Thomas Brooke and preserved at Armitage Bridge House, near Huddersfield. 2 vol. London, Ellis and Elvey. 1891. 759 p. 8°.
Privately printed.
Cat, E. Mission bibliographique en Espagne. Rapport à M. le ministre de l'instruction publique. Angers. Paris, Leroux. 152 p. 8°.
Catalogo della biblioteca dei ministeri del tesoro e delle finanze (Ministero del tesoro). Roma, tip. Elseviriana di Adelaide vedova Pateras. 1891. VII. 389 p. 8°.
Catalogue of the Aristotelian and philosophical portions of the library of late Henry Will. Chandler. Oxford, Clarendon Press. 1891. 162 p. 4°.
Contades, Cte. G. de. Les Ex-libris du canton de Carrouges. Mamers. Paris, Champion. 23 p. av. grav. 8°.
Tiré à 40 exemplaires numérotés.
Degeorge, L. L'imprimerie en Europe aux XVe et XVIe siècles. Paris, Paul, Huard & Guillemin. 8°. Fr. 3.—
Delisle, L. Manuscrits latins et français ajoutés aux fonds des nouvelles acquisitions pendant les années 1875—1891. Inventaire alphabétique. 2 vol. Paris, Champion. I: LXXXVIII. 384 p.; II: p. 385 à 856. 8°.
— Notes sur le département des imprimés de la Bibliothèque nationale. Paris, Champion. 65 p. 8°.
Extrait de la Bibliothèque de l'Ecole des chartes.
Delobre, F. 3e Table décennale du Journal de jurisprudence commerciale et maritime, 1881—90. Marseille, Impr. Marseill. 1891. 383 p. 8°.
Dobson, A. William Hogarth. London, Low & Co. 370 p. 8°. Sh. 24.—
A memoir, bibliography and catalogue of prints and paintings.
Durand, G. Inventaire sommaire des archives communales de la ville d'Amiens antérieures à 1790 (tome I, série AA). Amiens, Piteux frères. VI. 358 p. à 2 col. gr. 4°.

Elenco delle pubblicazioni periodiche italiane ricevute dalla Biblioteca nel 1891 (Biblioteca nazionale centrale di Firenze). Firenze, tip. dei succ. Le Monnier. 1891. 99 p. 8°.
Fortescue, G. K. Subject index of the modern works added to the Library of the British Museum, 1885–1890. London, (B. Quaritch). 700 p. gr. 8°. 40 Sh.
Gazzettino bibliografico, pubblicazione mensile. Anno I, No. 1. Napoli, tip. F. Cosmi. 1891. 4 p.
*Giornale della libreria, della tipografia e delle arti e industrie affini. Supplemento alla Bibliografia italiana pubblicato dall' Associazione Tipografico-Libraria italiana. Anno V: 1892. Milano, Ufficio dell' Associazione Tipograf. Ital. gr. 8°. L. 6.—
Goss, C. W. F. Lewisham Public Libraries. Catalogue of the books in the Perry Hill Branch Library. 1891. VIII. 165 p. roy. 8°.
Hammersmith Public Library. Catalogue of the reference department and of additions to the lending department, also key to the indicator, classes F. and I. London. X. 148 p. 8°.
Harkavy, A. Studien und Mittheilungen aus der kaiserlichen Oeffentlichen Bibliothek zu St. Petersburg. Theil 5: Leben und Werke des Saadjah Gaon (Said al-Fajjumi, 892–942), Rectors der talmudischen Akademie in Sora. Heft I. Leipzig, Voss' Sort. 238 S. gr. 8°. M. 6.— (Hebräisch.)
Hauréau, B. Notices et extraits de quelques manuscrits latins de la Bibliothèque Nationale. Tome II. Paris, Klincksieck. 375 p. 8°.
Jacobsen, E. Chemisch-technisches Repertorium. 1890. 2. Halbjahr. 2. Hälfte. Berlin, R. Gaertner's Verlag. S. 97–253 m. Illustr. gr. 8°. M. 4.—
Jahresberichte über die Fortschritte der Anatomie und Physiologie. Herausgegeben von L. Hermann und G. Schwalbe. Band 19: Literatur 1890. 2 Abthlgn. Leipzig, F. C. W. Vogel. gr. 8°. M. 42.—
  I: Anatomie und Entwickelungsgeschichte. (IV. 812 S.) M. 24.—; II: Physiologie. (IV. 550 S.) M. 18.—
Jahresbericht über die Fortschritte der Chemie und verwandter Theile anderer Wissenschaften. Begründet von J. Liebig u. H. Kopp, herausgegeben von F. Fittica. Für 1888. 5. Heft. Braunschweig, Fr. Vieweg & Sohn. S. 1921–2400. gr. 8°. M. 11.50
*Jahres-Verzeichniss der an den deutschen Universitäten erschienenen Schriften. VI. 15. Aug. 1890 — 14. Aug. 1891. Berlin, A. Asher & Co. VI. 355 S. gr. 8°. M. 12.—
*Jersey City, N. J. Supplement No. 1 to the alphabetical finding list of the Free Public Library. Oct. 1, 1891. Jersey City, N. J. 1891. 61 p. 8°.
l'Imprimerie du cabinet du roi au château des Tuileries sous Louis XV. (1718–1730). Nogent-le-Rotrou, impr. Daupeley-Gouverneur. 11 p. 8°.
  Extrait du Bulletin de la Société de l'histoire de Paris.
Index, Annual, of periodicals and photographs for 1890. London, Mowbray House, 1891. 145 p. 4°.
Indice generale dei lavori dalla fondazione all' anno 1888 per autori e per materie (R. Istituto lombardo di scienze e lettere). Milano, U. Hoepli. 1891. 455 p. 8°.
Jones, Herb. Catalogue of the Central Kensington Public Library (lending department). Kensington. VIII. 338 p. 8°.
Just's Botanischer Jahresbericht. Systematisch geordnetes Repertorium der botanischen Literatur aller Länder. Herausgegeben von E. Köhne. Jahrgang 17: 1889. Berlin, Gebr. Borntraeger. Abtheilung I, Heft 2. VIII u. S. 321–733. M. 13.—; Abtheilung II, Heft 1. 336 S. gr. 8°. M. 11.—
Kloos, J. H. Repertorium des auf die Geologie, Mineralogie und Paläontologie des Herzogthums Braunschweig und der angrenzenden Landestheile bezüglichen Litteratur. Braunschweig, Fr. Vieweg & Sohn. XII. 204 S. 8°. mit einer Karte. M. 3.60
*Los Angeles. Public Library bulletin. Vol. I, No. 1. 2. Los Angeles. P. 1–32. gr. 8°.

Manno, Ant. Bibliografia di Cherasco. Torino, stamp. r. della ditta G. B. Paravia e C. 1891. 27 p. 8°.
 Estr. dalla Bibliografia storica degli stati della monarchia di Savoia.
Molinier, A. Catalogue général des manuscrits des bibliothèque publiques de France. Départements. Tome XVII. (Cambrai). Paris, Plon et Nourrit. XXIV. 599 p. 8°. Fr. 12.—
New York, University of the state of. Regent's bulletin, No. 6, Aug. 1891. Books and apparatus. Albany 1891. P. 181—257. 8°.
*Nieuwsblad voor den boekhandel. Uitgegeven door de Vereeniging ter bevordering van de belangen des Boekhandels. Jaargang 59: 1892. 4°. Jährlich Fl. 10.—
Preisverzeichniss der in der oesterreichisch-ungarischen Monarchie und im Auslande erscheinenden Zeitungen und periodischen Druckschriften für das Jahr 1892, bearbeitet von der K. K. Postamts-Zeitungs-Expedition I in Wien. Wien, R. v. Waldheim. VIII. 229 S. Lex. 8°. M. 1.—
Ravelli, Gius. Catalogo ragionato di libri antichi posseduti dal fu dott. Achille Varisco e donati dal figlio sig. Giugurta alla civica biblioteca di Bergamo in omaggio alla memoria di suo padre. Bergamo, frat. Cattaneo succ. Gaffuri e Gatti. 1891. 150 p. 8°.
 Appendice al Bollettino annuale dei doni ed acquisti della Biblioteca civica di Bergamo.
Ripperger, A. Die Influenza. Ihre Geschichte, Epidemiologie, Aetiologie und Therapie, sowie ihre Complicationen und Nachkrankheiten. Mit 4 Tafeln und ausführlichem Verzeichniss der einschlägigen Literatur. München, J. F. Lehmann's Verlag. XII. 338 S. gr. 8°. M. 10.—
Rivoli, Duc de. Bibliographie des livres à figures vénitiens de la fin du XV° siècle et du commencement du XVI° (1469—1525). Paris, libr. Techener. 600 p. gr. 8°. Fr. 25.—
 Tiré à 200 exemplaires.
Savigny de Moncorps, de. Bibliographie de quelques almanachs illustrés du XVIII° siècle (1759—1790). Châteaudun, impr. Pigelet. 56 p. gr. 8°.
 Extrait du Bulletin du bibliophile.
*Schulz, Alb. Catalogue méthodique des revues et journaux parus à Paris jusqu'à fin 1891 contenant le titre, l'année d'origine, l'adresse de l'éditeur ou de l'administration et le prix d'abonnement pour Paris, la province et l'Union postale, suivi de la table alphabétique de tous les journaux. Paris, Alb. Schulz. 83 p. 5°. M. 1.50
Sinker. R. The library of Trinity College, Cambridge. London, Bell & S. 8°. Sh. 10.6
Slater, J. H. The library manual. 3. and enlarged edition. London, L. U. Gill. 424 p. 6°. Sh. 7.6
*Sprawozdanie z czynności zakładu narodowego imienia ossolińskich za rok 1891. we Lwowie, nakładem zakładu narodowego im. ossolińskich. 1891. 46 p. 8°.
University of the state of New York. State library bulletin. Library school No. 1. Handbook 1891—92. Albany, University of the State of New York. 1891. 68 p. 8°.
Ventennio, Il primo, del Propugnatore, 1868—1887: indice generale degli autori e delle materie. Bologna, Romagnoli Dall' Acqua ed. 1891. 77 p. 8°.
Verzeichniss sämmtlicher Schriften aus allen Gebieten des Versicherungswesens, welche von 1850—1890 im deutschen Buchhandel erschienen sind. Leipzig, O. Gracklauer. 84 S. 8°. M. 1.25

Antiquarische Kataloge.

Ackermann, Th., München. No. 324: Weihnachtskatalog. 120 S.
Auer Donauwörth. No. 113: Musik. 1474 Nos.
Bangel & Schmitt Heidelberg. No. 28: Medicin. (Biblioth. v. Prof. Dr. v. Dusch-Heidelbg. u. Medicinalrath Dr. Kehrer-Giessen.) 4436 Nos.

Cohn, Alb., Berlin. No. 200: Seltene u. werthvolle Bücher. IV: Protestanten — Z (Schluss). No. 1390—1911.
Eisenstein & Co. Wien. No. 11: Werthvolle Werke aus allen Wissenschaften. 114 S.
Fränkel Berlin. No. 1: Rechts- u. Staatswissenschaften. (Bibl. d. Justizrath Dr. K. Braun-Wiesbaden.) 1114 Nos.
Geering Basel. No. 223: Auswahl werthvoller Werke. 1966 Nos. — Anz. No. 102: Neueste Erwerbungen. 522 Nos.
Gerschel Stuttgart. No. 52: Schöne Litteratur. Prakt. Theologie. Jugendschriften. 1735 Nos.
Gilhofer & Ranschburg Wien. Anz. No. 17: Vermischtes. No. 1401—1694.
Greif Wien. No. 22: Ingenieurwiss. Kunst-Gewerbekunde. 627 Nos.
Haerpfer's Bh. Prag. No. 120: Philosophie u. Paedagogik. 1041 Nos.
Harrassowitz Leipzig. No. 176: Philosophie. Psychologie. Pädagogik. 1090 Nos.
Haugg Augsburg. No. 121: Drucke d. 15. u. 16. Jahrh. Bücher m. Holzschn. 457 Nos.
Hirsch Dresden. No. 22: Autographen u. hist. Documente. 269 Nos.
Jacobsohn & Co. Breslau. No. 107: Oriental. Litteratur. 78 S.
Kaufmann Stuttgart. No. 51: Theologie. 3284 Nos. — No. 52: Kunst. Belletristik. Musik. 1484 Nos.
Keude Wien. 1891. No. 9: Histor. Flugblätter u. Städte-Ansichten. Seltene Bücher. 1011 Nos.
Kerler Ulm. No. 173: Handschriften. Incunabeln. 228 Nos. — No. 174: Kunst. 1361 Nos.
Kirchhoff & Wigand Leipzig. No. 887: Mathemat.-physikal. Wissensch. (Bibl. v. Prof. Külp in Darmstadt.) 3581 Nos.
Koppe's Bh. Nordhausen. Rechts- u. Staatswiss. 474 Nos.
Lama, C. v., Regensburg. No. 2: Bibeln, Curiosität, seltene Drucke etc. 137 Nos.
Lippertsche Bh. Halle. No. 30: Europäische Sprachen. 715 Nos.
Lübcke & Hartmann Lübeck. No. 7: Ausländ. Litteratur. 1061 Nos.
Mampe Berlin. No. 30: Militaria. 1072 Nos.
Muller & Co. Amsterdam. Sociologie. 908 Nos. — Ouvrages de jurisprudence. No. 2782—2907.
Prager, R. L., Berlin. No. 121: Rechtsgesch. Handelsrecht. Gewerberecht. (Bibl. v. Prof. Lewis Greifswald.) 1911 Nos. — Nr. 122: Staats- u. Volkswirthschaft. (Bibl. v. Prof. Dr. Ed. Baumstark Greifswald.) 467 Nos.
Quaritch London. Nr. 115: Choicest portions of the Lakelands library. 1231 Nos.
Raunecker Klagenfurt. No. 53: Weihnachtskatalog. 716 Nos.
Rohracher Lienz. No. 28: Aeltere u. seltene Bücher. 1000 Nos.
Rosenthal München. No. 73: Ulricus ab Hutten. No. 11390—11639.
Schweitzer Aachen. No. 1: Theologie. Deutsche Litteratur. Pädagogik. 1029 Nos.
Verein „Invalidendank" Chemnitz. Lagerkatalog. 42 S.
Welter Paris. No. 53: Collectionen u. Bibliothekswerke. 1406 Nos.

Personalnachrichten.

Dem Kustos an der Universitäts-Bibliothek zu Breslau Dr. Karl de Boor ist der Titel „Bibliothekar" verliehen worden. — An der Königl. Universitätsbibliothek zu Göttingen ist am 19. October 1891 Dr. phil. Wilhelm Molsdorf aus Erfurt (stud. ev. Theologie, Philosophie und Geschichte) als Volontär eingetreten. — Dem Oberbibliothekar Dr. Mosen in Oldenburg ist vom Grossherzoge von Oldenburg die grosse goldene Medaille für Kunst und Wissenschaft verliehen worden.

Centralblatt
für
Bibliothekswesen.

IX. Jahrgang. 3. Heft. März 1892.

Qui a imprimé la première lettre de Colomb?

I.

Au printemps de 1493, lorsque Christophe Colomb revint de son premier voyage transatlantique, on publia en langue espagnole la relation qu'il avait rédigée de sa mémorable découverte. Plusieurs éditions de cet écrit furent faites dans la Péninsule, apparemment à quelques semaines de distance. Elles étaient tout à fait inconnues des bibliographes lorsque les conservateurs de l'Ambrosienne, à Milan, occupés à trier les livres que le baron Pietro Custodi avait légués quelques années auparavant à cette bibliothèque, en découvrirent un exemplaire. C'est encore aujourd'hui le seul connu. Il a été contrefait dans ces dernières années, au moins deux fois, par des faussaires bolognais. Une de ces falsifications éhontées a même atteint dernièrement à New York, en vente publique, un prix insensé: des milliers de dollars! On les reconnaît surtout à l'absence complète de filigrane et de traces de foulage, à la conformation irrégulière des mêmes minuscules, parfois chevauchant sur leurs voisines et aux lettres à hampe qui empiètent sur la ligne supérieure ou sur la ligne inférieure: preuve que ces faux ne dérivent pas directement d'une impression, mais bien d'un calque, ou d'une copie manuscrite, modifiée après coup[1]) et reportée sur pierre lithographique, peut-être sur zinc.

---

1) Dans ces falsifications bolognaises on s'attache maintenant à changer certains mots, mais sans modifier l'agencement des lignes (ce qui serait beaucoup plus difficile) et à simplifier certaines majuscules, (ce qui est très aisé), afin de faire croire à une autre édition, naturellement jusqu'alors inconnue, de l'opuscule contrefait. Il suffit pour cette escobarderie d'un coup de grattoir sur la pierre ou sur le zinc. De la sorte on obtient en outre plusieurs variétés de ce genre de filouterie. Une autre ruse, cousue de fil blanc, mais qui dénote la finesse italienne, c'est de retoucher la pierre et de faire un second tirage, que le faussaire présente éffrontément comme une „habile contrefaçon" de son premier faux, tout nouvellement découverte, dit-il, par le plus grand des hasards.

L'exemplaire authentique est un petit in-4° acéphale[1]), sine anno aut loco et absque nota, de 4 feuillets de 32 lignes à la page pleine, en caractères dits gothiques, avec une grande lettre initiale gravée sur bois et remarquable par ses nombreuses échancrures. Le papier est filigrané au signe du gantelet ou de la main ouverte, le medius portant tige avec fleurette.

Personne n'a pu encore découvrir dans quelle ville ou par quel imprimeur cette plaquette a été imprimée. Certain bibliographe croit qu'elle est sortie des presses de Lisbonne[2]); un autre incline à lui attribuer une origine barcelonaise[3]); un troisième y voit une impression napolitaine.[4]) Une revue de Madrid, La España moderna, publie dans son numéro du 15 octobre dernier, un article intitulé La Carta de Cristobal Colon con la Relacion del descubrimiento del Nuevo Mundo, dans lequel l'auteur annonce avoir enfin résolu ce difficile problème, qui n'est pas sans importance pour l'histoire de la découverte du Nouveau Monde.

Selon le bibliographe espagnol, on retrouve dans le Floreto de San Francisco imprimé à Séville, en 1491, dit-il, par Meynard Ungut et Ladislao Polono, précisément les mêmes caractères d'imprimerie et le même filigrane du papier de la plaquette de l'Ambrosienne. Ce serait donc de Séville et des presses de ces deux imprimeurs associés que proviendrait la précieuse lettre espagnole in-4°[5]) de Christophe Colomb. L'assertion est formulée en ces termes:

"Editio princeps. Impresa en Sevilla, en los primeros dias del mes de Abril por Menardo Ungut y Ladislao Polono, impresores alemanes que tres años antes, por lo menos, habian establicido su taller en Sevilla. Lo demuestran de una manera indudable la filigrana del papel y la letra usada en la carta, iguales ambas cosas á las que emplearon los mismos impresores en el Floreto de San Francisco, libro rarisimo que estamparon en 1491, y del que tenemos á la vista un precioso ejemplar."

En appelant notre attention sur ce travail et cette nouvelle, un correspondant nous demande si la découverte est positive, ou si ce ne

---

[1] L'opuscule commence ainsi: „Señor porque se que aureis plazer de la grand || victoria . . ." et se termine par ces trois lignes: „Esta carta embio Colon a lescriuano Deracion || delas Islas halladas en las Indias. Contenida || a otra De sus Altezas. ||"

[2] Pasqual de Gayangos, dans La America, de Madrid, N° du 13 avril 1867, p. 6.

[3] Harrisse, Christophe Colomb, t. II, p. 13.

[4] M. K., The Spanish letter of Columbus, London, Quaritch, 1891, in-folio, pp. 11 et 14.

[5] Il importe de distinguer l'édition in-4° de celle in-folio trouvée en Espagne il y a trois ans. Celle-ci est imprimée avec les caractères complets de De la imitacio de Jesu Christ; Barcelone, Pere Posa, 1482, in-4° (Bibliot. nationale, de Paris; Invent. Réserve D, 5421) et avec le grand S initial gravé sur bois de l'Epistola de frare Egidi; Barcelone, Johan Luschner, 1496, in-fol.; Libre de consolat; même imprimeur, 1502, in-fol. (loc. cit., E 36 et 80). Cf. la New York Tribune, N° du 4 mars 1891.

serait plutôt une de ces Cosas de España qui, hors de la péninsule, font par trop souvent, mais non sans cause, la joie des lettrés facétieux, surtout quand il s'agit de critique et d'histoire.

Nous craignons fort qu'il faille pencher vers cette dernière alternative. En attendant, le lecteur aurait voulu être initié au moyen choisi par l'auteur de l'article pour arriver à sa surprenante découverte. Quels ont été ses termes de comparaison? A-t-il confronté son Floreto avec la plaquette originale de l'Ambrosienne, ou bien n'est-ce pas seulement avec la copie publiée par le marquis D'Adda en 1866, ou même n'est-ce ni l'un ni l'autre et rien du tout? Nous posons cette question uniquement dans l'espérance d'apprendre le mystérieux procédé par lequel on obtient de l'autre côté des Pyrénées de si curieux résultats; car il n'est pas difficile de montrer que, dans les deux cas, le bibliographe de La España moderna n'a pas ou et n'a pu avoir les éléments de vérification nécessaires.

II.

Commençons par le filigrane, lequel, parait-il, démontre l'identité d'origine typographique du Floreto et de la plaquette de Milan, "de una manera indudable."

Malgré d'importants travaux [1]), on n'a pas encore expliqué d'une façon absolue la raison d'être des filigranes à l'origine. Cependant lorsque nous voyons le même signe employé dans des villes aussi éloignées les unes des autres et qui avaient toutes leurs propres moulins, Venise, Rome, Gênes, Londres, Paris, Barcelone, Séville, Harlem, il faut bien admettre qu'au nombre des motifs se trouve celui qui résulte d'une marque de papiers spéciaux pour le poids, la force, la qualité ou le format.[2]) On s'explique alors que les filigranes destinés à rappeler un même type, mais produits par des fils de laiton façonnés à l'aide d'une simple pince, aient présenté des différences sensibles. Nous devons aussi présumer du fait qu'il est extrêmement rare de rencontrer un papier tout pareillement filigrané dans des livres sortis d'officines différentes, voire en la même année et dans la même ville, que les imprimeurs exigeaient pour leurs commandes certaines modifications[3]), toute légères qu'elles fussent. Ici, dans un fleuron, six pétales au lieu de cinq; là, les plateaux de la balance ronds et non triangulaires; ailleurs, la manchette du gantelet festonnée à la place d'un liseré, etc. etc.. En tout état de cause, cette marque est donc une ressource précieuse pour arriver à reconnaître l'origine typographique d'une publication faite sans nom d'imprimeur, ou sans signe

---

1) Voir la bibliographie de trente-trois ouvrages spéciaux insérée dans l'excellent travail de Mr. C. M. Briquet, Papiers et filigranes des archives de Gênes, 1154 à 1700; Genève, 1888, in-8°, p. 57.
2) L. Pierre Gras, Filigranes recueillis dans quelques anciens terriers du Forez; Saint-Étienne, 1873, in-8°, p. 2.
3) Midoux et Matton, Etudes sur les filigranes employés en France aux XIVᵉ et XVᵉ siècles; Paris, 1868, in-8°, p. 8.

particulier rappelant son officine. Et lorsque nous avons pu la discerner en tous ses détails, — ce qui n'est pas chose facile, surtout dans les livres reliés et de petit format —, elle nous a rarement fait défaut.

Mais il est essentiel que la ressemblance entre les filigranes dont on veut établir l'identité soit complète. C'est tout ou rien. Si pour le gantelet, par exemple, les ornements du poignet, ou le nombre de pétales dans la fleur qui surmonte les doigts diffère en quoi que ce soit, alors ce gantelet a aussi peu de valeur comme criterium que n'en aurait la licorne ou une tête de bœuf.

De tous les filigranes, un des plus fréquemment employés dans les villes où existait l'imprimerie à la fin du XV° et jusqu'au milieu du XVI° siècle, fut le gantelet portant tige et fleur.[1]) Mais hâtons-nous d'ajouter que dans cette marque en particulier, il y a toujours des différences fondamentales (pour celui qui voit clair et sait regarder), dans la forme, les dimensions ou le détail; même dans la position du signe à l'égard de la vergeure et des pontuseaux. Il ne suffit donc pas d'avoir lu dans un catalogue que la plaquette milanaise est imprimée en caractères gothiques, sur un papier dont le filigrane représente une main surmontée d'une fleur et avoir discerné au travers les pages du Floreto une marque maniforme et fleurée, pour en tirer immédiatement la conclusion que les deux fontes de caractères et les deux filigranes sont identiques. Du moins ce n'est pas la méthode employée dans ces pays-ci. Autrement, il n'y aurait aucune raison, si l'on tient absolument à rester dans Séville, à ne pas attribuer la même identité aux livres sortis des presses de Pedro Brun, de Juan Gentil, de Martin de Montedesca, même de la dynastie entière des Crumberger [2]); car ces imprimeurs ont tous imprimé en lettres gothiques sur du papier à filigranes maniformes. Et si l'on sort de l'Andalousie, c'est par milliers que l'on trouve en Espagne et partout des livres en caractères gothiques avec cette marque.[3])

Et voyez, dans le cas présent, combien encore est fragile la base sur laquelle le bibliographe espagnol appuie ses affirmations. Nous n'avons même pas besoin de savoir quels sont les filigranes des papiers employés par Ungut et Stanislas de 1491 à 1493.[4]) En effet,

---

1) Briquet, op. cit., p. 91.
2) Ferant de Mexia, Nobiliario, 1494; Enciso, Suma de Geografia, 1519; Oviedo, Historia Gl. de las Indias, 1535; Cieça de Leon, Chronica del Peru, 1553, etc. etc.
3) Briquet, op. cit., N°s 302 à 347; Midoux et Matton, op. cit., N°s 119 à 128; Sotheby, Principia Typographia, t. III, planche Q^H.
4) Ungut et Stanislas ont employé simultanément à cette époque deux papiers à filigranes maniformes. L'un, représente une main à manchette avec deux liserés parallèles, le medius surmonté d'une fleur à 5 pétales. Il ressemble beaucoup à celui de Caxton (Sotheby, Principia typ., No 35 de la planche Q^B). La main ou le gantelet dans l'autre papier se termine par une denteluré et elle est agrémentée d'un cordon avec gland. Ces deux papiers se rencontrent ensemble dans leur Liber processionum, mais les Proverbios de Mendoça de ces imprimeurs ne contiennent que l'autre

supposons que le premier terme de comparaison entre le dit Floreto et la plaquette milanaise ait été pris pour cette dernière de la reproduction de D'Adda. Or, dans cette copie, le filigrane représente un gantelet dont la manchette est très ouvragée et faite de vingt losanges pointillés au milieu, tandisque la fleur surmontant le medius se trouve composée de six pétales, dont quatre sont chacune entées sur une petite tige. Le filigrane du Floreto présente-t-il ces ornements compliqués avec tous leurs détails? Non, certainement, car le filigrane de D'Adda n'a jamais existé en Espagne, à Séville ou ailleurs et encore moins dans la plaquette de l'Ambrosienne.

Le second et dernier terme de comparaison sera cette plaquette même. Eh! bien, quel que soit le filigrane maniforme du Floreto, personne ne peut dire qu'il est identique à celui du précieux opuscule. La raison en est bien simple. Les points de repère indispensables manquent dans le filigrane de la plaquette milanaise. On y voit bien une main, on devine même une tige fleurée; mais en fabriquant le papier, les fils de laiton qui figuraient la fleur et la manchette ont à peine porté sur la feuille en pâte et l'empreinte est alors trop indistincte, dans plusieurs parties essentielles, pour pouvoir servir à identifier ce filigrane avec celui de tout autre livre.

Voici ce que rapporte M. l'abbé Ceriani, le savant et consciencieux préfet de la Biblioteca Ambrosiana: „Ho confrontato il suo disegno, presso dal facsimile del M^{e.} D'Adda, coll'edizione originale. Quanto el chiuso nel rosso concorda.[1]) Quanto ai le petali superiori pajono si 4, ma la forma non si può distinguere, e anche il numero di 4 non si presenta evidente. Il manichino sotto è anch'esso molto incerto per singoli tratti, ma nelle figure rettangolari, che si possono discernere, non e'e traccia di punti. Questo é quanto ho potuto veder io, e due altri con me."

III.

Voyons maintenant les caractères typographiques prouvant, de même, à ce que l'on nous raconte, "de una manera indudable", l'identité d'impression entre la plaquette de l'Ambrosienne et le Floreto.

Supposons à nouveau que le point de comparaison à cet égard ait été pris du fac-similé de D'Adda. Ici, de même, le savant espagnol a perdu son temps. Cette copie fut simplement faite à la main et d'une façon si défectueuse, que les bibliographes qui n'ont pas eu d'autre source d'information, décrivent la plaquette milanaise comme étant im-

---

filigrane. Il y a aussi deux papiers à filigranes maniformes dans le Seneca; la fleur y est à six pétales, mais dans l'un d'eux, elle ressemble à une étoile.

1) M. l'abbé Ceriani fait allusion à un tracé à l'encre rouge qu'il a obligeamment porté sur un dessin de filigrane maniforme et fleuré pris de la publication de D'Adda. Ce tracé s'arrête, en haut, au calice de la fleur; au bas, à la saignée de la main. C'est à dire que les pétales supérieures et la manchette sont presque invisibles. Le dessin qu'en a donné M. le marquis D'Adda est donc hypothétique.

primée en caractères "semi-gothiques" et même "un poco picuda". Or il est difficile de rencontrer des lettres moins pointues et de formes appartenant à un jeu de poinçons plus franchement gravés que celles du rarissime opuscule de l'Ambrosienne. Les éléments de contrôle conséquemment ont encore une fois manqué à l'auteur de l'article de La España moderna. Peut être répondra-t-il que sa comparaison n'a pas été faite avec ce fac-similé, mais bien avec le bois intercalé dans l'opuscule de deux sous publié à Milan en 1863.[1]) Même alors l'objection que nous formulons aura tout autant de valeur, car les fragments grossièrement gravés sur ce bois ne donnent qu'une idée incomplète de la typographie de l'exemplaire authentique.

Est-ce donc qu'il a comparé son Floreto avec l'orginal de Milan? Dans ce cas, c'est bien autre chose! Les lettres ne se ressemblent aucunement.

Nous allons choisir les caractères dont la dimension dans l'opuscule de Milan est celle de certains types employés par Ungut et Stanislas en 1491 et 1494: c'est à dire, dont le relief de la lettre en sa plus grande étendue, — l'**f** ou le **p** et le **b** réunis, **bp,** par exemple —, mesure 5 millimètres.[2])

Nos termes de comparaison sont, d'une part, la plaquette même de l'Ambrosienne, que nous avons tenue maintes fois entre les mains, de l'autre part, les ouvrages imprimés par Ungut associé à Stanislas et dont les titres sont donnés au cours des observations qui suivent.

Au XVe siècle, à Séville, ces imprimeurs ont employé, de la hauteur de 5 millimètres, deux fontes différentes. Comme les minuscules gothiques de cette dimension qui on été fondues de 1490 à 1550 en Espagne n'offrent guère de différences à première vue, nous choisirons pour notre examen les majuscules seulement. Celles-ci se différencient à un tel dégré dans chaque fonte de même type et d'une façon si intentionnelle, qu'un patient bibliographe a pu retrouver les véritables imprimeurs de quinze séries d'impressions anonymes de cette époque, sans autre aide que la lettre T capitale.[3])

Une des fontes Ungut-Stanislas et apparemment la plus ancienne, à en juger par son état de délabrement et le travail primitif des poinçons, présente des majuscules dont plusieurs se rapprochent de l'onciale. L'**M**, par exemple, composé uniquement de deux ovales, sans accessoires, appartient tout à fait à ce genre de lettres.[4]) La haste

---

[1]) Lettere autografe di Cristoforo Colombo nuovamente stampate; Milano, G. Daelli & Comp. editori; 1863 petit in-8° de XVI et 143 pp. avec 6 planches.
[2]) Il est à peine nécessaire de rappeler que, particulièrement à cette époque, la forme des fontes varie toujours, d'une façon ou d'une autre, avec la dimension des lettres. Une fonte de 5 mm., par exemple, ne possédera pas toutes ses majuscules de la forme adoptée pour les mêmes majuscules dans une fonte de 4 ou de 7 mm., quoique souvent les poinçons paraissent provenir du même graveur.
[3]) Excerpta Colombiniana, p. lxxii et Tableau comparatif.
[4]) On relève dans les impressions de Ungut et Stanislas, outre les deux fontes de 5 mm., une fonte de 6 et une de 9 mm. soit quatre **M** majuscules

est simple et sans épines dans le **B**, le **C**, le **D**, l'**E**, l'**F**, l'**H** et l'**L**. Le cœur de ces majuscules n'a pas non plus de barres, simples ou doubles. En somme, le trait distinctif de ce genre de caractères d'imprimerie est une nudité presque complète. Nous le remarquons dans les Cinco libros de Seneca, dans le Floreto de Sant Francisco de 1492 et dans le Liber processionum, imprimés par Ungut et Stanislas à Séville en 1491, 1492 et 1494 respectivement.[1])

Leur autre fonte de caractères est neuve, belle, élégante et du type destiné à prévaloir en son ensemble pendant la plus grande partie du XVI° siècle. De doubles barrettes obliques traversent toutes les lettres disquées, telles que l'**O**, le **Q**, le **P**, le **D**; les hastes vont par paires accolées dans le **C**, l'**L**, l'**E**. Cette dernière lettre présente en outre une particularité que nous n'avons pas rencontrée ailleurs: la haste intérieure se rabat en haut et forme panache à la gauche du lecteur. Dans l'**M**, formé de quatre jambages, la barrette est double, placée à notre droite. Enfin, l'**A** ne porte aucune barre transversale; ce qui est une autre particularité très rare. Nous notons ce genre de caractères dans Los prouerbios de Ynigo lopes de Mendoça et dans le Regimiento de los Principes, tous deux imprimés par Ungut associé à Stanislas en 1494. Quant aux lettres initiales gravées, elles sont trapues et d'un dessin assez fini.

Voit-on l'**S** initial de ces impressions, retrouvons-nous l'un ou l'autre de ces deux jeux de majuscules dans la plaquette de l'Ambrosienne? Non, sans le moindre doute possible. Dans cet opuscule, le grand **S** gravé sur bois est long, rempli de bavochures et ne ressemblant en aucune façon à celui qu'on trouve dans les impressions précitées. Pour ce qui se rapporte aux majuscules fondues, l'**A** y est à deux hastes avec barre transversale; l'**E** ne porte ni épine ni

---

absolument distincts. L'**M**. de 6 mm. est purement gothique, composé de deux jambages arrondis et d'un droit, au milieu, traversé par une demi-barre lui donnant la ressemblance d'un t. La lettre **M** de 9 mm. est faite de deux jambages repliés extérieurement en ovale et de deux jambages droits, sans barrette aucune.

1) Le Seneca est au British Museum et le Floreto de 1492 à la Biblioteca Nacional de Madrid. Quant au Liber processionum, qui n'est cité nulle part, il se trouve à la Bibliothèque nationale de Paris (Réserve, B, 27936, legs du baron Ch. Davilliers), mais incomplet du premier feuillet. Le second f. porte pour titre de départ: Liber processionum secundum ordinem fratrum prædicatorum et au recto du dernier feuillet. „In alma hispaliensi vrbe hispanie ciuitarum principe: est impresso per Meynardum vngut Alamanum. et Stanislaum Polonum socios Anno a Christi natalis M. CCCC. XCiiij." C'est un in-6° carré, signaturé a—o par huit, avec un f. supplémentaire; soit de 113 ff. non chiffrés. Il est imprimé en lettres gothiques, alternativement en rouge et noir, avec de la musique presque à chaque page. Au verso du dernier f. se voit la marque aux initiales M. S. Le caractère typographique est plus trapu, plus élémentaire et plus fatigué que celui des autres impressions de ces deux imprimeurs. Pour cette raison, il est permis de supposer que c'est la fonte qu'ils apportèrent en allant s'établir à Séville, aux termes de l'autorisation leur enjoignant de venir avec „sus apajeros". Voir, infra, p. 121.

panache; l'**M** présente à la gauche du lecteur un cercle parfait traversé par deux traits obliques, tandis que la partie opposée est simple, sans barre aucune. Enfin dans le bas de casse, le **g,** l'**y** et particulièrement l'**h** à jambage dépassant la ligne inférieure, diffèrent beaucoup des mêmes lettres chez les deux typographes sévillans en question.¹) Nous pourrions multiplier les exemples de divergences fondamentales, mais celles-ci suffisent pour démontrer la non-identité des caractères typographiques de ces deux provenances.

Toute serrée que puisse paraître notre critique, il y a un hiatus. Le savant espagnol dit avoir reconnu le filigrane et les caractères typographiques de la plaquette de Milan dans une édition du Floreto donnée en 1491 par Ungut et Stanislas: "libro rarissimo que Ungut y Ladislao estamparon en 1491, y del que tenemos [tengo] à la vista un precioso ejemplar." Jusqu'à présent on ne connaissait qu'une édition sévillane de ce Floreto sortie de leurs presses et elle est à la date de 1492.²) C'est celle où nous avons été puiser nos principaux renseignements. En attendant des détails plus précis, il est sage d'hésiter à admettre l'existence d'une première édition de 1491, mais non de la révoquer en doute absolument, car elle n'a rien d'impossible. Cependant, si il y en a véritablement un exemplaire à Séville, notre avis est que l'impression et les caractères sont précisément ceux de l'édition de 1492. Si cette hypothèse venait à se réaliser, nos objections subsisteraient alors en leur entier. Les motifs de ce doute a priori sont, d'abord la conséquence que les mêmes imprimeurs se trouveraient avoir publié à Séville, dans un très court espace de temps, en quatorze mois au plus³), peut-être en moins d'une année, deux éditions in-folio de 256 pages du même ouvrage, chacune imprimée sur un papier différent, avec caractères

---

1) Nous appercevons d'ici le geste de profonde pitié de nos lecteurs transpyrénéens en voyant un critique s'arrêter à de pareilles vétilles. En Espagne on sait toutes ces choses par intuition. Cette grâce d'état nous rappelle l'Andalous à qui l'on demandait si il savait jouer du violon. „Je ne sais pas, répondit-il, je n'ai jamais essayé."

2) ¶ Este es el Floreto de sant Francisco. El qual tracta de la vida ʒ miraglos del bienauenturado señor sant ‖ Francisco. E de la regla de los frayles menores. ‖ (Colophon) ¶ A qui se acaba el floreto de sant Francisco. Impresso en la muy noble ʒ muy ‖ leal cibdad d'Seuilla, por maestre Mesnardo vngut aleman. E lançalao po ‖ lono compañeros. A veynte ʒ quatro ‖ dias del mes de agosto. Año d'l señor ‖ de mill ʒ quatro cientos ʒ nouenta ʒ dos. ‖

In folio à 2 colonnes. Les signatures, sauf la dernière qui est en six, sont par huit; f. supplémentaire pour colophon au recto et marque M. S. au verso. Nous comptons de la sorte 128 ff. Au verso du titre, figure sur bois représentant St. François stigmatisé. Filigrane maniforme surmonté d'une tige fleurée à 6 pétales, avec manchette à double liseré. Se trouve à la Biblioteca Nacional de Madrid Nos 113-8 et à la Biblioteca Nacional de Lisbonne (Catal. de 1844), Mendez, 1866, p. 347; Hain, t. II, p. 406.

3) Ungut et Stanislas n'obtinrent l'autorisation de venir s'établir à Séville que le 14 mars 1491 et le colophon de notre Floreto énonce qu'il fut imprimé dans cette ville le 4 août 1492.

courants et lettres ornées tout à fait dissemblables. En second lieu, on ne voit pas bien des commençants, comme l'étaient Ungut et Stanislas à Séville en 1492, possédant et employant, indépendamment d'autres fontes, comme le montre leur édition des Defensiones S. Thomæ[1]), trois fontes de 5 millimètres chacune, puisque le Floreto de 1491, celui de 1492 et le Regimiento de 1494, seraient imprimés en caractères de dimensions identiques, mais de formes absolument différentes. Nous ne connaissons pas d'exemple en Espagne, à cette époque, d'imprimerie avec un matériel aussi considérable et si coûteux. Car il est certain que pendant longtemps après l'invention de la typographie chaque imprimeur avait des poinçons gravés exclusivement à son usage. L'industrie du fondeur de caractères vendant la même série de lettres au poids ou à la grosse à tout acheteur ne s'est créée qu'assez tard. Mais, nous le répétons, comme il n'y a pas impossibilité matérielle à ce que ces typographes aient imprimé un Floreto en 1491 et que nous ne voulons pas tomber dans le travers signalé à la fin du présent article, qu'il nous soit permis de demander très-respectueusement une réponse catégorique à cette question:

Existe-t-il réellement un Floreto de Sant Francisco imprimé à Séville par Maynard Ungut et Stanislas le Polonais en 1491? Si oui, et c'est là le seul point important, les caractères typographiques diffèrent-ils de ceux employés pour l'édition de ce même ouvrage donnée par ces imprimeurs en 1492 et sont-ils précisément les caractères avec lesquels la plaquette de l'Ambrosienne a été imprimée?

En d'autres termes:

Le Floreto de 1491 est-il en caractère de 5 millimètres?

La lettre S initiale gravée que nous supposons devoir se trouver en tête de certains chapitres, mesure-t-elle en hauteur 2 centimètres et y voit-on de nombreuses dentelures?

L'A majuscule a-t-il une double haste à la gauche du lecteur en même temps que une barre au milieu?

L'M majuscule représente-t-il à cette gauche un disque parfait, traversé obliquement par deux traits parallèles, tandis que il n'y a à droite qu'un simple jambage?

L'E majuscule a-t-il deux hastes, ou bien une seule et si il y en a deux, la haste intérieure se rabat-elle à droite ou à gauche?

Les colonnes hopitalières du Centralblatt sont „a la disposicion" du savant bibliographe espagnol.

IV.

Ce que nous venons de rapporter n'est pas la seule chose instructive qu'on remarque dans l'article de La España moderna. Entre autres curiosités, le lecteur avide de s'instruire y trouve une classifi-

---

1) British Museum. MM. Garnett et Aldrich ont eu l'obligeance d'informer un de nos amis que le caractère des Defensiones est plus petit, avec un jeu de majuscules tout à fait différent de celui de la fonte de 5 mm.

cation nouvelle des trois éditions de la version latine de la lettre de Colomb publiées à Rome.¹)

Une de ces éditions est sans lieu, ni date, ni marque d'imprimeur²): mais elle a été imprimée avec le jeu complet des caractères typographiques employés par Stephanus Plannck pour plusieurs impressions à millésimes différents et portant son nom.³) On tire de cette similitude absolue la conclusion que c'est bien lui qui a imprimé ladite édition de l'Epistola. Rien d'ailleurs n'est venu jusqu'ici infirmer une déduction aussi raisonnable.

Maintenant, le titre de cette édition de Plannck porte que Colomb fut envoyé à la recherche des îles de l'Inde récemment découvertes "sous les auspices et aux frais de Ferdinand, roi invincible des Espagnes: — auspiciis et ære invictissimi Fernandi Hispaniarum Regis missus fuerat"; ce qui est absolument inexact. Ce fut sous les seuls auspices d'Isabelle-la-Catholique et aux frais exclusifs du royaume de Castille que Colomb accomplit son fameux voyage. La reine elle-même l'affirme.⁴)

Une autre de ces éditions⁵), aussi anonyme et absque nota,

---

1) L'édition illustrée en dix feuillets (dont deux pour couverture) que l'on croyait romaine, est maintenant démontrée avoir été imprimée à Bâle par Bergmann de Olpe, qui se servit des mêmes bois pour une seconde édition (mais non séparée du poème de Verardus) publiée en 1494. L'identité des caractères de l'édition en dix ff. avec une fonte ayant appartenu à Bergmann en 1492 est établie par une comparaison faite entre un exemplaire de cette dernière publication et la série complète des caractères employés dans le poème latin de Sébastien Brandt De fulgetra anni 92, sorti des presses de cet imprimeur (Bibliothèque de l'Université, à Bâle).
On ne connaît pas un seul exemplaire complet de cette édition illustrée. (Harrisse, Christophe Colomb, t. II, pp. 22—32.)

2) ¶ Epistola Christofori Colom: cui ætas nostra multum debet: de ‖ Insulis Indiæ supra Gangem nuper inuentis. Ad quas perqui- ‖ rendas octauo antea mense auspiciis et ære inuictissimi *Fernam* ‖ *di Hispaniarum Regis* missus fuerat: ad Magnificum dominum *Ra phaelem Sanxis:* eiusdem serenissimi Regis Tesaurarium missa: ‖ quam nobilis ac litteratus vir *Aliander* de Cosco ab Hispano ‖ ideomate in latinum conuertit: tertio kal's Maij. M. cccc. xciij. ‖ Pontificatus Alexandri Sexti Anno Primo.
Petit in-4º de 4 ff. en caractères gothiques, à 34 lignes par page pleine, sans chiffres, signatures, réclames ni filigrane. Sine anno aut loco. (Bibliot. Americ. Vetust., No. 1.) Se trouve au British Museum et à la Bibliothèque royale de Munich.

3) Liber de regimine principum editus a fratre Egidio romano; 1482, folio. Mirabilia Urbis Romæ; 1491, in-8. (Bibliot. Nat. de Paris, E, 79, et K, 1022.)

4) „Por quanto las Islas e Tierra firme del Mar Oceano fueron descubiertas e conquistadas a costa de estos mis Reynos, e con los naturales dellos ..... mis Reynos de Castilla y de Leon ...." Testamento de la reine Isabelle, dans Dormer, Discursos varios de Historia, Zaragoça, 1683, in-4º, p. 344. Voir aussi le Christophe Colomb de M. Harrisse, Vol. I, pp. 397—98.

5) ¶ Epistola Christofori Colom: cui etas nostra multum debet: de ‖ Insulis Indic supra Gangem nuper inuentis. Ad

a été également imprimée avec les caractères de Planck. En outre, elle reproduit fidèlement le filigrane qu'on retrouve dans les livres signés de lui [1]), ainsi que le texte, la fonte au complet, le format et la justification de l'édition précédente. La grande différence consiste dans certains noms propres du titre. Au lieu que le mérite d'avoir encouragé l'expédition soit attribué à Ferdinand seul, il est dit dans ce nouvel intitulé qu'elle fut faite „sous les auspices et aux frais des invincibles Ferdinand et Isabelle, rois des Espagnes: — auspiciis et aere invictissimorum Ferdinandi ac Elisabet Hispaniarum Regum missus fuerat".

Enfin une édition imprimée par Eucharius Silber, sous la date de Rome 1493 et signée par cet imprimeur [2]), porte un titre qui, de même que celui de la précédente, partage l'honneur de l'entreprise entre Ferdinand et Isabelle. A l'exception de quelques variantes sans importance le texte est semblable dans toutes ces publications.

Un bibliographe américain, qui s'est beaucoup occupé de la question [3]), croit reconnaître l'editio princeps dans l'imprimé qui au titre cite seul Ferdinand d'Aragon, comme si ce prince fut en 1493

---

quas perquiren- ‖ das octauo antea mense auspiciis et ere inuictissemorum *Fernandi et* ‖ *Helisabet* Hispaniarum Regum missus fuerat: ad magnificum dominum ‖ *Gabrielem Sanchis* eorundem serenissimorum Regum Tesaurarium ‖ missa: quam nobilis ac litteratus vir *Leander* de Cosco ab Hispa ‖ no idiomate in latinum conuertit kal's Maii. M. cccc. xciii ‖ Pontificatus Alexandri Sexti Anno primo. ‖
Petit in-4° de 4 ff., en caractères gothiques à 33 (et non 30) lignes par page pleine, sans chiffres, signatures ni réclames et sine anno aut loco. (Bibliot. Americ. Vetust., No. 3.) Se trouve dans la bibliothèque de feu le baron James E. de Rothschild, à Paris.

1) Ce filigrane représente une balance à plateaux ronds et tige dans un cercle, à l'imitation des papiers employés à Venise par Nicolas Jenson. Cf. les nos. 258 et 264 dans Jansen, Essai sur l'origine de la gravure sur bois, Paris, 1808, in-8°, tome I. Cette marque se trouve dans l'exemplaire de l'Epistola de Colomb, vendu par Tross en juin 1878, lequel est probablement celui de la vente Sellière (Paris, Porquet, 1890), ainsi que dans le Liber de regimine précité et Hain, No. 108.

2) ¶ Epistola Christofori Colom: cui etas nostra multum debet: de ‖ Insulis Indie supra Gangem nuper inuentis. Ad quas perquiren das octauo antea mense auspiciis et ere inuictissimorum *Fernandi* ‖ *ac Helisabet* Hispaniarum Regum missus fuerat: ad Magnificum dominum ‖ *Gabrielem Sanches*: eorundem serenissimorum Regum Tesau- rarium missa: Quam generosus ac litteratus vir *Leander* de Cosco ab ‖ Hispano idiomate in latinum conuertit: tertio Kalen Maii. M. cccc. ‖ xc. iij. Pontificatus Alexandri Sexti Anno Primo. ‖ (Colophon) ¶ Impressit Rome Eucharius Argenteus Anno domini. M. cccc. xciiij. ‖ Petit in-4° de 3 ff. imprimés, en caractères gothiques menus et de 1 feuillet blanc complétant le cahier. Il y a 40 lignes à la page pleine, laquelle est absque nota. Du filigrane nous ne pouvons discerner, dans l'exemplaire de la Bibliothèque nationale de Paris (P. 2), que la partie supérieure ou inférieure d'un cercle avec deux petits nœuds apposés; mais c'est sans grande importance puisque l'opuscule est signé.

3) Bibliotheca Americana Vetustissima, p. 24.

l'unique roi d'Espagne, alors que Isabelle régnait et était dans toute sa gloire. Par contre, il considère l'édition de Stephanus Plannck où le nom d'Isabelle est tardivement, mais avec justice, accolé à celui de son époux, comme une publication corrigée, conséquemment postérieure. Pour ces motifs, l'édition de Silber est aussi classée après celle de Plannck au titre inexact.

Les raisons alléguées pour cette classification nous paraissent assez naturelles. Supposons que les Espagnols aient découvert quelque chose, par exemple, en l'année 1850, et qu'un éditeur se fût avisé de publier deux éditions d'un récit de leur découverte, en annonçant au titre de l'une d'elles que „auspiciis et ære invictissimi Francisci de Assisia Hispaniarum Regis missus fuerat". Le titre de l'autre édition, au contraire, aurait énoncé que „auspiciis et ære invictissimorum Francisci de Assisia et Helisabeth Hispaniarum Regum missus fuerat". Ne serait-on pas fondé à croire que cette dernière est une édition corrigée, faite nécessairement après l'édition au titre fautif: soit par suite d'une connaissance plus exacte des faits, soit en conséquence d'observations adressées à l'imprimeur?

Maintenant, la nouvelle de la découverte éclate à Madrid et immédiatement on en imprime le récit dans cette ville. Des exemplaires sont envoyés à Paris, à Bâle et à Anvers. N'est-ce pas la première imprimée que les libraires madrilènes se seront empressés d'expédier à leurs correspondants de l'étranger? C'est certainement ce qu'ils feraient de nos jours et on n'a aucune raison de croire que les libraires du XVe siècle étaient moins intelligents que ceux d'aujourd'hui. Dans ce cas, il va de soi que le titre des premières éditions imprimées hors d'Espagne doit reproduire l'intitulé de la première édition faite au pays d'origine.

Quittons notre métaphore et substituons 1493 à 1850, Rome à Madrid, Plannck à Don Fulano, Ferdinand d'Aragon à Don Francisco d'Assise et Isabelle la Catholique à Isabelle de Bourbon et posons-nous cette question: Comment sont les titres des premières éditions qui parurent en 1493 à Paris, à Bâle, à Anvers et jusqu'à trois fois dans la même ville? Y lit-on au titre les noms accolés d'Isabelle et de Ferdinand, ou n'y a-t-il plutôt que celui de Ferdinand tout seul? Là est l'important. Eh! bien non seulement les premières éditions de Paris[1]), de Bâle[2]) et d'Anvers[3]) portent au titre: „auspiciis et ære invictissimi Fernandi Hispaniarum regis missus fuerat", mais on y relève une

---

1) Trois éditions faites en la même année par Guyot Marchand, et dont des exemplaires se trouvent respectivement à la Bibliothèque nationale de Paris, à la Bibliothèque du roi à Turin et dans celle de feu Mr. J. Carter Brown à Providence, aux Etats-Unis.

2) Edition illustrée. L'exemplaire le moins incomplet est celui de la Lenoxiana, à New York. Il se trouve être composé de dix feuillets dont neuf seulement sont authentiques; le dixième ayant été fabriqué par Libri.

3) Edition sine anno aut loco et sans marque ou nom d'imprimeur, mais attribué à Thierry Martens d'Alost. Le seul exemplaire connu se trouve à la Bibliothèque royale de Bruxelles.

autre erreur: „ad magnificum dominum Raphaelem Sanxis," au lieu de „ad magnificum dominum Gabrielem Sanches," provenant de la même source et qui ne se trouve pas non plus ailleurs. C'est donc l'édition désignant Ferdinand d'Aragon seul et avec l'erreur dans les noms du trésorier des Rois-Catholiques, qui a été le prototype de toutes ces réimpressions étrangères, faites en 1493. C'est à dire que la plaquette précitée de Plannck au titre fautif est l'editio princeps, puisque c'est la seule édition romaine qui exclue le nom d'Isabelle et estropie celui de Gabriel Sanchez.

A cette conséquence les bibliographes qui croient à la priorité du Silber, ou à celle du Plannck corrigé, ne sauraient répondre que par deux hypothèses. La première, c'est que Silber n'aurait pas eu de correspondants à Paris, ni à Bâle, ni à Anvers, ou que les libraires romains, malgré l'importance et le merveilleux de la découverte accomplie par Colomb, n'auront pas voulu envoyer à l'étranger l'édition que Silber venait de faire du récit de cette grande nouvelle. La seconde hypothèse, c'est que Plannck, prévoyant qu'il ferait une réimpression mensongère, aura préféré attendre celle-ci, plutôt que d'expédier sa première édition en France, en Suisse et en Belgique. Ce sont les seules réponses que nous puissions imaginer et elles n'ont pas le sens commun.

Pour le savant espagnol, ce n'est ni ceci, ni cela. Il a trouvé d'autres arguments, bien plus ingénieux. Ils se déduisent d'un chapelet d'arbitraires suppositions, dont voici la genèse:

D'abord, la première édition aurait été celle de Silber. Si le fait est acquis, inutile alors d'aller plus loin. Cependant, nous voudrions savoir pourquoi celle-là a été faite avant les autres et c'est ce que l'on néglige de dire. La seconde serait l'édition de Plannck au titre exact, mais copiée sur la publication de Silber. Puisqu'elles sont semblables, pourquoi ne serait-ce pas par l'inverse? Ici, de même, le critique se dispense de produire la moindre preuve. Vient, maintenant, l'édition fautive de Plannck. Celle-ci se trouverait être la troisième, pour ce motif singulier: Cet imprimeur, parait-il, a éprouvé le besoin de réimprimer sa plaquette: „y el deseo de obtener igual venta movió à Plannck a salir con una nueva impression." Mais afin qu'elle ne ressemblât pas aux autres éditions, il a introduit quelques changements: „Y para que no parecia igual, introdujó en ella algunas variaciones." Par exemple, en fait de légères différences, il a délibérément expurgé le nom de la reine Isabelle, alors sur le trône et dans toute sa gloire, et sciemment donné un faux nom à son trésorier. C'est, nous le reconnaissons, un moyen dont l'ingéniosité, l'à-propos et la convenance, surtout à Rome au printemps de 1493, n'échapperont à personne. Au lieu d'une simple méprise de la part de Plannck[1]), ce serait donc un camouflet intentionnellement donné à Isabelle-la-

---

[1]) N'est-il pas cent fois plus logique et plus probable que, induit en erreur par le Catalan De Cosco, qui lui avait fourni le texte de la première édition, Plannck se sera empressé dans sa réimpression de faire disparaître des contre-vérités aussi manifestes.

Catholique, objet de l'admiration universelle, surtout depuis la prise de Grenade[1]), particulièrement à Rome, où par une ambassade d'obédience elle venait de faire hommage de ses royaumes à Alexandre VI, à l'occasion de son avénement à la papauté.[2]) Aussi le nom de la reine Isabelle était-il dans cette ville sur toutes les lèvres et les nombreuses publications romaines portant au titre: „Serenissimorum Ferdinandi regis et Helisabeth regine Hispanie", ou „Ferdinando et Helisabetha Catholicis regibus"[3]), ne pouvaient que rendre plus frappante encore l'omission injuste de son nom d'un récit de la mémorable entreprise qu'elle avait ordonnée.

Le second argument est plus baroque encore. Mais ce que le lecteur ne manquera pas d'admirer, c'est la désinvolture du postulat et les conséquences inéluctables que le savant bibliographe en tire. C'est de l'espagnolisme pur.

Il y a, dit-il, dans la prétendue editio princeps une épigramme à la louange du roi d'Aragon. De ce fait, nul ne saurait douter.[4]) Or, conclut le savant critique, si cette épigramme s'était

[1]) Senarega, De rebus genuensibus, dans Muratori, Ital. Script., tome XXIV, col. 531.
[2]) Oratio super praestanda solenni obedientia Sanctissimo D. N. Alexandro Papae VI ex parte Christiannissimorum. dominorum Fernandi et Helisabe (sic) Regis et Reginae Hispaniae: habita Romae in consistorio publico per R. Patrem dňm Bernardinum Carusial Epm. Carthagineň. die Mercurii. XIX. Junii S. C. M. cccc. xcIII. Petit in-4°, de 8 ff. s. a. s. l., en caract. romains. Attribué par Hain à Stephanus Plannck. Il y est fait mention de la découverte de l'Amérique. (Bibliot. Americ. Vetust., p. 35.) Biblioth. Nat. de Paris, Oc. 1381.
[3]) Panzer, Annales, tome II, Nos 404, 442. 497.
[4]) Epigramma R. L. de Corbaria, Episcopi Montispalusii. Ad Inuictissimum Regem Hispaniarum. Elle se termine par ces vers:

> . . . . . sed summo est maior habenda deo.
> Qui vincenda parat nous regna tibique sibique
> Teque simul fortem prestat et esse pium.

C'est donc bien Ferdinand V d'Aragon à qui, seul, sont ici attribués le mérite et la récompense de l'entreprise. On s'explique cette partialité par le fait que le roi de Naples, ville où se trouve situé l'évêché du poète, était aussi un prince d'Aragon, également appelé Ferdinand, cousin-germain du mari d'Isabelle et que le traducteur de la Carta, Leandro ou Alessandro de Cosco, porte un nom aragonais.

L'évêque de Monte Peloso, à cette date est ainsi désigné par Ughelli: "Berardus, sive Leonardus de Carninis alias de Corbara". Melzi (Anon. Ital., 1848, t. I, p. 259) y reconnait le "L. Coruino Episcopi Triuentino" mentionné au titre d'une épigramme de J. J. Pontanus (Opera, Venet., Ald., 1505. in-8°, f°. 235). Le fait que Ughelli (Italia sacra, Roma, 1643, t. I, col. 1072) et Coleti qui l'a revu et corrigé (Venet., 1717, t. I, col. 999), tout en rappelant un autre alias, "de Cerbaria", adoptent le surnom "de Corbara" et que l'évêché de Monte Peloso est dans l'ancien royaume de Naples nous porte à croire que cet évêque était originaire de Corbara, près de Salerne. Quant à Monte Peloso, c'était un évêché suburbicaire, c'est à dire ne dépendant pas du métropolitain, mais directement du Saint Siège: "Montispelusii Episcopi cuius Ecclesia immediate subijcitur sanctae Apostolicae sedi" (Ughelli,

trouvée dans la première édition, elle n'aurait pas été supprimée dans les éditions successives: „Si el epigrama hubiera aparecido en la primera edicion no se hubiera suprimido en los siguientes." Ergo...

On rapporte que Charles II d'Angleterre, roi spirituel mais malicieux, convoqua un jour la Société Royale afin de résoudre un problème qui, assurait-il, le poursuivait jusque dans ses rêves. Il s'agissait de savoir pourquoi les poissons morts, au lieu de remonter à la surface, tombaient toujours au fond de l'eau. Les hydrologues et les ichthyologistes de la célèbre compagnie, déférant au désir du monarque, se mirent immédiatement à l'œuvre; mais plus ces savants se creusaient la tête, moins ils approchaient de la solution tant désirée. Enfin, à bout d'efforts, l'un d'eux eut l'idée de se demander si véritablement les goujons et les carpes décédés disparaissaient au fond des fleuves. Alors seulement l'illustre société s'aperçut que c'est par cette simple question qu'elle eut dû commencer.

Si le docte bibliographe dont nous examinons en ce moment le travail s'était inspiré de ce grand exemple, on est fondé à croire que son syllogisme se fût terminé de toute autre façon. En effet, l'épigramme prétendue révélatrice loin d'avoir été supprimée dans les autres éditions romaines, s'étale sans le moindre changement dans chacune de celles-ci, ainsi que dans toutes les éditions latines qui furent faites à Paris, à Bâle, à Anvers, en 1493 et ailleurs pendant le seizième siècle, sans une seule exception.

V.

On a rarement vu autant de choses inattendues qu'il s'en trouve dans cette curieuse dissertation d'une douzaine de pages à peine. Répondons encore à quelques unes de ces nouveautés.

Ce n'est pas la plaquette de l'Ambrosienne qui fut „remitido con urgencia à Roma", puisque celle-ci est adressée à „l'escribano de racion", qui était Luis de Santangel, tandis que la traduction romaine fut faite sur la lettre adressée à Gabriel Sanchez, le trésorier des Rois-Catholiques.

La plaquette de l'Ambrosienne n'a pas seulement trente lignes: „treinta renglones", à la page pleine, mais positivement trente-deux.

Il n'y a pas que deux éditions parisiennes faites par Guyot Marchand de la traduction latine, mais bien trois, voire même que la troisième a été décrite et mise dans le commerce depuis au moins dix-huit ans en fac-similé. [1])

L'édition du 26 octobre 1495 de la version italienne de Dati citée par Cancellieri est si loin d'être „muy dudosa", qu'elle se

---

ubi supra). Ce fait a été noté parce qu'il implique des rapports plus étroits avec Rome.

1) Lettera di Christoforo Colombo riprodotta a fac-simile da Vincenzo Promis dall' esemplare della Biblioteca di S. M. Stamperia Reale di Torino, 1873, in-4°, et Christophe Colomb, son origine, sa vie, ses voyages, etc., Paris, 1884, tome II, p. 33.

trouve en original dans la bibliothèque du marquis Trivulzio à Milan et il y en a une description détaillée, faite de visu, dans deux ouvrages [1]) que le savant critique doit avoir sous les yeux, puisqu'il les cite et en fait la base de sa dissertation.

Le fac-similé du marquis d'Adda ne fut pas exécuté „por medio de la fotografia", mais, hélas! par voie de simple calque à la main reporté sur pierre. Ce qui fait une fameuse différence, comme l'auteur de l'article de la revue madrilène commence sans doute à s'en apercevoir.

Enfin, il n'y a pas de la version en ottava rima de Dati seulement trois éditions incontestables et une douteuse, mais au moins cinq éditions parfaitement authentiques, ainsi qu'on peut le voir par la liste insérée à la fin du présent article.

Ces affirmations en l'air et tant d'erreurs si faciles à éviter, nous font craindre que le bibliographe espagnol, fort galant homme du reste, n'ait pas même examiné la copie faite pour le marquis d'Adda. Et alors on se demande si, n'ayant jamais vu ni l'original de l'Ambrosienne, ni la reproduction milanaise, ni l'édition de Silber, ni celles de Planck, ni aucun des nombreux fac-similés photographiques des plaquettes romaines, parisiennes et anversoises, sur quoi reposent son travail et ses assertions. Nous avons cru pouvoir nous attarder à les reproduire ici, parce que, à notre sens, on y surprend le faire d'une sorte d'école dont les procédés sui generis n'ont pas encore pu s'acclimater en Allemagne et en France: tant sont difficiles les innovations, même chez les peuples les mieux policés. Qu'il s'agisse de critique, d'histoire ou de science, c'est invariablement le même esprit et, à peu de différence près, la même manière d'attaquer les problèmes et de prétendre les avoir résolus. Qu'on nous permette de citer un simple exemple, ne se rapportant pas directement, cela est incontestable, à Colomb, à sa Lettre, ou au bibliographe de La España Moderna, mais que nous trouvons typique.

Il y a dans Barcelone un savant qui est à la fois le Bopp et le Madvig de la Catalogne. Ses élucubrations, toujours marquées au coin d'une très grande originalité, lui ont valu le titre, aussi rare que recherché, comme tout le monde sait, de membre-correspondant de l'Académie espagnole de l'Histoire. Pour être juste, reconnaissons sans ambages que ses efforts, son système, sa logique, sa connaissance approfondie des faits, ses trouvailles, ne déparent point les travaux de la docte compagnie. Historien, philologue, — philologue surtout! — et appelé comme tel, à résoudre la question si complexe des origines de la race catalane, ce penseur a obtenu des résultats vraiment extraordinaires. Lui aussi cite des textes, invoque des autorités: Gesenius, Derembourg, Merx, Clermont-Ganneau qui, du reste, font disparate dans cette belle lice. Mais c'est par sa méthode et son analyse, dignes des procédés inventifs de ses congénères, que l'érudit catalan a pu

---

[1]) D'Adda, Lettera in lingua Spagnuola; Milan; in-4°, p. XXVIII; Bibliotheca Americana Vetustissima, p. 461.

atteindre un but si difficile et, du coup, conquérir dans le monde de la linguistique une notoriété à nulle autre pareille.

Un document capital pour ce genre d'études est une certaine inscription celtibérienne. Elle avait résisté aux tentatives des plus grands savants du monde entier. Notre philologue, lui, a été plus heureux. Il lit cette inscription même, en commençant à volonté de gauche à droite ou de droite à gauche et en se servant, pour son interprétation, de la langue basque ou de l'hébreu ad libitum.[1]) Pour un peu, en commençant par la droite, c'est un chant biblique, mais par la gauche c'est une invocation à Bacchus.

Ajoutons que la dite coupe celtibérienne est tout ce qu'il y a de plus apocryphe et ce sera complet!

VI.

Nous devons cependant inscrire au crédit du bibliographe de La España moderna deux renseignements exacts et importants. Le premier concerne un opuscule rarissime, omis, on ne sait pourquoi, du nouvel envoi de quarante pièces gothiques du plus haut intérêt, arrivées à Paris dernièrement (nous ne savons si c'est encore comme cales et tampons dans un ballot de marchandises), en ligne plus ou moins directe d'une grande bibliothèque de Séville.[2]) L'autre est le texte du privilège accordé à Meynard Ungut et Stanislao Polono le 14 mars 1491[3]), de venir avec leur matériel établir à Séville une imprimerie: „Vostros venistes con vuestros apajeros del dicho officio á lo usar en esta ciudad." Quant à l'opuscule, il est unique et de l'édition la plus ancienne connue jusqu'ici de la paraphrase versifiée par Giuliano Dati de la lettre de Christophe Colomb.

Cette précieuse plaquette, qu'on ne tardera pas à voir sans doute à Paris, dans les passages[4]), porte donc à cinq le nombre

---

1) Origens y fonts de la Nació Catalana: Barcelona, Imprenta de la Renaixensa, 1878, in-8°, pp. 200, 202.

2) Dans ce lot, vendu récemment à Paris un prix énorme, il y avait des pièces historiques concernant François Ier qui sont de véritables merveilles. Aussi occupent-elles déjà la place d'honneur dans deux bibliothèques patriciennes de France, dont aucun tremblement de terre ne pourrait jamais les faire sortir. Mais ne déflorons pas cet intéressant sujet. L'auteur de Grandeur et décadence de la Colombine se propose, dit-on, de le traiter dans une Troisième Epitre aux Sévillans.

3) "En la cibdad de Sevilla à catorce dias del mes de Marzo de noventa é un años". Comment concilier cette date avec celle du colophon du livre de Diego de Deça, In Defensiones Sancti Thome ab impugnationibus Magistri Nicolai? Selon Mendez (Typogr. Española, Madrid, 1866, p. 57, No. 22) la date est ainsi exprimée: "Hispalis per Meynardum Ungut Alemanum et Stanislaum Polonum socios. Anno salutis christiane millesimo quadragintesimo nonagesimo primo die vero quarta Februarii". Comme en 1491 dans le royaume de Castille l'année commençait à Noel, il faut supposer que Ungut et Stanislas ont continué à compter selon la méthode de leur pays d'origine, apparemment le Mos gallicus.

4) Aussi faut-il se hâter de prendre note de la rubrique inscrite par Fernand Colomb sur cette pièce unique: "Este libro costó en Roma un

d'éditions faites au XV° siècle de ces stanzes. En voici la liste très succincte:

1° Storia della inventione delle nuoue insule di Channaria indiane (?)
   A. xv. de giunio M.cccc. xciii. Roma.
   Caractères gothiques (?); caractères romains (?). Conservé (?) à la Biblioteca Colombina et provenant de la collection faite par Fernand Colomb à Séville, de 1510 à 1539, époque de sa mort.

2° Questa e la hystoria della innentione delle diese Isole di Cannaria Indiane.
   A di. xxv. doctobre. M. ccccxxxxiii.
   Sine loco; caractères semi-gothiques. Le seul exemplaire connu se trouve au British Museum et il est incomplet du 2ᵈ et du 3ᵉᵐᵉ feuillets.

3° La lettera dellisole che ha trouato nuouamente il Re dispagna.
   A di. xxvi. doctobre. 14.93. Florentie.
   Caractères romains. Se trouve également, mais complet, au British Museum.

4° Isole Trouate Nouamente Per El Re Di Spagna.
   A Dij xxvi doctobre. 14.95. Florentie.
   Caractères gothiques. Se conserve dans la Biblioteca Trivulziana, à Milan. (Nous l'avons tenu entre les mains.)

5° La lettera dellisole che ha trouato nuouamente el Re dispagna.
   A di. xxvi. doctobre. m. cccc. lxxxxv. Florentie.
   Caractères romains. Bibliothèque particulière, à New York.

En y regardant de plus près, peut-être pourrions nous appeler l'attention de nos lecteurs sur d'autres particularités du si savant article bibliographique de la España moderna: mais, comme le dit un vieil adage, "Il ne faut pas abuser des bonnes choses".

B. A. V.

quatrin por Octubre de 1512. — Esta registrado. — 3,907". Le lecteur n'ignore pas que ces annotations sur les livres de la Colombine sont, de temps à autre, sujettes à des accidents.

Einiges über die Kaiserl. Universitäts-Bibliothek in Tokyo.

Möge es mir im folgenden erlaubt sein, die Aufmerksamkeit der Leser für kurze Zeit auf ein Land zu lenken, welches man noch jetzt häufig genug zu den nur halb civilisirten zu zählen sich berechtigt glaubt.

Dieses Urtheil ist aber keineswegs zutreffend. Japan steht nicht nur in regem Handelsverkehr mit Europa, ein Umstand, der die Kultur des Landes weit über die der Nachbarländer emporgehoben hat, sondern sucht sich auch in wissenschaftlicher Beziehung die Errungenschaften Europas zu nutze zu machen, wobei es die Superiorität des Westens willig anerkennt. Die Regierung unterstützt die zahlreichen, von jungen Japanesen zu Ausbildungszwecken unternommenen Reisen nach Europa, und richtet andererseits ihr Hauptaugenmerk darauf, die Lehrkanzeln der Universität in Tokyo mit den tüchtigsten Lehrkräften zu besetzen, so dass wir unter den dortigen Professoren — nach dem Kalender der Teikoku Daigaku für das Jahr 1889/90 — ausser vielen Söhnen des Landes, die an abendländischen Universitäten studirt und absolvirt haben, **neun deutsche, acht englische und vier französische** Gelehrte finden.

Die Universität als Schule zerfällt in zwei Abtheilungen, in die University Hall, eine Art Seminar für solche, die ihre Studien bereits vollendet haben und sich nun einem einzelnen Fache zur vollkommeneren Ausbildung widmen, und in die Colleges oder (5) Fakultäten für „Recht", „Medicin", „Baukunst", „Litteratur" und „Wissenschaften."

In den Räumlichkeiten des Universitäts-Gebäudes ist einstweilen auch die Bibliothek untergebracht, da ein eigenes Bibliotheks-Gebäude erst im Bau begriffen ist. Sie enthält gegen 180,000 Bände und ist nach europäischem Muster eingerichtet; besonders erwähnenswerth ist, dass dieselbe bereits auf elektrischem Wege beleuchtet wird.

Was die Bibliotheks-Ordnung für den äusseren Dienst betrifft, so ist dieselbe in den Hauptzügen die folgende:

Zweck der Bibliothek ist die Erhaltung der Bücher, welche zum Gebrauche beim Unterrichte an der University Hall und den Fakultäten erforderlich sind.

Die Bibliothek ist geöffnet:
a) in der Zeit vom 1. Mai bis 31. Oktober von 6 Uhr früh bis 9 Uhr abends.
b) in der Zeit vom 1. November bis 30. April von $6^{1}/_{2}$ Uhr früh bis 9 Uhr abends.

Ausgenommen sind die Sonntage, an welchen die Bibliothek von 6 bis 9 Uhr abends zur Benutzung offen steht und die Zeit der Ferien. Während der Winterferien (welche vom 25. Dec. bis 7. Jänner dauern) vom 28. Dec. bis 4. Jänner und während der Sommerferien (die sich vom 11. Juli bis zum 10. Sept. erstrecken) vom 1. Aug. bis 21. Aug. hat niemand Zutritt.

Die Bibliotheks-Räumlichkeiten theilen sich in die Lesesäle und und die Aufstellungsräume der Bücher; der Eintritt in beide ist gegen Vorweisung einer Eintrittskarte gestattet.

Die Karte, welche zur Benutzung der Bücher im Lesesaale berechtigt, gilt nur für einen Studien-Termin (es gibt deren drei in jedem Jahre) und muss bei Beginn des nächsten wieder erneuert werden; sie wird gegen Erlag von einem Yen (ca. 4 Mk.) per Termin ausgefolgt an:

1. Ehemalige Professoren und Beamte der Universität, welche länger als zwei Jahre im Amte gewesen waren;
2. Graduierte der University Hall und der Fakultäten;
3. Personen, welche Bücher zu amtlichen Zwecken zu lesen wünschen, über Ansuchen der Aemter, bei denen sie in Verwendung stehen;
4. Gelehrte in besonderen Fällen.

Professoren und Studenten der Universität haben natürlich freien Zutritt.

In die Aufstellungsräume haben, ebenfalls gegen Vorweisung einer Eintrittskarte, Zutritt die Professoren, Lehrer und Beamten der Universität, Studenten der University Hall und die anderen Universitäts-Studenten der obersten Klassen, wenn sie ein Certificat ihres Professors beibringen, endlich Studierende der Rechte (diese jedoch nur für juridische Bücher).

Letztere Eintrittskarte, welche beim Eintritte in diese Räumlichkeiten dem Bibliotheksbeamten zu übergeben ist, berechtigt aber bloss, das gewünschte Buch zu suchen und aus dem Kasten zu nehmen; ist das geschehen, so ist der Betreffende verpflichtet, sich sofort aus den Räumen zu entfernen und in den Lesesaal zu begeben.

Wer ein Buch im Lesesaal zu benutzen wünscht, übergibt dem Bibliotheksbeamten einen genau ausgefüllten Zettel mit Angabe des Titels, Standorts und Nummer des Werks, sowie Datums der Entlehnung. Dagegen wird ihm das Buch eingehändigt, welches er im Lesesaal benutzen kann, beim Weggehen aber wieder abzugeben hat.

Nicht minder interessant sind die Bestimmungen, welche die Entlehnung der Bücher für den Hausgebrauch betreffen.

Das Recht Bücher zu entlehnen ist eingeräumt:

a) unbedingt Professoren und Lehrern der Universität, wenn sie die Bücher für Schulzwecke, anderen Angestellten der Universität, wenn sie dieselben für amtliche Zwecke benöthigen;
b) bedingt Studenten, welche die Bücher nicht selbst anschaffen können, gegen Vorweisung einer Bestätigung von seiten des Professors, für dessen Klasse und Gegenstand sie erfordert werden, und ausserdem mit Erlaubniss des Rektors anderen Personen über ihr Ansuchen.

Zum Zwecke des Ausleihens liegen gedruckte Empfangs-Scheine in der Bibliothek auf, welche ordnungsgemäss ausgefüllt, Titel, Standort, Nummer des Werkes und Datum der Entlehnung enthalten müssen und bis zur Rückstellung der Bücher bei der Bibliothek erliegen.

Ausgeliehene Bücher dürfen nicht an andere Personen weiter geliehen werden; vielmehr bleibt der Entlehner persönlich verantwortlich und haftbar und hat im Falle der Beschädigung oder des Verlustes Ersatz zu leisten. Der Bibliotheks-Beamte hat ausserdem die Verpflichtung, von Zeit zu Zeit sich von dem Zustande der Bücher zu überzeugen.

Grundsätzlich darf nie mehr als ein Buch auf einmal entlehnt werden. Ausgenommen sind nur jene Fälle, in denen ein Werk für Schul- oder Amtsgebrauch benöthigt wird; für solche Zwecke darf ein Professor oder Assistent der Universität bis zu 30 Bänden, jedes andere Mitglied des Lehrkörpers bis zu 10, Beamte der Universität bis zu 5 Bänden zu gleicher Zeit entlehnen. — Zeitschriften sind während der ersten 60 Tage nach ihrem Erscheinen unentlehnbar.

Der Termin der Entlehnung ist vier Wochen; aber alle von der Bibliothek entliehenen Bücher sind in den ersten 10 Tagen des Juli eines jeden Jahres oder sonst auf Verlangen des Bibliotheks-Beamten zurückzustellen. Studenten dürfen während der Sommerferien nur mit Wissen und Erlaubniss ihres Professors bis zu 5 Bänden entlehnen, müssen sie aber vor dem 5. Sept. zurückstellen.

Professoren und sonstige Mitglieder der Universitäts-Körperschaft haben alle entlehnten Bücher bei Aufgabe ihres Amtes sofort zurückzustellen; ebenso Studenten, welche von der Universität abgehen, und Neu-Graduirte, bevor sie das Certificat der Graduirung erhalten haben.

Wer nach Ablauf der bestimmten Frist entliehene Bücher nicht zurückstellt und auch der Ermahnung des Bibliotheks-Beamten nicht Folge leistet, wird mit Entziehung der Ausleihberechtigung für die Zeit von einer Woche bis zu einem Jahre vom Bibliotheks-Beamten, resp. Professoren in entsprechender Weise durch den Rektor, gestraft.

Die Bücher zerfallen mit Rücksicht auf Entlehnbarkeit in vier Klassen:

1. Kostbare Bücher, welche nur mit Erlaubniss des Rektors entliehen werden dürfen; ausgenommen sind jene, welche von den Professoren beim Vortrage benöthigt werden. Im Falle ihrer Entlehnung sind sie noch an demselben Tage wieder zurückzustellen.

2. Bücher, welche auf den Unterricht an den Fakultäten Bezug haben; auch deren Entlehnung bedarf der Zustimmung des Rektors.

Eine 3. Klasse bilden jene Werke, welche für einzelne Professoren zum eventuellen Gebrauche beim Vortrage reserviert sind; sie dürfen ebenfalls nur mit Erlaubniss des Rektors entliehen werden; endlich

4. die übrigen Bücher, deren Entlehnung auf 4 Wochen unter den oben erwähnten Bedingungen gestattet ist.

Zum Schlusse seien noch die Vorschriften über das Verhalten der Leser erwähnt. In die Bibliothek darf nichts mitgebracht werden als Bücher, Papier, Feder und Tinte. Lautes Sprechen und Lesen, Unterhaltung, Rauchen, sowie jede Behinderung des Bibliotheks-Beamten ist streng untersagt. Wer dagegen verfehlt, verliert das Recht der Benutzung der Bibliothek oder der Entlehnung für die Zeit von einer Woche bis zu einem Jahre. Professoren und andere Mitglieder der Universitäts-Körperschaft unterstehen in dieser Beziehung dem Disciplinar-Strafrechte des Rektors.

Soviel über die Einrichtung der Kaiserl. Universitäts-Bibliothek in Japan.

Die Japanesen haben sich, wie wir auch aus dem Obigen ersehen, im Gegensatze zu ihren Nachbarn, den Chinesen, dem Einflusse der Kultur des Westens keineswegs verschlossen, sondern alle Errungenschaften derselben verwerthet und so eine Universität, beziehungsweise eine Universitäts-Bibliothek geschaffen, welche nicht nur allen Anforderungen des Landes entspricht, sondern auch sich mit vielen Bibliotheken auf unserem Erdtheile erfolgreich messen kann.

Dr. H. B.

Biographisches und Chronologisches zu mehreren Incunabeln.

Es ist für die Bibliographie und zumal für die Kenntniss räthselhafter Wiegendrucke von Werth, das einzelne Buch in Zusammenhang mit seinem Verfasser und mit seiner Zeit zu untersuchen. Einen Wiegendruck nur mit dem Auge betrachten, also nach seiner äusseren Seite allein, ohne Kenntnissnahme des Inhalts, wurde wiederholt verhängnissvoll für die Forschung. So konnte es geschehen, dass die Fälschung Fischer's, welcher durch Auskratzen von Ziffern die Jahreszahl 1482 in 1460 [1]) zu verwandeln verstand, allzulange unaufgedeckt blieb, bis Hessels den Text näher ansah und so auf die Fälschung geleitet ward.

So hat man versäumt, bezüglich der hier behandelten Schriften des Sifridus episcopus cyrenensis um den Verfasser und seinen Tod sich umzusehen und im Titel das quondam episcopus zu beachten; nur so war es möglich, diese Schriften zu Gutenberg'schen Drucken zu stempeln, — baare Unmöglichkeit.

Im Folgenden versuche ich durch Verbindung biographischer und chronologischer Notizen mit einzelnen Incunabeln letztere zeitlich fester zu bestimmen.

1.

Die Schriften des Sifridus.

Die beiden Drucke: Sifridus epus cyrenensis, Determinatio duarum quaestionum Hain 14723, und Sifridus ep.-cyr., Responsio

---

[1]) In dem einzigen Exemplar, welches die Hofbibliothek zu Darmstadt besitzt. Hessels, Gutenberg p. 111. 112; Roth, Druckerei zu Eltville S. 8.

ad quatuor quaestiones Hain 14724 spielen in der Bibliographie eine gewisse Rolle, da sie bald dem einen bald dem andern der ersten Mainzer Typographen, sogar, wie bemerkt, Gutenberg zugeschrieben worden.

Der Verfasser gehört unter die bedeutenderen Persönlichkeiten der Stadt Mainz, wie aus seinem Titel theilweise schon hervorgeht: Sifridus Dei et Apostolicae Sedis gratia Episcopus Cerenensis, sacre theologie professor, reuerendifsimi in Christo Patris & Domini D. Theodorici sancte Maguntinae Sedis aepi in pontificalibus et spiritualis Vicarius generalis, was er von 1446 an war; in anderen Urkunden tritt er auf als Adolfi aepi vicarius generalis. Die Hauptlebensumstände sind in Kürze folgende. Er war von Mainz gebürtig und hiess vor seinem Eintritt in den Predigerorden Sifrid Piscatoris[1]); er starb nicht, wie Trithemius angiebt, am 6. Mai, sondern auf Gallustag, also 16. October 1473; sein Grab erhielt er in der Klosterkirche seines Ordens zu Mainz. Seine Lebensumstände und Amtshandlungen sowie Stiftung eines Jahrtags und Verfügung über seine lateinischen und griechischen Bücher giebt Joannis, Rer.-mog. II, 433. 435. 908; dazu I, 125. 764. 781; Schunk, Beytr. II, 263.

Bei Eroberung der Stadt 1462 wollte er in Pilgerskleidern entrinnen, kam nur bis zur Vorstadt Filzbach, ward von Wigand Kalckborn erkannt und gefangen. Mainzer Chroniken (ed. Hegel) II, 55. Ueber seine litterarische Thätigkeit ist zu vergleichen: Historischpolitische Blätter LXXVII, 292. Laut ungedruckter Urkunde consecrirte er im Dome einen Altar am 20. August 1470.

Der Schluss beider Schriften Sifrids giebt uns einen sicheren Anhaltspunkt zur Zeitbestimmung beider Drucke, es heisst: Sifridi quondam Cyr. epi etc. determinationes finiunt, der Druck setzt den Verf. als ehemaligen, demnach bereits verstorbenen voraus; der Druck fällt also nothwendig nach 1473, auf welchen Umstand bisher noch nicht hingewiesen worden. Roth, Die Druckerei zu Eltville S. 8 setzt die Drucke zwischen 1480 und 90.

Die erhaltenen Exemplare der Determinatio zählt Hessels S. 109 auf; ein anderes zu Cassel nach Falk, Presse in Marienthal.

Von der Responsio (ausser Hessels Angaben) zu Cassel wie oben, zu München bei Rosenthal Cat. XLII No. 681; zu Strassburg bei Trübner, Verzeichniss 1886 S. 30.[2])

Ueber den Drucker beider Schriften vgl. Roth, Druckerei zu Eltville S. 8. 9.

---

1) Sifridus de Arena, wie Hain zu grösserer Verwirrung angiebt, war ein italienischer Dominikaner um 1270 und steht ausser aller Beziehung zu diesem Mainzer Sifridus. Hessels schreibt gleichfalls S. de Arena (p. 109), ebenso Roth S. 8.

2) Determinatio und Responsio in Seemiller I, 163 ohne Vermuthung bezüglich des Druckers.

2.
Ablassbrief-Fragment 1461.

Der Bibliograph G. Fischer fand zu Moskau in der gräflich Razumovski'schen Büchersammlung auf einer alten Buchdecke aufgeleimt ein jetzt gänzlich verschollenes Fragment von 110×55 Centimeter Grösse, welches Fragment einen Ablassbrief mit dem Datum 1461 enthält; er ist mit der Catholicontype gedruckt und beginnt: Notum sit vniversis presentes literas inspecturis . . . . . pro reparacione ecclesie Nuhusensis et ad opus fabrice ipsius intantum etc. Abgesehen von der stereotypen Formel sind zu beachten die Worte sanctifsimi domini nostri pij pape — Reynhardum Episcopum ac Rudolphum decanum Wormaciensem. Die hier erwähnte Kirche ist die Stiftskirche des hl. Cyriakus zu Neuhausen dicht bei Worms.[1])

Dieses Stift, das seine Anfänge in die Zeit des Königs Dagobert zurückleitete, erlitt schweres Ungemach in der Fehde des Mainzers Diether v. Isenburg mit Kurpfalz 1460: letztere war Schutzherr des Stifts. Ein Graf von Gleichen, in des Mainzers Diensten, hauste besonders übel in dem Stifte, in welches er mit 300 zu Pferde einfiel.[2])

Der damalige Wormser Bischof Reinhard von Sickingen that viel zur Heilung der Schäden und baute die Kirchen u. s. w. wieder auf, denn trotz seiner Neutralität hatte sein Bisthum in genannter Fehde schwer zu leiden.

Da Pius II. seiner Zeit die Stelle des Propstes am Dome zu Worms bekleidete[3]), so mochte er leicht zu bestimmen sein, dass er die Gläubigen durch Indulgenzgewährung zur Opferwilligkeit für Herstellung des herabgekommenen Stifts aneiferte.

In Rudolf erkennen wir den berühmten Domdecan Rudolf von Rüdesheim, dessen Leben und Verdienste Zaun in einer Monographie schilderte. Der Inhalt des Fragments stimmt zu den Zeitverhältnissen; an eine Fälschung Fischers ist in diesem Falle nicht zu denken.

Ueber die Officin, aus welcher der Ablassbrief hervorging, vgl. Hessels S. 174 und Roth S. 40.

3.
Statuta Moguntina.

Im Jahre 1451, auf Sonntag nach Martini begann im Dome zu Mainz unter Vorsitz des Erzb. Theodorich ein Provinzialconcil, dem alle Suffragane beiwohnten. Unter Anderen wurde beschlossen, der libellus vtilis et instructivus per S. Thomam de articulis fidei & sacramentis editus solle in omnibus tam provincialibus quam dioecesanis synodis gelesen und singulis rectoribus ecclesiarum parochialium mit-

---
1) Falk, Heiliges Mainz S. 161: Geschichte des Stifts.
2) Kräuer, Friedr. der Siegreiche S. 175, giebt zeitgenössischen Bericht Mainzer Chroniken, ed. Hegel II, 16; Heidelb. Matrikel ed. Töpke S. 302.
3) Schannat, Episc. Wormat. I, 76.

getheilt werden. Diese Synode und ihre Verordnung führte zu zwei Drucken, nämlich zum Drucke der Statuta Moguntina selbst und des Tractatus s. Thomae de articulis fidei.

a. Die Statuta Moguntina.

Die 1451 redigirten Statuta erhielten die Bezeichnung Statuta nova. Weil zugleich die Statuta des Erzb. Peter vom 1310ger Provinzialconcil mitbestätigt und mitgedruckt wurden, so hiessen diese Statuta vetera[1]), der ganze Druck: Statuta vetera et nova. Doch findet sich auch der Druck der nova ohne die vetera.

Von welchem Interesse diese Stücke sind, ergiebt sich aus dem Umstande, dass einer der Drucke längere Zeit als ein Gutenberg galt.[2]) Keiner der ersten Drucke hat ein Druckjahr.

Ich kenne folgende Statuta-Ausgaben:
1. Statuta vetera et nova. Hain 15039. Nach Ebert 21723 und Klemm's Katalog S. 124 ist der Druck dem J. Otmar von Reutlingen zuzuschreiben.
2. St. vetera et nova. Hain 15040. Nirgends findet sich eine Vermuthung über die Officin ausgesprochen. Ich erhalte durch den verehrten Herrn Martineau am Britischen Museum auf meine Anfragen gefl. Antwort. Die bei Kloss 2427 und 2429 vorgetragenen Ausgaben sind nicht ins Museum gekommen, wohl aber 2428. Die Lettern sind ganz klein; 41 Zeilen am zweiten Blatt. Kleine Buchstaben im Platze [an der Stelle], wo die grossen Initialen angebracht werden sollen; keine Kustoden; 4 Quaternionen, 2 Ternionen, 1 Quaternio; erstes und letztes Blatt leer. Unser Exemplar ist ohne Zweifel Hain 15040. — So weit der genannte Herr, welcher noch bemerkt, Kloss habe in das Exemplar hineingeschrieben: Panzer III. 138. 91 cf. I. 386. 4; Denis Suppl. p. 670. 5964 (Eustadii: Michael Reyser 1478/82).
3. Idem. Hain 15041. Klemm's Katalog S. 229 schreibt diese Ausgabe dem Joh. Pryss zu Strassburg (um 1482) zu. Wenn es am Schlusse von Ausgabe 2 und 3 heisst: Datum anno mill. quadringentes. quinquages. primo (1451), so bezieht sich diese Zahl auf das Concilsund Abfassungsjahr, keineswegs auf das Druckjahr.
4. Der Katalog Kloss 2429 giebt an: Statuta vetera et nova Moguntiae, Pet. Schöffer 1487/8. Diese Edition wollte mir sonst nirgends begegnen.
5. Im Jahre 1512 erschien eine selten gewordene Edition zu Hagenau per Henr. Grau expensis Conr. Hyst Spirensis. Panzer p. 77 gestützt auf: Weislinger p. 240; Thott VII, 179. Ein Exemplar beschreibt Strauss, Opera rariora in Rebdorf p. 85.
6. Die Stadtbibliothek zu Mainz besitzt ein Exemplar der Statuta vetera ohne die nova; sie beginnen Hec sunt statuta concilii moguntinensis a domino Petro acpo celebrata, 30 Seiten Kleinfolio in sehr

---

[1]) Hain 15039 sagt, st. antiqua, was in keiner Ausgabe vorkommt.
[2]) Ebert 21723; Panzer II, 135.

unbeholfenen Typen; ohne Seitenzahlen und ohne Kustoden. Es wird von anderer Seite über diesen merkwürdigen Druck unter Facsimile-Beigabe gehandelt werden. Kloss 2427 muss denselben Druck besessen haben, denn er sagt: Statuta (vetera) conc. mog. a dom. Petro aepo celebrata..... ante 1470, is printed with a very old, singular & rare type; this edition was been by many attributed to Guttenberg.[1])

b. Thomae ab Aq. libellus.

Die weitere den Libellus s. Thomae betreffende obige Synodalbestimmung führte zu dem frühen und häufigen Drucke des Tractats des hl. Thomas von Aquin[2]), welcher beginnt: Postulat a me nestra dilectio. Man vergleiche über die ältesten Ausgaben Hessels S. 173. Centralblatt 1885 S. 328.

Kl. Winternheim.   Dr. Falk.

Eine Bücheranzeige des 15. Jahrhunderts.[3])

In dem Göttinger Exemplar des von Günther Zainer 1477 gedruckten 'Buches von dem gelobten Land' (Hain 10311) fand sich, mit der Schriftseite auf beide Buchdeckel aufgeklebt, eine Bücheranzeige Günther Zainers vom Jahre 1476. Das Buch ist also wohl in der Druckerei gebunden worden. Die Anzeige besteht aus einem in zwei Stücke zerschnittenen Folioblatte. Ihre Anordnung entspricht der der früheren von 1474, welche von W. Meyer im II. Jahrgange des Centralblattes S. 450 f. herausgegeben und besprochen ist. Es folgen nach einer Ueberschrift von 4 Zeilen zunächst die lateinischen Werke und dann, durch einen Zwischenraum getrennt, die deutschen. Die untere Hälfte des Blattes, welche die deutschen Bücher enthält, hat oben etwas vom Texte eingebüsst, da der Falz, welcher in das Buch hineinragte (bei dem andern Blatte beträgt seine Breite etwa 1 cm), abgerissen ist. Vielleicht hat auch hier die Ueberschrift 'In teutsch' gestanden, wie bei der Anzeige von 1474. Von der ersten Zeile des Textes dieser untern Blatthälfte ist nur noch weniges aus den erhaltenen Resten einiger Buchstaben zu erkennen; das übrige ist nach Massgabe des Raumes vermutungsweise ergänzt. Die Typen der Anzeige sind die grossen gothischen, in der die meisten Werke Zainers gedruckt sind. Die Zusammengehörigkeit der beiden Bruchstücke ergiebt

---

1) Neuere Statuta-Ausgaben stehen in Hartzheim, Conc. Germ. V, 398; Lunig, Spicil. eccl. cont. II, 68; N. Coleti XIV, 1479.

2) Ein Theil der Concilsammlungen druckt die Concilstatuten und den Tractat von 1451 ab; er findet sich auch in Erhard et Quétif, SS. ord. praed. I, 333.

3) Vgl. C. f. B. VIII. S. 347 „Eine Bücheranzeige Günther Zainers", wo Folgendes zu berichtigen ist: Zeile 1 steht vor fibi ein Komma, nicht Punkt. Zeile 2 lies: pare. Zeile 3 lies: libitumq3.   D. Red.

sich aus dem Papierzeichen — einer von einem Kreise umgebenen Wage, die von einem Ringe überragt wird —, welches sich über beide Stücke erstreckt.

I.

¶ De fubinfertis bene effigiatis, emendatifq̃₃, fibi cō-pare affectantes, libris, Locum fubfignatum attingere non peraftinent, Vbi ad nutum, libitumq₃ flexibilem, reperirent venditorem.

¶ Pantheologiam in pulcra ac correcta litera
¶ Continuum fancti Thome fup quatuor euangeli, ftas cum textu feorfum, Al's, Aurea kathena.
¶ Summam confefforum Johannis cū additōuibȝ ex fexto decretalium. ¶ Summam pifani.
¶ Gregorium in regiftro. feu epl'as Gregorij.
¶ Egidium Romanum de regimīe principum.
¶ Scolafticam hyftoriam.
¶ Jfidoꝝ ethimologiaꝝ in pgameno et papiro.
¶ Conclufiones fententiarum.
¶ Wilhelmum parifienfem de duplici vniuerfo de fide et legibus ¶ Dauiticā margaritā fup pfalterio.
¶ Ouidium de amore et remedijs amoris.
¶ Donatum iuuenum in bapiro.
¶ Tabulas coninnctionum et oppofitionum cum prefentis anni minutionibus.

II.

[¶ Das bûc]h [d'] teutfchen B[ibel mit fi]g[uren, mit] g[röfs-]fem fleiß corrigiert vñ gerechtgemacht. Alfo dz alle fremhde teütfch vnnd vnuerftentliche wort, fo in den erftgedruckten klainen bybeln gewefen, gantz aufgethan, vñ nach dem latein gefetzt vñ gemacht feind.

¶ Eyn bůch das man nennet, den fpiegel menfchlichs lebens, mit hůbfchen figuren, das do gemacht ift von dem hochwirdigen herren heŕn Rodorico von hifpania Bifchoffe Zamarenfi, zů lob vnnd er dem heyligiften vnnd fáligiften herren heŕn Paulo dem anderen größten Bifchoff, da⸱ in difem, das ift in dem · Mcccc lxxvj · iar, vmb bete willen d' durchleúchtigen fúrftin vnfer frawen von öfterreich auß latein in teütfch gezogen vnd gemacht ift.

¶ Die kayferlichen lantrecht.
¶ Aderlaß zedel vnd weñ d' mon diß iars new wirt.

Dieses Verzeichniss bietet eine wichtige Hülfe bei der Zeitbestimmung Zainerscher Drucke: durch Vergleichung mit der früheren Anzeige lassen sich aus ihr leicht diejenigen Werke aussondern, welche in die Zeit zwischen dem Erscheinen der beiden Anzeigen fallen, also 1474 bis 1476. Dieser Zeitraum lässt sich noch etwas enger begrenzen. Die Anzeige von 1476 bietet zwei Kalender für das laufende Jahr an, sie kann daher nicht in das Ende des Jahres fallen, sondern wird in der ersten Hälfte desselben erschienen sein, wo eine derartige Anktündigung noch Werth hatte. Auch kennen wir wenigstens ein Druckwerk Zainers aus dem Jahre 1476, welches in der Anzeige noch fehlt, nämlich die Postille des Guillermus (Hain 8254). — Von der Anzeige von 1474 dagegen lässt sich mit Sicherheit behaupten, dass sie nicht in den Anfang des Jahres fallen kann. Sie enthält keine Anktündigung eines Kalenders, und da wir wissen, dass Zainer mindestens seit 1470 Kalender druckte (vgl. W. Meyer im Centralblatte II S. 438), so kann der Grund für dieses Fehlen nur die vorgerückte Jahreszeit sein. Die Anzeige ist ohne Zweifel unmittelbar nach der Pantheologia ausgegeben, deren Druck vielleicht einen grossen Theil des Jahres beansprucht hat, wenigstens ist aus dem Jahre 1474 mit Sicherheit kein grösseres Werk nachzuweisen. Schon vergriffen ist 1474 ein erst 1473 gedrucktes Buch, die Homilien Gregors, da sie in dieser Anzeige nicht mehr erscheinen.

Zur Controlle dient neben diesen beiden Bücheranzeigen das Verzeichniss der Bücher, welche Günther Zainer 'anno 1474 et sequentibus' bis zu seinem Tode 1478 dem Carthäuserkloster Buxheim geschenkt hat: unter diesen ist die Pantheologia das älteste, denn dieses ist das einzige Werk, welches schon in der Anzeige von 1474 vorkommt. Das Verzeichniss aus dem Liber Benefactorum von Buxheim ist gedruckt bei G. W. Zapf, Augsburgs Buchdruckergeschichte (1786) S. X und umfasst 18 verschiedene Werke; vgl. auch den Auctionskatalog der Bibliothek des Carthäuserklosters Buxheim vom J. 1883, S. 161 f.

Die erforderlichen Nachweisungen zu den einzelnen Werken schliessen sich der Reihenfolge der Anzeige an:

No. 1 (Pantheologia) = 1474 No. 1: im Buxheimer Verzeichniss (No. 1) 'pantheologiam in duobus voluminibus'.

No. 2 (Catena Aurea) Hain 1328: (G. Zainer); Buxh. (3).

No. 3 (Summa confessorum) Hain 7365: *1476* (G. Zainer); Buxh. (2).

No. 4 (Summa Pisani) Hain 2528: *1475* (G. Zainer); Buxh. (12).

No. 5 (Gregorii epistolae) Hain 7991: (G. Zainer c. 1472). Wenn diese Datirung richtig ist, so ist in unserer Anzeige eine spätere Ausgabe desselben Buches gemeint, da es in der Anzeige von 1474 nicht vorkommt. Ein nach 1474 von Zainer geschenktes (also auch wohl nicht schon längere Zeit vorher gedrucktes) Exemplar erwähnt das Buxheimer Verzeichniss (No. 5).

No. 6 (Aegidius Romanus) = 1474 No. 7.
No. 7 (Scholastica historia) = 1474 No. 5.
No. 8 (Isidorus) = 1474 No. 9.
No. 9 (Conclusiones sententiarum) Hain führt 7810 und 7811 zwei Ausgaben s. l. et a. von dem Werk des Henricus de Gorichem an, jedoch keine Zainersche. Wahrscheinlich ist gemeint des Johannes de Fonte compendium librorum sententiarum quatuor in modum conclusionum sententialiter compositum, Hain 7225: (G. Zainer), obgleich eine so abgekürzte Bezeichnung dieses Werkes ungewöhnlich erscheint. Auffallend ist es, dass der entsprechende Titel im Buxheimer Verzeichniss fehlt; im Auctionskatalog unter 2966 steht das Compendium des Johannes de Fonte.
No. 10 (Wilhelmus Parisiensis de duplici universo, de fide et legibus) fehlt bei Hain, der 8319 von der Schrift 'de universo' nur einen spätern Druck von Koberger citirt; von dem Werk 'de fide et legibus' ist 8317 ein Zainerscher Druck aufgeführt, von dem ein Exemplar in München vom Rubricator mit der Jahrzahl 1469 versehen sein soll. Allein unter den Büchern, die Zainer nach 1474 nach Buxheim schenkte, wird erwähnt (6) 'Willielmum de fide et legibus dupliciter', und in dem Auctionskataloge der Bibliothek werden unter 2975—77 drei Exemplare dieses Werkes verzeichnet, (unter denen doch jene beiden sich befinden werden,) welche als mit Hain 8317 übereinstimmend bezeichnet sind. Es ist daher, falls diese Übereinstimmung wirklich stattfindet, die Jahreszahl 1469 kaum aufrecht zu erhalten.
No. 11 (Davidica margarita) Hain 10754: (G. Zainer); Buxh. (14): 'titulos psalmorum cum expositione'.
No. 12 (Ovidius) = 1474 No. 11.
No. 13 (Donatus) fehlt bei Hain; Buxh. (15): 'textum Donati', jedoch nicht im Buxheimer Auctionskatalog.
No. 14 (Tabulae conjunctionum) fehlt bei Hain; nicht im Buxh. Verzeichniss.
No. 15 (Deutsche Bibel) Hain 3133: (G. Zainer c. 1473—75).[1]
Die Bibel ist in folio maximo gedruckt und ist so umfangreich, dass

---

[1] W. Walther (Die deutsche Bibelübersetzung des Mittelalters I. Braunschweig 1889, Sp. 96) führt den Nachweis, dass die 'Schweizer Bibel' aus der Zainerschen abdruckt, dass also der Zeitfolge nach Zainers Bibel die vierte ist und die Schweizer Bibel die fünfte. Nun befindet sich im Göttinger Exemplar der Schw. B. die Jahreszahl 1474 nachträglich eingedruckt; daraus folgert Walther (Sp. 105), dass Zainers Bibel vor 1474 vollendet sein müsse, und datirt sie c. 1473.
Allein diese Annahme ist sicher unrichtig. Das Fehlen der Bibel in der Anzeige Zainers von 1474 und ihr Auftreten in der von 1476 beweist, dass sie zwischen beide fällt, also Mitte 1474 bis Anfang 1476 (vgl. oben). Nehmen wir nun auch an, dass gleich nach der Pantheologia, nach deren Vollendung die Anzeige von 1474 erschien, der Druck der Bibel begonnen

sie gewöhnlich in 2 Bände gebunden worden ist; sie konnte deshalb wohl den 'erst gedruckten kleinen bybeln' gegenübergestellt werden: wahrscheinlich soll der Zusatz in dem Buxheimer Verzeichniss (4) 'insuper regali modo' dasselbe ausdrücken und würde in diesem Falle auch auf die erste Zainersche Bibel zu beziehen sein.

No. 16 (Spiegel menschl. Lebens 1476) Hain 13948: (nicht vor 1475. G. Zainer); Buxh. (9) 'Speculum humanae vitae in vulgari'.

No. 17 (Landrecht) vielleicht nicht 1474 No. 13, denn es sind zwei Ausgaben bekannt; Buxh. (13) erscheint eine neue Auflage (denn sie ist nach 1474 geschenkt) als 'libellus de legibus temporalibus in vulgari', die wahrscheinlich auch in diesem Verzeichniss angezeigt wird.

No. 18 (Aderlasszettel) fehlt bei Hain und im Buxheimer Verzeichniss.

Von diesen 18 Werken sind also 12 sicher nachzuweisen, theils als aus der Anzeige von 1474 bekannt (1, 6, 7, 8, 12 und vielleicht 17), theils sonst (2, 3, 4, 11, 15, 16). Drei Drucke, bei denen es sehr erklärlich ist, sind nicht nachweisbar: die beiden Kalender [1]) (14, 18) und der Donat (13); bei dreien endlich bleiben Zweifel (5, 9, 10).

Diejenigen Werke im Buxheimer Verzeichniss, welche in den beiden Bücheranzeigen fehlen, sind mit ziemlicher Sicherheit 1476—78 zu setzen. Es sind (6) 'Willielmum de fide et legibus' vgl. jedoch oben, (8) 'postillam super evangelia Guillerini' (datirt 1476), (10) 'Stephanum de Flisco', (16) 'lumen animae in latino' (datirt 1477), (17) 'historiam Barlaam et Josaphat', (18) 'duo confessionalia in vulgari'.

Göttingen, Mai 1891. [2])   K. Meyer.

---

werden konnte, so kann derselbe doch frühestens in der zweiten Hälfte des Jahres vollendet sein; dann kann aber der Nachdruck, die Schw. B., nicht mehr in dasselbe Jahr fallen, denn einige Zeit muss doch gerechnet werden auf das Bekanntwerden der Zainerschen Bibel, den Entschluss sie umzuarbeiten, die Ausführung dieser Arbeit und den Druck des umfangreichen Werkes selbst. Die Jahreszahl in dem Göttinger Exemplar der Schweizer Bibel ist also jedenfalls unrichtig.

Zainers Bibel liegt wahrscheinlich der Anzeige von 1476 zeitlich sehr nahe, denn sie scheint darin als Novität angekündigt zu werden; die Ausführlichkeit, mit der sie angezeigt wird, findet sich sonst nur bei eben erschienenen Büchern (so Rodericus Zamorensis in derselben Anzeige, ferner die Pantheologia in der von 1474 verglichen mit der kurzen Anzeige in dem spätern Verzeichniss). Danach würde 1475 als Jahr ihres Erscheinens die grösste Wahrscheinlichkeit haben.

1) Der Verwaltung der Münchener Bibliothek verdanke ich die Mittheilung, dass auch unter den Einblattdrucken dort Zainersche Kalender auf das Jahr 1476 nicht vorhanden sind.

2) Inzwischen ist von K. Burger im vorigen Jahrgange S. 347 eine Bücheranzeige Zainers bekannt gemacht, die sich offenbar mit der ersten Hälfte der hier mitgeteilten deckt; vgl. die Berichtigung S. 130 Anm. 3, zu der noch das Komma nach 'effigiatis' sowie einige Verwechselungen von s und ſ, r und ꝛ hinzuzufügen wären.

Recensionen und Anzeigen.

Janauschek, Leopoldus, Bibliographia Bernardina qua Sancti Bernardi primi abbatis Claravallencis operum cum omnium tum singularium ac versiones vitas et tractatus de eo scriptos quotquot usque ad finem anni MDCCCXC reperire potuit collegit et adnotavit P. L. J. Vindobonae. In commissis apud Alfredum Hölder. 1891. S. XXXVII u. 558 in 8°.

Mit wahrem Bienenfleiss hat in diesem 4. Theile der 1891 erschienenen Xenia Bernardina (S. 490) der moderne Geschichtschreiber des Cisterzienser Ordens alle Ausgaben der Werke des Doctoris mellifini und alle über ihn geschriebenen Arbeiten bis zum Jahre 1890 verzeichnet. Wir wünschten nur, er hätte, um in dem Bilde zu bleiben, etwas mehr Wachs dazu gethan, und seine Beute auch in Zellen und Waben untergebracht. Denn so wie es hier vorliegt, ist es doch eine etwas ungeordnete Masse, welche auch die besten Indices zum Gebrauche nicht recht geniessbar machen. Der gelehrte und fleissige und, wie wir zu unserem lebhaften Bedauern hören, durch körperliche Leiden an der Arbeit sehr behinderte Presbyter von Zwettl hat nämlich das eigentliche Corpus seiner Bibliographie nur chronologisch geordnet erscheinen lassen. In einer Einleitung sind freilich die ächten, und untergeschobenen Werke und die dem h. Bernhard beigelegten Gedichte getrennt aufgeführt. Aber in der grossen bibliographischen Revue S. 3 u. f. sind die Ausgaben der Werke Bernhards von Clairvaux nicht nach Gesammt- und Einzel-Ausgaben geordnet und die Schriften über ihn mit den Werken Bernhards promiscue lediglich in chronologischer Reihenfolge verzeichnet. Da nun das Schriftenverzeichniss sich nicht auf die Handschriften erstreckt — nur eine Anzahl (129) von Werken über den h. Bernhard, welche nur handschriftlich vorhanden sind, werden in der Introductio pag. XXIII—XXXVII, aufgeführt — sondern lediglich Druckwerke verzeichnet werden, die mit dem Jahr 1464 beginnen, so ergiebt sich daraus schon der eine Uebelstand, dass viel früher abgefasste Werke (z. B. No. 40) erst bei ihrem Druckjahre aufgeführt werden können, die historische Ordnung also doch durch eine rein zufällige ersetzt wird. Wir hätten gewünscht, dass die Werke des h. Bernhard selbst und die Bücher über ihn getrennt behandelt worden wären. Dann wäre vielleicht auch die zum Theil willkürliche Auswahl der Werke über den Heiligen etwas vermieden worden. Denn wenn es auch gewiss schwer ist, die rechten Grenzen zu finden, innerhalb deren allgemeine Werke herangezogen werden sollen, so glaube ich doch, dass diese leichter zu treffen sind, wenn man Gleichartiges geordnet vor sich hat. Warum einzelne allgemeine Geschichtswerke z. B. hier angezogen werden, wie die Weltgeschichte von Becker, Weiss u. s. w., während andere wie Weber, Schlosser fehlen, ist doch nicht ersichtlich, beruht aber sicher auf Zufälligkeiten. Denn sonst, und das müssen wir diesen Ausstellungen gegenüber als die Hauptsache betonen, ist die Bibliographia Bernardina ein vortreffliches Werk, in dem die Literatur zum Theil aus ganz entlegenen und zerstreuten Quellen in 2761 Nummern zusammengestellt ist wie kaum über einen andern grossen Theologen des Mittelalters. Auch die Register, aus denen man sich die Angaben über die Werke relativ leicht zusammensuchen kann, sind sehr genau und gut gearbeitet. (S. 544 lies Reuter für Reutter, Herm.) Die Beschreibung der einzelnen Ausgaben, wo diese nöthig ist, ist recht sorgfältig und genau. Auch wird angegeben, wo sich einzelne seltene Drucke finden. Auch sind andere zweckmässige, bibliographische Nachweisungen nach Bedürfniss den einzelnen Titelaufnahmen beigefügt. Die Ausstattung des Werkes ist als eine vorzügliche zu bezeichnen.   x. x.

Katalog der Danziger Stadtbibliothek, verfertigt und herausgegeben im Auftrage der städtischen Behörden. Band I, Theil 1. Die Danzig betreffenden Handschriften. Danzig, Druck von A. Schroth, 1892. gr. 8°. XII, 851.

Die Zahl der aus den beiden Provinzen Ost- und Westpreussen bisher gedruckten Handschriftenkataloge ist nur klein. Sicht man von einigen Schulprogrammen, mehreren Aufsätzen in den preussischen Zeitschriften des vorigen Jahrhunderts und den kurzen Aufzählungen der historischen Handschriften im Archiv der Gesellschaft für ältere deutsche Geschichte ab, so ist eigentlich nur Steffenhagen's Katalog der juristischen und historischen Codices der Königsberger Königlichen und Universitäts-Bibliothek zu nennen, dessen Vortrefflichkeit in Anlage und Ausführung es um so mehr bedauern lässt, dass er nur einen Theil des dort vorhandenen Handschriftenvorraths erschöpft. Jetzt tritt ihm der Anfang der Handschriftenbeschreibung des zweiten grossen Büchercentrums in Preussen, der Stadtbibliothek zu Danzig, an die Seite, bearbeitet von dem jetzigen Stadtarchivar, Archidiaconus Bertling, der vor Uebernahme seines gegenwärtigen Amtes auch an der Stadtbibliothek thätig war. Er hat den Beginn mit demjenigen Theile der Handschriften gemacht, der für die einheimischen Benutzer von der grössten Bedeutung ist, den Danzig betreffenden Handschriften. In 20 Abtheilungen nach den verschiedenen Functionen des alten Danziger Freistaates (bis 1793) geordnet, führt B. 782 einzelne Codices in sehr genauer, oft seitenlanger Beschreibung auf. Alle Handschriften gehören den vier letzten Jahrhunderten an: was in Danzig, von den Kirchenbibliotheken abgesehen, von Denkmälern der Geschichte und Verwaltung aus dem Mittelalter erhalten ist, wird nicht in der Stadtbibliothek, sondern in dem in ganz Nordosteuropa wohlbekannten Stadtarchiv aufbewahrt. Die meisten dieser Folianten und Quartanten des 17. und 18. Jahrhunderts entstammen den Sammlungen der Danziger Patrizier, die im Rath und auswärtigem Dienst der Vaterstadt darauf bedacht waren, nicht nur die Acten der eigenen Thätigkeit der Nachwelt zu erhalten, sondern auch ein lebhaftes Interesse für die Vergangenheit hegten: besonders sind Valentin Schlieff (1680—1750) und Daniel Gralath (1739—1809) zu nennen, deren Sammlungen durch Kauf und Schenkung in die Stadtbibliothek übergegangen sind. Ueber diese alten Danziger Privatbibliotheken orientirt in dankenswerther Weise S. 609 - 620, wo B. acht dieser Büchersammlungen und die Art ihres Erwerbes durch die Stadtbibliothek erörtert. Ein zweiter Anhang, S. 621—702 enthält eine alphabetische Zusammenstellung aller in der Handschriftenbeschreibung aufgeführten Verfasser und bietet, meist kurz und treffend, nur bei bedeutenderen Autoren wie Gottfried Lengnich ausführlicher, ein Danziger Schriftstellerlexikon von ca 1550—1800: hier hat dem Verfasser seine genaue Kenntniss des Stadtarchivs die wesentlichsten Dienste geleistet. Eine Concordanz der Nummern des gedruckten Verzeichnisses mit den Standortsignaturen (S. 704—714) und ein sorgfältiges Register aller Namen und Sachen bilden den Beschluss. Von Einzelheiten möchte Referent auf n. 487 u. 26 (S. 242), Abschrift eines Kataloges der Bibliothek der Marienkirche in Danzig aus dem 15. Jahrhundert (das Original ist noch in der Kirchenbibliothek), den weder Becker noch Gottlieb anführen, hinweisen. No. 577, 9 der biere namen und 685 u. 31 Statuta von 1309 waren als Stücke aus der Lügenchronik Simon Grunau's zu bezeichnen, das in n. 742, 31 angeführte Privilegium für die Lübecker von 1263 erliess nicht Sambor, sondern Swantopolk von Pommerellen. Im Schriftstellerlexikon sieht sich der Verfasser an einigen Stellen zu dem Geständniss gezwungen, dass er über den betreffenden Autor nichts habe ermitteln können, so 645 Franconius, 665 Loeachius und Lomollner. Bei den beiden ersten Namen (sie beziehen sich, wie aus dem Register zu ersehen ist, auf die Hss. 747, 8 u. 59, 11) helfen die polnischen Bibliographien von Esterreicher und Wierzbowski etwas weiter: Matthäus Franconius liess von 1529—1551 14 Schriften in Krakau bei Scharffenberg und Victor erscheinen, während die Gedichte des Schotten Andreas Loeachius dem Ende des 16. Jahrhunderts angehören. Wichtiger ist der dritte Unbekannte, Johannes Lomollner (seu Lomoller Dantiscus), von dem n. 530 ein Epithalamium in nuptias Sigismundi regis Poloniae (1512) vorliegt, dem Joh. Linod. Dantiscus (d. i. Johannes Flachsbinder, Linodesmoua (Wierzbowski, Bibliographia Polonica II n. 873) eine Widmung ad lectorem vorangeschickt hat. Der Autor gehörte also zum Kreise des bekannten Humanisten und Prälaten Dantiscus — vielleicht ist er kein anderer als der spätere Rigische Rathssecretär Johannes Lohmüller (Lohmoller in den Rigischen Erbebüchern von Napierski 1888, II, n. 513. 569. 671, in Danzig heisst noch heute eine bestimmte Oertlichkeit die Lohmühle), der 1517 Kanzler des Erzbischofs Jasper von Riga, 1520 Rathssecretär der Stadt Riga wurde und 1536 in die Dienste des Herzogs Albrecht von Preussen trat: „Geburts-, Jugend- und Bildungsgeschichte ist unbekannt", sagt von ihm Tschackert, Urkundenbuch zur Reformationsgeschichte des Herzogthums Preussen I, 174. — Der Danziger Handschriftenkatalog verdankt, wie so vieles Gemeinnützige in jener Stadt, sein Dasein der regen Förderung des ehemaligen Oberbürgermeisters von Winter — ihm sollen die auf Danzig bezüglichen Drucke folgen. Möge auch ein weiterer Band der Handschriftenbeschreibung nicht lange auf sich warten lassen. M. Perlbach.

Aufrecht, Theodor, Catalogus Catalogorum. An alphabetical Register of Sanskrit Works and Authors. Printed for the German Oriental Society. Leipzig 1891. pp. VIII, 795. 4°.

Aufrecht schliesst seinen Catalogus Catalogorum mit den Worten: Augiae stabulis purgatis plaudite amici. Und niemand wird ihm den Beifall versagen, der ermessen kann, eine wie gewaltige Arbeit hier gethan ist. Selbst damit beschäftigt, einen Theil der Manuscripte des Deccan College in Poona zu katalogisiren, bin ich durch die Güte von Dr. Rost und die Liberalität der Indischen Regierung in den Besitz eines grossen Theils der in Indien gedruckten Verzeichnisse von Sanskrit-Manuscripten gelangt und habe sie beständig zu Rathe gezogen. So weiss ich aus eigener Erfahrung, wie schwierig und zeitraubend es ist, alles Material über einen Autor oder ein einzelnes Werk zusammenzubringen und wie oft man der Gefahr ausgesetzt ist fehlzugreifen, da ein grosser Theil der Listen ganz unzuverlässig ist. Aufrecht hat in dem vorliegenden Werke alle in Europa und Indien gedruckten Handschriftenkataloge zu einem Ganzen verarbeitet und die einzelnen Werke in alphabetischer Reihenfolge mit genauer Angabe der Quellen verzeichnet. Ausserdem sind aber auch die Autoren besonders aufgeführt und bei jedem alle Werke zusammengestellt, die ihm angehören oder zugeschrieben werden. Hier war es ganz besonders schwer, immer das Richtige zu treffen; in vielen Fällen, wie bei den Namen Kālidāsa, Kṛṣṇa, Çaṃkara, blieb nichts übrig, als schliesslich noch Alles zusammenzufassen, was unter den Namen geht und eine Entscheidung der Zukunft zu überlassen. Endlich hat Aufrecht auch die Namen der Dichter aufgenommen, die in den Anthologien, dem Sūktikarṇāmṛta, der Subhāṣitāvali und der Çārṅgadharapaddhati erwähnt werden. So ist der Catalogus Catalogorum zugleich ein unentbehrliches Hülfsmittel für das Studium der Sanskritlitteratur.

Nicht benutzen konnte Aufrecht den kleinen Catalogue des Manuscrits Sanskrits de la Bibliothèque Impériale von Hamilton und Langlès, Paris 1807. Ein Schaden ist daraus seiner Arbeit nicht erwachsen. Ich besitze das Buch seit vielen Jahren und habe die Table des Auteurs et des Ouvrages mit Aufrechts Catalogus verglichen. Die Listen der Pariser Bibliothek, die Aufrecht zur Verfügung standen, enthalten Alles, was in dem Catalogue steht, der voll von Irrthümern ist. Absichtlich ausgeschlossen sind wohl die buddhistischen in Sanskrit geschriebenen Werke, was mancher bedauern wird.

Das Werk ist auf Kosten der Deutschen Morgenländischen Gesellschaft gedruckt und hat eine gewaltige Summe erfordert. Uebrigens besitzt die Bibliothek der Gesellschaft ausser wichtigen Handschriften in bhāṣā und nordbuddhistischen, wenigstens zwei Sanskrithandschriften, die der Catalogus nicht verzeichnet: das Kārttikamāhātmya, ein Theil des Padmapurāṇa, eine nicht unwichtige Handschrift (Katalog der Bibliothek der Deutschen Morgenländ. Gesellschaft II, p. 41 und den Gītagovinda mit dem Kommentare eines Nārāyaṇa aus Potts Nachlass (Zeitschrift der D. Morgenl. G. 41, p. XXXVI). Einen Nachtrag, der die Handschriften der italienischen Bibliotheken behandelt, hat Aufrecht, wie ich höre, im Druck. R. Pischel.

Mittheilungen aus und über Bibliotheken.

Den Anlagen zum Staatshaushalts-Etat für das Jahr vom 1. April 1892/3 entnehmen wir folgende Angaben, welche sich auf den Etat der preussischen Bibliotheken beziehen. — Für die Königl. Bibliothek zu Berlin sind mehr ausgeworfen: die Durchschnittsbesoldung für einen Kustos mit 4500 M. nebst 900 M. Wohnungsgeldzuschuss, sowie die Anfangsbesoldung für einen Bibliotheksdiener mit 1000 M. nebst 240 M. Wohnungsgeldzuschuss. — Zur Remunerirung eines Kanzlisten und Bibliotheks-Hülfsarbeiters am Seminar für orientalische Sprachen ist unter Mitverwendung bereits verfügbarer 900 M. ein gleicher Betrag angesetzt. — In Bonn hat der Fonds für Heizung, Beleuchtung und Reinigung der Bibliothek eine Verstärkung um 939 M. erfahren; für die Löhnung eines Heizers sind 1000 M. bestimmt. Von den einmaligen und ausserordentlichen Ausgaben ist die dritte und letzte Rate für den theilweisen Um- und Neubau der Bibliothek, einschliesslich der Kosten für innere Einrichtung und des Umzuges, mit 59300 M. angesetzt. — In Breslau sind zur Gewährung des Wohnungsgeldzuschusses an einen Kustos nach Einziehung seiner Dienstwohnung 660 M. bestimmt; ferner an einmaligen und ausserordentlichen Ausgaben zur Ausführung eines theilweisen Umbaues der Universitätsbibliothek 37000 M. Es besteht nämlich die Absicht, für das Lesezimmer, Bücherausleihezimmer und die Arbeitsräume, die sämmtlich zu klein sind und bei dem gesteigerten Geschäftsverkehr nicht mehr genügen, andere Räume im Bibliotheksgebäude zu verwenden, bezw. durch Zusammenlegung grössere Räume zu gewinnen und einzurichten, in den jetzigen Geschäftsräumen aber Bücher aufzustellen. — Zur Verstärkung des Büchervermehrungs- und Bindefonds an der Universitätsbibliothek zu Göttingen, sowie zu sonstigen Bedürfnissen sind 3000 M. angesetzt. — Auch der sächliche Ausgabefonds der Bibliothek zu Greifswald ist um 600 M. erhöht. — In Königsberg sind zu gleichem Zwecke 1500 M. bestimmt, ausserdem 1500 M. zur Remunerirung eines Hülfsarbeiters. — Für die Bibliothek der biologischen Anstalt auf Helgoland sind nur 5000 M. ausgeworfen, indem beabsichtigt wird, derselben durch Ueberweisung von Doubletten aus den Universitätsbibliotheken zu Hülfe zu kommen.

In der Römischen Quartalschrift für christliche Alterthumskunde und Kirchengeschichte Jahrg. 5 (1891) beginnt der Professor der Theologie Dr. Albert Ehrhard in Strassburg, als einen Beitrag zur griechischen Paläographie, eine bedeutende Arbeit über die griechische Patriarchal-Bibliothek von Jerusalem und behandelt zunächst in einem ersten Kapitel (Seite 217—65, 329—31 und Nachtrag 383—84) die früheren Bibliotheken in Palästina. Wir heben daraus in Kürze das Folgende hervor: Bereits um 212 wurde vom Bischof Alexander eine Bibliothek in Jerusalem gegründet, die Eusebius benutzte, von der nachher aber keine Spur wieder zu finden ist. Bedeutender war die in Cäsarea von Origenes oder dem Freunde des Eusebius, Pamphilus (3. Jahrh. 2. Hälfte) gegründete Bibliothek, die Eusebius und Hieronymus benutzten, von der nachher ebenfalls alle Nachrichten verstummen. Zuletzt erwähnt sie Isidor von Sevilla, der ihren Bestand — viel zu hoch — auf 30000 Bände schätzt; sie ist vielleicht bei der Eroberung Cäsareas durch Chosroes zerstört, zerstört ist sie jedenfalls gründlich. Aber es haben sich, da Pamphilus und Eusebius Schreiberschulen einrichteten, zum Glück Copien aus der Bibliothek erhalten. Dazu gehört der Codex Sarravianus (Paris und Leyden), den Tischendorf Ende des 4. oder Anfang des 5. Jahrhunderts setzt, Montfaucon kannte keine ältere Handschrift. „Trotz ihres frühen Untergangs ist die Bibliothek von Cäsarea für die griechische Paläographie und gerade für die ältesten griechischen Handschriften von wahrer Bedeutung". — Ferner wurde in Bethlehem eine Bibliothek von Hieronymus gegründet, in der nicht nur Bibelhandschriften, Kommentare zu den biblischen Schriften, die Werke des Origenes, sondern auch Klassiker sich fanden wie Cicero, Vergil, Plato u. A.; sie ist wahrscheinlich noch zu Lebzeiten des Hieronymus bei dem Ueberfall der Pelagianer in Flammen aufgegangen. Ausserdem haben Bibliotheken im Kloster der heiligen Paula und der heil. Melania in Jerusalem und in dem der Einsiedler auf dem Oelberg bestanden. — „Eine neue Entwickelungsperiode begann, als um die Mitte des 4. Jahrh. in Jerusalem und im übrigen Palästina die vielen Klöster aufblühten, deren keins einer Bibliothek entbehrt haben wird. Ueber ihre Zahl, ihre Bestände, ihre Handschriften werden wir wohl in aller Zukunft keine befriedigende Antwort geben können". Wir wissen über den literarischen Zustand in diesen bis auf wenige Ausnahmen völlig zerstörten Klöstern gar zu wenig, und Vorarbeiten fehlen fast ganz. Verhältnissmässig wenige Handschriften haben sich von Palästina nach Europa gerettet, und nur eine ganz kleine Zahl von Handschriften lässt sich hier als palästinisch nachweisen. Wir können dem Verfasser bei seiner überaus fleissigen und scharfsinnigen Aufspürung solcher Handschriften, bei der er reichstes paläographisches Wissen mit genauer Kenntniss der Geschichte der in Frage kommenden Codices verbindet, nicht bis ins Einzelne folgen. Er weist Handschriften nach aus der Bibliothek von Tiberias bei Genesareth (das Psalterium Uspenskyanum in St. Petersburg (?), die älteste datirte Uncialhandschrift, von 862), aus dem Kloster Saba (die älteste Minuskelhandschrift), aus Betlehem, aus dem Kloster des H. Johannes Chrysostomus in der Jordanebene, dem Johanneskloster am Jordan, dem Michaelskloster in Jerusalem, dem Gethsemanekloster u. s. w. Man darf mit Spannung dem 2. Kapitel der Ehrhard'schen Arbeit entgegensehen. W.

— Der Vorstand der Bodleian library zu Oxford, Herr Edward W. H. Nicholson, giebt jetzt in Photolithographie, sehr gut ausgeführt, bei Bernard Quaritch ganz seltene Druckwerke seiner Sammlung heraus. Erschienen sind bis jetzt zu billigem Preise (1½ u. 1 Sh.) zwei Brochüren der Bodleiana. 1. ars moriendi | that is to faye the craft for to deye | for the helthe of mannes fowle. | Photolithographed of the unique and perfect copy | printed about 1491 | by William Caxton or Wynken de Worde. 2. Ordine della soleñissima | processione fatta dal | sommo pontifice nell' alma | citta di Roma. | Per la felicissima nova della destruttione della | sette vgonotana. | Der Druck dieser Piece fand in Rom 1572 statt. Beide Drucke hat Herr Nicholson mit kurzen Einleitungen versehen, die selbstverständlich nicht auf die Gegenstände der Drucke sachlich eingehen, sondern nur bibliographisch gehalten sind.

— La Bibliothèque royale de Bruxelles en 1889. M. le conservateur en chef Ed. Fétis vient de publier son rapport sur la situation de la Bibliothèque royale en 1889. (Bruxelles, A. Manceaux, 1891, 50 p.) Nous empruntons quelques renseignements à cet intéressant travail.
Débutant par des considérations générales, M. Fétis constate, une fois de plus, que les ressources ordinaires de la bibliothèque sont insuffisantes; le budget, obligé de payer presque toutes les 1327 revues qu'elle reçoit et ayant de lourdes charges à supporter pour la reliure, ne peut pas faire beaucoup d'acquisitions. Ce n'est que grâce à la bienveillance du gouver-

nement, qui lui a octroyé un subside de 9000 francs, que la bibliothèque a pu profiter des ventes si importantes de M. Spas d'Anvers, et de MM. de Neufforge et R. Chalon. Quant aux donations et aux échanges internationaux, ces sources ont continué à ne pas produire beaucoup.

Revenant une fois encore sur la question du prêt des manuscrits à l'étranger, M. Fétis demande qu'on le supprime. „Les conservateurs de dépôts publics, dit-il, doivent faire des voeux pour qu'on renonce partout à un échange de complaisances dont les conséquences risquent d'être funestes pour la science. On se récrierait s'il était question de faire voyager les tableaux d'un musée pour la plus grande facilité des écrivains qui s'occupent de l'histoire des arts. Pourquoi se montre-t-on plus accomodant pour les manuscrits qui ne sont pas moins précieux, qui le sont plus parfois, étant uniques, que certaines toiles de maitre, dont l'immobilisation dans les galeries publiques est cependant absolue?"

Cette considération ne manque pas de force; resterait à voir ce que demande l'intérêt de la science. Hâtons-nous d'ajouter qu'elle ne s'applique nullement au prêt des livres à l'étranger et à l'extérieur et que M. le conservateur en chef ne dit rien au sujet de cette question qui, comme ou le sait, a reçu, au congrès d'Anvers, une solution si stupéfiante. (Centralblatt, IX. p. 31—32.) Le rapport contient aussi d'intéressants renseignements sur la Bibliographie de Belgique, „dont la surveillance est confiée au conservateur en chef et qui est l'objet des soins aussi éclairés qu'actifs du conservateur de la cinquième section... D'après les clauses d'un contrat passé entre le Gouvernement et l'éditeur de cette publication, celui-ci est tenu de se procurer tous les ouvrages édités en Belgique, de les annoncer dans la Bibliographie et de les déposer à la Bibliothèque royale contre remboursement, par l'Administration supérieure, du prix diminué d'une remise convenue. Le dépôt obligatoire n'existant pas en Belgique et la publicité, pour les annonces de librairie, fonctionnant très imparfaitement avant l'établissement de la Bibliographie, la Bibliothèque royale était fort mal fournie jadis d'ouvrages de nos écrivains nationaux et l'on se plaignait à juste titre de cette lacune de ses collections. Grâce au mécanisme bien conçu de la Bibliographie de Belgique, d'une part le mouvement intellectuel du pays est connu tant ici même qu'à l'étranger, et, d'une autre part, la Bibliothèque royale est tenue au courant de ce mouvement par le dépôt des publications de tout genre, qu'elle est en mesure de fournir aux travailleurs qui fréquentent ses salles de lecture."

Passons à l'examen des détails.

1re section. Imprimés. Conservateur: M. Gossart.

Le mouvement de la salle de lecture, qui avait comporté en 1888 42,918 demandes faites par 24,555 lecteurs (297 séances de jour), s'est élevé, en 1889, à 45,171 demandes faites par 26,022 lecteurs (également 297 séances). Le soir, dans les 293 séances de 1889, on avait satisfait à 7,594 demandes de 4,603 lecteurs; en 1889, pour 296 séances, il y a eu 8,078 demandes de 4,926 lecteurs. Total général des demandes: 50,512 pour 1888 et 53,248 pour 1889.

On a prêté au dehors 2,793 volumes à 195 personnes en 1889 contre 2,511 volumes prêtés à 211 personnes en 1888. Il y a diminution sur les années antérieures.

La salle des périodiques a reçu le jour 9,255 visites et 9,912 le soir, respectivement pour 297 et 296 séances. L'augmentation de ces chiffres provient, en partie, de ce que, depuis l'incendie de la bibliothèque de l'université, beaucoup d'étudiants en sciences et en médecine s'adressent à la Bibliothèque royale.

Le travail des catalogues avance régulièrement. Pour celui du fonds Faber, on a confectionné 17,367 bulletins. Quant à celui des incunables, (Cinquième section), il est toujours sur le métier. „C'est un travail très lent, fort minutieux, mais lorsqu'il sera terminé, il sera, nous l'espérons, digne du fonds précieux dont il fera ressortir les richesses."

Quant aux reliures, il y aurait à cartonner 5000 volumes de journaux et à brocher 9000 volumes de revues. Il faudrait évidemment un crédit spécial pour cet objet.

2e section. Manuscrits. Conservateur: M. Ruelens.

978 travailleurs ont obtenu communication de 2,538 manuscrits et de 511 imprimés; 107 manuscrits ont été prêtés au dehors, dont 10 à l'étranger.

On apprendra avec plaisir que, depuis plus d'un an, le conservateur s'occupe du catalogue détaillé et raisonné des acquisitions de Cheltenham. „Ce travail aura l'importance de deux gros volumes; il est arrivé au delà du tiers de son étendue et sera vraisemblablement terminé dans le courant de l'année prochaine."

Les accroissements sont de 129 volumes, dont 78 acquis au prix de 3,295 f. 45 et 51 à titre gratuit. Outre plusieurs travaux généalogiques importants, provenant de la vente de Neufforge, des lettres de jésuites relatives aux controverses du jansénisme, des poésies inédites de J. B. Willems, la correspondance de l'historien Th. Juste, etc., nous signalerons 26 portefeuilles ou volumes de notes recueillies par M. G. Dodd, ancien archiviste des hospices pour servir à l'histoire, principalement de la sculpture dans les Pays-Bas. C'est le fruit d'un travail de quarante ans.

3e section. Estampes, cartes et plans. Conservateur: M. H. Hymans.

Il y a eu, à cette section, 800 demandes de communication. Grâce à d'heureuses circonstances, la section a pu acquérir en une fois une belle collection de plus de 1,600 pièces. Avec d'autres acquisitions, les entrées se sont élevées à 3,705 pièces, dont 222 ont été données. La dépense totale a été de 3,905 francs 65.

On a catalogué l'oeuvre de Hollar (800 pièces) et les 14 volumes de portraits de Schubert.

4e section. Cabinet de numismatique. Conservateur: M. C. Picqué.

Les entrées ont été de 50 pièces acquises pour une somme de 749 francs, de 10 pièces obtenues par voie d'échange et de 501 pièces données. Ces donations comprennent notamment une riche collection de monnaies de l'archipel indien, généreusement offerte à la Bibliothèque par M. von Ende, ancien capitaine de l'armée néerlandaise.

5e section. Acquisitions. Conservateur: M. Petit.

La Bibliothèque s'est enrichie de 1995 volumes, soit par des donations, soit par des achats, dont le prix s'est élevé à 19,362 francs 58. Les périodiques et les ouvrages en cours de publication constituent une dépense de 25,000 francs. Les frais de reliure se sont élevés, pour la section, à 1973 francs 70.

Le catalogue des acquisitions faites en 1889 a paru au Moniteur belge de 1890, août et septembre, p. 2310—2311, 2326—2327, 2341—2343, 2357—2358, 2366—2368, 2450—2451, 2459—2460, 2502—2503, 2515—2516, 2527—2528, 2535—2536, 2681—2682 et 2697—2698.

Celles de 1888 sont cataloguées au Moniteur belge de 1889, septembre à novembre, p. 2744—2745, 2759—2760, 2769—2771, 2825—2826, 2833—2835, 2870—2871, 2876—2878, 2931—2932, 2947—2949, 2956—2958, 2997—2998, 3017—3019, 3033, 3060—3061, 3074—3075, 3098—3099, 3158—3159, 3172—3173, 3265—3266, 3272—3273, 3396, 3406—3407 et 3411—3412.

Victor Chauvin.

Zu den amerikanischen Bibliotheken, die regelmässige Publicationen herausgeben, zählt seit dem November v. J. auch die Oeffentliche Bibliothek von Los Angeles in Californien. Ihr Organ, das monatlich erscheinende „Public Library Bulletin", will nicht bloss ein Accessionscatalog sein — noch weniger freilich ein bibliothekarisches Fachblatt —, sondern auch dem Publikum, das die Bibliothek benutzt, allerhand nützliche und interessante Nachrichten bieten. So ist z. B. gelegentlich eines in der Stadt angekündigten Vortrages von George Kennan über Sibirien die ganze in der Bibliothek vorhandene Literatur über das russische Reich zusammengestellt; da ein städtischer Kunstverein als Programm für seine Wintersitzungen das Studium der chaldäischen Kunst aufgestellt hat, so wird ein Ueberblick der Literatur über orientalische Kunst geboten. Auf diese Weise sucht die Bibliotheksverwaltung das Interesse des Publikums für die Bibliothek zu beleben und zu fördern. Ausserdem bringt das Bulletin das Supplement zu der officiellen Finding List. — Aus den die Bibliothek selbst betreffenden Notizen des Bulletin heben wir folgendes heraus: die Bibliothek zählt gegenwärtig 25140 Bände. Der Zuwachs im Jahre 1891 betrug 7312 Bände. Benutzt wurden 204067 Bände und zwar 87804 im Lesesaal, 116263 ausserhalb der Bibliothek. Davon entfallen auf Belletristik 101553. Die Zahl der Benutzer betrug 5758 bei einer Gesammteinwohnerschaft der Stadt von 50395 Seelen. Das Einkommen der Bibliothek stellt sich auf 11960 Dollars, indem von 100 Dollars steuerbarem Einkommen für die Bibliothek 2½ Cents erhoben wurde. Die Bibliothek ist geöffnet Wochentags von 9 bis 9½ und Sonntags von 1 bis 6 Uhr. Bezeichnend ist noch, dass zu den vier am meisten gelesenen Büchern Darkest Africa und Ben Hur gehören. W. Seb.

Die Jagellonische Bibliothek zu Krakau (Universitäts-Bibliothek) hat im Laufe des Jahres 1891 43 meist aus den letzten Jahrhunderten stammende Handschriften und zahlreiche seltene Drucke erworben, über welche Dr. Wisłocki in seinem Przewodnik bibliograficzny XIV 29. 30. 122. 202 berichtet. Die in dieser Zeitschrift in den verschiedenen Bänden allmählich mitgetheilten Nachträge zu dem von W. 1881 veröffentlichten Handschriftenkatalog der Krakauer Universitäts-Bibliothek betragen bereits über 800 Nummern; es würde sich daher empfehlen, dieselben in einem Supplement zu dem Hauptwerk übersichtlich zusammenzustellen. P.

Von der in mehreren Codices der Stadtbibliothek zu Trier durch den Buchbinder des 15. Jahrhunderts vertheilten Handschrift der Margarethenlegende, von welcher der Unterzeichnete in den Jahren 1888/89 Bruchstücke mit c. 213 Versen Inhalt auffand, fanden sich beim Ausräumen einer Schublade 4 weitere Pergamentstücke mit c. 99 Verszeilen, sodass jetzt über ein Drittel jener Handschrift aufgefunden ist. Vgl. hierzu die Veröffentlichungen Strauchs in Steinmeyers Zeitschrift Bd. XXXII, S. 423—430 und XXXIII, 394—402. M. K.

In der Halleschen Universitäts-Bibliothek befinden sich einige Bücher aus der Bibliothek der letzten Herzöge von Pommern. Ueber sie handelt Herr Dr. M. Perlbach in den Monatsblättern der Gesellschaft für Pommersche Geschichte 1892. No. 2. S. 23 u. f.

In dem Feuilleton der Frankfurter Zeitung vom 3. und 4. December 1891 bespricht der Vorstand der Freiherrlich Rothschildschen Bibliothek zu Frankfurt a. M., Herr Dr. Berghoeffer, in recht eingehender Weise die Nutzbarkeit der Bibliothek des British Museum zu London, der Bibliothèque Nationale zu Paris. Es finden sich hier einige beachtenswerthe Winke über die Anlage der Sitzplätze in grossen Bibliotheksleseräumen. Auch die Kataloge der genannten Bibliotheken werden einer Vergleichung unterzogen.

Ueber die alte Schneeberger Lyceumsbibliothek, vielleicht zum Theil aus dem Besitze des bekannten Kardinals Johann v. Torquemada herrührend, bringt E. Heydenreich neue Mittheilungen in der Festschrift des Schneeberger Gymnasiums zur Einweihung des neuen Schulgebäudes am 30. October 1891 (Programm) S. 40 ff. Es sind Mittheilungen aus den Handschriften der Bibliothek, deren wissenschaftlichen Werth der Verfasser höher stellt, als bisher geschehen, und zwar Mittheilungen zur Quellenkunde der Geschichte Italiens und der Geschichte des Franziskaner-Ordens, zum Kostnitzer Konzil, zu Alexius von Piacenza und Enea Silvio de' Piccolomini. Vgl. desselben Verf. Mittheilungen im Neuen Archiv für Sächsische Geschichte Bd. 12 u. 13 und Schaarschmidt's Versuch einer Geschichte der Schulbibliothek zu Schneeberg (1813). W.

Vermischte Notizen.

Von dem kürzlich durch die Teubner'sche Buchhandlung versandten Rest der vorjährigen Osterprogramme enthalten folgende Programm-Beilagen Bibliothekskataloge: Realprogymnasium Lübben in d. L. (Schülerbibliothek), Progymnasium Weissenfels (Lehrerbibliothek), Gymnasium Münstereifel (Lehrerbibliothek 2. Theil), Gymnasium Jülich (Bibliothek des Gymnasiums 2. Hälfte). Das Staatsgymnasium in Teschen veröffentlicht ein systematisches Verzeichniss der cisleithanischen Programm-Arbeiten seit dem Schuljahre 1873/74. Theil 2. W.

Nach dem Jahresberichte des Vereins für Geschichte der Stadt Nürnberg, 12. Vereinsjahr 1889, Seite 16 ff. hielt Dr. Friedrich Leitschuh einen Vortrag „zur Geschichte der Nürnberger Malerei im 15. Jahrh.", dessen a. a. O. abgekürzt wiedergegebener Inhalt hier Erwähnung verdient, weil der Vortrag besondere Rücksicht auf die Nürnberger Miniaturenschule genommen hat. Der Redner hat sich zu der Anschauung bekannt, dass die Ausschmückung der Bilderhandschrift nicht ausschliesslich der künstlerischen Thätigkeit der Klöster zuzuschreiben ist, dass vielmehr neben der klösterlichen eine bürgerliche Miniaturenschule bestand. W.

In den Jahrbüchern für protestantische Theologie XVIII. S. 127 u. f. findet sich eine bibliographische Uebersicht der biblisch-apokryphen Literatur bei den Slaven von Eugen Kozak. Diese Literatur, meistens Uebersetzungen und Bearbeitungen griechischer Apokryphen, ist unter den Slaven griechisch-katholischen Glaubens sehr verbreitet.

— Il n'est peut-être pas trop tard pour signaler la biographie de H. C. Donders, publiée par M. le professeur Nuel dans les Annales d'oculistique de Gand, 1889, et à part, 107 pages. Ce travail contient, en effet, une liste analytique des principales publications de Donders et de ses élèves (p. 46 à 107 du tirage à part), qui comprend 208 numéros. Ce catalogue est aussi intéressant pour les oculistes que pour les bibliographes. V. Ch.

Die „Library Association of the United Kingdom" hat beschlossen, eine Sammlung von Bibliotheksutensilien, Plänen und bibliographischen Werken für eine permanente Ausstellung in London anzulegen. Alle darauf bezüglichen Sendungen und Anfragen sind an den Bevollmächtigten der Gesellschaft, Mr. James D. Brown, Clerkenwell, E. C., zu richten, und man hofft, da schon zahlreiche Beiträge theils eingegangen theils in Aussicht gestellt sind, in Jahresfrist ein Museum gründen zu können, welches für alle an Bibliotheken oder Büchern interessirte Personen von praktischem Werthe sein werde.

Schwedische Bibliographien. — Der Antiquar Aksel G. S. Josephson in Upsala hat, wie es scheint, hauptsächlich nach deutschen Mustern, die Anfänge oder Proben von drei bibliographischen Arbeiten veröffentlicht. Das Verzeichnis der dramaturgischen Litteratur (Bidrag till en förteckning öfver Sveriges Dramaturgiska Litteratur. Bibliografiskt Försök. Uppsale 1891. 15 S. 8°) macht allerdings keinen Anspruch auf Vollständigkeit; die „Bibliografisk Öfversikt af Svensk periodisk literatur 1891: 1." Upsala 1891. 21 S. 8° (S.-A. aus Svensk Tidskrift 1891) hat sich, was die alphabetische Anordnung der Stichwörter bei den Abhandlungen anbetrifft, wohl den Schlagwortkatalog von Ost und Georg zum Vorbild genommen; sie giebt ein Verzeichniss der in 25 schwedischen Periodica erschienenen Aufsätze und Bücheranzeigen, ähnlich den amerikanischen Griswold Indexes. Endlich liegt uns noch ein Prospect vor, welcher die Bearbeitung eines Programmenverzeichnisses à la Klussmann anklindigt: „Förteckning över avhandlingar ock program utgivna vid Svenska ock Finska akademier ock skolor unde råren 1855—1890." Ein typographisch recht übersichtlich angelegtes Probeblatt ist beigefügt.
Hbrln.

Das bekannte „Nordisk Conversationslexikon, indeholdende Forklaring over vigtige Navne, Gjenstande og Begreber u. s. w., 3. Ausgabe, redigirt von A. F. Pullich und Gustav Storm, 1. (Kopenh. 1884) S. 154a zählt unter Artikel „Anonym" kein einziges Nachschlagewerk für Anonyma der skandinavischen Litteraturen. Ich sehe hier von den grossen landläufigen Anonymenverzeichnissen allgemeinen Bezugs ab; aber das Werk von E. Collin, „Anonymer og pseudonymer i den danske, norske og islandske litteratur samt i fremmede literaturer, forsaavidt disse omhandle nordiske forhold, fra de aeldste tider indtil aaret" 1860, (Kopenh. 1869. S. 216 S.) musste doch aufgeführt werden. Die seitdem entstandene Lücke in dieser Bibliographie füllt das neue, in diesem Blatte (VIII S. 363) angezeigte Buch von Pettersen „Anonymer og Pseudonymer i den norske Litteratur 1678—1890" aus, dessen Preis (3½ Kronen) allerdings etwas hoch erscheint.
L. F.

In dem Bulletin de la Société de l'Histoire de Paris XVIII. S. 133—44 (1891) handelt Herr Henri Omont über den Pariser Drucker Gérard Morrhe (Gerryt Morre) aus Kampen, der 1530—32 in Paris in einem Gebäude der Sorbonne 26 vorzugsweise griechische Autoren druckte und ein Freund des Erasmus war. Eine sehr genau redigirte Liste der Drucke Morrhe's bildet den Schluss der auf alles Wünschenswerthe eingehenden Abhandlung. - Von demselben Herrn Autor rührt ein Catalogue des Statues Bustes et Vases du Cardinal de Richelieu her in dem Bulletin de la Société nationale des Antiquaires de France 1891. S. 74 u. f., der nach einer Handschrift Bernhards von Montfaucon publicirt ist.

Die von G. Fumagalli in seiner Schrift: La questione di Pamfilo Castaldi erhobenen Ansprüche für P. C. als den Erfinder der Buchdruckerkunst werden in einer Anzeige dieser Schrift von K. Dziatzko in der deutschen Litteraturzeitung 1891. No. 52 zur Genüge beleuchtet, und wir denken nicht auf diese Streitfrage, die längst begraben sein sollte, zurückzukommen.
O. H.

Für die abgebrannte Universitätsbibliothek zu Toronto sind, nach einer Mittheilung des Herrn Joh. Landauer in Braunschweig, geschäftsführenden Mitgliedes des deutschen Comites, bis jetzt von Deutschland im ganzen 8391 Bände gespendet worden; 896 sind direkt nach Toronto gesandt, 7495 bei den Sammelstellen (Brockhaus-Leipzig, Friedländer & Sohn-Berlin, Köhler-Leipzig) eingegangen und zwar 3918 Bände von Staatsbehörden und Instituten, 2063 von deutschen Buchhändlern, 997 von Akademien und gelehrten Gesellschaften, 317 von Privaten. Es wird angestrebt, die Bändezahl auf 10,000 zu bringen, um damit die Hälfte des Ergebnisses in England, dem Mutterlande Canadas, zu erreichen. Die Universität Toronto hat in einem besonderen Schreiben dieses glänzende Resultat des deutschen Hilfswerkes in Canada dankend anerkannt.

In Nr. 342 der „Kasseler Nachrichten" befindet sich ein Referat über einen Vortrag des Secretärs der ständischen Landesbibliothek, Dr. Carl Scherer, „Die Kasseler Landesbibliothek im ersten Jahrhunderte ihres Bestehens (1580 bis 1686)".

Herr H. Jadart hat in Reims bei Michaud eine Bibliographie aller der Schriften erscheinen lassen, welche sich mit dem Leben und dem Cultus des H. Remigius, des Apostels der Franken, beschäftigen.

Die illustrirte, zuweilen recht amüsante Monatsschrift: Le livre moderne publié par Octave Uzanne ist mit dem Octoberhefte von 1891 eingegangen. Sie hielt sich im letzten Hefte in dem Acte testamentaire du Livre moderne eine Art Leichenrede, obwohl es am Schlusse des Heftes heisst: Cy finit, sans aucune oraison funèbre | le Livre moderne | qui durant 24 mois consécutifs | du 10 janvier 1890 au 10 décembre 1891 | fut imprimé à Paris | aux frais et par les soins de son Directeur-Redacteur | Octave Uzanne | Cette publication | laisse quatre volumes, — sinon a l'oubli, | à la curiosité littéraire de l'avenir. | Herr Uzanne will aber sofort eine neue Zeitschrift herausgeben, der er den Titel giebt: L'Art et l'Idée. Revue contemporaire du dilettantisme littéraire et de la curiosité. Sie soll 40 Fr. jährlich kosten und in 600 Exemplaren abgezogen werden ausser den Exemplaren, welche auf japanisches etc. Papier gedruckt werden und die bis 85 Fr. kosten. Wir bewundern den Wagemuth dieses Bibliophilen.

Unter dem Titel: Minerva. Jahrbuch der Universitäten der Welt, hat die Verlagsbuchhandlung von K. J. Trübner in Strassburg ein Verzeichniss der Dozenten aller Universitäten der Erde erscheinen lassen, welches der Herr College Dr. Richard Kukula in Klagenfurt und der Verleger selbst redigirt haben. Die Universitäten werden alphabetisch aufgeführt, beginnen also mit Aberdeen und schliessen mit Zürich. Die Namen der Dozenten sind nach Facultäten geschieden und bei jedem derselben die Wissenschaft, die er lehrt, angegeben. Dass ein solches Werk im Einzelnen Ungleichheiten und Versehen hat, ist nicht zu vermeiden. Aber im Ganzen ist das vorliegende recht zuverlässig und brauchbar. Für die Bibliotheken ist das Werkchen, das ein gutes Namenregister hat und gut ausgestattet ist, noch dadurch wichtig, dass es auch die Namen der Beamten der Universitätsbibliotheken der Welt mittheilt.

(Henri Helbig.) Après l'intéressant article du Mainzer Journal, reproduit dans le Centralblatt, VII, 405—406, le regretté Henri Helbig vient enfin d'être l'objet d'une biographie digne de lui dans le tome IV du Bulletin de la Société des Bibliophiles liégeois, p. 168—184; car on ne peut pas prendre en considération les paroles banales que lui ont consacrées la Revue belge de numismatique, 1890, p. 433; la Gazette de Liège du 22 mai 1890, 2ᵉ page, col. 3; le Journal de Liège du 23, 3ᵒ page, col. 2 et la Meuse du 23, 3ᵉ page, col. 4.

La biographie dont nous parlons est due à M. le baron de Chestret, ancien président de la Société des bibliophiles liégeois. Elle retrace d'une façon très-complète et très-exacte la vie du regretté savant et apprécie ses travaux. Ce qu'elle contient de plus important, c'est la liste des écrits de Helbig. p. 175—184.

Ce catalogue est, croyons-nous, très complet et il serait définitif si l'auteur n'avait pas cru devoir se borner à des indications bibliographiques trop sommaires; c'est ainsi qu'il ne nous dit pas la page où commencent les articles ni le numéro des journaux où ils se trouvent, ce qui a pour effet de rendre les recherches parfois assez difficiles.

De plus, le lecteur serait mieux à même de juger la valeur des travaux de Helbig s'il trouvait ici l'énumération des comptes-rendus ou des discussions dont ils ont fait l'objet. Pour donner quelques exemples, les Fleurs des vieux poètes liégeois ont été appréciées par L. R. (L. Ritter?) dans la Correspondance littéraire, IV, p. 17—18 et par Auguste Scheler, dans le Bibliophile belge, XV, 350—352. De même, les Oeuvres choisies d'Alexandre Sylvain de Flandre ont fait l'objet d'un compte-rendu de Charles Read dans le Bulletin du bouquiniste, 1862, p. 619—623. Tout ceci, bien entendu, n'est qu'une première indication, qu'il faudrait compléter.

A la page 184, M. de Chestret signale un manuscrit de 247 pages, renfermant la continuation de la Bibliothèque curieuse de D. Clément par H. Helbig. Le monde savant eût certainement été heureux de recevoir une suite de ce consciencieux travail des mains d'un consciencieux continuateur. Malheureusement, il n'en est rien. Le manuscrit de Helbig est fort ancien et comprend des notices bibliographiques soigneusement faites, mais que l'auteur a lui-même employées dans la suite ou que des travaux plus récents ont rendues inutiles; il faudrait un examen assez approfondi pour savoir si le manuscrit n'en contient plus qui aient encore de l'intérêt.   V. Ch.

— La librairie Veuve Ferdinand Larcier de Bruxelles a entrepris, sous le titre de Sommaire périodique des revues de droit, une publication mensuelle qui donne la table de tous les articles et études juridiques des périodiques belges et étrangers. Cette revue, dont l'utilité saute aux yeux, est rédigée par MM. les avocats Blanchemanche, Hallet et Otlet et par M. Cassiers, attaché à la Bibliothèque royale. Le prix d'abonnement est de 12 francs par an.   V. Ch.

— Annales du Cercle archéologique de Mons. Tables des vingt premiers volumes. 1857—1887. Mons, Dequesne-Masquillier, imprimeur-éditeur, grand 'rue, 25. 1888. (1891.) 1 vol. in 8ᵒ. de 248 pages. — Sous ce titre, MM. A. Losset, E. Matthieu et L. Devillers nous donnent, pour toutes les publications que le Cercle a faites depuis 1857 jusqu'en 1887 (Annales, Bulletins, etc.) la table alphabétique des matières par noms d'auteurs; la table alphabétique des matières par noms de lieux, de personnes et de choses; la table chronologique des chartes, lettres-patentes et règlements publiés in-extenso (742—1789) et la table alphabétique des planches et vignettes. Inutile d'insister sur l'importance d'un semblable travail.   V. Ch.

— La Revue bibliographique belge, éditée par une réunion d'écrivains, Bruxelles, rue Treurenberg, 16, entre dans sa quatrième année d'existence. Cette publication, qui comporte douze numéros par an, ne coûte que 3 francs pour la Belgique et 4 f. 50 pour les pays qui font partie de l'union postale; les abonnés ont, en outre, droit à une prime de livres de

trois francs. Ce qui recommande le plus cette revue, c'est son extrême bon marché et l'abondance des renseignements qu'elle donne sur les livres belges: elle publie, notamment, les sommaires des publications périodiques du pays. Avertissons seulement ceux qui voudraient s'y abonner qu'elle est exclusivement rédigée par des écrivains catholiques et qu'elle juge tous les livres au point de vue catholique.
V. Ch.

— M. le Dr. C. Bamps vient de publier dans le Bulletin de la Société chorale et littéraire les Mélophiles de Hasselt, XXVII, p. 117—138, un travail intitulé: Quelques recherches bibliographiques concernant le pays de Liège, ou additions à la Bibliographie liégoise du chevalier de Theux de Montjardin (1re partie, XVIe et XVIIe siècles). Il l'a aussi donné à part, augmenté de 26 pages (p. 24 à 50) consacrées à la curieuse histoire du Marianum hasletum. Voir un compte-rendu dans le Bulletin de la Société liégeoise de bibliographie.

M. Bamps nous promet une suite qui s'occupera des ouvrages du XVIIIe et du XIXe siècle. Il annonce aussi une bibliographie hasseltoise, qu'il prépare depuis plusieurs années et qui promet d'être fort intéressante.
V. Ch.

In Berlin besteht seit dem Sommer 1891 ein Verein für Bücherzeichenkunde, Ex-libris Verein, der im October das erste Heft einer eigenen Zeitschrift veröffentlicht hat: Ex-libris, Zeitschrift für Bücherzeichen, Bibliothekenkunde und Gelehrtengeschichte. Organ des Ex-libris-Vereins zu Berlin. Jahrgang 1891. Commissions-Verlag von C. A. Starke, Görlitz. 4°. 16 S. u. 2 Bll. Anzeigen. Der Inhalt dieses ersten Heftes ist folgender: Zur Einleitung (von Kanzleirath G. A. Seyler, dem Schriftführer des Vereins). Satzungen des Ex-libris-Vereins zu Berlin. Was ist ein Bücherzeichen (von F. Warnecke). Erstes Vorkommen der ex-libris. Ein Bücherzeichen der Klasse II mit Buchstaben. Die Vennitzersche Bibliothek im Lorenzer Pfarrhofe zu Nürnberg (mit dem Bilde des Stifters Johannes Vennitzer). Gepresste Bucheinbände (alles von F. Warnecke). Die Gründung von Bibliotheken im Mittelalter. (Notizen aus Ar. Buchholz, Geschichte der Buchdruckerkunst in Riga, von Seyler). Ein Bücherzeichen mit Entleihungs-Bedingungen. Eine Erinnerung an das Schreckensregiment. Die Bücherzeichen der Dichter Joh. Wolfgang von Goethe und Joh. Gottfried von Herder (mit Abbildungen). Moderne Bücherzeichen. Das Wappen des Ex-libris-Vereins (alles von Warnecke, dem Vorsitzenden des Vereins). Mittheilungen und Fragekasten. (Der zweite Jahrgang der Zeitschrift hat seitdem zu erscheinen begonnen und entspricht seinem Vorgänger).
P.

Im 7. Jahrgang (1890) S. 103 u. f. ist das erste Heft des durchaus gediegenen und grundlegenden Werkes des Herrn Pastor Wilhelm Walther: Die deutsche Bibelübersetzung des Mittelalters einer besonderen Besprechung unterzogen worden. Jetzt, wo das 2. Heft desselben vorliegt, dürfen wir uns wohl kürzer fassen und unseren Lesern nur versichern, dass diese Fortsetzung, welche den 2. bis 14. Uebersetzungszweig der oberdeutschen Uebersetzungen behandelt, dem Anfange weder äusserlich noch inhaltlich nachsteht. Das Heft ist wieder mit 6 Kunstbeilagen ausgestattet und die Untersuchung aufs Unbefangendste und Gründlichste geführt. Aus 57 vom Verfasser untersuchten Handschriftenbänden, von denen sich die meisten in süddeutschen Bibliotheken, Wien mit eingeschlossen, befinden, hat Herr Walther 13 verschiedene Bibelübersetzer ermittelt, deren Werke mehr oder weniger vollständig erhalten sind. Bei Fragen, welche entweder nicht spruchreif oder kaum zu entscheiden sind, z. B. die an die bekannten Bilder der Wenzelbibel sich anschliessenden, will auch Herr Walther nicht entscheiden und giebt nur an, bis zu welchem Grade sie zu lösen sind.

(S. 303). Auch der waldensische Ursprung einiger der besprochenen Bibelübersetzungen wurde in diesem Hefte nochmals gestreift. (S. 431.) Das 3. Heft des Waltherschen Werkes wird sich mit den niederdeutschen Uebersetzungen beschäftigen.

Am 4. December 1890 hielt Herr Leopold Delisle, ein Sohn der Normandie und „directeur de la Société des Antiquaires de Normandie", in Caen einen Vortrag über die Geschichte der Buchdruckerei und des Buchhandels dieser Stadt von 1480 bis 1550. Dieser „Essai" liegt jetzt, mit schönen Facsimiles der Drucke Michael Angiers geziert, im Bulletin der genannten Gesellschaft, und aus ihr in einem Separatdrucke vor, welcher bei Henri Delesques in Caen unter dem Titel: Essai sur l'imprimerie et la librairie à Caen de 1480 à 1550 erschienen ist. Indem wir auf das Werkchen selbst verweisen, sei noch bemerkt, dass dasselbe S. 33—46 eine alphabetisch geordnete Liste von 325 von 1480—1550 in Caen gedruckten oder publicirten Werken enthält. Der erste von sonst unbekannten Leuten 1480 in Caen besorgte Druck war eine Ausgabe der Briefe des Horaz.

Im Jahre 1891[1]) sind in der preussischen Provinz Sachsen (nach den im Börsenblatt für den deutschen Buchhandel gemachten Angaben) 467 neue Bücher (einschliesslich neuer Auflagen älterer Werke) erschienen. Dieselben vertheilen sich auf 87 Buchhandlungen, welche an 28 verschiedenen Orten der Provinz ihren Sitz haben, davon 19 in Halle a. S. Nach der Zahl der veröffentlichten Werke steht an der Spitze der Verleger in der Provinz Sachsen M. Niemeyer (Lippert'sche Buchhandlung) in Halle mit 44 Büchern, die nächstfolgenden sind: die Schulbuchhandlung von Gressler in Langensalza (34), Beyer in Langensalza (28), die Buchhandlung des Waisenhauses in Halle (25) und Herrosé in Wittenberg (22). P.

Einen Essay über die Geschichte des englischen Buchhandels, — die jüngste Epoche derselben ist ausgeschlossen — bringt die Quarterly Review. Januarheft 1892. S. 158—191.

Anfrage.

In seinem Buche: „Die deutschen Bischöfe bis zum Ende des 16. Jahrhunderts" citirt Herr Friedrich W. Ebeling S. VIII u. S. 89 eine Schrift des „Pater Ignaz Hocker: Mainz in den ersten sieben Jahrhunderten christlicher Zeitrechnung (o. O. 1791)". Kann mir einer der Herren Collegen ein Exemplar dieser Schrift nachweisen? O. H.

Berichtigung.

In meiner Anzeige von Bittner's Programmverzeichniss (Centralblatt VIII, 354—356) habe ich S. 355, veranlasst durch ein Verheften in meinen eigenen Sammlungen fälschlich behauptet, dass der Verf. die Jahreszahl des Erscheinens der Programme von Ewald, Hofer, Hrastilek, Rodecki und Zvěřina um ein Jahr zu früh oder zu spät angegeben habe.
Gera, 1. Februar 1892. Rudolf Klussmann.

Dr. Campbell war nicht, wie C. f. B. IX S. 47 angegeben ist, zu Utrecht Bibliothekar, sondern an der Königl. Bibliothek in Haag.
D. Red.

---

1) Vgl. Bd. VI, 217. VII, 448. VIII, 230.

Neue Erscheinungen auf dem Gebiete des Bibliothekswesens.*)

†Bookworm. No. 51, Febr. 92: The library of the Royal Society, E. W. Crofts. — The „English" of the „Index librorum." — Some beautiful books, W. A. Clouston. — Bonaparte's library. — Derby printers and booksellers of the 18th century, J. Potter Briscoe.
The Library. No. 36, Dec. 91: The most artistic books, Alfr. Dawson. — Free libraries and the photographic survey of counties, J. Ballinger. — Additional notes to Blades' „bibliographical miscellanies". No. III. IV. V., W. Salt Brassington. — Centenary of Stirling's library. — The fourteenth annual meeting of the Library Association of the United Kingdom.
Revue des bibliothèques. No. 8 et 9, Nov.-Déc. 91: Projet d'un catalogue annuel des acquisitions des bibliothèques universitaires, Alb. Fécamp. — Les manuscrits de Duplessis Mornay, E. Chatelain. — Les Bollandistes et le prêt des manuscrits de Séguier en 1662, H. Omont. — Le vol d'Aymon à la Bibliothèque du Roi et le baron de Stosch, H. Omont. — Note de Baluze sur la bibliothèque de Colbert (1677), H. Omont. — Supplément à la bibliographie du Collège Louis-le-Grand, Carlos Sommervogel. — Revue des périodiques français et étrangers, E. Chatelain, A. Maire, V. Mortet.

---

*Agnelli, Gius. Saggio di un catalogo dei codici di autori non ferraresi che si conservano nella biblioteca comunale di Ferrara. Firenze, tip. di G. Carnesecchi e figli. 1891. 32 p. 8°.
Anzeiger, Monatlicher, über Novitäten und Antiquaria aus dem Gebiete der Medicin und Naturwissenschaft. Jahrgang 1892 No. 1. Berlin, Hirschwaldsche Buchh. gr. 8°. Jährlich M. —.80
Beraldi, H. Estampes et livres, 1872—1892. Paris, L. Conquet. 300 p. avec 43 planches, dont 12 en chromotypie et 19 en héliogravure. 8°.
Tirage à 390 exemplaires. „... accompagné de notes sur la bibliophilie et les bibliophiles, le collectionisme ancien et contemporain, les reliures et les relieurs etc."
Bertkau, Ph. u. F. Hilgendorf. Bericht über die wissenschaftlichen Leistungen im Gebiete der Entomologie während des Jahres 1890. (Crustacea 1889.) Berlin, Nicolaische Verlagsh. III. 419 S. gr. 8°. M. 22.—
*Bibliografia italiana. Bollettino delle pubblicazioni italiane ricevute per diritto di stampa dalla Biblioteca nazionale centrale di Firenze. Anno XXVI: 1892. Firenze. 8°.
Bibliographie, Medicinische, und Anzeiger zum Centralblatt für die gesammte Medicin. Jahrgang 10: 1892, No. 1. Leipzig, Breitkopf & Härtel. gr. 8°. Halbjährlich 3 M.
Bigazzi, Pas. A. Firenze e contorni: manuale bibliografico e biografico delle principali opere e scritture sulla storia, i monumenti, le arti, le istituzioni, le famiglie, gli uomini illustri, ecc. della città e contorni. Fasc. 2. Firenze, tip. Ciardelli. P. 33—64. 4°. L. 1.50
Edizione di soli 300 esemplari.
*Bogfortegnelse, Norsk, for 1890. Udgiven af Universitets-Bibliotheket. Med et systematisk register. Christiania, Norske Boghandler-Forening. 1891. 105 p. gr. 8°.
Camus, J. Notices et extraits des manuscrits français de Modène, antérieurs au XVI° siècle. Modène, Sarasino. 1891. 90 p. 8°.
Extrait de la Revue des langues romanes.

---

*) Von den mit † bezeichneten Zeitschriften sind nur die Artikel bibliographischen oder bibliothekarischen Inhalts angezeigt.
Die mit * bezeichneten Bücher haben der Redaktion vorgelegen.

Castellani, C. Intorno alle edizioni delle opere di Gio. Antonio Campani: ricerche. Firenze, tip. di G. Carnesecchi e figli. 1891. 13 p. 8°.
    Estr. dalla Rivista delle biblioteche.
Catalogue des ouvrages légués à la bibliothèque de la ville de Montpellier par Charles de Vallat, ancien ministre plénipotentiaire. Tome I: A—K. Montpellier, imp. Père. 490 p. gr. 8°.
Cohen, L. Chronologische Beiträge zur jüdischen Geschichte, Bibliographie und Biographie. Frankfurt a. M., A. J. Hofmann. 53 S. 8°. M. —.60
Fournier, L. Joseph Morlent, né à Beaune, bibliothécaire de la ville du Havre (1793—1861). Beaune, imp. Lambert fils. 61 p. et portrait. 8°.
    Tiré à 60 exemplaires numérotés.
Fray-Fournier, A. Archives révolutionnaires de la Haute-Vienne. II: Inventaire des documents manuscrits et imprimés de la période révolutionnaire conservés aux archives départementales de la Haute-Vienne. Limoges, imp. Ussel frères. IV. 171 p. gr. 8°.
*Furchheim, Fr. Bibliografia di Pompei, Ercolano e Stabia. 2ª edizione riveduta e notevolmente aumentata. Napoli, F. Furchheim. 1891. XXX. 118 p. 8°. L. 6.—
    Edizione di soli 400 esemplari.
Grimaud, H. Les origines de l'imprimerie à Chinon, notes historiques. Chinon, impr. Dehaies. 8 p. 8°.
Growoll, A. A bookseller's library and how to use it. New-York, Office of the Publishers Weekly. 1891. 5.72 p. 5°. cloth. D. 1.—
*Harvard University Bulletin. No. 51, or vol. VI. No. 7. Edited by Justin Winsor. Cambridge, Mass. P. 342—387. gr. 8°.
    Contents: University notes. — Accessions to the libraries.
Jadart, H. Bibliographie des ouvrages concernant la vie et le culte de Saint Remi, évêque de Reims, apôtre des Francs. Reims, libr. Michaud. 47 p. 8°.
    Extrait des Travaux de l'Académie nationale de Reims.
*Janauschek, L. Bibliographia Bernardina qua Sancti Bernardi, primi abbatis Claravallensis, operum cum omnium tum singulorum editiones ac versiones, vitas et tractatus de eo scriptos, quotquot usque ad finem a. 1890 reperire potuit, collegit et adnotavit. Wien, A. Hölder. XII. XXXVII. 558 S. gr. 8°. M. 9.—
*Josephson, Aksel G. S. Avhandlingar ock program utgivna vid svenska ock finska akademier ock skolor under aren 1855—1890. Bibliografi. Häftet I. Uppsala, Josephsons Antikvariat. P. 1—48. gr. 8°. Subscript. f. d. ganze Werk 5 Kr., einzeln Kr. 1.25
Kühl, W. H. Führer durch die gesammte Uhrmacher-Litteratur. Neue Ausgabe. Berlin, W. H. Kühl. 27 S. gr. 8°. M. —.30
Ledieu, Alc. Les reliures artistiques et armoiriées de la bibliothèque communale d'Abbeville. Paris, L. Cruel succ. 130 p. et 18 pl. 4°. Fr. 35.—
    Tiré seulement à 50 exempl. numérotés.
Le Soudier, H. Annuaire-tarif des journaux à prix forts seulement. Paris, H. Le Soudier. 8°. Fr. 3.—
— Catalogue-tarif à prix forts et nets pour 1892 des journaux, revues et publications périodiques parus à Paris, suivi d'une table systématique. Paris, H. Le Soudier. 8°. Fr. 5.—
Litteraturblatt, Juristisches. Band 4. Jahrgang 1892. No. 1. (10 N⁰⁸·) Berlin, C. Heymann's Verlag. 20 S. 4°. Jährlich M. 3.—
Mejov. Vlad. Bibliographie de l'Asie. Série II: Toute l'Asie excepté la Sibérie. Tome I. St. Pétersbourg 1891. IV. 230 p. 8°.
— Bibliographie sibérienne. Indicateur des livres et des articles sur la Sibérie depuis le commencement de l'imprimerie. 2 vol. St. Pétersbourg 1891. XII. 485 + X. 470 p. 8°.

Mitteilungen aus der historischen Litteratur, herausgegeben von der historischen Gesellschaft in Berlin, redigirt von F. Hirsch. Jahrgang 20: 1892. Heft I. Berlin, R. Gaertner's Verlag. 96 u. 3 S. gr. 8°. Jährlich 6 M.
Molinier, A. Les manuscrits et les miniatures. Paris, Hachette & Cie. 339 p. avec 80 grav. 8°. Fl. 2.25
*Morrhe, Gérard, imprimeur parisien (1530—1532). Nogent-le-Rotron, impr. Daupeley-Gouverneur. 12 p. 8°.
Extrait du Bulletin de la Société de l'histoire de Paris.
*Παπαδοπουλος-Κεραμευς, A. Ἱεροσολυμιτικη βιβλιοθηκη ἤτοι καταλογος των ἐν ταις βιβλιοθηκαις του ἀγιωτατου τε και καθολικου ὀρθοδοξου πατριαρχικου θρονου των Ἱεροσολυμων και πασης παλαιστινης ἀποκειμενων ἑλληνικων κωδικων. Τομος α΄. Ἐν Πετρουπολει (Leipzig, Otto Harrassowitz). 1891. 8°, 622 p. mit 15 Facsimile-Tafeln. gr. 8°. M. 30.—
Poelchau, A. Die livländische Geschichtsliteratur im Jahre 1890. Riga, N. Kymmel's Verlag. 108 S. 8°. M. 1.—
Preisliste der durch das Kaiserliche Post-Zeitungsamt in Berlin und die Kaiserlichen Postanstalten des Reichs-Postgebiets im Jahre 1892 zu beziehenden Zeitungen, Zeitschriften u. s. w. Mit Nachträgen. Leipzig, Expedition des Zeitschriften-Adressbuchs. VII. 344 S. u. 1.--3. Nachtrag, 6, 9 u. 10 S. fol. cart. M. 4.50
*Publishers' Weekly. The American book trade journal, with which is incorporated the American literary gazette and publishers' Circular. Vol. XLI: 1892. New York, Publication Office. 8°. One year D. 3.—
Schmaltz, F. S. Was will und was soll eine Volksbibliothek? Vortrag. Hamburg, A. Leckband. 18 S. gr. 8°. M.—50
Teodorescu, G. D. Operele lui Anton Pann, recensiune bibliografica. Partea II. Bucuresci, Socecu & Co. 1891. 133 p. 8°. L. 2.—
Uebersicht, Monatliche, der bedeutenderen Erscheinungen des deutschen Buchhandels. Jahrgang 1892. (13 Nos.) No. 1. Leipzig, J. C. Hinrichs'sche Verlagsbuchh. 8°. Jährlich M. 1.50
Veuclin, V. E. Les prix des livres au XVIIIe siècle, bibliothèques des châteaux de Fontaine-l'Abbé et Courlépine, 1740—1759. Bernay, imp. Veuclin. 12 p. 8°.
Zeitschrift für Instrumentenkunde. Generalregister für die Jahrgänge I—X (1881—90). Bearbeitet von A. Westphal. Berlin, J. Springer. III. 76 S. 4°. M. 4.—

Antiquarische Kataloge.

Ackermann, Th., München. No. 325: Freimaurerei, Rosenkreuzer. 667 Nos.
Auer Donauwörth. No. 114: Theologische Werke. 1416 Nos.
Baer & Co. Frankfurt. No. 283: Philolog. Zeitschriften, Grammatik, Literaturgesch. 1060 Nos. — No. 284: Geschichte d. Völker d. Alterthums. 1325 Nos. (Bibl. v. Prof. Heitz Strassbg. u. Prof. Rumpf in Frankfurt.) — Anz. No. 418: Miscellanea. No. 1469—1746.
Bertling Dresden. No. 18: Kultur- u. Sittengesch. Curiosa. Bibliographie. 1241 Nos.
Deibler Wien. Vermischtes. 1707 Nos.
Eichinger Ansbach. No. 5: Aeltere Bücher aus allen Wissensch. 951 Nos.
Fritzsche Hamburg. Anz. No. 3: Neueste Erwerbgn. No. 869—1375.
Harrassowitz Leipzig. No. 177: Neugriechen u. Byzantiner. Türkenkriege. Heiliges Land. 483 Nos. — No. 178: Kunst. Musik u. Theater. 1178 Nos.
Heinrich & Kemke Berlin. No. 28: Scriptores latini. No. 3834—6281.
Hiersemann Leipzig. No. 90: Culturgeschichte. Curiosa. Neulateiner. 507 Nos. — No. 91: Das Ornament. 840 Nos. — No. 92: Architektur und Innendekoration. 816 Nos.
Hiller München. No. 70: Vermischtes. 894 Nos.

Kampffmeyer Berlin. No. 329: Geschichte u. Biographien. 72 S.
Kerler Ulm. No. 175: Deutsche Literatur. (Bibl. v. Prof. Dr. Weigelin Stuttg.) 4576 Nos.
Kirchhoff & Wigand Leipzig. No. 888—91: Geschichte. I: Allgem. Hülfswissensch. 1258 Nos. — II: Deutschland. 2341 Nos. — III: Europ. Staaten. 2000 Nos. — IV: Aussereurop. Staaten. 683 Nos.
Krüllsche Bh. Ingolstadt. No. 6: Medicin u. Naturw. 836 Nos.
Kubasta & Voigt Wien. No. 96: Vermischtes. 16 S.
Lehmann, P., Berlin. Nr. 70: Theologie. 1780 Nos.
Lippertsche Bh. Halle. No. 31: Deutsche Literatur. Kunst. 2805 Nos. — No. 32: Orientalia. 655 Nos.
Lissa Berlin. No. 7: Litteratur d. XVIII. Jahrh. 692 Nos.
List & Francke Leipzig. No. 234: Physik u. Chemie. (Bibl. v. Dr. Heppe in Lindenau u. Prof. Dr. W. Knop in Leipzig.) 1107 Nos. — No. 235: English literature. 1200 Nos. — No. 236: Genealogie, Heraldik, Numismatik. 895 Nos.
Mencke Erlangen. No. 5: Medicin. 2212 Nos.
Mirauer & Salinger Berlin. No. 14: Chirurgie. 1641 Nos.
Muller & Co. Amsterdam. Collection de bons livres. 1404 Nos.
Nijhoff Haag. No. 230: Dern. acquisitions. 214 Nos.
Olschki Venedig. No. 27: Americana. 20 S.
Rosenthal München. No. 74: Biblioth. Jansenjana. No. 11755—12310.
Schack Leipzig. No. 69: Rechtswissenschaft. 2034 Nos.
Scheible Stuttgart. No. 227: Komische Literatur d. Deutschen. 1052 Nos. — Anz. No. 84: Miscellanea. 259 Nos.
Siebert Berlin. No. 212: Philosophie u. Pädagogik. 1626 Nos.
Simmel & Co. Leipzig. No. 146: Semitica. Hamitica. 2477 Nos.
Spirgatis Leipzig. No. 5: Romanica. 727 Nos.
Stern Heilbronn. No. 9: Theologie. 4053 Nos.
Stoll & Bader Freiburg. No. 68: Staatsrecht. 956 Nos. — No. 69: Rechtswissensch. Privatrecht. 1405 Nos. — No. 71: Strafrecht. Staatsarzneikunde. No. 1406—2145. — No. 72: Kirchenrecht. Orden. 737 Nos.
Uebelen München. No. 42: Vermischtes. 346 Nos.
Völcker Frankfurt. No. 183: Auswahl werthvoller und seltener Werke. 1970 Nos.
Weigel's Ant. Leipzig. No. 54: Musikwissenschaft. 463 Nos.

Personalnachrichten.

Der Oberbibliothekar an der Universitätsbibliothek zu Leipzig Geheimer Hofrath Dr. Krehl tritt am 1. März in den Ruhestand.

An der Kgl. Universitätsbibliothek zu Berlin ist Dr. phil. Ernst Rowe als Hülfsarbeiter eingetreten.

Dr. Ferdinand Eichler, bisher Volontär an der k. k. Universitätsbibliothek in Graz, ist zum Amanuensis an derselben Bibliothek ernannt worden.

Als 2. Bibliothekar an der Raczynski'schen Bibliothek in Posen ist seit dem Sommer 1891 der frühere Assistent an der Breslauer Universitätsbibliothek Bederski angestellt.

Am 27. Januar 1892 starb in Jena nach längerem Leiden der Universitäts-Bibliothekar Dr. phil. J. E. A. Martin, der seit mehr als 30 Jahren der dortigen Bibliothek treu gedient hat.

Centralblatt
für
Bibliothekswesen.

IX. Jahrgang.   4. Heft.   April 1892.

Deutsche, insbesondere Hamburger Hochzeitsgedichte des XVII. und XVIII. Jahrhunderts.

Die Sitte, Brautleuten am Hochzeitstage Glückwünsche, Festlieder u. s. w. zu überreichen und unter die Hochzeitsgäste und sonstige Bekannte zu vertheilen, nahm nach Einführung der Buchdruckerkunst immer mehr überhand. Im XVI. Jahrhundert waren dieselben meist in der bei den — als bessere Zahler ja hauptsächlich in Betracht kommenden — Vornehmen und Reichen beliebten lateinischen Sprache geschrieben, während die deutsche damals fast nur in den für die grosse Masse bestimmten Schriften[1]) gebräuchlich war und erst seit dem Beginn des XVII. Jahrhunderts allgemein zur Anwendung kam. Damit wuchs natürlich auch die Zahl der Carmina, die schon ganz bedeutend war, als noch durstige Studenten und Schulmeister nahezu allein sie verfassten, ins Endlose. Trotzdem haben sich verhältnissmässig nur wenig derartige Producte erhalten, weil ihr geringer Umfang und dürftiger Inhalt selten zur Aufbewahrung Veranlassung gab, das Interesse für sie vielmehr bei den Meisten bereits mit dem Ende der Feier erloschen war. Für den Cultur- und Litteraturhistoriker aber sind sie nicht ohne Bedeutung, und deshalb haben wir mit Freuden die von Hayn vor zwei Jahren veröffentlichte „Bibliotheca Germanorum nuptialis"[2]) begrüsst, in der er ca. 500 von ihm aufgefundenen Einzeldrucke deutscher Hochzeitsgedichte und -scherze in alphabetischer Ordnung zusammenstellt. Nachstehend fügen wir denselben ein Verzeichniss der

---

1) Wir erinnern z. B. an die 1522 aus Anlass der Verheirathung Karlstadt's erschienene „Messe", abgedr. von Theoph. Sincerus (i. e. G. J. Schwindel), Neue Sammlung von l. alt. u. rar. Büchern. Frankf. u. Leipzig 1733 pag. 379; zum Theil wiedergegeben in K. F. Flögel, Gesch. des Burlesken. Leipzig 1794 pag. 202. (In Italien und auch Frankreich, doch hier weniger verbreitet, besteht die Sitte in den besseren Kreisen der Gesellschaft vermuthlich noch heutigen Tages allgemein und die Schriften: Per le nozze etc. gehören mitunter zu den grössten literarischen Seltenheiten. Die Red.)

2) Vgl. L. Fränkel's Besprechung derselben i. dies. Centralbl. VIII, 57 f.

einschlägigen Drucke der hiesigen Kgl. Paulinischen Bibliothek hinzu,[1]) die mit Ausnahme der Nros. 4, 13, 14, 20, 31, 66, 75 und 76 sämmtlich einem von Joh. Andr. Gottfr. Schetelig[2]) angelegten Sammelbande angehören:

1. Als sich ... Walther Beckhoff mit ... Catharina Gerdruth Luis den 6. Octobr. Anno 1739 ehelich vermählete. 2⁰.

    2 Bll. — Laut handschr. Notiz ist nicht die vorliegende, sondern eine abgeänderte und mit Zusätzen versehene Auflage zur Vertheilung gelangt. Zu ders. Hochzeit Nro. 19.

2. Blohm, Dietrich Heinrich, As ... Conrad Blohm mit ... Elisabeth Bohns 1741 den 4 December Hochtied mack, wull nt kindlicher Plicht Jem beyden darto Glück wünschen —. Hamborg, gedruckt mit Piscators Bookstaben. 2⁰.

    2 Bll. — Nur in Abschrift vorhanden.

3. Als ... Philip Bötefeur mit ... Maria Elisabeth Behrmanns, des ... Heren Johann Behrmanns, ansehnlicken unde berühmden Koopmanns hier in Hamborg, chelyvlicken Jungfer Dochter, Anno 1731, den 30. Januarii up dat stattlichste syne Hochtydts-Häge helde, hadde ydt in der Käken darby sehr hild de Nyw-Modische Kock. 2⁰.

    2 Bll.

4. Brandenburg, M. C.. Zu dem vergnügten Hochzeit-Feste, Herrn Peter Schneltgen, vornehmen Kauffmanns in Cölln am Rhein, und

---

1) Auch seien erwähnt:
   I. Die zahlreichen meist hochdeutschen „Vermählungsgedichte" in C. F. Weichmanns Poesie der Nieder-Sachsen (fortges. von J. P. Kohl) Th. I—VI, Hamburg 1725—38, aus d. 17., hauptsächl. aber 18. Jahrh., welche dort — ebenso wie die Harzer von 1759, 1761 u. 1784 und die märkischen von 1746 und 1764 in J. G. Radlofs Mustersaal aller teutschen Mundarten, Bd. I. II. Bonn 1821/22, pag. 275 ff. bezw. 208 ff. — vollständig abgedruckt sind.
   II. Magdalena Eccard, Gedicht auf die Hochzeit des Prof. Sebastian Kortholt mit Anna Maria Knochen. Kiel 1721. 2 Bll. 2⁰. Kgl. Bibl. zu Kopenhagen. — Vgl. Bolte im Korrespondenzbl. des Ver. f. niederd. Sprachf. Heft XII. Norden u. Leipzig 1888, pag. 21.
   III. Auf die Uhlandische und Hoferische Verbindung am 20. März 1783. Tübingen. 4 Bll. — Diese Festschrift zur Hochzeit von Ludw. Uhland's Eltern ist ausser L. Fränkel (Germania Jahrg. 34. Wien 1889, pag. 347) allen Bio- und Bibliographen entgangen.

2) Geboren 1729 zu Hamburg; war daselbst von 1755—1776 Lehrer und seit 1764 gleichzeitig Gehülfe an der Stadtbibliothek; ging 1776 als Stadtprediger nach Celle, wo er 1807 starb. An Hochzeitsgedichten schrieb er:
   I. wohl 1754 das in unserem Verzeichniss sub Nro. 69 angeführte, da er dort das den Verfasser bezeichnende S anscheinend selbst in Schetelig vervollständigte.
   II. An Demoiselle Neunich bei ihrer ehelichen Verbindung mit Herrn Prof. Wehnert in Parchim. Celle 1788. 6⁰. (s. H. Schröder, Lexikon der Hamb. Schriftsteller. Bd. 6. Hamburg 1873, pag. 519.).

seiner ... Braut, Jungfer Amelia Platzmannin, wenn dasselbe geliebt es GOtt den [handschr. 26. Febr.] dieses 1744 Jahres zu Langenberg im Hertzogthum Bergen, wird gefeyert werden, statten in folgender Ode ihren hertzlichen Glückwunsch ab der Jungfer Braut Schwager und Bruder in Lübeck. Entworffen von —. Lübeck, gedruckt bey Joh. Nicol. Green. 4⁰.

4 Bll. Rücks. d. 1. leer.

5. Braumann s. Nro. 14.

6. De unbewegliche bewegte Bruth, dat was un is Jfr. Cilje Gardruth, des ... Hrn. Joachim Biesters, der Artzney Docters un ... Physici der Stadt Hamborg synes Vaderlandes, hartleve Dochter, de gantz fast by er beschlaten hadde, dat Se er Levedage nich freyen wulde nu averst sick bedacht hett un sick an den ... Herrn Paulus Fricken, der Artzney wolerfahrem Docter, van Dage, ja van Dage mit Lyff un Leven bett an den Doot ergeven. Aver düsse Ere schlünige Veränderung hett een goot Freund düt wolmeenend upgesettet, da Er Glück wünschet ... Hamborg den 22. November im Jahr 1707. Hamborg, gedruckt by Jürren König. 2⁰.

2 Bll.

7. Düssen Breeff | den schall Herr Sebben | Un Herr Thedor Heinfsen hebben. | Doch dabi is düsse Haacken, | Se schäelt em nich ehr opmaacken, | As an ahren Hochtieds - Dag: | denn em jeder lesen mag. | 2⁰.

2 Bll.; der Titel quer auf d. Rücks. des letzten.

8. Als Herr Bües sich vermählte mit der Jungfer Fischerin, und ein Carmen dabey fehlte trug ein solches Blättgen hin, (gedult! der Titel ist bald aus,) ein Diener vor das Hochzeit-Haufs. A. B. C. Hamburg, den 14. Jun. 1735. gedruckt bey Conrad König. 2⁰.

2 Bll.

9. Ein Carmchen zu dem Hochzeittage des Herrn Krohnberg mit der Demoiselle Albaum. [A. E.]: Hamburg, den 4. März 1767. *** 16⁰.

2 Bll.

10. Bey dem Rauws- und Leersischen Hochzeit-Feste bat um gelinde Censur nachgesetztes Carmen. Hamburg, gedruckt den 19den Februar 1738. 2⁰.

4 Bll. — Auf d. Titel mit d. Namenszuge von Michael Richey (s. Verz. Nro. 69).

11. Bey dem ... Anno 1731. d. 3. April celebrirten Behrmann und Gullischen Oekseit Festin mackte sein Compliment der in Deutsland reisende François als des Ehrrn Bräutikams kut Freund und Diener. 2⁰.

2 Bll. — In französelnder Manier.

12. Cupido den losen Lecker wull op Herrn Hinnerck Nettelblatt un ... Christinken Dörcksen eeren Hochtyts-Dag pladdütsch vör-

stellen en Fründ, den alle Fründe kennt. Gedruckt in dyffem Jahr. 2⁰.

2 Bll.

13. Deufs, Peter in Bremen, Freundschaftspflicht auf der Jörgens- und Schlösserschen glücklichen Eheverbindung. Vollzogen zu Elberfeld den [handschr. 7. April] 1768. Widmet ... —. Braunschweig, gedruckt in der Fürstl. Waisenhausbuchdruckerey. 4⁰.

6 Bll., Rücks. d. 1. leer.

14. Der geseegnete Ehe-Stand, alfs ... Herr Johann Bathol. Hurter, renomirter Banquirer und Kauffmann in Cöllen ... mit der ... Juffr. Catharina Elisabetha Platzmans ... christlich vermählet worden, zu Langenberg den 8. Junii Anno 1731. Dem Hochge-Ehrten Ehe-Paar zum Glück-Wunsch wohlmeinend auffgesetzt von einem guten Freundt. 4⁰.

2 Bll. — Die Aufangsbuchstaben der letzten 8 Verse ergeben den Namen Braumann (des Verfassers?).

15. Bey der Lake- und Campbellschen in Hamburg glücklich vollzogenen Ehe-Verbindung reimte folgendes ein dem Herrn Bräutigam wohlbekannter Verwalter, unweit Silk. Aumühlen und Hamburg, Gedruckt mit Pifcators Scriften. 2⁰.

2 Bll.

16. De Ehr der Schrif-Fedder wurd up dem Schomackersch-Rademannschen Hochtyds-Feste eenföldig affgesungen van enem bekandten Fedder-Fechter. Im Jahr 1710. den 28 Jenner. 2⁰.

2 Bll. — Am Schluss ein „Aftradels an de Junfer Brut."

17. An Herr von Axens Ehrentag schrieb diefs ein Mensch von gutem Schlag. Gedruckt in diesem Jahr, da Geld zu kriegen war. 2⁰.

2 Bll.

18. (Ehrlig, Martin), Twe Bilwarder Buren, Chrisjan un Johann. wünscht Madam Stoppeln Glück to ehren jungen Mann. Hamburg, drückt mit Harmsen syne Bookstaben. 1766. 4⁰.

4 Bll., Rücks. d. 1. leer. — Dem in Versen geschr. Dialog der beiden Bauern (Bl. 4.) geht ein Brief in Prosa voran, unterz.: Martin Ehrlig.

19. De met Lev vermiedene Eensamheit, hy den Beckhoff und Luiffen Hochtydts-Fröuden-Dag, de um 6 Octob. 1739 schach, brachte dat groot Edel Paar synen Hartens Wunschk ook dar, een de nicks versteith als DütfCH. 2⁰.

1 Bl., Rücks. leer. — Zu ders. Hochzeit: Nro. 1.

20. Eleazar. Jferlöhnischefs Freuden-Gedichte zu ... Philemons und ... Florinden hochst erfreulichem Trauungfs-Fest ... verfasset von Eleazar mit Beysprache seinefs belibten Reise- und Werbe-genossen. Dortmundt, gedruckt bey Johan Fridrich Rühle im Jahr 1682. 4⁰.

6 Bll. — Nach d. Rücks. des 1. Bl. war Bräutigam: Dr. med. Johannes Overbeck u. Braut: Sophie Gertrud von Seibolsdorff. Als Dichter nennen sich: 1) Casp. Putt. J. Lic. u. Cons. 2) Joh. Fr. Varnh. l. P. 3) Joh. Stephan Pütter, Senat. Alten. 4) Chr. Clessius, Secr. Iserl.

21. **Flintenschäffter**, Meister Radegast: De qvanswies söte Kloster-Lust, künstlick afgeschildert in Herr Reincke Vos sihnen suhren Beeren un riemwies afgesungen, am Dage D. Jacob Barthelmei un Jungfer Euphrosyhnen Christinen Buecken van —. Gedrückt int' Lüneborger Kloster by hinjer Pamern. 4⁰.
2 Bll.

22. **Dat möhsame Freen**, stilckes is, as de ... Herr Johann Matthees Heymann, wolbekandte Börger un Handels-Man düsser Stadt mit der ... Junfer Gretjen Trocks des ... Herrn Andrees Trocks, wolbekandten Börgers un Handels-Mans alhier, middelsten Junfer Dochter, den 12. Sept. des 1712. Jahrs in Hamborg Köste gaf, vörgestellt van eenen Mit tor Hochtydt Gebedenen Hambörger. 2⁰.
4 Bll. — Am Ende ein Räthsel.

23. (**Gahnzweck**, G. M.). Aoahn dahn Herrn Broyttigomm and aoah dee Jumpfer Braut, die hoytt mit grufser Lust ahnannder oahgetraut zutter Lanttszutte im Oeckhaufse ufn Muoarckte ohpzegahn. Pfrahncko: Zihdifseme zidifsomäh. [A. E.]: Ohnloydsdorf im Bergthal. Görche Müchöhl Gahnzweck, Pahlzers Hoannsas Piters jüngster Suhn. 2⁰.
2 Bll.

24. **Wulkemäntes Kesprech** of der Hochzig des Herrn Jerg Cristjan Krundt, Buchdrickers in Hamporg, mit dr Jumfer Wendeline Sophie Hollen, Herrn Hermann Henrich Hollens, ag Buchdricker in Schiffbeek ... Tochter, welche war dann 4ᵗᵉⁿ Febr. 1731 kesprochen in Hamporg von zween ährlichen Parckleiten. Kedrickt pai enn Buchdricker. 2⁰.
2 Bll.

25. **Als Giseken und Fricken Haufs verbunden ward**, schrieb dieses, aus gantz Freuden vollem treuem Hertzen, ein Mann, der selten pflegt zu schertzen. Ao 1740 d. 17. May in Hamburg. Gedruckt mit Saalikathischen Schrifften. 2⁰.
2 Bll.

26. **As sick Herr Rücker hier leet copuleeren**, must ick up ehnen Glückes-Wunfk studeeren. Ao. 1745. den 19. Januar. F. I. U. Gedruckt mit Wörmers Schriften. 2⁰.
2 Bll.

27. **As Herr Grotjan mit Mamsell Lembken Köste gav** wünsch Em Glück syn ole Kenns [i. e. alter Bekannter]. Hamborg, den 4 Sept. 1764. Gedrükket mit Harmsen siene Bookstaben. 2⁰.
2 Bll. — Auf Bl. 1ᵃ eine Zuschrift (s. unten pag. 167), auf Bl. 1ᵇ als Motto von Hans Wilmsen (Pseud. für Joh. Lauremberg) dessen Verse

37—42 auf pag. 4 der weiter unten citirten Ausgabe seiner Scherzgedichte.

28. Dat verdorfene Hagestolten Recht wul up den vörnehmen Hochtydts-Höge van Herr L. von Lampen un Junfer Rentzels to Hamborg den 31. May 1718 publiceren Een good Fründ. Hamborg, gedruckt im Jahr 1718. 2⁰.
2 Bll.

29. Harmsen, D. A., Bey der Gott gebe glücklichen Hartmann- und Schackischen Eheverbindung setzte dieses der Jungfer Braut Bruder und Schwager —. Hamburg, den 21 April im Jahr 1761. Gedruckt mit eignen Schriften. 2⁰.
2 Bll. — Die gesperrt gedruckten Worte und Strophe 7—9 (ein Lied) in Rothdruck. — Diedr. Ant. Harmsen (1716—1796) hatte 1741 die Buchdruckerei des Andreas Pfaum gekauft.

30. (Heidenreich.) Als Kron-Prentz Friedrich van Dännemarck, in eener Selshop de recht stolt un starck, na Siener Bruht, de Englifke Lowise, de Em de Welt noch maackt tom Paradiese, Nah Altna reisende als Brädigam Un darby höchstvergnögt op Drage kam, So wolle Em by so bewannten Saaken, Tor Lust en platdütsck Scheeper Stücksehen maaken: Siener' Hoheit allerunnerdanigft Knecht, De, ak man wol verblöhmt to seggen plegt, Jn Welster möt de jungen Lämmer weiden, Un sienen Namen hat vom Riyck der Heiden. Gedruckt to Glückstadt, as de Jahrstied was, Da man van unsers Kron-Prentz Hochtied las. [1743] Biem Drucker, de nich het een böse Ader. Un nöhmt sick as in Rom de hilge Vader. [i e. Joh. Jak. Babst.]
Nur in Abschrift (2 Bll. 2⁰) vorhanden.

31. Heller, M. R., Gymn. Duisb. Con-Rector, Serta nuptialia, lecta, nexa et imposita Capitibus. ... Domini. D. Caspari Theodori Summermanni, J. U. D. ut etiam ejusdem Facultatis in hac Universitate Friderico-Regia, Teutoburgi Cliviorum quae floret, Professoris Ordinarii celeberrimi &c ut sponsi; nec non ... Dominae, D. Idae Sophiae Nyes, nuper ... D. Wilhelmi Crusii ... Professoris Ordinarii &c relictae viduae, nunc sponsae; Prid. Festorum Div. Nicolai Epochae receptioris M. DCC. IV. a —. Duisburgi ad Rhenum, Typis Johannis Sas, Academiae Regiae typographi. 4⁰.
4 Bll. — Ueber die Hälfte deutsch.

32. By de Jantzen- un de Vliegerschen Hochtied. de den 12. Septemb. 1728. in Hamborg vär sick gung, käm thön Vorschien mit düsse papiern Hochtiets-Gaav een, der sick van de beyden Verleevden uthbeed: mIen nIch vergiS. Hamburg, Gedrückt mit Piscators Boockstaven. 2⁰.
2 Bll.

33. Dem Meyn- un Schmidtschen Ehe-Paar bring ick een Hochtieds-Leedgen dar. Hamburg, den 25ten Febr. 1773. 8⁰.
4 Bll. — Zu ders. Hochzeit Nro. 50.

34. **Kortjes Hochtieds-Praatchen** up Heer Albert Hinrick tho Büren an Junffer Liefsken Schapshusen öbre Köste, afgelegt van Twe recht seer gooden Fründen De sick oock woll wart infinden. Jnt Jaar 1705. 2⁰.
2 Bll.

35. **Hochtiets-Stuten und Wünschell-Kocken**, den up de Hochtiet Köst des mathematschen und latinschen Beckers mit siener zuckersöten Jungfer Brudt hefft ut groter Schuldichheit backen und äferschicken möten ehn am anjern Ohrt sick versöckende Zucker Becker. 2⁰.
1 Bl. Rückseite leer. — Titel u. 5×2 Strophen je von einem Kranz umgeben.

36. **Als Herr Danjel Höpfner mit Mamsell Anne Emerentschen Muhlen** Hochtied gaf wünsch Jem Glück dartoe de Bruet Eer Cusien. Hamborg, den 3 Octobr. 1769. Gedruckt mit Harmsen siene Bookstaven. 2⁰.
2 Bll.

37. **Als Christjan Hinnerck Hopp**, een vörnehm Hannels-Mann, Trien Dorthie Prüssen leid sick ehlick trugen an Jm Plenilunio, da woll ubt Pot un Grapen Dit Riemels gaut gemeint een Fründ tausamen schrapen. Gedruckt unner dei Prefs, up dei Hohe Schaul taum Rost. A. 1711. 2⁰.
2 Bll.

38. **Die verliebte Jäger Wappen** bey der Anckelman-Kohlschen Hochzeit, Veneris Triumpff-Wagen angesticket. 6. Augusti. 1677. 4⁰.
4 Bll. — Prosa, am Ende ein Lied.

39. **Je-Mand**. Cupidens Füer-Straffe up den Hochtyds-Höge des... Heren Johann Jochim Rötefeur, wytberöhmden Kop- und Handels-Manns in Hamborg... mit der... Jungffer Anna Tonnies... Im Jahr 1719. den 1. Augusti entdecket van —. Hamburg, gedruckt bey Caspar Jakhel, Buchdrucker auf dem Doms Kirchhof. 2⁰.
2 Bll.

40. **Je. Mand. vam Grypenwolde.** Als Tit. Tit. Herr Peter Behrmann mit Tit. Tit. Jungfer Anna Catharina Rotenburgin Anno 1738. den 28. Januarii syn Hochtyds-Fest celebreerde, aeverrekede dyt wolmenend —. 2⁰.
2 Bll.

41. **Johann by de Mühren.** Dee im Hospital der Levde curerte Krancken stellde op dem Kastens- und Buschischen Hochtydts-Feste vör —. Gedruckt im Badstaven in de Breeden Straat, Jnt Jahr aLs De Kranke genafs, DoCh arger VVorD aLs he VVafs. [1720]. 2⁰.
2 Bll.

42. Bey der, den 24. Febr. A. 1735 hochansehnlich vollzogenen Vermählung des... Hn. Martin Bernhard Printzen, mit der... Jungfer Anna Ilsabe Brockes, erkühnte sich, unter mehren und grösseren Hochzeits-Wünschen mit durchzulauffen diese Kleinigkeit. 4°.
2 Bll.

43. Knackenbieter, Franz. Dat upgeschawene un redlick geholdene Jahr-Markt by dem Hochtied-Dage defs... Herrn Ludwig Christoph Bendler und de... Jungf. Dorti Daries, geröhmet van —. Im Jahr Herr BenDLers Köste es fan Dage angesteLt Ven Deset köhne BLat em. ere Ogen feLt. [1705]. 2°.
2 Bll.

44. Als Pastor Kobbe kehm, un Mamsel Rüeten nehm, geschah et dat dit Blat, van een Paar Vettern kehm. Hamborg, Een Dusend Söben Hundert und Dre un Söstig. Gedruckt mit Harmsens Bookstaven. 4°.
2 Bll. — Unterz.: V. A.

45. Köst Boocksbüdel, van niewen upgelegt, verbetert, vermehret und publiceret by dem Hochtidtliken Ehrendage des... Heren Lucas Langerman... und der... Junffer Cillic Rumps... Gefieret den 2. [nicht 22.] Junij 1656. Hamburg, Gedruckt by Jacob Rebenlein 1656. 2°.
4 Bll.; Rücks. des Titelbl. frei. — Von Lappenberg in der unten citierten Ausgabe pag. 107—113 als eins der ältesten datierten niederdtsch. Hochzeitsgedichte aus Hamburg (nebst einem solchen von 1636) abgedruckt und ibid. pag. 251—255 erläutert.
Ein hochdeutsches Sonnet von Andreas Gryphius aus d. J. 1643 auf die Hochzeit von Bernh. Hering und Gertrud Wetken ist nach dem 1. Druck unter den Hochzeitsged. der Hamburger Commerzbibliothek in d. Zeitschr. des Ver. f. Hamb. Gesch. Bd. V. Hamb. 1866 pag. 123 wiedergegeben.

46. Le Hazard. Schnick Schnack van de Buhren-Hochtydt an den Krauss- und Neumeisterischen Hochtydts-Dage, als destülve den 28. Novembr. Anno 1719. in Hamborg lustig un frölich gefyret worde, den leeven Hochtydts-Gästen iu düsse eenfoldige Riemen värgestellet van... —. Gedruckt in Hamborg. 2°.
2 Bll.

47. Le Jeune. Die erst difs Augblick ankom Franzos, als er hör, die... Herr Hinrich Gerkens, vornehm Kopmann, make sine Hokezeit hüd mit das... Mademoiselle Poppe, nim sick das Freyheit, und gratulir Ihn darzu all Beyd. durch ein Prob' von hin durch viel Reyfs, grofs Müh, und starck grofs Unkost erlernt Tütsch Poesi... Ihr grofsmuthig Serviteur Jck Nenn Mick —. Hamburg 1725. den 10. Julii. 2°.
2 Bll. — Französelnd.

48. Die ungliecke un mennigfoldige Lefes-Negung wwulde, als (Tit.) Herr Abram Eschbach mit de (Tit.) Junffer Greet Ilschen

Deppsche ... den 19. Januarii 1713. Köste oder Hochtied gaf ... up goht plattdütsch aferschicken Een Fründ de to Hnufs hört nich wiet van Haarborg dicht by Rugenwarder. Hamburg 1713. 2⁰.

2 Bll. — Auf dieselbe Hochzeit noch 2 holländ. Carmina.

49. De schmucke May-Lust tho vertellen, Wull ick eenen Wunschk uthstellen, By Jencquel un de Jencquelinnen, de thor Ehe sick verbinnen, 1740tigst Jahr, als een un dörtig May dar. Een de vöftig Jahr verby, met den Naem L un J. 2⁰.

2 Bll.

50. Meyn, J. G. Dem Meyn- wn Schmidtschen Ehepaar, Legt hier en Hochtiets-Carmen dar —. Hamborg, den 25. Februar 1773. Gedruckt van J. C. Piscator, E. Hochedlen un Hochwiesen Raths Bookdrücker. 8⁰.

2 Bll. — Zu derselben Hochzeit: Nro. 38.

51. Herr Burg-Voigt Mittag wohlgemuth, was nicht die Vater-Liebe thut! giebt zwoen Töchtern auf einmal, und jeder zwar den tüchtigsten Gemahl. Die Aeltre hat den Laien-Stand gewählt, die Jüngre sich den Priester-Frauen zugezählt. So werden Koch und Kaiser Brüder. Zur Nachricht schrieb dies wohlbedächtig nieder Ein alter, guter Freund, der was er sagt, auch ehrlich meint. Den 11. Julii 1782. 2⁰.

2 Bll.

52. Den Pfarrn zu Bergwitz und Klischen, Magister Müllern wird man sehn, wie er wird heute seiner Braut, der Jungfer Hoffmannin vertraut. hierüber freut sich Tag und Nacht, der dieses Carmen hat gemacht. Lippstadt, den 15. Jul. 1738. Kl. 2⁰.

2 Bll.

53. (Muhl, Joh. Maximilian). An die Mademoiselle Catharina Margaretha Jordan, am Tage ihrer Verbindung mit ... Herrn Christopher Wilhelm Kelter, Hochverdienten Probst des Münsterdorfischen Consistorii und Hauptpastor zu Itzehoe. Hamburg, Gedruckt bey Dietrich Anton Harmsen. 1769. 8⁰.

1 Bog.; Rücks. des Titelbl. frei. — Am Ende: Dero ergebenster Oheim, Johann Maximilian Muhl. Hamburg, den 15. Merz 1769.

54. Olle Podrido op de Wagener-Bouviersche Hochtyed, welcke am 4. Decembr. 1708 tho Hamborg under gude Fründe vollentagen is, den satten Magen und hungerige Ohren tho Deenste opgesettet van twee gode Fründe uht Hamborg. 2⁰.

2 Bll. — Zwei Gedichte; das eine unterz.: een Dannemann, das andere: Charles le Francin. — Olla podrida (span.) als Büchertitel = Miscellanea.

55. Der Jungfern Poppen-Spill, am Hochtydts-Häge des ... Heren Frantz Poppen, wohl-vornehmen Börgers und Handels-Heren hierstülvst, mit der ... Jungfer Maria Magdalena Möllers, ... so am

8. Septemb. Anno 1727 höchst-fyerlich geholden wurde, betrachtet van einem Plat-Düttschen. Hamborg, gedrucket by Rudolph Bencken. 2⁰.

2 Bll.

56. Auf die vergnügte Hochzeits-Feyer von Peper und der Meissnerin Bracht Adams alte deutsche Leyer Ein neues Quodlibet darin Statt süsser Wünsche bittre Klagen Und wenig Schmeichelhaftes steht Doch was darinnen vorgetragen Gar nicht Aus Böser Meinung geht. Hamburg, den 14 Febr. 1775. Gedruckt von Carl Wilhelm Meyn. 2⁰.

2 Bll.

57. Da sich Herr Zencker hat verbunden Und an der Jungfer Bieglerin Sein künftges Weib gefunden; Schickt ihm ein Freund auf seinen Leib, Dis Qvodlibet zum Zeitvertreib. Leipzig, den 2. Febr. 1739. Gedruckt bey Joh. Gottfr. Langens sel. Witwe. Kl. 2⁰.

2 Bll.

58. To der Sievers- un Burmesterischen Hochtied wünschde in naastaanden Reegen von Harten Glükk des neeen Paars waare Fründ J. D. S. Hamborg, 1743. den 21. Febr. 4⁰.

6 Bll.

59. Troohartig Riemels up dat Willers- un Näsische Hochtieds-Fest von Eenen gooden Fründ. Hamborg, den 15. April 1760. [Am Ende:] Gedrukkt by Dietrich Anton Harmsen. 4⁰.

2 Bll. — Ein and. Riemels s. Nro. 37.

60. Up de Pral- un Pfeiffersche Hochtied, de in Hamborg den 19. Junii 1720 geholden wurde, wil siene Plicht in düssen Riemen afleggen Eener, de sik nich nöhmen mag. 2⁰.

2 Bll.

61. Up dat Rüter- und Johnische Hochtyds-Fest, dat den 12. Januarii 1718 in Hamborg vörging, stellde sick mit düssen Rimen ungebeden achter de Döhr En God Fründ. Hamborg, Gedruckt im Jahr 1718. 2⁰.

2 Bll.

62. Tom Fridrichs un Geerekenschen Hochtieds-Feste, dat ... den 19 April in Hamborg schall vulltagen waren, wull dem framen Brunt-Paar mit eenem plattdüetschen Ryme Glück wünschen eenes Vagts syn drüdde Sohn. Hamborg [s. a.] Gedruckt in de Bookdrückerey. 2⁰.

2 Bll.

63. By de Ohmann- un Bohusche vergnögte Hochtied wull dörch een plattdütsch Rymels syne Freude tho erkennen geven det geehrten Bruht-Paars ergebenster Deener d. B. M. Hamborg, den

18sten Dag im Winter-Mahnd 1766. Gedrückt by J. C. Piscator... [wie Nro. 50]. 4⁰.
2 Bll. — Mit einem Motto von S.

64. **Rhabarbarus u. Sarsaparillus.** Ein schön Gespräch das Nichts und Etwas ist. ... Bey der ... Zier- und Hanitzschischen Vermählung in Drefsden, den 2. Jun. 1712 ... zur Naht gebracht von ... — Gedruckt unter der Presse zu Samaria. 2⁰.
2 Bll.

65. **Robbert, Claes.** De vele Brüdery By de leve Vryery: Als ... Johann Hinrich Otte ... mit ... Jungfer Magdalene Rönckendorpen hier in Hamborg den 19. Nov. Anno 1743 wurd getruet, vertelde dat, sehr dudelyck, gantz rund und plat, so klüchtig, angenehm un seut, dat yderman dar äver lachen meut. de Olde Claes Robbert. Hamburg, gedruckt mit Spieringischen Schriften. 2⁰.
2 Bll.

66. (**Rump, D. H.**) Der Ehestand. Ode an ... Herrn A. G. Melchiors, der Reformirten Lingenschen Gemeine ersten Predigern. Bremen, gedruckt bey Friedrich Meier, E. Hoch-Edlen Hochw. Raths Buchdr. [Bl. 1 b.:] Da derselbe sich mit ... Kath. Marg. Kohl aus Sohlingen glücklich verheirahtete, Im Mai [handschr. verbessert in: Juni] 1750. [Bl. 2a:] ... von D. H. Rump aus Bremen, der Gottesgel. und W. W. Befl. und der D. G. in Bremen Mittgliede. 4⁰.
6 Bll.; Bl. 2b. leer.

67. Ditt schlichte **Scheper-Lehd** hevt up de Hochtieds-Köst des ... Herrn Balthasar Christian Guhl, wihtberöhmten Barbehrers un Notarii der leven Stadt Güstrow, un ... Junfer Maria Dorothea Jacobsen, as am 14. September nah sihner Ehnfolt to hohp flickt Ehn Scheper-Knecht, de sihnen Nahmen nich will uhtpludern. Gedruckt in dissem Jahr As Brut un Brädgam lustig war. 2⁰.
2 Bll.

68. Einige **Schau-Gerichte** auff den beglückten Schultz- und Rumpischen Hochzeit-Schmaufs den 4 Maji von Johanne Albino und Steffen Glücksherin angerichtet und von einem Hochzeit-Gast auffgetragen. Hamburg, im Jahr 1705. 2⁰.
2 Bll. — Dialog zwischen Albinus und Glückherin. Nach demselben waren die Brautleute der Hamburger Subphysikus Dr. Georg Died. Schultz und Sara Elis. Rump geb. Herzog.

69. **S[chetelig, J. A. G.]** Bey der Richter und Gudischen Hochzeitfeier welche 1754 den 4ten December in Hamburg vergnügt vollzogen worden stellte sich mit folgenden ein ein alter Bekandter S. Gedruckt mit Trausoldischen Schrifften. 4⁰.
4 Bll.; Rücks. des Titelbl. leer. — Prosa und Verse, mit einem Motto von Michael Richey, dem Verfasser zahlreicher Gelegenheitsgedichte (s. Weichmann l. c.). Richey (1678—1761) erhob die Hochzeitscarmina, die vorher meist eine Ablagerungsstätte roher Erotik, ja pria-

pischer Dichtung waren, zu litterarischer Bedeutung. (M. v. Waldberg in d. Allg. dtsch. Biographie XXVIII p. 437.) — Ueber den Verf. vgl. Anm. 4.

70. Schmidt, Eucharius, Nordalbingicus. An Herrn Paul Faber, als er mit Jungfer Anna Maria Schröders den 4. Februar. Anno 1738 Hochzeit machte. — 2⁰.
2 Bll.

71. S(chückher), J. B. To dem ... Krochmann- und Schückherischen Hochtieds-Dag, as deselbe den 3. November 1744 in Nürnberg fröligst volltrecket wurde, wull uht redlicken Harten Glück wünschen De Jumfer Brut Broder J. B. S. Hamborg, gedruckt mit Strömerschen Bookstaven. 2⁰.
2 Bll.

72. Als Herr Specht mit Mamsell Wöhlken Hochtyd gaf wünsch Se Glück darton Sien Naber. Hamborg, den 12. Octobr. 1769. Gedruckt mit Harmsen siene Bookstaven. 2⁰.
2 Bll.

73. Dat Starck'ste in der Welt äder De Leve mit ähren Egenschoppen, wulde up dem Tieffenbrock- un Lassenschen Hochtieds-Fest, welckes dorch Presterlicke Copulation den 18. April des 1720ten Jahrs in Hamborg voltagen wurde, den Heer'n Brädegam un de Jungfer Brud, nevest sämtlicken wehrten Fründen und anwäbsenden Gästen vöhrstellen Ehn dem Draudschem Huse verbundener Fründ, de et mit dem leven Paar und der gantzen Familie Christ-Hartlick mehnet. Hamborg, Gedruckt mit Spieringischen Schrifften. 2⁰.
2 Bll. — Auf d. letzten Seite ein Räthsel.

74. As de (s. T.) Herr David Hinrich Wesselmann, Candidat in de Theologie, mit Mamsell Anna Catharina Bahren Hochtyd gaf, wünsch de Beyden van Harten Glück darto een good Fründ M. A. K. Hamborch, den 18 Aprill, 1769. Gedrückt mit Harmsen sine Bookstaven. 2⁰.
2 Bll.

75. Withof, Balthasar Eberhard. Als der ... Herr Julius August Friedrich Frey-Herr von der Horst, Probst-Coadjutor des Adelichen Frey-Weltlichen Stiffts Levern, Erb-Herr zu Haldem, Sr. Königl. Majestät in Preussen Krieges- und Domainen-Raht, wie auch Deputatus Camerae Mindensis perpetuus, Sich mit ... Isabella Judith Sophia von Langen, Erb-Fräulein zu Soegeln und Rothenburg [1750] den [5] Novemb. zu Lingen Höchst-Feyerlichst einsegnen liesse, wünschte hiezu gehorsamst Glück in nachstehender Ode —, Canonicus Capitularis zu Utrecht, auch Curator der Hohen Schule zu Lingen. Lingen, gedruckt durch Johann Arnold Friedrich Korff, Buchdrucker der Hohen Schule. 4⁰.

4 Bll. — Als B. E. Withof am 19. Septbr. 1747 sein Lehramt in Lingen antrat, widmeten ihm seine Brüder Joh. Phil. Laur. Withof, Med. Lic., und Frid. Theod. Withof, Phil. Studiosus, (8 Bll. 4°); sowie sein Vater Prof. Joh. Hild. Withof (2 Bll. 4°) Gedichte. Zu seiner Hochzeit hatte er erhalten:

76. Paterni voti pietas in auspicatissimis nuptiis v. n. Balthasari Eberhardi Withofii, Canonici ad aedem divi Petri Trajectini, filii sui longe dilectissimi et praenobilissimae matronae Agathae Margaretae de Berendrecht, viduae Heideggersiae laudatissimae die [primo Julii] anno MDCCXLVI Lugduni Batavorum celebratis; declarata a Joanne Hildebrando Withofio, Historiar. Eloquent. et Graec. Ling. in Academia, quae Duisburgi Cliviorum floret, Professore Ordinario. ⌣ Das Withof und Berendrechtsche Hochzeit-Fest Joann. Philipp. Laurent. J. H. F. Withof, Med. Cand. 1746 ⌣ Zeegenwensch aan ... Balthasar Eberhard Withof ... en ... Agatha Margaretha van Berendregt ... opgestelt door L. K. 4°.
    8 Bll., Rücks. des ersten frei. — Das mittlere deutsche Gedicht nimmt 3 Bll. ein.

77. Ein Wörtgen im Vertrauen zuförderst an ... Jürgen Hammann und dessen Jungfer Braut Anna Margaretha Brandten, sodann aber auch an die sämmtliche vornehme Hochzeits- und Nachtags-Gäste mit geziemender Ergebenheit aufs zierlichste gerichtet. Den 22 Febr. 1746 in Hamburg. [Am Ende:] Gedruckt mit Spieringischen Schrifften. 4°.
    4 Bll.; Rücks. des Titelbl. frei. — Prosa und Verse.

78. Später und verkehrter doch aufrichtiger Wunsch zu der Hofmann und Prenzelischen Eheverbindung, welche in Greiffenberg den 30. October des 1764. Jahres vergnügt vollzogen wurde von einem dem Herrn Bräutigam und werthen Hofmannischen Hause verbundensten Freund und Vetter S. G. R. Hamburg, Kirchhof Jacobi St. auf Buchdruckerey bekannten einer in gedruckt. [rückwärts zu lesen!] 2°.
    2 Bll. — Titel auf der vierten, Ende auf der ersten Seite.

79. As dee Gesandschops-Sekertehr Heer Zink, De goode brave Heer, Mit Jumfer Grund sick troen leet, Schrew düt een Fründ, den Hee wol Weet. Hamborch, den 12ten Jul. 1758. Gedrückt by den Raths-Bookdrücker, J. C. Piscator. 4°.
    4 Bll.; Rücks. des Titelbl. frei.

Ungefähr die Hälfte dieser Drucke ist für Hamburger Hochzeiten und grösstentheils in Hamburger Platt geschrieben. In Hamburg nämlich, wo „stets auf Ueberfluss an Thalern und Mangel an Kritik ungebürlich speculirt wurde", stand die Gelegenheitsdichterei in besonderer Blüte. Zwar hatten einige Anzüglichkeiten auf den König von Schweden, die in einem Carmen Christoph Hering's zur Hochzeit des

Artillerie-Schreibers Pintzier am 15. Februar 1658 enthalten waren,[1]) den Rath am 30. März d. J. zu einem Verbot[2]) aller Hochzeits- und Leichengedichte veranlasst, doch war dies Mandat schon 1663 vergessen und „das Unkraut wucherte nach wie vor." Aber weniger ihrer Menge als der Sprache wegen, die darin vorherrscht, verdienen die Hamburger Hochzeitsgedichte unsere besondere Beachtung. Bekanntlich war die Glanzperiode des Niederdeutschen,[3]) das früher die allgemeine Amts-, Schul- und Kirchensprache gewesen, fast überall mit dem Ausgang des XVI. Jahrhunderts erloschen und dasselbe seitdem sogar aus dem Sprachgebrauche der höheren Gesellschaftsklassen, die es vor der Verrohung und Verarmung in den niedrigsten Schichten des Volkes hätten schützen sollen, immer mehr verdrängt worden. Nur noch für humoristische und derbe Sachen wurde später das Plattdeutsche beibehalten, zumal man darin ungeniert Wendungen gebrauchen zu dürfen glaubte, die hochdeutsch niederzuschreiben die Wenigsten gewagt hätten, und diese Missachtung der einst so angesehenen Sprache (die wohl auch der Grund dafür ist, dass die niederdeutschen Carmina weit seltener als die hochdeutschen den Namen ihrer Verfasser tragen) liess dieselbe gerade zu Hochzeitsgedichten[4]) fortdauernde Verwendung finden.[5]) In Hamburg freilich — für das allerdings auch schon Albert

---

1) (M. G. Steltzner), Versuch einer zuverl. Nachricht von ... der Stadt Hamburg. Th. III. s. l. 1783 pag. 742.
2) Abgedr. von J. M. Lappenberg in seiner Ausgabe der „Scherzgedichte von Johann Lauremberg (Bibl. des litter. Ver. in Stuttgart. LVIII.) Stuttgart 1861" pag. 285 f., woselbst auch weitere von uns mehrfach benutzte Angaben und pag. 204—208 mehrere Hamburger Hochzeitsgedichte (darunter Verz. Nro. 45) zu finden sind. — In der am 5. Aug. 1609 gegen die übermässige Pracht und grossen Unkosten bei Hochzeiten publizirten Hamb. Hochzeitsordnung (Zeitschr. des Ver. f. Hamb. Gesch. Bd. I. Hamburg 1841 pag. 546—559) geschieht der Gedichte keine Erwähnung.
3) So lange in dieser Sprache Bücher gedruckt wurden, hiess sie die „sassische", Lauremberg nennt sie auch „nedderdüdisch" und „nederesassisch"; um die Mitte des 17. Jahrh. kam die Bezeichnung „plattdeutsch" auf, welche nach Fr. Alb. Alpini (i. e. lt. Greifswald. Krit. Vers. I, 248 des Theologen Bernh. Raupach) Schrift: „Exercitatio de linguae Saxoniae inferioris neglectu atque contemptu injusto. Rostochii 1704" ziemlich schnell eine allgemeine geworden sein muss. — Vgl. Ad. Socin, Schriftsprache und Dialekte im Deutschen. Heilbronn 1888 pag. 311.
Den Namen „hochdeutsch" fand Fr. Zarncke zuerst 1493 in dem „Briefformulari des hochdeutschen Stilums." — Vgl. Fr. Kluge, Von Luther bis Lessing. II. Aufl. Strassburg 1888 pag. 51.
4) Wie gewürzt diese mitunter waren, schildern Abraham a St. Clara (1644-1709) in „Judas der Erzschelm" und Christian Weise in d. „Drei ärgsten Ertznarren." (Alw. Schultz, Alltagsleben einer dtsch. Frau. Leipzig 1890 pag. 123.) — Vgl. auch die Bemerkung über Richey bei Verz. Nro. 69.
5) Eine Sammlung von ca. 50 Hochzeitsgedichten aus d. 17. u 18. Jahrh. in verschiedenen sassischen Mundarten erwähnt K. F. A. Scheller, Bücherkunde der sass.-niederd. Sprache. Braunschweig 1826 Nro. 1816. — Ebenda finden sich niederd. Hochzeitsgedichte aus den Jahren 1641—1668 sub Nro. 1254, 1270—73, 1279, 1283 u. 1301 (davon aus d. J. 1654 je eins in westfäl., braunschw. u. lipp. Dialekte), sowie aus d. 18. Jahrh. sub Nros. 1351, 1360,

Krantz († 1517) in seiner „Saxonia" ¹) bezeugt: „Und dennoch heben jtzt auch an, Gott wolte es, die vnsern sich zu befleifsfigen, den öbern Deutschen jhr kirren nachzureden" — errang die hochdeutsche Sprache, die bereits 1586 in der Apothekerordnung verwendet war, ²) erst 1603, in welchem Jahre der letzte plattdeutsche Recess zwischen Rath und Bürgerschaft abgeschlossen wurde, mit der Abfassung des neuen Stadtrechts und der Gerichtsordnung den entscheidenden Sieg, drängte dann aber gleichfalls bald das Niederdeutsche in den Hintergrund. Dass noch 1620 das Neue Testament, 1621 der Psalter, 1630 ein Gebetbuch in dieser Sprache gedruckt wurde, ³) noch Joh. Biester (1628—1664) in ihr predigte, ⁴) geschah aus Rücksicht auf das an sie gewöhnte Volk: ausser Hochzeitsgedichten, Humoresken und Satiren lieferten die Drucker meist hochdeutsche Werke. ²) Schon Lauremberg ⁵) führt in seinen berühmten Scherzgedichten, die zuerst 1652 erschienen, arge Klagen über den Verfall seiner Muttersprache, die ihn sogar ungerecht gegen die dem Niedersächsischen gleichberechtigten mittel- und hochdeutschen Dialekte werden lassen. Im Jahr 1672 „schreiben auch die Hamburger Kaufleute nicht mehr sonderlich niedersächsisch, viel weniger lesen sie es" ⁶) und 1685—1735 waren daselbst von ca. 300 aufgeführten Opern nur 17 ganz oder zum Theil niederdeutsch. ⁷) Nicht viel anders sind in Hamburg die sprachlichen Zustände während der zweiten Hälfte des XVIII. Jahrhunderts. „Die niedersächsische Sprache wird dort in den Häusern gesprochen; doch nicht leicht in grossen Gesellschaften, als blos zum Scherze und bey enggeschlossener Familie, die sich kennen" schreibt Chr. Ludw. v. Griesheim ⁸) i. J. 1760 und der ungenannte Verfasser eines Hochzeitsgedichtes aus d. J. 1764 ⁹) hält es für nöthig, diesem folgende Zuschrift vorauszuschicken: „Es kann Ihnen unmöglich anstössig seyn, geliebter Freund, dass ich Ihnen, meine Freude bey Ihrer würdigen Verbindung zu bezeigen, hiemit etwas in unser naiven Muttersprache zuschicke. Es soll dies Blatt ein erneuertes Denkmal unserer alten Freundschaft seyn; diese begreift aber beinahe

---

1364, 1385, 1386, 1393, 1394, 1411, 1412, 1417, 1425, 1426, 1462—64, 1474, 1476, 1508, 1544, 1556, 1578, 1595—98, 1607, 1612, 1647 u. Nachtr. XXV, andere bei Weichmann l. c.

1) Zum ersten mall . . . verdeutscht vnnd gebessert durch Basilium Fabrum Soranum. Leipzig 1563 Bl. 1 b.
2) J. M. Lappenberg, Zur Gesch. der Buchdruckerkunst in Hamburg. Hamb. 1840 pag. XLVII.
3) J. Fr. Aug. Kinderling, Gesch. der nieders. oder sog plattd. Sprache. Magdeburg 1800 pag. 397. — Scheller l. c. Nro. 1242.
4) Kluge l. c. pag. 101.
5) besonders in d. 4. Scherzgedicht: pag. 54—72 der citirten Ausgabe.
6) Praetorius, Satyrus etymologicus pag. 5 (Kluge l. c. pag. 107.).
7) K. Th. Gaedertz i. Jahrb. des Ver. f. niederd. Sprachforschung. VIII. Norden u. Leipzig 1883 pag. 169 oder Niederd. Schauspiel. Bd. I. Berlin 1884 pag. 169.
8) Verb. u. verm. Auflage des Tractats: Die Stadt Hamburg. Hamb. 1760 pag. 255.
9) Vorsteh. Verzeichniss Nro. 27. — Die Zuschrift ist unterz.: JM.

die Jahre unseres beiderseitigen Lebens, warum sollte ich also zu einem Freundschaftszeichen eine andere Sprache erwählen, die gekünstelter wäre, als die ist, die wir bey Stiftung unser Bekanntschaft am fertigsten redeten? Ausserdem hab ich aber noch eine Ursache gehabt, in niedersächsischer Mundart zu schreiben; ich halte mich nemlich verpflichtet, alles mit anzuwenden, eine Sprache dem Untergange zu entziehen, die meine Amme mir mit so saurer Mühe beigebracht hat. Dass dieses Unglück möglich sey, bestätiget sowohl die Erfahrung als der römische Geschichtschreiber Vellejus Paterculus. Die erstere beweiset, dass man leider! in Hamburg schon anfängt, sich der niedersächsischen Sprache in Kellern und auf Wohnsälen zu schämen. Seitdem aber unsere grossen Männer, als B = R = JM = und andere theils in dieser Sprache selbst so schön gedichtet, theils durch Erläuterungen dieselbe auf den höchsten Gipfel der Vollkommenheit gesetzt haben, so befürchte ich vielleicht nicht ohne Grund, es werde nunmehro auch bald von unser Platdeutschen Sprache gelten, was gedachter Römer von dem Verfalle einer Sprache und der Wissenschaften überhaupt zur Ursache angeführt hat. Hier sind seine Worte, die ... er zu Ende seines ersten Buchs schreibt: Alit aemulatio ingenia: et nunc invidia, nunc admiratio incitationem accendit: naturaque, quod summo studio petitum est, ascendit in summum: difficilisque in perfecto mora est; naturaliterque quod procedere non potest, recedit ..." Aehnlich berichtet Heinr. Sander in einer Reisebeschreibung von 1774—75: „Die Sprache der Hamburger sollte eigentlich plattdeutsch sein, und die Sprache, wenn man sie in der Gewalt hat, ist nervös [i. e. nervig], angenehm und zum Singen geschickt, hat ihre eigenen Redensarten und ihre eigenen Schönheiten. Man hat Hochzeitsgedichte, die zum Scherz in dieser Sprache verfertigt sind und wahre Meisterstücke heissen können, aber Viele verstehen sie gar nicht und lernen sie nicht. Man redet hochdeutsch, aber in einem erbärmlichen Dialekt."[1]) Die Hamburger huldigten eben auch der allgemeinen Ansicht jener Zeit,[2]) dass das Hochdeutsche die Büchersprache und die tägliche Umgangssprache der bessern Gesellschaft sein und diese sich dadurch vortheilhaft von dem die Mundart sprechenden Volke unterscheiden solle.

Zum Schluss seien uns noch einige Angaben über einschlägige Machwerke damaliger Schüler gestattet, da gerade in den Schulen die Lust Verse zu schmieden hauptsächlich geweckt resp. gefördert wurde, zumal als sich den längst überall mit Eifer gepflegten Uebungen in lateinischer[3]) Versifikation im 17. und noch mehr im 18. Jahrhundert auch solche in der deutschen hinzugesellten. Schon 1645 erhielt der Rektor des Hildesheimer Andreanums, Mag. Ericus Müller,

---

1) Zeitschr. für deutsche Philologie, Bd. 18. Halle 1886 p. 382.
2) Vgl. deutsches Museum. Leipzig 1782, Bd. I, pag. 276 ff.; Magazin f. d. dtsch. Sprache. Von J. Chr. Adelung. Jahrg. I. Leipzig 1782 pag. 32 ff.; Neue Bibliothek der schönen Wissensch. Bd. 29. Leipzig 1783 pag. 78.
3) Vgl. K. Goedeke, Grundr. zur Gesch. der dtsch. Dichtung. 2. Aufl. Bd. II. Dresden 1886 pag. 87.

vom Rathe derbe Verweise, weil einige Gymnasiasten zur Hochzeit eines Studiosus Lange hatten „schandbare Carmina gemacht und drucken lassen", und er solche „nicht, wie es sich gebührt, besser perlustriert habe, da sie ihm doch vorgelegt seien."[1]) Am 13. Februar desselben Jahres gratulierten die Pauperes des Königsberger kneiphöfischen Gymnasiums durch ihren Prafectus dem „ehrbaren und wohlgeachten Herrn S., Kannengisser und Bürger im Kneiphof", als er die „ehr- und tugendreiche" Tochter eines anderen Kannengissers und Bürgers aus dem Löbnicht heimführte, in einem Hochzeitscarmen, welches aus zwei lateinischen Gedichten in eleg. Distichen und einem deutschen in Alexandrinern bestand.[2]) Aus dem vorigen Jahrhundert befinden sich nach Möller l. c. in den Archiven des altstädt. und kneiphöf. Gymnasiums folgende Hochzeitsgedichte:

1) Für den Rektor Koźik, 11. October 1712, 48 lateinische und 1 deutsches Gedicht der Primaner. (Altst. Gymn.)
2) Für den Kantor Waldeck in Angerburg, 20. Juni 1724, 5 lateinische u. 14 deutsche Gratulationsgedichte der Schüler. (Kneiph. Gymn.)
3) Für den Prorektor Saemann, 5. Mai 1761: a. 1 lat. Gedicht von den anderen Lehrern, b. 19 lat., 4 dtsch., 2 franz. Gedichte der Primaner, c. 1 lat. Gedicht im Namen der ganzen Secunda. (Altst. Gymn.)
4) Für denselben zur Hochzeit mit seiner zweiten Frau, einer Schwester der ersten, 14. Dezember 1767, a. 2 lat. und 2 dtsch. Gedichte „aus scholarischer Achtung", also wohl von ehemaligen Schülern, b. 40 Gedichte der Primaner und Secundaner, und zwar: 1 griech., 9 lat., 3 franz., 4 poln. u. 23 deutsche. (Altst. Gymn.)[3])

Die Proben, welche Möller (l. c. p. 9) aus zwei derselben giebt, zeigen, ebenso wie das von Wilh. Knoch[4] abgedruckte Carmen des Helmstädter Schülers Dörge zu der im October 1777 in Braunschweig vollzogenen Heirath des Hamburger Courektors Ant. Aug. Heinr. Lichtenstein mit der Demoiselle Berkhahn, zur Genüge den geringen Werth auch dieser Erzeugnisse und den geringen Nutzen, der der deutschen Poesie aus der in den Schulen auf sie verwandten Zeit und Mühe erwuchs.

Münster i. W. P. Bahlmann.

---

[1]) G. O. Fischer, Gesch. des Gymnas. Andreanum v. 1546—1815. Hildesheim 1862 pag. 29. — Der Verfasser der fragl. Gedichte wurde aus der Stadt gewiesen.

[2]) R. Möller, Gesch. des altstädtischen Gymnasiums. Stück VII. Königsberg 1881 (Progr.) pag. 7.

[3]) Auch in Augsburg übergaben am 13. Jan. 1717 die Zöglinge des Collegiums bei St. Anna dem Sohne eines Pflegers der Anstalt ein Hochzeitsgedicht und erhielten am 22. die zur Hochzeit angefertigten Carmina ausgetheilt. s. R. Schreiber, Aus d. Tagebuch eines Alumnus des Colleg. bei St. Anna. 1717—1719. (Progr. d. k. Stud.-Anst. bei St. Anna. 1876) pag. 12.

[4]) Gesch. d. Schulwesens ... zu Helmstädt. Abth. II. Braunschweig 1861 (Helmst. Gymnas.-Progr.) pag. 53.

Moltke's Gibbonübersetzung.

Die jüngst veröffentlichten Briefe Moltkes (Berlin, J. S. Mittler & Sohn, 1891, Gesammelte Schriften, Bd. 4, 1. Abtheilung) enthalten neben vielen anderen wichtigen Belehrungen auch die merkwürdige und bisher ganz unbekannte Kunde, dass der berühmte Feldherr und nicht minder berühmte Schriftsteller eine Uebersetzung des grossen Werkes Gibbon's History of the decline and fall of the Roman Empire angefertigt habe. Da in den üblichen Handbüchern meist nur zwei derartige Uebersetzungen angeführt werden, die eine von Wenck, Schreiber und Beck (Leipzig 1805—1807), die andere von Sporschil und Anderen, zuletzt 1862 erschienen, so lohnt es sich wohl, von Moltkes Uebersetzung eingehender zu sprechen.

Am 13. Jan. 1832 meldete Moltke seiner Mutter, nachdem er von seinem Büchlein über Polen gesprochen, Folgendes: „Wichtiger ist ein Unternehmen, welches ich erst kürzlich angefangen. Es ist eine Uebersetzung aus dem Englischen von fast 6000 Pagina, nämlich Gibbons Geschichte des Verfalls und Umsturzes des römischen Kaiserthums, in zwölf Bänden Grossoktav. Diese herkulische Arbeit wird mir vom Buchhändler mit fünfhundert Thalern honorirt, sobald das Werk gedruckt ist, und mit zweihundertfünfzig Thalern, nachdem fünfhundert Exemplare verkauft sein werden. Ich muss also lange arbeiten, ehe ich etwas bekomme, allein die Summe ist der Mühe werth. Wenn keine Unterbrechung kommt, so hoffe ich bei sehr angestrengtem Fleisse in anderthalb Jahren fertig zu werden. Ich benutze jede freie Viertelstunde. Die Arbeit macht mir nicht die allergeringste Schwierigkeit und selbst Vergnügen, aber sie kostet so viel Zeit, dass mir für mich keine mehr bleibt." Diese Stelle, die erste, in der von dem Plan gesprochen wird, wäre kaum zu verstehen, wenn man nicht wüsste, wie knapp Moltkes finanzielle Verhältnisse in jener Zeit waren und wie eifrig er sich bestrebte, sie zu verbessern. Trotzdem war das Honorar ein ausserordentlich niedriges — 125 Mark pro Band — und der Vorsatz, das Riesenwerk allein zu beenden, unausführbar. Gleichzeitig hatte sich daher Moltke an seinen Bruder Ludwig gewandt, damit dieser ihm einen Theil der Arbeit abnehme. In diesem Briefe (12. Jan. 1832) nannte er als die beiden Bruchstücke von Uebersetzungen, die ihm vorlägen, die Wenck-Schreibersche 1788 und die von C. W. v. R. 1789. Die letztere, eine getreue Nebeneinanderstellung aller übersetzter Worte, diente ihm als Wörterbuch, die erstere characterisirte er als freier. Seinen Vorschlag an den Bruder, sich an der Arbeit zu betheiligen — der Verleger hatte eine durch zwei Personen vorzunehmende Arbeit für unzulässig gehalten — unterstützte er durch folgende Darlegung: „Der Stil des Gibbon ist so, dass man in den allermeisten Fällen nichts Klügeres thun kann, als ihn bis auf den Periodenbau genau wiedergeben. Die grosse Affinität der englischen mit der deutschen Sprache macht das vollkommen ausführbar, und beide Arbeiten müssen hierdurch in hohem Grade ähnlich werden, weil, um mich mathematisch auszudrücken, zwei Grössen, die einer dritten gleich sind, auch unter einander gleich sind. Um diese Aehnlichkeit wenigstens vollständig zu machen, käme es nur darauf an, sich über Kleinigkeiten zu einigen. So hat Gibbon z. B. einen Ueberfluss von Adjectiven, welche, wie ich glaube, auf einer tiefen Kenntniss seiner Quellen begründet sind. Aus diesen schöpft er Eigenschaften seiner handelnden Personen, die aber nicht aus dem Texte seines Werkes hervorgehen, und da die Leser Gibbons nicht alle die Gelehrsamkeit Gibbon's haben, so sind die Adjectiven oft befremdend und scheinen selbst widersprechend, oftmals aber schwächen sie den Nachdruck der Rede. Diese habe ich mir die Freiheit genommen wegzulassen, und überhaupt mir zur Regel gemacht, nichts zu übersetzen, was dunkel oder zweifelhaft ist. Endlich müssten gewisse oft wiederkehrende Ausdrücke als officer, lieutenant, company, wenn von Römern die Rede ist, gleichmässig durch Befehlshaber, Legat u. s. w. übersetzt und die englischen Masse und Münzen umgerechnet werden. Auf diese Weise wird nach meinem Dafürhalten kein Unterschied merklich werden."

Diese verständige Auseinandersetzung, die man trotz ihrer Ausführlichkeit gewiss nicht ohne Vergnügen lesen wird, wurde, wie es scheint, von dem Bruder angenommen. Auch Ludwig machte sich an die Arbeit und lieferte den freilich weit kleineren Theil, der ihm zugefallen war. Die Briefe an ihn kommen nicht wieder auf das Werk zurück, wohl aber die an die Mutter gerichteten. Ihr legte er es nahe, auch einen zweiten Bruder Wilhelm, der gleichfalls Offizier war, aber schon 1834 starb, zur Theilnahme an der Arbeit zu gewinnen. Moltke selbst war ausserordentlich fleissig. Schon am 24. Mai 1832 hatte er drei Bände vollendet, am 24. November hoffte er bis zum Ende des Jahres mit fünf Bänden fertig zu sein, bemerkte freilich, dass er sich daran zu Schanden arbeite. Von Ludwig erwartete er den achten Band, er selbst arbeitete ruhig weiter und war (28. Febr. 1833) bald mit dem sechsten und so mit der Hälfte des ganzen Werkes fertig; am 24. April hoffte er in vier Wochen den 7. Band beendet zu haben und erwartete den von Ludwig zu liefernden Theil. Wenn er aber auch am 23. Juli 1833 schreiben konnte, er sei bis in die Mitte des 9. Bandes vorgedrungen, so konnte er zugleich dem Bruder sagen lassen, sich nicht zu übereilen. Der Buchhändler hatte nämlich kein Geld und war schneller im Versprechen als im Halten. Hatte Moltke, der Aussage des Verlegers trauend, im April gemeldet, der erste Band sei im Druck, so musste er im Juli seine Meldung dahin berichtigen, der Druck solle erst beginnen und setzte der Versicherung des Buchhändlers, jeden Monat solle ein Band herauskommen, einigen Zweifel entgegen. Diese Saumseligkeit und halbe Wortbrüchigkeit des Unternehmers lähmte auch Moltkes Eifer; Manöver und Dienstreisen kamen dazu und brachten neuen Aufenthalt; trotzdem war Ende Juni 1834 der elfte Band im Gange, auch Ludwigs Antheil eingeliefert. Anfang März 1835 scheint die Arbeit, soweit sie wirklich von Moltke abgethan wurde, beendet gewesen zu sein, die also etwa die doppelte Zeit in Anspruch nahm, als ursprünglich auf sie verwendet werden sollte. Aber der Buchhändler liess die Fleissigen im Stich und liess es an sich fehlen, nachdem die Arbeiter ihre Verpflichtung voll erfüllt hatten. Moltke musste einen Process gegen ihn anstrengen. Am 20. Juni 1835 konnte er melden, dass er mit dem Verleger ein gerichtliches Abkommen getroffen hätte. Danach bekam er — statt des ausbedungenen Honorars — im Ganzen nur 166 Thaler, also den dritten Theil, wurde aber von der Correktur und Vollendung des ganzen Werkes entbunden: 100 Thaler hatte er wirklich erhalten; den Rest erwartete er am Anfang des nächsten Monats.

Soweit Moltkes Bericht über eine Arbeit allerdings sekundärer Art, die aber wichtig für ihn war, weil sie drei arbeitsreiche Jahre ausfüllte und ihm trotz mancher Last doch auch Vergnügen bereitete. Der Buchhändler, von dem der Plan ausging, hiess Finke. Sein Verlag ist in den vierziger Jahren durch Kauf in das Antiquariat von Th. Kampfmeyer in Berlin übergegangen. Auf meine Anfrage wurde mir der Bescheid, dass von den damals übernommenen Verlagswerken nicht ein einziges Exemplar übriggeblieben ist. Ob etwa eine Gibbon-Uebersetzung sich unter jenen Artikeln befunden habe, konnten sich die gegenwärtig daselbst Beschäftigten nicht erinnern. Die Buchhändler-Cataloge wissen von einer in den dreissiger Jahren im Finkeschen Verlage zu Berlin erschienenen Gibbon-Uebersetzung nichts. Die Königliche Bibliothek in Berlin besitzt gleichfalls keine damals veröffentlichte derartige Uebersetzung.

Vielleicht hat sich aber doch irgendwie und irgendwo ein Ueberrest der Moltkeschen Uebersetzung erhalten. Bei dem grossen Interesse, das gerade jetzt den Moltkeschen Schriften entgegengebracht wird, hat vielleicht diese Anregung die Wirkung, dass Bibliographen und Bibliothekare über den Verbleib der etwa gedruckten Bände oder Bogen Nachforschungen anstellen. Solchen ist der beste Erfolg zu wünschen.

L. Geiger.

Instruktion für die Herstellung der Zettel des alphabetischen Kataloges.[1]

§ 1.

Die Zettel geben die Titel der Druckschriften bibliographisch genau in allen wesentlichen Stücken wieder, und zwar auf Grund der Druckschriften selbst, nicht nach mittelbaren Quellen oder vorhandenen Katalogen, kürzen sie aber nach Möglichkeit in nebensächlichen Dingen.

---

[1] Diese „Instruktion" ist den K. Preussischen Bibliotheken unter dem 29. Februar d. J. zur Anwendung bei Herstellung ihrer alphabetischen Zettelkataloge von dem vorgesetzten Ministerium mitgetheilt worden, und wir glauben, sie weiteren Kreisen zur Mittheilung bringen zu sollen.

Sie zerfallen in Haupt- und Verweisungszettel. Hauptzettel (§ 2—13; einige Beispiele s. in Anl. 1) werden für alle abgeschlossenen Werke hergestellt. An ihre Stelle treten bei noch unvollendeten Werken Interimszettel (§ 14).

Die Verweisungszettel (§ 16) dienen dem praktischen Bedürfnisse und machen auf bibliographische Genauigkeit keinen Anspruch. Sie erstrecken sich vorläufig nicht auf die Bestandtheile von periodischen Druckschriften.

§ 2.

Der sachliche Theil des Titelblattes wird vollständig und genau, soweit diese Bestimmung nicht durch die §§ 3—6 und 15 eingeschränkt wird, aufgenommen, auch hinsichtlich der Wortfolge und Orthographie. Bei Schriften mit mehreren Titeln wird der Haupttitel aufgenommen, die anderen nur soweit sie wesentliche Ergänzungen oder Abweichungen enthalten; der allgemeine Titel geht dem besonderen und, wenn kein anderes Merkmal vorliegt, der voranstehende dem nachfolgenden vor. Jedem Titel ausser dem Haupttitel ist seine Bezeichnung vorzusetzen.

§ 3.

Weglassungen werden durch drei Punkte bezeichnet.

Weggelassen werden:

1. Motti, Votivbuchstaben, Segensformeln, Empfehlungen, Widmungen, eingehende Inhaltsangaben, Preise, Privilegien, Druckerlaubniss u. dergl.;
2. bei Haupttiteln die in den Sondertiteln über den Inhalt der einzelnen Theile wiederkehrenden Angaben;
3. bei Aufführung von Mitarbeitern an Sammelwerken und Zeitschriften die Namen ausser dem ersten; sind die Herausgeber aufgeführt, so werden nur diese, jedoch höchstens drei, aufgenommen;
4. alle Personalangaben, die nicht zur Charakteristik wenig bekannter oder zur Unterscheidung gleichnamiger Schriftsteller dienen;
5. die Wohnung des Verlegers und Druckers, der Name des Druckers, wenn der Verleger genannt ist, sowie der des Besitzers der Firma. Bei Aufführung mehrerer Verleger oder mehrerer Verlagsorte werden, bei in Deutschland erschienenen Werken, sämmtliche Namen bezw. Orte aufgenommen; bei ausländischen Werken genügt der Name des ersten Verlegers bezw. der Hauptsitz der Firma. Ort, Verleger (bezw. Drucker), Jahr werden kurz in dieser Folge angegeben.

§ 4.

Ausführliche Titel, besonders solche, welche den Inhalt der Schriften im Auszuge wiedergeben oder ihn umschreiben, werden stark gekürzt, doch bleibt der Anfang und alles Wesentliche in der Weise erhalten, dass das Aufgenommene wortgetreu der Vorlage entspricht und zugleich ein nach Form und Inhalt verständliches Satzgefüge bildet.

§ 5.

Für viel gebrauchte Wörter werden die allgemein gebräuchlichen und ohne weiteres verständlichen Abkürzungen, und nur solche, angewendet.

§ 6.

Sind die Titel in wesentlichen Stücken unvollständig, so werden der Aufnahme ergänzende bezw. berichtigende Zusätze in deutscher Sprache und in Klammern hinzugesetzt. Die Klammern sind runde ( ), wenn der Zusatz der Schrift entnommen ist, eckige [ ], wenn er anderswoher stammt; ist auf dem Titel selbst eine Klammer gesetzt, so wird sie in Anführungszeichen '( )' eingeschlossen.

Insbesondere werden die gebräuchlichen Vornamen, die Namen der Verfasser bei anonymen und pseudonymen Schriften, Namensänderungen, Herausgeber, Uebersetzer u. s. w., und Erscheinungsort und -jahr, wenn sie ermittelt werden können, hinzugefügt. Bleiben Ort oder Jahr oder beide unbekannt, so wird dies durch [o. O.] [o. J.] [o. O. u. J.] bemerkt, aber eine ungefähre Zeitangabe beigefügt. Ist das Jahr in einer anderen als der christlichen Aera, mit anderen Ziffern als den arabischen, durch ein Chronogramm oder sonst in ungewöhnlicher Weise angegeben, so wird das Jahr der christlichen Aera in arabischen Ziffern beigefügt; römische Zahlen werden durch arabische ersetzt (s. jedoch § 13).

In schwierigeren Fällen wird die Quelle des Zusatzes angegeben; Zweifel an der Richtigkeit des Zusatzes werden durch ein Fragezeichen ausgedrückt.

§ 7.

Der Aufnahme des Titels, bei mehreren Titeln (§ 2) der Aufnahme des letzten, folgt die Zählung der Seiten bezw. Spalten, Blätter, Nummern und Beigaben. Die Zahlen der besonders gezählten Abtheilungen werden durch Kommata getrennt und die nicht in die Zählung einbegriffenen Blätter als 'Blätter' gerechnet. Stellt die Seitenzählung sich als falsch heraus, so wird sie übernommen, aber die richtige dazugesetzt. Nicht in die Zählung einbegriffene Beigaben (Tafeln, Porträts, Karten, Pläne, Tabellen u. s. w.) werden besonders gezählt.

§ 8.

Den Abschluss des Zettels bildet die Angabe der Bandzahl und des Formates.

Angefangene Bände, deren Abschluss nicht mehr zu erwarten ist, werden wie abgeschlossene aufgenommen.

Als Blatt bezw. Blätter werden die Druckschriften bezeichnet, die nur aus einem einfachen oder gefalteten Blatte bestehen.

§ 9.

Das Format wird nach der Höhe des Einbanddeckels bestimmt und in folgender Weise unterschieden:

8. : bis 25 Centimeter
4. : 25—35 „
2. : 35—45 „
gr. 2. : über 45 „

Wenn die hergebrachte Formatbezeichnung abweicht, wird sie in Klammern hinzugesetzt.

Die Breite wird nur angegeben, wenn sie die Höhe übersteigt und zwar als quer-8., quer-4. u. s. w. Bei ganz ungewöhnlichen Formaten wird Höhe und Breite in der Form eines Bruches angegeben.

§ 10.

Die verschiedenen Auflagen und Uebersetzungen einer Druckschrift werden in der Regel besonders aufgenommen.

§ 11.

Bei mehrbändigen Werken folgt auf die Titelaufnahme die Zusammenfassung der Bände, mit Angabe von Ort, Verleger (bezw. Drucker), Jahr und Format. Dann werden die Bände, mit Ziffern bezeichnet, einzeln aufgeführt und wesentliche Abweichungen des Titels, Sondertitel, Seitenzählung und wechselndes Format angegeben.

Wenn die Bände ohne Zählung sind, so wird möglichst im Anschlusse an die Zeitfolge eine willkürliche bezw. einer Bibliographie entnommene Zählung angenommen. Wird nachträglich von zuständiger Seite eine Zählung bekannt gegeben, so tritt ein Zettel mit dieser an Stelle des Zettels mit der willkürlichen Zählung.

§ 12.

Die in Sammelbänden vereinigten Druckschriften werden numerirt und einzeln wie sonst aufgenommen, mit einer Verweisung auf die Nummer im Sammelbande. Für die Sammelbände als solche wird ein dem Inhalt entsprechender Titel angenommen; die darin enthaltenen Schriften werden mit ihrer Nummer kurz verzeichnet.

Sind in einem Bande nur wenige Druckschriften vereinigt, von denen eine an Umfang und Bedeutung sehr überwiegt, so werden auf dem Zettel nach dieser umfangreichsten Schrift die übrigen mit ihrer Nummer und dem Vermerk 'angebunden' oder 'vorgebunden' kurz verzeichnet und regelrecht auf anderen Zetteln mit einer Verweisung auf die Nummer im Sammelbande aufgenommen.

Sind dem Titel nach unabhängige Schriften entweder äusserlich durch Seitenzählung, Kustoden u. dergl. zusammengefasst, oder bilden sie nach der Absicht des Verfassers, Herausgebers oder Verlegers ein Ganzes, so werden sie gemeinsam so verzeichnet, dass auf den Titel der Hauptschrift der Titel der angefügten Schriften, Beilagen u. dergl. folgt, eingeführt durch 'folgt', 'Beilage 1' u. dergl.

§ 13.

Inkunabeln, die als solche bis zum Jahre 1500 einschliesslich gelten, und andere Schriften, bei denen es zur Unterscheidung verschiedener Drucke nöthig ist, werden mit Angabe der Zeilentheilung und aller übrigen Eigenthümlichkeiten aufgenommen. Bei Inkunabeln wird die Nummer von Hain's Repertorium bibliographicum angegeben.

Für die Aufnahme der Universitäts- und Schulschriften sind die von der Königlichen Bibliothek zu Berlin herausgegebenen Jahresverzeichnisse massgebend.

Bei anderen Gelegenheitsschriften, die Abhandlungen enthalten, gilt als Haupttitel (§ 2) der Präsentationstitel (vergl. § 16).

§ 14.

Von angefangenen Werken werden, sobald ein Theil, ein Band, ein Heft, eine Lieferung u. s. w. vorliegt, nach den für die Hauptzettel geltenden Regeln, aber ohne Band- und Seitenzählung Zettel aufgenommen und als Interimszettel kenntlich gemacht (Beispiele s. Anl. 2). Nach dem Abschlusse des Werkes, oder sobald feststeht, dass es unvollendet bleibt, tritt an die Stelle des Interimszettels ein Hauptzettel; ebenso bei sehr umfangreichen Werken und Zeitschriften in zweckmässigen Zwischenräumen.

§ 15.

Die Schriftart ist die lateinische, auch für die in Fraktur gedruckten Titel; die griechische Schrift wird beibehalten. Ist der Titel der Vorlage in anderer Schriftart gedruckt, so wird diese transscribirt.[1]) Die Originalschriftart wird angegeben.

Ist die Sprache des Titels weder eine der germanischen oder romanischen, noch die lateinische oder griechische, so wird eine deutsche Uebersetzung seiner Haupttheile beigegeben.

Majuskeln werden in Uebereinstimmung mit der Vorlage verwendet; wenn diese jedoch ganz oder zum Theile in Majuskeln gedruckt ist, nach dem in der betreffenden Sprache geltenden Gebrauche, doch so, dass für jeden Anfangsbuchstaben eines Abschnittes, eines Eigennamens und ähnlicher Bezeichnungen, sowie für Chronogramme Majuskelschrift verwendet wird.

Interpunktionszeichen werden eingefügt, wo es für das Verständniss nöthig scheint.

§ 16.

Verweisungen werden gemacht bei mehreren, bei anonymen und pseudonymen Verfassern, bei Fortsetzern, Bearbeitern, Vorrednern, Herausgebern, Uebersetzern, Illustratoren von Bedeutung, bei Doppeltiteln in abweichender Fassung, bei Druckwerken, die unter einem Collectiv- oder Präsentationstitel selbständige Schriften enthalten, ferner bei Doppelnamen, Namensänderungen und verschiedener Orthographie des Ordnungswortes, endlich wenn die Erleichterung der Auffindung sie rathsam erscheinen lässt.

---

[1]) Dem Original liegt als Anlage A ein „Schema zur Transscription anderer Schriftarten" bei, das wir leider nicht abdrucken können, da unserer Druckerei eine Anzahl Typen fehlt.

Die Form der Verweisungen ist folgende: in der ersten Zeile steht das, wovon, in der zweiten das, worauf verwiesen wird, beide Male mit Voranstellung und Unterstreichung des ersten Ordnungswortes und mit Nachsetzung aller anderen Wörter. Die Titel werden soweit gekürzt, dass sie sicher erkennbar bleiben und der Grund der Verweisung ersichtlich ist. Bei Doppelverweisungen, die eintreten, wenn die Verweisung nicht direkt auf einen Haupttitel geht, wird die nähere Verweisung vor die weitere gesetzt, aber das Hauptordnungswort der letzteren durch Unterstreichen hervorgehoben (Beispiele s. Anl. 3).

§ 17.

Das Hauptordnungswort wird zweimal, und alle Wörter, von denen eine Verweisung zu machen ist, werden einmal unterstrichen.

§ 18.

Die Zettel werden, wo es möglich ist, in vier Felder getheilt. In das grösste kommt der Titel, in die übrigen in angemessener Anordnung die Signatur, die Ordnungswörter, die Accessions- und andere auf etwaige Besonderheiten des Exemplares bezügliche Vermerke. Die Zettel werden nur auf der Vorderseite beschrieben.

Anlage 1

Hauptzettel

[ℑ.] **Arnold** von Brescia v. **Adolf Hausrath**. *Leipzig: Breitkopf & Härtel* 1891. (IV, 184 S.) 1 Bd 8.

[ℑ.] Deutsches **Ehr**- und **Nationalgefühl** in seiner Entwickelung durch Philosophen und Dichter. '(1600—1815.)' Von ... **F. W. Behrens**. *Leipzig: Fock* 1891. (150 S.) 1 Bd 8.

Der **Sünden Widerstreit**. Eine geistliche Dichtung des 13. Jahrhunderts. Hrsg. v. ... Victor Z e i d l e r. *Graz: 'Styria'* 1892. (114 S.) 1 Bd 8.

[Umschlagt.:] Mainzer Civilrecht im vierzehnten und fünfzehnten Jahrhundert und Mainzer Gerichtsformeln aus dem fünfzehnten Jahrhundert. Hrsg. v. Leopold Hallein ... *Würzburg: Gnad & C.* 1891. [Sondert. 1:] Mainzer **Civilrecht** ... Jahrhundert, dargest. auf Grund mehrerer Gerichtsformeln v. **Leopold Hallein** ... [2:] Mainzer G e r i c h t s f o r m e l n ... Jahrhundert, nach zwei Copiehandschriften hrsg. v. ... H a l l e i n ... (71, 122 S.) 1 Bd 8.

[ℑ.] **Deutsches Hypothekenrecht**. Nach den Landesgesetzen der grösseren deutschen Staaten systematisch dargestellt. Unter Mitw. v. ... hrsg. v. ... Viktor von M e i b o m. 1—9. *Leipzig: Breitkopf & Härtel* 1871—1891. 9 Bde 8.
   1. [A. T.:] D. Hannoversche H. n. d. Ges. v. 14. Dec. 1864. Von L[udw.] v. B a r. 1871. (X, 136 S.)

2. [A. T.:] D. Mecklenburg. H. Von V. v. Meibom. 1871. (X, 313 S.)
3. [A. T.:] D. Bayerische H. Von Ferd. Regelsberger. Abth. 1. 2. 1874. 77. (XVI, 333; X, 385—504 S.)
4. [A. T.:] D. Kgl. Sächs. H. n. d. Bürgerl. Gesetzb. f. d. Kgr. Sachsen. Von G[eorg] Siegmann. 1875. (XII, 243 S.)
5. [A. T.:] D. Oesterreich. H. Von Adolf Exner. Abth. 1. 2. 1876. 81. (XII, 268, XIII—LVI; VIII, 789 - 676, LI S.)
6. [A. T.:] D. Württemberg. Unterpfandsrecht. Von R[ob.] Römer. 1876. (VII, 252 S.)
7. [A. T.:] D. Rheinisch-franz. Privilegien- u. Hypothekenrecht ... hrsg. v. Ernst Sigismund Puchelt. Abth. 1. D. französ. Privilegien- u. Hypothekenr. Abth. 2. D. rhein. H. in s. Abweichungen v. franz. Rechte. 1876. (X, 366; VIII, 275 S.)
8. [A. T.:] D. Preuss. H. Von H[einr.] Dernburg und F. Hinrichs. Abth. 1. D. allgem. Lehren d. Grundbuchs. Abth. 2. D. H. im Besond. 1877—91. (VIII, 547; VIII, 472 S.)
9. [A. T.:] D. Mecklenburg. H. Ergänzgsbd: D. Meckl. H. seit d. J. 1871. Von P. v. Kühlewein. 1889. (1 Bl., IV, 86 S.)

Anlage 2

Interimszettel

| **Vorlesungen** über Geschichte der Mathematik v. **Moritz Cantor.** Bd 1. *Leipzig: B. G. Teubner* 1880. 8.

| **Lehrbuch** der Hygiene des Auges. Von **Hermann Cohn.** Hälfte 1. *Wien u. Leipzig: Urban & Schwarzenberg* 1891. 8.

| [ℑ.] Albrecht Ritschls **Leben.** Dargest. v. **Otto Ritschl.** Bd 1. *Freiburg i. B.: J. C. B. Mohr* 1892. 8.

| Die **Philosophie** der Griechen in ihrer geschichtl. Entwicklung dargest. v. **Eduard Zeller.** 5. Aufl. Th. 1. Hälfte 1. *Leipzig: O. R. Reisland* 1892. 8.

Anlage 3

Verweisungszettel

Zeidler, Victor [Hrsg.]
s. **Widerstreit, Der Sünden.** E. geistl. Dichtung d. 13. Jh.

Gerichtsformeln, Mainzer, aus d. 15. Jh. ... hrsg. v. Leopold Hallein. *Würzburg* 1891.
in: **Hallein, Leopold:** Mainzer Civilrecht im 14. u. 15. Jh.

Hallein, Leopold [Hrsg.]
s. Gerichtsformeln, Mainzer, aus d. 15. Jh.
in: **Hallein, Leopold**: Mainzer Civilrecht im 14. u. 15. Jh.

Meibom, Victor von [Hrsg.]
s. Hypothekenrecht, Deutsches.

Bar, Ludwig von: Das Hannoversche Hypothekenrecht n. d. Ges. v. 14. Dec. 1864. *Leipzig* 1871.
= Hypothekenrecht, Deutsches, hrsg. v. Meibom. Bd 1.

Meibom, Victor von: Das Mecklenburgische Hypothekenrecht. *Leipzig* 1871.
= Hypothekenrecht, Deutsches, hrsg. v. Meibom. Bd 2.

Regelsberger, Ferdinand: Das Bayerische Hypothekenrecht. *Leipzig* 1874. 77.
= Hypothekenrecht, Deutsches, hrsg. v. Meibom. Bd 3.

Siegmann, Georg: Das Kgl. Sächsische Hypothekenrecht n. d. Bürgerl. Gesetzb. f. d. Kgr. Sachsen. *Leipzig* 1875.
= Hypothekenrecht, Deutsches, hrsg. v. Meibom. Bd 4.

Exner, Adolf: Das Oesterreichische Hypothekenrecht. *Leipzig* 1876. 81.
= Hypothekenrecht, Deutsches, hrsg. v. Meibom. Bd 5.

Römer, Robert: Das Württembergische Unterpfandsrecht. *Leipzig* 1876.
= Hypothekenrecht, Deutsches, hrsg. v. Meibom. Bd 6.

Privilegien- und Hypothekenrecht, Das Rheinisch-französische, hrsg. v. Ernst Sigismund Puchelt. *Leipzig* 1876.
= Hypothekenrecht, Deutsches, hrsg. v. Meibom. Bd 7.

Puchelt, Ernst Sigismund [Hrsg.]
s. Privilegien- und Hypothekenrecht, Das Rheinisch-französische
— Hypothekenrecht, Deutsches, hrsg. v. Meibom. Bd 7.

Dernburg, Heinrich, u. Hinrichs, F.: Das Preussische Hypothekenrecht. *Leipzig* 1877—91.
= Hypothekenrecht, Deutsches, hrsg. v. Meibom. Bd 8.

Hinrichs, F.: Das Preussische Hypothekenrecht
s. Dernburg, Heinr., u. Hinrichs, F.: Das ...
= Hypothekenrecht, Deutsches, hrsg. v. Meibom. Bd 8.

Kühlewein, P. von: Das Mecklenburgische Hypothekenrecht seit d. J. 1871. *Leipzig* 1889.
= Hypothekenrecht, Deutsches, hrsg. v. Meibom. Bd 9.

Ueber die Verwendung von Schreibmaschinen für bibliothekarische Katalogisirungsarbeiten.

I.
Ergebnisse der auf der Berliner Universitäts-Bibliothek angestellten Versuche.

Die Berliner Universitäts-Bibliothek ist durch die Fürsorge des vorgeordneten Ministeriums in den Stand gesetzt worden, seit Mitte November v. J. Versuche über den Nutzen der Verwendung von Schreibmaschinen bei bibliothekarischen Katalogisirungsarbeiten anzustellen, nachdem das hiesige Königliche Kupferstichkabinet bereits seit dem Juni vorigen Jahres mehrere Maschinen mit gutem Erfolg für ähnliche Arbeiten angewandt hatte. Die dort gemachten, uns freundlichst mitgetheilten Erfahrungen kamen uns wesentlich zu Gute, obgleich die Verschiedenartigkeit der Aufgabe natürlich zu einigen Abweichungen im Verfahren Veranlassung gab.

Gewählt wurde die Remington-Schreibmaschine No. 5[1]), die auf ihren 42 Tasten 84 Zeichen zu schreiben erlaubt und auf beliebig langem und bis zu 23 cm breitem Papier eine Columnenbreite bis zu 18,5 cm zulässt.

Von den verschiedenen vorräthigen Typenformen wurde eine lateinische Druckschrift gewählt, in der die grossen Buchstaben 2,5 mm, die kleinen 1,5 mm Höhe haben; auf 10 cm Zeilenlänge gehen 39 ohne Lücken nebeneinander gesetzte Buchstaben; der Zeilenabstand kann nach Belieben zu 4,3, 8,6 und 13 mm genommen werden (vom unteren Rand der einen zu dem der anderen Zeile gemessen.)

Die Buchstaben sind deutlich, einer mittleren Handschrift jedenfalls weit überlegen; der kleine Schönheitsfehler, der dadurch bedingt ist, dass alle Buchstaben, schmale wie breite, auf demselben Kegel stehen, wird reichlich aufgewogen durch den Vorzug der grösseren Gleichmässigkeit und Uebersichtlichkeit.

Nachdem einige überflüssige Zeichen durch für Katalogisirungsarbeiten unentbehrliche ersetzt worden sind, ist es möglich, mit der Maschine zu schreiben:

    alle grossen und kleinen Buchstaben, (die Umlaute ä ö ü nur klein),
    die arabischen und römischen Zahlen,
    die Interpunktionszeichen . , ; : ! ?
    ferner ' „ " — / | ( ) |] = §
    und die Accente ' ` ^

---

[1]) Diese Maschine ist in Berlin vorräthig bei Herrn Glogowski & Sohn, Berlin SW. Blücherplatz 2 und W. Friedrichstr. 85, Vertreter der Remington Standard Typewriter Manufacturing Co., Ilion, New York. Der Preis beträgt 450 M. einschliesslich der etwa gewünschten Abänderungen einiger Typen. Gedruckte Gebrauchsanweisungen liefert Herr Glogowski; eine allgemeine Vorstellung vom Bau und der Handhabung der Maschine geben die hierunter folgenden Bemerkungen des Assistenten der Universitäts-Bibliothek Dr. H. Simon.

sich [durch] zweckmässige Verwendung der vorhandenen Zeichen lassen
Jeden[fal]ls ist es aber mit dem verfügbaren Material möglich, fast alle
Büche[r-Ti]tel in den romanischen und germanischen Sprachen ohne handschrift[lic]he Aenderungen und Zusätze diplomatisch treu wiederzugeben.
Titel in fremden Alphabeten sowie Transscriptionen mit zahlreichen
diakritischen Zeichen müssen dagegen handschriftlicher Herstellung vorbehalten bleiben.

Das Farbeband der Maschine, von dem ein einmaliger Abzug stets, bei mehreren Abzügen allemal der erste herrührt, ist schwarz, blau, grün, roth und violett, das für die Durchschlagscopien verwendete Kohlenpapier nur schwarz und blau zu haben. Die Farbebandabzüge sind den Durchschlagscopien an Schärfe und Klarheit überlegen.

Ueber die Farbebeständigkeit der Abdrücke kann bei der Kürze der Versuchszeit aus eigner Erfahrung natürlich nicht geurtheilt werden. Die Herstellung des Farbestoffs, der für Farbeband und Kohlenpapier derselbe ist, ist Fabrikgeheimniss, seine Nachahmung in Deutschland bisher nicht gelungen; doch liegt nach dem Urtheil des über diese wichtige Frage zu Rathe gezogenen Chemikers der Königlichen Museen Herrn Dr. Rathgen kein Grund vor, die Beständigkeit der schwarzen Farbe, die wir ausschliesslich verwenden, zu bezweifeln, da der Farbstoff in Wasser und in Alkohol fast unlöslich ist.[1]

Für die Herstellung einmaliger Abzüge kann Papier von beliebiger Beschaffenheit und Stärke, auch ganz dickes Cartonpapier genommen werden; die gleichzeitige Herstellung mehrerer Abzüge, deren erster vom Farbeband, alle weiteren, die sogenannten Durchschlagscopien von dem zwischengelegten einseitigen Kohlenpapier genommen werden, ist leider nur auf sehr dünnem Papier möglich, so dass ein nachträgliches Aufkleben auf die Katalogzettel, oder auf die Blätter der Bandkataloge nöthig wird. Vier Abdrücke werden, wenn das Papier dünn genug ist, für Katalogzwecke noch gut verwendbar. Es liegt auf der Hand, dass es von besonderem Vortheil für Katalogarbeiten sein würde, wenn es gelänge, wenigstens 2 brauchbare Abzüge unmittelbar auf Katalogzetteln zu erhalten, und so das immerhin lästige Aufkleben ganz zu vermeiden.

Die bisher in dieser Richtung gemachten Versuche haben ein befriedigendes Ergebniss nicht gehabt. Bei Anwendung eines Papiers von der halben Stärke einer deutschen Reichspostkarte wird die erste Durchschlagscopie bereits unklar und oft nicht mehr mit der erforderlichen Sicherheit lesbar. Vielleicht gelingt es indessen noch bei weiteren Versuchen ein Papier ausfindig zu machen, das an Stärke und Dauerhaftigkeit den Anforderungen eines Katalogzettels genügt und doch klare Copien zulässt.

[1] Nachträglich füge ich hinzu, dass ein Farbeband- und ein Kohlenpapier-Abdruck, die vom 3.–18. März der vollen Tagesbeleuchtung ausgesetzt waren, keinerlei Veränderung zeigen.

Im Kupferstichkabinet werden die zum Aufkleben bestimmten Abdrücke auf dünnem Papier in der vollen Grösse der Katalogzettel hergestellt, diese also ganz beklebt (sogar um dem Werfen des Papiers vorzubeugen, auf beiden Seiten). Wir haben es vorgezogen, um Material und Klebearbeit zu ersparen, vor allem aber um das zeitraubende Einlegen der Kohlenblätter und das Einfügen der Papierlagen in die Maschine möglichst selten zu machen, die Titel auf lange Blätter dünnen Papiers unmittelbar untereinander zu setzen, so dass jeder Titel nur den für seinen Umfang gerade erforderlichen Raum einnimmt. Die aufzuklebende Copie ist also stets etwas und meist erheblich kleiner als der Katalogzettel.

Wenn auch die Hoffnung, mehrere Abschriften unmittelbar auf die Zettel setzen zu können und so das Aufkleben ganz zu vermeiden, nicht in Erfüllung gehen sollte, ist der Vorzug der Maschine vor der Handschrift doch unzweifelhaft. Schon bei Herstellung eines Zettelkatalogs in nur einem Exemplar übertrifft der Maschinenschreiber den Handschreiber nicht unwesentlich an Schnelligkeit; bei der Herstellung von 2 und mehr Exemplaren ist die Zeitersparniss gegenüber der Handarbeit so beträchtlich, dass demgegenüber die durch das Aufkleben bedingten Umstände und Mehrkosten gar nicht ins Gewicht fallen können.

Zur Prüfung der Leistungsfähigkeit der Maschine im Vergleich mit der Handschrift wurden Titel moderner deutscher medicinischer Dissertationen in der für die Jahresverzeichnisse der an den deutschen Universitäten erschienenen Schriften vorgeschriebenen Art aufgenommen, da diese Titel ihrer durchschnittlichen Gleichartigkeit wegen ein besonders geeignetes Vergleichsmaterial abgeben.

Derselbe Hülfsarbeiter schrieb die handschriftlichen und die Maschinenzettel. Bei der Beurtheilung des Ergebnisses ist zu berücksichtigen, dass er nach etwa zweiwöchentlicher Uebung mit der Maschine zwar ziemlich gut vertraut war, indessen noch keineswegs den höchsten möglichen Grad der Schnelligkeit erreicht hatte.

100 in je 1 Exemplar direct auf die Zettel geschriebene Titel erforderten
    mit der Hand geschrieben: 7 Stunden 54 Minuten,
    mit der Maschine geschrieben: 5   „   35   „
100 Titelabschriften in je 2 Exemplaren hergestellt erforderten
    mit der Hand geschrieben: 14 Stunden 28 Minuten,
    mit der Maschine geschrieben: 6   „   6   „

Die Mehrkosten, die bei der Herstellung von 2 Exemplaren mit der Maschine, durch die Verwendung des dünnen Papiers und der Kohlenblätter, namentlich aber durch das Aufkleben entstehen, belaufen sich nach den bisherigen Erfahrungen für 1000 Zettel auf höchstens 8—9 M.

Noch weit günstiger stellt sich natürlich das Ergebniss der Maschinenarbeit gegenüber der handschriftlichen Herstellung da, wo es sich um die Anfertigung eines Katalogs in 3—4 gleichen Exemplaren handelt.

Schliesslich sei noch bemerkt, dass nach eingezogenen Erkundigungen Störungen im Betrieb der Maschine selbst bei jahrelangem Gebrauch nur ganz selten vorkommen, vorausgesetzt, dass die nöthige Sorgfalt auf die Reinhaltung verwendet wird. Es ist dies von besonderer Wichtigkeit für die Verwendung der Maschine in kleineren Städten, wo vorläufig ein mit ihrem Bau vertrauter Mechaniker in der Regel nicht vorhanden sein dürfte. Etwa doch nöthige Reparaturen werden übrigens nach Angabe der Berliner Filiale von ihr so rasch erledigt, dass innerhalb Deutschlands in wenigen Tagen auf die Rücksendung einer zur Reparatur hierhergesandten Maschine gerechnet werden kann.

Da die Maschine ausser für die Katalogarbeiten auch für die Correspondenz und überhaupt für Schreibarbeiten aller Art nützliche Verwendung finden kann, dürfte sich ihre Anschaffung für jede grössere Bibliothek als nützlich erweisen. Wilhelm Erman.

II.
Einige Bemerkungen über den Bau und die Handhabung der Remington-Schreibmaschine.

Es soll hier mit einigen Worten versucht werden, eine Vorstellung von der Konstruktion und Handhabung der Remington-Schreibmaschine zu geben, ohne auf technische Einzelheiten einzugehen.[1]

Die Maschine, die ungefähr den Raum eines Würfels von 30 cm Seitenlänge einnimmt, steht auf einem niedrigen Tischchen, ähnlich dem Gestell einer Nähmaschine, an die die Schreibmaschine auf den ersten Blick und einigermassen auch durch ihr Klappern beim Gebrauch erinnert.

Statt der Feder handhabt man bei der Maschine eine Klaviatur, die Tinte ist durch ein Farbband ersetzt, das Papier ruht nicht auf dem Schreibtisch, sondern auf einer Gummiwalze.

Der Schreiber hat die Klaviatur unmittelbar vor sich. Sie besteht aus vier nach hinten ansteigenden Reihen von je elf Knöpfen (Tasten) und einer Holzleiste (der sogenannten Spatium-Taste), die sich vor den vier Reihen in deren ganzer Länge hinzieht.

Hinter der Klaviatur erhebt sich ein Gestell, das die übrigen noch zu erwähnenden Theile der Maschine trägt. So ruht auf ihm das 3 cm breite, horizontal ausgespannte Farbband, und nahe darüber in einem horizontalen Rahmen — dem Schlitten — die Gummiwalze, über die das Schreibpapier läuft.

Schlägt man nun eine Taste an, so schlägt die dazugehörige Type von unten gegen das Farbband, presst es gegen die darüberliegende Walze mit dem Papier und drückt sich auf diesem ab.

Die Anordnung der Typen ist nun so getroffen, dass sie sämmtlich nach demselben Punkte emporschlagen. Die Schriftzeichen wür-

---

[1] Dem Leser wird empfohlen, sich das Verständniss durch das Entwerfen einer Skizze an der Hand der Beschreibung zu erleichtern.

den also alle auf dieselbe Stelle des Papiers kommen, wenn nicht dies beständig fortbewegt würde. Das geschieht in der That. Sobald man eine angeschlagene Taste loslässt, wandert der Schlitten mit Walze und Papier um eine Buchstabenbreite (ein Spatium) von rechts nach links. Die soeben bedruckte Stelle befindet sich also jetzt ein Spatium weiter links als vorher, und die nächste angeschlagene Taste setzt ihren Buchstaben rechts neben den vorigen.

So reiht sich, wie die Tasten angespielt werden, ein Buchstabe an den andern, bis ein Wort zu Ende ist; ein Druck auf die Spatiumtaste verschiebt sodann das Papier um ein weiteres Spatium, und das nächste Wort beginnt um ein Spatium von dem vorigen getrennt.

Die Länge des Schlittens erlaubt eine Zeilenlänge von 74 Spatien. 6—7 Buchstaben vor Ablauf der Zeile mahnt ein Glockensignal den Schreiber, sich nöthigenfalls auf das Abtheilen eines Wortes einzurichten. Ist die Zeile zu Ende, so wird der Schlitten nach rechts zurückgeschoben, so dass der Zeilenanfang wieder über dem Punkte steht, wohin die Typen schlagen. Ausserdem muss das Papier aber eine Zeile weitergerückt werden. Dies geschieht einfach durch eine Drehung der Walze mittelst eines an ihrem Ende angebrachten Griffes, des sogenannten Zeilenhebels.

Da das Papier unter der Walze und mit der Schriftseite nach unten liegt, so ist das Geschriebene dem Auge des Schreibers zunächst entzogen. Will man es während des Schreibens lesen oder irgend etwas nachsehen, so muss man den Schlitten aufklappen und hat dann das Geschriebene senkrecht vor sich.

Man erblickt hierbei unterhalb der Schrift eine Skala, die in Spatien eingetheilt ist, so dass jedem geschriebenen Buchstaben, überhaupt jeder Stelle der Zeile, ein bestimmter Theilstrich zukommt. Dieser Skala entspricht an der Vorderseite des Gestells eine beständig sichtbare zweite, über die ein am Schlitten befindlicher Zeiger hingleitet. Beide Skalen stehen so zu einander in Beziehung, das mittelst des Zeigers an der äusseren Skala abgelesen werden kann, welcher Theilpunkt der inneren Skala gerade über der Druckstelle steht. Weist also der Zeiger aussen auf 20, so wird die über dem inneren Theilstrich 20 liegende Stelle des Papiers zunächst bedruckt werden, und umgekehrt: soll derjenige Ort der Zeile bedruckt werden, der über Theilstrich 20 liegt, so verschiebt man den Schlitten, bis der äussere Zeiger auf 20 steht.

Man hat es dadurch in der Hand, einen Buchstaben an jede beliebige Stelle der Zeile hinzusetzen, den Zeilenanfang, das Zeilenende immer an dieselbe Stelle zu bringen u. dgl. m. Auch Korrekturen sind auf diese Weise leicht zu bewerkstelligen. Hat man z. B. irrthümlich statt eines k ein l gesetzt, so klappt man den Schlitten auf, radirt das l aus, (was durchaus geschehen kann, ohne dass das Papier herausgenommen wird,) und liest den Theilstrich ab, über dem der Buchstabe stehen soll, dann klappt man den Schlitten wieder herab, stellt den Zeiger auf denselben Theilstrich ein und schlägt jetzt das k an.

Eine Anzahl anderer sinnreicher Vorrichtungen, die die Brauchbarkeit der Maschine erhöhen, muss hier unberührt bleiben, dagegen bedarf es noch der Erklärung, wie es möglich ist, ungefähr doppelt so viele Zeichen zu schreiben, wie Tasten vorhanden sind. Hierzu dient die sogenannte Umschaltungs-Taste.

Jede Type trägt zwei Zeichen, eins vorn, eins weiter hinten. Bei der gewöhnlichen Lage der Walze schlägt der vordere Theil der Type gegen sie und gelangt zum Abdruck. Durch einen Druck auf die Umschaltungstaste aber wird die Walze horizontal nach hinten verschoben, und zwar so weit, dass nun der hintere Theil der Type gegen die Walze schlägt und so das zweite Zeichen abdrückt. Beim Loslassen der Umschaltungstaste gleitet die Walze wieder nach vorn in ihre ursprüngliche Lage zurück. Die auf einer Type vereinigten Schriftzeichen sind auf der zugehörigen Taste abgebildet. So werden z. B. für jeden Buchstaben Majuskel und Minuskel von derselben Type gedruckt, die Majuskel mit Hülfe der Umschaltungstaste.

Schliesslich sei bemerkt, dass alle diese Dinge sich in der Beschreibung verwickelter ausnehmen, als sie in Wirklichkeit sind. Die Handhabung der Maschine ist im ganzen als sehr einfach zu bezeichnen, und die Beherrschung aller ihrer Hülfsmittel gewährt ebensoviel Vergnügen wie Nutzen.   Heinrich Simon.

Nachschrift.

Die Redaktion des C. f. B. darf diese dankenswerthen Aufklärungen über die Verwendung der Remington-Schreibmaschine im bibliothekarischen Dienste nicht der Oeffentlichkeit übergeben, ohne darauf aufmerksam zu machen, dass ihr von hiesigen, sehr competenten Benutzern von Schreibmaschinen, z. B. dem Herrn Geheimen Regierungsrath Professor Dr. J. Conrad die Hammond-Schnellschreibmaschine (Vertreter in Berlin F. Schrey SW., Krausenstr. 35) dringend empfohlen worden ist. Der genannte Herr erklärt, 1) dass bei Benutzung dieser Maschine auch bei verschiedener Stärke des Anschlags die Schrift eine gleichmässige bleibt; 2) dass man beständig das Geschriebene vor sich hat, 3) dass sämmtliche Finger zur Thätigkeit herangezogen werden und man sich deshalb leichter eine grössere Schnelligkeit des Schreibens aneignet." Andere rühmen noch Anderes von der Hammond-Maschine. Auf eine Rückfrage an den Herrn Collegen Dr. Erman hob dieser hervor, dass bei der Remington-Maschine die s. g. Durchschlagscopieen besser herauskommen als bei der Hammond-Maschine, was auch mir Proben zu bestätigen scheinen. — Ueber eine neue, von Sönnecken in Bonn in den Handel gebrachte, etwas billigere Schreibmaschine (350 M. gegen 450 M.) kann ich noch Nichts berichten.   O. H.

Recensionen und Anzeigen.

Bibliographie des thèses No. 2. Catalogue des thèses de sciences soutenues en France de 1810 à 1890 inclusivement par Albert Maire, bibliothécaire universitaire, secrétaire de la rédaction de la Revue des Bibliothèques. Paris, H. Welter, Editeur, 59 rue Bonaparte. 1892. gr. 8°. XI, 223 SS. (+ 1 S. Errata).

Die Errichtung der mathematischen wie physikalischen Fakultäten erfolgte erst durch Gesetz vom 17. März 1808, in welchem sich in Bezug auf die thèses folgender Abschnitt vorfindet: On soutiendra deux thèses, soit sur la mécanique et l'astronomie, soit sur la physique et la chimie, soit sur les trois parties de l'histoire naturelle, suivant celle de ces sciences, à laquelle on déclare se destiner.

Daraus erklärt sich der Anfangstermin.

Wohl besitzen wir bereits eine ähnliche Zusammenstellung von Mourier, doch begnügte sich dieser Herausgeber damit, die Titel nach den Ministerialakten anzuführen, so dass dieselben vielfach nicht der richtigen Fassung entsprechen, auch nicht den Wortlaut in seinem ganzen Umfang wiedergeben, den Druckort vernachlässigen, die Zahl der Seiten fortlassen und was sonst zur bibliographischen Genauigkeit gehört.

Paris beansprucht bei Weitem den Haupttheil des Werkes, wobei zu bemerken ist, dass von den thèses, welche bis 1885 in der Zahl von 518 erschienen sein sollten, 6 unauffindbar geblieben sind.

Es sind von der Hauptstadt aufgeführt (S. 1—129):
    Mathematische Nummern 184
    Physikalische 281
    Beschreibend-naturwissenschaftliche . . 236,
während sich die Zahlen in der Provinz folgendermassen stellen (S. 130—161):
    Mathematische Wissenschaften 44
    Physikalische 61
    Beschreibend-naturwissenschaftliche . . 67.

Etwaige Lücken hofft der Herausgeber in späterer Zeit ausfüllen zu können.

Die Anordnung der thèses ist streng chronologisch, eine alphabetische Liste der Verfasser befindet sich S. 163—172, eine gut gearbeitete table analytique des matières beschliesst das Werk.

Bibliothekarisch hat die Arbeit insoweit einen hohen Werth, als neben der trockenen Aufzählung der Titel den Vornamen eine besondere Fürsorge gewidmet ist, diesem crux et scandalum für jeden, welcher mit dem Zettelkatalog zu thun hat. Ferner finden wir Geburtstag wie bez. Todestag berücksichtigt und die jetzige Stellung der Betreffenden vermerkt, Angaben, welche freilich in den Provinzen vielfach vergeblich gesucht werden dürften.

Die Zahlen in den einzelnen Départements sind folgende: Besançon 8, Bordeaux 5, Caen 7, Clermont-Ferrand 1, Dijon 9 u. 1 Name ohne Titel, Grenoble 9, Lille 8, Lyon 14, Marseille 5, Metz 1, Montpellier 36, Nancy 9, Poitiers 2, Rennes 2, Strassbourg (bis 1869) 52, Toulouse 16.   E. Roth.

W. L. Schreiber, **Manuel de l'amateur de la gravure sur bois et sur metal au XV° siècle.** Tome I, contenant un catalogue des gravures xylographiques se rapportant à la Bible, l'Histoire apocryphe et légendaire la Sainte Trinité et la Sainte Vierge. Avec des notes critiques, bibliographiques et iconologiques. Berlin, Albert Cohn, 1891. S. XVI u. 366 in 8°.

Dieses Werk, welches nach dem Prospekt bestimmt ist, ein Supplement zum Peintre-Graveur von Adam Bartsch zu bilden, ist auf sechs Bände berechnet. Das beweist, dass der Herr Verfasser es nur bescheidener Weise ein Supplement nennt. Es ist vielmehr ein grundlegendes Werk für die Geschichte des Holzschnittes und der Metalldrucke im 15. Jahrhundert und für jede grössere Bibliothek und jeden Sammler unentbehrlich. Da das Werk nur in 300 Exemplaren gedruckt ist, machen wir hier besonders darauf aufmerksam. Denn wenn auch der Bibliotheken und Sammlungen, welche Holzschnitte besitzen, nicht allzuviele sind, so sind es deren doch immerhin genug, um 300 Exemplare zu kaufen, und ich glaube, dass bei dem billigen Ladenpreise von 12 M. für den Band, der kaum die Druckkosten deckt, das Buch bald vergriffen sein und dann ein erhöhter antiquarischer Preis Platz greifen wird, welcher jetzt manche derartige Werke fast unerschwinglich macht.

Herr W. L. Schreiber, offenbar ein wohlsituirter Mann, der selbst auf Franzensberg bei Werder an der Havel eine schöne Sammlung besitzt, hat aus mehr als 125 Kunstsammlungen das Material zu diesem Werk auf vielfachen Reisen durch Autopsie zusammengebracht oder sich Photographien und genaue Beschreibungen liefern lassen. Der auf diese Weise zusammengebrachte Katalog von Beschreibungen umfasst ca. 2000 Holzschnitte (gravures sur bois), 600 Schabblätter, 100 Teigdrucke und 60 Fälschungen, während J. D. Passavant in seinem peintre-graveur (1860—64) für denselben Zeitraum nur 80 Holzschnitte, 50 Schrotblätter und 17 Teigdrucke beschrieben hat. Man sollte glauben, dass diese Zahlen das Verhältniss, in dem Herr Schreiber zu seinen Vorgängern steht, zur Genüge markiren.

Referent ist kein Sammler oder Kunstkenner, kann also keine Nachträge zu dem Buche des Herrn Schreiber beisteuern. Aber so viel glaubt er doch sagen zu dürfen, dass die Beschreibungen der Holzschnitte, die hier gegeben sind, sehr exakt und so ausführlich sind, so dass man nach ihnen jeden vorkommenden und hier verzeichneten Holzschnitt wird identificiren können. Selbstverständlich sind die Fundorte, die Grösse etc. der Schnitte genau angegeben und bei einzelnen besonders interessanten recht ausführliche Beschreibungen und Kunstnotizen beigefügt. In der Bestimmung der Entstehungszeit und der Entstehungsart der Kunstwerke ist der Verfasser recht vorsichtig verfahren. — Wir wünschen dem Herrn Verfasser von Herzen, dass er die Vollendung seines Lebenswerkes sehen möge, das eine Kunstgattung behandelt, welche vorzugsweise in Deutschland gepflegt worden ist. Dass er das Werk in französischer Sprache hat erscheinen lassen, wird kein Urtheilsfähiger tadelnswerth finden, der die hier einschlagende Literatur auch nur oberflächlich kennt. Alle Recensionen, die dem Referenten zu Gesicht gekommen sind, besprechen das Werk sehr anerkennend.

X. X.

Albert Schulz, Catalogue méthodique des revues et journaux parus à Paris jusqu'à fin 1891, contenant le titre, l'année d'origine, l'adresse de l'éditeur ou de l'administration et le prix d'abonnement pour Paris, la province et l'union postale, suivi de la table alphabétique de tous les journaux. Paris, Albert Schulz (1892). 8°. 2 + 83 SS. 1,50 M.

Ein Verzeichniss, welches von jedem mit Vergnügen begrüsst wird, der gezwungen ist, auf die eine oder andere Weise sich mit den französischen Zeitschriften zu beschäftigen.

Die methodische Anordnung weist 47 Abtheilungen auf, ist mithin ziemlich in das Einzelne gehend.

Jedes Journal ist mit dem genauen Titel verzeichnet, jedesmal findet sich das Gründungsjahr angegeben, was bei Neuanschaffungen besonders in das Gewicht fällt, stets wurde die Erscheinungsweise durch „Nos. par an" berücksichtigt, die Adresse des Verlegers notirt und der Abonnementspreis für Paris, Frankreich und den Weltpostverein verzeichnet.

Selbstverständlich handelt es sich bei dieser Zusammenstellung nur um wissenschaftliche Zeitschriften bez. wichtigere Fachorgane (so allein sind unter Coiffure deren fünf namhaft gemacht!), welche bereits seit längerer Zeit bestehen oder durch ihre Verbreitung Anspruch auf Anführung erheben dürfen.

Alle Pariser Journale aufzuzählen, wäre ein Unding. Eine zu grosse Zahl derselben sind Eintagsfliegen. So finden wir im letzten Annuaire de la presse française allein 671 Neuigkeiten, von denen 317 zugleich als erloschen bezeichnet werden konnten. Andererseits erscheinen dort — wie ja auch vielfach bei uns — dieselben Erzeugnisse unter verschiedenem Titel. Als Beispiel sei ein französischer Lederfabrikant erwähnt, welcher den gleichen Inhalt unter 58 verschiedenen Titeln in die Welt sandte. Sapienti sat!

E. Roth.

Grundriss zur Geschichte der deutschen Dichtung aus den Quellen von Karl Goedeke. Zweite ganz neu bearbeitete Auflage. Nach dem Tode des Verfassers in Verbindung mit D. Jacoby, Karl Justi, Max Koch, K. Müller-Fraureuth, Franz Muncker, Karl Christian Redlich, Aug. Sauer, Bernh. Suphan, Karl Vorländer u. a. fortgeführt von Edmund Goetze. Elftes Heft. [IV. Band. Bogen 36—49 und Titel. Vorwort und Register zum IV. Bande.] Dresden, Verlag von L. Ehlermann. MDCCCXCI. XII, u. S. 560—767.

Das vorliegende Heft des Grundrisses wird ausschliesslich durch die Bibliographie Goethes ausgefüllt. Dass gerade dieser Abschnitt gegen die erste Auflage ungemein zunehmen musste, war zu erwarten; denn wie eifrig man sich in den seitdem vergangenen 33 Jahren mit Goethe beschäftigt hat, das ist ja allgemein bekannt. Es wird daher den Goetheforscher nicht wunder nehmen, dass die Goethebibliographie von 43 auf 191 Seiten angewachsen ist; die allgemeine Literatur über Goethe, die in der ersten Auflage 7 Seiten einnahm, füllt jetzt deren 72. Zwar erklärt der Herausgeber, dass in dem Grundriss Vollständigkeit der Goetheliteratur, dem Willen Goedekes gemäss, nicht erstrebt sei, aber man wird sicher sein, dass hier jede einigermassen wichtige Arbeit verzeichnet ist. Ganz neu hinzugekommen gegen die erste Auflage ist die Verzeichnung der einzelnen Gedichte Goethes. Die Disposition hat gegen die erste Anlage ganz ausserordentlich gewonnen und zumal mit Hülfe der sehr übersichtlichen und praktischen Anordnung des Artikels Goethe im Register (S. 769—776) ist es leicht, die Literatur über irgend eine specielle Frage der Goethephilologie sofort zu finden.

Mit diesem Heft ist nun der erste, nicht mehr von Goedeke selbst bearbeitete Band des Grundrisses abgeschlossen. Die Vorrede giebt dankenswerthe Mittheilungen über den Antheil, den die einzelnen Mitarbeiter an dem Ganzen haben. Wenigstens einiges davon sei auch an dieser Stelle erwähnt. Die Abschnitte über Klopstock und Lessing stammen von Franz Muncker[1]), die Biographie Herders von Bernhard Suphan, die Bibliographie von Karl Chr. Redlich, die Neubearbeitung von Goethe wird Max Koch verdankt. Natürlich fällt der Hauptantheil an dem ganzen Bande, wie kaum zu bemerken nöthig ist, dem Herausgeber zu. Das Register ist besser als in der ersten Auflage, freilich abgesehen von dem Artikel Goethe noch lange nicht genügend; doch wird uns abermals ein Register, das alle berechtigten Wünsche befriedigen soll, in Aussicht gestellt, freilich erst nach Vollendung des ganzen Werkes, worüber noch geraume Zeit vergehen dürfte. Dem Stossseufzer am Schluss der Vorrede über die Unsitte, in Programmen die Vornamen der Verfasser wegzulassen, wird sich wohl jeder Bibliotheksbeamte anschliessen; leider aber scheint auf die Herren Lehrer hier jede Bitte und Kritik wir-

---

1) Gegen den Abschnitt über Lessing hat Erich Schmidt (Lessing II, S. 780) den Vorwurf erhoben, "er hätte in minder verworrener Anordnung theils weniger, theils mehr geben sollen". Ob die Vollständigkeit zu wünschen übrig lässt, das zu beurtheilen ist natürlich der Biograph Lessings competenter als der Ref.; dagegen kann ich in den Tadel der verworrenen Anordnung nicht einstimmen; zugegeben, dass eine noch detaillirtere Eintheilung (entsprechend der bei Goethe) vielleicht vorzuziehen gewesen wäre, so ist doch die vorgenommene Disposition (1. Briefe, 2. Biographie und allgemeine Charakteristik, 3. Literargeschichtliches allgemeinerer Art, 4. Werke) klar genug, um sich ohne Mühe zurechtzufinden.

kungslos zu sein. — Erst jetzt, wo der vierte Band vollständig vorliegt, ermisst man ganz, welche grossartige Förderung die Neuauflage für jeden Bibliographen, Literarhistoriker und Bibliothekar bildet; war schon die erste Auflage von Goedekes Grundriss ein Werk, dem nur wenige Nationen etwas ebenbürtiges an die Seite zu stellen hatten, so gilt dies in noch erhöhtem Masse von der zweiten Auflage; wir haben hier wirklich ein monumentum aere perennius entsagungsvollen Fleisses und aufopfernder Arbeit vor uns, für das allen daran betheiligten um so mehr Dank gebührt, wenn man sich klar macht, wie unerquicklich eine derartige Thätigkeit oft ist, und wie sie weniger als andere wissenschaftliche Beschäftigungen ihren Lohn in sich selbst, in der Freude an neu errungenen Resultaten trägt.   W. Sch.

Mittheilungen aus und über Bibliotheken.

Endlich soll auch für die am Schlechtesten dotirte deutsche Universitätsbibliothek Etwas geschehen. Die Grossherzogl. Weimarische Regierung verlangt von den Ständen 8700 M. zur Aufbesserung des Dotationsfonds der Jenaer Universitätsbibliothek. Gleichzeitig wird eine Summe von rund 100,000 M. von den betheiligten Staaten begehrt, damit durch einen Anbau dem Raummangel der Bibliothek Abhülfe geschafft werde. Wie schwer sich Verbesserungen in Deutschland Bahn brechen, ersieht man bei dieser Gelegenheit wieder. Der Anbau, der wesentlich zur Aufnahme von Büchern bestimmt ist, ist nicht nach dem Magazinsystem gedacht, sondern soll nach dem Galleriesystem ausgeführt werden. Dafür werden aber zwei neue Bücheraufzüge angebracht, von denen wir wünschen, dass sie recht oft gebraucht werden mögen.

In Betreff der Biblioteca Borghese, welche Leo XIII. der Vaticana überwiesen hat, berichtete Herr Geffroy an die Pariser Académie des inscriptions et belles-lettres am 27. Dec. 1891:

„On y remarque 300 manuscrits réunis par les papes d'Avignon, ouvrages théologiques, canoniques, juridiques, parmi lesquels toutefois se trouve un exemplaire de la Divine Comédie, qui parait écrit par Boccace, et un bréviaire dont Pétrarque se servait. Il y a, en autre, deux mille registres des pontificats de Clément VIII et de Paul Borghese." (Etwas ausführlicher berichtet Herr L. Dorez über diese Bibliothek jetzt in der Revue des Bibliothéques, 1892 S. 86 u. f.)

Es ist gut, dass der Herr College Ruelens in Brüssel nicht mehr die Dinge hat erleben müssen, die von dort jetzt berichtet werden. In der Bibliothèque de Bourgogne haben Ratten, nach der Indépendance Belge Würmer, arge Verwüstungen unter den kostbaren Handschriftenbeständen angerichtet. Besonders soll eine Handschrift der Imitatio Christi von Thomas von Kempen, für die einmal 200,000 Fr. geboten seien, schlimm mitgenommen sein. Das kommt davon, wenn man die Versendung der Handschriften verbietet und die Benutzung derselben erschwert, dann fressen sie die Würmer. Da sind doch die die Handschriften benutzenden Deutschen, welche diese mit in die „Bierkeller" genommen haben sollen, (s. Centralblatt 1892. S. 32) doch noch bessere Conservatoren als die belgischen Würmer.

In dem soeben erschienenen 34. Bande (1e partie) der „Notices et extraits des manuscrits de la Bibliothèque Nationale" etc., S. 35 veröffentlicht Hauréau aus der Pariser Hs. Lat. 14877, fol. 130 ein im 15. Jahrhundert geschriebenes Inventar des Besitzes eines verstorbenen Geistlichen, wahrscheinlich eines Canonicus regularis von Saint-Victor, Paris. An Büchern werden genannt:

„[Item, in libris,] habet unum breviarium et unq estuy sibi appropriatum.

Item, unam Bibliam.

Item, epistolas Senecæ primas et de Clementia ad Neronem et de Remediis fortuitorum, cum tabula in eodem volumine.

Item, unum librum sermonum, cujus secundum folium incipit Cogitat et ultimum Non consummantur.

Item, librum, qui dicitur Flos evangeliorum, metrificatum, qui fuit quondam Petri de Candia [Pabst Alexander V].

Item, librum sermonum ligatus asseribus, cujus primus sermo Elegit David et ultimus incipit Visitatio tua."   d. V.

Der französische Unterrichtsminister hatte den Professor E. Cat zu Algier beauftragt, die spanischen Bibliotheken auf Werke, die sich auf die Geschichte und Geographie Nordafrikas bezögen, zu durchforschen. Das Resultat dieser Untersuchung liegt jetzt vor in der Mission bibliographique en Espagne. Rapport... par E. Cat, und ist in den Publications de l'Ecole des lettres d'Alger. Bulletin de Correspondance Africaine. Paris. E. Leroux 1891 veröffentlicht.

In No. 9 der Svea Illustrered Veckstidning vom 27. Februar 1892 findet sich eine Abbildung des mit elektrischem Lichte erleuchteten schönen Bibliothekssaales der Königlichen Bibliothek von Stockholm.

Von einigen Handschriften, welche sich in der Communalbibliothek zu Ferrara befinden und deren Verfasser nicht aus Ferrara stammen, hat Herr Giuseppe Agnelli einen sehr sorgfältig gearbeiteten Saggio di un catalogo dei codici di autori non Ferraresi (32 S. in 8°.) in Florenz bei G. Carnesecchi e figli 1891 erscheinen lassen. Keine der Städte Italiens, die im 15. Jahrhundert durch kostbare Sammlungen und Bibliotheken glänzten, hat so viel von diesen verloren als eben die Residenz der kunstliebenden Estes, wenn man etwa Urbino ausnimmt.

Vermischte Notizen.

Der 12. Band von „D. Martin Luthers Werke. Kritische Gesammtausausgabe. Weimar, Böhlau, 1891" bringt unter den „Predigten des Jahres 1523" auf S. 629 ff. den „Sermon von den sieben Broten." (7. Sonntag nach Trinitatis = 19. Juli) in dem Text, den der Einzeldruck A bietet: „Ein Sermon || von den siben broten: || geprebigt durch D. M. Lu= || ther zu Wittenberg. || Mar. am. viij. || Jm jar. M. D. xxiij. ||" Mit Titeleinfassung. 5 Bl. in Quart. Auf S. 630 wird bemerkt, dass den Herausgebern dieser Druck, der an zwei Stellen sicher und an mehreren anderen wahrscheinlich eine echtere Lesart als alle übrigen Einzeldrucke gewährt, „nicht im Original, sondern in einer genauen Abschrift des einzigen bekannten Exemplars (im British Museum) vorlag." Die Carl Alexander-Bibliothek zu Eisenach besitzt in ihrer Abtheilung „Wartburg-Bibliothek" zwei Exemplare dieses Druckes. Das eine hat 6 Bll., das andere 5 Bll., das 6., leere Bl. fehlt. Die Titeleinfassung ist aus denselben Stücken zusammengesetzt, wie in dem Drucke, den Weller 2603 beschreibt, doch in umgekehrter Anordnung der Kopf- und der Fussleiste und der beiden Seitenleisten. Demnach wäre der Druck vielleicht von J. Schwan in Strassburg.

Eisenach.   Oe.

In dem Februarheft der **Revue des Bibliothèques** von 1892 sagt Herr E(mile) C(hatelain), der P. Denifle habe „découvert" alte Statuten der Universität Padua von 1331 „inconnus jusqu'ici." Was es für eine Bewandtniss mit diesen Statuten hat, werden die Leser des C. f. B. aus dem ersten Aufsatze des Jahrgangs 1892 dieser Zeitschrift ersehen haben, und wir bitten den geehrten Herrn Collegen in Paris, noch nachträglich dort nachzusehen.

O. H.

Von dem bekannten **Jahresverzeichnisse der an den deutschen Universitäten erschienenen Schriften**, welches von der Königlichen Bibliothek zu Berlin wie immer in sorgfältiger Weise herausgegeben wird, ist Jahrgang VI schon längst erschienen. Wir bemerken dieses hier nur nachträglich, weil in dem 6. Jahrgange eine Neuerung Platz gegriffen hat, welche wohl auf allgemeine Zustimmung wird rechnen können. Es ist nämlich am Schlusse des Jahrganges S. 327–55 ein **Sachregister** zu diesem Jahrgang beigefügt worden. Dem Vernehmen nach soll dann alle zehn Jahre ein zusammenfassendes Sachregister erscheinen.

O. H.

Ueber das **Museum des Fürsten Czartoryski** am Florianerthor in **Krakau**, in welchem sich auch eine werthvolle Bibliothek befindet, berichtet der Przewodnik bibliograficzny XIV. 49. 50, dass sich dieselbe im Jahre 1890/91 um 528 Bände (147 Geschenke) vermehrt habe; im Lesezimmer arbeiteten 290 Personen.

P.

Die **Akademie der Wissenschaften in Krakau** hat seit dem Anfang dieses Jahres in ihren Räumen ein besonderes Lesezimmer zur Benutzung ihrer reichen Büchersammlung eingerichtet, welches für ihre Mitglieder und andere wissenschaftliche Besucher täglich Vormittag von 11–1 und Abends von 6–8 Uhr geöffnet ist.

P.

Einige Vervollständigungen zum **Jahres-Verzeichnisse der an den Deutschen Universitäten erschienenen Schriften. Jahrg. VI. 15. August 1890 – 14. August 1891. Berlin 1891.** Ein jeder Bibliotheksbeamte und am meisten derjenige, welcher durch seine Beschäftigung genöthigt ist, viel mit dem Zettelkatalog zu arbeiten, vermisst nur zu häufig die Vornamen der Autoren oder doch wenigstens die vollständige Angabe derselben. Ist es immerhin angenehm, wenigstens die Anfangsbuchstaben zur Unterscheidung gleichlautender Namen zu besitzen, so dürfte doch die Vervollständigung mancher dieser Defekte zur richtigen Einordnung der Zettel auf allgemeinen Beifall rechnen. Mir ist es gelungen, zu obigem Verzeichniss folgende Vornamen zu vervollständigen:

Bonn S. 35 No. 43 Kolkmann D. H[einrich]. **Erlangen** S. 58 No. 26 Davidsohn H[einrich]. S. 67 No. 106 Acworth J. J[oseph]. S. 68 No. 111 Beneke H. F[riedrich]. S. 71 No. 149 Küttner S[ebastian]. S. 76 No. 188 Trötsch J[ohann]. **Freiburg** i/B. S. 81 No. 16 Gissler J[osef]. S. 86 No. 66 Borgnis A[lfred]. S. 87 No. 87 Dick J[osef]. **Giessen** S. 95 No. 12 Henrichs H[ermann]. **Heidelberg** S. 146 No. 8 Bayerthal J[ulius]. S. 147 No. 16 Huismans L[aurenz]. S. 148 No. 26 Mühring P[aul]. S. 148 No. 27 Persenaire J[ohann] B. C. S. 149 No. 35 Sissingh C[ornel] H. S. 149 No. 37 Vulpius O[scar]. S. 150 No. 40 Weissenberg S[amuel]. S. 150 No. 42 Wolf R[obert]. **Jena** S. 157 No. 13 Büchner A[lfred]. S. 160 No. 41 Götze A[lfred]. S. 163 No. 66 Tuch Th[eodor]. **Königsberg** S. 183 No. 26 Masurke A[lexander]. **Marburg** S. 220 No. 75 Zumstein J[ohann] J[akob]. **München** S. 223 No. 5 Dausch P[eter]. S. 224 No. 18 Balder Fr[anz]. S. 225 No. 22 Berger L[eo]. S. 226 No. 30 Bünting O[tto]. S. 226 No. 37 Dubner [Meer]. S. 229 No. 60

Hecht A[rnold]. S. 231 No. 61 Koch H[einrich]. Rostock S. 246 No. 13 Borck H[elm.]. S. 248 No. 15 Heinrich G[ustav]. S. 250 No. 28 Gesell B[ernhard]. Strassburg i/E. S. 258 No. 29 Irmer W[ilhelm]. S. 258 No. 35 Keesé F[ritz]. Tübingen S. 270 No. 16 Holz H[ugo]. S. 271 No. 19 Kohlhaas M[ax]. S. 271 No. 26 Müller H[ermann]. S. 272 No. 25 Reinecke A[lbert]. Würzburg S. 282 No. 40 Dunkel W[ilhelm]. S. 282 No. 41 Ellenbeek O[tto] II. S. 282 No. 47 Flügge A[ugust]. S. 286 No. 80 Knotte W[ilhelm]. S. 287 No. 88 Langebeckmann F[riedrich]. S. 287 No. 90 Lipmann [Ludwig]. S. 288 No. 95 Lupprian H[annibal]. S. 290 No. 117 von Petrykowski A[lex.] K. S. 300 No. 201 Schuberg A[ugust]. — Leider gelang es mir nicht, bei Göttingen und Leipzig auch nur einen Vornamen zu vervollständigen, obwohl dort zahlreiche Anfangsbuchstaben sich vorfinden. E. Roth.

Als zweiter Theil der „Katholisch-theologischen Bücherkunde", deren Anfang in dieser Zeitschrift (VIII. S. 358) ausführlich besprochen wurde, bietet Mario Sig. Tavagnutti eine Bibliographie der katholischen Christusliteratur (Christologische Bibliographie. Verzeichniss der wichtigsten über den göttlichen Heiland Jesus Christus von 1837 bis 1890 [in Deutschland, Oesterreich und der Schweiz. Zusatz des Ref.] erschienenen Werke, Predigten und Andachtsbücher mit besonderer Berücksichtigung der Herz-Jesu-Verehrung. Systematisch nach Materien geordnet und mit einem Autoren-Register versehen. Wien 1891. Verlag Austria, Drescher & Comp. 8°. 72 S. 0,60 M.). Die Beschränkung auf die Schriften einer Confession bringt es mit sich, dass die wissenschaftliche Theologie hier nur ziemlich spärlich vertreten ist; dazu kommt, dass der Verf. selbst Vollständigkeit von vornherein nicht erstrebt und auch nicht erreicht hat. Dagegen wird seine Arbeit für die katholische Erbauungsliteratur, die dem Nichttheologen oder Akatholiken naturgemäss sehr fern liegt, ein ganz brauchbares Hilfsmittel bilden. Der Stoff ist in 42 Rubriken eingetheilt, von denen manche besser zusammengefasst wären; überhaupt lässt die Disposition an Durchsichtigkeit und logischer Gliederung etwas zu wünschen. Ein Autorenregister erleichtert die Benutzbarkeit. Nach der Ankündigung sind von Tavagnutti hier 937 Werke verzeichnet, ein Beweis von der Blüte der populären katholischen Literatur; den Schwerpunkt davon bildet die „Herz-Jesu"-Literatur.
W. Sch.

Von der von uns Bd. VII. S. 210 besprochenen und seitdem wiederholt erwähnten Matrikel der Universität Rostock, welche College Adolph Hofmeister trefflich herausgiebt, ist jetzt das 2. Heft des 2. Bandes erschienen, das die Inscriptionen bis zu Ostern 1611 fortsetzt.

Einen Katalog der hagiographischen Handschriften der Stadtbibliothek in Brügge veröffentlichen die Bollandisten in den Analecta Bollandiana T. 10. S. 452—66 nach denselben Normen, nach welchen schon früher die Kataloge der gleichen Handschriften in Brüssel etc. in den Anal. gedruckt sind. Der Katalog über sämmtliche Brügger Handschriften von P. J. Laude (1859) reichte für hagiographische Zwecke nicht aus. W.

Der Buchhändler Friedrich Furchheim in Neapel hat in seinem Verlage eine sehr schön ausgestattete: Bibliografia di Pompei Ercolano e Stabia, welche eine neue verbesserte Auflage der in Eile 1879 zusammengestellten Biblioteca Pompejana bildet, erscheinen lassen. Umfasste diese 37 Seiten, so füllt die heutige XXX und 118 Seiten! In der Einleitung wird eine kurze chronologische Uebersicht über die wichtigsten Erscheinungen der einschlägenden Literatur gegeben, während diese im Haupttheile alphabetisch nach den Schlagworten geordnet ist. Zu den einzelnen Artikeln sind noch allerlei Notizen, auch buchhändlerische über Preise u. s. w., gegeben. In einem Appendice sind die Werke verzeichnet, welche das Museo nazionale (Museo Borbonico) von Neapel betreffen. Wir können die Schrift Allen, die sich für diese Literatur interessiren, nur empfehlen.

Die Commission der k. k. Akademie der Wissenschaften in Wien für archaeologische Erforschung Kleinasiens hat eine grosse Sammlung von Auszügen aus Werken anlegen lassen, die irgend Etwas auf Kleinasien Bezügliches, Inschriften, geographische Angaben u. s. w. enthalten. Dieser Apparat von Scheden, an dem seit 1890 zwei Privatdocenten mit einer Reihe von Hülfsarbeitern thätig sind, und für dessen Zwecke wiederholt Reisen nach Kleinasien unternommen wurden und die Bibliotheken des Orients noch ausgebeutet werden, soll die Grundlage eines grossen Werkes über Kleinasien bilden. Die bisher erwachsenen Kosten hat der regierende Fürst Johann von und zu Lichtenstein getragen.

In No. C der Handschriften der Municipalbibliothek zu Lyon befindet sich eine Sammlung lateinischer Briefe u. s. w. der Renaissancezeit, eine Art Anthologia latina des 15. Jahrhunderts. Ueber diesen für die Literaturgeschichte der Renaissance nicht uninteressanten Zibaldone, wie die Italiener sagen, haben die Herren Fr. Novati und G. Lafaye in den Mélanges d'archéologie et d'histoire. Vol. XI. S. 353 u. f. eine sehr ausführliche Veröffentlichung begonnen.

In demselben Hefte der Mélanges findet sich eine Note des Herrn H. Omont über die Handschriften des Diarium Italicum von Montfaucon. Herr Omont veröffentlicht auch einige ungedruckte Briefe des grossen Gelehrten, welche sich auf seine Reise nach Italien (1698—99) beziehen, und giebt ein Facsimile von Montfaucon. Ebenda handelt sehr eingehend Herr L. Dorong über die Bibliothek des Kardinals Sirleto, deren Handschriften in die Vaticana kamen, während die Drucksachen verkauft wurden.

Eine fleissige Arbeit „zur Kritik des Johannes Butzbach" (1477—1526) veröffentlicht G. Knod in den Annalen des histor. Vereins für den Niederrhein, Heft 52 (1891) S. 175—234, sorgfältige Studien über die von Butzbach in seinem grossen biographischen Sammelwerke, dem Auctarium, benutzten Quellen und die Art der Benutzung enthaltend.   W.

In den „Berichten über die Verhandlungen der k. Sächsischen Gesellschaft der Wissenschaften zu Leipzig." Philologisch historische Classe. 1891. S. 265—294 findet sich eine Geschichte des Codex Victorianus des Terenz von Dr. Gutjahr. Nach G. ist die berühmte Handschrift der Laurenziana im Kloster Corbie (Corbeja vetus) im 9. Jahrhundert geschrieben. (S. 287). Die Arbeit von G. wird als der Anfang von Studien zu dieser Handschrift bezeichnet.

Das L. Rosenthalsche Antiquariat in München besitzt eine Ausgabe des ersten Buches der Imitatio Christi, welche die erste gedruckte zu sein scheint und wahrscheinlich früher ist als die Hain Nr. 8589, die bisher für den ersten Druck galt. — Der Text beginnt auf der zweiten Seite [die erste ist weiss]: Capitula sequentis libelli secundum or | dinem. Die dritte Seite beginnt: Incipiunt ammonitiones ad spirituale₃ | vitam vtiles. | De Imitacione xpi ҭ cōtemptu ōniū vani - | tatum mundi ·:· Schliesst auf Blatt 24 recto: Explicinnt amoniciones ad spiri | tualem vitam vtiles ·:· Deo gcias. Gothische Typen, 27 Linien auf der Seite, ohne Custoden, Signaturen und

Seitenzahlen, Format klein Quart. Ein Facsimile der Typen wird dem demnächst erscheinenden Kataloge der Imitatio-Litteratur des genannten Antiquariats beigegeben werden. Es wäre interessant festzustellen, ob noch weitere Expll. dieses Druckes, der den Bibliographen (Hain, Panzer etc.) entgangen ist, bekannt sind und wo dieselben sich befinden.

Seit 1889 giebt die Schwedische Literatur-Gesellschaft (Svenska Literatursällskapet) eine Sveriges Bibliografi von 1481–1600 in wahrhaft prächtiger Weise heraus, die der frühere Oberbibliothekar der Königlichen Bibliothek zu Stockholm G. E. Klemming zusammengestellt hatte. Von dem 3., 1892 erschienenen Hefte an redigirt die Ausgabe Herr Bibliothekar Aksel Andersson. In diese Bibliographie, welche eine grosse Anzahl trefflicher Facsimiles bietet, sind nicht nur die schwedischen Drucke, die mit 1483 beginnen, aufgenommen, sondern auch deutsche u. s. w. Drucke, welche für Schweden, z. B. das in Basel 1513 gedruckte Missale Upsalense, gemacht worden sind oder sich auf Gegenstände beziehen, die Schweden besonders nahe berühren. Man kann sich denken, dass unter diesen die Weissagungen der h. Brigitte nicht die letzte Stelle einnehmen. Und so wird auch diese Sveriges Bibliografi mit der Beschreibung eines von C. Zaninger in Nürnberg 1481 ausgeführten Druckes: „Die Bürde der Welt", in welchem die Bestätigung der Offenbarungen der h. Brigitta nachgewiesen wird, eröffnet. Die Beschreibung der Drucke ist sehr ausführlich und derselben durch zahlreiche Facsimiles noch nachgeholfen; auch ist angegeben, wo sich Exemplare der zum Theil sehr seltenen Drucke finden. Die drei vorliegenden Hefte führen die Bibliographie bis zum Jahre 1527 herab.

Der Professor der Zoologie und vergleichenden Anatomie an der Universität zu Graz, Herr Dr. L. von Graff ist im Besitze einer beneidenswerthen zoologischen Bibliothek. Er hat sie nicht selbst zu Stande gebracht, sondern den Hauptbestandtheil der Sammlung bilden die Bücherschätze, welche die Gelehrtenfamilie von Siebold in drei Generationen gesammelt hat. Von der Bibliothek, die zuletzt im Besitze von Karl Theodor von Siebold in München war, hat dann Herr von Graff die Abtheilung, welche die praktische Medicin enthielt, ausgeschieden und weggegeben, aber für sie noch fehlende zoologische Monographien eingetauscht. Von dieser grossen Sammlung, wohl der grössten zoologischen Privatbibliothek des Continents, hat Herr von Graff jetzt einen Realkatalog auf 337 Seiten in 8vo drucken lassen, der in Leipzig bei W. Engelmann für sechs Mark zu haben ist. Die Eintheilung desselben schliesst sich im Wesentlichen an das auch bei der Ausarbeitung des „Schemas des Realkatalogs der Universitätsbibliothek zu Halle" benützte System des Claus'schen Lehrbuches der Zoologie an. Für die Ordnung zoologischer Bibliotheken wird der von Graffsche Katalog von Werth sein. Derselbe würde aber noch sehr gewonnen haben, wenn bei den zahlreichen Ausschnitten aus Zeitschriften etc., die hier einzeln verzeichnet sind, angegeben wäre, wo dieselben her sind. O. H.

In den Sitzungsberichten der Königl. Böhm. Gesellschaft der Wissenschaften von 1892. S. 21 u. f. handelt Herr Dr. P. Mitzschke in Weimar von der Bibliothek der letzten Herzogin von Kurland, Dorothea Biron geb. Reichsgräfin von Medem, in Schloss Löbichau im Herzogthum Altenburg, und bespricht eingehend ein in Böhmen(?) im 15. Jahrhundert angefertigtes, künstlerisch ausgestattetes Brevier mit tschechischen Glossen. Die Handschrift ist kürzlich in den Besitz der Frau von Gellhorn in Naumburg a. d. S. übergegangen.

Da man auch in Deutschland sich jetzt mehr als früher mit russischer Literatur beschäftigt, mag darauf hingewiesen werden, dass es einen Catalogue systematique des livres russes depuis 1825 à 1887 in zehn Bänden giebt, der seit 1869 in St. Petersburg erschienen ist, und der von V. J. Mejov herrührt. Derselbe Autor hat dann noch eine Bibliographie historique russe von 1865—76 in Paris in 8 Bänden herausgegeben und ebendaselbst 1891—92 eine Bibliographie Sibérienne in 3 Bänden.

"Jeder, der sich mit genealogischen Forschungen beschäftigt, muss es mit Bedauern empfinden, dass bisher Verzeichnisse der noch erhaltenen alten Kirchenbücher mit Angabe ihrer Aufbewahrungsorte fehlen. Diese Lücke will für den Bereich des Aachener Geschichtsvereins die nachfolgende Zusammenstellung ausfüllen," mit diesen Worten leitet M. Schollen eine beachtenswerthe Arbeit über „die alten Kirchenbücher im Regierungsbezirk Aachen" in der Zeitschrift des Aachener Geschichtsvereins Bd. 13, S. 191 ff. ein. Das Verzeichniss der Kirchenbücher, von denen keins über das 17. Jahrhundert zurückgeht, umfasst in alphabetischer Reihenfolge nach den Namen der Pfarreien mit Angabe des jetzigen Ortes der Aufbewahrung und Bezeichnung der Zeitgrenzen der Eintragungen bezüglich Taufen, Heirathen und Sterbefälle 241 Nummern. W.

Von dem Missale des St. Wenzeslaus Altars in der Münsterkirche zu Aachen (gedruckt Nürnberg 1498) giebt in der Zeitschrift des Aachener Geschichtsvereins Bd. 13, S. 264—66, deren Herausgeber E. Fromm, eine bibliographisch genaue Beschreibung. Das Missale wird von Hain, Brunet, Weale nicht erwähnt. W.

In der Zeitschrift des Aachener Geschichtsvereins, Band 13 (1891) S. 1—122 giebt J. Greving eine sehr eingehende Geschichte des Klosters der Windesheimer Chorherren zu Aachen und im Anhange dazu, 1) ein Verzeichniss der noch erhaltenen Handschriften des Klosters, meist geistlichen Inhalts, oder auf die Geschichte des Klosters bezüglich, 2) eine genaue Beschreibung und Inhaltsangabe der unter den Handschriften befindlichen Nekrologien und Kalendarien. W.

Als Anlage 1 zu seinem Aufsatz über den ehemaligen Rittersitz Schlossberg bei Birkesdorf in demselben Bande der Aachener Zeitschrift theilt E. von Oidtmann das Inventar des Nachlasses des Freiherrn Johann Degenhard von Merode zu Schlossberg vom Jahre 1649 mit und darin unter No. VI, 148—186 (Seite 167—70) ein Verzeichniss der Bücher, „durch Bernarden Lutzeln buchbender und handeler taxirt", zu dem der Herausgeber der Zeitschrift, Emil Fromm, zahlreiche bio- und bibliographische Anmerkungen geliefert hat. Die Bücher sind zum grössten Theile Druckwerke des 15. und 16. Jahrhunderts, doch sind auch einige Handschriften genealogischen, medicinischen u. a. Inhalts darunter. Jedem Buchtitel folgt der von Lutzeln taxirte Preis. W.

In den Publications de la Section Historique de l'Institut Royal Grand-Ducal de Luxembourg Vol. 41 (1890) veröffentlicht C. A. L. Held das Archivium sodalitatis Mariano Angelicae sub titulo conceptionis immaculatae Luxemburgi (gegr. 1603) und darin S. 301 f. zwei Verzeichnisse der — kleinen — Bibliotheca, 1) beginnend mit: Stimuli virtutum Bal-

desani, schliessend: Becani controversiae, dono Guilelmi Mangin; permutari
pio altero libello poterunt. Ajoute: (Permutati sunt et pauci alii inutiles
sodalitati anno 1680, cum alphabetho Christi et diaboli). 2) Anno 1694 in-
venti sunt in sodalitate libri sequentes, beginnend mit: Manuale sodalitatis
Impressum Lugduni. Cornig. 8.; schliessend: Libellus cartaceus pro renova-
tionibus. — Item alius in quarto pro nominibus sodalium. — Item alius ubi
continentur orationes a prefecto legi solitum.   W.

Neue Erscheinungen auf dem Gebiete des Bibliothekswesens.*)

†Bookworm. No. 52, March 1892: Some illustrated books of the fifteenth
   and sixteenth centuries, W. Roberts. — A seventeenth century guide
   book, G. Yarrow Baldock.
Library Journal. Vol. 16, No. 12: San Francisco conference number. Binding and binderies, D. V. R. Johnston. — Points of agreement
   among librarians as to library architecture, C. C. Soule. — Libraries and
   schools, S. S. Green. — Annual report on gifts and bequests, C. M. Hewins. — The best library legislation, W. J. Fletcher. — Contagious disea-
   ses and public libraries, C. M. Jones. — The argument for public support of public libraries, W. E. Foster. — Impressions in foreign libraries,
   M. S. Cutler. — Tabulated reports of state library associations, H. E.
   Green. — Uniformity in public libraries or individuality, L. H. Steiner.
Revue des bibliothèques. Année II, No. 1: Manuscrits grecs datés des
   XV⁰ et XVI⁰ siècles de la Bibliothèque nationale et autres bibliothèques
   de France, H. Omont. — Gaignières, enfant précoce, A. Thomas.
Rivista delle biblioteche. No. 33—36: Indicazioni di bibliografia ita-
   liana, C. Mazzi. Contin. — La poesia popolare italiana. Appunti biblio-
   grafici, Gioach. Maruffi. Contin. — Bibliografia delle stampe musicali della
   R. Biblioteca Estense, Vitt. Finzi. Contin.

American Catalogue, Annual, 1891: being the full titles, with descriptive
   notes, of all books recorded in the Publishers' Weekly, 1891, with author,
   title and subject index, publishers' annual lists, and directory of publishers.
   [Second supplement to the American catalogue, 1884—90.] New York,
   Office of the Publishers' Weekly. 18. 212. 144 p. 8⁰. cloth. D. 3.50
Archiv für Anthropologie. Zeitschrift für Naturgeschichte und Urge-
   schichte des Menschen. Herausgegeben und redigirt von L. Lindenschmit
   und J. Ranke. Band 20, 4. Vierteljahrsheft. Braunschweig, Fr. Vieweg
   & Sohn. gr. 4⁰. M. 47.50
   Hierin: Bibliographie, 161 S.
Archives historiques, artistiques et littéraires. Recueil mensuel de do-
   cuments curieux et inédits. Chronique des archives et bibliothèques.
   Tome II. Paris, Charavay. 579 p. 8⁰. Fr. 12.—
Bachmann, H. Fragen u. Aufgaben bei den Staatsprüfungen für den Ar-
   chivdienst in Bayern. München, Th. Ackermann. 29 S. 8⁰. M. —.60
Beraldi, H. Estampes et livres (1872—1892). Lille. Paris, L. Conquet.
   XIV. 279 p. et portrait. 4⁰.

---

   *) Von den mit † bezeichneten Zeitschriften sind nur die Artikel biblio-
graphischen oder bibliothekarischen Inhalts angezeigt.
   Die mit * bezeichneten Bücher haben der Redaktion vorgelegen.

Bibliographie, Allgemeine, der Staats- und Rechtswissenschaften. Herausgeber: O. Mühlbrecht. Jahrgang 25:1892. No. 1. 2. Berlin, Puttkammer & Mühlbrecht. gr. 8°. Jährlich 5 M.

Bibliographie des travaux de M. A. de Montaiglon, professeur à l'Ecole des chartes. Paris, impr. Jouaust. 159 p. av. grav. et portrait. 8°.
Tiré à 201 exemplaires numérotés.

Bibliographie, Nederlandsche. Lijst van nieuw verschenen boeken, kaarten enz. 1892. No. 1. Amsterdam, C. L. Brinkman. 8°. Per jaargang van 12 nrs. Fl. —.45

*Biblioteca Nazionale Centrale di Firenze. Elenco delle pubblicazioni periodiche italiane ricevute dalla Biblioteca nel 1891. Firenze, Success. Le Monnier, 1891. 97 p. gr. 8°.

Bibliothek des Professors der Zoologie und vergleichenden Anatomie Dr. Ludwig von Graff in Graz. Leipzig, W. Engelmann. XV. 337 S. gr. 8°. M. 6.—

Bigazzi, Pas. A. Firenze e contorni: manuale bibliografico e biografico delle principali opere e scritture sulla storia, i monumenti, le arti, le istituzioni, le famiglie, gli uomini illustri, ecc. della città e contorni. Fasc. 3. Firenze, tip. Ciardelli. P. 65—96. 4°. L. 1.50
Edizione di soli 300 esemplari.

Catalogue des cartes, plans et autres ouvrages publiés par le Service géographique de l'armée. (1892.) Paris, Baudoin. 79 p. et 11 planches. 8°. Fr. 1.—

*Catalogue mensuel de la librairie française. Année 1891, avec une table par ordre alphabétique des noms d'auteurs. Paris, Nilsson. 8°. Fr. 3.50

Catalogue méthodique de la bibliothèque de la ville de Tours. Histoire. Tome I: No 1 à 2678. Tours, impr. Bousier. 1891. 250 p. gr. 8°.

Catalogue par ordre géographique des cartes, plans, vues de côtes, mémoires, instructions nautiques etc., qui composent l'hydrographie française au 1 janvier 1892. Paris, Imprim. Nation. VIII. 424 p. 8°. Fr. 6.—

Contades, Cte. G. de. Bibliographie sportive. Les courses de chevaux en France, 1651—1890. Paris, A. Rouquette. 156 p. 8°. Fr. 6.—
Tiré à 300 exemplaires dont 100 seulement mis dans le commerce.

*Cornell University. Library Bulletin. No. 29. Ithaca. P. 339—360. gr. 8°.
Cont.: Additions to the University Library, April to September 1891.

*Finkel, L. Bibliografia historyi polskiy, wspólnie z Dr. Henrikyem Sawczyńskim i cz/onkami kólka historycznego uczniów Universytetu lnow. Zebra/ i u/ozy/. Część I. we Lwowie, nak/adem komisyi historycznij akad. umiejętności. 1891. XVI. 527 p. gr. 8°. M. 12.—

Flamme, Ch. Verzeichniss der im Druck erschienenen Werke und Bearbeitungen von Fritz Spindler. Leipzig, Gebr. Hug. 45 S. 8°. M. —.80

Frederiks, J. G. en F. Jos. van den Branden. Biographisch woordenboek der Noord- en Zuidnederlandsche letterkunde. 2. omgewerkde druk. 2 delen. Amsterdam, L. J. Veen. 10.918 S. 8°. Fl. 14.25; geb. Fl. 15.—

Funck-Brentano, Fr. Catalogue des manuscrits de la bibliothèque de l'Arsenal. Tome IX fasc. 1: Archives de la bastille. Paris, Plon, Nourrit & Co. LXXIX. 278 p. 8°.

Jahrbücher, botanische, für Systematik, Pflanzengeschichte und Pflanzengeographie, herausgegeben von A. Engler. Band 14, Heft 5. Leipzig, W. Engelmann. VI u. S. 497—539 u. Litteraturbericht S. 65—80. gr. 8°. M. 3.—

Jahresbericht über die Leistungen und Fortschritte im Gebiete der Ophthalmologie, begründet von A. Nagel, fortgesetzt im Verein mit mehreren Fachgenossen und redigirt von J. Michel. Jahrgang 21: Bericht für das Jahr 1890. Tübingen, H. Lauppsche Buchh. IV. 536 u. Bibliographie 89 S. gr. 8°. M. 14.—

*Jersey City, N. J. First annual report of the trustees of the Free Public Library. Jersey City, N. J., the Jersey City Printing Company. 24 p. 8°.

Indice generale dei lavori del R. Istituto Lombardo di scienze e lettere, dalla sua fondazione all' anno 1888 per autori e per materie. Milano, U. Hoepli. 464 p. 8°. L. 10.—

Joosting, J. G. Ch. Inventaris van het oud-archief der Nijmeegsche broederschappen. Nijmegen, F. E. Macdonald. XXX. 615 p. gr. 8°.
Niet in den Handel.

La Bouralière, A. de. L'imprimerie à Thouars. Saint-Maixent, imp. Reversé. 7 p. 8°.
Extrait de la Revue poitevine.

Leguina, E. de. Libros de esgrima españoles y portugueses. Madrid, Huerfanos. 165 p. 4°.

*Library Record. Vol. I, No. 1. Free Public Library of Jersey City. 8 p. 4°.

Litteraturkalender, Deutscher, auf das Jahr 1892. Herausgegeben von J. Kürschner. Jahrgang 14. Stuttgart, Jos. Kürschner's Selbstverlag. 1404 Sp. mit 1 Bildniss. 12°. Nebst Taschenbuch, 159 S. 32°. Geb. M. 6.—; Prachtausgabe in Leder M. 12.50

*Los Angeles. Public Library bulletin. Vol. I No. 3. Los Angeles, Edw. T. Cook. P. 33—48. 4°.

Manno, Ant. Bibliografia di Chieri. Torino, stamp. reale della ditta G. B. Paravia e C. 1891. 36 p. 8°.
Estratto dalla Bibliografia storica degli stati della monarchia di Savoia.

Martonne, A. de. Biographies et bibliographies de François Fertiault et de Mme Julie Fertiault. Le Puy, imp. Marchessou fils. 1891. 32 p. 8°.

*Milwaukee Public Library. Quarterly index of additions, October—December 1891. Vol. 3, No. 24. Milwaukee 1891. P. 167—190. 4°.

*Monumenta Germaniae et Italiae typographica. Deutsche und italienische Inkunabeln in getreuen Nachbildungen, herausgegeben von der Direction der Reichsdruckerei. Auswahl und Text von K. Burger. Lieferung 1: 25 Tafeln. Leipzig, O. Harrassowitz. Fol. M. 20.—
Erscheint in 12 Lieferungen à 20 M.

Monrier, Ath. et F. Deltour. Catalogue et analyse des thèses françaises et latines admises par les facultés des lettres avec index et table alphabétique des docteurs. Année scolaire 1890—91. Paris, Delalain frères. IV. 48 p. 8°. Fr. 1.50

Notices et Extraits des manuscrits de la Bibliothèque nationale et autres bibliothèques, publiés par l'Institut national de France, faisant suite aux Notices et Extraits lus au comité établi dans l'Académie des inscriptions et belles-lettres. Tome 34, partie I. Paris, C. Klincksieck. 450 p. 4°.

*Olmedilla y Puig, J. Noticias y datos acerca de la historia del papel. Madrid, Rivadeneyra. 30 p. 8°.

Othmer's Vademecum des Sortimenters. Zusammenstellung der wissenswürdigsten Erscheinungen auf dem Gebiete der schönwissenschaftlichen Litteratur. 4. Auflage, bearbeitet von C. Georg und L. Ost. Hannover, L. Ost. III. 663 S. mit Photographie. M. 10.50; gebdn. M. 12.—

Recsei, V. Verzeichniss der Kodices und Incunabeln der bischöflichen Bibliothek von Kaschau (in ungarischer Sprache). Budapest, Kilian. XII. 108 p. 8°.

Rott, E. Inventaire sommaire des documents relatifs à l'histoire de Suisse, conservés dans les archives et bibliothèques de Paris. Partie IV: 1683 à 1700. Genève, H. Georg. X. 811 p. 8°. Fr. 20.—

Rundschau, Bibliographische, auf dem Gebiete der Theologie, für Geistliche und das christliche Haus, zusammengestellt von R. Hoffmann. Jahrgang VII: 1892. (12 N^{os}.) No. 1. Leipzig, Th. Rother. gr. 8°. Jährlich M. 1.50

Scribner's Magazine. Index. Vol. 1—10, Jan. 1887—Dec. 1891. New York, C. Scribner's Sons. 89 p. 8°. cloth. D. 1.20

Servaas van Rooijen, A. J. Catalogus van de bibliotheek der gemeente 'sGravenhage. Deel I. 'sGravenhage, Mouton & Co. 8. 205 S. 4°. Fl. 2.50

Smart, Th. B. The bibliography of Matthew Arnold. London, Davy & Sons. X. 90 p. 8°. 8 Sh.
Societatum litterae. Verzeichniss der in den Publicationen der Academien und Vereine aller Länder erscheinenden Einzelarbeiten auf dem Gebiete der Naturwissenschaften. Herausgegeben von E. Huth und A. Hering. Jahrgang 6: 1892. (12 Nos.) Berlin, R. Friedländer & Sohn. gr. 8°. Jährlich M. 4.—
*Société Liégeoise de bibliographie. Bulletin. I. Liége, H. Vaillant-Carmanne. 62 p. gr. 8°.
 Cont.: E. Polain, Guill. Vorsterman, imprimeur à Anvers. — J. Martin, table d'une collection d'anciennes dissertations. Etc.
*Someren, J. F. van. Beschrijvende catalogus van gegraveerde portretten van Nederlanders. Vervolg op Frederik Muller's catalogus van 7000 portretten van Nederlanders. Deel III. Uitgave van het Frederik Mullerfonds. Amsterdam, Fr. Muller & Co. VIII + p. 417—811. 8°. Fl. 7.70
Szczepanski, F. v. Bibliotheca electrotechnica. Wissenschaftlich mit Autorenregister versehenes Repertorium der neueren deutschen, französischen und englischen elektrotechnischen Litteratur. St. Petersburg, F. v. Szczepanski. 75 S. 8°. M. 1.50
Tissier, J. Catalogue de la bibliothèque publique de la ville de Narbonne. 2 vol. Narbonne, impr. Caillard. 1891. I: Théologie, jurisprudence, sciences et arts, belles-lettres, histoire, littérature, bibliographie. XXVIII. 552 p. — II: Histoire, legs, tallavignes, histoire locale. XIII. 758 p. gr. 8°.
Verzeichnis der Gartenbau-Zeitschriften aller Länder der Erde. Leipzig, Hugo Voigt. 23 S. 8°. M. —.40
*Verzeichnis der im deutschen Buchhandel neu erschienenen und neu aufgelegten Bücher, Landkarten, Zeitschriften etc. 1891. II. Band. 187. Fortsetzung. Leipzig, J. C. Hinrichs'sche Buchh. 232. 766 S. 8°. M. 6.—; geb. M. 7.—
Vismara, A. Bibliografia del marchese Luigi Capranica con cenni biografici e ritratto. Como, ditta C. Franchi di A. Vismara. 15 p. 16°. L. —.50
— Bibliografia del prof. Francesco Ambrosoli con cenni biografici e ritratto. Como, ditta C. Franchi di A. Vismara. 16 p. 16°. L. —.50
*Volkening, Ed. Die Verlagsveränderungen im deutschen Buchhandel in den Jahren 1874—1890, nebst zahlreichen Nachträgen aus früherer Zeit. Leipzig, Ed. Volkening. IV. 583 S. 8°. M. 30.—; geb. M. 32.—
*Winsor, Just. Librarian of Harvard University. Fourteenth report. 1891. 17 p. 8°.

Antiquarische Kataloge.

Ackermann, Th., München. No. 323: Französ. Geschichte. 721 Nos. — No. 326: Spanien u. Portugal. 315 Nos. — No. 327: Italienisch. 737 Nos.
Auer Donauwörth. No. 115: Kathol. Predigtlitteratur. 1486 Nos.
Baer & Co. Frankfurt. No. 281: Autores graeci. 1715 Nos. — No. 282: Autores latini. 1433 Nos. (Biblioth. Heitz-Rumpf.)
Bertling Danzig. No. 85: Deutsche Sprache u. Litteratur. 906 Nos.
Bielefeld's Hofbh. Karlsruhe. No. 164: Auswahl aus d. Geb. d. Kunst, Literär- u. Kulturgesch. 1461 Nos.
Brill Leiden. 1892. Févr.: Nouv. acquisitions. No. 1020—1253.
Brockhaus' Ant. Leipzig. No. 114: Privatrecht. (Bibl. d. Bergamtsdir. Dr. C. E. Leuthold in Freiberg.) 1528 Nos. — No. 115: Geologie, Geognosie. 737 Nos.
Burow Gotha. No. 26: Sachsen u. Thüringen. 463 Nos.
Gilhofer & Ranschburg Wien. Anz. No. 18: Vermischtes. No. 1695—1985.

Goldschmidt Hamburg. No. 15: Neueste Erwerbungen. 592 Nos.
Hachfeld Potsdam. No. 83: Erziehung. Sprachwissenschaft. 2419 Nos.
Heinrich & Kemke Berlin. No. 29: Altertumswissenschaft. No. 6282—10340.
Hiersemann Leipzig. No. 93: Malerei. 936 Nos.
Hüllrigl München. No. 16: Vermischtes. 217 Nos.
Hoepli Mailand. No. 76: Agricoltura. 877 Nos. — No. 77: Storia. 1483 Nos.
Jolowicz Posen. No. 112: Literaturgesch. Bibliographie. Biblioth. 1091 Nos.
Josephsons Ant. Upsala. 1892. No. 1: Miscellanea. 552 Nos.
Kaufmann Stuttgart. No. 53: Varia. No. 1332—1911.
Kerler Ulm. No. 176: Classische Literatur u. Roman-Literat. d. 19. Jahrh. 3864 Nos.
Kirchhoff & Wigand Leipzig. No. 892: Rechtswissenschaft. 3445 Nos.
Klemmings Ant. Stockholm. 1892. 1: Svensk historia; fransk litteratur. 48 S.
Koehler's Ant. Leipzig. No. 511: Evertebrata. 2474 Nos. — No. 512: Medicin. 1363 Nos.
Kubasta & Voigt Wien. No. 97: Vermischtes. 8 S.
Lederer Berlin. No. 51: Deutsche Literatur. Goethe. 1087 Nos.
List & Francke Leipzig. No. 237: Deutsche Litteratur seit Lessing. 2045 Nos.
Mussotter Munderkingen. No. 12: Vermischtes. 1423 Nos.
Neubner Köln. No. 35: Deutschland z. Zeit d. Fremdherrschaft. No. 11551—12580. — Etwas f. Alle. No. 8: No. 2645—3024.
Nijhoff Haag. No. 231: Socialisme. 664 Nos.
Nutt London. No. 28: Rare and curious books. 588 Nos.
Raunecker Klagenfurt. No. 54: Vermischtes. 2198 Nos.
Rosenthal München. No. 75: Inquisitio. No. 12364—12568.
Rother Leipzig. No. 23: Prakt. u. wiss. Theologie. 3001 Nos.
Sattler Braunschweig. No. 54: Kunst u. illustr. Werke. 215 Nos.
Scheible Stuttgart. No. 228: Komische Litteratur d. Deutschen. No. 1053—2376.
Schneider München. No. 1: Auswahl aus allen Fächern. 467 Nos.
Volckmann & Jerosch Rostock. No. 8: Mecklenburgica. 814 Nos.
Welter Paris. No. 55: Langues romanes. No. 3130—5382. — No. 55bis: Miscellanea. 425 Nos.

Berichtigung.

In der ersten der „Vermischten Notizen" Seite 143 muss es Zeile 5 „Detmold" anstatt „Jülich" heissen.

Die oben S. 145 Z. 6 als Sammelstelle für die abgebrannte Universitätsbibliothek in Toronto angegebene Firma heisst K. F. Koehler's Antiquarium-Leipzig.

Personalnachrichten.

Herr Dr. Karl Christoph Bernoulli ist (an der Stelle L. Siebers) zum Universitätsbibliothekar in Basel gewählt worden.

Der Conservateur de la Bibliothèque de l'Université de Paris (Sorbonne) Herr J. de Chantepie ist von französischer Seite mit der Leitung der Angelegenheiten des internationalen Tauschvereins der Universitätsschriften, soweit sie Frankreich betreffen, beauftragt worden.

An der Königlichen Bibliothek zu Berlin ist Dr. phil Ernst Rowe als Hülfsarbeiter eingetreten.

Centralblatt

für

Bibliothekswesen.

IX. Jahrgang.   5. Heft.   Mai 1892.

Anciens catalogues de Bibliothèques anglaises
(XIIe—XIVe siècle).

I.
Catalogue des manuscrits de l'abbaye de Burton-upon-Trent
(après 1175).

L'abbaye bénédictine de Burton-upon-Trent, au comté de Stafford, colonie de l'abbaye de Winchester, avait été fondée, en 1004, par Wulfric Spott, comte de Murcie.[1]) Moins de deux siècles après, elle possédait une bibliothèque de soixante et dix-huit volumes, dont le catalogue nous a été conservé à la fin du manuscrit 23,944 du fonds additionnel du Musée Britannique.[2])

Dans la liste des livres de l'abbaye de Burton-upon-Trent, on remarquera un certain nombre de manuscrits de vies de saints, parmi lesquels quatre exemplaires de la vie de sainte Modwenne,[3]) et surtout une série de textes anglais relégués à la fin du catalogue.

La mention qui termine l'article 58 du catalogue: „Sex libros Sententiarum, qui fuerunt Bernardi abbatis," permet de fixer à peu près la date de sa rédaction: l'abbé Bernard mourut en effet en 1175. Le titre de l'ouvrage de Hugues, abbé de Reading († 1164), qui termine le catalogue est une addition très peu postérieure.

---

1) Dugdale, Monasticon anglicanum (1655—1673, in fol.), t. I, p. 265, 276. Cf. les Annales Burtonenses dans Fulman, Rerum Anglican. scriptores (Oxford, 1684, in fol.), t. 1; les Monumenta Germaniae historica, Scriptores, XXVII, 473; et Luard, Annales monastici (Londres, 1864, in 8°).

2) ce ms. contient les livres „de nuptiis et concupiscentia", et „contra Julianum Pelagianum" de S. Augustin, copiés aux Xe et XIe siècles. Le second de ces ouvrages répond au n° 11 de la liste ci-dessous.

3) Cf. Tho. Duffus Hardy, Descriptive catalogue of materials relating to the history of Great Britain and Ireland (Londres, 1862, in 8°), t. II, part I, p. 94—100.

Hos habet libros ecclesia Burtonie

1—2. Bibliothecam, in duobus codicibus.
3. Omeliarium ab Adventu usque Pascha, et vitam sancte Moduenne, et Bernardus super Missus est; in uno codice.
4—6. Psalterium secundum Augustinum; in tribus voluminibus.
7. Augustinum de Civitate Dei.
8. Augustinum super Johannem.
9. Augustinum de sermone Domini, et de X. cordis, et contra V. hereses, et Jeronimum super Josue: in uno codice.
10. Augustinum Exameron.
11. Augustinum contra Julianum.
12. Augustinum de disciplina Christianorum, et ejusdem epistolam ad quemdam comitem: in uno codice.
13. Regulam sancti Augustini a quodam expositam, et Cantica psalterii, et Hugonem de disciplina novitiorum: in uno codice.
14. Hugonem super Ecclesiasten.
15—17. Gregorium super Job: in tribus voluminibus.
18. Dialogum Gregorii et librum qui vocatur Scintillarum: in uno codice.
19. Gregorium super Ezechielem.
20. Pastoralem Gregorii.
21. Librum XL. Omeliarum Gregorii.
22—23. Registrum Gregorii: in duobus codicibus.
24. Ambrosium super Beati immaculati.
25. Ambrosium de officiis, et Hugonem de archa Noe, et Bedam de situ Jerusalem: in uno codice.
26. Bedam super Lucam.
27. Hystoriam Anglorum secundum Bedam.
28. Item alium librum vetustiorem.
29. Decem collationes Patrum, et librum qui vocatur Paradisus: in uno volumine.
30. Vitas Patrum.
31. Robertum super Cantica canticorum, et sinonima Ysidori, et librum Effrem, et regulam sancti Basilii, et decessum Bede presbiteri: in uno codice.
32. Item Cantica canticorum, cujus auctorem ignoramus.
33. Pronosticon futuri seculi.
34. Æilredum de oneribus Ysaie, et didascalicon Hugonis: in uno codice.
35. Speculum karitatis.
36. Prosperum et Diadema monachorum; in uno volumine.
37. Miracula sancte Marie.
38. Vitam sancte Moduenne, quam Martinus scripsit, et aliam quam Briennius scripsit.
39. Item aliam antiquissimam.
40. Passionale octobris et decembrii mensis; vitam sancte Katerine et sancti Martini: in uno codice.

41. Sermones Yvonis Carnotensis.
42. Leviticum glosatum.
43. Anselmum cur Deus homo.
44. Item Anselmum de processione Spiritus sancti; Rodbertum de corpore et sanguine Christi.
45. Compotum Gaufridi abbatis.
46. Interpretationes hebraïcorum nominum.
47. Quendam librum de titulis Psalterii.
48. Vitam sancte Werburge.
49. Vitam sancti Edwardi.
50. Vitam sancti Basilii.
51. Vitam sancti Blasii.
52. Vitam sancti Nicholai.
53. Vitam sancti Johannis Eleymonis, et librum qui vocatur Dominus vobiscum, et vitam sancti Dunstani, vitam sancti Leonardi.
54. Passionem sancte Agathe et aliorum, in magno quaternione.
55. Vitam sancte Marie Egiptiace versibus insignitam.
56. Aratorem super Actus apostolorum.
57. Sinonima Ysidori, in parvo libro.
58. Sex libros Sententiarum, qui fuerunt Bernardi abbatis. († 1175.)
59—60. Duo capitularia vetusta.
61. Ymnarium cum aureis litteris.
62. Epistolas apostolorum canonicas.
63. Omeliarium vetustissimum.
64. Sermones paschales sancti Cesarii.
65. Ernaldum de villico iniquitatis.
66—68. Martirologia duo vetera et unum novum.
69—70. Regulas duas vetustas.
71. Omeliarium anglicum.
72. Psalterium anglicum.
73. Passionale anglicum.
74. Dialogum Gregorii et historiam Anglorum, anglice.
75. Apollonium, anglice.
76. Evangelistas, anglice.
77. Ymnarium, anglice.
78. Hugonis, abbatis Radingensis, de quibusdam quaestionibus. († 1164.)

II.
Bibliothèque anonyme.
(XIIIe siècle.)

A la fin du manuscrit 50 du fonds de Harley, au Musée Britannique, qui contient un texte de l'évangile selon S. Matthieu, avec glose marginale et interlinéaire, on trouve, disposé sur trois colonnes, au fol. 48ᵛᵒ, le catalogue suivant d'une bibliothèque anglaise anonyme.

Libri magni armarii.

Libri Gregorii.

1—6. Moralia, in VI. voluminibus. — 7. Pastoralis. — 8. Dialogus. — 9. Registrum. — 10. Super Ezechielem. — 11—21. Liber Roberti; super Genesim, de VI diebus, super Exodum, super Leviticum, super Psalmos, super XII. Prophetas, super epistolas Pauli, in II. vol., super Matheum, super Johannem, super Appocalipsim, vel de significationibus.

Libri Ambrosii.

22—25. Exameron, super Beati immaculati, de officiis, novem libri super Lucam. — 26—29. Libri Biblionis, in IIII$^{or.}$ voluminibus; Ysidorus super vetus Testamentum, liber Ethimologiarum, de diversis virtutibus.

Libri Hugonis.

30—32. De sacramentis, in II. vol., super ierarchiam, didascalicon, de archa Noe, super Ecclesiasten. — 33. Andreas, super vetus Testamentum. — 34—35. Rabanus super Regum, de Ethimologiis, in II. vol. — 36. Historia ecclesiastica, Tripartita historia. — 37. Sermones Eldredi, Speculum karitatis, de spirituali amicitia. — 38. Smaragdus super regulam. — 39. Orosius. — 40. Paradisus. — 41. Johannes Cassianus. — 42. Gregorius Nazanzenus. — 43. Itinerarium Petri. — 44. Epistole Sidonii. — 45. Pricianus magnus. — 46. Liber Numeri. — 47. Vitas Patrum. — 48. Diadema. — 49. Vite IIII$^{or.}$ abbatum de Cluniaco. — 50. Vita Gregorii. — 51. Vita Edwardi. — 52. Decem collationes. — 53. Collationes XIIII. — 54. Vita Cuitberti. — 55. Cronica Hugonis. — 56. Cronica Henrici. — 57. Petrus Alfulsus. — 58. Passi[o]nalis. — 59. VII. Sermones Babionis. — 60. Ruffinus. — 61. Bestiarium: opuscula Anselmi. — 62. Liber partium.

Libri glosati.

63—64. Genesis glosata, II. — 65. Ezechiel glos. — 66. Ysaias glos. — 67. Job glos. — 68. Johannes. — 69—70. Marcus, II. — 71—72. Lucas, II.

Anselmus.

73—75. Super epistolas Pauli, III. — 76. Super Psalterium. — 77. Gillebertus super Psalterium. — 78. Super epistolas Pauli. — 79. Quid est tibi mare. — 80. De mirabilibus Ybernie. — 81. Historia Anglorum. — 82. Hystoria Britonum. — 83. Gemma ecclesie. — 84. Psalterium Yvonis.

Parvi libelli.

85. Gesta Salvatoris. — 86. Gratia Cristi. — 87. Miracula sancte Marie. — 88. Explanatio misse. — 89. Prenosticorum. — 90. Arra anime. — 91. Fulcherus. — 92. Solinus. — 93. Cir-

cumdate Syon. — 94. Boetius. — 95. Regula splendescit. — 96. Vita sancte Marie Egiptiace. — 97. Speculum ecclesie. — 98. Vita Hamonis. — 99. Aurea gemma. — 100. Septem psalmi depicti. — 101 103. Libri orationum III[es.] — 104. Robertus super VII. psalmos. — 105. Lamentationes Jeremiæ. — 106—107. Cantica canticorum, II, et Jeremias super XII. Prophetas. Naum propheta. — 108. Scintillarium. — 109. Palladius. — 110. Ymago mundi. — 111. De ortu sancti Cutberti. — 112—113. Instituta, II. — 114. Rethorica. — 115. Series Euvangeliorum. — 116. Parabole Salomonis. — 117. Sermones ad populum. — 118. Meditationes Anselmi. — 119. Derivationes. — 120—121. Epistole canonice, II. — 122. Tullius de amicitia. — 123. Beda de temporibus. — 124. Formula honeste vite. — 125. Daniel glosatus. — 126. Vita Godiscalci. — 127. Rota cursilis.

III.
Catalogue des manuscrits de l'abbaye de Flaxley
(XIIIe siècle).

Le manuscrit 1310 de la bibliothèque du feu baronnet sir Thomas Phillipps, jadis à Middlehill et aujourdhui conservée à Cheltenham, est intitulé: „Excerpta ex cartulario abbatiae de Dene, alias Flaxley, in agro Glocestriae (ex apographo D. Th. Phillipps, penes quem olim exstitit codex, nunc ubi sit ignorant). Rotul. pergam. XIII s.; in dorso, catalogus librorum abbatiæ." L'abbaye de Flaxley appartenait à l'ordre de citeaux et avait été fondée vers le milieu du XIIe siècle par Roger, comte de Hereford.[1]) Nous publions telle quelle la copie de cette liste, vers la fin de laquelle on remarquera les mentions de quelques manuscrits en langue française et anglaise.

Numerus librorum nostrorum.

1—3. Bibliotheca, in tribus voluminibus.
4. Augustinus super Beatus est vir.
5—7. Petrus Lumbardus super Psalterium, in tribus voluminibus.
8—9. Petrus Lumbardus super epistolas Pauli, in duobus voluminibus.
10. Gilebertus [Porret]anus super Psalterium.
11. Sententie Petri Lumbardi.
12. Historia scolastica Petri Manducatoris.
13. Judicum et Josue glosse, in uno volumine.
14. Actus apostolorum gloss., [Epistola] apostoli Jacobi gloss., in eodem.
15. Matheus glossatus.
16. Epistolæ canonicæ glosatæ.

---

1) Dugdale, Monasticon anglicanum, I, 884.

17. Apochalipsis, Canticum canticorum, Ecclesiastes glosati, in I. volumine.
18. Parabolæ Salomonis, et Thobias, Ruth, in eodem vol. glos.
19. Item Cantica glosata.
20. Epistolæ decretales.
21. Decreta Ivonis. De dedicatione ecclesiæ, in eodem.
22. Vitas Patrum.
23. Malogranatus.
24. Passionalis liber antiquus.
25. Passionalis liber novus, vita S. Bernardi, in eodem.
26. Vita S. Malachiæ, in quaternis.
27. Vita S. Godrici.
28. Cronica Ivonis.
29. Miracula Ste Mariæ.
30. Collationes decem.
31. Diadema monachorum.
32. Augustinus de Trinitate.
33. Augustinus super epistolam Johannis I^{mam}, et de penitentia, et Hugo de clericali disciplina, in eodem.
34. Liber confessionum Augustini.
35. Regula S^{ti} Augustini et quidam sermones.
36. Hugo super regula S. Augustini, et de clericali disciplina, et quidam sermones.
37. Gregorius super I^{am} partem Job, in quaternis.
38. Gregorius super Ezechielem.
39. Pastoralis Gregorii, et Cantica canticorum exposita, et quedam alia.
40. Speculum de moralibus Gregorii.
41. Isidori ethimologiarum.
42. Omelie Eusebii Emeseni et sermones Cæsarii episcopi, quod arbore . . . . . . similiter.
43. Literae, et quidam sermones, et Bernardinus de dictaminibus simul.
44. Quod est tri . . . . are, et quidam tractatus de cruce, et quædam alia simul.
45. De 3 principalibus protegendis, et Moralium dogma, et libellus Martini episcopi simul.
46. Omne capud languidum.
47. Hugo de archa Noe.
48. Hugo principium et causa.
49. Augustini abusiones; Benjamin de claustro animæ, simul.
50. Bernardi considerationum, contra hereticum, de amore Dei, Missus est angelus, in quaternis.
51. Bernardi liber apologeticus de Dei gratia et libero arbitrio, de diligendo Deo.
52. De gradibus humilitatis; Vos qui . . . . estis, et quædam alia simul.

53. Sermones Babionis.
54. Sermones Roberti Pullani.
55. Speculum ecclesie; Sermones per annum, de tabernaculis, simul.
56. Petrus Manducator de sacramentis; Alanique, Walterii, et alia quedam.
57. Sermones abbatis Ivonis.
58. Summa magistri Johannis Belet, et Ricardus de missa.
59. Abbreviatio Amalarii.
60. Isidorus de officiis ecclesiasticis; Exiit edictum, et sermones, simul.
61. Augustinus de sermone Domini in monte.
62. Pars epistolarum Petri Blesensis, et excepta de glosis Evangelii.
63. Questiones theologice, et Pater noster Petri Pictaviensis.
64. De libero arbitrio Roberti Melodunensis, et Allegoriæ super vetus Testamentum.
65. Augustinus contra [Adaman]cium. Idem contra Pascentium, et idem [Ambrosius?] Exameron, contra Kain. Bedæ super canticum Abacuc.
66. Petrus Manducator de sacramentis, et quedam alia.
67—68. Item duo volumina parva de exceptis, *in asseribus*.
69—70. Duo libri anglici.
71. Gallice, vita s. Godrici.
72. Gallice, vita s. Thomæ martyris.
73. Phisicus liber, anglice.
74. Passio s. Margarete.
75. Compilationes que incipiunt: De X. plagis.
76. — — — Persona est.
77. Item de S^{to} Vincentio sermo, et alia quedam.
78. De miraculis S^{ti} Nicholai, et alia quedam.
79. Libellus pronosticorum, et alia ante.

IV.

Catalogue des manuscrits du prieuré de Lanthony (Glocestershire).
(XIVᵉ siècle.)

Le prieuré de Lanthony, de l'ordre de S. Augustin, fut fondé, en 1136, par Milon, comte de Hereford, à Hyde, près de Glocester.[1] C'était une colonie du prieuré de Lanthony (Monmouthshire), établi quelques années auparavant, en 1108,[2] et qui lui donna son nom.

La bibliothèque du prieuré de Lanthony, beaucoup plus importante que les précédentes, comptait près de 500 volumes au début

---

1) Dugdale, Monasticon anglicanum, II, 58—73. — Le ms. Cotton, Jul. D. X contient une histoire du prieuré de Lanthony.
2) Dugdale, Monasticon anglicanum, II, 60.

du XIVᵉ siècle, quand l'inventaire en fut dressé, non plus à la fin d'un volume, mais sur un cahier séparé, qui est maintenant conservé sous le n° 460 du fonds de Harley, au Musée Britannique.[1] Les manuscrits, rangés suivant un certain ordre méthodique, étaient renfermés dans cinq armoires; chacune d'elles contenait plusieurs rayons, dont le catalogue passe successivement en revue les volumes, en commençant par le rayon inférieur.

La première armoire était réservée aux Bibles et aux livres glosés de la Bible; les Psautiers glosés remplissaient à eux seuls les quatrième et cinquième rayons. Les deuxième et troisième armoires renfermaient les œuvres des Pères et différents livres de théologie. Dans la quatrième armoire étaient disposés sur les trois premiers rayons les livres de droit: les quatrième, cinquième et sixième rayons contenaient les œuvres des auteurs de l'antiquité classique, grammairiens, philosophes, historiens, etc. Les livres de médecine se trouvaient au cinquième et dernier rayon de la troisième armoire, mais, dans le catalogue, leur description est reportée après celle des livres de la quatrième armoire. La cinquième armoire, qui ne comptait alors qu'un seul rayon, était réservée aux accroissements futurs de la bibliothèque.

En 1380, on fit un récolement général de la bibliothèque et les résultats en furent consignés sur le catalogue. On trouvera en note l'indication des volumes absents lors de ce récolement, ou acquis par le prieuré de Lanthony postérieurement à la rédaction du présent catalogue.

Primi armarii primus gradus.[2]

1—3. Biblioteca, in tribus voluminibus magnis.
4. Biblioteca Willelmi de Colne, in uno volumine mediocri.[3]
5. Biblioteca, in uno volumine magno.[4]
6. Biblioteca Alexandri Corbeth, in uno volumine magno.
7. Biblioteca versificata, liber mediocris.[5]
8. Biblioteca Johannis de Wygornia, in uno volumine mediocri.

---

1) Cahier in folio, de 11 feuillets en parchemin, mesurant 300 millim. sur 202. Le texte du catalogue occupe les fol. 3—11ᵛᵒ. Les additions au catalogue sont de deux mains différentes; la plus récente, notée addition postérieure, semble dater du récolement de 1380. Entre chaque rayon, le rédacteur du catalogue a toujours réservé trois lignes pour les accroissements futurs de la bibliothèque.

2) Sur le second feuillet, aux trois quarts lacéré, on lit la mention du récolement fait en 1380: „Examinatio et visus librorum Lanthoniensium, juxta Gloucestr., in ebdomada Pasche, anno Domini millesimo cccᵐᵒ Lxxxᵐᵒ.

„Et memorandum quod examinatio secundum hoc registrum fuit unde de libris deficientibus secundum dictum registrum his fieret annotatio, — videlicet de primo armario: in primis defficiunt in primo armario libri..., videlicet: Biblia Willelmi de Colne, magnum volumen et bonum."

3) En marge: defficit.
4) Concordantia Biblie, addition peu postérieure.
5) Bibliotheca Gilberti de Haunne, addition peu postérieure, et à côté: defficit.

9. Radulphus super Leviticum, magnum volumen.
10. Haymo super Ysayam, magnum volumen.[1]

Primi armarii secundus gradus.

11. Zacharias de concordia IIII^{or} Euvangelistarum, in uno volumine magno.
12. Quatuor Euvangelia glosata, in uno volumine magno.
13. Origenes super vetus Testamentum, magnum volumen.
14. Ezechiel et Daniel, in uno volumine mediocri, glosati.
15. Job et Daniel, in uno volumine magno, glosati.
16. Job, in uno volumine, glosatus.
17. Paralipomenon et Job, in uno volumine magno, glosati.
18. Matheus et Marcus, in uno volumine magno, glosati.
19. Lucas et Johannes, in uno volumine magno, glosati.
20. Judicum, Hester, Tobias, Judith, in uno mediocri libro, glosati.
21. Jeremias et Ysaias, in uno volumine magno, glosati.
22. Deuteronomium et Josue, in uno volumine mediocri, glosati.
23. Duodecim Prophetarum, in uno volumine mediocri, glosati.[2]

Tertius gradus primi armarii.

24. Liber Numeri, mediocre volumen, glosatus.
25. Leviticus, volumen mediocre, glosatus.
26—27. Exodi libri duo mediocres glosati.
28. Regum volumen mediocre glosatum.
29—30. Genesis libri duo mediocres glosati.
31. Parabole Salomonis, Ecclesiastici, in uno volumine mediocri, glosati.
32. Marcus, in uno volumine mediocri, glosatus.
33. Lucas, glosatus, in uno volumine mediocri.
34. Lucas, in uno volumine mediocri, glosatus.
35. Lucas, in uno volumine mediocri, glosatus.
36. Johannes, glosatus, in uno volumine mediocri.
37. Johannes, glosatus in uno volumine mediocri.
38. Hester, Apocalipsis, Judith, Ruth, in uno libello, glosati.
39. Haymo super epistolas Pauli, in uno volumine magno.
40. Epistole Pauli de glosatura Petri Lumbardi, in uno volumine magno.
41—44. Mathei IIII^{or} libri mediocres glosati.
45—47. Libri moralium Gregorii, in tribus voluminibus magnis.

---

1) Biblia de dono magistri Willelmi Donime, liber mediocris.
Unus liber incipiens cum sermonibus: Dominus ac salvator noster, et Biblioteca, in gallicum, magnum volumen. Addition postérieure.

2) Job; item de duodecim articulis fidei et decem mandata Dei, etc. Addition postérieure.

Quartus gradus primi armarii.

48. Psalterium Willelmi de Werdon, glosatum, in uno volumine mediocri.
49. Psalterium Clementis prioris, glosatum, in uno volumine magno.
50. Psalterium Ancelmi, glosatum, in uno volumine mediocri.
51—52. Duo Psalteria Petri Lumbardi, glosata, in duobus voluminibus magnis.
53. Psalterium Cantoris Parisiensis, in uno volumine magno, glosatum.
54. Psalterium Gilberti Porrectani, in uno volumine magno, glosatum.
55. Psalterium Alexandri Nequam, in uno volumine mediocri.
56. Psalterium Ivonis, in uno volumine magno, glosatum.
57. Psalterium Jeronimi secundum ebraicam veritatem, in uno libello modici precii.
58—60. Cassiodorus super Psalterium, in tribus voluminibus magnis.[1]

Quintus gradus primi armarii.

61. Psalterium Ivonis, parvus quaternus.
62. Glose super Psalterium dupplices, quaternus simplex.
63. Glose super Psalterium et divisiones Psalmorum, in uno quaterno simplici.
64. Glose super Psalterium imperfecte, quaternus.
65. Glose super epistolas Pauli, que sic incipiunt: *Causa scribendi*, quaternus simplex.
66. Matheus imperfectus, quaternus simplex, et Johannes glosatus in eodem.
67. Glose imperfecte super epistolas Pauli, que incipiunt: *Videtur quedam superflua*, quaternus.
68. Glose super Matheum III, in uno quaterno simplici, que sic incipiunt: *Dominus ac redemptor*.
69. Glose super Psalterium, in uno quaterno simplici modici valoris.
70. Glose super epistolas Pauli, que incipiunt: *Principia rolum.*, quaternus magnus.
71. Lucas imperfectus, quaternus modici precii.
72. Psalterium Thome Cornubiensis, quaternus magnus cum rubeo coreo.
73. Quaternus qui sic incipit: *Abiciamus opera tenebrarum*, cum rubeo coreo.
74. Quaternus qui sic incipit: *Prefacio Jeromini*, in II. Apocalips.
75. Quaternus magnus et utilis de VII^{tem} viciis capitalibus et de peccato lingue.
76. Quaternus qui sic intitulatur: *Libellus sermonum*.

1) Legenda sanctorum, de dono Willelmi de Pendebury, prioris Lantoniensis.
Taxatio ecclesiarum Wygorniensis diocesis. Addition peu postérieure.

77. Distinctiones super Decreta, quaternus modici precii.
78. Quaternus magnus qui incipit: *Gregorius*.
79. Liber Pontificalis, quaternus magnus.
80. De articulis fidei, quaternus.
81. Parabole Salomonis, Paterius de veteri Testamento, et tractatus spere, in uno quaterno.
82. Quaternus qui sic incipit: *Quoniam ille liber*.
83. Isydorus de differenciis, et tractatus de Antixpisto, quaternus modici precii.
84. Cantica canticorum, Ecclesiastes, Sapiencie, in uno nigro quaterno.
85. Job glosatus, quaternus.
86. Liber XL. omeliarum, de ecclesiasticis officiis, quaternus.
87. Templum Domini et salutationes beate Marie, in quaterno nigro.
88. Sermones W., Herefordiensis episcopi, cum quibusdam aliis, albus quaternus.
89. Lamentationes Jeremie glosate, quaternus.
90. Jeronimus de catalogo virorum illustrium, quaternus niger.
91. Liber de interpretationibus nominum ebraicorum, quaternus.
92. Summa Prepositivi super Sentencias Petri Lumbardi.
93. Summa theologiæ, quaternus rubeus.
94. De matrimonio vel conjugio.
95. De re militari, quaternus simplex.
96. Libellus Humfridi, quaternus rubeus.
97. Expositiones super quinque libros Moysi, quaternus simplex.
98. Sermones in Dominicis per annum, quaternus albus.
99. Item sermones in festum sanctorum, quaternus simplex. [1]
100. Glose super epistolas Pauli, imperfecte.
101. Item libellus, qui sic incipit: *Liber generationis Jhesu Xpisti*.[2]

Primus gradus secundi armarii.

102—105. Libri Clementis prioris, IIII^{or} volumina magna. De concordia IIII^{or} Euuangelistarum. Libellus qui intitulatur: *Unum ex quatuor*. Alius libellus qui intitulatur: *Unum ex quatuor*. Summa Clementis de dyalectica et theologia, parvus libellus.
106. Dialectica Clementis, parvus libellus.
107. Gramatica Clementis, parvus libellus.
108. Clemens super Actus apostolorum, liber mediocris.
109. Clemens super Epistolas canonicas, liber mediocris.
110. Clemens super Apocalipsim, quaternus mediocris.
111. Hillarius de Trinitate, magnum volumen. [3]

---

1) Et alius quaternus de eodem. Addition peu postérieure.
2) Liber sermonum, qui incipit: Ante diem festum. Addition peu postérieure.
Tabula super libros moralium Gregorii, quaternus. Addition postérieure.
3) Prima pars Summe fratris Thome de Alquino. Addition postérieure.

Secundus gradus secundi armarii.

112. Jeronimus super Ysaiam, magnum volumen.
113. Jeronimus super Ezechielem, magnum volumen.
114. Jeronimus super Danielem, magnum volumen.
115. Jeronimus in Vitas Patrum, magnum volumen.
116. Epistole Jeronimi, in uno volumine magno.
117. Jeronimus super Matheum, magnum volumen.
118. Liber XL. omeliarum Gregorii, mediocre volumen.
119. Dialogus Gregorii, mediocre volumen.
120. Gregorius super Ezechielem, mediocre volumen.
121. Speculum Gregorii, mediocre volumen.
122. Ambrosius super Lucam, mediocre volumen.
123. Liber Pontificalis, mediocre volumen.
124—125. Libri Pastorales duo, mediocres.[1])

Tercius gradus secundi armarii.

126. Josephus de hystoria gentis Judaice, magnum volumen.
127. Josephus de Judaico bello, magnum volumen.
128. Liber ecclesiastice historie beati Eusebii, magnum volumen.
129. Egesippus, magnum volumen.
130. Johannes supprior super Apocalipsim, magnum volumen.
131. Expositio Epistolarum ad Romanos, magnum volumen.
132. Sermones Petri Ravenat.
133. Magnum glosarium, magnum volumen.
134. Johannes Crisostomus super Matheum, mediocre volumen.
135. Johannes Crisostomus de compunctione, mediocre volumen.[2])
136. Beda super Marcum, mediocre volumen.
137. Expositio Roberti prioris, mediocre volumen.
138. Beda super Cantica canticorum, mediocre volumen.
139. Beda de tabernaculo Salomonis, mediocre volumen.
140. Bernardus super Cantica canticorum, mediocre volumen.
141. Flores Bernardi, quaturnus.[3])

Quartus gradus secundi armarii.[4])

142. Isidorus ad Florentinam sororem suam, mediocris liber.
143. Isidorus de summo bono, mediocris liber.[5])
144. Glose diverse secundum diversos super Psalterium, in uno volumine magno.
145. Allegorie Petri Manducatoris et glose super Psalterium, in uno volumine mediocri.

---

1) Unus liber deficit; vicarius Chirecestr. Addition postérieure.
2) En marge: Vicarius de Chiret.; addition postérieure.
3) Liber qui dicitur: Oculus sacerdotis. Addition postérieure.
4) En tête des livres de cette section, le titre suivant, de première main, a été gratté: Ethimologie Isidori, in uno volumine magno.
5) En marge: Vicarius de Chiret.

146. Stephanus, Cantuariensis archiepiscopus, super Ysaiam, imperfect., in uno volumine magno.
147. Boicius de Trinitate, liber mediocris.
148. Liber Ysidori de differenciis, mediocre volumen.
149. Isidorus de ecclesiasticis officiis, liber mediocris.
150. Stephanus Cantuariensis super Euvangelia. Euvangelia de dominicis diebus, et miracula diversa.[1]
151. Isidorus de officiis et de regula sanctimonialium, in uno volumine parvo.
152. Gemma ecclesiastica, mediocre volumen.
153. Casiodorus in Tripartita historia, magnum volumen.[2]
154. Ancelmus de qualitate morum, mediocre volumen.
155. Epistole Pauli de glosatura Ancelmi, in uno volumine mediocri.
156. Epistole Pauli de glosatura Ancelmi, in uno volumine mediocri.
157. Verbum abreviatum, volumen magnum.
158. Paschasius de corpore. Domini, mediocre volumen.[3]
159. Actus apostolorum, mediocre volumen.
160. Ancelmus cur Deus homo et de conceptu Virginali, in uno volumine mediocri.[4]
161. Jeronimus contra Jovinianum, liber mediocris.[5]

Primus gradus tercii armarii.

162—164. Augustinus super Psalteria, in tribus voluminibus magnis.
165. Epistole Augustini, in uno volumine magno.
166. Augustinus de Civitate Dei, magnum volumen.
167. Augustinus super Johannem, magnum volumen.
168. Augustinus de verbis Domini et de verbis apostoli, magnum volumen.
169. Augustinus de Trinitate, volumen mediocre.
170. Augustinus contra Maximum hereticum, mediocre volumen.
171. Augustinus de bono conjugali, mediocre volumen.
172. Augustinus contra Faustum, mediocre volumen.
173. Augustinus de concordia IIII^{or} Euvangelistarum, mediocre volumen.

Secundus gradus tercii armarii.

174. Confessiones Augustini, mediocris voluminis.

---

1) En marge: in uno. Addition postérieure.
2) Une ligne a été entièrement grattée entre cet article et le suivant.
3) On a ajouté postérieurement à la suite: Et Lanfrancus contra Berengarium, in uno volumine.
4) Au dessus de ce titre on lit: Vicarius de Chirecestr. Addition postérieure.
5) Liber de duodecim articulis fidei, et decem mandatis Dei, et de septem mortalibus peccatis, et de septem sacramentis ecclesie, et de virtutibus. Addition peu postérieure.

175. Regula sancti Augustini exposita, et Hugo de clericali disciplina, tractatus de diligendo Deo, in uno volumine mediocri.
176. Possidius in vita sancti Augustini. Ivo de sacramentis, liber mediocris.
177. Augustinus de doctrina Xpistiana, liber mediocris.[1]
178. Augustinus de fide et simbolo, liber mediocris.
179. Augustinus de sermone Domini in monte, liber mediocris.
180. Augustinus de anima et decem cordis, parvus liber.
181. Speculum Augustini, parvus liber.
182. Augustinus de cura pro mortuis agenda, liber mediocris.
183. Exameron. Augustini ad litteram, liber mediocris.
184. Exameron. Augustini super Genesim, liber mediocris.
185. Encheridion. Augustinus de spiritu et littera, liber mediocris.
186. Encheridion. Augustinus de vita sancti Edwardi regis, liber mediocris.
187. Liber retractationum Augustini, liber mediocris.
188. Augustinus de heresibus, et Boicius de Trinitate, quaternus simplex.
189. Augustinus de diligendo Deo, quaternus simplex.
190. Augustinus de duodecim abusionibus, et de spiritu et littera, quaternus simplex.
191—192. Distinctiones Mauricii, duo volumina magna.[2]
193. Distinctiones N. Biardi, mediocre volumen.[3]

Tercius gradus tercii armarii.

194. Notule super Genesim, in uno volumine magno.
195. Glose super Genesim, in uno volumine magno.
196—198. Passionarii, III[a] volumina magna.
199. Epistole Cypriani, magnum volumen.
200. Epistole canonice, mediocre volumen.
201. Epistole Yvonis, mediocre volumen.
202. Epistole Fulberti episcopi et Lanfridi [Lanfranci?] Cantnariensis, mediocre volumine.
203. Epistole Petri de Bleis, quaternus.
204. Epistole Cassiodori.
205. Epistole Hyldeberti.
206. Liber Numeri, mediocre volumen.
207. Epistole Senece, mediocre volumen.[4]

---

1) En marge, en regard: Plato, Macrobius, deficit. Addition postérieure.

2) En marge: Unum deficit. Addition postérieure.

3) Liber Metaphisica. Isidorus ethimolegiarum. Addition postérieure.

4) Interpretationes Jeronimi de hebraycis nominibus. Item alie interpretationes secundum alphabetum. Sur un grattage d'une ligne entre cet article et le suivant; addition postérieure.

208. Cantica canticorum, Epistole canonice, Apocalipsim, in uno parvo libro.
209. Ierarchia, mediocris liber, coopertus rubeo pelle.
210. Liber Johannis Cassiani, mediocris liber.
211. Cassiodorus de anima.¹)

Quartus gradus tercii armarii.

212. Liber sermonum, qui sic incipit: *Fili hominum*, magnum volumen.
213. Liber de miraculis sancti Thome, magnum volumen.
214. Regula Basilii de institutis monachorum, mediocre volumen.
215. Sermones Babionis, mediocris liber.
216. Tractatus Innocentii pape de officio misse, mediocre volumen.
217—218. Hugo de sacramentis, duo libri mediocres.
219. Hugo super Ecclesiasten, mediocris liber.
220. Hugo de juditio veri et boni, parvus liber.
221. Didascalicon Hugonis, utilis quaternus.²)
222. Liber Prosperi, mediocris liber.³)
223—224. Sidonius, duo libri mediocres.
225. Exceptiones Roberti de Bracii, mediocris liber.
226. Liber Petri Alfunsi, mediocris liber.
227. Somma magistri Prepositi, mediocris liber.
228. Censorius de natali die, liber mediocris, in rubeo coreo.⁴)

Quarti armarii primus gradus.

229—230. Decreta Graciani, duo volumina magna.
231—233. Decreta, in tribus voluminibus magnis.⁵)
234. Decreta W. prioris, in uno volumine, cooperto viridi pelle.
235. Decretales veteres, in uno volumine magno.⁶)
236. Decreta, in uno volumine.
237. Tres compilationes Decretalium, in uno volumine magno.
238. Decisiones Decretorum in uno volumine parvo.⁷)
239. Liber pauperum, in uno volumine magno.
240. Instituciones et exacta, in uno volumine mediocri.
241-241ᵗᵉʳ. Tres libri Institutionum, mediocres, ligati.⁸)
242. Instituciones imperfecte, ex dono W. prioris, quaternus.⁹)

1) Regula sancti Augustini, quaternus ligatus. Item Consuetudinarius ordinis nostri, quaternus ligatus. Addition postérieure.
2) Une ligne a été entièrement biffée entre cet article et le suivant.
3) Nicholaus de Periton. Deficit. Addition marginale postérieure.
4) Deficit. Addition marginale.
5) En regard, en marge, avec une accolade: Videndum si in dormitorio. Addition postérieure.
6) Et sic incipiunt: Devotioni vestre. Addition postérieure.
7) En marge du titre de ce volume et des deux suivants: Deficit.
8) En marge: II deficiunt.
9) En marge: Deficit.

243. Summa que dicitur *Olim* et summa magistri Tancredi, in uno quaterno.
244. Summa que dicitur *Olim* et Decretales, in uno volumine mediocri.¹)
245. Summa que dicitur *Olim* et in eodem quaterno Quarta compilacio abreviata.
246. *Juste et preterea*, in uno volumine magno.
247—248. Decretales epistole, duo libelli, quorum unus ligatus et alius non ligatus.²)

Quarti armarii secundus gradus.

249. Liber Sentenciarum Petri Lumbardi, magnum volumen.
250. Panomie Ivonis, magnum volumen.
251. Decretales veteres, in uno volumine mediocri.
252. Decretales veteres, ex dono W. prioris, in uno volumine mediocri.
253. Decretales W. prioris, in uno volumine magno.
254. Decretales veteres, in uno volumine mediocri.
255. Distinctiones super Decreta, parvus libellus.
256. Questiones super Sententias.
257. Glose super Decreta IIII$^{or.}$ Sentenciarum.
258. Isagogicum Alexandri, in uno volumine magno.³)
259. Summa Decretorum que dicitur Johanni.
260—261. Historia Petri Manducatoris, libri duo.
262. Sentencie Petri Lumbardi abbreviate.
263. Distinctiones super Decreta, quaternus rubeus.⁴)
264. De regula juris, et in eodem quaterno *Dolum et Olim*.
265. Distinctiones super Decreta, cum quibusdam sermonibus, quaternus.
266. De origine juris canonici, niger quaternus.
267. Pannonie Ivonis, libellus ligatus.
268. Notule questionum super Decreta, libellus niger.
269—270. Casus Bernardi, libri duo, quorum unus ligatus et alter quaternus.
271. Litura super Codicem et librum Institutionum, in uno volumine magno.⁵)
272. Liber Sentenciarum Petri Lumbardi, in uno volumine magno.⁶)

---

1) En marge: Deficit.
2) Decretales J. de Mauwe. Suffragia monachorum, quaternus.
Summa confessorum, terciam partem, quaternus non ligatus.
3) Une accolade réunit cet article au précédent avec la mention in uno; addition postérieure.
4) En marge: deficit; addition postérieure.
5) En marge, écriture peu postérieure: R. de Glo[cestria] habet.
6) Innocentius, magnum volumen, cum albo coreo. Speculum judiciale, magnum volumen.

Quarti armarii tercius gradus.

273. Vita sancti Thome, magnum volumen.[1]
274. Miracula beate Marie virginis.[2]
275. Hugo de sacramentis et passio S. Thome, in uno volumine.
276. Liber Odonis, mediocre volumen.
277. Distinctiones Hugonis de S. Victore et meditationes Bernardi, liber mediocris.
278. De pena et origine Pilati, parvus libellus ligatus.
279. Liber W. Leward de disciplina vivendi et templum Domini, in uno libello.
280. Ars kalendarum, parvus libellus ligatus, modici precii.
281. Summa magistri Symonis de Apuleya, quaternus ligatus.
282. Liber R. monachi, parvus libellus ligatus.
283. Hugo de vanitate mundi, libellus ligatus.
284. De fide et spe, libellus ligatus.
285. Distinctiones quedam, Didascalicon Hugonis et sermones quedam, Altercacio ecclesie et synagoge, quaternus niger.
286. Cassiodorus super topicam, libello ligato.
287. Augustinus de differentia spiritus et anime et Decreta versificata, in uno volumine.
288. Tabula super Decreta, in uno libello parvo ligato.
289. Summa de viciis capitalibus, libellus ligatus.
290. Sompnium Cipionis et Helpericus de compoto, parvus libellus.[3]
291. Liber Roberti de Stanes, liber niger.
292. Sermones Ivonis.[4]
293. Liber Effrem.
294. Bernardus de gratia et libero arbitrio.
295. Gregorius Nazanzeni.
296. Sermones super Epistolas et Euvangelia.
297. Ivo de sacramentis.
298. Liber in tractatu de virtutibus.
299. Summa magistri Johannis Belet.[5]
300. Smaragdus, et liber Leonis pape.

Liber Decretalium, magnum volumen. Duo Hostienses. Sextus liber Decretalium. Addition postérieure.

1) Vita sancti Edmundi archiepiscopi; addition peu postérieure.
2) Item tractatus Ricardi de Sancto Victore super: Omne capud languidum. Item tractatus magistri R. super: Quid est tibi mar'. Item de visione Nabuchodonosor, in uno volumine. Addition peu postérieure.
3) Sur une ligne grattée, entre cet article et le suivant, on a ajouté postérieurement :
Lucidarius Augustini et miracula beate Marie virginis, in gallica lingua.
4) Exameron Ambrosii. Addition postérieure.
5) Bernardus de dispensatione et precepta. Item Apollog[eticus] Bernardi. Addition postérieure.

301. De conflictu viciorum atque virtutum libellus.
302—303. Duo libelli qui vocantur: Qui bene petit, et de virtutibus.
304—306. Summa Reymundi, III.
307. Cato Hyldeberti.

Quarti armarii quartus gradus.

308. Liber de claustro anime, mediocre volumen.
309. Sermones de penitencia et in festis majoribus.
310. Smaragdus super VII^{tem} Psalmos penitentiales, mediocre volumen.
311. Plato, Macrobius et Boicius de consolatione, in uno volumine magno.
312. Isagoge Porphirii, in uno volumine mediocri.
313. Retorica prima et secunda, et quartus Topicorum, in uno volumine.
314. Aulularia Plauti et Herungistus, in uno volumine.
315. Liber sermonum, qui sic incipit: *Desiderium caritatis*.
316. Liber Anticlaudiani.
317. Bernardus super Apocalipsim, et Apocalipsis et Cantica canticorum, in uno volumine.
318. Apocalipsis et Epistole canonice, in uno volumine.
319. Jeronimus super Ecclesiasten.
320. Jeronimus super Marcum.
321. Macrobius.
322. Hugo Folioth de ordinacione claustri materialis.
323. Sermones magistri Acardi.
324. Tractatus Gilberti, abbatis de Swynnesheved.
325. Liber de sermone, niger quaternus. [1])
326. Similitudinarium, cum distinctionibus.
327. Liber sermonum, quondam Rogeri prioris.
328. Cassiodorus de institutione divinarum litterarum.
329. Libellus Willelmi Smart.
330. Narratio Daretis de Trojano bello.
331. Liber magistri Odonis in moralem filosophiam.
332. Exposicio sancti Augustini super Apocalipsim, quaternus.
333. Sermones Ivonis et sermones de Euvangelio, in uno volumine.
334. Questiones Orosii de Augustino et quedam distinctiones.
335. Apocalipsis et Beda super Tobiam.
336. Liber Johannis prioris secundi. [2])
337. Megacosmus Bernardi Silvestris.
338. Libellus qui sic incipit: *Quid deceat monachum*. Musica Boecii. [3])

---

1) En marge: Defecit. Addition postérieure.
2) A la suite: Apollogeticum Bernardi, quaternus ligatus. Addition postérieure.
3) Sur une ligne grattée entre cet article et le suivant: Aristotiles de naturalibus. Addition postérieure.

339. Cantica canticorum, imperfectus.
340. Cantica canticorum, alius.
341. Exceptiones epistolarum Roberti de Betonia, Herefordiensis episcopi.
342. Musica Boecii.
343. Cantica prophetarum et Smaragdus.
344. Distinctiones Hunfridi.
345. Cantica canticorum, imperfectus, et Beda super Parabolas Salomonis. [1])
346. Liber Prudencii de catecuminis faciendis.
347. Musica Boicii de addicione cordarum.
348. Boicius de consolacione, cum glosis, parvus quaternus.
349. Boicius de consolatione, parvus quaternus.
350. Boicius de consolatione, cum glosis, parvus quaternus.
351. Comentum Boicii in Periarmenias, quaternus.
352—354. Ars metrica Boicii, quaterni III.
355. Prefacio Jeronimi in II. Apocalips., quaternus.
356. Tullius de senectute et de amicicia, in uno quaterno.
357. Tullius de officiis, quaternus.
358. Invectiva M. T. in Catilinam, quaternus.
359. Tullius Tusculanarum, quaternus.
360. Colores retorice, cum glosis, quaternus.
361. Retorica secunda, quaternus.
362. Glose de attributis, quaternus. [2])
363. Salustius, quaternus.
364—365. Marcianus de nupciis Mercurii et Philologie, quaterni II.
366—367. Duo libelli que vocantur Brut. [3])
368. Lapidarius, quaternus.
369. Quaternus de compoto et arte kalendarum.
370. Liber Alquini, quaternus.
371. Apocalipsis, imperfectus quaternus. [4])

Quarti armarii quintus gradus.

372. Precianus magnus, et Precianus de constructione, in uno volumine.

---

1) Entre cet article et le suivant est une ligne grattée, on lit encore:
Libellus qui sic incipit: Hec est religionis....
2) A la suite de cet article:
Alquini ad Karolum imperatorem libellus.
et après, l'article suivant:
Libellus de ortu Antixpisti et de prophecia Merlini. Additions postérieures.
3) A la suite: Practica Hugů. et Hermannus. Puis sur une ligne grattée entre cet article et le suivant:
Summa de malo, quaternus. ¶ Origines prophetarum, quaternus parvus. Additions postérieures.
4) Prophecia Sibille, et prophecia Joachim. Vita sancti Brendani, et Solinus de mirabilibus mundi, quaternus.
Turpinus de bello Runciovallo et bello Trojano, et passio Apollonis regis Tiri, libellus. Additions postérieures.

373. Precianus de constructione.
374—377. Preciani de constructionibus, quaterni IIII^{or.}
378—379. Gressimus, II.
380. Persius.
381. Alexander, parvus quaternus.
382—383. Glose super Precianum de constructione, quaterni duo.
384. Summa Preciani, quaternus.
385. Glose super Precianum magnum.
386. Petrus Elias.
387. Magnum Doctrinale.
388. Donatus, gallico scripto.
389—390. Accentuarii libelli duo.
391. Dixionarius magistri Johannis de Garlandia.
392. Ovidius.
393. Ars Foce grammatice de nomine et verbo, parvus libellus.
394. Summa magistri Gaufridi Testard. Disputacio Preciani super XII. versus Virgilii, in uno libello.
395. Donatus et epigrammatica Prosperi, in uno libro.[1]
396. Liber de modo inclusorum.
397. Libellus cum regula sancti Augustini exposita et aliis sermonibus dominicis diebus, cum rubeo coreo.
398. Libellus qui sic incipit: *Propositum quidem negocium*.[2]
399. Lucanus, quaternus.
400—401. Ode Oracii, II quaterni.
402. Questiones libri Porphirii et sentencia Preciani, in uno quaterno.
403. Terencius, mediocre volumen.

Quarti armarii sextus gradus.

404. Liber astronomie, quaternus.
405—406. Compotus, duo quaterni.
407. Julius Solinus et Eutropius de rebus Romanis, in uno quaterno.
408. Glose de retorica dupplices, in uno quaterno.
409. Hermannus de astrolabio, quaternus.
410. Glose super Boecium de ypoteticis silogismis, in uno quaterno.
411. Epigramata Prosperi et Homerus, in uno quaterno.
412. Origii [Phrygii] Daretis Yliados, in uno quaterno.
413. Summa magistri Bartholomei, in uno quaterno.
414. Liber Alexandri de matematica, in uno quaterno.
415. Glose super predicamenta Aristotilis, in uno quaterno.

---

1) Une ligne grattée entre cet article et le suivant.
2) On a ajouté, à une date peu postérieure, après cet article: Liber topicorum Aristotilis.
3) Liber de jure terre, qui dicitur Gracton. Addition postérieure.

416. Calcidius, quaternus.
417. Astronomie, quaternus.
418. Musica Encheriadis, quaternus.
419. Sedulius et Arator, in uno quaterno.
420. Glose de retorica, in uno quaterno.
421. Tullius de amicicia, quaternus.
422. Liber versuum, qui sic incipit: *Non plangit*, quaternus.
423—425. Tymeus Platonis, cum glosis, III. quaterni.
426. Liber Marcii de nupciis Phisologie et Mercurii, quaternus.
427. Hermannus de astrolabio, quaternus.
428. De ratione et sensualitate, in uno quaterno.
429. Architreinius, quaternus.
430. De geometria, quaternus.
431. Invectiva G. Salustii in Ciceronem, quaternus.
432. Liber Euclidis de arte geometria, quaternus.
433. Consuetudinarius Sancti Victoris, quaternus.
434. Consuetudinarius Cluniacensis, quaternus.
435. Consuetudinarius de Mertona, quaternus.
436. Consuetudinarius Kartusie, quaternus.
437. Consuetudinarius antiquus Lanthonie, quaternus.
438. Glose super Predicamenta, in uno quaterno.
439. Megacosmus Bernardi Silvestris, quaternus.
440. Empericus de compoto, quaternus.
441. Regula canonica secundum Romanam ecclesiam, quaternus.
442. Donatus, cum exposicione ebraice, de dono W. prioris, quaternus.
443. Quaternus sermonum.
444. Perifision, quaternus.[1]

Libri de phisica continentur in quinto gradu III. armarii.

445. Pantegni, magnus quaternus.
446. Practica magistri Bartholomei et Johannis de Sancto Paulo, in uno.
447. Viaticus.
448. Platearius et Macer de virtute herbarum, in uno.
449. Liber Alexander.
450. Viaticus.
451. Cyrurgia Rogeri, de dono W. prioris.
452. Experimentarius.

---

[1] A la suite de l'article précédent: Notule super epistolas Pauli. ¶ Glose logicales. Addition postérieure. Après le présent article:
Glose magistri Johannis Ocreati de geometria. Addition peu postérieure, et:
Practica Hugonis et Hermannus. ¶ Ars kalendarum. ¶ Excepciones de Seneca.
Beda super Parabola Salomonis. Additions postérieures.

453. Antidotarius II.
454. Dietarum universalium.
455. Practica R. de Homa. I.
456. Passionarius.
457. Isagoge Johannici in tegni Galeni.
458. Glose super phisicam.
459. Exposicio super Johannicium.
460. Constantinus de febribus.
461. Quaternus Constantini de stomaco. Glose super Johannicum.
462. Dietarum particularium, quaternus parvus.
463. In tegni Galieni, quaternus.
464. Practica I. magistri de Sancto Paulo, cum quibusdam.
465. Diascorides.[1])

Quinti armarii primus gradus.

466—467. Duo volumina magna omeliarum.
468. Passionarius, magnum volumen.
469. Historia Petri Manducatoris, mediocre volumen.
470. Sermones Petri Manducatoris, mediocre volumen.
471. Liber Decretorum, magnum volumen.
472. Isagogigum Alexandri Nequam, mediocre volumen.
473. Isydorus Ethimologiarum, magna vol.
474. Huguicio, magnum volumen.
475. Papias, magnum volumen.
476. Bruto, magnum volumen.
477. Pinnok et Donatus, in uno volumine magno.
478. Exposicio regule sancti Augustini, parvus libellus.
479—481. Libri ymnorum tres.
482. Ordinale de ecclesiasticis officiis.
483. Consuetudinarius.[2])
484. Liber cronicularum.
485—486. Libelli duo de servicio ecclesiastico ordinando.[3])

---

1) A la fin de l'article précédent sermonibus après quibusdam a été gratté. Après le présent article, on lit, en écriture peu postérieure:
Liber graduum et aureus II. ¶ Dietarum cum quibusdam experimentis.
Après le titre qui suit on a ajouté, à peu près vers le même temps: Bi[b]liotece duo volumina magna.

2) Palladinus. Addition peu postérieure.

3) Trois lignes ont été grattées après ce dernier article.

Hermasfragmente auf Papyrus.

In den jüngst erschienenen Tafeln zur älteren griechischen Palaeographie nach Originalen des Berliner Königl. Museums, herausgegeben von Ulrich Wilcken (Leipzig 1891) bringt die III. Tafel „Bruchstücke einer unbekannten (?) christlich-theologischen Schrift", auf einem Papyrusfragmente der aegyptischen Abtheilung, bezeichnet P. 5513. Bei näherer Betrachtung erkannte ich sie als Fragmente aus dem Pastor Hermae, einer der Schriften der sog. apostolischen Väter, und zwar aus Simil. 2, 7—10 und Simil. 4 (Opera Patrum Apostolicor. ed. Funk. Tübingen 1887 I, 444. 46). Da Wilcken nur 4 Zeilen des Papyrusfragmentes transcribirt hat, so gebe ich zunächst den Text, der übrigens schon durch seine Varianten und den Stoff, auf den er geschrieben ist, Interesse genug bietet. Die Ergänzungen entnehme ich der ebengenannten Ausgabe; die abweichenden Lesarten derselben notire ich unter dem Text.

Fragm. papyrea Berolinen. 1 Columne:

(ἔντευξιν) ἣν ἔλαβε π]αρὰ τοῦ κ[ῦ. ταύτην ἀποδίδω
σι τῷ κ]ῷ τῷ ἐπιχο[ρηγοῦντι αὐτῷ, καὶ ὁ
π]λούσιος ὡς[αύτως τὸν πλοῦτον, ὃν ἔλαβε
π]αρὰ τοῦ κῦ ἀδιστ[άκτως παρέχει
5 τῷ] πένητι. καὶ τοῦτο ἔργον[μέγα ἐστὶ
καὶ δεκτὸν παρὰ τῷ θῷ, ὅτ[ι συνῆκεν
ἐπὶ τῷ πλούτῳ αὐτοῦ καὶ ἠργάσα[το
εἰ]ς τὸν πένητα ἐκ τῶν δωρημάτων
το]ῦ κῦ καὶ ἐτέλεσε τὴν διακονίαν ὀρ-
10 θ]ῶς. παρὰ τοῖς οὖν ἀνθρώποις ἡ πτελέα δοκεῖ καρπὸν μὴ φέρειν καὶ οὐκ ὔ-
δ]ασιν οὐδὲ νοοῦσιν, ὅτι ὅταν ἀβροχία
γέ]νηται, ἡ πτελέα ἔχουσα ὕδωρ τρέφει
τ]ὴν ἄμπελον καὶ ἡ ἄμπελος ἀδιάλει
15 πτον ἔχουσα τὸ ὕδωρ διπλοῦν τὸν καρ-
π]ὸν ἀποδίδωσιν, καὶ ὑπὲρ αὐτῆς καὶ ὑ-
πὲρ τῆς πτελέας. οὕτως καὶ οἱ πένητες
ὑπὲρ τῶν πλουσίων ἐντυγχάνοντες
πρὸς τὸν κῦ πληροφοῦσι τὸ πλοῦτος (sic)
20 αὐτῶν καὶ πάλιν οἱ πλούσιοι χορηγοῦν-
τες [τοῖς] πένησι τὰ δέοντα πληροφοροῦσι
τὰς [ψυχ]ὰς αὐτῶν. γείνονται οὖν ἀμφό-
τερο[ι κοιν]ωνοὶ τοῦ ἔργου τοῦ δικαίου.
ταῦ[τα] οὖν ὁ ποιῶν οὐκ ἐγκαταλειφθή-
25 σε[ται ὑ]πὸ τοῦ θῦ, ἀλλὰ ἔσται γεγραμμέ-
νο[ς εἰς τ]ὰς βίβλους τῶν ζώντων. μα-
[κάριοι ο]ἱ ἔχοντες καὶ συνίεντες ὅτι πα-

[ρὰ τοῦ] x̄ῡ πλουτίζονται. ὁ γὰρ συνίων
τοῦτ[ο δ]υνή[σεται] καὶ διακονῆσαί τι

1. Funk παρά τ.] ἀπὸ τοῦ. 4. F. ἀπὸ τοῦ. 9. F. διακονίαν τοῦ κυ-
ρίου. 10. F. ἀνθρώποις οὖν. 12. ὅταν] F. ἐάν. 13. F. ὕδωρ ἔχουσα.
15. F. ἔχουσα ὕδωρ. 16. F. δίδωσι — ἑαυτῆς. 17. F. οὕτω. 18. F. ἐντυγχάνοντες πρὸς τὸν κύριον ὑπὲρ τῶν πλουσίων. 25. F. ἐπιγεγραμμένος.
28. F. ὁ γὰρ ταῦτα φρονῶν δυνήσεται ἀγαθόν τι ἐργάζεσθαι.

2ᵗᵉ Columne.

    ρεια?
    χειμ[ῶν. ὅταν οὖν ἐπιλάμψῃ τὸ ἔλεος
    τοῦ x̄ῡ[τότε φανερωθήσονται οἱ δουλεύ-
    οντες[τῷ θῶ, καὶ πάντες φανερωθήσονται.
5   ὥσπε[ρ γὰρ τῷ θέρει ἑνὸς ἑκάστου δ-
    ένδρου[οἱ καρποὶ φανεροῦνται καὶ ἐπιγινώσκο
    ται πο[ταποί εἰσιν, οὕτω καὶ τῶν
    δικα[ίων οἱ καρποὶ φάνεροι ἔσονται καὶ
    γνωσ[θήσονται πάντες εὐθαλεῖς εἶ-
10 ναι ἐν[τῷ αἰῶνι ἐκείνῳ. τὰ δὲ ἔθνη καὶ οἱ
    ἁμαρτ[ωλοί, ἃ εἶδες τὰ δένδρα τὰ ξηρὰ (τοι)
    οὗτοι[εὑρεθήσονται ξηροὶ καὶ ἄκαρποι
    ἐν ἐκ[είνῳ τῷ αἰῶνι καὶ ὡς ξύλα
    κατα x[αυθήσονται καὶ φανεροὶ ἔσονται·
15 ὅτι ἡ[πρᾶξις αὐτῶν πονηρὰ γέγονεν
    ἐν τῇ[ζωῇ αὐτῶν. οἱ μὲν γὰρ ἁμαρτωλοὶ κανθ
    ήσον[ται, ὅτι ἥμαρτον καὶ οὐ μετενόησαν·
    τὰ δὲ[ἔθνη καυθήσονται ὅτι οὐκ ἔγνωσαν
    τὸν κτί[σαντα αὐτούς. σὺ οὖν
20 καρπο[φόρησον ἵνα ἐν τῷ θέρει ἐκείνῳ
    γνώσθ[ῃ σου ὁ καρπός· ἀπέχου δὲ
    ἀπὸ πολ[λῶν πράξεων καὶ οὐδὲν δι
    [ἁ]μαρτ[ήσεις......

10. εἶναι] F. ὄντες. 22. F. ἀπὸ τῶν πολλῶν.

Es braucht wohl nicht hervorgehoben zu werden, dass das Papyrusfragment weder Worttrennung, noch Punctuation oder Accente kennt. Der Text bietet einige interessante Varianten, die sich alle gegenüber dem heutigen Text als Verbesserungen erweisen, einige orthographische Abweichungen ausgenommen. Am interessantesten ist der Schlusssatz der 2. Simil., welcher uns den griechischen Text wiedergiebt, der im Cod. Athon. ausgefallen war, in der älteren lateinischen Uebersetzung aber sehr wörtlich wiedergeben wurde: Qui hoc enim senserit, poterit aliquid ministrare (Opera Patr. Apostol. ed. Gebhardt-Harnack Lips. 1877 II, 138). Die Restituirung des griechischen Textes von Hilgenfeld, Gebhardt-Harnack, Funk ist darnach zu corrigiren. Von der 2. Columne sind allerdings nur je 2 Silben erhalten; doch hat sie auch ihren Werth, namentlich als Controle des Umfanges des heutigen Textes. Nach dem Massstabe von 11—13 Silben als Zeilenlänge dürfte daher wohl Sim. 4, 4 (Gebhardt-Harnack S. 140 Z. 5) οὗτοι statt τοιοῦτοι zu lesen sein, sowie auch Z. 22 des Papyrusfragmentes kaum genügender Platz zu sein scheint für das οὐδέποτε οὐδὲν zusammen, das den Herausgebern übrigens auch verdächtig erschienen ist, resp. aus Conjectur aufgenommen wurde. Andererseits scheint Zeile 19, auf die nur 8 Silben kommen, etwas ausgefallen zu sein.

Wichtig ist nunmehr die Frage, ob wir in den Fragmenta papyrea Berolinensia den ältesten palaeographischen Zeugen für den Pastor Hermae zu erblicken haben. Ich möchte die Frage nicht entscheiden, da bekanntermassen der Codex Sinaiticus, den man gewöhnlich dem IV. Jahrh. zuweist, etwa ein Drittel des Hermas enthält; für die betreffenden Stellen sind sie es wohl, weil der cod. Sinait. schon Mandat. IV. 3, 6. abbricht. Wilcken spricht sich über das Alter der Papyrusfragmente nicht positiv aus: er erwartete vielmehr von der Identificierung des theologischen Inhalts die Möglichkeit einer näheren Altersbestimmung. Dieser schliesst aber nur das I. Jahrh. und die erste Hälfte des II. aus, da der Hirt des Hermas übereinstimmend zwischen 100—150 n. Chr. angesetzt wird. Nun betont aber Wilcken andererseits die auffallende Aehnlichkeit der Papyrusfragmente mit dem bekannten Fragmentum mathematicum bobbiense (cf. Wattenbach, Schrifttafeln, Leipz. 1876, Taf. 6), welches dem VIII. Jahrh. zugewiesen wird und erkennt in ihren Schrifteigenthümlichkeiten diejenigen der jüngeren Unziale, die höchstens bis in das VI. Jahrhundert zurückgeht. Wilcken hebt jedoch zugleich hervor, schon wegen des Rollenformats müssten die neuen Fragmente Jahrhunderte älter sein als das Fragmentum Bobbiense. Ich kann eine wahre Verwandtschaft zwischen dem Fragm. Bobb. und dem Fragm. Berolin. nicht constatiren; die Aehnlichkeit ist eine bloss scheinbare, während bei näherer Betrachtung manche tiefgreifende Verschiedenheit bei einzelnen Lettern hervortritt. So sind Grob- und Dünnstriche den Berliner Fragmenten ganz unbekannt; die Zuspitzung nach unten bei P Y Φ I ist ihnen fremd; das Є hat den Abschluss durch einen Punkt am Querstrich nicht u. s. w. Auch die jüngere Unziale überhaupt kann nur von recht weitem in Betracht gezogen werden; es lassen sich weit genauere Aehnlichkeiten verschiedener Lettern mit der ältesten Unziale auf Pergament wahrnehmen, namentlich wenn man nicht vergisst, dass die vollen, runden Formen dem Schreiber auf Pergament weit mehr zusagten, als dem auf Papyrus. Als nahe verwandte Formen nenne ich insbesondere die Lettern T Y P Δ. Um jedoch eine nähere Datirung, die sich wohl nur zwischen dem 3.—4. Jahrh. bewegen kann, zu versuchen, müssten wir zunächst eine grössere Anzahl von diesen Hermasfragmenten besitzen. Wilcken lässt nicht mit Sicherheit erkennen, ob die No. 5513 noch weitere enthält. Vielleicht werden diese Zeilen dazu anregen, unter den neueren Erwerbungen aus Faijum noch solche zu constatiren. Doch auch so schon besitzen die hiermit bekannt gegebenen Hermasfragmente Interesse genug für die patristische Palaeographie, um von den Fachgenossen beachtet zu werden. Ein neuer Herausgeber des Hirten des Hermas wird sie auf keinen Fall unberücksichtigt lassen können.[1])

Strassburg i. Els.   Prof. Dr. Albert Ehrhard.

Bibliographisches zur deutschen Kaisersage.

In seiner Abhandlung „Die deutsche Kaisersage" im 26. Bande der Historischen Zeitschrift. München 1871. S. 131—187. erwähnt Georg Voigt auf S. 168 ein „Gespräch eines Römischen Senatoris und eines Teutschen Anno 1537 aussgangen" über die Wiederkunft Kaiser Friedrichs und fügt in einer Anmerkung bei, es sei ihm nicht gelungen, diese Druckschrift, aus welcher in Draudius' Fürstl. Tischreden (Basel 1642) der hier in Betracht kommende Passus ausgezogen ist, aufzufinden oder auch nur bibliographisch nachzuweisen. Da Draudius den eigentlichen Titel der Schrift nicht angibt, war diese allerdings schwer zu suchen, und ihre Auffindung nur einem glücklichen Zufall zu verdanken. Sie scheint auch zu den litterarischen Seltenheiten zu gehören, denn selbst Weller, der in seinem Werke „Die ersten deutschen Zeitungen. Tübingen 1872. (Bibliothek des litt. Vereins in Stuttgart. Band CXI.) S. 118 Nr. 108 den richtigen Titel anführt, kennt ihn nur aus einem Nürnberger Versteigerungskataloge von 1819, dem „Catalogus Bibliothecae ab . . . Hier. Guil. Ebnero ab Eschenbach . . . conlectae, quem . . . redegit . . . Godofr. Christoph. Rannerus." IV. 481. Nr. 13478, ebenso Böcking in seiner Huttenausgabe V, 282. Lpz. 1861. aus „C. Chr. Hirschius' libror . . . Millenarius II. Norib. 1748. p. 66. num. 709." Eine eingehendere Beschreibung eines in der Grossherzoglichen Hofbibliothek zu Darmstadt befindlichen Exemplars dieser Schrift dürfte daher angezeigt sein. Es ist ein aus 10 Blättern, deren letztes unbedruckt ist, bestehendes Heftchen in 4°, gedruckt mit Schwabacher Lettern, mit Kustoden und den Signaturen 𝔄ij, 𝔄iij, 𝔅, 𝔅iij (auf der Rückseite des 6. Blattes), 𝔅 (Bl. 7), ℭ, ohne Blattzahlen und ohne Angabe des Druckers und Druckorts. Der Titel lautet:

---

[1]) Diese Notiz wurde gleich nach der Constatirung der Hermasfragmente niedergeschrieben und eingesandt. Herr Professor Wilcken, dem ich den Fund zugleich anzeigte, hatte die Güte, mir in seiner liebenswürdigen Antwort mitzutheilen, dass keine weiteren Fragmente dieser Papyrusrolle vorhanden seien. Er fügte hinzu, dass er schon von Professor A. Harnack dieselbe Nachricht bekommen habe (vgl. die mir damals noch unzugänglichen Sitzungsberichte der Berliner Academie der Wissensch. 1891, 22—24, 427—31). Ich habe die Notiz unverändert gelassen und verweise hiermit auf meine erweiterte Besprechung derselben Fragmente, die in nächster Zeit in der Tübinger Theologischen Quartalschrift erscheinen wird.

> Newe Zeitung, nach gestalt der Welt
> vil Nation betreffende, Auch von der hand=
> lung des Tyrannischen Türckens, die
> er newlich begangen, sampt der zü=
> kunfft Keyser Friderichs, der
> als mañ sagt auff erdtrich
> verlorn soll sein, wie mañ
> vnd welcher gestalt
> er wider kom=
> men soll ꝛc.

Darunter ein Holzschnitt (78×95 mm.): zwischen den beiden das Gespräch führenden Personen liegt der schlafende Kaiser, gerüstet, mit der Krone auf dem Haupt, am Boden. Unter dem Holzschnitt steht: **Durch Johañ Haselbergk, von Reichenow.** |
Das Gespräch beginnt auf der Rückseite des Titelblattes:

> ### Der Teutsch Parcifal.
> Cum salute domine senator, Glück zu lieber alter Herr | mein, Ich heyß auch wilkum inn teutsche land, wie ist es so | ein lange zeit das wir einander letscht malen zu Rom auff | bem Campaflor, vnd nachmals zu Benedig off bem Cam|pa Samarck gesehen haben, vnd kommen so vngefärlich | hie zusammen, Fürwar Senator, ich sihe ewer gestalt gern, | einmal. |
>
> ### Der Römisch Senator.
> Danck habt lieber Parcifal, banck habt, Ich heiß euch | auch wilkum aus frembben landen, bann wir haben ver=|nomen, bz jr als ein Am=bassat vñ Keyserlicher Heroldt | vil Fürsten höff vnd frembber Nation in kurzer zeit erkün|biget vnd erfarenn habt, Bardi ich sihe ewer gestalt auch | gern, bann wir haben von wegen newer zeitung vnd alter | kunbtschafft, vil miteinander zu reden. |

Der Senator berichtet dann auf Parcifals Frage, was ihn nach Deutschland führe, er sei von dem Papst mit einem Kardinal ausgeschickt, das nach Mantua auf den 12. Mai 1537 ausgeschriebene Konzil zu verkünden. Da das Konzil im Juni 1536 auf den Mai des folgenden Jahres festgesetzt wurde, muss unsere Zeitung zu Ende des Jahres 1536 oder zu Anfang des Jahres 1537 gedruckt sein.

Beide unterhalten sich darauf über die Noth der Zeit, den Streit des Kaisers mit dem König von Frankreich, die Bemühungen des Papstes Frieden zu stiften, und die türkischen Greuel in Ungarn. Auf Bl. 6 b fragt alsdann der Senator:

> Parcifal was sagt mann in teutschen landen, von Key|ser Friderich vnd seiner zükunfft, von bem bei vns zu Rom | vnd allenthalben inn Italia vil vnnd mancherley gesagt | würt, wie er off erdtrich verlorn vnd verzuckt soll sein, vñ | zu disen zeiten widerumb in teutsche land kommen söll? ꝛc. |

Die Antwort Parcifals hat Draudius in seinen „Fürstlichen Tischreden", die ich in der Frankfurter Ausgabe von 1620 verglichen habe, auf S. 322—330 wörtlich, nur in modernisirter Sprache wiedergegeben. Die einzige sachliche Aenderung besteht darin, dass er den „grawen bart" des in einer Höhle bei Kaiserslautern sitzenden Kaisers Friedrich in einen „grausamen Bart" verwandelt hat.

Unser Druck schliesst auf Bl. 9 b Zeile 23—28 mit den Worten:

Also lieber Senator, nach ewerm begeren habt jr hie kurtz | en bericht, wie der Türck die gefangen Christen helt, | Auch wie vnd welcher gestalt Keyser Friderich wi | der kommen soll, mögt jr nach ausgang des | zukünftigen Conciliums, ewern Römern | vnd Italianern auch anzeygen ꝛc. |

Der Herausgeber Johann Haselbergk von Reichenow (auch Johann oder Hans Haselberg aus der Reichenau, Costentzer bistumbs, Johannes Hasselbergensis de Augia, Constantiensis dioecesis) war nach Albrecht Kirchhoff, Beiträge zur Geschichte des deutschen Buchhandels. Leipzig 1851. I, 133—134. wahrscheinlich einer der „fortwährend auf Messen und Jahrmärkten umherwandernden Buchführer, wofür auch der Charakter seines Verlages, der fast ausschliesslich populärer Natur ist, spricht. Derselbe besteht aus 15 Nummern und wurde in Augsburg, Oppenheim und Nürnberg ohne Angabe der Officin, in Strassburg bei Johann Grüninger und Johann Knoblauch, in Mainz bei Johann und Ivo Schöffer, in Cöln bei Eucharius Hirtzhorn und in München bei Johann Schobser gedruckt." Nach Kirchhoff kommt Haselberg 1516—1537 vor, bereits 1515 aber gab er heraus: Joannis Tritemii . . . Liber octo questionũ ad Maximilianum Cesarem. Impressum Oppenheym [Jacobus Köbel] Impensis Johãnis Hasselbergeñ, de Augia Constatiensis dyocesis. Anno dñi. M.D.XV. XX. Mensis Septembris. (Beihefte zum Centralblatt für Bibliothekswesen IV, 11—12) und noch aus dem Jahre 1538 führt Weller, Annalen II, 398 ein Schriftchen von ihm an. (Vgl. auch J. J. Merlo in „Annalen d. hist. Ver. f. d. Niederrhein." 34, 139 ff. 1885.)

Darmstadt. Adolf Schmidt.

Recensionen und Anzeigen.

Bibliographie des ouvrages relatifs à la Sénégambie et au Soudan occidental par M. Clozel. Extrait de la Revue de géographie dirigée par M. L. Drapeyron. Paris, Institut géographique de Paris, Ch. Delagrave. 15, rue Soufflot, 15. 1891. in-8°. de 60 p.[1])

Le travail de M. Clozel présente de très grandes qualités; quant à ses défauts, il serait facile de les faire disparaitre.

---

1) La Revue des bibliothèques de M. Châtelain a donné, de l'ouvrage de M. Clozel, un compte-rendu que nous regrettons beaucoup de n'avoir pas pu nous procurer encore (Tome I).

Compulsant avec beaucoup de soin les bibliographies antérieures et puisant aussi à d'autres sources, M. Cl. a rassemblé près de 1200 titres de livres ou d'articles: c'est là un total considérable et l'ouvrage est bien près d'être complet.

Malheureusement, l'exécution laisse à désirer. Nous ne chicanerons pas M. Cl. sur les fautes qui déparent souvent les titres qu'il donne en allemand (131, 132, 370, 455, 996, etc.), en anglais (465, 630 etc.) ou en hollandais (908, 917), sur sa façon de citer les revues par numéros et non par volumes et par pages, sur la double numérotation de 718 à 727, ni sur d'autres points de moindre importance. C'est sur les principes mêmes que porte notre désaccord. M. Cl. ne croit pas nécessaire de donner les titres exacts et complets des ouvrages, ni le nombre des pages et le prix des livres, ni les comptes-rendus dont ils ont été l'objet et c'est là, pensons-nous, une erreur de nature à discréditer la bibliographie, qui, au contraire, à raison de son utilité incontestable, devrait être plus en honneur qu'elle ne l'est.

Pour les titres, M. Cl. les mutile, sans songer qu'ils sont bien souvent instructifs. Nous trouvons, par exemple, au N° 308: "Durand, J. B.L. Voyage au Sénégal, 1 vol. et 1 atlas in-4° de 43 planches. Paris, Agasse, 1802." Or voici le titre complet, qu'il suffit de lire pour se rendre compte de l'importance de l'ouvrage et des différents genres d'intérêt qu'il présente pour le géographe, l'historien et le philologue: "Durand, J. B. L., ancien directeur de la Compagnie du Sénégal. Voyage au Sénégal ou Mémoires historiques, philosophiques et politiques sur les découvertes, les établissements et le commerce dans les mers de l'Océan Atlantique, depuis le cap Blanc jusqu'à la rivière de Serre-Lionne inclusivement; suivi de la relation d'un voyage par terre de l'île Saint-Louis à Galam et du texte arabe des trois traités de commerce faits par l'auteur avec les princes du pays. Avec figures et atlas. 2 vol. in-4°. (An X) 1802—1807. 30 francs." Autre exemple. "N° 469. Frey, Colonel. Campagne dans le Haut-Sénégal et dans le Haut-Niger, 3 cartes in-8°, Paris, Plon, 1889." Or le titre complet nous apprend que Frey a eu à combattre Samory et Mahmadou Lamine. Avec le système de M. Cl., on pourrait lire sa bibliographie, si riche pourtant en renseignements, sans se douter de l'existence de Mahmadou.

Mais il est, pour les titres, un autre principe encore dont il faut tenir compte. Depuis longtemps — et Mencken s'est déjà moqué d'un travers analogue[2]) — les revues ont emprunté aux petits journaux (et les livres aux revues) l'habitude de donner des titres pompeux, qui n'apprennent pas grand chose sur le contenu de l'ouvrage. En pareil cas, force est au bibliographe de dire à quoi le livre se rapporte. Voyez au N° 384: "Drapeyron, Lud. Un livre nouveau (ou mieux: une carte nouvelle) sur le Niger. Rev. de géog. Décembre 1879.)" Comment deviner que c'est le compte-rendu du livre de Burdo? "N° 935. Le Sénégal et le Soudan selon les récentes publications (Rev. des deux Mondes, 1 Octobre 1885.)" Voilà le lecteur bien avancé, avec un demi renseignement, qu'il aura à compléter lui-même et que le bibliographe aurait dû et pu si facilement donner convenablement.

Quant au nombre des pages, au prix, aux comptes-rendus, ce sont là des renseignements que — dans le mesure du possible — le lecteur a le droit de demander. Lorsqu'on habite un grand centre, Paris, Londres, Berlin, Munich, un titre mutilé suffit; on se rend à un riche dépôt public et, si on ne craint pas d'importuner les bibliothécaires ou de leur prêter à rire, on obtient gratuitement le livre qu'on désire. Mais les travailleurs qui habitent des villes moins importantes ne trouvent pas grand chose aux pauvres bibliothèques de leurs petites universités et ils doivent tout ou presque tout acheter: il leur est donc absolument indispensable d'être sérieusement renseignés. Et s'il y avait un code pénal pour les délits bibliographiques, on devrait y inscrire comme peine de ceux qui ne disent pas les prix l'obli-

---

2) De charlataneria eruditorum.

gation d'acheter un ou deux livres anglais sans savoir au préalable ce qu'ils coûtent. Nous croyons pouvoir assurer qu'ils seraient à tout jamais corrigés.

Un mot encore sur l'ordre suivi par M. Cl.: il a eu raison de ranger les livres alphabétiquement, puisqu'il s'agit d'un sujet relativement peu étendu. Seulement, quand on adopte cette disposition, il faut y mettre un certain discernement et se demander toujours où le lecteur ira chercher le renseignement qu'il désire. Qui se doutera qu'il peut trouver des travaux sur Barth, Mage etc. à l'article allemand die? Et s'il s'agit d'un ouvrage sur un homme célèbre, n'est-ce pas au nom de cet homme et non à celui de l'auteur qu'il faut ranger le travail? Ainsi, par exemple, le nom de Brue mériterait bien d'être mis en évidence et il est regrettable, si on le cherche, d'avoir à lire toute la bibliographie jusqu'à ce qu'on le découvre au mot de Berlioux. Pour remédier à ce défaut, il suffit de rappeler sous chaque nom les numéros qui, placés ailleurs, s'y rapportent. Et même on devrait aller plus loin et compléter toute table alphabétique en y insérant les mots indiquant les principales matières. Ce double travail, nous l'avons fait et nous le donnons plus bas; on pourrait l'enrichir encore d'autres mots tels que Angleterre, Bissagos, France, Portugal, etc.

Pour conclure, nous répéterons que les défauts que nous relevons sont faciles à corriger. M. Cl., qui connaît évidemment son sujet comme personne et qui a su rassembler tant de matériaux pourrait, sans trop de peine, faire un travail définitif, s'il voulait examiner les livres qu'il cite. Il peut les trouver tous à Paris, soit à la Bibliothèque nationale, soit chez les libraires Challemel ou Faivre, qui, vu l'obligeance qui règle en France les rapports sociaux, lui laisseraient certainement feuilleter leurs volumes.

Nous terminons en donnant quelques additions et en les faisant suivre de la table dont nous avons parlé plus haut et qu'il faudrait insérer dans la bibliographie de M. Cl. en insérant chaque mot à sa place alphabétique.

13bis. Affaires politiques du Sénégal. Traité passé avec Toro. (Rev. Algér. et Colon. 1859, novembre.)
16bis. Afrique. Sénégal. Nouvelles de la côte occidentale d'Afrique. Expéditions du Cayor, de la Casamance, des royaumes de Sine et Saloum, de la Gambie anglaise. Nouvelles de la côte d'or d'Assinie. (Rev. marit. et colon. tome 1.)
25bis. Aliun Sal's Nachrichten von den Ländern zwischen dem Senegal und Timbuktu. (Ausland, 1864, N° 29.)
27. Allen.
Athen. 1848. 763—765. — Eclect. review, 1848, octobre.
Voir aussi, pour cette expédition, Edinb. rev. 72, 456—477. — Athenaeum 1840, 725—726; 1841, 956; 1842, 67, 113—114, 1064—1065; 1846, 526. — Eclect. rev. 1840, octobre. — United service, 1842, juin; 1843, octobre, décembre; 1844, février.
Au point de vu sanitaire, United service, 1840, août; Athen. 1843, 603—604; Lancet, 14 septembre 1844 etc. etc.
35. Ancelle. C. R. H. D. de Grammont, Rev. crit. 1867, I, 436—437. — v. D. Verh. d. Ges. f. Erdk. zu Berlin, 14, 287.
37bis. Ancelle. Le Soudan français; par M. le capitaine d'état major J. Ancelle, attaché à la grande chancellerie de la Légion d'honneur. Sixième partie. Lille, imp. Danel. 1889. 8°. 43 p. et carte.
51bis. Arnaudeau. Le Sénégal et les Annamites. (Rev. scientif. 1887, I, 564—565.)
56. Aubanus. La première édition est de 1520. Panzer VI, 158 N° 183.
On le cite plus souvent sur le nom de Boemus (non Bohemus). Il y a une foule d'éditions et de traductions, qui ne sont pas relevées ici.
123bis. Bayol. La question du Sénégal et les Voyages du docteur Bayol; par M. E. Guillot, professeur agrégé d'histoire au lycée Charlemagne. Lille, imp. Danel. 8°. 20 p. (Extrait du Bull. de la Soc. de géog. de Lille, 1887.)

154bis. Berg. Etude sur une section de ruminants à cornes creuses du Sénégal. (Rev. alg. et colon. 1859, octobre.)
171bis. G. Valbert. Le voyage du capitaine Binger dans la boucle du Niger. (Rev. des deux mondes, 1890, 97, 660—671.)
Les intérêts français sur la côte occidentale d'Afrique: la boucle du Niger; le voyage du capitaine Binger. (l'Economiste français du 24 mai 1890.)
172bis. Bizemont. La France au Sénégal. (Correspondant du 25 mars 1882, 1022—1050.)
195. Bossman. On trouvera le titre exact et un compte rendu dans le Journal des sçavans, Amsterdam, 34, 485—499.
229bis. Brosselard. Rapport sur la situation dans la vallée du Sénégal en 1886. Insurrection de Mahmadou-Lamine; par le capitaine Brosselard. Lille, imp. Danel, 1888. 8°. 51 et 1 carte. (Société de géog. de Lille.)
236. Bry, de. Collections of and notes on the Grands et petits voyages of de Bry, by Lud. Earl of Crawford and Balcarres. London, 1884, 4°. VIII — 218 et 33 facsim. de titres.
241. Burdo. Niger et Benué.
C. R. Polyb. 26, 531. Drapeyron, Rev. de géog., 5, 449—454.
241bis. Burdo, A. A voyage up the Niger and Benueh, transl. by G. Sturge. With illustrations. London, 1880. gr. 8°. 10 sh. 6 d.
241ter. Burdo, Ad. Am Niger und Benue. Sechs Monate im Hinterlande von Kamerun. Deutsche Ausgabe von P. Heichen. Leipzig, Unflad. 1886, 8°. III et 168 p. 1 M. 80.
C. R. K(irchho)ff, Lit. Centralbl. 1886, 1080. — Deut. Lit.-Zeit. 1889, N° 16.
248. Caillié.
C. R. Rev. encycl. 46, 310—334. — Gött. gel. Anz. 1830, 1409—1419. — For. quart. Rev. 6, 97. — Ann. mar. 1829, 1, 315. — Bull. de la Soc. de géog. 4e sér., 7, 345.
248bis. Journal d'un voyage à Temboctou et à Jenné, dans l'Afrique centrale, précédé d'observations faites chez les Maures Braknas, les Naouls et d'autres peuples; pendant les années 1824, 1825, 1826, 1827, 1828; par René Caillié. Orné du Portrait de l'Auteur, d'une vue de Temboctou, et de plusieurs autres Planches, représentant les constructions de cette ville; et accompagné d'une carte itinéraire, avec des remarques géographiques, par M. Jomard, membre de l'Institut. Bruxelles, imp. lib. romantique, rue ducale, N° 8. Demengeot et Goodman, rue de la Chancellerie. Londres, librairie romantique, Leicester-Square, N° 1. 1830. 2 voll. 8°. X et 319; (4) et 326. (La carte et cinq gravures dans une brochure à part.)
248ter. Voyage d'un faux musulman à travers l'Afrique; par René Caillé. Tomboctou, le Niger, Jenné et le Désert. Limoges, imp. et lib. Ardant et Cie. 1881. in-12. 180 p. — Nouvelles éditions, 1883, 1885, 1891.
248⁴. Vie de R. Caillié, par P. Félix Thomas, professeur agrégé de philosophie au Lycée de Tours. Tours, imp. Arrault et Cie. 8°. 23 p. (Soc. géog. de Tours, 1884.)
248⁵. Goepp E. et E. Cortambert. Les grands hommes de la France. Voyageurs. R. Caillié par E. G. et E. C. Paris, lib. Ducrocq. 1885. 8°. 335 p. 1 portrait, 1 carte.
248⁶. Franck. Les grands Français. Voyages et découvertes de R. Caillié (1799—1838) par G. F., agrégé d'histoire. Paris, Picard, 1885, in-18 jés. 119 p. port. grav. carte. 0.80.
265bis. Catéchisme en français et en volof, à l'usage du provicariat de la Sénégambie et de la préfecture de Sénégal. Dakar. 1860. in-18.
278. Cherbonneau. Déjà dans les Nouvelles annales des voyages, 1852, 2, 306—320; dans l'Annuaire de la société archéologique de Constantine pour 1853 et la Revue alg. et col. de 1860.

350bis. Decaux. Rapport sur les indigos du Sénégal. (Rev. alg. et col. 1859, octobre.)
361. Denham.
    Rev. française, 8, 101—129.
— Bibl. univ. 32, 52—71; 170—190; 259—288, 375—406.
— Bertuch, 11, 232, 470—471; 12, 240—241; 13, 121—152; 16, 127, 129—149. 161—182; 18, 417—440, 449—468; 19, 159—160; 20, 159—160, 473—475; 21, 209—218, 241—246; 23, 446—447; 24, 1 et 33, 390—351; 25, 64, 214—219, 411—416; 26, 409—410, 477—478.
365bis. Destruction de Guemou, au Sénégal. (Rev. alg. et col. 1859, décembre.)
379bis. P. Douhaire. Le Sénégal en 1859. (Correspondant, 49, 300—321.)
390. Duncan. Athen. 1847, 975—977. — Bentley's miscellany, 1847, octobre.
417. Escayrac (d') de Lauture. Le désert et le Soudan.
    C. R. J. des savans, 1853, 781. — V. de S. M. (Vivien de St. Martin) nouv. ann. des voy., 1854, 2, 77—105. — E. Renan, Journal des Débats, 17 octobre 1854. — A. Maury, Athen. fr., 1854, 49—50. — F. Baudry, Revue de Paris, 21, 781—784. — Lit. Centralbl. 1854, 472. — Bibl. univ. 1854, 25, 126—128.
    L'Edinb. quart. Rev. d'octobre ayant prétendu que M. d'E. de L. n'est autre que M. P***, l'Athen. fr. 1855, 602—603, a répondu à cette calomnie.
417bis. Die Afrikanische Wüste und das Land der Schwarzen am obern Nil. Nach dem Französischen. Leipzig, Lorck. 1855. gr. 8. XI, 307. 1 Th. (Hausbibliothek f. Länder- und Völkerkunde.)
    Le livre a été remis deux fois en circulation avec un nouveau titre: en 1865, Leipzig, Senf, 1 thal. et en 1874, Leipz., Senf, 2 M. 50.
    C. R. Liter. Centralbl. 1856, 330—331. — Ausland, 1856, N° 18: Graf d'E. de L. über die Kriegskunst im Sudan.
422bis. Expédition des Anglais dans la Gambie, côte occidentale d'Afrique. (Rev. mar. et colon., tome I.)
435. Faidherbe.
    C. R. Dubois, Rev. pol. et litt., 1890, I, 133—140. — Correspondant, 156, 415—416. — Rev. brit. 1889, 3, 506. — H. D. de Grammont, Rev. crit. 1889, 2, 185—189.
464bis. Fontbonne. Ed. de La France au Niger. (Soller.) (Correspondant, 155, 761—767.)
469. Frey.
    C. R. O. Houdas, Rev. crit., 1889, 2, 129. — A. B. Bib. univ. 1889, 44, 420—422. — Cfr. Rev. crit. 1889, 2, 189, note. — J. des débats 24 septembre et 11 octobre 1888. — Figaro, 8 octobre 1888. — Rev. pol. et litt. 1888, 2, 449—455 et 488—495. Corresp. 151, 1201—1202.
473. Gaby. Titre exact et compte-rendu, J. des sçavans, Amst. 17, 311—314.
490. Gallieni. Voir A. R. Rev. pol. et litt. 1891, 2, 215—218 et Corresp. 161, 1161—1162.
495bis. Gasconi. Le Sénégal et ses dépendances à l'Exposition universelle de 1889; par Alfred Gasconi, député du Sénégal. (Versailles, imp. Cerf et fils.) Paris, Libr. Cerf. 1890. in-18 jés. 20 p. (Extrait du Bulletin de la Soc. des études col. et marit.)
535bis. Hannon, Périple.
    Différents travaux bibliographiques s'occupent de Hannon; citons Fabricius-Harles, bibl. graeca, 1, 35—39; Mensel, Bibliotheca historica 1785, 2, 2, 314—318; Grässe, Trésor, 2, 30 et 3, 207; Carolus Müller (voir plus loin) XXXII—XXXIII d'après Kluge; Ashbee, a bibliography of Tunisia, passim, d'après Walckenaer.
    Ils citent comme éditeurs, traducteurs ou auteurs de dissertations les noms suivants: Bayle, Berkelius, Boecler, Bredow, Campomanes,

Châteaubriand (Essai hist. sur les révolutions, ch. 26) Cory (Ashbee, p. 89), Falconer, Gail, Gelenius, Gesner, Hager, Hudson (Oxford 1698 et Vienne 1807. Cfr. XXXII et IV), Hug, Kanngiesser (dans Ersch und Gruber), Kluge, Manzi, Nibusius, Quatremère, Ritterhusius, Schmid, Vossius et Walckenaer, etc. etc.
On pourrait ajouter d'autres travaux encore, par exemple:
Encyclop. britannica, p. 445.
Entz, Heinr. Ueber den Periplus des Hanno. (Gymn.-Progr. Marienburg. 1884, 4°, 48 p.
Forbiger. Handbuch der alten Geographie. Leipzig 1842. 1, 64—67.
Fréret, Mém. de l'Ac. des ins. 16, 1, 400.
Göbel, Dr. E., die Westküste Afrikas im Alterthum. Leipzig 1887. Fock in Comm. 8°. IV. 76. 1 M. 20.
C. R. Sgln. Lit. Centralbl. 1888, 140—141. — Partsch, Deutsche Lit.-Zeit. 1888, N° 8.
Gosselin, Recherches sur la géog. positive et systématique des anciens, 1, 61—162.
Heeren, Ideen über die Politik, etc. dans Hist. Werke, 13, 511—522. (Bericht von Hanno, etc.)
Hirscher, Ehingen 1832, 8°. (Edition.)
Judas. Notice philologique sur le périple d'Hannon, dans Revue de l'Orient, 1860, septembre.
Kan, C. M., de Periplous van Hanno. (Tyd. Ned. Clard. ser. D, 8, 598—651.)
Mannert. Geog. d. Griechen u. Römer etc. 3e édit., 1 p. 41 sq.
Mélot. Hist. de l'Ac. des ins. 16, 2, 161 (anc. coll.).
Mer, Aug. Mémoire sur le périple d'Hannon. Paris, Perrin, 1885, 8°. 155 p.
C. R. J. Partsch. Lit. Centralbl. 1886, 407—409. — de Bizemont, Polyb. 44, 351. — van den Gheyn, Bull. de la Soc. de géog. d'Anvers, 1885, 97—105.
Müller, Carolus. Geographi graeci minores... Parisiis... F. Didot. 1855, 1, Prolegomena de Hannone Carthaginiense, XVIII—XXXIII. — Hannonis Carthaginiensium regis Periplus. (grec et latin) 1—14.
Pauly, Realencyclopädie, 3, 1065—1067.
Scharnik. Die Umschiffung der Westafrikanischen Küste durch Hanno (Archiv f. Post und Telegraphie, 1887, 398.)
Tauxier. Les deux éditions du Périple d'Hannon par le capitaine 7. (Acad. des Ins. et Belles-Lettres. Comptes-rendus des séances de l'année 1874. Paris, 1875, 325—329.)
Trève, A. Le périple d'Hannon, d'après quelques travaux récents; par A. Trève, commissaire de la marine en retraite. Lyon, imp. et lib. Vitte et Perussel. 1889. 8°. 47 p.
Tiré de La Controverse et le Contemporain, 1889, janvier, 66—110.
Vivien de St. Martin. Le nord de l'Afrique dans l'antiquité grecque et romaine. 1863.

540bis. Haurigot. Le Sénégal; par G. Haurigot (Poitiers, imp. Oudin.) Paris, lib. Lecène et Oudin, 1888. 8°. 240 p. grav.
542bis. Hautreux. Le Pêche au Sénégal; par M. Hautreux, lieutenant de vaisseau, directeur des mouvements du port de Bordeaux en retraite. Bordeaux, imp. Gounouilhou. 8°. 14 p. cartes. (Extrait des Mém. de la Soc. des sciences phys. et nat. de Bordeaux, 3e série, 4.)
556bis. Hennebert. Le Soudan français. (Correspondant 161, 625—653.)
675. Lanoye, de.
C. R. Anot de Maizières, Union du 19 mai 1859.
687bis. G. Lejean. Le Sénégal en 1859 et les routes commerciales du Sahara. (Rev. contemp. du 15 octobre 1859. Carte.)

689. Lemaire. Titre exact et compte-rendu, J. des sçavans, Amsterd. 23, 364—368.
695. Lenz.
C. R. K(irchho)ff. Liter. Centralbl. 1885, 542—543. — Deutsche Lit.-Zeit., 1885, N° 9. — (Augsb.) Allg. Zeit., 1885, N° 7 et suiv. — Ausland et Mittheil. de Brockhaus, p. 62. — Desgraud, Bull. de la Soc. de géog. de Lyon, avril et mai 1886.
702bis. Berbrugger. Léon l'Africain. (Rev. africaine, 1857, 353.) C. R. Weil, Heidelb. Jahrb. 1863, 118—119.
702ter. Dinomé. Gaoga de Léon l'Africain. (Nouv. ann. de voyages, 6, 326—337.)
702quater. Heiliger. Ueber die Aufschlüsse und Erläuterungen, welche aus dem Reiseberichte der Britten Denham und Clapperton für das richtige Verständniss der Arabischen Erdbeschreiber und des Leo über das Innere von Afrika zu gewinnen sind. (Bertuch, geogr. Ephem., 24, 1—25 et 33—50.)
724. Loyer. Titre exact et compte-rendu, J. des sçavans, Amsterd. 57, 375—383.
793bis. Mollien, G. Découverte des sources du Sénégal et de la Gambie en 1818, précédée d'un récit inédit du naufrage de la Méduse, par G. Mollien, et d'une notice sur l'auteur par L. Ravaisson-Mollien, de la bibliothèque Mazarine. (Villefranche-de-Ronergue, imp. Bardoux.) Paris, lib. Delagrave. 1889. in-16. 317 p. carte. 1 f. (Voyages dans tous les mondes.... Eugène Muller.)
805. Note sur la belle carte des Etablissements français du Sénégal du capitaine Monteil, par Henry Duveyrier. (Annales de l'Extrême Orient, 1887, janvier.)
816. Mungo.
Classical Journal 21, 299—307. — Edinb. (Rev. 24, 471—490. — Quart. Rev., volumes 21 et suivants.
885bis. Voyage au Soudan du lieutenant Palat. (Nouv. Revue, 1886, 15 avril.)
885ter. L'assassinat du lieutenant Palat. (Gazette géog. 1886, 15 avril.)
886bis. Pascal, sous-lieut. de marine. Voyage d'exploration dans le Bambouk. (Haut Sénégal.) (Rev. Alg. et Col. 1860, août.) Carte.
889. Paulitschke. C. R. Deut. Lit.-Zeit. 1885, N° 22. — Hellwald, Alg. Oest. Lit.-Zeit., tome 1. — Stimmen a. M. Laach, 1885, N° 5.
912bis. Population du Sénégal et de ses dépendances. (Rev. alg. et colon. 1860, mai.)
931bis. Raffenel, Divers itinéraires de la Sénégambie et du Soudan. (Soc. de géog. 3e série, 12, 1849, p. 303.)
932. C. R. Zeit. d. deut. Morg. Ges. 11, 664. — Peterm. 1856. 306.
961bis. Résumé du commerce de la France avec les côtes occidentales d'Afrique de 1847 à 1859. (Rev. alg. et colon. 1860, septembre.)
1004bis. Sabin-Berthelot. De la pêche sur la côte occidentale d'Afrique et des établissements les plus utiles aux progrès de cette industrie. Ouvrage publié sous les auspices de MM. les ministres de la marine et du commerce. Une carte. Paris, 1840. 1 vol. 8°.
1007bis. Saldé La nouvelle campagne du Soudan français. (Rev. franç. de l'étranger, 1887, janvier.)
1007ter. Venture de Paradis. Itinéraires sur les pays compris entre le Maroc, Tombouctou et le Sénégal, recueillis par M. V. de P. (Bull. de la Soc. de géog., 1849, janvier, 100—105.)
1049bis. Snider-Pellegrini. Du développement du commerce de l'Algérie avec l'intérieur de l'Afrique, et d'une route par terre, d'Alger au Sénégal par Tombouctou, précédé d'observations sur l'Algérie et le Maroc. Paris, 1857. (Extrait du Bull. de la Soc. de géog.) 8°.
1058bis. Statistique commerciale du Sénégal. (Revue alg. et col., 1866, mars.)
1098bis. Valbert. Le sultan Ahmadou et la campagne du colonel Archinard dans le Soudan français. (Rev. des Deux-Mondes, 102, 675—686.)

1123bis. Vincent, M. H., capitaine d'état-major. Voyage d'exploration dans l'Adrar, Sahara occidental. (Rev. alg. et col. 1860, octobre.) Carte.
1136. Lire 1798.
1138bis. Walkenaer. Recherches géographiques sur l'intérieur de l'Afrique septentrionale, comprenant l'histoire des voyages entrepris ou exécutés jusqu'à ce jour pour pénétrer dans l'intérieur du Soudan, l'exposition des systèmes géographiques qu'on a formés sur cette contrée, l'analyse des divers itinéraires arabes pour déterminer la position de Timbouctou, et l'examen des connaissances des anciens relativement à l'intérieur de l'Afrique; suivie d'un appendice contenant divers itinéraires traduits de l'arabe par M. le baron Silvestre de Sacy et M. de Laporte etc. etc. Paris, Didot, 1821. 8°. 525.
 C. R. Abel-Rémusat, J. des savans, 1822, 104—117. — Aignan, Rev. enc. 13, 669—671. — Journal de Paris, 11 février 1822. — J. des débats, 1 juillet 1822.

Adanson 1139.
Agriculture 49, 52, 350bis, 423, 632, 1008, 1017. Voir Café, forêts, vignes.
Alleu 421.
Almada 1011.
Ancelle 440.
Archinard 1098bis.
Baikie 105, 369, 738, 739, 950.
Bambara 168, 342, 807, 808.
Banmana 1073.
Banque 707, 938, 946.
Barth 164, 165, 371, 374 (2), 524, 591, 737, 921, 978, 1020.
Begharmi 614, 631bis.
Beke 107.
Bellart, trad. 764.
Belloc trad. 668.
Beni Mzab, dialecte 758.
Bentham 1134.
Beurmann 104.
Boemus voir Aubanus.
Bohndorff 538.
Borgnis 359, 1038, 1098.
Bornou 368, 614, 628, 629, 631bis, 856, 857.
Boubeker 588.
Boufflers 906.
Bourdiaux 767.
Bowdich 220.
Brosselard-Faidherbe 440.
Brue 156.
Bullom 871ter.
Büttner 1151bis.
Cadamosto 1112, 1153.
Café 673bis
Caillié 69, 608.
Campen, van 565.
Caron 943.
Catéchismes 265bis, 622, 623, 642, 659.
Castera trad. 819.
Chaimelot 1115.
Chancel, de 348.

Chaouia, dial. du 758.
Chemin de fer 173, 210, 354, 391, 392, 497, 498, 570, 753, 900, 1098, 1115, 1119.
Cherbuliez voir Valbert 171bis, 1098bis
Cintra 936.
Clapperton 34, 91, 232, 361, 362, 566, 666, 867, 868.
Climatologie 65, 557, 568, 578, 755, 792bis, 994, 1116.
Commerce et routes commerciales 158, 169, 171, 179, 279, 310, 330, 456, 488, 515, 600, 687bis, 692, 707, 742, 768, 772, 779, 780, 796, 840, 852, 861, 878, 961bis, 962, 1040, 1049bis, 1050, 1053, 1058bis, 1089, 1149, 1151,
Contes 113bis, 149, 629, 985, 1031.
Corréard 1016, 1017.
Cortambert 248 (5).
Coton 63, 73, 332.
Crowther 369, 1024.
Crozals, de 495.
Cuny, trad. 709.
Cuvillier, trad. 711.
Darfour 631bis.
David 733.
Demanet 1139.
Denham 34, 91, 232, 566, 867.
Desbordes 767.
Desmarchais 641.
Dickson 868.
Dochard 511.
Durand 1139.
Duveyrier 805.
Ehrenberg 165.
Escayrac 558.
Ethnographie 47, 136, 137, 142, 143, 146, 147, 148, 192, 198, 247, 256, 272, 298, 302, 303, 304, 305, 316, 328, 329, 331, 374 (2), 407, 409, 418, 437, 438, 443, 476, 495, 500, 514, 536, 537, 568, 569, 571, 584, 585,

16*

633, 660, 720, 798, 839, 840, 854, 888, 889, 905, 927, 940bis, 1044, 1058, 1067, 1068, 1070, 1079, 1110, 1137, 1141, 1147.
Eyriès, trad. 650.
Faidherbe 661.
Falconbridge 850.
Faune 154bis, 214, 220, 317, 560, 982, 1117.
Feuille officielle 800.
Flegel 411.
Flore 12, 13, 17, 18, 20, 21, 49, 53, 220, 232, 234, 317, 350bis, 515, 522, 530, 547, 548, 594, 627, 811, 864, 876, 877, 1008bis, 1105, 1134.
Folklore 245 voir Contes.
Forêts 796.
Foulah 71, 634, 948, 949, 1128.
Franck 248(6).
Fulde 950, 951.
Fulfulde 81.
Gallieni 741.
Gennes, de 471.
Géologie 152, 153, 154, 525.
Goepp 248 (5).
Gravier red. 1052.
Gryneo-Hervagiana 870, 871.
Guillot 123bis.
Hannon 203, 535bis, 899, 936.
Haurigot 576.
Haussa 81, 167, 368, 705, 1025 à 1031.
Hay 725.
Histoire naturelle 9, 10, 11. Voir Café, coton, climatologie, faune, flore, forêts, géologie.
Hooker 1134.
Houghton 414, 818.
Huard-Baissinière 931.
Jacobs 424.
Jamin 931.
Job b. Salomon 175.
Jobson 600.
Juifs 126.
Kanuri, Kinuri = Bornou.
Kappel 712.
Kéguem = Serère-Sine.
Kenneth Macaulay 725.
Kobès 482.
Koner 526.
Laing 868, 1139.
Laird 322, 422.
Lajaille 636.
Lallament trad. 687.
Lamiral 1199.
Lander 955.
Langues 71, 106, 255, 333, 334, 374(2), 431, 434, 630, 883, 890, 1144, 1145, 1151bis. Voir aux mots Bambara, banmana, begharmi, beni mzab, bor-

nou, bullom, chaouia, darfour, foulah, fulde, fulfulde, haussa, kanuri, kinuri, kéguem, mallinké, mandara, mandingo, musuk, nago, nupe, poul, poular, sarakhollé ou sereculeh, serère-sine, soninké, soso, temne, Tombouctou, toucouleur, veï, wahie, wolof, yebbou, yoruba, Zenaga.
Larenaudière 650, 651.
Laserre 636, 773.
Ledyard 919.
Legros 613.
Lenz 51.
Léon l'Africain 721, 721bis et suiv.
Lois 260, 261, 290, 351, 352, 708, 1107.
Lucas 686, 687, 919.
Mage 374(1), 740.
Magra 414.
Maladies, médecine etc. 20, 85, 111, 112, 113, 114, 119, 124, 127, 134, 138, 139, 145, 150, 151, 155, 160, 161, 184, 187, 188, 190, 191, 213, 221, 252, 254, 264, 269, 270, 271, 273, 314, 315, 317, 318, 379, 386, 385, 389, 393, 397, 401, 464, 481, 493, 496, 519, 529, 532, 547, 548, 562, 565, 568, 572, 582, 583, 598, 603, 612, 645, 688, 704, 717, 722, 734, 750, 754, 755, 757, 771, 809, 812, 851, 875, 896, 907, 907bis, 925, 937, 965, 967, 1002bis, 1008bis, 1013, 1015, 1041, 1045, 1046, 1060, 1072, 1074, 1076, 1080, 1081, 1096, 1106, 1126.
Mallinké = Mandingo.
Mandara 614, 631bis.
Mandingo 14, 71, 719, 1073, 1145.
Mardochée 952, 1151.
Mariage 144.
Marno 929.
Médecine voir Maladies.
Mohammedu Siseï 1140.
Mollien 1139.
Mordokhai voir Mardochée.
Moustiers 1154.
Mungo 216, 1020, 1034, 1059, 1139.
Munziger 824.
Murray 710, 711.
Musuk 814bis.
Nachtigal 40, 224, 225, 404, 533, 941.
Nago = yoruba.
Noël 999.
Norris 337.
Nupe 871bis.
Oldfield 652.
Oudney 34, 91, 232, 361, 362.
Overweg 163, 524, 737, 921, 978.

Pêche 59, 156bis, 542, 542bis, 781,
  1004bis, 1053.
Pelletan 1139.
Perrotet 522.
Peyre-Ferry 931.
Picard 1139.
Pilote etc. 15, 16, 189, 201, 204, 205,
  258, 337, 344, 613, 884, 915, 945,
  1002, 1003.
Pinet de Laprade 474.
Poison 64, 394.
Poul 432.
Poulaŕ 426. = Toucouleur.
Prins 810.
Quesné 672.
Quintin 374(1), 740.
R. 775.
Raffenel 931.
Ravaisson 793bis.
Religion 177, 735, 743, 786 à 790,
  1066, 1111.
Rennel 817, 823.
Richard 522.
Richardson 737, 921, 978.
Riebeck 792.
Rohlfs 287, 534, 736, 1097.
Rouzée 588.
Ruyter 609, 610, 917.
Santarem 20.
Sarakhollé = Soninké 71, 426.
Schagdenhauffen 547.
Sel 330.
Sereculeh 407 voir sarakhollé.
Serère 32, 71, 265, 420, 521, 664,
  664bis. = Kéguem.
Shabeeny 589.
Soleillet 517, 518.
Soller 464bis.
Soninké 426, 1073. = Sarakhollé.
Soso 376bis, 933, 933bis, 1145.

Steudner 163.
Stibb 806.
Suétone Paulin 678.
Tautain 928.
Temne 1021.
Thomas 248(4).
Thomson 27.
Tirwhilt 867.
Tombouctou 436, 695, 696, 760, 813,
  860, 958, 974, 975, 976, 1138bis.
Tombouctou, langue 614.
Toole 34.
Toro 13bis.
Toucouleur = Poular.
Traite 202, 350, 419, 441, 810, 837,
  1023.
Traités 398, 611, 862, 1090.
Trotter 421.
Valbert 171bis.
Vallon 475.
Van den berghe 515.
Veï = Wahie.
Verminck 1155.
Verneuil 416.
Viaud = Loti.
Vignes 680, 683.
Vogel 103, 163, 674, 706, 824, 1020.
Wahie 465.
Weblo 1134.
Willes 407bis.
Windham 407bis.
Wolof 31, 71, 166, 181, 253, 265bis,
  266, 267, 277, 286, 342, 343, 365,
  415, 426, 521, 617, 618, 619 à 625,
  642, 659, 786, 788, 986, 1127.
Woodwill 337.
Yebbou 1145.
Yoruba 116, 117, 118, 197, 325, 326.
  = nago.
Zenaga 433, 758.

Victor Chauvin.

Ἐθνική Βιβλιοθήκη τῆς Ἑλλάδος. Ἔκθεσις τῶν κατὰ τὸ ἔτος 1890—91
πεπραγμένων πρὸς τὸ ἐπὶ τῶν Ἐκκλησιαστικῶν καὶ τῆς Δημοσίας
Ἐκπαιδεύσεως Ὑπουργεῖον ὑπὸ Γεωργίου Κωνσταντινίδου
Μακεδόνος, Ἐφόρου τῆς Ἐθνικῆς Βιβλιοθήκης. Ἐν Ἀθήναις ἐκ τοῦ
Ἐθνικοῦ Τυπογραφείου καὶ Λιθογραφείου 1891. (250, 2 S. 8°.)

Die Veröffentlichung dieses Jahresberichts durch die neue Leitung
der Athener Nationalbibliothek ist eine willkommene „Neuerung." Die Schrift,
welche zusammen mit der fünften (archäologischen) Abtheilung des gedruckten Katalogs zur Versendung gelangt ist, enthält, ausser einer kurzen Vor-
geschichte der Bibliothek, den Verwaltungsbericht für das Universitätsjahr
1890 91, den Bericht über das mit der Nationalbibliothek verbundene Numis-
matische Museum, zwei Verzeichnisse der in Griechenland und der in Griechischer Sprache im Ausland erschienenen Zeitungen und periodischen Schriften, ein Verzeichniss der Druckereien im Königreich, ein Adressen-Verzeichniss
für den Schriftentausch, und ein nach Bezugsquellen geordnetes Zuwachs-

Verzeichniss. Wir heben daraus folgende Zahlen und Einzelheiten von allgemeinerem Interesse hervor.

Nach Angabe des Zuwachs-Verzeichnisses — der Bericht (S. 25, 28, 29, 30) weicht in den Zahlen ab — belief sich die gesammte Vermehrung auf 6172 Bände und kleine Schriften, einschliesslich der Handschriften. Davon wurden erworben durch Ankauf Seitens der Universität, deren Bibliothek seit 1842 mit der Nationalbibliothek vereinigt ist, 1263, auf Staatskosten 85, aus dem besonderen Fonds der Ioniden (vgl. S. 25 ff.) 210, zusammen 1558, Pflichtexemplare (doppelt) 1436, Tauschschriften und Geschenke 3178. In Wirklichkeit ist jedoch die Vermehrungsziffer eine viel höhere, da, abgesehen von Zählungsfehlern, nur 563 (nicht 524) Bände der auf 6000 geschätzten Bibliothek des Θεόδωρος Π. Ἠλίτης in das Zuwachs-Verzeichniss Aufnahme gefunden haben (vgl. S. 33 f.), die von dem Marquis de Queux de St. Hilaire geschenkten 382 Handschriften aber noch gar nicht verzeichnet sind (S. 36 f.). Der Verwendungsetat betrug für Anschaffungen und Bindekosten getrennt 1200 und 1000 Drachmen aus Staatsfonds, 10000 und 2500 Drachmen aus den eigenen Mitteln der Universität. Ausserdem stand ein ausserordentlicher Zuschuss von 276 Drachmen zum Ankauf von 40 seltenen Werken aus der Ραφτάνης'schen Büchersammlung zur Verfügung (S. 25). Hinsichtlich der Pflichtexemplare, welche von den Druckern bei Vermeidung einer Geldstrafe im Betrage des zehnfachen Werthes doppelt abzuliefern sind, klagt der Bericht (S. 29 ff.) über mangelhafte Befolgung des Gesetzes. Namentlich wird darüber Beschwerde geführt, dass die Nationaldruckerei, in der die amtlichen Schriftstücke gedruckt werden, nicht unaufgefordert ihrer Verpflichtung nachkommt. Der Schriftentausch umfasste 140 Adressen im Ausland und 5 im Königreich. Im Zuwachs-Verzeichniss (No. 366—499 und 509bis—514bis) einzeln aufgeführt und von hervorragendem Werthe ist die durch Ἀνδρέας Συγγρὸς angekaufte und der Bibliothek überwiesene Sammlung von 140 (nicht 157) Handschriften aus dem 10. bis 18. Jahrhundert (vgl. S. 37 f.). Der Totalbestand an Handschriften wird auf 2200 veranschlagt.

Die Benutzung der Bibliothek ward erleichtert durch Vermehrung der Ausleihetage von wöchentlich zwei auf fünf und durch Einführung von „Nachtdienst", νυκτερινὴ λειτουργία, im Lesesaal (7½—11 Uhr) für die Wintermonate vom 1. Oktober bis Ende April. Ueber den Umfang der Benutzung fehlt es an jedem Ausweis.

Ausser 2 im Numismatischen Museum beschäftigten Beamten, bestand das Bibliothekpersonal aus 3 Kustoden, 5 ordentlichen und 3 ausserordentlichen Gehülfen, 2 Dienern und 1 Thürsteher. Die ausserordentlichen Gehülfen wurden bis auf einen entlassen, um später zwei neue ordentliche Stellen zu schaffen. Einen Verlust erlitt das Personal durch den Tod des Verwalters der Handschriften-Abtheilung, der wenige Wochen vorher den Katalog der Handschriften vollendet hatte. Die regelmässige tägliche Arbeitszeit der Bibliothekbeamten erstreckte sich von 9—12 und 2—4, während der Sommermonate von 8—12 Uhr. An Gehalt bezogen die Kustoden monatlich 190, die Gehülfen 90, die Diener 60 Drachmen.

Den im Jahre 1882 begonnenen und seitdem fortgesetzten Druck des Katalogs der Druckschriften verurtheilt die neue Leitung (S. 19 ff.) als überflüssig, zeitraubend und zu kostspielig. Für die bisher gedruckten fünf Abtheilungen sind 65000 Drachmen verausgabt worden, die Fortführung und Beendigung der Arbeit würde einen weiteren Aufwand von 120000 Drachmen erfordern. Der Druck des Katalogs ist deshalb mit der fünften Abtheilung eingestellt. Zu erwarten bleibt der Handschriften-Katalog, für dessen Druck durch den Staatshaushaltsetat 1891/92 eine entsprechende Summe bewilligt ist.

S—n.

Monumenta Germaniae et Italiae typographica. Deutsche und italienische Inkunabeln in getreuen Nachbildungen herausgegeben von der Direction der Reichsdruckerei. Auswahl und Text von K. Burger, Kustos des Buchgewerbemuseums in Leipzig. Erste Lieferung. Tafel 1—25. Berlin, Reichsdruckerei 1892. In Commission bei Otto Harrassowitz. Leipzig.

Herr K Burger will den Verdiensten um die Incunabelforschung, die er sich durch sein eben so mühsames als exakt gearbeitetes Register zu Hains Repertorium etc. erworben hat, durch die grossartige Publication, zu der er sich mit der deutschen Reichsdruckerei verbunden hat, ein neues, noch grösseres hinzufügen. Er will eine wirklich vorhandene grosse Lücke für die Erforschung des ältesten deutschen und italienischen Buchdruckes ausfüllen. Da vorläufig noch keine Aussicht vorhanden ist, ein Werk zu Stande zu bringen, in dem die deutschen Incunabeldrucke sämmtlich ihre Aufnahme und Beschreibung nebst Tafeln finden würden, ein Werk, an welchem für ihr Land die Franzosen jetzt arbeiten und das für die Niederlande schon gemacht ist, hat sich Herr Burger darauf beschränkt, zunächst das Buch, das doch natürlicher Weise am Vollständigsten die deutschen Incunabeln berücksichtigt, der Benutzung zugänglicher zu machen und dann selbst ein Werk zu schaffen, das die Studien auf dem Gebiete der frühesten Typographie auf das Nachhaltigste zu fördern im Stande ist. Seine Sammlung von Druckproben aus dem Jahrhundert der Erfindung der Typographie verspricht für die Geschichte dieser Kunst in Deutschland und Italien das zu werden, was ein mit allen Hülfsmitteln der heutigen Technik hergestellter Atlas der Flora dieser beiden Länder für die systematische Botanik derselben werden könnte. Freilich so mannichfaltig und unter einander verschieden wie diese Flora, sind die Werke der deutschen und italienischen Typographen nicht. Sind sie doch aus Einer Quelle entstanden und darum auch bei der zwar bald eintretenden, durch die nationale Kultur bedingten Verschiedenheit ihrer Formgebungen doch immer noch zusammen zu behandeln und in ihren Wechselbeziehungen, zur Anschauung zu bringen nicht nur möglich, sondern sogar erspriesslich. Denn es existirt, so viel ich weiss, noch kein Werk, in dem die Incunabeln Italiens nur einigermassen genügend reproducirt wären. Und doch sind dieser nicht wenige. Sind doch für Italien bis zum Jahre 1480 schon an vierzig Orten Buchdruckereien nachweisbar, während bis dahin in Deutschland nur in 15 Städten gedruckt wurde.[1]

Wenn daher Herr Burger für die beiden um die Ausbildung der Typographie am meisten verdienten Länder gleichzeitig einen Atlas von Nachbildungen herstellt, dessen beide bisher noch entbehrten, so ist sein Verdienst also auch ein zweifaches. Natürlich, wer eine so grosse Aufgabe übernimmt,

---

[1] Falkenstein, Geschichte der Buchdruckerkunst S. 209. — Es möge mir gestattet sein, bei dieser Gelegenheit eine Notiz über den Formenschneider anzubringen, der auf die Entwicklung der italienischen Typen den grössten Einfluss ausgeübt hat, weil sie sich an einem Orte findet, an dem so leicht kein Geschichtsschreiber des Formenschnittes sie suchen wird. Der berühmte italienische Staatsmann Marco Minghetti, bekanntlich ein trefflicher Kunstkenner, erzählt in seinen Ricordi III, 218, im September 1858 habe ihn Antonio Panizzi in Bologna besucht, der die Ansicht aufgestellt habe, der berühmte Stempelschneider des Aldus Manutius, Franco aus Bologna, sei Niemand anders als der berühmte Maler Francesco Francia aus Bologna; P. habe damals ein Schriftchen über diese Hypothese geschrieben, das dem Duc d'Aumale gewidmet sei, und nun neue Nachforschungen hierüber an Ort und Stelle anstellen wollen. Ueber die Hypothese P.s wurde in Bologna damals lebhaft debattirt und Minghetti, der von der Unhaltbarkeit derselben überzeugt ist, meint, Panizzi sei wohl mit dem Glauben an ihre Richtigkeit gestorben; der berühmte Stempelschneider habe aber nicht der Familie Francia, sondern der Familie Griffi angehört.

wird auch mit um so grösseren Schwierigkeiten zu kämpfen haben und diese auch von der Rückwirkung auf sein Werk nicht ganz fern halten können. Das sehen wir auch an der Arbeit Burgers. Es wäre ihm zwar auch nicht leicht geworden, hätte er seine Abbildungen nur auf deutsche Drucke beschränken wollen, uns diese chronologisch geordnet vorzulegen. Die Auswahl der Drucke und das Zusammenbringen der Vorlagen wäre immer eine schwere Arbeit gewesen. Aber leichter wäre sie doch immerhin geblieben, wenn die Sammlung nur auf die Drucke Deutschlands beschränkt worden wäre.

Auf rund dreihundert Tafeln hat Herr Burger seine Publication berechnet. Will er auf diesen Tafeln die wichtigsten deutschen und italienischen Drucke des 15. Jahrhunderts zur Anschauung bringen, so muss er in der Auswahl allerdings sehr vorsichtig sein. Denn es sind schon viel mehr als 300 verschiedene Typen bis zum Schlusse dieses Jahrhunderts vorhanden gewesen. In welchem Masse nun diese Auswahl gelingen wird, lässt sich aus dem vorliegenden Hefte noch nicht erkennen. Herr Burger wird sich wohl eine Uebersicht der aufzunehmenden Drucke vor dem Beginne der Drucklegung seines Werkes gemacht haben, so dass er es wird verantworten können, dass er von Druckern, die nur mit Einer Type ein paar Bücher gedruckt haben, wie Erhard Neuwich in Mainz (Tafel 18), oder die überhaupt nur Ein Werk, so weit man weiss, gedruckt haben, wie die unbekannten Drucker von Burgdorf, (Tafel 9), Lauingen (Tafel 17), und Rychenstein (Tafel 24), der Strassburger Druck von Jakob Eber (Tafel 25) uns Abbildungen vorgelegt hat. Wären wir überall so gut daran, wie bei Erhard Ratdolt aus Augsburg, von dem uns auf Einem Blatte nach einer Originalvorlage die verschiedensten Schriftproben vorgelegt werden, so würde sich die Sache sehr vereinfachen. Denn, und das ist die Hauptsache, die wir bei dem vorliegenden Werke nicht genug hervorheben können, die Reproduktion der alten Drucke ist in diesem Werke so deutlich, so scharf, mit Einem Wort so vollkommen, dass schon eine nicht allzugrosse Stelle aus einem Werke genügt, um einen zweifelhaften Druck nach ihr auf seine Uebereinstimmung zu prüfen und danach zu bestimmen. Sind wir der Natur der Dinge nach also nach dem vorliegenden Hefte noch nicht in dem Stande, die Auswahl der Tafeln als eine durchaus zweckmässige und richtige hinzustellen, weil wir dieselbe nicht übersehen können, und dürfen uns nur der Hoffnung hingeben, dass Herr Burger bei seiner Kenntniss der Incunabeldrucke das Richtige schon treffen wird, so steht wenigstens Eins fest, dass die Reproduktion der Tafeln das vorzüglichste sein wird, was nicht nur zur Stunde auf dem Gebiete der typographischen Reproduktion geleistet wird, sondern was überhaupt geleistet werden kann. Denn wie man alte Drucke deutlicher und schärfer wieder geben kann, als hier geschehen ist, vermag ich wenigstens nicht abzusehen. Ich glaube nach dem Mitgetheilten, daher jedem Bibliothekare, zu dessen Aufgaben es u. A. gehört, alte und älteste Drucke zu bestimmen, die Anschaffung der Monumenta typographica Burgers aufs Angelegentlichste empfehlen zu dürfen. Allen Freunden der Geschichte der Buchdruckerkunst dürften sie unentbehrlich werden.[2])

Die Orte, aus denen im ersten Hefte der M. t. Drucke reproducirt werden, sind Augsburg mit 5, Basel mit 2, Beromünster mit 1, Florenz mit 3, Foligno mit 1, Hamburg mit 1, Köln mit 2, Lauingen mit 1, Mainz mit 1, Nürnberg mit 3, Passau mit 1, Rom mit 1, Rychenstein mit 1, Strassburg mit 1 Tafel. Natürlich will Herr Burger am Schlusse seines Werkes die nöthigen Register beibringen, um die chronologische und biographische Uebersicht des Ganzen zu erleichtern. Vielleicht entschliesst er sich auch, uns eine graphische Darstellung der Fortschritte der Typographie in Europa, oder doch wenigstens in Deutschland und Italien beizugeben, welche sich passend an den von ihm versprochenen historischen Text über die Entwicklung der Buchdruckerkunst anschliessen würde. O. H.

2) Wie mir der Herr Commissionsverleger mittheilt, werden 200 Exemplare von dem Werke abgezogen.

Mittheilungen aus und über Bibliotheken.

Der Weimarsche Landtag hat die ihm zufallende Hälfte der Summe für den Aubau der Universitätsbibliothek zu Jena einstimmig bewilligt. Bei dieser Gelegenheit erklärte der Herr Regierungsrath Vollert als Regierungsbevollmächtigter, die Anwendung des Magazinsystems für den Neubau sei zu kostspielig, die Feuersgefahr verlange auch keinen Eisenbau, da die Bibliothek isolirt stehe. Wir begreifen diese Vertheidigung des Galleriesystems nicht, gegen das sich auch der Oberbibliothekar von Jena, wie wir hören, sehr bestimmt ausgesprochen hat. Unseres Wissens ist das Magazinsystem gerade billiger als das Galleriesystem und dazu noch viel praktischer, da es die grösste Raumausnutzung gestattet.　　　　　　　　　　O. H.

Die Bibliotheksverwaltungen erhalten nicht selten Zuschriften, in denen um Auskunft über den etwaigen Besitz dieser oder jener seltener vorkommenden Werke gebeten wird. Man entspricht trotz der manchmal damit verbundenen erheblichen Mühe gerne solchem Ansuchen, da es ausserdem dem einzelnen ja oft unmöglich wäre, das Vorhandensein einer Ausgabe zu constatiren. Das wird auch in der Regel dankbar anerkannt. Doch giebt es auch Ausnahmen. Von Herrn Szamatólski in Berlin ging seiner Zeit der Erlanger Universitätsbibliothek ein Fragebogen betreffs der dort vorhandenen Faustbücher zu. Nun besitzt die Bibliothek eine Ausgabe des Faustbuches des christlich Meynenden von 1725, deren Seltenheit das Fehlen derselben bei Goedeke ergab. Auf die Mittheilung von diesem in dem hiesigen Kataloge verzeichneten Druck erfolgte die Anfrage, ob wirklich ein solcher existire. Später wurde derselbe auf Ansuchen zweimal an die königliche Bibliothek in Berlin gesendet. Als 39. Heft der deutschen Litteraturdenkmale des 18. und 19. Jahrhunderts von Seuffert-Sauer erschien dann eine neue Ausgabe der Schrift, wo man p. X f. lediglich liest: Sämmtliche undatirte ... Ausgaben ergaben sich ... als Glieder einer Filiation, an deren Spitze *die von mir in Erlangen aufgefundene* und der folgenden Erneuerung zu Grunde gelegte Ausgabe von 1725 steht. Die Erlanger Bibliotheksverwaltung ist weit davon entfernt, sich ein Verdienst in der Sache zuzuschreiben, aber unbeachtet braucht deshalb nicht zu bleiben, dass Szamatólski eine Wendung gewählt hat, die eher alles andere als den wirklichen Sachverhalt vermuthen lässt. Es lag doch nicht eben fern, anzugeben, dass der Herausgeber von dem Vorhandensein jener Ausgabe in Erlangen bei einer Umfrage Kenntniss erhalten habe. Freilich kurzweg zu sagen, „von mir in Erlangen aufgefunden" klingt besser.

Erlangen.　　　　　　　　　　　　　　　　　　　　　　　　Zucker.

In der Revue des bibliothèques 1892 S. 129 u. f. veröffentlicht Herr Léon Dorez einige Urkunden, welche sich auf die Erwerbung der Bibliothek der Königin Christine von Schweden durch den h. Stuhl beziehen.

Vermischte Notizen.

Die Notiz auf S. 193 des letzten Heftes des C. f. B., betreffend den so merkwürdigen frühesten Druck des ersten Buches der Imitatio Christi giebt Veranlassung mitzutheilen, dass sich eine fast gleiche Ausgabe in der Würzburger Universitäts-Bibliothek befindet. In Umfang, Format, Typen und anscheinend auch Zeilenanordnung mit dem dort angeführten Rosenthal'schen Drucke übereinstimmend, bietet sie einmal den Unterschied, dass auf Blatt 2 Zeile 1: „ammoniciones" (nicht „ammonitiones") und Zeile 3: xpi ... vani ="
(nicht „xpi ... vani ="), sowie auf Blatt 24 in der vorletzten Zeile „amo-

niciones" (nicht „aniou.") steht. Verschiedenheiten, die vielleicht nur in einem Versehen, bezw. in technischen Schwierigkeiten bei der Wiedergabe im Drucke ihren Grund haben und dann natürlich gegenstandslos sind. — Worauf wir deshalb um so mehr Gewicht legen, ist sodann das, dass unser Druck Signaturen hat, indem die Blätter 3, 9, 11, 17 und 19 mit aiij, bi, biij, ci und ciij bezeichnet sind; freilich sind diese Signaturen, zumal auf Blatt 9, 17 und 19, sehr schlecht ausgedruckt, jedoch immerhin deutlich zu erkennen.

Ueber den Drucker, Erscheinungsort und Jahr giebt die Schrift nichts an. Der verstorbene Oberbibliothekar Herr Dr. Ruland bezeichnete sie im Cataloge als „alten Cölner Druck." Sollte Hain sub No. 9136 vielleicht einen der vorliegenden beiden Drucke gemeint haben? Ob sie Backer (Essai bibliogr. sur le livre de Imitatio Chr., Liège 1864) bekannt waren, kann hier nicht festgestellt werden.

Würzburg. Dr. Freys.

Die Herren Kegan Paul, Trench, Trübner & Co. Lim. haben in ihrem Oriental Catalogue No. II zum ersten Male den Versuch gemacht, das philologische Hülfsmaterial für jeden sogenannten chinesischen Dialekt zusammenzustellen, um den Gelehrten, welche Grammatiken, Wörterbücher u. s. w. in den Dialekten, z. B. Amoy, Canton, Ningpo, Pekin Dialekt bedürfen, die richtige Wahl der Bücher, die sie nöthig haben, zu erleichtern. Der Katalog ist sehr reichhaltig für chinesische, japanische und ostasiatische Sprachen überhaupt.

Die werthvolle Bibliothek des in Strassburg verstorbenen Professors B. ten Brink ist den Besitz der Buchhandlung Trübner in Strassburg übergegangen.

In dem „Repertorium für Kunstwissenschaft" Band XV. Heft 1 veröffentlicht Herr Oberbibliothekar Dr. Zucker in Erlangen eine sehr genaue Beschreibung von Fragmenten zweier ausserordentlich schön in Uncialbuchstaben geschriebenen Handschriften aus der Karolinger Zeit, die sich in der Bibliothek des germanischen Museums und der Münchener Hof- und Staatsbibliothek befinden. Herr Zucker weist auf die Verwandtschaft hin, in welcher diese Handschriften mit dem s. g. Codex millenarius in Kremsmünster stehen, der sicher karolingischen Ursprungs ist, und glaubt sie alle drei einer deutschen Schreibstube zuweisen zu sollen.

Kaum eine der modernsten Wissenschaften hat schon eine so reiche Literatur aufzuweisen als die Electrotechnik. Sie macht sogar den Schriften über Infektionskrankheiten und Bacteriologie hierin den Rang streitig. Daher ist für Gelehrte und Techniker, die sich berufsmässig mit dieser Wissenschaft beschäftigen müssen, das Erscheinen der Bibliotheca electrotechnica, welche die neuere deutsche, französische und englische Literatur der Elektrotechnik verzeichnet und von Fritz von Szczepanski herausgegeben wird, ganz erwünscht. Die Schrift, die in St. Petersburg und Leipzig erscheint, verzeichnet in 30 Abtheilungen die Literatur wohl annähernd vollständig und kann daher empfohlen werden. x. x.

Einen Altbunzlauer Codex aus der Hussitenzeit beschreibt in böhmischer Sprache W. Nedoma in den Sitzungsberichten der Königl. Böhmischen Gesellschaft der Wissenschaften, Philos.-hist.-philol. Cl. 1891. S. 25 ff. W.

Neue Erscheinungen auf dem Gebiete des Bibliothekswesens.*)

† The Bookworm. No. 53, April 1892: A Puritan book rarity, W. A. Clouston. — The book trade of Leipzig, L. Katscher. — Old books, J. Richard. — Block books of the fifteenth century.
Library Journal Vol. 17, No. 1: Card volumes vs. card drawers, H. E. Green. — The A. L. A. index, W. J. Fletcher. — A bill providing for the printing, binding and the distribution of public documents. — Mercantile Library Association of New York.
No. 2: The library of the Chicago university, Z. A. Dixson. — Mr. Bardwell's brief list of history, C. H. Hull.
Revue des bibliothèques. Année II, No. 2: Recherches sur la bibliothèque du Cardinal Girolamo Aleandro, L. Dorez. — La liasse „Potenze sovrane, Lodovico XII" à „l'Archivio di Stato" de Milan, L. G. Pélissier. — Les manuscrits grecs de Guarino de Vérone et la bibliothèque de Ferrare, H. Omont. — La Bibliothèque Vaticane en 1891, L. Dorez.
No. 3, Mars 1892: Supplément à la bibliographie du Collège Louis-le-Grand, suite et fin, C. Sommervogel. — Documents sur la bibliothèque de la reine Christine de Suède, L. Dorez.

Albert, A. Biographie-bibliographie du Briançonnais, canton de l'Argentière. Grenoble, impr. Allier père et fils. 68 p. 8°.
Tiré à 300 exemplaires.
Allen, Edw. Her. De Fidiculis bibliographia: being a basis of a bibliography of the violin and all other instruments played with a bow in ancient and modern times. Part 2: Book sections and extracts, and second supplement. London, Griffith, Farran & Co. 4°. Sh. 2.6
Annales littéraires, publication collective des bibliophiles contemporains, suivies des Annales administratives pour 1891. Evreux, impr. Hérissey. VIII. 274 p. 8°.
Apprentices' Library, New York. Supplement 4 to the finding list, books added 1891. New York 1891. 28 p. 8°.
Bertkau, Ph. u. F. Hilgendorf. Bericht über die wissenschaftlichen Leistungen im Gebiete der Arthropoden während des Jahres 1890 (Crustaceen 1888). Berlin, Nicolai's Verlagsbuchh. III. 419 S. gr. 8°. M. 22.—
Bibliographie der schweizerischen Landeskunde. Unter Mitwirkung der hohen Bundesbehörden, eidgenössischer und kantonaler Amtsstellen und zahlreicher Gelehrter herausgegeben von der Centralkommission für schweizerische Landeskunde. Fasc. II a: Landesvermessung und Karten der Schweiz, ihrer Landstriche und Kantone. Herausgegeben vom eidgenössischen topographischen Bureau. Redigirt von J. H. Graf. Bern, K. J. Wyss. XVII. 193 S. gr. 8°. M. 3.—
Bibliographie und literarische Chronik der Schweiz. Jahrgang 22: 1892. (12 Nos.) Basel, H. Georg. gr. 8°. Jährlich M. 2.50
Billi, Raff. La biblioteca circolante di Vittorio nel suo XIX anno di esercizio (1890): relazione letta all'assemblea generale dell'anno 1891. Vittorio, tip. L. Zoppelli. 1891. 12 p. 8°.
Boban, E. Documents pour servir à l'histoire du Mexique. Catalogue raisonné de la collection de M. E. Eugène Goupil (ancienne collection J. M. A. Aubin). Manuscrits figuratifs et autres sur papier indigène d'agua mexicana et sur papier européen antérieurs et postérieurs à la conquête du Mexique (XVI e siècle). Tome II. Paris, E. Leroux. 601 p. 4°. et atlas de 80 pl. Fr. 160.—

---

*) Von den mit † bezeichneten Zeitschriften sind nur die Artikel bibliographischen oder bibliothekarischen Inhalts angezeigt.
Die mit * bezeichneten Bücher haben der Redaktion vorgelegen.

Bulletin mensuel des publications étrangères reçues par le Département des imprimés de la Bibliothèque nationale. Année XVI: 1892. Paris, C. Klincksieck. 8°. Par an Fr. 8.—

Casanova, E. Indice tripartito della quarta serie dell' Archivio storico italiano (volumi 20, anni 1878—1887). Firenze, tip. Galileiana di M. Cellini e C. 180 p. 8°. L. 5.—

Catalogo della biblioteca del circolo filologico milanese: appendice. (Catalogo dei libri acquistati ed avuti in dono nell'anno sociale 1890—91.) Milano, tip. Bortolotti dei frat. Rivara. 1891. 46 p. 8°.

Catalogŭ mensual al librăriei romăne publicat de Librăria Soccecŭ & Co. Anul II: 1892. Bucuresci, libr. Soccecŭ & Co. 8°.
Erscheint monatlich.

Catalogue général des manuscrits des bibliothèques publiques de France. Départements. Tome 15: Marseille, par Albanés. Plon, Nourrit & Cie. XI. 579 p. 8°. Fr. 15.—

— Paris. Bibliothèque de l'Arsenal, tome 6, par H. Martin. Paris, Plon, Nourrit & Cie. 519 p. 8°. Fr. 12.—

*Catalogue, The english, of books for 1891 containing a complete list of all the books published in Great Britain and Ireland in the year 1891, with their sizes, prices and publishers' names; also of the principal books published in the United States of America, with the addition of an index to subjects. London, Sampson Low, Marston & Co. 128 p. gr. 8°. Sh. 5.—

Catalogue of Hebraica and Judaica in the library of the corporation of the city of London, with a subject index by A. Löwy. London 1891. 11 + 231 p. 8°.

Catalogues des livres grecs et latins imprimés par Alde Manuce à Venise, 1495—1503—1513, reproduits en phototypie avec une préface par H. Omont. Paris, Em. Bouillon. 24 p. et 4 planches en phototypie, gr. fol. Fr. 15.—

Centenaire, Un, bibliographique. (1791—1891.) Avec préface par A. Barbier. Moutiers, libr. Ducloz. XIV. 53 p. avec portrait. 16°. Fr. 3.—
Tiré à 500 exemplaires numérotés.

Copinger, W. A. The first half century of the latin Bible, being a bibliographical account of the various editions of the latin Bible between 1450 and 1500. London, B. Quaritch. 226 p. with 54 facsim. roy.-4°. cloth. Sh. 56.6
Only 250 copies were printed.

Edwards, F. A. Early Hampshire printers. Southampton, Hampshire Independent Office. 8°. Sh. 1.—

Eggeling, J. Catalogue of the sanskrit manuscripts in the library of the India Office. Part III: Sanskrit literature. A. Scientific and technical literature, II. rhetoric and law. London 1891. P. 321—596. 4°.

Enoch Pratt Free Library, Baltimore. Finding list, Central Library, first supplement to 4th edition, books added Aug. 1, 1890 — Nov. 1, 1891. Baltimore 1891. 106 p. 8°.

Ex-Libris. Zeitschrift für Bücherzeichen, Bibliothekenkunde und Gelehrtengeschichte. Organ des Ex-libris-Vereins zu Berlin. Herausgeber: W. Mecklenburg. Jahrgang II: 1892. No. 1. Görlitz, C. A. Starke. gr. 4°.
Für Mitglieder des Vereins jährlich M. 12.—, für Nichtmitglieder M. 15.—

Farrer, J. A. Books condemned to be burnt. London, Ell. Stock. 200 p. 8°. 4½ sh.

Foster, W. E. Public support of public libraries: a paper read before the American Library Association at San Francisco. (Providence). 11 p. 8°.

*Gottwald, B. Catalogus codicum manuscriptorum qui asservantur in bibliotheca monasterii O. S. B. Engelbergensis in Helvetia. Freiburg, Herders Verlag. XVII. 327 S. gr. 8°. M. 12.—

Hauréau, B. Notices et extraits de quelques manuscrits latins de la Bibliothèque nationale. Tome 3. Paris, C. Klincksieck. 1891. 356 p. 8°.

*Hazañas y La Rua, J. La imprenta en Sevilla. Ensayo de una historia de la tipografia sevillana, y noticias de algunos de sus impresores, desde la introducción del arte tipográfico en esta ciudad hasta el año de 1800. Sevilla, Impr. de la Revista de los Tribunales. 142 p. 4°. Pes. 3.50

Hazlitt, W. C. A manual for the collector and amateur of old english plays. Edited from the material formed by Kirkman, Langbaine, Downes, Oldys and Halliwell-Phillipps. With extensive additions and corrections. London, Pickering & Co. 280 p. 4°. Sh. 21.—

Herne, Fr. S. History of the Town Library (Old Town Hall) and of the Permanent Library, Leicester: being papers read before the North Midland Library Association and Section „A" of the Leicester Literary and Philosophical Society. With additions. Leicester. Lead. 28 p. 8°.

*Hinrichs' Fünfjähriger Katalog der im deutschen Buchhandel erschienenen Bücher, Zeitschriften, Landkarten etc. Band 8: 1886—1890. Bearbeitet von Rich. Haupt und H. Weise. Mit ausführlichem Sachregister. Leipzig, J. C. Hinrichs'sche Buchh. VII. 1040 + IV. 274 S. Lex.-8°. M. 66.—, geb. in 2 Bde. M. 69.50; geb. in 1 Bd. M. 69.—; Sachregister allein M. 17.50; geb. M. 19.—

The History of the Bath Herald from 1792 to its centenary 1892. With a facsimile of the original number of the Bath Herald for March, 3, 1792. Bath, Lewis. 15 p. fol.

Jacobsen, E. Chemisch-technisches Repertorium. 1891. 1. Halbjahr, 1. Hälfte. Berlin, R. Gaertner's Verl. 152 S. mit Illustr. gr. 8°. M. 3.80

Jahrbücher, Botanische, der Systematik, Pflanzengeschichte und Pflanzengeographie, herausgegeben von A. Engler. Band 15, Heft 2. Leipzig, W. Engelmann. S. 145—288; Litteraturbericht S. 17—48 u. Beiblatt 20 S. mit 1 Tafel u. 13 Holzschn. gr. 8°. M. 9.—

Jahresbericht über die Erscheinungen auf dem Gebiete der germanischen Philologie. Herausgegeben von der Gesellschaft für deutsche Philologie in Berlin. Jahrgang 13: 1891. 1. Abteilung. Leipzig, C. Reissner. 128 S. gr. 8°. Für den Jahrgang M. 9.—

Jahres-Verzeichniss der an den deutschen Schulanstalten erschienenen Abhandlungen. III: 1891. Berlin, A. Asher & Co. III. 89 S. Lex. 8°. M. 2.50

Jamestown, N. Y. James Prendergast Free Library. Finding list. October. Jamestown 1891. 16 + 206 p. 8°.

Jersey City, N. J., Free Public Library. Supplement 1 to the alphabetical finding list, Oct. 1. Jersey City, N. J. 1891. 61 p. gr. 8°.

Inventaire sommaire des archives des hospices civils de Rouen. Partie 1. Rouen, imp. Cagniard. 292 p. 4°.

Kukula, R. Bibliographisches Jahrbuch der Deutschen Hochschulen. Vollständig umgearbeitete Neuauflage des "Allgemeinen Deutschen Hochschulen-Almanachs" (Wien 1888). Innsbruck, Wagner'sche Universitätsbuchh. IV. 1071 S. 8°. M. 11.60

Leypoldt's, F. American catalogue, 1884—90: books, recorded (including reprints and importations) July 1, 1884 to June 30, 1890, compiled under the editorial direction of R. R. Bowker, by A. J. Appleton and others. Part 4. New York, Office of the Publishers' Weekly. 46 + 231—318 p. 4°.

*Library of Harvard University. Bibliographical contributions, edited by Justin Winsor. No. 44: Eighth list of the publications of Harvard University and its officers, with the chief publications on the University, 1890—1891, by W. Hopkins Tillinghast. Cambridge, Mass., Library of Harvard University. 36 p. 4°.

List of engravings. Also manuscripts and books relating to William Hogarth, with 2 impressions of a copperplate engraving of the central figures from the third scene of the "Rake's Progress." Richard Sawyer fecit 1828; and "A note on Hogarth," by Selwyn Image. London, Tregaskis. imp.-8°. Sh. 5.—

Litteratur, Die landeskundliche, der Provinzen Ost- und Westpreussen. Unter wesentlicher Mitarbeit von R. Reicke, E. Reicke und v. Schack gesammelt und herausgegeben von der Königsberger geographischen Gesellschaft. Heft 1: Allgemeine Darstellungen und allgemeine Karten. Königsberg. Hübner & Matz. V. 71 S. gr. 8°. M. 2.—

Litteratur, Die, der Veterinär-Wissenschaft von 1889—1. April 1892. Berlin, Th. Chr. Fr. Enslin. 22 S. 8°. M. —.80

Lohmeyer, Ed. Verzeichniss neuer hessischer Litteratur, Jahrgang 1890 nebst Nachträgen zu 1886—89. Kassel, M. Brunnemann. 40 S. 8°. (S.-A.) M. 1.—

Maire, A. Catalogue des thèses de sciences soutenues en France de 1810 à 1890. Paris, H. Welter. 236 p. 8°. Fr. 10.—

Malaguzzi, J. L'archivio di stato in Modena durante il triennio 1888—90. Modena, tip. Soliani. 89 p. 8°.

Marti Grajales, F. El notario Carlos Ros y Hebrera. Bio-bibliografia premiada con accésit en los Juegos Florales de Lo Rat-Penat. Valencia. impr. de Francisco Vives Mora. 1891. 63 p. 8°.
  Tirada de 100 copias que no se venden.

Mühlbrecht, O. Uebersicht der gesammten staats- und rechtswissenschaftlichen Litteratur des Jahres 1891. 24. Jahrgang. Berlin, Puttkammer & Mühlbrecht. XXXII. 254 u. 14 S. 8°. M. 6.—

Oberlin College. Library bulletin, Jan. 1892. Vol. I, No. 1: A popular bibliography of sociology, by J. R. Commons. Oberlin, O. 15 p. 8°.

Oversigt over Videnskabs-Selskabets Möder i 1891. Med Fortegnelse over Selskabets Medlemmer og Gaver til dets Bibliothek i 1891. Kristiania, Jac. Dybwad. 66 S. gr. 8°. Kr. 1.—

Patetta, Fed. Sui manoscritti della collezione Anselmo dedicata e del capitolare di Lamberto. Roma, Erm. Loescher. 12 p. 8°.

Pène du Bois, H. Four private libraries of New York. A contribution to the history of bibliophilism in America. 1. Series. New York, Duprat & Co. 119 p. 8°. D. 2.50

Petzendorfer, L. Schriften-Atlas. Eine Sammlung der wichtigsten Schreib- und Druckschriften aus alter und neuer Zeit, nebst Initialen, Monogrammen, Landesfarben und heraldischen Motiven, für die praktischen Zwecke des Kunstgewerbes zusammengestellt. 2. Auflage. (In 20 Lieferungen.) Lief. 1. 8 Tafeln. Stuttgart, Jul. Hoffmann. fol. M. 1.—

Propugnatore: Il primo ventennio, 1868—1887: Indice generale degli autori e delle materie. Bologna, Romagnoli Dall' Acqua. 1891. 77 p. 8°.

Quincy, Mass. Thomas Crane Public Library. Classified list of books for young people, with author index. Boston 1891. 80 p. 8°.

Remondino, P. C. The mediterranean shores of America: Southern California, its climatic, physical and meteorological conditions. Philadelphia. The F. A. Davis Co. 14 + 150 p. 8°. cloth. D. 1.25
  "Bibliography and maps."

Roura, Mig. Reseña de los incunables, que posee la Biblioteca pública de Mahon. Palma, escuela tipográfica provincial. 1890. XXX. 184 p. 8°.

Rüfenacht, H. Das litterarische und künstlerische Urheberrecht in der Schweiz mit besonderer Rücksicht auf die bestehenden Staatsverträge. Bern, K. J. Wyss. IV. 174 S. gr. 8°. M. 2.40

Salem, Mass., Public Library. 3d Supplement to the finding list. October. Salem 1891. S. 116 p. 8°.

Schrobsdorff's Literatur-Vademecum für den Deutschen Offizier. Ein systematischer nach Schlagworten geordneter Führer durch die neueren Erscheinungen auf dem Gebiete der Kriegswissenschaft etc. Düsseldorf, Schrobsdorff'sche Buchh. 55 S. 8°.

*Sommaire périodique des revues de droit. Table mensuelle de tous les articles et études juridiques publiés dans les périodiques belges et étrangers. Rédaction: P. Blanchemanche, Jos. Cassiers, M. Hallet, P. Otlet. Année II: 1892. Bruxelles, Ve Ferd. Larcier. 8°. Par an Fr. 12. — Paraissant mensuellement par livraisons d'environ 70 pages.

Tredwell, Dan. M. A monograph on privately illustrated books: a plea for bibliomania. Flatbush, L. J., privately printed. 5. 506 p. 8°, cloth. D. 5. --

Antiquarische Kataloge.

Ackermann, Th., München. No. 325: Geologie, Mineralogie, Bergbau. 883 Nos. — No. 331: Jagd- u. Forstwissenschaft. 396 Nos. — No. 332: Haus- u. Landwirthschaft. 907 Nos.
Antiquariat, Schweizer., Zürich. No. 156: Helvetica. 1874 Nos.
Auer Donauwörth. No. 116: Gebet- u. Betrachtungsbücher. 953 Nos.
Bamberg Greifswald. No. 93: Classische Philologie. 1235 Nos. — No. 94: Medicin. 714 Nos. — No. 95: Geschichte. 1563 Nos. — No. 96: Classische Philologie. 348 Nos.
Baer & Co. Frankfurt. No. 290: Architektur, Sculptur, Kunstgewerbe. II. (Bibl. v. Prof. Dr. Ant. Springer.) No. 1939—4122. — Anz. No. 420: Geschichte u. Litteratur d. Renaissance. No. 2009—2603.
Bauer Zürich. No. 197: Vermischtes. 1377 Nos.
Beijers'sche Bh. Utrecht. No. 143: Niederländ. Geschichte. 1302 Nos.
Bose Leipzig. No. 19: Rechtswissenschaft. 2406 Nos.
Brockhaus Ant. Leipzig. No. 116: Allgem. Naturgesch. Vertebrata. 1356 Nos. — No. 120: Chemie. (Bibl. des Prof. Dr. G. Chancel in Montpellier.) 271 Nos.
Burow Gotha. No. 27: Neue Erwerbungen. 776 Nos.
Dobrowsky Budapest. No. 54: Doubletten ein. bischöfl. Bibliothek. 1646 Nos.
Drucker, Frat., Padua. No. 15: Equitazione e mascalcia. 104 Nos.
Fock Leipzig. No. 64: Litteratur u. Wissenschaft. 96 S.
Fritzsche Hamburg. Anz. No. 4: Neueste Erwerbgn. Bibliothekswerke. No. 1379—1853.
Geering Basel. No. 226: Theologie. 2324 Nos. — Anz. No. 104: Vermischtes. 457 Nos.
Gilhofer & Ranschburg Wien. No. 37: Theologie. 2292 Nos.
Goldstein Dresden. No. 17: Kunst, Physik, Naturwissensch. 1112 Nos.
Haerpfer's Bh. Prag. No. 122: Deutsche Belletristik. 1095 Nos.
Harrassowitz Leipzig. No. 179 u. 180. (Bibl. v. Prof. Dr. J. Spongberg Upsala u. Dr. P. Habrucker in Marburg.) Scriptores gr. et lat. 2804 Nos. — Alterthumskunde. No. 2805—4853.
Harrwitz Berlin. Paedagogik, Universitätswesen, Neulateiner. 298 Nos. — Photographie. Lithographie. Typographie. 370 Nos.
Haugg Augsburg. No. 122: Neuere Literatur. 612 Nos. — No. 123: Incunabeln. 554 Nos.
Hiersemann Leipzig. No. 94: Ornamentale Vorlagenwerke. 977 Nos.
Hoepli Mailand. No. 78: Curiosità letterarie. 1703 Nos.
Karafiat Brünn. No. 10: Vermischtes. 93 S.
Kauffmann Frankfurt a. M. No. 18: Hebraica u. Judaica. 770 Nos.
Kaufmann Stuttgart. No. 55: Varia. No. 1912--2240.
Kende Wien. 1891. No. 10: Autographen u. histor. Urkunden von Adelsfamilien etc. 1086 Nos.
Kerler Ulm. No. 177: Kathol. Theologie. 1761 Nos.
Klemmings Ant. Stockholm. 1892 II: Svensk topografi, teater. 52 S.
Köbner Breslau. No. 213: Evangel. Theologie. I. A—K. No. 1—1676.
Koch Königsberg. Bibliothek Bujack. Nr. 62: Geschichte d. Altertums. 1892 Nos. — Nr. 63: Geschichte d. ausserdeutschen Länder. 810 Nos.
Koehlers Ant. Berlin. No. 23: Orientalia u. Americana. 2972 Nos.
Lau & Cie München. No. 20: Deutsche Sprache u. Altertumskunde. (Bibl. v. Prof. Birlinger in Bonn.) 1660 Nos.

Liebisch Leipzig. No. 69: Prakt. Theologie. 4252 Nos.
Liepmannssohn Berlin. No. 92: Militärkostüm, etc. 389 Nos.
Lippertsche Bh. Halle. No. 33: Scriptores graeci. 2069 Nos.
List & Francke Leipzig. No. 238: Storia e letteratura italiana. 1260 Nos.
Loescher & Co. Rom. No. 30: Filologia classica. (Bibl. di Prof. Giac. Lignana.) 1894 Nos.
Mampe Berlin. No. 31: Geschichte. 2989 Nos.
Mayer & Müller Berlin. No. 119: Mathematik u. mathemat. Physik. (Bibl. v. Prof. S*** (B...) u. Oberl. Dr. Duda Brieg.) 3243 Nos.
Nutt London. No. 29: History of France etc. 637 Nos.
Rosenthal München. No. 70: Biblioth. evangel.-theol. VI. VII. Funk — Heunisch. Hensinger — Johann Friedrich. Nos. 8775—10676. 10677—12649.
Roskoschny Leipzig. No. 3: Werke aus allen Wissenschaften. 760 Nos.
Schack Leipzig. No. 70: Exacte Wissenschaften. 2332 Nos.
Schöningh Paderborn. No. 2: Medicin. 1005 Nos.
Seligsberg Bayreuth. No. 216: Geschichte. Bayer. Landes- und Ortsgeschichte. 2510 Nos.
Spirgatis Leipzig. No. 6: Orientalia, m. Ausschluss d. semit. u. hamit. Sprachen. 1298 Nos.
Uebelen München. No. 44: Auswahl interess. Bücher aus allen Wissensch. 386 Nos.
Völcker Frankfurt. No. 185: Kriegsgeschichte u. Kriegswiss. 1175 Nos. — No. 186: Ornament-Stiche u. Werke. 468 Nos.
Volckmann & Jerosch Rostock. No. 9: Wiegendrucke. Literar. Seltenheiten. 555 Nos.
Weg Leipzig. No. 15: Botanik. (Bibl. v. Dr. J. Groenland.) 1936 Nos.
Weigel, Ad., Leipzig. Auswahl aus all. Wissensch. Bibliothekswerke. (Bibl. v. Joh. Mohrmann in Hambg.) 560 Nos.
Wilberg Athen. Klass. Philologie u. Alterthumskunde. 19 S.
Würzner Leipzig. No. 126: Varia. 16 S.

Personalnachrichten.

Mit der Leitung der Universitäts-Bibliothek zu Leipzig ist bis auf Weiteres der bisherige Oberbibliothekar derselben Herr Hofrath Dr. Förstemann betraut worden.

An der Grossherzogl. Regierungsbibliothek zu Schwerin ist der bisherige Volontär Dr. Wilhelm Voss zum 2. Custos ernannt worden.

An der Universitäts-Bibliothek zu Basel wurde der bisherige Assistent Dr. Gustav Binz zum 3. Bibliothekar ernannt; zum Assistenten wurde Dr. Johannes Bernoulli erwählt. Oberbibliothekar ist, wie schon früher (S. 200) gemeldet, Dr. Carl Christoph Bernoulli; 2. Bibliothekar Prof. Carl Meyer.

An der Universitäts-Bibliothek zu Jena ist der bisherige Custos Eschke zum Sekretär befördert worden.

Die Verwaltung der orientalischen Abtheilung des British Museum (Drucke und Handschriften) ist Prof. Douglas übertragen.

Am 13. Februar 1892 starb in Paris Louis Ferdinand Alfred Maury, früher Bibliothekar an der Bibliothèque royale und Director der kaiserlichen Archive, Mitglied der Académie des inscriptions et belles lettres, im 75. Lebensjahre.

Am 30. März 1892 starb der o. ö. Professor und Oberbibliothekar der Universitätsbibliothek zu München, Dr. Paul von Roth.

Verlag von Otto Harrassowitz, Leipzig. — Druck von Ehrhardt Karras, Halle.

Centralblatt
für
Bibliothekswesen.

IX. Jahrgang.   6. Heft.   Juni 1892.

Mittheilungen aus der Stadtbibliothek zu Trier.

1. In seinem Aufsatz „zur Kenntniss altdeutscher Handschriften etc." sagt Burdach (Centralbl. VIII, 20): „Ulrich sagt im Epilog, er habe gehört, dass es zwei lateinische Werke desselben Titels gebe, er habe indessen nur das kleinere finden können."
Die hiesige Stadtbibliothek besitzt 2 lateinische Werke des Titels lumen animae, wovon das eine durch 4 Wiegendrucke, Hain 10330, 10331 (2 Exemplare) und 10333, das andere durch eine Handschrift dargestellt wird. Das gedruckte Werk umfasst 33—35 Sexterne bei einer Grösse von 200 × 300 mm. und ziemlich engem Druck.
Die Handschrift, cod. ms. No. 2066, Standn. Inc. 1028, ist 215 × 292, also ungefähr ebenso gross, füllt aber nur die sechste Stelle eines Sammelbandes aus, dessen erster Theil Inkunabel ist und zwei Kalendarien, ein directorium aureum super bibliam, einen tractatus de cupiditate von Johannes de Capistrano enthält. Die übrigen Nummern sind Manuskript: Passio abbreviata, lumen animae, sowie sieben Predigten. Lumen animae umfasst 40 2spaltige Blätter mit 40—50 Zeilen (also ungefähr wie die Drucke) Text, z. Th. freilich gedrängt geschrieben. Sie ist also ungefähr 6 mal kleiner als einer der Drucke. Innerhalb des Inventars der Stadtbibliothek zu Trier ist also zu unterscheiden zwischen einem grossen und einem kleinen lumen animae, ganz wie es Ulrich Putsch gehört hat. Wenn nun der „Pfarrer zu Tirol" recht gehört hat, d. h. wenn es nur 2 Werke besagten Namens und zwar ein grosses und ein kleines giebt, so sind diese eben hier vertreten. Dieser Annahme scheint zunächst Burdachs in der Anmerkung Centralbl. VIII, 146 f. enthaltene Meinung im Wege zu stehen, dass der Text der 5 Hain'schen Drucke dem Ulrich Putsch vorgelegen habe. Wenn also letzterer ein noch grösseres Werk desselben Titels kannte, so giebt es heute drei lumen animae: nämlich dieses grösste Werk, das mittlere, in den genannten Drucken enthaltene und ein kleineres, welches durch unsre Hs. vertreten ist. Nach Burdach muss ferner ein weiteres lumen animae, welches die Vorlage für das niederdeutsche Beichtbuch „Dat licht der sele' abgegeben hat,

anderen Inhalt gehabt haben, p. 20. Ausserdem ist noch bekanntermassen in Wolfenbüttel eine Hs. eines gleichnamigen Werkes, welches „sehr verschieden ist von dem bekannten lumen animae des Mattheus Farinator." v. Heinemann die Hss. d H. B. z. W. 1, 2, S. 148. Ausserdem giebt es noch weitere Hss. desselben Titels: in der Erfurter Amploniana, eine in Halle u. s. f.

Nun ist die Frage die: giebt es eine Zweiheit oder Vielheit von lumen animae? Wie Burdach S. 21 richtig bemerkt, kann „nur eine besondere auf Autopsie gegründete Vergleichung dieser Handschriften und Drucke über das Verhältniss der beiden gleichnamigen Werke volle Klarheit schaffen." Aber eine Vermuthung möchte ich auf Grund des mir vorliegenden Stoffes an dieser Stelle wagen; wenn sie sich nicht bestätigt, wird sie doch vielleicht anregend gewirkt haben:

Bis jetzt zwingt nichts, von der Zweiheit des lumen animae abzustehen. Thatsächlich giebt es 2 Texte desselben Titels und zwar in der hiesigen Stadtbibliothek. Kann der kleinere Ulrich Putsch vorgelegen haben? Kann er den grösseren vergebens gesucht haben, d. h. ist dieser selten gewesen?

Was durch Burdach und Germania 21, 42 über Ulrichs Buch bebekannt ist, hindert nicht, in unsrer Hs. die Vorlage zu seinem Werke zu vermuthen. Ihr Inhalt ist nämlich völlig gleichartig mit dem „grösseren Werke." Allenfalls könnte das Vorhandensein eines Prologs einen stutzig machen, da ein solcher in der Hs. fehlt. Allein diese kann in dem Kollektaneenbuche des Johannes Pilter, s. u., ganz gut ausgelassen sein. Was davon durch Germania l. c. bekannt wird, könnte ganz gut vor unsrer Hs. stehen. Andrerseits passt die Ueberschrift von Ulrichs 1. Kapitel, sagt von hochmütigkeit und von hochvart, weit besser zu unser Hs., welche mit demselben Gegenstande: De altitudine beginnt, als zu unseren Drucken, deren 1. Theil gar nicht ähnlich anfängt und deren 2. Theil mit dem geraden Gegentheil, de abiectione beginnt. Die Tugenden und ihre Gegensätze wurden aber stets von den Moralisten getrennt behandelt. Amploniana 156, 2 u. 168, 12 sind identisch mit dem Texte unsrer Hs. Die Vorlage zum niederdeutschen Beichtbuch umfasste „nicht weniger als dreissig grosse Sexterne" (Centralbl. VIII, 21), stimmte also im Umfange mit unseren Drucken überein. Die übrigen Vertreter von 1. a. sind mir nicht bekannt. Die Hallenser Hs. ist gleich dem ersten Theile des gedruckten Textes.

Kann nun Ulrich Putsch den Text unserer Drucke vermisst haben, d. h. ist er selten gewesen?

Hierauf giebt die Schlussschrift der Drucke die Antwort: Liber lumen anime dictus .., qui post diutinam occultationem divina cooperante gratia .... in lucem est productus.

Um die weitere Untersuchung zu erleichtern, mögen hier einige Angaben über die Hs. und die Drucke folgen. Der Sammelband, welcher jene in sich birgt, hat einen braunen Lederrücken und hölzerne Deckel. Auf der unteren Innendecke ist eine aus Pallien bei Trier stammende Privaturkunde eingeklebt. Der Band ist also in oder bei Trier (vermuthlich in Eberhardsklausen) zusammengestellt und gebunden worden. Die Hs. von lumen animae scheint fabrikmässig hergestellt, in Kursive ohne Horizont. Der Besitzer hat sie selbst rubriciert und den Anfangsbuchstaben grün bemalt, ähnlich wie in einer anderen Hs. der Stadtbibliothek, die gleichfalls in seinem Besitze war. Am Schlusse schreibt er nämlich in Mennig: Illuminata est hec materia per me Johannem Pylter, plebanum in Sydinchusen circa Urbam anno domini 1486 Amen, also lange nach Erfindung der Buchdruckerkunst. Der Text der Hs. ist mit demjenigen der Drucke verwandt. Vielleicht stellt sie die ursprüngliche Redaktion dar, nach deren Muster das grössere Werk verfasst wurde. Die Anfänge des 1. Kapitels der Hs. und des 50. der Drucke sind einander sehr ähnlich. Beide Kapitel sind überschrieben: De altitudine. Das erstere beginnt: Philosophus in sexto libro animalium sic inquid. Die Exempla des letzteren beginnen: Arestotiles in VI. animalium libro. Die beiden nun folgenden Beispiele sind verschieden und zwar wird der entlehnende Theil darin absichtlich abgewichen sein.

Von den 4 Drucken des lumen animae scheinen 3 Reproduktionen des ersten oder Reproduktionen von einander zu sein. Mit dem 'septem apparitores' sind die 7 Hauptstunden gemeint, welche unter Titel 75 behandelt werden. 2 Register sind vorgedruckt: tabula prima rerum naturalium, tabula secunda moralium. In der Ausgabe von 1479 ist noch eine Uebersicht der Kapitelüberschriften des 1. Theiles beigegeben: Sequuntur tytuli secundum ordinem in hoc libro positi.

De nativitate Christi 1, de nomine Jhesu 2, de passione Christi 3, de corpore Christi 4, de sancto spiritu 5, de trinitate 6, de beata virgine 7, de angelis 8, de apostolis 9, de sanctis 10, de abstinentia 11, de abiectione 12, de ascensione 13, de accidia 14, de accinctione 15, de adolescentia 16, de adulatione 17, de adventu spiritus sancti 18, de adventu iudicis 19, de adventu dyaboli 20, de adventu Christi 21, de affluentia mundana 22, de amaritudine 23, de amissione 24, de appropinquatione 25, de alacritate 26, de affectione 27, de affectu 28, de aggressione 29, de ascensione Christi 30, de bonitate 31, de benignitate 32, de caritate 33, de castitate 34, de casu 35, de cecitate cordis 36, de confessione 37, de contemplatione 38, de culpa 39, de detractione 40, de dilectione 41, de dulcedine 42, de aggregatione 43, de amore mundi 44, de amore sui 45, de amore dei 46, de amore in genere 47, de amore iterum 48, de amore dei 49, de altitudine divina 50, de auditu 51, de audacia 52, de avaricia 53, de abiectione 54, de beatitudine 55, de dormitione 56, de elemosina 57, de estu 58, de exercitio 59, de humilitate 60, de iubilo 61, de sanctitate 62, de sapiencia 63, de sedulitate 64, de semine 65, de separatione 66, de serenitate 67, de securitate 68, de sanitate 69, de statu vite presentis 70, de silentio 71, de somno 72, de sopore 73, de superbia 74, de septem apparitoribus 75. Finiunt tytuli.

Auf der ersten Seite der Hs. wird als Verfasser derselben Fontinus genannt. Auf dem unteren Rande steht nämlich in Mennig: Liber dictus lumen anime. Darunter in schwarzer Tinte: Fontinus de naturis rerum. Beides ist von der Hd. des Besitzers geschrieben, der seinen Namen unter die genannten Eintragungen gesetzt hat: liber domini Joh. Pylter. Er scheint aber selbst Zweifel in die Autorschaft des Fontinus gesetzt zu haben oder solche sind in einem späteren Benutzer der Hs. aufgestiegen; denn der Name Fontinus ist mit blasserer Tinte doppelt durchgestrichen. Aber dies kann demjenigen, der die Striche machte, wieder leid geworden sein, da besagte Striche, noch ehe sie trocken waren, wieder verwischt wurden. Fontinus kommt in dem lateinischen Prologe vor und unter Titulus 50 citirt Matthias Farinator oder sein Vorbild ein Werk des Fontinus: de elementis et elementatis.

Eine Probe aus der Hs. möge hier folgen, f. 1: Philosophus in sexto libro animalium sic inquit: In cunctis quidem mortuis pectus alicuius [plus?] solito elevatur. Cuius ratio est, quia in morte totus sanguis transfluit ad cordis regionem in auxilium vite, ut recitat Galicnus: Multa autem sanguinis confluxio intumescere facit carnem, ut asserit Constantius. Sic et cunctis viciis cor mortui hominis in peccatis magis in altum fertur mundani culminis et honoris. Unde Augustinus in libro de illustribus viris(?): quanto quis enim sue ruine vicinior fuerit peccator, tanto magis vana huius mundi intumescit etc.

1) Unser Zainerscher Druck von 1477 ist in Holzdeckel mit br. Lederüberzuge gebunden. Die Stempelpressung ist vom Ende des 15. Jahrh. Die rechteckige Leistenform wiegt bereits vor; Pflanzenornament.

2) Auf der unteren Innendecke ist ein Bruchstück eines dem lumen animae einerseits und dem speculum humanae salvationis andererseits verwandten Wiegendruckes in mittelhochdeutscher Prosa: Grosse an die Schwabacher und Terhoernen anklingende Type:

Der tewfel versücht Cristum mit hoffart, do er in die heiligen stat fürt und stalt in auf den umbgang des tempels und sprach zü im: Bistu gottes sun so laſs dich da hin ab · wann es ist geschriben. Er hat seinen engeln geboten, dasz sy dich werden tragen in den hennden, das du deinen fuſz nicht stossest an einen stein. Do sprach Jhesus zû im: Es ist geschriben: du solt got, deinen herren nicht versüchen. Es überwand Christus den tewfel in der versüchung der hoffart. Das was hievor bezeichent in David und in dem tödten Golias. Golias der römet sich gar hoffertigklich von seiner sterck und schätzet sich, das im keiner geleychen möcht uunder dem volck von Israhel. Do warff in David mit seiner schlingen zü der erd nider und mit gottes hilff erschlüg er in mit seinem schwert. Golias, der rifs, bezeichnet Lucifers hofart, der do in dem himelreich begert, got geleich zewerden; aber David, der hirrt, der disen hoffertigen risen erschlüg, das ist Cristus, der in dem versüchen der hoffart, der den teüfel demütigklich hat überwunden. Die versüchung der hofart seind manigerley und seind gar gemein, wann sy reichsnent nit allein under den weltlichen, sunder auch under den geystlichen. Es geschicht dick,

das einen, den keiner hand stůnd überwinden mag, das der fellt mit begerung weltlicher üppiger ere und menschliches lobs. Es leit dick verborgen under dem schnödisten kleyd solliche hofart als unter einem keiserlichen guldin gewandt,
(Dieser letzte Satz ist dick in Roth unterstrichen. Am Rande steht, ebenfalls in Roth: verum est, nota!)
¶ Die dritt figur sagt wie David den leo und den pern erschlůg.

Die nach der Loslösung sichtbar gewordene Seite gehört der Reihenfolge noch vor obige. Ihr Text ist folgender: eyn andere von dem bösen geyst bereyt. Darumb ist cristus nit allein mit einer versůchung versůcht, sunder mit dreyen; wann die geyst versůchen unfs mit manigerley laster. Und wår es, das unfs got sein hůt unnd der engel nit het geben, so möcht kein mensch von der bösen geyst anfechtung sein genesen, wann als der schein von der sunnen vol staub ist, also ist die welt voller böser geyst. Und darumb, ob wir yemant von anfechtung wegen sehen gefallen sein, so söll wir ein mitleiden mit im haben von gantzem hertzen. Wir söllen in nicht zů hand vertreiben, noch verurteylen, noch es offenbar machen, sunder wir söllen alles unnser vermügen [t]hůn, das wir sein stůnd verhelen unnd entschuldigen mügen. Mügen wir aber es nicht entschuldigen, das die tat zů kůndtlich ist, so s[ol]len wir es aber zů dem besten auffnemen und czů dem besten keren. Ist aber, das der keins gesein mag, so sol unser yegklicher erseuffczen und sol also gedencken: O we, wie war es mir armen so dick geschehen, unnd widerfaren, hat mich got durch sein barmhertzigkeyt nicht behůt. Man sol wissen, das der versůcher, der veind, leget Christo drew laster für: das seind fråsserey, hoffart und geitigkeyt. Do nun Jhesus gevastet het, viertzig tag unnd viertzig nacht, do gedacht der tewfel er wår hungerig. Darumb versůcht er in mit fråsserey und sprach: ist, das du gotes sun bist, so sprich, das die stein zů prot werden. Da antwurt im Jhesus und sprach: Es stet geschriben: der mensch lebt nicht allein in dem prot / sunder er lebt auch von einem yegklichen wordt, das do geet von dem mund gottes. Es überwand Christus den tewfel in der fråsserey. Der tewfel pfligt den menschen zeversůchen, mit der stůnd, die er sicht oder schätzet, darzů er allermeist geneiget ist. Do er nun Jhesum schätzte für hungerig, do gedacht er in im selber, er solt in versůchen mit fråsserey. Der veind versůcht den menschen zů dem ersten mit fråsserey / wann...

3) Von grösserem Interesse dürfte ein Fund sein, den Schreiber dieses vor einiger Zeit gemacht hat: der Spigel der menschlichen selikeit von Heinrich von Lauffenburg, eine Papierhandschrift aus der ersten Hälfte des 15. Jahrh., also jedenfalls der Abfassungszeit, 1437, sehr nahe. Die Hs. fand sich in einem Winkel der Bibliothek und war noch nicht katalogisirt. Sie ist mit Bildern des 3ten der von Burdach aufgestellten Typen geschmückt. Durch diesen Codex wird die Zahl der metrischen spigel der selikeit von 12 auf 13 erhöht.

Eine Beschreibung der Hs. dürfte hier wohl am Platze sein. Holzband in rothem Schafleder, fol., Pp., Wz. Hirschkopf mit Kreuz, fol. 1 ursprünglich leer, späterer Eintrag (15. Jahrh.) mir geschryven hant, ghen Scharfpensteyn zu komen, so lofsen ich uch liber juncker wifsen doz ich von leibes nod nit komen kan zu diszer zijt, ich beden uch, lieber juncker, doz ir daz nit vor ubel wollent usnemen, wont ich nit komen kan; aber wen ifz sach, daz ir myn nit uiberen moigten, so wolt ich dhun wye ich kont und wolt komen do hin, do uwer gnode mich han wolt, wan wiszent myn notdroff, leiber juncker zu deszer zyt anno domini M vier hondert noch Christi gebort LXV etc.

Die erste Zeile dieses Konzepts zu einem Briefe ist verblasst; dasselbe wird hier als Beitrag zur Geschichte des deutschen Briefes mitgetheilt.

Darunter in einer Hand des 18. Jahrh. R. L. E. von Clodh. Endlich in der Hd. Wyttenbachs: Modo Bibl. publ. Trevir. ex donatione D. Gothardi Schaefer, Pastoris ad S. Paulum Treviris 1838.

f. 1' ein die ganze Seite füllendes Bild. Oben Zinnen wie von einer Stadt. In der Mitte, das Ganze umfassend, eine Eiche ähnlich einem genealogischen Baum. In seinen Aesten und an seinen Wurzeln sind die verschiedenen Gewerbe, vielleicht Ministerialen durch Männer in verschiedener Tracht und mit verschiedenem Geräthe dargestellt, oben in der Krone der schriber, auf dem ersten Aste rechts der kelner, links der hagmeinster und kuster; darunter der swynmeister und der zimmermeister einerseits, andrerseits der smedemeyster & schoemeinster; um die Wurzel der Molymeyster, Systhemeister und der wastenmeister. Bei letzterem, der ebenso wie der Systhemeister in 2 Personen dargestellt ist, steht ein Wagen für 2 Pferde. Man merke die zweimalige Schreibung meinster. Sollte der Handwerksmeister nicht von magister, sondern von minister stammen? Der thatsächlichen Entwickelung würde letzteres durchaus entsprechen.

f. 2 roth: Spigel der menschlichen selikeit.
Darunter schwarz: Hye begint des buchis prologus,
Eyn vorrede und ludit alsus:

(Das Blatt ist stark zerlesen und stellenweise verblasst, ein grosser Riss geht in der linken Spalte von oben bis unten): das heifzit: Qui ad iusticiam erudiunt.

f. 2' Die Seite ist, wie alle folgenden in 2 horizontale Theile getheilt. Das obere Drittel nimmt die bildliche Darstellung ein, die Kontouren in flüchtiger Federzeichnung, ebenso flüchtig ist die Farbengebung. Die unteren 2 Drittel nehmen die 2 Spalten des Textes ein. Derselbe ist rubricirt. Er beginnt:

> Dyt buch ist den ungelarten luden bereit
> Und heifzt ein spigel der menschlichen selekeit.
> Daran mag man pruben durch waz sachin
> Got den menschen wolde machin.

Auch die bildliche Darstellung ist zweispaltig.

Ueber der ersten Spalte ist Christus in Mandorla von Engeln umgeben. Ihm zu Füssen Teufel. Auf dem Spruchbande: Du wirst gezogen in die helle.

Das Rubrum der 2ten Spalte ist: Dominus fecit Evam de coste Ade dormientis, Got machte Evam von der rippe Ade als er sl. — Ueber ihr steht Christus. Vor ihm schlummert Adam, aus dessen Seite Eva hervorwächst. Aus dem Felsen, auf welchem Adam ruht, schaut ein Häschen heraus. Bild, Rubrum und Textspalte stehen in innerem Zusammenhang. Ebenso ist der Zusammenhang in der ganzen Reihe von Bildern und Texten gewahrt. Ein Stoff kann auch auf zwei Spalten, also 2 Bilder sammt Text sich erstrecken wie die Geschichte von dem Kinde Moses. Der rothe Faden, der sich durch das Ganze zieht, ist dabei die Heilsgeschichte, d. h. das Leben Jesu (u. Maria), während die Bilder aus dem alten Testamente nur als Prototype herangezogen und als solche im Texte ausführlich erläutert werden. Dabei folgt nicht regelmässig einem Bild des neuen Testamentes ein solches des alten, sondern beiderlei Arten flechten sich zwanglos ineinander; so zwar dass der Prototyp vorausgehen und die Erfüllung folgen kann und umgekehrt. Manchmal treten 2 bis 3 Vorbilder zu demselben Stoffe hintereinander auf. Es sind im ganzen 96 Bilder und Vorbilder, f. 2'—26 f. 26 Schluss: In godis namen Amen. Et est finis speculi humane salvationis.

2) Gleich darunter in derselben Hand die Ankündigung eines neuen Stoffes:

> Sich hub vor gots trone
> Eyn gespreche schone:
> Vume dem menschin das geschach,
> Dâ unser her got gesach,
> Wye rechte grosze iamerkeit
> Der mensche in der werlt leit etc.

f. 26' Oben ein Bild, wie im Speculum. Dasselbe nimmt jedoch die ganze Breite der Seite ein: Rechts ein König auf dem Throne, in der Mitte die Barmherzigkeit und links die Wahrheit. Das Spruchband beim Könige lautet: Wer (= uwer) rede ist loblich und ist mir lehr. Neben jeder der beiden andren Figuren steht in Fraktura ihr Name.

Ueberschrift: Der lobelich konig.

Beg.
> Es was eyn konig so lobelich
> Dem nymant mochte wesin glich,
> Der hatte tochtir vyerde.
> Ich wil sye uch nennin schyere.
> Auch hatte der konig reyne
> Eyn sone alleyne,
> Nu horit und mirkit das,
> Wilch name der ersten tochtir was:

> Sye hiefz barmhertzekeit,
> Die andir dye warheit,
> Gerechtekeit dye dritte hies,
> Want sye von rechte nyt en lies,
> Als ich in dem buche fant.
> Dye vierde was frede genant.
> Der son durch bescheidekeit
> Was geheifzen dye wysheit.
> Dyfze wort prubit recht
> Der konig hat eynen knecht,
> Dem hatte he geschaffin
> Eyn teil alle tzû swer —
> Mirkit, wo ich dye rede hinker.
> Der knecht hies Adam,
> Der widdir den appil nam,
> Dar umme he muste fallin
> Dar ume wir noch alle
> Dye ane geborene missetat
> Mussin tragen an unsir wat.

Das Gedicht, eine Allegorie auf die Erlösungsgeschichte, endigt f. 28':

> Auch sy der heylige geist
> Unsir troste allir meyst. Amen.

3) f. 28' roth: Hie hebit sich an unsers herren kintheit, bisz er syne martel vor uns cristen an deme heilgen crutze uberstreit und auch also darnach zu hymmel fure.

> Maria, moder, konyngynne
> Aller der wernde droesterynne.

f. 92 Schluss:

> Und das wir in der phlichte,
> In dinen gnaden mugen wesen
> Und mit dir ewiglich genesen,
> Das werde war in godis namen. Amen.

Die beiden noch übrigen Blätter des Codex sind leer.

Auf der unteren Innendecke ein Lehnbrief des Bürgermeisters und Raths zu Pedersheim, kraft dessen dem Peter Symon Nesen und seinen Kindern die Backstube zu Petersheim samt sämtlichem Zubehör, wie Badekessel u. s. w. bis zu ihrem Tode als Lehen überlassen wird. Sie verpflichten sich dieselbe in baulichen Stand zu setzen, wozu der Rath das Holz nach Worms liefert, und darin zu erhalten. Die Verbesserungen können den Erben abgekauft werden. a. d. 1421 feria 4to post b. Martini ep.

Auf der oberen Innendecke das stark verwischte Konzept zu einer Mainzer Urkunde des 15. Jahrh., also wohl ein Originaleinband!

Einem ganz anderen Zwecke, als in lumen animae, dient die Naturkunde in folgendem Werke.

4) John Dumbeley de Alkuma Arte.

In dem Codex No. 629 der hiesigen Stadtbibliothek fand Schreiber dieses am Ende eine Schrift über Alchimie, welche bis jetzt noch von keinem entdeckt, auch in dem Wyttenbach'schen Handschriftenkatalog (nur Manuskript) nicht angemerkt ist. Dieselbe umfasst 10 Blätter, ist aber leider am Ende verstümmelt. Der Codex ist eine von verschiedenen Händen herrührende Hs. des 15. Jahrh. Pp. Grossoktav. einspaltig. In demselben gehen der genannten Schrift folgende voraus:
f. 1—78' Eine dem Bischof (de Ebenelkoven) von Münster gewidmete: de actibus et gestis trium regum beatorum.
f. 78'—80 Miraculum de Thoma apostolo.
f. 81—122' ein Speculum Confessorum.
f. 122—123' Torneamentum Monachorum.

Auf die Schrift de alkuma arte folgt sodann noch ein Arzneibuch von 10 Blättern.

Die Hs. stammt aus S. Maria ad Martyres bei Trier.

Im Folgenden geben wir einen Theil des Textes des Alchimisten, welcher hinreicht, seine Theorie zu beleuchten. Hauptquelle für ihn ist natürlich der Araber Geber.

Ausser ihrem kulturhistorischen Interesse, hat seine Schrift einigen geschichtlichen Werth, insofern sie die Regierung des Erzbischofs Kuno von Falkenstein betrifft, welcher infolge seiner steten Streitigkeiten mit den Bürgern von Trier und Köln sich in immerwährender Geldverlegenheit befand und nach Ausweis des besagten Werkchens schliesslich zu dem verzweifelten Mittel der Goldmacherei seine Zuflucht nahm. Näheres über den streitbaren Prälaten siehe: Ferdinand, Cuno von Falkenstein als Erzbischof von Trier, Coadjutor und Administrator von Köln, bis zur Beendigung seiner Streitigkeiten mit der Stadt Trier 1377. IX. Heft der Münsterischen Beiträge zur Geschichtsforschung, herausgegeben von Theodor Lindner. Paderborn und Münster 1886.

Der Text ist in einer sehr flüchtigen, schwer leserlichen Kursive zum grossen Theil fehlerhaft überliefert. — Die grammatischen Fehler stammen wahrscheinlich von dem schwindelhaften Verfasser selbst her.

Hic incipit liber de alkuma arwte, quem composuit Johannes Dumbeley de Anglia super universis omnium philosophorum opinionibus ex mandato illustrissimi principis et reverendissimi domini domini Cononis de Falkensteyn, divina providencia sancte treverensis (fehlt ecclesie) archiepiscopi nec non sit imperii archikancellarii per Galliam, qui quidem liber appellatur ortus amoris, in quo docetur creacio verissime arboris philosophice nec non omnia typica et tropica philosophorum dogmata palam reserantur. Et continet in se duodecim capitula, de quibus octo loquuntur de theorica parte et quatuor de pratica (!) quorum cum dei laude et adiutorio incipit primum capitulum de materia prima nostre arboris philosophice.

Reverendissime pater et illustre princeps, noverit benignitas vestre dominacionis quod philosophi nostri dicunt et docent, quod primum, quod agere debemus in omnibus, est deo altissimo gracias referre de omnibus beneficiis nobis a deo glorioso collatis, ex cuius esse et potencia omne, quod est, inicium sumpsit exordium et tamen ipse erat sine inicio et permanens erit in evum omnipotens desinens esse sine fine. Rogo igitur ipsum summum deum cunctipotentem et gloriosum, ut ipse mihi graciam suam in presentis libelli compilacione largire dignetur ut et sensus meos corroborare et illustrare valeat, quatenus dominacioni vestre in tantum complacere merear, ut de istius libri serie veram scienciam artis alkime vos enucliare percipere et intelligere cordialiter gaudeam. Et primo, prout superius promisi, de prima nostri lapidis materia dei gracia tractabo. Prima nostri lapidis materia secundum philosophos est aqua pura cum subtili pingwedine forti umori commixta per longinquam decoccionem minerali monte, calore naturali. Unde dicit verus Geber, de materia metallorum prima contigitur (!) in monte minerali aquam puram (!) pingwedine subtili ob mari mediante calore naturali cum eis incluso et sic per longum tempus decoquitur ad invicem per illum calorem ascendendo et descendendo et super dictam aquam et pingwedinem verberando donec uniantur umore forti et quod fuerit substancia una in superficie plana Et super hoc concordant omnes philosophi dicentes.

Nota originem argenti vivi. Argentum vivum in sua prima radice est compositum ex terra alba, nimium subtili sulphurea vel pingwedine sulphurea cum aqua claro (!) fortiter commixtum donec fiat substantia una non quiescens in superficie. Plana igitur potest per auctoritatem iam recitatam Principium argenti vivi esse aquam (!) cum pingwedine terre subtili forti umore unitam, post quarum rerum unionem inseparabiliter manent sub natura prime essencie, propter viscositatem in ipsis rebus generatam per longam decoccionem in vasis mineralibus montis caloris accione, et convertuntur sic plures res in unam rem, quam argentum vivum vulgariter appellamus et hoc argentum vivum esse principium omnium metallorum ab omnibus philosophis predicatur. et indicatur. Et sic ex prelibatis reliquitur (!) primam materiam argenti vivi esse aquam et pingwedinem subtilem vel terre viscositatem sulpheuream dicte aquam in vasis mineralibus prout, prefertur ob manentem.

Capitulum secundum: quid esse (!) principiorum nature et quid sit sulphur philosophorum.

Dicunt philosophi, opinione communi argentum vivum esse metallorum natura (!) principium, medium et finis (!) manente suo sulphure testante, Gebero in capitulis de medicinis generalibus sic dicens (Distinctio Geberi ex concordia omnium philosophorum) Ex eis rebus principium naturam esse, comprobatur; que maxime corpori-

bus iunguntur et amicabilius eisdem in profundo adhererentur et quia in
rerum natura, vel preter argentum vivum, cernimus perfeccius amicari
vel misceri, idcirco cogimur dicere, aquam esse rerum alterabilium me-
dicinam in complemento totali auri et argenti, manente sulphure suo,
quia non fit generacio congrua, nisi ex rebus convenientibus genere et
naturam cognoscentibus, quod nichil fit de homine, nisi homo, de leone
nisi leo, de asino nisi quod asinus etc. de ceteris animalibus, et etiam
sic de aliis rebus (unleserl. Wort). Sed cum omnes philosophi dicunt
opinione communi, quod ex argento vivo et sulphure cuncta generantur metalla secundum primitivitatem vel imprimitivitatem predictorum.

Distinctio prima, quid sit sulphur.

Videndum est, utrum illud sulphur, quod apud vulgus venale reperitur, sit de esse principiorum nature vel generacione metallorum.
Et, si non videtur, quid sit illud sulphur, ex quo metalla generantur,
et ubi illud sulphur reperitur; dico sequens vestigia Geberi per ordinem, (nota de sulphure Seniorum): Salud et aliorum philosophorum
in turba, quod sulphur vulgariter, quod apud vulgos(!) reperitur venale
non est de esse principiorum nature, quod prefati philosophi dicunt,
quod sulphur illud, quod est de esse principiorum nature, penas ignis
suscipit et sustinet et fusionem metallicam in igni dat nec umquam
per combustionem ignis diminuitur, quoniam eo, sc. igne, nutritum est.
Nam sulphur vulgariter non finum per ignis combustionem consumitur,
licet autem in ipsius funditur. Ipsum vero finum non est possibile
liquefieri, cum ad similitudinem nature calcis sit redactum. Propterea
concluditur ex hoc, si metallorum generacio fieret ex sulphure vulgi
necessario, metalla essent combustibilia et corruptibilia, vel humiditate
privata et infusibilia, sicut eorum radix, ex qua essent procreata, ut in
sequentibus plenius patebit.

Distinctio secunda, quid sit sulphur verum.

Nam sulphur verum, quod est de esse principiorum nature, per
calorem temperatum figitur absque humiditatis consumpcione (unleserl.
Wort) patet sufficienter, sulphur vulgare non esse de intencione philosophorum, quoad effectum principiorum nature. — Distinccio tercia,
quid sit sulphur. Videndum igitur, quid sit sulphur. Dicunt philosophi, sulphuris principium est pingwedo subtilissime substantie terre,
in aqua minerali decoccione paulativa et longinqua dissoluta, quo usque
humidum cum sicco et siccum cum humido temperetur et vincitur(!)
unione forti. Et sic convertitur illa pingwedo mediantibus caloris ac-
cessione et aqua minerali in esse principiorum nature, quod est argentum vivum, prout superius dictum est. Sed nunc restat videre, ubi
reperiatur vel ubi elicitur. — Distinccio quarta, ubi invenitur
verum sulphur. Dico, quod ex ipsis elicitur, in quibus est; sc. in
argento vivo est, ergo ex ipso elicitur, testante Gebero in capitulo de
coagulacione mercurii, ubi dicit, quod argentum vivum habet in se
sulphuris partes in sue creacionis radice uniformiter et naturaliter ad-

mixtas, quas removere vel separare partificium non est possibile, cum sid ipsum homogenium et substancia perfeccionis principiorum nature et uniformis et subditur statim. De diffinicione (!) ipsius argenti vivi in eodem capitulo dicitur, quod argentum vivum est aqua mineralis viscosi, substancie subtilis albe terre sulphure per calorem attemperatum in conmixcionis radice unione forti et homogenie vincta, ita quod humidum temperetur a sicco et e converso inseparabiliter. Nota, quid sit homogenium. Sed, quid sit homogenium et uniformitas substancie, ut superius dictum est, potest per Geberum in capitulo de ferro dicentem, quod argentum vivum per nulas (!) causas exterminacionis sed per causas composicionis dividi permittit, quoniam tota eius substancia ab igne recedit aut tota in igne permanet stabilis; super quo quidem Johannes de Rosario sic dicit. Opinio Johannis de Rosario, quid sit lapis noster. Qualitates in re nostra digne conditionis iussu pre ceteris quibuscunque rebus sunt a deo fortiter commixcionis ligature (!)[1] teperate (!), quod licet ignis potenciam (!), fronte prima fugitativa, non tamen ulla per artes a natura conmixtas radicitus sit deductas (!), nequiunt separari, quoniam ascendens vel remanens cum totali sua substantia in ignis asperitate perseverat, et hoc est, quare calidum humido, frigidum sicco forti unione, largiente creatore, pre ceteris omnibus aliis rebus sunt unita sive separata in eternum. Et sic concluditur quod uniformitas et homogenitas argenti vivi cum sulphure in conmixcionis et radice esse causam perfeccionis principiorum nature. Et sub hoc Geber dicit capitulo de essencia et procreacione auri, quod uniformitas in substantia, que per composiciones fit ex decoccione naturali in radice, est causa perfeccionis; diversitas vero est causa corrupcionis. Argumentum Geberi licet videtur, quod uniformitas et homogenitas in substancia argenti vivi, ut predicitur, sit causa perfeccionis principiorum nature, tamen videntur aliqui philosophi probare contrarium, cum dicunt, procreacionem et generacionem metallorum minime nisi ex agente et paciente fieri posse. Sed argentum vivum, cum sit homogenium et indivizibile, non est agens et paciens simul et semel, quoniam tota eius substancia aut agit aut patitur, ut supra dicitur, ergo argentum vivum non est de substancia perfeccionis principiorum, nisi ei adiungatur aliquod agens vel paciens. Et hoc relinquitur quod argentum vivum per se sine coniunctione alterius non potest simul et semel agere et pati sed quandoque agit quandoque patitur.

Responsio. Ad quod respondeo, quod licet utraque substancia argenti vivi tam aque quam pingwedinis in commixcionis radicis (!) fortiter, ut permittitur, unica totaliter sit activa vel passiva, tamen illud magis dicitur activum, ubi magis servatur integritas nature. Non tamen semper est verum, nam congelatum quandoque agitur (!) quandoque non, ut in sequentibus patebit. Unde notandum est quod, quamvis congelatum secundum apparencia a non congelato quoad visum differat.

[1] ligature ausgestr.

tamen non differt nisi in occultacione manifesti. **Argumentum**. Arisber et hoc testante philosopho in lilio dicente, quod licet hec substancia agens vel paciens ex argento vivo quoad visionem separari vel segregari superficialiter et manifeste quodammodo videatur, tamen separantur elementa, que in argento vivo sunt nec unum sine alio esse non potest. Nam sui spiritus temperati sunt per viam persciencie. Sed qualiter hec substancia agens vel paciens in argento vivo exeunte habet regi, mundari et subtiliari, in capitulis sequentibus nunc gloriosissimi regiminis, si deus voluerit, verbis manifestis declarabo. Sed saltem concluditur ex premissi argenti vivi substanciam esse in causam perfeccionis principiorum nature continens in se sulphur suum bonum, nec alio indiget. **Capitulum tercium qualiter omnis(!) metalla generantur, tam in generali quam in speciali** etc. Nunc quippe determinantum (!) est, quid sit principium nature metallorum. Jam restat determinare metallorum procreaciones tam in generali quam in speciali, et qualiter perfecta et imperfecta corpora in montibus minerabilibus generantur. Nota hic generaciones metallorum et qualiter in commixcionis radice perversitas, corrupcio et imperfeccio procreantur, et primo in generali dictam generacionem metallorum demam in speciali.

Philosophi dicunt, quod calor exudat in fundo montis firmissimi et solidi, cuius natura est ascendere per meatus terre et ibi obviat ei aqua vicosa (!) in venis terre et eam subtiliat et in subtilem spiritum vertit.

Nota, quid sit sulphur metallorum. Etiam pingwedo subtilissima terre sulphurea Aqua vero predicta mineralis in spiritum versa inveniens pingwedinem ac subtilissimam substanciam ipsius terre sulpuree per caloris accessionem liquescantem uniformiter ei coniungetur et infiscatur per longam decoccionem umore naturali et firma (!). Preterea ibidem per calorem eque durantem tempore longo dicta, unita et infiscata inspissantur dictaque inspissatio per dictam (!) calorem subtiliatur et aqua minerale (!) diutissime lavatur, teritur, solvitur et coagulatur ac in metallum purum vel impurum secundum caloris accessionem et puritatem vel impuritatem dictarum rerum figitur et corpus metallum efficitur. Et hec est generacio determinata, est metallorum universalis generacio; nunc specialiter ad generacionem uniuscuiusque metalli in speciali est tractandum. — Sed primo notandum est qualiter cuncta metalla, tam perfecta quam imperfecta ex una natura, ut supra dictum est, sola decoccione gravantur, quo apparet ex ita intentione (!) quod omnia metalla ratione essent unius essencie: Unius generacionis, unius puritatis vel impuritatis. ex una sola re quidem argentum vivum nuncupatus et sola decoccione naturali, ut premittitur, cuncta metalla gravantur.

Questio. Igitur posset hic aliquis querere causam diversitatis, quare natura, que semper ad perfeccionem tendit vel tendere videtur, aliquando corrupcionem et impuritatem in metallis inducit et non perfeccionem et puritatem. **Responsio**. Ad quod respondeo, quod hec diversitas in metallis imperfeccio vel corrupcio accidit propter terre sulpuream substanciam impuram, fetidam et mobilem, superantem aquam fiscosam mineralem vel equalem esse cum aqua dicta fiscosa minerali vel ipsi aque minerali pro parte pure vel impure umore non contacta naturali per secundariam decoccionem vel commixcionem infiscatam et unitam. etc.

Das vierte Kapitel ist überschrieben: si fuerit possibile ex corporibus mundum vel immundum lapidem philosophorum esse omnino eliciendum vel ex rebus elicitur. Das fünfte: Si fuerit verum et possibile, mercurium tantum esse principium metallorum sive admixcionem alicuis rei, et si sit corpus spiritus vel quid in se ipso. — Der Text ist f. 134 recto plötzlich abgebrochen, leider ohne dass der Stein der Weisen gefunden erscheint. Deshalb möge es mit dem oben Mitgetheilten sein Bewenden haben.

Trier.   Keuffer.

Zum Buchhandel im Mittelalter.

Bei der Dürftigkeit der Nachrichten, welche wir über den Buchhandel in Deutschland während des Mittelalters besitzen, verdient auch jede vereinzelte Notiz darüber unsere Beachtung. Bekanntlich wurde er wie in Italien, Frankreich und anderen Ländern ebenso in Deutschland an den Universitäten im 14. und 15. Jahrhundert zum Theil durch die Stationarien, die concessionirten Leih- und Verkaufsstellen, vermittelt.[1]) Diese treten indessen hier doch weniger als in anderen Gegenden hervor, theils weil man keine Veranlassung hatte, sich gegen die Concurrenz zu schützen, theils weil die Studierenden ihren Bücherbedarf durch eigenhändige Abschriften deckten. Der nachfolgende Brief, der aus dem Ende des 14. Jahrhunderts stammt, dürfte ein Beleg dafür sein, dass bei den Studenten auf den Universitäten ein Büchervertrieb auch unter der Hand stattfand. Ich gebe zunächst den Text des fraglichen Briefes, der uns noch im Original vorliegt:

Venerabilis domine magister mi et amice singularis .. in libris vestris venditis et vendendis vobis tantam quantam possem libenter exhiberem fidelitatem, ymmo eos libencius pro majori precio venderem quam si michimet ipsi pertinerent et nisi tres eorum per me venditi existunt scilicet questiones philosophorum[2]) quas dedi pro II floreuis; item illud volumen Petri Hispani cum questionibus pro x solidis; item textum Boetii pro quinque solidis. Sed illam pecuniam quinque solidorum nondum habeo propter illius socii absenciam, de quo non dubito quin bene solvet in brevi .. et in casu

---
1) Vergl. W. Wattenbach, Das Schriftwesen im Mittelalter. 2. Aufl. S. 473 ff.
2) Oder physicorum, wie man auch auflösen kann.

quo non rediet ego pro eis responderem ... Et quam cito alios vendidero vobis pecuniam remittam indilate. Etiam socii ante Pascha multum sunt indigentes, libros emere formidantes, tamen ego non dimittam, quoniam pro toto posse in hiis fideliter elaborem ... et aliquos eorum adhuc in brevi scio vendendos .. Carissime magister rogo vos instanter ut illam orationem de domina nostra, que pendet in monasterio Hervordensi super choro, que incipit „O Clementissima" voluitis mihi facere excopiari dantes uni 3 denarios, quos vobis mitto nuncium per presentem.

Der Brief ist uns durch folgenden glücklichen Zufall erhalten. Der Adressat nämlich, ein Herforder Magister, wahrscheinlich zugleich abteilicher Amtmann, welcher dem Rechnungswesen des Stiftes Herford vorstand,[1]) hat die freigelassene Rückseite des auf Papier geschriebenen Briefes dazu benutzt, um die aus verschiedenen Jahren vorhandenen Rückstände der Einkünfte des Stiftes darauf zu verzeichnen.[2]) Als letzte Jahreszahl ist 1380 angegeben. In diese Zeit, in die letzte Hälfte des 14. Jahrhunderts, ist denn auch der Brief der Schrift nach zu setzen. Leider fehlt die Adresse und ebenso ist der unterste rechte Rand des schmalen Papierstreifens, auf welchem der Name des Briefschreibers gestanden hat, offenbar absichtlich weggeschnitten. Dass wir aber in letzterem den Studenten einer deutschen Universität zu erkennen haben, scheint mir nach der Art und Weise, wie er von seinen „socii" redet, ganz unzweifelhaft. Auch das gerade nicht classische Latein des Briefes spricht für einen Anfänger in den Wissenschaften. Der Zug der studierenden Jugend Herford's ging nun vornehmlich nach Erfurt und Köln[3]) und an einem dieser Orte werden wir wohl auch unseren Briefschreiber zu suchen haben. Bei der grösseren Nähe Kölns möchte man zunächst an diese Universität denken, während das Jahr 1380 eher auf Erfurt hinweisen dürfte.

Vor allem bemerkenswerth scheint mir nun, dass hier ein Student den Vertrieb von Handschriften, die ihm vielleicht sein ehemaliger Lehrer[4]) in Herford zu diesem Zweck anvertraut hat, bei seinen Commilitonen vermittelt. Die des Boetius hat er einem derselben auf Pump gegeben; er kennt ihn als zahlungsfähig und verbürgt sich für ihn. Den Kaufpreis aus seiner Tasche einstweilen vorzuschiessen, hin-

---

[1]) Die Amtmänner der Aebtissinnen von Herford sind im 15. Jh., soweit ich das habe controlliren können, stets magistri. S. die Urkunden der Fürstabtei Herford im Staatsarchiv Münster.
[2]) Dieser, sowie mehrere andere in gleicher Weise verwendete Privatbriefe, die in niederdeutscher Sprache abgefasst, aber inhaltlich ohne besonderes Interesse sind, waren an verschiedenen Stellen in die grossen, auf Pergament geschriebenen Einkünfteregister des Stiftes Herford eingeheftet; sie werden im Staatsarchiv Münster unter Msc. VII 3324 A. u. B. aufbewahrt. Möglicherweise ist der in diesen Registern am Ende des 14. Jhs. mehrfach genannte Magister Arnoldus der Empfänger des Briefes.
[3]) Vergl. hierzu Hölscher, Geschichte des Gymnasiums in Herford I, S. 14 ff. (Herf. Gymnas. Programm von 1869.)
[4]) Ueber die Schule am Herforder Münster, vergl. Hölscher a. a. O.

derte ihn wohl die Ebbe im eignen Geldbeutel. Denn es war gerade eine ungünstige Zeit, vor Ostern. Die Studenten scheuten sich allgemein in einem Zeitpunkt, in welchem das Geld knapp geworden war, noch wissenschaftliche Bücher zu kaufen. Unser Briefschreiber hatte aber wenigstens soviel übrig, um für eine oratio de domina nostra[1]), — das Stift Herford war der Jungfrau Maria und der heiligen Pusinna geweiht — die mit den Worten O Clementissima begann und die auf dem Chor der Münsterkirche in Herford aufgehängt war, drei Denare aufwenden zu können. Er hat sie dem Boten, der den Brief überbringen sollte, gleich mitgegeben, damit der Magister dem Copisten die Schreibgebühr sofort zukommen lassen konnte.

Das Interessante an dieser Notiz ist, dass sie andeutet, dass unser Magister über Leute verfügte, welche um Lohn schrieben.[2]) Es liegt daher nahe zu vermuthen, dass diese auch die eine oder die andere der Handschriften geschrieben haben, welche der Briefschreiber auf die Universität mitgenommen hatte, um sie dort unter der Hand loszuschlagen. Wir hätten dann in dem Herforder Magister einen Geschäftsgenossen des Hagenauer Schulmeisters Diepold Lauber vor uns.[3]) Nur scheint der Verlag des Ersteren im Gegensatz zu dem Laubers vornehmlich wissenschaftlicher Natur gewesen zu sein.

Den höchsten Preis, nämlich zwei Gulden, hat der Verkäufer für die Quaestiones philosophorum oder physicorum[4]) erzielt, offenbar weil dies Werk das umfangreichste war. Für die Handschrift der Summulae logicales des Petrus Hispanus, des Papstes Johann XXI. (XX.), mitsammt den Quaestiones dazu sind ihm 10 Schillinge bezahlt worden. Am billigsten war der Text der 5 Bücher de consolatione philosophiae des Boetius.

Was die übrigen Handschriften, welche der Briefschreiber vertreiben sollte, enthielten, ist leider nicht angegeben. Es ist mir bis jetzt nicht gelungen, Manuscripte, welche nachweislich aus dieser Herforder Schreibanstalt hervorgegangen sind, namhaft zu machen. Vielleicht trägt diese Notiz dazu bei, die Aufmerksamkeit auf dieselbe hinzulenken.

Münster i/W.   Th. Ilgen.

---

1) An eine Rede auf eine der Aebtissinnen von Herford wird man in diesem Falle wohl kaum denken dürfen.
2) In einer Herforder Urkunde d. d. 1387 März 4 wird als Zeuge ein Henricus de Seryvere namhaft gemacht. (Urkunden der Fürstabtei Herford im Staatsarchiv Münster.)
3) Wattenbach a. a. O. 478 ff.
4) Derartige ausgearbeitete Thesensammlungen, welche von den Universitätslehrern zum Gebrauch für ihre Schüler herausgegeben wurden, waren im Mittelalter in grosser Zahl vorhanden. Vergl. Hain, Rep. Bibliograph. No. 13639 Quaestiones variae naturales antiquorum philosophorum, ferner No. 13642 Quaestiones cum textualibus expositionibus super physicorum et ceteros philosophiae naturalis libros Aristotelis.

Hans Wilhelm Kirchhof.
Ein Nachtrag.

In der Voraussetzung, dass jeder, auch noch so geringe Beitrag, der unsre Kenntniss von Hans Wilhelm Kirchhofs Leben bereichert, erwünscht sein muss, übergebe ich die nachstehenden Mittheilungen als kleine Ergänzung zu den dankenswerthen, ausführlichen Nachrichten, mit denen uns Arthur Wyss im Februar-Hefte dieses Blattes beschenkt hat, der Veröffentlichung.

1) Die Ständische Landesbibliothek zu Cassel besitzt ein Originalschreiben Kirchhofs, das merkwürdiger Weise selbst Strieders Spürsinn entgangen ist. [Mscr. Litt. fol. 4 unter Kirchhof.] Der Brief, der an den Landgrafen Moritz gerichtet ist, lautet folgendermassen:

Durchleuchtiger vnnd Hochgeborner Furst vnnd Herr, E. F. G. seyen meine schuldige vnnd pflichtige dienste nit [mit] aller vnderthenigkeit zuuor.

Gnediger Furst vnd Herr: Es hat weiland der auch durchleuchtig vnd hochgeborner Furst vnd Herr, Herr Wilhelm E. F. G. geliebter Herr Vater, Christlicher Gottseliger gedechtnus, hart vor seiner F. G. seligen von dieser welt abscheid, aus sonderlichen gnaden vnd neigung, mich angehalten vnd erJnnert, meine Comedien, so vor f. f. g. vnd sonsten, Ich agiret, neben andern Teutschen Scriptis, in den Druck zusammen in ein Volumen fertigen solte, wolten f. f. g. mihr den Expens abstatten. Welchs von f. f. g. ich mit hoher danckbarkeit angenommen . hat aber mancherley vrsach halber sich biß noch verzogen.

Were wol aber Itzo gemeinet: Sinteimal E. F. G. eine ansehenliche Druckerey zu Cassel anzurichten verschafft: Solche meine Comedien, das ander vnd dritt buch Wendunmut, welche ich Jtzt new, aus mancherley autorib. vnd der erfarung zusammen getragen, sub prelum zugeben.

Derhalben E. F. G. vnderthenig vnd bittlich anruffend, sie wollen mihr hierzu ihre gnedige hand bieten, vnd in dem E. F. G. Herrn Vaters gnediger vertröstung, mich genieffen, vnnd mit E. F. G. buchdruckern Wilhelm Wesseln handeln lassen; Sich also gegen mihr zustellen, daß ich der mal eins ergetzung pro labore entpfinden möchte.

Soll gegen E. F. G. (wie ohne das meine schuldige pflicht es erfordert) mit vngespartem vleiß zu verdienen, mich stetigs erJnnern.

Gnedige Resolution bittende.
                  E. F. G,
                      vndertheniger gantz gehorsamer
                          Hannß Wilhelm Kirchof.

Die Rückseite trägt die Aufschrift von anderer Hand: Hans Wilhelm Kirchoff Burggraff alhie.

Die Zeitgrenze für das undatirte Schreiben zieht nach unten hin der 1. Mai 1601, der als Abfassungstag unter der Vorrede des 1602 zuerst gedruckten „andern" Theils des Wendunmuth steht. Ist der Buchdrucker Wilhelm Wessel 1595 nach Cassel berufen,[1]) so bildet dies Jahr den Markstein nach oben, ist hingegen jener erst 1597 gekommen, worauf der erste nachweisbare Druck aus diesem Jahre hindeutet,[2]) so verengern sich die Grenzen um zwei Jahre. Wenn thatsächlich noch einmal im Jahre 1598 bei Feyerabend ein Neudruck des ersten Theiles des Wendunmuth erschienen wäre, könnte das Schreiben freilich kaum vor jenem Jahre abgefasst sein. Allein ich glaube, man wird dem glücklichen Vorschlage von Wyss (S. 79) in der Widmung zum 3. buche statt „vor ohngefehr dreyen Jaren" zu schreiben „dreyzen", folgen müssen, zumal er durch das unbestimmte „ohngefehr" empfohlen wird, und die 1598er Ausgabe zu streichen haben. Immerhin liegt unser Schreiben seiner Abfassung näher an dem Jahre 1595 bezw. 1597 als an 1601, da in ihm nur das „ander und dritt buch" des Wendunmuth als fertig erwähnt werden, während weder von der Absicht noch der Inangriffnahme der weiteren Theile, die hinterher im Drucke 1602 und 1603 doch unmittelbar auf jene folgten, die Rede ist. Das Gesuch des Kirchhof ist, wie der Umstand, dass eine Casseler Ausgabe durch nichts bezeugt ist, beweist, ohne Erfolg gewesen. Die Comödien sind überhaupt nicht besonders gedruckt; wir kennen sie nur aus den Resten, die sich im Wendunmuth finden.

2) Wyss hat zuerst auf die Grundlosigkeit der auf Dithmar sich stützenden Behauptung Oesterleys hingewiesen, wonach Kirchhofs Frau bereits 1560 todt gewesen sei, während sie nach archivalischem Ausweis noch 1561 erwähnt wird. (S. 68 u. 77—78.) Aus dem Kirchenbuche der Altstädter- oder Brüdergemeinde zu Cassel, das ich in den wortgetreuen Auszügen benutze, die sich von der Hand Friedrich Christoph Schminckes in der Ständischen Landesbibliothek zu Cassel befinden (Mscr. Hass. fol. 113), steht auf Bl. 330 unterm 15. December 1576 der Eintrag: Hans Wilhelm Kirchhofs ux. begrab. Demnach ist Margarethe K. im December 1576 gestorben. Aus dieser Angabe ist der weitere Schluss zu ziehen, dass Hans Wilhelm Kirchhof, der hiernach zur Altstädter Gemeinde gehört hat, an der Mühle als Mühlenmeister angestellt gewesen sein wird, die in dem örtlichen Bereiche jenes Kirchenbezirks lag, d. h. an der 1555 vom Landgrafen Philipp erbauten Ahnemühle. (Wyss S. 69.)   Carl Scherer.

---

1) Rommel, Geschichte von Hessen Bd. VI S. 503.
2) Strieder, Kurzgef. Grundlage zu einer Hess. Buchdrucker-Geschichte in Justis Hess. Denkwürdigk. Th. III. S. 114 und Hess. Gel. Gesch. Bd. IV S. 64.

Lutherdrucke auf der Breslauer Stadtbibliothek.
(Fortsetzung.)

39. DEFENSIO | PHILIPPI MELAN | CHTHONIS CONTRA | IO-HANNEM ECKIVM | THEOLOGIAE | PROFESSO | REM. ||

4°, 8 Bl. 2×4. A, B. Bogencustos. Antiqua. — 1v: PHILIPPVS MELAN | CHTHON CAN | DIDO LEC | TORI | SAL. || Euolgata eſt ſuperioribus dieb⁹ forte fotuna[!] epl'a | queda . . . — 7v a. E.: | Iterum Vale ex inclyta Saxonię Vuiteberga. | ANNO M.D.XIX. ¶ — 7v leer.

40. Ab Bolphan= | gum Fabritiū Capi = | tonem Theologie Doctorem. et | Concionatorem Baſilien = | ſem. Joānis Cellarij | Gnoſtopoli= ta= | ni. Lipſie | Hebraice lingue profeſſoris De vera | et conſtanti Serie Theologice | Diſputationis Lipſiac: | Epiſtola. || [Titelbordure = v. Dommer Ornam. 97.]

4°, 4 Bl. —, Aij, Aiij, —. Schwabacher. — 1v: Bolphango Fabritio Capitoni ſacraru literarum | profeſſori Joannes Cellarius Gnoſto= | politanus Salutem Dicit. || ¶ Si qualibet . . . — 4r a. E.: . . . Lipſie ex edib⁹ noſtris. Pridie Kalendas | Auguſti. Anno Milleſimo quingenteſimo decimonono. ¶ ¶ Cum Gratia. || — 4v leer.

[Leipzig, Martin Landsberg.]

41. Ein Sermon von dem elichen ſtandt | Doctoris Martini Lutter Au= | guſtiner zu wittenburgk ge= | prebigt im tauſent funf | hundert vn̄ neuntze | henden Jar. ¶ [Holzschn. Orn. 27.]

= Knaake II, 162².

4°, 4 Bl. —, Aij, Aiij, —. Schwabacher. — 1v: Ruptie facte ſut in chana Galilee ꝛc ¶ — 4v a. E.: ¶ Getruckt zu Leyphgk durch Wolffgang | Stöckel in der Grymiſchen[!] gaſſen 1519. ||

Leipzig, Wolfgang Stöckel, 1519.

42. Ein Sermon vō || bem elichen ſtandt Doctoris | Martini Lutter Au= guſtiner | zu wittenburgk geprebiget | im tauſend funff hundert | vn̄ neunczehenden Jar. || [Holzschn. Orn. 10. und Titelbordure Orn. 48]

fehlt bei Knaake.

4°, 4 Bl. —, Aij, Aiij, —. Schwabacher. — 1v: Ruptie facte ſunt in chana Galilee ꝛc. || ¶ Man pflegt heut in bem evangelio zu ſagen von der ehe, bar | . . . — 4v a. E.: | be chriſte glaube, ban es koſt yo gottis ſon ſein roſenfarbes blut. || Gedruckt zu Breſlaw durch Adam Dyon. ||

Breslau, Adam Dyon.

43. Ein Sermou[!] von bem Elichen ſtandt | vorenbert vnd corriciret burch Doc= | torem Martinū Luther Auguſtiner | zu Wittemburg. | Vorrebe. || ¶ Es iſt ein Sermon vom Elichenn ſtand auß gegangen vnter | . . . 9 Zz. . . . || Gedruckt zu Leipſ'gk durch wolff= | gang Stockel im iar M.D.xix. ||

= Knaake II, 163 C.

4°, 4 Bl. —, Aij, Aiij, —. Schwabacher. — 1v: Eyn Sermon vō bem Elichen ſtandt- | vorenbert vnd corrigirt burch Doctorem Martinu Luther | Au-

guſtiner zu Wittenburgk. ‖ ¶ Czum erſten, Do got Adam geſchaffen het, vñ alle tier, fur yn | . . . — 4r u. E.: | du hyn tumeſt. | — 4v leer.
Leipzig, Wolfgang Stöckel, 1519.

44. Ein ſermon von dem | gebet vnd proceſſion in der Creutz | wochen. D. Martini Luther. | Auguſtiner zu wittenberg. ‖
= v. Dommer 73. Knaake II, 172 D.
[Nürnberg, Jobst Gutknecht.]

45. Eyn ſermon geprebi= ‖ get zu Leyptzigk auff dem Schloß | am tag Petri vnnd Pauli im . xix. | Jar, burch den wirbigen vater Doc tozem Martinū | Luther Auguſtiner zu Wittenbergk, mit ent= ſchulbigūg etzlicher artickel, ſo jm von | etzlichen ſeiner abgünſtigen zuge= | meſſen ſein, in der zeyt der | diſputation zu Leyp= | tzigk gehalten. |
= v. Dommer 77. Knaake II, 242 C.
[Nürnberg, Jobst Gutknecht.]

46. Diſputatio | excellentium. D. doctorū Johannis Eccij & | Andreę Caroloſtadij q̄ cepta eſt Lipſię | XXVII. Juniij. AN. M.D.XIX. Diſputatio ſecunda. D. Doctorū Johanis | Eccij & Andreę Carolo- ſtadij q̄ cepit | XV. Julij. ¶ Diſputatio eiuſdem. D. Johannis Eccij & | D. Martini Lutheri Auguſtiniani q̄ | cepit. III. Julij. ‖
= v. Dommer 80. Knaake II, 252.
[Erfurt, Matthes Maler.]

47. Reſolutiones Lu= ‖ theriane ſuper Propoſitioni | bus ſuis Lipſie diſputatis. ∴ [Titelbordure Orn. 48]
fehlt bei Knaake. v. Dommer erwähnt die Ausgabe hinter der Beschreibung seiner No. 81.

4°, 26 Bl. 5×4,6. A—F. Mit Bogenenstoden. Schwabacher. — 1v leer. 2r: JHESUS. ‖ Optimo τ erubito viro bn̄o Georgio Spa | latino Jlluſtriſſ. Principis Friderici Saxonie Electoris | Jmperij eiuſbemąz Vicarij ꝛc. a libellis et ſa= | cris ſuo. Salutem bicit. ‖ — 26v₁₇ : | quo buce, nihil proficiet inimicus iſte. Amen. ‖ ¶ Preſens male iubicat etas: Jubiciu melius poſteritatis erit. ‖ Impreſſum Wratiſlauie. Anno dñi. 1519. ‖
Breslau, [Adam Dyon,] 1519.

48. IN EPISTOLAM PAV | LI AD GALATAS, | F. MARTINI LV= THERI AVGV= | STINIANI, | COMMEN | TARI= | VS. ‖ LIBER AD LECTOREM. ‖ [4 Disticha in 8 Zeilen] ‖ CVM PRIVILEGIO. Nolite timere deos alienos, quia | oues meæ, vocem meam audi- unt. ‖ [Titelbordure = v. Dommer. Ornam. 89.]
= Knaake II, 438 A. [v. Dommer 82 stimmt im Titel voll- kommen überein, weicht aber im Text stellenweise ab.]

4°, 82 Bl. 7×(6,4), 6,6. A—Q. 7r—81r foliirt: I—LXXV. Antiqua. Im Titel Z. 1—8 und 18 Rothdruck. Zierinitialen von 2 Alphabeten. — 1v: OTHO GERMANVS, PIO LECTORI. S. | [N]On dubiū eſt, quin . . . [datirt:] Vuittenbergæ, triū linguarum ſtudio, claræ, | 1519. ‖ — 2r: Præſtantiſs. viris, puræ & veræ Theologiæ Doc- | toribus, dominis, Petro Lupino Radhemio, Cu- | ftodi, & Andreæ Bodenfteyn Caroloftadio, | ... | ... | ... | obferuandis, F. Martin⁹ Lu | therius Auguftinianus | Salutem. | — 6r: HARTHVICI STO-TERROGGII | epigramma, quo Martinum | facit alloquentem | Chriftianum. | [2 Difticha] | [Darunter:] IOANNIS PVCHERII HEXASTICHON, | quo Lutherum facit loquentem. | [3 Diftt.] | — 6v leer. 7r beginnt die Auslegung. Slv₁₀: ... ¶ Finis. | PAVLVS COMMODVS BRETANNVS, LECTORI S. | [datirt:] ... Data in Acade- | mia Vuittenbergenfi, ... | ... | ... | ... Anno ..., fupra fefquimillefimū. xix. | — 82 leer.

[Leipzig, Melchior Lotter.]

49. Eyn Sermon von der be | reytung czum ſterben | Doctoris Marti͞ni Luttheri | Augu. | [Titelbordure = v. Dommer Ornam. 88. Anm.]

Knaake II, 681 C.

4°, 10 Bl. 4,6. A, B. Auf 1v Zierinitial. Schwabacher. — 1v: [C]3um erſtenn. Die weyl der todt ein ab= | ſchied iſt ... — 10r a. E.: | vntergeheſt. [Spt.] Das helff vns got. | A M E N | — 10v leer.

[Leipzig, Melchior Lotter.]

50. AD LEONEM X. | PONTIFICEM MAXIMVM. || ¶ Refolutiones difputationum de uirtute indulgentiarū re- | uerendi Patris, ac Sacræ Theologiæ doctoris Martini Lu- | ther Auguftiniani Vuittenbergenfis. || ¶ Fratris patris Sylueftri Prieratis ordinis Prædicatorū Ma | giftri facri Palatij ad Martinum Dialogus. || ¶ R. P. Martini Luther ad eum Dialogum Refponfio. | ¶ Contra D. Joannem Eckium Ingoldftadienfem Sophifti | cum argutatorem, Apologeticę propofitiones D. Andreæ | Bodenftein Archidiaconi Vuittenbergenfis. || ¶ R. P. Martini Luther, Sermo de pœnitentia. || ¶ Sermo de indulgentijs. || ¶ Sermo de uirtute excommunicationis. || ¶ Decem præcepta Vuittenbergenfi populo prædicata. || ¶ Replica fratris Sylueftri Prieratis Ad Reuerendū P. Mar | tinum Lutherium. Et alia quædam. ||

4°, 200 Bl. 6, 5×(4, 8), 6, 8, 4, 8, 2×(8, 4), 4, 6, 4×(4, 8), 8, 4, 8, 6. —, 2, 3, 4, —, —; A—Z, a—i. Mit Ueberſchrr. Eine Anzahl Zierinitialen verſchiedener Alphabete. Antiqua. — 1v: AD CANDIDOS THEOLOGOS. || ... — 2r beginnt das 1. Werk. — 200r a. E.: | amicum fideliorem habiturus es neminem, Vale. |. Excudebatur hoc opus typis Menſe Augu | fto Anno. M.D.XIX. || — 200v: LIBER. || Candidum ac liberum lectorem opto. ||

3. Sammlung lat. Schriften Luthers.

[Strassburg, Matthias Schurer.] 1519, VIII.

51. Eyn deutſch Theologia. das | iſt Eyn edles Buchleyn, vō rechtem vorſtand, wz | Adam vnd Chriſtus ſey, vnd wie Adam yn vns | ſterben, vnd Chriſtus erſteeen ſall. || [Holzſchn. Orn. 19.]

Fehlt bei Knaake.

4°, 40 Bl. 10×4. A—K. Schwabacher. — 1v: Vorrede. || ¶ Man liſt, das ſanct Paulus, ... — 2r 14: | Theologe an zweyffel bhe beſten Theologen ſeyn Ame. || ¶ Doctor Martinus Luther | Auguſtiner zu Wittenburgk. || ¶ Volget das Regiſter des Buchleins. || — 2v: [d]Js Buchleyn hatt ... — 5r: Das Erſt Capittel. | [S]anctus Paulus Spricht | ... — 40r a. E.: | yn vollkumner drey=

naltigkeit ewiglich. Amen. ‖ ¶ Gedruckt zu Leipzick Nach Christi geburt Tau= | sent=
fuuffhundert, vñ ym neunzehenden Jar. ‖ — 40v Holzschn. Orn. 20.

Leipzig, [Martin Landsberg], 1519.

52. Eyn Sermon | von dem sacra | ment der puſz | D. M. Lu. | Aug. czu | Wuittē. ‖ [Titelbordure = v. Dommer, Ornam. 89.]

= v. Dommer 88. Knaake II, 710 D.

Leipzig, Melchior Lotter, 1519.

1520.

53. Der Zehen gebot ein | nützliche erklerung Durch den | hochgelertē D. Martinū Luther Augustiner ordens beschri= | ben vnd geprediget, geiſt=
lichen vnd weltlichen dienende. Item | ein ſchöne predig vō den.
bij. tod ſündē, auch durch jn beſchribē | [Holzschn. = v. Dommer
Ornam. 36 A, wo Z. 4 OBER statt OREB wohl nur ein Druckfehler ist.]

= v. Dommer 97 [doch hat er im Titel Z. 5 ſchöne statt
ſchön, 112 r in der Ueberschrift der Predigt todſünd statt
todſünd.] Knaake I, 396 b.

Basel, Adam Petri, 1520.

54. Auſslegunge | des hayligen Vater vn= | ſers: für die ainfeltigen
layen Doctor Martini | Luthers Auguſtiner zů | Wittenberg ꝛc.
¶ Item ain kurtze nützliche außlegung | des Vatter vnſers, fürſich
vñ hinderſich. ‖ Nit für die gelerten. ‖ [Titelbordure = v. Dommer
Ornam. 114 A.]

= Knaake II, 78 K.

4º, 36 Bl. 9×4. A—J. Schwabacher. — 1v: Vorred. | ES wer nit not:
das man mein | predig vnd wort auff dem land irr füret. . . . — 2r: DO die
iunger Chriſti baten | das er ſy leret bete, . . . — 34r a. E. unter d. Sign. Jij:
Nachuolgt die kurtz außlegung des Vat= | ter vnſers, hinderſich vnd fürſich. ‖ —
34v: Ain kurtze vnd güte auſslegung | des hailigen vatter vnſers, fürſich vnd hinder=
ſich von | Doctor Martino Luther Auguſtiner gemacht. | DAS gebet vnſers herren
vñ | . . . — 35v 19: | willen ſeindt. Amen. ‖ Seligklich iſt gedruckt vnnd vollendt
diß Pater noſter | zů Augſpurg Durch Siluanum Otmar bey ſant | Vrſulen cloſter,
auff den . xxiiij. tag des Jen= | ners, im fünffzehenhundert vnnd | zwaintzigiſten
Jar. ‖ — 36 leer.

Augsburg, Silvan Otmar, 1520, 20. I.

55. Ein ſermon von dem | heyligen hochwirdigen Sacra= | ment der
Tauffe Doctoris | Martini Luther Au= | guſtiner zu Wit= | ten=
burgk. ‖

= Knaake II. 725 G.

4º, 8 Bl. 2×4. A, B. Schwabacher. — 1v leer. 2r: Ein Sermon von
dem heyligen hoch= | wirdigen ſacrament der tauffe Doctoris Martini Luther. ‖
¶ Zum erſten. . . . — 8r a. E.: | hyer vnd ewigklich. Amen. ‖ — 8v leer.

[Nürnberg, Jobst Gutknecht.]

56. **Ein** Sermō von dē Hochwir= | bigen Sacramēt, des heyligen waren Leych= | namsz Christi. Und vō den Bruderschafften. | D. M. L. A. ‖ [Holzschn.]
   = v. Dommer 121. Knaake II, 739 E. [Das Signet auf 11v hat aber in uns. Ex. neben dem eigentl. Monogramm nicht nur die Buchstaben M —V (cf. v. Dommer 92), sondern $\begin{matrix}M-V\\L-D\end{matrix}$·]
   Leipzig, Valentin Schumann, 1520.

57. Eyn Sermon von bem Hochwirbigen Sacrament, des hey | ligenn waren Leichnamsz Christi. Vnnd von den Brüder= | schafften. Doc= toris Martini Luther Augustiners. ‖ [Holzschn. Orn. 26.]
   = Knaake II. 739 D.
   4°, 10 Bl. 4, 2, 4. A — C. Schwabacher. — 1v: Eyn Sermon ... des Hey= | ligen waren Lechnams [!] Christi . vnd von den Brüder | schafften. Doctoris Martini Luthers augustiners. ‖ — 10v a. E.: | est dilectio, die lieb erfullet alle geboth. AMEN. ‖
   [Leipzig, Wolfgang Stöckel.]

58. [Titelbl. fehlt uns. Ex., Copie nach Knaake] Eyn Sermon | von dem bann | Docto. Mar= | tini Luther Augusti | ner zu Buitten= | bergk. ‖ [Titelbordure ?]
   = Knaake VI, 61 B.
   4°, 12 Bl. [1 u. 12 fehlen] 3×4. A — C. Schwabacher. — 1v: ? 2r: JESVS | JM ersten, die weil wir gehoret, wie bas sacra= ; met des heilge leich= nams Christi, ist ein zeiché | ... — 11v a. E.: | im Sermon dauon gesagt ist. Getruckt zu Leyptk [!] Melchior Lotther. Als | man zelt Tausent funffhundert vnd | zweyntzig iar. ‖ — [12 leer?]
   Leipzig, Melchior Lotter, 1520.

59. Tessarabecas | ɔsolatoria pro | laborantib⁹ et | oneratis Martini Lu= theri | Augusti . Buitten= | bergen. ‖ Lipsiae : ex officina Melchioris Lottheri. Anno | a natali Christiano Millesimo quin= | gentesimo vicesimo. ‖ [Titelbordure = v. Dommer, Ornam. 88.]
   = Knaake VI, 101 B.
   4°, 16 Bl. 4×4. A—D. Gothisch. — 1v leer. 2r: Prefatio. | APostolus Paulus Ro. xv. definiturus Christianor' fo= | latia dicit. ... — 16r 4: | ac deus noster in secula benedictus. Amen. ‖ FINIS. ¶ His nugis meis illustriss. Prin= ceps ... | [4 Zz.] | Christus. Amen. | Illustriff. D. T. ‖ Lipsiae: ex officina Mel= chioris Lottheri. Anno a natali | Christiano Millesimo guingentesimo. | vigesimo. | — 16v leer.
   Leipzig, Melchior Lotter, 1520.

60. CONFITENDI | RATIO D, MARTINI | LVTHERI - AVGVS= | TI- NIANI VVIT= | TENBER | GEN. | Vuittenbergæ, apud Melchio- rem | Lottherum Juniorem, Anno | M,D,XX. ‖ [Titelbordure = v. Dommer, Ornam. 75 A.]
   = Knaake VI, 154 C.

4°, 8 Bl. 2×4. A, B. Antiqua. — 1v: IHESVS. | VIRO INTEGER-
RIMO | D, ALEXIO CROSNERO COL- | DICIO, CANONICO ALDEN- | BVR-
GEN, SVO IN | CHRISTO | SALVTEM. | Exegit extorfitq3 mihi aliquando
D, Georgius | . . . [datirt:] Vuittenbergæ, feptimo Calen, April, Anno.
M.D.XX. | — 7r: CONFITENDI RATIO DOCTORIS MARTINI | LVTHERI|
AVGVSTINIANI. | — 7r l. Z.: | fuis legibus & fomnijs repleuerunt. | FINIS.
7v: ORATIO MANASSAE RE- | GIS IVDA APVD | BABYLONEM |
CAPTI. | . . . — l. Z.: | eſt gloria in fæcula fæculorum. AMEN. || — 8 leer.
Wittenberg, Melchior Lotter d. J., 1520.

61. Eyn kurtz form | der czehen gebot | D. M. L. | Ein kurtz form | des
Glaubens. | Eyn kurtz form | des' Vater vnsers. | ANNO, M,D,,
XX, || [Titelbordure.)
    = v. Dommer 137.
    [Doch liest v. Dommer 14r in der ersten Zeile d. Impr. zn,
    während uns. Ex. ganz deutlich zu hat.]
    Nürnberg, Friedrich Peypus, 1520.

62. Vorclerung | Doctoris Mar- | tini Luther etlicher | Artickel . ynn fey-
nem | Sermon . von | dem heyligenn fa- | crament. || [Holzschn.
Orn. 24.]
    = Knaake VI, 77 D.
    4°, 4 Bl. —, Aij, Aiij, —. Schwabacher. — 1v: Jesus. | Ich hab eynen
    Sermon ausz laſſen gan von de hoch | wirdigen heyligen Sacrament des
    altars, . . . | — 4r a. E.: | vns allen guedig. Amen. || — 4v leer.
    [Leipzig, Valentin Schumann.]

63. Doctor Martinus Luthers | antwort auff die zebel, | ſo unter des
Offici- | als zu Stolpen | sigel ist auf' | gangen || [Signet. Titel-
bordure Orn. 52.]
    Knaake VI, 136 C.
    4°, 4 Bl. —, Aij, Aiij, —. Schwabacher. — 1v leer. 2r: Jesus. | ¶ Ey-
    nem yglichen frömen christen menschen bem dis buchlein | furkompt, Empiet ich
    Martin⁰ Luther Auguſtiner, Doctor c. | mein armes vormügen un alle seligkeit in
    Christo vnserm hern. || Es ist ein zebel . . . — 4v 3: | sein etlich die geben nichts
    darumb. || [Holzschn. = v. Dommer Ornam. 30.]
    [Leipzig, Wolfgang Stöckel.]

64. ✠CONDE✠ | MNATIO DOCTRINA | lis librorum Martini Lutheri,
per | quofdā Magistros Louanien. | & Colonien, facta. | ✠ Re-
SPON✠ | SIO LVTHERIANA AD | eandem condemnationem.
Seleſtadij apud Lazarum Schu- | rerium, in gratiam utriufq3
partis. | M.D.XX. || [Titelbordure Orn. 57.]
    = Knaake VI, 172 D.
    4°, 18 Bl. 3×4, 6. a—d. Mit Bogencustoden u. Ueberschrr. Antiqua.
    1v: SPECTABILIBVS . . . | . . . iuris Magiſtris noſtris, Decano & facul- | tati
    Theologię Louanien . amicis tanq3 fratribus | E. P. V. amicus & cōfrater A.
    Car. Dertufen. || — 2r 10: . . . Ex Papiol. IIII De | cembris. An. M.D.XIX.
    Niuerfis & fingulis . . . | . . . , Decanus & facultas facrę Theologię uni | uer-
    falis ſtudij Louanien. . . . — 4r a. E.: De mandato dnor Decani, . . . | . . .
    Joanes van houe Notarius. || — 4v: CONDEMNAtio Facultatis Theologię

Co | lonien. ... | — 5v a. E.: Per me Henricũ de Vorda de Colonia Notariũ publicũ | ... || -- 6r: MARTINVS LVTHERVS | ... D. Chriſtophoro Blan= | co. I. V. Licētiato, ... | 18r 23: | tis hæc. Tu interim Vale uir optime in Chriſto. | LAVS DEO. | Seleſtadij, in ædibus Lazari Schurerij, | Menſe Maio, M.D. XX. | In gratiã utriuſq3 partis. || — 18v: Wappen Schurers mit Inſchr. am unt. Rande: LAZA. SCHVR.

Schlettſtadt, Lazarus Schurer, 1520. V.

65. Von den guten | werdenn: | D. M. L. || Buittenberg. || [Titelbordure = v. Dommer, Ornam. 76.]

= v. Dommer 146. Knaake VI, 197 B.

Wittenberg, Melchior Lotter d. J., 1520.

66. Von den guten wer | len, ain gantz nützlich büchlin | dem layen zů leſen, durch | D. Martinum Luter | zů Wittenberg ge | prebigt. | * * | ❦ || [Titelbordure = v. Dommer, Ornam. 156.]

= Knaake VI, 198 H.

4°, 58 Bl. 13×4, 6. A — O [ſtatt Kiij: Jiij). 1v: Dem durchleutigen [!] ... | ... Johanſen hertzog zů | Sachſſen. ... | ... meynem gnedigen herren vnd patron. | — 2v 23: ... Zů Wittenberg am | xrig. tag Martii. Nach Chriſt geburt Tauſent fünf | hundert vnd im zwentzigſten Jar. || E. F. G. ..... D. Mar | tinus Luther, ... | ... | 3r: JM erſten iſt zůwiſſenn, das kein gute werck | ... — 58r: Getruck zů Hagenaw, durch Thoman Anßhelm | in dem Augſt= monat, Nach der geburt vn= | ſerr hern Jeſu Chriſti. Tauſent fünff | hundert vnd zwentzigſten Jar. | [Anshelms Signet.] — 58v leer.

Hagenau, Thomas Anshelm, 1520. VIII.

67. Ein frucht | bare vnderrich= | tung von den güten wercken, ſo | durch die menſchen beſche= | hen, Durch Marti= | num Luther be= | ſchri= ben. || [Titelbordure = v. Dommer, Ornam. 102.]

= v. Dommer 150. Knaake VI, 198 G.

Basel, Adam Petri, 1520.

68. Von dem Bapſtum zu Rome: wid | der den hochberumpten Ro | ma= niſten zu Leiptzck | D. Martinus Lu= | ther Auguſt. || Buittenberg. |

= v. Dommer 151. Knaake VI, 281 A.

[Wittenberg, Melchior Lotter d. J.]

69. An den Chriſtlichenn | Adel deutſcher Nation: | von des Chriſtlichen | ſtandes beſſerung: | D. Martinus | Luther. | Durch yhn ſelbs ge= mehret vnd corrigirt. | Buittemberg. || [Titelbordure = v. Dom- mer, Ornam. 75 A.]

= Knaake VI, 398 B.

4°, 50 Bl. 11×4, 6. A — M. Am Kopfe aller Seiten: Jheſus. Auf 3r ein Zierinitial. Schwabacher. — 1v leer. 2r: Dem Achtparn ... her= | ren, Er Nicolai von Amßdorff, der heyligen ſchrifft | Licentiat vnd Tumhern zu Witten= berg, ... | ... | D. Martinus Luther. | ¶ Gnad vnd frid ... — 2v 13: Amen. Zu Wittenberg, ym Auguſtiner Cloſter, am | abent S. Johannis baptiſtæ. Im Tauſent funff= | hundert vnd zwentzigſten Jar. | — 3r: Der allerdurchleuchtigiſten, Großmechtigſten Kay | ſerlichen Maieſtet, vnd Chriſtlichem Adel deutſcher | Nation. [ſpt.] D. Martinus Luther. | [G]Nad vnd ſterck ... — [29 fehlt in uns. Ex.

und ist hdsch. ergänzt.] — 50r a. E.: | ſtlichen mut, der arme kirchen das beſte zu thun, Ame͂. | Zu Wittenberg, Im Jar. M.D.xx. — 50v leer.

Wittenberg, [Melchior Lotter d. J.] 1520.

70. An den Chriſtli= | chen Adel deutſcher Nation | von des Chriſtlichen ſtandes beſſerung. | D. Martinus Luther || [Holzschn. Orn. 25.]

    = Knaake VI, 399 E, [der aber in der 2. Titelzeile: deut= ſcher hat.]

4°, 36 Bl. 9×4. A—J. Auf allen Seiten am Kopf: Jheſus. Schwabacher. — 1v leer. 2r: Dem achtbarn . . . her= | ren, Er Nicolao von Amßdorff, . . . | . . . | . . . D. Martinus Luther. | ¶ Gnad vnnd fritt . . . [datirt:] . . . zu Witemberg, im Auguſtiner Cloſter, am abet. S. | Johänis baptiſtae. Im . 1520. | — 2v: Der . . . Keyſerlichen | Maieſtet, vn Chriſtliche Adel deutſcher Nation. D. M. Lu. | GNad vn ſterck . . . — 36r: | der armen kirchenn das beſte zuthun. | AMEN, . — 36v leer.

    [Leipzig, Valentin Schumann.]

71. Eyn Sermon von dem | newen Teſtame͂t. das | iſt von d' heyligen Meſſe Doct. Mar. L. Aug. Wittenbergk. | Anno. M.D.xx. | ·.· [Titelbordure = v. Dommer, Ornam. 70 A.]

    = Knaake VI, 350 B.

4°, 16 Bl. 4×4. A—D. Mit Bogencustoden. Schwabacher. — 1v leer. 2r: ¶ Jheſus. | Ein ſermon von dem newen Teſta= | ment, das iſt von der heyligen meſſe D. M. L. A. | ☐Jm erſten. Das leret vns die | erfarung . . . — 16r a. E.: | werck ſich wol finde. Das helff vns gott. AMEN. | ¶ Gedruckt zu Wittenbergk durch Johan. Grunenberg | Nach Chriſt geburt tauſend funffhundert vnd | zwentzigſten JAR. — 16v leer.

    Wittenberg, Joh. Grunenberg, 1520.

72. DE CAPTIVITATE | BABYLONICA | ECCLESIAE. | præludium Martini | Lutheri. | Vuittembergæ. || [Titelbordure.]

    = v. Dommer 168 [der aber im Titel Z. 3/4: ECCLESIAE, Præludium hat]; Knaake VI, 489 B.

    Wittenberg, [Melchior Lotter d. J.]   (Forts. folgt.)

Personale delle Biblioteche Pubbliche Governative d'Italia. [1])
1 Marzo 1892.

Bologna - Biblioteca Universitaria: Guerrini Dr. Olindo, Bibl. Frati Dr. Lodovico, S. Cons. Ricci Dr. Corrado, S. Bibl. Bacchi

---

[1]) Mitgetheilt vom Herrn Prefetto Chilovi in Florenz. Die Abkürzungen Pref. bedeuten Prefetto, Bibl. = Bibliotecario, S. Bibl. = Sotto Bibliotecario, Cons. = Conservatore dei Mss., S. Cons. = Sotto Conservatore dei Mss., Ord. = Ordinatore, Dist. = Distributore, Al. = Alunno, Rag. Ec. = Ragioniere-Economo, Appr. = Apprendista, Com. = Comandato, Straord. = Straordinario.

della Lega Dr. Alberto, S. Cons. Lambarini Vincenzo, Ord. Avalle Giuseppe, Dist. Pichi Gianfelice, Dist. Gaibi Luigi, Dist.

Cagliari-Biblioteca Universitaria: Severini Sac. Erasmo, Bibl. Sancis Efisio, Dist. Fontanarosa Angelo, Dist.

Catania-Biblioteca Universitaria: Salveraglio Filippo, S. Bibl. Gelera Ettore, Dist. Mauri Alfredo, Dist.

Cremona-Biblioteca Governativa: Buonanno Gennaro, S. Bibl. Dentoni Giuseppe, Dist.

Firenze-Biblioteca Nazionale Centrale: Chilovi Desiderio, Pref. Podestà Bartolommeo, Bibl. Puliti Dr. Giulio, Bibl. Pagliaini Attilio, Bibl. Gori Pietro, S. Bibl. Bersotti Paolo, S. Bibl. Ceccherini Ugo, S. Bibl. Andreani Luigi, S. Bibl. Baccani Paolo, S. Bibl. Ferrini Baldini Francesco, S. Bibl. Cini Gustavo, S. Bibl. Capra Dr. Arnaldo, S. Bibl. Cecchi Dr. Francesco, S. Bibl. Massai Ferdinando, S. Bibl. Castellano signorina Auita, S. Bibl. Torres Augusto, Al. Benedetti Vittorio, Rag. Ec. Del Lungo Enrico, Ord. Bigazzi Pasquale, Ord. Martinelli Cesare, Dist. Marchettini Dante, Dist. Ciabatti Agostino, Dist. Gemmi Gioacchino, Dist. Zucconi Gaetano, Dist. Bonanni Italo, Dist. Ciabatti Alfonso, Dist. Sebastiani Gio. Batt., Dist. Pastorini Luigi, Dist. Vivarelli Ugo, Dist. Lelli Carlo, Dist.
Biblioteca Marucelliana: Bruschi Angelo, Bibl. Vespignani Francesco, S. Bibl. Morini Ugo, S. Bibl. Sacconi nei Ricci signora Giulia, S. Bibl. Soldi Giulio, S. Bibl. Ciabattari Isacco, Dist. Bruschi Emilio, Dist. Cartei Guido, Dist. Giuliani Piero, Dist.
Biblioteca Riccardiana: Morpurgo Dr. Salomone, S. Cons. Nardini Carlo, S. Bibl. Licini Lucio, Dist.
Biblioteca Mediceo-Laurenziana: Biagi Dr. Guido, Pref. Rostagno Dr. Enrico, Cons. Teloni Dr. Bruto, S. Bibl. Gamurrini Oreste, S. Bibl.

Genova-Biblioteca Universitaria: Neri Achille, Bibl. Carboni Pietro, S. Bibl. Bigonzo Giuseppe, Ord. Fazio Pasquale, Ord. De Michelis Pietro, Dist. Neri Luigi, Dist.

Lucca-Biblioteca Pubblica: Boselli Eugenio, Bibl. Finzi Vittorio, S. Bibl. Monti Giulio, Straord. Manfredi Azelio, Dist.

Messina-Biblioteca Universitaria: Caracciolo Dr. Gaetano, Bibl. Oliva Gaetano, S. Bibl. Millo Luigi, Dist. Mandalari Giannantonio, Dist. Coppola-Laganá Giuseppe, Dist.

Milano-Biblioteca Nazionale Braidense: Martini Emidio, Pref. Fumagalli Giuseppe, Bibl. Picozzi Antonio, S. Bibl. Lensi Alfredo, S. Bibl. Sergardi Carlo, S. Bibl. Dell'Acqua Dr. Girolamo, S. Bibl. Torri Luigi, S. Bibl. Pupilli Oreste, Rag. Ec. Tozzetti Cipriano, Dist. Del Punta Giovanni, Dist. Malaspina Lucilio, Dist. Ubertoni Alessandro, Dist. Pettinelli Serafino, Dist. Sommariva Emanuele, Dist. Trasatti Raffaele, Appr.

Modena-Biblioteca Estense: N. N., Bibl. Zapparoli Dr. Giuseppe, S. Bibl. Com. Lodi Antonio, Ord. Sola Ercole, Dist. Boselli Augusto, Dist. Astolfi Isnardo, Dist.
Biblioteca Universitaria: N. N., Bibl.
Napoli-Biblioteca Nazionale: Fornari Vito, Pref. Coppolecchia Giuseppe, Bibl. Romano Dr. Pietro, S. Bibl. Miola Alfonso, S. Bibl. Torelli Achille, S. Bibl. Palumbo Ernesto, S. Bibl. Amenduni Dr. Giuseppe, S. Bibl. Vigo Luigi, S. Bibl. Bianchini Dr. Antonio, S. Bibl. Fava Dr. Mariano, S. Bibl. Crispino Enrico, S. Bibl. Tortora Brayda Achille, S. Bibl. Cosentini Francesco, Al. Cava Antonio, Ord. Pansini Raffaele, Dist. Coppola Giuseppe, Dist. Cava Federico, Dist. Cocozza Giovanni, Dist. Buonomo Luigi, Dist. Fucito Luigi, Dist. Marciafava Francesco, Dist.
Biblioteca Brancacciana: Padiglione Carlo, S. Bibl. Fiore Geremia, S. Bibl. Ciampitti Nicola, Dist. Padovani Vincenzo, Dist.
Biblioteca Universitaria: Moroni Alessandro, Bibl. Prudenzano Dr. Francesco, Bibl. Zambiagi Antonio, S. Bibl. Truppa Raffaele, S. Bibl. Lacava Gennario, S. Bibl. Calvanico sac. Beniamino, S. Bibl. D'Elia Giuseppe, S. Bibl. Maresca Gennaro, Dist. Andolfi Edoardo, Dist. Garavini Tommaso, Dist. Amendola Edoardo, Dist. Ceraso Edoardo, Dist. Ferrari Stanislao, Dist. Coscino Michele, Dist. Fiore Eugenio, Dist. Trapani Carlo, Dist. Cliento Gennaro, Dist. Lerro Achille, Dist.
Padova-Biblioteca Universitaria: Girardi Marco, Bibl. Colabich Giorgio, S. Cons. Perli Riccardo, S. Bibl. Bianchi Giuseppe, S. Bibl. Modena Abdelkader, S. Bibl. Galeazzo Giovanni, Dist. Corti Carlo Alberto, Dist. Graziano Giuseppe, Dist.
Palermo-Biblioteca Nazionale: Giorgi Dr. Ignazio, Pref. Montalbano Saverio, S. Bibl. Inghilleri Giuseppe, S. Bibl. Guastalla Dr. Ernesto, S. Bibl. Baroncelli Vittorio, S. Bibl. Pecorella Dr. Camillo, Al. Schirò sac. Agostino, Ord. Zagone Giuseppe, Ord. De Vita Giuseppe, Dist. Galvagno Dr. Vincenzo, Dist. Traina Pietro, Dist.
Parma-Biblioteca Palatina: Rossi Luigi, Bibl. Caputo Michele, Bibl. Modona Lionello, S. Bibl. Mannucci Luigi, S. Bibl. Respighi Achille, Ord. Vescovi Evangelista, Ord. Alinovi Enrico, Dist. Ferrari Ferruccio, Dist. Mauri Alberto, Appr.
Pavia-Biblioteca Universitaria: De Marchi Dr. Luigi, Bibl. Marangoni Giovanni, S. Bibl. Pesenti Angelo, S. Bibl. Bertolani Dr. Giovanni, S. Bibl. Imberti Giovanni, Dist. Marozzi Enrico, Dist. Orlandi Giuseppe, Dist.
Pisa-Biblioteca Universitaria: Tribolati Dr. Felice, S. Bibl. Cordella Giacomo, S. Bibl. Basetti Antonio, S. Bibl. Grifoni Giovanni, Dist. Cervelli Opelio, Dist. Moschini Umberto, Dist.
Roma-Biblioteca Nazionale Centrale: Gnoli Domenico, Pref. Grampini Ottavio, Bibl. Ambrosi de Magistris Dr. Raffaele, Bibl. Ricci Dr. Achille, Bibl. Gull Dr. Giuseppe, S. Bibl. Mezzabotta

Ernesto, S. Bibl. Belli Giacomo, S. Bibl. Vicchi Leone, S. Bibl. Tacchi Ilario, S. Bibl. Luciani Attilio, S. Cons. Adami Giambattista, S. Bibl. Prestini Vittore, S. Bibl. Zanazzo Luigi, S. Bibl. Sabbadini Alessandro, S. Bibl. Sabbatini Arnaldo, S. Bibl. Mascaretti Carlo, S. Bibl. Calcagno Guido, S. Bibl. Canestrelli, Giulio, S. Bibl. Bresciano Raffaele, Al. Ortensi Ulisse, Al. Mancini Achille, Rag. Ec. Pelizzari Attilio, Ord. Garavini Giovanni, Ord. Paolino Giovanni, Dist. Rossi Arnaldo, Dist. Basile Francesco, Dist. Filibech Napoleone, Dist. Comanducci Ettore, Dist. Scovazzi Edoardo, Dist. Fattori Giuseppe, Dist. Renazzi Pietro, Dist. Gatti Pietro, Dist. Pavesi Ferruccio, Dist. Lattanzi Giovanni, Dist. Pelusi Michele, Dist. Medugno Giuseppe, Dist. Andreani Marzio, Dist. Viola Orazio, Dist. De Montis Pietro, Dist. Della Barba Alessandro, Com. Conti Vincenzo, Com. Fornari Francesco, Com.

Biblioteca Casanatense: Alvisi Edoardo, Bibl. Passerini Giuseppe, S. Bibl. Bresciano Giovanni, S. Bibl. Fusco Dr. Tommaso, S. Bibl. Pucci Luigi, Dist. Colaneri Giustino, Dist. Piccioli Andrea, Dist.

Biblioteca Angelica: Novelli Ettore, Bibl. Maes Costantino, Bibl. Tenneroni Annibale, Dist. Sciocchetti Oreste, Dist. Del Chiaro Federigo, Dist. Uda Felice, Com.

Biblioteca Vallicelliana: Mazzi Dr. Curzio, S. Bibl. Celani Enrico, Dist.

Biblioteca Alessandrina Universitaria: Rovero Vincenzo, S. Bibl. Sbriscia Augusto, S. Bibl. Serafini Cesare, S. Bibl. Terenzio Ettore, Dist. Vannoni Achille, Dist. Martire Cesare, Dist. Santarelli Vittorio, Dist. Marfori Benedetto, Dist. Franco Luigi, Dist. Casciani Dante, Dist. Vaglio Angelo Vittorio, Dist. Ferrugia Carlo, Dist.

Biblioteca (medica) Lancisiana: Dotto de'Dauli Carlo, Bibl.
Biblioteca (musicale) di S. Cecilia: Berwin Adolfo, S. Bibl.

Sassari - Biblioteca Universitaria: Sechi Sircana Dr. Antonio, S. Bibl. Cugia Pilo Gavino, Dist. Pellegri Emilio, Dist.

Torino - Biblioteca Nazionale: Carta Dr. Francesco, Pref. Ottino Giuseppe, Bibl. Avetta Dr. Adolfo, S. Bibl. Verona Agostino, S. Bibl. Vay Dr. Lorenzo, S. Bibl. Marengo Dr. Enrico, S. Bibl. Serafino Dr. Gabriele, S. Bibl. Bari Dottoressa Teresa, S. Bibl. Vietti Angelo, Ord. Borgna Antonio, Ord. Mulatero Camillo, Ord. Nicola Dr. Guido, Dist. Pianetti Paolo, Dist. Fanghi Giulio, Dist. Imberti Ulrico, Dist. Anselmi Carlo, Dist. Opezzi Ottaviano, Dist. Nicola Enrico, Dist. Chiaudano Vittorio Emanuele, Dist. Andreis Achille, Dist.

Venezia - Biblioteca Nazionale Marciana: Castellani Prof. Carlo, Pref. Soranzo Camillo, S. Bibl. Wiel Taddeo, Com. Giavi Ignazio, Dist. Silvestre Francesco, Dist.

Recensionen und Anzeigen.

Die Historischen Handschriften der Königlichen öffentlichen Bibliothek zu Stuttgart. Beschrieben vom Oberstudienrath Dr. W. von Heyd, Oberbibliothekar. Stuttgart, W. Kohlhammer 1891. 1. Bd.: Die Handschriften in Folio, IV u. 326 S. 2. Bd.: Die Handschriften in Quarto und Octavo, IV u. 236 S.

Die Ahnherren der heutigen Könige von Würtemberg sind frühzeitiger als viele ihrer Standesgenossen in Deutschland darauf bedacht gewesen, den Orten, wo sie Hof hielten und die Regierung führten, durch Sammlungen wissenschaftlicher Hülfsmittel eine Bedeutung zu geben, aber fast alles, was diesen lobenswerthen Bestrebungen sein Dasein verdankte, ging bereits durch die Stürme des 30jährigen Krieges wieder zu Grunde. Einzelnes aus diesen alten Sammlungen findet sich zwar heute noch in Stuttgart, jedoch lässt sich von jedem derartigen Stücke ausdrücklich nachweisen, dass es erst in neuerer Zeit aus fremdem Besitze wieder erworben worden ist. Die jetzige Königliche öffentliche Bibliothek zu Stuttgart ist eben ein Kind des 18. Jahrhunderts und verdankt ihre Entstehung einem Willensacte des bekannten Herzogs Karl Eugen. Durch einen Stiftungsbrief vom 11. Februar 1765 überliess derselbe nicht nur seinen eigenen, aus Liebhaberei zusammengebrachten, bedeutenden Bücherschatz der öffentlichen Benutzung, sondern er trug auch alsbald mit grösster Umsicht und Thatkraft Sorge dafür, dass alle Landesbehörden ihre Bücher und Manuscripte an das neue Institut einlieferten. Auf diese Weise wurde namentlich ein ansehnlicher Grundstock von Hdss. gewonnen und diesen wiederum liess der Herzog auch ferner nicht ab durch zahlreiche Ankäufe, die seine finanziellen Mittel fast erschöpften, zu vermehren und zu vervollständigen, wie es ihm andererseits zugleich gelang, Beamte und Liebhaber zu ausgiebigen Schenkungen an seine neue Stiftung zu bewegen. Setzte zwar die französische Umsturzbewegung weiteren ähnlichen Bestrebungen ein gebieterisches Halt, so führten doch gerade die aus ihr folgenden staatsrechtlichen Umwälzungen in Deutschland überaus werthvolle und umfangreiche Vermehrungen der Stuttgarter Bibliothek für ihren Hdss.-Bestand zu. Man ist bei den Saecularisationen, die der Reichsdeputationshauptschluss und andere staatsrechtliche Abmachungen zu Wege brachten, mit den handschriftlichen Schätzen der geistlichen Stiftungen in Würtemberg ebenso bedachtsam und vorsichtig zu Werke gegangen, wie in Bayern. aber, wenn sich die Stuttgarter Bibliothek, was den Vorrath alter theologischer und historischer, aus Schwaben stammender Hdss. angeht, nicht mit der Münchener messen kann, so liegt es an der damaligen Ordnung der territorialen Verhältnisse, bei der gerade Bayern mit den durch eine alte geistige Cultur hervorragenderen, schwäbischen Gebieten ausgestattet wurde. Indes jeder Historiker weiss, wie fleissig man auch in den nunmehr würtembergischen Klöstern und Stiftern, wie Elwangen, Zwiefalten, Weingarten, Heilbronn, Wiblingen und Komburg, litterarisch während des Mittelalters gearbeitet hatte, um zu ermessen, dass von hier recht Werthvolles nach Stuttgart kam und daselbst rechtzeitig und gut conservirt ward. Neuerer Zuwendungen erfreut sich die Stuttgarter Hdss.-Sammlung vornehmlich durch die Freigebigkeit und die Uneigennützigkeit Einzelner und zwar zunächst solcher, die sich während ihres Lebens aus besonderer Liebhaberei mit Würtembergischer Geschichte beschäftigten und dann für den Todfall ihre reichen Sammlungen der Staatsanstalt vermachten.

Ein Katalog, der die ältesten Bestände der Bibliothek umfasste, muss wohl schon 1788 in Angriff genommen und nothdürftig beendet worden sein, als der Zuwachs durch die Saecularisationen erfolgte; man hat hierbei eine Eintheilung der Hdss. in 13 verschiedene Gruppen nach einem damals allgemein gebräuchlichen Schema beliebt. An dieser Ordnung ist fernerhin festgehalten worden und hat man ihr entsprechend die Accessionen mit fortlaufenden Nummern den alten Gruppenbeständen angefügt. So ist es bis auf den heutigen Tag geblieben, nur sind seit neuerer Zeit bei der Catalogisirung gleich eingehende Beschreibungen der einzelnen Nummern aufgenommen worden, während man sich früher auf höchst kurze und gedrängte Angaben beschränkt hatte. Die jetzige Bibliotheks-Verwaltung hat es nun seit langem ganz richtig als ihre Aufgabe angesehen, in gleicher Weise das Verzeichniss über die älteren Bestände zu vervollständigen, und Dank ihren Bemühungen ist dies Ziel jüngst für die Abtheilung der historischen Hdss. erreicht worden. In erfreulicher Weise hat man sich auch alsbald zur Veröffentlichung der Ergebnisse dieser Arbeit entschlossen. Zwei stattliche Bände werden von den aufgenommenen Beschreibungen, sowie einer die Geschichte der Bibliothek behandelnden Einleitung und einem umfänglichen Register gefüllt; der erste, etwas stärkere Band ist den Folio-Hdss., der zweite schwächere den Quart- und Octav-Codices gewidmet. Die Fassung der Einzelbeschreibungen schliesst sich im Wesentlichen der Form an, die sich neuerdings bei uns für solche Arbeiten eingebürgert hat; die vorkommenden Abweichungen, namentlich der Verzicht auf eine eingehende Schilderung der graphischen Merkmale, sind zumeist damit begründet, dass die überwiegende Mehrzahl der Hdss. nicht dem eigentlichen Mittelalter, sondern erst dem 16. und 17. Jahrhundert angehört. Denn entsprechend jenem alten Schematismus ist auch der Begriff der „Manuscripta historica" ein recht weiter; er geht erheblich über das Gebiet der Geschichte und selbst der historischen Hülfswissenschaften hinaus, so dass wir in den vorliegenden Bänden vielerlei Werke verzeichnet finden, deren Inhalt mit der Geschichte nur in einem sehr lockeren und entfernten Zusammenhange steht. Für eine systematische Gruppirung des so recht mannigfaltigen und verschiedenartigen Bestandes ist weder bei den neueren Catalogisirungsarbeiten noch bei der jetzigen Veröffentlichung etwas geschehen. In ersterem Falle wäre freilich eine neue Signirung der Hdss., in letzterem eine künstliche und umständliche Anordnung der jetzt fortlaufenden Nummern mit allerhand Verweisungen nothwendig geworden. Beides hat man nicht ohne guten Grund seitens der Bibliotheksverwaltung gescheut. Selbstverständlich gehen so, wenn das Alter der Hdss. in Betracht kommt, sehr junge Stücke älteren in dem Verzeichniss vorauf und folgen letzteren in buntem Wechsel spätere wie frühere. Ueber das 9. Jahrhundert geht kein einziges Stück der historischen Abtheilung hinaus, und aus der Zeit von da bis zum 12. Jahrhundert sind nur wenige Proben nachweisbar; ein Sulpicius Severus des 9. Jahrhunderts (Q. 36), ein Hegesipp des 9.—10. Jahrh. (F. 400), ein Julius Valerius de gestis Alexandri des 10.—11. Jahrh. (F. 400), und eine Kirchengeschichte des Eusebius vom 11.—12. Jahrh. ist wohl alles, was für jene Periode zu nennen wäre. Dagegen nimmt die Litteratur des 12. Jahrh. unter den stuttgarter historischen Handschriften eine ganz hervorragende Stellung ein; es war eben die Zeit, wo die Studien in Elwangen und Zwiefalten auf ihrer Höhe standen. Auch Urkunden Ottos I. und K. Konrads III. für S. Remigius in Rheims sind durch Zufall nach Stuttgart verschlagen worden und haben Aufnahme in die Bibliothek gefunden. Erheblich schwächer ist dann wiederum das 13. bis 15. Jahrh. bedacht; alles Uebrige von den beschriebenen 1151 Nummern gehört dem 16. bis 18. Jahrh. an; auch das 19. Jahrh. ist nicht ganz unvertreten. Aus letzterem habe ich mir wenigstens Q. 311 mit Briefen von David Friedr. Strauss notirt; in Q. 310 u. 310ᵃ, 314ᵇ findet man daneben die etwas älteren Correspondenzen Schubarts und Wessenbergs. — Es ist überaus schwer der Mannigfaltigkeit der in der Hauptmasse der Hdss. behandelten Stoffe mit kurzen Worten gerecht zu werden. Viele der Bände, die namentlich Reisebeschreibungen nach entlegenen Erdtheilen enthalten, sind meist auch durch Zufall nach Stuttgart gerathen, wogegen freilich in anderen uns auch eingeborne Würtemberger als unternehmungslustige Reisende in Europa entgegentreten. Vielfach scheinen übrigens Würtemberger als Reisebegleiter und Erzieher bei angesehenen Personen des In- und Auslandes beliebt gewesen zu sein, wie in solcher Veranlassung entstandene Aufzeichnungen der Stuttgarter Bibliothek zeigen. An Vertretern aller Wissenschaften, die weithin mit Fach- und Sachgenossen lebhafte litterarische Verbindungen unterhielten, scheint es zu keiner Zeit in Württemberg gefehlt zu haben, ganz besonders fruchtbar muss aber in dieser Beziehung nach Ausweis des Cataloges das 16. Jahrh. gewesen sein; sogar Briefe von Luther und Melanchthon bringt Q. 95. Dann haben es sich württembergische Prediger, Lehrer und Beamte stets angelegen sein lassen, theils über die jeweiligen Sitten- und Wirthschaftsverhältnisse der ihnen näher stehenden Kreise Aufzeichnungen zu machen theils der historischen Herausbildung dessen, was sie vorfanden, in wissenschaftlichen Untersuchungen und Schilderungen nachzugehen. Es ist geradezu erstaunlich, was die Stuttgarter historischen Hdss. an Chroniken, Biographien, topographischen, statistischen und verfassungsrechtlichen Aufzeichnungen über einzelne Orte und Landschaften bieten, aber merkwürdiger Weise scheinen die hier beruhenden Schätze noch lange nicht alle von der neueren Forschung gehoben worden zu sein; sonst ist gerade alles, was in Stuttgart auf allgemein wissenschaftliche Bedeutung Anspruch machen kann, Dank dem Entgegenkommen der jeweiligen Bibliotheksverwaltung litterarisch bereits ausgenutzt und verwerthet worden. Eine völlige und erschöpfende Ausbeutung ist ferner nur denjenigen Acten noch nicht zu Theil geworden, die aus den vielfachen politischen Verwicklungen zwischen Württemberg und dem habsburgischen Kaiserhause, sowie aus den Kämpfen des Reiches gegen Ludwig XIV. hervorgegangen sind. Das ist endlich mit dem Tagebuche eines Begleiters des päpstlichen Abgesandten Domenico di Gesù Maria über den Feldzug gegen den Winterkönig in Q. 82 der Fall. Auch die byzantinische Chronik des 1081 in Q. 129 bedarf wohl noch weiterer Untersuchung. Dass man in dieser Weise über die Verwendung oder bisherige Nichtbenutzung einer oder der anderen Hds. urtheilen kann, haben uns die Herausgeber und Bearbeiter des Cataloges selbst so leicht gemacht: sie haben mit vielem Geschick und Umsicht der Beschreibung jeder Nummer die Nachweise über die Erwähnung derselben oder einzelner Theile in der bisherigen Litteratur angeschlossen. Was die auf die Landesgeschichte bezüglichen Werke angeht, so hatten da verdiente und erfahrene Männer, wie Christoph Friedrich von Stälin, geradezu in epochemachender Weise vorgearbeitet, wenn auch nicht immer gerade durch Ausgaben, so doch wenigstens durch Hinweise und kurze charakteristische Schilderungen.

Auch im Uebrigen kann man an dem Verzeichniss der Stuttgarter historischen Hdss., so wie es in unsere Hände gelangt ist, nur seine Freude haben; aller Orten leuchtet die Sorgfalt und die Liebe zur Sache, mit der es gearbeitet worden ist, hervor. Einige Versehen in den den Ueberschriften eingefügten Altersbestimmungen sind bedeutungslos, da sie durch die folgende Beschreibung der einzelnen Nummern des betreffenden Sammelbandes sofort berichtigt werden. Nachzuweisen, dass der in F. 270 erwähnte Erzbischof Udo von Magdeburg sich nicht in der Reihe der historisch nachweisbaren Inhaber dieses Erzstuhles findet, war nicht Sache der Herausgeber. Der beigefügte Index, der ausnahmsweise alle in der Hdss.-Beschreibung irgend wie vorkommenden Orts- und Personen-Namen in sich vereinigt, ist, wie man sich durch Stichproben überzeugen kann, durchaus vollständig und zuverlässig.

Kiel. Wilh. Schum.

Die landeskundliche Litteratur der Provinzen Ost- und Westpreussen. Unter wesentlicher Mitarbeit der Herren Bibliothekar Dr. R. Reicke, Dr. E. Reicke und Rittmeister v. Schack gesammelt und herausgegeben von der Königsberger Geographischen Gesellschaft. Heft I. Allgemeine Darstellungen und allgemeine Karten. Königsberg 1892. In Kommission bei Hübner & Matz. 8°. VI, 71 S.

Der Anfang der landeskundlichen Litteratur von Altpreussen, welche seit 1882 auf dem Geographentage zu Halle, wie die übrigen ähnliche Unternehmungen angeregt wurde, umfasst in 681 Nummern den allgemeinen Theil und ist in zehn Abschnitte gegliedert: I. Zeitschriften, Gesellschaftsschriften und Aehnliches von geographischem Interesse: a) Aeltere Reihen, b) Neuere Reihen: Historische Richtung, naturwissenschaftliche Richtung, c) Kunsthistorische Topographie im Allgemeinen. II. Allgemeine Landesbeschreibungen, Topographien u. dergl. a) vor 1800 verfasste Schriften, b) nach 1800 verfasst. III. Reisebeschreibungen, physische Geographie. IV. Die Ostsee. V. Physisches über Haffe und Nehrungen: Allgemeines; Hela und Nachbarküsten, Frisches Haff und frische Nehrung, Kurisches Haff und Kurische Nehrung. VI. Bodengestaltung, Berggruppen, einzelne Berge. VII. Hydrographie, a) Landseen, b) Sümpfe und Moore, c) Flüsse, α) Allgemeines, β) Einzelne Flüsse ausser der Weichsel, γ) Weichsel und Nogat (hauptsächlich nur Physisches), δ) Weichsel allein, besonders von der Montauer Spitze abwärts, ε) Nogat allein. VIII. Schriften über Karten. a) Allgemeines, Geschichte der provinzialen Kartographie, b) Landesaufnahme, Ortsbestimmungen, Gradmessungen u. dergl. IX. Die Karten selbst (nur Allgemeines) a) Hennenberger, seine Vorgänger und nächsten Nachfolger, Schriften über Hennenberger. b) Andere ältere Karten bis auf Schrötter. c) Einige grössere Kartenwerke neuerer Zeit mit Angabe der auf Ost- und Westpreussen bezüglichen Blätter. d) Die Schrötter'sche Karte und andere neuere, nicht wesentlich über die Grenzen der Provinzen hinausgehende Karten. X. Auf die Küsten Ost- und Westpreussens bezügliche Seekarten. Alles Specielle, auch Geologie und Meteorologie soll in späteren Heften folgen. Die Zeitschriften und auch die Zeitungen der Provinzen Ost- und Westpreussen sind in umfassendster Weise zu dieser Landeskunde herangezogen, was wohl nur durch die altpreussische Bibliographie in Dr. Reicke's Monatsschrift (seit 1864) ermöglicht wurde. Die Anordnung der kleinsten Abschnitte ist chronologisch: einzelne Urtheile und Bemerkungen rühren von dem Redacteur des Ganzen, Professor Hahn in Königsberg her, der auch die Vorrede unterzeichnet hat. P.

Mittheilungen aus und über Bibliotheken.

In No. 191 u. 193 der Braunschweigischen Landeszeitung d. J. hat Herr Dr. H. Nentwig über die Kirchenbibliothek von St. Andreas in Braunschweig, die einen Theil der heutigen s. g. Ministerialbibliothek (Kirchenministerium) bildet, ausführliche Mittheilungen gemacht. Der Grundstock stammt schon aus dem Anfange des 14. Jahrhunderts. Im 16. Jahrhundert hat der berühmte Theologe Martin Chemnitz die Bibliothek sehr gefördert. Der Stadtrath von Braunschweig hat (als Patron der Stadtkirchen?) das nöthige Geld zur Drucklegung des Handschriften-Kataloges der Bibliothek jetzt bewilligt, wie uns freundlich mitgetheilt wird. O. H.

In der Generalversammlung des Gesammtvereins der deutschen Geschichts- und Alterthums-Vereine zu Sigmaringen 1891 hat Hofrath Dr. v. Lehner einen Vortrag gehalten über das fürstliche Museum im Schlosse zu Sigmaringen, abgedruckt in den Protokollen der Generalversammlung (Berlin 1892) S. 49 ff. Von der Bibliothek sagt er S. 57, sie zähle z. Z. 15,365 Werke mit über 30,000 Bänden, sie besitze eine schöne Anzahl von Prachtwerken mit Illustrationen, eine mässige Anzahl von interessanten Incunabeln und dann im jetzigen Augenblicke 460 Handschriften, von denen aber nur eine verhältnissmässig kleine Anzahl von besonderem wissenschaftlichen oder künstlerischen Werthe sei; mehrere sehr kostbare und auch kostspielige Werke von streng wissenschaftlicher Richtung seien

der Bibliothek, die vorzugsweise im Bereich der Archäologie, Geschichte, Kunst- und Kulturgeschichte sowie der schönen Litteratur vermehrt werde, in den letzten Jahren durch die Bereitwilligkeit Sr. K. H. des Fürsten zugewachsen.
W.

Im Anschluss an das von P. Ehrle im vorigen Jahrgange des C. f. B. S. 508 u. f. Mitgetheilte entnehmen wir der Neuen Züricher Zeitung folgende Nachrichten: Im Vatikan wird wieder eine Neuerung vorbereitet, welche für wissenschaftliche Kreise Interesse bietet. In dem Verbindungsbau zwischen der Galleria della Biblioteca und dem Museo lapidario sind neue Räume eingerichtet worden, bestimmt zur Aufnahme der ehemaligen Privatbibliotheken, und ein langer Saal mit drei Abtheilungen für eine Nachschlagebibliothek. Die gewölbte Decke ist geschmückt mit Fresken ähnlich denjenigen in der Galleria; an einem Ende des Saales befindet sich die lebensgrosse Statue des Thomas von Aquino, am andern die Büste Leos XIII., ebenfalls in weissem Marmor. Die Nachschlagebibliothek, zu welcher zwei Zugänge hergestellt werden, der eine von der Vaticana, der andere vom Archivi secreto aus, soll eine möglichst umfassende Aufstellung von Lexika, Regesten, philosophischen, paläographischen, historischen und geographischen Sammelwerken enthalten, um allen Studirenden in den beiden Abtheilungen sowohl in der Vaticana als im Archive als Hülfsmittel zur Verfügung gestellt zu werden. Nach den grossen Ferien d. h. im Oktober, wird diese neue Bibliothek wahrscheinlich eröffnet werden, und bereits ist ein schöner Theil des verfügbaren Raumes mit kostbaren Bänden in allen Formaten besetzt. Da die Werke nach Ländern geordnet sind, so bildet das Ganze eine Art permanente internationale Ausstellung. Recht unangenehm hat es uns berührt, als uns die der Schweiz reservirten Gestelle so schrecklich öde anstarrten. Ausser einer Geschichte des Kantons St. Gallen und der leider nicht einmal vollständigen Sammlung eidgenössischer Abschiede ist nichts aus unserm Lande zu finden. Geradezu glänzend sind England, Frankreich und Belgien vertreten, auch Spanien weist eine stattliche Sammlung auf.

In der Zeitschrift des hist. Vereins für den Reg.-Bez. Marienwerder. Heft 28 (= Gust. Liek, Die Stadt Löbau, Hft. 4 1892) wird S. 455 ff. von der Aufhebung des dortigen Bernhardinerklosters im J. 1821 gehandelt; die Klosterkirche wurde der evangelischen Gemeinde, die Klostergebäude theils an den Magistrat zu Schulzwecken, theils zur Benutzung für das Königl. Stadt- und Landgericht an den Landgerichtsdirektor übergeben. „Von der Uebergabe" — heisst es dann S. 460 — „wird die in der Sakristei der Kirche untergebrachte Klosterbibliothek ausgeschlossen. Nach langen Unterhandlungen holt am 30. Aug. 1833 im Auftrage des Bistums-Administrators Domherrn Joh. Krieger der Alumnus Dziadek die Bibliothek des Klosters mit den dazu gehörigen Repositorien nach Pelplin für die Bibliothek des bischöflichen Seminars." Es folgt ein 1821 durch C. T. L. Lucas aufgenommenes Verzeichniss der in der Bibliothek befindlichen Urkunden (19), Handschriften (43 Bände) und Bücher (darunter 309 alte Drucke), in Summa 2046 Bände. S. 462 werden unter A. 1—4 einige Handschriften des 18. Jahrh. näher bezeichnet, unter A. 5 „ein Gebetbuch, wie es scheint, aus dem 15. Jahrh." B. handelt „Von den pergamentenen, beschriebenen Einbänden". 1) Ein Einband mit altfranzös. Bemerkungen über das h. Land und den 2. Kreuzzug (?), 2) desgl. mit latein.-grammat. Versen. 3) Ein Pergamentbogen mit einer allegor. Darstellung der Erlösung. 4) 3 Blätter mit einem altdeutschen Gedichte, enth. das Evangelium der Kindheit Christi. — Das älteste gedruckte Buch der Bibliothek war von 1465 (Exposito hymnorum interpraetatio Cracov.), das jüngste von 1797, die Bibliothek enthielt 1190 Druckwerke, 148 aus dem 15., 722 aus dem 16., 239 aus dem 17., 81 aus dem 18. Jahrh.
W.

(Mittelalterliche Bibliotheken.) Isti sunt libri quos legavit magister Petrus de Ioigniaco pauperibus scholaribus studentibus in theologia tradendi eisdem per manum cancellarii qui eos custodiet; quos recepit predictus magister Petrus cancellarius a capitulo 1297 mense Septembri 49 Bände. — Chartularium universitatis Parisiensis edd. Denifle et Chatelain II, 1 (1891) S. 80. 81 n. 607.
Librorum pretium ab universitate Parisiensi taxatum, quod debent habere librarii pro exemplari commodato scholaribus 1304. Febr. 25. — Preise von 155 Werken, ib. 107—112 n. 642.
P.

Der Jahresbericht des Ossoliński'schen Instituts in Lemberg für 1891 beginnt mit der Beschreibung umfassender baulicher Reparaturen, welche an dem Gebäude der Sammlungen im verflossenen Jahre nothwendig waren und in Folge deren auch die öffentliche Sitzung am 12. October v. J., in der stiftungsmässig der Jahresbericht erstattet wird, ausfallen musste. Die Ordnungsarbeiten und die Benutzung der Bibliothek erlitten durch den Bau nur im Juli und August eine Unterbrechung. Der Bestand der Druckwerke ergiebt 88870 (gegen 87530 im Jahre 1890), 1872 Karten (1890: 1784), 3394 Handschriften (8371), 2783 Autographen (2782) und 1033 Urkunden (992). Der Lesesaal für das grosse Publikum wurde von October 1890 bis Juni 1891 von 9763 (12880) Personen an 187 Tagen besucht (vom Juli an war derselbe geschlossen), zu wissenschaftlichen Zwecken wurden an 3322 Personen (3335) 626 Handschriften (851) und 12890 Druckwerke (8694) in 24051 Bänden (18416) verabfolgt, ausgeliehen an 134 Personen (171) 3263 Druckwerke (4059) und 85 (55) Handschriften. Geschenke erhielt die Bibliothek von 232 Gesellschaften und Personen (220). Einnahmen und Ausgaben stellen sich auf 33957 fl. (32420). Eine wissenschaftliche Abhandlung ist dem Jahresbericht dieses Mal nicht beigegeben.
P.

(Direkte Entleihung von Handschriften.) Auch die Bibliothek der Universität Durham hat sich bereit erklärt, Handschriften direkt an deutsche Bibliotheken zu versenden. Sie hat eine Handschrift direkt an die Universitätsbibliothek nach Halle geschickt.
O. H.

In München hat J. F. Lehmanns Buchhandlung eine Leihbibliothek für naturwissenschaftliche und medicinische Werke ins Leben gerufen. Sie besitzt die neueren Werke, welche für die Examina gebraucht werden, und stellt auch ihr antiquarisches Lager zur Verfügung. Die Bücher werden für 4 Wochen ausgeliehen und für diese Zeit 10% des antiquarischen oder Laden-Preises berechnet. Die geringste Leihgebühr beträgt 50 Pfg. Erwirbt Jemand die Bücher, so geht bei neuen Werken 5% Sconto vom Ladenpreise ab. Aehnliche Leihinstitute existiren für juristische Werke in Berlin und vielleicht andere auch an anderen Orten. Werden die öffentlichen Bibliotheken durch derartige Institute entlastet, so gewinnt der deutsche Buchhandel sicher Nichts durch sie. Schliesslich kaufen sich auch die Examinanden keine Bücher mehr, und wenn dann die Examinanden in kleinen Städten, wie auf dem Lande sitzen, wird gar nichts mehr studirt.

Der Fond der Herzogl. Anhalt. Behördenbibliothek zu Dessau ist Seitens der Staatsregierung von 2000 M. auf 3000 M. pro Jahr erhöht, wodurch einem dringenden Bedürfnisse Genüge geleistet worden ist. Die Bücherei zählt z. Z. weit über 30,000 Bände und birgt noch ca. 60,000 Patentschriften.

Von dem vortrefflichen Catalogue général des manuscrits des bibliothèques publiques de France sind vier neue Bände erschienen. Der eine, in der Reihe der Départements der 15., enthält die Beschreibung der Handschriften von Marseille und ist vom Abbé Albanès verfasst. Die 1656 Handschriften zählende Bibliothek ist erst in der Revolutionszeit gebildet worden und stammt grösstentheils aus den Büchersammlungen der aufgehobenen Klöster von Marseille und Aix. Der grösste Theil besteht aus lateinischen und französischen Handschriften. Doch sind auch eine Anzahl orientalischer da. Der 5.Band des Katalogs der Bibliothèque Mazarine bringt ein Supplément und die Table générale. — Von der Pariser Bibliothèque de l'Arsenal ist der 6. Band erschienen, die Handschriften No. 6023 bis 8807 beschreibend. Gleichzeitig damit ist das erste Fascikel des 9. Bandes des Kataloges derselben Handschriftensammlung ausgegeben worden, welcher die aus den Archives de la Bastille herrührenden Manuscripte aufzählt. Der Herausgeber dieses Katalogs, Herr Franz Funk-Brentano, Unterbibliothekar an der Bibliothèque de l'Arsenal, hat seine Arbeit mit einer ausführlichen Einleitung eröffnet.

Benutzung und Vermehrung der Universitätsbibliothek zu Giessen vom 1. April 1891 bis 31. März 1892 (bezw. vom 1. April 1890 bis 31. März 1891.)[1]) — I. Benutzung: Auf länger als 4 Tage wurden ausgeliehen 13407, im Ganzen ca. 14200 Bände (12506, bezw. ca. 13300 Bände). Die Anzahl der im Lesezimmer benutzten Werke lässt sich, da ein Theil der Beamten Zutritt zu den Büchersälen hat, nicht feststellen. Nach auswärts wurden 1363 Bände in 275 Sendungen (1352 Bände in 276 Sendungen) verschickt. Die eingereichten Verlangscheine betrafen 846 (746) nicht vorhandene Werke, etwa 6%, (5,6%) der schriftlich verlangten Werke. Im Sommerhalbjahr 1891 [und Winterhalbjahr 1891/92] wurde die Bibliothek im Ganzen von 435 [454] Personen, worunter 71 [85] Auswärtige, benutzt. Unter den 364 [369] Einheimischen befanden sich 119 [129] nicht der Universität angehörende Personen. Die 198 [197] Benutzer aus der Zahl der Studirenden vertraten 35% [36%] der Gesammtziffer. Auf die verschiedenen Studienfächer vertheilen sich die die Bibliothek benutzenden Studirenden, wie folgt: Von der Gesammtzahl der Theologen benutzten die Bibliothek 55% [63%], von den Juristen 63% [16%], von den Medicinern 25% [27%], von den Veterinärmedicinern 33% [14%], von den Dentisten 25% [12%], von den Kameralisten 14% [22%], von den Mathematikern 54% [69%], von den Naturwissenschaftlern 54% [36%], von den Historikern 75% [100%], von den Pharmaceuten 21% [22%], von den Chemikern 18% [32%], von den Studirenden der Forstwissenschaft 25% [33%], von denen der classischen Philologie 70% [75%], denen der neueren Philologie 65% [77%]. Von der Hofbibliothek zu Darmstadt wurden 1891/92 737 Bände (1890/91: 560 Bände) an Hiesige durch Vermittelung der Universitätsbibliothek verliehen. — II. Vermehrung: Im Geschäftsjahr 1891/92 (bezw. 1890/91) wurden im Ganzen 8059 (7226) Schriften catalogisirt, von welchen 1777 (1267) gekauft, 1984 (1262) als Tausch-, Geschenk- oder Pflichtexemplare, 379 (335) von der Oberhessischen Gesellschaft für Natur- und Heilkunde, 178 (142) vom Oberhessischen Geschichtsverein, 261 (96) vom Philologischen Seminar, deren Bibliotheken mit der Universitätsbibliothek vereinigt sind, geliefert worden; der Rest von 3480 (4124) Schriften bestand aus Universitäts- und Schulschriften. Die Aufstellung der Universitäts- und Schulschriften verlangte im Geschäftsjahr 1891/92 einen laufenden Raum von 10,8 Metern, die Aufstellung aller übrigen Schriften einen Raum von 128 Metern.

---

[1]) Da die Berichte der Preussischen Universitätsbibliotheken in den Universitätschroniken schon gedruckt vorliegen, bringen wir über sie keine besonderen Berichte.

In dem Historischen Jahrbuche der Görresgesellschaft Jahrg. XIII. S. 158—172 veröffentlicht Herr Professor Dr. Ehrhard einen Aufsatz über „das Kloster zum hl. Kreuz bei Jerusalem und seine Bibliothek."

Das diesjährige Osterprogramm des Karl-Friedrich-Gymnasiums zu Eisenach enthält einen wohl redigirten Katalog der Lutherdrucke der Karl-Alexander-Bibliothek zu Eisenach aus den Jahren 1516—23. Es sind auf 20 Quartseiten 200 Drucke von dem Herrn Gymnasialprofessor A. Oesterheld hier beschrieben. Die weitaus grösste Anzahl der hier verzeichneten Drucke hat der bekannte, 1886 verstorbene Bibliophile Heinrich Klemm gesammelt und an „die neue Wartburg-Bibliothek" abgeliefert. Einige briefliche Mittheilungen des rastlos thätigen und findigen Mannes sind als Einleitung zu unserem Verzeichnisse abgedruckt. Dasselbe wird hoffentlich fortgesetzt werden und einen werthvollen Beitrag zu einer Lutherbibliographie, die, soviel ich weiss, in Bearbeitung ist, bilden. O. H.

Vermischte Notizen.

Die Schätze des görlitzischen Rathsarchivs. Das Görlitzer Rathhaus ist seit seiner Erbauung, d. h. etwa seit 1300, niemals von einer Feuersbrunst heimgesucht worden, während sonst fast alle Theile der alten Sechsstadt Görlitz in der geschichtlich aufgehellten Periode der Stadtgeschichte von etwa sechs Jahrhunderten einmal eingeäschert wurden (in den Jahren 1331, 1456, 1525, 1642, 1691, 1717, 1726). Daher ist es gekommen, dass die Verluste an geschichtlichen Documenten das görlitzische Rathsarchiv wenig betroffen haben. Allerdings führte der Pönfall 1547, jenes schreckliche Strafgericht, das die Stadt mit einem Schlage von ihrer früheren Blüthe herabstürzte, einen Theil der Archivalien nach Prag oder Wien. So wurden damals fast alle älteren Innungsurkunden, dazu die Rathsrechnungen von 1492—1547 entführt (möglich ist, dass sich diese Schätze noch irgend einmal vorfinden). Ferner kamen in unserem Jahrhundert in unaufgeklärter Weise wichtige Stücke abhanden. Ausserdem wurde ebenfalls vor nicht langer Zeit eine ganze Reihe von sehr wichtigen urkundlichen Quellen — freilich ohne dass bei dieser Ueberführung irgend ein bestimmter Gesichtspunkt obgewaltet hätte — an die Milich'sche Bibliothek (dem Görlitzer Gymnasium gehörig) abgegeben. So finden sich jetzt dort die wichtigen Rathsannalen, die Kürbücher, verschiedene Stadtbücher, die Urkundenbücher des Scultetus und anderes mehr. Trotz alledem ist das Rathsarchiv noch so voller Schätze, dass dasselbe nicht nur alle Stadtarchive in der Oberlausitz, sondern auch die sehr vieler Städte Deutschlands übertrifft. Es ist nun recht bedauerlich, dass der jetzige beschränkte Raum im Rathhause jegliche Uebersicht über das vorhandene Material erschwert. Die Handschriften des 14., 15., 16., 17. und 18. Jahrhunderts werden schier erdrückt von der Masse der Verwaltungsacten aus unserem Jahrhundert. Dazu fehlt jede genauere Inventarisirung, die einzelnen Bände entbehren jedes Bibliothekszeichens, nicht immer ist gleiches zu gleichem gestellt. Es gehört daher eine förmliche Arbeit dazu, sich zurecht zu finden; es kostet mitunter sehr viel Zeit, einen Band, den man einmal benutzt hat, wieder in die Hand zu bekommen. Selbstredend ist der Magistrat der Stadt davon überzeugt, dass dem Uebelstande abgeholfen werden muss. Vor der Hand lässt sich aber, weil im Rathhause Platzmangel herrscht, nicht allzuviel thun. Es ist doch die erste Voraussetzung, dass die kostbaren Archivalien in gesonderten Räumen aufgestellt werden, dann erst lässt sich eine wissenschaftliche Ordnung herstellen und ein übersichtlicher Katalog fertigen. Da die Stadt jetzt zu Verwaltungszwecken ein Haus (die „drei Eichen" neben dem Gymnasium) erworben hat, wohin wahrscheinlich doch in den nächsten Jahren etliche Zweige der Verwaltung aus dem Rathhause übersiedeln, so ist die Hoffnung vorhanden, dass der Missstand bald aufhört. Ich denke, die Stadt Görlitz ist es ihrer grossen Geschichte schuldig, die wichtigen historischen Documente der allgemeinen Benutzung zugänglich zu machen. Seitdem mit dem Abgange des Herrn Heinrich, welcher ausser mir allein noch eine Uebersicht über das Rathsarchiv hat, die Stelle eines Rathsarchivars eingezogen ist, kann bei dem jetzigen Zustande des Archivs ein Fremder kaum die Schätze in Benutzung ziehen.

Es ist nur ein Glück, dass die Urkunden (im engeren Sinne) sich nicht im eigentlichen Archive befinden. Sie werden in einem Schranke in einem gewölbten, feuersicheren Raume (neben dem eigentlichen Archive) aufbewahrt. Sie sind gut geordnet, und es ist zu ihnen ein sehr verständig angelegtes Repertorium vorhanden. Ihre Zahl beträgt an tausend, die älteste stammt aus dem Jahre 1282. In demselben Raume liegt auch die Weinhold'sche Bauchronik aufbewahrt; sie ist deshalb äusserst wichtig, weil sie sehr ausführlich gerade die Bauperiode behandelt, in der das alte Görlitz sein altes Kleid von Mauern, Thürmen, Stadtgräben u. s. w. auszog. Gleich gut geordnet und registrirt (wenn auch nicht an geeignetem Orte aufbewahrt) sind die Magdeburger Schöppensprüche. Es ist ja bekannt, dass man in Görlitz, weil dort seit Anfang der Stadt nach magdeburger Rechte geurtheilt wurde, bei zweifelhaften Fällen von den Schöppen in Magdeburg Urtheil und Recht suchte. Diese Rechtssprüche, 490 an Anzahl, liegen nun in der Sammlung vor. Der frühere görlitzische Geschichtsforscher Dr. Neumann hat sich um ihre Ordnung grosse Verdienste erworben. Er schlug jedes Weisthum in Papier ein und befestigte darauf einen Zettel mit Inhaltsangabe, auch fertigte er ein treffliches Repertorium zu den Sprüchen an. Am berühmtesten von den Görlitzer urkundlichen Quellen sind die Rathsrechnungen. Die ältesten von 1375—1400 besitzt die Bibliothek der oberlausitzischen Gesellschaft. Während diese wohl geordnet und gebunden sind, ist das leider mit den im Rathsarchiv befindlichen (1400—1492 und 1548 bis in die spätesten Zeiten) nicht der Fall. Ihre Benutzung ist in der Gestalt, wie sie vorliegen, d. h. ungebunden in losen Packeten und ungeordnet, beinahe unmöglich. Wenn nicht Forscher im vorigen Jahrhundert recht dankenswerthe Auszüge gemacht hätten, so würde man diese Rechnungen kaum kennen. Und doch lässt sich auf ihnen eine Görlitzer Geschichte des 15. Jahrhunderts aufbauen und zwar nicht blos eine politische, sondern auch eine Wirthschaftsgeschichte. Ja diese Rechnungen haben nicht allein für görlitzische Vergangenheit einen hohen Werth, sondern sie gehören zu den Quellen ersten Ranges überhaupt für mittelalterliche Geschichte deutscher Städte. Nicht minder wichtig, wenn auch weniger bekannt, sind die libri missivarum, Briefbücher. Es wurden nämlich alle Schreiben, die der görlitzer Rath nach auswärts sandte, im Entwurfe aufbewahrt und in grosse Bände gebunden. Es sind hier vom Jahre 1487—1662 nicht blos Tausende, sondern Hunderttausende vorhanden. In keiner Frage, die die Geschichte der Stadt angeht, lassen sie im Stich. Sie verbreiten sich natürlich auch über Verhältnisse, die ausserhalb von Görlitz liegen, und sind somit auch eine wichtige Quelle für die gesammte Oberlausitz und die benachbarten Gebiete. Während man früher über den Bestand dieser Briefbücher nichts wusste, habe ich denselben durch eine Ordnung der Bände festgestellt, wobei sich denn auch der bis dahin unbekannte älteste Band von 1487 ff. herausstellte („Neues Lausitzisches Magazin" 64, S. 343). Die Sammlung besteht aus 46 stattlichen Bänden. Ganz besonders reich aber ist das Archiv an Stadtbüchern. Dieselben sind vielleicht in keiner Stadt in solcher Vollständigkeit wie in Görlitz auf die Gegenwart gekommen. Bis jetzt sind sie noch gar nicht im Zusammenhange betrachtet worden, eine jahrelange Beschäftigung mit denselben ergab, dass an der Hand dieser trefflichen Quellen sich ein vollständiges Bild von der görlitzischen Kanzlei und dem görlitzischen Gerichtswesen (bis 1500) geben lässt. Zunächst sind beinahe ohne Lücke die Verkaufsbücher, libri resignationum, seit 1305 vorhanden. Das älteste (von 1305—1416) habe ich im Programm des görlitzischen Gymnasiums 1890 des genaueren beschrieben. Wenn dasselbe auch vorwiegend Verkaufsurkunden enthält, so fehlen in ihm auch nicht andere Eintragungen, die sich gleichsam als Vorboten der späteren einzelnen Zweige der Kanzlei charakterisiren. Besonderen Abtheilungen der Görlitzer Gerichtskanzlei dienten die libri obligacionum (Bücher zu hypothekarischen Eintragungen) seit 1342 und 1384, libri compositionum (Entscheidungs- und Vergleichsbücher), libri acticatorum (Bücher für civile Klage und notarielle Gerichtsbarkeit). Dazu kommen mit ihren Eintragungen crimineller Art libri vocationum (Ladebücher) und libri proscriptionum (Achtsbücher.) Alle diese Bücher sind beinahe noch von niemandem gekannt, geschweige denn benutzt worden. Wie sie sich aber nutzbar machen lassen, das zeigt meine kürzlich von der Oberlausitzischen Gesellschaft der Wissenschaften gekrönte Preisschrift „Urkundliche Nachrichten über Georg Emrich", die nächstens im „Neuen Lausitzischen Magazin" erscheinen wird. Diese Arbeit ist beinahe ganz auf diesen Stadtbüchern aufgebaut und bringt auf Grund dieser urkundlichen Quellen eine ganze Reihe neuer und überraschender Ergebnisse über diesen merkwürdigen Görlitzer Mann († 1507); schon früher hat Herr Wernicke (der freilich nur einen Theil dieser Bücher benutzte) werthvolle kunsthistorische Notizen diesen Büchern entnommen. Seit 1450 beziehungsweise 1472 finden sich ferner im Rathsarchiv die libri censuum oder exactorum (Steuerbücher). Sie sind vollständig unverwerthetes Material; als Quelle für Namenskunde habe ich sie in einer von mir jetzt erscheinenden grösseren Arbeit „Beiträge zur Görlitzer Namenskunde" (von 1305—1705) benutzt. Für eine Steuergeschichte der Stadt Görlitz, die hoffentlich dereinst von jemandem geschrieben wird, werden sie die Grundlage bilden müssen.

Damit sind keineswegs die Schätze des görlitzer Rathsarchivs erschöpfend angegeben, vornehmlich für die spätere Zeit mag sich bei einer zu erhoffenden Ordnung noch manches finden. So ist sicher noch Material für den dreissigjährigen, den nordischen, den siebenjährigen und die Freiheitskriege in Fülle vorhanden. Mitgetheilt von Dr. Jecht.

Im 2. Bande der grossen Urkundensammlung zur Geschichte der französischen Universitäten von Marcel Fournier, Les Statuts et priviléges des universités Françaises, Paris, Larose et Forcel 1891 werden mehrfach Bücherschenkungen und -vermächtnisse mitgetheilt, so S. 222 von 1439 in Montpellier, S. 236 von 1461, S. 396 von 1427 das Inventar der Büchersammlung (171 Werke), welche der Cardinal von Brogny dem Collegium von Annecy (Avignon) hinterliess. Die Bücher sind nach französischer Sitte ausser dem Titel mit dem Anfangs- und Schlusswort des 2. Blattes bezeichnet; ein Inventar einer anderen Sammlung, die 1436 der Cardinal Amadeus von Saluzzo der Universität Avignon vermachte, ist leider verloren (S. 412), S. 455—461 (eine Sammlung von 164 Werken, die 1459 aus dem Vermächtniss des Jean Isnard an die Universität Avignon (Collegium St. Michael) fällt, S. 511—513 der Katalog der Bibliothek des Collegiums von Senanque (Avignon) von 1498—1500, in welchem 113 Werke verzeichnet sind, und endlich S. 576—578 eine Schenkung von 26 Büchern, welche der Bischof Wilhelm von Bazas 1395 dem Collegium von Pellegry (Cahors) macht, sie ist auch dadurch wichtig, dass bei jedem Buche der Schätzungswerth vermerkt ist: die Preise schwanken zwischen acht Grossi (Liber statutorum imperialium contra hereticos) und 80 Florenen (Collectarius copertus pelle ruber); auch hier sind stets Anfang und Schluss des zweiten Blattes angegeben. Einige dieser Bücherschenkungen hat Fournier bereits 1891 in der Nouvelle Revue historique de droit veröffentlicht. Vgl. Ctbl. VIII, 374.   P.

Von dem ältesten Buche der St. Katharinen-Kirchen-Bibliothek in Hamburg heisst es in dem ältesten „Utſcriſten und Denkelboke" dieser Kirche, aus dem Dr. W. H. Mielck in den Mittheilungen des Vereins für Hamburg. Geschichte Jahrg. 14 (1891) S. 173 ff. einige besondere Eintragungen mittheilt:

„Na Godes bord in dem veerteynhundertsten unde ſosten jare des ſonnavendes vor Palmen do ghaff Henning Stake de Schryver een bock gheheten een Curſus dem Godeshuſe Sunte Katherynen. Dat ſchal in deſſem ſulven godeshuſe blyven to ewighen tyden, de wyle dattet waren mach, to der leerden (?) leyen behuff, up dat God ſyne begheringe vorvulle. Dit is dat rode bock, dat by Sunte Katherinen bylde licht" etc. Dazu bemerkt Mielck, dass das so bezeichnete und „hoffentlich noch vorhandene Buch" ein lateinisches Liederbuch sein dürfte.   W.

In „The Academy" No. 1039 vom 2. April 1892 S. 328 giebt H. Margoliouth eine ausführliche Beschreibung der ältesten Handschrift des hebräischen Pentateuchs (Ms. Oriental 4445 des Brit. Mus., geschrieben etwa um die Mitte des 9. Jahrhunderts).

Im 5. Bande des „Archivum komisyi historycznej (Scriptores rerum Polonicarum XIII.) Krakau 1889 theilt Prof. B. Ulanowski in Krakau in einem Inventar der Domkirche von Przemysl aus dem 15. Jahrhundert S. 425 und 429 ein Verzeichniss von 46 jener Kirche gehörenden Büchern mit, das aus theologischen und kirchenrechtlichen Werken besteht.

Im 6. Bande derselben Zeitschrift (Krakau 1891) giebt Dr. Alfred Blumenstok S. 379—403 ausführliche Nachrichten über 373 rechtshistorische Handschriften der Kaiserlichen öffentlichen Bibliothek zu St. Petersburg, welche aus polnischen Büchersammlungen stammen.   P.

Von der Ctrbl. III 507 angekündigten Bibliographie der polnischen Geschichte ist im October 1891 die erste Hälfte unter dem Titel: Bibliografia historyi Polskiéj wspólnie z Dr. Henrykiem Sawczyńskim i cz/onkami kólka historycznego ucznióew Uniwersytetu Lwow. Zebra/ i u/ozy/ Dr. Ludwik Finkel Cz. I w Lwowie 1891 (8°. XVI, 527) erschienen. Eine Selbstanzeige des Bearbeiters steht im Anzeiger der Krakauer Akademie der Wissenschaften 1891 S. 292—301. Nach Vollendung des Werkes werden wir auf dasselbe näher eingehen.   P.

Ergänzungen zum Jahres-Verzeichniss der an deutschen Schulanstalten erschienenen Abhandlungen. III. 1891. Berlin, Verlag von A. Asher & Co. 1892. In Folge der von mir in der Kgl. Universitäts-Bibliothek zu Halle nach Möglichkeit ergänzten Vornamen der deutschen Universitäts- wie Schulschriften ergeben sich nachstehende Vervollständigungen, welche aus den Programmen von 1891 nicht zu ermitteln waren:

4. Amelung W[ilhelm]; 35. Besler M[ax]; 62. Brinker K[arl]; 69. Busche E[dmund]; 99. Diederichs [O.]; 114. Elster J[ulius] und Geitel H[ans]; 121. Finger F[erdinand]; 209. Heidrich R[udolph]; 222. Herr [Th. J. C. G.]; 230. Hilburg [Carl]; 232. Himstedt A[ugust]; 264. Josten [H.]; 291. Kippenberg K[arl]; 302. Knoch [Eduard]; 312. Korselt [Ernst]; 319. Kretschmann H[ein-

rich]; 330. Kulisch P[aul]; 336. Langemann L[udwig]; 339. Linse E[mil Wilhelm Heinrich]; 352. Rühle [Paul]; 370. Matthes [Georg] K ist fälschlich aus einem sehr verschnörkelten G geworden; 374. Mehliss [Ernst Otto]; 381. Melber J[ohann]; 391. Moll Ed[uard]; 414 Noll J[ulius Friedrich Wilhelm]; 428. Pfau [W. Clemens]; 440. Radecke R[ichard]; 443. Rausch A[lfred]; 445. Rehdans J[osef]; 450. Reimann P[aul]; 473. Rosenstiel [Heinrich] F[riedrich Christian]; 476. Roth F[riedrich] W[ilhelm]; 554. Staigmüller H[ermann]; 567. Stix J[ohannes]; 570. Stoewer W[ilhelm]; 611. Volkmar A[ugust]; 628. Weihrich G[eorg]; 635. Wenzel G[uido]; 647. Witte Fr[iedrich]; 654. Zange F[riedrich E. M.]; 670. Zürn L[udwig]; 672. Zwerg G[ustav]. E. Roth.

Bei seinen Untersuchungen über das älteste aus Hadern bereitete Papier, die Herr J. Karabacek angestellt hatte, wurde er, wie wir im C. f. B. IV. 260 u. V. 147 hervorgehoben haben, durch den ausgezeichneten Pflanzenphysiologen Herrn J. Wiesner unterstützt. Dieser Gelehrte hat nun seine in Dinglers Polytechnischem Journale Bd. 261. S. 366 u. Bd. 266. S. 181 veröffentlichten Aufsätze, welche die Ursachen des raschen Vergilbens der Holzschliffpapiere darlegten, in Bd. 284. S. 67 u. f. fortgesetzt und die Einwirkung, die elektrisches Bogenlicht auf das Papier ausübt, geprüft. Er hat hierbei gefunden, dass während Gaslicht fast ohne nennenswerthe Einwirkung bleibt, — viermonatliche Einwirkung etwa einer zweistündigen Wirkung des direkten Sonnenlichtes auf Holzstoffpapier aequivalent! — das elektrische Glühlicht selbst in langen Zeiträumen und bei starker Intensität der wirkenden Lichtquelle auf Holzschliffpapiere gar keinen erkennbaren Einfluss ausübt. Die elektrische Beleuchtung empfiehlt sich daher auch in dieser Beziehung am Besten für Bibliotheken.[1] O. H.

Das 13. Zugangsverzeichniss der Stadtbibliothek in Köln enthält eine ausgedehnte Bibliographie der Trierer Heiligthumsfahrt des Jahres 1891.

Im Aprilhefte des Journal des Savants S. 234 u. f. giebt Herr Hauréan gelehrte Nachträge zu dem Kataloge der Bibliothek von Cambrai, der von Herrn A. Molinier herrührt. Er bildet den 17. Band des Cat. gén. des Mss. départementales.

Ueber den gelehrten Vorstand der Bibliothek von Fontainebleau von 1552—67, Pierre de Montdoré, handelt Herr L. Dorez im Aprilhefte der Mélanges d'archéologie et d'histoire S. 179 u. f.

Von Brockhaus' Conversationslexikon ist jetzt der 2. Band, die Worte Astrachan bis Bilk umfassend, erschienen. Er bringt auch ganz neu redigirte Artikel über Bibliotheken und Bibliothekswissenschaft, welche die Literatur bis auf die neueste Zeit anführen. Graesels Arbeit ist hierzu benutzt. Sehr ausführlich und mit guten Plänen ausgestattet ist der Artikel Berlin, der einen Führer durch die Stadt ersetzt. Man findet hier schon Abbildungen von dem neuen noch zu errichtenden Dom, wie auch das Weltausstellungsgebäude von Chicago (s. v. Ausstellung) schon abgebildet ist.

In den Berichten und Mittheilungen des Alterthums-Vereins zu Wien Bd. 26 (1890) S. 173 ff. schildert Fried. Endl in einem Aufsatze, betitelt „Kurze Uebersicht der Baugeschichte des Benedictiner-Stiftes Alten-

---

[1] Besten Dank an Herrn Dr. L.

burg", den anscheinend besonders reich und würdig ausgestatteten Bibliothekssaal des Stiftes, der, ungefähr im J. 1742 im Neubau vollendet, seinen malerischen Schmuck von Tröger erhielt. „Die Bibliothek", so resumirt Endl, „ist ein Raum, in dem sich die feine, kunstverständige, gebildete Welt mit vollem Behagen bewegen kann", und: „Betrachten wir den Bibliothekssaal, was seinen Totaleindruck betrifft, so müssen wir sagen, dass das Werk die Meister lobe. Es dürfte nicht bald irgendwo ein Interieur existiren, in dem Architekt, Maler, Stuccoarbeiter und Marmorirer in fein berechneter Uebereinstimmung ein so weich- und zartgestimmtes Gesammtbild schufen. Ein Werk, wie aus einem Gusse." W.

Derselbe Band enthält S. 227 f. die Beschreibung einer **Schottwiener Rechtshandschrift des 16. Jahrh.** und ihrer Bilder: Der Codex enthält Urkunden aus dem 14., 15. und 16. Jahrh. Ebd. S. 230 ff. beginnt, mitgetheilt vom Pfarrer Jos. Maurer in D.-Altenburg, die Veröffentlichung eines Mortilogium fratrum minorum S. Francisci conventualium provinciae Austriae, in quo ex antiquioribus minoritis recenseutur illi, quorum post acta deperdita, exusta archivia et dissipatos codices solum in aliquibus chartis nomen relictum est; ex recentioribus vero, quorum restantia monumenta mentionem faciunt. W.

In den Mittheilungen des Oberhess. Geschichtsvereins in Giessen setzt J. B. Rady die Geschichte der Commende Schiffenberg fort (Bd. 3, 1892, S. 49 ff.). S. 76 verzeichnet er darin den Bestand der **Privatbibliothek des Comthurs Walther von Plettenberg** (1570), eines strengen Protestanten. Die Bibliothek enthielt:

„eine alte geschriebene Biblia, ein Promptuarium exemplorum. Kaiser Heinrichs fünfjährige Historia zusammst des Hedeni opera. Der Tristans (?) Ursprung. Haus-Pastille Lutheri Monasterius. Dr. Melchior Ossens kurfürstlich sächsisch recht Testament. Sleidanus. Urbani Regii Trostpredigt. Cosmographia. Catechismus Francisci Dehem. Ein altes geschriebenes Buch." W.

In dem oben genannten Oberhessischen Geschichtsverein hielt am 5. Dez. 1890 Herr Dr. E. Heuser einen Vortrag über eine Episode aus der **Giessener Franzosenzeit.** Als die Franzosen 1797—99 Giessen besetzt hielten, versuchten die französischen commissaires du gouvernement wie anderswo so auch in Giessen aus der Universitäts-Bibliothek Schätze für die Pariser National-Bibliothek zu entführen und hatten auch vom General Hoche ein zustimmendes Schreiben erwirkt: je vous autorise de recueillir de la bibliothèque de Giessen les livres que vous croyerez utils à la république française sans nuire à l'instruction publique. Einer Deputation der Universität gelang es aber folgenden Gegenbefehl zu erlangen: Le général en chef défend que aucun prétexte il soit rien enlevé de la bibliothèque de la régence de Giessen, tant en livres qu'en autres objets de sciences et arts. Die Giessener Bibliothek behielt ihre Schätze. Ein Auszug aus dem Vortrage steht in den bez. Mittheilungen Bd. 3, S. 139—141. W.

In dem „Centralblatt der Bauverwaltung Bd. XII. (Berlin, W. Ernst u. Sohn) findet sich eine Arbeit des Herrn Oberbibliothekars Dr. Staender in Breslau über „**das Einheitsmass für die Raumberechnung von Büchermagazinen.**" Der Aufsatz umfasst 8½ Seiten in 8° gr. und ist für 1 Mark erhältlich.

In der früher von A. Birlinger und jetzt von Friedrich Pfaff herausgegebenen Zeitschrift „Alemannia" Bd. XIX. S. 114—32 befinden sich Beiträge zur Fischartbibliographie von Herrn A. Englert in München. Benutzt sind Drucke der Staatsbibliothek zu München und der Marienbibliothek zu Halle a. d. S.

Herr Bibliothekskustos Dr. Ad. Hofmeister in Rostock hat schon 1890 bei Volckmann u. Jerosch in Rostock Eyn lofzbuch aufz der karten gemacht photolithographisch reproducirt erscheinen lassen und mit einer Einleitung versehen. Da das Exemplar, auf Grund dessen der Abdruck erfolgt ist, ein Unicum zu sein scheint, (es gehört jetzt der Bibliothek des British Museum), so weisen wir Freunde dieser Art von Volksliteratur noch nachträglich auf diese Reproduktion hin. Das Exemplar kostet 5 M., ein Preis, der uns bei 15 Octavseiten allerdings guter Reproduktion und einer Auflage von 100 Exemplaren doch etwas hoch gegriffen zu sein scheint.

Der Bibliograph des Jesuitenordens P. Carlos Sommervogel aus Strassburg hat in Brüssel von Pollecuis et Leutersick 1892, wie es scheint als Privatdruck, ein Schriftchen erscheinen lassen: Les Jésuites de Rome et de Vienne en MDLXI d'après un Catalogue rarissime de l'époque. Herr S. hatte im December 1891 in Rom drei seltene Piecen für einen sehr mässigen Preis erstanden, in denen er zu seiner freudigen Ueberraschung u. A. die ihm gar nicht bekannten ältesten Personen-Verzeichnisse der Ordenshäuser zu Wien und Rom entdeckte. Diese beiden Verzeichnisse hat Herr Sommervogel facsimilirt herausgegeben, mit einer Einleitung versehen und dann in Notes biographiques Nachrichten über die hier genannten Mitglieder des Jesuitenordens in Rom und Wien aus dem J. 1561 gegeben.

Im 2. Hefte des Jahrganges 1892 der in Lemberg erscheinenden historischen Zeitschrift Kwartalnik historyczny S. 229—276 befindet sich eine eingehende Beschreibung des Museums Czartoryski in Krakau von Professor Marian Sokolowski. Der 2. Abschnitt dieser Arbeit S. 254 ff. handelt von der Bibliothek und dem Archiv, welche mit dem Museum verbunden sind, und deren Umfang auf ca. 100,000 Bände (davon 35,000 Polonica) und 5070 Handschriften mit 1202 Urkunden angegeben wird. Die wichtigsten Handschriften werden näher besprochen und besonders ihr Werth für die Kunstgeschichte hervorgehoben. P.

Der zu Köln verstorbene Dr. F. Weinkauff hat seiner Vaterstadt Kreuznach zu Stipendienzwecken ein Legat von Mk. 100,000 hinterlassen, sowie zur Begründung einer Lehrerbibliothek 1500 Bände aus seiner Bibliothek überwiesen. Eine reichhaltige Sammlung von Werken Sebastian Franks sowie von Schriften über denselben erhielt nebst den von Dr. F. Weinkauff bearbeiteten Manuscripten die Universitäts-Bibliothek Bonn. Die in Manuscript vorliegenden, leider nicht vollendeten, zahlreichen Arbeiten des Verstorbenen wurden der Universitäts-Bibliothek Göttingen überwiesen; sofern möglich, soll ein Theil derselben durch Professor Kluckhohn zur Veröffentlichung gelangen. Die über 10000 Werke umfassende Bibliothek, namentlich reichhaltig auf dem Gebiete der Reformationslitteratur sowie des Volksliedes, ging in den Besitz von Paul Neubner's Antiquariat in Köln über.

Unmittelbar vor dem Schlusse dieses Heftes geht uns ein Fragebogen des Herrn Generaldirectors Dr. Wilmanns aus Berlin zu, welcher sich auf die Beschickung der Weltausstellung von Chicago von Seiten der deutschen Bibliotheken bezieht. Wir möchten die Herren Collegen auch hier auf denselben aufmerksam machen.

Neue Erscheinungen auf dem Gebiete des Bibliothekswesens.*)

† The Bookworm. No. 54, May 1892: The autobiography of an old book, J. Eyre Poppleton. — Books illustrated by Cruikshank. — A hunt for book-plates in Paris, W. Hamilton. — Early italian engraving. — Two fifteenth-century books.

The Library. No. 37, January 1892: On the necessity for the formation of a bibliographical society of the United Kingdom and suggestions as to its operations, W. A. Copinger. — Some librarian-made books and titles, Jos. Gilburt. — A bibliography of bookbinding, S. T. Prideaux.

The Library Journal. Vol. 17, No. 3, March 1892: An index to biographies and portraits, P. L. Ford. — The Boston Public Library, cont., C. C. Soule.

— No. 4: One librarian's work, W. Beer. — Notes on some continental libraries, Melvil Devey. — The Boston Public Library, III, C. C. Soule.

Revue des bibliothèques. Année II, No. 4, Avril 1892: Les manuscrits grecs datés des XVe et XVIe siècles de la Bibliothèque Nationale et des autres bibliothèques de France. Suite, H. Omont. — Notice sur les archives de Torre do Tombo à Lisbonne, J. Delaville Le Roulx.

---

*Adressbuch des deutschen Buchhandels und der verwandten Geschäftszweige. (Begründet von O. A. Schulz.) Jahrgang 54: 1892. Im Auftrage des Vorstandes bearbeitet von der Geschäftstelle des Börsenvereins der Deutschen Buchhändler zu Leipzig. Leipzig, Geschäftstelle des Börsenvereins. XXVIII, 695, 470 S. mit einem Porträt gr. 8°. Gebunden in 1 Bd. M. 12.—; in 2 Bde. M. 13.50; 1. Theil allein M. 7.50

Archiv für civilrechtliche Entscheidungen, begründet von F. A. Wengler, fortgesetzt von B. Francke. Generalregister zur Neuen Folge (1880—1890), von P. Böhmert. Leipzig, Rossbergsche Buchh. 189 S. 8°. M. 6.

Archieven, de, van het kapittel der hoogadellijke Rijksabdij Thorn, uitgegeven door Josef Habets. Deel I: Charters en andere bescheiden van 966 tot 1550. 'sGravenhage, Mart. Nijhoff. 2. LXXX, 568 p. met 7 platen met regels en keert. 8°. Fl. 3.—

Bibliotheca medico-chirurgica, pharmaceutico-chemica et veterinaria. Herausgegeben von G. Ruprecht. Jahrgang 45 (Neue Folge Jahrgang 6), Heft 4: November — December 1891. Göttingen, Vandenhoeck & Ruprechts Verlag. S. 243—292. 8°. M. 1.20

Bibliotheca philologica. Herausgegeben von A. Blau. Jahrgang 44 (Neue Folge Jahrgang 6), Heft 4: October — December 1891. Göttingen, Vandenhoeck & Ruprecht's Verlag. S. 199—288. 8°. M. 1.50

---

*) Von den mit † bezeichneten Zeitschriften sind nur die Artikel bibliographischen oder bibliothekarischen Inhalts angezeigt.

Die mit * bezeichneten Bücher haben der Redaktion vorgelegen.

Bibliotheca theologica. Herausgegeben von G. Ruprecht. Jahrgang 44 (Neue Folge Jahrgang 6), Heft 4: October — December 1891. Göttingen, Vandenhoeck & Ruprecht's Verlag. S. 93—136. 8°. M. 1.—

Bodel Nijenhuis, J. T. De wetgeving of drukpers en boekhandel tot het begin der XIX^de eeuw. Amsterdam, P. N. Kampen & Zoon. 8°. Fl. 4.50

Bolton, H. C. Bibliography of analytical and applied chemistry for 1891. N. pl., n. d. 11 p. 8°.

Catalogue de la bibliothèque salésienne d'Annecy. Annecy, Niérat. 50 p. 8°. Fr. 1.—

Catalogue des dissertations et écrits académiques provenant des échanges avec les universités étrangères et reçus par la Bibliothèque nationale en 1889. Rennes. Paris, C. Klincksieck. 126 p. 8°.

Catalogue du fonds de Provence de la bibliothèque de la ville de Marseille. Partie I: Bibliographie, histoire. Tome 2: Histoire religieuse, paralipomènes historiques, géographie avec supplément et errata. Marseille, impr. Barlatier & Barthelet. 452 p. 8°.

Catalogue général de la librairie française. Continuation de l'ouvrage d'Otto Lorenz. Tome 12: 1886—1890, rédigé par D. Jordell. Fascicule 2: Coeur—Guérin. Nancy. Paris, libr. Per Lam. P. 241—480. 8°.

Catalogus der bibliotheek van de theologische school der christelijke gereformeerde kerk. Kampen, J. H. Bos. S. 162 p. 8°. Niet in den Handel.

Degeorge, L. L'imprimerie en Europe aux XVe et XVIe siècles. (Liste des premiers ouvrages imprimés dans les diverses villes de l'Europe, avec le nom des premiers imprimeurs.) Paris, Em. Paul, L. Huard & Guillemin. 8°. Fr. 3.—

Douais, C. Les manuscrits du château de Merville. Notices, extraits et facsimilés. Toulouse. Paris, Picard. 177 p. et 6 planches. 8°.

Finot, J. Inventaire sommaire des archives départementales antérieures à 1790. „Nord." Archives civiles. Série B. Chambre des comptes de Lille, No. 3229 à 3389. Tome 7. Lille, impr. Danel. CXII. 395 p. à 2 col. 4°.

Jacobsen, E. Chemisch-technisches Repertorium. 1891. 1. Halbjahr. 2. Hälfte. Berlin, R. Gaertner's Verlag. S. 153—308 m. Illustr. 8°. M. 4.—

Jahresberichte der Geschichtswissenschaft, im Auftrage der historischen Gesellschaft in Berlin herausgegeben von J. Jastrow. Jahrgang XIII: 1890. Berlin, R. Gaertner's Verlag. XVIII. 173. 373. 379. 224 S. Lex. 8°. M. 30.—

Johow, R. Gesammtregister zu Band I—X des Jahrbuches für Entscheidungen des Kammergerichts in Sachen der nichtstreitigen Gerichtsbarkeit und in Strafsachen, sowie zu den 8 Bänden des Jahrbuches für endgültige Entscheidungen der preussischen Appellationsgerichte, nebst einer Zusammenstellung der Rechtsgrundsätze des Kammergerichts in Sachen der nichtstreitigen Gerichtsbarkeit. I. Berlin, Frz. Vahlen. VII. 256 S. gr. 8°. Für 2 Abthlgn. M. 6.—

Katalog der Danziger Stadtbibliothek, verfertigt und herausgegeben im Auftrage der städtischen Behörden. 1. Band, 1. Theil: Die Danzig betreffenden Handschriften. Danzig, Theod. Bertling. X. 850 S. Lex. 8°. M. 5.—

Mango, F. Amenità di un bibliografo anonimo. Palermo, tip. A. Giannitrapani. 14 p. 8°. L. —.50

Manno, A. Bibliografia storica degli Stati della monarchia di Savoia. Volume 4. Torino, frat. Bocca. 576 p. à 2 col. 8°. L. 14.—

Manuel de bio-bibliographie et d'iconographie des femmes célèbres par un vieux bibliophile. Livr. 1. Paris, Nilsson. 8°.

Martin, H. Catalogue des manuscrits de la Bibliothèque de l'Arsenal. Tome VI, comprenant les No. 6023 à 8807. Paris, Plon. 515 p. 8°. Fr. 12.—

Medina, J. T. Bibliografía de la imprenta en Santiago de Chile desde sus orígenes hasta Febrero de 1817. Santiago de Chile. (Madrid, Murillo.) 1891. XLI. 179 p. con 6 reproducciones fotolitograf. fol. Pes. 41.—
Tirada de 300 ejemplares.

Miller, Mary H. Biennial report of the State Librarian to the Governor of Jowa, July 1, 1892. Des Moines, G. H. Ragsdale. 223 p. 8°.

*Monumenta Germaniae et Italiae typographica. Deutsche und italienische Inkunabeln in getreuen Nachbildungen, herausgegeben von der Direction der Reichsdruckerei. Auswahl und Text von K. Burger. Lieferung 2: 25 Tafeln. Leipzig, Otto Harrassowitz. fol. M. 20.—

Moodey, J. S. General index to series 1 of the Official records of the war of the rebellion. Part I, 1861—63, vol. 1—31 incl. Washington 1891. 35 p. 8°.

Neujahrsblatt der Literarischen Gesellschaft in Bern, 1892: Das Berner Festspiel und die attische Tragödie, von G. Finsler, nebst einer Uebersicht der historischen Literatur des Kantons Bern im J. 1891, von G. Tobler. Bern, K. J. Wyss. 30 S. 4°. Fr. 1.20

*Oxford University Gazette, published by authority. Supplement to No. 739: Annual report of the curators of the Bodleian Library. P. 465—475. 4°.

*Pastrnek, Fr. Bibliographische Uebersicht über die slavische Philologie. 1876—1891. Zugleich Generalregister zu Archiv Band I—XIII. Berlin, Weidmannsche Buchh. VIII. 415 S. gr. 8°. M. 15.—

Philadelphia: Mercantile Library. Alphabetical list of the class of prose fiction. Philadelphia, the Company, 1891. 2 l. + 166. 4 p. 8°.

*Polek, J. Repertorium der landeskundlichen Literatur der Bukowina. Czernowitz, H. Pardini. 41 S. Lex. 8°. (S.-A.) M. 1.—

Providence Public Library. Finding list. Providence 1891. 7. 525. 1 p. gr. 8°.

Repertorium van de Nederlandsche jurisprudentie en rechtsliteratuur. 1891. 14. jaargang. Heusden, L. J. Veerman. IV. 238 p. 8°. Fl. 3.—

Royal Society of London. Catalogue of scientific papers. Vol. 9. New series for 1874—83: Aba—Gis. Oxford, Clarendon Press. 4°. Sh. 25.—

*St. Louis Mercantile Library. Catalogue, section 1: English prose fiction. St. Louis, Nixon-Jones Printing Co. 212 p. gr. 8°. D. —.50

*Sternfeld, Alfr. und C. Kellner. Zahnärztliche Bücherkunde. Bibliographisches Verzeichniss von Büchern, akademischen und sonstigen Abhandlungen, sowie der in medizinischen und naturwissenschaftlichen Zeitschriften veröffentlichten Aufsätze über das gesammte Gebiet der Zahnheilkunde. Alphabetisch geordnet und mit eingehender wissenschaftlicher Uebersicht. Alphabetischer Theil. Karlsruhe, C. Kellner. S. 1—211. gr. 8°.

Subercaze, B. Les bibliothèques populaires, scolaires et pédagogiques. Documents législatifs et administratifs. Paris, P. Dupont. VIII. 89 p. 8°. Fr. 1.—

Travali, Gius. Elenco delle scritture esposte nella bacheca della prima stanza della biblioteca (Direzione dell'archivio di stato in Palermo). Palermo, tip. Boccone del povero. 15 p. 8°.

Vierteljahrs-Katalog der Neuigkeiten des deutschen Buchhandels. Nach den Wissenschaften geordnet. Mit alphabetischem Register. Jahrgang 47: 1892. Heft 1: Januar—März. Leipzig, J. C. Hinrichs'sche Buchh. XVII. 138 S. gr. 8°. M. 1.35

Vierteljahrs-Katalog der Neuigkeiten des deutschen Buchhandels. Bau- und Ingenieurwissenschaft. 1892. Januar—März. Leipzig, J. C. Hinrichs'sche Buchh. gr. 8°. Für 10 Exemplare M. 1.10

— Erziehung u. Unterricht, Jugendschriften. 1892. Januar—März. Ebenda. gr. 8°. Für 10 Exemplare M. 1.50

— Haus-, Land- und Forstwirthschaft. 1892. Januar—März. Ebenda. gr. 8° Für 10 Exemplare M. 1.10

— Kriegswissenschaft, Pferdekunde und Karten. 1892. Januar—März. Ebenda. gr. 8°. Für 10 Exemplare M. 1.10

Vierteljahrs-Katalog der Neuigkeiten des deutschen Buchhandels. Medizin, Naturwissenschaften und Mathematik. 1892. Januar — März. Ebenda. gr. 8°. Für 10 Exemplare M. 2.15
— Theologie und Philosophie. 1892. Januar — März. Ebenda. gr. 8°. Für 10 Exemplare M. 1.50

Antiquarische Kataloge.

Ackermann, Th., München. No. 329. 330: Geschichte, Geographie. I: Russland, Polen, Türkei, Griechenland. 603 Nos. — II: Asien, Amerika, Australien. 1204 Nos. — No. 333: Astronomie, Meteorologie. 648 Nos.
Baer & Co. Frankfurt. No. 291: Staats- und Völkerrecht. (Bibl. v. Moritz Mohl.) 1315 Nos.
Bertling Dresden. No. 19: Genealogie u. Heraldik. 194 Nos.
Brockhaus' Ant. Leipzig. No. 119: Histor. Flugblätter in chronolog. Folge. Porträts historisch-merkwürd. Persönlichkeiten etc. 1161 Nos.
Carlebach Heidelberg. No. 187: Class. Philologie. 664 Nos. — No. 188: Naturwiss. Mathematik. Medizin. 689 Nos.
Froiesleben's Nf. Strassburg. Mittheilungen No. VI: Neueste Erwerbgn. 415 Nos.
Fritzsche Hamburg. Anz. No. 5. 6: Neueste Erwerbungen. No. 1834—2341. — Anz. No. 7: Hamburgensia. 2821 Nos.
Geering Basel. No. 224: Rechtswissenschaft. 1577 Nos.
Halle München. No. 5: Kathol. Theologie. 325 Nos.
Hess Ellwangen. No. 35: Tirol u. Vorarlberg. 514 Nos. — No. 36: Curiosa. 184 Nos. — No. 37: Incunabeln. Holzschnittwerke. Manuscripte. 368 Nos.
Hiersemann Leipzig. No. 95: Portugal. Sprachen u. Litteratur. Camoens. Geschichte. 1416 Nos. — No. 97: Americana. 711 Nos. — No. 98: Oesterreich-Ungarn. 1229 Nos.
Hoepli Mailand. No. 79: Chimie, pharmacie. 1063 Nos.
Jacobsohn & Co. Breslau. No. 110: Oriental. Literatur. (Bibl. v. Prof. H. Graetz in Breslau.) 94 S.
Jolowicz Posen. No. 113: Philosophie. 1385 Nos.
Kaiser Bremen. No. 42: Vermischtes. 8 S.
Kampffmeyer Berlin. No. 332: Militärwiss. u. Kriegsgeschichte. (Bibl. d. Oberst v. Loebell.) 56 S. — No. 333: Alte Sprachen und Alterthumswissenschaft. 80 S.
Kerler Ulm. No. 178: Moderne Philologie. 1469 Nos.
Klemmings Ant. Stockholm. No. 94: Svensk historia och vitterhet, teater. 48 S.
Kübner Breslau. No. 214: Evangel. Theologie. II. K—Z. No. 1677—3433.
Kochler's Ant. Leipzig. No. 514: Botanik. (Bibl. v. Dr. Th. Marsson in Greifswald.) 1790 Nos.
Lehmann, P., Berlin. No. 71: Allgem. u. deutsche Geschichte. (Bibl. d. General v. Radowitz.) 2675 Nos.
Lempertz Ant. Bonn. No. 183: Pädagogik. (Bibl. d. Schulrath Dr. Firnhaber in Wiesbaden.) 1025 Nos.
Liepmannssohn Berlin. No. 93: Kunstgeschichte und illustrirte Werke. 583 Nos.
Lissa Berlin. No. 8: Litteratur d. XIX. Jahrh. 971 Nos.
Luzac & Co. London. Choice collection of works on the languages, literature, history etc. of Asia. 45 p.
Moser'sche Bh. Tübingen. No. 155^b: Spec. Chirurgie. 2. Bauch. Geschlechtsorgane. Rücken. 4047 Nos. — No. 155^c: Extremitäten. 1959 Nos.
Müller Bern. No. 33: Deutsche Sprache u. Literatur. 2400 Nos.
Muller & Co. Amsterdam. Botanique, Cryptogamae etc. 576 Nos. — Zoologie, géologie. 516 Nos.
Nauck Berlin. No. 54: Theologie. 689 Nos.

Neubner Köln. No. 36: Geschichte Deutschlands v. Zeiten d. Heil. Allianz bis z. Conflictsperiode. No. 12581—13450. — Etwas für Alle No. 9—10: No. 3027—3357 u. 3358—3718. — Flieg. Blätter f. Culturhistoriker No. 7—8: No. 1836—2133 u. 2134—2425.
Peppmüller Goettingen. No. 18: Neueste Erwerbungen. 313 N^{os}.
Prager, R. L., Berlin. No. 123: Rechts- u. Staatswissensch. I. Encyklopädie, Rechtsphilosophie, Rechtsgeschichte etc. 2856 N^{os}.
Raunecker Klagenfurt. No. 55: Vermischtes. 1101 N^{os}.
Révai, L., Budapest. Miscellanea. 744 N^{os}.
Stargardt Berlin. No. 186: Deutsche Litteratur u. Sprachen. (Bibl. v. Prof. Bonvier u. Geh. Rath G. v. Loeper.) 1109 N^{os}.
Völcker's Verl. Frankfurt. No. 186: Ornament-Stiche u. Werke. 468 N^{os}.
Votsch Augsburg. No. 19: Vermischtes. 498 N^{os}.
Weller Paris. No. 56: Bibliographie et paléographie. No. 5353—5754.

Personalnachrichten.

Das Kuratorium der Königlichen Bibliothek zu Berlin ist für die vom 1. April d. J. ab beginnende dreijährige Amtsperiode zusammengesetzt aus dem Ministerial-Direktor, Wirklichen Geheimen Rath de la Croix, als dem Allerhöchst ernannten Vorsitzenden, dem General-Direktor der Bibliothek Dr. Wilmanns, als dem durch das Statut berufenen Mitglied, und aus den folgenden, von dem Minister der geistlichen, Unterrichts- und Medizinal-Angelegenheiten ernannten Mitgliedern: dem General-Direktor der Königlichen Museen, Wirklichen Geheimen Ober-Regierungs-Rath Dr. Schöne, dem Geheimen Ober-Regierungs-Rath und vortragenden Rath im Ministerium der geistlichen u. s. w. Angelegenheiten Dr. Althoff, dem ordentlichen Professor an der Universität und Direktor an der Königlichen Sternwarte, Geheimen Regierungs-Rath Dr. Foerster und dem Mitgliede der Königlichen Akademie der Wissenschaften, Geheimen Regierungs-Rath Professor Dr. Wattenbach zu Berlin, sowie dem Ober-Bibliothekar, Geheimen Regierungs-Rath Professor Dr. Schaarschmidt zu Bonn und dem ordentlichen Professor, Geheimen Medizinal-Rath Dr. Külz zu Marburg.

An der Universitätsbibliothek zu Jena trat am 6. Mai als Hülfsarbeiter ein Dr. phil. Franz Redlich, kath., geb. 15. Januar 1858 zu Braunsberg O/Pr.; studirte Geschichte und Philologie zu Berlin u. Münster i.W.

An der Königl. Universitätsbibliothek zu Halle trat als Volontär ein Dr. phil. August Hackradt, geb. am 11. Decbr. 1856 zu Stendal, evang., stud. alte Philologie und Geschichte in Leipzig, Tübingen, Berlin und Halle, promovirte 1883 in Halle.

Der Vorstand der Stadtbibliothek zu Bremen Dr. H. Bulthaupt war als Professor an die Akademie zu Düsseldorf berufen worden. Die Bremer Bürgerschaftsversammlung hat aber an den Senat der Stadt Bremen einstimmig den Antrag gestellt, den Berufenen in Bremen zu halten. Er bleibt auch.

Am 1. Mai starb zu Detmold der Geheime Oberjustizrath Dr. O. Preuss, der der Landesbibliothek des Fürstenthums Lippe-Detmold vom 12. December 1835 bis zum 1. Januar 1891 vorgestanden und sich um diese die grössten Verdienste erworben hat (s. C. f. B. Jahrg. VI. S. 123). In der Lippeschen Landeszeitung vom 3. Mai widmet der Herr Archivar Dr. Anemüller dem Verstorbenen einen warmen Nachruf.

Centralblatt
für
Bibliothekswesen.

IX. Jahrgang.   7. u. 8. Heft.   Juli - August 1892.

Johannes Setzer (Secerius), der gelehrte Buchdrucker in Hagenau.

Noch nie hat sich unseres Wissens jemand mit dem Manne, dessen Namen die Ueberschrift nennt, des genaueren beschäftigt. Und doch ist dies wohl einmal der Mühe werth. Zum Beweis wollen wir nur auf Eines hinweisen. Joh. Setzer kommt in den Briefen der Humanisten wie der Reformatoren so häufig vor, dass jeder, der auf den betreffenden Gebieten arbeitet, seinem Namen begegnet, und weil der Mann von den Zeitgenossen, als eine bekannte Persönlichkeit, nie näher bezeichnet wird, so fühlt sich auch jeder veranlasst, die nöthigsten Notizen über ihn zu geben. Aber weil dies immer ohne nähere Nachforschung geschieht, so bekommt man oft ganz unrichtige, zum Theil sehr weit auseinandergehende Angaben über ihn zu lesen. Weder über Heimath noch Tod, weder über den Anfang noch über das Ende seiner Druckerthätigkeit ist man bisher im Klaren gewesen; ja selbst über den Ort seiner Wirksamkeit findet sich in einem Werke wie De Wette's Ausgabe von Luthers Briefen eine ganz irrige Mittheilung. Dem wird nun wohl dadurch, dass dem gelehrten Drucker in der Allgemeinen Deutschen Biographie ein Plätzchen eingeräumt ist, in Zukunft gesteuert sein. Aber weil dort nur das Nöthigste und ohne näheren Nachweis gegeben werden kann, so sei es gestattet, an diesem Orte dasjenige zusammenzustellen, was wir aus Anlass der Bearbeitung des betreffenden Artikels über den Mann haben finden können. Zwar bietet auch dies durchaus nicht in allem abschliessende Resultate; um so dankenswerther wäre es aber, wenn das Folgende zu weiteren, ergänzenden Mittheilungen, wo solche etwa von anderer Seite gemacht werden können, Veranlassung geben würde.

Zunächst sind über den Namen ein paar Worte vorauszuschicken. Wir nennen ihn Setzer, obwohl er von allen neueren Schriftstellern durchgängig Secerius genannt wird. Nun ist es allerdings richtig, dass diese latinisirte Namensform uns in gleichzeitigen Schriften und namentlich auch in Setzers eigenen Drucken viel häufiger begegnet, als die deutsche. Dies hat aber seinen einfachen Grund darin, dass der Name gewöhnlich in lateinischem Text vorkommt. Im deutschen Zusammenhang gebraucht Setzer die lateinische Form nur, wenn er den Namen deklinirt, also im Casus obliquus; im Nominativ dagegen findet sich immer Setzer und zwar nicht nur in seiner frühesten Zeit, sondern auch noch in Drucken, welche an das Ende seiner Laufbahn fallen.[1]) Und dass auch seinen Zeitgenossen der Name Setzer geläufig war, beweist das weiter unten zu erwähnende Missverständniss, das unsern Drucker in den Verdacht der Entwendung eines Luthermanuscriptes gebracht hat. Nach all dem scheint es angezeigt, dass wir die deutsche Namensform wieder in ihr Recht einsetzen, indem wir sie im Folgenden der latinisirten vorziehen.[2])

Ueber Geburtsjahr und Heimath Setzers fehlt es zunächst an bestimmten Nachrichten. Von dem ersteren ist nur so viel sicher, dass es jedenfalls noch in das fünfzehnte Jahrhundert, aber in eines der beiden letzten Jahrzehnte desselben fällt. Denn einerseits hat er schon 1517, wie nachher näher zu erwähnen ist, in der Gelehrtenwelt einen gewissen Namen und erscheint er in einem Briefe Reuchlins vom 12. April 1520 bereits als Wittwer,[3]) anderseits ist er um dieselbe Zeit noch ein juvenis.[4]) Er mag also damals etwa 30 Jahre alt gewesen sein. Für die Bestimmung seiner Heimath hat man zunächst nur den Anhaltspunkt, dass er seinem Namen den Beisatz Lauchensis anzufügen pflegt. Da er diese Bezeichnung aber nie näher bestimmt, so wird sie von den einen auf Laucha in Thüringen (Sachsen-Koburg-Gotha)[5]), von den anderen auf Lauchheim in Württemberg[6]) gedeutet, welch letzteres allerdings früher auch Lauchen geschrieben wurde. Aber warum, so möchten wir fragen, räth man nicht auch auf den grössten Ort des Namens Laucha, auf die Stadt an der Unstrut (Regierungsbez. Merseburg)?[7]) Auch diese könnte doch in Frage kom-

---

1) Z. B. in dem Druck: Der Prophet Osea durch Joh. Brentzen erklärt, Hagenaw 1531.

2) Vollends unrichtig ist die gleichfalls vorkommende Schreibweise Secer; sie wird von unserem Gelehrten und auch von seinen Zeitgenossen nie gebraucht.

3) Vgl. Xenophon, Apologia, Agesilaos, Hieron (graece), Hagenoae 1520, Rücks. des Titels; auch abgedr. in Reuchlins Briefwechsel, herausg. von L. Geiger, 1875, S. 323 f. Auf die andere Thatsache, dass er 1533 schon einen Schwiegersohn hatte, weisen wir absichtlich nicht hin, weil es sich hiebei auch nur um eine angetretene Tochter handeln könnte.

4) So heisst er sich selbst im Widmungsschreiben der Schrift: De literis graecis ac diphthongis, Hag. s. a. (c. 1519).

5) Vgl. C. Schmidt, Zur Geschichte der ältesten Bibliotheken und der ältesten Buchdrucker zu Strassburg, 1882, S. 144; Ihme, Gutenberg und die Buchdruckerkunst im Elsass, 1891, S. 45.

6) Vgl. Rührich, Mittheilungen aus der evang. Kirche des Elsasses, Bd. 2, 1855, S. 453; Beschreibung des Oberamts Ellwangen, 1886, S. 611; Das Königreich Württemberg III, 1886, S. 473.

7) Ausserdem giebt es noch ein kleines Dorf Laucha im Königreich Sachsen und ein ebensolches in Böhmen (Lauchow). Doch sind diese zu unbedeutend bezw. auch zu entlegen, als dass Setzer nach diesen ohne nähere Bezeichnung sich hätte nennen können.

men, zumal wenn man an die Beziehungen Setzers zu Wittenberg denkt. Welcher dieser Orte ist nun aber wohl als wirkliche Heimath des Humanisten anzusehen? Die Frage wäre so gut wie entschieden, wenn in einem derselben der Name des Mannes damals auch sonst sich nachweisen liesse oder wenn er gar heute noch als der Name einer alteingesessenen Familie dort vertreten wäre. Das ist nun aber nach den Erkundigungen, die wir eingezogen haben, nicht der Fall. Aber von anderer Seite kommt uns ein Anhaltspunkt. Wie wir gleich nachher sehen werden, hat Setzer in Tübingen studirt. Nun kam es ja freilich auch schon damals vor, dass junge Leute aus fernen Gegenden die schwäbische Universität aufsuchten. Aber diese Fälle waren ziemlich selten und schon hiernach ist es wahrscheinlich, dass unser Humanist aus dem schwäbischen Orte des fraglichen Namens stammte, aus dem heutigen Lauchheim in Württemberg. Dazu kommt aber ein Anderes. In einem seiner späteren Drucke[1]) findet sich auf dem Titelblatt neben dem Wappen der Stadt Hagenau noch ein zweites Wappen, das offenbar ein privates (nicht Drucker-) Wappen ist. Dasselbe zeigt in einem Schild zwei gekreuzte Doppelhaken (sog. Zainhaken) und mitten durch sie hindurchgehend — senkrecht stehend — eine Lauchpflanze. Dass letztere auf den Ort seiner Herkunft sich bezieht, ist ausser Frage, und auch das dürfte ohne weiteres anzunehmen sein, dass dieses Stück seines Wappens an das Wappen des Heimathortes, wenn es ein solches gab, sich anschloss. Nun haben von den in Frage kommenden drei Orten die beiden Städte ein Wappen. Aber während das Wappen von Laucha a. d. Unstrut mit dem Lauch ganz und gar nichts zu schaffen hat,[2]) zeigt dasjenige von Lauchheim zwei Lauchpflanzen, die ausserdem ganz ebenso wie die zwei Doppelhaken in Setzers Wappen gekreuzt sind.[3]) Diese überraschende Aehnlichkeit macht die Abstammung Setzers vom schwäbischen Lauchheim fast zur Gewissheit, und es erscheint angesichts dessen sehr unwahrscheinlich, — was die dritte Möglichkeit wäre — dass der Drucker, wenn er vom wappenlosen Dorfe Laucha in Thüringen stammte, auf den Gedanken verfallen wäre, den Namen seines Heimathortes durch eine Lauchpflanze im Wappen anzudeuten.[4])

Was nun den Aufenthalt Setzers in Tübingen betrifft, so findet man überall, wo von dem Freundeskreis die Rede ist, welcher sich dort zum Zweck der Pflege des Latein und des Griechischen um

---

[1]) Der Prophet Osea durch Joh. Brentzen erklärt, Hag. 1531.
[2]) Es stellt einen Ritter dar, welcher in der Rechten eine Fahne und in der Linken einen Schild mit einem Löwen hält, vgl. Siebmachers Wappenbuch, neue A., Bd. 1, Abth. 4, 1895, Taf. 78.
[3]) S. dasselbe bei Siebmacher a. a. O. Taf. 230.
[4]) Ein unmittelbares Zeugniss für Setzers schwäbische Herkunft könnte man — nach dem bekannten analogen Fall von Joh. Priss in Strassburg — in dem Encomium Suevorum zu finden erwarten, das Setzer der Melanchthonischen Ausgabe zweier Reden des Demosthenes angedruckt hat. Doch ist darin keinerlei Andeutung zu entdecken, dass auch der Drucker der Schrift Schwaben entstammte.

Melanchthon gesammelt hatte, neben Kurrer, Knoder u. a. auch unsern Humanisten aufgeführt. Alle diese Angaben (bei Hartfelder, Heyd, Klüpfel, C. Schmidt u. a.) gehen mittelbar oder unmittelbar auf Veesenmeyer [1]) zurück. Obwohl es uns nun nicht gelungen ist, trotz vielem Suchen des Letzteren Quelle zu entdecken, so ist an der Richtigkeit seiner Angabe doch durchaus nicht zu zweifeln. Zwar mag es auffallen, dass Setzers Name in der Tübinger Universitätsmatrikel gar nicht vorkommt. Allein auch in den Matrikeln der andern Universitäten, an welchen er studirt haben könnte, haben wir den Namen vergebens gesucht,[2]) so dass man folgerichtig am Ende zu der Annahme kommen könnte, Setzer habe überhaupt keine Universität besucht — eine Annahme, welche durch die ganze Stellung, die der Mann später eingenommen hat, ausgeschlossen ist. Ohnedies ist sein Name nicht der einzige, der in der Tübinger Matrikel aus jener Zeit fehlt. Wir erinnern nur an einen andern der Tübinger Freunde Melanchthons, Bernhard Maurus, und an den etwas später auf die dortige Universität gekommenen Sebastian Münster, deren Namen man in der Matrikel ebenfalls vergebens sucht. Die Mittheilung bei Veesenmeyer macht jedenfalls ganz den Eindruck, dass sie auf bestimmten gleichzeitigen Nachrichten fusst — weiss dieser Gewährsmann doch nicht nur zu sagen, wer dem genannten Melanchthonischen Freundeskreise angehörte, sondern auch, wer ihm nicht angehörte — und ausserdem erhält sie eine mittelbare Bestätigung durch eine Stelle in dem oben bereits angezogenen Briefe Reuchlins vom 12. April 1520. Dort heisst es gleich zum Eingang — wir setzen die Stelle selbst her, weil sie auch sonst bemerkenswerth ist —: Opto te gaudere ac esse saluum, amice omnium mihi desyderatissime, supra quam Oresti Pylades, Secerie mi anime; quam tecum vellem habitare, conuiuere, colloqui. Me nunc ferres (arbitror) mortua uxore tua facilius, frena tibi non imponerem, lasciuiam non corrigerem, alter apum rex carerem omni aculeo etc. Von diesen emphatischen Begrüssungsworten mag man noch so viel abziehen, als in das Gebiet humanistischer Phrase gehörig — so viel ist daraus doch immer zu entnehmen, dass Reuchlin unsern Setzer gekannt, dass er schon persönlich und zwar in näherem Umgang mit ihm verkehrt hat, und wenn dies nicht in Hagenau, wo Setzer damals seit einigen Jahren sich aufhielt, der Fall war — von einem Besuche Reuchlins daselbst ist wenigstens nichts bekannt —, wo anders können sich jene Beziehungen geknüpft haben, als eben in Tübingen, das den grossen Humanisten so manchesmal in seinen Mauern sah, umgeben von gleichstrebenden Jüngern der Wissenschaft? (Ob und wieweit die obige Stelle auch auf die damalige sittliche Führung Setzers einen Schluss gestattet, vermögen wir nicht zu entscheiden.)

---

1) Sammlung von Aufsätzen zur Erläuterung der Kirchen-, Litteratur-, Münz- und Sittengeschichte, 1827, S. 119.
2) So in der von Wittenberg, Erfurt, Köln, Heidelberg, Freiburg i. Br. und Basel. Es könnte sich höchstens noch um die von Ingolstadt handeln, welche uns nicht zugänglich gewesen ist.

War unser Humanist in Tübingen mit Melanchthon befreundet, so ist damit auch die Zeit seines dortigen Aufenthalts näher bestimmt. Derselbe muss, da Melanchthon 1512 sich in Tübingen einfand (inscribirt 17. Sept.), nach diesem Jahre fallen oder wenigstens sich noch um ein ziemliches über dasselbe hinaus erstreckt haben. Nicht lange nachher finden wir ihn bereits in Hagenau, dem Orte seines bleibenden Aufenthalts. Schon im Jahre 1516 muss er dort gewesen sein; denn in einer unten näher anzuführenden Stelle des zweiten Theils der Epistolae obscurorum virorum, der am Anfang des Jahres 1517 erschien, ist von ihm als einem Hagenauer Humanisten die Rede. Welche Stellung er in der elsässischen Reichsstadt hatte, ist bisher im Dunkel gewesen; es geht aber aus einer Stelle der Exegesis Germaniae von Franciscus Irenicus unzweideutig hervor, dass er Korrektor der Anshelmischen Druckerei war. In der genannten Stelle wird nämlich unter den bedeutendsten Förderern des Griechischen in Deutschland neben Joh. Sapidus und Jakob Spiegel in Schlettstadt, den Amerbach in Basel u. a. auch Setzer aufgeführt und zwar mit dem Beisatz Academiae Anshelmianae praeses[1]). Mit dem Wort Academia oder Neacademia schmückte Anshelm (wie später dann z. Th. auch Setzer selbst) seine Druckerei, hierin wie auch sonst — aber missbräuchlicher Weise — dem Aldus Manutius folgend.[2]) Setzer ist also mit jenem Beisatz als der wissenschaftliche Leiter der Anshelmischen Offizin bezeichnet. Diese wichtige humanistische Druckerei war in der zweiten Hälfte des Jahres 1516 von Tübingen nach Hagenau übergesiedelt[3]) und da auch Setzer

---

1) Ausg. Hagenoae 1518 fol. XLV[b]: Hagenoam Joannes ille Secerius Lauchensis, academiae Anshelmianae praeses, Selestadium Sapidus, Jacobus Spiegel, Basileam Amorbachii graecitate illustrarunt.

2) In manchen Drucken jener Zeit gebrauchte Anshelm die Schlussformel: ex Academia Anshelmiana — wir sagten: missbräuchlicher Weise; denn Aldus konnte wohl seine Drucke ex Academia oder Neacademia Aldi datiren, da er ja in seinem Hause die Academia oder Neacademia, den bekannten Kreis von Freunden der Wissenschaft, speciell des Griechischen vereinigte. Anshelm aber hat sicher in Hagenau keinen solchen Kreis um sich gehabt. Uebrigens könnte, auch wenn man in obiger Stelle bei Franciscus Irenicus unter der Akademie Anshelms den Gelehrtenkreis, der bei ihm drucken liess, verstehen wollte, was übrigens kaum angeht, der Ausdruck Academiae Anshelmianae praeses erst recht keinen andern Sinn haben, als den, dass Setzer der wissenschaftliche Vertreter der Presse Anshelms d. h. nach damaligen Begriffen ihr Korrektor war.

3) Es wäre aber falsch, wenn man annehmen wollte, dass Setzer schon in Tübingen die Stelle eines Korrektors bei Anshelm versehen habe. Auf diese Vermuthung könnte man durch eine Stelle in der Antwort unseres Gelehrten auf den oben angezogenen Brief Reuchlins geführt werden, wo ersterer davon spricht, dass er seine „provincia", die doch der Art sei, dass sie ohne einen Collegen kaum verwaltet werden könne, „tot iam annis" allein zu bewältigen habe. (Xenophons Apologia etc., Hag. 1520, Bl. 96[a]; Reuchlins Briefwechsel, herausg. v. L. Geiger, 1875, S. 325.) Allein in Tübingen war bis zum Abgang Anshelms Phil. Melanchthon Korrektor in dessen Druckerei, nicht Setzer. Jenes „tot iam annis" kann man aber auch nicht so verstehen, als hätte letzterer vor der Uebersiedelung Anshelms, also vor 1516, in der andern Hagenauer Druckerei, der des Heinrich Gran, Korrek-

vor seinem Hagenauer Aufenthalt in Tübingen gewesen war, so liegt der Gedanke nahe, dass entweder er den Th. Anshelm oder dieser ihn nach Hagenau gezogen hat. Das letztere hat entschieden die grössere Wahrscheinlichkeit für sich.

Als Korrektor von Anshelms Offizin hat Setzer manche von dessen Drucken mit Carmina, andere mit einem Vor- oder Nachwort versehen.[1]) Ein Druck[2]) hat sogar die Schlussformel: J. Secerius excudit formulis Thomae Anshelmi Badensis, ist also von unserem Humanisten selbst hergestellt worden. Dies hat offenbar Veranlassung gegeben, die Druckerthätigkeit Setzers mit dem Jahr 1519 beginnen zu lassen, wie z. B. Grässe[3]) und Kapp[4]) thun, nach welchen dieselbe von 1519 bis 1533 sich erstreckte. Allein es handelt sich ja augenscheinlich nicht um eine selbständige Druckerthätigkeit, ja nicht einmal um länger dauernde Beschäftigung am Setzerkasten oder an der Presse, sondern um einen ganz vereinzelten Fall. Buchdrucker ist also Setzer damals noch nicht gewesen.

Ob Anshelm mit seinem Korrektor immer zufrieden gewesen ist, erscheint zum mindesten fraglich. Heisst es doch in einem Brief desselben an Koberger in Nürnberg vom 7. Januar 1518[5]): „Dar zu so ist ongeschickt myn guter correctory. Den ich zu tübingen gehabt hab Maister philips [Melanchthon] defs revchlinfs vetter zu mir spatzieren kommen ... hat in etlichen Dingen Maister frantzen [Franciscus Irenicus bei Herausgabe der Schrift Exegesis Germaniae] geholffen." Diese

tordienste geleistet; dafür fehlt es an jeglichem Anhaltspunkt. Ueberdies hatte diese Druckerei schon einen Korrektor an Wolfgang Angst. Auch daran könnte man denken, dass mit jener „provincia" etwa das Amt eines lateinischen Schulmeisters in Hagenau gemeint sei (wiewohl nach dem Zusammenhang die Deutung auf die Korrektorstellung am nächsten liegt) und dass er nur nebenher der Druckerei Anshelms seine Dienste gewidmet habe. Allein lateinische Schulmeister waren, wie uns Herr A. Hanauer aus dem städtischen Archiv in Hagenau gütigst mittheilt, damals andere: von 1509—13 Hermann, von 1513—18 Valtin Wickgram, 1518—23 Wendel Zimmermann. Man sieht, für Setzer ist da kein Raum. So bleibt nur übrig, dass er ausschliesslich Korrektor bei Anshelm war und zwar seit 1516, und wenn er 1520 von „tot annis" redet, die er seinen Dienst thue, so muss man das eben cum grano salis verstehen.

1) Ein Carmen von ihm findet sich z. B. in Reuchlins De accentibus et orthographia linguae hebraicae, Hag. 1518, und in Melanchthons griechischer Grammatik von 1518, ein Vor- bezw. Nachwort in der Schrift De literis graecis ac diphthongis etc., ib. 1519 und s. a., sowie in der oben angezogenen Reuchlinschen Ausgabe von Xenophons Apologie u. s. w., Hag. 1520, und in dem Libellus de animae praeparatione in extremo laborantis, Hag. s. a. Manche andere anonyme Carmina und Vorreden in Anshelmischen Drucken jener Zeit dürften gleichfalls von Setzer stammen.

2) Die eben erwähnte Schrift De literis graecis ac diphthongis etc., Hag. 1519.

3) Lehrbuch der allg. Literärgeschichte Bd. 3, Abth. 1, 1852, S. 177.

4) Geschichte des Deutschen Buchhandels Bd. 1, 1886, S. 177.

5) In Facsimile wiedergegeben von Lempertz, Bilderhefte zur Geschichte des Buchhandels u. s. w. Jahrg. 1860 Taf. II, auch abgedruckt bei O. Hase, die Koberger, 2. Aufl., 1885, S. CXXV ff.

Klage über den Korrektor kann nach dem Gesagten kaum auf jemand anders als auf Setzer gehen; doch ist dabei zu beachten, dass der Druckerherr sich in jenem Brief wegen der Verzögerung im Druck der Exegesis Germaniae zu entschuldigen hat und dabei wie auf den Verfasser und manches andere so auch auf den Korrektor die Schuld abwälzt. Jedenfalls hat Setzer die Stellung, welche er in den Humanistenkreisen einnahm, gerade dieser seiner Korrektorthätigkeit zu danken. Und es war eine sehr geachtete Stellung. Nicht auf den oben citirten Brief Reuchlins an ihn möchten wir uns hiefür berufen — in diesem muss man, wie angedeutet, vieles als humanistische Schönrednerei in Abzug bringen —; auch auf das ebenfalls erwähnte Zeugnis des Franciscus Irenicus, der Setzer unter den bedeutendsten Gräcisten Deutschlands aufführt,[1]) gründen wir unsere Behauptung nicht. Denn da das betreffende Werk bei Anshelm, also unter den Auspicien Setzers gedruckt wurde, so mag man in jener rühmenden Erwähnung seines Namens immerhin einen blossen Akt der Gefälligkeit von Seiten des Irenicus erblicken. Aber völlig unparteiisch sind die Epistolae obscurorum virorum. Denn diese sind gerade in dem Theile, der hier in Frage kommt, im zweiten nämlich, nicht in Hagenau gedruckt worden.[2]) Hier aber ist Setzer einer namentlichen Hervorhebung gewürdigt und zwar als einer der Gegner der Dunkelmänner. Der Verfasser lässt nämlich den Magister Philipp Schlauraff auf seiner Wanderung durch Deutschland auch nach Hagenau gelangen, wo derselbe bei Wolfgang Angst, dem Korrektor in Grans Offizin, und bei Setzer übel ankommt. Nachdem erst die Begegnung mit Angst geschildert ist:

Et ivi hinc ad Haganaw	Do wurden mir die augen blaw:
Per te, Wolffgange Angst,	Gott gib, dass Du hangst,
Quia me cum baculo	percusseras in oculo.

heisst es weiter mit Bezug auf Setzer:

Accurrit autem Setzerius,	qui vix est Baclarius,
Cum uno magno volumine	percutiens me in latere,
Quod non habui spiritum:	tunc oravi illum socium,
Quod facerem confessionem,	quia haberem Contritionem;
Sed ego in noctis medio	surrexi de cubiculo
Et ivi ad Friburgiam etc.[3])	

---

1) S. oben S. 301.
2) In Hagenau, bei Heinrich Gran wurde allerdings der erste Theil gedruckt (vgl. des Verf. Der erste Buchdruck in Tübingen, 1881, S. 217) und hätte Böcking, Hutteni opera, Suppl. II, 1, 1869, p. 3, Recht, so müsste man dasselbe auch von der ersten Ausgabe des zweiten Theils annehmen. Allein die Typen dieses letzteren sind ganz andere, als die des ersten Theils und haben weder mit Grans noch mit Anshelms Druckerei etwas zu schaffen.
3) S. die Ausgabe der Epp. obs. vir. in Hutteni opera ed. Böcking, Suppl. I, 1864, p. 202.

Warum Setzer hier „vix Baclarius" (baccalaureus) heisst, ist nicht recht klar. Weder auf sein Alter noch auf seine wissenschaftliche Bildung kann es gehen. Vermuthlich aber ist es so zu erklären: der Verfasser lässt die Dunkelmänner auf akademische Würden grossen Werth legen; nun hatte Setzer die Magisterwürde nicht erworben — er selbst legt sich dieselbe wenigstens niemals bei —; darauf muss denn nun Philippus Schlauraff sticheln, indem er ihn „kaum eben Baccalaureus" heisst. Wenn aber Schlauraff von Setzer mit einem „magnum volumen" bearbeitet wird, so ist dies eine deutliche Anspielung auf seinen Korrektorberuf, wie denn auch die Zusammenstellung mit Grans Korrektor aufs klarste zeigt, dass er die Verewigung seines Namens in den Epistolae obscurorum virorum lediglich seiner Stellung an der Anshelmischen Druckerei zu verdanken hat. Die Korrektoren im damaligen Sinn des Worts hatten vermöge ihres Amts Beziehungen zu den verschiedensten Gelehrten und waren für diese eine wichtige Persönlichkeit.

Ausdrücklich sei bemerkt, dass Setzer seine Stellung in Humanistenkreisen nicht etwa zugleich auch seiner litterarischen Thätigkeit verdankt. Die paar Schriften, die man ihm zuschreibt, würden solche nicht erklären, auch wenn er wirklich ihr Verfasser wäre, was er aber thatsächlich nicht ist. So kann man die schon erwähnte Schrift: De litteris graecis ac diphthongis unter seinem Namen aufgeführt finden, lediglich weil das Widmungsschreiben in den Hagenauer Ausgaben derselben, 1519 u. s. w., von ihm herrührt; in Wirklichkeit ist diese Schrift aber schon 1494 bezw. 1501 bei Aldus Manutius in Venedig erschienen, der sie, wenn nicht verfasst, so jedenfalls veranlasst hat. Auch der Libellus auro praestantior de animae praeparatione in extremo laborantis, Hag. s. a. (in München), welchen Panzer [1]) Setzer zuschreibt, rührt nicht von ihm her, ist vielmehr, wie bereits erwähnt, gleichfalls nur eben mit einer Vorrede von ihm, an den Johanniter Wolfg. Rapp, versehen.

So geachtet die Stellung von Anshelms Korrektor war, so scheint sie ihn auf die Dauer doch nicht befriedigt zu haben. Denn in einem Briefe an Capito, d. d. Wittenberg 20. Juli 1522, bemerkt Felix Ulscenius, Setzer sei vor kurzem nach Wittenberg gekommen, um Medizin zu studiren. [2]) Er wollte also noch einen neuen Beruf ergreifen und eine Wandlung vollziehen, die auch andere in jener Zeit durchgemacht haben. Unwillkürlich erinnert man sich dabei an Eobanus Hessus, der, nachdem er in Erfurt bereits seit Jahren als Lehrer gewirkt hatte, 1523 noch Medizin studirte, oder an Michael Toxites, der erst humanistischer Lehrer an den verschiedensten Orten und in späten Jahren

---

1) Annales typogr. VII, p. 116, no. 400.
2) Melanchton ... lexicon graecum his absolvit diebus, proximis nundinis Anshelmo missurus, id enim Setzerius effecit, qui nuper ad Philippum concessit operam rei medicae daturus (Analecta Lutherana, herausg. von Th. Kolde, 1883, S. 38). In der Wittenberger Matrikel kommt Setzers Name übrigens auch um die hier in Frage stehende Zeit nicht vor.

noch praktischer Arzt in Strassburg und Hagenau war; und noch mehr passt hieher das Beispiel Joh. Oporins in Basel, der vom Humanisten ausging, dann vorübergehend Mediziner wurde, um schliesslich, gerade so wie Setzer, in der Druckerthätigkeit seinen eigentlichen Lebensberuf und den Beruf, der seinen Namen am bekanntesten gemacht hat, zu finden.

Für unsern Hagenauer Humanisten trat diese letzte Wendung, der **Uebergang zur Druckerthätigkeit**, unerwartet ein. Denn kaum mag er etwa ein halbes Jahr in Wittenberg gewesen sein, so ward, Ende 1522, die Presse, an welcher er als Korrektor gewirkt hatte, frei, sei es, dass Anshelm starb, sei es, dass er durch Krankheit zur Fortführung derselben unfähig wurde.[1] Setzer war in Frieden von Anshelm gegangen; er hatte auch in Wittenberg, wie man aus der oben mitgetheilten Stelle aus des Ulscenius Brief ersieht, für Anshelms Presse gesorgt; ja er war vielleicht durch Bande der Verwandtschaft an dessen Haus gebunden.[2] So ist es begreiflich, dass er, als die Aenderung in Hagenau eintrat, das eben begonnene Studium wieder aufgab, um in die Lücke zu treten, die Anshelm gelassen hatte. Als er von Wittenberg abreiste, bekam er das Manuscript von Eobans Gedicht: Ecclesiae afflictae epistola ad Lutherum, das sein Verfasser den Reformatoren eben, im März 1523, übersandt und das ihren vollen Beifall gefunden hatte, zum Zweck des Abdrucks mit[3] und mit diesem Gedichte eröffnete er dann wohl auch seine neue Thätigkeit.

Es war eine bedeutende Druckwerkstätte, welche er übernahm — ungleich bedeutender jedenfalls als die zwar ältere, aber hinter ihrer Zeit zurückgebliebene und deshalb damals wenig mehr beschäftigte Heinrich Grans. Im Jahr 1500 von Thomas Anshelm in Pforzheim errichtet, 1511 von ihm nach Tübingen und wie schon gesagt 1516 von da

---

[1] In der Schrift: Der erste Buchdruck in Tübingen, 1881, S. 25 haben wir auf Grund der Thatsache, dass der letzte Druck Anshelms an das Ende (December) 1522 fällt und eine besonders schöne Ausstattung hat, die Vermuthung aufgestellt, dass nicht der Tod, sondern freiwilliger Rücktritt der Wirksamkeit des genannten Druckerherrn ein Ziel gesetzt habe. Ist dies richtig, so muss der Entschluss zur Geschäftsaufgabe von diesem plötzlich gefasst worden sein. Wäre letztere schon länger geplant gewesen, so wäre Setzer nicht noch ein halbes Jahr vorher nach Wittenberg gegangen, um Medizin zu studiren. Im übrigen ist nur so viel sicher, dass Anshelm im Jahr 1524 nicht mehr am Leben gewesen ist. Denn in den Acten des Spitals von Hagenau, dem Anshelm eine Summe Geldes schuldete, steht nach gütiger Mittheilung des Herrn Hanauer bei dem Zinseintrag vom 3. Mai 1524 der Name der Wittwe Anshelms, Genoveva, während bei dem Eintrag vom 3. Mai 1523 noch sein eigener Name vorkommt. Letzterer Umstand beweist aber nicht sicher, dass Anshelm 1523 noch lebte, sofern hier auch nur eine ungenaue, abgekürzte Ausdrucksweise vorliegen kann.

[2] In den Tagebüchern der Stadtschreiber von Hagenau kommt nämlich beim Jahr 1522 mehrmals „Thoman Buchdruckers swoger" vor. Bei den engen Beziehungen, in welchen Setzer von Anfang bis zu Ende zu Anshelm stand, liegt der Gedanke nahe, dass er eben dieser Schwager des Buchdruckers war — eine Vermuthung, die auch Herr Hanauer (s. o.) ausspricht.

[3] Vgl. Krause, Helius Eobanus Hessus I, 1879, S. 353.

nach Hagenau übergeführt, hat sie in den 23 Jahren bis zu Anshelms Rücktritt eine stattliche Reihe von Druckschriften zu Tage gefördert,[1]) die sich durch schöne Typen, geschmackvolle Ausstattung, sauberen und korrekten Druck vor vielen andern auszeichnen. Die grosse Mehrzahl derselben gehört dem Humanismus an, für welchen diese Presse dadurch von wirklicher Bedeutung geworden ist (namentlich im Reuchlinschen Streit mit den Kölnern); doch auch der Reformation, soweit er sie noch erlebte, hat Anshelm seine Dienste geliehen. Setzer hat sich in beiderlei Hinsicht seines Vorgängers würdig erwiesen: er hat die Presse im grossen und ganzen auf ihrer Höhe erhalten und er hat ihr den bisherigen Charakter bewahrt, ja denselben, jedoch der neuen Zeit angepasst, noch schärfer zur Geltung gebracht.

Soweit die Ausrüstung der Presse noch brauchbar war, behielt er sie bei, namentlich den Initialenschmuck[2]), dagegen verschwinden, so viel wir dies feststellen konnten, das zierliche deutsche Alphabet Anshelms und in der Hauptsache auch seine Titelrandleisten.[3]) Statt der letzteren hat er sich neue beschafft, welche in der Mitte der unteren Leiste bald grösser bald kleiner sein Monogramm, ein verschlungenes IS zeigen.[4]) Auch das hübsche Druckerwappen seines Vorgängers hat er nicht übernommen, noch seiner Firma angepasst. Er wählte sich sein besonderes Zeichen, einen Schild mit dem Januskopf, den man in verschiedener Umrahmung in seinen Drucken findet. Dann und wann gebrauchte er aber auch eine Darstellung des Janus in ganzer Figur (ohne Schild) als Druckerzeichen, wobei derselbe in der Rechten einen Stab, in der Linken einen Schlüssel hält. Ausserhalb der Umrahmung stehen auf Janus bezügliche Umschriften, oben: *ΠΡΟΝΟΙΑ*, links: *Πάντῃ γάρ ἐστι πάντα τε βλέπει θεός*, rechts: לא ארפך ולא אזבך,[5]) unten: O Jane, à tergo cui nulla Ciconia pinsit.[6])

1) Man findet dieselben von Jos. Maria Wagner im Serapeum Jahrg. 22, 1861, S. 117 ff. zusammengestellt. Ergänzungen dazu s. in des Verf. Der erste Buchdruck u. s. w., S. 26, 75 ff.
2) Schon hieraus ergiebt sich, wie falsch es ist, wenn z. B. Deschamps in dem Dictionnaire de géographie à l'usage du libraire, 1870, col. 899 Setzer zum Nachfolger Grans, zu demjenigen Anshelms aber den erst 1528 auftretenden kleinen Hagenauer Buchdrucker Wilh. Seltz macht. Unrichtig ist es nach allem Gesagten auch, wenn andere es so darstellen, als ob Setzer eine neue Presse errichtet und erst später die Zierinitialen und anderes von der Druckwerkstätte Anshelms erworben hätte.
3) Doch findet sich eine derselben noch 1532 in der Ausgabe des Liber sextus epidemiorum von Hippokrates und in Leonh. Fuchs' Uebersetzung und Kommentar dazu angewandt.
4) Dieselben sind uns nur in Oktavausgaben, hier aber oft begegnet; die eine, mit den Symbolen der vier Evangelisten, s. z. B. in Melanchthons Schrift: Christianis an liceat litigare in Juditio, Hag. 1529, die andere, mit vielfach verschlungenen weissen Linien auf schwarzem Grund, s. z. B. in Melanchthons Declamatio necessarias esse ad omne studiorum genus artes dicendi, Hag. s. a. Neue Titelrandleisten für Quart haben wir in den uns zu Gesicht gekommenen Drucken Setzers nicht gefunden.
5) D. h. Ich will dich nicht verlassen noch versäumen. Josua 1, 5.
6) Aus Persius, Satirae 1, 58. — Die eben geschilderte Form des Druckerwappens findet man z. B. in Melanchthons oben, Anm. 4, erwähnter Declamatio

Im ganzen ist der Schmuck der Setzerschen Drucke dürftiger als derjenige der Drucke Anshelms, und obwohl im übrigen die Drucke des ersteren in technischer Beziehung denen seines Vorgängers gleichwerthig sind, so sucht man bei ihm doch Leistungen ersten Ranges, wie dieser sie aufzuweisen hat, vergebens. Wenn ihm aber auch in Bezug auf Korrektheit der Drucke ein Vorwurf gemacht worden ist, obschon sicher nur im Sinne von willkürlicher Behandlung des Manuscripts, so ist dabei zu bedenken, dass hierüber die Autoren seiner Zeit überhaupt zu klagen hatten; übrigens werden uns unten Stellen begegnen, in welchen gerade Setzer das Zeugniss grosser Pünktlichkeit gegeben wird. Dennoch verlohnt es sich, die Stelle, welche jenen Vorwurf enthält, anzuführen, da sie wie für das Verfahren des Druckers so namentlich für seine Sinnesart sehr bezeichnend ist. Eobanus Hessus schreibt unter dem 23. Januar 1531 an Euricius Cordus: Existimo et te aliqua mearum nugarum vidisse, cum et Secerius quaedam corruperit verius quam excuderit. Inter quae mea Idyllia, Deum immortalem, quam depravata edidit, sic ut integros etiam versus, nedum syllabas aut dictiones omiserit... Utinam autem quicquid edet [sic], non depravet tantum. Qui quidem tam familiariter nobis utitur, ut obiurgatus propter corrupta scripta nostra, praesens ridendo, absens iocando crimen diluat. Huic homini quid facias nisi ut ignoscas et amici vitium noveris, non oderis? [1])

Setzer konnte natürlich seinen eigenen Korrektor machen[2]) und insofern traf ihn die Verantwortung in Fällen, wie der eben erwähnte, ganz unmittelbar. Doch mag er immerhin, schon wegen des Umfangs seines Geschäfts, dann und wann junge Gelehrte mit Korrektordiensten betraut haben; jedenfalls spielte aber keiner neben ihm die Rolle, die ihm selbst neben Anshelm zugefallen war. Ein solcher Gehilfe soll der lutherische Prädikant Hiob Gast gewesen sein.[3]) Doch reden die Stellen, auf welche sich der betreffende Gewährsmann beruft,[4]) genauer besehen, nicht von einer Arbeit Gasts in Setzers Officin, sondern

---

necessarias esse etc., Hag. s. a., oder in: Demosthenis Olynthiacae tres a Philippo Mel. in lat. versae, Hag. s. a. Den Januskopf s. z. B. in Melanchthons Nova scholia in Proverbia Salomonis, Hag. 1529, und in anderer Umrahmung in desselben Verfassers Schrift: Christianis an liceat litigare in Juditio, Hag. 1529. Mit verschiedenen Abänderungen ist dieses Druckerwappen Setzers auch auf seinen Nachfolger Peter Brubach und dessen Erben übergegangen; noch ein halbes Jahrhundert später kommt es in Drucken dieser Presse vor; vgl. Joh. Brentius, Ev. Johannis LIV homiliis explicatum, Francof. haered. P. Brubachii 1570.

1) Beyschlagius, Sylloge variorum opusculorum I, 1729, p. 399 sq.
2) Es giebt daher auch aus dieser Zeit Vorreden von ihm, so in Melanchthons Syntaxis von 1526, in dessen Grammatica latina von demselben Jahr, in seinen Enarrationes in psalmos aliquot von 1528.
3) Vgl. Röhrich, Geschichte der Reformation im Elsass Th. 1, 1830, S. 414. Ders., Mittheilungen aus der ev. Kirche des Elsasses Bd. 2, 1855, S. 457 und nach ihm: Ihme, Gutenberg und die Buchdruckerkunst im Elsass, 1891, S. 45.
4) Lichtenberger, Initia typogr. 1811, p. 91 und Beyschlagius, Sylloge etc. p. 855 sqq.

nur von Schriften, die er dort hat erscheinen lassen; auch haben wir in den uns vorgelegenen Drucken Setzers keine Spuren, die auf Gast als Korrektor deuteten, gefunden, ausser dass die von ihm herausgegebene Schrift: Ex vetustissimis orthodoxorum patrum ... de genuino Eucharistiae negocii intellectu & usu libellus, Hag. 1528, aus Hagenau datirt ist, und dass er hier in der Vorrede (vom Januar 1528) sagt, er sei hisce praeteritis mensibus[1]) monstrosa quadam sorte praeter spem et opinionem omnem Joan. Setzerij Typographi adcuratissimi hospes geworden. Der Ausdruck hospes schliesst eine Anstellung Gasts bei Setzer nicht aus, er ist vielleicht nur mit Anspielung auf seinen Familiennamen gewählt; jedenfalls hatte Gast damals sonst keinen bestimmten Aufenthaltsort. Doch kann solche Anstellung nicht lange gedauert haben; denn noch in demselben Jahr 1528 wird er lutherischer Pfarrer in Kadolzburg bei Fürth, wo er dann auch bis zu seinem Tode gewirkt hat.[2]) Falsch ist es aber jedenfalls, wenn man auch Melanchthon zum Korrektor Setzers gemacht hat, wie dies z. B. auch noch Böcking thut.[3]) Es ist nicht einzusehen, wann der vielbeschäftigte Wittenberger Professor Zeit gefunden haben soll, in Hagenau Korrektordienste zu leisten; ja es ist ein Aufenthalt desselben in genannter Stadt in der Zeit von Setzers Druckerthätigkeit gar nicht nachzuweisen. Wenn man aber speciell an das Jahr 1540 gedacht hat, weil in dieses das Hagenauer Religionsgespräch fällt,[4]) so trifft dies in jeder Beziehung daneben. Denn nicht nur war Setzer damals nicht mehr unter den Lebenden und seine Presse gar nicht mehr in Hagenau, sondern Melanchthon selbst war bei jenem Religionsgespräch überhaupt nicht anwesend, da er unterwegs erkrankte und zur Umkehr sich genöthigt sah.[5]) Entstanden ist die ganze Sage wohl dadurch, dass Melanchthon allerdings einmal in Hagenau war und bei dem befreundeten Druckerherrn wohnte. Das war aber schon 1518, während seines Tübinger Aufenthalts, aus Anlass des Drucks seiner griechischen Grammatik der Fall, und der Druckerherr hiess damals nicht Setzer, sondern Anshelm, welch letzterem Melanchthon freilich auch einmal Dienste als Korrektor leistete, jedoch nicht in Hagenau, oder höchstens nur ganz gelegentlich, wohl aber in Tübingen.

Ueberblicken wir nun die Druckerthätigkeit Setzers, so stellt sich dieselbe als eine recht umfangreiche dar. Wenn Anshelm in den 23 Jahren seiner Wirksamkeit ungefähr 150 Werke

---

[1]) Es kann frühestens November 1527 gewesen sein, da er die Vorrede seiner Uebersetzung von Brenz' Ecclesiastes am 13. dieses Monats von Henau (?) aus datirt, wenn hier nicht ein Druckfehler für Hagenau vorliegt.
[2]) S. über Hiob Gast die ansprechende Lebensskizze desselben von Bossert in den Württ. Vierteljahrsheften für Landesgeschichte Jahrg. 8, 1885, S. 200 ff.
[3]) Hutteni opera, Supplementum II p. 467.
[4]) Ihme a. a. O. S. 46; Guerber, Histoire politique et religieuse de Hagenau I, 1876, p. 205.
[5]) Vgl. die Annales vitae Melanchthonis im Corpus reformatorum ed. Bretschneider et Bindseil XXVIII, 1860, col. 67—70.

gedruckt hat, so sind unter seinem Nachfolger aus derselben Presse in 9 Jahren mindestens ebensoviele — allerdings viele kleinere — Drucke hervorgegangen, so dass hierin der Nachfolger dem Vorgänger zum wenigsten ebenbürtig ist.¹) Fassen wir diese Drucke nach ihrem Inhalt ins Auge, so zeigt sich sofort, dass zwei Gebiete der Litteratur in ganz hervorragender Weise vertreten sind: die humanistische und die Reformationslitteratur. Von den ca. 135 sichern Drucken Setzers fallen kaum 15 ausserhalb dieser Gebiete. Unter den Schriften humanistischen Ursprungs findet man Ausgaben und Uebersetzungen von Klassikern, namentlich auch griechischen, Grammatiken, Deklamationen und Gedichte der Humanisten; die Namen aber, die uns unter den Herausgebern, bezw. Uebersetzern und Verfassern dieser Schriften hauptsächlich begegnen, sind Melanchthon, Eobanus Hessus, Chr. Hegendorphinus, Joach. Camerarius, Joh. Alex. Brassicanus. Beinahe noch einmal so gross jedoch als die Zahl der humanistischen ist die der reformatorischen Schriften. Sie allein machen unter den bekannten Drucken Setzers mehr als die Hälfte aus. Es sind die wichtigsten Männer der Wittenberger Reformation dabei vertreten, neben Luther selbst Melanchthon und Bugenhagen, Jonas und Eisleben, Brenz und Urbanus Rhegius u. a.²) Wer aber

---

1) Auf eine Bibliographie der Setzerschen Drucke oder auf „Druckannalen" dieses Meisters haben wir es hier nicht abgesehen. Was wir aber als Ergänzung der von Panzer, Annales typogr. VII. p. 93—110. 116. IX. p. 471. 472. XI. p. 425 aufgeführten 121 Drucke mit Setzers Namen weiter als Erzeugnisse seiner Presse verzeichnet haben, möge hier mitgetheilt werden. Es sind drei Nummern bei Panzer, Annalen der älteren deutschen Litteratur 1682. 2739. 3109, vier bei Weller, Repertorium typogr. 2593. 2926. 3709. 3444 (1367 ist fälschlicher Weise Setzer statt Anshelm zugeschrieben); ferner der Prediger Salomo mit Auslegung durch Joh. Brentz, Hag. Setzer 1525 (in Stuttgart, K. öff. Bibl.); dass. Hag. Setzer 1529 (ebd.); Brentz, Der Job visgelegt in Latein vnnd yetzt Verdeutscht. M.D.XXX. (ohne Ort, aber mit Setzers Titelrandleiste — ebd.); History vnd warhafftige geschicht, wie das heilig Euangelion mit Johann Huffen... offentlich verdampt ist, Hag. Secer. (1529, vgl. Kawerau, Joh. Agricola, 1881, S. 115 f.); Melanchthon, Institutiones grammaticae Graecae, Hag. Secer. 1531 (in Tübingen, Universitätsbibliothek). Endlich sollen in Hagenau und dann jedenfalls von Setzer auch gedruckt worden sein die in Luthers sämmtlichen Werken, Erlanger Ausgabe Bd. 22, 1833, S. 169 unter Nr. 2 aufgeführte Ausgabe der Schrift: An die Radherrn aller stedte u. s. w. 1524 (statt Anshelm muss es hier natürlich Setzer heissen) und die mit fingirtem Druckort erschienene Schrift: Practica der Pfaffen. Gedruckt auff dem Campoflor. Kalen. Undecembres, mit 22 Holzschnitten (vgl. Weller, Die falschen und fingirten Druckorte, 1858, S. 2). Das wären im ganzen 135 Drucke. Nehmen wir dazu, dass unter den von Panzer in seinen Annales typogr. l. c. weiter, aber ohne Bezeichnung der Offizin aufgeführten Hagenauer Drucken die Mehrzahl sicher ebenfalls Setzer zugehört (es handelt sich dabei meist um Autoren, die auch sonst bei ihm drucken liessen) sowie dass bei der Unzulänglichkeit der bisher vorhandenen bibliographischen Werke eine planmässige Nachforschung noch manchen bisher unbekannten Druck Setzers zu Tage fördern würde, so kann gar kein Zweifel bestehen, dass die wirkliche Zahl der Erzeugnisse seiner Presse sich auf mehr als 150 beläuft.

2) Bemerkenswerth ist, dass die Stadt, in welcher diese für die Reformation so thätige Presse stand, so gut wie ganz katholisch war. Trotz einem

darum von der reichen deutschen Litteratur, besonders der Flugschriftenlitteratur, welche von diesen Kreisen ausging, bei Setzer viel suchen wollte, würde sich sehr täuschen. Sie fehlt nicht ganz; aber wie spärlich sie bei ihm vorkommt, mag aus der Thatsache erhellen, dass wir überhaupt nur 13 deutsche Schriften unter seinen Drucken gefunden haben. Statt dessen sind es vielmehr die lateinischen Schriften der Reformatoren oder lateinische Uebersetzungen ihrer deutschen Schriften, welche er vorzugsweise im Druck verbreitete, und es ist darum auch sehr bezeichnend, dass uns viel öfter als Luthers Name derjenige des Praeceptor Germaniae begegnet. Ja die Schriften, bei welchen letzterer irgendwie betheiligt ist, bilden sogar ein volles Drittel sämmtlicher Drucke dieses Meisters. Man sieht, der Humanist, der er von Hause aus gewesen, verleugnet sich auch in dem Druckerherrn nicht, selbst nicht, wenn dieser theologische Sachen druckte. Ihm, dem Gelehrten, lag es ungleich näher, den Gelehrten als dem Volke zu dienen.

Und noch eines ist bei Setzers Drucken bemerkenswerth. Während sonst die Pressen, welche die Schriften der Reformatoren verbreiteten, zumeist auf Nachdruck angewiesen waren, ist dies bei ihm anders. Seine Drucke sind meist Originalausgaben. Von Erfurt, Nürnberg, Wien schicken ihm Humanisten ihre Schriften; und für Luther und Melanchthon, Jonas und Bugenhagen ist Hagenau nicht zu fern und Setzer nicht zu gering, um ihm wieder und wieder Manuscripte zum Zweck des Abdrucks zukommen zu lassen.[1]) Ungleich häufiger noch ist dies freilich der Fall bei den Vorkämpfern der Reformation im benachbarten Frankenland, rechts des Rheins; namentlich hat Joh. Brenz, seit er mit Setzer in Verbindung trat, fast alles bei ihm drucken lassen.[2])

Diese günstige Stellung verdankte Setzer ganz wesentlich den persönlichen Beziehungen, welche er zu den humanistischen Gelehrten und reformatorischen Theologen hatte, und — eifrig pflegte. Es ist wunderbar, woher der vielbeschäftigte Mann die Zeit nahm zu den vielen Reisen, auf denen wir ihm begegnen. Jetzt ist er bei Luther und Melanchthon in Wittenberg und reist mit Joh. Agricola von da nach Frankfurt a. M.,[3]) jetzt reitet er mit Melanchthon, Camerarius, Eobanus Hessus und Roting zum Thore von Erfurt hinaus

---

von Strassburg aus unternommenen Versuch gelang es der Reformation nicht, in Hagenau festen Fuss zu fassen. Vgl. Röhrich, Geschichte der Reformation im Elsass Th. 1, S. 414 u. Ders., Mittheilungen u. s. w. S. 455 ff.

1) Die Briefe, welche Luther in solchen geschäftlichen Angelegenheiten an Setzer gerichtet hat, s. in De Wette's Ausgabe der Lutherbriefe Th. 3, 1827, S. 201 ff. 414 f.

2) Brenz ist dieser Presse auch treu geblieben, als Setzer nicht mehr lebte; ja sie ist um seinetwillen später nach Schw. Hall übergesiedelt und auch als sie bereits nach Frankfurt weiter gezogen war, hat er noch lebhaften Verkehr mit ihr unterhalten.

3) Juni 1525, vgl. Kawerau, Joh. Agricola S. 54.

auf der Strasse nach Nürnberg¹) und jetzt wieder ist er Gast im Hause des Heilbronner Reformators Lachmann und führt mit ihm theologische Gespräche.²) Denn an der grossen religiösen Bewegung der Zeit nimmt er lebhaften persönlichen Antheil, und es ist sicher nicht nur der berechnende Verstand, sondern auch das Herz, was ihn treibt, die reformatorischen Männer immer wieder aufzusuchen. Darum nimmt er auch im Abendmahlsstreit Partei und stellt sich, mit Nikolaus Gerbel hierbei im Elsass ziemlich vereinsamt stehend, entschieden auf die Seite Luthers.³) Daher dann die Gegnerschaft gegen die Strassburger Reformatoren, Butzer und Capito, die uns unten gelegentlich vorkommen wird, daher auch die überraschende Wendung in Gerbels Brief an Luther vom 23. März 1525: Reliqua Secerius quem rogo si quo pacto juvare potes juva. Habet enim et ipse suos Carolostadios.⁴)

Einmal aber erwuchs ihm aus seinen Beziehungen zu Luther ein schlimmer Verdacht. Dem Reformator war das Manuscript seiner Kirchenpostille, soweit es schon an die Druckerei (in Wittenberg) abgeliefert war, durch einen Setzer gestohlen und auswärts zum Abdruck gebracht worden. Darüber hatte sich der Reformator in der „Vermahnung an die Drucker" am Schluss der neuen Ausgabe der Kirchenpostille, 1525, bitter beklagt und hierbei die Worte gebraucht: „Ich habe die Postillen angefangen von der heiligen drei Künige Tage an, bis auf Ostern, so fähret zu ein Bube, der Setzer, der von unserem Schweiss sich nähret, stiehlet meine Handschrift, ehe ichs gar ausmache u. s. w."⁵) Das wurde nun, zumal nicht ausdrücklich gesagt war, dass die Entwendung in der Druckerei stattgefunden hatte, auf den Hagenauer Drucker, der kurz vorher in Wittenberg gewesen war, bezogen, und so kam dieser in den Verdacht eines schändlichen Diebstahls. Luther selbst fühlte sich verpflichtet, dem falschen Gerücht, das er durch missverständliche Ausdrucksweise veranlasst hatte, entgegenzutreten, indem er in der an Obsopöus (den Uebersetzer) gerichteten, vom 5. April 1526 datirten Vorrede zu seinem Commentarius in Jonam Prophetam, Hag. 1526, dem mit Unrecht verdächtigten Drucker folgende Ehrenerklärung ausstellte: Placet autem, ut Joanni Secerio Haganoae libellum cudendum tradas, quod multo maioribus officiis vir

---

1) 4. Mai 1526, vgl. Krause, Helius Eobanus Hessus Bd. 1, 1879, S. 415. Auch damals war er in Wittenberg gewesen; dasselbe war der Fall 1524 (vgl. Hartfelder, Melanchthoniana paedagogica, 1892, S. 134) u. 1528 (vgl. Corpus reformatorum I, p. 687).

2) 1528? vgl. das Widmungsschreiben Setzers an Lachmann in Melanchthons Enarrationes in psalmos aliquot, Hag. 1528.

3) Unter anderen beschwört er in dem eben erwähnten Widmungsschreiben an Lachmann diesen förmlich, er solle den Einflüsterungen der Gegenpartei kein Gehör schenken und der wahren, d. h. Luthers Lehre vom Abendmahl treu bleiben.

4) So liest wenigstens Kolde, doch nicht ohne ein Fragezeichen beizusetzen, in den Analecta Lutherana, 1883, S 63, wo der Brief aus dem Thesaurus Baumianus zum ersten Mal mitgetheilt ist.

5) S. Luthers Briefe ges. von De Wette-Seidemann Th. 6, 1856, S. 68 ff.

iste dignus sit et in primis fidus et diligens typographus. Nam quod a quibusdam infamatur, quasi is Secerius sit, quem in praefatione postillari quadam accusavi furti, puto fieri aut ignorantia seu fallacia aequivoci nominis, aut malitia hominum, qui hoc praetextu cupiunt homini immerito incommodare, sicut solet ubique Satan nil facere, nisi nocere. Nam in eadem praefatione satis clare testor, Vuitembergae fuisse in nostra Typographia illum Secerium, quem vocant Locatorem, qui me inscio exemplar imperfectum sustulit. Itaque hoc meo testimonio hunc meum Secerium, Jonae mei Latini excusorem, excusatum facio apud omnes bonos, ne gravetur fortuna seu infortunio potius similis nominis. Hoc volui adjectum epistolae huic, officii causa. [1])

Nach dem über die Richtung von Setzers Druckerthätigkeit und seine Beziehungen zu den Reformatoren Gesagten kann es uns nicht wundern, dass wir seinen Namen auf dem Index finden; er gehört zu den 61 Druckern, deren sämmtliche Druckschriften im Anhang des Index librorum prohibitorum Pauls IV. (1559) verboten werden. Wunderbar ist nur, dass Setzers Name in diesem Index auch vornen unter den „Auctores (primae classis) quorum libri et scripta omnia prohibentur" steht und dass ihn auch die folgenden päpstlichen Indices bis auf den heutigen Tag an dieser Stelle aufführen, trotzdem er, wie wir gesehen haben, nichts geschrieben hat. [2])

Aber nicht nur die Katholiken, auch manche Protestanten sind auf Setzer nicht gut zu sprechen, weil er in dem dringenden Verdacht steht, des Michael Servet berüchtigtes Buch: De trinitatis erroribus gedruckt zu haben, dasselbe Buch, das mit der Restitutio christianismi zusammen seinen Verfasser später auf den Scheiterhaufen gebracht hat. Die Schrift ist nun zwar ohne Angabe von Drucker und Druckort, auch ohne eine verrätherische Titelrandleiste erschienen, 1531. Allein wie es scheint, hat man sofort auf Setzer als Drucker gerathen und dieser keinen Hehl daraus gemacht. So nämlich dürfte es doch wohl zu verstehen sein, wenn Oekolampad am 18. Juli 1531 an Butzer schreibt, Capito habe ihm brieflich mitgetheilt, das Buch De trinitatis erroribus sei auf der Messe feil geboten worden; dasselbe habe gewissen „non Ecclesiastis, imo nec Ecclesiasticis, sed Ecclesiam nostram abhorrentibus" merkwürdig gefallen. „Secerius gloriatus est, uel hoc nomine eximium librum, quia nobis concionatoribus displiciturus sit: quasi scilicet Luthero probetur, qui Marpurgi obijciebat, de nobis tale quid sparsum esse." [3]) Dieses gloriatus est setzt doch voraus, dass er bei der Sache irgendwie betheiligt war. Ein ausdrückliches Zeugniss aber dafür, dass wenigstens die Schweizer Theologen

---

1) S. Luthers Briefe u. s. w. Th. 6, 1856, S. 78. Als den Urheber des Diebstahls betrachtete Luther vielmehr den Nürnberger Drucker Herrgott, vgl. seine Klagschrift an den Nürnberger Rath, ebd. S. 70 ff.
2) Vgl. die Indices librorum prohibitorum des 16. Jahrh. ges. u. herausg. von F. H. Reusch, 1886, S. 207. 191. 268. 415. 492 u. Reusch, Der Index der verbotenen Bücher Bd. 1, 1883, S. 267.
3) Oecolampadii et Zvinglii epistolarum libri quatuor, Bas. 1536, p. 188.

Setzer für den Drucker hielten, liegt in dem Umstand, dass sie, wie wir sehen werden, sogar seinen Tod mit dem Druck von Servets Buch in Verbindung brachten. Anderseits hat auch Servet in seinem Verhör auf Befragen erklärt, dass die Schrift nicht in Basel, sondern in Hagenau gedruckt worden sei,¹) und zwar habe Konrad Rous (Roux), ein Strassburger Buchhändler aus Hagenau, die Vermittlung übernommen.²) In der That ergiebt sich zwar nicht aus den Typen des Textes — denn diese haben gar nichts Eigenthümliches — wohl aber aus der am Anfang des Textes vorkommenden Zierinitiale ganz unwiderleglich, dass das Buch aus Setzers Presse hervorgegangen ist. Denn lange vor- und wieder bald nachher finden wir sie in Erzeugnissen dieser Offizin.³) Die Verantwortung für den Druck fällt also wirklich dem Manne zu und wie angedeutet, ist sie ihm — und zwar nicht nur von den Schweizer Theologen — zu einer schweren Schuld gestempelt worden. So sagt z. B. Zeltner,⁴) der gelehrte Joh. Secerius habe seinen Ruhm sehr beflecket damit, dass er ... „dem greulichen Vaganten Mich. Serveto hülffreiche Hand geleistet, und wenigstens das gottlose Buch De trinitatis erroribus zum Druck gebracht," und nach dem Urtheil Beyschlags⁵) hat der Hagenauer Drucker excussis sacerrimis Serveti libris⁶) famae suae aeternam maculam aufgedrückt. Röhrich⁷) sieht darin eine „boshafte That", indem er die oben angeführten Worte aus dem Brief Oekolampads dahin deutet, Setzer habe „gehofft, den Predigern des Landes damit einen recht empfindlichen Streich versetzt zu haben" und Ihme⁸) erklärt sich die Handlungsweise Setzers damit, dass er „das Geschäft (d. h. seinen Vortheil) nicht vergessen habe." Wir glauben die Sache nicht so tragisch nehmen zu sollen, wie sie denn auch die Wittenberger Reformatoren nicht tragisch genommen haben, vorausgesetzt, dass sie wussten, wer der Drucker der berufenen Schrift war; denn nach wie vor standen sie

---

1) Mosheim, Anderweitiger Versuch einer Ketzergeschichte, 1748, S. 179 f.
2) Ebd. S. 18.
3) Vgl. einerseits Plynii Secundi Historiarum natur. libri XXXVII, Hag. Th. Anshelm 1518, fol. CXCVIII ᵇ und andererseits Hegendorfinus, Enarrationes nouse Evangelii S. Marci, Hag. offic. Sec. 1593, fol. Aij ᵃ. Der Erste, welcher den Drucker der Schrift nachwies, soll Schelhorn gewesen sein, vgl. dessen Amoenitates literariae III, 1725, p. 108, wo nur auf die Gleichheit der Typen mit denjenigen in den Setzerschen Drucken: Agricolae Scholia in epistolam Pauli ad Titum, 1530, und Brentii Commentarii in Jobum, 1531, hingewiesen wird. Wenn aber in diesen Drucken nicht auch obige Zierinitiale vorkommt, ist der Hinweis auf dieselben nicht genügend.
4) Kurzgefasste Historie der gedruckten Bibel-Version u. s. w., 1727, S. 16 (?) nach Beyschlag a. a. O. S. 398 f.
5) A. a. O. S. 400.
6) Beyschlag redet von mehreren libri, weil er annimmt, dass auch die andere Schrift des Servet: Dialogorum de trinitate libri duo, s. l. 1532, bei Setzer gedruckt worden sei. Dies ist richtig, doch war letzterer selbst damals bereits nicht mehr am Leben.
7) A. eben a. O. S. 81 Anm. 16.
8) A. a. O. S. 45.

mit Setzer im besten Einvernehmen. Frivol etwa nach Art so mancher italienischen, auch einzelner deutschen Humanisten war dieser in keinem Fall. Hätte er etwas Schlimmes, gar eine Gotteslästerung in dem Buche gefunden, er hätte — das dürfen wir bei seinem entschieden religiösen Interesse ohne weiteres annehmen — zur Veröffentlichung desselben niemals die Hand geboten. Noch weniger hat ihn geschäftliches Interesse dabei geleitet; er, der seine Presse so ausschliesslich in den Dienst des Humanismus und der Reformation stellte, hat schon dadurch gezeigt, dass er weit über dem Handwerker stehe, der alles druckte, was Geld versprach. Nein, die Sache ist wohl einfach die: Servet hatte, wie Setzer, die Strassburger und Schweizer Reformatoren gegen sich; in Basel z. B. hatten die letzteren eben den Druck der in Rede stehenden Schrift hintertrieben. Nun ist es ja eine alte Erfahrung, dass gemeinsame Gegnerschaft auch verschiedenartige Leute zusammenführt. Auch in unserem Fall mag es so gegangen sein. Die gemeinsame Gegnerschaft mag den kühnen Spanier dem lutherisch gerichteten Drucker empfohlen und diesen veranlasst haben, ihm bei der Veröffentlichung seiner Schrift hilfreiche Hand zu leisten. Er hat letztere dabei vielleicht nicht einmal näher geprüft und wenn auch — das milde Urtheil, das Melanchthon über sie gefällt hat, beweist, dass selbst bei positivem Standpunkt schon damals eine andere Auffassung als die der Schweizer möglich war. Die Aeusserung, welche wir oben nach Oekolampads Bericht angeführt haben, kann Setzer darum doch gethan haben. Von einer besonders freundlichen Gesinnung gegen die Strassburger und Schweizer Theologen zeugt sie allerdings gerade nicht.

Was den Endtermin von Setzers Druckerthätigkeit anbelangt, so wird gewöhnlich das Jahr 1535 als solcher angenommen (so von Panzer, Grässe, Kapp u. a.); Guerber und Ihme dagegen lassen, wie wir gesehen, noch 1540 Melanchthon bei ihm zu Besuch sein; Wenc. Linck und Luther aber sprechen noch 1542 von Setzer in einer Weise, welche den Eindruck machen könnte, als sei er damals noch am Leben gewesen,[1]) und Jöcher lässt ihn gar noch 1547 den Phocylides drucken. Alle diese Annahmen sind falsch. Zu der Zeit, da ihn Jöcher noch drucken lässt, lag der Meister schon 15 Jahre im Grab. An Laetare 1532 schreibt Eobanus Hessus an Micyllus: Nunc te rogo ut explores mihi apud Seccerianos, o insanabile vulnus omisso tali viro, tanto amico, quisnam in ipsius locum successerit. Ego credo, Petrum Brubachium successisse; id enim ex ejus ad me litteris conjicio.[2]) Dass mit dem Manne, dessen Tod hier so tief beklagt und nach dessen Nachfolger gefragt wird, kein anderer als Setzer gemeint ist, liegt auf der Hand. Damit man aber nicht, irre gemacht durch das unerwartet frühe Todesjahr, auf die Vermuthung komme, der Brief des Eobanus Hessus könnte

---

1) Am 25. Juli 1542 schreibt Luther an Wenc. Linck: Bene fecisses, si (ut scribis) Seccerio tradidisses [nämlich die Anmerkungen Liucks zur Genesis], aut adhuc alicui tradere posses in superiore Germania. Vgl. Luthers Briefe ges. von De Wette Th. 5, 1828, S. 487.
2) Vgl. Eobani Hessi Epistolarium, Marpurgi 1543, p. 48.

falsch datirt sein, fügen wir ein anderes Zeugniss bei, das zwar ein wenig später fällt, aber dafür auch gar keinem Zweifel unterworfen ist. Im Widmungsschreiben des Druckes von Melanchthons Dispositio orationis quam pro Archia poeta Cicero habuit, Hag. 1533, sagt der „Moderator Officinae Secerianae," das Manuscript sei dem Setzer, seinem Schwiegervater, übersandt worden, damit es baldmöglichst gedruckt werde und fährt dann fort: inhumanus profecto ac iniquus essem, si tanto bono [gemeint ist eben diese Schrift] studiosos diutius pergerem defraudare, impius uero in illum defunctum, si ipsius fidem nolim liberare. Setzer war also damals ein defunctus und da es in demselben Widmungsschreiben heisst, er, der Moderator officinae Secerianae, habe sich nach der Rückkehr von der Frankfurter Messe besonnen, was er nunmehr vor allem zum Abdruck bringen solle, so ist offenbar schon im Herbst 1532[1]) der Druckerherr nicht mehr am Leben gewesen. Damit stimmt also die oben mitgetheilte Stelle aus dem Brief des Eoban sehr gut zusammen; nur erfahren wir aus dieser noch näher, dass Setzers Tod schon vor den März dieses Jahres fallen muss und zwar einige Zeit vorher, da ja schon der Eintritt eines Nachfolgers vorausgesetzt wird. Der Todestag selbst lässt sich nicht genau feststellen; beachtet man aber, dass der Prediger Menrad Molther noch am 4. Januar 1532 an Setzer schreibt,[2]) um diese Zeit also und zwar im nahen Speyer von seinem Tode nichts weiss, so dürfte letzterer nicht schon ins Jahr 1531, sondern erst an den Anfang des Jahres 1532 zu setzen sein. Noch genauer können wir vielleicht sagen: er fällt in den Anfang des Februar 1532; denn wenn anders es nicht nur Zufall ist, dass der Druck des Testamentum duodecim patriarcharum auf seinem (gleich zu Anfang gedruckten) Titelblatt die Bemerkung: Haganoae per Johannem Secerium Anno M. D. XXXII. Mense Februario, am Ende des Ganzen aber die Schlussschrift: Haganoae apud Johannem Secerium excudebatur, Anno M. D. XXXII. Mense uero Februario trägt, so ist zu Beginn des Drucks der Meister noch am Leben gewesen, aber nicht mehr bei Vollendung desselben. Jedenfalls ist er eines plötzlichen, wie es scheint auch eines ungewöhnlichen Todes gestorben. Das erhellt aus einer Aeusserung Bullingers, der eben in dieser Todesart eine Strafe für den Druck von Servets Buch erblickt.[3])

Nach den klaren und unanfechtbaren Zeugnissen über das Todesjahr Setzers bedarf es weiterer Widerlegung der oben mitgetheilten

---

1) Das Widmungsschreiben selbst ist zwar undatirt, der Druck des Ganzen wurde aber nach der Schlussschrift schon im Februar 1533 abgeschlossen.

2) Vgl. Testamentum duodecim patriarcharum etc., Hag. Secer. 1532, Rückseite des Titels.

3) Vgl. Bullingers Praefatio in: Ministrorum Tigurinae ecclesiae ad Confutationem D. Jacobi Andreae apologia, 1575, Bl. c 4ᵃ, wo es heisst: ... non defuit honori suo Christus Dominus et impiae operae homini impio et blasphemo locatae mercedem typographo rependit, ut morte repentina horribiliter occumberet.

abweichenden Angaben nicht. Es sei nur gesagt, dass die Behauptung, Setzer habe bis 1535 gedruckt, darauf zurückzuführen ist, dass sein Name so lange (genauer freilich nur bis 1534) auf Drucken vorkommt. Doch heisst es dann meist: ex oder in officina Seceriana, und wenn in andern nach 1532 erschienenen Drucken angeblich steht: per J. Secerium oder Excudebat J. S., so dürfte es sich dabei vielleicht nur um ungenaue Wiedergabe der Schlussschrift handeln. Dass von einem Besuch Melanchthons bei dem Hagenauer Druckerherrn im Jahr 1540 auch aus andern Gründen nicht die Rede sein kann, ist oben schon gesagt worden; der Irrthum Jöchers aber hat bei der in bibliographischen Dingen üblichen Ungenauigkeit vollends nichts Auffallendes. Räthselhaft könnte nur die mitgetheilte Stelle in Luthers Brief an Wenc. Linck vom Jahre 1542 erscheinen. Denn die Vermuthung eines falschen Datums kann auch hier nicht zu Hilfe genommen werden. Dass die Beiden von Setzers Tod nichts gewusst hätten, ist — namentlich bei Luther — undenkbar. Aber genauer besehen ist ja in dem Zusammenhang, in welchem Setzer genannt wird, von einer vergangenen Zeit die Rede ist (Bene fecisses, si, ut scribis, Secerio tradidisses und dem steht gegenüber: si adhuc alicui tradere posses); was hindert, anzunehmen, dass diese schon weit zurücklag, dass also Linck schon zehn oder noch mehr Jahre früher an eine Veröffentlichung seiner Genesis und zwar eben durch Setzer dachte? —

Die Presse unseres Druckerherrn ging wirklich, wie Eobanus Hessus vermuthet hatte, in die Hände des Peter Brubach [1]) über. Derselbe verlegte sie wie angedeutet bald nachher nach Schw. Hall und weiterhin nach Frankfurt a. M. Ersteres geschah 1536, letzteres 1540. Dort hat sie noch Jahrzehnte lang, bis zum Tode Brubachs 1567, geblüht. [2]) In Hagenau aber konnte, wer an Setzers früherem Hause vorüberging, noch lange nach seinem Tod und dem Wegzug seiner Presse an den bedeutenden Druckerherrn erinnert werden. Da, wo dieses Haus stand, hat man neuerdings [3]) einen Stein mit einer Inschrift gefunden, die auf unsern Buchdrucker Bezug hat und von keinem Geringeren als von seinem berühmten Wittenberger Freund aus der Tübinger Zeit verfasst worden ist. Denn am Fuss derselben standen die Worte: Philippo Melanchthone authore. Die Inschrift selbst aber lautet nach Guerber: [4])

    Quamvis custodem foribus consistere primis
      Romani quondam me voluere Patres,

---

1) Er war wohl jener „Moderator Officinae Secerianae" und somit Setzers Schwiegersohn. Vgl. über ihn Pallmann, Sigmund Feyerabend im Archiv für Frankfurts Geschichte und Kunst, Neue Folge, Bd. 7, 1881 (s. Register).

2) Unter seinen Erben ist sie übrigens rasch ihrem Untergang entgegen gegangen, vgl. Pallmann a. a. O.

3) Den genaueren Zeitpunkt haben wir nicht zu erkunden vermocht.

4) A. a. O. S. 205, Anm. 2.

Nunc tamen has aedes mea tantum ostendit imago
Defendunt Christi numina magna Dei.
Notus ab arte sua est Dominus, mea signa libelli,
Quos studiosa legit turba, videnda gerunt.

Man sieht sofort, diese Inschrift gehörte ursprünglich mit einem Bild zusammen, aber natürlich nicht, wie Guerber unbegreiflicher Weise vermuthet,[1]) mit dem Bilde Setzers selbst, sondern ganz augenscheinlich mit demjenigen des Janus, dessen „signa" ja auch die von dem Hausherrn gedruckten „libelli" zeigten. Setzer muss demnach wie als Druckerwappen so als Hausmarke das Bild des Janus gehabt haben, wozu ihm dann Melanchthon die obige Inschrift verfasste. Und in der That, dies wird bestätigt von Schöpflin,[2]) der zwar von der Inschrift keine Kunde hatte, wohl aber von jener Hausmarke.

Bild und Inschrift sind längst von ihrer Stelle gerückt; das Bild ist verschwunden und wohin die wiedergefundene Inschrift gekommen ist, haben wir wenigstens nicht zu erfragen vermocht. Aber treuer als Stein bewahren bis heute und in ferne Zukunft die Schriften der Humanisten und Reformatoren, bewahren seine eigenen Drucke Setzers Namen und sie bewahren ihn als den eines Gelehrten, der nicht nur jenen Männern nahe befreundet, sondern selbst in seinem Theil ein eifriger Förderer von Humanismus und Reformation gewesen ist.

Stuttgart. Prof. Dr. K. Steiff.

Die Fassungskraft des Magazins der Greifswalder Universitätsbibliothek.

In dem im Ministerium der öffentlichen Arbeiten herausgegebenen Centralblatt der Bauverwaltung Bd. 12. 1892. S. 150 f. 158. f. hat der Oberbibliothekar der Königlichen und Universitätsbibliothek zu Breslau, Herr Professor Dr. Staender einen, hernach auch als Sonderdruck ausgegebenen Aufsatz über „das Einheitsmaass für die Raumberechnung von Büchermagazinen" erscheinen lassen. Da diese Abhandlung speciell von der Universitätsbibliothek zu Greifswald ausgeht und die von ihrem Verfasser gezogenen Folgerungen ausschliesslich den Verhältnissen der Greifswalder Bibliothek gelten, so halte ich es für geboten, auch meinerseits diejenigen Erfahrungen einem weiteren Kreise von Fachgelehrten mitzutheilen, die sich mir, gleichfalls auf Grund der Greifswalder Verhältnisse, bezüglich der Fassungskraft von Universitätsbibliotheken gebildet haben. Ich halte es namentlich aus

---

1) Er meint von der Inschrift: Elle n'est pas facile à comprendre et exerça à plusieurs reprises la sagacité des érudits.
2) Vindiciae typographicae, 1760, p. 116.

dem Grunde für angebracht, im Anschluss an die genannte Abhandlung die Frage auch meinerseits zu besprechen, da meine Erfahrungen und Ansichten in nicht unwesentlichen Punkten von den Ergebnissen der genannten Abhandlung abweichen; und da andererseits die Frage selbst angesichts der überall nothwendigen Ergänzungs- und Neubauten von Universitätsbibliotheken von actueller Wichtigkeit ist.

Der Verfasser, dessen genannte Abhandlung einer im Juni 1883 ausgearbeiteten und seiner Zeit dem preussischen Cultusministerium eingereichten Druckschrift entnommen ist, giebt den Bestand der Bücher, welche die hiesige Bibliothek zur Zeit ihrer Uebersiedelung in den Neubau im Sommer 1882 in seinen 6 Halbgeschossen barg, auf 104,181 Bände an, welche auf 4798 Bücherborden standen. Danach entfielen im Durchschnitt 21,7 Bände auf das einzelne Bord. Mit dieser Zählung der Bände und der besetzten Borde fand zugleich eine Messung der Lücken statt, „welche zwischendurch einmal für die zur Zeit ausgeglichenen 4839 Bände, sodann für die in nächster Zukunft zu erwartenden Fortsetzungen gelassen waren:" diese Lücken erreichten „nach sorgfältigen Messungen" eine Ausdehnung von 478,8 ganzen Bücherborden, mithin fast genau ein Zehntel der als vollbesetzt anzusehenden Bücherborde. Danach ergiebt sich der Schluss von selbst: „es können in die Lücken 10,000 Bände eingestellt werden, sodass die Gesammtfassungsfähigkeit der 5276 Bücherborde auf rund 115,000 Bände anzusetzen ist." Um nun festzustellen, wieviel bei einer solchen Fassungskraft der 5276 Borde auf den Quadratmeter Ansichtsfläche kommt, wird die Summe der überhaupt vorhandenen 1823,65 □M. Ansichtsfläche in die nach der Rechnung des Verf. überhaupt unterzubringende Summe der 115,000 Bände vertheilt, was auf den einzelnen Quadratmeter 63 Bände giebt; diese letztere Zahl ist also als diejenige Zahl von Bänden zu betrachten, welche der Quadratmeter zu fassen vermag. Eine andere Rechnung führt aber zu einem etwas anderen Resultat. Da nämlich die 115,000 Bände auf 5276 Borden stehen, so macht das für das Einzelbord (nicht ganz) 21,8 Bände. Da nun die Gestelle von durchschnittlich 2,34 m Höhe durchgehende 7 Borde aufzunehmen im Stande sind, sodass auf 1 Meter Höhe gerade 3 Borde fallen, welche demnach zusammen 65,4 Bände fassen: so ist der Verfasser geneigt, die letztere Summe (oder im Maximum rund 66 Bände) als das höchste Maass der Aufnahmefähigkeit anzusehen. Die Gesammtsumme der zu stellenden 115,000 Bände auf die vorhandenen Quadratmeter vertheilt giebt demnach nur 63 Bände auf 1 Quadratmeter; dieselbe Summe auf die vorhandenen Einzelborde vertheilt giebt 65,4 Bände auf 1 Quadratmeter: 66 Bände würden demnach das höchste Maass des auf 1 Quadratmeter Ansichtsfläche unterzubringenden sein.

Mit diesem Resultate der Messungen und Zählungen des Jahres 1882 bezw. 1883 stimmen nun die heutigen Messungen und Zählungen durchaus nicht überein. Die am 13. u. 14. März 1890 vorgenommene Bücherzählung ergab die Summe von 132,783 Bänden. Man darf annehmen, dass an diesen Tagen die Erwerbungen etwa der letzten 2 Monate des Etatsjahres, die auf 530 Bände zu berechnen sind, noch nicht aufgestellt waren. Dieselben kommen also zusammen mit den 2921 Bänden des J. 1890/91 und den 2395 Bänden des J. 1891/92 hinzu: man darf annehmen, dass die Erwerbungen des letztgenannten Jahres jetzt Anfang Mai durchgehend in die Fächer eingestellt sind. Sodann ist noch zu bemerken, dass bei der Zählung des J. 1890 21,05 laufende Meter ungebunden in die Repositorien vor alter Zeit eingereihter Bestände constatirt wurden, die wir demnach nach dem hernach zu ermittelnden Durchschnittssatze von rund 25 Bänden (um hier vorläufig eine mässige Summe zu nennen) auf 0,97 M. oder rund 1 M. umzurechnen haben: es würden also 525 Bände hinzuzuzählen sein. Danach würde die Bändezahl am Tage der Messung, Anfang Mai d. J., auf 139,154 anzunehmen sein.

Von dieser Summe sind aber folgende Posten in Abrechnung zu bringen: 391 in den Geschäftsräumen als bibliographische Hülfsmittel stehende; 1452 als Handbibliothek des Lesezimmers aufgestellte; 866 auf dem Boden befindliche Bände (gebundene Zeitungen); 179 Incunabelnbände (wegen ihrer handschriftlichen Bemerkungen im Archive aufgestellt); endlich 3521 am Tage der Zählungen ausgeliehene Bände. Es macht das zusammen 6409 Bände, die also wieder von der Summe von 139,154 abzuziehen sind. Das Ergebniss ist, dass an jenem Tage (Anfang Mai d. J.) 132,745 Bände im Magazinraume standen.

Nicht eingeschlossen in dieser Zählung — um das der Vollständigkeit halber zu bemerken — sind einmal die Zeitungen, soweit sie ungebunden in Mappen auf dem Boden lagern; sodann die Dissertationen, Schulprogramme und Universitätsschriften, die nach dem alten Verfahren der Greifswalder Bibliotheksverwaltung gleichfalls ungebunden in Kapseln und Mappen in besonderen Räumen aufbewahrt werden und demnach nicht für die Magazinräume in Betracht kommen. Denn da uns nur die Fassungskraft eben der Magazinräume beschäftigt, so kann auch nur das in Rechnung kommen, was eben in den letzteren aufgestellt ist.

Eine Bemerkung endlich muss ich noch bezüglich der Zeitungen machen. In den oben angeführten Summen der Jahreserwerbungen von 1890/91 und 1891/92 sind allerdings die Zeitungsbände mit enthalten, obgleich dieselben nicht in die Magazinräume gelangt sind, sondern, wie schon bemerkt, auf dem Boden aufbewahrt werden und demnach für die Zählung nicht in Rechnung kommen können. Da andererseits aber von den s. g. kleinen Schriften wieder eine nicht unbeträchtliche Zahl ausnahmsweise gebunden und ihrerseits in das Magazin aufgenommen sind, so habe ich — in Compensation dieser und jener — dennoch die Zahlen der Jahreserwerbungen beibehalten. Im Grossen und Ganzen wird die oben genannte Zahl den thatsächlich im Magazinraume befindlichen Bücherbeständen entsprechen.

Wenden wir uns nun zu den überhaupt vorhandenen Borden, so hat eine zu derselben Zeit vorgenommene Zählung das Vorhandensein von 5787 Borden festgestellt. Zur Erklärung dieser Zahl gegenüber den 5276,8 Borden des J. 1882 sei bemerkt, dass die Aufnahmefähigkeit der Magazinräume seitdem durch Aufstellung von Wand- und Seitenregalen, an manchen Stellen auch durch Einfügen von weiteren Brettern in die Büchergestelle nicht unerheblich gewachsen ist. Diese Seiten- und Wandregale haben fast durchgehend ein anderes Maass als die Mittelrepositorien. Die letzteren zerfallen durch senkrechte Scheidewände in 3—6 (der überwiegenden Zahl nach in 5) Abtheilungen oder Fächer, welche dann ihrerseits wieder meist 7 Bretter oder Borde enthalten. Diese Fächer bezw. Borde fassen fast 0,97 Meter lichte Weite: der Einfachheit wegen werden dieselben als Meterfächer oder Meterbretter gezählt. Da nun die genannten Wand- und Seitenregale ein sehr wechselndes Maass aufweisen, so sind der Uebersichtlichkeit wegen diese weit in der Minderzahl befindlichen Borde auf das Maass jener von 0,97 m. umgerechnet: die 5787 Borde sind also ebensoviele Meterborde, welche letztere aber genau genommen nur je 0,97 m lichte Weite fassen. Und zwar sind (von der untersten Halbetage an gerechnet) $850 + 882 + 714 + 710 + 973 + 997 = 5126$ ganze Meterborde vorhanden, während der übrige disponible Raum von Wand- und Seitenregalen $120,1 + 69,3 + 112,8 + 90 + 48,3 + 200,7 = 641,2$ volle Meter ergiebt, welche letztere (durch 0,97 getheilt) 661,0 Normalborden entsprechen. Es sind demnach $5126 + 661 = 5787$ Borde zu je 0,97 M. lichter Weite vorhanden.

Es hat sodann gleichfalls eine Messung des noch leeren Raumes stattgefunden. Betreffs dieser Messung halte ich die Bemerkung für angebracht, dass dieselbe als eine völlig sichere und genaue zu betrachten ist. Jedes Brett oder Bord ist — soweit es überhaupt eine in Betracht kommende Lücke aufwies — in dieser seiner Lücke mit dem Centimetermass gemessen: und diese Messung an sämmtlichen Borden der ganzen Bibliothek der Reihe nach vorgenommen. Die Messungen haben sämmtlich unter meinen Augen und unter meiner speciellen Aufsicht stattgefunden: ich selbst habe jede Messung jedes Bordes sofort gebucht, habe dann die Einzelresultate nach Fächern und Regalen addirt und schliesslich für jede der 6 Halbetagen das Facit gezogen. Ich kann also für die Zuverlässigkeit dieser Messungen einstehen. Dazu bemerke ich aber ferner noch Folgendes. Es hat keineswegs eine absolute Auspressung des Raumes stattgefunden: die vorhandenen Bände sind in den einzelnen Borden lose aneinander geschoben; alle Lücken unter 5 cm sind unberücksichtigt geblieben; sämmtliche Einzelmaasse sind ferner auf die nächst niedrigen Fünfer oder Zehner abgerundet: es ist also auch mit den gewonnenen Resultaten keineswegs schon das äusserste Maass des noch disponiblen Raumes erzielt. Auf diese Weise ist festgestellt, dass die Bibliothek noch 1011 leere Borde enthält. Die Summe setzt sich in der Weise zusammen, dass die unterste Halbetage noch 44, die zweite 67, die dritte 3, die vierte 22, die fünfte 25, die sechste 60, in Summe 221 Borde enthält, welche noch ganz unbesetzt sind. Der übrige mit dem Centimetermass festgestellte leere

Raum beläuft sich (in derselben Reihenfolge der Halbetagen) auf 111,55 + 170,85 + 164,45 + 124,35 + 127,65 + 67,95 in Summa also auf 766,80 Meter, welche durch 0,97 getheilt, die Summe von 790,5 Normalborden von 0,97 M. lichter Weite geben. Es sind demnach noch 221 + 790,5 = 1011,5 leere Reihen vorhanden, welche heute noch der Bibliotheksverwaltung zur Verfügung stehen.

Eine weitere Zählung hat sodann das Vorhandensein von 204,5 Doppelreihen festgestellt. Ueber diese sei hier noch Folgendes bemerkt. Als der s. g. Westsaal, der vor kurzem in den Complex der Geschäftsräume mit hereingezogen ist, geräumt werden musste, sind die in demselben bis dahin befindlichen Büchermassen in die Magazinräume zurückversetzt und hier — da sie im systematischen Kataloge R, S und T umfassten — an die ihnen zukommende Stelle zwischen P und U auf die oberste Halbetage gerückt. Um grössere Rückungen zu vermeiden, sind hier — da die Aufstellung nur für eine kurze Uebergangszeit bis zur Vollendung des Neubaues in dieser Weise bleiben wird — die Fächer U und V eng zusammengerückt und auch Doppelreihen nicht vermieden. Ebenso sind, da sich die Nothwendigkeit der Vergrösserung der Dienerwohnung herausstellte und zu dem Zwecke die Westseite einer Axe des Parterregeschosses geräumt werden musste, gleichfalls um grössere Rückungen zu vermeiden, die Büchermassen dieses Raumes in die angrenzenden Theile vorgeschoben und auch hier Doppelreihen nicht vermieden. Die Gesammtzahl dieser Doppelreihen — oder richtiger gesagt dieser einfachen Reihen, welche wegen mangelnden Platzes hinter schon vorhandenen Reihen aufgestellt wurden — beträgt wie bemerkt 204,5 Borde. Hätte man sich dazu entschlossen, nur einen kleinen Theil der jetzt noch leeren Reihen zu besetzen, so hätte sich natürlich die Doppelstellung dieser 204 Reihen vermeiden lassen: jedenfalls sind sie nicht annähernd dem thatsächlichen leeren Raume gleichkommend. Nach Abzug dieser 204,5 Doppelreihen von den 1011,5 leeren Reihen bleibt immer noch die Summe von 807 leeren Borden übrig, welche augenblicklich noch der Verwaltung zur Disposition stehen.

Wollen wir nun, um einen Vergleich mit den Rechnungen des Verfassers zu ermöglichen, wissen, wieviel Bände auf Grund der heutigen Messungen auf 1 Quadratmeter Ansichtsfläche einerseits, auf das Bord andererseits gehen, so stellt sich die Rechnung folgendermassen. Sind 5787 Borde überhaupt vorhanden, 807 derselben aber leer, so folgt, dass die oben ermittelten 132,745 Bände auf 4980 Borden stehen. Das macht auf das Bord 26,65 d. h. rund $26^2/_3$ Bände. Auf den leeren 807 Borden würden also heute noch 21506,6 Bände Platz haben, während die Gesammtheit aller vorhandenen 5787 Borde die Summe von 154223,6 Bänden zu fassen im Stande ist.

Da es sich hier nun speciell um die Aufnahmefähigkeit des Quadratmeters Ansichtsfläche handelt, so müssen wir unsere Rechnung noch fortsetzen. Eine am 27. Nov. 1882 bauamtlich vorgenommene Messung ergab 1823,65 □M. Ansichtsfläche. Nach der im Juli 1883 erfolgten

Aufstellung von Wand- und Seitenregalen in den Magazinräumen selbst; nach Besetzung sodann des s. g. Ostsaals und des s. g. Westsaals wie der s. g. Parterrenische mit Regalen fand eine gleichfalls bauamtlich vorgenommene Berechnung des Flächeninhalts dieser neu beschafften Regale statt, welche die Summe von 368,24 ☐M. ergab. Nach Abzug der Regale des Ostsaals, welcher für unsere Rechnung überhaupt nicht in Betracht kommt, da er die Schul- und Universitätsschriften enthält, welche weder jetzt in den Magazinräumen stehen, noch in der Zukunft stehen werden; ferner des Westsaals, dessen Bücherbestände jetzt, wie schon bemerkt, in das Magazin zurückversetzt sind, während er selbst in die Geschäftsräume hereingezogen ist; endlich der Parterrenische, auf welche die Bibliotheksverwaltung überhaupt verzichtet hat, da dieselbe wegen der Dunkelheit ihrer Lage nicht zu benutzen ist, bleibt die Summe von 191,65 ☐M. Ansichtsfläche. Kommt also einerseits die Summe von 191,65 ☐M. Ansichtsfläche zu jener Summe von 1823,65 ☐M. hinzu, so geht andererseits wieder der Raum der Halbaxe ab, welche durch Hereinziehung in die Dienerwohnung dem Magazin verloren gegangen ist, in Summa 72,12 ☐M. Ansichtsfläche von Regalen, welche hier standen. Danach sind zu den 1823,65 ☐M. Ansichtsfläche noch (191,65 — 72,12 =) 119,47 zu addiren, wodurch wir auf die Summe von 1943,18 ☐M. gelangen. Diese 1943 ☐M. verhalten sich zu den vorhandenen bezw. zu stellenden 154,223 Bänden wie 1 : 79,3, d. h. auf den Quadratmeter Ansichtsfläche entfallen nach unserer Berechnung 79,3 Bände. Es stellt sich also den Resultaten des Verfassers gegenüber ein bedeutender Fortschritt unserer Berechnung fest: statt 21,8 Bände, welche die Messung des Jahres 1882 dem Borde zuerkannte, haben wir 26,65 als jetzt stellbar constatirt; statt 63 oder höchstens 66 Bände, welche die frühere Messung auf den Quadratmeter rechnete, haben wir 79,3 als Resultat erhalten.

Das letztgenannte Resultat, wonach 79,3 Bände auf 1 Quadratmeter zu stellen sind, haben wir noch etwas näher zu betrachten. Wir können nämlich auch diese Summe keineswegs für das Maximalmaass dessen ansehen, was auf 1 Quadratmeter Frontalfläche Platz hat. Eine Vergleichung der Zahlen von $26^2/_3$ Bänden à Bord und 79,3 Bänden à Quadratmeter zeigt, dass hier noch durchgehend der Quadratmeter nur zu 3 Reihen oder Borden gerechnet ist. Denn 3. $26^2/_3$ ergiebt 80 Bände, was fast genau den 79,3 Bänden der zweiten Rechnung entspricht. Die kleine Differenz ist daher zu erklären, dass die Durchschnittszahl von 7 in die einzelnen Fächer oder Gestelle eingelegten Brettern oder Borden um etwas überschritten ist, da die Gestelle thatsächlich an manchen Stellen mit 8 Brettern belegt sind. Es fragt sich nun aber, was wir denn als die Durchschnittszahl der in die Gestelle einzulegenden Bretter oder Borde in Wirklichkeit anzusehen haben. Der Verfasser setzt den Durchschnitt dieser eingelegten bezw. einzulegenden Borde auf 6,8 an. Ich gestehe nicht zu wissen, woher er diese Zahl hat, da er selbst bemerkt, dass durchgehends 7 Borde in die Gestelle eingesetzt werden konnten. Wir haben wohl anzunehmen, dass in einer geringen Zahl von Gestellen aus besonderen Gründen nur 6 Borde eingesetzt waren: der Durchschnitt der ihrer grossen Mehrzahl nach zu 7, einer kleinen Minderzahl nach zu 6 Borden besetzten Gestelle ergab dann die Durchschnittszahl 6,8. Wenn dem so ist, so drängt sich doch die Frage unwillkürlich auf: hat der Verfasser gar nicht in Erwägung gezogen, den Raum, d. i. die Höhe der Gestelle durch Einsetzen von 8 Borden energischer auszunutzen? Es muss befremden, dass der Verf., während er die Lage der Stellstifte, die Bretterdicke etc. bis auf Millimeter genau anführt, die doch unendlich viel wichtigeren Höhen der einzelnen Geschosse nur sehr im Allgemeinen als 2,2; 2,3; 2,4; 2,4 bestimmt und nur für das dritte bezw. sechste Halbgeschoss (ich ziehe diese Zählung derjenigen des Verfassers, welcher Parterregeschoss und Geschoss 1—5 scheidet vor) genauer die Höhen von 2,38 bezw. 2,44 angiebt, wozu freilich zu bemerken ist, dass diese Angaben thatsächlich nicht richtig sind. Denn seine Messungen bezw. Angaben der Höhen der einzelnen Halbgeschosse sind überhaupt ungenau. Während nämlich in Wirklichkeit die Halbgeschosse 1, 2, 6 die Höhe von 2,27 m haben, beträgt dieselbe im Halbgeschoss 3, 4, 5 2,45 m: die Halbetagen 1, 2, 6 bilden danach die eine, die Halbetagen 3, 4, 5 die andere Klasse, deren Gestellhöhe also eine Differenz von 18 cm aufweisen. Wie wir dabei messen, ist ja, das hebt der Verf. richtig hervor, gleichgültig, sofern nur überall der Maassstab gleichmässig angelegt wird. Jene von mir näher bestimmte Höhe der Geschosse ist — und das scheint mir die einzig richtige Methode der Messung — die für die Bücheraufstellung selbst zu verwendende Höhe, die demnach vom untersten Borde bis zu der äussersten ausnutzbaren Höhe des Gestells selbst geht. Zweifeln kann man hierbei nur, ob man das unterste Brett in die Messung einschliessen oder von ihr ausschliessen soll: das letztere geschieht von Steffenhagen in seiner Schrift über Normalhöhen für Büchergeschosse. Kiel 1885 S. 6, der hierüber sagt: „ich ziehe vor, nur die verfügbare Höhe in Ansatz zu bringen und zwar in jeder Etage von der Oberkante des untersten Buchbretts an gerechnet, bei tiefster Lage desselben." Da das unterste Brett aber doch in nichts sich von den übrigen Brettern unterscheidet, dasselbe im Gegentheil genau für die Bücheraufstellung selbst einen so nothwendigen Bestandtheil bildet, wie alle übrigen Bretter des Gestells, so scheint es mir consequenter zu sein, alle Bretter gleichmässig in die verfügbare Höhe einzuschliessen und demnach die letztere von der Unterkante des untersten Bordes an zu rechnen. Danach zerfallen, wie schon bemerkt, die Gestelle der hiesigen Bibliothek in zwei Klassen, indem diejenigen der Geschosse 3, 4, 5 um 18 cm höher sind als die der Geschosse 1, 2, 6. Ein Versuch, diese bedeutend höheren Geschosse räumlich besser auszunutzen, ist früher nicht gemacht worden: und doch leuchtet es ohne weiteres sofort ein, dass Höhen von 2,45 m im vollsten Maasse wenigstens in der bei weitem überwiegenden Zahl von Fällen das Einsetzen von 8 Brettern oder Borden gestatten.

Ich bedauere es, dass der Verfasser, bevor er seine Denkschrift vom J. 1883, wenigstens zum Theil, veröffentlichte, es nicht für nöthig gehalten hat, die vortreffliche Schrift Steffenhagens, deren Titel ich vorhin angeführt habe, zu berücksichtigen und ihre Resultate für sich zu verwerthen. Ich muss fast annehmen, dass dem Verf. die genannte Schrift Steffenhagens nicht zugänglich ist, und ich gestatte mir deshalb hier die Worte des letzteren zu citiren: „Je mehr, heisst es S. 31, unsere grossen öffentlichen Bibliotheken ins Ungemessene anwachsen, um so mehr werden wir dazu gedrängt, den Gesichtspunkt der Raumausnutzung in den Vordergrund zu rücken." Dem entsprechend stellt es Steffenhagen als Pflicht jeder sorgsamen Bibliotheksverwaltung auf, „dass jeder Raumverlust in der Höhe thunlichst vermieden werde." Und dieses ist der Gesichtspunkt, von dem aus die ganze Schrift Steffenhagens beherrscht wird.

Es kann unmöglich als die Aufgabe unserer Staatsbibliotheken betrachtet werden, dass sie möglichst bequem und vornehm ihre Bücherreihen paradiren lassen; es scheint mir im Gegentheil die Pflicht jeder Verwaltung zu sein, dass sie den vorhandenen Raum im vollsten Maasse ausnutze, da jeder nach oben hin verlorene Raum, auf alle Gestelle eines oder mehrerer Geschosse berechnet, zu ausserordentlich hohen Raumsummen anschwillt (Steffenhagen giebt S. 1 dafür das Beispiel einer Berechnung), der demnach als eine nutzlos vergeudete Summe von Raum und zugleich von Staatsgut betrachtet werden muss.

Fragen wir nun, welchen Raumgewinn wir im einzelnen auf diese Weise zu erzielen vermögen, so ist klar, dass wenigstens die 2,45 m Höhe haltenden Gestelle die, wenn auch nicht durchgehende, so doch in der Mehrzahl der Anwendungsfälle mögliche Einsetzung von 8 Borden zulassen; zum Theil ist dieses aber auch schon für die niedrigeren Geschosse möglich, wie wir sehen werden. Das ist um so eher statthaft, als die Greifswalder Bibliothek in bautechnischer Hinsicht den Vorzug besitzt, dass ihre Mittelrepositorien nicht durchgehende Bretter haben, sondern dass die letzteren auf jeder Seite des Doppelrepositors für sich und unabhängig von der anderen Seite verstellbar sind. Die hiesige Bibliothek stimmt also darin mit der Kieler überein, während die Universitätsbibliotheken in Halle und Bonn diesen Vorzug nicht besitzen. Es können demnach in jedem Falle entsprechend den gegebenen Verhältnissen eben des einzelnen Gestells die Bretter nach Belieben — die Stellstifte gestatten Verstellungen von fast jeder Höhe — gelegt werden. Es ist klar, dass damit die Möglichkeit gegeben ist, jedes Gestell, natürlich unter thunlichster Anpassung an die Verhältnisse der auf demselben zu stellenden Bücher, seiner Höhe nach möglichst auszunutzen.

Mir scheint nun, dass wir für die Art einer solchen Ausnutzung des Raumes in der vor kurzem ausgegebenen offiziellen „Instruction für die Herstellung der Zettel" eine vorzügliche Anweisung erhalten haben. Wenn dieselbe definitiv mit der herkömmlichen Formatbezeichnung gebrochen hat, um fortan die Formate nur nach der Höhe des

Einbanddeckels zu bestimmen, so dürfen wir, denke ich, nun auch für die Aufstellung der Bücher selbst die praktischen Folgerungen ziehen, um fortan die Bände bis zu 25 cm unter die Octav-, bis zu 35 cm unter die Quart-, bis zu 45 cm unter die Folioreihen einzuordnen, während die grösseren Formate auf besonderen Gestellen unterzubringen sind. Und ging meine Absicht schon vor der Ausgabe jener offiziellen Instruction dahin, auf Grundlage genau derselben Höhen, wie sie die letztere später normirt hat, die Neuaufstellung der hiesigen Bibliothek — welche durch den Neubau nöthig wird — vorzunehmen, so ist diese Absicht durch jenes Vorgehen der Instruction nur bestärkt, und die Neuaufstellung wird thatsächlich fortan alle aufzustellenden Bände nach jenen 3 Klassen von 25, 35, 45 cm Höhen scheiden.

Es ist klar, dass damit für die erfolgreichere Raumausnutzung eine Grundlage gewonnen ist, deren Werth nicht zu unterschätzen ist. Wir können jetzt von vornherein genau über die Einstellung der Bretter oder Borde disponiren, sind nicht genöthigt, etwa zu Liebe eines besonders widerspenstigen Bandes den Reihen bedeutend höhere Maasse zu geben; die ganze Aufstellung wird überhaupt dadurch einheitlicher und methodischer. Soweit ich sehe, wird auf diese Weise namentlich die Zahl der Octavreihen bedeutend wachsen, da die älteren Quartformate zu einem sehr grossen Theile noch nicht die Höhe von 25 cm erreichen und demnach fortan unter das Octav einzureihen sind.

Es mag nicht ohne Interesse sein, über die Art der Neuaufstellung noch das Nähere zu bemerken. Bei den verschiedenen Höhen der einzelnen Etagen war es nothwendig, das Ziel möglichster Raumausnutzung auf gesonderten Wegen zu verfolgen. Bilden die Geschosse 1, 2, 6, wie früher bemerkt, mit ihren 2,27 m Höhe die eine Klasse, die Geschosse 3, 4, 5 mit einer Höhe von 2,45 m die andere Klasse, so sind hier auch andere Aufstellungsmodi indicirt wie dort. Für die erstere Klasse der niedrigeren Geschosse kommen, soweit ich sehe, hauptsächlich folgende Modi in Betracht. Da die Dicke eines Bretts 0,025 — wenn auch gut — beträgt, so hat zunächst die Aufstellung von 8 Octavreihen $(8.0,25 = 2,00 + 0,20\,\text{m})$ keine Schwierigkeit. In gleicher Weise lassen sich 1 Reihe Folio, 1 Reihe Quart, 5 Reihen Octav $(0,45 + 0,35 + 1,25 + 0,175 = 2,225\,\text{m})$; sowie 3 Reihen Quart, 4 Reihen Octav $(1,05 + 1,00 + 0,175 = 2,225\,\text{m})$ durchaus bequem aufstellen, um zugleich — da etwas Spielraum über den einzelnen Reihen erwünscht ist —, den Raum in befriedigender Weise auszunutzen. Andere Aufstellungsarten würden, da sie sich nicht so raumausnutzend erweisen, erst in zweiter Linie in Erwägung zu ziehen sein.

Für die 2,45 m hohen Geschosse werden hauptsächlich folgende Aufstellungsarten in Betracht kommen. 8 Reihen Octav würden sich natürlich mehr als bequem unterbringen lassen, sie würden aber, da sie den Raum keineswegs ausnutzen, Bedenken haben. Leider aber würde der Raum für 9 Octavreihen nicht reichen. Dagegen sind 1 Reihe Folio und 7 Reihen Octav $(0,45 + 1,75 + 0,20 = 2,40\,\text{m})$; 2 Reihen Quart und 6 Reihen Octav $(0,70 + 1,50 + 0,20 = 2,40\,\text{m})$ die in erster

Linie in Betracht kommenden Modi. 1 Reihe Quart und 7 Reihen Octav (0,35 + 1,75 + 0,20 = 2,30 m) würde den Raum nicht völlig verwerthen; 2 Reihen Folio, 3 Reihen Quart, 1 Reihe Octav (0,90 + 1,05 + 0,25 + 0,15 = 2,35 m) würde dagegen gleichfalls sich da, wo besonders zahlreiche Bestände von Folio- und Quartformaten vorhanden sind, empfehlen.

Praktische Versuche haben ergeben, dass alle diese Modi sich ohne Bedenken ausführen lassen. Da die Bretter durchschnittlich (gut) $2^{1}/_{2}$ cm dick sind; die Löcher für die Stellstifte (ebenso wie in Halle, während diejenigen Kiels in Abständen von 4 cm gebohrt sind), je 3 cm von einander entfernt sind; durch Drehen des Stellstifts die Bretter um gut $1^{1}/_{2}$ cm erhöht werden können: so sind hier sehr verschiedene Möglichkeiten gegeben, die Bretter nach Bedürfniss zu legen. Nothwendig ist in der Messung der Bände vorsichtig zu sein und bei jedem auch dem leisesten Ueberschreiten des Normalmaasses von 25, 35, 45 cm, den betr. Band der höheren Klasse zuzuweisen. Als Grundsatz muss gelten, dass für die thatsächlich vorhandenen bezw. mit Wahrscheinlichkeit zu erwartenden Bestände jedes einzelnen in sich selbständigen Wissenschaftszweiges das Verhältniss von Folio, Quart, Octav genau vor der Aufstellung selbst festgestellt und berechnet und danach der Modus der Aufstellung selbst normirt wird. Es ist also für jeden Theil des systematischen Katalogs bezw. der demselben entsprechenden Bücherbestände ein Sonderplan auszuarbeiten, der den thatsächlichen Verhältnissen eben gerade dieses einzelnen Wissenschaftszweiges Rechnung trägt, immer aber zugleich von dem Gesichtspunkte möglichster Raumersparung beherrscht wird.

Ich bemerke noch, dass ich in diesem Punkte mich in völligem Einverständniss mit Steffenhagen (in der angeführten Schrift) befinde, auf dessen Ausführungen ich daher verweise. Auch betreffs Einzelheiten habe ich auf die sachverständigen und eingehenden Bemerkungen Steffenhagens a. O. hinzuweisen. Für die Höhen der hiesigen Büchergeschosse schliesst sich freilich eine unmittelbare Vergleichung mit den Kielern aus, da die Höhen der dortigen Bibliothek von 2,50 (Steffenhagen rechnet freilich 2,47 m., aber excl. unterstes Brett), 2,37 (rect. 2,40), 2,27 (rect. 2,30) und 2,25 (rect. 2,28) m mit keiner der unsern Höhen sich genau decken. Am nächsten kommt ja die letztgenannte Höhe von 2,25 rect. 2,28 m der Greifswalder von 2,27 m. Einen Unterschied macht es nur, dass in Kiel die Bretter 3, in Greifswald nur (gut) $2^{1}/_{2}$ cm dick sind. Wenn hier aber von Steffenhagen (a. O. S. 26) 8 Reihen Octav à 25 cm, 7 Bretter à 3 cm mit vollster Bequemlichkeit auf die Gestelle von 2,25 oder nach unserer Rechnung von 2,28 m gerechnet werden, um noch einen nicht zu verwerthenden Ueberschuss von 4 cm zu behalten, so erkennt man, wie bequem auch die niedrigeren Greifswalder Geschosse von 2,27 m Höhe die Aufnahme von 8 Octavreihen gestatten.

Durch eine solche Raumverwerthung wird es möglich sein, die Aufnahmefähigkeit der hiesigen Bibliothek nicht unbeträchtlich zu erhöhen. Uebrigens habe ich — um das noch zu bemerken — unter Umständen auch nicht gezögert, einmal von der Schablone der 0,25 bezw. 0,35 m für Octav- bezw. Quartformate abzuweichen und, wenn es sich um längere und abgeschlossene Serien von Bänden handelte, die Höhe den thatsächlichen Verhältnissen entsprechend niedriger zu normiren. So wird die bedeutende Sammlung juristischer Dissertationen — deren Bände die Durchschnittshöhe von 24 cm nicht übersteigen — eine Aufstellung in 9 Reihen in den höheren Geschossen ermöglichen. Rechnet man, dass der Ausfall an Reihen, der durch die wenigen nur in 6 Borden zu stellenden Fächer nicht zu vermeiden sein wird, durch diejenigen Reihen ausgeglichen wird, die eine Aufstellung in 9 Borden zulassen, so wird sich das Verhältniss der zu 7 und der zu 8 Borden zu besetzenden Fächer voraussichtlich etwa wie 7 : 6 gestalten. Da der Verfasser des oben citirten Aufsatzes durchgehend nur 7 Reihen rechnet, so ist klar, dass alle achten Reihen als Gewinn zu betrachten sind, welche der Fassungskraft der Bibliothek zuzuzählen sind. Rechnet man nun, in Erwägung des Umstandes, dass eine geringere Zahl von Fächern schon jetzt mit 8 Brettern besetzt ist, 300 Fächer oder Gestelle des Althaues, die auf diese Weise aus 7 reihigen in 8 reihige umgeschaffen werden können, so würde das 300 Reihen, d. h. $300.26^{2}/_{3}$ Bände = 8000 Bände ausmachen, die mehr zu stellen sein werden. Das ist der Gewinn, den wir durch intensivere Raumausnutzung erzielen werden. Wir dürfen demnach der Fassungskraft der Bibliothek, die wir oben auf 154,223 Bände festgestellt haben, noch weitere 8000 Bände zuzählen, wodurch wir die Gesammtzahl von 162,223 Bänden erhalten. Damit wächst aber die Fassungskraft des Quadratmeters Ansichtsfläche zugleich auf 83,4 Bände. Statt der 63 oder höchstens 66 Bände sind wir somit auf eine um etwa 20 Bände höhere Durchschnittszahl gelangt.

Aber selbst diese Durchschnittszahl von 83 Bänden auf 1 Quadratmeter wird meiner Ansicht nach wenigstens in der Zukunft noch übertroffen werden. Denn ich kann die Ueberzeugung nicht abweisen, dass die Fassungskraft unserer Bibliotheken, wenn wir blos auf die Zahl der Bände sehen, sich im Laufe der Zeit verschieben muss. Denn je mehr sich dieselben mit den neueren Erzeugnissen der Buchdruckerkunst füllen; und je geringer dem entsprechend die Quoten der mächtigen Formate von Folianten und Quartanten des 15., 16., 17. Jahrh. in der Gesammtzahl der Bände werden: desto grösser wird sich auch die Zahl der Bände stellen, die fortan auf 1 Quadratmeter kommen werden. So hat z. B. eine vor etwa Jahresfrist gelegentlich vorgenommene Zählung das Vorhandensein von 1814 Reihen Folianten und Quartanten gegenüber 3714 Reihen Octavbänden festgestellt — wozu übrigens zu bemerken ist, dass hierbei nur ganz allgemein alle ganz oder zum Theil besetzten Reihen gleichmässig gezählt worden sind, weshalb das so constatirte Verhältniss von Folio und Quart einer-, von Octav andererseits keinen Anspruch auf absolute Genauigkeit machen kann —: das Verhältniss ist hier also etwa wie 1 : 2, indem auf einen Band Folio oder Quart 2 Bände Octav kommen. Dagegen weisen die Jahreserwerbungen der letzten 3 Jahre — allerdings unter Weglassung der Zeitungen, eben weil diese letzteren nicht zur Aufnahme in die Magazinräume bestimmt sind — ein Verhältniss der Folianten und Quartanten einerseits, der Octavbände andererseits wie etwa 1 : 6 auf. Das Verhältniss hat sich also offenbar bedeutend zu Gunsten der Octavbände verschoben, welche letzteren eben immer zahlreicher werden. Und wenn wir erst nach den Maassen von 25, 35, 45 cm. die Bände scheiden, wird sich dies Verhältniss, wie schon bemerkt, noch günstiger gestalten, indem eine bedeutende Masse der alten Quartbände den Octavreihen zufallen wird, wenn auch umgekehrt eine Zahl der neueren Octavbände ihrerseits fortan dem Quart zuzuzählen sein wird.

Ohne Zweifel hat dieses letztgenannte Moment auf die Hervorbringung der Differenz in der Messung des J. 1882 gegenüber der des J. 1892 mit eingewirkt. Es genügt aber keineswegs zu ihrer vollen Erklärung. Und ich bin gezwungen, meine Ueberzeugung dahin auszusprechen, dass die Messungen des J. 1882 nicht genau genug gewesen sein können, um die thatsächlichen Verhältnisse der hiesigen Bibliothek wirklich voll und ganz zum Ausdruck zu bringen. Stimmten die Angaben und Vorausberechnungen des Verfassers, so müsste heute schon die Bibliothek ganz überfüllt sein: jeder, auch der flüchtigste Blick zeigt, dass das nicht der Fall ist. Die Sache liegt so. Im Frühling 1883 berechnete der Verfasser die Summe der noch einzustellenden Bände auf 10,000. Gewachsen ist die Bibliothek seitdem um 119,46 ☐M. Ansichtsfläche, die demnach, zu rund 120 ☐M. gerechnet, der Summe von 120.66 = 7920 oder rund 8000 zu stellenden Bänden entspricht. Die Zahl der Anfangs 1883 also noch unterzubringenden 18,000 Bände ist aber schon lange erreicht. In den Jahren 1882/88 ist eine Gesammtzahl von 17,613 Bänden erworben, während das Jahr 1888/89 die höchst erreichte Jahreszahl von 4894 Bänden aufweist. In dem letztgenannten Jahre wäre also jedenfalls der Höhepunkt der Fassungskraft erreicht gewesen. Und wäre das damals auch noch nicht sichtbar hervorgetreten, weil zu jener Zeit der interimistisch hereingezogene Westsaal noch um eine bedeutende Summe das Magazin entlastete, auch die hernach zur Dienerwohnung herangezogene Halbaxe damals noch in Benutzung war, so müsste das jetzt um so erdrückender empfunden werden, da der Westsaal geräumt, die Halbaxe gleichfalls geleert worden ist, und seitdem die Erwerbungen der Jahre 1889/92 mit 3200 + 2921 + 2395 = 8516 Bände weiterhin in den Magazinräumen Aufnahme gefunden haben. Eine Ueberfüllung der Fächer ist aber thatsächlich so wenig der Fall, dass selbst heute noch rund 800 leere Reihen zur Verfügung stehen und dass die Bibliotheksverwaltung voraussichtlich noch etwa 10 Jahre im Stande sein würde — natürlich unter allmälig wachsenden Schwierigkeiten — ihre Erwerbungen unterzubringen, ohne etwa zu Doppelreihen oder sonstigen ausserordentlichen Maassregeln ihre Zuflucht nehmen zu müssen.

Waren im J. 1882 noch (478,8=)479 Borde oder Reihen leer und sind seitdem 510 Reihen überhaupt noch hinzugekommen, so hat die Bibliothek seitdem eben diese 479 + 510 = 989 leeren Borde zur Verfügung gehabt, wenn wir eben von dem nur zeitweilig benutzten, seitdem dem Gebrauch entzogenen Westsaal und der Halbaxe der Dienerwohnung absehen. Da sie aber heute noch 807 leere Borde aufzuweisen hat, so folgt, dass sie in den 10 Jahren überhaupt nur 182 weitere Reihen in Gebrauch genommen haben würde. Da sie inzwischen aber 28,564 Bände mehr in ihre Magazinräume gestellt hat, so würden diese letzteren eben auf jene 182 Reihen oder Borde zu rechnen sein, was fast 157 Bände auf das Bord ausmachen würde. Man sieht, die Messungen und Zählungen des J. 1882 können nicht so genau gewesen sein, dass wir in ihnen den vollen Ausdruck der thatsächlichen Verhältnisse zu erblicken haben. Es müssen Reihen mit mehr oder weniger grossen Lücken als vollbesetzte aufgefasst und gezählt sein: sonst würde das Hinzukommen von nur 182 Reihen in 10 Jahren eine ganz unerklärliche Thatsache sein. Wenn der Verfasser bemerkt, die für die damals ausgeliehenen 4893 Bände sowie für die in nächster Zukunft zu erwartenden Fortsetzungen gelassenen Lücken seien überall knapp bemessen gewesen, so ist zu bemerken, dass 4893 Bände durchschnittlich kaum 1 Band à Bord ausmachen und dass die Jahreserwerbungen gleichfalls im Durchschnitt etwa auf 2 Borde je 1 Band betragen: eine Ueberschätzung des für mehrere Tausende von Bänden nothwendigen Raumes liegt ausserordentlich nahe. Wie leicht man sich bei Schätzung des leeren Raumes zu täuschen vermag, habe ich selbst erfahren. Als ich zuerst — allerdings unter dem Gesichtspunkte keinenfalls die Summe des wirklich noch disponiblen Raumes zu überschreiten und demnach lieber unter ihrem Maximum zu bleiben — eine Schätzung des leeren Raumes vornahm, kam ich auf 518 Borde. Als ich mich dann durch einige Stichproben davon überzeugte, dass diese Schätzung jedenfalls zu gering sei und deshalb eine neue Schätzung vornahm, gelangte die letztere auf die Summe von 648 Borden. Erst, als ich mich entschloss, eine wirkliche Messung mit dem Centimetermaass vorzunehmen, erhielt ich die Summe von 807 Borden — und auch diese Summe bleibt, wie schon bemerkt, noch hinter dem thatsächlich vorhandenen leeren Raume zurück.

Damit glaube ich im Allgemeinen meine Auffassung von der Aufnahmefähigkeit der Magazinräume der hiesigen Universitätsbibliothek, die ich auf alle Fälle bedeutend höher veranschlagen muss, als sie der Verfasser der Anfangs genannten Abhandlung glaubt schätzen zu dürfen, dargelegt zu haben. Es mag mir schliesslich noch gestattet sein, auch auf einige Einzelheiten der genannten Abhandlung etwas näher einzugehen.

Dass für den zur ordnungsmässigen Aufstellung eines Bandes nöthigen Platz einzig und allein die Rückenfläche eines Buchs maass-

gebend sei, und dass demnach bei Berechnung der Fassungskraft einer
Bibliothek im Allgemeinen die Ansichtsfläche der letzteren das bestimmende sei, hebt der Verf. im Ganzen richtig hervor. Einem Widerspruche möchte das heut zu Tage unter Fachgenossen nicht mehr begegnen. Doch hat diese Art der Berechnung immerhin auch ihre sehr
bedenkliche Seite. Denn unabhängig von dem Quadratinhalt der Rückenflächen bildet auch die Höhe der Bände selbst an und für sich ein
Moment, welches ein entscheidendes Wort mitredet. Wenn wir z. B.
4 Reihen Quart (nach der bisherigen Auffassung der Formate) von je
1 Meter Weite und 22 cm Höhe haben (bekanntlich sind die alten
Quartformate sehr häufig von so niedriger Höhe), so würden dieselben
— die 4 Bretter zu 10 cm Dicke gerechnet — sich bequem auf einem
Gestell von 1 ☐M. Ansichtsfläche unterbringen lassen. Nehmen wir
aber an, dass in jeder dieser 4 Reihen sich ein Band von je 31 cm
Höhe fände, so würde der ☐M. fortan kaum 3 dieser Reihen aufzunehmen vermögen. Obgleich also der eine Band vielleicht nur einen
Rauminhalt von $0{,}01 \cdot 0{,}31 = 0{,}0031$ ☐M., die 3 Bände zusammen also
einen solchen von 0,0093 ☐M. hätten, würden sie thatsächlich einen
solchen von $3 \cdot (1{,}00 \cdot 0{,}09) = 0{,}27$ ☐M. beanspruchen. Daraus folgt,
dass die Höhe der Bände ein Factor ist, der eine sehr besondere Rolle
bei der Berechnung des Rauminhalts der Bände bezw. der Fassungskraft von Büchermagazinen spielt. Und es würde, wie gesagt, als ein
ausserordentlicher Raumgewinn zu betrachten sein, wenn wir fortan
alle Formate auf eine bestimmte Maximalhöhe normiren könnten.

Mit einzelnen Angaben des Verfassers kann ich mich nicht einverstanden erklären. So beträgt die Holzstärke der Trennungsbretter
der Repositoriencomplexe nicht, wie angegeben, 0,025 m, sondern wenigstens 0,030 m; es entfallen demnach von 1 ☐M. Ansichtsfläche auf
die Seitenwände nicht $1{,}00 \cdot 0{,}025 \cdot 2$ sondern $0{,}03 \cdot 2 = 0{,}06$ m. Es
kommt aber immer nur die Hälfte dieser Holzstärke in Abzug: denn
die eine Seitenwand des Repositoriencomplexes (welcher letztere gewöhnlich aus 5 Fächern oder Gestellen zu je 0,97 m lichter Weite
besteht) ist stets besonders berechnet, indem die ganze Breite (von
5 Fächern) aus 6 Seitenwänden à 3 cm und 5 lichten Weiten à 97 cm,
in Summa aus 5,03 (bis 5,04) m besteht: jedes Fach oder Gestell besteht demnach aus einer Seitenwand von 0,03 bis höchstens 0,033 m
Stärke und einer lichten Weite von 0,97 (bis 0,967) m. Der Einfachheit wegen ist aber immer die Weite von 0,97 m berechnet. Auch die
Angabe, dass das oberste und unterste Horizontalbrett der Repositoriencomplexe (der Verf. spricht freilich zunächst nur von dem ☐M. Ansichtsfläche) 0,950 (rect. 0,970) $\cdot 0{,}025 = 0{,}0475$ ☐M. betrage, ist nicht
richtig, da es ein oberstes Horizontalbrett überhaupt nicht giebt. Die
Repositorien haben in keiner der 6 Halbetagen nach oben ein abschliessendes Umfassungsbrett, sondern stossen mit ihrem äussersten
lichten Raume unmittelbar entweder an die Gewölbedecke über dem
zweiten Halbgeschosse oder an die Gitterdecke der Geschosse 2, 4, 5;
nur im obersten Halbgeschosse zieht sich von der Decke ein dem Zwecke

der Befestigung dienendes Holzbrett von 10 cm Höhe herab, wodurch der Raum in dieser angegebenen Höhe beschränkt wird; ohne dieselbe würde auch diese Halbetage in der vollen Höhe von 2,37 m zu benutzen sein, während sie jetzt nur eine benutzbare Höhe von 2,27 m hat. Für die entsprechende Halbetage des Neubaues ist dagegen der Wegfall dieser ziemlich nutzlosen Deckleiste in Aussicht genommen, sodass hier die volle Höhe von 2,37 m wird benutzt werden können.

Noch in einigen andern Punkten muss ich den Angaben des Verfassers widersprechen. Bei der Berechnung der grössten Dicke des Durchschnittsbandes giebt derselbe den Verlust, der durch die Vorrichtungen zum Verlegen der beweglichen Bücherborde entsteht, auf 0,030 m an: es seien, bemerkt er, zum Verlegen der beweglichen Bücherborde derartige Vorrichtungen, dass in Folge davon etwa 0,030 m von der lichten Breite in Abzug kommen. Es laufen nämlich innerhalb der die einzelnen Fächer trennenden Seitenwände je 2 eiserne Schienen her, in welche die zum Aufnehmen der Stellstifte bestimmten Löcher gebohrt sind. Diese Schienen haben aber — und zwar diejenigen beider Seiten zusammen genommen — nur die Dicke von 0,007 m, also von 7 Millimetern: der durch sie bedingte Verlust ist ein minimaler, und es kann nur eine im höchsten Grade pessimistische Auffassung diesen Raumverlust zu einem solchen von 0,030 m erweitern. In Halle freilich sind diese Schienen überhaupt vermieden. Allerdings hebt sich der Raumverlust der innern Seitenwände durch den Stellstift auf das doppelte: da der Stellstift aber in dem nach unten gekehrten Absatze nur eine Länge von 0,017 m hat, also nur in dem Falle den verwendbaren Raum einengt, wenn der unmittelbar an der innern Seitenwand des Regals aufzustellende Band fast ganz bis an die Höhe des Bords hinaufreicht, so kann dieser letztere Raumverlust in Wirklichkeit überhaupt nicht gerechnet werden. Zu bemerken ist übrigens, dass die eisernen Schienen in den Regalen des Neubaues in die Holzwände eingelegt sind, sodass sie hier überhaupt keinen Raum fortnehmen. Des Weiteren zieht der Verf. für jeden Band 0,001 m in Abzug, welchen Zwischenraum er als nothwendig zwischen den einzelnen Bänden bezeichnet, wenn die Möglichkeit gewahrt bleiben solle, das Buch ohne Schädigung einzustellen und herauszunehmen. Auch dieser Factor hat nur einen rein ideellen oder theoretischen Werth. Ein wirklicher Zwischenraum zwischen den einzelnen Bänden ist durchaus nicht nothwendig: es ist für die Erhaltung der Bücher im Gegentheil nur vortheilhaft, dass ihre Seitenflächen sich unmittelbar berühren. Nur das Zusammenpressen der Bände ist selbstverständlich zu vermeiden. Wollte man also wirklich die Dicke des Durchschnittsbandes auf eine bestimmte Formel bringen, so könnte ich als solche nur $(0,970 - 0,007) : 26,65 = 0,036$ m gelten lassen. Alle übrigen Raumverluste sind entweder überhaupt nicht vorhanden oder so minimal, dass sie für die Praxis nicht in Rechnung kommen können.

Was sodann die grösste Höhe des Durchschnittsbandes betrifft, welche der Verfasser auf 0,290 m annimmt, so haben wir auch hier nicht nur im einzelnen an der Rechnung des Verf. mannigfache Abstriche zu machen, sondern können dieselbe überhaupt nicht als richtig anerkennen. Wahr ist, dass die eisernen Trittstangen, welche vor den Gestellen herlaufen, die Verwerthung des untersten Bords entschieden erschweren. Wenn deshalb aber überhaupt an der lichten Höhe mindestens 0,025 m abgestrichen wird, so muss ich dem widersprechen. Zunächst sind sie überhaupt nur störend, wenn in der untersten Reihe Foliobände stehen, für Quart- und Octavbände bieten sie überhaupt kein Hinderniss. Ausserdem aber ist betreffs dieser Stangen eben nur das eine zuzugeben, dass sie störend sind, nicht aber, dass sie einen wirklichen Raumverlust bringen. Wenn das unterste Bord bis auf den letzten Platz mit Folianten besetzt ist, kann man sich allerdings nur so helfen, dass man, um die grössten Folianten herauszunehmen, erst durch Wegnahme einiger kleinerer Platz macht. Niemals aber sind diese Trittstangen ein absolutes Hinderniss für das Einstellen bezw. Herausnehmen der Bände. Ich kann daher dieselben als thatsächlichen Raumverlust nicht anerkennen. Zu bemerken ist auch hier übrigens, dass im Neubau die Trittstangen in einer solchen Entfernung von den Gestellen angebracht werden, dass sie auch nicht mehr störend einzuwirken vermögen. Abzurechnen ist natürlich, um die überhaupt verwendbare Höhe zu ermitteln, die Dicke der einzusetzenden Bretter à 0,025 m; abzurechnen auch ein minimaler Zwischenraum zwischen den einzelnen Reihen — den ich aber keineswegs mit dem Verf. auf 0,010 m annehme. Wenn der Verf. aber für die Formulirung seiner Gleichung von der angeblichen Durchschnittszahl 7 der zu setzenden Borde eines Gestells ausgeht, so haben wir oben gesehen, dass diese Durchschnittszahl keineswegs der Fassungskraft der Gestelle entspricht. Damit verliert aber auch die Formel selbst ihre innere Berechtigung. Die grösste Durchschnittshöhe eines Bandes ist — wenigstens mit diesen Factoren — überhaupt nicht zu berechnen, eben weil die Zahl der einzusetzenden Borde eine durchaus nicht feststehende ist.

Ich muss sodann noch einige Worte über die Zeitungen und über die s. g. kleinen Schriften sagen. Die letzteren sind von der früheren Verwaltung in Partieen von meist 50 losen Stücken in eine gemeinsame feste Kapsel eingeschlossen, welche letztere dann den Band vertritt. Der Verfasser meint, diese letztere Kategorie von Druckwerken müsse ebenso wie die Zeitungen — obgleich sie augenblicklich nicht im Büchermagazine stehen — in die Berechnung des Magazins betreffs seiner Fassungskraft mit eingeschlossen werden. Ich kann das nicht zugeben. Solange sie in der Verfassung bleiben, in die sie vor Jahren gebracht sind bezw. bis jetzt gebracht werden, da die Kapsel unverschlossen, die in ihr enthaltenen Einzeldissertationen und — Programme ungebunden sind, kann nicht daran gedacht werden, dieselben in die Fächer einzureihen. Sie sind dieses ihres ungebundenen Zustandes wegen darauf angewiesen, in einem nur den Beamten zugänglichen Raume aufbewahrt zu werden. Das ist bislang in dem s. g.

Ostsaale geschehen; für die Zukunft werden sie in einem eigens für ihre Aufnahme hergerichteten Separatraume des Neubaues Aufstellung finden. Als Bände können aber diese Kapseln niemals gelten; die letzteren sind durchschnittlich 13, oft aber auch bis 16 und 17 cm dick und übertreffen, wie der Verf. selbst sagt, um das Drei-, Vier- und Mehrfache den Durchschnittsband. Sie sind daher durchaus bei der Berechnung der Fassungskraft von Büchermagazinen ausser Anschlag zu lassen. Entschlösse man sich dazu, sie in die Magazinräume als Bände aufzunehmen, so müsste man sie eben wirklich binden lassen und würde ihnen dann eine handliche Stärke geben; in diesem Falle würden sie also über das Stärkemass von Durchschnittsbänden nicht oder kaum hinausgehen. So lange sie aber nicht gebunden sind, können sie, wie schon hervorgehoben, auch nicht für die Berechnung der Fassungskraft nach Bänden in Betracht kommen. Für die Zeitungen aber verlangt schon Steffenhagen a. O. S. 32 f. eigne Separaträume mit niedrigeren Repositorien. Dem entsprechend werden dieselben auf dem eigens für sie hergerichteten, durch ein dreifaches Dach und feste Wände gegen Staub und Schmutz geschützten Boden Aufnahme finden; für die Berechnung des Büchermagazins muss auch von ihnen abgesehen werden.

Damit glaube ich nachgewiesen zu haben, dass die behauptete geringe Fassungskraft des Greifswalder Büchermagazins nicht den Thatsachen entspricht. Wir haben im Grossen und Ganzen bei der Annahme v. Tiedemanns (Zeitschr. f. Bauw. 35. 1885. 333) stehen zu bleiben, dass sich auf 1 ☐M. Ansichtsfläche bis zu 80 Bänden stellen lässt, wenn ich auch geneigt bin, diesen Satz eher höher als niedriger zu fixiren. Die Greifswalder Bibliothek enthält so mannigfaltige Vorzüge in ihrer Construction, dass ich ihr eine relativ bedeutende Fassungskraft zuerkennen muss. Sieht man ab von der durch die Trittstangen bewirkten störenden Beengung der untersten Folioreihe, von der nutzlosen Deckleiste des obersten Halbgeschosses, von den innerhalb der Seitenwände der Regale laufenden eisernen Schienen — alle diese Uebelstände werden im Neubau nicht vorhanden sein — so wüsste ich thatsächlich nichts, was ich anders wünschte. Auch der Uebelstand, dass man bislang wegen Feuchtigkeit im Parterregeschoss das unterste Bord um mehrere Centimeter vom Fussboden in die Höhe rücken musste, ist jetzt durch Drainirung der Umgebung des Bibliotheksgebäudes beseitigt. Ueber die Höhe der Geschosse lässt sich ja streiten. Steffenhagen glaubt (a. O. S. 70) in der Höhe von 2,50 m die Normalhöhe erkennen zu dürfen. Ich glaube kaum, dass gerade eine solche Höhe oder dass überhaupt irgend eine bestimmte einheitliche Höhe allen Fällen gerecht zu werden vermag; die Haller Bibliothek hat bekanntlich nur Geschosse von 2,3 m Höhe. Die Verhältnisse der verschiedenen Formatklassen sind in den einzelnen Wissenschaftszweigen zu wechselnd, als dass wir alle diese Verschiedenheiten jemals durch Gestelle einer und derselben Höhe auszugleichen im Stande sein werden. Jedenfalls wäre dann, scheint mir, diese Höhe von 2,50 m noch um ein weniges zu vergrössern, da sie sich mir aus dem Grunde nicht zu empfehlen scheint, weil sie bei 8 Octavreihen einen bedeutenden Raum ungenutzt lässt, für 9 Octavreihen aber nicht ausreicht; denn wenn Steffenhagen einige Octavreihen zu 23 cm Höhe ansetzt, so wäre eine solche Ungleichmässigkeit jetzt ausgeschlossen. Sonst müsste man die Stärke der Bretter auf 2 cm beschränken (in Kiel sind sie 3 cm, hier gut $2^1/_2$ cm, in Halle $2^1/_2$ cm dick) was freilich meiner Ansicht nach ganz unbedenklich sein würde. Die Octavformate sind und bleiben diejenigen, auf welche wir — da sie im Laufe der Zeit noch immer entschiedener die andern beiden Formate an Zahl übertreffen werden — in erster Linie Rücksicht zu nehmen haben. Im Ganzen lassen sich aber auch, wie wir gesehen haben, die beiden Höhen der Greifswalder Bibliothek von 2,45 und 2,27 m verhältnissmässig gut ausnutzen: selbstverständlich mussten auch für den Neubau dieselben Höhen beibehalten werden.

Nachschrift.

Ich werde leider erst nachträglich darauf aufmerksam, dass gerade in den letzten 2 Jahren eine verhältnissmässig bedeutende Zahl von Dubletten aus den älteren Beständen der Bibliothek ausgeschieden ist, welche demnach von der Summe der in den Magazinräumen befindlichen Bände abzuziehen sind. Und zwar sind dieses 626 Bände, wodurch sich die Zahl der Bände des Magazins von 132,745 auf 132,119 oder rund 132,100 vermindert. In Folge dieser geringeren Zahl verschieben sich auch die Berechnungen der Aufnahmefähigkeit eines Bords bezw. eines Quadratmeters um eine Kleinigkeit. Es kommen jetzt nicht 26,65, sondern nur 26,52 Bände auf das Bord; der Quadratmeter fasst nicht 79,3, sondern nur 78,97 Bände. Durch Einfügen von 300 achten Brettern hebt sich ferner die Gesammtsumme der zu stellenden Bände nicht um 8000, sondern nur um 7956 Bände und zwar insgesammt auf $153{,}471 + 7956 = 161{,}427$ statt auf $154{,}223 + 8000 = 162{,}223$. Dem entsprechend fasst der Quadratmeter jetzt nicht 83,4, sondern nur 83 Bände. Das Hauptresultat also, dass der Quadratmeter Ansichtsfläche des Magazins der hiesigen Universitätsbibliothek über 80 Bände zu fassen vermag, wird durch diese nachträgliche Einschränkung seiner Aufnahmefähigkeit nicht berührt.

Greifswald. O. Gilbert.

Bibliographische Miscellen.

(Fortsetzung.)

7.

Wie schwierig es unter Umständen ist, Original und Facsimile alter Drucke und Kunstblätter allein nach dem Aussehen zu unterscheiden, ist bekannt. Dass die Fälschung sich gern der gesteigerten Leichtigkeit in der Herstellung von Reproductionen bedient, liegt sehr nahe. Ein Beispiel davon ist der von mir in den Beiträgen z. Gutenb. frage (1889) S. 72 ff. behandelte angebliche Ablassbrief des Bischofs Magnus von Hildesheim in der Culemann'schen Sammlung von Einblattdrucken, die jetzt im Kestner-Museum zu Hannover sich befindet. Die Zahl moderner Nachahmungen unter den Originalblättern dieser übrigens sehr werthvollen Sammlung, welche ich durch die grosse Güte des Kuratoriums dieses Museums und seines Direktors, Herrn Dr. Schuchhardt, während längerer Zeit hier in Göttingen und auch in meinen bibliographischen Uebungen benutzen durfte, ist nicht unansehnlich. Da einzelne von ihnen durch die äussere Ausstattung den Schein von Originalen erwecken, ist es wohl nicht unzweckmässig, einige besonders interessante Beispiele von Facsimiledruck als solche nachzuweisen. Dass Herr Senator Culemann, der Sammler, seiner Zeit die Exemplare wenigstens zum Theil als Nachbildungen gekannt, dass er wohl selbst Werth darauf gelegt hat, durch äussere Zuthaten die Aehnlichkeit seiner Nachbildungen mit den Originalen erhöht zu sehen, muss ich nach dem, was späterhin gesagt ist, als wahrscheinlich bezeichnen. Mit voller Sicherheit liesse sich die Frage am ehesten aus seinen Papieren, den Rechnungen und dem Briefwechsel mit seinen Lieferanten, beantworten. Solches Material scheint aber der zumeist an der Frage interessirten Direktion des Kestner-Museums nicht zur Verfügung zu stehen. Jedenfalls werden Sammler und Käufer von alten Drucken gut thun, Blätter, Buch- und selbst Blatttheile (bei zusammengeklebten Blättern), deren Provenienz nicht jeden Zweifel an der Echtheit ausschliesst, auf diese hin zu prüfen.[1]

Die Nummern 378—384 enthalten Ablassbriefe von 1454/55 oder Theile von solchen. Davon sind die unter No. 382—384 verzeichneten 4 Exemplare des zweiten Druckes (mit dem Versalbuch-

---

[1] Man vergleiche z. B. aus jüngster Zeit die von C. Castellani aufgedeckte Fälschung einer Unterschrift des Joh. Spirensis unter einem Drucke des Vindelinus Spir. (Centr. f. B. VIII [1891] S. 375), aber auch ebenda die Notiz K. Burgers über die lithographirte Schlussschrift eines Burgdorfer Druckes im Buchgewerbemuseum zu Leipzig. [Neuerdings vergl. auch B. A. V. im IX. Jahrgang dieser Zeitschr. S. 105 ff.] — Die Unechtheit mancher Kunstgegenstände der Culemann'schen Sammlung behauptet Gust. Schönermark, Wahrheit und Dichtung im Kestner-Museum zu Hannover (1890); gegen dessen Aufstellungen s. indess C. Schuchhardt in den Hannov. Neuest. Nachrichten v. 15. Juni 1890.

staben U) modern, wie ich a. O. nachwies. Die übrigen Stücke gehören zum älteren Drucke mit V. No. 378 (s. Hessels, Gutenberg S. 150, *a*, 3) ist aus drei Stücken zusammengeklebt, von denen das obere, bis Z. 25 einschl. reichend, und noch einige Spitzen der folgenden Zeile zeigend, sowie anscheinend der linke Rand[1]) echt sind (von einem Exemplar des Abdruckes *a* bei Hessels, vom J. 1454), während das untere Stück von der Nachbildung eines Abdruckes aus demselben Jahre (*b* oder *c* bei Hessels, nicht *d*, wie dieser vermuthet) stammt. Was Hessels (s. a. O.) im J. 1881 auf der Rückseite des Briefes las, steht jetzt nicht mehr dort; was er ausserdem über die Erwerbung berichtet, kann sich nur auf den oberen, nicht den unteren Theil des Briefes beziehen. Ebenso besteht No. 379 (s. Hessels S. 154, *d*, 14) aus zwei Stücken, von welchen das obere, aus einem Abdruck von 1455, echt, dagegen das untere, 2 Druckzeilen umfassend, modern ist, u. z. nach einem Abdruck aus 1454 angefertigt. Dasselbe gilt von dem aufgeklebten Streifen, der das Ende von Z. 27 enthält und eine beschädigte Stelle des Originales bedeckt. Culemann erzählte Hessels (s. a. O.) die Ergänzungen einem anderen Exemplare entnommen zu haben, von dem er 5 oder 6 Zeilen besass.[2]) Umgekehrt ist von No. 381, II (bei Hessels S. 152, *c*, 11) der obere Theil von 9 Zeilen modern (nach einem Original von 1454), der untere echt von einem Abdruck des J. 1454 (*c* nach Hessels). Als moderne Nachahmung scheint sich das obere Stück sehr deutlich dadurch zu verrathen, dass sein unterer etwa 7 Millim. breiter Rand, der zum Aufkleben des echten unteren Theiles diente und auf einer Seite sich abgelöst hat, unbedruckt ist; nur einzelne Spitzen höherer Buchstaben scheinen noch zum Abdruck gelangt. Bei genauer Prüfung der leeren Zeile ergiebt sich indess der Text als ausradirt. Das Pergament des ersten Stückes ist sehr dünn und durchsichtig und da hatte der Druck des untergeklebten Streifens nicht durchscheinen sollen. Am Original müsste ein solches Verfahren als durchaus barbarisch bezeichnet werden. Culemann erzählte Hessels (s. a. O.), dass er das obere Stück aus der Sammlung Eschenburg in Braunschweig erhalten habe, während er die Herkunft des unteren (echten) Theiles nicht anzugeben vermochte. Dass er ersteres als Original erworben habe, ist dabei nicht gesagt. — Was übrig bleibt, ist sicher modernes Fabrikat; allein die Vergleichung mit dem oberen Stücke von No. 381, II schliesst bei den meisten Stücken

---

1) Nur die äusserste Spitze des V steht auf diesem Stück. Diese ist in neuerer Zeit mit Druckerschwärze aufgefrischt, befand sich aber wohl schon vorher darauf.

2) Sehr glaublich klingt diese Angabe Culemann's nicht, falls wir an das Bruchstück eines Originals denken sollen. Culemann kannte den Werth der Ablassbriefe zu gut, um sich auch nur ein Bruchstück davon zu zerschneiden. Dasselbe gilt von den beiden andern Ergänzungen echter Bruchstücke. Es sind moderne Zusätze, den Ergänzungen vergleichbar, welche die Torsi antiker Skulpturen in der Renaissancezeit und später erfuhren, für Laien geeignet den Gesammteindruck zu erhöhen, für die wissenschaftliche Arbeit aber eine Erschwerniss.

jeden Zweifel aus, so No. 381, I (bei Hessels S. 152, c, 10), bei welcher der linke Rand des Pergamentblattes noch zeigt, dass es aus einem Pergamentcodex gerissen ist; No. 379*, ein Bruchstück von Z. 11 bis 27, dem überdies rechts etwa ein Drittel fehlt, bei Hessels nicht besonders angeführt, weil es der gedruckten Jahreszahl entbehrt;[1]) endlich selbst das 32 zeilige Exemplar (No. 380; bei Hessels S. 151, b, 3).[2]) J. H. Hessels hat, was bei der schnellen Durchsicht der Sammlungen ihm nicht zu schwer zur Last gelegt werden darf, Alles was er bei Friedr. Culemann an Ablassbriefen von 1454 und 1455 sah, unbedenklich für echt angesehen und verzeichnet. In Wirklichkeit sind nur drei grosse Bruchstücke dreier verschiedener Ablassbriefe echt.

Einfacher liegt die Sache bei No. 643 derselben Culemann'schen Einblattdrucke. Nach Mittheilung des Herrn Direktor Dr. Schuchhardt ist sie im Katalog (des Sammlers) als 'Manifest von Diether v. Isenburg. Mainz. Fust und Schöffer 1462' bezeichnet und konnte daher als Original gelten. Eine Unterstützung fand diese Annahme darin, dass das Papier des Exemplares von ältlicher Färbung, am unteren Rande in der Mitte ein durch Papier geschütztes Siegel aufgeklebt, am Eingang eine grosse Initiale (A) handschriftlich vorgesetzt und auf Z. 75 ein durch einen dicken Strich getilgtes Wort jedenfalls nochmals mit Dinte durchstrichen ist. Gleichwohl erregte sofort, von Anderem abgesehen, das Fehlen eines Wasserzeichens in dem Doppelbogen,[3]) die Uebereinstimmung in der Farbe einiger Verbesserungen, die mit Dinte hätten ausgeführt sein sollen, mit der des Druckes und die Abwesenheit jedes Typeneindruckes in dem langen Texte den schwersten Verdacht. Ein Vergleich mit dem Original, das sich im Besitz der Hof- und Staatsbibliothek zu München befindet und mir von deren Direktor Herrn Dr. Laubmann mit gewohnter Liberalität zur Vergleichung überschickt wurde, bestätigte den Verdacht vollkommen. Weitere Nachforschungen liessen sogar ganz bestimmt das Original der Frankfurter Stadtbibliothek, welches mir gleichfalls durch die Güte des Oberbibliothekars Herrn Dr. Ebrard nach hier geliehen wurde, als die Vorlage der Culemann'schen Kopie erkennen. Von den drei andern zur Zeit bekannten Originalen[4]) liess ich das der Lord Spen-

---

1) Das Original war ein Abdruck von 1454. Das Pergament ist vielleicht alt.

2) Weder von dieser Nummer noch von No. 381, I wusste Culemann im J. 1881 Mr. Hessels die Provenienz anzugeben.

3) Es ist das 106 zeilige Manifest vom 30. März [nicht 4. April, noch auch 13. März] 1462 (Hain n. *6161), dessen Text bei Joh. Joach. Müller, Reichstags-Theatrum Kais. Friedrich IV. (Jena 1713) II S. 113 ff. u. and. abgedruckt ist. Sonst vergl. noch darüber C. A. Schaab, D. Gesch. d. Erf. d. Buchdr. I. Bd (Mainz 1830) S. 417 ff.; J. Wetter, Krit. Gesch. d. Erf. d. Buchdr. (Mainz 1836) S. 521 f. A. v. d. Linde, Gutenberg (Stuttgart 1878) S. 57; Beschr. Catalog d. Bibliogr. Mus. von Heinr. Klemm (Dresden 1884) S. 19.

4) S. Heinr. Klemm a. O.

cer'schen Bibliothek als mir unzugänglich bei Seite; die der Bibliothèque Nationale in Paris und der Universitäts- und Landesbibliothek in Strassburg weichen, wie ich aus den freundlichen Mittheilungen der Herren Thierry-Poux, Director des Departements der Drucke an der Bibliothèque Nationale in Paris, und Oberbibliothekar Professor Dr. Barack ersehe, sowohl in Bezug auf die handschriftlichen Korrekturen und Zusätze wie die Gestalt der Initiale von der fraglichen Kopie entschieden ab. Von dem letztbezeichneten Original besitzt übrigens auch die Göttinger Universitäts-Bibliothek eine Kopie, die ich im J. 1889 mit anderen Druckproben aus dem Nachlasse Heinr. Klemm's für sie erwarb. Eigenthümlich ist ihr, dass das Anfangs-A nur zum kleinen Theile wiedergegeben ist — vermuthlich war die Platte des photograph. Apparates nicht gross genug —, vor allem aber dass die handschriftlichen Zusätze des Originals am Rande und z. Th. im Texte weggelassen sind. Letzteres konnte nur durch Korrectur der Platte vor dem Abziehen geschehen, und dabei ist Z. 16 a. E. vor *vnd* der Punkt weggefallen, der im Original durch ein handschriftliches Auslassungszeichen bedeckt ist. In der gleichfalls aus der Klemm'schen Bibliothek stammenden Kopie des Leipziger Buchgewerbemuseums (vergl. Heinr. Klemm a. O.) fehlt daher, wie ich durch die Güte des Herrn Kustos K. Burger weiss, auch der Punkt; im Uebrigen sind hier seiner Zeit die handschriftlichen Zusätze des Strassburger Exemplares mit der Hand nachgetragen worden, wobei der Fehler unterlief, dass Z. 67 am linken Rande statt '*fin*' ein sinnloses '*in*' zugesetzt ist.

Ueber eine andere Nummer der Culemann'schen Sammlung (No. 644), welche ebenfalls Facsimile und nicht Original eines Einblattes aus dem Streite Diether's von Isenburg mit Adolf von Nassau und dabei als unbekannt von besonderem Interesse ist, wird Herr Dr. Molsdorf in diesem Blatte berichten, der das Exemplar in den von mir geleiteten bibliographischen Uebungen behandelt hat.

Nicht minder halte ich den angeblich xylographischen Ablassbrief von 1482 in No. 412 derselben Sammlung für eine moderne Nachahmung. Zwei auf den gleichen Ablass bezügliche Briefe, vom Münchener Ordensconvent der Minoriten zu Gunsten ihrer Kreuzkirche ausgestellt, sind unter jener Nummer vereinigt.[1]) Der erste ist typographisch. Für den Namen des Ablass ertheilenden Ordensbruders ist auf Z. 12 und 13 zwischen den Worten *frater* ... *Ordinis* Platz gelassen und die Lücke handschriftlich ausgefüllt mit dem Namen *Johannes Kauffman* ‖ *Subcommiffarius*.[2]) Das Original des zweiten Briefes ist ein Holzschnitt. Die Buchstaben haben durchweg grosse

---

1) Ausserdem bieten den gleichen Text noch zwei andere Ablassbriefe derselben Sammlung, No. 408 (Druck von Friedr. Creussner in Nürnberg) und No. 411, dessen Typen Aehnlichkeit haben mit denen des Jak. Meydenbach, der seit 1491 in Mainz druckte.
2) In No. 411 ist derselbe Name gedruckt, obschon sonst diese Nummer mehr mit dem zweiten obiger Briefe und mit No. 408 im Wortlaut übereinstimmt.

Aehnlichkeit mit den Typen des Friedrich Creussner in Nürnberg, sowohl in dem Ablassbrief No. 408 (s. Anm. 2) wie z. B. im *Tract. Innocencij pape de miseria cond. hum. nat.* vom J. 1477. Der Text stimmt im wesentlichen mit dem des ersten Briefes wörtlich überein; nur hat der erstere, von anderem abgesehen, in Z. 11 f. ausser der Berufung auf die Bulle Sixtus IV. vom 4. Dez. 1480 noch die auf eine zweite Bulle vom 15. Dez. 1481. Als Facsimile verräth sich das Exemplar dadurch, dass Z. 12 der Name des Ausstellers nicht mit Dinte geschrieben und doch in deutlich abweichenden Schriftzügen erscheint, nämlich '*petrus Gardianus et praedicator conuentus Monacensis.*' Im Original war er vermuthlich handschriftlich eingesetzt. Die Möglichkeit, dass der Holzschneider den Namen des Ausstellers absichtlich eine abweichende Gestalt gegeben habe, etwa mit Nachahmung seiner Handschrift, ist doch sehr fernliegend. Es kommt dazu, dass selbst die Missalebuchstaben der Ueberschriften sowenig wie die anderen einen Eindruck im Papiere aufweisen, wie er doch auch in Holzschnitten nicht zu fehlen pflegt, oft sogar sehr deutlich ist. In beiden Exemplaren ist die Lücke für den Namen des Empfängers (Z. 2) unausgefüllt geblieben. Indess hat das Facsimile des Holzdruckes in der Mitte des unteren Randes die Spuren eines ovalen rothen Siegels. Deshalb und weil das Papier (mit dem Wasserzeichen der Wage im Ringe nebst Balken und Stern oder Kreuz am Ende) sicher alt ist, lag zweifellos die Absicht vor, dem Exemplare ein alterthümliches Aussehen zu geben.

Am Schlusse dieser etwas umfangreich ausgefallenen Miscelle möchte ich nochmals nachdrücklich auf das Verwerfliche des Verfahrens hinweisen, moderne Nachbildungen seltener Druckreste nicht nur nicht als Facsimile zu bezeichnen, sondern sogar durch äussere Zuthaten den Originalen ähnlich zu machen. Nicht nur können Käufer dadurch, wenn jene Fabrikate in zweite oder dritte Hand gelangen, leicht getäuscht werden, sondern es ist namentlich auch die wissenschaftliche Forschung genöthigt, mit Zeitverlust Original und Facsimile zu scheiden.

8.

Wilh. Walther hat in seinem grundlegenden, im Erscheinen begriffenen Werke, Die Deutsche Bibelübersetzung des MA., im I. Theile (Braunschweig 1889) den überzeugenden Nachweis geführt, dass die bisher als vierte angesehene gedruckte deutsche Bibel, die er als 'Schweizer' bezeichnet, in Wirklichkeit erst die fünfte ist, umgekehrt aber die sogen. fünfte deutsche Bibel (Augsburg, gedruckt von Günther Zainer) als die vierte zu gelten hat und beim Druck jener bereits zu Hülfe genommen worden ist. Wenn man in dieser Hinsicht seinen auf eingehender Textesvergleichung beruhenden Schlüssen gern folgen wird, darf man um so mehr sich wundern, dass er Bedenken trägt, den Druck als solchen dem Joh. Sensenschmidt und Andr. Frisner von Nürnberg zuzuschreiben, wie allgemein geschah (s. z. B. Hain n. *3132), und vielmehr S. 97 f. und 105 die Schweiz, genauer Basel als Heimath, u. z. nicht nur die geistige des Druckes vermuthet. Dass die Sprache dieser Bibel nicht 'gemeines', sondern dem schweizer, bezw. allemannischen Dialekt angepasstes Deutsch ist, wusste man längst. Es ist nur die Frage, ob deshalb auch das Werk in der Schweiz gedruckt sein muss. W. bezeichnet zwar ohne Bedenken allein oder fast allein auf Grund der Typengleichheit die 1. deutsche Bibel als Mentel'sche,[1]) die 2. als Eggestein'sche, die 3. als Augsburger des Jod. Pflanzmann und die 4., in Augsburg gedruckt, als G. Zainer'sche, lässt aber bei der fünften Bibel das gleiche Argument nicht gelten. Denn natürlich war die Uebereinstimmung der Typen, und nicht der Umstand, dass erst i. J. 1474 die Druckkunst nach Basel gekommen, diese Bibel aber jedenfalls schon früher erschienen sei (Walther S. 97),[2]) der Grund zu der allgemein geltenden Zuweisung des Druckes an Joh. Sensenschmidt und Andr. Frisner. Neben der Bibel liegen mir zwei datirte und mit dem bekannten doppelten Wappen versehene Drucke der beiden genannten Männer vor, der Codex Justiniani von 1475 (Hain n. *9599) und Nicolai abb. Lectura sup. 4 et 5 decretal. von 1477 (Hain n. *12332). Der Kommentar des ersteren und das Ganze des zweiten (von kurzen Eingängen abgesehen) stimmen in Bezug auf die Typen durchaus mit der Bibel überein. Nur hat diese natürlich allein einzelne deutsche Buchstaben und entbehrt dafür einzelner Zeichen, die in jenen vorkommen. Auch die Höhe des Druckes, genau 30 Zeilen gemessen, ist gleich. Das Fehlen jedes Rothdrucks hat die Bibel mit dem Druck von 1477 gemein; dagegen ist sie auf der ersten Kolumne mit einem Initialbildchen (Holzschnitt) verziert, wie der Druck von 1475 auf Bl. 1 und 4 des Textes ähnlichen Bilderschmuck aufweist. Da nun Joh. Sensenschmidt nachweislich schon im J. 1474 mit Andreas Frisner, in den Jahren vorher aber theils allein theils mit Heinr. Kefer zu Nürnberg druckte, seine dortige Thätigkeit sich auch noch bis ins J. 1478 verfolgen lässt, während der Bibeldruck nach Walther Kol. 106 sicher vor Mitte des J. 1477 fallen muss, so bleibt für eine Druckerthätigkeit Sensenschmidt's in der Schweiz keine Zeit übrig. Ganz unglaublich wäre ferner die Annahme, dass er seinen Apparat zum Drucke der 'Schweizerbibel' nach einem schweizer oder schwäbischen Orte verliehen haben sollte; und dass ein schweizer Drucker damals mit den gleichen oder auch nur mit sehr ähnlichen Typen gedruckt habe, dafür fehlt jeder Anhalt. Wir werden daher ihm und wahrscheinlich seinem Genossen Andr. Frisner die 5. Bibel weiter belassen müssen und können nur

---

1) Im Stuttgarter Ex. der 1. Bibel wird vom Rubricator Joh. Mentel in Strassburg als Drucker genannt (s. Walther Kol. 113).
2) Um wie viel früher in Basel lebhaft gedruckt wurde, beweist der i. J. 1471 daselbst ausgebrochene Strike der 'Buchdruckerknechte' (s. Kapp, Gesch. d. D. BH. S. 112 u. überhaupt S. 110 ff.).

nach dem Grunde fragen, welcher die Wahl alemannischer Lautformen in einem nürnberger Drucke veranlasste. Persönliche Neigung der beiden Drucker, von denen der eine aus Eger, der andere aus dem fränkischen Wunsiedel stammte, kann es nicht gewesen sein. Auch dass ohne ihr Vorwissen etwa eine mit der Vorbereitung ihrer Bibelausgabe beauftragte Person,[1]) die zufällig aus Schwaben oder der Schweiz war, dem heimischen Dialekte einen so weitgehenden Einfluss auf die Arbeit gestattete, ist unwahrscheinlich. Dagegen liegt die Annahme nahe, dass Sensenschmidt und sein Partner, wenn er solchen hatte, weil sie auf Absatz in denjenigen Kreisen rechneten, denen der alemannische Dialekt geläufiger und lieber war als das 'gemeine Deutsch', eine geeignet scheinende Person mit der Lieferung einer jenem Dialekt angenäherten Uebersetzung beauftragten. Zu einer durchgreifenden Neuarbeit entschloss man sich freilich nicht, sondern zog den einfacheren und leichteren Weg vor, im engen Anschluss an den Text der vorhandenen Bibelübersetzungen im wesentlichen nur den Lautbestand umzuändern (vergl. Walther Kol. 102 f.). Möglich ist es ja, dass die Anregung dazu nicht vom Verleger, sondern aus Kreisen jenes Sprachgebietes ausging. Nur möchte ich glauben, dass wenn etwa ein Gelehrter dieser Kreise aus eigenem Antrieb eine Uebertragung der Bibel ins Schweizerdeutsch unternommen und dann in Sensenschmidt ihren Verleger gefunden hätte, die Uebertragung in sprachlicher Beziehung wohl tiefer eingreifend ausgefallen wäre.

Hinsichtlich der Zeit des Erscheinens der besprochenen Bibel sucht W. Walther Kol. 105 die allein im Göttinger Exemplar enthaltene gedruckte Jahreszahl MCCCCLXXIIII als wirkliches Druckjahr zu erweisen. Da sie nachträglich und mit anderen Typen zugefügt ist, hält er sie für den Zusatz eines Käufers. Diesen hätten wir uns natürlich als Buchdrucker zu denken. Der Fall wäre zu vergleichen mit der handschriftlichen Notiz, welche das Wolfenbütteler Exemplar der 5. latein. Bibel (des Heinr. Eggestein) am Ende des I. Bandes mit blauer Dinte trägt: 'Explicit Psalterium. Bämmler 1466.' Wenn an Joh. Bämmler von Augsburg hier zu denken ist, kann er nur als

---

1) Der interessante Brief des Andreas Rumel Nuremb., utr. jur. doctor, an den Mag. Joh. Sensenschmidt 'impressor', welcher dem Codex Just. von 1475, einem auf Geheiss von Frisner und Sens. gedruckten Werke, vorgesetzt ist, lehrt deutlich, dass dieser Rummel wissenschaftlich für die Firma thätig war — vermuthlich neben dem zugleich als Socius betheiligten Frisner —, während Sensenschmidt allein als Träger des finanziellen Risikos genannt wird. Dieser Andreas R. war vermuthlich ein Verwandter des Heinrich Rummel, von dem nach Panzer's Ann. II S. 167 in einem Exemplar des Franc. de Retza, Comest. vit. (Nürnberg 1470 mit den Typen des Joh. Sensenschmidt von 1472), das früher in der Karthäuserbibliothek zu Nürnberg sich befand, handschriftlich stand: *Hunc librum propinavit nobis heinricus rumel cum suis impressoribus, eo quod plures libros ex libreria nostra eis accomodaverimus. Anno dni 1472.* — Da die Rumel eine Nürnberger Familie waren (s. O. v. Hase im Archiv f. Gesch. d. dt. BH. X [1886] S. 5 f.), ist an einen von ihnen als Herausgeber unserer Bibel nicht zu denken.

Eigenthümer der Bibel seinen Namen eingetragen haben.[1]) Für gesichert werden wir die Annahme Walthers und die Zuverlässigkeit der Jahreszahl erst dann halten dürfen, wenn die Typen des Datums (𝔐 ℭℭℭℭ 𝔏𝔛𝔛iiij) aus einem gleichzeitigen Drucke nachgewiesen werden.[2])

9.

G. R. Gregory hat im Lit. Centr. von 1880 No. 43 Sp. 1410 zuerst auf eine durchgehende Eigenthümlichkeit der griechischen Pergamenthandschriften hingewiesen, nachdem Tischendorf, Cod. Sinait. (grosse Ausgabe) I (1862) S. 6 v., sie bereits am Cod. Sinaiticus beobachtet und als Besonderheit dieser Handschrift hingestellt hatte, dass nämlich innerhalb der einzelnen Fascikel Haar- auf Haar- und Fleisch- auf Fleischseite des Pergamentes liegt und dass die einzelnen Fascikel je mit der feineren und weisseren Fleischseite beginnen. Nachdem Gregory dasselbe im 3. Bande (Prolegomena) der 8. grösseren Ausgabe von Tischendorf's Nov. Testam. gr. (1884) S. 340 ebenso kurz berührt hatte, hat er ausführlicher über diese und andere 'Handwerksregeln' der griechischen Schreiber in den Comptes rendus de l'ac. d. inscr. IVe sér. T. 13 (f. 1885) S. 261—268 ('*Les cahiers des manuscrits grecs*') in höchst beachtenswerther Weise gehandelt. Unabhängig davon habe ich vor einigen Jahren diese in den Lehrbüchern der Handschriftenkunde unbeachtet gebliebene, für die Beurtheilung unvollständig erhaltener Codices oder einzelner Doppelblätter wichtige Beobachtung gleichfalls gemacht und an den Handschriften hiesiger und fremder Bibliotheken, die durch meine Hand gingen, weiter verfolgt. Erst neuerdings wurde ich durch die mit *Schm.* unterzeichnete Besprechung zweier Abhandlungen Joh. Paulson's über eine Chrysostomushandschrift (im Lit. Centr. 1891 No. 50 Sp. 1713 f.) auf die darüber vorhandene Litteratur aufmerksam gemacht und benutze die Gelegenheit, das darin Gebotene durch einige Beobachtungen, die ich weiterer Prüfung empfehle, hinsichtlich der lateinischen Handschriften

---

1) Anderer Art ist anscheinend die handschriftliche Unterschrift des 'Michahel wentzler liberalissimus' in dem Göttinger Exemplare eines datirten Druckes desselben, der Decretales Gregorii IX von 1482 (Basel); hier war er wohl Geschenkgeber Uebrigens wies der frühere Volontär der hiesigen Universitätsbibliothek Herr Dr. K e m k e mir diese Unterschrift nach.

2) Wie ich nachträglich sehe, hat K. M e y e r kürzlich (1892) in dieser Zeitschrift S. 133 mit Hülfe der beiden Zainer'schen Bücheranzeigen von 1474 und 1476 den überzeugenden Nachweis geführt, dass die 4. (Zainer'sche) Bibel nicht vor 1475 erschienen ist. Die fünfte Bibel, welche die Zainer'sche bereits benutzte, muss daher ins J. 1476 oder Anfang von 1477 fallen. Mein Zweifel an der Richtigkeit der Jahreszahl 1474 im Göttinger Exemplare war daher wohlberechtigt.

zu ergänzen. Die älteren von diesen — solche aus vorkarolingischer Zeit habe ich freilich nicht untersuchen können — zeigen hinsichtlich des Aufeinanderliegens von Haar- und Haarseite, sowie Fleisch- und Fleischseite die gleiche Regelmässigkeit wie die griechischen Codices, machen aber — gerade umgekehrt wie sie — die gröbere Haarseite zur Aussenseite der Lagen. Sodann aber scheint es, als ob in der Humanistenzeit, vielleicht unter dem Einfluss der zugewanderten Griechen die Praxis umschlug und regelmässig oder immer beim ersten Doppelblatt jeder Lage die Fleischseite nach aussen gelegt wurde. Jedenfalls gewährte eine feste Praxis in dieser Hinsicht vor allem, was Gregory, der S. 265 nur die aesthetische Seite würdigt, nicht hervorgehoben hat, einen äusseren sicheren Anhalt zum richtigen Aufeinanderlegen der Doppelblätter, während sonst beim Fehlen von Blattzählung und sogen. Kustoden leicht Versehen eintreten konnten. Im späteren Mittelalter, vor der Humanistenzeit oder ausserhalb ihrer Kreise, scheint übrigens zum Theil individuelle Willkür auch an Stelle dieser Regel getreten zu sein.

Göttingen. Karl Dziatzko.

Die neuen Räumlichkeiten der St. Petersburger Universitäts-Bibliothek.

Wie der menschliche Körper in seiner Wachsthumsperiode fast zusehends seiner Bekleidung entwächst, so dass beständig ihre Erweiterung und Erneuerung erforderlich ist, so geht es auch mit einer Bibliothek, die in mancher Beziehung mit einem lebenden Organismus verglichen werden kann. Flösst sie doch auch ihrem Leiter, dem Bibliothekar, sofern er von der echten Liebe zur Sache durchdrungen ist, eine Zärtlichkeit, wie man wohl sagen kann, ein, die derjenigen eines Vaters zu seinem Kinde nicht unähnlich ist. Es ist daher auch keine geringe Sorge, die einen pflichttreuen Bibliothekar erfüllt, wenn er sieht, dass die Hülle, die dazu bestimmt ist, das ihm anvertraute kostbare Gut, die geistige Hinterlassenschaft von Generationen und aber Generationen, die Verkörperung des gesammten Wissens der Menschheit zu beherbergen, dazu nicht mehr im Stande ist. Zwar kann man sich eine Zeit lang behelfen, indem man jedes nur irgend disponible Fleckchen Raum ausnutzt; aber auch das hat ein Ende, und ist man gar gezwungen, wie es im äussersten Nothfalle wohl zu geschehen pflegt, die Bücher in zwei Reihen hintereinander aufzustellen, so hört bald alle Uebersichtlichkeit auf und es wird fast zur Unmöglichkeit, die so nothwendige Ordnung immer streng aufrecht zu erhalten.

In einer solchen Lage befand sich seit einer Reihe von Jahren die Bibliothek der St. Petersburger Hochschule. Immer mehr füllten sich die Räume, immer schwieriger wurde es, den beständigen Zuwachs unterzubringen, bis endlich hauptsächlich Dank den Bemühungen des verstorbenen Rectors Wladisslawlew das Ministerium der Volksaufklärung die Ueberführung der Bibliothek in ein neues Lokal gestattete und zugleich die Mittel zu den hierzu erforderlichen baulichen Veränderungen gewährte.

Doch bevor wir uns diesen neuen Räumlichkeiten und ihrer Einrichtung zuwenden, dürfte es nicht ohne Interesse sein, einen Rückblick auf Vergangenheit und Geschichte der genannten Büchersammlung zu werfen. Auch sie ist aus gar bescheidenen Anfängen zu ihrem nunmehrigen ansehnlichen Umfange herangewachsen. Den Grundstock der Sammlung ererbte die im Jahre 1819 begründete Universität vom pädagogischen Hauptinstitut, doch bestand dieser, wie ihn der erste Universitätsbibliothekar, Prof. D. P. Popow, 1823 übernahm, nur aus 2150 Werken in 7784 Bänden. Auch in so früher Kindheit aber zeigt die Bibliothek bereits einen kräftigen Entwickelungsdrang, denn wir sehen, dass sie 1827 nach einem Bericht des genannten Prof. Popow durch Darbringung und Ankauf verschiedener Sammlungen bereits auf 4217 Werke in 10,845 Bänden angewachsen ist. Dazu kam noch 1829 die von dem verstorbenen Leipziger Professor Wenck angekaufte Büchersammlung, sowie 1830 ein Theil der Bibliothek des aufgehobenen Jesuitencollegiums zu Polozk.

In dieser Periode (1823—1837) befand sich die Universität mit all ihren wissenschaftlichen Instituten in einem Gebäude an der Ecke der Swenigorodskaja- und Kabinetskaja-Strasse, und erst 1837 wurde sie in das gegenwärtige Universitätsgebäude übergeführt, wo der Bibliothek eine lange Glasgallerie eingeräumt wurde, die sich im ersten Stock längs der ganzen Westseite des Gebäudes hinzieht. Erst später erhielt sie das bis vor kurzem benutzte Local im obersten Stock zwischen der Kirche einerseits und den Auditorien der Orientalisten-Facultät andrerseits. Im Wachsthum blieb die Bibliothek indessen nicht zurück, denn sie umfasste 1836 — 10,576 Werke in 23,182 Bänden. Dank den Mitteln, die ihr das Universitätsstatut von 1835 in einem jährlichen Etat von 9000 Rbl. Ass. gewährte, konnte sie sich auch immer weiter vergrössern und in den folgenden Jahren wurden ihr ausser dem regelmässigen Zuwachs mehrere grössere Büchersammlungen einverleibt: die des Prof. Tschishow (Mathematik und Physik), des Leipziger Prof. Schaefer (altclassische Literatur), die des Fürsten A. N. Golizyn, so dass die Zahl der Bände zum 25jährigen Jubiläum der Universität (1844) über 32,000 betrug. — Aber auch ihrerseits hat die hiesige Universitäts-Bibliothek manche andre Institute mit ihren Schätzen bereichert, so die öffentliche Bibliothek in Tiflis, die Schulen in Weissrussland, die Moskauer Universität etc. — In den folgenden Jahren wurden von dem Kirchenvorsteher Piwowarow eine Reihe altslawischer Handschriften und Drucke dargebracht, desgleichen vom Asiatischen Museum der Kais. Akademie der Wissenschaften eine Sammlung auf den Orient bezüglicher Werke. Von umfangreicheren Sammlungen ist aus dieser Zeit hauptsächlich die des Prof. Th. Freytag, vorwiegend alte Classiker enthaltend, zu nennen. Seit im Jahre 1855 die orientalische Facultät aus Kasan nach St. Petersburg übergeführt wurde, beginnen sich hier die Schätze der chinesischen, tibetischen, mandshurischen, mongolischen, sowie der muselmanischen Literatur anzusammeln und bilden mit ihrem aus der Kasan'schen Universitäts-Bibliothek und dem Institut für orientalische Sprachen beim Richelieu-Lyceum in Odessa stammenden Grundstocke eine Sammlung, mit der sich an Reichhaltigkeit nur wenige auswärtige messen können. — 1856 kam durch testamentarische Verfügung des Prof. Meyer dessen ganze werthvolle juridische Bibliothek hinzu und 1859 die des aufgehobenen pädagogischen Instituts, so dass 1861 der Bestand der Büchersammlung der Universität 30,797 Werke in 53,047 Bänden betrug. Ausserdem besass sie an Zeitschriften 564 Nummern in 8,470 Bänden, an Handschriften 332 Nummern in 356 Bänden, 199 Karten, Pläne etc. Im Jahre 1869, wo die Universität das Fest ihres fünfzigjährigen Bestehens feierte, betrugen die entsprechenden Ziffern: 39,855 bezw. 83,606 601 bzw. 14,568 597 bzw. 620 und 395 bzw. 469, und der Geldwerth belief sich nach annähernder Schätzung auf 212,709 Rbl. Unter den später hinzugekommenen grösseren Sammlungen ist vorzüglich die des verstorbenen Directors des Reichsarchivs K. K. Slobin (1878) hervorzuheben, sowie die des Sanskritisten Minajew, die gegenwärtig in der Aufnahme begriffen ist und viel, besonders für den Orientalisten, Werthvolles enthält, während die „Bibliotheca Zlobiniana", als eigne Abtheilung gesondert aufgestellt, eine in sich abgeschlossene Sammlung von Schriften aus fast allen Gebieten des Wissens bildet, vorherrschend jedoch die schöne Literatur der neueren Sprachen darbietet und sich ausserdem durch sorgfältige und geschmackvolle Einbände auszeichnet. Ferner ist noch eine Collection werthvoller mathematischer Broschüren, von Herrn Stein dargebracht, und verschiedene Orientalia aus dem Nachlasse des Bibliothekars P. Lerch zu nennen, so wie juridische Werke vom Senatssekretär Domaschewski. Endlich ist die Universitäts-Bibliothek noch in jüngster Zeit durch die Fachbibliothek des Professors des Staatsrechts Gradowski und durch eine ihr vom K. Russischen Geschäftsträger in Korea, Herrn K. Waeber, zum Geschenk gemachte Sammlung koreanischer Drucke und Handschriften bereichert worden.

So steigert sich das Wachsthum der Universitäts-Bibliothek von Jahr zu Jahr und nach der im Herbste 1891 beendigten Zählung ist ihr Bestand, nach den einzelnen Abtheilungen specificirt, der folgende:

	Titel.	Bände.	Doubletten (Bände)
A. Theologia	3048	5113	671
B. Philosophia	2202	3403	761
C. Jurisprudentia	7727	11807	1718
D. Scientiae politico-oeconomicae	4963	8753	1169
E. Linguae (philologia et linguae recentiores, exc. orientalibus)	14268	22893	6710
F. Historia (cum scientiis adjutricibus)	10924	22040	3441
G. Ars medica, scientiae naturales et physico-mathematicae	7404	13326	3162
H. Artes liberales, archaeologia ac polygraphia	2332	6850	886
J. } Scripta periodica	1612	27509	2533
K. }	101	318	—
L. Dissertationes exceptis medicis	13097	17849	3721
M. Dissertationes medicae	7317	7411	359
N. Nova[1]	384	1087	204
O. Linguae orientales	3273	4357	2247
P. Bibliothecae Instituti Paedagogici pars ulterior	682	2899	1837
Y. Chartae etc.	12	69	—
Z. Bibliotheca Zlobiniana	2423	6858	3
Manuscripta orientalia	985	985	—
Manuscripta Europaea	232	232	—
Xylogrammata Sinica, Mandshurica, Mongolica	2562	8132	1764
Summa	85,584.	171,891.	31,186.
		203,077.	

Die Verwaltung der Bibliothek befand sich seit der Gründung in den Händen des oben mehrfach erwähnten Professor Popow, welchem der Candidat Ruth folgte († 1841). Nach diesem übernahm das gleiche Amt Herr K. Büsch und bekleidete es bis zu seinem, im Jahre 1863 erfolgten Tode, worauf es M. Pacht übertragen wurde. Dieser zog sich 1877 in den Ruhestand zurück und an seine Stelle trat der als Orientalist bekannte P. Lerch, doch nur dem Namen nach, denn unmittelbar nach seiner

---

[1] Diese einigermassen befremdlich erscheinende Abtheilung erklärt sich dadurch, dass man 1859 mit der Absicht umging, die ganze Bibliothek neu zu ordnen und zu systematisiren und inzwischen die neu hinzukommenden Bücher separat unterbrachte. Jene Absicht wurde wieder aufgegeben, die Abtheilung blieb bestehen. Ueber das in der Bibliothek befolgte System vgl. Petzholdt's Anzeiger, 1866 p. 346 u. 1868 p. 119.

Ernennung erkrankte er und konnte die Pflichten seines Amtes nicht erfüllen. Das that stellvertretend der Bibliothekars-Gehülfe C. Salemann, bis er nach P. Lerch's 1879 erfolgtem Tode zu der Bürde auch die Würde des Bibliothekars erhielt: 11 Jahre dauerte seine Thätigkeit in dieser Stellung. Allmählich aber glaubte er sie nicht mehr mit seinen sonstigen Amtspflichten vereinigen zu können, da er in Anerkennung seiner Verdienste auf dem Gebiete der orientalischen, speciell der iranischen Sprachen 1886 zum Mitgliede der Kais. Akademie der Wissenschaften, 1890 zum Director des Asiatischen Museums und endlich auch zum Director der akademischen Bibliothek erwählt worden war. Mit Rücksicht auf diese Umstände trat er von seinem Amte als Universitäts-Bibliothekar zurück und legte dasselbe am 1. Jan. 1891 in die Hände des Herrn cand. hist. A. Kreisberg, seines langjährigen treuen Arbeitsgenossen nieder. Das gegenwärtige Personal besteht ausser dem Bibliothekar aus 6 etatsmässigen Gehülfen, den Herren N. N. Titow, M. J. Kudrjaschew, E. Schipillo, Herrn Larxionow, Amende und dem Custos des Professoren-Lectoriums, A. Kirillow. Hierzu kommen noch 2 Kanzleibeamte und 6 Bibliotheksdiener.

Was nun die Katalogisirung der Bibliothek betrifft, so existirten bis 1866 nur schriftliche Kataloge, deren Umarbeitung und Drucklegung in systematischer Ordnung im genannten Jahre begonnen wurde. Doch blieb sie unvollendet und wurde auch nicht wieder aufgenommen. Dagegen erscheinen seit 1877 in Zwischenräumen, die von der Möglichkeit der Fertigstellung abhängen, „Inventarien" (Accessionskataloge), die alles seit dem letzten Hinzugekommene nach den Hauptgruppen des Systems und innerhalb derselben in alphabetischer Ordnung aufführen. Solcher Inventarien sind bisher 6 erschienen, das letzte, die Jahre 1885—90 umfassend, befindet sich gegenwärtig in der Presse und wird in der nächsten Zukunft erscheinen. Für die alten Kasan'schen arabischen Handschriften existirt eine ausführliche Beschreibung von Gottwaldt (Kas. 1855, russ.), und 1888 ist ein alphabetischer Index aller arabischen, persischen und türkischen Codices von den Herren Akademikern C. Salemann und Bar. V. Rosen erschienen.[1]) Ferner sind die Sinica, Mongolica, Mandshurica, Tibetica etc. von Herrn Cand. E. Siré systematisch katalogisirt worden. Ausserdem wird noch ein alphabetischer Katalog geführt, für die Werke in russischer Sprache in Buchform, für die übrigen auf Karten, und Standortskataloge für jede Abtheilung.

Eine Aufgabe von grosser Schwierigkeit war es nun, die gleich bei Beginn seiner selbständigen Thätigkeit an den neuen Bibliothekar herantrat, nämlich die Ueberführung der Bibliothek in das neue, inzwischen fertiggestellte Lokal. Die besonderen Schwierigkeiten einer

---

1) Indices alphabetici codicum manu scriptorum Persicorum, Turcicorum, Arabicorum, qui in Bibl. Imp. Lit. Univ. Petrop. adservantur. Confecerunt C. Salemann et V. Rosen. Petrop. 1889. (Sep.-Abdr. aus d. „Zapiski" der orient. Abth. d. K. Russ. Arch. Ges. II, 1887; III, 1888.).

solchen Arbeit werden vielleicht nicht Jedem ohne Weiteres in die Augen springen, daher behalte ich mir vor, weiter unten darauf zurückzukommen, und wende mich den neuen Räumen zu.

Wie schon oben erwähnt, hatte das Ministerium der Volksaufklärung die nöthigen Summen bewilligt, und zwar im Betrage von 95,000 Rbl., so dass im Sommer 1890 zum Umbau der für die Bibliothek bestimmten Räumlichkeiten geschritten werden konnte. Dieselben befinden sich am nördlichen Ende des Universitätsgebäudes und nehmen alle drei Stockwerke in einer Länge von 15 Fenstern ein. Selbstredend wurde beim Bau besonderes Augenmerk auf die Sicherung gegen Feuersgefahr gerichtet, denn nirgends ist der Schaden, den eine Feuersbrunst anrichten kann, schwerer zu ersetzen, als bei einer Bibliothek, die manche Schätze enthält, welche auch für die höchsten Summen nicht wieder zu beschaffen sind. Deshalb hat man nicht nur die ganze Bibliothek von dem übrigen Theil des Gebäudes durch eine solide Brandmauer getrennt, die nur im Mittelstock durchbrochen ist, wo sich der durch eine eiserne Thür verschliessbare Haupteingang von der langen Glasgallerie her befindet, sondern auch die einzelnen Stockwerke unter einander durch feuerfeste Gewölbe, zum Theil mit Eisenconstruction, geschieden. Der nämliche Gesichtspunkt war auch bei der Anlage der Centralheizung massgebend, die, von der Firma Gebr. Körting hergestellt, alle Räume mit Wärme versorgen soll, während der Heizraum selbst, ebenfalls von Brandmauern umschlossen, von den Bibliotheksräumen getrennt liegt. Für alle Fälle sind mehrere Hydranten und eine Menge Wasserkrähne in allen Etagen vertheilt angebracht.

In diesen hohen und hellen Sälen sind nun die Bücher aufgestellt und zwar so bequem, dass auch ohne Zuhülfenahme quer ins Zimmer gestellter Repositorien für den Zuwachs so mancher Jahre genügend Raum vorhanden ist. Betreten wir den obersten Stock, so finden wir von der Nordwestecke beginnend und durch die zweite Saalreihe wieder dahin zurückkehrend, die Abtheilungen der Theologie, Philosophie, Jurisprudenz, Staatswissenschaften, Philologie und Sprachwissenschaft und endlich der Geschichte mit ihren Hülfsdisciplinen. Im Mittelstock befinden sich in gleicher Reihenfolge die Abtheilungen für Naturwissenschaften und Medicin, Literaturgeschichte, schöne Künste und Polygraphie und ein Theil der Journale und periodischen Schriften; ferner in der Fortsetzung der langen Gallerie die Nova, die Brochüren und Dissertationen verschiedensten Inhalts, die „Bibliotheca Zlobiniana" und die Büchersammlung des paedagogischen Instituts. Im Erdgeschoss schliesslich ist der Rest der Zeitschriften etc. untergebracht, die medicinischen Dissertationen, die Orientalia, die Handschriften und das Archiv. Hier befindet sich auch ein Eingang vom Hofe aus, der aber, für das Publicum geschlossen, nur für das Bibliothekspersonal bestimmt ist.

Im Mittelstock, der von dem übrigen Universitätsgebäude her am leichtesten zugänglich ist, liegen auch die Verwaltungsräume, die Arbeitszimmer für den Bibliothekar und einen seiner Gehülfen, ferner die Räume, wo die Bücherausgabe stattfindet, ein Lesesaal für die Professoren und ein anderer für die Studirenden. Alle diese Räume sind reichlich mit Arbeitstischen und den nöthigen Einrichtungsgegenständen versehen.

An Verkehrsmitteln giebt es eine steinerne Treppe durch alle drei Geschosse und eine eiserne Wendeltreppe, die den ersten und zweiten Stock verbindet. Dem inneren Verkehr dient ferner eine Telephonanlage, die von der Firma Siemens & Halske eingerichtet ist und den Bibliothekar nicht nur mit seinen Gehülfen in den andern Stockwerken, sondern auch mit den sehr entfernt am Südende des ganzen Gebäudes liegenden Verwaltungsbehörden der Universität in Verbindung setzt. Ein gleichfalls vorhandener Bücheraufzug muss leider in seiner Anlage als verfehlt bezeichnet werden, da er viel zu schwerfällig ist und zu viel Kraft erfordert, um in Bewegung gesetzt zu werden. Was die ganze Anlage der neuen Bibliothek anlangt, darf man sie freilich mit den in neuerer Zeit allenthalben in Deutschland, in Frankreich, England und Amerika aufgeführten Bauten nicht vergleichen. Man war hier ebensowohl aus Mangel an Mitteln, wie auch aus anderen Gründen nicht in der Lage, ein eigenes Gebäude zu errichten und nach allen Regeln auszustatten: man musste mit den vorhandenen Wänden rechnen, die nur in geringem Masse eine veränderte Eintheilung zuliessen. Es finden sich hier in Folge dessen keinerlei Paradesäle, stylvolle Treppenhäuser etc. und alles ist von schmucklosester Einfachheit. Aber auch von mancher Bequemlichkeit hat man absehen müssen. So z. B. war es nicht möglich, an den Bücherrepositorien Zwischengallerien anzubringen, und man ist auf die Benutzung der so unbequemen und nicht ungefährlichen hohen Leitern angewiesen. Ein weiterer Uebelstand, der nicht unerwähnt bleiben darf, ist der Mangel an Licht in einigen Räumen der beiden unteren Stockwerke. Hier liegen nämlich die Säle in drei Reihen nebeneinander, so dass die in der Mittellinie befindlichen nur mittelbar ihr Licht empfangen. In Folge dessen sind sie sogar im Sommer recht düster, im Winter aber, besonders an trüben Tagen, fast stockfinster; auch in den Räumen der Ostseite dürfte es indess in den dunkeln Wintermonaten kaum möglich sein, nach 1—2 Uhr sich zu beschäftigen. Da nun Gas, Petroleum etc. als Beleuchtungsmaterial theils wegen der Feuergefährlichkeit, theils wegen der Entwicklung von Rauch und Russ als ausgeschlossen angesehen werden können, so hat man an die Einrichtung einer elektrischen Beleuchtungsanlage gedacht, die allen Anforderungen entsprechen würde, doch ist diese Frage noch in der Schwebe.

Wenn man beim Durchwandern der hübschen, sauberen Räume alle die Bücher theils auf offenen Repositorien, theils in blank polirten riesigen Glasschränken aufgestellt sieht, kann man sich kaum vorstellen, wie viel Mühe und Zeit es gekostet hat, bis dieses Ziel erreicht war. Nur, wer selbst die Ueberführung einer grösseren Büchersammlung mitgemacht oder gar geleitet hat, ist im Stande dies zu schätzen. Verursacht schon die Uebersiedelung einer Familie mit ihrem Hausrathe Mühe genug, so ist dies doch in ganz anderem Massstabe bei einer Bibliothek der Fall. Handelte es sich doch hier um über 200,000 Bände, die keineswegs in beliebiger Reihenfolge transportirt und ebensowenig an beliebigem Orte niedergelegt werden durften! Dabei ist noch besonders in Betracht zu ziehen, dass ein Buch, einmal an falscher Stelle eingereiht, für so gut als verloren angesehen werden kann, bis es ein günstiger Zufall wieder zu Tage fördert. Es war also beständige peinlichste Aufmerksamkeit und Controlle über die mit dem Uebertragen der Bücher beschäftigten Arbeiter sowohl beim Aufladen, als auch beim Abladen und Niederlegen, endlich beim Aufstellen erforderlich, in ganz hervorragendem Masse aber grosse Umsicht bei der Organisation und Leitung des ganzen Mechanismus.

Begreiflicherweise konnte zu solch einer Arbeit das ständige Beamtenpersonal nicht ausreichen, umsoweniger als gleichzeitig eine Revision und Zählung des gesammten Bestandes vorzunehmen war. Es musste mithin sowohl das höhere Beamtenpersonal durch Hülfskräfte, die in vier Personen bestanden, verstärkt, als auch eine Menge Arbeiter zum Uebertragen engagirt werden. Mit diesem Etat begannen die Vorarbeiten mit dem Anfange des Jahres 1891, indem zunächst die einzelnen Abtheilungen der Bibliothek, Band für Band, vorgenommen, mit den Katalogen verglichen und in besondere Revisionslisten eingetragen wurden. Hiemit war man zum Anfang März so weit gediehen, dass mit der Ueberführung in die neuen Räume begonnen werden konnte. Da diese innerhalb ein und desselben Gebäudes liegen, war freilich keinerlei Fuhrwerk erforderlich und auch von der Unbill der Witterung nichts zu befürchten; indess war die beim Transport über mehrere Treppen und durch eine lange Gallerie zurückzulegende Strecke doch nicht unbedeutend. Deshalb wurden, um den Trägern das Wegschaffen grösserer Mengen von Büchern möglich zu machen, besondere Tragbahren, in der Form etwa einer Kinderbettstelle mit hohen Gitterlehnen, construirt, vermittelst deren ein Paar Arbeiter ohne übermässige Anstrengung ein paar hundert Bände, je nach dem Format, fortschaffen konnten. War nun eine genügende Partie Bücher in der alten Bibliothek revidirt, so wurden sie auf die angegebene Weise weggetragen und drüben von andern Beamten in Empfang genommen, an ihren Standort dirigirt und entweder direct auf den Repositorien untergebracht oder, wenn dies nicht möglich war, provisorisch in bestimmter Ordnung abgelegt. So wurden täglich von 3—6 Paar Trägern ein paar tausend Bände fortgeschafft und die Arbeit nahm die Zeit vom Anfang März bis zum 26. Juni (a. St.) in Anspruch, wo die alten Räume endgiltig geräumt wurden.

Damit war aber noch keineswegs die ganze Arbeit gethan. Es mussten die Bücher in den neuen Räumen in die gehörige Ordnung gebracht werden, die Doubletten ausgeschieden und so, wie auch einige besondere Sammlungen, die oben erwähnte „Bibliotheca Zlobiniana", die Bibliothek des ehemaligen paedagogischen Instituts, die frühere Studentenbibliothek etc., durchgesehen und in den Glasschränken der langen Gallerie aufgestellt werden. Endlich waren noch alle Revisionslisten durchzuarbeiten, mit den vorhandenen Quittungen zur Feststellung der Defecte zu vergleichen und die Resultate daraus zu ziehen. So vergingen denn noch 2 Monate, bevor das Werk vollbracht war. Vergegenwärtigt man sich alle damit verbundenen Schwierigkeiten, so wird man gewiss der Leitung und Ausführung einer solchen Arbeit die schuldige Achtung nicht versagen können.

Einen würdigen Abschluss fand das Ganze in der Einweihungsfeierlichkeit, die am 25. Aug. a. St. um $1^1/_2$ Uhr in Gegenwart des Curators des St. Petersburger Lehrbezirks, Geheimrath Kapustin, des Rectors der Universität, Akademiker Nikitin, mehrerer Professoren und Docenten, sowie des Beamtenpersonals stattfand. Nach vorausgegangenem Gottesdienst nach griech.-orthod. Ritus durchschritt die Geistlichkeit alle Räume, sie mit Weihwasser besprengend, während gleichzeitig die Gäste die neue Einrichtung in Augenschein nahmen. Nach der gottesdienstlichen Feier erschien auch Se. Exc. Graf Deljanow, Minister der Volksaufklärung, und hielt nach Besichtigung der Bibliothek mit dem Ausdrucke seiner Befriedigung nicht zurück.

Die in vorliegenden Zeilen enthaltenen historischen und anderen Daten verdankt Verfasser, so weit sie nicht auf eigner Anschauung beruhen, der 1870 erschienenen Geschichte der Universität St. Petersburg von Prof. W. Grigorjew, Petzholdt's Anzeiger, sowie den freundlichen mündlichen Mittheilungen des gegenwärtigen Bibliothekars und seines Vorgängers. O. v. Haller.

Wachsthum und Leistung der Bibliotheken.[1]

Vor zwei Jahrhunderten besass das mittlere und westliche Europa nur zwei grosse Bibliotheken: Die Hof-Bibliothek von Wien mit 80,000 Vol. (1660) und die Bibl. Mazarin mit 40,000 Vol. (1650).

Im Laufe dieses Jahrhunders haben sich die Bibliotheken in ungeahnter Weise entfaltet und was besonders beachtenswerth ist: Der Schwerpunkt der gesammten Leistung wandert immer weiter gegen Westen.

---

[1] Vgl. Petzholdt, Edwards Rep. U. St., Littr. Centralbl., Bibl., Library, Library Journal, Revue des Bibl., Encycl. Brit. u. einzelne Reports. Schwenke's Adressbuch, welches demnächst erscheinen wird.
Meinen verbindlichsten Dank für gütig ertheilte Auskünfte spreche ich aus den Herren:
Director L. Delisle-Paris, General-Director Wilmanns-Berlin, Oberbibliothekar R. Garnett vom Brit. Museum, Director Dr. Laubmann-München, Dr. Schwenke-Göttingen.

1835 besassen die grössten Bibliotheken, jener Zeit Paris, München, 600,000 bez. 400,000 Vol., die K. Bibl. Berlin, die Hof-B. Wien und die Göttinger Bibliothek zählten $1/4$ Million, das Brit. Museum besass 220,000; die grössten Büchereien Amerikas wiesen hingegen nur 70,000 (Harvard) bez. 50,000 Vol. auf (Congress und Athenäum). Derzeit zählt die Bibl. Nat. in Paris 2 Millionen und das Brit. Museum 1.7 Mill. Vol. (1891); es folgen die Bibliotheken von München, Berlin, Boston, Wien, Göttingen. Vgl. die folg. Tabelle (Mill. Vol.):

	B.N.Paris	Brit.Mus.	Congress	H.Münch.	K.B.Berl.	Boston	H.Wien	Götting.
1835	0.6	0.22	—	0.4	?	—	0.28	0.25
1857	0.8	0.56	—	?	0.5	0.0	0.37	0.3
1884	—	1.35	—?	?	0.7	0.4	0.4	0.4
1890—91	2.0	1.7	0.65	0.9	(0.8)[1]	0.6	(0.5)	0.44

Die grösste Bibliothek Italiens (Vitt. Emman. Roma) zählt etwa 360,000 Vol., von denen aber erst 200,000 zugänglich sind. Dann folgt die B. Naz. Firenze und die Vaticana, deren Büchervorrath keine nennenswerthe Benutzung erfährt.

Der jährliche Zuwachs ist gerade in den grössten Bibliotheken schwer zu bestimmen. Bald wird die Zahl der Bände, bald die Zahl aller Einläufe notirt. Grosse Rubriken (Zeitungen, Musikalien etc.) werden bald einbegriffen, bald gesondert verzeichnet. Eine andere Methode der Bestimmung ergiebt sich, wenn man die Zählungen oder Schätzungen etwa pro Quinqennium oder Decennium zu Grunde legt. Da aber auch hier die Aufzeichnungen nicht nach einem einheitlichen Schema vorgenommen werden, bleibt der Vergleich abermals precär. Wenn man die Brochüren zu Bänden vereint annimmt, dürfte der jährliche Zuwachs in den grössten Bibliotheken 30,000 - 50,000 Vol. betragen (über 100,000 Nummern). Man vergleiche den Return des Brit. Mus. ('1891'):

a) 36,000 Vol. und Broch. (hiervon 20,000 gekauft, der Rest obligatorisch oder geschenkt).
b) 62,000 Hefte von Zeitschriften (28,000 gekauft).
c) 2470 Jahrgänge von politischen Zeitungen (171,000 einzelne Nummern, — sämmtlich obligatorisch).
d) 2780 Musikalien (oblig.).

An die drei grössten Büchereien reiht sich an Oxford (mit 50,000 Nummern p. Jahr, wovon nur 7000 Vol. gekauft wurden). Boston P. L. mit 20,000 Vol., Newberry, Chicago mit einem Zuwachs von 16,000—

---

[1] Kön. Bibl. Berlin Anzahl sämmtlicher „Druckschriften" (also wohl incl. Brochüren) = 0.8 Mill.

23,000 Vol., (1890—91, siehe diese Zeitschrift). Ferner Harvard, P. L. Chicago, K. B. Berlin mit 16,000 bis 10,000 Vol.

Der Bestand einzelner grosser Bibliotheken giebt übrigens keinen Aufschluss über die relativen Leistungen der einzelnen Länder. In dieser Beziehung nimmt Deutschland weitaus den ersten Platz ein. Im Jahre 1882 hatte Deutschland 45 grosse Bibliotheken (mit mindestens 100,000 Vol.), während England, Frankreich und die Verein. Staaten nur 12 – 15 grosse Bibliotheken zählte. Oesterreich besass deren 7, s. die folgende Tabelle:

Land	Im Jahre 1857		Im Jahre 1882	
	Zahl der grossen Bibliotheken	× Mill. Vol.	Zahl der grossen Bibliotheken	× Mill. Vol.
Deutschland	19	4.3	45	11.3
Frankreich	8	1.8	15	4.5
Gr. Britannien	6	1.4	12	3.3
Verein. Staaten	0	—	12	2.3
Oesterreich	4	0.8	7	1.7

Nach dem Budget ordnen sich die grossen Bibliotheken folgendermassen (× 1000 Mark):

British Museum 1890	(800 Mk.)[1]
Bibl. Nationale 1890	(630)[2]
Public. L. Boston 1890—91	500—700[3]
Kön. Bibl. Berlin 1890	410
Public Libr. Chicago 1889	350
„ „ Manchester 1890	240
„ „ Liverpool 1890	240
Congress L. Washington 1880	200
Newberry, Chicago 1890	200
Publ. L. Birmingham 1890	200
Paris, Volks-Bibliotheken 1888	160
Oxford 1890	160
München, Hof-Bibl. 1890	159
Publ. L. San Francisco 1890	150
Wien, Hof-Bibliothek 1890	140
Publ. Libr. New York 1890 Universit. Paris, Astor, Publ. L. von Leeds u. a. 1890	} 100

Dann folgen viele Volksbibliotheken von Amerika und England und einige unserer namhaftesten Institute mit 100,000 bis 40,000 Mk. (Göttingen = 78,000).

---

[1] 9500 £ für Bücher, 6250 für Binden nach gef. Angabe des Herrn Ober-Bibliothekars R. Garnett (1890).

[2] Herr Direktor Delisle notirt 1890 436,000 Francs für Personal-Auslagen.

[3] Boston 1890 = 128,000 Doll., 1891 = 174,000 Doll., hiervon 68,000 für Personal.

Wenn man die Zahl der Bände in den grossen Bibliotheken vergleicht mit der Einwohnerzahl, gelangt man zu überraschenden Ergebnissen. Kaum eine deutsche Stadt dürfte sich mit Boston messen, welches in seinen zwei grossen Bibliotheken 2.5 Vol., wenn man die benachbarte Universitäts-Bibliothek von Cambridge mitrechnet, sogar 4 Vol. pro Einwohner besitzt. Repartirt man die Vol. des Brit. Mus., so ergiebt sich nur 0.4 p. E.; Paris, B. Nat. besitzt 0.9 Vol. pro Einwohner.

Von hoher Bedeutung ist die Thatsache, dass in vielen Staaten noch heute eine bedenkliche Concentration des Bücher-Vorrathes in der Metropole herrscht. In den 40er Jahren besassen einige Hauptstädte bis über 20% des nationalen Bücher-Besitzes (Paris gegen 30). In Deutschland und Amerika hingegen ist das Bücher-Kapital über das ganze Land diffundirt. In Washington und Boston sind nur wenige % des nationalen Bücher-Besitzes vereint und in England beginnt seit der Aera der Volks-Bibliotheken eine erfreuliche Diffusion.

E. Reyer.

Volks-Bibliotheken.

Unsere deutschen städtischen Bibliotheken, welche z. Th. schon im 16. Jahrhundert gegründet wurden (Hamburg 1529) erwiesen sich im Allgemeinen nicht als lebensfähig. Ramsay's Leihbibliotheken versorgten in späterer Zeit das Publikum gegen geringes Entgeld mit Lectüre.

In den Jahren 1848—49 begann ziemlich gleichzeitig in Amerika und England jene Bewegung, welche in den letzten Decennien so grossartige Institute, wie die Volks-Bibliotheken von Boston, Manchester, Liverpool, Chicago ins Leben gerufen und ausgebildet hat. Manchester und Liverpool eröffneten ihre Volks-Bibliotheken 1852. 30 Jahre später zählte Gr. Britannien 100 Volks-Bibliotheken. 1890 hatten wenigstens 40 Städte in England und Schottland namhafte Volks-Bibliotheken mit mindestens 100,000 Benutzungen p. Jahr. 30 Städte mit 5 Mill. Einw. wiesen 10 Mill. Benutzungen auf.

Manchester hat, Dank Herrn C. W. Sutton's organisatorischem Genie, alle Rivalen weit überflügelt. 1890 wies die Bibliothek 1,560,000 Benutzungen auf.

Nur London fand es lange nicht nöthig, für Volks-Bibliotheken zu sorgen. Im Jahre 1886, $1/3$ Jahrhundert nach Beginn der Aera der Volks-Bibliotheken besass London nur zwei unbedeutende Volks-Bibliotheken.

Glasgow, die zweitgrösste Stadt des Landes erhielt durch Lord Mir's Schenkung (20,000 £) den Anstoss zur Bethätigung und wird hoffentlich nicht weiter schlafen, nachdem alle namhaften Städte des

Landes längst durch ihre Volks-Bibliotheken glänzen. Hoffentlich wird die Volks-Bibliothek in dieser Stadt erfolgreicher wirken, als die Temperence-Gesellschaften, welche dem verwahrlosten elenden Volke durch Predigten und Tractätlein den Trunk abgewöhnen möchten.

Was alle anderen namhaften Städte Britanniens in Bezug auf Volks-Bibliotheken geleistet, ist aus der folgenden Tabelle (f. 1890) zu entnehmen, in welcher (nach den Ausweisen der „Library") alle Städte über 100,000 E. und soweit bekannt, auch deren Bibliotheks-Ziffern notirt sind. Ich bemerke, dass ich für London in Ermangelung von Volks-Bibliotheken die Bibl. des Brit. Mus. eingesetzt habe. Die meisten englischen und schottischen Städte haben pro Einwohner 1 bis 2 Benutzungen, Manchester, Edinburgh, Bristol, Aberdeen sogar drei Benutzungen p. E.

Vergleicht man den Bücher-Vorrath und die Zahl der Benutzungen, so findet man, dass die Britischen Volks-Bibliotheken meist 4 bis 5 Benutzungen pro Vol. aufweisen. Manchester, Bradford, Bristol, Portsmouth, Aberdeen u. a. haben über 8 Benutzungen p. Vol. u. p. Jahr. Kleine Bibliotheken weisen naturgemäss meist höhere Benutzungsziffern auf. —

In Deutschland begann die Bewegung wenige Jahre nach der englisch-amerikanischen Reform, ohne jedoch bisher eine namhafte Ausdehnung zu erreichen.

Dagegen hat Paris seit den sechziger Jahren Grosses geleistet. 1890 wiesen die Pariser Volks-Bibliotheken zwei Millionen Buch-Benutzungen auf.

In Wien wurden in kurzer Zeit 10 Volks-Bibliotheken ins Leben gerufen mit 220,000 Benutzungen; mehr als die Hälfte dieser Leistungen entfällt auf die von unserem Volks-Bildungs-Verein gegründeten Büchereien. (Bibliotheks-Referent Dr. v. Fürth). Von den ausser unserem Verbande stehenden Volks-Bibliotheken ist die leistungsfähigste jene des VII. Bez. mit 69,000 Benutzungen auf 9200 Vol. (1891. Bibliothekar R. Beranetz.)

Die Volks-Bibliotheken Amerikas bespreche ich in einem folgenden Artikel.

	× 1000 Einw.	× 1000 Vol.	× 1000 Benutzungen
London (B. M.)	4200	(1600)	(1200)
Glasgow	570	—	—
Liverpool	520	150	980
Manchester	500	200	1560
Birmingham	430	167	848
Leeds	370	157	800
Sheffield	320	95	426
Edinburgh P. L.[1])	260	110	780

---

[1]) Nach einer brieflichen Mittheilung des Herrn Ober-Bibliothekar Morrison wies die Edinburgh P. L. im Jahre 1891 aus: 880,000 Buch-

	⨯ 1000 Einw.	⨯ 1000 Vol.	⨯ 1000 Benutzungen
Bristol	220	74	630
Bradford	220	66	517
Nottingham	200	66	260
West Ham [2])	200	—	—
K. Hull	200	—	—
Salford	200	90	318
Newcastle T.	190	67	300
Portsmouth	160	26	292
Kensington	160	14	120
Dundee	160	57	290
Leicester	140	37	290
Oldham	130	36	115
Sunderland	130	18	124
Cardiff	130	35	137
Aberdeen	120	22	320
Blackburn	120	37	106
Brighton	110	33	136
Bolton	110	68	253
Preston	110	17	105
Croyden	100	18	160
Norwich	100	25	—
Birkenhead	100	45	266

E. Reyer.

Erlass
des K. Preussischen Ministeriums der geistlichen, Unterrichts- und Medizinal-Angelegenheiten, betreffend den Leihverkehr zwischen den Universitäts-Bibliotheken zu Göttingen und Marburg.

§ 1.
Zwischen den Universitäts-Bibliotheken zu Göttingen und Marburg findet ein regelmässiger Leihverkehr statt.

§ 2.
Dieser Verkehr ist in der Art zu gestalten, dass die Bestellscheine in der Regel an jedem Dienstag und nach Bedürfniss auch am

Benutzungen und nahezu eine Million Besucher im Journal-Saal. 28 Bedienstete. 35,000 Doll. Subvention.
2) In West Ham werden dz. zwei Volks-Bibliotheken errichtet.

Freitag von der entleihenden Bibliothek abgesandt und spätestens am Tage nach ihrem Eingange von der verleihenden Bibliothek erledigt werden.

§ 3.

Diejenigen Bestellscheine, auf welche eine Uebersendung von Büchern erfolgt, gelten nach Abstempelung derselben mit dem Tagesstempel der verleihenden Bibliothek als Empfangsscheine. Die übrigen werden mit den nöthigen Vermerken versehen zurückgesandt.

§ 4.

Die Entleihungsfrist beträgt ausschliesslich der Hin- und Rücksendung, wenn der Vorsteher der verleihenden Bibliothek für den einzelnen Fall nichts anderes bestimmt, drei Wochen, für Zeitschriften und Sammelbände eine Woche. Die Rücksendung erfolgt mit der nächsten auf den Fälligkeitstermin folgenden Sendung.

Die verleihende Bibliothek hat jedoch das Recht, in dringenden Fällen jederzeit die sofortige Rücksendung, unter Uebernahme der Kosten ihrerseits, zu verlangen.

Die für Lehrzwecke der eigenen Universität unentbehrliche Literatur ist von der Versendung ausgeschlossen.

§ 5.

Die entleihende Bibliothek haftet für rechtzeitige und unbeschädigte Rücklieferung der entliehenen Bücher. Im übrigen stellt sie dieselben nach Massgabe ihres eigenen Reglements zur Benutzung.

§ 6.

Die Hin- und Rücksendung der Bücher erfolgt auf dem Postwege oder als Eilgut, je nachdem es im einzelnen Falle am zweckmässigsten erscheint.

§ 7.

Die Eilgutsendungen geschehen unter angemessener Werthversicherung. Bei Postsendungen findet eine Werthdeklaration nur in den Fällen statt, in welchen entweder die verleihende oder die entleihende Bibliothek dies aus besonderen Gründen für erforderlich erachtet.

§ 8.

Briefsendungen im Leihverkehr werden frankirt. Alle anderen Sendungen erfolgen unfrankirt. Postpackete unter 5 *kgr* sind als „portopflichtige Dienstsache" zu bezeichnen.

§ 9.

Ueber die aus dem Leihverkehr entstehenden Kosten wie über die Zahl der versandten Bände (Buchbinderbände) wird an jeder Bibliothek besonders Buch geführt. Ende September und Ende März jeden

Jahres findet eine Abrechnung auf der Grundlage statt, dass der Antheil jeder Bibliothek an den Kosten nach der Zahl der von ihr in dem betreffenden Zeitraum empfangenen Bände bestimmt wird.

§ 10.

Die entleihende Bibliothek erhebt von den Benutzern eine Entschädigung von 10 Pfennigen für jeden Band. Bei Bestellungen und Sendungen ausserhalb des regelmässigen Leihverkehrs hat der Benutzer ausserdem die etwa erwachsenden besonderen Kosten (für Telegramme, Eilbriefe, besondere Sendungen u. s. w.) zu ersetzen.

§ 11.

Die Kosten, welche nach § 9 jeder Bibliothek zur Last fallen, werden, abzüglich der nach § 10 zu erhebenden Beträge, aus dem Titel „Insgemein" der Universität am Ende jedes Rechnungsjahres ersetzt.

§ 12.

Die vorstehenden Bestimmungen beziehen sich nicht auf den Leihverkehr mit Handschriften und Cimelien, indem vielmehr in dieser Beziehung die Bestimmungen des Erlasses vom 8. Januar 1890 entsprechende Anwendung zu finden haben.

Berlin, den 15. Mai 1892.

Der Minister der geistlichen, Unterrichts- und Medizinal-Angelegenheiten.

Bosse.

---

† Stiftsbibliothekar J. N. Idtensohn.

Es giebt wenige Bibliothekarsvorstände in Deutschland, und wohl auch sonst in Europa, die nicht die liebenswürdige Gefälligkeit des verstorbenen Vorstandes der berühmten St. Galler Stiftsbibliothek erfahren haben. Wir können am Besten den Dank für sie, den wir dem Verstorbenen schulden, durch den etwas gekürzten Abdruck eines Nekrologs aussprechen, den wir der uns freundlich zur Verfügung gestellten Nummer der „Ostschweiz" vom 24. Mai d. J. entnehmen:

„Dieser Name, früher in der Oeffentlichkeit nur selten vernommen, wurde in den letzten Tagen häufig genannt. Pilgerten doch zahlreiche Gläubige nach der „alten Kapelle", woselbst von Blumen und Kerzen umgeben, die Leiche eines Priesters aufgebahrt war, dessen Auge die Mitternachtsstunde vom Mittwoch auf Donnerstag (18.—19. Mai) zum ewigen Schlummer geschlossen hat, und begleitete am Sonnabend Vormittag eine zahlreiche Volksmenge die Hülle des Entseelten durch die Strassen der Stadt, in denen das Geräusch des bewegten Lebens für einige Zeit verstummte, hinaus zum weiten Gräberfelde.

Ein ausführliches Lebensbild des Verblichenen hat uns die Leichenrede gegeben, welcher wir einige biographische Züge entnehmen. J. Idtensohn, geb. den 18. Mai 1827 in Wyl, verlebte daselbst seine Jugendjahre. In St. Gallen bereitete er sich auf seine höheren Studien vor, welche er 1846—50 in Luzern und Freiburg in Br. fortsetzte und vollendete. Zum Priester geweiht, wirkte er als Domvikar in St. Gallen, als Kaplan und Professor in Lichtensteig und Rorschach, als Religionslehrer wieder in St. Gallen, ferner in der Stellung eines Pfarrers und Dekans in Oberriet. Von der Pfarrei Niederbüren wurde er 1876 an die Stiftsbibliothek in St. Gallen berufen, in welcher Stellung er fünfzehn Jahre verblieb.

Seine ausgebreiteten Kenntnisse in der modernen und klassischen Philologie, die er während seiner Seelsorgerthätigkeit stets vermehrt hatte, befähigten den Verstorbenen zur Uebernahme des Amtes eines Bibliothekars, dessen Arbeitsfeld sich während der letzten zwei Jahrzehnte bedeutend erweitert hatte. War es doch dieser Zeitraum, welcher die Stiftsbibliothek der wissenschaftlichen Welt allgemein erschlossen hat. Die Schätze derselben waren zwar vorher keineswegs unbekannt — man denke nur an Hattemer's verdienstvolle Arbeit —; allein eine detaillirte Kenntniss war erst ermöglicht, als die gedruckten Kataloge der Manuscripte (1875) und Incunabeln (1880) der Oeffentlichkeit übergeben wurden. Begreiflicher Weise war deren Erscheinen für den Bibliothekar von einer neuen Arbeitslast begleitet, indem die Anfragen über die St. Gallischen Handschriften sich mehrten, deren Versendung, welche nur unter den sorgfältigsten Vorsichtsmassregeln gestattet war, häufiger verlangt wurde, endlich Jünger der Wissenschaft aus den verschiedensten Ländern zahlreicher nach St. Gallen eilten. Während im Jahre 1877 nur 72 Manuscripten-Bände benutzt wurden, stieg deren Zahl fortwährend und erreichte im Jahre 1890 die Zahl von 410 Bänden.

Wer sich immer auf der Bibliothek beschäftigte, der erzählte mit Freuden von der Aufnahme, die er daselbst gefunden, war voll Lob über die freundliche Bereitwilligkeit, mit der man jedem an die Hand ging, und bewunderte die zahllosen Opfer an Zeit und Mühen, die der Bibliothekar in seltener Uneigennützigkeit jedem Gelehrten brachte.

Aus dem langjährigen Leben in der Seelsorge hatte sich Herr Bibliothekar Idtensohn in seine neue Stellung die Vorliebe für die Jugend und das einfache Volk gerettet. Während die Bibliothek dem Fachmanne neue Quellen eröffnet, bietet sie dem grossen Publikum in der Ausstattung ihrer Säle Genuss und Anregung, der Neugierde manche Befriedigung und unersättlicher Schaulust einige Reize — wäre es auch nur durch den Anblick der ausgetrockneten Mumie. Niemand wurde abgewiesen. Unermüdlich war der freundliche Cicerone thätig, um alle gestellten Fragen zu beantworten, Aufschluss und gütige Winke zu ertheilen. Um die Stiftsbibliothek dem allgemeinen Interesse dienstbar zu machen, gründete er ebenfalls eine Volksbibliothek, welche das unterhaltende Element in erster Linie berücksichtigte; allerdings wieder auf Kosten der eigenen Inanspruchnahme der Zeit und Kräfte. Während im Jahre 1877 nur 600 Bände ausgeliehen wurden, stieg die Zahl der ausgehenden Werke im Laufe der Jahre auf das Vierfache.

Es ist begreiflich, dass die stete Beschäftigung mit der Bibliothek, verbunden mit einer ausserordentlichen Berufstreue, welche den Verstorbenen stets zierte, ihn allmählich mit der erstern verband, dass sie gleichsam als ein untrennbares Glied seines eigenen Ich erschien. Schwierigkeiten in der Verwaltung seines Amtes, welche sich ohne irgend welche persönliche Verschuldung einschlichen, raubten seinen Mussestunden die nothwendige Erholung, der Nacht selbst die Wohlthat erquickender Ruhe. In den Leiden seiner langen Krankheit versagte ihm auch das Gedächtniss nur selten die Treue, wenn es sich um die Büchersammlung handelte. Nie berührte ihn wohl sein Zustand schmerzvoller, als wenn er einen bekannten Gelehrten nicht mehr begleiten konnte.

Seine Uneigennützigkeit wurde häufig auf harte Probe gestellt. Oft äusserte er seinen Unmuth in den Berichten über die Bibliothekverwaltung, in denen er absichtliche Beschädigungen und Ausflüsse jugendlichen Leichtsinnes berühren musste, allein nie war sein berechtigter Unwille von Dauer. Erwirkte er doch erst in den letzten Jahren, gedrungen durch die Verhältnisse, das Verbot, das Kinder und Schüler ohne Begleitung Erwachsener von der Besichtigung der Bibliothek ausschloss.

Das Interesse für die ihm anvertrauten Schätze führte ihn wiederholt auf weitere Reisen: 1877 nach Italien, 1884 nach England und Irland. Die Resultate derselben sind für die Stiftsbibliothek von nicht zu unterschätzender Bedeutung: manches werthvolle Werk wurde durch seine Verbindungen hierher geschenkt, so dass die grossen historischen Quellenwerke in seltener Vollständigkeit in St. Gallen anzutreffen sind. — —

Bereits vor vier Jahren erlitt seine Gesundheit eine tiefe Erschütterung, wohl in Folge der geistigen Ueberanstrengung, vor welcher ihn die Aerzte oft so ernst und eindringlich gewarnt hatten. Vor zwei Jahren zerstörte ein neuer Anfall die Hoffnungen auf Genesung und führte ihn von der Arbeit in's Heiligthum gottergebenen Duldens und stillen Leidens. In den letzten zehn Tagen seines Lebens beobachtete man einen raschen Zerfall der Kräfte. Wie sein grosser Vorgänger, P. Pius Kolb, in den letzten Lebenstagen von Rorschach nach St. Gallen eilte, um sterbend seine geliebte Bibliothek noch einmal zu sehen, so durchschritt Herr Bibliothekar Idtensohn letzten Mittwoch Abend kurz vor 7 Uhr am Arme seiner treu besorgten Begleiterin festen Schrittes den Gang, um den Büchersaal noch einmal zu schauen. Wenige Stunden nachher verkündete der zwölfte Glockenschlag den Abschluss seines 65. Geburtsfestes — das Ende seines arbeitsvollen Lebens."

Recensionen und Anzeigen.

Bibliografia historyi Polskiej. Wspólnie z Dr. Henrykiem Sawczyńskim i członkami kółka historycznego uczniów uniwersytetu Lwowskiego zebrał i ułożył Dr. Ludwik Finkel. Część I. we Lwowie. Nakładem komisyi historycznej akademii umiejętności w Krakowie. z Drukarni Ludowej pod zarządem Stanisława Baylego 1891. 4°. XVI, 527 S. M. 12.

„Die polnischen und ausländischen Historiker bedauerten seit langer Zeit das Fehlen einer Bibliographie, welche in einer systematischen Uebersicht die Quellen und Bearbeitungen der polnischen Geschichte umfasst. Es ist heut zu Tage allgemein anerkannt, dass alle Zweige der Wissenschaft, und die Geschichte mehr als jeder andere, Hülfsmittel dieser Art nöthig haben. In den letzten Jahren hat man bibliographische Handbücher für die Geschichte mehrerer Völker oder für wichtige Perioden der allgemeinen Geschichte veröffentlicht, welche, mehr oder weniger vollständig und verschieden eingetheilt, ihrerseits für eine Fülle von historischen Untersuchungen den Ausgangspunkt gebildet haben, für die sie Material und Quellen angaben. Man kann anführen: A. Potthast, Bibliotheca historica medii aevi (Berlin 1862. 1868), M. (lies Ulysse) Chevalier, Répertoire des sources historique du moyen âge (Paris 1877—1886, lies 1888), Winkelmann, Bibliotheca Livoniae historica (2. ed. Berlin 1878), Dahlmann-Waitz, Quellenkunde zur (lies der) Deutschen Geschichte (Göttingen 1878, lies 1883), G. Monod, Bibliographie de l'histoire de France (Paris 1888) etc." Mit diesen Sätzen eröffnet der Bearbeiter der oben angeführten Bibliographie der polnischen Geschichte eine Selbstanzeige seines Werkes im Anzeiger der Krakauer Akademie der Wissenschaften 1891 S. 292—301 und zeigt dadurch, welche Muster ihm bei seiner ebenso mühsamen als ungemein verdienstlichen Arbeit vorgeschwebt haben. Doch trifft eigentlich nur der Vergleich mit Winkelmann's Bibliotheca Livoniae zu: die Bücher von Waitz und Monod haben erheblich geringeren Umfang (341 und 420 S.), geben nur das Wichtigste, verzichten von vornherein auf Vollständigkeit und schliessen fast alle Aufsätze aus Zeitschriften aus. An Winkelmann's vortreffliches Buch erinnert dagegen Finkels Bibliographie auch äusserlich in Format und Einrichtung (Spaltendruck). Aber während der Bibliograph der baltischen Provinzen seinen Stoff incl. Register auf 608 Seiten in 11,756 Nummern erschöpfte, umfasst die vorliegende, sicher kleinere Hälfte der polnischen Bibliographie allein 9946 Nummern, thatsächlich aber viel mehr, da oft Seiten lang zahlreiche Schriften unter einer Nummer zusammengefasst sind.

Den ganzen Stoff gliederte der Herausgeber nach einer Einleitung, die die sog. historischen Hülfswissenschaften umfasst, in zwei grosse Gruppen: Quellen und Bearbeitungen. Die Quellen, welche mit der Einleitung die jetzt erschienene erste Hälfte füllen, zerfallen in Urkunden, Acten, [Gesandtschafts-]Berichte, Reden; für die „Bearbeitungen" ist in der französischen Vorrede (S. XI) die Eintheilung in innere Geschichte (Geographie, Kirchengeschichte, Rechtsgeschichte, Culturgeschichte), politische Geschichte, historische Persönlichkeiten und Ortschaften in Aussicht genommen: ein Register der Verfasser (und hoffentlich auch der anonymen Stichworte) soll den Beschluss bilden. Diese Zweitheilung sucht der Verfasser S. 294 seiner Selbstanzeige durch die übergrosse Fülle des Materials zu rechtfertigen: „er musste Abtheilungen, Gruppen bilden, um dem Benutzer die Orientirung in den zahlreichen Einzelheiten zu erleichtern, um ihn schnell den gesuchten Nachweis finden zu lassen." Meiner Ansicht nach wird, wenn das Buch fertig sein wird, die vorgenommene Zweitheilung gerade das Gegentheil zur Folge haben, denn sie zwingt jeden Benutzer, der den Stoff für irgend ein Ereigniss der polnischen Geschichte übersehen will, an zwei Stellen nachzuschlagen. Die Trennung von Quellen und Bearbeitungen hätte gruppenweise, für jeden grösseren chronologischen Einschnitt, zuletzt für jede einzelne Regierung oder auch jedes wichtige Ereigniss durchgeführt werden können: jetzt wird sie den Verfasser zwingen zahlreiche Titel, die er unter den Quellen bereits aufgeführt hat, bei den Bearbeitungen noch einmal zu wiederholen,[1]) da er den Begriff der „Quelle" übermässig ausdehnt und als „gleichzeitige Broschüre" eigentlich die ganze zeitgenössische Literatur, auch wenn sie sich nicht auf den in der Ueberschrift angegebenen Abschnitt bezieht, bei den Chroniken unterbringt.

Wie Winkelmann, so strebt auch Finkel Vollständigkeit an und hat sich keine Mühe verdriessen lassen sie zu erreichen. Natürlich ist für ein beschränktes Gebiet, wie die Ostseeprovinzen, die Literatur leichter zu sammeln als für die Geschichte einer Grossmacht, deshalb ist Winkelmann seinem Ideal näher gekommen, als es der Lemberger Bibliographie gelingen konnte. Um so schärfer musste daher auch räumlich der gewaltige Stoff abgegrenzt werden: statt dessen hat aber Finkel sich auch in dieser Hinsicht seine Aufgabe unnöthig erschwert, indem er die Geschichte der polnischen Nebenländer in viel zu weitem Umfang in seiner Bibliographie berücksichtigte; ich meine die Länder, die nur vorübergehend Theile des polnischen Staates gewesen sind: Schlesien (bis 1163 oder 1335), Livland (1561—1620), Preussen (1466—1660, resp. 1772). Dadurch dass er die historische Literatur dieser Gebiete, ohne sie geographisch zu sondern, in die betreffenden chronologischen Partieen einordnete, hat er sein Buch mit fremdartigem Stoff durchsetzt und ohne Noth die Fülle vergrössert. Am ersten waren die livländischen Titel zu entbehren, die ja bei Winkelmann trefflich geordnet vorliegen. Oft scheint er der Verlockung recht viel aus Winkelmann zu entnehmen nicht haben widerstehen können. Schlesien und Preussen haben zwar noch keine eigenen Bibliographien, doch wird sich, wenn dieselben einmal vorliegen, zeigen, dass hier nur eine nicht immer glückliche Auswahl geboten wird.

Kann ich mich mit der Gliederung in Quellen und Bearbeitungen und der räumlichen Ausdehnung nicht einverstanden erklären, so verdient die Behandlung der Zeitschriften, Sammelwerke und Recensionen die vollste Anerkennung: die einzelnen Aufsätze sind an den entsprechenden systematischen Stellen untergebracht. Freilich zeigt sich dabei ein weiterer Uebelstand der beliebten Zweitheilung, sehr oft wird auf Titel von Zeitschriften verwiesen, die erst in der zweiten Hälfte mitgetheilt werden können. Bei Winkelmann stehen sie am Anfange. Sodann hat der Verfasser im Excerpieren des Guten mitunter zu viel gethan. Es ist meiner Ansicht nach nicht Aufgabe einer Bibliographie einzelne Urkunden aus Sammlungen nachzuweisen, wie es Finkel S. 70 ff. gethan hat: das liegt dem Bearbeiter von Regesten ob, und an diese Aufgabe ist die Krakauer Akademie ja längst herangetreten (vgl. Lewicki, Index actorum saeculi XV): ebenso unnöthig war es die Volumina legum einzeln zu excerpiren.

Dass bei der Fülle des Stoffes (auf 120,000 Nummern schätzt F. seine Titelcopien) an eine bibliographisch genaue Wiedergabe der einzelnen Titel nicht zu denken war, ist selbstverständlich, es musste gekürzt, an Platz gespart werden, nur durfte die Deutlichkeit nicht darunter leiden. Das ist aber häufig der Fall, mitunter bricht ein Titel vor der Hauptsache ab, dazu kommen mehr Druckfehler, besonders in nicht polnischen Büchern, als in einem derartigen Werk erlaubt sein sollte. Auch ärgerliche Schreibversehen bei der Aufnahme der Titel durch Studenten sind mit untergelaufen, die dann zur Folge gehabt haben, dass die Bücher an ganz verkehrte Stellen gerathen sind. Der specielle Theil wird Beispiele davon bringen. Ich gehe

---

1) Aus diesem Grunde wollte ich meine Besprechung bis nach Erscheinen der 2. Hälfte aufschieben, als mir von Lemberg aus der Wunsch ausgesprochen wurde, sie jetzt bereits zu veröffentlichen.

nun nach diesen allgemeinen Betrachtungen auf die einzelnen Abschnitte ein und erörtere dabei dasjenige, was meiner Ansicht nach einer Berichtigung oder Ergänzung bedarf.

Nach einer doppelten, polnischen und französischen Vorrede, einem alphabetischen Verzeichniss der zahlreichen Abkürzungen und dem Inhaltsverzeichniss beginnt S. 1 die Einleitung (wiadomości wstępne): I. Archive und Bibliotheken (1—8). Bei No. 4, Inventarium arch. Cracov. fehlt ausser dem Herausgeber E. Rykaczewski die eingehende Besprechung von E(rnst) S(trehlke) in den Neuen preussischen Provinzialblättern 3. Folge VIII (1861) 284—290. Unter No. 48 wird Behem, B., Cod. picturatus Wien 1889 angeführt, gemeint ist: die alten Zunft- und Verkehrs-Ordnungen der Stadt Krakau. Nach Balthasar Behems Codex picturatus ... herausgegeben von Bruno Bucher. Wien 1889. Zu 62, Ossolinskische Bibliothek in Lemberg, ist hinzuzufügen: Speiser, Aus., Bibliotheca Ossoliniana s. catalogus librorum. Cracoviae 1802. Unter der Literatur über die Archive fehlt J. Voigts Aufsatz über das Königsberger Archiv in Friedemann's Zeitschrift für die Archive Deutschlands II (1853) S. 185—194; auch von Löhers Archivalische Zeitschrift (seit 1877) ist nicht benutzt (z. B. für das Breslauer Stadtarchiv, die russischen Archive etc.). II S. 9—27 Hülfswissenschaften (Nauki pomocnicze): 154 Funccius, Joh., Chronologia, nicht Funecius; N. 176 von Paoli-Lohmeyer, Paläiographie ist 1889 eine 2. Auflage erschienen, ebenso war bei N. 229, Du Cange, Glossarium med. et inf. latinitatis der neue Abdruck von L. Favre, Niort 1883—87 zu erwähnen. Bei 252 Grünhagen, Regesten zur schlesischen Geschichte sind die Auflagen durcheinander gerathen, nur Th. I (bis 1250) ist 1876—84 in 2. Auflage erschienen, die erste Auflage kam 1866—1886 heraus (I 1866/68 II 1872/75 III 1879/86). N. 259 v. Müllverstedt, Magdeburger Regesten sind 1976—86, nicht 1896/87 erschienen. N. 266 l. A. Bauch statt G. Rauch (Kanzlei Heinr. V. v. Breslau). N. 363 l. Siebmacher st. Siebenmacher; N. 443 muss heissen. Braun, D., Ausführl. Hist. Bericht vom Polnisch- u. Preussischen Münz-Wesen; S. 22 fehlt die Abhandlung J. Benders, Beiträge zur Gesch. d. preuss. Geld- u. Münzwesens, Zeitschrift f. d. Gesch. Ermlands VI 1878. N. 548 l. Bayer statt Beyer; die Berliner Zeitschrift für Numismatik (v. A. v. Sallet) ist nicht benutzt. S. 25 u. 26 (Medaillen) fehlt die Arbeit Mich. Lilienthals Beschreibung der polnischen Medaillen seit 1515 in der „Preussischen Sammlung" III S. 43 ff. In 5 Epigrafika fehlt die Beschreibung der Grabdenkmäler des Gnesener Domes von Siemieński, 1828; dieselbe ist, mit einem Fragezeichen versehen, als N. 734 unter die Urkundenbücher gerathen, lag also den Bearbeitern nicht selbst vor: der Titel Monumenta eccl. Gnesn. hat irre geführt.

Auf S. 31 beginnt die erste Hauptabtheilung, die Urkunden (bis 345). 1. Urkundensammlungen. N. 648 Monumenta medii aevi historica res gestas Poloniae illustrantia. T. II umfasst die Jahre 1384—1492. N. 685 l. Soran st. Soran; N. 695 der 5. Band des „Erleuterten Preussens" erschien nicht 1728, sondern erst 1742; 712 Est- u. livländ. Brieflade v. Bunge u. v. d. Toll (nicht Troll), Bd. III ist 1879 von Phil. Schwartz (nicht Pabst) herausgegeben. N. 756 die Ausgabe der Urkunden von Leubus ist von J. G. G. Büsching. Verunglückt ist N. 781 Cramer, Urkundenbuch der Bischöfe von Pomeranien (1279—1347), gemeint ist Pomesanien u. 1236—1588 in der Zeitschrift des Histor. Vereins zu Marienwerder Heft 15—19, 1885—87. Von N. 800 Becker, Urkunden zur Gesch. von Schlawe wird nur ein Programm (1876) angeführt, nicht die übrigen von 1875, 1877—78. Statt des Diplomata-Bandes von Karl Pertz, N. 840, der bekanntlich Merowinger Urkunden enthält, wären die Quartbände Sickels zur Geschichte der sächsischen Kaiser anzuführen gewesen: Sickel u. Sybel, Kaiserurkunden in Abbildungen, N. 841, reicht hier nur bis Lief. 6 (1884). N. 856 statt Rippen lies v. Bippen. N. 861 das Urkundenbuch von Volger betrifft Hildesheim, nicht Halberstadt; das Hildesheimer Urkundenbuch von Doebner (864) hat vier Bände. N. 867 der Codex dipl. Lusatiae superioris ist von Köhler, nicht Küchler, die 2. Abtheilung des Cod. dipl. Lubecens. (n. 873) erschien 1856, nicht 1885. N. 885 Jaffés Regesta pontificum werden nur in erster Auflage angeführt; S. 40 fehlen unter den rumänischen Urkundensammlungen die Documente privitore istoria Romanilor.

S. 45—56 2. Sammlungen von Rechtsquellen (Zbiory praw i pomniki sądowe). 1017 Volkmann nicht Yolckmann heisst der Herausgeber des Elbinger polnischen Rechtsbuches, Beilage zum Progr. d. Elbing. Gymnas. v. 1869. N. 1179 l. Schlieff, Val. statt Schleif, W., Beiträge zu der Historie des Culmischen Rechts, 1184 Toeppens Danziger Schöffenbuch ist Programm von Marienwerder, nicht von Memel.

S. 56—68. 3. Sammlungen von Acten (Zbiory aktów). 1431 Schirren, Quellen z. Geschichte d. Untergangs der livl. Selbständigkeit aus dem stockholm. Archiv 7 Bde.; die 3 Bände Neue Quellen aus Kopenhagen (1883 ff.) fehlen. Von S. 62 an werden die Sammlungen fremder Länder (England, Frankreich, Spanien und Portugal, Holland und Belgien, Deutschland und Oesterreich, Schweden und Dänemark, Italien) angeführt, deren Verzeichnung dem Bearbeiter besondere Mühe verursacht hat (Anzeiger S. 295), aber doch wohl den Rahmen einer polnischen historischen Bibliographie erheblich überschreitet: N. 1633 Theiner, Acta genuina conc. Trident. lies Massarello statt Nassarello und Mendham statt Merdham.

S. 68 beginnen die Urkunden, Acten, Briefe und Reden nach einzelnen Zeiträumen, voran die auf das ganze Jahrhundert bezüglichen Werke, dann die Documente zu den einzelnen Jahren, zuletzt zu unabsehbarer Fülle anschwellend. N. 1716 (Innoc. III.) l. Brequigny st. Berquigny. Nach 1747 fehlt die Urkunde für die Dominikaner in Sendomir v. 1255, Altpreuss. Monatsschrift X (1873) S. 500/501. N. 1770 mein Urkundenwesen Mestwins II gehörte unter die Diplomatik (oben S. 11, dafür manches dort verzeichnete an diese Stelle): bei dem Hinweis auf Script. rer. Pruss. in N. 1782 fehlt die Bandzahl I. 1786 l. Bujack st. Buja. Die Angaben über die Hanserecesse, Nr. 1966, sind unklar. 2203 Lindau (nicht Lindnau) Geschichte des 13jähr. Krieges gehört doch nicht unter die Urkunden, 2260 (aus Vol. leg.) Albertus abbas fehlt Lubinensis, wie bei Lewicki, Index S. 402 richtig angegeben ist. N. 2443 mit Schultz, Gesch. Preussens ist wohl Caspar Schütz gemeint. Von dem Aufsatz Kętrzyński's über Górski (2509) war auch die deutsche Bearbeitung in der altpr. Monatsschrift VIII (1871) 541—553 anzuführen, da dieselbe neben der polnischen in den Posener Roczniki selbständige Bedeutung hat. 2548 sollen die Constitut. des Breslauer Bischofs Johannes Turzo sein, aber Vratisl. ist ausgefallen, die Interpunction verunglückt, ebenso ist bei den Forschungen zur deutsch. Gesch., 2573, die Bandzahl XVIII fortgeblieben. Unklar ist, was mit Nr. 2652: Scriptores rerum Prussicarum V: Liber missivorum, Liber intimationum, Rathdoenkbuch(?) gemeint ist: es scheint sich um Danziger Stadtbücher zu handeln. N. 2668 ist statt Bytom et Lunenburg, doch sicher Bütow u. Lauenburg zu lesen. N. 2721 Funk, wahrhaftiger Bericht steht hier mit Fragezeichen zu 1533, folgt unten 2881 richtig zu 1553: der Fehler stammt von Estreicher, Bibliografia polska XV. XVI. stól. S. 144. Bei N. 3152 ist eine livländ. Urkunde von 1547 fälschlich zu 1577 gesetzt. N. 3536, nach Winkelmann, Bibl. Livon. 5677 ss., ist ungenau wiedergegeben: statt Gustaw Adolf de la Gardie lies Gust. Adolf's bref til Hr. Jacob Pontusson de la Gardie: 3559 „Johannis Sigismundi Abschnitt in Sachen" giebt keinen Sinn: es muss wohl Abschied heissen und die „Sache" ist ausgelassen. 3566 Krause, G., Urkunden Lpz. 1861—6, 5 t. ist doch etwas zu kurz: aus der Umgebung ersieht man mit Hülfe von Dahlmann-Waitz' 5. A. S. 214, dass die Urkunden, Actenstücke und Briefe zur Geschichte der Anhaltischen Lande und ihrer Fürsten unter dem Drucke des 30jährigen Krieges gemeint sind. N. 3585 fehlt der Herausgeber K. H. v. Busse (Winkelmann 8598), 3588 l. tatarskiej st. tatarsklej, 3621 l. Barberini st. Berberini, 3638 fehlt der Verfasser J. v. Bohlen. Arg verunglückt ist 3662 Leges sumptuariae eines Ehe-Raths Riga 1628 statt Winkelmann

4423 eines Ehrb. Raths. In 3702 hätte in der Schrift von Grothuss (Wink. 5606) hinter Friderico-duce Curland. nicht ausgelassen werden dürfen. 3719 das Elbinger Fastenmandat der Königin Christine ist nach Israel Hoppe's gleichzeitiger Chronik 480 von 1633, nicht von 1634. 3791 l. Einhorn statt Eichhorn. 3899 (S. 153 oben) R., nicht F. Damus; 3914 bei Magnus Gabr. ergänze aus Wink. 5797 de la Gardie. 3918 l. Tuchel st. Truchel. In 3934 sind fast alle Titel ungenau, Wink. 8659 ff. 3966 Perschke, Wink. 8700 (auch im Register) hat Persehke. Müller, das belägerte Riga ist in Giessen gedruckt, nicht in Riga (Wink. 7433): der erste Titel dieser Nr., die letzte Transeatio(!) zwischen Curland ist nur aus Wink. 9379 verständlich. 3998 st. Reputatio l. Refutatio (Wink. 9383), 4012 Grauert st. Granert, 4025 Ferd. Hirsch st. Fr. Von den Feldzügen des Prinzen Eugen, 4178, werden nur 8 Bände angeführt, die Sammlung reicht jetzt (1892) bereits bis zum 20. Bande. In 4158, „Rechts Riga Apotheker Ordnung 1685" steckt wahrscheinlich Wink. 7828: E. E. Rahts .. Erneuerte Rigaische Apotheker-Ordnung 1685. 4198 Negotium Piltinense steht bei Wink. 9368 bei 1656, hier ist es zu 1686 gestellt. In 4247 kommt dasselbe Stück (Schiemonsky's Relation) unter acht Titeln zweimal (1 u. 8) vor. Unter 4348 werden aus Wink. 5908 40 Briefe an Jacob de Bye angeführt, aber nicht bemerkt, dass dieselben nicht gedruckt sind und nur 1870 in einem Katalog von Fredr. Muller in Amsterdam angeboten waren. 4350 l. Pastors zu Papendorf, 4351 (183 b Z. 2 v. o.) Wink. 5909 st. 5009; eb. ist aus Wink. 5949 Polus Th. Comes — Polus Thom. geworden. 10 Zeilen weiter ist hinter: sächs-Trouppen ausgefallen. Von der epistola nobilis Poloni kennt Wink. 5961 keine deutsche Uebersetzung. 4352 Hermelinus, discussio criminationum quibus usus est (Wink. 5983) nicht reus. 4361 a (die Nummer kommt zweimal vor) Hoher Potentaten Heldenbriefe sind Gedichte (Wink. 5997), gehören also nicht unter die Quellen. In derselben Nr. l. Aquilonii, Wieselgren, nicht Wiesel Gren, S. R. M. st. J. R. M, portuum Curlandiae conclusionem st. portum Curl. (Wink. 6002), S. 185 a Z. 11 v. o. l. descente u. Dünen st. Dänen (Wink. 6019), das nächste Stück steht nach Wink. 9434 Inland 1845, 3 nicht 2. 4 Zeilen weiter Belgii st. Belgiae (Wink. 6036). 4365 (186 a, 13) l. 3 Junii st. Julii (Wink. 6051). Z. 20 uth drag (nicht uthchag), 21 ankomne st. ankomoe. Das letzte Stück von 4369 der Untergang der Stadt Nyen ist nach Originalbriefen von Alex. Hueck (Inland 1841, Wink. 6066) geschildert, also keine Quellenschrift. 4379 das vertheidigte Preussen ist von dem Hallischen Professor Joh. Pet. v. Ludewig. S. 191 b, vorletzte Zeile v. u. die Litteratur über Patkul reicht bei Wink. nur bis 11106, 11107 bis 11143 beziehen sich auf andere Personen, 4421 l. Schüppenmeister. Der 4426 zu Winkelmann aus Estreichers poln. Bibliographie IX gemachte Zusatz Accords Puncta der Stadt Riga steht auch bei Wink. 6134. 4432 wird auch ein Patent Augusts II. über das Reichsvicariat verzeichnet, das berührt doch die polnische Geschichte nur ganz äusserlich. 4433 l. 1711 st. 1714. In N. 4448, Hirtenbrief des Bischofs Theodor Potocki von Ermland von 1715 ist das Fragezeichen hinter Vormditti überflüssig, vgl. Zeitschr. f. d. Gesch. Ermlds. II, 78. Der „P. Alexiewicz" in 4474 soll doch Peter der Grosse sein. In 4482 ist mit Wink. 8775 verglichen der Titel unvollständig: es fehlt de Gedaneusi itemque Prussia negotio. Der Brief der Kaiserin Katharina I. 4491 wird wohl erst nach dem Tode Peters, 1725, nicht 1720 erlassen sein. Unter 4513 werden die zahlreichen Broschüren über das Thorner Blutgericht von 1724 verzeichnet: dabei vermisse ich die Aufsätze aus dem Erläut. Preussen II u. III von Zernecke, sie werden hier nur als selbständige Schrift angeführt. 4515 l. sal Hallense, 4519 Schoepflin st. Schoepelin, 4522 Enodatio st. Enondatio. 4531 der (2.) Bericht über die Nogatbrücke steht im Erläut. Preussen III 773. Unter 4540 wird eine Rigasche Vormundschafts-Ordnung v. 1727 mitgetheilt, = Wink. 4202, dieser verzeichnet noch 2 ältere von 1591 und 1657. 4543 die Schrift von Flöfler, der Congress v. Soissons ist aus den Fontes rer. Austriac. 32 u. 38. 4559 Lengnich, Augusti II. indulgentia gehört zu 1733, nicht zu 1730, vgl. Katalog d. Danziger Handschriften I 661. N. 4604 (S. 206 a

Z. 7 v. u.) l. Einmüthiger, 4614 Lindensi st. Lidensi. Von 4701 Kery, Decreta S. Sedis Apostol. Czenstochoviae 1745 verzeichnet Siennicki, Drukarn. Czestoch. 56 zwei frühere Ausgaben von 1714 und 1716, die ich hier nicht finde. 4703 Werner, L. R., commentatio de anno Prussorum gehört doch nicht zu den Flugschriften des Jahres 1745, sondern in die Chronologie. 4731 l. Quirinus st. Quirimis. Unter N. 4771 sind zwei verschiedene Titelkürzungen von Wink. 5869 mitgetheilt, 4787 Recueil des deductions ist vom Minister von Hertzberg, 4788 (219b letzte Zeile) l. Stralsundzie. In 4830 ist zu verbessern Neu revidiro und bancíruptoris, auch ist Wernick nicht der Verfasser der gegen ihn gerichteten Schrift. 4841 Häusser, Friedr. d. Gr. u. Polen steht im 9. Bande der Forsch. z. deutschen Gesch. v. 1869, nicht im 1. (1871), wie hier angegeben. 4913 Handelsordnung Katharina II. für Riga unter polnischem Titel ist wohl hier übersetzt, bei Wink. kann ich nichts entsprechendes finden. 4953 l. Kettleriana st. Kletleroviana. Von 4964, den Berichten des Thorner Residenten Geret in Warschau, giebt es eine deutsche Ausgabe von L. Prowe in den N. preuss. Provinzialblättern 3. Folge Bd. X u. XI, welche älter ist als die hier angeführte polnische Uebersetzung von Liske. 4992 (240a Z. 5) Précis des recherches sur la Poméranie (von F. Lojko) ist französisch und deutsch erschienen. 5017 Status Goldingensis steht hier bei 1773, Wink. 9577 giebt kein Jahr an. 5027 ist doch wohl profess. st. profoss. zu lesen. 5028 ult. ist nach Wink. 9467 von J. G. Sulzer. 5046 Diarium des Mitauer Landtages ist nach Wink. 9073 in Königsberg gedruckt: in 5173 ist mit Wink. 9100 statt deut. Städten — und den Ständen zu lesen. 5180 l. Chr. Wilh. Dohm, nicht Dohn.

S. 347 beginnt der zweite Hauptabschnitt der Quellen, die Chroniken; 1. Sammlungen von Chroniken, die in allgemeine, mittelalterliche polnische und Chroniken benachbarter Länder und grosse Sammlungen der übrigen Länder eingetheilt sind. Bei den preussischen Geschichtsquellen S. 352 ist in 5866 der Inhalt der Scriptores rerum Prussicarum nicht ohne Fehler angegeben, in Bd. I fehlt die Chronik von Oliva, die unter Bd. 5 verzeichneten Beilagen zu Dusburg gehören in den ersten Band, st. Wulfstan lies Wulfstan. Die Eintheilung von 5876, Monumenta historiae Warmiensis ist unrichtig, es bilden Bd. 1, 2 und 5 den Codex diplom., 3 und 8 die Scriptores, 4 u. 7 die Bibliotheca, 6 ist noch nicht erschienen. N. 5885 Scriptores rerum Bohemicarum ed. Pelzel u. Dobrowsky ist der Inhalt von Bd. I u. II verzeichnet, bei III steht ein Fragezeichen. Selbst wenn der 45 Jahre später erschienene Band auf den Lemberger Bibliotheken fehlen sollte, hätte es sich doch aus Potthast oder Lorenz leicht feststellen lassen, dass er die Böhmischen Annalen der Fortsetzer des Pulkawa und Benesch v. Horovic enthält. Von den Fontes rerum Bohemicarum, 5886, sind zwar 4 Bände angegeben, aber der Inhalt des vierten, 1884 vollendeten Bandes fehlt (Chronicon Aulae Regiae, Franciscus Pragensis, Beneasius de Weitmil). Die Geschichtschreiber der deutschen Vorzeit 5893 reichen nur bis 1866, soweit wie bei Potthast, Suppl. S. 5. (1868). Auch die Scriptores rerum Germanicarum (Schulausgaben) sind unter 5892 nach dem Bestande von 1868 mitgetheilt. Unter den ungarischen Geschichtsquellen (S. 355) vermisse ich die neue Sammlung von Florian (1881 ff.); von Langebek, Scriptores rerum Danicarum ist Bd. 9, 1878, Indices nicht erwähnt (5933). Die Histoire littéraire de la France (5941) reicht hier nur bis zum 24. Band 1863 wie bei Potthast, Suppl. S. 5.

S. 357—364 Sammlungen von Denkwürdigkeiten (vom 16. Jahrhundert an), polnische und fremde. N. 6000 die preuss. Geschichtsschreiber des 16. u. 17. Jahrh. hat 4 Bände (1, 2 Simon Grunau, 3 steht noch aus, 4, 5 Elbinger Chroniken). S. 364 beginnt die 3. und längste Abtheilung dieses Abschnitts, die einzelnen Schriftsteller in chronologischer Reihenfolge mit dem „Vater der Geschichte" Herodot. N. 6068 stammt aus Potthast, S. 403, die Abkürzung „Handschr." hätte aber nicht Handschreiber aufgelöst werden sollen. 6071 v. Sybels Dissertation über Jordanes ist von 1838, nicht 1833. Von Fredegar (wohl Samos wegen aufgenommen), N. 6080, fehlt die beste Ausgabe v. Krusch,

Mon. Germ. hist. Script. Merov. II, 1888, ebenso N. 6084 die des Paulus Diaconus v. Waitz (1877); zu Einhard werden 6093 nur bei Potthast S. 273 und Suppl. 67 erwähnte Erläuterungsschriften angeführt, die ganze neuere Litteratur seit 1869 fehlt. Bei 6128 Widukind hat es den Anschein, als ob die Ausgabe von Waitz M. G. SS. III nur ein Abdruck der ed. pr. v. 1532 sei, was doch durchaus nicht der Fall ist. 6132 (Maurenbrecher) l. Bonnae st. Romae. 6135 die Passio S. Adalberti in Mon. Germ. SS. XV, 2 ist nicht von mir, sondern von Waitz herausgegeben, die von mir edirte Schrift mit der Besprechung im Kwartalnik historyczny gehört zu 6142. Bei 6136 Bruno's Leben Adalberts fehlen die Ausgaben von Toeppen Ss. rer. Pruss. I und Bielowski Mon. Polon. I. 6143 Jeroschins Leben d. hl. Adalbert hat zuerst J. Voigt in den N. pr. Provinzialbl. 3. F. VII (1861) herausgegeben. Das Fragezeichen bei Lohmeyer (nicht -ay-), St. Adalbert war übrig, die Abhandlung steht im 9. Bande der Zeitschrift für preuss. Gesch. u. Landeskunde 1872 S. 1—41. S. 370 fehlt die von R. Kade entdeckte M. G. SS. XV. 2 edirte Schrift Brunos über die 5 polnischen Märtyrer. Unter die Litteratur über Thietmar von Merseburg, 6105, ist fälschlich eine Abhandlung von Krause über den Kreuzfahrer Magister Thietmarus (Forsch. XV) gerathen. 6170 Leben des hl. Stephan von Ungarn fehlt die neueste Ausgabe von Florian. S. 371b Z. 2 v. o ergänze hinter Gött. Anz. — Nachrichten. Von Adam v. Bremen (6181) u. Lambert v. Hersfeld (6184) sind die Schulausgaben in neuen, auf Revision der Handschriften beruhenden Ausgaben erschienen, die hier fehlen; die Litteratur über Lambert reicht bis 1876, die neueren Arbeiten Pannenborgs und Holder-Eggers fehlen jedoch. 6157 verbessere den ärgerlichen Druckfehler Kapitaly in Kapituly. Die Ausgabe des sogen. Martinus Gallus in den Mon Germ. SS. IX, 6203, hat nur die Bezeichnung Chronicae Polonorum. 6208 l. Kuehnast st. Kuchnast, 6218 Moue st. Monac, 6219 Palacky statt Palatzky. Unter N. 6220 sind die verschiedenen annalistischen Aufzeichnungen zur Geschichte Polens (Schlesiens u. Preussens, Livland ist hier fortgelassen), Nr. 1—34, zusammengestellt. Diesen Annalen werden von deutschen und polnischen Herausgebern zum Theil abweichende Bezeichnungen beigelegt, Finkel aber zählt alle hintereinander auf, ohne anzumerken, dass es sich nur um verschiedene Benennungen desselben Stückes handelt: so ist 3 (Ann. S. Crucis vetusti, Mon. Pol. II) = 1 (Annal. Cracov. vetusti M. Germ. SS. XIX), 21 (Annales Rocznik Traski, nicht Trzaski, M. Pol. II) = 14 (Annal. Polon. I M. G. SS. XIX), 27 (Annales minoris Poloniae M. Pol. III) = 15—17 (Ann. Pol. II—IV. SS. XIX); 4. muss Ann. Kamenzenses nicht Kamencenses heissen. 6223 steht unter den Bischofskatalogen auch ein solcher von Inowraclaw — dort war aber niemals der Bischofssitz von Cujavien: M. Pol. IV heisst es Catalogi episcoporum Vladislaviensium. Die einzelnen Annalen werden dann noch einmal unter besonderen Nummern nach ihren Anfangsjahren aufgeführt, aber wieder die abweichende Benennung nicht beachtet: so ist z. B. 6225 = 6236. 6251 ist zum Liber fratern. Lubinensis auf eine Besprechung von mir: Altpreuss. Ztschrft. 1887 I hingewiesen; gemeint ist Altpr. Monatsschrift 1887, wo sich aber nur eine Anzeige des Todtenbuches von Oliva befindet. 6272 Arnold v. Lübeck, die angeführte Schrift von Völkel über Helmold gehört unter N. 6245 zu den Commentaren Helmolds. Zu 6304 Annales Colon. maximi fehlt die abschliessende Ausgabe von Waitz: Chronica regia Coloniensis (Scr. rer. German. in us. schol.) 1880. Eine ältere Redaktion des Ryccardus de S. Germano (6306) entdeckte und edirte 1888 Gaudenzi in den Monumenti storici Napoletani. Cronach I, 2. 6315 wird der Bericht über den Tatareneinfall 1241 dem Minoriten Jordanus von Giano beigelegt und als Druckort Matthaeus Paris ed. Watson London 1684 angegeben: gemeint ist hiermit wohl die ed. Wats, Lond. 1684; der Autor heisst aber in dem Schreiben nur Jordan Ord. Min. Vicar der polnischen Provinz Pringensis und die Identität mit J. de Giano ist ganz ungewiss. 6361 der Tod des Bischofs Werner von Plock erfolgte 1171, nicht 1261. 6384 zur polnischen Waltersage fehlt das Programm von Brody 1879 Rischka, Walgierz Wdaly u. Walter v. Aquitanien. 6390 L. St. ist St[ephan] L[aguna]. 6394 Dümge st. Dumge; 6419 Paderborn; 6432 die Ann. Pelplin. stehen im 6. Bande des Codex diplom. Prussicus von Voigt und als Annales Prussici breves im 19. Bande Scriptores der Mon. Germ. 6486 (u. 6537) l. Grautoff st. Grantoff; 6467 Bitschin st. Bitschius. 6472 fehlt zu Jeroschin die sprachlich sehr wichtige Ausgabe Pfeiffers: Beiträge zur Geschichte der mitteldeutschen Sprache und Litteratur, Stuttgart 1854. 6525 Bischof Johannes I. von Pomesanien war kein Elbinger Mönch, sondern stammte aus der Elbinger Bürgerfamilie Mönch, daher Monachi, nicht monachi. 6541 wird Hermann v. Wartberge (statt Th. Hirsch) zum 2. Herausgeber Wigands von Marburg gemacht. Von den Reisen Gilberts von Lannoy, 6595, fehlt die neueste Ausgabe von Potvin von 1878. Von der Schrift des Aeneas Sylvius de situ et origine Pruthenorum hätte die in Petersburg (S. rer. Pruss. IV, 214) und Göttingen befindliche Incunabel v. c. 1470 angeführt werden müssen (S. 393. 394). Die Schrift von V. Bayer über die Historia Friderici III. des Enea Silvio hat deutschen nicht latein. Titel (6692). 6710 l. historia brevis magistrorum st. magistri. 6731 (S. 396 Z. 1 v. o.) l. M(eckelburg) st. M(ockelburg). Von der 2. Ausgabe der Lites inter Polonos ordinemque Cruciferorum ist bis jetzt (1892) nur ein Band erschienen, nicht drei, wie 6750 angegeben. Die beiden Ausgaben der historia Vratislav. des Eschenloer von Kunisch und Markgraf können nicht, wie es 6781 geschieht, als 1. und 2. Ausgabe bezeichnet werden, da Kunisch die jüngere deutsche Bearbeitung, Markgraf den älteren lateinischen Text edirt hat. 6864 l. H(einrich) Schreiber st. St. Schr. 6942 zu Albert Krantz ist zu ergänzen: Lange, Rud., zur Geschichtschreibung des Albert Krantz, Hansische Geschichtsblätter 1885 S. 61—100. Zu 6983 Gise, Floscul. lutheran. fehlt die von Tschackert wiedergefundene und herausgegebene Schrift Brismanns Flosculi Gotha 1887. 7022 giebt kein richtiges Bild vom Umfange der Chronik Simon Grunaus, es musste wenigstens 1876—89 heissen. 7112 K. L. im Litterar. Centralblatt ist K(arl) L(ohmeyer). 7237 das Gedicht von Caspar Schütz Prussiae lib. I sermone ligato ist 1563, nicht 1562 erschienen. 7251 l. Truchsess st. Trachsen. 7390 Lasicki, de diis Samogitarum fehlt die Ausgabe von Wilhelm Mannhardt im Magazin der lettisch-litterärischen Gesellschaft XIV Riga 1868. Zu 7411 u. 12 Michael Friedewald vermisse ich die Ausgabe Toeppens, die Preussischen Geschichtschreiber des 16. u. 17. Jahrh. Bd. IV, 2. 1881. Der Herausgeber der Chronik des Lucas David, 7467, ist nicht der Baron von Ungern-Sternberg, sondern Ernst Hennig. Die Chronik des ermländischen Decans Johannes Plastwich († 1464) steht wegen eines später angefügten Nachtrages bis 1589 als N. 7516 unter der Litteratur des 16. Jahrhunderts. 7559 l. Hennenberger st. Hemenberger; das angeführte Stück ist übrigens nur ein Theil der hier nicht aufgenommenen Erklärung der preussischen Landtafel Hennenbergers. 7620 l. 1598 st. 1698. Bei 7653 Diarium des Lassota von Stebleu fehlt die Ausgabe von R. Schottin, Halle 1866. Von dem Leben des Hans von Schweinichen, 7676, fehlen die Ausgaben Büschings (1823) und Oesterleys (1878). 7650 und 7699 = Wink. 5629 und 5655 sind ungenau wiedergegeben. 7709 = Wink. 11263 ist 1807, nicht 1607 erschienen (Neue Ausgabe v. G. v. Bergmann). Bei 7744 Newe Zeitung aus Narwa 1606, Wink. 5664, fehlt der Druckort Danzig; 7757 Joh. Sam. Hering, Alt-Stettin'sche Geschichten ist zu 1605 gestellt, der Autor schrieb nach Dähnert, Bibl. Grypeswald. I 904/905 von 1711—1756. Bei 7777 Thomas Treter ist als Todesjahr 1609 mit Fragezeichen angegeben: das richtige ist 1610 (Febr. 11) s. Zeitschr. f. Gesch. Ermlands III 556. Von 7780, Mittendorf, de obsidione Parnaviae (Gedicht!) verzeichnet Wink. 5669 zwei Ausgaben von 1609 u. 1611. 7788 (S. 437 Z. 2 v. o.) l. Finck st. Finek; 7803 l. Henclius st. Hevelius, Breslographia st. Breslografis; die Silesiographia ist 1613, nicht 1616 erschienen. 7855 Radziwill, Peregrinatio Hierosol. Antverp. 1614, nicht 1814; 7892 Bellarmin st. Bellarium; 7893 l. SS. rer. Pol. 14 st. 19. N. 7921 die adumbratio civitatis Rigensis von 1621 ist nach Wink. 7263 nur ein Plan in Kupferstich in der hier nicht verzeichneten Schrift De expugnatione civ. Rigensis (Wink. 7409). 7952 Israel Hoppe hg. v. Toeppen fehlt der Haupttitel: Die preuss. Geschichtschreiber d. 16. u. 17. Jahrh. Bd.

V. Leipzig 1887 (nicht Elbing 1888); K. L. s. oben. 7986 Lipski, Andr., De rebus gestis Sigismundi III erschien zuerst 1595, nicht 1585. 8025 Starowolski, Bernardus mellifluus st. mellifivus. 8143 Amberg st. Ambery. 8149 Rudniciana Brunsberg 1651 soll wohl die Sagitta Rudniciana sein, die Bender, N. pr. Prov. bl. 3. F. 10. 456 anführt. 8159 nicht Lusus Curlandicus sondern Lessus, Wink. 8609. 10. u. (ebenso 8187) Einhorn, nicht Einchorn. Nakielski, Miechovia steht oben 767 (unter den Urkundensammlungen) mit der richtigen Jahreszahl 1634, hier 8223 falsch mit 1654. 8228 ist dieselbe Schrift zweimal verzeichnet; vgl. Wink. 5753. 8266 Karwat Sew. und 8297 Karwat Seweryn Wokicewicz sind polnische und deutsche Ausgaben derselben Schrift: Unbewegte Treue bei Glücksverwandlung Joh. Casimiri. 8302 l. da Ceneda, ebenso 8457 statt de Geneda. 8306 Jansson, Novissima Poloniae descriptio und Nova Livoniae descriptio sind nach Wink. 824 u. 831 Landkarten, passen also kaum unter die Ueberschrift Chroniken, Memoiren. 8336 J. St. Wydzga starb 1685, nicht 1686 (Erml. Zeitschr. I 550). 8359 ist statt carr. wohl curis zu lesen. 8439 Propemticon (!) Boguslai Radziwili von Martin Opitz gehört natürlich zu 1637, nicht zu 1667 s. die Bibliographie der Einzeldrucke von M. O. von Oesterley, Ctrbl. II, 405 n. 157: ähnliche Gedichte von Opitz an polnische Grosse hat Oesterley noch mehr verzeichnet, doch hat Finkel diese Litteratur, wenn ich seine Bemerkung Anzeiger 1891 S. 296 recht verstehe, nur ausnahmsweise aufgenommen 8477 Schardius, Epitome rerum gestarum 1673 wird durch das beigesetzte D S. (Druk spolczesny = gleichzeitiger Druck) falsch characterisirt, denn es ist (Dahlmann-Waitz ed. 5 n. 227) nur Bd. 3 u. 4 der 2. Aufl. vom Historicum Opus Schards (1574), die Materialien zur Geschichte Ferdinands I. und Maximilians II. enthalten. 8550 l. Virginopolis st. Vioginapolis (Wink. 5868). 8578 stehen die dem 14. u. 15. Jahrh. angehörenden Notae monialium S. Clarae Wratisl. eines Nachtrages von 1682 wegen unter diesem Jahre, aber nur die Ausgabe in den Mon. Germ. Ss. XIX, nicht die in Stenzels Ss. rer. Siles II u. Bielowski's Mon. Pol. III. Zu S. 468 und 469, der Litteratur über die Belagerung Wiens durch die Türken 1683, finde ich bei Dähnert, Bibliotheca Grypeswaldens. n. 25554 u. 39235 zwei Nachträge: Laurus, Chrn., Memorabilia obsidionis Viennensis 1683 u. Ruess, J. G. W., Relation von der Wienerischen Belagerung durch die Türken 1684. Zu den Trauerschriften über Herzog Alexander von Kurland, 8624, vgl. Wink. 8718—20. 8633 l. Dusburg st. Duisburg; der Druckort Lipsiae et Hallesfort ist zu verbessern in Francofurti et Lipsiae, Sumtibus Martini Hallervordii (es handelt sich um Hartknochs Dusburgausgabe). 8686 Hartknochs preussische Kirchen-Historie ist ebenso wie seine übrigen Arbeiten in Frankfurt und Leipzig erschienen. 8665 l. Athenaei Gedanensis st. Athanasi Ged. 8697 l. Matthaeus st. Mathias Praetorius. 8726 Girs, Aeg. (oben 7953 Aug.) Konung Johann den III Chronika bezieht sich doch auf Johann III von Schweden (1568—92), nicht auf Johann Sobieski von Polen. 8746 l. 1697 st. 1797. 8834 Grundriss der Stadt Elbing 1704 DS ist nach Selasinski, Ueber Landkarten Ost- und Westpreussens, N. pr. Prov.-Bl. VI (1848) 457 in dem Buche: Das verwirrte Polen, Leipzig 1711 (Finkel 8846) enthalten, aber keine selbständige Flugschrift. 8856 Kelch, Chr., Liefländische historiae Continuatio Schnakenburg 1874, der Name des Verlegers steht statt des Druckorts Dorpat. 8857 Odenpee st. Odensee. 8922 Kiernicki, Marya Częstochowska heisst bei Siennicki Drukarn Czest. S 60 Kiersnicki. 8944 Karte von Wieliczka von Aorlach, wohl Druckfehler für Borlach, 9275. 8982 u. 9002 wird das Continuirte gelehrte Preussen zu 1725 u. 1726 angeführt, ich vermisse die beiden ersten Bände: das gelehrte Preussen 1722. 23. 9021 l. Reisehandbuch st. Reisehandlungsbuch. 9135 Brauniana st. Bramiana. 9174 Thaler-Cabinet Königsb. u. Leipzig 1747 ist die vierte Auflage von Michael Lilieuthal, Auserlesenes Thalercabinet (ed. 1. 1725) s. Pisanski ed. Philippi S. 685. 9186 ist das stärkste Versehen, das mir in F.s Buch aufgefallen: Alnpeke, Dit., Livländische Reise-Chronik, Reval 1748 DS. Statt Reise-Chronik lies Reim-Chronik und 1848, dann erhalten wir die 6420 richtig verzeichnete

Uebersetzung der Livländischen Reim-Chronik v. E. Meyer. 9692 (= Wink. 716) 1798—1803, nicht 1801. 9754 Refléxions sur les causes de l'union entre la Porte, France, Pologne, Suède, Danemarc gehört sicher nicht in das Jahr 1806, sie passt nur zu 1788. 9834 l. Senfft v. Pilsach; 9841 die (russ.) historischen Erinnerungen von Kalisch, 1835, beziehen sich sicherlich auf das Lager bei Kalisch und den Besuch Friedrich Wilhelms III. und gehören somit nicht in die nur bis 1815 reichende Bibliographie; statt Vretinghoff l. Vietinghoff. 9862 l. Pauten st. Pauten.

Die grosse Anzahl falscher Namen wird die Benutzung des Registers, das an den Schluss des 2. Theiles gestellt werden soll, erheblich erschweren. Vor dem Gebrauch des Buches wird jeder Benutzer nach dem in Aussicht gestellten Fehlerverzeichniss dieselben in seinem Exemplar verbessern müssen. Zu diesem Verzeichniss sollte diese Besprechung einen Beitrag liefern.

M. Perlbach.

Catalogues des livres grecs et latins imprimés par Alde Manuce a Venise (1498—1503—1513.) Reproduction en phototypie avec une préface par Henri Omont. Paris. Emile Bouillon. 1892. gr. fol. (45 × 63 CM.)

Man kennt die Verdienste, welche sich zwei französische Bibliographen um die Kenntniss des grossen venetianischen Typographen und Gelehrten, in dessen Akademie nur griechisch gesprochen wurde, erworben haben. A. A. Renouard und F. Didot haben ihn uns in seinem Leben und Wirken nahe gebracht. Jetzt, nachdem manches Document zur Geschichte des Begründers der Weltfirma durch den heutigen Präfekten der Marciana, Herrn Castellani, in seinem verdienstlichen Werke: La stampa in Venezia nella sua origine alla morte di Aldo Manuzio Seniore. Venezia 1889. (C. f. B. 1890. S. 342) von Neuem sicher festgestellt worden ist, folgt ein dritter französischer Gelehrter, unser Herr Mitarbeiter H. Omont, mit einer Prachtpublication den Spuren Renouards und Didots und veröffentlicht mit einer kurzen, aber sehr inhaltreichen Vorrede versehen drei Originalbücheranzeigen des A. Manutius, die, wie es scheint, als Unica in einem Sammelbande der Bibliothèque Nationale zu Paris (No. 3064) erhalten haben. Man begreift, dass Herr H. O., der so unermüdlich und erfolgreich für die Aufhellung der Geschichte der griechischen Handschriften Europas und deren Katalogisirung thätig ist, sich von diesen Urkunden, die den Mann betreffen, welcher als der eigentliche Begründer der griechischen Typographie anzusehen ist, ganz besonders angezogen fühlen musste. Hat doch Aldus Manutius nicht weniger als 31 griechische Autoren zum ersten Male durch den Druck bekannt gemacht und die grosse Aristotelesausgabe in 5 Foliobänden gedruckt! Es ist unzweifelhaft, Aldus Manutius, der Sohn der römischen Campagna, der sich selbst aber stolz einen Römer nannte, ist der grösste Drucker des Zeitalters der Renaissance gewesen. — Die Herausgabe dieser drei Bücheranzeigen war um so mehr angezeigt, als ein Blatt des Pariser Exemplars, das aus der Colbertina stammt, noch Nachträge und Preisangaben von der Hand des Aldus Manutius selbst geschrieben enthält. Dieses doppelseitig bedruckte Blatt vom 21. Juni 1503, sowie des früheren von 1498 und ein Brief des Typographen vom 16. März 1503, in dem er sich über die in Lyon (von der Giunti?) unter seinem Namen gemachten Nachdrucke seiner Ausgaben beklagt, hat Herr Omont in ganz ausgezeichneter Weise phototypisch — in der Originalgrösse (es fehlen nur 5 M. m. auf 485 M. m. Höhe und 365 M. m. Breite bei dem zweiten Verzeichniss) nachbilden lassen. Das dritte, grösste, 5 Folioseiten einnehmende, ist Seite für Seite und Zeile für Zeile typographisch genau wiedergegeben. Auf einem besonderen Blatte hat dann Herr Omont die Namen der griechischen und lateinischen Autoren, welche in den drei Verzeichnissen als erschienen aufgeführt werden, in alphabetischer Ordnung zusammengestellt. — Da die prächtige Publication nur in 160 Exemplaren abgezogen ist, machen wir Bücherfreunde noch besonders auf sie aufmerksam. Vergleichen wir mit ihr, welche die Originale so genau als möglich wieder giebt, die älteste Bücheranzeige, die Herr W. Meyer zu seinem so lehrreichen, grundlegenden Aufsatze über die Bücheranzeigen des 15. Jahrhunderts in diesem Blatte (II. S. 457 u. f.) veröffentlicht hat, dann wird man den Aufschwung, den die deutsche Erfindung in dem ersten halben Jahrhundert ihrer Entstehung genommen hat, sich deutlichst vor Augen gestellt sehen.[1])

O. H.

Jastrow, J., Handbuch zu Litteraturberichten. Im Anschluss an die „Jahresberichte der Geschichtswissenschaft" bearbeitet. Berlin 1891. R. Gaertners Verlagsbuchhandlung (Hermann Heyfelder).

Aus dem Bedürfniss der Jahresberichte der Geschichtswissenschaft ist Jastrows „Handbuch" hervorgegangen. Wer derartigen Arbeiten fern steht, wer mit der Praxis und den Erfordernissen des Verwaltungswesens nicht mehr bekannt ist, als es die Mehrzahl der Gelehrten ist, wird diesem Buche erst im Augenblick des eigenen Bedürfnisses dankbar werden. Aber wie lehrreich für jeden, ob er nun selbst an einem Unternehmen, wie es das Handbuch voraussetzt, mitarbeitet, oder ob er nur einen Einblick in das reiche Geäder eines solchen einen orientirenden Blick werfen will, ist schon der Abschnitt über die „Grundlagen der Organisation."

Wenn Unternehmen wie die Jahresberichte eine Geschichte haben, lassen sich auch allgemein verwerthbare Grundsätze codificieren. Terminirung der Beiträge, Einrichtung des Manuscriptes, unumgängliche Festsetzungen für redactionellen wie buchhändlerischen Betrieb, Verkehr zwischen Redaction und Verleger: so sehr diese Dinge in vorliegender Darstellung, welche aus der Geschichte der Jahresberichte herauswächst, einer oratio pro domo unüberlegten Angriffen gegenüber dienen können, denen sich gelegentlich die Jahresberichte ausgesetzt gesehen haben, so sehr sind sie geeignet, als Muster und Vorwurf für die Einrichtung ähnlicher Uebersichten übernommen zu werden. Eine lange Reihe von Missgriffen und Erfahrungen wird durch das Handbuch vermieden. In gegenwärtigem Augenblicke haben sich die neuerscheinenden Jahresberichte für neuere Litteratur alle diese Vortheile gesichert.

Soweit der Inhalt des Handbuches insbesondere die Jahresberichte der Geschichtswissenschaft angeht, ist er in vielen Anzeigen der letzteren bereits verhandelt worden, und darf als bekannt vorausgesetzt werden. Das ungewöhnliche organisatorische Geschick Jastrows ist, seit er die Redaction leitet, bis zur für jetzt für absehbare Zeit endgiltigen Eintheilung des Stoffes erfolgreich gewesen. Liegt dies vor aller Augen, so deckt sein Handbuch die Function der Maschine in allen Theilen auf, ohne welche die Einholung des enormen Rückstandes, Gewinnung und Erhaltung der Mitarbeiter, thunliche und erreichbare Erleichterung der Redaction nicht gelungen wäre. Es ist da kein überflüssiges Wort.

Auch dem Register, dessen Bearbeitung Jastrow mit Recht einen umfangreichen Abschnitt widmet, ist er in seltener Weise gerecht geworden. Seine Technik der Wahl von Stichworten wird allerdings nicht immer den Beifall des geschulten Bibliothekars haben. Soweit gedruckte Instructionen für die Alphabetisirung von Zettelkatalogen vorliegen, hat er sich genau unterrichtet. Für seine Bedürfnisse und die der Benützer der Jahresberichte hat er in Anlehnung an Cutters vor einigen Jahren veröffentlichte „Rules for

---

[1]) Da ich oben S. 239. Anm. 2. auf den berühmtesten Formenschneider des A. Manutius hingewiesen habe, erlaube ich mir nachzutragen, dass sich über diesen Francesco da Bologna und andere Formenschneider des grossen Druckers einige Notizen bei Castellani l. c. S. 43. Anm. 2. finden.

a Dictionary Catalogue, Wash. 889" gesorgt, gelegentlich sehr radical, aber immer interessant und selbständig. Man darf sagen, dass deutsche bibliothekarische Praxis in manchen Dingen der Einigung schon näher ist als J. voraussetzt. Sein Grundsatz, dass es nicht auf das wie ankomme, sondern nur dass überhaupt entschieden werde, leidet keinen Zweifel. Darum musste ein genau festzustellendes Bedürfniss für sein Register ihn zur Ablehnung der veröffentlichten deutschen Instructionen veranlassen. Aber ein hartes Urtheil ist es, wenn J. sagt, dass Amerika in Rücksicht auf organische Veranstaltung zum Austausch von Erfahrungen mit grosser Sicherheit das geschaffen habe, was in Deutschland kaum noch angestrebt werde. [J. exemplificirt dies eben mit Cutters Rules.] Die Gegenwart zeigt gerade ein sehr thätiges Bestreben für die einheitliche Katalogarbeit, trotz und in Rücksicht auf die tiefgreifenden Verschiedenheiten mit welchen Deutsche Bibliotheken zu kämpfen haben. Ueberkommener Bücher- und Katalogbestand, sowie Beamtenmangel spielen da eine Rolle. Die Arbeiten gehen ja zunächst der Oeffentlichkeit etwas fern vor sich. Auch Dziatzkos tiefgegründete Instruction wird sich einfacher und dem Laien im Bibliothekarfache durchsichtiger gestalten lassen.

Die Zeitschriftenschau nebst dem heute schon weitverbreiteten Siglensystem, dessen Bearbeitung Jastrows eigenstes Verdienst ist, giebt eine übersichtliche Sammlung von über tausend, historische Artikel entbaltenden Zeitschriften, oder solchen, die mit der Historie in Verbindung stehen. Zunächst in die Augen springend ist das Absehen von der bibliographischen Maxime, das Stichwort an die Spitze zu stellen, wodurch die Hervorhebung desselben durch den Druck erforderlich wird; das Siglensystem ist auf der unveränderten Wortfolge basirt. In der vorliegenden Form, die allerdings nicht gleichmässiger Redaction unterworfen ist, leistet die Zusammenstellung schon ausgezeichnete Dienste.

Karlsruhe. Paul Ladewig.

Growoll, A. A bookseller's library, and how to use it. New-York, Office of the Publishers' Weekly, 1891. 8°. 72 Seiten. 1 Dollar.

Das vorgenannte, geschmackvoll ausgestattete kleine Buch ist zwar in erster Linie für den Buchhändler und zwar für das praktische Bedürfniss desselben bestimmt; es darf aber eine kurze Erwähnung auch an dieser Stelle beanspruchen. Der Verfasser fasst den Beruf des Buchhändlers, ohne die praktischen Ziele desselben aus dem Auge zu lassen, von einem höheren Gesichtspunkte, wie sonst üblich, aus auf, was schon daraus hervorgeht, dass er z. B. Graesel's Grundzüge der Bibliothekenlehre („a most excellent manual of library science") für die Handbibliothek des Buchhändlers für ebenso unentbehrlich hält, wie das Centralblatt f. Bibl.-Wesen. Die getroffene Auswahl ist im Allgemeinen zu billigen, die Anordnung zweckentsprechend und die Bemerkungen von Sachkenntniss zeugend. Ob aber wohl viele Buchhändler eine solche Handbibliothek besitzen? —z.

The American Catalogue, founded by F. Leypoldt. 1884—90. Books recorded (including reprints and importations) July 1, 1884 — June 30, 1890. Compiled under the editorial direction of R. R. Bowker, by A. J. Appleton and others. New-York, Office of the Publishers' Weekly, 1891. 4°. 12½ Dollars.

Wiederholt schon ist in diesem Blatte hingewiesen auf das rege Interesse, welches in der grossen transatlantischen Republik der Bibliotheken sichtbar ist; aber auch auf dem verwandten Gebiete für Bibliographie fängt in neuerer Zeit eine lebhaftere Thätigkeit an. Nicht zum geringen Theil ist diese auf die vom verstorbenen F. Leypoldt gegebene Anregung einer nationalen Bibliographie zurückzuführen. Im Jahre 1876 gab Leypoldt in seinem „American Catalogue of books in print or for sale July 1, 1876" eine Zusammenstellung der gesammten zur Zeit noch im Handel befindlichen Literatur. Dass das grosse Buch Anklang fand, beweist sein schneller Verkauf; seit Jahren ist es vergriffen trotz des hohen Preises von 50 Dollars. Ihm schloss sich 1885 ein zweiter Band, die Literatur von 1876—1884 enthaltend an, welchem nunmehr als zweite Fortsetzung der vorstehend angezeigte Band über 1884—90 gefolgt ist. Der Verleger und Nachfolger Leypoldt's, Herr Bowker, stellt fortan eine regelmässige 5jährige Fortsetzung in Aussicht, so dass nunmehr auch die Vereinigten Staaten von Nord-Amerika in gleicher Weise wie Deutschland und Frankreich ihre 5-Jahresbibliographie haben werden.

Der vorliegende Band zerfällt wie seine Vorgänger in 2 Abtheilungen, den alphabetischen nach den Autoren geordneten Theil, und den nach Stichworten geordneten Subject Catalogue. Der erstere enthält auf 582 Seiten etwa 28 000 Büchertitel. Der zweite umfasst 318 Seiten und giebt die Titel in etwas abgekürzter Form, ausserdem aber einen sehr erwünschten Anhang, welcher zum ersten Male die Staats- und Gesellschaftspublicationen in übersichtlicher Weise verzeichnet. Bei dem gänzlichen Mangel eines zuverlässigen Verzeichnisses solcher Schriften ist dieser Anhang besonders werthvoll und verdienstlich, was schon aus dem einen Umstande ermessen werden kann, dass die „U. S. Government Publications" allein 32 doppelspaltige Seiten füllen.

Auf die Bearbeitung ist offenbar die grösstmögliche Sorgfalt verwandt worden. Wenn der Catalog in dieser Hinsicht jedoch den Vergleich nicht aushalten kann weder mit den 3 grossen deutschen Bibliographien (Heinsius, Kayser, Hinrichs) noch mit der vortrefflichen französischen Bibliographie von Lorentz, so mag dies seine Entschuldigung z. Th. in den abweichenden buchhändlerischen Verkehrsverhältnissen Amerikas finden. Sämmtliche Titel sind mehr oder weniger gekürzt und die Angaben von Seitenzahlen, Tafeln u. s. w. fehlen durchweg. Hoffentlich wird der Verleger Sorge tragen, dass in späteren Bänden diesen sehr erheblichen Missständen abgeholfen und dadurch das Werk immer brauchbarer wird. —z.

Mittheilungen aus und über Bibliotheken.

In dem Jahresberichte der öffentlichen Bibliothek der Universität Basel für 1891 widmet der Vorstand derselben, Herr Dr. C. Ch. Bernoulli, seinem Vorgänger, dem Herrn Dr. L. Sieber, einen warmen Nachruf und berichtet, wie die Bibliothek durch die Erben unseres verstorbenen Mitarbeiters und Freundes dessen sehr werthvollen palaeographischen Apparat und eine Sammlung von 452 Werken germanistischen und historischen Inhalts zum Geschenk erhalten hat. Freunde des Verstorbenen haben eine Sammlung von 23 320 Fr. zu einer unangreifbaren Ludwig Sieberstiftung zusammengebracht, von deren Zinsen die historischen Fächer der Bibliothek bedacht werden sollen. Die Bibliothek ist im letzten Jahre um 3439 Bände und 3976 Dissertationen u. s. w. gewachsen — Ausgeliehen hat die Bibliothek nach aussen 6992 Bände und 36 Handschriften. Von diesen 24 an auswärtige Bibliotheken. Ein Deficit der Bibliotheksverwaltung von 1245 Fr. wird wohl seine Deckung finden. — Möchte doch endlich der Beginn des Baues der neuen Bibliothek, für den die Platzfrage immer neue Schwierigkeiten macht, gemeldet werden können! O. H.

In dem Annual Report of the board of regents of the Smithsonian Institution for the year ending June 30, 1889. (Part 2.) Report of the National Museum. Washington 1891 ist S. 216—67 die „Liste der hauptsächlichsten Bibliotheken in den Vereinigten Staaten verzeichnet, an die eine Uebersendung der Publikationen des National-Museums in Zukunft erwünscht ist. Also eine zweiundfünfzig Seiten umfassende Liste!!!, enthaltend all libraries known as Government depositories, all libraries officially designated to receive certain classes of publications, including those of the U. S. Geological Survey, all additional libraries of over 10,000 volumes, a representative library in every city of over 10,000 inhabitants etc." Der Bücherbestand ist bei den meisten Bibliotheken angegeben und schwankt zwischen wenigen hunderten und hunderttausenden von Büchern. Diese Liste beruht wieder auf dem Report of the commissioner of education for the year 1888—89 (Washington 1891), in dessen Vol. 2 die Bibliotheken der City high schools, colleges for women, of liberal arts, schools of law, of medicine, of science, of theology, der universities etc. etc. mit der Zahl der in ihnen enthaltenen Bücher einzeln aufgeführt sind. Auf die colossale Liste näher einzugehen, ist bei dem für diese Mittheilungen verfügbaren Raum nicht möglich, aber die Liste der Bibliotheken der Universitäten und der ihnen sehr nahe kommenden Institute ist wohl der Veröffentlichung im Centralblatt werth; ich lasse sie daher folgen:

Yale University, New Haven, Conn.	200,000	vol.
Columbian University, Washington, D. C.	7000	„
De Pauw University, Greencastle, Ind.	15,000	„
Johns Hopkins University, Baltimore, Md.	35,000	„
Boston University, Boston, Mass.	20,500	„
Harvard University, Cambridge, Mass.	343,318	„
Dartmouth College, Hanover, N. H.	70,200	„
College of New Jersey, Princeton, N. J.	133,800	„
Cornell University, Ithaca, N. Y.	102,760	„
Columbia College, New York, N. Y.	100,000	„
University of Pennsylvania, Philadelphia, Pa.	80,000	„
Vanderbilt University, Nashville, Tenn.	13,500	„
University of Alabama, University, Ala.	7000	„
„ „ California, Berkeley, Cal.	39,112	„
„ „ Colorado, Boulder, Colo.	10,500	„
„ „ Georgia, Athens, Ga.	16,000	„
„ „ Illinois, Urbana, Ill.	18,000	„
Indiana University, Bloomington, Ind.	10,000	„
University of Iowa, Iowa City, Iowa.	22,652	„
„ „ Kansas, Lawrence, Kans.	10,222	„
Louisiana State University, Baton Rouge, La.	18,832	„
University of Michigan, Ann Arbor, Mich.	69,543	„
„ „ Minnesota, Minneapolis, Minn.	22,000	„
„ „ Mississippi, University, Miss.	14,500	„
„ „ Missouri, Columbia, Mo.	18,430	„
„ „ Nebraska, Lincoln, Nebr.	11,400	„
„ „ Nevada, Reno, Nev.	1,100	„
„ „ North Carolina, Chapel Hill, N. C.	27,000	„
Ohio State University, Columbus, Ohio.	9,400	„
University of Oregon, Eugene City, Oregon.	3,070	„
„ „ South Carolina, Columbia, S. C.	28,000	„
„ „ Tennessee, Knoxville, Tenn.	8,000	„
„ „ Texas, Austin, Tex.	5,553	„
„ „ Vermont, Burlington, Vt.	36,472	„
„ „ Virginia, Charlottesville, Va.	52,000	„
West Virginia University, Morgantown, W. Va.	5,000	„
University of Wisconsin, Madison, Wis.	29,000	„

Kiel. W.

Der Bericht über die Bibliothek der Johns Hopkins University in Baltimore, Maryland (in dem 16. Annual Report of the president of the J. H. U. 1891 S. 12—18) kann ein Zuwachs von 55,000 Bänden neben etwa 40,000 Broschüren konstatiren. Vor Allem hat die Bibliothek aus dem Besitze von John W. Mr. Coy eine äusserst werthvolle Sammlung prächtiger Kupferwerke über Kunst und Archäologie, bedeutende und seltene Bücher aus der Englischen Literatur und schöne Amerikana, darunter viele in Neu-England im 17. und frühem 18. Jahrh. gedruckter Bücher erhalten. William A. Slater schenkte der Universität 2000 Dollars zum Ankauf von Büchern, die besten Ausgaben englischer, aber auch deutscher und französischer Klassiker u. A. wurden davon beschafft. General William Birney schenkte eine Sammlung von Büchern und Broschüren, über 1000 Titel zählend, hauptsächlich auf die Sklaverei bezüglich, eine der vollständigsten Sammlungen dieser Art. Oberst J. Thomas Scherf schenkte eine Sammlung von Manuscripten, Broschüren, mehrere tausend Autographen u. s. w., die sich auf die Geschichte der Südstaaten beziehen. Die Französische Regierung hat durch den Unterrichtsminister der Universität eine grosse Sammlung staatlicher Publikationen in Tauschwegen überwiesen, der französische Botschafter in St. Petersburg Paulet Laboulaye und sein Bruder René haben das Manuscript der Vorlesungen ihres Vaters über die Verfassung der Vereinigten Staaten übersendet, das mit der Bibliothek Bluntschli's und den Manuscripten Lieber's vereinigt worden ist. 1200 Autographen erhielt die Bibliothek von J. R. Gilmore in New York, mehre Manuscripte aus dem vorigen Jahrh. von der Familie Dobbik u. s. w. u. s. w. W.

Ueber die von uns oben (S. 282) erwähnte Nachschlagebibliothek im Vatikan handelt jetzt ausführlich der Herr Archivdirektor Fr. von Weech in der „Beilage zur Allgemeinen Zeitung" vom 7. Juni Nr. 131 und fordert zu Beiträgen für dieselbe auf.

Dem in der „Deutschen militärärztlichen Zeitschrift" 1892 abgedruckten Bericht über die Thätigkeit der Büchersammlung des Königlichen medizinisch-chirurgischen Friedrich-Wilhelms-Instituts zu Berlin im Jahre 1891 entnehmen wir folgende Angaben. Ausgeliehen wurden 3507 Nummern mit 4710 Bänden; ausserdem wurden 358 Bände zum Gebrauch in die Lesezimmer bestellt. Welchen Einfluss Ferien, Vertheilung der Prüfungsaufgaben u. s. w. auf den Bücherverkehr in den Jahren 1887—91 ausübten, bringt eine beigegebene Scala zur Anschauung. Der Zuwachs betrug 1055 Bände; die deutschen Dissertationen vermehrten sich um 30 Bände mit 900 Schriften, so dass das Verzeichniss derselben jetzt 4388 Nummern aufweist. An französischen Dissertationen sind 4528, an lateinischen 12632 Schriften vorhanden. Durch Verfügung der zuständigen Regierungen sind die deutschen Universitäten veranlasst worden, der Bibliothek des Instituts ihre medicinischen Dissertationen zu überweisen. Hbrln.

Von dem Katalog der Stadtbibliothek zu Dresden, Abtheilung für Rechts- und Staatswissenschaft, ist ein vierter Nachtrag erschienen, der die Erwerbungen von 1888—91 verzeichnet. Auch ein Verzeichniss der Periodischen Schriften in der Bibliothek der ökonomischen Gesellschaft im Königreich Sachsen, die in der Stadtbibliothek zu Dresden aufbewahrt wird, ist erschienen.

Nach dem Bericht über die **Bodleiana** für 1891 in der Oxford University Gazette betrug der Zuwachs an Drucken und Handschriften 59274 Nummern. Diese auffallend hohe Zahl findet ihre Erklärung in der Abgabe der 7616 Dubletten der Public Record Office und in der Schenkung von 2955 Landkarten des französischen Marinedepôts von Seiten der Royal Society. Aus Frankreich stammen 5649, aus Deutschland 4623, aus Italien 862, aus den Vereinigten Staaten 577, aus Indien 526 und aus Australien 251 Stück. Auch Argentinien, Mexico und Chile sind vertreten. An Handschriften wurden erworben 29 englische, 28 hebraeische und 13 wallisische, in Summa 83; das wichtigste darunter ist eine Sammlung angelsächsischer Urkunden, wovon die Bodleiana noch nichts besass und für die der höchste bisher gezahlte Preis von £ 220 10 s. entrichtet wurde.   Übrn.

Vermischte Notizen.

Von K. **Burgers Monumenta Germania et Italiae typographica** (s. oben S. 239 u. f.) ist das 2. Heft ausgegeben worden. Dasselbe bringt die Tafeln 26 bis 50, von denen zwei je zwei verschiedene Drucke desselben Typographen (No. 37 u. 50: J. Schallus und Hans Aurl) bringen, während eine Tafel (26) von zwei verschiedenen Augsburger Drucken Proben enthalten. Die Drucke vertheilen sich auf die Städte: Augsburg mit 2 Tafeln und drei Drucken, Blaubeuren, Brescia und Colle (di Val d'Elsa in Toskana, wo im 15. Jahrhundert Papierfabriken bestanden und zwei deutsche Drucker für Lorenzo Lippi arbeiteten, S. Repetti, Dizionario I. 759) mit je 1 Tafel, Eichstädt und Köln mit 2, Leipzig-Freiberg mit 1, Mantua mit 2 Tafeln und 3 Drucken, Pescia (im Val de Nievole in Toskana, wo die Gebrüder Sebastiano und Raffaele Orlandi eine Druckerei von einem deutschen Typographen Sigismund Rodt aus Bitsch hatten herstellen lassen. S. Repetti l. l. IV. S. 124), Rostock, Kloster Schüssenried, Speier mit je einer Tafel, Strassburg mit 3, Subiaco, Trient, Klein-Troyga, Ulm, Venedig mit je einer Tafel. Wo der Drucker Hans Aurl, dem die 50. Tafel gewidmet ist, gewohnt hat, ist unbekannt. — Es braucht wohl nicht gesagt zu werden, dass die Herstellung auch dieses Heftes eine ebenso musterhafte ist wie die des ersten.   O. H.

Die Bibliothek des verst. Universitäts-Prof. Dr. M. von Lexer in München ist in den Besitz der Buchhändler Joseph Baer & Co. in Frankfurt a. M. übergegangen.

Ergänzungen zu: „Systematisches Verzeichniss der Abhandlungen, welche in den Schulschriften von 1876—1885 erschienen sind von Rudulf Klussmann."

Bei der systematischen Ordnung der Zettel, welche die Schul- wie Universitätsschriften der Kgl. Universitäts-Bibliothek zu Halle a/S. in einem besonderen Kataloge vereinigen, war wiederholt ein Mangel in dem Ausschreiben der Vornamen bemerkbar geworden, welcher ein gründliches Durcharbeiten in dieser Hinsicht wünschenswerth erscheinen liess.

Leider ist ja fast allgemein die Unsitte verbreitet, auf Programme nur die Anfangsbuchstaben des Vornamens zu setzen oder auch diese gänzlich fortzulassen, ähnlich wie sich die Dissertationen der Universitäten Göttingen und Leipzig in diesem Punkte unliebsam von den Doktorarbeiten der anderen Hochschulen zu unterscheiden pflegen. Als Kuriosum sei z. B. erwähnt, dass der Bibliothekar einer höheren Schule als Programm: Vorschläge zur Herstellung eines Kataloges der Programme macht, darin auch das Ausschreiben der Vornamen fordert und — seine eigenen gänzlich fortlässt. — Vortreffliche Dienste leistete bei dem Aufsuchen der Vornamen die werthvolle Zusammenstellung von Rudolf Klussmann; doch auch sie liess den Unterzeichneten nur zu oft im Stich, so dass allmählich der Plan reifte, die unausgeschriebenen Vornamen nach Möglichkeit zu ergänzen und der Allgemeinheit zugänglich zu machen.

Die folgenden Vervollständigungen sind in fortlaufender Weise nach dem Inhaltsverzeichniss geordnet und aufgeführt, selbst wenn sie z. B. wie bei Frederichs Friedrich im Text vorhanden sind, aber im Inhaltsverzeichniss fehlen. Was nützt auch z. B. eine Abkürzung in Al.? Ist der Name Albert, Alexander, Alfred oder Alois u. s. w.? Die wenigen, nicht vervollständigten Vornamen lassen sich in Halle a/S. nicht erledigen, sei es, dass die Programme dort nur lückenhaft vorhanden sind und selbst auf Bitten von den betreffenden Anstalten nicht zu erlangen waren, oder nicht weit genug zurückreichen, sei es, dass der betreffende Verfasser stets seinen Vornamen abzukürzen liebt. Derlei Reste dürften ihre Erledigung bei gelegentlichen Versetzungen, Pensionirungen oder Sterbefällen finden.

Die Fortsetzungen sollen je nach Fortschritt der Arbeit auch weiterhin veröffentlicht werden.

Abraham F[riedrich] — Adam F[ranz] — Adler Th[eodor] — Ahn C[arl] — Aken O[tto] — Albers J[oh.] H[einrich] — Albrecht L[orenz] — Alexi C[arl] — Altinger Fr[iedrich] — Amrhein W[ilhelm] — Anton H[ugo] — Arnstaedt Fr[iedrich] August — Assmus A[dolf] — Atorf H[ermann] — Augustiny Fr[iedrich] — Averdunk H[einrich] — Back Fr[iedrich] — Badorff M[agnus] — Baenitz [Albert Heinrich] M[oritz] — Bahmann J[ulius] — Bahnsch Fr[iedrich] — Balg J. W. — W[ilh.] J[os.] (auf dem Programm) — Ballauff L[udwig] — Bandke B[runo] — Barlen K[arl] — Bartsch L[ouis] — Basedow F[riedrich] — Baumann H[einrich] — Baumann J[ulius] — Baumann J[ohann] A[dolf] — Baumm W[ilhelm] — Beckmann E[mil] — Beelte Ch[ristoph] — Behaghel W[ilhelm] — Behne H[ermann] — Beintker E[duard] — Bender F[erdinand] — Beneke Fr[iedrich] — Bentz W[ilhelm] — Berbig F[riedrich] — Berger F[riedrich] — Bernard E[mil] — Bernd Fr[iedrich] — Bernhardt E[manuel] — Bertheau Fr[iedrich] — Berthold Fr[iedrich] Louis — Bertram H[einrich] — Besson E[mil] — Bettingen F[ranz] — Biel B[ernhard] — Bigge H[einrich] — Bihler H[einrich] — Bilfinger G[ustav] — Binde R[obert] — Bindseil Fr[iedrich] W[ilhelm] — Bispuski L[eo] — Bissinger G[ustav] — Blasel C[arl] — Blath L[udwig] — Blaurock R[ichard] — Blumberger Fr[iedrich] — Bobrik R[udolph] — Büklen O[tto] — Böttcher J[ohann] E[duard] — Böttger M[oritz] — Bohle Steph. A[nton] — Bolle L[udwig] — Bonin A[rthur] — Borngesser Th. (fälschlich als Th. angeführt, denn Friedrich ist der richtige Vorname] — Bornmann M[ax] — Braasch J[ohann] H[einrich] — Brügelmann B[ernhard] — Brambs J[ohann] G[eorg] — Brand A[ugust] — Bräuning Th[eodor] F[riedrich] G[otthold] — Breiter Th[eodor] — Briegleb E[ugen] — Brill B[ernhard] — Brock L[eopold] — [Brockes Matth. 222 fehlt ganz] Brockmann F[ranz] J[oseph] — Brosig M[ax] — Brunco W[ilhelm] — Brunnemann K[arl] O[tto] M[artin] — Bubendey G[erhard] H[einrich] — Buchwald O[tto] — Bücheler J[ulius] — Bühler F[ranz] Gust. Ad[olph] — Bünger C[arl] — Bünger G[eorg] — Büsching Ant. Fr[iedrich] — Buning G[erhard] — Burchardi K[arl] — Burmeister C[arl] Th[eodor] — Busch Fr[iedrich] — Bussmann K[onrad] H[einrich] A[smus] — Campe J[oh.] Chr[istian] Fr[iedrich] = Joh. Friedrich Christian — Carl L[ouis] — Caspari P[eter] — Casse E[rnst] — Christ A[ugustin] Th[eodor] — Clausen F[riedrich] — Conrads P[eter] — A[dams] — Contzen L[eopold] — Conzen L[eopold] — Courvoisier Alb[ert] — Crecelius W[ilhelm] — Cron Chr[istian] — Curschmann Fr[iedrich] — Czwalina C[arl] — Damköhler Ed[uard] — Dammert F[ranz] L[eopold] — Daub A[dam] — Dederich A[ndreas] — Degenhart J[osef] — Denecke W[ollrath] — Derichsweiler H[ermann] — Detlefsen E[mil] — Deuerling A[ndreas] — Deutsch S. M[artin] — Deutschbein M[artin] F[riedrich] Karl — Dieck Fr[iedrich] Ch[ristian] Th[eodor] — Dieckmann W[ilhelm] — Diehl Fr[iedrich] — Diel Georg Jos. muss sein Diehl — Dielmann Ch[ristian] — Dietrich M[atthaeus] — Diskowsky O[scar] — Dittmar H[ermann] — Döring A[ugust] — Dornhecker R[obert] — Draeger A[nton] — Draeseke J[ohannes] — Draheim J[ohannes] — Drecker J[oseph] — Dreinhöfer A[dolf] — Dreneckhahn O[tto] — Drewes L[udwig] — Dronke A[dolf] — Drygas A[nton] — Dühr A[ugust] — Dürre H[ermann] — Duncker R[ichard] — Durban L[udwig] — Ebhardt C[arl] — Ebrard W[ilhelm] — Eckstein Fr[iedrich] A[ugust] — Ehwald R[udolf] — Eickershoff E[berhardt] — Einhauser J[ohann] E[vangelist.] — Eiselen F[riedrich] — Elliger G[ustav] — Elsner A[lois] — Emlein F[riedrich] — Emmrich H[ermann] — Emsmann G[ustav] — am Ende H[einrich] — Endert Ed[uard] — Erdmann M[artin] — Evers M[atthias] — Faber C[arl] W[ilhelm] — Fabricius O[tto] — Faltin G[ustav] — Farwick B[ernard] — Fedde Fr[iedrich] — Fehrs Fr[iedrich] — Fell W[inand] — Ferber H[ermann] — Fesenmair J[ohann] — Finck J[ohann] — Finsch H[ermann] — Firnhaber Fr[iedrich] — Fisch J[ohann] — Fischer O[tto] — Fleischer E[mil] — Fleischfresser W[ilhelm] — Floeck C[arl] — Folchert A[lbert] — Foss R[udolph] — Franke C[arl] G[ottlob] — Franzen Th[eodor] — Frederichs Fr[iedrich] Christoph Leonhard] nicht H. B. — Frenkel Ad[olf] Theodor — Frenzel K[arl] — Freudenberg G[otthold] — Friedrich P[aul] — Fries W[ilhelm] — Fritsch N[icolaus] — Fritsche A[lwin] — Fritsche E[rnst] Georg Oswald — Fritzsche E[rnst] — Fuhrmann W[ilhelm] — Funk A[dolf].

E. Roth.

In No. 6 der diesjährigen Nachrichten der Königl. Gesellschaft der Wissenschaften zu Göttingen, vom 30. März, S. 181 ff. giebt Hermann Usener im zweiten Theil seiner Abhandlung „Unser Platontext" eine äusserst wichtige und interessante Ergänzung zu den im C. f. B. VI. S. 481 ff., VII S. 1 ff. 271 ff. erschienenen Aufsätzen über antikes Bibliotheks- und Buchwesen. Vor allem werden die Verdienste der alexandrinischen Bibliothekare und Gelehrten um unsere Classikertexte gebührend gewürdigt. Die aegyptischen Gräber der Ptolemaeerzeit haben sich aufgethan, um mit urkundlichem Beweis zu zeigen, in wie raschem Verlauf unter der Willkür von Lesern und Schreibern ein classischer Text verwildern konnte, und wie hoch das Verdienst derer steht, welchen wir unsere ganze handschriftlichen Texte verdanken. Schon die Ordnung der alexandrinischen Bibliothek und die Anlage der Kataloge erforderte eine planmässige Durcharbeitung der Autoren und Handschriften, und die Gelehrten, die sich derselben unterzogen, pflegten nicht nur das pinakographische Facit zu ziehen, sondern auch die geschichtlichen Untersuchungen und die sprachlichen Beobachtungen, die sie zu dem Zweck gemacht, vorzulegen. Diese stammten aus den massgebenden Handschriften der alexandrinischen Bibliothek. Bis in Codices des XI. Jahrhunderts werden die Zeilensummen aus den Stammexemplaren derselben fortgeführt. Alexandreia besass bis zur Zeit Caesars ein selbst durch Pergamon kaum geschmälertes Monopol des Buchhandels, dessen Lebensbedingung nicht nur die heimische Papyrusbereitung, sondern vor allem die Bibliothek war. Dagegen lieferte die buchhändlerische Privatindustrie fehlerhafte Waare, weil eine Nachvergleichung der in der Schreibstube hergestellten Copie mit der Vorlage bei dem Massenvertrieb nur ausnahmsweise stattfinden konnte. Hochangesehen waren die sogenannten Ἀττικιανά (scil. ἀντίγραφα), die von dem grössten buchhändlerischen Unternehmer des Alterthums, Titus Pomponius Atticus, dem Freunde des Cicero, hergestellten Bücherrollen. Eine feine und vielseitige Bildung machte grade ihn zur Leitung buchhändlerischer Unternehmungen (à la Teubner und Weidmann) besonders geeignet. Sein gelehrter Berather für lateinische Dinge war dabei kein Geringerer als M. Terentius Varro. Atticus verfügte aber auch über handschriftliche Hülfsmittel, denen die Alexandriner nichts Ebenbürtiges zur Seite zu stellen hatten: dieselben stammten aus der durch Sulla im Jahre 84 v. Chr. nach Rom geführten Bibliothek des Aristoteles und Theophrast. Tyrannion redigirte, Andronikos ordnete sie und verfasste eine bibliographische Uebersicht (πίνακες). Usener glaubt (S. 205), gestützt auf gute Gründe, in Tyrannion den gelehrten Dirigenten der griechischen Abtheilung in Atticus' Verlagsgeschäft wieder entdeckt zu haben. Weiteres über antikes Buch-

und Bibliothekswesen s. jetzt bei Susemihl Geschichte der griech. Litteratur in der Alexandrinerzeit I, 385 ff. 594; II, 666 ff.; vgl. auch Menrad, „Ein neuentdecktes Fragment einer voralexandrinischen Homerausgabe" in den Sitzungsberichten der philos.-philol. Classe der k. bayr. Akademie der Wissensch. 1891 Heft IV (München 1892) S. 539—552. Doch ist die von Menrad und schon früher von Sengebusch (Hom. diss. I p. 203) vorgetragene Erklärung der πολύστιχος, „versreiche Ausgabe", d. h. welche Verse enthielt, die in unserm Homertext fehlen, durch die Bemerkung von Christ (ebd. S. 551 Anm. 2) hinfällig geworden, dass πολύστιχος „vielzeilig" bedeutet, wie im C. f. B. VI, S. 502 längst erklärt worden ist.   Hbrln.

In der Biblioteca nazionale centrale zu Florenz hat die als ausgezeichnete Kennerin der altmexikanischen Cultur bekannte Mrs. Zelia Nuttall, eine wichtige, bisher unedirte spanisch-mexikanische Handschrift von einem anonymen Verfasser entdeckt. Dieselbe bezieht sich auf die Geschichte der Costüme und religiösen Gewohnheiten der alten Azteken und trägt die Ueberschrift „Libro de la Vida que los Yndios antiguamente hazian y supersticiones y malos ritos que tenian y guardavan" (Mss. magl. Class. III, Pl. II. Cod. 3). Es sollen davon 200 facsimilirte Exemplare mit englischer Uebersetzung und Anmerkungen hergestellt und dem in Spanien bei Gelegenheit der vierten Centenarfeier der Entdeckung Amerikas tagenden Amerikanisten-Congress gewidmet werden. (Miss Nuttall hat auch noch andere Arbeiten zur Mythologie der Mexikaner nach ungedruckten Berichten spanischer Geistlicher aus dem 16. Jahrhundert, von denen sich eine Handschrift in die Laurentiana verirrt hat, in Vorbereitung. O. H.)   Hbrln.

In „The Academy" No. 1044, vom 7. Mai 1892, bespricht J. R. Dore einige kürzlich entdeckte alte Drucke der englischen Bibel aus dem zweiten Viertel des 16. Jahrhunderts.

J. H. Slater berichtet in The Athenaeum No. 3351 ff. über die im Laufe des Jahres 1891 stattgehabten Verkäufe von Editiones principes, alten, seltenen und kostbaren Büchern. Einen hohen Preis erzielte ein Originaldruck von Aristoteles de animalibus, Venedig 1476, folio, nämlich 800 $; ein unvollständiges Exemplar der Mazarin-Bibel sogar nicht weniger als 14800 $!

Neue Erscheinungen auf dem Gebiete des Bibliothekswesens.*)

†The Bookworm. No. 55, June 1892: The woodcuts of old and modern books, W. Morris. — The sette of odd volumes. — The Borghese Library, W. Roberts.
The Library. No. 38, Febr. 1892: On the use and classification of a typographical library, Talbot B. Reed. — The library of the Nottingham Mechanics' Institution. — A bibliography of bookbinding, II, Prideaux. No. 39, March 1892: In memoriam: Ernest Chester Thomas. — John

---

*) Von den mit † bezeichneten Zeitschriften sind nur die Artikel bibliographischen oder bibliothekarischen Inhalts angezeigt.
Die mit * bezeichneten Bücher haben der Redaktion vorgelegen.

Durie's „Reformed Librarie-Keeper" and its author's career as a librarian. — A bibliography of bookbinding, III, Prideaux.
The Library Journal. Vol. 17, No. 5: Some notes on co-operative or labor-saving methods of printing library catalogs, II, A. Growoll. — Our card catalogue: what to do with it, H. C. Badger. — Jowa library legislation, C. Aldrich. — New York state library law.

Adressbuch der deutschen Zeitschriften und der hervorragenden politischen Tagesblätter. (Begründet von C. A. Haendel.) Hand- und Jahrbuch der deutschen Presse. Jahrgang 33: 1892. Bearbeitet von H. O. Sperling. Leipzig, Expedition des Zeitschriften-Adressbuchs. IV. 162; 73 u. 119 S. gr. 8°. Geb. M. 4.—

Ames, J. G. List of congressional documents from the fifteenth to the fifty-first congress, and of government publications containing debates and proceedings of Congress from the first to the fifty-first Congress, togther with miscellaneous lists of public documents, with historical and bibliographical notes. Washington, Government Printing Office. 120 p. 8°.

Annuaire de la presse française et du monde politique. Année XIII: 1892. Directeur: H. Avenel. Paris, librairies-imprimeries réunies. CCLXII. 1120 p. 8°. Relié. Fr. 12.—

Annuaire de la Société des amis des livres pour l'année 1892. (13. année.) Compiègne. Paris, lib. Conquet. 135 p. 8°.

Annuaire des bibliothèques et des archives pour 1892, publié sous les auspices du ministère de l'instruction publique. Lille. Paris, Hachette & Cie. 235 p. 8°.

Anzeiger, Russischer bibliographischer. Jahrgang 1: Juni 1892 — Mai 1893. (12 Nrn.) No. 1. Berlin, Carl Malcolmes. gr. 8°. Jährlich M. 1.50

*Bericht über neue Erscheinungen und Antiquaria aus dem Gesammtgebiete der Rechts- und Staatswissenschaften. Jahrgang 1892. (4 Nrn.) No. 1. Berlin, R. L. Prager. 8°. Jährlich M. 1.—

Bibliografia e cronachetta scientifica. Anno I, No. 1. Agnone, tip. Gabr. Bastone. 12 p. 4°. L'anno L. 2.50

*Bibliographie, Allgemeine. Monatliches Verzeichniss der wichtigern neuen Erscheinungen der deutschen und ausländischen Literatur. Herausgegeben von F. A. Brockhaus. Jahrgang 1892. (12 Nrn.) Leipzig, F. A. Brockhaus. 8°. Jährlich M. 1.50

*Bibliotheca Burghesiana: catalogue de la bibliothèque de S. E. d. Paolo Borghese, prince de Sulmona. Parte I. Roma, V. Menozzi. XV. 713 p. con 10 tav. 8°. L. 15.—

Bigazzi, Pas. A. Firenze e contorni: manuale bibliografico e biografico delle principali opere e scritture sulla storia, i monumenti, le arti, le istituzioni, le famiglie, gli uomini illustri, ecc. della città e contorni. Fasc. 4. 5. Firenze, tip. Ciardelli. P. 97—128. 129—160. 4°. à L. 1.50
Edizione di soli 300 esemplari.

*Bollettino della Biblioteca Nazionale di Palermo. Anno III, No. 2: Aprile—Giugno 1891. Palermo. P. 63—98. 4°.

*Book-Prices Current: a record of the prices at which books have been sold at auction from Dec. 1890 to November 1891. Vol. 5. London, Elliot Stock. 540 p. 8°. Sh. 27.6

*Brinkman's Alphabetische lijst van boeken, landkaarten en verder in den boekhandel voorkomende artikelen, die in het jaar 1891 in het koninkrijk der Nederlanden uitgegeven of herdrukt zijn. Amsterdam, C. L. Brinkman. 8°. Fl. 1.70

Carrena, Quint. La biblioteca civica di Torino nel 1891: relazione. Torino, tip. eredi Botta di Bruneri e Crosa. 63 p. 8°.

Catalogue of an exhibition of illuminated and painted manuscripts, together with a few early printed books with illuminations; also some examples of Persian manuscripts; with plates in fac-simile and an introductory essay. New York, the Grolier Club. 2S. 64 p. 8°. cloth. D. 5.—

Cutter, C. A. Rules for a dictionary catalogue. 3. ed. with corrections and additions and an alphabetical index. Washington, Government Printing Office. 1891. 3. 140 p. 8°.

Delalain, P. Inventaire des marques d'imprimeurs et de libraires de la collection du cercle de la librairie. 2. édition revue et augmentée. 390 p. 8°. Fr. 30.--

*Eyssenhardt, F. Mittheilungen aus der Stadtbibliothek zu Hamburg. VIIII. Hamburg, Lütcke & Wulff. 80 S. 8°.

Fletcher, W. J. The co-operative index to periodicals for 1891. New York, office of the Publishers' Weekly. 5. 95. 40 p. 8°. Cloth. D. 2.50

Frowde, J. Catalogue of the books in the lending and reference departments of the Bermondsey Public Library. Bermondsey. VIII. 152 p. 4°.

*Gaspari, Gaet. Catalogo della biblioteca del liceo musicale di Bologna, compiuto e pubblicato da Fed. Parisini. Volume II. Bologna, Romagnoli dall' Acqua. VIII. 573 p. gr. 8°. L. 26.—

Gennari, A. Monografia della biblioteca comunale di Ferrara. Ferrara, tip. sociale. 90 p. 8°. L. 2.—

Germain, L. Bibliographie. Nancy, imp. Berger-Levrault & Cie. 16 p. 8°.
Separat-Abdruck aus: Monographie de la basilique de Saint-Epvre.

Glasgow: The Glasgow Athenaeum. 44th annual report of the directors. Glasgow. 52 p. 8°.

*Harvard University Bulletin. No. 52, or vol. VI No. 8. Edited by Justin Winsor. Cambridge. P. 391—460. 4°.
Contents: University notes. — Accessions to the libraries. — Special collections in American libraries.

*Haupt-Catalog der armenischen Handschriften, herausgegeben von der Wiener Mechitharisten-Congregation. Band I: Die armenischen Handschriften in Oesterreich. Heft 1: Catalog der armenischen Handschriften in der K. K. Hofbibliothek zu Wien, von J. Dashian. Wien, Gerold & Co. VIII. 49 S. gr. 4°. M. 2.—
Band II: Die armenischen Handschriften in Deutschland. Heft 1: Catalog der armenischen Handschriften in der K. Hof- und Staatsbibliothek zu München, von G. Kalemkiar. Ebenda. VIII. 57 S. M. 1.50

Hutton, A. W. Cardinal Manning. With a bibliography. London, Methuen. 244 p. 8°. Sh. 6.—

Jahrbücher, Botanische, für Systematik, Pflanzen-Geschichte und Pflanzengeographie, herausgegeben von A. Engler. Band 15, Heft 3. Leipzig, Wilh. Engelmann. S. 289—400, Litteraturbericht S. 49—96 u. Beiblatt 17 S. mit 3 Tafeln. gr. 8°. M. 9.—

*Jahres-Ausstellung, Die Buchgewerbliche, im Deutschen Buchhändlerhause zu Leipzig. Leipzig. X. 118 S. 8°.

Jahresbericht, Theologischer. Unter Mitwirkung von Baur, Böhringer, Dorner etc., herausgegeben von R. A. Lipsius. Band 11, enthaltend die Literatur des Jahres 1891. Abtheilung 1: Exegese, bearbeitet von Siegfried und Holtzmann. Braunschweig, C. A. Schwetschke & Sohn. 132 S. gr. 8°. Für den Band M. 12.—; Einzelpreis M. 4.—

Jahresbericht über die Leistungen und Fortschritte in der gesammten Medicin. Herausgegeben von R. Virchow und A. Hirsch. Unter Specialredaction von A. Hirsch. Jahrgang XXVI: Bericht für das Jahr 1891. 1. Band, 1. Abtheilung. Berlin, Aug. Hirschwald. 246 S. Lex. 8°. Für den Jahrgang M. 37.—

Jahresberichte über die Veränderungen und Fortschritte im Militärwesen. Jahrgang XVIII: 1891. Herausgegeben von H. von Löbell. Berlin, E. S. Mittler & Sohn. XVI. 500 S. gr. 8°. M. 8.—; geb. M. 9.50

Index librorum prohibitorum. Ed. IV. Taurinensis cum appendice usque ad 1892. Torino, P. Marietti. 8°. L. 3.—

Ingold. Les ex-libris oratoriens. Paris, impr. Dumoulin & Co. 16 p. avec grav. 8°.
Tiré à 50 exemplaires numérotés sur papier vergé.

Just's Botanischer Jahresbericht. Systematisch geordnetes Repertorium der botanischen Literatur aller Länder. Herausgegeben von E. Kühne. Jahrgang 17: 1889. Abth. 2. 2. (Schluss-)Heft. Berlin, Gebr. Bornträger. VIII. u. S. 337—587. gr. 8°. M. 8.—

Kayser, W. Johann Amos Comenius. Sein Leben und seine Werke. 3. Auflage mit einem Anhang: Die Schriften von und über Comenius. Hannover-Linden, Manz & Lange. IV. 160 S. mit Brustbild. 8°. M. 2.—

Keuffer, M. Beschreibendes Verzeichnis der Handschriften der Stadtbibliothek zu Trier. Heft 2: Kirchenväter. Trier, Fr. Lintzsche Buchh. XIII. 146 S. gr. 8°. M. 3.—

Kimball, Arth. R. Report of the State Librarian to the New Hampshire legislature for the year ending October 1, 1891, being the twenty-second annual report of the librarian under the act approved July 3, 1866. Concord, Ira C. Evans. 343 p. 8°.

***Koopman, H. L.** Bibliography of George Perkins Marsh. Burlington. 24 p. 8°.

***Korndörffer, J. P. J. W.** Militär onderwijs in Nederland en Nederlandsch Indië. Bibliographisch overzicht. Tweede vervolg. 10 p. gr. 8°. (S.-A.)

Law Library Bulletin of the State University of Iowa, No. 2: Historical bibliography of the Statute Law of Iowa, by T. L. Cole. University Print. 1891.

Lensi, Alfr. Bibliografia italiana di giuochi di carte. Firenze, tip. di Salv. Landi. 46 p. 16°.
Per le nozze di Gius. Fumagalli con Lina Sajni.

***Library** of Harvard University. Bibliographical contributions, edited by Justin Winsor. No. 46: The class of 1828, with a bibliography of the publications of its members. Cambridge, Mass., Library of Harvard University. 28 p. 4°.

Liverpool Free Public Libraries. A subject-catalogue of selected technical literature in the reference library and the branch lending libraries. Liverpool. 32 p. 8°.

***Lohmeyer, Edw.** Verzeichnis neuer Hessischer Literatur. Jahrgang 1891 nebst Nachträgen zu 1883—1890. Kassel, M. Brunnemann. 60 S. 8°. M. 1.—
Sonderdruck aus den Mittheilungen des Vereins für Hessische Geschichte.

***Los Angeles.** Public Library Bulletin. Vol. I. No. 5. Los Angeles. P. 65—79. gr. 8°.

Manasia, Calog. Movimento della biblioteca comunale di Caltanissetta: relazione. Caltanissetta, tip. B. Punturo. 36 p. 4°.

Marcel. Les livres liturgiques du diocèse de Langres, étude bibliographique suivie d'un appendice sur les livres liturgiques du diocèse de Dijon et d'une note sur les travaux d'histoire liturgique en France au XIXe siècle. Paris, Alph. Picard. XX. 354 p. 8°. Fr. 8.—

***Middleton, J. H.** Illuminated manuscripts in classical and medieval times, their art and their technique. Cambridge, University Press. gr. 8°. Sh. 21.—

Müntz, Eug. La Bibliothèque Lesoufaché à l'Ecole des beaux-arts. I: Le XVe et le XVIe siècle. Paris, impr. Dumoulin & Co. 8 p. 8°.
Extrait du journal l'Architecture.

***Newberry Library.** Proceedings of the trustees for the year ending January, 5, 1892. Chicago, Knight Leonard Co. 57 p. 8°.

Pacchioni, Alb. I materiali da costruzione: appunti bibliografici. (Collegio degli architetti ed ingegneri di Firenze.) Firenze, tip. di G. Carnesecchi e figli. 36 p. 8°.
Estratte dagli Atti del collegio degli architetti.
Pilling, J. C. Bibliography of the Algonquian languages. Washington, Government Printing Office. 1891. 8. 614 p. 8°.
Régnier, L. Notice sur les sociétés savantes du département de l'Eure et bibliographie de leurs publications. Evreux, Imp. Odieuvre. 46 p. 8°.
Extrait de la Revue catholique de Normandie.
Serrano y Morales, J. E. Noticia do algunos libros impresos en Sevilla durante los últimos años, y particularmente de los publicados por los Excmos. Srs. Duque de T"Serclaes y Marqués de Jerez de los Caballeros. Valencia. 47 p. gr. 4°.
Tirada especial de 60 ejemplares numerados. No se vende.
Skeat, W. W. Twelve facsimiles of old english manuscripts. With transcriptions and an introduction. Oxford, Clarendon Press. 4°. Sh. 7.6
Thomas, C. Catalogue of prehistoric works: East of the Rocky Mountains. Maps etc. Washington, Government Printing Office. 246 p. 8°.
Verzeichniss der im Jahre 1891 erschienenen Musikalien, auch musikalischen Schriften und Abbildungen, mit Anzeige der Verleger und Preise. Jahrgang 40 oder 6. Reihe, 6. Jahrgang. Leipzig, Fr. Hofmeister. VII. CXXVII. 441 S. 8°. M. 16.—, auf Schreibpapier M. 18.—
Vigeant. Ma collection d'escrime. Paris, May et Motteroz. VIII. 142 p. 8°. Fr. 10.—
Volkening, E. Die Besitz- und Firmenveränderungen im deutschen Verlags-Buch-, Kunst-, Musikalien- und Landkartenhandel in den Jahren 1885—1892, nebst zahlreichen Nachträgen aus früherer Zeit. [Veränderungen im deutschen Buchhandel, 1. Abteilung, 2. Band.] Leipzig, Ed. Volkening. 55 S. gr. 8°. M. 3.--; geb. u. durchschossen M. 4.—
Willoughby, W. F. Statistical publications of the United States government. Philadelphia. P. 91—104. 8°.

Antiquarische Kataloge.

Ackermann, Th., München. No. 337: Gothisch, Alt- u. Mittelhochdeutsch. 631 Nos.
Auer Donauwörth. No. 118: Theologie. Christl. Kunst. 1394 Nos. — No. 119: Medizin. 442 Nos.
Baer & Co. Frankfurt. No. 292: Volkswirthschaftslehre. Handel u. Industrie. Versicherungswesen. (Bibl. v. Mor. Mohl.) 1471 Nos.
Bermann & Altmann Wien. No. 110: National-Oekonomie. 40 S.
Bertling Dresden. No. 20: Hymnologie u. Kirchenmusik. 676 Nos.
Brockhaus' Ant. Leipzig. No. 117: Articulata. 1197 Nos. — No. 121: Städte-Ansichten. 3695 Nos.
Fock Leipzig. No. 66: Germanistik. I. 3096 Nos.
Gilhofer & Ranschburg Wien. No. 38: Kunst-Bibliothek Herm. Sax. 615 Nos.
Haerpfer's Bh. Prag. No. 123: Engl., franz., ital., span. Sprache u. Literatur. 931 Nos. — No. 124: Deutsche Sprache. 1389 Nos.
Haugg Augsburg. No. 124: Philosophie. (Bibl. von Dr. H. Hayd in Freising.) 591 Nos.
Hiersemann Leipzig. No. 96: Bibliotheca Lusitana II: Portugal. 926 Nos. — No. 100: Süd-Amerika. 787 Nos. — No. 101: Donau-Länder u. Balkan-Halbinsel. 355 Nos. — No. 102: Literatur u. Sprachen d. roman. Völker. 685 Nos.

Kerler Ulm. No. 179: Rechts- u. Staatswiss. 1662 Nos.
Kirchhoff & Wigand Leipzig. No. 893: Theologie. (Bibl. v. Ph. v. Nathusius.) 1767 Nos. — No. 895: Volksseele in Glauben, Aberglauben, Brauch u. Sage. Volkslied u. Volksbuch. 1841 Nos.
Koehlers Ant. Berlin. No. 24: Philosophie u. Pädagogik. Kulturgeschichte. 693 Nos.
Krüger & Co. Leipzig. No. 1: Medicin. 2521 Nos.
Lau & Cie. München. No. 21: Curiosa. Alte Medicin. Flugblätter. 1300 Nos.
Lederer Berlin. No. 52: Romane in deutsch., franz. u. engl. Sprache. Humoristica. 1406 Nos.
Liebisch Leipzig. No. 71: Kirchengeschichte. II. No. 10540—12841.
Lippertsche Bh. Halle. No. 35: Bibliotheca philolog. class. III. No. 3334 bis 4851.
Lorentz Leipzig. Anz. No. 3: Theologie. (Bibl. v. Diac. Dr. Kühn Leipzig.) 1534 Nos.
Mayer & Müller Berlin. No. 121: Chemie. (Bibl. v. Dr. C. Schaedler Berlin.) 2962 Nos.
Mirauer & Salinger Berlin. No. 15: Medicin. Pharmacie. 3346 Nos. — No. 16: Rechts- u. Staatswiss. 2661 Nos.
Nauck Berlin. No. 55: Staatstheorie und Geschichte. (Bibl. v. O. Glagau.) 1164 Nos.
Nijhoff Haag. No. 232: Biblioth. histor.-geograph. I. 404 Nos. — No. 233: Choix de périodiques. 6 S.
Noiriel Strassburg. Alsatica. 3599 Nos.
Nutt London. No. 30: New purchases. 608 Nos.
Quaritch London. No. 122: Recent purchases. 56 p. — No. 123: Mathematics, physis, early medicine. 393 Nos.
Raabe's Nf. Königsberg. No. 91: Rechtswissenschaft. 2417 Nos.
Raunecker Klagenfurt. No. 56: Vermischtes. 1524 Nos.
Rosenthal München. No. 70: Biblioth. evangel.-theolog. VIII: Johann Friedrich — Lünemann. No. 12650—14448. — No. 80: Biblioth. cathol.-theol. XIV: A — Hymni. 1791 Nos.
Schack Leipzig. No. 71: Beschreib. Naturwissenschaften. 1886 Nos.
Schmitz' Ant. Elberfeld. No. 1: Vermischtes. 374 Nos.
Simmel & Co. Leipzig. No. 147: German. u. kelt. Sprach- u. Literaturwiss. 2597 Nos.
Spirgatis Leipzig. No. 7: Nord- und West-Germanisch. 889 Nos.
Steinkopf Stuttgart. No. 420: Theologie, meist ältere Werke. 24 S.
Uebelen München. No. 46: Auswahl interess. Bücher. 367 Nos.
Volckmann & Jerosch Rostock. No. 11: Geschichte und Geographie. 1362 Nos.
Weg Leipzig. No. 16: Geologie. Bergbau. (Bibl. d. Bergrath Prof. Kreischer Freiberg.) 1365 Nos.
Welter Paris. No. 56: Bibliographie et paléographie. No. 5383—5754.

Personalnachrichten.

Zum Bibliothekar-Assistenten am Kunstgewerbe-Museum in Berlin wurde Dr. phil. Friedrich Back ernannt.

Dr. H. Simonsfeld ist zum Custos an der Königl. Hof- und Staatsbibliothek in München ernannt worden.

Centralblatt
für
Bibliothekswesen.

IX. Jahrgang. 9. Heft. September 1892.

Beiträge zur Geschichte des Wiener Buchhandels.

I.

Ein Lagerverzeichniss aus dem Jahre 1508.

Der alte Ruhm, den sich die Wiener Hochschule durch die ausgebreitete und tiefgehende Pflege astronomischer und mathematischer Wissenschaft während des 15. Jahrhunderts erworben hatte, war durch Kaiser Maximilians edle und einsichtige Förderung zu hellerm Glanze erneuert worden, als in den Kreis ihrer Studien auch die humanistische Gelehrsamkeit eindrang, bedeutende Vertreter der so lebensvoll entwickelten neuen Richtung zu Lehrern berufen wurden. So war Wien am Eingang der neuen Zeit eine von Gelehrten und Schriftstellern vielbesuchte Heimstätte fruchtbarer wissenschaftlicher und literarischer Thätigkeit geworden. Vor Anderm war es von grösster Bedeutung, dass auch unter den Bürgern wissenschaftliche Arbeit sich achtungsvoller Werthschätzung erfreute und dass die Gelehrten in steter Beziehung zu den andern Kreisen der Bevölkerung standen, ein Verhältniss, das einerseits den allgemeinen Inhalt des geistigen und gesellschaftlichen Lebens der Stadt vertiefen musste, andererseits den Gelehrtenstand vor Erstarrung und Befangenheit in zünftigem Betriebe bewahren konnte. Die Vortheile, welche dies lebhaft bewegte und doch auf ernste, weitgesteckte Ziele gerichtete literarische Treiben gewährte, mussten auch dem durch die Buchdruckerkunst zu schönster Entfaltung gelangten Buchhandel, der ja in den Geleisen des allgemeinen Handelsverkehrs auf Wien gelenkt wurde, zu Gute kommen. In der That fehlt es nicht an Nachrichten, die uns Wien als einen der Knotenpunkte des deutschen Buchhandels, als Stapelplatz für den Verkehr mit Ungarn, Mähren und Polen erscheinen lassen.[1] Erfahren wir aber auch mancherlei über Wiener Buchhändler, so fehlt es doch an einer

---

[1] Denis, Wiens Buchdruckergeschichte p. XVII ff. Mayer, Wiens Buchdruckergeschichte I, 155 ff.

bestimmten Vorstellung über den Umfang und Inhalt ihres Betriebes. Von einzelnen Buchführern kennen wir nur die Namen und ungefähr die Zeit ihres Wirkens, von andern wie z. B. den Alantse sind uns die äussern Lebensumstände bekannt, über die Ausdehnung des von ihnen und andern betriebenen Handels, über die Bücher selbst, die den Gegenstand desselben bilden, sind wir jedoch nur in geringem Masse oder gar nicht unterrichtet.

Diese Lücke wenigstens zum Theil auszufüllen, dürfte eine im Wiener Stadtarchiv erhaltene Aufzeichnung geeignet sein, die im folgenden mitgetheilt werden soll. Bei der Ordnung des genannten Archivs kam mir eine Lage von vier Papierblättern in die Hände, auf der den einleitenden Worten zu Folge die Bücher und Gelder verzeichnet sind, die im Auftrage seines Herrn ein gewisser Jorg Hübner am 30. Mai 1508 dem Lucas Alantse übergab.

Weder über Jorg Hübner, noch über seinen nicht genannten Herrn vermochte ich vorläufig Näheres aufzufinden, die Aufzeichnung, deren Schluss fehlt, steht in keinem Zusammenhang mit einer andern Urkunde oder einem Akte des Stadtarchivs, auch die im Universitätsarchiv angestellten Nachforschungen blieben nach dieser Richtung ohne Erfolg.[1]) Trotzdem glaube ich das Verzeichniss der allgemeinen Kenntniss nicht länger entziehen zu sollen, da vielleicht durch die Veröffentlichung die rechte Fährte aufgedeckt werden kann.

Müssen wir uns bezüglich des einen Vertragsgegners bescheiden, so sind wir um so besser über den Empfänger, den Wiener Buchhändler Lucas Alantse, und sein Geschlecht unterrichtet.[2]) Bereits im Jahre 1500 erwarb Lienhard Alantse das Bürgerrecht von Wien und setzte seine in Augsburg begonnene Thätigkeit als Verleger und Sortimenter mit grossem Erfolge fort. In seinem Hause am Stephansplatze, verbaut in dem ehemaligen Hause zum goldenen Stern, früher Brandstatt 2,[3]) richtete er einen Laden ein, welcher die Stätte und

---

1) Für die aus dem Universitätsarchiv mir zugekommenen Mittheilungen bin ich dem Herrn Staatsarchivar Dr. Karl Schrauf zu aufrichtigem Danke verpflichtet.

2) Ueber die Alantse sind ausser Denis (p. XVII.) und Mayer (1, 157) noch zu vergleichen: Ein dürftiger Artikel in der Allgem. deutschen Biographie, in dem Lienhard und Lucas als „Wiener Buchdrucker" bezeichnet werden, ferner ein Aufsatz von Hartmann-Franzenshuld in den Mittheil. der Zentralkommission für Kunst- und historische Denkmale 19, 85, der in erweiterter Form in desselben Geschlechterbuch wiederholt wurde. Aschbach, Geschichte der Wiener Universität 2, 127. Kapp, Geschichte des deutschen Buchhandels, 1. Bd. passim. Ueber die geschäftliche Verbindung mit Koberger: Haase, Die Koberger², 165, 211. Die in den angeführten Schriften mitgetheilten Angaben konnten durch bisher unbekannte Mittheilungen aus Urkunden und Rechnungen des Stadtarchivs, sowie aus dem Universitätsarchiv vermehrt werden. Leider fehlt es an einer vollständigen bibliographischen Zusammenstellung der von den Alantse verlegten Werke.

3) Camesina in Berichte des Alterthums-Vereins 11, 258, 260, wie daraus hervorgeht, besass er nur das Haus III. No. 629, nicht aber das III. No. 627.

der buchhändlerische Mittelpunkt eines lebhaften geistigen Verkehrs wurde. Auch in bürgerlichen Kreisen genoss der tüchtige Schwabe festgegründetes Ansehen und allgemeines Vertrauen. Aus einer Urkunde vom Jahre 1512 lernen wir ihn neben dem Tuchscherer Veit Aspaltrer als Testamentsvollstrecker des Meisters in den sieben freien Künsten Stephan Heiner und als Gerhaben für dessen unmündigen Sohn Hennslin kennen[1]), und im J. 1515 urkundet er mit Christoph Henner als Testamentsvollzieher des Matthias Hauer Kaufmanns in Markt Türnitz.[2]) Lienhard starb am 7. Januar 1518 und hinterliess sein ansehnliches Vermögen, da er keine Kinder hatte, seiner Wittwe Margarethe und seinem jüngern Bruder Lucas.

Dieser hatte eine sorgfältige akademische Vorbildung genossen, im Jahre 1498 wurde er in Basel immatriculirt[3]), und zwei Jahre später stellte ihm die Artistenfacultät ein auszeichnendes Entlassungs- und Empfehlungsschreiben aus. Da uns dasselbe über seine Studien berichtet, lasse ich es im Abdruck nach einer mir von Herrn Dr. Goldmann freundlichst zur Verfügung gestellten Abschrift folgen:[4])

Universis et singulis presentes literas visuris et audituris nos Johannes Mornach arcium magister et in utroque iure licenciatus, decanus facultatis arcium alme universitatis studii Basiliensis ceterique magistri facultatis arcium eiusdem studii salutem in domino. Quia universi fidei cultores tam naturali equitate quam divine legis precepto sint astricti, ut fidele testimonium perhibeant veritati, multo magis tamen convenit, ut viri scolastici diversarum scienciarum professores, qui veritatem in omnibus scrutantur, in eaque alios instruunt et informant, nec favore nec amore seu alia quacumque occasione a rectitudine deviant veritatis. Volentes igitur quantum nobis in hac parte incumbit testimonium perhibere veritati, notum facimus tenore presencium, quod cum discretus ac dilectus nobis Lucas Alantsee ex Schongaw Augustensis diocesis ad prefate universitatis gremium assumptus eidemque immatriculatus in dicta nostra facultate artistica liberalibus disciplinis ingenium suum aliquamdiu aluerit diligenterque studuerit et exercicia videlicet phisicorum, nove logice et de anima ac lectionem phisicorum audiverit et compleverit ac de eisdem suis magistris secundum nostre facultatis statuta satisfecerit legalemque se et honestum in vita ac moribus cuilibet iuxta suum statum exhibuerit nullamque penitus inhonestatis seu infamie notam post se reliquerit, quapropter prelibatum Lucam, quem morum honestas ac fame integritas, ut premittitur, reddunt commendabilem, omni quo possumus affectu personis singulis tam ecclesiasticis quam secularibus cuiuscumque dignitatis status seu condicionis existant, commendamus, petentes quatenus ob venerabile honestissimorum. studiorum decus ipsum Lucam omni humanitate prosequantur, scientes

---

1) Stadtarchiv.
2) Universitätsarchiv 1515 Juli 11.
3) Centralblatt für Bibliothekswesen III, 251.
4) Wiener Universitätsarchiv, orig. membr. cum sig. app.

profecto id gratissimo nobis animo affuturum, qui pari et ampliori vicissitudine queque nobis possibilia impendere pollicemur. Datum sub sigillo decanatus nostri anno a nativitate domini millesimo quingentesimo, die ultima mensis Junii presentibus appenso.

Nicolaus Haller notarius
dicte universitatis hoc subscripsit.
in dorso: Magistro Johanni Allantsee.

Wie in der Baseler Matrikel wird auch in diesem Schreiben Schongau als der Herkunftsort des Lucas Alantse bezeichnet, den magister Johannes, der auf der Rückseite als Empfänger genannt wird, dürfen wir für den Vater der beiden halten.[1]) Noch im Jahre 1501 dürfte Lucas in Wien angekommen sein, wohin ihn neben der Absicht in das Geschäft des Bruders einzutreten, auch der Ruf der Hochschule gelockt haben wird; am 30. März 1502 wurde er an der Artistenfacultät als scholaris Lucas Alantsee de Schonga immatriculirt.[2]) Nach Vollendung seiner Studien wurde er Theilhaber an der Handlung des Bruders, und ohne Zweifel verdankt das Geschäft seinen hohen Aufschwung und seine geistige Bedeutung diesem wissenschaftlich ausgebildeten Manne, der sich als omnium litteratorum parens bezeichnet. Die Verbindung mit der Gelehrtenwelt wurde auch dadurch gefestigt, dass im J. 1512 die Gebrüder auf sechs Jahre ein kais. Privileg für den Druck der von der Universität zu bestimmenden Bücher erhielten.[3]) Er führte den Buchhandel bis zu seinem im Jahre 1522 unter seltsamen Umständen erfolgten Tode. Nach seinem Ableben übernahm sein Sohn Urban das Geschäft,[4]) während die Wittwe sich mit einem Buchhändler Namens Wech vermählte. Urban, der in einem Drucke von 1530 als ingenuus et bone spei juvenis bezeichnet wird, 1539 sich an der Krakauer Universität inscribieren liess, und 1544 Bürger von Wien wurde,[5]) scheint sowohl der bürgerlichen Thatkraft des Oheims als auch der geistigen Regsamkeit und des ge-

---

1) Vgl. Centralblatt a. a. O. In der Erfurter Matrikel zu 1466 ein Johannes Alantse de Schongau, dort auch Glieder einer zweiten aus Füssen stammenden Linie.

2) Universitätsarchiv Acta facultatis artium IV. f. 24.

3) Aschbach 2, 128 und Jahrbuch der Kunstsamml. des ah. Kaiserhauses 3b, 39 n. 2686.

4) Namen anderer Kinder des Lucas sind uns nicht überliefert, aber in einer Aufzeichnung über die Verlassenschaftsabhandlung des Christophorus Oetwein vom J. 1527 (Universitätsarchiv) heisst es: Wolfgang des Lucas Alantse kinder diener intervenit pro certis libris ab eodem receptis 1 fl. 5 sh. 18 dn.

5) Ausser mit Büchern handelte er auch mit Papier, Stadtrechnung. 1542b f. 89 April 30. Hannsen Peuxen des Urban Allandsee diener umb ain riss regalpapier laut quit. 4 fl.
1543b f. 48. Januar 21. dem Urban Alantse umb 4 einpunden register 6 sh. 12 dn. und umb ain riss papir 7 sh. 15 dn. facit 1 fl. 5 sh. 27 dn. Ueber seine Inscription in Krakau s. Album stud. Cracov. 2, 294 col. 2.

lehrten Geschäftssinnes seines Vaters entbehrt zu haben. Er war wohl nicht der Mann, die Hemmungen, welche die seit 1533 eingeleitete Reform der Universität dem Studium und dem wissenschaftlichen Verkehr in den Weg warf, zu überwinden, und so verlor unter seiner Geschäftswaltung der Alantse'sche Buchhandel, dessen Verlag mit den vom Hofe und der Regierung geförderten gegenreformatorischen Bestrebungen nicht in Einklang stand, den vornehmen Rang, den er früher im geistigen Leben der Stadt und im allgemeinen Verkehre eingenommen hatte. Nach Urbans Tod (1551) ging das Geschäft an seinen Stiefbruder Christoph Wech über.

In den alten Aufzeichnungen treten uns noch andere Sprossen des Geschlechts entgegen, über deren Beziehungen zu der Hauptlinie, die den Namen Alantse zu so hohem Ansehen brachte, wir allerdings nicht klar sehen. Seit dem Jahre 1523 kommt urkundlich ein Michael Alantse vor, der Buchführer und Besitzer des Hauses Bäckerstrasse No. 8 war und in der Stadtrechnung des Jahres 1544 als einer der Kuratoren weiland „Albrechten Khutler gelassen guets" erwähnt wird.[1]) Aus dem Testament des Joannes Alexander Brassicanus vom Jahr 1539 erfahren wir von einem Hanns Alantse,[2]) ein Johannes Alantse wurde nach Plock in Polen verschlagen, wo er eine Apotheke errichtete und zum vermöglichen Manne wurde.[3])

Dem Lucas Alantse übergab nun Jorg Hübner Bücher und Geldwerthe seines uns unbekannten Herrn. Das Bücherlager war recht bedeutend, es enthielt 147 Werke in 667 Exemplaren, wir haben es also nicht mit der Büchersammlung eines Einzelnen, sondern mit dem Lager eines Buchhändlers zu thun. In Bezug auf den Inhalt überwiegt noch die populär-juristische und theologische, scholastische Literatur des ausgehenden Mittelalters,[4]) der einzige Marsilius Ficinus kommt als Vertreter der humanistischen Periode vor, von Klassikern waren nur Ptolemaeus, Sueton, Terenz, Aristoteles, Livius, Tibull, Cicero und Virgil in zusammen 97 Exemplaren auf dem Lager. Darf man aus der Zahl der vorhandenen Exemplare eines Buches auf dessen

---

1) Ich weise darauf hin, dass ein Michael Alantsche aus Schango im J. 1477 Bürger in Leipzig wurde und Papier für den Rath daselbst lieferte. Kirchhoff Entwickelung des Buchhandels in Leipzig p. 20.

2) Universitätstestam.-Buch f. 1481: Item was Georg Wech Hannsen Alantsee für mich bezalt, ist in die raittung seiner schult kumen als der raitzedl ausweist und ich bezalt.

3) Hartmann-Franzensbuld Geschlechterbuch p. 15. Herr Dr. Goldmann hat mich freundlichst auf folgende Stelle aufmerksam gemacht: Schreiben des Dr. Balthasar Schymoszawski physicus regius an Cardinal Hosius ddo. 1556 März 3 (Acta hist. Polon. 9, 675 No. 1569): Sic et eo modo ex benignitate praelatorum et canonicorum episcopique Erasmi (1503—1522) crevit et stabilita est apoteca Plocensis. Ego testis sum, quod ille Joannes Alantse piae memoriae non habuit proprios centum florenos, quando fundabat Plocensem apotecam, sed favore praelatorum et nobilium ad optatum finem pervenit.

4) Vgl. über dieselbe Stintzing, Geschichte der populären Literatur des röm.-kan. Rechts in Deutschland. Leipzig 1867.

Beliebtheit bei dem kaufenden Publicum und in Folge dessen auch bei dem Händler schliessen, dann steht obenan das Büchlein Vetus ars, das in 97 Exemplaren vorräthig war,[1]) ihm reihen sich an Terenz mit 42, der Textus Alexandri mit 37, Cicero in officiis mit 24, die Bibel mit 20, Virgil mit 19, der Codex Justinianeus und der Tractatus de sacramento eucharistie mit je 16 Exemplaren. In geringem Ausmasse ist die deutsche volksmässige Literatur vorhanden, wir finden nur: Das Buch der Weisheit oder alten Weisen, die deutsche Bibel, das Buch Belial genannt, eine deutsche Chirurgia, eine deutsche Cronica mundi, ein deutsches Evangelienbuch, die Historie von Florio und Bianceffora, Konrad von Megenbergs Naturbuch, das Passional, ein Rechtbuch, den Schatzbehalter, die Uebersetzung des Eunuchen von Terenz und das Büchlein von Versehung leib, sel, er und gut. Die weitaus überwiegende Mehrzahl der Bücher diente dem juristischen und theologischen Studium und konnte ihre Käufer nur in den Kreisen der Hochschule finden.

Ueber die Herkunft der Bücher können wir im Einzelnen keinen Aufschluss erfahren, da nur in seltenen Fällen der Druckort angegeben ist, und da bei der kurzen Fassung der Titel nur ausnahmsweise die Identificierung mit einer bekannten Ausgabe der betreffenden Schrift möglich ist. Es dürfte aber kaum ein blosser Zufall sein, dass eine ganze Anzahl von Schriften aus dem Verlage der Koberger sich findet, und es entspricht unserer sonstigen Kenntniss von dem lebhaften und weitausgedehnten Verkehr des Buchhandels jener Zeit, dass Lyoner, Strassburger, Ulmer und Basler Drucke vermerkt werden.

Geordnet sind die Bücher nach der alphabetischen Folge in der unbeholfenen und ungleichmässigen Weise jener Zeit, die den Verfassernamen vor dem Materialworte oder dem ersten Substantiv des Titels zurücktreten liess und das alphabetische Verzeichniss auch als Realrepertorium benutzen wollte. Die Bücher sind geschieden in gebundene und nicht gebundene, eine Scheidung, die merkwürdiger Weise die alphabetische Folge unterbricht, da zu Anfang des Buchstabens S die nicht gebundenen beginnen. Die Bücher waren also nach dem Alphabete aufgestellt, und der Buchbinder hatte nach der Aufstellung gearbeitet.

Sehr lehrreich sind auch die von Lucas Alantse verzeichneten Geldausstände, deren Ende uns leider fehlt. Ueber einzelne der darin genannten Buchführer stehen uns Nachrichten zu Gebote. Als einer der ersten Verlags- und Sortimentsbuchhändler, die keine Druckerei besassen, ist Thiebold Feger bekannt, der aus der Gegend von Heidelberg stammte, da studirte, sich dann in Colmar, Freiburg im Breisgau aufhielt und endlich in Ofen sich niederliess, wo er auch Bücher der Koberger vertrieb.[2]) Wie Feger, Herzog und Matthias

---

1) Ist darunter des Aristoteles Vetus ars zu verstehen, so wären die 97 Exemplare noch den klassischen Schriften beizuzählen.
2) Centralblatt für Bibliothekswesen III, 252. Denis p. XVII. Haase, Die Koberger², p. 334, 429. Kapp 1, 282, 302.

war auch Johannes Hüfftel ein Ofener Buchhändler, der bereits 1491 nach Wien übersiedelt war, wo er sich ein Haus kaufte und das Bürgerrecht erwarb.[1]) Merkwürdig ist die Nachricht von einem böhmischen Missale, dessen Druck auf Kosten eines „Junkherren" erfolgte, für das aber vorläufig der bibliographische Nachweis fehlt.

Ich lasse nunmehr den Abdruck folgen, in dem ich den einzelnen Artikeln, wo es nöthig und möglich war, einen Hinweis auf Hain, Panzer, Stintzing und Haases Koberger beigegeben habe, nicht in der Absicht die einzelnen Schriften mit einer der daselbst angeführten für eins zu erklären, sondern nur um die Deutung der stark gekürzten Titel möglichst zu erleichtern:

f. 1¹ † Jesus Maria

Item disen nachgeschriben bucher hat mier Jorg Hubner iberantwortt am 30. tag maii zu Wienn im 1508. jar und ich Lucas Alantsee bekenn, dass ich sollichen nachgeschriben bücher enpfangen hab von Jorgen Hübner aus bevelh seines herren etc.

Gepunden

2 Abbas, Pasler cum repertorio. [Nicolaus Panormitanus abbas, Lectura super quinque libros decretalium cum repertorio Alphonsi Diaz de Montalvo. Hain n° 12315, Haase n° 97, 99, Stintzing 17].
5 Alten weisen [Buch der Weisheit oder alten weisen. Hain n° 4031].
5 Antithotarius anime [Nicolaus Salicetus Antidotarius anime. Hain n° 14154 ff.]
4 Augustinus super p(salmo)s [Psalmorum expositio. Hain n° 1971 ff.]
1 Augustinus super Johannem [Haase n° 231.]
1 Augustiner Regel.
1 Archidiaconus super decreto [Guido de Baysio archidiaconus Bononiensis Rosarius decretorum Hain n° 2713 ff. Stintzing 17. Desselben Lectura super sexto decretalium.]
1 Bartholus super 2ᵃ parte ff. (digesti) veteris [Hain n° 2617 ff.]
1 Bartholus super 2ᵃ parte infortiati [Hain n° 2601 ff.]
1 Bartholus super 2ᵃ ff. (digesti) novi [Hain n° 2584 ff.]
2 Biblia real, Ulmer.

---

1) Urkunde im Stadtarchiv. Orig. Pap. mit zwei rückwärts aufgedr. Siegeln ddo. 1491 Dezember 23. Hanns Hüfftl der Buchführer, den Bürgermeister und Rat sowie die Verweser des Grundbuchs der Stadt Wien an Nutz und Gewer eines Hauses am alten Fleischmarkt (im Güfslein zunächft Mertten Khalher Haus an einem Teil, das rückwärts an den Heiligenkreuzer-Hof stöfst, so er von Asem Pefsten gekauft hat), geschrieben haben, obwohl er noch nicht das Bürgerrecht befafs und noch Bürger von Ofen ist, stellt den üblichen Revers wegen Erwerbung des Bürgerrechts in Jahresfrist aus. Siegler: Hanns Mühlhauser und Erhart Penschaber, beide Bürger von Wien. Hüfftel besass zwei Häuser in der jetzigen Wolfengasse, deren eines er dann an den Ofner Buchhändler Hanns Pap verkaufte. Camesina in Berichte des W. Alterthums-Vereines 8, XCVIII.

15	Biblia arcus, Lioner.
2	Biblia teutsch, gemalt.
1	Biblia teutsch, ungemalt.
1	Belial teutsch [Das Buch Belial genannt, Stintzing 271]
5	Bonaventura super sententiis [Bonaventura perlustratio in quatuor libros sententiarum oder Tabula super libros sent. Haase n" 132, 208.]
8	Brevier praedicatorum. [Hain n° 3877 ff. Haase n° 96.]
5	Brevier Cisterciensium. [Hain n° 3821 ff.]
5	Brevier Quinqueecclesiense. [Ein Missale Quinque ecclesiarum ... impressum Venetiis impensis Joannis Paep librarii Budensis anno 1499. Hain n° 11355]
6	Brevier minorum [Hain n° 3858]
5	Breviloquus vocabulista. [Vocabularius breviloquus Haase n° 198, Stintzing 193.]
fol. 2	ligati
2	Cassiodorus super p(salmo)s. [Expositio in psalterium. Hain n° 4574 ff.]
1	Casus longi codicis. [Casus longi super institutis. Hain n° 4663 ff. Stintzing 62.]
1	Catholicon real. [Haase n° 71, 115].
1	Cirurgia teutsch.
16	Codex median. [Codex Justinianeus.]
5	Concordantiae maiores bibliae [Conradus de Alemannia Concordantiae maiores. Hain n° 5629 ff. Haase n° 93]
2	Consilia Pauli de Castro antiq. [Paulus de Castro Consilia et allegationes. Hain n° 4639 ff. Haase n° 94.]
1	Cronica mundi, latein. gemalt [Haase n° 148, 151 Hartmanni Schedelii liber chronicarum?]
1	Cronica mundi, teutsch, gemalt.
9	Cronica mundi, ungemalt.
1	Cronica Anthonini, median. [Antoninus archiepiscopus Florentinus Chronicon sive opus historiarum. Hain n° 1159 ff. Haase n° 87, 130.]
12	Cursus Romanorum .
1	Decretum, real. [Haase n° 73, 102, 149.]
2	Decretales, median. [Haase n° 63, 67, 146, 176.]
1	Decisiones rote [Hain n° 6042 ff.]
5	Destructorium vitiorum [Alexander Anglicus Destructorium vitiorum. Hain n° 648 ff. Haase n° 17, 131, 178]
2	Dictionarius praedicantium [wohl Dictionarius pauperum in usum praedic. Hain n° 6152 ff. oder Melber Vocabularius praedicantium. Hain n° 11043.]
1	Diurnale Romanum [Hain n° 6301 ff.]
4	Diurnale Cisterciense.
3	Epistole Jeronimi [Hain n° 8549 ff. Haase n° 167.]
5	Epistole Marsilii Ficini [Hain n° 7059, Haase n° 187.]

2	Evangelibuch teutsch. [Hain n° 6733 ff.].
4	ff. (digestum) vetus, median.
1	ff. (digestum) novum, median.
11	Historia von Florio [Ein gar schöne neue hystori der hochen lieb des kuniglichen fürsten Florio und von seiner lieben Bianceffora, Hain n° 7190, 7191.]
1	Heinricus Bohinc (Bohuic?) super decretalibus (wohl Henricus Buich oder Bouhic super primo ... decretalium, desselben Liber ... distinctionum super decretalibus ... Hain n° 3682.]
1	Hugo super bibliam [Hugo v. S. Victor].

f. 2
1	ligati
7	Hugo super p(salmo)s [Hugo de S. Caro Postilla super psalterium. Hain n° 8972 ff. Haase n° 195]
2	Instituta, median. [Hain n° 9532 ff. Haase n° 101.]
1	Lira, arcus [Nicolaus de Lyra, Hain n° 10363 ff. Haase n° 43, 157]
1	Lira, median.
2	Lombardica historia. [Jacobus de Voragine, Legenda aurea. Haase n° 30, 45, 69, 138, 152, 211.]
2	Malleus malleficarum. [Johannes Institor Malleus maleficarum Hain n° 9238 ff. Haase n° 156, 170.]
8	Mariale Busti. [Bernardini de Busti Mariale. Hain n° 4158 ff. Haase n° 218.].
1	Missal Carthusiense in pergameno.
1	Missal spetial in papiro.
1	Missal spetial in pergameno.
5	Missal Romanum, median.
1	Missal praedicatorum in 8vo.
2	Naturbůch. [Konrad von Megenberg Buch der Natur. Hain n° 4040 ff.]
1	Opera beati Augustini in 9 partibus.
1	Pantheologia in pergameno. [Rainerius de Pisis Pantheologia seu summa universae theologiae. Hain n° 13014 ff. Haase n° 12, 18.]
3	partes Thome.
2	Passional, ungemalt. [Büchlein von dem Leben und Leiden unseres Herrn (das Passional von Jesus und Marie Leben), Hain n° 4057 ff. Haase n° 127.]
3	Passional, teutsch, gemalt.
3	Pisonella. [Nicolaus de Ausmo Supplementum summae Pisanae (Pisanella) Hain n° 2149 ff., Haase n° 29, 126, Stintzing 526].
1	Platina De summis pontificibus. [Platina Vitae pontificum Romanorum, Hain n° 13045 ff. Haase n° 50.]
3	Praeceptorium Nider [Joannes Nyder Praeceptorium divinae legis seu expositio decalogi. Hain n° 11780, Haase n° 175.]
4	Psalterium clein. [Hain n° 13455 ff. Haase n° 1]

- 3 Ptholomeus de situ orbis [Hain n° 13536 ff.]
- 1 Rechtbuch.
- 2 Reformation Nuremberger. [Reformation der Stadt Nürnberg. Hain n" 13716 ff. Haase n° 89.]
- 1 Repertorium Brixiense. [P. de Monte Brixiensis episcopi Repertorium iuris. Hain n° 11587 ff. Stintzing 145.]
- 4 Revelationes Brigite. [Hain n° 3203 ff. Haase n" 204, 216.]
- 1 Schatzbehalter, gemalt. [Haase n° 134.]
- 2 Schatzbchalter, ungemalt.

f. 3   ungebunden

- 1 Summa Anthonini, super real [Antoninus Florentinus Summa theologiae, Hain n" 1242 ff., Haase n° 23, 113 oder Summa confessionalis Hain 1162 ff. Stintzing 529.]
- 3 Summa Anthonini, real.
- 4 Summa Anthonini, arcus, Lioner.
- 1 Summa praedicantium, real. [Johannes de Bromyard Summa praed. Hain n° 3993, 3994. Haase n° 92.]
- 5 Summa Altissiodorensis. [Summa magistri Guillelmi in quatuor libros distinctionum Altissiodorensis. Hain n° 8324 ff.]
- 4 Summa de ecclesia domini. [Joannis de Turrecremati. Hain n° 15730]
- 1 Summa virtutum et vitiorum. [Guilelmi Paraldi Summa aurea de virtutibus et vitiis. Hain n° 12383 ff.]
- 2 Summa in cap(i)t(u)l(u)m. (?)
- 11 Summa de exemplis [Joannis de S. Geminiano. Hain n° 7542 ff.]
- 2 Summa Anglicana. [Summa magistri Thomae Bradwardini anglici?]
- 2 Summa Rofredi, Lioner.
- 1 Summa angelica in 4°. [Angelus Carletus von Chiavasso, Hain n° 5381 ff. Haase n° 124, 135, 199. Stintzing 536.]
- 8 Summa Baptistiniana. [Baptista de Salis Summa casuum conscientiae dicta Rosella sive Baptistiniana. Hain n° 14173 ff., Haase n° 125, Stintzing 533.]
- 3 Summa Rosella.
- 6 Summa Astensis oder Ostensis. [Summa Hostiensis oder Astexanus de Ast Summa de casibus conscientiae. Hain n" 1888 ff., Haase n" 65,Stintzing 519.]
- 4 Summa Rolandina cum commento. [Summa magistri Rolandi (ed. Thaner Innsbruck 1874.)]
- 6 Summule Reimundi. [Raimund von Sabunde, Stintzing 493 und insbesondere 502 über die Verwechslung der Summula mit der Summa.]
- 3 Summenhartt de contractibus. [Summenhart de Calw Opus septipartitum de contractibus pro foro et conscientiae. Hain n" 15718. Stintzing 545.]
- 2 Suplementum cronicarum.

1	Suetonius cum commento Beroaldi [Hain n° 15125—27.]
2	Tabula Anthonini, real. [Joannis Molitoris Tabula super totam summam Antonini, Hain n° 1260 ff. Tabula quintuplex totius summae Antonini. Haase n° 114]
3	Tabula Alexandri de Ales. [Zu desselben Summa theologiae Haase n° 55.]
9	Tabule Lyre.
8	Tabula Bonaventure. [Bonaventura Tabula super libros sententiarum.]
1	Tabula Thome, arcus. [Petrus Bergomensis Tabula super omnia opera Thomae Aquinatis, Hain n° 2816 ff.]
1	Tabula Thome, clein in 4to.
1	Tabula Elisabeth. [Tabule astronomicae Elisabeth reginae Hispaniae et Sicilie, Venedig 1503. Panzer Ann. 8, 364 n° 207.]
2	Tabule Blanchini. [Joannes Blanchinus Tabulae astronomicae et canones in eas, Hain n° 3233].
3	Tabulae directionum. [Joannis Germani de Regio monte. Hain n° 13800 ff.]
3	Thesaurus theologorum.
2	Terentius clein in 8vo.

f. 3 ^{1} ungebunden

11	Therentius cum Ascensio [mit dem Commentar des Jacobus Badius Ascensius. Lyon 1506.]
22	Terentius cum simplici commento et sine commento.
1	Terentius cum quinque commentis.
1	Terentius cum figuris.
5	Terentius in Eunucho, teutsch. [Hain n° 15436].
1	Textus equivocorum. [Joannes de Garlandia, Hain n° 10183 ff.]
2	Textus Ari(stote)l(is) cum commento Aueroys, A(ristote)l(i)s commentator.
37	Textus Al(exand)ri prima et 2^a. [Textus magistri Alexandri Galli, Hain n° 758.]
12	Textus sententiarum cum conclusionibus. [Petrus Lombardus. Haase n° 46]
1	Titus Livius.
1	Tibullus cum commento.
4	Tibullus, in 8vo clein.
2	Tortelius [Joannis Tortellii Aretini Orthographia, Hain n° 15563 ff.]
2	Thomas Contra gentiles. [Thomas de Aquino Summa contra gentiles.]
5	Thomas de persona dei.
2	Thomas de Kempis.
2	Thomas de celo et mundo. [Thomas de Aquino Expositio super Aristotelis libro de coelo et mundo, Hain n° 1530 ff.]
2	Tragedie Senece.
16	Tractatus de sacramento eucharistie. [Thomas de Aquino? Albertus magnus? Institor?]

11	Tractatus de tribus fratribus. [? Ein Tractatus de duobus fratribus von Petrus de Ubaldis de Perusio Hain n° 15898.]
3	Tractatus de simonia. [Joannes Gerson, Hain n° 7707. Joannes Caraffa, Hain n° 4499.]
5	Tractatus de febribus. [Marsilii de S. Sophia Tractatus de febribus. Lyon 1507. Joannes de Turnamira? Savonarola? Constantinus? Abano?]
2	Tractatus de potestate imperatoris et pape. [Antonius de Rosellis. Hain n° 13973—74.]
3	Trilogium animae. [Ludwig von Preussen. Haase n° 196.]
7	Tullius in officiis cum commento Asc(ensii).
17	Tullius in officiis.
96	Vetus ars. [Aristotelis? Vgl. Exercitata veteris artis, quae sunt isagoge Porphyrii. Koberger 1492. Haase n° 141.]
3	Vitas caesarum. [Sueton?]
2	Virgilius cum Ascen(sio).
8	Virgilius cum triplici commento. [Haase n° 139.]
1	Tractatus Berthachini de Christo [1]). [Joannes Bertachinus de Firmo Tractatus de gabellis, Hain n° 2988, Repertorium utriusque juris. Haase n° 84. Stintzing 146.]
f. 4	ungebunden.
2	Virgilius cum figuris.
7	Virgilius, clein, Strassburger.
9	Vocabularius juris. [Haase n° 51, 144, 174, 232, Stintzing 129.]
3	Vocabularius de puti [oder puci?]
1	Vocabularius grecus.
5	Vocabularius de partibus indeclinabilibus [Panzer 1, 389 n° 18; 3, 27 n° 99.]
2	Urbanus Averoista. [Expositio commentariorum Averois super libros Aristotelis de physico auditu. Hain n° 16097.]
4	Verschung sel und leib. [Verschung leib, sel, er und gut. Hain n° 16018 ff.]

Item mer hab enpfangen und hatt mir Jorg Hubner iberantwurtt allen geltschuld pöss und gut und bringt die sum alle fl. rein. fl. 1686, sh. 5, dn. 22.

f. 4 [1]

Die ich für gewiss schetz:
und von ersten der puchfürer:

Item Erhart Pachausser ist mir umb etliche pucher, die er von mir genummen hat, nach laut seiner hantgeschrifft	fl. 32.
ist eine vorhanden.	
Item Thibolt Feger ist mir schuldig zu zahlen nach laut seiner hantgeschrifft	fl. 103, sh. 1.
ist eine vorhanden.	
item mer	fl. 9.

---

[1]) oder de episcopo (entweder x̄p̄o oder ēp̄o).

Item Herzog zu Ofen ist mir schuldig nach laut seiner hantgeschrifft	fl. 26, sh. 1.
ist eine vorhanden.	
Item Johannes Hüfftel ist mir schuldig nach laut seiner hantgeschrifft	fl. 47, sh. 5, dn. 15.
ist eine vorhanden.	
Item Johannes Prem ist mir schuldig	fl. 1, sh. 2.
Item Mathias zu Ofen ist mir schuldig zu zalen nach laut seiner hantgeschrifft	fl. 31, sh. 6.
ist aine vorhanden.	

für gewisse schuldig der puchfürer:

Item Hieronymus Hueber von Passau ist mir schuldig nach laut seiner hantgeschrifft	fl. 103, sh. 5, dn. 25.
ist eine vorhanden.	
Item Urbanus ist schuldig aller schuld, daran hat Lienhart[1]) 100 fl. rein.	fl. 382, sh. 7, dn. 13.
ist eine vorhanden.	
Item ich pin meine(m) junkherren schuldig, die ich zu der pehemischen missal gebrauch hab, da er von zalt solt werden	fl. 95, sh. 6.
Item Wenzeslaus Kaplitzer sol umb pucher und umb geschmeid	fl. 21, sh. 4, dn. 18.
item mer	fl. 1, sh. 3, dn. 15.
ist eine vorhanden.	

Latus 856 fl., 2 sh, 26 dn.

II.
Aus den Bürgerlisten.

Die Wiener Bürgerlisten sind uns bis zum Jahre 1679, mit welchem die Reihe der erhaltenen, besonders geführten Bürgereidprotokolle beginnt, in den Rechnungen des städtischen Kammeramts überliefert. Die ältesten derselben von 1368 bis 1403 wurden nach einer jetzt verschollenen Handschrift von Chmel im Notizenblatt der Akademie 1855, 325 ff. veröffentlicht, mit dem Jahre 1424 beginnt die allerdings recht lückenhafte Reihe der im Stadtarchiv verwahrten Rechnungen. In diesen werden vom Jahre 1459 ab die das Bürgerrecht erwerbenden Personen bald mit bald ohne Angabe ihres Berufes genannt. Ich entnehme diesen Verzeichnissen die folgenden auf die Buchgewerbe bezüglichen Einträge, dem Jahre der Bürgergeld-Abstattung ist in Klammern die gezahlte Taxe und gegebenen Falles der Monatstag beigesetzt.

---

1) wohl Lienhart Alantse.

A. Buchfeller (bis 1600).

Albertus Turs	1369	(½ ℔. dn. Notizenblatt 1855, 366)
Lienhart Waidhover	1470	(4 sh. dn.)
Hermann Schustl	1476	(1 ℔. dn.)
Fritz Salzburger	1485	(4 sh. dn.)

B. Buchbinder (bis 1600).

Mert Scheiringer	1494	(umsonst, sol der stat ain puch einpinten)
Hanns Lechner	1497	(4 sh. dn.)
Thomas Wuegst	1499	(1 ℔. 60 dn.)
Colman Syrich	1538	(2 fl.)
Max Pfersich	1539	(2 fl.)
Hanns Snitzer	„	(2 fl.)
Stanzl Flieg	1542	(1 fl.)
Dietrich Priefer	1542	(2 fl.)
Gregor Eberhart	1546	(1 fl.)
Valtin von Pösenn	„	(1 fl.)
Hanns Zem	„	(1 fl.)
Leopold Knabl	1554	(13. März 2 fl.)
Christof Halmair	1559	(12. Juli 2 fl.)
Bartlme Mebus	„	(18. Juli 2 fl.)
Georg Reisner	1562	(6. Juni 1 fl. 4 sh.)
Max Müllner	1565	(28. Mai 2 fl.)
Hanns Raner	1566	(14. März 1 fl. 6 sh.)
Joachim Liebmann	1568	(13. Mai 1 fl. 6 sh.)
Caspar Müllner	1572	(22. Jannar 2 fl.)
Hanns Hohenauer	1575	(4. August, von da ab alle 2 fl.)
Hanns Popp	„	„
Georg Elber	1589	(Dezember.)
Maximilian Helmb	1590	(Mai.)
Martin Schmidt	1597	(Juli.)
Erasmus Göltl	1599	(März.)

C. Brief- und Kartenmaler (bis 1686).

Jobst Cossmann	Briefm.	1498	(4 sh. dn.)
Jacob Woffenberger	„	1501	(4 sh. dn.)
Jorg Müllner	„	1544	(1 fl. 6 sh. dn.)
Michel Khunig	Kartenm.	1548	(4. Dezember, 1 fl. 4 sh.)
Hanns Vogkt	„	1562	(28. Februar, von da an alle 2 fl.)
Abraham Vogkt	„	1567	16. Februar.
Hanns Poeckh	„	1568	4. Mai.
Christof Forster	„	1589	März.
Wolf Halbmaister	Briefm.	1592	September.
Erhard von Werdt	Kartenm.	1595	August.

Matthes Kerch	Kartenm.	1596	April.
Hanns Stainbegg	„	1599	Mai.
Hanns Holderiedt	„	„	Juli.
Georg Kholler	„	1618	Januar.
Michael Jury	„	1619	Februar.
Lucas Prunner	„	„	„
Georg Eckhardt	„	1620	April.
Balthasar Grünss	„	1626	Juli.
Simon Scholler	Kartenmacher	1666	Mai.
Ferdinand Walrab	Kartenmaler	1680	Dezember 13.

(ein Ferdinand Walrab ohne Standesangabe 1648 März).

D. Schreiber (bis 1600).[1]

Ulricus scriptor Straicher		1369	$^{1}/_{2}$ ℔. dn. Notizenbl. 1855, 366.
Hanns Schuelraedl	Schreiber	1498	(von dem Bürgermeister nachgelassen.)
Jorg Paur	deutscher Schreiber	1533	(1 ℔. dn.)
Hanns Wernstainer	Schreiber	1538	(2 ℔. dn.)
Wolfgang Winter	„	1539	(2 fl.)
Friedrich Hamer	deutscher Schreiber	„	(2 fl.)
Veit Hueter	„	1541	(2 fl.)
Georg Gattermair	deutscher Schreiber und Schulhalter	1545	(gratis.)
Valtin Schultz	deutscher Schreiber	„	(1 fl. 4 sh.)
Andre Preisch	„ „	1553	(21. März, von da ab alle 2 fl.)
Hanns Khech	„ „	1569	
Peter Stübl	„ „	1571	Februar 26.
Georg Kappeller	„ „	1572	Dezember 15.
Gabriel Perger	Schreiber	1584	März.

E. Buchdrucker (bis 1686).

Valentin Hagenberger	Aufdrucker[2]	1471	(1 ℔. dn.)
Cuntz Mair	Aufdrucker	1477	(1 guld. ung. per 10 sh. 10 dn.)
Simon Perkhaimer	Aufdrucker	1479	(4 sh. dn.)
Jorg Schneider	Aufdrucker	„	(4 sh. dn.)
Steffan Koglinger[3]		1481	(1 fl. ung. per 1 ℔. 70 dn.)

---

1) Die Amtsschreiber, wie Stadt-, Grund-, Schrann- und Urtheilsschreiber sind nicht aufgenommen.

2) Da Buchdrucker als Aufdrucker bezeichnet werden, habe ich auch diese verzeichnet, vgl. Haase Koberger 2, 409.

3) Ein Stephan Koblinger de Vienna kommt 1479 und 1480 in Vicenza als Buchdrucker vor, Panzer Annales 3, 512, Mayer, Wiener Buchdruckergeschichte 1, 8, Burger, Register zu Hain p. 158, b und g werden vor der Liquida gerne verwechselt, so dass also die Gleichheit des Namens und die auf eine ansehnliche Stellung deutende hohe Taxe allerdings vermuthen lassen, Koblinger sei aus Italien wieder nach Wien zurückgekehrt.

Hanns Winterburg	Aufdrucker	1496	(1 ℔. dn.)
Peter Rosenperger	Buchdrucker	1545	(1 fl. 4 sh.)
Egidius Adler	Buchdrucker ¹)	1548	(19. Mai 2 fl.)
Michel Zimmermann	Buchdrucker	1555	(5. Febr. 1 fl. 4 sh.,
Holhalter von Potzen und Caspar Krafft	Buchdrucker	1557	(12. Januar,

'wiewol vorermelter Holhalter ain Pollackchen, haben sie doch ain privilegium so ihm von der ku. Mt. gegeben, fürzaigt, darauf auch fürs bürgerrecht erlegt 4 fl.')

Christoph Zimmermann	Buchdrucker	1565	(1. September, von da an die übliche Taxe von 2 fl.)
Caspar Stainhofer	Buchdrucker	1565	(8. Dezember.)
Michel Mayr	"	1567	(25. Juli.)
Blasius Eberus	"	1571	(11. Oktober.)
Stefan Creutzer	"	1575	(3. Mai.)
Michael Apfel	"	1578	(April.)
Leonhard Nassinger	"	1580	(September.)
Conrad Victor	"	1631	(August.)
Mattheus Cosmerovius	Hofbuchdrucker	1670	(August.)
Johann Baptist Hacque	Buchdrucker	1673	(September.)

F. Buchhändler.

Jörg Walich	Buchführer	1493	(drei Hackenbüchsen)
Lienhart Alennezer	puchführer	1500	(2 ℔. dn.)
Georg Zingiesser von Tragburg	Buchführer	1522	(4 sh. dn.)
Josef Saurer	Buchführer	1543	(1 fl. 6 sh. dn.)
Urban Allantsee	"	1544	(von da an alle die Taxe von 2 fl.)
Georgius Faber	Buchführer	1552	(23. August.)
Stephan Hesch	"	1557	(18. November.)
Stephan Sturmb	"	1561	(16. September.)
Melchior Kherrn	"	1562	(27. August.)
Haus Ernreitter von Passau	"	1564	(18. Januar.)
Hanns Meirschl	"	"	(21. November.)
Hanns Hiller	"	1565	(17. März.)
Felix Steibbockh	"	1569	(15. Dezember.)
Erhard Hiller	"	1571	(14. Mai.)
Johann Michel	puechhandler	1572	(10. Januar.)
Hanns Spanring	Buchführer	1573	(1. September.)
Christof Schwab	"	1580	(Dezember.)
Hanns Höger	"	1584	(Oktober.)

---

¹) Er stammte aus Regensburg, mit Urkunde vom 28. Februar 1548 (Wiener Stadtarchiv) sprechen ihn Kämmerer und Rath von Regensburg seiner bürgerlichen Pflichten ledig.

Leopold Walch   Buchführer   1607   (Mai.)
Caspar vom Rath   1622   (August.)
Georg Lackner Buch- u. Kunsthändler 1678   (September.)

III.
Aus dem Testamente des Ofner Buchführers Hanns Pap.

Von dem Geschäftsverkehr eines deutschen Buchhändlers in Ungarn und über die Beziehungen desselben zu Venedig und Wien giebt uns das vom 13. Sept. 1509 datirte Testament des Ofner Bürgers und Buchführers Hanns Pap Kunde.[1]) Pap liess die von ihm verlegten Bücher in Venedig drucken, so im J. 1498 Legendae ss. Hungariae que in historia Lombardica non continentur (Hain n° 9998), 1499 ein Missale Quinque ecclesiarum (Hain n° 11355); nach seinem Tode erschien 1511 ein Graner Missale,[2]) aber auch mit Wiener Buchhändlern stand er im Verkehr und von einem derselben, Hanns Hüfftel, kaufte er die bursa Leonis aurei.[3]) In Ofen nahm Pap, wie sein letzter Wille zeigt, eine geachtete Stellung ein, zwei Goldschmiede, Jorg Mayr und Hans, waren ihm verschwägert, als Zeugen werden erwähnt sein Beichtvater Jörg Kaplan bei unserer lieben Frau und die Geschworenen des Rathes Wolfgang Haimburger, Valtin Apotheker, sowie der Bürger Hanns Kiessling. Sein Geschäftseifer äussert sich darin, dass er sowohl auf den guten Verkauf der auf dem Lager befindlichen Bücher bedacht war, als auch für die Vollendung der in seinem Auftrag zu Venedig gedruckten Bücher vorsorgte. Bald nach Ausstellung seines Testamentes muss Pap gestorben sein, da am 10. Dezember die Wittwe Helena vor dem Rath von Ofen erschien und die Vidimierung der Urkunde erlangte. Hanns Paps Grabstein wurde vor dem Gottesleichnamsaltar in der Pfarrkirche zu unserer lieben Frau eingelassen. Ich bringe im folgenden aus der umfangreichen Urkunde die auf den Buchhandel bezüglichen Stellen zum Abdruck:

'Item die schuld. Item zu Venedig bin ich schuldig dem Lucas Anthoni[4]) puechtrucker darumb er meinen brief hat flor. 180; item mer zu Venedigen bin ich schuldig dem Peter Liechtenstein puechdrucker[5]) flor. 20; item mer hab ich ainem puchdrucker Nicloss von Frankfurt[6])

---

1) Wiener Stadtarchiv. Vidimus von Richter und Rath von Ofen ddo. 1509 Dezember 10. Ueber Pap Denis, Wiens Buchdruckergeschichte Nachtrag 5.
2) Denis Einleitung in die Bücherkunde 1, 121, Wiens Buchdruckergeschichte Nachtrag 5.
3) Vgl. Camesina in Berichte des Alterthums-Vereins 8, XCIX, jetzt I. Wolfengasse 4 zum Weissen Wolf.
4) Lucas Antonius de Giunta Florentinus. Burger Register p. 121.
5) Peter Liechtenstein Coloniensis. Burger p. 177.
6) Nicolaus de Francfordia. Burger p. 107.

zu Venedig geben hundert gulden auf puechdrucken, nemlich missal und brevier, ist mein willen, das man in lass die pücher drukhen und in bezall und wan es sein zeit hat, mag man im schicken mer hundert gulden und aber hundert, damit das drukhen von stat gee; item dem Lienhart[1]) puchfürer bin ich schuldig funfzig guldin, darumb hat er mein handgeschrift wiewol dieselb laut auf hundert und etlich, jedoch hab ich im die bezalt bis auf die bestimbten funfzig guldin; item dem Mert Scheiringer puchfürer[2]) zu Wienn bin ich schuldig ungeferlich bei 3 oder 44 guldin hungrisch. Item mein schuld so man mir schuldig ist, wirt man finden in meinen registern, sol mein hausfrau mitsambt den testamentern fleis haben einzebringen. Item ich hab kaufft von Hanns Hüfftel puchfürer ain bursen zu Wien gelegen, genant Leonis aurei, nachent gegen Sant Lorenzen uber, umb 700 guldin reinisch, und dieselb bursen ist purkrechtig gewesen 200 guldin reinisch, und hundert guldin hungrisch in gold hab ich vormals daran am purkrecht ausgericht dem wirdigen herren doctor Hannsen Trapp 100 guldin reinisch und will ihm ytz aber schicken hundert guldin reinisch, bleib ich noch schuldig an dem purkrecht abzelosen hungrisch guldin in gold 100, die sol mein hausfrau aus dem gemain meinen guetern bezallen mit der zeit. Item ich bekenn und sprich dass ich kain ander berait gelt hab, wen ain wenig, damit man mich zu der begrebnufs bestatten mag, sonder all mein hab und guet ligt in und an den puchern, die do sin in den zwain gwelberen in dem hinderen und vorderen; wiewoll ich solhe lang nit hab abgezelt, jedoch wirt man die finden in meinen registern.' Es folgen nun Bestimmungen über die Vertheilung des Vermögens und die Erziehung der Kinder. 'Es ist mein rat und willen, dass man die puecher bei ainander halt und nem dem Steffan[3]) auf auf drei oder vier jar und geb im ainen gueten lon, das er dest lieber beleib, es sei hundert oder 125 guldin, wan in der zeit mag man sie zu gelt machen, damit mein hausfrau und mein geschafftherren jeglichem meinem kinde seinen teil wan es zeit hat, raichen und ausrichten mugen.'

Wien. Dr. Karl Uhlirz, Stadtarchivar.

1) wohl Lienhart Alantse.

2) in den Bürgerlisten als Buchbinder erwähnt; wie anderwärts, trieben auch in Wien die Buchbinder von Anfang an den Buchhandel.

3) wohl Stefan Heckel, über ihn Denis, Nachtrag 5, auch er liess, als er selbständig das Verlagsgeschäft betrieb, in Venedig drucken.

Lutherdrucke auf der Breslauer Stadtbibliothek.
(Fortsetzung.)

73. DE CA PTIVITATE | BABYLO | NICA | ECCLESIAE. | PRAE-LVDIVM | Martini Lutheri. | '5. ‖

  Knaake VI, 489 C.

   4°, 40 Bl. 10×4. a—k. Mit Ueberschr. Antiqua. — 1v Luthers Bildnis = v. Dommer, Ornam. 2 A mit 2 lat. Distt. als Unterschr. — 2r: IHESVS. | MARTINVS LVTHERVS | Anguft. Hermanno Tulichio fuo | Salutem. | — 39v a. E.: | turus. in nomine domini noftri Jhefu Chrifti. Amen.¶ — 40r: R S M. | [Holzschn. = v. Dommer. Ornam. 62. Hier ist übrigens der von v. D. erwähnte Sprung im Stock noch nicht bemerkbar.] Unter dem Holzschn.: Hoftis Herodes impie, | ... | ... | ...‖ — 40v: LAETA LIBERTAS. ‖

  [Strassburg, Johannes Schott nach v. Dommer.]
       Johannes Prüss nach Knaake.

74. Von der Babylonischen gefengt | nuß der Kirchen, Doctor Martin Luthers. ‖ [Holzschn. Luthers Bildniss = v. Dommer, Orn. 2 A.]
  = v. Dommer, 170. Knaake VI, 491 c.
  [In uns Ex. fehlt das letzte, 70. Blatt.]

  [Strassburg, Johannes Schott nach v. Dommer.]
       Johannes Prüss nach Knaake.

75. Von der Babylonischen gefengt | nuß der Kirchen, Doctor Martin Luthers. | [Holzschn. Luthers Bildniss = v. Dommer, Ornam. 2.]
  = Knaake VI, 491 b.

   4°, 72 Bl. 15×4. a—s. Mit Ueberschr. Schwabacher. Auf 6r ein einfacher Zierinitial. — 1v leer. — 2r: IHESVS. | Martinus Luther Augu | ftiner, wünscht Hermanno Tulichio heyl. | — 72v: R. S. M. | Mit gwalt man gwalt vertriben fol, | Das schint an bißen hunden wol- | Bey gwalt vernunfft hat kleinen platz. | Chriftus macht frid, der teufel hatz. ‖ [Holzschn.; die beiden Hunde = v. Dommer, Ornam. 62.] Darunter: Herodes o vmnilter fündt, | Was förchst Chriftus dir tum zügschwindt? | Nit nimpt er an die töbtlicheit | Der gibt das rych der seligkeit. ‖

  [Strassburg, Johannes Schott, wie ich glaube]
       Johannes Prüss nach Knaake.

76. Uon der freyheit | eynes Chriften | menschen. | Martinus Luther. | † ‖ [Titelbordure Orn. 61.]
  Weller 1526.

   4°, 12 Bl. 3×4. A—C. Schwabacher. — 1v: Dem furfichtigen vnnd weyfen herrn | Hieronimo Mulphort Statuogt zu Zwickaw ... | ... | Entpiete ich genant D. Martinus | Luther Augu. meine | willige dienft vn , alles gut. | tes. | ... Am Ende: | Zu Wittenberg Anno M.D.xx. | — 2r: Jhefus. | AM erften, Das wir gruntlich mugen erkenen ... — 11r a. E.: | vns got recht zuuorften vnnd behalten. Amen. | — 11v Holzschu. Orn. 39. — 12r Holzschn. Orn. 40. — 12v leer.

   Es ist mir bis jetzt nicht gelungen, den Drucker zu ermitteln.

77. Martini Luthers der war | ten göttlichen schrifft Doctors, Augustiner zů Wittenbergk, mancherley büchlin | vnd tractetlin. In welchem ein yegtlicher | auch einfaltiger Lay, vil heylsamer | Christlicher lere vnd vnderweis= | sung findet, so not seind zů | wissen eynem yegtli= | chen Christē mē= | schen, der | nach | Christlicher ordnūg (als wir | alle sollen) leben will. || Deren biechlin namen sin | best du am andern blatt, mit zale der blät | tern, in welchem yegtlichs eygentlich an= | sahet. || Item Apologia: das ist ein schirmred vnd antwort gegē ettlicher ein= | rede, so geschehen wider D. Martinum | Luthern vnd seine ewangelische lere, mit | fast schönen wolgegrünten bewerun | gen, das sein leere, als warhaff= tig, Christlich: vnd götlich | anzůnemen sey. || [Titelbordure. Orn. 45.]

Panzer Zusätze 974 [mit Abweichungen].

4°, 184 Bl. 46×4. —, ij, iij —: a–z, A–Y). Von 5—183 foliirt: I—CLXXIX. Mit Ueberschr. Schwabacher. Mit zahlr. Zierinitialen versch. Alphabete. — 1v leer. 2r: Namen der biechlin D. Martini | Luthers, so hierinnen begriffen seind. | [Es sind im Ganzen incl. der Apologie Laz. Spenglers 20.] — 3r: Vorred. || [A]Lles leben fleiß vnd arbeit: | alle hab ... | vom Drucker]. 4v leer. — 5r (Ir) beginnen die Werke mit der: Außlegung deutsch des Vatter | vnser, ... — 175r beginnt die Schirmrede. — 183r a. E.: Geendet im Meien: als man | zalt Tusent fünff hundert vnd | zwentzig jar. | — 184 fehlt in uns. Ex., ist aber wohl leer gewesen.

[Basel, Andreas Cratander,] 1520. V.

78. Von den newen Edischenn | Bullen vnd lugen D. | Martini Luther. Buittemberg. ||

= v. Dommer 178. Knaake VI, 578 A.

Wittenberg, [Melchior Lotter d. J.] 1520.

79. Wibber [das W ein gestürztes M] die Bullen des End= | christs: Doctor Marti= | nus Luther. || Buittembergk. || Im Jar . M.D.Xr.

= v. Dommer 181. Knaake VI, 613 A.

Wittenberg, [Melchior Lotter d. J.], 1520.

80. Doctoris Martini Luther Appel= | lation obber beruffung an | eyn Christlich frey Cō= | ciliū von dem Bapst | Leo vnd seynem | vnrechtem fre= | uell vorneũe | ret vnd re= | petiret . | Wittemberg. | M.D. | xx. ||

Vgl. v. Dommer 183 und 184.

4°, 4 Bl. —, Aij, Aiij, —. Schwabacher. — Das vorl. Ex. stimmt genau mit 183 bei v. Dommer überein bis auf die 4 letzten Zeilen; diese lauten in uns. Ex.: | rawm lassen. | Maledicent illi, | Et tu benedices. | p̄s 08. [!] | Verum est. ||

Wittenberg, [Joh. Grunenberg,] 1520.

81. Warumb [das W ein gestürztes M] des Bapst vn̄ seyner | Jungern bucher võ Doc. | Martino Luther | vorbrant. | sein. | Laß auch an= | zeygen wer do | will warumb sie Doct. | Luthers bucher vor= brennet haben. | Wittenbergk. [das W wie oben] | D. M. L. |

4°, 8 Bl. 2×4. **A, B.** Gothisch. — 1v leer. 2r: Jesus. | Allenn lieb-
habernn Christli- | cher warheyt, sey gewunscht gnabt | vnnd friedbt vonn got. | Ich
Martinus Luther genant | ... — 7v a. E.: | billich haffet das finster geschefste,
vnd liebt das licht. | A M E N. | In disem alle erbiete ich mich stehn | zu recht fur
yberman. || Somson Iubic. rv. | Sicut fecerunt mihi, sic feci eis. || — 8 fehlt in
uns. Ex., war jedenfalls leer.

[Leipzig, Valentin Schumann.]

82. ¶ Kazanij welebneho a nabožnc | ho otcze **Martina Luthera** | Na
besatero přikazani | bož ij, kterež libu obecz | nemu z gewnie w
Mieftie Wite | bercze kaa | žal geft | ♣ ♣ ♣ || [Titelbordure
Orn. 56.]

= Knaake I, 396 f.

4°, 148 Bl. 37×4. Signaturen erst vom 5. Bogen an, dem 4. des
eigentl. Textes, und zwar immer nur auf der 1. Seite des Bogens: bi—zi,
aai—nni; nur ein einziges mal und zwar bei aa ist auch das 3. Blatt signirt:
aaiij. Von 5 — 147 paginirt: 1 — 285 [!] mit unzähligen Druckfehlern. 129v,
130r, 131v, 132r sind leer, gleichwohl aber in der Paginirung mitgezählt.
Schwabacher. Mit Randdruck. — 1v: Holzschn. Ornam. 30. — 2r: ¶ Prbedm-
luwa [!] na wyklad welmi vžitecžny a křestia | fly, Desyti bozstych přikazanij:
ob buoftoynneeho bra | tra Martina Luthera: rzadu Swateho Au | ŭustp na v Wit-
tubercze wybany: | [Diese Vorrede ist nach Knaake nicht von Luther.] -
5r: Wyklad na Desatero Bozij přykažanij we | lebneeho Dicze Martina Luthera:
z | Regule Swateeho Auguſty | na: každy ob nieho li | du Wittember | ſtecmu | —
147v a. E.: ¶ Konecz Kazanij Na besatero bo ij pržy | kazanij: Welebneho otcze
Martina Luthera: Kterej | geſt kazal libu | witeber | ſſe mu | — 148r: Tifftieno y
bokonano w Praze: w Pateř | pred Swathm Martinem: Lee | ta panie Tifycyhyo
pie | tifteho Dwa | cyateho || Holzschn. Orn. 31. — 148v: derselbe Holzschn.

Prag, — —, 1520, 9. XI.

83. R. P. DOCT. | MARTINI LV | THERII AVGVSTINIANI THEO
LOGI SYNCERI LVCVBRA | TIONVM PARS VNA, || quas ædi-
dit ufq$_3$ in annum præfentem $\overline{\text{XX}}$. Catalogum earū | uerfa tibi
pagina indicabit. || ALIO TOMO, DOMINO VO- | lente, poſt hac
meliora trademus, ut ab | foluta fuerint eodē autore, nempe | in
Pfalmos & Paulum. || BASILEAE APVD ADAM PE | TRI,
ANNO DOMINI $\overline{\text{M.D.}}$ | $\overline{\text{XX}}$. MENSE IVLIO. || [Titelbordure =
v. Dommer Orn. 103.]

Fol. 298 Bl. 6, 6, 5, 6 31×6, 5, 9×6, 4, 6, 6, 5. a—d. A—Z, Aa—
Yy. Von 27r—297v paginirt: 1—542. Mit Seitencustt. und Ueberschrr. Antiqua. Mit Randdruck und zahlreichen Zierinitialen. — 1v: ❦ CATALOGVS
OPE- | RVM LVTHERANORVM QVAE IN HOC VO | LVMINE CONTI-
NENTVR. | 2r: ADAM PETRI PIIS ERVDITISQVE | LECTORIBVS CHRI-
STVM VIVERE. | [warum er den Brief des Erasmus an den Erzb. von Mainz
voranstellt.] Zeile 22: DESYDERII ERASMI | Ad . . . MOGVNTINEN-
SIVM | præfulem, . . . | — 4v: EORVM QVAE IN HISCE | Lutherianis opi-
bus continentur, | INDEX. | [In 2 Columnen.] — 21r: ADAM PETRI CAN .
DIDO LECTORI S. | [Vorw. zur Resolutio Luth. de potestate papae.) —
298r: CARTHARVM SERIES. | [In derselben ist aber Quat. e und Tern. d
ausgelassen.] Darunter: FINIT pars una lucubrationu uaricaru Doctoris Mar-
tini Lu | therij Auguftiniani in annu Domini . XX . ufq$_3$ æditarum, quas | paf-
fim congeſtas confequi potuimus. Reliqua eius Chriftianiſ- | fima feripta poſt-

hac alio uolumine suo tempore exhibebimus, | in opus Pfalterij & epistolarum Pauli, dum domino uolente, | & falutem ex inimicis præstante, fuerint eodem autore feliciter | absoluta. | — 298v: Holzschn. Signet Petri's. 103×72 mm. Darunter: BASILEAE IN AEDIBVS ADAE PETRI, | ANNO DOMINI M. D. XX. | MENSE IVLIO. ||

Basel, Adam Petri, 1520, VII.

84. Ein Sermon geprebiget zu Leipßgk | vffm Schloſ' am tag Petri vnd | Pauli ym . gviiij. Jar, burch ben wirbigē vater Docto | rem Martinum Luther auguſtiner zu Witten= | burgk, mit entſchuldigung etlicher artickel | ſo ym von etlichen ſeiner abgünſtigē | zugemeſſen ſeyn, in ber ſetzt ber Diſ | putacion zu Leypßgk gehalten. | [Holzschn. Luthers Bildniss = v. Dommer, Ornam. 1.] | ¶ Getruckt zu Leypßgk burch Wolffgāg ſtöckel im iar. 1520. ||
= Knaake II, 242 F.

4°, 4 Bl. —, Aij, Aiij, —. Schwabacher. — 1v: Jeſus. | ES iſt an zweyfell faſt yberman bewuſt, wie bas ich D. | Martin⁹ Luther, ... 2v 7: Eyn Sermon von ſanct Peters vnd Pauls feſt Doctoris Martini Luther. | — 4v a. E.: | ban- bie ſuſſe bürbe vnſers herren Jeſu Chriſti A M E N. | Laus beo et honor. ||

Leipzig, Wolfgang Stöckel, 1520.

1521.

85. Von ber Freyheit | eynis' Chriſtenn | menſchen. | D. Martinus Luther. || Wittembergk· | 1521. || [Titelbordure.]
= v. Dommer 193.
Wittenberg, Joh. Grunenberg, 1521.

86. EPISTOLA | LVTHERIANA Ad LEONEM | DECIMVM SVM-MVM | PONTIFICEM. || LIBER DE CHRISTIANA LIBER= tate, continens summam Christianæ doctri- | næ, quo ad forman-dam mentem, & ad in | telligendam Euāgelii vim, nihil abso-lu | tius, nihil cōducibilius neq₃ a veteri= | bus, neq₃ a recen-tioribus scriptori | bus ꝓditū est. Tu Christiane | lector, relege iterum atq₃ | iterum, & Christum | imbibe. ❧ || RECOGNITVS VVITTEMBERGAE. ||
= v. Dommer 195.
Wittenberg, [Melchior Lotter d. J.,] 1521.

87. ❧ EPISTOLA | LVTHERIANA Ad LEONEM | DECIMVM SVM-MVM | PONTIFICEM. || DISSERTATIO DE LIBERTATE CHRISTIANA PER AVTO | REM RECOGNITA. | WITTEN-BERGAE. ||
Vgl. v. Dommer 196.

4°, 26 Bl. 5×4, 6. A—F. Von 2r—25v paginirt: 3—50. Mit Seiten-custt. und Ueberschrr. Antiqua. Mit Zierinitialen aus d. Petrischen Drachen-alphabet. — 1v leer. 2r (3): LEONI DECIMO PONTIFICI ROMA- | no Mar-tinus Lutherus salutem in Christo Jesu | domino nostro. | Amen. | 6v (12) a. E.:

VVITTENBERGAE, SEXTA | SEPTEMBRIS. ANNO | M.D.XX. | — 7r (13):
MAR. LVTHERI TRACTATVS | DE LIBERTATE | CHRISTIANA | —
25v (50) a. E.: ANNO DOMINI | M.D.XXI. | — 26 leer.

[Basel, Adam Petri,] 1521.

88. **Ainn gute nutzliche | Sermonn Doctor Martini Lu- | thers Auguſtiner
zu Witteberg, geprediget | an der heyligen drey Künig tag. Anno |
M.D.XXj. Vnnd durch ainenn | ſeiner diſcipel vleiſſiglich ge=|
ſamlet. | ⚜ ||**
4°, 8 Bl. ⊃<⊂. A, B. Schwabacher. Mit Randdruck. — 1v leer. 2r:
Euangelium Mathei an dem eylfften || Da Jeſus geboren was in Bethleem
Jude ꝛc. || Als heut begangenn wir drew lobliche . . . — 7r a. E.: | wir gnug,
ſo wir dich haben durch dern rechte glaube. Amen. || & Finis ⚜ || 7v und 8 leer.

[Breslau, Adam Dyon.]

89. MARTINI | LVTHERI | PIAE AC DOCTAE | OPERATIONES |
IN DVAS PSALMORVM | DECADES. || Iam secundo recognitæ. |
INVENIES HOC TOMO. || De Impiorum nominibus. | De Vanita-
tum doctoribus. | De Spe & paſſionibus. | De nomine Dei. | De
Praedicatoribus. | De Fide & Operibus. | De Cerimonijs. | Nomina
uirtutem uel potentiam He- | bræis ſignificantia. || Atq₃ alios id
genus locos magno ſpi- | ritu & eruditione tractatos. || [Titel-
bordure = v. Dommer, Ornam. 105.]

Fol. 244 Bl. 3×6; 25×6, 6, 10×6, 8. a—c; A—Z, Aa—Oo. Mit
Seitencuſtt. Von 19r—243r paginirt: 1—440. Antiqua. Mit zahlreichen Zier-
initialen. — 1v: ⚜ F. MARTINVS | LVTHER THEOLOGIAE STV- | DI-
OSIS SALVTEM. || [undatirt.] — 2r: ⚜ ILLVSTRISSIMO | . . . FRIDE-
RICO . . . | . . . ELECTORI SAXONIAE | . . . | . . . | . . . F. MARTINVS
LVTHER SA. | LVTEM D. | – 3r [kelchförm. Satz.] a. E.: . . . Vuitten-
bergæ, Sexto Ca- | lend. Aprileis, Anno M.D.XIX. || – 3v: THEOLOGIAE
STVDIOSIS PHILIP. | MELANCH. SALVTEM. || . . . [a. E. datirt:] . . . , Vuit|
tenbergæ in Saxonib. [Spt.] Menſe Martio, Anno M.D.XIX. || — 4r: ⚜ HA-
BES INDICEM | NON QVIDEM ANXIE DILIGENTEM, SED IN quo | nihil, . . .
Index in 2 Col.] — 18v a. E. d. 2. Col.: FINIS. || — 19r: ⚜ OPERATIO-
NES | F. MARTINI LVTHERI IN PSALMOS | VVITTENBERGENSIB .
THEOLOGIAE | STVDIOSIS PRONVNCIATAE. || — 243r 26: FINIS SE-
CVNDAE DECADIS PSALTERII . || [F]INEM hic facio secūdae decadis, to-
tius Pſalterij, . . . — 243v 14: | & gratia Chriſti ſit tecum, AMEN. | ADAM
PETRI | LECTORI. || . . . [a. E.] . . . Ex ædibus meis, men- | ſe Auguſto
Anni Viceſi | mi primi. || — 244r: INSIGNI PIETATE ET ERVDITIONE
VIRO, | Conrado Pelicano, Minoritano, ſuo in Chriſto Maiori, | Martinus Lu-
therus . || . . . [a. E. datirt:] . . . Vuitembergæ, ANNO M.D.XXI. || [Signet
Petri's.] || BASILEAE, APVD ADAM PETRI, | ANNO M.D.XXI. || —
244v leer.

Basel, Adam Petri, 1521 [August.]

90. ASSER | TIO OMNIVM ARTICVLORVM | M. Lutheri, per Bullam
Leonis. X. | nouiſſimā damnatorū. || ⚜ VVITTEMBERGAE. ⚜ .
ANNO M.D.XX. || [Titelbordure.]
= v. Dommer 201.

Wittenberg, [Melchior Lotter d. J.] 1520.

91. Grund vnnd vrsach al- | ler Artickel D. Marti. | Luther: ſzo durch
    Romiſche Bulle vn- | rechtlich vor- | bampt | ſeyn. || Buittemberg.
    [Titelbordure.]
    = v. Dommer 203 [doch ist in uns. Ex der Druckfehler
    eiiij statt eiij auf 19r verbessert.]
    Wittenberg, [Melchior Lotter d. J.]

92. Auff [!] bes Bocks czrv | Leypczick antzvort. Doctoris Martini Luther.
    Wittemberg. [das W ein gestürztes M.] |
    4°, 8 Bl. 2×4. A, B. Mit Bogencustt. Schwabacher. — 1v: Dem
    vheſten vnd geſtrengen H. E. meine | beſundern gunſtigen hern vnnd frundt. D.
    Martinus mein gu- | tes vermůgen. | GEſtrenger vnnd vheſter herr. Des Emſer
    quatern an den | ſtyer zu Witenberg . . . 7v a. E.: | nach bir ſunder allein got
    ſey lob vnd ehre. || Amen. || — 8 leer.
    [Breslau, Adam Dyon.]

93. ENARRATIONES | EPISTOLARVM | ET EVANGE- | LIORVM,
    QVAS POSTILLAS | VOCANT D. MAR- | TINI LVTHERI
    VVITTEM | BER- | GEN. || VVITTEMBERGAE | M.D.XXI.
    [Titelbordure.]
    = v. Dommer 210 [doch ist auf 5r das Komma hinter
    fRatres kaum und hinter fcientes garnicht sichtbar; auch
    steht 35r vor der IIII kein Punct.]
    Wittenberg, Johann Grunenberg, 1521, 7. III.

94. Auff das vbir chriſt | lich vbirgeyſtlich . vnd vbirkunfft- | lich buch
    Bocks Emſzers zu | Leypczick Antzvortt | D. M. L. || Darynn auch
    Murnarrs ſeynſz | geſelln gedacht witt. || Lieber Bock ſtoſz mich
    nit. ||
    = v. Dommer 212.
    Wittenberg, Joh. Grünenberg, 1521.

95. 1r Holzschn. Luthers Bildniss Orn. 1. 1v: Doctor Martini Luthers
    antzvort | auf Pfinztag, den . 18. tag Aprilis, im . 1521. | vor Kay.
    Ma. vn͞ ben Churfürſten | Fürſten vnd andern vil ber | ſtend bes
    Reychs of- | ſenlich beſche- | hen. | ⚜ ||
    Panzer 1162.
    4°, 4 Bl. —, Aij, Aiij, —. Schwabacher. Auf 2r ein grosses ver-
    schnörkeltes A. — 2r: A̲l̲ler bürchleüchtigſter, groſzmechtiger | Kayſer, . . . —
    4r a. E.: | tag bes Aprils widerumb anhaym gen Wittenburg gefaren. || — 4v leer.
    [Augsburg, Sigm. Grimm u. M. Wirsung.]

96. Handlung ſo mit doctor | Martin Luther | Bff bem Keyſzerlichen
    Reichs tag | zu Worms ergangen iſt, vom anfang zům end, | off
    bas kürtzeſt begriffen. || An die Fürſten vnd die | Ständ des Reichs
    zu Worms verſamelet, ein ge- | meyn zůſchribung Doctor Martin
    Luthers. ||

= v. Dommer 225 [doch hat er in Zeile 1 boctor statt boctoꝛ].

[Strassburg, Johann Schott.]

97. Uf das Fürhalten so durch Kayserlich Maie= | stat Vnnd des häili= gen Reichs versamleten | Churfürsten, vnd stände, Dem Hochgelerten Doc= | toꝛi Martino Luther. ꝛc. durch des Reichs Redner | zů Wormbs erzelt; Ist biß sein personlich (Zům | kürtzisten) begriffen antwoꝛt. Vnd nachgonds | von wegen einer antzal Edelleüt, Ein kurtze | eroffnete Schꝛifft, da bey gesetzt. ꝛc ∥

= v. Dommer 228 [in uns. Ex. stehen die Puncte am Ende auf 5r nicht ·. , sondern .·.].

[Strassburg, Joh. Prüss.]

98. Copia einer mis | siue : so Doctoꝛ Marti= | nus Luther nach seynem abschid zů Woꝛ= | mbs zurugk an die Churfursten, Fursten, | vñ Stende des heyligen Römischen | Reychs da selbest versamlet | ge= schꝛieben hat. ∥ [Titelbordure = v. Dommer, Ornam. 97.]

4⁰. 4 Bl. —, Aij, Aiij, —. Schwabacher. — 1* leer. 2r: GNedigeste . gnedige vnd | gustigen herren Ewer Churfurstliche, Furst= | lichen . . . — 4r 4: . . . Geben zů Freyburg in Meyß | sen am Sontag Cantate . ẏm . M.D.ꝛꝛi. | E. C. F. Gnaden vnnd gunst. ∥ Vnbertheniger Capellan | Martinus Luther. ∥ | folgen noch 9 Zeilen Adresse]. — 4v leer.

[Leipzig, Martin Landsberg.]

99. Geschicht vnd | handelung Doctoꝛ Martinus Lutter be= | langede, by mit ẏm auff gehalten ersten | Reichs tagk Caroli des funfften | Ro= mische Keysers zů Wormbs | gehalten, vnd durch doctoꝛem | Mar= tinū selber dem hochge= | boꝛnen herren, herrē Graf | sen von Mansuelt zů | geschꝛiben Anno |. M.D.ꝛꝛi . ∥ [Titelbordure.]

= v. Dommer 234 [uns. Ex. hat die vollen 4 Bl.]

[Leipzig, Martin Landsberg.]

100. Das Magnificat voꝛ= | teutschet vnnd ausꝛge= | legt durch D. Mar= | tinum Luther | Augusti. ∥ Buittemberg. ∥ [Titelbordure.]

= v. Dommer 240.

Wittenberg, [Melchior Lotter d. J.]

101. Eyn Urteyl b' Theologen | zu Pariß ober die lere Doctoꝛ Luthers. Eyn gegen Urteyl | Doctoꝛ Luthers. ∥ Schuczrede Philippi Me= lanchthon widder das selb Parisisch | vꝛteyl fur D. Luther. ∥

= v. Dommer 243. Knaake VIII, 262 B.

[Wittenberg, Johann Grünenberg.]

102. Einn Sermon von | dreyerley gütem leben das ge= | wissen zu vnterrichten. Doctoꝛ | Martinus Luther. | ⚹ ∥ M.D.XXi. ∥ Jesus. ∥

4°, 4 Bl. —, Aij, Aiij, —. Schwabacher. — 1v: Z**m Erſten iſt zu
mercke, wie durch Moſen im al | ten teſtamēt . . . — 4v a. E.: | gnebiglich.
∴ Amen. ⁊ ||

[Breslau, Adam Dyon.]

103. IVDICIVM MAR- | tini Lutheri de Votis, ſcrip= | tum ad Epiſco-
pos & | Diaconos Vuit- | tembergeñ | Eccleſiæ. || Vuittembergæ.
[Titelbordure.]

    = v. Dommer 250. Knaake VIII, 319 A.

    Wittenberg, [Melchior Lotter d. J.]

104. IVDICIVM . . . | . . . de Votis, . . . [Titel wie No. 103.]

    = v. Dommer 251. Knaake VIII, 319 B.

    Wittenberg, [Melchior Lotter d. J.]

105. Euangelium | Von den zehen außz- | ſetzigen vordeutſcht | vnd außz-
gelegt | Mar. Luth. || Wittemberg. || [Titelbordure = v. Dommer,
Ornam. 77.]

    = Knaake VIII, 338 B.

4°, 44 Bl. 11×4. A—L. Schwabacher. Auf 2r ein Zierinitial. — 1v
leer. 2r: Jheſus. | Dem Ehrn veſten vnnd geſtrengen | Her . . . [wie bei von
Dommer.] — 4v 21: . . ., Am tag Lamperti. M.ccccc.gri. || — 5r: Am Viertzehen-
den Sontag nach Pfingſten | Euangelium Luce . rvij . || DA Jheſus wandelte gen |
Hieruſalem, . . . — 43v 33: | gepfts haben, den ich habe. || — 44 leer.

    Wittenberg, [Melchior Lotter d. J.]

1522.

106. ❧ RATIO | NIS LATOMIANAE | PRO INCENDIA- | rijs Lo-
uanienſis ſcho | læ Sophiſtis reddi | tæ, Lutheriana | Confutatio.
VVITTEMBERGAE. || M.D.XXII. || [Titelbordure = v. Dommer,
Ornam. 102.]

    = Knaake VIII, 42 C [ohne Beſtimmung.]

4°, 64 Bl. 16×4. A—Q. Mit Bogencuſtt. und Ueberſchrr. Antiqua.
Randdruck in Curſiv mit ſtehenden Majuskeln. Auf 1v und 3r Zierinitialen.
— 1v: IESVS. | INTEGERRIMO VIRO D. IVSTO | Jonæ, . . . | . . ., ſuo in
dño Maiori, Martinus | Luth. in Domino Salutem. || [E]TEGO magiſtratui tuo
recens inito . . . — 2v a. E.: . . . In loco peregri | nationis meæ . Octaua
Junij M.D.XXI. || — 3r: AD PRAEFATIONEM LATOMI . | [P]RIMVM crimi-
natur Lato | mus, . . . — 63v 3: . . . Vale ex Path- | mo mea. xx. Junij.
Anno . M.D.XXI || PRO APOLOGIA LVTHERI | in rabiem Latomi ſophiſtæ.
[12 Diſtt.] || ANNO M.D.XXII. || — 64 leer.

    [Basel, Adam Petri,] 1522.

107. Eynn Troſtlichs | Buchleyn Doct. Martini Luther | Auguſtiners,
ynn aller widder- | wertickeit eynes yeden Chriſt | glawbigen men-
ſchen, | newlich geteutſcht, | durch Magiſtrū | Georgiū Spa | la-
tinū. || + || Wittembergk . | M.D.Xij . || [Titelbordure.]

= v. Dommer 257.
Wittenberg, Johann Grünenberg, 1522.

108. Von der Beycht : ob die | der Bapst macht | habe zu ge- | bieten. :| Doctor Martinus | Luther. || Außlegung des Psalmen, Beati | Immaculati. || Wittemberg. | M.D.XXII. ||
v. Dommer 258. Knaake VIII, 135 L.
[Strassburg, Johann Prüss.] 1522.
[In uns. Ex. fehlt Bl. 42 mit dem Bildniss Luthers auf r und dem Anf. des Psalms auf v.]

109. ✿ MARTI | NI LVTHERI LVCV | BRATIONES IN PSAL- | MVM . XXI. Deus deus | meus &c. Qui est de passi | one Christi, Quēq; au- | tor uere uocat psal- | moru omnium | principem. || In tomo operationum nuper | excuso obmissus. || [Titelbordure.]
= v. Dommer 259.
Basel, Adam Petri, 1522.

110. Bulla Cene domini : das ist: die | bulla vom Abentfressen des | allerheyligsten hern des | Bapsts: vorbeu- | tscht durch | Martin | Luth. | Dem aller hey- | ligsten Romischen | stuel zum newen Jare. | Seyn maul ist voll fluchens, triegens vnd geytzes | Vnter seyner zungen ist muhe vnd erbeyt. | Psalmo . ɡ . ||
= v. Dommer 260. Knaake VIII, 689 A.
Wittenberg, [Melchior Lotter d. J.,] 1522.

111. DE AB | ROGANDA MISSA | PRIVATA MARTI- | NI LV- THERI | SENTEN- | TIA. || Leo rugiet, quis non timebit ? Amos. || [Titelbordure.]
= v. Dommer 262. Knaake VIII, 410 A.
Wittenberg, [Melchior Lotter d. J.], 1522. I.

112. Vom miß- | brauch der | Messen. || Martinus Lu. || Wittemberg. M.D.xxij. || [Titelbordure.]
= v. Dommer 264. Knaake VIII, 480 B.
Wittenberg, [Joh. Grunenberg,] 1522.

113. DE VO | TIS MOMASTICIS, | MARTINI LVTHE- | RI IVDI- CIVM. || WITTEMBERGAE. || [Titelbordure.]
= v. Dommer 266 [nach ihm wahrsch. schon Ende 1521 herausgekommen und deshalb auch hier vorangestellt.] Knaake VIII, 570 A.
Wittenberg, [Melchior Lotter.]

114. DE VOTIS MONASTICIS, | MARTINI LVTHERI | IVDICIVM A SESE | RECOGNITVM | ET AVC- | TVM. || Wittembergę ex

Aedibus | Johannis Grunenb. | 1522. ‖ [Titelbordure = v. Dommer, Ornam. 73.]
= Knaake VIII, 570 C.

4°, 50 Bl. 11×4, 6. A—M. Mit Bogencustt. Antiqua. Mit Randdruck. — 1v: IHESVS. | IOHANNI LVTHER PARENTI | suo, Martinus Luther fi- | lius in Christo | Sal. | NVNC librum tibi ... — 3r in Form eines Kelches gesetzt. a. E.: ... Ex Eremo, Vicesima prima Nouembris. ANNO M. D. X X I. ‖ [Die Zahl ist über die ganze Zeile gezogen.] — 3v: IHESVS. IVDICIVM MARTINI | Lutheri de votis mo- | nasticis. | IN primis . . . — 50r 25 : | seculorum AMEN. ‖ PETRVS. | QVASI liberi . . . | . . . ‖ PAVLVS. IN libertatem . . . | . . . ‖ — 50v leer.

Wittenberg, Johann Grünenberg, 1522.

115. Eyn trew vormanung | Martini Luther zu | allen Christen. | Sich zu vor= | huten fur auffruhr | vnd | Emporung. | Wittemberg. [Titelbordure = v. Dommer 79 A.]
= Knaake VIII, 674 J.

4°, 10 Bl. 4, 6. Aa, Bb. Mit Seitencustt. Auf allen Seiten die Ueberschr. Jesus. Auf 2r Initial aus Lotters Maskenalphabet. Schwabacher. — 1v leer. 2r: Jhesus. | Allen Christen die dissen brieff | lesen odder horen geb | gott gnad vnd frybe | AMEN . ‖ E|S ist von gottis gnaden yn | dissen iaren, . . . — 10r a. E.: | Gottis wortt vorvnheyligt werde Amen. ‖ — 10v leer.

Wittenberg, [Melchior Lotter d. J.]

116. Von beyder gestalt | des Sacraments zu | nehmen, vnd ander newrung. Doct. | Martin Lu= | thers mey- | nung. ‖ ☩ ‖ Wittembergk. | M.D.XX. | ij. ‖ ∴ ‖ [Titelbordure.]
= v. Dommer 273.
Wittenberg, [Johannes Grünenberg], 1522.

117. Von beyber gestalt | des Sacraments . . . [= der vorherg. No.] . . . mey | nung. ‖ Wittemberg. | M.D.XX.ij. ‖ [Titelbordure.]
= v. Dommer 274.
Wittenberg, [Johann Grünenberg], 1522.

118. Von menschen | leren zu meyden | D. Marti. Luther. ‖ Wittenberg. M.D.xxii. ‖ [Titelbordure.]
= v. Dommer 277.
Wittenberg, Nickel Schirlentz, 1522.

119. Von men= | schenn lere zu | meyben. ‖ Anttwortt auff sprüche so man furet | menschen lere zu sterdenn. ‖ D. Marti. Luther. ‖ Wittemberg. | M.D.xx.ij ‖ [Titelbordure.]
= v. Dommer 281, [der aber in der 4. Titelzeile Anttwortt hat.]
Wittenberg, [Joh. Grunenberg], 1522.

120. Wibber ben falſch ge | nantten geyſtlichen | ſtanb bes Bapſts | vnd ber Biſſch | offenn. || D. Mart. Luther | Eccleſiaſten zu | Wittem= | berg. | + ‖ [Titelbordure.]
= v. Dommer 287.
[Wittenberg, Johann Grunenberg.] 1522.

121. Antwortt | beutſch | Mart. Lu= | thers auff | König Henrichs von | Engelland buch. ‖ Lügen thun myr nicht, | Warheyt ſchew ich nicht, :| [Titelbordure.]
= v. Dommer 293.
Wittenberg, Nickel Schirlentz, 1522.

122. Eynn Sermon zcu | Erphozbt auff ſant | Seuers tag geprebiget vō | creutz vnd leiben eins | rechtenn chriſtenn | menſchenn ꝛc. ‖ D. Mar. Luther. | Im Jar . M.D.XXij . ‖ [Titelbordure.]
= v. Dommer 298.
Erfurt z. schwarzen Horn [Matthes Maler] 1522.

123. Auszlegung | ber Epiſtelln | vñ Euangelien bie nach | brauch ber kirchen ge | leſen werbē, vom | Chriſtag biß | auff | ben Sontag nach | Epiphanie. ‖ Martinus | Luther. ‖ [Titelbordure.]
= v. Dommer 300. II.
Wittenberg, Johann Grünenberg. 1522.

124. POSTIL | Ober vſzleg ber Epiſtel | vnb Euangelien | burch ben Abuent. | Doctor Martin Luthers. ‖ ☉ ‖ ¶ Zum Leſer. | ☛ Ich biñ ber Luther, kenn mich recht, | Wolt Gott, ich wer kein vnnütz knecht. | [und noch 12 Zeilen]. ‖
Panzer 1282.
4°, 78 Bl. 18×4, 6. a—t Von 5—78 foliirt: j—lxxiiij [mit vielen Fehlern]. Mit Ueberschrr. Schwabacher. Auf 5r ein Zierinitial; auf 18v eine Zierleiste: springender Hase in einer Ranke. Orn. 36. — 1v leer. 2r: ¶ Dem . . . | herrn Friderich, bes Römiſchs Reichs Chur | fürſt, . . . | . . . | . . . entbeüt Mar. Luther | Gnab vnd frib vō Chriſto Je= | ſu vnſerem herren. . . . — 4r 5: Geben zů Wittenberg, am britten | tag Martij. in ber jarzal Chriſti, Tau= ſent | Fünff hunbert. xxi. ‖ [Darunter Holzschn. Orn. 32. — 4v: Holzschn. Luthers Bildniss = v. Dommer, Orn. 3. — 5r: Jheſus. | Poſtill vnb vſzlegung ber | Epiſtelen vnb Euangelien, burch ben Ab= | uent, Doctor Martin Luthers, | newli= chen verteütſcht. | . . . — Auf 11r, 26v und 78r je ein Holzschn. Orn. 33, 34, 35. — 78r 7: | fengknuſſz annimpt, etwas weyters. | ☉ | Allein Gott Glorp. ‖ ☛ Far für ach Luther from Gotts knecht, | Den weg ber gnaben zöigſt vns recht. | [noch 6 Zeilen].] — 78v leer.
[Lutherbildniss, Zierleiste und Initial, Typen finden sich in datirten Schott'schen Drucken.]
[Strassburg, Johannes Schott.]
Diese Postille ist eine (dem Leo Judæ zugeschriebene) Ueber-setzung von No. 93, vgl. v. Dommer 301 am Ende.

125. Von Eelichem | leben. ‖ D. Mar. Luth. ‖ Durch jne geprebigt M.D.XXij . ‖ [Titelbordure Orn. 55.]
   Panzer 1355.
   4°, 14 Bl. 3×4, 2. A—D. Schwabacher. — 1v leer. — 2r: Jesus ‖ Wiewol mir grawet, vn̄ nicht gern von eelichem leben prebig, | ... — 14r 16: | Alles das gůt das er darein gepflanntzt vnd gesegnet hat. | Dij ‖ — 14v leer.
   [Nürnberg, Johannes Stüchs.]

126. Ain Sermon von den Hayltumben | vnnd gezierd mit oberfluß, Vom hailigen Creutz in | den kirchen. Geprediget von Doctor | Martini Lutter. Im Jar . | M.D.XXij . ‖ Nit zwer die bildtnus Gebend nun der armen. ‖ [Holzschn. ‖ Wuittemberg. ‖
   = v. Dommer 309.
   [Erfurt, Matthes Maler.]

127. Ein christenliche vnnd vast | wolgegründte beweysung | von dem Jüngsten tage, vnnd von seinen zeychen, das er auch nit ferr | meher sein magt. | D. M. L. ‖ O herre hilff vns, wir verderben. | Math. viij. ‖ [Titelbordure Orn. 62.]
   Weller 2129 [Strassburg].
   4°, 16 Bl. 4×4. A—D. Schwabacher. Auf 2r ein Zierinitial. — 1v leer. 2r: Euangelium am Andern | Sontag jm Abuent. Luce. xxj. ‖ E|S wer-den zeychen sein in der | Sonnen ... — 16r 18: in allen gottes wortten werden vnd zeychen. ‖ Gott hab Lob. ‖ — 16v leer.
   Ich vermag den Drucker nicht nachzuweisen.

128. Ein Christlich vnd vast wol | gegründte beweysung von | dem Jüngsten tag, vnd von seinen zeichen, | das er auch nit ferr mer sein mag. | D. Mar. Lut. ‖ [Holzschn. = v. Dommer Ornam. 41. b 2.] ‖ O herr hilff vns wir verderben. | Matth. viij. ‖
   4°, 16 Bl. 4×4. A—D. Mit Bogencustt. und Ueberschr. Schwabacher. Auf 1v ein Zierinitial. 1v: Euangelion am andern | Sontag im Abuent, Luce . xxj. ‖ E|S werden zeiche | sein in der sonnen vnd in dem mon, | ... — 16r a. E.: | vnd zeichen. [spt.] Gott hab lob. ‖ — 16v leer.
   [Basel, Adam Petri.]

129. Eyn Sermon auff | den Pfingstag. | Do. Mar. | Luth. ‖ [Titelbordure = v. Dommer Ornam, 82 E; sie hat übrigens noch nicht den von ihm erwähnten Sprung und trägt die Jahreszahl 1522.]
   Panzer 1376.
   4°, 8 Bl. 2×4. A, B. Schwabacher. — 1v leer. 2r: Eyn Sermon auff ben | Pfingstag. ‖ Auff das Euangelion Joannis. xiiij. Jesus | sprach zu seinen jungeren . Der mich liebet, | der wirt mein wort halten ꝛc. ‖ Ehe wir das Ewan-gelion ... — 8r 16: | vn̄ anders leren von dem Heiligen geist, dañ wie du gehört hast. ‖ — 8v leer.
   [Nürnberg, Hieron. Hölzel.] 1522.

130. Ain Sermon | zů Erfordt auff . S. Seue- | ris tag geprediget vom Creütz vn̄ lei- | den ains rechten Christen | menschen . ꝛc. ‖ Doct.

𝔐art. 𝔏utther. ‖ 𝔍m 𝔍ar . 𝔐 𝔇 𝔛𝔛ij. ‖ [Holzschn. Orn. 2. Titelbordure = Orn. 42.]

4⁰, 8 Bl. 2×4. 𝔄, 𝔅. Schwabacher. — 1v leer. 2r: 𝔐ein lieben freünd. 𝔈s w er 𝔍a nicht ‖ 𝔙on nötten gewesen, . . . — 7v a. E.: ‖ des, vor welchem vns beware 𝔈hristus. 𝔄men. ‖ [Holzschn. = Zierleiste = v. Dommer Orn. 126 untere Leiste.] — 8 leer.

[Augsburg, Melchior Ramminger], 1522.

131. 𝔄in 𝔖ermō am ‖ 𝔖ontag 𝔔uafimobogeni= ‖ ti, nechſt hat der gantz 𝔈riſtenlich 𝔇. ‖ 𝔐. 𝔏. Der 𝔈uangeliſchen war ‖ hait ain erheber zů gefallen. ‖ 𝔥ertzog 𝔉ridrichen vnd 𝔇. 𝔯eichßnbachs 𝔓re- ‖ cep= tors zů 𝔏iechtnberg ‖ diſe 𝔖ermon gethon, von 𝔖. 𝔄nthonien, dañ des ſelbñtags da ſelbſt kirchweyhin was. ‖ 𝔍m 𝔍ar . 𝔐.𝔇.𝔛𝔛ij. ‖ [Holzschn. Orn. 3. Titelbordure Orn. 43.]

Panzer 1369.

4⁰, 6 Bl. 4, 2. 𝔄, 𝔅. Schwabacher. Auf 2r ein 𝔑 in Schreiberzügen; 2v ein grosses Fractur 𝔈. — 1v leer. 2r: 𝔇em 𝔏eſer vil hayls ‖ 𝔐 𝔑emant vnder alln meſchen iſt, der nit weißt ‖ . . . — 2v: ¶ 𝔄m 𝔖ontag . . . [Wiederholung des Titels]. Zeile 6: 𝔈𝔯frewet euch in be herren , . . . 6r 22: ‖ leich vnns, 𝔇as wir ſeliglichen verwandelt werden. ‖ 𝔄𝔐𝔈𝔑 ‖ — 6v leer.

[Augsburg, Melchior Ramminger], 1522.

132. 𝔈in ſermon ‖ von der berey ‖ tung czum ‖ ſterben. ‖ 𝔐artinus 𝔏uther. ‖ 𝔚ittenberg. ‖ 𝔐. 𝔇. xxij. ‖ [Titelbordure = v. Dommer Ornam. 70 B.]

= Knaake II, 683 U.

4⁰, 8 Bl. 2×4. 𝔄, 𝔅. Mit Bogencustt. Schwabacher. — 1v: 𝔷um . 1. 𝔇ie weyl der todt eyn abſchibt iſt von biſer wellt, ‖ vnd allen yhrer henbellen, iſt not . . . — 8v 32: ‖ mit meynem lob, das du nit vntergeheſt, 𝔇es helff vns gott. 𝔯c. ‖ 𝔄𝔐𝔈𝔑. ‖

Wittenberg, [Johann Grunenberg,] 1522.

133. 𝔙ier ſchone 𝔖ermon ‖ durch den wirdigen herrn Doctorem ‖ 𝔐artinum 𝔏uther, zu 𝔅orn ge= ‖ predigt 𝔄llen fromen 𝔈hriſt= ‖ glaubigen menſchen nütz ‖ lich vnd ſelig zu= ‖ wiſſen. ‖ 𝔊edruckt zu 𝔈ylenburgk durch ‖ 𝔑icolaum 𝔚idemar. ‖ [Titelbordure Orn. 51.]

4⁰, 12 Bl. 3×4. 𝔄 — 𝔈. Schwabacher. — 1v leer. 2r: im achten tag der 𝔒ſtern 𝔖ermo ‖ geprediget zu 𝔅orn durch den wirdigen 𝔇. 𝔐. 𝔏. ‖ ES wirt vns . . . — 5r 12: ‖ . . . in vns lebendig werde. 𝔄men. ‖ 𝔑ach mittag vmb des zeigers ‖ zwelffen predigt 𝔇. 𝔐. 𝔏. ‖ ¶ 𝔍r habt heut gehört . . . — 7r 6: helff vns 𝔊ot. 𝔄men. ‖ 𝔄m tag des heyligen 𝔈reutz er ‖ findung 𝔖ermo geprediget zu 𝔅orn durch 𝔐. 𝔏. ‖ ¶ 𝔈s iſt in einer gewonheit, . . . — 9r 8 von unt.: frölich tragen 𝔄men. ‖ Dominica miſericordias do ‖ mini. 𝔖ermo. 𝔇. 𝔐. 𝔏. ‖ ¶ 𝔇as heutige 𝔈uangelium . . . 11v 25: ‖ ſchlinden 𝔄men. ‖ — 12 leer.

Eilenburg, Nicolaus Widemar.

134. LVTHERI, ‖ MELANCH. CAROLOSTADII &c. ‖ PROPOSITIONES, VVITTEM= ‖ BERGAE uiua uoce tractatæ, in hocq ; ple ræq; æditæ ab auctoribus, ut uel nos abſentes ‖ cum ipſis agamus, uel certe ut ueri= ‖ tatis, & ſeductionum ad ‖ moneatur

boni. ‖ Sunt autem id genus, | De | Missa & celebratione eius. | Sacramento panis & uini. | Promissione & præcepto. | Fide & operibus. | Cantu Gregoriano. | Coniuratione spirituum. | Cœlibatu presbyterorum. | Decimis ac notis. &c. ‖ BASILEAE. M.D.XXII.
8°, 56 Bl. 7×8. A—G. Mit Bogencustt. Cursiv. — 1v leer. — 2r: PROPOSI- | TIONES DE MISSA. | PHILIPPI ME- | LANCH. ‖ . . . — 56r a. E.: | igitur celebrant. | FINIS. ‖ BASILEAE ANNO | M.D.XXII. ‖ — 56v leer.

Basel, [Adam Petri], 1522.

135. Bonn dreyerley | Weysze . menschen | lere zu meydenn | D. M. Luther. ‖ Breslaw. ! 15ggiij. ‖ [Titelbordnre Orn. 49.]

Weller 2598.

4°, 2 Bl. —, Aij. Schwabacher. — 1v: ¶ Es sind drey weysze, menschen lere zu meiden, Eyn ! mal . . . — 2r 33: | frenn konig vnd priester genebedeyt ynn ewickeyt. ‖ — 2v leer.

Breslau, [Caspar Libisch,] 1523.

136. Ain merckly̆cher Ser- | mon von der gepurtt Marie, | der müter gots, wie sy vnd | die hailigen sollen geert | werden, von ainem yegklichen Chri | sten men- | schen. | MD ·.· XXIII | D. Marttin Luther. ‖ [Holzschn. Orn. 4. Titelbordure Orn. 44.]

Panzer 1788.

4°, 6 Bl. —, Aij, Aiij, Aiiij, —, —. Schwabacher. — 1v: Man begert heüt das vest der hailigen Junckfrawen | Marie, . . . — 1v 8: Jr wyßtt meyne freünd, das gar tyeff in die hertzen der | menschen gebildet ist, . . . — 6r 17: | men, vnd kainen andern. Amen. ‖ — 6v leer.

[Augsburg, Melchior Ramminger,] 1523.

137. Ein Sermon vom Em | pffengnis der Junckfraw [!] Marie. | ·.· D. Mart. Luther .·. ‖

4°, 4 Bl. —, Aiij [!], Aiiij, —. Schwabacher. — 1v leer. 2r: Ein Sermon vo Entpffengnis der Junckfrau | Marien . D. Martini Luthers neu- | lich von latin ins teutsch bracht | ·.·.·.·. | Gebenedeiet bistu vnder den | ·.· weibern ·.· ‖ ANus [!] dissenn Sermon soll Jr Erstlich vorsten, . . . — 4v 15: | das heißt genebedeit welchs aus gnade gottes gebe ist das ane sunde ist ‖

[Breslau, Adam Dyon.]

138. Eyn Sermon auff das Euangeli- | on von dem Reychen man vnd armen Lasaro. | Luce am gvi. ‖ Mart. Luther ‖ [Holzschn. Orn. 13.] ‖ Buittemberg. ‖

Weller 2571.

4°, 10 Bl. 2×4, 2. A, B, C. Mit Bogencustt. Schwabacher. — 1v: Mart. Luther den Buch- | druckern, Gnad vnd frid. ‖ . . . — 2r: Wir haben biß her ynn denn Euangelien gehöret man- | cherley Erempel des glawbens vnnd der liebe. . . . — 10r 20: | polter geystern. ‖ — 10v leer.

[Erfurt, Mattes Maler.]

(Schluss folgt.)

Ein noch unbekanntes Flugblatt aus der Zeit der ersten Ausstellung des „Heiligen Rockes" zu Trier vom Jahre 1512.

Im Besitz der St. Blasiikirche zu Nordhausen befindet sich folgend beschriebener Einblattdruck, der sonst nicht bekannt zu sein scheint. Höhe 45 cm, Breite 27 cm. Graues starkes Papier. Gothische Buchstaben. Der Kopf des Blattes trägt einen Holzschnitt. Höhe 9,5 cm. Breite 21 cm.

Dieses Bild zeigt

links	Mitte	rechts
Johannes der Ertzbischoff	Der Rock Jesu Christi vnsers Erlösers	Maximilianus Römischer Kayser.

Dann folgt in 48 Zeilen (21 cm breit) der hier im diplomatischen Abdruck wiedergegebene Text:

Difs hirnach gefchribñ heyltum ist durch geheifs vñ beuel Maximiliani die tzeit erwelten Römifchen Keifers im iar. M.CCCCC. xij tzu Trier im hohen Altar des Thumftiffts gefunden worden.

¶ Item in dem erften kaften der Cörper fandt Matern / dapey ein filbren pfenning vff welchem der namen Materni gefchriben ift.

¶ Item in dem andern filberen kaften der Rock vnfers herren Jefu Chifti (sic!) / dapey ein groffer wurffel mitfampt etzlichen gefchriben tzeteln von alders verblichen vnd verdunckelt. Vnd der Rock ift mit grawen vnd fangwyn gar wunderlich durchwirckt / vñ im wider fchein grawechtig. Item dapey ein meffer welches der roft feer vertzert hat. Item noch vil mehr heyltum vnd tzeteln welche von alters halben nicht tzulefen fint verblichen vnd vertunckelt. Item in dem dritten kaften heyltum von fand Crifanto vnd Daio merttrer. Von fant Marcellino vnd Petro. Von fant Smaragdo vnd Largo. Von fand Irmina junckfraw. Von dem kleyde vnfer liebē frawen. Von dem tuech dariñ Chriftus gewunden vñ in der krippen gelegen hat. Von eim finger fand Silvester. Von fand Paulo dem Apoftel. Von fand Dominico. Von dē heyligen grabe. Von fand Laurencio. Item ein filberen kreutz darin ift von dem heyligen kreutz. Item das haupt fant Getuli mertrres.

¶ Item in einem koftlichen peutel pey einem andern befchloffen ift difs hirnach gefchriben heyltum.

¶ Item von der krippen vnfers herren. Von dem kleyd Marie. Von dem heyligen grab. Von der Seul daran Chriftus gegeyfelt ift worden. Von dem Steyn dareyn Chriftus mit feinen fingern gefchriben hat. Von fand Lucas dem Ewangeliften. Von fand Jörgen. Von fand Appolonia der heyligen iunckfrawen vnd merttrerin.

¶ Item in dem vierden filberen kaften ift funden worden das öberteyl von dem haupt fand Cornelij des heyligē merttrers mitfampt anderm heyltum fand Cornelij vnd Cipriani merttrer.

¶ Alles hiruor gefchriben heyltum ift tzu Trier am tag der erfindung des heyligen kreutzes / der do ift im Mey / in beywefen Keyferlicher Maieftat vnd vil anderer Fürften vnd herren offentlich im hohen Chor auff einen funderlichen bereitten altar geftalt vnd geert worden.

Wie die Furften vnd Herren geftanden fint.

¶ Item auff einer feitten ftunden die Kurfurften. Vriel Ertzbifchoff tzu Mentz. Philips Ertzbifchoff tzu Köllen. Richardus ertzbifchoff tzu Trier. Ludwig Pfaltzgraff bey Reyn etc. Item Hertzog Fridrich von Beyern Pfaltzgraff. Marggraff Fridrich von Brandenburg. Hertzog Vlrich von Wirtemberg. Marggraff Criftoffel von Baden. Marggraff Cafimirus von Brandenburg. Marggraff Philips von Baden. Marggraff Hans von Brandenburg. Ein iunger Fürft vnd Herr von Hennenbergh.

¶ Item auff der andern feitten ftunden. Botfchafft vnfers heyligē vaters des Babfts. Botfchafft des Königs von Franckreich. Botfchafft des Königs von Hifpanien. Der Hochdeutfch Meifter aufs Preuffen. Der Bifchoff von Bomberck. Der Bifchoff vō Strafsburg. Botfchafft des Hertzogen von Lotringen. Der Bifchoff von Tholl. Botfchafft Hertzog Wilhelms von Beyern.

¶ Item alle hiruor gefchriehen Bifchoff / dartzu auch der Bifchoff von Gurick vn̄ Weybifchoff tzu Trier / haben allen den die das amacht der heyligen Meffen im Thuem den vorgeenden tag gehort vnd vor die durchleuchtifte hochgeborenfte Keyferin Maria Blanca gepeten haben / virtzigk tag applas gegeben.

Hirnach volget wie difs hochwirdig heyltum gen Trier kommen ift.

¶ Siluefter der heylig Babft hat fand Agriciū von Antiochia gen Trier gebracht vn̄ hat yn aldo tzu einē Bifchoff gemacht vn̄ beftetiget. Alfo hat fand Helena die heylig fraw vnd Keyferin die Kirch tzu Trier köftlich begabt mit groffem heyltum das fy gebracht hat aufs dem Jüdifchen lande ober Mör / zcum erften den heyligen Apoftel fand Mathias leibhafftig. Den Rock vnfers herrn̄ Jefu crifti. Ein nagel vnfers herren. Das öberteyl von dem haupt fand Cornelius. Zwen fchuh fand Andree des heyligen apoftels / vn̄ ein tzan von fand

Peter. Welch heyltums ein teyl lange tzeit verporgen ift geweft kriegs halben vnd aufs fchickung gottes widerumb fundē.

¶ Alfo ift gewefen ein Bifchoff tzu Trier gebeiffen Johan / der erft Ertzbifchoff / der hat geweyhet dē hohē altar in dem Thuem tzu Trier auff Philippi vnd Jacobi der tzweyer apostel tage vͦii hat dareyn geleget mit groffer wirdikeit den Rock vnfers herrē Jefu cristi mit dem andern heyltum alfedaū funden ift wordē mit der fchrifft wielang es darinne gelegen hat. Gefchehen im iar. M. C. xcvi.

¶ Siluefter confirmauit et tranftulit Agritiū de Anthiocenfi Ecclesia ad Treuererū. Quam Helena per apoftolū Matbiam a Judea tranflatū cum Tunica et Clauo domini / et dente fancti Petri / et fandalijs fancti andree apoftoli / cū capite fancti Cornelij papē / ceterifque reliquijs magnifice dotauit.

¶ Dominus Johannes primus Archiepūs Treuererū in die dedicatöis maioris ecclefie que eft in fefto fanctorū Philipi et Jacobi cum magna folennitate et deuota cōfecrauit. Et Tunicā domini cū magna reuerencia deuotiōe et veneratione bouorū virorum ipfo die in altari beati Petri repofuit. Anno domini. 1196. Sic elapfi funt. 316. Anni.

¶ Getruckt tzu Leypfigck durch Wolffgang Stöckel pey den Paulern in der Grimmifchen gaffen wonhafft im iar. M. ccccc. xij.

Der Kopf des Erzbischof Johannes ist ziemlich zerfressen von Würmern. Auch sonst zeigt sich Wurmfrass. Das Blatt ist auf einem Holzdeckel aufgeklebt, der betreffende Band trägt die Signatur A 69 und enthält einen 1481er Druck der summa des Alexander de Hales — impensis Anthonij Koburger. Das Vorsetzblatt trägt die eigenhändige Inschrift des bekannten Bibliothekars im Servitenkloster Himmelgarten bei Nordhausen:

Procuratio fratris Joannis Piliarii.

Das in Nordhausen befindliche Flugblatt scheint übereinzustimmen oder Verwandtschaft zu haben mit dem bei Beissel: Gesch. d. Heil. Rockes. II. Aufl. (Trier, Paulinus-Druckerei) 1889, S. 117 unter No. 8 erwähnten Einblattdruck „ohne Ort und Jahr (Strassburg 1512?) Gothische Buchstaben mit 14 kleinen Metallschnitten. Gross Folio." Ueber den Holzschnitt weiss ich nichts zu sagen, da mir das Vergleichsmaterial an hiesigem Orte fehlt.[1])

Nordhausen.   Herm. Heineck.

---

1) Originalphotographien (Bildgrösse 30 cm hoch, 20 cm breit) sind für M. 6.00 einschliesslich Porto und Verpackung jederzeit für Liebhaber durch den Verfasser dieses zu beziehen.

Ein autobiographischer Lebensabriss von Arthur Schopenhauer.

Der am 12. Juni d. J. hierselbst verstorbene Professor der Philosophie Dr. Johann Eduard Erdmann hat der hiesigen Universitätsbibliothek eine reiche Sammlung von Briefen, die in seinem langen, segensreichen Leben an ihn von allen möglichen Männern der Wissenschaft und sonstigen Berühmtheiten gerichtet worden waren, testamentarisch vermacht. Unter diesen Briefen schätzte der Verstorbene besonders hoch einen ausführlichen Brief Schopenhauers mit autobiographischen Angaben, die, wenn auch von ihm in seinem „Versuch einer wissenschaftlichen Darstellung der Geschichte der neueren Philosophie" Bd. III. Abth. 2. S. 381 u. f. auszugsweise zum Theil wörtlich benutzt, doch, so viel ich sehe, in ihrem Wortlaute noch nicht veröffentlicht sind.[1]) Da jetzt von Kuno Fischer (Beilage zur Allgemeinen Zeitung 1891 vom 13. Juli, Nummer 161) die Aufmerksamkeit eines grösseren Publikums auf den deutschen Philosophen von Neuem gerichtet worden ist und eine grössere Arbeit über ihn in Aussicht gestellt wird, halte ich es für angezeigt, das Schriftstück in seinem Wortlaute zu veröffentlichen. O. H.

Geehrter Herr Professor!

Da der Zweck, zu welchem Sie die in Ihrem werthen Schreiben von mir begehrten Mittheilungen verwenden wollen, mir nothwendigerweise willkommen seyn musz, so legt mir dieses eine Art Billigkeitsverpflichtung auf, Ihrem Wunsche zu entsprechen; so wenig ich auch die Neigung des Publikums, von der Sache zur Person überzugehn, billigen kañ, u. so sehr ich selbst allezeit meine Person aus dem Spiele gelafsen habe. Dem also gemäss liefere ich Ihnen hier einige biographische Grundzüge, wie ich mir denke, dafs solche Ihrer Absicht ungefähr angemessen seyn werden.

Ich bin d. 22 Febr. 1788 in Danzig geboren, wo mein Vater einer der angesehensten Kaufleute der Stadt war, meine Mutter aber, die später durch ihre Schriften berühmt gewordene Johaña S. — Das *evangelium infantiae*, als welches uns nach Frankreich u. England führen würde, übergehend berichte ich, dafs ich 1809 die Universität Göttingen bezogen habe, wo ich Naturwifsenschaften u. Geschichte hörte, als ich im 2ten Semester, durch die Vorträge des G. E. Schulze, Aenesidemus, zur Philosophie aufgeweckt wurde. Dieser gab mir darauf den weisen Rath, meinen Privatfleiss fürs Erste ausschliessl. dem Plato u.

---

1) In einem Briefe an Joh. Aug. Becker vom 25. Oct. 1853 bezieht sich Schopenhauer auf diese Autobiographie; vgl. Briefwechsel zwischen A. Schopenhauer u. J. A. Becker, herausgegeben von Joh. Karl. Becker, Leipzig, 1883, S. 96, leider nicht ohne ehrenrührige Ausfälle auf Erdmann zu machen.

Kanten zuzuwenden u., bis ich diese bewältigt haben würde, keine andern anzusehn, namentlich nicht den Aristoteles, oder den Spinoza. Bei der Befolgung dieses Rathes habe ich mich sehr wohlbefunden. — 1811 siedelte ich nach Berlin über, in der Erwartung, einen ächten Philosophen u. grossen Geist in Fichten kenen zu lernen: diese Verehrung *a priori* verwandelte sich aber bald in Geringschätzung u. Spott: doch machte ich seinen *Cursus* durch. 1813 bereitete ich mich zur Promotion in Berlin vor, wurde aber durch den Krieg verdrängt, befand mich im Herbst in Thüringen, konte nicht zurück u. sah mich genöthigt mit meiner Abhandlung über den Satz vom Grunde in Jena zu promoviren. Darauf brachte ich den Winter in Weimar zu, wo ich Göthe's nähern Umgang genofs, der so vertraut wurde, wie es ein Altersunterschied von 39 Jahren irgend zuliefs, u. wohlthätig auf mich gewirkt hat. Zugleich führte, unaufgefordert, der Orientalist Friedrich Majer mich in das Indische Alterthum ein, welches von wesentlichem Einflufs auf mich gewesen ist. Von 1814 bis 1818 habe ich in Dresden privatisirt, die Bibliothek u. Kunstsamlungen zu vielseitigen Studien benutzend u. in der schönen Umgebung meinen Gedanken nachhängend. Als eine Episode meines damaligen Strebens erschien 1816 meine Abhdlg über das Sehn u. die Farben. Während dieses vierjährigen Aufenthalts in Dresden ist es gewesen, dafs in meinem Kopfe, gewissermafsen ohne mein Zuthun, mein philosophisches System, strahlenweise wie ein Krystall zu einem Centro konvergirend, zusamenschofs, so wie ich es sofort im ersten Bande meines Hauptwerkes niedergelegt habe. Mich haben nicht die Bücher, sondern die Welt hat mich befruchtet. Sobald ich das *M. S.* dem Verleger übergeben hatte, reiste ich im Herbst 1818 nach Rom u. Neapel. Zurückgekehrt habilitirte ich mich im Frühjahr 1820 an der Universität zu Berlin, wo ich nunmehr auch in das Buch der daselbst promovirten Doktoren eingeschrieben wurde. Ich habe im ersten Semester gelesen u. seitdem nie wieder. Vielmehr reiste ich im Frühling 1822 abermals nach Italien, kam 1825 nach Berlin zurück, wo ich seitdem wieder im Lektionskatalog figurirte, ohne je zu lesen. 1830 verfafste ich, zum Nutzen des Auslandes, eine umgearbeitete, lateinische Darstellung meiner Abhdlg über das Sehn u. die Farben, die ihre Stelle im 3ten Bande der *Scriptores ophthalmologici minores ed: Justus Radius* erhielt. 1831 gieng ich der nach Berlin vordringenden Cholera aus dem Wege, vorläufig hieher, wo ich aber seitdem sitzen geblieben bin, eben nur, weil mir das Klima zusagte u. die *comforts* des Orts gefielen. Nachdem ich seit 1818, mit Ausnahme erwähnter lateinischer Umarbeitung, nichts herausgegeben, sondern in Folge der Nichtbeachtung meines Werkes, zugleich mit der Hegel*gloria*, im Schweigen der Indignation geblieben war, schrieb ich hier 1836 meine Abhdlg über den Willen in der Natur, eine Schrift von geringem absoluten, aber grofsem specifischen Gewicht, da sie den Kern meiner Metaphysik, den eigentlichen *nervus probandi* der Sache, gründlicher darlegt, als irgend eine andere. Sodañ beantwortete ich 1838 & 39 die beiden skandinavischen Preisfragen, die 1841 als Grundprobleme der Ethik erschienen sind. 1844 folgte die um das Doppelte vermehrte 2te Aufl. meines Hauptwerks u. 1847 die sehr verbefserte meiner Doktordifsertation.

Ich habe das für einen Mañ meiner Art unschätzbare Glück gehabt, stets meine Subsistenz gesichert zu wissen u. nie in den Fall zu koñen, für Geld arbeiten, oder ein Amt suchen zu müfsen. Dies hat mir den ungestörten Besitz meiner Zeit u. Kräfte gelafsen u. zudem mir jene aufrechte Haltung verliehn, ohne welche Werke, wie die meinigen, ebenfalls nicht zu Stande koñen.

Ich hoffe, geehrter Herr Professor, Ihnen mehr gegeben zu haben, als Sie gebrauchen köñen, damit Sie sich aussuchen was davon zu Ihrem Zwecke pafst. Deñ da Sie die Redlichkeit Ihrer Absicht deklariren, habe ich gewünscht, Ihnen möglichst Genüge zu leisten u. verharre mit vollkoñener Hochachtung

Frankfurt,   Ihr
d. 9. April   ergebener Diener
1851.   *Arthur Schopenhauer.*

† Reinhold Köhler.[1]

Nach langem körperlichen Leiden verstarb heute (15. August) Morgen hierselbst der Grossherzogl. Sächs. Oberbibliothekar Dr. Reinhold Köhler, ein Mann von hervorragendster Bedeutung als Gelehrter und als solcher ebenso hoch geschätzt in den weitesten Kreisen der wissenschaftlichen Welt, wie er geachtet und geliebt war von allen, die mit ihm in Berührung traten, wegen seiner trefflichen Eigenschaften als Mensch. Wem einmal sich das reine edle Gemüth des Heimgegangenen erschlossen hatte, der stand ihm für alle Zeiten nahe und erfreute sich im Verkehr mit ihm an der reichen Fülle und Gediegenheit seines stauenswerthen Wissens, wie an seinem liebenswürdigen, selbstlosen, durch eine selten vornehme, weil durch und durch ehrliche, Bescheidenheit ausgezeichneten Wesen, wie denn seine ganze Individualität auf Wahrheit begründet war. Die Nachricht von seinem Tode wird weithin lebhafteste und schmerzlichste Theilnahme erwecken.

R. Köhler war ein Sohn unserer Stadt, geboren am 24. Juni 1830 als der Sohn des Konsistorialraths und Hofpredigers Köhler; er besuchte das hiesige Gymnasium und nachher die Universitäten Jena,

---

[1] Wir bringen diesen Nachruf auf unsern verehrten Collegen und Freund nach der „Weimarischen Zeitung" schon jetzt in der Hoffnung, dass wir auf Grund des Nachlasses des Verstorbenen eine Zusammenstellung der sehr zerstreuten zahlreichen, werthvollen Arbeiten des ersten Märchenkenners unserer Tage werden bringen können.   O. H.

Bonn, Berlin. Ende der fünfziger Jahre trat er unter dem damaligen trefflichen Oberbibliothekar L. Preller in den Dienst der Bibliothek, war dann an derselben unter dem unvergesslichen Schöll als Bibliothekar thätig und übernahm nach diesem die Leitung der Anstalt. Anfang Oktober 1890 zog er sich durch einen Unfall in der Bibliothek den Bruch eines Oberschenkels zu, der zwar geheilt werden konnte, aber in seinen Folgen auf den ganzen Organismus zerrüttend einwirkte. Bis in die allerletzte Zeit hinein ist Köhler mit grösster Hingebung auch vom Krankenlager aus seine Obliegenheiten treulich zu erfüllen bemüht gewesen, darin unterstützt durch das Wohlwollen seiner Vorgesetzten wie durch die Hingabe seiner Untergebenen. Der Gedanke, dereinst wieder zurückkehren zu können an die überaus geliebte Stätte seines Wirkens, erfüllte ihn bis zuletzt, und er ist in ihm aus dem Leben geschieden. Erst in den letzten Tagen hatte sein Leiden eine Wendung genommen, die den Tod in nähere Aussicht rückte, der zuletzt doch überraschend auch für die ihm Nächststehenden gekommen ist.

So ist sein verhältnissmässig vorzeitig abgeschlossenes Leben aufs engste mit Weimar verwachsen. Aber trotzdem und so weltabgewandt er im Kreise der ihm mit zärtlichster Liebe ergebenen Seinigen und in steter, wissenschaftlicher Arbeit das Behagen des Daseins suchend und findend lebte — Reinhold Köhler war eines der Glieder, die Weimar in von Vielen kaum geahnter Weise mit den bedeutendsten Geistern der Zeit verbinden und den Ruhm und das Ansehen unseres Gemeinwesens in wissenschaftlicher und litterarischer Beziehung erhalten und vermehren. In weitverzweigter Korrespondenz und in persönlicher Rücksprache mit zahlreichen Männern der Wissenschaft nicht nur Deutschlands, sondern auch Oesterreichs, der Schweiz, Italiens, Frankreichs, Dänemarks, Englands und der Vereinigten Staaten, die oft nach Weimar kamen, um ihn aufzusuchen, ward R. Köhlers Hülfe in der vielseitigsten Weise in Anspruch genommen und niemals versagt, denn mit seinen eminenten Kenntnissen auf den von ihm besonders gepflegten litterarischen Gebieten und seinem ausserordentlichen bibliographischen Wissen konnte er der grossen Zahl derer, die bei ihm anklopften und Rath begehrten, immer die richtigen Wege weisen und ihnen Quellen erschliessen, die die sichere Fortführung ihrer Arbeiten ermöglichten. In uneigennützigster Weise hat er bis in die allerletzten Tage nicht für sich, sondern für andere, immer für die von ihm so hoch verehrte Wissenschaft gearbeitet.

In gelehrten Kreisen erfreute er sich einer ungemeinen wohlverdienten Werthschätzung und Mancher, der hier achtlos an dem bescheidenen Manne vorüberging, hat vielleicht auswärts zu seinem Erstaunen erfahren, in welchem Ansehen sein Name an den Brennpunkten litterarischer Interessen stand, und nicht nur an diesen, sondern überall, wo auch einzelne ernsthaft diesen Interessen zu dienen bestrebt sind. Die Feier seines 60. Geburtstages hat davon in den zahlreichen Zeichen dankbarer Werthschätzung, die Köhler aus dieser Veranlassung zugingen, oft aus weiter Ferne, ein Zeugniss abgelegt, das ihn ebenso erfreute wie rührte. Arbeiten von grösserem Umfang hat er wenig verfasst; seine unmittelbar produktive Thätigkeit beschränkte sich neben einigen litterarischen Monographien von hervorragender Bedeutung wesentlich auf die Mitarbeiterschaft an gelehrten Zeitschriften. Aber zahlreiche Excerpte und Vorarbeiten bezeugen, dass er eine grössere produktive Thätigkeit im Auge hatte, wenn ihm die Zeit dazu beschieden sein werde. Der Tod hat ihn vorher abgerufen. So schmerzlich diese Kunde in dem Kreise seiner Freunde berühren wird, sie werden Trost darin finden, dass auch hier der Tod als Erlöser an das Lager getreten ist. Ein Siechthum, das ihn zur Unthätigkeit genöthigt hätte, würde eine schwere Prüfung für Köhler gewesen sein, der sein Leiden mit einer wahrhaft antiken Geduld ertrug, gestärkt von der tröstenden Hoffnung auf Wiederherstellung.

Köhler war Mitglied des Vorstandes der deutschen Shakespeare-Gesellschaft, deren Bibliothek er seit ihrer Gründung leitete, und des geschäftsführenden Ausschusses der Goethe-Gesellschaft. Sein Andenken wird in den Herzen Derer, die ihm nahe gestanden haben, unvergänglich fortleuchten.

Recensionen und Anzeigen.

Katalog over den Arnamagnæanske Håndskriftsamling udg. af Kommissionen for det Arnamagn. Legat. 2. Binds 1. Haefte. København Gyldendalske Boghandel 1892. 8°. IV u. 506 SS.

Dem 1889 erschienenen ersten Bande dieses prächtigen Katalogs, den Herr Professor Gering im Centralblatt Jahrg. 6, S. 35 ff. zugleich mit vortrefflichen Mittheilungen über die Pflege der altnordischen Litteratur und Arni Magnússon rühmend anzeigte, folgt jetzt, wieder aus der Feder des Bibliothekars der grossartigen Handschriftensammlung, Dr. Kr. Kålund, das 1. Heft des 2. Bandes nach gleichem Plane und in gleicher Ausführung. Für das 2. und Schlussheft des ganzen Werkes, dessen Erscheinen für 1893 in Aussicht genommen ist, stehen noch aus die Beschreibung der als selbstständige Abtheilungen der Hauptsammlung angefügten Privatsammlungen Rask's, M. Stephensen's u. A., die alle von geringem Umfange sind, ferner eine summarische Auskunft über die Urkundensammlungen des Legats, sodann Register mit einer Uebersicht über die Geschichte der Sammlung und einer Biographie des Stifters, Arni Magnússon, endlich ein Verzeichniss der von ihm hinterlassenen Sammlung gedruckter Bücher. — Das vorliegende Heft zerfällt in 2 Abtheilungen, von denen die erste die Fortsetzung der Beschreibung der Quarthandschriften, die zweite die der Handschriften in Oktav und kleineren Formaten umfasset. Inhaltlich entfällt der Löwenantheil auf das Gebiet nordischer, dänischer, isländischer und grönländischer Geschichte, Litteratur, Sprachkunde und Rechtswesens, Snorre's Edda z. B., altnordische Heiligen-Legenden und -Sagen u. A. in nordischer und lateinischer Sprache, das Jytsche Low u. s. w. sind in zahlreichen Handschriften vertreten. Von den alten Klassikern finde ich nur aus dem 16. Jahrhundert Plinii secundi de natur. hist. secundi libri enarratio von Hieronymus Munnos (No. 1944). Lateinisch geschrieben sind natürlich sehr viele Handschriften.

mittelalterl. Schriftsteller wie Alcuin, Gualterius u. A. fehlen natürlich nicht. Zur deutschen Geschichte findet sich verhältnissmässig Weniges, Einhardi vita Karoli M. (12. Jh. u. c. 1500 No. 1961 u. 62), die Historia Friderici I. (c. 1500. No. 1962). Von den in deutscher Sprache geschriebenen Handschriften sind die niederdeutschen Gebetbücher des 15. Jh. No. 1952, 2273, 2276, 2491), das Fragmentum linguae theotiscae vetustissimum ex cod. membr. octingentorum annorum qui Paris. in biblioth. Colbertina repositus est descr. a Frid. Rostgaard, althochd. Uebersetz. von Isidori Hisp. de nativitate domini (No. 1932), „von den X gebotten, von der mess, virtutes misse, speculum peccatorum" (No. 1918, 15. Jh.) etwa hervorzuheben. Einige wenige Handschriften sind in französischer, holländischer und spanischer Sprache (No. 1965, 2272, 2274 etc.) geschrieben. Die älteste Handschrift ist vermuthlich No. 1927, vielleicht nämlich 1042 geschrieben: Apocalipsis Iesu christi u. Tractatus in apocal. Apringi episcopi enthaltend, dem 12. und 13. Jh. gehören manche an, die Mehrzahl stammt aber aus späteren Jahrhunderten. Ein Palimpsest ist No. 1606, die Schrift des 12. Jahrh., beginnend mit dem lateinischen Psalterium Davidis und gleichzeitiger altfranzösischer Uebersetzung ist fast ganz wegradirt und das Pergament 1586 zum Theil mit einer isländischen Uebersetzung neu beschrieben. Von bibliographischem Interesse sind folgende Handschriften:

No. 2030. 1) Catalogus veteris bibliothecae. Verzeichniss über die gedruckten Bücher der alten Kopenh. Univ.-Biblioth. 1603.
2) Catalogus Lymuicanae bibliothecae, datirt 1654—55.

No. 2031. Designatio librorum bibliothecae academiae Hafniensis, quorum catalogus impressus nondum exstat, enthält ein Verzeichniss der von König Christian IV. geschenkten Bücher, der Biblioth. Brochmannianae und ein nach dem Tode von Thomas Bang 1662 aufgenommenes Inventar.

No. 2037. Verzeichniss der nach N. Krag's Tode 1602 an die Univ.-Bibliothek abgelieferten Handschriften und „Catalogus librorum Mss. Christiani Worm Sælandiæ Episcopi." c. 1700.

No. 2041. Arni Magnússons bibliograph. Sammlungen und Aufzeichnungen, zumeist von seinem Aufenthalt in Deutschland, namentlich Leipzig. c. 1700.

No. 2051. 2) Excerpta Catalogi Bibliothecae Reginae Christinae nach einem Rostgård gehörenden Original. 17. Jh.

No. 2056. „Bibliotheca Resenii 1685." Abschrift von J. Sigurðssons Auszug aus Resen's gedrucktem Katalog der isländ. Handschriften 19. Jh.

No. 2057. „Catalogus amplae Mss. collectionis adhuc Hafniae servatae Museo Britann. mittendae autore Finn Magnusson huc usque hujus coll. possessore." Mit Register. 1830—37.

No. 2058. Verzeichniss der isländ. Handschriften in der Advocates Library in Edinburgh. Mit Register. 19. Jh.

No 2059. Beschreibung der isländ. Handschriften in der Königl. Bibliothek zu Stockholm und der Univ.-Bibl. zu Upsala. 19. Jh.

No. 2182. X. Catalogus Mss. quae in Muséo suo asservat Dominus Petrus Septimius Pastor Hellested. 18. Jh. Anf.

No. 2191. Katalog der in den öffentl. Biblioth. Dänemarks und Schwedens befindl. Sagen, Legenden u. A. enthaltenden Handschr. c. 1850.

No. 2192. Katalog der Saga-Handschr. in Kopenh., Stockh., Upsala, Edinburgh, London (Brit. Mus.) und Oxford von P. Pálsson. 19. Jahrh.

No. 2194. Beschreibung der isländ. Handschr. in der Gross. Königl. Biblioth. zu Kopenhagen von Jón Þorkelsson. 1886—89.

No. 2422. Notizen betr. Bücher und Handschriften (von A. Magnússon?), enthaltend Abrechnungen mit dem Buchbinder etc. 18. Jahrhundert. Anf.

No. 2441. Verzeichnisse der Bücher und Handschr. der Kirche in Skalholltz (von A. Magnússon?) 18. Jahrh. Anf.
No. 2445. Bibliogr. und literar. Zettelnotizen (von A. Magnússon?) Verzeichniss persischer und arab. Schriftsteller etc. 18. Jh. Anf.
No. 2489. „Nomina emptorum et pretium librorum mstor. Rostgaard." Catalogus nonnullorum inscr. quae possidet Nicolaus Fossius Petri fil. 18. Jahrh. Anf.

Die Beschreibung der Handschriften ist, wie im ersten Bande, erschöpfend, sie enthält: Art des Schreibmaterials, Höhe und Breite des letzteren, Zahl der Blätter, Zeit der Schrift oder verschied. Schriften, Notizen über Initialen, Marginalien, Illustrationen, Foliirung, unbeschriebene Blätter, Beschädigung u. s. w. u. s. w., sodann knappe aber doch genaue und genügende Angabe des Inhalts des Codex oder seiner einzelnen Bestandtheile mit Blattgrenzen und Anfangszeilen, ferner Herkunft und Geschichte der Handschrift und endlich Bezeichung der Litteratur, in der sie benutzt oder beschrieben wurde. Die Arbeit ist, wie Herr Prof. Gering es vom 1. Bande hervorhob, auch hier musterhaft zu nennen, dem verdienten Verfasser gebührt daher uneingeschränkt unser Dank und mit Freuden sehen wir dem Abschluss des Werkes im nächsten Jahre entgegen. Wetzel.

Mittheilungen aus und über Bibliotheken.

Die direkte Versendung von Handschriften gewinnt immer mehr Boden. Nach einer offiziellen Mittheilung haben seit unserer letzten Mittheilung (s. oben S. 293) direkt versendet die Biblioteca nazionale centrale von Florenz, das Königl. Staatsarchiv zu Modena, die Universitätsbibliothek zu Upsala und das Emmanuel College zu Cambridge.

Von der literarischen Gesellschaft in Bern wurde in einer Eingabe an die Bundesversammlung der Wunsch ausgedrückt, es möchte die eidgenössische Centralbibliothek in Bern erweitert und insbesondere zu einer Sammelstätte aller in der Schweiz ans Licht gekommenen Druckschriften, Flugblätter und amtlichen Veröffentlichungen gemacht werden. Es wird besonders darauf hingewiesen, dass man die werthvollsten Erzeugnisse schweizerischer Literatur aus älterer Zeit oft in den Bibliotheken des Auslandes, nicht aber in denjenigen unseres Landes finde. Z. B. befindet sich eine der grössten Sammlungen räto-romanischer Literatur in Berlin und die ältesten schweizerischen Musikstücke in Breslau.

In einer Festschrift, die die ehstländ. literär. Gesellschaft anlässlich ihres fünfzigjährigen Bestehens (Reval 1892. 8°) herausgiebt, wird der Bestand ihrer Bibliothek, d. h. der ehstl. öffentl. Bibliothek auf 28.484 Titel in mehr als 40,000 Bänden angegeben. Der Stifter der Gesellschaft, der wirkl. Geheimrath Georg v. Brevern hat allein in den Jahren 1877—78, 1885, 1889—91 der Bibliothek 2432 Werke in 3248 Bänden geschenkt. Der Ursprung der Bibliothek lässt sich auf die Mitte des 16. Jahrhunderts zurückführen, auf die Olai-Kirchen-Bibliothek, die 1831 an die genannte Gesellschaft übergeben wurde. Das älteste aus letzterer Bibliothek stammende Buch sind Justiniani institutiones juris cum glossa Venedig 1478 und eine lateinische Bibel von 1479. Von den Manuscripten sind zu erwähnen die der Annales Livoniae, des Lübischen Rechts von 1282 u. A. W.

Vermischte Notizen.

Durch ein Ministerialdecret vom 4. Juni ist im K. Italienischen Unterrichtsministerium eine besondere Abtheilung (divisione) eingerichtet worden, der die Bibliotheken, die wissenschaftlichen Institute u. s. w. unterstellt sind. Zum Chef dieser Abtheilung ist der Com. Orazio Ciacchi ernannt worden. Der Unterabtheilung, welche die Bibliotheken umfasst, ist der Cav. Alfonso Sparagna vorgesetzt worden.

Ueber die Verdienste des bekannten Cardinals Marcello Cervini, der unter dem Namen Marcellus II. im Jahre 1555 zwanzig Tage Papst war, um die Typographie in Rom handelt in den Mélanges d'archéologie et d'histoire, 1892 S. 289 u. f. Herr Léon Dorez. Seine Mittheilungen hat Herr Dorez aus dem in dem Staatsarchiv zu Florenz aufbewahrten Nachlasse des genannten Cardinals Cervini geschöpft, den auch der leider so früh verstorbene Münchener Gelehrte von Druffel für seine Aktenstücke zur Geschichte des Concils zu Trient ausgebeutet hat. Diese Acten, welche zuerst, so viel wie ich weiss, von Leva in dessen Geschichte Karls V. verwerthet worden sind, geben uns merkwürdige Aufschlüsse über die erste Periode des Tridentiner Concils, bei dem Cervini päpstlicher Legat war. Um diese Akten nicht in die unrechten Hände fallen zu lassen, hat sie der Grossherzog Leopold von Toscana am Ende des vorigen Jahrhunderts von den Erben des letzten Cervini, einem Erzbischofe von Florenz, für eine hohe Summe aufgekauft. Herr L. Dorez will ein Werk über den gelehrten Cardinal erscheinen lassen, das interessant werden kann. O. H.

Das Brockhaus'sche Conversationslexicon schreitet rasch vorwärts. Schon liegt der 3. Band abgeschlossen vor. Derselbe enthält mehrere gute und interessante Artikel, die in das Bibliothekswesen einschlagen, da er die Artikel bis auf Catulus herabführt. Hierher gehören also die Aufsätze über Buchdruckerkunst, Buchhandel, Buchbinderei, welche zum Theil mit guten Abbildungen versehen sind.

Von den unlängst durch die Teubner'sche Buchhandlung zur Ausgabe gelangten Oster-Programmen der Gymnasien haben folgende Bibliotheks-Kataloge als Beilagen und zwar Kataloge der Lehrerbibliotheken die Programme von Annaberg (Realgymn. Verf.: E. Göpfert), Krotoschin (Gymn., Verf.: Berthold Günther, 1. Theil) und Münstereifel (Gymn., Verf.: H. Vielau, 3. Theil), Kataloge der Schülerbibliotheken die Programme von Goslar (Realgymn. und Gymn., Verf.: Carl Leimbach), Insterburg (Gymn., Verf.: H. Tomas, Prima—Tertis), Königsberg i/Pr. (Löbenichtsche höh. Bürgersch. Verf.: J. Erdmann), und Tilsit (Gymn., Verf.: Alex. Kurschat), dem Programm des Gymn. in Thorn ist ein zweiter Nachtrag zum Katalog der Gymn.-Bibliothek beigegeben. Ueber die den Progr. der Gymnasien in Eisenach und Glatz beigegebenen bibliographischen Arbeiten von Oesterheld und Beck ist an anderer Stelle referirt. W.

Earl Spencer hat die berühmte Althorp-Bibliothek, die vortrefflichste, welche jemals von einem Privaten gesammelt wurde, infolge des Niederganges der Landwirthschaft für 225000 £ an Mrs. Rylands in Manchester verkauft. Dieselbe, an 45,000 bis 50,000 Bände stark, wurde Ende des letzten und anfangs des gegenwärtigen Jahrhunderts vom zweiten Grafen Spencer gestiftet. Sie enthält Gutenbergs Mainzer s. g. Mazarin-Bibel und

Psalter aus dem Jahre 1457, von welcher ein zweites Exemplar vor einigen Jahren für 5000 Pfd. Sterl. verkauft wurde, sowie andere von Gutenberg und Fust gedruckte Werke, wie z. B. die florentinische Anthologie Homers vom Jahre 1494, die ptolomäischen Karten vom Jahre 1478, die erste Ausgabe von Dantes Werken u. a. m. Die Bibliothek wird von nun an den Namen „John Rylands-Bibliothek" führen und der allgemeinen Benutzung zugänglich gemacht werden.

Ergänzungen zu den Vornamen der medicinischen Inaugural-Dissertationen von Dorpat mit den Jahreszahlen 1891 u. 92.

1891. Berenstein, M[ejer] — Busch, Ch[ristian] — Goldfarb, M[oses] — Kreps, M[oses] — Ratner, G[regori] — Schmul, A[bram] — Schulmann, S[chlom] — Szupak, I[saac].

1892. Chasanow, J[acob] — Glass, J[ossel] — Grabe, H[ermann] — Schulmann, T[uwidge] — Terestschenko, Gr[igori] — Tochtermann, A[dolph].

E. Roth.

Der Prefetto der Laurenziana zu Florenz, Herr Dr. Guido Biagi, ist von dem Unterrichtsminister Martini zum Chef des Cabinets seines Ministeriums ernannt worden. Die nahe liegende Folgerung, dass auf dem Gebiete des italienischen Bibliothekswesens sich jetzt eine grössere Rührigkeit entwickeln werde, scheint sich schon durch Thatsachen zu bestätigen. Es sind z. B. Decrete erlassen, welche die Bibliotheksstunden der öffentlichen Büchersammlungen in Florenz regeln, der Verkauf der Doubletten der Biblioteca Nazionale Vittorio Emanuale in Rom ist angeordnet, mehrere Ernennungen sind erfolgt u. s. w.

Das Verzeichniss neuer Hessischer Literatur ist für 1891 erschienen und von Herrn Dr. Ed. Lohmeyer sorgfältig bearbeitet. Es umfasst nicht weniger als 376 Nummern.

Auf dem Wege der Colportage werden gegenwärtig in einer Mappe vereinigt 30 Tafeln Reproductionen in Handel gebracht mit einem Bogen Text betitelt: „Der Spanisch-Niederländische Krieg in dreissig Photo-Lithographien dargestellt, nach den Original-Kupferstichen gestochen von [Joh.] W. Bauer, Jean Miel u. A. (Maastrichtsche Stoomdrukkerij)," auch mit holländischen Erläuterungen „De Spaansch-Nederlandsche Oorlog in dertig photo-lithographiën voorgesteld, . . ." Mit keiner Silbe ist hierbei angedeutet, was doch durchaus einer Erwähnung bedürftig gewesen sein würde, dass diese 30 Tafeln bis auf geringe und unwesentliche Abweichungen so gut wie ganz genau den Kupfern entsprechen, die Firmian Stradas berühmtem Werke De Bello Belgico Decas I Romae 1640 und Decas II ib. 1647 beigegeben sind. In vollständigen Exemplaren von Stradas Buche giebt es nur 2 Kupfer mehr: die niederländischen Löwen als Schildhalter für den Titel der beiden Dekaden. An Kunstwerth stehen die 1640 und 1647 veröffentlichten Tafeln unendlich höher als diese „Original-Kupferstiche," die ein bedeutend kleineres Format haben und auf denen auch die Namen der Zeichner und Stecher fehlen. R. Pietschmann.

Der in dieser Zeitschrift oft genannte und benutzte Przewodnik bibliograficzny, den seit 1878 der zweite Bibliothekar der Jagellonischen Universitäts-Bibliothek in Krakau, Dr. Wladyslaw Wislocki, herausgiebt, brachte in seiner Juni-Nr. die betrübende Mittheilung, dass er sich genöthigt sah, sein weiteres Erscheinen einzustellen. Der Grund für diesen, den auswärtigen Lesern gänzlich unerwartet kommenden und überraschenden Entschluss lag nach der Erklärung des Herausgebers in dem Verlust der Abonnenten aus Russisch-Polen, welcher durch ein russisches Censurverbot vom December 1890 veranlasst wurde. Dass der Jahrgang 1891 noch in altem Umfange erscheinen konnte, beruhte auf der Hoffnung, das als Zeitschrift verbotene Blatt würde am Ende des Jahres als Buch freien Eingang in das Königreich Polen finden, aber leider erwies sich diese Annahme als trügerisch: das Censurverbot blieb aufrecht erhalten. Um so freudiger war unsere Ueberraschung, als Anfang Juli in alter Weise Nr. 7 des geschätzten Blattes mit der Nachricht an der Spitze erschien, dass die Krakauer Akademie der Wissenschaften zum Ersatz des Ausfalles dem Herausgeber einen Zuschuss zu gewähren beschlossen habe und so das Fortbestehen für absehbare Zeit sicher gestellt habe. P.

In einer der philosophisch-historischen Classe der Kaiserl. Akademie der Wissenschaften zu Wien in Bd. CXXVI vorgelegten Studie hat Herr Professor Dr. J. Wiesner (s. oben S. 289) den Beweis erbracht, dass es keine aus Baumbast hergestellte Papiere giebt. Er hat nachgewiesen, dass die Handschrift der Hofbibliothek zu Wien, die früher allgemein als aus charta corticea hergestellt angesehen wurde, aus Papyrus gemacht ist. Dass man aus Bast, namentlich aus Lindenbast, kleine Schreibtafeln zu Briefen und Notizen angefertigt habe, will Herr Wiesner nicht in Abrede stellen.
O. H.

Die Stuhr'sche Buchhandlung in Berlin, Verlag von Carl Malcomes, lässt seit Anfang Juni einen Russischen Bibliographischen Anzeiger (Russkii bibliographicheskii vjestnik) erscheinen, von dem die erste Nummer, 8 Seiten enthaltend, vorliegt. Derselbe bringt die Titel von Werken in russischer Sprache (die deutsche Uebersetzung ist vorangestellt), Uebersetzungen aus dem Russischen ins Deutsche, aus dem Deutschen ins Russische, Werke über Russland in fremden Sprachen, Inhaltsangabe von (10) russischen Zeitschriften, kurze Mittheilungen und Anzeigen. Das Blatt soll alle Monat erscheinen. P.

Die Bodleiana hat einen interessanten armenischen Pergamentcodex in 4° erworben, welcher den Commentar des Chrysostomus zu dem Epheserbriefe enthält. Derselbe ist über 200 Blätter stark, mit zwei Schriftcolumnen auf jeder Seite. Die Hand ist die Unciale des 9. oder 10. Jahrhunderts. Die Uebersetzung selbst datirt aus dem 5. Jahrhundert. Der Codex wurde in Tiflis von der Bodleiana für £ 25 angekauft.

Zu dem Archiv für slavische Philologie, das seit 1876 unter Leitung von N. Jagić bei Weidmann in Berlin erscheint und bis jetzt 13 Bände zählt, ist im Mai ein Supplementband ausgegeben worden, welcher eine bibliographische Uebersicht über die slavische Philologie 1876—1891, verfasst von Dr. Franz Pastrnek, Docenten der slavischen Philologie an der Wiener Universität, enthält und zugleich als Generalregister zu Bd. 1—13 dienen soll. In 5 Hauptabschnitten, die wieder nach den einzelnen slavischen Völkern in Unterabtheilungen zerlegt sind, werden allgemeine Hülfsmittel, Sprachwissenschaft, Litteratur, Volksthum und Alterthum (Geschichte) besprochen: ein alphabetisches Namensverzeichniss bildet den Schluss. Nach Art der Jahresberichte der Geschichtswissenschaft sind die bibliographisch genauen Titel überall in die Noten verwiesen. P.

Ergänzungen zu: Systematisches Verzeichniss der Abhandlungen, welche in den Schulschriften von 1876—1885 erschienen sind, von Rudolf Klussmann.

Fortsetzung vom C. B. f. B. Jahrgang IX. 1892. Heft 7—8. S. 376—378. Gäbler, L[udwig] — Gantzer, R[ichard] — Gaquoin, K[arl] — Gartenauer, H[einrich] — Gawalewicz, Ad[olf] — Gebhard, Fr[iedrich] — Gebhard, W[ilhelm] — Gehlert, K[urt] — Gehr, Chr[istoph] — Geisenheyner, L[udwig] — Geist, C[onrad] — Geist, R[udolf] — Gelbe, Th[eodor] — Gemoll, A[lbert] — Georgii, H[einrich] — Gerber, G[ustav] — Gerberding, W[ilhelm] — Gerdes, Chr[istian] — Gesell, C[arl] A[ugust] J[ulius] — Giesel, F[ranz] — Glaser, R[udolf] — Glauer, Th[eodor] — Gloël, F[riedrich] — Godt, Chr[istian] — Gödecker, E[rnst] — Göpfert, E[duard] — Goldmann, Fr[iedrich] — Gombert, A[lfred] — Gortzitza, W[ilhelm] O[rlando] nur zu S. 59 Lyck gehörend. S. 117 Strasburg W Pr. ist sein Sohn Otto Grabau, A[ndreas] Herm. Grahl, W[ilhelm] — Grau, H[ermann] — Gravenhorst, K[arl] Th[eodor] — Greve, E[mil] — Griesbach, H[ermann] — Grimme, Fr[iedrich] W[ilhelm] — Grohe, L[udwig] — Grober, O[swald] — Gropius, R[ichard] — Gross, Fr[iedrich] G[eorg] K[arl] — Grossmann, A[dolf] — Grossmann, W[ilhelm] — Grube, F[ranz] — Grubel, B[runo] — Gruhl, E[mil] — Grundt, Fr[iedrich] — Günther, B[erthold] — Guhrauer, H[einrich] — Gutzeit, B[erthold] — Haage, R[udolf] — Haase, Alb[ert] — Haber, Jos[ef] — Häckermann, A[dolf] — Hädicke, H[ugo] — Haefeke, K[arl] — Halbauer, O[tto] — Hamann, Alb[ert] — Harms, Chr[istian] — Harster, W[ilhelm] — Hartfelder, K[arl] — Hartmann, Ed[uard] — Hartung, A[lbert] — Hase, H[ermann] P[eter] — Hasemann, M[ax] — Hasenstab, B[enedikt] — Hasper, L[udwig] — Haube, O[scar] — Haupt, A[ndreas] — Hauschild, G[ustav] R[ichard] — Hauser, Chr[istian] — Heidemann, J[ulius] — Heidtmann, G[ustav] — Heilermann, H[ermann] — Heimreich, Christ[ian] — Heinemann, F[erdinand] von — Heinzig, Bernh. Ed[uard] — Hemeling, G[ustav] — Hemmerling, J[ohann] — Hengstenberg Fr[iedrich] — Hense, C[arl] C[onrad] — Hentschel, O[scar] — Herforth, W[ilhelm] — Herfurth, F[ranz] — Hermann, Fr[iedrich] — Herrlich, S[amuel] — Hesselbarth, H[ermann] — Heussner, Fr[iedrich] — Heydenreich, Ed[uard] C[arl] H[einrich] — Heyne, M[ax] — Hildebrand, H[ermann] — Hillebrand, J[oseph] — Hilpert, Chr[istian] — Himmelreich, A[lfred] — Himmer, J[ohann] B[aptist] — Hintzmann, E[rnst] — Hirsch, R[ichard] — Hobbing, J[ohann] — Höck, F[ernando] — Höger, Fr[anz] Chr[istian] — Höhle J[ulius] — Hölscher, L[udwig] — Hörner, Chr[istian] — Hoffs, Fr[iedrich] van — Hofmann, J[oseph] — Hofmann, M[ichael] J[oseph] — Holle J[osef] — Holly, R[ichard] — Holtze, Fr[iedrich] W[ilhelm] — Holzweissig, Fr[iedrich] — Horowitz, J[osua] — Huber, J[oseph] P[aul] — Hubert, Fr[iedrich] G[otthard] — Huebner, L[ouis] — Hülsenbeck, Fr[anz] — Hülsse, Fr[iedrich] — Hummel, Fr[anz] — Hundt, R[udolf] — Hynitzsch, A[dolf] — Jahn, F[riedrich] W[ilhelm] — Jân, K[arl] von — Jansen, J[osef] — Jellinghaus, H[ermann] — Jörling, Fr[anz] — Joost, A[rthur] — Jospeit, O[tto] — Isnekrahe, C[aspar] — Israel, Chr[istian] — Jundt, A[ugust] — Junge, Fr[iedrich] [Rudolf] — Jungfer, Th[eodor] — Jungkunz, J[ohann] B[aptist] — Juris, A[rnold] — Ivančić, Jos[ef].

E. Roth.

(Fortsetzung folgt.)

Eine wenig erfreuliche Ueberraschung wird den Subscribenten der bei E. Trewendt in Breslau erscheinenden „Encyclopädie der Naturwissenschaften" durch die Mittheilung zu Theil geworden sein, dass sie die Sammlung nunmehr für fast den halben Preis kaufen können. Vor uns liegt eine Offerte eines Antiquars, an welchen der Verleger 100 Exemplare „verramscht" hat, nach welcher die bis jetzt erschienenen 26 Bände, die 390 M. gekostet haben, für 216 M. angeboten werden. Dem Käufer werden ausserdem noch besondere Vortheile für die späteren Bände (es sollen im Ganzen 36 Bände werden) versprochen.

Im Interesse der Bibliotheken und sonstigen Bücherkäufer glauben wir auf ein derartiges Verfahren, welches eine schwere Schädigung der Subscribenten bedeutet, besonders aufmerksam machen zu sollen. Der Verleger kann natürlich mit seinen Büchern machen, was er will, aber es ist doch ein starkes Stück, wenn er ein Werk, noch ehe es abgeschlossen ist, so im Preise verschleudert, dass es für wenig mehr als die Hälfte der ursprünglichen (sogenannten Subscriptions-Vorzugs-)Preise zu haben ist. Wer so gutmütig gewesen ist, auf die verlockenden Subscriptionsbedingungen einzugehen (es giebt noch einen sogenannten höheren Einzelpreis) verliert also auf doppelte Weise:

1) Er hat für die erschienenen 26 Bände bezahlt 390 M. und könnte sie jetzt kaufen für 216 M. = 174 M. Verlust.
2) Er hat für die noch zu erscheinenden 10 Bände in der Subscription à 15 M. zu zahlen, 150 M., während der neueintretende Käufer noch einen Rabatt von mindestens 25–30 % zu erwarten hat, also statt 150 nur etwa 110 M. bezahlt.

Dass derartige Verhältnisse im deutschen Buchhandel, wie es scheint, mehr und mehr Platz greifen, gereicht demselben schwerlich zur Ehre und sicherlich nicht zu dauerndem Nutzen, denn jeder Bibliothekar wird darum Subscriptionen mit gerechtem Misstrauen entgegentreten; er wird sich vielmehr die Frage vorzulegen haben, ob die verlegende Firma ihm Garantie genug bietet, dass er nicht, wie im vorliegenden Falle, geschädigt wird. Haben die Leipziger Herren, die so oft von der Ehre etc. des deutschen Buchhandels reden, kein Auge für derartige Vorkommnisse und begreifen nicht, dass dadurch der deutsche Buchhandel aufs Tiefste geschädigt werden muss?

D. V.

Anfrage.

Der Unterzeichnete bittet höflichst um gefällige Mittheilung, wo sich ein Exemplar des Werkes von Sigismund Evenius: Speculum intimae corruptionis d. i. Spiegel der innersten Verderbniss aller Stände, Lüneburg, 1640 befindet.

Graz. Dr. F. Eichler,
Amanuensis der k. k. Universitäts-Bibliothek.

Neue Erscheinungen auf dem Gebiete des Bibliothekswesens.*)

†The Bookworm. No. 57, Aug. 1892: Some technical libraries. III: The library of the Society of Antiquaries, E. W. Crofts. — Authors and booksellers. — The finest private library in the world. — Book clubs.
The Library. No. 40, April 1892: The special features of Free Library Work open shelves, women readers and juvenile departments, Butler Wood. — Note on „fines" for the damage of books.
— No. 41, May 1892: Local records and free public libraries, H. R. Plomer. — A year's development of the public library movement in greater London, W. E. Doubleday. — Report on size notation.

---

*) Von den mit † bezeichneten Zeitschriften sind nur die Artikel bibliographischen oder bibliothekarischen Inhalts angezeigt.
Die mit * bezeichneten Bücher haben der Redaktion vorgelegen.

The Library. No. 42, June 1892: The true Catherine of Aragon, H. Vivian.
— A plea for annual lists of state-papers and annual reviews of state-papers as being essential preliminaries to state-paper catalogues, F. B. F. Campbell. — The Carlisle Free Public Library, D. Watson.

The Library Journal. Vol. 17, No. 6: The relation of libraries to public schools, by Ellen M. Coe. — My California scrap-book, C. M. Hewins. — Sub-classification of 37 (or whatever class sign may be used). Photographic collections, by W. A. Borden. — The Brooklyn (N. Y.) library law, Fr. Rice. — The Lawrence (Mass.) public library. — Gladstone on the growth of public libraries in England. — The Grosvenor library, Buffalo, N. Y.

Revue des bibliothèques. Année II, No. 5, 6, Mai—Juin 1892: Les manuscrits grecs des XVe et XVIe siècles de la Bibliothèque Nationale et des autres bibliothèques de France. Suite et fin. H. Omont. — Supplément à la bibliographie de la langue basque, Edw. Sp. Dodgson. — Manuscrits de Gilles de Viterbe à la bibliothèque angélique (Rome), L. G. Pélissier. — De patrum et medii aevi scriptorum codicibus in bibliotheca Petrarcae olim collectis, P. de Nolhac. — Un document nouveau sur la bibliothèque de Jean Lascaris, L. Dorez.

Rivista delle biblioteche. No. 37—38: Di una rara collezione di rimatori della fine del cinquecento, Aug. Solerti. — La Biblioteca Palatina di Lucca, Gio. Maruffi. — Della Biblioteca Corvina, L. Frati. — Bibliografia delle stampe musicali della R. Biblioteca Estense, V. Finzi. (Contin.)

Aarbog, Universitets-Bibliothekets, for 1891. Christiania, H. Aschehoug & Co. XIV. 166 S. gr. 8°. Kr. 2.—

Archievenblad, (Nederlandsch). Orgaan van de Vereeniging van Archivarissen in Nederland. No. 1—3. (Groningen, Erven B. van der Kamp.) 8°. Per jaarg. Fl. 3.—

Auerbach, H. A. Bibliotheca Ruthenea. Die Litteratur zur Landeskunde und Geschichte des Fürstenthums Reuss j. L. Gera, K. Bauch. 101 S. 8°. M. 1.50
Aus: 32/35. Jahresbericht der Gesellschaft von Freunden der Naturwissenschaften in Gera.

Auvray, L. Les manuscrits de Dante des bibliothèques de France. Paris, E. Thorin & fils. Avec 2 pl. 8°. Fr. 6.—

Beeger, J. Die pädagogischen Bibliotheken, Schulmuseen und ständigen Lehrmittelausstellungen der Welt mit besonderer Berücksichtigung der pädagogischen Centralbibliothek (Comenius-Stiftung) zu Leipzig. Eine geschichtlich-statistische Zusammenstellung. Leipzig, Zangenberg & Himly. 84 S. gr. 8°. M. 1.—

*Biadego, G. Catalogo descrittivo dei manoscritti della Biblioteca Comunale di Verona. Verona, stab. tipografico G. Civelli. (Leipzig, Harrassowitz.) VII. 665 p. 8°. L. 15.—

Biadego, G. Storia della biblioteca comunale di Verona, con documenti e tavole statistiche. Verona, G. Franchini. 149 p. 8°.

Bibliographie der schweizerischen Landeskunde. (Bibliographie nationale suisse.) Herausgegeben von der Centralkommission für schweizerische Landeskunde. Fasc. IIa. Bern, K. J. Wyss. XVII. 193 S. 8°. M. 3.—

Bibliotheca medico-chirurgica, pharmaceutico-chemica et veterinaria. Herausgegeben von G. Ruprecht. Jahrgang 45 (Neue Folge Jahrgang 6): 1891. Register. Göttingen, Vandenhoeck & Ruprechts Verlag. S. 295—359. gr. 8°. M. 1.—

— Jahrgang 46 (Neue Folge Jahrgang 7), Heft 1: Januar—März 1892. Ebenda. 68 S. gr. 8°. M. 1.40

Bibliotheca philologica. Herausgegeben von A. Blau. Jahrgang 44 (Neue Folge Jahrgang 6): 1891. Register. Göttingen, Vandenhoeck & Ruprechts Verlag. 53 S. 8°. M. —.80
— Jahrgang 45 (Neue Folge Jahrgang 7), Heft 1: Januar—März 1892. Ebenda. 72 S. 8°. M. 1.20
Bibliotheca philologica classica. Verzeichniss der auf dem Gebiete der classischen Alterthumswissenschaft erschienenen Bücher etc. Jahrg. 19: 1892. (4 Hefte.) Heft 1. Berlin, S. Calvary & Co. 94 S. gr. 8°. Jährlich M. 6.—
Bibliotheca theologica. Herausgegeben von G. Ruprecht. Jahrgang 45 (Neue Folge Jahrgang 7), Heft 1: Januar—März 1892. Göttingen, Vandenhoeck & Ruprechts Verlag. 32 S. 8°. M. —.80
Bibliothèque de la Compagnie de Jésus. Première partie: bibliographie, par les pères de Backer, seconde partie: histoire par le père Carayon. Nouvelle édition par Carlos Sommervogel, publiée par la province de Belgique. Tome III: Desjacques—Gzewski. Paris, A. Picard. 4°. cart. non rogné. Fr. 30.—
*Book Prices Current. Vol. 5: 1891. London, Elliot Stock. 8°. Sh. 27.6
Bosquet, Em. Barèmes ou devis de travaux de reliure établis au moyen de 48 tableaux divisés en 28 formats chacun, indiquant les prix de revient tant en main-d'oeuvre qu'en fourniture de 54 genres de reliure et emboîtages divers, soit plus de 1200 devis, précédés d'une notice, accompagnés d'un tableau de réduction sur les travaux en nombres, d'un projet de prix-courant et d'une feuille in-plano soleil donnant les tracés et dimensions de tous les formats. Paris, chez l'auteur, Rue du Cherche-Midi. 10 p., 40 pl. et 1 tableau. 4°.
Bradford, T. L. Homoeopathic bibliography of the United States from 1825—1891 inclusive. Part 1: Alphabetical list of homoeopathic books and pamphlets, books against homoeopathy, magazines, directories, list of homoeopathic publishers, libraries, previous American homoeopathic bibliography. Part 2: Condensed histories, data, and bibliography of the homoeopathic societies, colleges, hospitals, asylums, homes, sanitariums, asylums for the insane, dispensaries, pharmacies, life insurance, legislation now or at any time existent in the United States. Philadelphia, Boericke & Tafel. 2. 596 p. illustrated 8°. cloth. D. 3.50; half morocco D. 4.50
Brassington, W. Salt. Historic bindings in the Bodleian Library, Oxford, with reproductions of 24 of the finest bindings, fully described. London, Sampson Low, Marston & Co. 1891. XLIV. 64 p. 4°. Sh. 42.—
*Brinkman's Catalogus der boeken, plaat-en kaartwerken, die sedert 1882 tot en met 1891 in Nederland zijn uitgegeven of herdrukt, benevens aanvullingen van voorafgaande jaren. In alphabetische volgorde gerangschikt met vermelding van den naam des uitgevers of eigenaars, het jaar van uitgave, het getal deelen, de platen en kaarten, het formaat en den prijs, door R. van der Meulen. Afl. 1. (Vel 1—10.) Amsterdam, C. L. Brinkman. (Leipzig, O. Harrassowitz.) M. 6.—
  Schliesst an den grossen holländischen Bücherkatalog über 1850—1882 an und erscheint in Lieferungen à 10 Bogen.
Brunet, G. Dictionnaire des ouvrages anonymes, suivi des Supercheries littéraires devoilées. Supplément à la dernière édition de ces 2 ouvrages (édition Daffis). Paris, lib. Féchoz. 436. XXXV p. à 2 col. 8°. Fr. 20.—
Burlington Fine Arts Club Exhibition of bookbindings. London, printed for the Burlington Fine Arts Club, 1891. 132 p. with 113 plates. 4°.
  Sold only to members.
Cagnat, R. Revue des publications épigraphiques relatives à l'antiquité classique. Paris, Leroux. 8 p. 8°.
Castle, Egerton. Schools and masters of fence, from the middle ages to the end of the eighteenth century; with a complete bibliography, illustrated with reproductions of old engravings and representa-

tions of typical swords. New revised edition. New York, Macmillan & Co. 79. 359 p. 8°. cloth. D. 2.—

Catalogo della biblioteca dei ministeri del tesoro e delle finanze. Roma, tip. Pateras VII. 359 p. 8°.

Catalogo generale delle librerie salesiane: opere pubblicate per conto proprio o degli autori dalle tipografie salesiane a benefizio degli oratori ed ospizi salesiani, fondati da don Giovanni Bosco. Torino, tip. Salesiana. 295 p. 8°.

Catalogue de la bibliothèque catholique de Pau. Pau, impr. Vignancour. 128 p. 8°.

Catalogue de la bibliothèque municipale de l'école communale de garçons de la ville de Paris (place des Vosges, 6, IV. arrondissement). Paris, Charles Lavanzelle. 116 p. 8°.

Catalogue of books added to the Radcliffe Library, Oxford University Museum, during the year 1891. Oxford, Radcliffe trustees. 38 p. 4°.

Chambers, C. E. S. A list of works containing illustrations by John Leech. Edinburgh, W. Brown. 22 p. 8°. Sh. 2.6

Chapelier, C. Bibliographie de Saint Hidulphe. Saint-Dié, imp. Humbert. 9 p. 8°.
Extrait du Bulletin de la Société philomathique vosgienne.

Contributions towards a dictionary of english book-collectors, as also of some foreign collectors, whose libraries were incorporated in english collections, or whose books are chiefly met with in England. Part I: The libraries of Thomas Cranmer, archbishop of Canterbury, and of Bilibald Pirckheimer, of Nuremberg. London, B. Quaritch. 28. 6 p. with 3 plates. 8°. Sh. 1.6

*Cornell University. Exercises at the opening of the library building, containing a description of the building, the address of the Hon. Henry W. Sage, presenting the building and its endowment; the address of expresident Andrew D. White, presenting the White library of history and political science; the addresses of acceptance by president Adams and librarian Harris, together with the addresses of president D. C. Gilman, of Johns Hopkins University, and Professor Moses Coit Tyler. Ithaca, N. Y. 1891. 56 p. 4°. with illustrations.

Delisle, L. Note sur un bréviaire de Viviers, imprimé à Privas en 1503. Nogent-le-Rotrou, imp. Daupeley-Gouverneur. 7 p. 8°.
Extrait de la Bibliothèque de l'Ecole des chartes.

Després, A. Les éditions illustrées des Fables de La Fontaine. Paris, Rouquette. 183 p. avec 10 fig. 8°. Fr. 25.—

Doedes, J. J. Collectie van rariora, inzonderheid godsdienst en theologie. 2. vermeerderde uitgaaf. Utrecht, Kemink en Zoon. XII. 136 p. 8°. Fl. 2.50

Ducrocq, T. François Meinard Frison, successivement professeur d'humanités à Angers et professeur de droit à l'Université de Poitiers; ses relations et ses publications de 1600 à 1623. Poitiers, impr. Blais, Roy & Co. P. 223 à 273. 8°.

*Duncker & Humblot in Leipzig. Verlagskatalog, 1798—1891. Mit Nachträgen und systematischen Inhaltsangaben. Leipzig, Duncker & Humblot. VIII. 222 S. gr. 8°. cart.

Durrieu, P. Un grand enlumineur parisien au XVe siècle, Jacques de Besançon et son oeuvre. Paris, H. Champion. 104 p. et 5 planches. 8°.

Durrieu, P. Notes sur quelques manuscrits français ou d'origine française conservés dans des bibliothèques d'Allemagne. Nogent-le-Rotrou, impr. Daupeley-Gouverneur. 31 p. 8°.
Extrait de la Bibliothèque de l'Ecole des Chartes.

*Eyssenhardt, F. Mittheilungen aus der Stadtbibliothek zu Hamburg. IX. Hamburg, Herold'sche Buchh. 80 S. gr. 8°. M. 2.40

de Grouchy, Vic. Vente de livres à l'Imprimerie royale (décembre 1684). Paris, Leclerc et Cornuau. 12 p. 8°.
Extrait du Bulletin du bibliophile.

Guyot-Daubès. L'art de classer les notes et de garder le fruit de ses lectures et de ses travaux. Comment on organise son bureau, sa bibliothèque. Nouvelle édition. Paris, Guyot. 144 p. 8°. Fr. 2.—

Halvorsen, J. B. Norsk forfatter-lexikon 1814—1880. Paa grundlag af J. E. Krafts op Chr. Langes „Norsk forfatter-lexikon 1814—1856." Samlet, redigeret og udgivet med understöttelse af statskassen. Bd. III: Ibsen—Löwold. Christiania, den norske forlags forening. 604 S. gr. 8°. Kr. 9.50

Handlingar, Kongl. bibliotekets. 14. Arsberättelse för ar 1891. Supplement till bibliograferna i Sverige till främmande makter samt berättelser om Sveriges krig. Stockholm, Samson & Wallin. 74 S. 8°. Kr. 1.75

Hauréau, B. Notices et extraits de quelques manuscrits latins de la Bibliothèque Nationale. Tome 4. Paris, Klincksieck. 345 p. 8°. Fr. 8.—

Heichen, P. Die Drucker- u. Verleger-Zeichen der Gegenwart. Mit Voranstellung einiger wichtigen älteren Drucker-Signete. Gesammelt und zusammengestellt. Berlin, Heichen & Skopnik. 36 S. mit 26 Tafeln quer gr. 4°. M. 5.—

Heitz, P. Originalabdruck von Formschneider-Arbeiten des XVI. u. XVII. Jahrhunderts nach Zeichnung und Schnitt von T. Stimmer, H. Bocksperger, Ch. Maurer, J. Ammon, C. van Sichem, L. Frig und Anderen aus den Strassburger Druckereien der Prüss, Messerschmid, Rihel etc. mit erläuterndem vermehrten Text herausgegeben. 2. Auflage. 83 Tafeln mit XI S. Text. Fol. Strassburg, J. H. Ed. Heitz. M. 10.—

'Hinrichs' Halbjahrskatalog. 188. Fortsetzung. Verzeichnis der im deutschen Buchhandel neu erschienenen und neu aufgelegten Bücher, Landkarten, Zeitschriften etc. 1892. 1. Band. Mit Angabe der Formate, Seitenzahlen, Verleger, Preise, mit litterarischen Nachweisungen, wissenschaftlicher Uebersicht und Stichwort-Register. Herausgegeben und verlegt von der J. C. Hinrichs'schen Buchhandlung. Leipzig. 207*. 620 S. 8°. M. 5.—

Hoole, C. H. An account of some manuscripts of the New Testament, hitherto unedited, contained in the Library of Christ Church, Oxford. London, Frowde. 8°. Sh. 1.—

Horr, Norton T. A bibliography of card-games and of the history of playing-cards. Cleveland, O. 4°. D. 2.—, large paper D. 4.—
Edition limited to 200 copies and 50 copies, large paper.

Huber, J. Ch. Bibliographie der klinischen Helminthologie. 3. u. 4. Heft: Die Darmcestoden des Menschen. (Geschichte und Litteratur der Taenien und Bothriocephalen.) München, J. F. Lehmann's Verlag. S. 65—150. gr. 8°. M. 3.60

Jacobsen, E. Chemisch-technisches Repertorium. 1891. 2. Halbjahr, 1. Hälfte. Berlin, R. Gaertner's Verlagsbuchh. 192 S. mit Illustr. 8°. M. 4.80

Jahrbuch, Neues, für Mineralogie, Geologie und Palaeontologie. Repertorium für die Jahrgänge 1885—1889 und die Beilage-Bände III—IV. Ein Personen-, Sach- und Orts-Verzeichniss für die darin enthaltenen Abhandlungen, Briefe und Referate, von L. v. Werverke. Stuttgart, Schweizerbarts Verlag. 364 S. 8°.

Jahrbücher, Botanische, für Systematik, Pflanzengeschichte und Pflanzengeographie, herausgegeben von A. Engler. Band 15, Heft 4. Leipzig, Wilh. Engelmann. S. 401—480 u. Litteraturbericht S. 97—112 mit 9 Tafeln und 3 Holzschnitten. gr. 8°. M. 7.—

Jahrbücher des Vereins von Alterthumsfreunden im Rheinlande. Heft 91: Register zu den Jahrbüchern 61—90 und den 1885 und 1888 zu Winckelmanns Geburtstage ausgegebenen Festschriften. Verfasst von Bone. Bonn, Ad. Marcus. IV. 274 S. Lex. 8°. M. 9.—

Jahresbericht der Pharmacie, herausgegeben vom Deutschen Apothekerverein unter Redaction von H. Beckurts. Neue Folge des mit Ende 1865 abgeschlossenen Canstatt'schen pharmaceutischen Jahresberichts. Jahrgang 25: 1890. (Der ganzen Reihe 50. Jahrgang.) Göttingen, Vandenhoeck & Ruprecht's Verlag. VI. 735 S. gr. 8°. M. 18.—

Jahresbericht, 69., der schlesischen Gesellschaft für vaterländische Cultur. Ergänzungsheft: Litteratur der Landes- und Volkskunde der Provinz Schlesien. Zusammengestellt von J. Partsch. Heft 1. Breslau, G. P. Aderholz' Buchh. IV. 92 S. 8°. M. 2.—

Jahresbericht über die Fortschritte der Chemie und verwandter Theile anderer Wissenschaften. Begründet von J. Liebig und H. Kopp, herausgegeben von F. Fittica. Für 1889, Heft 1. Braunschweig, Fr. Vieweg & Sohn. S. 1—480. gr. 8°. M. 10.—

Jahresbericht über die Fortschritte in der Lehre von den pathogenen Mikroorganismen, umfassend Bacterien, Pilze und Protozoën. Unter Mitwirkung von Fachgenossen bearbeitet und herausgegeben von P. Baumgarten. Jahrgang 6: 1890. 2. Hälfte. Braunschweig, H. Bruhn. S. IX—XI. 353—651. gr. 8°. M. 7.20

Jahresbericht über die Leistungen und Fortschritte in der Anatomie und Physiologie. Unter Mitwirkung zahlreicher Gelehrten herausgegeben von R. Virchow und A. Hirsch. Unter Special-Redaction von A. Hirsch. Bericht für das Jahr 1891. Berlin, Aug. Hirschwald. III. 246 S. Lex. 8°. (Sonderdruck.) M. 9.50

Jahresbericht über die Leistungen auf dem Gebiete der Veterinär-Medicin. Herausgegeben von Ellenberger und Schütz. Jahrgang 11: 1891. Berlin, Aug. Hirschwald. IV. 220 S. gr. 8°. M. 10.—

Jahresbericht, Zoologischer, für 1890. Herausgegeben von der Zoologischen Station zu Neapel. Redigirt von P. Mayer. Berlin, R. Friedländer & Sohn. IV. 25; 6, 29, 58, 11, 74, 64, 7, 205 u. 34 S. gr. 8°. M. 24.—

Inventaire sommaire des archives du département des affaires étrangères. Mémoires et documents. Fonds divers. Paris, Imprimerie nationale. II. 464 p. 8°.

Inverardi, R. Bibliografia dell' educazione e dell' istruzione. Vol. I parte 1. Roma, tipografia delle Terme Diocleziane. 152 p. 8°. L. 3.—

Johns Hopkins University, Balt. Bibliographia Hopkinsiensis, 1876—91. Part I: Philology. Baltimore. 52 p. 8°.

*Josephson, Aksel G. S. Avhandlingar ock program utgivna vid svenska ock finska akademier ock skolor under aren 1855—1890. Bibliografi. Häftet I. Uppsala, Josephson's Antikvariat. P. 1—48. gr. 8°. Kr. 1.25

Katalog der Ausstellung von Autographen, Schattenrissen, Bildnissen, Druckwerken und Illustrationen zu Goethe's Leiden des jungen Werther aus der Autographen-Sammlung des Oberhofmeisters Freiherrn Hugo von Donop in Weimar, nebst Ergänzungen aus dem Archiv und der Bibliothek des Freien Deutschen Hochstifts. Juli-October 1892. Frankfurt a. M., Gebr. Knauer. VI. 42 S. 8°. M. 1.—

Kerviler, R. Répertoire général de bio-bibliographie bretonne. Livre I: Les Bretons. Fasc. 14: Bourg—Brag. Rennes, Plihon & Hervé. P. 1—160. 8°.

Knuttel, W. P. C. Catalogus van de pamfletten-verzameling berustende in de koninklijke Bibliotheek, bewerkt, met aanteekeningen en een register der schrijvers voorzien. Deel II, stuk 1. 1649—1667. 'sGravenhage, (Mart. Nijhoff). IV. 547 p. 4°. Fl. 5.—

Lalanne, L. Supplément à l'inventaire de la collection Godefroy. Nogent-le-Rotrou, imp. Daupeley-Gouverneur. 17 p. 8°.

Laurence, P. M. Catalogue of the Kimberley Public Library. 1891. XXXIII. 245 p. 8°.

Lavori pubblicati dai professori e dottori collegiati, liberi docenti ed assistenti nell' anno scolastico 1890—91: appendice all' Annuario della r. università [di Bologna], pubblicato nel gennaio 1892. Bologna, stab. tip. succ. Monti. 12 p. 8°.

Lemercier, J. Table générale des quinze premières années de l'Annuaire du Club Alpin français. Paris, Hachette & Co. XI. 182 p. à 2 col. 8°.

Lewis, Agnes S. Life of Rev. Samuel Savage Lewis, fellow and librarian of Corpus Christi College, Cambridge. London, Macmillan. 282 p. 8°. Sh. 6.6

*Library Bulletin of Cornell University. No. 30. (Vol. III, No. 1.) Ithaca. 40 p. gr. 8°.
: Contents: Recent publications by Cornell University and its officers. — List of additions, Oct. 1891 to March 1892.

Lindemann. Ueber die uns erhaltenen Bücher aus der Bibliothek des Copernikus. — Ueber die Hypothesen der Geometrie. (Aus: „Schriften der physikalisch-ökonomischen Gesellschaft zu Königsberg.") Königsberg, W. Koch. 4 S. gr. 4°. M. —.15

Liste des périodiques reçus en 1892, par la bibliothèque universitaire de Lille. Lille, imp. Danel. 12 p. 8°.
: Extrait du Bulletin des Facultés de Lille.

Maly's Jahresbericht für Thier-Chemie oder für physiologische und pathologische Chemie. Autoren- und Sach-Register zu den Bänden XI—XX. Bearbeitet von R. Andreasch. Wiesbaden, J. F. Bergmann. IV. 197 S. gr. 8°. M. 8.—

Manasia, Calog. Classificazione della biblioteca comunale di Caltanissetta: catalogo alfabetico sistematico delle scienze ecclesiastiche. Fasc. V, classe IV (Ontologia). Caltanissetta, uff. tip. Biagio Pautaro. 77 p. 4°.

Marcel, L. Les livres liturgiques du diocèse de Langres. Etude bibliographique suivie d'un appendice sur les livres liturgiques du diocèse de Dijon et d'une note sur les travaux d'histoire liturgique en France au XIXe siècle. Paris, A. Picard. XX. 358 p. 8°. Fr. 8.—
: Tiré à 275 exemplaires, dont 200 seulement dans le commerce.

Nolhac, P. de. Pétrarque et l'humanisme, d'après un essai de restitution de la bibliothèque. Paris, E. Bouillon. X. 439 p. avec un portrait et 3 pl. de facsimilés. 8°. Fr. 16.—

Notes and Queries. General index to series the seventh (1886—1891). Vol. 1 to 12. London, Office of the Notes and Queries. 4°. Sh. 6.—

Omont, H. Catalogue des manuscrits grecs d'Antoine Eparque (1538). Nogent-le-Rotrou, impr. Daupeley-Gouverneur. 18 p. 8°.
: Extrait de la Bibliothèque de l'École des chartes.

Omont, H. Les manuscrits grecs datés des XVe et XVIe siècles de la Bibliothèque Nationale et des autres bibliothèques de France. Paris, Em. Bouillon. gr. 8°. Fr. 3.—
: Extrait de la Revue des bibliothèques.

Orsini, Ant. L'archivio notarile di Cento. Bologna, tip. Compositori. 31 p. 8°.

Paoli, Ces. Un registro della Balìa di Siena nella Biblioteca Palatina di Firenze. Firenze, M. Cellini. 16 p. 8°.

Poirée, E. et G. Lamouroux. Les éléments d'une grande bibliothèque. Catalogue abrégé de la bibliothèque Sainte-Geneviève. Introduction par H. Lavoix. „Les Bibliothèques et leur public." 5 fascicules. Paris, Firm. Didot & Cie. 325 p. 8°.
: L'ouvrage complet formera 12 fascicules.

*The Publishers' Weekly. The American book trade journal, with which is incorporated the American literary gazette and publishers' circular. Vol. XLII. New York, Publication Office, 28 Elm Street. 8°. Yearly D. 3.—

Rieth. Repertorium der technischen Journal-Litteratur. Im Auftrage des Kaiserlichen Patentamts herausgegeben. Jahrgang 1891. Berlin, C. Heymann's Verlag. XII. 476 Sp. 4°. M. 15.—

Rolfus, H. Verzeichnis ausgewählter Jugend- und Volksschriften, welche katholischen Eltern, Lehrern und Erziehern, sowie zur Errichtung von Jugend- und Volksbibliotheken empfohlen werden können. Nebst 2 Anhängen: I. Beschäftigungsmittel für die Kinder. II. Bücher, welche sich zu Festgeschenken eignen. Freiburg i. Br., Herders Verlag. XII. 90, 140 S. gr. 8°. M. 2.40; geb. M. 2.80

St. Helen's Free Public Library. Catalogue of the Sutton Branch Lending Library, compiled by Alfr. Lancaster. 2. edition. St. Helen. 1891. 60 p. 8°.

Staender, Jos. Das Einheitsmass für die Raumberechnung von Büchermagazinen. Berlin. 11 S. 8°.

Szadek, K. Index bibliographicus dermatologiae. Jahrgang II: Die Litteratur des Jahres 1889. Hamburg, L. Voss. 96 S. gr. 8°. M. 1.50

Szadek, K. Index bibliographicus syphilidologiae. Jahrgang IV: Die Litteratur des Jahres 1889. Hamburg, L. Voss. 78 S. gr. 8°. M. 1.50

Table des matières des Mémoires de l'Académie d'Arras. (1855—1891.) Arras, imp. Rohard-Courtin. 137 p. 8°.

Tijdschrift, Theologisch. Algemeen register op deel I—XXV (jaargang 1667—1891). Leiden, S. C. van Doesburgh. IV. 99 p. 8°. Fl. 1.50

Tompkins, Hamilton B. Burr bibliography: a list of books relating to Aaron Burr. Brooklyn, N. Y., Historical Printing Club. 89 p. 8°. Half morocco. D. 2.25, paper D. 1.50
  Limited to 250 copies.

Tubercaze, B. Les bibliothèques populaires, scolaires, et pédagogiques; documents législatifs et administratifs. Paris, P. Dupont. 8. 89 p. 8°. Fr. 1.—

Verzeichnis von Jugend- und Volksschriften, nebst Beurteilung derselben. Herausgegeben vom Verein katholischer Lehrer Breslaus. Heft 4. Breslau, G. P. Aderholz' Buchh. XII. 100 S. 8°. M. 1.20

Vierteljahrs-Katalog der Neuigkeiten des deutschen Buchhandels. Nach den Wissenschaften geordnet. Mit alphabetischem Register. Jahrgang 47: 1892. Heft 2: April—Juni. Leipzig, J. C. Hinrichs'sche Buchh. S. XIX—XL. 139—301. 8°. M. 1.60

Vismara, Ant. Bibliografia del prof. Francesco Ambrosoli, con cenni biografici. Seconda edizione aumentata. Como, tip. ditta C. Franchi di A. Vismara. 16 p. con ritratto. 16°. L. —.50

Vismara, Ant. Bibliografia del march. Luigi Capranica, con cenni biografici. Seconda edizione aumentata. Como, tip. ditta C. Franchi di A. Vismara. 15 p. c. ritratto. 16°. L. —.50

Vreede, A. C. Catalogus van de Javaansche en Madoereesche handschriften der Leidsche Universitets-Bibliotheek. Leiden, E. J. Brill. X. 434 p. 8°. Fl. 7.50

Weissenhofer, R. Bausteine zu einem Schülerbibliotheks-Katalog. Wien, Alfr. Hölder. 28 S. gr. 8°. M. —.60

Antiquarische Kataloge.

Ackermann, Th., München. No. 334: Botanik. (Bibl. des Prof. Dr. C. v. Nägeli.) 799 Nos. — No. 335: Schweiz. Niederlande. Skandinav. Staaten. 422 Nos. — No. 338: Französ. Belletristik. 1563 Nos.

Auer Donauwörth. No. 120: Auswahl aus allen Wissenschaften. 1354 Nos.

Bangel & Schmitt Heidelberg. No. 29: Geologie. Geognosie. Mineralogie. 543 Nos.

Baer & Co. Frankfurt. No. 294: Finanzwissenschaft. 692 Nos.

Bauer Zürich. No. 198: Vermischtes. 1532 Nos.

Bermann & Altmann Wien. No. 111: Staatswissenschaft. 28 S.

Bertling Danzig. No. 87: Prussica. 1000 Nos.

Creutzer Aachen. No. 57: Predigten. 1972 Nos.

Fock Leipzig. Bibliotheca germanica. 7026 Nos. Preis 80 Pfg.

Fränkel Berlin. No. 2: Staats- u. Rechtswiss. (Bibl. d. Graf. E. de Launay u. d. Marquis de Penafiel.) 2019 Nos.

Freiesleben's Nf. Strassburg. No. 19: Wissenschaftl. Theologie. 1485 Nos.

Fritzsche Hamburg. Anz. No. 8: Pädagogik. Auswahl. Bibliothekswerke. No. 2822—3867.

Gilhofer & Ranschburg Wien. Anz. No. 19: Vermischtes. No. 1986—2310.
Hachfeld Potsdam. No. 84: Schönwiss. Litteratur. Geschichte. 1913 Nos.
Halle München. No. 6: Bildnisse berühmter Personen in Kupferstich. 750 Nos.
Harrach Kreuznach. No. 14: Leihbibliotheks-Doubletten. 1645 Nos.
Hermann's Ant. München. No. 5: Schönwiss. Literatur. 18 S. — No. 6: Mathematik. 16 S.
Hiersemann Leipzig. No. 103: Class. Kunst-Archäologie. 227 Nos. — No. 104: Spanien. Geschichte v. Italien. Geschichte v. Frankreich. Napoléon I. 741 Nos.
Hoepli Mailand. No. 80: Novellieri. 1508 Nos.
Jacobsohn & Co. Breslau. No. 111: Vermischtes. 16 S.
Jordan München. No. 1: Botanik. (Bibl. v. Dr. C. v. Klinggräff in Königsberg.) 621 Nos.
Jürgensen & Becker Hamburg. No. 2: Theologie. Philosophie. 403 Nos.
Kaiser Bremen. No. 44. 45: Vermischtes. 8. 12 S.
Kampffmeyer Berlin. Nr. 334: Literaturgesch. u. neuere Sprachen. 72 S. — No. 335: Astronomie. Naturwiss. Etc. 80 S. — No. 336: Rechts- und Staatswissenschaften. 36 S.
Kaufmann Stuttgart. No. 56: Varia. No. 2241—2591.
Koehlers Ant. Berlin. No. 25: Theologie. Hebraica. 1315 Nos.
Lippertsche Bh. Halle. No. 37: Theologie. (Bibl. v. Consist.-Rath D. Roedenbeck u. Prof. Dr. A. H. Franke.) 4477 Nos.
Lissa Berlin. No. 9: Neue Erwerbungen. 382 Nos.
Lorentz Leipzig. No. 66: Chemie. Pharmacie. 2066 Nos.
Moser'sche Bh. Tübingen. No. 182: Anatomie. 4273 Nos.
Nijhoff Haag. No. 234: Dernières acquisitions. 161 Nos.
Olschki Venedig. No. 28: Letterat. Dantesca. 268 Nos.
Prager, R. L., Berlin. No. 130: Biblioth. histor.-polit. I. A — Krauss. 1949 Nos.
Preuss & Jünger Breslau. No 22: Philologie. Sprachwiss. 60 S.
Puttkammer & Mühlbrecht Berlin. No. 50: Rechts- und Staatswissenschaften. 3644 Nos.
Quaritch London. No. 124: Books on language. Literature. 146 p. — No. 126: Natural history. 50 p.
Révai, L., Budapest. Miscellanea. 402 Nos.
Rosenthal München. No. 80: Bibl. cathol. theol. XIV. J — Symonetta. No. 1792—3705. — No. 81: Imitatio Christi. 680 Nos. — No. 82: Ignat. Loyola. 840 Nos.
Scheible Stuttgart. No. 229: Literar. Seltenheiten. Kupferwerke. 1725 Nos.
Schmidt Halle. No. 579: Botanik. 40 S. — No. 580: Forstwiss. u. Jagd. 4 S.
Schmidt Naumburg. No. 4: Vermischtes. 20 S.
Schöningh Münster. No. 16: Kathol. Theologie. 1626 Nos.
Schöningh Osnabrück. No. 4: Kathol. Theologie. Philosophie. 1259 Nos.
Schweitzer & Mohr Berlin. Kunstlager-Katalog. 1378 Nos.
Seligsberg Bayreuth. No. 217: Protest. Theologie. 2079 Nos.
Taussig Prag. Philosophica. (Bibl. von Prof. Dr. J. H. Löwe Prag.) 1028 Nos.
Thoma München. No. 883—886: Vermischtes. 487. 472. 498. 504 Nos.
Trübner's Bh. Strassburg. No. 57: Sprache u. Literatur d. german. Völker. (Bibl. d. Prof. Dr. B. ten Brink.) 1773 Nos.
Uebelen München. No. 47: Vermischtes. 368 Nos.
Weigel, Ad., Leipzig. No. 2: Sprachwissenschaft. 1518 Nos. — No. 3: Volksthüml. Literatur. 605 Nos. — No. 4: Kriegs- und Revolutions-Geschichte. 1128 Nos.
Windprecht Augsburg. No. 467: Vermischtes. 375 Nos.

Personalnachrichten.

Der Kustos an der Königl. Universitäts-Bibliothek zu Bonn Dr. Kossinna ist in gleicher Eigenschaft an die Königliche Bibliothek zu Berlin versetzt worden.

Der Hülfskustos an der Königlichen Bibliothek zu Berlin Dr. Blumenthal ist zum Kustos an derselben Bibliothek ernannt worden.

Der Assistent an der Königl. und Universitäts-Bibliothek zu Breslau Dr. Dorsch ist zum Hülfskustos an der Königlichen Bibliothek zu Berlin ernannt worden.

An der Grossh. Universitätsbibliothek zu Giessen ist Dr. phil. Carl Ebel als Hülfsarbeiter eingetreten.

Zum Oberbibliothekar an der Universitätsbibliothek in München wurde der Secretär an der Königl. Hof- und Staatsbibliothek Dr. Hans Schnorr von Carolsfeld mit Rang und Gehalt eines ordentlichen Professors ernannt. Im Interesse der fachmännischen Besetzung der Oberbibliothekariate begrüssen wir die Thatsache mit Freuden, dass nunmehr auch die zweitgrösste Universität Deutschlands (und zugleich damit alle drei Universitäten Bayerns) einen Fachmann an der Spitze ihrer Bibliothek hat. — Dr. Henry Simonsfeld, welcher zum Custos an der Hof- und Staatsbibliothek daselbst ernannt worden ist, verbleibt in seiner Stellung als Privatdocent an der Universität. — Dr. Adolf Sandberger, Assistent an der Hof- u. Staatsbibliothek, wurde zum Secretär und Conservator der musikalischen Abtheilung daselbst ernannt.

Der Kustos an der Universitäts-Bibliothek zu Halle a/S. Dr. Emil Seelmann ist in gleicher Eigenschaft zum 1. October an die Universitäts-Bibliothek zu Bonn versetzt worden.

An der Universitätsbibliothek zu Jena ist vom 15. Juli als Kustos angestellt der bisherige Assistent an der Universitätsbibliothek zu Greifswald Dr. Georg Steinhausen.

An der Bibliothek des India Office tritt am 1. October der um diese Sammlung hochverdiente und durch seine Gefälligkeit gegen Orientalisten aller Länder rühmlichst bekannte Dr. Reinhold Rost in den Ruhestand, da er das siebenzigste Jahr erreicht hat. Um sein Amt sollen 24 Bewerber aufgetreten sein.

An der Bibliothek des British Museum treten aus gleichem Grunde die bekannten Orientalisten Du Rieu und Le Page-Renouf in den Ruhestand; die Pensionsfrist der Staatsbeamten ist jetzt in England gesetzlich auf das 60. Lebensjahr herabgesetzt worden.

Am 1. November 1891 starb in Peoria, Ill., der erste Bibliothekar der dortigen Public Library, Fred. J. Soldan.

Am 24. Juli 1892 starb zu Putbus in seinem elterlichen Hause nach längerem Leiden Dr. phil. Ernst Kagelmacher, Hülfskustos an der Königlichen Bibliothek zu Berlin.

Am 31. Juli 1892 starb der Bibliothekar der polytechnischen Schule zu Hannover, Ernst Rommel. Geboren daselbst 1819, war er erst Schullehrer, dann Schriftsetzer, wurde 1849 als Sekretär an der Bibliothek der erwähnten Schule angestellt und ist späterhin auch als Lehrer der Aesthetik daselbst thätig gewesen.

Am 15. August 1892 starb in Weimar der Grossherzogl. Oberbibliothekar Dr. Reinhold Köhler.

Centralblatt
für
Bibliothekswesen.

IX. Jahrgang.   10. u. 11. Heft.   October-Novbr. 1892.

Der alte Bestand der griechischen Patriarchalbibliothek von Jerusalem.[1]

  Die Bibliothek des griechischen Patriarchates von Jerusalem blieb bis in die jüngste Zeit fast gänzlich unbeachtet. Tischendorf, der eifrigste abendländische Durchforscher der griechischen Handschriften des Orientes scheint sie nicht gekannt, oder wenigstens nicht für erwähnenswerth gehalten zu haben. Weder in seinen Reisebeschreibungen (Reise in den Orient, Leipz. 1846; Aus dem hl. Lande, Leipz. 1862), noch in den Anecdota sacra et profana (Lips. 1855; 2. Aufl. 1861) kommt er darauf zu sprechen, während er die Bibliotheken von S. Saba und die des Kreuzklosters zweimal besucht hat und deren öfters Erwähnung thut. Dasselbe Schweigen beobachten auch Titus Tobler (2 Bücher Topographie von Jerusalem und seiner Umgebungen, Berlin 1853), J. N. Sepp (Jerusalem und das hl. Land, Schaffhausen 1864), die neueren Reisehandbücher Palästina's, sowie die ganze umfangreiche Litteratur, welche sich an die Namen: Société de l'Orient latin, Palestine Exploration Fund, Deutscher Palaestina-Verein u. A. knüpft (R. Röhricht, Bibliographia geogr. Palaestin., Berlin 1890). Der ersten Erwähnung derselben begegnen wir in der Biblisch-critischen Reise des Bonner Professors J. M. A. Scholz (Leipzig u. Sorau 1839), der sie bereits zu Beginn der zwanziger Jahre besuchte. Er schenkte eine specielle Aufmerksamkeit den biblischen Handschriften und unter diesen einer arabisch-griechischen Evangelienhandschrift, die noch weiter unten genannt werden muss. Seine Notizen über die übrigen Handschriften sind ohne Belang; die Angabe der Handschriftenzahl, die nach ihm blos 60 betragen hätte, ist sicher unrichtig; denn sie stimmt weder mit den übrigen Nachrichten noch mit dem heutigen Befunde. Kurz nach Scholz sah auch W. Jowett die Biblio-

---

  1) *Παπαδόπουλος-Κεραμεύς, Ά, Ἱεροσολυμιτικὴ βιβλιοθήκη κ. τ. λ.* Tom. I. *Ἐν Πετρουπόλει.* 1891. XVIII. 624. (Leipzig, Commissionsverlag von O. Harrassowitz.)

thek, die er jedoch in seinen Christian Researches in Syria and in the
holy Land, London 1826 S. 215, bloss im Vorübergehen nennt. Die
erste eingehendere Nachricht über dieselbe verdanken wir Robert
Curzon, der sie in gutem Zustand fand und ihren Bestand auf
200 gedruckte Bücher, 500 griechische und arabische Papierhandschriften sowie ungefähr 100 griechische auf Pergament schätzt (Ancient monasteries to the East. New York 1856, S. 161). Er bespricht
einige Handschriften, die ihn entweder durch ihre Seltenheit oder
ihren Miniaturschmuck anzogen, etwas näher, scheint aber keine erworben zu haben, was ihm im Sabaskloster glückte (Catalog of . . .
Manuscripts . . . in the library of the hon. R. C. at Parham, London
1849, S. 21). Bald nachher besuchte Coxe die Bibliothek auf seiner
orientalischen Erforschungsreise und gab in seinem Report to her Ma-
jesty's Government on the greek manuscripts yet remaining in libraries of the Levant, London 1858, S. 45 ff. zuerst eine Liste von 109
griechischen Handschriften. Die Beschreibung der Handschriften ist
sehr summarisch; noch unangenehmer ist jedoch die häufig unzuver-
lässige Datierung der Handschriften, welche ihm auch von Sakkelion,
dem Herausgeber des griechischen Handschriftenkatalogs des Johannes-
klosters auf Patmos jüngst vorgeworfen wurde. Die beste Illustration dafür
bietet wohl die Verlegung von Handschriften des Theophilus Cory-
dallaeus oder des Georgius Coresius ins XV. und XVI. Jahrhundert,
während die beiden Schriftsteller erst Mitte des XVII. Jahrhunderts
lebten (Leo Allatius, Diatrib. de Georgiis in Fabricius' Biblioth. graec.
X, 789. 498).

Das waren sämmtliche Nachrichten, die dem Schreiber dieser
Zeilen zu Gebote standen, als er auf einer Studienreise nach Palaestina im Frühjahr 1889 dank der liebenswürdigen Zuvorkommen-
heit der Bibliotheksvorstände, denen hiermit der Tribut innigsten Dan-
kes öffentlich gezollt sei, die Bibliothek selbst in Augenschein nehmen
konnte. Ich erfuhr bald, dass 1887 auf Befehl des Patriarchen von
Jerusalem, Nicodemus I., eine Neuordnung der Bibliothek erfolgt war
in der Weise, dass alle im Besitze der orthodoxen Griechen im hl.
Lande befindlichen Handschriften mit der Patriarchalbibliothek vereinigt wurden. Die griechischen Handschriften bilden, wie zu erwarten war, die Hauptmasse; sie sind in 3 verschiedene Fonds vertheilt.
Der erste trägt die Bezeichnungen „$\beta\iota\beta\lambda\iota o\vartheta\acute\eta\kappa\eta$ $\tau o\tilde{v}$ $\kappa o\iota v o\tilde{v}$" und
besteht aus den 412 Handschriften, die i. J. 1865 in dem griechischen
Patriarchate sich befanden und 233 weiteren, die aus verschiedenen
griechischen Klöstern und Anstalten des hl. Landes zusammengebracht
und mit der Patriarchalbibliothek vereinigt wurden: dieser Fond beläuft sich nunmehr auf 645 Handschriften. Die beiden anderen sind
die früheren Bestände des Saba- und hl Kreuzklosters, die man mit
Recht separat aufstellte, wie sie auch ihre eigene Geschichte haben.
Die übrigen orientalischen Handschriften vertheilen sich folgendermassen: 167 arabische und türkische, 143 georgische, 50 syrische,
19 aethiopische, 22 slavische und walachische. Die georgischen stam-

men alle aus dem hl. Kreuzkloster, wo A. Zagarelli 1881 den Catalog derselben anfertigte, der in seiner russisch geschriebenen Schrift: Denkmäler des grusinischen Alterthums im hl. Lande und auf dem Sinai, Petersburg 1888, als Beilage erschienen ist (vgl. Zeitschr. des deutsch. Palaestina-Vereins XII, 1889, S. 35 ff.). Den syrischen Fond hat J. Rendel Harris catalogisirt, den Catalog aber noch nicht herausgegeben. Die Catalogisirung der griechischen Handschriften wurde dem bewährten Palaeographen A. Papadopulos Cerameus, dem Herausgeber der Bibliotheka Maurogordateios, des griechischen Handschriftencatalogs von Smyrna und anderer Arbeiten palaeographischer und archaeologischer Natur anvertraut. Er verfasste 2 Cataloge, einen summarischen, der in der Bibliothek handschriftlich vorliegt und Ende 1888 fertiggestellt wurde, und einen ausführlichen, für den Druck bestimmten, von dem Ende 1891 der I. Band erschienen ist. In der Zwischenzeit war die Neugestaltung der Bibliothek der abendländischen Gelehrtenwelt bereits bekannt geworden durch einen Aufsatz des bereits genannten J. Rendel Harris, The library of the convent of the holy sepulchre at Jerusalem (in den Haverford college studies I, 1889, S. 1 ff.). R. Harris verbreitet sich darin über die Zusammensetzung, die Aufstellung und den Charakter der Bibliothek, ohne jedoch weder in geschichtlicher, noch in palaeographischer oder litterarischer Beziehung ein vollständiges Bild derselben zu entwerfen. Er pflückte auch die ersten litterarischen Früchte der Neuordnung, indem er auf grund mehrerer Jerusalemer Handschriften eine neue Ausgabe der Paralipomena Jeremiae veranstaltete (The rest of the words of Baruch in den Haverford coll. studies II, 1—64) und bald darauf die seitdem vielgenannten und umstrittenen Acten der hl. Felicitas und Perpetua in griechischer Sprache zum ersten Male herausgab (A new version of the Acts of Perpetua and Felicitas in den Haverford coll. studies III, 1—73; auch separat London 1890). Einen weiteren Beitrag zur Kenntniss der Bibliothek habe ich in dieser Zeitschrift durch Besprechung einer neuen Handschrift der Apostolischen Constitutionen geliefert (1891 S. 26 ff.), sowie durch einen Aufsatz über die früheren Bibliotheken Palaestinas in der Römischen Quartalschr. 1891 S. 217 ff., der aus den Forschungen über den Ursprung der Patriarchalbibliothek hervorwuchs. Die zwei übrigen griechischen Fonds, die früheren Bibliotheken von S. Saba und des Kreuzklosters, behandle ich im Zusammenhang mit der Geschichte dieser beiden Klöster in 2 Aufsätzen, deren Veröffentlichung bevorsteht.[1])

Von dem alten Bestand der Bibliothek, den wir hier allein ins Auge zu fassen haben, lässt sich mit Hülfe des I. Bandes des Cataloges von Papadopulos ein inhaltreicheres Bild gewinnen, als ich es mir nach Besichtigung desselben in Jerusalem entworfen hatte. Papa-

---

1) Der Aufsatz über das Kreuzkloster und seine Bibliothek ist inzwischen in dem Historischen Jahrbuch der Görresgesellschaft erschienen (XIII, 1892 S. 159 ff.).

dopulos hat sich allerdings in diesem Bande auf die blosse Catalogisirung beschränkt; auch in seinem πρόλογος verbreitet er sich, abgesehen von einigen beiläufigen Bemerkungen, nur über den Anlass und die Umstände der Neuordnung der Bibliothek und der daraus hervorgegangenen Catalogisirungsarbeit. Aus meinen eigenen Aufzeichnungen und den dadurch hervorgerufenen Forschungen sowie aus der Beschreibung der Codices selbst ergaben sich indess Momente genug, um eine wenigstens orientirende Charakteristik des alten Bestandes in historischer, palaeographischer und litterarischer Beziehung versuchen zu können.

I.

Am schwierigsten erscheint es, die Geschichte der Bibliothek in den verflossenen Jahrhunderten zu verfolgen. Hierfür müsste zunächst das grosse griechische Kloster selbst, in dem die Bibliothek aufgestellt ist, einer archaeologischen Untersuchung unterworfen werden. Ganz in der Nähe der Grabkirche nach Westen gelegen, bildet es einen grossen Gebäudecomplex und schliesst nicht weniger als fünf Kirchen ein, deren prachtvollste dem Andenken Constantins und seiner Mutter Helena geweiht ist. T. Tobler, der die meisten Nachrichten darüber zusammengetragen hat, findet es zuerst erwähnt um das Jahr 1400 unter dem Namen ἡ ἁγία Θέκλη, den eine der besagten Kirchen jetzt noch führt (a. a. O. 1, 274). Abgesehen jedoch von einigen Notizen aus Pilgerreisen früherer Zeiten, die wegen ihrer Unbestimmtheit für unseren Zweck wenig Werth besitzen, hat Tobler eine wichtige Notiz Cyrills von Scythopolis übersehen, die uns über die Gründung des Klosters unterrichtet. Unter dem μοναστήριον πλησίον τοῦ ἐπισκοπείου, welches nach ihm der Patriarch Elias von Jerusalem um das Jahr 518 erbaute (Vita S. Sabae. Cotelerius, Monument. Eccl. gr. III, 262), kann nämlich nur das grosse griechische Kloster verstanden werden. Ob das die ursprüngliche Gründung ist, ob noch Ueberreste dieses Baues vorhanden sind, das steht ebenso wenig fest, als überhaupt die Schicksale der Gründung des Patriarchen im Mittelalter bekannt sind; wenigstens habe ich in der mir zugänglichen Litteratur weder archaeologische noch historische Erörterungen darüber wahrgenommen. Wir müssen uns daher nach anderen Nachrichten über die Bibliothek von Jerusalem umsehen.

Eine solche begegnet uns schon früh. Eusebius erwähnt nämlich eine von Bischof Alexander von Jerusalem um 212 gegründete Bibliothek, die er selbst noch benutzen konnte (H. E. VI, 11. 20). Mit dieser Bibliothek, als deren Nachfolgerin die jetzige Patriarchalbibliothek gelten kann, hat der jetzige Bestand nur den Namen gemein, es müsste denn ein Palimpsestfolium im Cod. 2, das Papadopulos in das V. Jahrh. verlegt (S. 14), ein Ueberbleibsel dieser ersten Bibliothek sein. Eine zweite Nachricht verdanken wir dem Priester Hesychius von Jerusalem, der am Schlusse seines Martyriums des hl. Longinus ausdrücklich bezeugt, er habe die Geschichte ἐν σχεδαρίῳ ἐν τῇ βιβλιοθήκῃ τῆς ἁγίας Ἀναστάσεως vorgefunden (Migne, Patrol. gr. 93, 1560). Eine Bibliothek der hl. Grabkirche können wir füglich als identisch mit der Patriarchalbibliothek ansehen; bei den chronologischen Schwierigkeiten, die sich an die unter dem Namen des Hesychius von Jerusalem überlieferten Schriften knüpfen, lasse ich es jedoch dahingestellt, ob diese Bezeugung ins V. oder nur ins VII. Jahrhundert zurückgeht. Aus späterer Zeit stammen nur noch zwei directe Nachrichten von Bibliotheken in Jerusalem. Die eine verdanken wir dem Pilger Bernhard, der im Jahre 870 eine Bibliothek in dem von Karl d. Gr. für lateinische Pilger gegründeten Hospiz ad S. Mariam latinam sah (Descript. terrae sanctae ex saec. VIII etc. ed. Tobler Lips. 1874, S. 91); mit unserer Bibliothek hat diese jedoch auf alle Fälle nichts zu thun. Einer Erwähnung desselben Inhalts kommt die Notiz von Bibelhandschriften gleich, die sich als Abschriften von Vorlagen charakterisiren, die auf dem hl. Berge in Jerusalem aufbewahrt werden. Ich habe sie in der Röm. Quartalschr. l. c. S 264 aufgezählt und dabei zugleich das Bedenken ausgesprochen, welche sich gegen die Benutzung dieser Notizen richtet, um jene Handschriften in Jerusalem geschrieben werden zu lassen. Bestände auch dieses Bedenken nicht, so stehen diese Handschriften doch nicht in näherer Beziehung zur Bibliothek des hl. Grabes. Aus demselben Mangel an genügender Bestimmtheit übergehe ich auch die übrigen Handschriften, die ich in demselben Aufsatz als in Jerusalem geschrieben nachgewiesen habe (Röm. Quartalschr. S. 265. 331 ff.). Einen bestimmten Beweis für die Existenz der Patriarchalbibliothek im IX. Jahrhundert giebt uns der älteste datirte Uncialcodex, das sogenannte Psalterium Uspenskyanum aus dem Jahre 862, dessen Schreiber Theodorus Diacon der hl. Grabkirche war (Gardthausen, Griech. Palaeogr. S. 259; Wattenbach, Schrifttafeln, Berl. 1877, Taf. 24). Eine Schreiberschule in Jerusalem ist ohne Bibliothek zwecklos; die Bibliothek der hl. Grabkirche muss aber als identisch mit der des Patriarchates angesehen werden. Vielleicht dürfen wir einen zweiten Zeugen in dem Cod. Vindob. gr. theol. 19 erkennen aus dem Jahre 1163 (Lambec. Kollar. III, 75). Seine Zugehörigkeit zur Patriarchalbibliothek vermuthe ich wegen der fol. 204 stehenden Notiz über den liturgischen Gesang in der Auferstehungskirche und namentlich wegen der am Ende gegebenen Erklärung von Jes. 8, 8: Μεθ' ἡμῶν ὁ θεός· γνῶτε ἔθνη· καὶ ἡττᾶσθε: dem Wortlaute der Inschrift, welche im Chore der hl. Grabkirche angebracht war (Anonym. de locis sanctis. Migne P. gr. 133, 976). Mit Sicherheit lässt sich das von dem Cod. Paris. gr. 118 behaupten, der nach der Unterschrift des Calligraphen Petrus i. J. 1291 ἐντὸς τοῦ ἁγίου τάφου (der gewöhnlichen Bezeichnung für die hl. Grabkirche) geschrieben wurde (Grégory Prolegg. III, 2. S. 522. Ev. 294). Ob auch der Cod. Escoral. gr. O. 72 saec. XIV. hierher gehört, lasse ich dahingestellt, obgleich die Notiz in demselben: οὗτος ἡ βίβλος ἐστι τοῦ κινοῦ, sich mit der jetzt noch üblichen Bezeichnung für den alten Bestand der Patriarchalbibliothek deckt (Miller, Catalogue des manuscrits grecs de de l'Escurial, Paris 1848, S. 98). Der Vollständigkeit wegen sei endlich noch der Cod. Nanianus 22, jetzt in der Marciana zu Venedig, namhaft gemacht, dessen Besitzer im Jahre 1687 ein ἱερομόναχος προσκυνήτης τοῦ ἁγίου καὶ ζωοποίου τάφου war (Catal. codd. Nanian. v. Mingarelli Bologna 1784 S. 16), wodurch aber für die frühere Geschichte der Bibliothek wenig gewonnen ist.

Wir sind also der Hauptsache nach auf die Handschriften des alten Bestandes selbst angewiesen, und haben sie um ihre Geschichte zu befragen. Die 645 Handschriften nun, die uns der Catalog von Papadopulos in genügender Weise erschliesst, vertheilen sich ihrem Alter nach auf die ganze mittlere und neuere Zeit vom IX. bis zum jetzigen Jahrhundert. Aus früher Zeit stammt ausser dem schon oben erwähnten Palimpsestfolium nur ein Handschriftenfragment, das ich mit Papadopulos dem VII. oder VIII. Jahrhundert zuschreibe. Wenn nun alle Handschriften oder deren grösste Zahl in Jerusalem geschrieben worden wären, so wäre hiermit die Geschichte der Bibliothek selbst in dieser ganzen Zwischenzeit urkundlich belegt. Doch nur von den wenigsten lässt sich das nachweisen. Zunächst sind die Handschriften, etwa 233 an der Zahl, auszuschliessen, die, wie oben gesagt, erst jüngst mit dem alten Bestand vereinigt wurden; hingegen muss wohl der Catalog von 1817, der nur 134 Handschriften aufzählt (cod. 505), während der von Cyrillus Athanasiades verfasste Catalog von 1865 deren 412 kennt, unvollständig sein. Uebrigens darf man nicht vergessen, dass jener fast nur die älteren Handschriften berücksichtigt, deren Zahl die Ziffer 134 auch im heutigen Bestand kaum erreicht. Auszuschliessen ist sodann auch eine grössere Anzahl von Handschriften vornehmlich älteren Datums, welche ursprünglich anderen Klöstern des hl. Landes gehörten und im Verlaufe der Zeit in die Patriarchalbibliothek hinüberwanderten. Die meisten davon stammen aus dem berühmten S. Sabakloster: es sind das die Codd. 7, 11, 12, 13, 16, 17, 22, 24, 28, 30, 36, 38, 43, 52, 56, 73, 112, 113, 122, 133—35, 138, 170, 179, 274, 281, 295, 405 (die Liste bei Papadopulus S. 537 ist unvollständig). Daneben sind auch andere Klöster Jerusalems und der Umgegend vertreten, das Michaelskloster mit codd. 7, 124, 169, 371, das Gethsemanekloster (cod. 514), das Kloster Chuzeba (cod. 35), die Laura Calamonis oder das Gerasimuskloster am Jordan (cod. 1, 16, 36, 137), die Laura des hl. Theodosius (cod. 35), das berühmte Johanneskloster am Jordan (codd. 16, 21, 36), endlich das Kreuzkloster (codd. 53, 84, 99, 526). Von auswärtigen Klöstern sind nur vertreten: das Kloster Studium von Constantinopel (cod. 13), die μονὴ τῶν Μαγγάνων auf Cypern (cod. 138), die μονὴ νέα der Insel Chios (cod. 57 a. 1182), das Kloster Ῥοζινὴ ἐν τῇ ἐπαρχίᾳ Μελενίκου (cod. 5). Zumeist sind es jedoch Privatbesitzer, die sich in den Handschriften nennen. Von diesen Namen fällt aber wiederum nur die geringste

Zahl vor das XVII. Jahrhundert, nämlich die Mönche Bardales (saec. XII, cod. 6), Benjamin von Cypern (saec. XVI, cod. 210), Blasius (saec. XIV, cod. 32), Gabriel (saec. XVI, cod. 65), Gerasimus (saec. XIV, cod. 35), Daniel (saec. XV, cod. 30), Johannes v. Chalcedon (saec. XIV, cod. 106), Nathanael von S. Saba (saec. XVI, cod. 138), Nicolaus Karacotes v. Athen (a. 1594, cod. 250), Petrus Karamanites (1563, cod. 28), Chaeutares v. Cypern (saec. XVI, cod. 47), endlich die Bischöfe Euthymius von Caesar. Philippi (a. 1377, cod. 519) und Germanus v. Sinai (saec. XIV, cod. 24), deren Handschriften auf irgend einem Wege in die Patriarchalbibliothek kamen. Von keiner von ihnen lässt sich jedoch nachweisen, dass sie ursprünglich für die Patriarchalbibliothek bestimmt war. Nachweisbar gehörten zur Patriarchalbibliothek vor dem XVII. Jahrhundert nur folgende Handschriften: Cod. 2, der im XIV. Jahrh. der Bibliothek des hl. Grabes gehörte (Papad. S. 8), cod. 19, der die Unterschrift des Patriarchen Sophronius von Jerusalem aus dem Jahre 1578 trägt, cod. 34 dem hl. Grab gehörig seit dem XVI. Jahrh., cod. 35 seit dem Patriarchen Theophanes (saec. XVI. cf. Lequien. Oriens christian. III, 513), vielleicht schon seit dem Patriarchen Johannes Grammaticus (Papad. S. 107; Lequien kennt diesen Patriarchen nicht), cod. 47, der nach einer Notiz des XVI. Jahrhunderts von dem Jerusalemer Diacon Cyprian einem gewissen Chaeutare auf Cypern abgekauft und der Bibliothek des hl. Grabes einverleibt wurde. Aus dieser Notiz lernen wir auch den gleichzeitigen Sceuophylax Antonius kennen (Papadop. S. 127). Endlich der cod. 370, der vom Patriarchen Germanus gegen die Mitte des XVI. Jahrhunderts aus verschiedenen Fragmenten zusammengestellt wurde (Papadop. S. 388). Dazu kommen noch die oben aufgeführten, nunmehr in auswärtigen Bibliotheken befindlichen Codices, an die sich noch ein weiterer anschliessen lässt, der codex Paris 911 des Supplément grec, ein arabisch-griechisches Lucasevangelium von Euphemius clericus et lector im Jahre 1043 geschrieben, das erst 1880 durch Geschenk des Duc de la Trémoïlle aus der Bibliothek des hl. Grabes nach Paris kam (H. Omont, Inventaire sommaire des Mss. du Supplém. grec, Paris 1883, S. XIII, 96; facsimilirt bei H. Omont, Facsimilés des Mss. grecs datés de la bibliothèque nationale, Paris 1890, I, pl. 18). Wird in der Unterschrift das hl. Grab hier auch nicht erwähnt, so deutet doch alles, namentlich der arabische Text, auf den Jerusalemer Ursprung hin.

Aus dem Gesagten lässt sich jedoch nicht schliessen, dass nur die genannten Handschriften während des Mittelalters in der Patriarchalbibliothek vorhanden waren. Vielmehr muss, da dadurch der Fortbestand der Bibliothek ohne Unterbrechung erwiesen ist, angenommen werden, dass auch viele von denen, die keinerlei Notizen dieser Natur aufweisen, von Anfang an in der Bibliothek sich befanden. Dass aber diese Annahme berechtigt ist, ergiebt sich schon aus dem Verhältniss der datirten und mit Notizen über Herkunft und frühere Besitzer versehenen Handschriften zu der Zahl derer, die solcher Angaben entbehren.

Vom XVII. Jahrhundert an werden die Angaben über Herkunft der Handschriften zahlreicher, wie denn auch die weitaus grösste Zahl der Handschriften selbst vom XVII. bis in die letzten Jahrzehnte unseres Jahrhunderts hineinreichen. Hier begegnen uns auch viele auswärtige Besitzer, wie Athanasius, Diacon von Heraclaea (cod. 543), Barnabas, Metropolit von Nazaret (cod. 502), Gabriel Blasius, Mönch von Corcyra (cod. 157), Dositheus, Bischof von Romanos τῆς Μολδοβλαχίας (cod. 157), Theocletus, Erzbischof am Jordan (cod. 387), Nathanael, Metropolit von Serrae und mehrere Andere, deren Liste Papadopulos aufgestellt hat (S. 532), und deren Namen es unzweifelhaft machen, dass die betreffenden Handschriften erst aus zweiter, öfters auch erst aus dritter Hand in die Patriarchalbibliothek kamen. Dasselbe gilt von denjenigen Handschriften, deren Schreiber nicht in Jerusalem weilten, wie z. B. Gerasimus, Patriarch von Alexandrien (cod. 426, saec. XVII), Ignatius Petritzes, Mönch von Chios (codd. 447—50, 461 um 1675), Petrus von Byzanz (cod. 498 a. 1795 etc.), Porphyrius, Bischof von Bothroctus (cod. 480 a. 1644) u. A., welche Papadopulos aufzählt (S. 527 ff.). Doch sind hier weitaus die meisten Besitzer und Kalligraphen Mönche vom hl. Grabe (ἁγιοταφῖται), die entweder in Jerusalem selbst ihre Handschriften anfertigten, oder die während ihres Lebens besessenen der Bibliothek des hl. Grabes vermachten. Beide Categorien werden von Papadopulos mit annähernder Vollständigkeit angeführt (S. 527 ff.; 532 ff.); sie bieten jedoch nicht Interesse genug, um hier im einzelnen namhaft gemacht zu werden, da diese Handschriften diesseits der Grenze liegen, die wir dem Handschriftenwesen zu ziehen gewohnt sind, von ihren Besitzern und Schreibern überdies nichts als der Name überliefert ist. Jedoch müssen wir die Verdienste erwähnen, die sich die Patriarchen des XVII. — XIX. Jahrhunderts um die Bibliothek erwarben. Cyrill Athanasiades, den wir schon oben als Verfasser des Handschriftencatalogs von 1865 genannt haben, hat diese Verdienste in einer besonderen Schrift geschildert, die im III. Band des Cataloges von Papadopulos erscheinen wird. Die Patriarchen Germanus und Sophronius (XVI. Jahrh., Lequien, Oriens christ. III, 516), haben wir früher als Besitzer der codd. 370 und 19 kennen gelernt. In dem cod. 58 steht die Unterschrift des Patriarchen Nectarius (1660—72 Lequien l. c. S. 520), aus welcher wir zugleich erfahren, dass die betreffende Handschrift einem Mönchen Gabriel auf Lebenszeit geliehen wurde mit der Bedingung, dass sie nach seinem Tode an das hl. Grab zurückkehre. (Papadop. I, 142). Von der Hand des Nectarius sind ausserdem die jetzigen Codd. 156. 471, 486 geschrieben. Sein Nachfolger Dositheus II. (1672—1707 Lequien, l. c. S. 522), der auch als Schriftsteller für die Palaestinaforschung von Bedeutung ist (vgl. Röhricht, Biblioth. geogr. Palaest. Berlin 1890, S. 256), scheint der Bibliothek eine specielle Aufmerksamkeit gewidmet zu haben. Als Archidiacon von Jerusalem erhielt er eine Handschrift von seinem Namensvetter Dositheus, einem moldauischen Bischof, die nunmehr die Nr. 157 trägt (S. 254). Als Patriarch erwarb er auf seinen Reisen mehrere Handschriften für die Bibliothek des hl. Grabes: cod. 5 aus dem Kloster τῆς Ῥοζινῆς ἐπάνω τοῦ Μελινικοῦ (Papad. S. 16); cod. 31 kaufte er 1683 in Constantinopel an, ebenso cod. 150. Bei andern ist die Herkunft unbestimmt, wie bei den codd. 94, 111, 222. Zu den Handschriften, die seinen Namen tragen, gehört auch die einzige lateinische, die sich im Besitze der Patriarchalbibliothek befindet, cod. 27 Eutropii historia romana cum additionibus Pauli diaconi, geschrieben von Jacobus Laurentius. Von Dositheos selbst sind die Codd. 141, das Autograph seiner Ἱστορία περὶ τῆς ἐπισκοπῆς τοῦ ἁγίου ὄρους Σινᾶ, und 276, ein Sammelcodex, der zum grössten Theil wenigstens von ihm herrührt. Die Excerptensammlung des cod. 377 schreibt Papadopulos auch Dositheus zu (S. 397), ohne jedoch anzudeuten, ob sie auch von ihm selbst geschrieben ist. Er liess auch von Anderen Handschriften anfertigen, z. B. von dem Mönche Cyrill, der die codd. 236, 414 auf seinen Befehl schrieb (vgl. auch cod. 145 a. 1686). Der Patriarch Dositheus trug jedoch andererseits auch zur Verarmung der Bibliothek des hl. Grabes zu, indem er zu wiederholten Malen palaestinische Handschriften nach Moskau schickte (Matthaei, Accurata codd. gr. bibl. Mosq. notitia, Leipz. 1805 S. 48 etc.) und 1680 in Constantinopel die heute noch bestehende Bibliothek des Hospizes des hl. Grabes (μετοχίου τοῦ ἁγίου τάφου) gründete (Sathas, C., Biblioth. gr. medii aevi III, S. 9. 90), wobei die Handschriften aus Jerusalem wiederum, wie ich vermuthe, den Haupttheil ausmachten. Zur näheren Begründung muss der Catalog von Papadopulos, den er im I. Band ankündigt, abgewartet werden. Die Zusammengehörigkeit der Handschriften der genannten Bibliothek zu der des hl. Grabes ergiebt sich jedoch, abgesehen von ihrem Besitzer in Constantinopel, dem Patriarchen von Jerusalem, aus dem Inhalt vieler derselben, der zu dem hl. Lande in naher Beziehung steht. Ich erschliesse es auch aus dem Umstand, dass die berühmte Didachehandschrift von Constantinopel wieder nach Jerusalem gebracht wurde und auch ursprünglich dem hl. Grabe gehörte, wie die Notiz auf fol. 2, die ich darin in Jerusalem wahrnahm, beweist: εἰς χρῆσιν νεοφύτου ἱεροδιακόνου καὶ τέλος τοῦ ἁγίου τάφου, wodurch feststeht, dass diese Handschrift, ähnlich wie eine frühere, dem Diacon Neophytus auf Lebenszeit geliehen wurde, um nach seinem Tode an die Bibliothek des hl. Grabes zurückzukehren. Die Sammelthätigkeit des Dositheus wurde von dem Patriarchen Chrysanthus (1707 — c. 1734), fortgesetzt, der eine sorgfältige wissenschaftliche Erziehung im Abendlande genossen, und wie sein Vorgänger eine rege wissenschaftliche Thätigkeit entfaltete (Lequien, Oriens christ. III, 526; Fabric. Harl. XI, 540). Die Patriarchalbibliothek bewahrt von ihm 2 Autographe (codd 101, 224); nach dem Catalog von Papadopulos scheinen aber keine Handschriften mehr auf ihn als auf ihren früheren Besitzer zu deuten. Dies muss einigermassen auffallen, nachdem die Moskauer Synodalbibliothek 3 Handschriften besitzt (codd. 355, 369, 396), die Chrysanthus dem hl. Grabe geschenkt hatte (vgl. in cod. 355, fol. 2: διὰ Χρυσάνθου ἱεροδιακόνου κτῆμα αἰώνιον τῷ παναγίῳ τάφῳ). Eine andere Moskauer Handschrift cod. Typogr. 19 wurde, wie aus einer eigenhändig eingetragenen Notiz hervorgeht, von Chrysanthus selbst, als er noch ἀρχιμανδρίτης τοῦ ἁγίου τάφου war, im Februar 1701 nach Moskau gebracht (Matthaei, l. c. S. 271). Vielleicht wanderten die 3 anderen damals auch mit. Chrysanthus scheint überhaupt im Verschenken von Handschriften freigebig gewesen zu sein. So finden wir auch in der Pariser Nationalbibliothek ein Geschenk von ihm (cod. gr. 543; Catalog. codd. mss. bibl. Reg. Paris 1739, II, 94), und Muccioli bemerkt sogar in seinem Catalog. codd. mss. Malatestianae Caesenatis bibl. Cesena 1780, I, 152, bei Gelegenheit des Namens Euthymius, er habe eine Handschrift der Panoplia dieses Autors gesehen, die ein gewisser Michael Enemann als Geschenk des Patriarchen Chrysanthus aus dem Oriente zurückgebracht habe. Der Bruder des Patriarchen Chrysanthus, Neophytus Notaras, besass einige Handschriften (codd. 116, 145), die sich nunmehr in dem alten Bestande befinden. Ihm muss auch die Didachehandschrift gehört haben, wie vorhin erwähnt wurde. Von seiner Hand ist endlich wohl auch der Codex 158 a. 1688 geschrieben (Papad. S. 254).

Im XVIII. Jahrhundert wurde die Bibliothek nachweisbar durch einige Handschriften bereichert, die dem Patriarchen Ephräm angehörten und an der Notiz: ἐκ τῶν τοῦ Ἐφραίμ erkenntlich sind (codd. 127, 140, 160, 210, 331). Damit sind wir an der Schwelle unseres Jahrhunderts angelangt, von welchem wir zu Anfang dieser historischen Skizze ausgingen.

II.

Weniger ergiebig als die historischen werden die palaeographischen Ausführungen sich gestalten, zu welchen wir uns nunmehr wenden. Zunächst haben wir es, wenn wir bei dem Begriffe stehen bleiben, der wir uns im Abendlande von einer Handschrift machen, nur mit den älteren Handschriften zu thun. Die Zahl dieser, wenn wir auch das ganze XVI. Jahrhundert berücksichtigen (was bei der griechischen Palaeographie wohl angeht), beträgt nur etwa 150; alle übrigen liegen diesseits der äussersten Grenze, als welche das Jahr 1599 gelten mag. Von diesen 150 sind wiederum nur etwa 65 auf Pergament geschrieben. Dieses Verhältniss ist übrigens der alten Bibliothek des hl. Grabes keineswegs eigenthümlich; fast alle übrigen Klosterbibliotheken des heutigen griechischen Orientes weisen dieselbe Zusammensetzung auf, wenn auch hier der Procentsatz der jungen Handschriften besonders stark ist.

Was nun zunächst die Schriftgattung, in der die älteren Handschriften geschrieben sind, angeht, so besitzt der alte Bestand keine einzige Uncialhandschrift. Bloss drei Fragmente sind in Uncialen geschrieben: das schon oben erwähnte Palimpsestfolium in Cod. 2 aus dem V., ein 6 Folien umfassendes Fragment eines Lectionariums mit Stücken aus III. Reg., Ezechiel, Jesaias aus dem IX.—X., und ein Folium aus einem Commentar zum I. Corintherbrief aus dem VII.-VIII. Jahrhundert; beide letzteren sind in dem Cod. 510 vereinigt. Papadopulos giebt leider kein Facsimile dieser Fragmente; doch stimme ich seiner Altersbestimmung für die 2 letzteren Fragmente, die ich in Jerusalem selbst gesehen, bei.

Von besonderem Interesse wäre es, die Entwicklung der Minuskelschrift, deren älteste Form uns durch eine Handschrift des nahen Sabaklosters verbürgt ist (Gardthausen, Griech. Palæogr. S. 184), an der Hand der Jerusalemer Codices, die von der ältesten bis zur allerjüngsten Proben ergäben, genetisch zu verfolgen, ihren eigenthümlichen Ductus sowie ihre characteristische Merkmale festzustellen. Zur Zeit lässt sich dies jedoch nicht bewerkstelligen. In Jerusalem habe ich nur einige ältere Handschriften untersuchen können; einen Ersatz für die Autopsie bietet aber der Catalog von Papadopulos nicht. In seiner Beschreibung der Handschriften geht er auf die streng palaeographische Seite wenig ein; die 15 phototypischen Tafeln sind aber, so dankbar wir sie hinnehmen, zu diesem Zwecke ungenügend. Dafür müssten die Tafeln selbst viel zahlreicher und ihr Format grösser sein. Zudem beziehen sich die 15 Tafeln nur auf 6 Handschriften, wovon überdies wenigstens die grössere Hälfte nicht in Jerusalem geschrieben ist. Die 3 letzten, welche Facsimiles der berühmten Didachehandschrift bieten, hätten füglich durch andere ersetzt werden können, nachdem J. Rendel Harris bereits 1885 Schriftproben beinahe aller Stücke der Handschrift herausgegeben (Three pages of the Bryennios manuscript. Baltimore) und bald nachher die ganze Didache facsimilirt hat (The teaching of the Apostles. Baltimore und London 1887). Die interessanteste Tafel ist ohne Zweifel die erste, welche uns eine Anschauung der Bibelhandschrift (cod. 2) aus dem IX. Jahrhundert in der ältesten Minuskel vermittelt (Papadop. S. 8 ff.). Wir finden hier alle Merkmale der ältesten Minuskel wieder, so dass die Verlegung ins IX. Jahrh. keinem Zweifel unterliegen kann, obgleich die Handschrift nicht datirt ist: die reinen Cursivformen ohne die geringste Mischung von Uncialen, die characteristischen Lettern (η, π, λ, $\varepsilon\iota$, etc.), das Stehen der Buchstaben auf der Linie etc. Für die Capitelüberschrift ist noch die eckige Unciale in Gebrauch.

Die erwähnte Bibelhandschrift ist zugleich die älteste der Bibliothek. Papadopulos setzt zwei weitere (codd. 6, 24) in das IX.—X. Jahrhundert. In der Beschreibung wird diese Zeitbestimmung nicht näher begründet; da auch jedes Facsimile fehlt, so lasse ich sie dahingestellt. Die letztere Handschrift wurde übrigens um das Jahr 1356 von Germanus, Bischof des Berges Sinai, nach S. Saba gebracht und kam erst von da in die Patriarchalbibliothek (Papadop. S. 89). Die übrigen vertheilen sich ihrer Entstehungszeit nach in folgender Weise: Aus dem X. Jahrh. stammen 6 Codd., aus dem X.—XI. 5, aus dem XI.

24, 2 aus dem XI.—XII., 10 aus dem XII., 4 aus dem XII.—XIII., 8 aus dem XIII., 1 aus dem XIII.—XIV., 20 aus dem XIV., 1 aus dem XIV.—XV., 11 aus dem XV., 3 aus dem XV.—XVI., 29 aus dem XVI. Von den früheren sind die des XI. die zahlreichsten, was mit den Wahrnehmungen in anderen Bibliotheken übereinstimmt. Vom XI. Jahrh. an sind auch mehrere Handschriften datirt, nämlich: cod. 53 a. 1054; cod. 54 a. 1056; cod. 21 a. 1079; cod. 57 a. 1182. Das XIII. Jahrh. weist keine Datirung auf. Aus dem XIV. sind 2 datirt: cod. 522 a. 1336 u. cod. 178 a. 1338; aus dem XV. sind es 4: cod. 255 a. 1449, cod. 68 a. 1465, cod. 537 a. 1470, cod. 467 a. 1487. Elf weitere vertheilen sich auf das XVI. Jahrhundert von 1502—1599 (vgl. Papadop. S. 520).

Wie die Listen der datirten griechischen Handschriften (die ausführlichste bei H. Omont, Facsimilés des Mss. grecs de la Bibl. nat. S. VII ff.), durch die soeben genannten Handschriften neuen Zuwachs bekommen, so erhalten auch die griechischen Schreiberlisten neue Namen. In alphabetischer Reihenfolge sind es folgende: Autonius monachus (cod. 177 saec. XIV; ob identisch mit dem Antonius bei Gardthausen S. 314, der a. 1383 den cod. Neapol. II B. 28 schrieb?), Antonius ἱερομόναχος υἱὸς Νεοφύτου τῆς Τουρκίαις (cod. 281. a. 1547), Antonius Mönch von S. Saba (codd. 133, 34. a. 1582), Galaction (cod. 285 saec. XIV), Gerasimus archimandrita τῆς ἐν Χίῳ νέας μονῆς (cod. 57 a. 1182), Germanus Patr. Jerusal. (cod. 370 saec. XVI), Daniel monachus (cod. 275 saec. XVI), Demetrius presbyter (cod. 85 a. 1597) Dionysius Maidus (cod. 467 a. 1487), Hierotheus, metropol. Monembas. (cod. 111 a. 1588; vielleicht identisch mit Hierotheus, Schreiber des Cod. Bodl. Laud. 29 Gardthausen S. 324), Johannes (cod. 522 a. 1336), Clemens Rhodius (cod. 225 saec. XVI), Laurentius archiepisc. Sinait. (cod. 442 saec XVI), Leo diaconus (cod. 29 saec. XI), Manuel Calecas (cod. 405 saec. XIV), Matthaeus monachus (cod. 55 saec. XII), Michael Calophrenas (cod. 255 a. 1449), Nicolaus (cod. 21 a. 1079) und Nicolaus Anagnostes (cod. 526 a. 1502), Petrus Papadopulos (cod. 178 a. 1338), Porphyrius diaconus (cod. 208 a. 1599), Soterichus (cod. 250 a. 1594). Schon bekannt und in den Listen Gardthausen's aufgeführt waren der Schreiber der Didache, Leo notarius (jetzt cod. 54 a. 1056), Manuel Gregophulos (cod. 82 a. 1502; vgl. Gardth. S. 330), und Theophanes (cod. 38 saec. XI), vorausgesetzt, dass er mit dem von Gardthausen S. 340 erwähnten identisch ist.

Handschriften mit Miniaturen und anderen Ornamenten führt Papadopulos 46 auf. Eine Characterisirung derselben ist jedoch aus demselben Grunde unmöglich, der schon oben angegeben wurde. Facsimiles von Miniaturen giebt der Catalog nur auf 2 Tafeln aus dem Cod. 14 saec. XI; die Verkleinerung derselben ist jedoch so stark, dass sich damit wenig anfangen lässt. Die Beschreibung des Cataloges ist um so sorgfältiger (S. 45—65). Ich habe die Handschrift in Jerusalem näher eingesehen: es ist, wie Papadopulos bestätigt, die prachtvollste des ganzen Bestandes. Der Text (Gregorii Nazianz. homiliae) ist in 2 Columnen geschrieben, die Liniierung sehr regelmässig; der Schrifttypus zeigt unzweifelhaft auf das XI. Jahrhundert. Die Handschrift sollte beim Vorlesen gebraucht werden. Darauf deute ich die Angabe der Wochentage am oberen Rand und das am Seitenrand geschriebene, roth und blau eingefasste Wörtchen στάσις, das sich durch die ganze Handschrift hindurchzieht. Mit dieser Annahme erklärt sich auch die auffallende Erscheinung, dass mitten unter den Reden Gregor's v. Nazianz eine Homilie des Johannes Damascenus über die Geburt Christi zu stehen kommt. Papadopulos ist, wie aus dem Catalog ersichtbar, derselben Meinung. Randglossen erklärender Natur sind nicht selten, z. B. auf fol. 241^v, 242^v etc. Die Miniaturen sind sehr zahlreich, beinahe 100 an der Zahl. Die grösseren stehen am Anfang der Homilien, die kleineren am Ende und sehr häufig innerhalb der Homilie am Rande; letzteres jedoch nur bis Fol. 113. Von hier an bis Fol. 307 sieht man nur noch ein grösseres Miniaturbild am Anfang der jeweiligen Homilie, Fol. 264 ausgenommen, wo ein solches auch am Ende vorkommt. Die 2 ersten Folien sind Purpurblätter und enthalten die Inhaltsangabe in Goldschrift, sowie ein Epigramm auf Gregorius. Die Rückseite des zweiten Blattes schmückt ein Bild des Gregorius Nazianz. selbst. Unter demselben war eine Inschrift angebracht, die jedoch sehr beschädigt ist. Mit Sicherheit habe ich nur den Namen λεόντιος gelesen, der sich vielleicht auf den Schreiber bezieht. Papadopulos berichtet nichts von dieser Inschrift. Die grösseren Bilder haben meistens Bezug auf den Text, die kleineren sind hingegen meistens landschaftlichen Inhaltes und nicht ohne Geschmack ausgeführt. Besonders zahlreich sind die Miniaturen auf den Fol. 92—113, welche die (übrigens unedirte) Homilie des Johannes Damascenus, augenscheinlich das Hauptstück des Ganzen, umfassen. Hier kehren die Geburt Christi und die Anbetung der drei Magier in verschiedenen Darstellungen zurück. Auf Fol. 104—106 vertheilt sich ein ganzer Cyclus von Darstellungen der hl. Dreikönige, wie sie nach Jerusalem reisen, in Jerusalem Herodes und die Aeltesten befragen, in Bethlehem endlich das gefundene Kind anbeten; letztere Scene gefiel sich der Künstler mehrere Male mit Varianten zu wiederholen. Fol. 307—14 mit dem Commentar von Nonnus zu Gregor's Homilien haben nur eine Colmune, eine kleinere Schrift und viel zahlreichere Abkürzungen. Die Miniaturen kleineren Umfanges sind hier wieder sehr häufig. Manche derselben erinnern an klassische Vorlagen, so z. B. auf Fol. 307^v der antike Triumphwagen, dem 4 Pferde vorgespannt sind, Fol. 308, ein Centaur, der seine Pfeile auf Hirsche abschiesst u. s. w. Wenn meine Aufzeichnungen nicht trügen, sind alle diese Miniaturen von einer Hand, worüber der Catalog von Papadopulos sich nicht ausspricht. Die sonstigen Ornamente stehen mit den Miniaturen in harmonischem Verhältniss. Die Initialen zu Beginn der Homilien sind in der Regel reich und kunstvoll ausgeführt und sehr oft ornithomorph. Auch die einzelnen Paragraphe haben goldverzierte Anfangsbuchstaben.

Diese Handschrift reiht sich somit den schon bekannten Gregoriuscodices, für deren bildliche Ausschmückung die Byzantiner eine grosse Vorliebe hatten, würdig an, wenn sie auch mit der vorzüglichsten derselben, dem cod. Parisin. 510 (vgl. Bordier, Description des peintures et autres ornements contenus dans les manuscrits grecs de la biblioth. nationale Paris 1883, S. 62 ff.) und den codd. Ambros. E. 49. 50 inf. (die leider sehr beschädigt sind), sich nicht messen kann.

Erwähnt sei auch der Cod. 5 mit einem Kettencommentar zu Job aus dem XIII. Jahrhundert mit 117 Miniaturen von grösserem und geringerem Umfang. Das Buch Job war auch ein beliebter Vorwurf für die byzantinischen Miniaturisten, wie mehrere ältere Handschriften desselben Kettencommentars in der Vaticana und anderen Bibliotheken beweisen. Der Gegenstand der Miniaturen ist hier wie dort der Erzählung selbst entnommen. Auf eine nähere Characterisirung derselben muss jedoch aus dem Mangel an eigener Anschauung und bei fehlendem Ersatz durch Reproduction verzichtet werden.

III.

Nach dieser historischen und palaeographischen Skizze erübrigt uns noch, die Bedeutung des alten Bestandes in litterarischer Beziehung kurz zu zeichnen. Der Inhalt der Handschriften ist zwar vielseitig, ihr Werth liegt jedoch in der Regel bei den Klosterbibliotheken der Hauptsache nach auf dem Gebiete der kirchlichen Literatur. Texte aus der klassischen griechischen Litteratur fehlen allerdings nicht gänzlich; die meisten stehen aber in ganz jungen Handschriften und haben somit in der Regel keinen kritischen Werth. Von wahrer Bedeutung für die klassische Litteratur sind bloss die 34 Palimpsestfolien des Cod. 36 mit Fragmenten des Euripides. Die Handschrift stammt ursprünglich aus dem Johanneskloster beim Jordan und war bis in die jüngste Zeit hinein im Sabaskloster, wo Porphyrius Uspensky, Coxe und Tischendorf dieselbe einsahen. Letzterer veranlasste dessen Ueberbringung nach Jerusalem, wo er sie eingehend untersuchte und in seinen Anecdota sacra et profana (2. Aufl. 1861, S. 222 ff.) beschrieb. Papadopulos vervollständigt S. 110 ff. die Tischendorf'sche Beschreibung und giebt nicht weniger als 7 Phototypien mit dem Texte der Euripides, sowie endlich die Varianten zur Ausgabe von Kirchhoff Berlin 1855. Die Fragmente selbst verlegt er ins Ende des X. Jahrhunderts: eine Zeitbestimmung, welche der Schriftcharacter nach Ausweis der Phototypien ohne Schwierigkeit zulässt. Neben diesen werthvollen Fragmenten können noch folgende Handschriften einiges Interesse für die klassische Philologie bieten, Codd. 150 saec. XIV: Aristotelis opera quaedam logica; 106 saec. XIV: Ammonii commentar. in Aristotel.; 148 saec. XVI: Galeni et Hippocratis de medicina; 405 saec. XIV: Varia mythologica, endlich die Anthologia Epigrammatum von Maximus Planudes (cod. 61 saec. XIV).

Von den kirchlichen Handschriften sind zunächst die biblischen zu nennen. Davon beziehen sich 28 auf das Alte und 26 auf das Neue Testament. Von den ersteren sind jedoch nur 15 älter als das XVI. Jahrhundert mit Hinzurechnung der Commentare zu einzelnen Büchern der A. T. Ein kritisches Interesse kommt eigentlich nur dem schon oben besprochenen Cod. 2 saec. IX zu, theils weil Bibelhandschriften mit dem Octateuch und sämmtlichen Propheten selten sind, theils wegen seiner Varianten, von denen Papadopulos einige Proben mittheilt (S. 11. 12). Die älteren neutestamentlichen, 20 an der Zahl, sind fast alle Evangelienhandschriften in Minuskelschrift; die älteste davon ist aus dem X. Jahrhundert. Ihr Werth ist, wenigstens darnach beurtheilt, ein geringer für den Text des Neuen Testaments. Sie sind schon in dem Catalog der Minuskelhandschriften von C. R. Grégory aufgezählt, soweit die Angaben von Scholz und Coxe es erlaubten (Nov. Testam. graece ed. Tischend. 8ª critica major Proleg. 2, 541. 561. 637.; manchmal bezeichnen 2 Nummern nur eine und dieselbe Handschrift). Die liturgischen Handschriften (etwa 54) sind der grossen Mehrzahl nach sehr jungen Datums. Unter den älteren (cod. 274 saec. XV: Euchologium; codd. 528, 523: Sticheraria) zeichnen sich die liturgischen Rollen aus (codd. 517—22), die fast alle sehr reich ausgestattet sind.

Wenden wir uns den Handschriften der älteren Kirchenschriftsteller, den sogenannten patristischen zu, so fällt zunächst der fast gänzliche Mangel palästinischer und Jerusalemer Schriftsteller auf. Von Cyrill und Sophronius an, die man besonders ungern vermisst, fehlen fast sämmtliche ältere Bischöfe und Patriarchen von Jerusalem, die schriftstellerisch thätig waren, wie Juvenalis, verschiedene Johannes, Elias, Thomas, Zacharias, Modestus, Basilius, Theodorus u. A. Ein Brief des hl. Cyrill an Constantin den Grossen (cod. 6 saec. IX—X S. 26), das Leben des Johannes Damascenus vom Patriarchen Joannes (cod. 17 saec. XII S. 77) und ein Brief von demselben an Julian den Abtrünnigen, das ist das Wenige, was die älteren Handschriften davon bieten. Ebenso spärlich sind die Schriften der gelehrten Priester von Jerusalem, wie des Hesychius, Leontius, Chrysippus, Macarius, Epiphanius, Michael Syncellus, Timotheus, Theodotus, Johannes, Dorotheus, Benedictus u. A. vertreten. Hier haben wir nur einige Homilien von Hesychius, eine inedirte Lobrede von Chrysippus auf den hl. Theodorus (cod. 1 saec. X fol. 125. Papadop. S. 7), eine neue Recension der topographischen Beschreibung Jerusalems von Epiphanius (cod. 97 saec. XVI. S. 172), eine Lobrede von Timotheus auf den hl. Symeon (cod. 1. S. 3), und des Michael Syncellus Schrift de syntaxi sermonis (cod. 405 saec. XIV S. 409) namhaft zu machen. Suchen wir nach den übrigen Kirchenschriftstellern des Landes, Eusebius und Acacius von Caesarea, Epiphanius v. Salamis, der zuerst in Palästina Abt war, Galesius und Gelasius von Caesarea, Marcianus von Bethlehem, Meletius von Tiberias, Aeneas, Procopius, Theodor, Timotheus und Manuel, alle fünf von Gaza, Cyrill, Johannes und Theodorus von Scythopolis, Antiochus von S. Saba, Marcus Macrinus von S. Saba, und mehreren anderen Schriftstellern des S. Sabaklosters, u. s. w., so stossen wir auf ähnliche, sehr empfindliche Lücken: die meisten fehlen ganz oder sind nur sehr unvollständig vertreten, wie z. B. Eusebius von Caesarea, von dem nur einige Fragmente vorkommen. Nur Johannes Damascenus ist etwas reichhaltiger im Index aufgeführt (S. 575). Papadopulos hat aber übersehen, dass die im Cod. 14 Joannes zugeschriebene Homilie unedirt ist.

Derselben Armut begegnen wir übrigens, sobald wir die gesammte patristische Periode ins Auge fassen. Von den Schätzen, die Eusebius in der Bibliothek des Patriarchen Alexander benutzte, keine Spur mehr! Es fehlt jedoch nicht bloss die älteste Litteratur der apostolischen Väter und der griechischen Apologeten (einige neutestamentliche Apocrypha sind in cod. 66 vereinigt); auch von der grossen Blüteperiode des III.—V. Jahrhunderts sind nur die bekanntesten und in allen Bibliotheken wiederkehrenden Schriftsteller, wie Johannes Chrysostomus, Basilius, Gregor von Nazianz und Gregor von Nyssa, und etwa noch Athanasius der Grosse in mehreren Codices von kritischem Werth vertreten. Von Clemens von Alexandrien, Origenes, Cyrill von Alexandr., Theodoret von Cyrus ist nichts oder nur sehr wenig vorhanden. Eine einzige Ausnahme bildet die weltberühmte Didachehandschrift (cod. 54 a. 1056), die allerdings mit ihren Schriften von Barnabas, Clemens Romanus, Ignatius von Antiochien, besonders aber als ἀντίγραφον μονοδικόν der Apostellehre manches Fehlende hundertfach aufwiegt. Sie befand sich früher in der Bibliothek des Hospizes des hl. Grabes in Constantinopel, wo sie die Nr. 446 trug. Philotheos Bryennios hat das Verdienst, sie ans Licht gezogen zu haben. Er publicirte daraus zuerst den vollständigen Text der zwei Briefe des Clemens Romanus an die Korinther (Constantinopel 1875) und erst 8 Jahre nachher die Apostellehre (Constantinopel 1883). Bryennios behielt sich vor, auch die Briefe des Barnabas und des Ignatius von Antiochien nach dieser Handschrift herauszugeben. In der Ausgabe der Apostellehre hat er jedoch nur die Synopsis Script. Sacrae besprochen und ebenda einige kleinere Stücke, wie die Namen der Bücher des Alten Testaments und eine kurze Ausführung über die Genealogie Christi mitgetheilt. Welche Flut von Schriften Bryennios' Entdeckung hervorgerufen hat, ist zur Genüge bekannt. Die 2 Schriften von J. Rendel Harris, die uns hier zunächst interessiren, sind schon oben erwähnt worden. In palaeographischer Beziehung fallen die vielen Abkürzungen auf, die man in einem Codex aus der Mitte des XI. Jahrhunderts nicht erwartet. Was ihre Heimat angeht, so verbreitet darüber neues Licht eine Notiz, die Bryennios und Harris unbeachtet liessen (fol. 2): εἰς χρῆσιν Νεοφύ(του) ἱεροδιακόνου καὶ τέλος τοῦ ἁγίου τάφου. Die schon wiederholt erwähnte Anmerkung macht es unzweifelhaft, dass die Handschrift im XVIII. Jahrh. in Jerusalem sich befand und erst später nach Constantinopel kam, von wo sie in den letzten Jahren Jerusalem zurückerstattet wurde. Eine 2te Notiz, von der ich nur den Namen κυρὸς γεώργιος gelesen habe, und die bei Anbringung des Einbandes zum Theil weggeschnitten wurde, wird auch von Papadopulos nicht erwähnt.

Relativ reicher, wenn auch durchaus unvollständig ist die byzantinische kirchliche Litteratur in dem alten Bestand der Patriarchalbibliothek vertreten, namentlich die ascetische und die der Heiligenleben. Die Hagiographie ist es auch, welche aus der Erschliessung ihrer Schätze den grössten Gewinn schöpfen wird. Ich zähle unter den Heiligenlegenden nicht weniger als 70—80 inedirte Stücke, unter denen mehrere, wie z. B. das Leben des palaestinischen Einsiedlers Martinianus, des Bischofes Clemens von Ancyra, des Alexius, des Mönches Hilarion, ein wahres historisches Interesse beanspruchen, während andere uns neue Namen von Märtyrern oder eine neue Fassung bekannter Martyrerlegenden übermitteln. Ich gedenke anderen Ortes darauf näher einzugehen.

Weitere Inedita grösseren und kleineren Umfanges, die zur byzantinischen Theologie gehören, sind folgende: eine Homilie von Cosmas Vertitor (saec. X) auf die Uebertragung der Reliquien des hl. Johannes Chrysostomus (cod. 18, saec. XI, Papad. S. 79), Lobreden von Michael Monachus auf die Erzengel Gabriel und Michael (cod. 133 a. 1592), von Methodius, dem Patriarchen von Constpl. auf den hl. Nicolaus (cod. 134. 135, S. 235. 37), von Matthaeus Camariotes auf die III. Basilius, Gregor. Naz. und Chrysostomus (cod. 133, S. 225), 190 Capitel περὶ ἀρετῶν γεωργίας καὶ μοναχικῆς κυβερνήσεως von Leo d. Weisen (cod. 63, saec. XVI, S. 147), 6 dogmatische Abhandlungen von Pachomius (cod. 344), die Homilien auf alle Sonntage des Jahres von Joannes Ziphilinus, Patriarchen von Constantinopel (cod. 147, saec. XVI, S. 249; cod. 132, saec. XIV, S. 223: hier Johannes von Chalcedon zugeschrieben), 32 neue Interrogationes et responsiones von Anastasius Sinaita (cod. 281 a. 1546, S. 355). Hierher kann man auch die λόγοι ἀσκητικοί von Diadochus, Episc. Photin. im Cod. 181 saec. XIII (S. 272) rechnen, die nur in lateinischer Uebersetzung im Drucke vorliegen (Migne Patr. gr. 65, 1167).

Von Bedeutung für das byzantinische Kirchenrecht ist Codex 24, saec. IX—X (S. 89 ff.) wegen seines Alters. Codex 39, saec. XII—XIII enthält auch einige inedirte kirchenrechtliche Stücke. Endlich ist noch ein Nomocanon namhaft zu machen, das Manuel Malaxos zugeschrieben wird. Eine erste Handschrift desselben hat 279 Capitel, (cod. 85 a. 1597, S. 166), eine zweite 311 Capitel (codex 411 a. 1596, S. 413) und eine dritte sogar 422 (cod. 275, saec. XVI, S. 333).

Das bisher Gesagte bezieht sich nur auf die älteren Handschriften. Die diesseits des Jahres 1599 liegenden haben naturgemäss nur eine sehr beschränkte litterarische Bedeutung. Am unbedeutendsten sind wohl die modernen Abschriften von Werken älterer Kirchenväter und in der Regel auch die der mittelalterlichen Kirchenschriftsteller, wie z. B. Cyrills von Alexandrien (cod. 461, saec. XVII), Gregors von Nazianz (cod. 257, saec. XVIII), des Dionysius Areopagita (cod. 414, saec. XVII), Johannes Zonaras (cod. 63, saec. XVII), Theodor Prodromus (cod. 218 a. 1771; 259 a. 1798) u. A. Hingegen sind die Handschriften moderner byzantinischer Schriftsteller, wie des Georgius Coresius (codd. 172, 175, 219, 220 etc., vgl. S. 556), Theophilus Corydalleus (codd. 171, 199, 411 etc., vgl. S. 570), Nectarius, Patriarchen von Jerusalem (S. 597), Neophytus (ibid.) und einer grösseren Anzahl anderer, die im Index sorgfältig verzeichnet sind, für die Geschichte der neuhellenischen Litteratur nicht ohne Werth. Dasselbe gilt von den liturgischen Handschriften, die verschiedenen gottesdienstlichen Verrichtungen dienten und vornehmlich liturgische Gesänge der modernen Byzantiner enthalten, wie ihre Namen schon zu erkennen geben ($Ἀνθολόγια$ codd. 308—25, 337, 346—47, 395 etc.; $Ἐκκλησιαστικὴ\ Μουσική$ codd. 498, 501, 589—639 etc.). In dem cod. 214. a. 1674: $Βιβλίον\ τῆς\ ζωγραφικῆς\ τέχνης$ wird eine nähere Untersuchung vielleicht ein Gegenstück zu dem Malerbuch vom Berge Athos erblicken (vgl. Manuel d'Iconographie chrétienne grecq. et lat. ... par Didron, Paris 1845.).

Am werthvollsten sind indess die neueren Handschriften historischen Inhaltes. Hierher gehört die Sammlung des Patriarchen Germanus von Jerusalem, welche u. A. ein Epistolarium der Aebte des Klosters Simon-Petra auf dem Athos enthält (S. 389). Cod. 487 giebt werthvolle Urkunden und Aktenstücke zur Geschichte der byzantinischen Kirche im XVII. Jahrhundert, desgleichen cod. 124 von der Hand des Patriarchen Silvester von Antiochien zwischen 1724—40 geschrieben und cod. 276 vom Patr. Dositheus (S. 333—53) für das XVIII. Jahrhundert (S. 203 ff.). Cod. 187 enthält einige Capitel einer Kirchengeschichte von Athanasius Comnenus Ypsilanti (S. 275); Cod. 487 ist das Autograph der Werke von Samuel Capasule, Syncellus von Constantinopel und nachher Patriarch von Alexandrien, wovon auch mehrere, sowohl dem Schreiber, als anderen Autoren angehörige Stücke sich auf die damaligen kirchlichen Verhältnisse beziehen (Ende des XVII. Jahrh., S. 440—50). Eine grössere Anzahl hat namentlich für den Palaestinaforscher erhöhtes Interesse. Auf das ganze hl. Land erstrecken sich Codex 186 mit Maximus Symaens' Schrift $περὶ\ Παλαιστίνης\ καὶ\ Ἱερουσαλήμ$, die Beschreibung von Palaestina und Arabien von Parthenius in cod. 587 saec. XIX, eine Geschichte des Sinai von dem Patriarchen Dositheus (cod. 141, saec. XVII) von der Lequien, Fabricius, Sathas nichts berichten. Für die neueste Geschichte des hl. Grabes insbesondere sind zu vergleichen: Cod. 176 mit der Geschichte des hl. Grabes in 5 Büchern von Procopius Nazianzenus, welche Papadopulos in den $Ἀνάλεκτα\ τῆς\ ἱεροσολυμιτικῆς\ σταχυολογίας$ zu veröffentlichen verspricht (S. 268); cod. 297 mit Neophytus Cyprius' Schilderung der Zwiste zwischen den christlichen Kirchen bezüglich der hl. Orte. Derselbe giebt in codd. 397 und 466 Trauerlieder auf den Brand der hl. Grabkirche im Jahre 1808. Auf dasselbe Ereigniss bezieht sich eine anonyme Dichtung in cod. 81 die vielleicht von Procopius Nazianzenus herrührt. Verzeichnisse von orthodoxen Pilgern nach dem hl. Grabe aus den Jahren 1760—1866 enthalten die cod. 512, 514, solche von Bruderschaften zu Ehren des hl. Grabes die Cod. 496, 509. Endlich seien noch die Codd. 428 u. 641 mit Uebersetzungen arabischer und türkischer Erlasse und Fermane erwähnt, die das hl. Grab zum Gegenstand haben. Die Klosterkunde des hl. Landes wird durch die Erschliessung der Bibliothek weniger gefördert, als man es hätte erwarten sollen; doch wird in Cod. 523 über die Restauration von 5 iberischen Klöstern in Jerusalem berichtet (aus d. Jahren 1665—1696), während der Codex 475 über die Schicksale des Demetriusklosters von Jerusalem (1775—1848) einigen Aufschluss giebt und Codex 287 Aufzeichnungen eines Hegumenos aus Joppe von 1786—1814 der Nachwelt aufbewahrt.

Die Handschriftenkunde des griechischen Orientes ist infolge der Erschliessung der handschriftlichen Schätze des hl. Landes durch den Catalog von Papadopulos, dessen weitere Bände hoffentlich bald vorliegen werden, um einen guten Schritt weiter gediehen. Wie auf dem Gebiete der Archäologie und Epigraphik, so drängt sich aber auch dem Palaeographen, mag er nun bei dieser Arbeit selbst thätig sein oder bloss die Arbeiten anderer für seine Zwecke verfolgen, immer klarer die Ueberzeugung auf, dass wir Jahrhunderte zu spät kommen, um noch auf eine Ernte hoffen zu können, die der Saat irgendwie entspräche. Das ist der Gesammteindruck, den das Studium nicht bloss der Bibliothek von Jerusalem, sondern auch aller übrigen griechischen Handschriftenbestände des Orients hinterlässt. Doch darum wird unsere Freude nicht geringer, wenn neue Fragmentensammlungen die bereits gehobenen Schätze vermehren, noch unser Wunsch lässiger, es mögen immer mehr Sammler die Reihen der ermüdenden Arbeiten neubeleben. Gilt es doch, auch auf diesem Gebiete des Wortes eingedenk zu sein, das wir aus mehr als einem Grunde darauf anwenden dürfen: Συναγάγετε τὰ περισσεύσαντα κλάσματα, ἵνα μή τι ἀπόληται (Joan. VI, 12).

Strassburg i. Els. Albert Ehrhard.

Lutherdrucke auf der Breslauer Stadtbibliothek.
(Schluss.)

139. Ein Sermon | auff das Euangelion | von dem reychen man | vnd armen Lasaro, | Luce am . gvi . | Martinus Luther. || Buittemberg. ||
[Titelbordure = v. Dommer, Orn. 77.]
Weller 2569.
4°, 12 Bl. 3×4. a, b, c. Mit Seitencustt. Schwabacher. — 1v: Martinus Luther den Buchdruckern, Gnab vnd frib. | Ich bit vmb Christus willen alle ... — 2r: WJr haben bissher yn den Euangelien | gehöret ... — 11v 12: | thu auch beynen poulter gehstern. || Hatt gedruckt Melchior Lotter der Junge | zu Wittemberg tausent funff hun= | dert vnd drey vnd zwentzi= | gisten Jar. || — 12 leer.
Wittenberg, Melchior Lotter d. J., 1523.

140. Ain Senbbrieff D. Martini | Luthers, über die frag, | Ob auch ye=
mant, on | glaubñ verstorben, | selig werden | müg. ‖ M.D.XXIII.
[Titelbordure.]
 = v. Dommer 333 [uns. Ex. hat 4r a. E. in der Jahreszahl
 fünff nicht fünff.]
[Augsburg, Sylvan Otmar,] 1523.

141. Eyn Sermon von dem | vnrechten Mam= | mon Luce . xvi . ‖ Doctor
Martinus | Luther. ‖ Buittemberg. | M.D.xxiij. ‖ [Titelbordure.]
 = v. Dommer 334.
Wittenberg, [Melchior Lotter d. J.,] 1523.

142. Von weltlich= | er oberkeyt | wie weytt man | yhr gehorsam | schul=
big sey. | Mart. Luther ‖ Uuittemberg | M·D·XXiii. ‖ [Titelbordure.]
 = v. Dommer 336 [auch seine Vermuthung bezüglich der
 Schlussschrift ist zutreffend.]
Wittenberg, Nickel Schirlentz, 1523.

143. Aufz legunge des | Euangelij an des | Newen Jares Tag. Luce
am andern. ‖ Martinus ‖ Luther. ‖ Breslaw. | MDxxiij ‖ [Titel-
bordure Orn. 50.]
Weller 2496.
 4°, 8 Bl. 2×4. A, B. Schwabacher. — 1v leer. 2r: Da erfullet seind
acht tage, das | beschnytten wurd das kind, ... — 8r 28: | hallthe. | Amen. ‖
¶ Gedruckt in der königlichen stadt Breslaw. | durch Caspar Libisch Im iar.
M.D.XXiij. ‖ 8v leer.
Breslau, Caspar Libisch, 1523.

144. Deuttung der zwo grewlichen | Figuren Bapstesels zu Rom vnd
Munchkalbs | zu freyberg jn Meyssen funden ‖ Philippus Melanch=
thon | Doct. Martinus luther ‖ Wittemberg | M.D.xxiij ‖
 = v. Dommer 342.
Wittenberg, [Johann Grunenberg,] 1523.

145. An die herrn | Deutschs Ordens, | das sie falsche keuscheyt meyden
vnd | zur rechten ehlichen keuscheyt | greyffen Ermanung. ‖ ❧ ‖ Mar=
tinus Luther. ‖ Wittemberg . | 1523 . ‖ [Titelbordure.]
 = v. Dommer 351.
Wittenberg, [Johann Grunenberg,] 1523.

146. Eyn Sermon Do= | cto. Marti. Luther | am Gruenen | donnerstag
M.D.xxiij ‖ Breslaw ‖ [Titelbordure Orn. 49.]
Weller 2544.
 4°, 6 Bl. —, Aij, Aiij, —, B, (—). Schwabacher. — 1v leer. 2r: Eyn
Sermon am grunen | donnerstag. | Ihr habt forgehort offt, wie mann sich sall
stellenn | ... — 5v a. E.: | redt durch eynē | menschen. | [Schnörkel.] | ✱✱✱ |
 — 6 fehlt in uns. Ex.
Breslau, Caspar Libisch, 1523.

147. Vrſach . vnd antt= | wortt . das iunṅg= | fraw= . kloſter . got= | lich .
vo'laſſen muge͞. ‖ Doctor Martin⁹ | Luttḧer. | Wittemberg. | M.D.
xxiij . ‖ [Titelbordure.]
= v. Dommer 355 [doch hat dieser Vrſach., während unser
Ex. ganz deutlich ein h hat.]
Wittenberg, [Cranach & Döring], 1523.

148. Eyn Sermon auff | den vierden ſontag | nach Oſtern | Johannis
. 16 . | Martinus Luther. ‖ Wittemberg. | 1523. ‖ [Titelbordure.]
= v. Dommer 357.
Wittenberg, [Johann Grunenberg,] 1523.

149. Von ordenung | gottis bienſt y͞n | der gemeyne. ‖ Doctor Martin⁹ |
Luttḧer. | Wittemberg. | M.D.xxiij. ‖ [Titelbordure.]
= v. Dommer 359.
Wittenberg, [Cranach & Döring,] 1523.

150. Das Jheſus Chri= | ſtus eyn gebor= | ner Jude ſey ‖ Doctor Mar=
tinus | Luther. ‖ Wittemberg. | M.D.xxiij. ‖ [Titelbordure.]
= v. Dommer 361.
Wittenberg, [Cranach & Döring], 1523.

151. Ein ſendbrieff Doctor Mar= | tini Luthers, an Jḧan von Schleynitz
zu | Janßhauſſen, einer hey= | rath halben. ‖ Ein ſendbrieff Doctor
Mar= | tini Luthers, an die drey Hoff junckfrawen | die auß dem
frawen zymmer zu Frey= | berg vmb des Ewangelium | willen ver=
trieben ſein. ‖ Wittemberg . 1523. ‖ [Titelbordure = v. Dommer,
Ornam. 139.]
Panzer 1723.
4°, 4 Bl. Ohne Sign. Schwabacher. — 1v leer. 2r: Dem geſtrengen
vnd veſten Jḧan von | Schleynitz zu Jḧanßhauſſen, meinem beſundern | günſtigen
herren vnd freunde. ‖ GNad vnd frid in Chriſto, . . . — 3r a. E.: . . . Zu Wit=
temberg, Donerſtags | nach Viti. 1523. | Martinus Luther. ‖ — 3v: Den Erbarn
tugentſamen junckfrawen | Anna von Draſchwitz, Milia von | Olſnitz, vnd Vrſula
von Feylitzin, meinen be= | ſundern freundin in Chriſto. ‖ GNad v͞n frid in
Chriſto, . . . — 4r 11: . . . Am Donerß= | tag nach Viti. M.D.xxiij. ‖ Martinus
Luther. ‖ - 4v leer.
[Nürnberg, Jobst Gutknecht,] 1523.

152. Wibber die Verke= | rer vnd felſcher | Keyſerlichs | mandats. | Mar=
tinus Luther. | Wittemberg. | M.D.xxiij. ‖ [Titelbordure.]
= v. Dommer 368 [= dem 2. Ex., welches Verke= | rer
statt Uerke= | rer hat.]
Wittenberg, [Cranach & Döring,] 1523.

153. Eyn brieff an die | Chriſten ym Nib= | der land ‖ M. Luther
[Titelbordure.]
= v. Dommer 369.
[Wittenberg, Hans Lufft.]

154. 155. Das siebēd Capitel | S. Pauli zu den | Chorinthern | Auff=
gelegt | durch | Martinum Luther. | Wittemberg. | M.D.xxiij.
[Titelbordure.]
= v. Dommer 373. 374.
Wittenberg, (Cranach & Döring,) 1523.

156. Das Sie= | bend Capitel S. | Pauli zu | den Chorin= | thern auff=
gelegt | durch Martinum | Luth. ‖ Wittemberg [das W ein gestürztes
M] | M.D.xxiij. | [Titelbordure Orn. 58.]
4°, 40 Bl. 10×4. A — K. Mit Seitencustt. Schwabacher. — 1v leer.
2r: Dem Gestrengen vnd Vhesten | Hans Loser zu Pretisch Erbmarschalck | zu
Sachsen meynem gunstigen | herrn vnd freunde. ‖ GNad vnd frid ynn Christo, | ...
— 2v 18: | Zu Wittemberg ym . 1523. ‖ Martinus Luther. | ❦ | — 3r: Eyn narr
ists: der eyn weib | nympt, ... — 4v: Das siebend Capitel aus der | Epistel
Sanct Pauli zu den | Chorinthern. ‖ VOn dem yhr aber mir geschrie | ben habt, ...
— 40r 5: | yhn, das sie die seelen nicht so würgen AMEN. ‖ Am end, sol yber=
man auff eyn mal | wissen ... [gegen die unberechtigte Veröffentlichung seiner
Schriften]. — 40v leer.
Wittenberg, [Melchior Lotter d. J.], 1523.

157. Ordenung eyns ge | meynen kastens. ‖ Radschlag wie die | geyst=
lichen gutter zu | handeln sind. ‖ Martinus Luther. | M.D.xxiij.
[Titelbordure.]
= v. Dommer 376.
[Erfurt, Matthes Maler,] 1523.

158. MEDITATIO PIA ET | ERVDITA HIERONYMI | SAVONA-
ROLAE. A PAPA | EXVSTI, SVPER PSAL= | MOS MISE-
RERE | MEI. ET IN TE | DOMINE | SPERA= | VI. ‖ VVIT-
TEMBERGAE. | 1523. ‖ [Titelbordure.]
= v. Dommer 377.
Wittenberg, [Johann Grunenberg,] 1523.

159. Von Anbeten des | Sacraments des | heyligen leych= | nams Chri=
sti. ‖ Mart. Luther. ‖ Wittemberg. | Anno M.D. | XXiij. ‖ [Titel-
bordure = v. Dommer, Ornam. 70 B.]
Panzer 1693.
4°, 18 Bl. 3×4, 6. A—D. Mit Bogencustt. Schwabacher. — 1v leer.
2r: Meynen lieben hern vnd | freunden den Brudern genant Baldenses ynn | Behe=
men vnd Mehren, Gnad vnd | frid ynn Christo. ‖ ES ist eyn buchlin von den
ewern, deutsch vnd Behe= | misch außgangen, ... — 10r: Von dem anbetten | des
Sacra= | ments. ‖ Johannis am vierden, ... — 15r 25: | herrn Jhesu Christi sey
mit euch AMEN. ‖ — 15v leer.
Wittenberg, [Joh. Grünenberg], 1523.

160. DE INSTI- | TVENDIS MINISTRIS | Ecclesiæ, ad Clarissimum
Senatum Pragensem | Bohemiæ. | MARTINVS LVTHER. ‖ Vuit-
tembergę. ‖ [Titelbordure.]
= v. Dommer 385.
Wittenberg, [Cranach & Döring.]

161. Das eyn Christliche | versamlüg obber ge= | meyne : recht vn̄ ma= | cht habe : alle lere zu | vrteylen : vnd lerer zu | beruffen : eyn vnd ab= | zusetzen : Grund vnd | vrsach aus der schrifft, Mar. Lutther! Wittemberg. | M.D.XXiij. ‖ [Titelbordure.]
    = v. Dommer 386.
    Wittenberg, [Cranach & Döring], 1523.

162. Von Anbeten des | Sacraments des | heyligen leych= | nams | Christi. ‖ Mart. Luther. ‖ Wittenberg. | Anno M.D. | XXiij. ‖
8⁰, 32 Bl. 4×8. A - D. Bogencustt. Schwabacher. 1v leer. — 2r: Meynen lieben hern | vnd freunden den Brudern genant Bal= | denses ynn Behemen vnd Mehren, | Gnab vnd frid ynn | Christo. ¶ ES ist eyn buchlin von den etwern, | ... — 32r a. E.: ¹ herrn Jhesu Cristi sey mit euch. Amen. ‖ — 32v leer.
    Wittenberg, [Nickel Schirlentz], 1523.

163. FORMVLA | MISSAE ET COMMVNINDIS | pro Ecclesia Vuittem= ‖ bergensi. ‖ MARTINI LVTHER. ‖ VVITTEMBERGAE · | MDXXIII, ‖ [Titelbordure.]
    = v. Dommer 388.
    Wittenberg, [Nickel Schirlentz], 1523.

164. FORMVLA | MISSAE . . . [= der vorherg. No.]
    = v. Dommer 388 [uns. Ex. fehlt aber auf 7v der Holzschn., das Agnus Dei.]
    Wittenberg, [Nickel Schirlentz], 1523.

165. Das tauff buch= | lin verdeutscht | durch Mart. | Luther. ‖ Uuittemberg | M.D.XXiij ‖ [Titelbordure.]
    = v. Dommer 391.
    Wittenberg, [Nickel Schirlentz], 1523.

166. Das Tauffbüchlein verteütscht | durch Doctor Martinū | Luther zu Wit= | tenberg. ‖
4⁰, 4 Bl. —, Aij, Aiij, —. Schwabacher. — 1v: Der Tauffer blas dem kind dreymal | vndter die augen vnd sprech. ‖ ¶ Far aus . . . — 4r a. E.: | vnd ernstem gebet gehandelt wirt. Hiemit Got beuolhen. Amen. ‖ — 4v leer.
    Drucker noch unermittelt.

167. Epistel Sanct | Petri geprediget | vnd ausgelegt | durch | Mart. Luther. ‖ Uuittemberg. | M.D.XXiij. ‖ [Titelbordure.]
    = v. Dommer 394.
    Wittenberg, Nickel Schirlentz, 1523.

168. Ein sermon D. M. | Lutthers, Auff das | Euangelion Luce am . j . cap . | Maria stund auff, vnnd | gieng ab eylend in | das gebirg. ‖ Wittemberg. | M.D.xxiij. ‖ [Titelbordure.]
    = v. Dommer 399.
    [Nürnberg, Jobst Gutknecht,] 1523.

169. **Eyn Sermon von | den syben broten. | Marcj am achtenn. | Geprediget durch | D. M. Luther | Zu Wittemberg. || Breslaw. || [Titelbordure Orn. 49.]**
  Weller 2579.
  4°, 4 Bl. —, Aij, Aiij, —. Mit Seitencustt. Schwabacher. — 1v: **Auff das wir das Euangelium | fruchtbarlich handlen, gott zu lob vnd ehꝛen ſo | . . . | . . . || Das Euangelium beſchꝛeybet der heilig Marcus | vnd laut alſo. . . . — 4r 22: | kommenn. | Amen. ! [Schnörkel.] || Die warheyt gottes bleibt ewigllich. Pſal. cꝛvj. || Gott ſey lob. ||**
  Breslau, [Caspar Libisch.]

170. **Fyerzehen ſchöner chriſtlicher | pꝛebig Doctoꝛ Martin Luthers, newlich des jars Chꝛiſti . M.D.xxij. | zu Wittenberg gepꝛediget. Item der Paſſion oder das | leiden Jheſu Chꝛiſti, vnd wie wir vns | des gebꝛauchen ſollen. || Hyerinn erlern eygentlich | was der Glaub, vud ſein frucht | die Liebe ſey. || Kerumb. ||**
  = v. Dommer 403 [doch hat er in der 3. Zeile des Titels Chꝛiſti, nicht Chꝛiſti.]
  [Strassburg, Johann Schott.]

171. **Vierzehen, auſz der | heyligē geſchꝛifft, ge- | gründter Pꝛebig, zů Wittenberg | yetzt newlich gepꝛediget. | Der paſſion auch vſz- | gelegt, wie wir vns nützlich bꝛauchē | mögē das leyden Chꝛiſti. | In diſem büchlin | magſtu wol lernē, was ein recht | lebē ſey in göttlicher liebe | vnd glauben. | Zů Baſel im Augſtmon des jars M.D.xxiij. || [Titelbordure Orn. 47.]**
  v. Dommer erwähnt diese Ausgabe gelegentlich der Beschreibung der vorhergehenden und weist sie ebenfalls Ad. Petri in Basel zu.
  4°, 72 Bl. 18×4. A—E. Mit Bogencustt. und Ueberschrr. Schwabacher. Mit zahlreichen Zierinitialen. — 1v: **Anzeigung der pꝛebig die | hie begriffen ſeind. | . . . — 2r: Am Sontag nach der vffart | des herrē Jeſu, das Euangeliu Johanis am .xv. | Wenn do kommen wirt . . . — 72r a. E.: | toot, hell, vnd teuffel, Amen. | das geſchech alſo. || Jm jar M.D.xxiij. || — 72v leer.**
  Basel, [Adam Petri,] 1523. VIII.

172. **Dꝛey ſchoner Ser- | mon gepꝛebiget durch Do- | ctoꝛ Martini Luther zu wittemberg. || . . . || Das erſt Euangelium wie | ain Hyrt vnd ain Schaffſtall würt. ||**
  = v. Dommer 405.
  Den Drucker konnte ich ebensowenig ausfindig machen, wie Dommer. Dieser hält ihn für einen Augsburger oder Strassburger.

173. **Eyn Sermon . | auff Sanct Jaco- | bus tag Geprebi- | get zů Witenberg || D M Luther | Im drey vnnd zwentzigſten iar. || [Schnörkel.] Breslaw || [Titelbordure Orn. 49.]**
  4°, 4 Bl. —, Az, A3, —. Schreibschrift. Ueber und unter den Seiten Schnörkel. 1v ein Zierinitial. — 1v: **Dſer Heylig ſanct Jacobus | des feſt**

man heut begert, ... — 4r 13: | ten, ober mit bem gebett. +· | [3 Schnörkel.] ‖ Darunter in Holzschn. 2 Schilde, der linke mit dem Johanneskopf, der rechte mit dem W der Stadt Breslau. — 4v leer.

Breslau, [Caspar Libisch], 1523.

174. ADVERSVS FALSO | NOMINATVM ORDI- | NEM EPISCOPO- | RVM. ‖ D. MARTINVS LVTHER. | VVITTEMBERGAE. | ANNO M.D. | XXIII. ‖ [Titelbordure = v. Dommer Orn. 70 B. |
4°, 34 Bl. 6×4, 2. A—I. Mit Bogencustt. Antiqua. — 1v: MARTINVS LVTHERVS | DEI GRATIA ECCLESIASTES | VVITTENBERGEN . EPISCO= | PIS PAPISTICIS, GRATI= | AM ET PACEM, ET RE= | SIPISCERE, IN | CHRISTO. ‖ [S]I vobis domini mei, ... — 2v 31: PRAEFATIO. ‖ Ne autem apud quosdam bonos & pios homines, ... — 14v 12: PRIMA EPISCOPORVM DOS | ET VIRTVS. | — 19r 17: LVTHERI BVLLA | ET REFORMA- | TIO. | — 33r 12: | non cessant, perdat, deuastet, ciuitatesq3 eorum euertat. Amen. ‖ ERRATA INTER EXCV= | DENDVM. | ... — 33v a. E.: | FINIS. ‖ — 34 leer.

Wittenberg, [Joh. Grünenberg], 1523. Lat. Uebersetzung von No. 120.

175. Dy Bulle Des Ecclesiasten : zu | Wittenbergk Wiber Dye | Bebstischen Bischoff. Die da | gibt Gottes genade Zu | lon allē Den, dy Sy | haltē, vnd Yn | vollgen. ‖ D. Martinus . Luther : ‖
Weller 2501.

4°, 4 Bl. Ohne Sign. Schwabacher von eigenthümlichen Ductus. 1v: Zum Crystlichen Lefer1. | Dyse bulle von Doctor Luther ... | ... hab wyr vor gut vnd nucz | lich angefehen: fy auff zubreiten. ... — 2r: D. Luthers Bulla vnd Reformation | Alle die da zu thun, ... — 4v a. E.: | alle die fie hallten vnnd yhr folgen : Amenn ¶

Drucker noch nicht ermittelt.

176. Bulla Cene Domini | Das ift : die Bulla vom Abent= | freffen des allerheyligften | herrn des Bapfts : vor= | deutfcht durch Mar= | tin Luther. Dem | Allerheylig= | ften Romi= | fchen | Stuel zum | newen Jare . ‖ Seyn maul ift vol fluchens, triegens vnd geytzes. | Vnter feyner zungen ift mühe vnd arbeyt. | Pfalmo . x . ‖ Buittemberg. | 1523. ‖
= Knaake VIII, 690 E.

4°, 22 Bl. 4×4, 6. A—E. [3r signirt mit aaiij.] Mit Seitencustt. Schwabacher. Mit 3 Zierinitialen aus dem bekannten Lotterschen Alphabet. — 1v: Martin Luther bem allerheyligften | Stuel zu Rom vnd feynem gantzen Perfament. ‖ [M]Eyne gnab vnd grus zuuor, ... — 3v 10: Doctor Luther Priuilegium | diefe Bullen zu drucken. ‖ ... — 4r: Die Bulle des abetfreffens | des herren des Bapfts. ‖ Das Erft Capittel. ‖ [L]Eo Bifchoff, ein knecht | aller knecht Gottis, ... — 10r 17: Martinus Luther. ‖ [J]Ch hatte willen mit ben trunckē bol= | ten wehtter zufchertzen, ... — 22r a. E.: | wer ein Chriften ift. ‖ — 22v leer.

Wittenberg, [Melchior Lotter,] 1523.

177. ¶ Das hauptftuck [!] | des ewygen vnnd | newen teftamēts, von bem hoch= | wirbigen Sacrament beiber ge= | ftalt, fleifch vn blůt

Chꝛisti, | zeichen vnd zusag, die er | vns yn den selben ge- | than hat. Gepꝛedigt | am gronē Donꝛ- | stag zu Witt- | temberg | durch || D. Martinum Luther. || [Titelbordure = v. Dommer 135.]

4°, 4 Bl. Ohne Sign. Schwabacher. — 1v leer. 2r: Jhesus | ¶ Rement byn vnd essent. dz yst | ... — 2r 10: Jn dyssen worten werde vns beŷ yn einer Summa | zwey dyng furgehalten vnd geben, ... — 4r 24: | hebst oder sei. Gott erlos vns von yhnen Amen. || — 4v leer.

[Erfurt, Ludw. Trutebul, in der Permentergasse, zum Färbefass.]

178. Das hauptstuck des | Ewigen vnd newen Testaments, | von dem hochwirdigen Sacrament | bayder gestalt, fleysch vnd | blůt Chꝛisti, zeychen vñ | zůsag, die er vns ynn | den selben gethan | hat . zů Wittem- | berg durch | D. Martinum Luther. || [Holzschn. Orn. 38. Titelbordure Orn. 60.]

= Weller 2521.

4°, 4 Bl. —, Aij, Aiij, —. Schwabacher. — 1v leer. 2r: Jhesus | Rement byn vnd essent . das ist meyn | leyb ... — 9. Zeile: Jn diesen worten werden vns ... 3v: | von ynen. AMEN. | ¶ Gedruckt zů Zwickaw durch Jörg Gastel. || — 4 leer.

Zwickau, Jörg Gastel.

179. Eyn Sermon vber | Das Euangelium | Johan. 4. Es war eyn konigi- | scher des son lag kranck zu | Capernaum etc. || ✠ | Martinus Luther. || DMXXiij. | Wyttem. || [Titelbordure = v. Dommer 86.]

= Panzer 1793. Weller 2575 [Bamberg, G. Erlinger!!]

4°, 8 Bl. 2×4. A, B. Schwabacher. — 1v: Euangelion Jo- | hann: iiij. || Es war eyn konigischer ... | ... | ... | Galilea | [Spatium von 5,5 cm wohl für einen Holzschn. bestimmt] | vnd er glewbt ... — 2r: [b] An diesem Euangelio ist vns furgebildet eyn | sonderlich exempel ... — 7v 17: | stern beselhen. || Diese Seite ist kelchförmig gesetzt.] — 8 leer.

Wittenberg. [Hans Lufft], 1523.

180. Eyn Sermon vom | glauben vnd fried | des hertzen, zu Erffurdt | gethan auff dē nehisten | Sōtag nach Ostern | als mann zalth . | M.D.XX. | ∴ || Doctoꝛ Martinus | Luther. || Getruckt . [!] M.D. xxiij || [Titelbordure = v. Dommer 135.]

= Panzer 1750.

4°, 4 Bl. —, aij, —, —. Schwabacher. — 1v: Sermon D. Martini Luther gesche | hen zu Erffurdt, am Sontag Quasimodogeniti. | Jm Jar . M.D. XX. | MR lieben freunde die hisoꝛy vom heiligen Thoma | wil ich ytzt stehen lassen, ... — 4v 11: | letze vns Gott zu aller zeit AMEN. || ¶ Getruckt [!] ynn der loblychen Stadt | Erffurdt . ynn der Permenter gasszen, zum Ferbefatz. | ym Jar M. CCCCC. vnd . XXiij. ||

Erfurt, [Ludw. Trutebul] in der Permentergasse, zum Färbefass, 1523.

181. Ain sermō. | Am Sontag, nach | der auffart des herren Jesu | das Euangelium [!] Joha. | am . xv . Wañ da kom | en wirt der

tröſter | ben ich ſenden | wirb. ꝛc. ‖ Geprebiget Durch . D. M.
L. ‖ Wittenberg. | [Titelbordure Thiergarten = v. Dommer 152.]
= Panzer 1758.

4°, 4 Bl. —, Aij, Aiij, —. Schwabacher. — 1v: Jheſus. | ¶ Am Sontag
nach der auffart des herren Jeſu, dz Euā- | gelium Johanis am . rv. ...
— 1v 8: ER lieb hat nun vil gehört von | dem glauben, ... — 4v a. E.: | ten
vater, jm ſterben vnnd jm leben. | AMEN. ‖

[Strassburg, Renatus Beck.]

182. Eyn Sermon am | ſontage nach der | hymelfart Chriſti. | Geprebiget
durch ‖ D M Luther | Zu Wittenberg. ‖ [Titelbordure: Orn. 50.]
= Weller 2556.

4°, 6 Bl. 4, 2. A, B. Schwabacher. — 1v leer. 2r: Ewer liebe hott
nu vill gehort. | vonn dem glauben, ... — 6r 20: | ihm ſterben vnnd ihm
lebenn. ‖ Gedruckt zu Breſlaw . durch | Caſpar Lybiſch. Jm jar | tauſent fünff-
hundert | vn dreiunzwentzig. ‖ Gott ſey lob | ✧✠✧ ‖ — 6v leer.

Breslau, Caspar Libisch, 1523.

183. [Sermon am Auffahrtstag. Marci am letzten.]

Es fehlt uns. Ex. die Lage A.

4°, [8] Bl. [2×4]. [A], B.

Dieser Sermon steht auch in den „Vierzehen, ... | ... |
Prebig, ... [Basel, Ad. Petri 1523. siehe oben No. 171
Div—Fij. Der bei v. Dommer 398 erwähnte Sermon
auf das Ev. Marci am letzten hat einen andern Schluss,
als der unsr.

Drucker noch unermittelt.

184. Wie man recht | Vnnd verſtendtlich ain | menſchen zum Chriſten
glaubn̄ | tauffen ſoll, von D. Mart. | Luther kurtz angezaichet | Auff
bitt ains red- | lichen Burger | moyſters. | ¶ Auch Drey nutzliche
Ser- | mon Doctor . Mart. | Luthers. ‖ Wittemberg. | M.D.XXiij. ‖
[Titelbordure Orn. 41.]
= Panzer 1669.

4°, 12 Bl. 3×4. A—C. Schwabacher. Auf 2v ein kleiner Zierinitial.
— 1v: DEr tenffer [!] ſpricht. wie habſt du | Der Path. ... — 2r 12: | Chriſti,
auff das du haſt das ewig leben, der frid ſey mit dir. | AMEN Aij |[Rest der
Seite leer.] — 2v: Eyn Sermon von der troſtung des | habligen gabſts. ... | ... |
... | ... | Anno M.D.xxiij. ‖ EWer liebe hat nu vil gehört ... — 6r: Doctor
Martin Luther Ser- | mon dem Palmtag. ‖ DAs heuttig Euangelium iſt geſchri-
ben, ... — 8v: Ain Sermon von der hymelfart Marie | der Junckfrawen vnnd
mutter gottes. ‖ ... | ... ‖ MAn begeet heut das feſt vnſer liebe frawen ... —
11v 20: | nichts . Got ſey lob. ‖ — 12 leer.

[Augsburg, Sigm. Grimm & Marx Wirsung,] 1523.

185. Euangelium | Von den zehen auſz- | ſetzigen vordeutſcht | vnd auſz-
gelegt | Marti. Luth. ‖ Buittemberg. ‖ [Titelbordure = v. Dommer
Ornam. 77.]

Knaake VIII, 338 J.

4°, 44 Bl. 11×4. 𝔄—𝔏. Mit Seitencustt. 2 Initialen aus Lotters Maskenalphabet. — 1v leer. 2r: Jhesus. ‖ Dem Ehrn vesten vnd Gestrengen | Herr Haugold von Eynsideln, Her Hansen | von Doltzk, vnd Bernhard von Hyrtz= | feldt, meynem [!] gunstigen Herrn vnd | freunden, Wunscht Martin | Luther die Gnad vnd | den frid Gottis. ‖ [G]Unstige liebe Herrn vnd | freunde, ... — 4v a. E.: ..., Am tag Lamperti. M.D.xxi. ‖ — 5r: Am Vierzehenden Sontag nach | Pfing= sten Euangelium Luce . xvij . ‖ [D]A Jhesus wandelte gen | Hierusalem, ... — 44r a. E.: | gebt vnd gehtß haben, denn ich habe. ‖ Gedruckt zu Wittemberg bey Melchior Lotter | Nach Christi geburt M.D.xxiij. ‖ — 44v leer.

  Wittenberg, Melchior Lotter, 1523.

   [v. Dommer weist 9 Drucke, welche die Bordure 77 tragen, aber sämmtlich undatirt sind, M. Lotter in Wittenberg zu. Hier wäre also der directe Beleg dafür, dass er richtig geurtheilt hat.]

186. Das Euangelium | vom fischfang Pe= | tri geprebigt durch | D. Mar. Lutther | zu Wittemberg. ‖ M.D.xxiij. ‖ [Titelbordure Orn. 49.]
  = Weller 2516.

4°, 4 Bl. —, Aij, Aiij, —. Blattcustt. Schwabacher. Auf 1v ein Fractur-Zierinitial. — 1v: [D]As Euangeliu ist leicht be= | nenn die den glauben haben ... — 4v a. E.: | hungerigenn gespeyst. Amen .·. ‖ Die warheyt gottes bleybt ewigklich. ‖ Gedruckt in der koniglichen | stadt Breslaw durch Caspar Libisch, Jm iar. | Tausent funff hundert vn dreyundzwantzig. ‖

  Breslau, Caspar Libisch, 1523.

187. Ein Sermou [!] Auff den sontag Cata= | te geprebigt durch ‖ D M Luther | zu Wittemberg ‖ [Titelbordure Orn. 50.]
  = Weller 2552.

4°, 4 Bl. —, Aij, Aiij, —. Schwabacher. — 1v: Meyne freundt Christi inn byesem | Euangelio ist nichts anders dann wie in allen andren, ... 4r a. E.: | vorfolgung vnd kreutz. | ¶ Gedruckt zu Breslaw Durch Caspar Libisch. ‖ — 4v leer.

  Breslau, Caspar Libisch.

188. Das Euangelium | Matthei ahm . vij. | Hütt euch vor den falschen pro= | phetenn. Gepredigt | durch | Doct. Martinū Luther . | zu Wittemberg. | [Schnörkel.] ‖ V.D.M.I.E. ‖ [Titelbordure Orn. 49.]
  And. Ausg. v. dems. Jahre aus ders. Officin Weller 2517.

4°, 6 Bl. 4, 2. A, B. Mit Seitencustt. Auf 2r ein verschnörkelter Zierinitial. — 1v leer. 2r: [D]As Euägeliu schreibt sact | Matheus am . vij. ... — 6r a. E.: | habenn ahn Gottes sun ‖ GOT. SEY. LOB. ‖ — 6v leer.

  [Breslau, Caspar Libisch.]

189. Eyn Sermon Von | dem heyligen hoch= | wirdigen Sacra= | met der Tauffe. | D. Marti= | nus Luther. ‖ Wittemberg. | 1523. ‖
  Knaake II, 726 O [falsch Grünenberg zugeschrieben.]

8°, 16 Bl. 2×8. A, B. [16 fehlt uns. Ex.] Bogencustt. Schwa- bacher. — 1v leer. 2r: Eyn Sermon von dem heyligen hoch= | wirdigen Sacra= ment der Tauffe. | Docto: Martinus | Luther. ‖ ¶ Czum ersten. Die Tauff heyſt | . . . — 15r a. E.: | deſi frölichen banden ymer bñ ewiglich | AMEN. ‖ — 15v leer. 16 fehlt, war jedenfalls auch leer.

  Wittenberg, [Nickel Schirlentz], 1523.

  [Ganz ähnlich der No. 191, welche die Datirung von Schirlentz trägt.]

190. Eyn Sermon an | vnſers herren | Hymelfarts tag. Marci | am . 16. Von der ſum= | ma des Euāgelij, | das iſt, der | Glawb. ‖ Mart. [Spt.] Luther. ‖ Wittenberg. | 1523. ‖

  8°, 16 Bl. 2×8. A, B. |16 fehlt.] Bogencustt. Schwabacher. — 1v leer. — 2r: Auff das Euangeli= | on Marci am letzten. ‖ Man begehet heüt den Artickel des glau | bens, . . . — 15r 11: | handt gottis. | Das ſey gnug von dem Euangelio. ‖ — 15v leer. — 16 fehlt, war jedenfalls auch leer.

  Wittenberg, [Nickel Schirlentz], 1523.

191. Eyn Bett= | buchlin vnd ‖ leße büchlin, | Mar. Luth. ‖ gemehret vnd ge= | beſſert. | ∵ ‖ wittemberg ‖ [Titelbordure Orn. 59.]

  = Weller 2499. Eine and. Ausg. v. dems. Jahre u. aus ders. Officin Panzer 1630.

  8°, 156 Bl. 19×8, 4. A—B. Mit Bogencustt. Schwabacher. Mit einer Anzahl Zierinitialen aus des Schirlentz Apostelalphabet. — 1v: Die zehen ge= pott. ‖ Der glawbe. ‖ Das vatter vnſer. ‖ Das Aue Maria. ‖ Ettliche ver= deutſchte Pſalmen. , Die vorrhebe zun Romern. | Die Epiſtel zun Romern. | Die Epiſteln zu Timotheon. | Die Epiſtel zu Titon. | Die Epiſteln Petri. vnd Jude. ‖ D. Mar. Luther. ‖ — 2r: Gnab vnd frid al= | len meynen lieben herrn | vnd brü= dern ynn | Chriſto. ‖ Vnter andern viel ‖ ſchedlichen leren . . . [undat.] — 3r a. E.: ❧ ❧ Jr beginnt die Vorrede zu den 10 Geboten. Die Psalmen sind der Reihenfolge des Buches nach der 11., 66., 50., 103., 19., 78., 10. Zwi= schen den letzten beiden ein Gebet. Auf 70r vor der Ep. Pauli an die Röm. nur ein Holzschn.: Paulus Orn. 37. — Hinter der Epistel St. Judas 146r ff. mit besonderem Seitentitel: Eyn Sermon von | der betrachtung | des heyligen leyb | dens Chriſti. | D. Mart. Luther ‖ Buittenberg. ‖ — 156r a. E.: | die wendt ge= | malet. | ❧ ‖ Gedruckt zů Wittenberg | durch Nickel Schirlentz | M.D.XXiij Jar. ‖ — 156v leer.

  Wittenberg, Nickel Schirlentz, 1523.

192. Ein Deutſch Teolo | gia, das iſt ein ebles büch | ſeyn, von rechtem vorſtandt, was Abā | vnd Chriſtus ſey, vnd wie Adam | yn vns ſterben, vnd Chri | ſtus erſteen ſoll. ‖ [Holzschn.: Orn. 6.]

  = Panzer 1642.

  4°, 46 Bl. 10×4, 6. A—L. Mit Bogencustt. u. Ueberschrr. Von 5r— 46r foliirt: I—XLII. Schwabacher. Zierinitialen. Randdruck. — 1v: Vor= reb. ‖ [M]An liſzt, das ſanct | Paulus, . . . — 2r 19: | ſten Thologen ſeind. AMEN. ‖ ¶ Doctor Martinus Luther | Auguſtiner zu Wittenbergk. ‖ — 2v: [D]Js Büchlein hatt der | almechtig ewig Got . . . [Register.] — 5r: [S]Anctus Paulus | ſpricht, Wen das . . . — 46r a. E.: ! tigkeyt ewiglich, AMEN. ‖ Ge= druckt zů Baſel durch Adam Petri, | Im jar M.D.xxiij. ‖ — 46v leer.

  Basel, Adam Petri, 1523.

193. Ettlich Sermones D. Martini Lutheri, nüw | lich vſzgangen. ‖ Von dreierley gütem | leben, das gewiſſen zů vnderrichten. ‖ Von wir= bige empfa= | hung des heyligē leichnams Chriſti, | gethan off den

heilige̅ Grunborn | ſtag [!] zů witteberg, im . xxj. jar. || Von
zweierlei | gerechtigteyt. || Ein Sermon gethon | zů Erfurt vff de̅
hinweg gen Wormßß. || Von der hochſten tu- | gendt Gelaſſenheit,
ein Miſſiue An | dree Bobeſtein von Carolſtat. ||
= Panzer 1064.

4⁰, 36 Bl. 9×4. A – J. Mit Ueberſchrr. Schwabacher. Mit Zier-
initialen verſchied. Alphabete. — 1v: Eyn Sermon von byerley | guttem
leben . . . — 35v 24: | got beuolhen, Amen. Datum Wittenberge ꝛc. || Gedruckt
Anno . M.D.xxj . | Menſe Auguſto. || — 36 leer.
[Basel, Adam Petri.]

194. Spis Martina Lutera Z | Rzec̓ y̓ niemecſte w Cze ſtu přeloženy̓ | Winem̓z
vlazuge Co ſe mu při Bra | trieć̓ zba zaprawee A co zapochy̓bnee : |
Ato zpr ić iny̓ Dlazet̓ bietienſky̓ch̓ W | Jazy̓tu niemecſte wy̓ba-
nych̓ | Doty̓kage y̓ſpiſu Opra | wbie witiezne Lu | taſſem poſla | neeho : |
✣ | Zwittemberka : | Leta obnarozeni Spaſy̓tele naſſeho | Tiſy̓cieho
pietiſteho Trimezcielmeo : || Wćem luter Bratřie netupi Chceli tto
znati | Muſy̓ w geho pſanij Prawbie mijeſto bati || [Titelbordüre
Orn. 53.]

Jungmann, Liter. české p. 105, No. 792.

4⁰, 16 Bl. 2×6, 4. A – C. Schwabacher. Auf 2r ein Zierinitial. — 1v
Holzschn. Orn. 28. — 2r: Ny̓m mily̓m Panom a Př atelo Bra | tŕm gmenowa-
ny̓m Walbeſſtij . w Czechach̓ | A ttmorawʼe Miloſt a pokog w Kry̓ſtu : | [W?]-
bany̓ . . . — 15r a. E: ¶ Miloſt pana naſſcho Gejiſſe Kry̓ſta bub' ſwami
AMEN . Paulus Oliuecenſis : [Unter der letzt. Zeile, an den senkr. Balken
des P in Paulus angesetzt, Linienornament.] — 15v und 16 leer. [Böhm.
Uebersetzung der No. 159.]
[Leitomischl = Mons Oliueti,] Paulus Oliuecensis = Pawel
Mezihcký, 1523.

195. Obpoweb Bratrzie Na | Spis Martina Lutera . Který̓z Ně | mech
hazy̓tě v́ ciniv wy̓tiſknuti bal | Winem̓z oznamuge Coby̓ſe mu při Bra |
triech̓ wibʼelo zaprawee A co w po | chy̓bnoſti neb wneſrozumʼeni
Nac ež mu zaſe zprawu | poblee piſem ſwa | ty̓ch̓ ſluſſnu | cy̓nie : |
✣ | z Czech a z Morawy || Leta obnarozeni Spaſy̓tele naſſeho
Tiſy̓cieho pětiſteho Trimecielmeho || Chcelikto co Bratřie Luterowi
piſſij wʼebʼeti | Ten ſobʼe nemaž' ſkup'e tniž ty̓ ty̓to phlebnuti ||
[Titelbordüre: Orn. 54.]

Jungmann, Liter. české p. 105, No. 793.

4⁰, 46 Bl. 7×6, 4. A – H. Schwabacher. Mit Zierinitialen. — 1v:
Holzschn. Orn. 29. — 2r: Bratrzij Starſſij . z Czech y̓ z Morawy̓ | Oſwieceneemu
Doktorowi Martinowi | Lutherowi bo Wittemberku : || [M]Iloſt a Prawba w
Kry̓ſtu | . . . — 46r a. E: | was: Miloſt boj ie w Kry̓ſtu ſewſſemi wami Amen :
Transſcriptum Emendatu q3. Anno domini Mileſimo | quingenteſimo Bigeſimo
tercio. Finit quam ffeſtine ſſe | ria tercia Ante Johannis Baptiſte : Et Impreſſum
est | Eodem Anno fferia quarta poſt Exaltacionis Crucis : |. In Monte Oliueti : :
|unter der letzten Zeile, an den letzten senkr. Balken des M in Monte an-
gesetzt, Linienornament.] – 46v leer. [Antwort der Böhm. Brüder auf No. 194.]

Mons Oliueti = Leitomischl, [Paulus Olivecensis = Pawel
Meriŕicky',] 1523.

Verzeichnisse.
I. Ornamente.[1])
a. Bilder.

1. [Augsburg, Sigism. Grimm u. Marx Wirsung,] 1521: 95.
   Bildniss Luthers. Linienrand. 173×117 mm. Von v. Dommer schon im Anhang zu Ornam. 4 erwähnt, wo er es als Original des unter 4 von ihm beschriebenen Lutherbildes bezeichnet und ebenfalls S. Grimm zuschreibt. Bei v. Dommer hinreichend beschrieben. In uns. Ex. lautet die Unterschrift: . . . MÆNTIS [v. Dommer: MENTIS] und . . . LVTHERVS | [v. Dommer: LVTHER⁹ ·]. Die Jahreszahl M.D.XXI. ist in Typen gesetzt.

2. [Augsburg, Melch. Ramminger,] 1522: 130.
   Linienrand. 51×36 mm. Christus am Kreuze, an dessen Fusse ein Schädel liegt. R. Maria; l. Johannes. Alle drei mit Strahlenglorien. Das Bild schneidet oben mit dem Querbalken des Kreuzes ab. Auch hier sieht das Haar des Johannes wie eine Perücke aus; vgl. v. Dommer Ornam. 29.

3. [Augsburg, Melch. Ramminger,] 1522: 131.
   Linienrand. 49×39 mm. St. Antonius nach vorn schreitend; in der r. das Doppelkreuz, auf dem l. Arm ein Buch. L. neben ihm das Schwein. Im Hgr. l. eine Kirche; sonst hügelige Landschaft. Der Heilige mit mondförm. Nimbus.

4. [Augsburg, Melch. Ramminger,] 1523: 136.
   Linienrand. 51×38 mm. Maria als Himmelskönigin nach l., auf der Mondsichel stehend, umgeben von der mandelförm. Strahlenglorie. Ihr Haar fällt aufgelöst über die r. Schulter; in der r. hält sie das Scepter, auf dem l. Arm das Kind. Ihr Haupt ist mit der Krone geschmückt. Maria u. das Kind mit mondförm. Nimbus. In den Ecken Wolken.

5. [Basel], P.[amphilus] G.[engenbach.] 1518: 2.
   Linienrand. 35×28 mm. Beichthörender Priester. Offener Beichtstuhl. Hinter dem knieenden Mann, welcher beichtet, stehen noch 3 andere Personen. Vornan eine Nonne mit Rosenkranz.

6. Basel, Adam Petri, 1523: 192.
   Linienrand. 93×67 mm. Oben Gott Vater in einer Lichtglorie; auf dem r. Arm einen Knaben, der die Hände bittend faltet. Unten bis an die Hüften in einem Flammenpfuhl, ein nackter bärtiger Mann, der die Arme bis zur Brusthöhe erhoben hat. Vielleicht auch auf den reichen Mann u. den armen Lazarus zu beziehen; vgl. weiterhin das Bild 13.

7. Breslau, Adam Dyon, 1519: 13.
   Linienrand. 61,5×42,5 mm. Der auferstandene Christus, die r. Hand erhoben, in der l. die Kreuzfahne. Hinter ihm das offene Grab, welches wie ein Kasten aussieht. R. und l. die schlafenden Wächter. Hgr. bergige Landschaft. Christus mit Strahlenglorie.

8. ebenda, 1519: 30.
   Linienrand. 69×45 mm. Sechs disputirende Männer in einem zweifenstr. Zimmer; einer von ihnen sitzt. Hgr. horizontal schraffirt.

---

[1]) Bei der Angabe der Masse steht die Höhe immer der Breite voran. Links und rechts bei der Beschreibung ist, wie bei v. Dommer, immer vom Bilde aus zu verstehen.

9. ebenda, 1519: 26.
    Linienrand. 55×41 mm. Pabst nach links mit Tiara, in der l. Hand den Stab mit dem Doppelkreuz, in der r. einen Beutel.
10. ebenda, 1519: 42.
    Linienrand. 68×43 mm. Bischof unter einem aus Aesten gebildeten Bogen; in der linken den Krummstab, die rechte wie beschwörend erhoben. Zu seinen Füssen ein Todter oder Sterbender, von dem aber nur Kopf und Füsse sichtbar sind.
11. [Breslau, Adam Dyon,] 1519: 24.
    Linienrand. 69×46 mm. Krönung Mariae. Maria knieend mit langen über beide Schultern fallenden Haaren wird von Gott Vater und Christus, die ebenfalls Kronen tragen, gekrönt. Im Hgr. l. und r. Engel. Ueber dem Haupte Marias die Taube des h. Geistes.
12. [ebenda,] 1519: 28.
    Linienrand. 70×46 mm. Johannes d. Ev. am Pult, worauf ein Buch liegt; er hält die Feder in der Hand. L. auf der Erde der Adler, zwischen seinen Klauen ein leeres Spruchband. Der Evang. trägt eine Bischofmütze.
13. [Erfurt, Matthes Maler, 1523]: 138.
    Dicker Linienrand. 88×69 mm. Abraham r. oben in Wolken mit Lazarus im Schoss. Im Vgr. Felsenpartie mit einer dünnen Tanne auf dem Gipfel. In einem Erdspalt, aus dem Flammen schlagen, der reiche Mann, nackt bis an die Hüften, mit der r. Hand auf seine dürstenden Lippen weisend.
14. [Leipzig, Martin Landsberg, 1519]: 16.
    Linienrand. 58×33 mm. Gott Vater, Sohn u. h. Geist. Gott auf dem Regenbogen sitzend, bis an die Schultern in einer Strahlenglorie, hält in seinem Schosse den Crucifixus, die Enden des Querbalkens mit den Händen fassend. Ueber dem Haupt Gottes die Taube. In den oberen Ecken Wolken.
15. [ebenda], 1519: 23.
    Linienrand. 58×34 mm. Johannes der Täufer nach l. schreitend, die rechte Hand erhoben; auf dem l. Arm das Buch, auf welchem das Lamm mit der Kreuzfahne. Im Hgr. r. Burg, davor ein Fluss mit einem Kahn; l. Buschwerk. Joh. trägt ein langes Pelzkleid, das in einen Thierkopf [hier wie ein Schweinskopf] endet; auf dem Haupt mondf. Nimbus.
16. [ebenda, 1519]: 36.
    Linienrand. 56×33 mm. St. Hieronymus nach links vor dem Crucifixus auf den Knieen. Hinter ihm r. der Löwe.
17. [ebenda, 1519]: 36.
    Dicker Linienrand. 124×91 mm. Abendmahl. In einem gewölbten Raum mit zwei runden Fenstern an rundem gedeckten Tisch Christus u. die Jünger. Er selbst sitzt hinten in der Mitte unter einem Baldachin; neben ihm l. Johannes mit Kopf und Armen auf dem Tisch. Rechts vorn Judas mit dem Beutel in der r. Hand.
18. [ebenda, 1519]: 37.
    Linienrand. 130×94 mm. St. Hieronymus nach l. auf den Knieen vor dem Crucifixus; in der r. Hand hält er einen Stein, den er sich eben vor die entblösste Brust schlagen will. Links ein Baum, r. eine Kirche u. ein Baum. L. vorn der Löwe in liegender Stellung.

19. Leipzig [derselbe], 1519: 51.
Linienrand. 132×104. Vgl. v. Dommer Ornam. 6. Der auferstandene Christus. Unser Bild ist aber ein Nachschnitt. Auch hier ist unten Luc. Cranachs Zeichen noch erkennbar.

20. ebenda, [derselbe], 1519: 51.
Linienrand. 128×92 mm. Christus am Kreuze; r. Maria, l. Johannes. Wie bei v. Dommer Ornam. 8; auch unserem Bilde 40 sehr gleichend.

21. Leipzig, Valentin Schumann; 1519: 15.
Linienrand. 50×34 mm. Gott Vater, Sohn u. h. Geist; wie No. 14, aber gegenseitig. Die Taube sitzt hier auf dem r. Kreuzbalken.

22. ebenda, 1519: 19.
Linienrand. 108×77 mm. Maria auf der Sichel, halb nach l.; auf dem linken Arm, dessen Handgelenk ihre rechte umfasst, das Kind mit dem Apfel. In der mandelförm. Strahlenglorie. Das Kind hat auf dem Haupte eine dreitheilige Strahlenglorie. Marie ohne Krone; ihr Haar wallt über die r. Schulter.

23. ebenda, 1519: 19.
Doppelter Linienrand. 72×54 mm. Fusswaschung. Zimmer mit 3 kleinen Fenstern. Im Vgr. kniet Christus und wäscht einem der Jünger die Füsse über einem Reifenschaffe; im Hgr. die übrigen Jünger. Alle Personen haben mondf. Nimben. Sehr roh u. wohl ein alter Stock.

24. [ebenda, 1520]: 62.
Linienrand. 90×67 mm. Johannes der Täufer nach rechts, in langem, in einen Thierkopf endenden Fellgewand. Auf dem r. Arme hält er das Buch mit Lamm und Kreuzfahne, mit der erhobenen linken darauf hindeutend. Er steht mit dem Rücken gegen eine brusthohe Ziegelmauer, auf dem Haupt mondförm. Nimbus. Im Hgr. hügelige Landschaft.

25. [ebenda, 1520]: 70.
Dicker Linienrand. 124×90 mm. Ritter in Harnisch, unter einem aus Geäst gebildeten Bogen. Er ist etwas nach links gewendet, hält mit der r. den Knauf seines an der r. Seite hängenden Schwertes und mit der linken eine Fahne, deren Stange auf dem Boden steht. Hgr. r. bergig, davor ein Fluss. Vgr. wiesig.

26. [Leipzig, Wolfg. Stöckel, 1520]: 57.
Linienrand. 48×30 mm. Priester am Altar, einem vor ihm knieenden Mann den Leib Christi reichend.

27. Leipzig, Wolfg. Stöckel, 1520: 41.
Ohne Rahmen. c. 50×50 mm. Leipz. Stadtwappen.

28. [Leitomischl = Mons Olineti,] Paulus Olivecensis = Pawel Meziřicky, 1523: 194.
155×108 mm. l., r. und unten schmale Leisten mit weissem Rankenornament auf schwarz. Grund. Gewölbtes Zimmer, dessen Decke zwei Pfeiler tragen. Vor denselben sitzt am Pult, die Feder in der Hand und ein offenes Buch vor sich, Luther, die Augen auf einen Boten gerichtet, der (rechts) eben hereingetreten, ihm einen gesiegelten Brief darreicht. Rechts an der Wand zwei Regale mit Büchern, welche nach der damaligen Sitte alle mit dem Rücken nach oben stehen. Ueber Luther schwebt eine Taube, von der eine Strahlenglorie auf Luthers Haupt sich ausbreitet. Oben ebenfalls eine schmale Leiste mit folgender In-

schrift (weiss auf schwarz. Grunde): 𝔐artin . luter. 𝔚ittemberſh. fajatel.

29. Leitomischl = Mons Oliueti. [Pawel Meziřický], 1523: 195.
157×108 mm. Doppelter Linienrand. Zimmer mit hohem Bogenfenster zwischen zwei schlanken Wandpfeilern. Von oben hängt eine Ampel herab. Vorn rechts sitzt unter einer Art Baldachin ein älterer Mann in langem, faltigen Gewande; vor sich hat er ein niedriges Lesepult, dessen Ständer aus geschnitztem Weinlaubwerk besteht. Auf dem Pult ein offenes Buch, in dem der Mann mit der r. Hand blättert, während er mit der linken einem jüngeren Mann eine Weisung giebt, welcher in einer Büchertruhe mit Suchen beschäftigt ist. Unten 20 mm breite Leiste, auf der folgende Inschrift [weiss auf schwarzem Grunde]: 𝔚yhlebánie ſwoby jakona boj ieho. Auf dem Capitäl der r. Säule Monogramm H.

30. Prag, [— —], 1520: 82.
Linienrand. 148×113 mm. In einem Zimmer an viereckigem, mit einem Tuche bedeckten Tische fünf disputirende Männer. Auf dem Tische ein aufgeschlagenes Buch und ein Stundenglas. Im Hgr. ein grosses Fenster, durch welches man ausserhalb vier andere Männer im Gespräch sieht. Plump.

31. Prag, [—], 1520: 82.
Dicker Linienrand. 87×67. Wappen von Prag; darüber [im Stock] ARMA: CP

32. [Strassburg, Joh. Schott, 1522]: 124. (32—36 in demselben Werke.)
Linienrand. 69×48 mm. Christus auf dem Oelberg, auf den Knieen im Gebet. Vorn l. zwei, hinten r. einer der schlafenden Jünger. Am Himmel steht der Mond.

33. Linienrand. 68×48 mm. Einzug Christi in Jerusalem. Er reitet auf dem Esel, dessen Zügel er mit der l. hält, während er die r. segnend erhoben hat. Ein Mann breitet den Mantel vor ihm auf den Weg. Hinter Christus folgen die Jünger. Links Stadtmauer.

34. Linienrand. 69×48 mm. Wunderzeichen an Sonne und Mond. R. ein Baum. In der Mitte Christus, die l. Hand erhoben, l. Jünger u. Volk. Am Himmel Sonne, Mond und Sterne.

35. Linienrand. 64×32 mm. Mönch, der offenbar Luther selbst vorstellen soll, in ganzer Figur, den r. Fuss etwas vorgesetzt. Er hält ein Buch mit beiden Händen rechts vor sich hin. Horizontal schraff. Hgr.

36. Ohne Rahmen. c. 82×18. Nach l. laufender Hase in der Mitte einer Ranke, die l. u. r. in eine nelkenartige Blume endet.

37. Wittenberg, Nickel Schirlentz, 1523: 191.
Linienrand. 51×29 mm. Der Ap. Paulus in ganzer Figur, etwas nach links, in der l. Hand ein Schwert, auf welches er mit der r. hindeutet. Auf dem Haupt mondförm. Nimbus.

38. Zwickau, Jörg Gastel [1523]: 176.
Linienrand. 58×52 mm. Priester vor dem Altar mit dem Amt der h. Messe beschäftigt.

39. Unbekannt. [1519]: 76.
Linienrand. 127×92 mm. Christus als Mann der Schmerzen. Er sitzt etwas nach l. gewendet auf einem viereckigen Steinblock, das

Haupt in die l. Hand gestützt. Um ihn herum die Passionswerkzeuge. Auch hier ist der Block holzartig geädert und r. u. l. von Christus die Inschrift ECCE — HOMO angebracht; aber in ECCE ist das letzte E in die Rundung des vorhergehenden C geschnitten. Der Druck ist sicher kein Leipziger.

40. Unbekannt (in dems. Druck wie No. 39) [1519]: 76.
Linienrand. 127×94 mm. Christus am Kreuz. R. Maria, l. Johannes, dessen Haar auch hier wie eine Perücke aussieht. Maria hat die Hände vor der Brust gefaltet, Johannes die seinen gesenkt und in einander gelegt. Am Fuss des Kreuzes der Todtenschädel.

b. Titelborduren.

41. [Augsburg, Sig. Grimm & Marx Wirsung?] 1523: 184.
Aeusserer Rand 168×128 mm. Schriftfeld 95×68 mm. Aus 4 Leisten, die aber sowohl in den Massverhältnissen, als auch in der Zeichnung und im Schnitt durchaus mit einander harmoniren. Weinblattornamente auf horizontal schraffirtem Grund. Unten weibl. Halbfigur, mit einer Halskette, ohne Arme; l. und r. aus einem Gefäss, auf dessen Deckel drei geflügelte Putten sitzen, aufsteigende Rankenbäume. Oben in der Mitte 3-köpf. Mascaron; r. und l. aufgerichtete Arabeskenfische, deren Schwänze in Arabesken verlaufen; r. und l. von diesen noch eine Maske und dann geflügelter Engelskopf, der den Stiel der Arabeske im Munde hält. [Daniel Hopfer?]

42. [Augsburg, Melch. Ramminger], 1522: 130.
Schriftfeld 111×77 mm. Aus vier Leisten. L. und r. weisse, mit wenig Schraffirung plump aus dem Block herausgeschnittene Arabesken. Unten zwei nackte Knaben im Turnier, als Lanzen dienen ihnen Stangen mit Windmühlenflügeln an der Spitze; der r. sitzt noch mit eingelegter Lanze auf seinem Steckenpferde, während der l. Pferd und Lanze bereits hat fallen lassen. Diese drei Leisten bei v. Dommer Ornam. 126. In der Kopfleiste ein Kopf mit drei Gesichtern, von dessen Scheitel Rankenwerk ausgeht; diagonal schraffirt.

43. [Augsburg, Melch. Ramminger], 1522: 131.
Schriftfeld 113×87 mm. Aus fünf Leisten von verschiedener Breite. Oben und l. einfache Gewinde. Rechts [verkehrt stehend] Delphine und Füllhörner in paarweiser Anordnung; darüber geflügelter Engelskopf; in der Mitte Mascaron, aber nicht senkrecht, sondern auf dem Ohr liegend. Unten breiter Sockel mit einfachem schwarzen Ornam. auf weissem Grunde. Unter der Kopfleiste noch eine fünfte Leiste. Harnisch und zwei Schilde, l. und r. Ornam., alles schwarz auf weissem Grunde.

44. [Augsburg, Melch. Ramminger], 1523: 136.
Schriftfeld c. 120×75 mm. Aus fünf Leisten. R. und l. durch die ganze Bordure gehender, aus Vasen componirter simpler Aufbau; oben auf einer Platte r. geigende, l. Mandoline spielende, geflügelte Putte. Kopfleiste und eine dicht darunter befindliche Leiste haben einfache schwarze Ornamente auf weissem Grunde. In der Fussleiste halten zwei auf Füllhörnern reitende Kinder eine in der Mitte stehende Vase und eine Schnur mit grossen Kugeln. Diese Leiste bei v. Dommer Ornam. 126.

45. [Basel, Andreas Cratander?] 1520: 77.
Schriftfeld 143×86 mm. Aus sechs Leisten, die ausgenommen die l. u. ohne Rahmen sind. Oben über einem Napf zwei Vögel,

die mit weit aufgesperrten Schnäbeln auf einander losfahren. Unten in der Mitte eine Terrine; r. und l. bärtiges, lappenohriges Ungethüm mit Flügeln, Schlangenleib und Menschenkopf; der Schwanz in einer Sternblume endend. R. ob. Verticalornamente mit einem Mascaron im ob. Theile. L. ob. nackter Junge mit Schild; über ihm Waffen, Musikinstrumente in kreuzweiser Anordnung. R. u. ein Mann, der zwei Füllhörner hält. L. u. Feston, darin einander zugekehrt zwei hornblasende Putten.

46. [Basel], P.[amphilus] G.[engenbach]. [1519]: 2.
   Aussenrand 147×110. Schriftfeld 92×70 mm. Aus vier Leisten. Oben Simson im Schoss Delilas. Unten Aristoteles von der Silaris geritten. R. Salomo zum Abgott betend. L. Vergil im Korbe vom Söller hinabgelassen. Die bekannte Einfassung der „gouchmat" von Pamph. Gengenbach. Vgl. Goedeke, P. Gengenbach, Hannover 1856. p. 503.

47. Basel, [Adam Petri], 1523: 171.
   Aussenrand 170×122 mm. Schriftfeld 90×80 mm. Aus vier Leisten. Oben in der Mitte eine Art Ständer mit zwei Menschenköpfen, von deren mit Blättern bedeckten Scheiteln Ranken ausgehen. An diesen Ranken menschl. Figuren, deren Köpfe, Arme und Leiber in Blattornamente verlaufen. R. und l. barocker bunter Pfeileraufbau. Unten nackte Kinder im Spiel am Meeresstrande. In der Mitte hält einer in den Armen ein Gefäss; er wird aber von hinten durch einen andern an einer Schnur rückwärts gezogen; l. reitet einer auf einem basiliskenartigen Thier, ein anderer liegt an der Erde, den l. Arm um eine Knolle geschlungen, aus der eine tulpenartige Blume auf langem Stengel hervorspriesst. Ganz rechts watet einer in das anspülende Wasser.

48. Breslau, Adam Dyon.
   Dyon verwandte für die meisten seiner Drucke als Bordüren folgende Leisten:
   1) 16×96 mm. Querleiste. Geäst, beiderseits in eine Blüte nach innen endend. In der Mitte 2-köpf. Vogel mit langen Hälsen, aus den Kelchen der Blüten pickend.
   2) 22×113 mm. Querleiste. Rechts in einer Ranke bärtiger Mann bis zur Brust, die Arme gekreuzt und einen Turban auf dem Haupt. Links ein Mann ebenfalls bis zur Brust, eine Kappe auf dem Kopf; unter dem r. Arm Bücher. Den l. hält er ausgestreckt; auf der Hand sitzt ein mit den Flügeln schlagender Vogel. Ein solcher sitzt auch in der Mitte auf dem Ende der Ranke.
   3) 154×22 mm. Verticalleiste. Oben Maria, gekrönt, in der r Hand das Scepter, auf dem l. Arm das Kind. In der Mitte zwei gekrönte Männer. Diese drei Personen in Rumpfbildern. Unten in ganzer Figur und halb sitzender Stellung ein bärtiger Mann mit langem Haar, das Haupt sinnend in die r. Hand gestützt.
   4) 130×14 mm. Verticalleiste. Uebereinander drei nackte Jungen. Der unterste schiesst mit dem Bogen aufwärts nach dem in der Mitte befindlichen, der sich beide Hinterbacken hält. Der oberste bläst eine Schalmei.
   5) 130×9 mm. Verticalleiste. Einfache Ranke, an der in der Mitte ein Eichhörnchen emporklettert; oben sitzt ein die Schwingen ausbreitender Vogel mit langen Schwanzfedern.
   Die Zeichnung ist in allen Leisten weiss auf schwarzem Grunde; sie erinnert in ihrer Manier sehr an die Landsbergschen Ornamente. Dyon druckte übrigens ja mit Vorliebe Landsbergsche Drucke nach.

Breslau, Adam Dyon, 1519: 13, 26, 30.
Breslau, Ad. Dyon, (1519]: 42.
[Breslau, Ad. Dyon], 1519: 24.
[Breslau, Adam Dyon, 1519]: 28, 33.
 Alle diese Drucke haben die Bordüre in folgender Weise zusammengestellt: 4 r., 3 l., 1 oben, 2 unten.
Breslau, [Adam Dyon], 1519: 47.
 Dieser Druck hat 5 r., 4 l., 1 oben, 2 unten.

49. Breslau, Caspar Libisch.
 Aussenrand 162×119. Schriftfeld 90×58 mm. Portalförmig. R. und l. auf vier eckigen Sockeln mit Blattschuppen und Ornamenten geschmückte Säule, deren Capitäl r. und l. in eine Sternblume endet, von welcher Perlenschnüre bis zum Säulenfuss herunterhängen. Auf den Säulen einfacher mit Blattsternen und kleinen Kreisen verzierter Bogen. Unter diesem ein blattartiger Schalen-Aufsatz mit Trauben. Unten zwischen den Sockeln ein Schild mit dem Kopf Johannes Ev. in einer umgestürzten Krone [Bresl. Wappen]; l. eine Ranke in einen Mohnkopf, r. ebensolche in eine Traube endend. Hgr. horizontal schraffirt.
Breslau, Caspar Libisch, 1523: 186.
Breslau, [Casp. Libisch], 1523: 135, 146, 169, 173.
[Breslau, Casp. Libisch, 1523]: 188.

50. Breslau, Caspar Libisch, 1523: 143, 182. — [1523]: 187.
 Aussenrand 165×119 mm. Schriftfeld 92×58 mm. R. und l. Postamente, darauf eine Kugel. Auf dieser l. Adam, mit einem Blätterschurz bekleidet, in der l. Hand den Apfel, in der rechten sich an einer Ranke haltend. R. Eva in der r. Hand das Feigenblatt, in der l. den Apfel. Unten aus einer blattartigen, mit Trauben gefüllten Schale emporsteigend zwei gekreuzte Füllhörner, mit einer Kugel auf der Kreuzungsstelle. Oben in der Mitte Schild mit dem Kopf Johannes Ev. in der umgestürzten Krone, r. und l. gehalten von nackten posaunenden Jungen. Hinter diesen zwei Delphine, vor deren Mäulern eine Kugel liegt. Sehr roh; besonders die Figuren von Adam und Eva vollständig verzeichnet.

51. Eilenburg, Nicolaus Widemar, [1522]: 133.
 Aussenrand 177×116 mm. Schriftfeld 96×68 mm. Beiderseits Postamente. Auf dem l. ein nackter Mann, um den sich eine Schlange windet; in der r. Hand hält er eine Keule. Auf dem r. nacktes Weib, welches die Schlange in der l. Hand hält. Oben halten zwei geflügelte Putten ein Feston; seitwärts lassen sie ein ampelartiges Gehänge herab. Unten in der Mitte Churwappen, gehalten von zwei geflügelten Putten, welche in der andern Hand einen Gabelstecken halten und einen Fuss auf einer Kugel stehen haben.

52. [Leipzig, Wolfgang Stöckel, 1520]: 63.
 Schriftfeld 123×79 mm. Oben zwei eidechsenartige mit den Schwänzen in einander verflochtene, auf der Erde kriechende Thiere. R. übereinander gestellte Vasen, in jeder eine Blume. L. zwei Männer, von denen der eine mit den Händen auf einem Blattornament, der andere auf des ersten Füssen steht. Unten Feston gehalten von zwei geflügelten nackten Knaben. Geschrotener, sehr dunkler Grund.

53. [Leitomischl = Mons olineti], Paulus Olinecensis = Pawel Mezificky, 1523: 194.
 Aussenrand 154×105 mm. Schriftfeld 104×73 mm. R. und l. auf ge-

kehltem Sockel je eine Vase, aus der ein Hopfenstock emporsteigt, dessen Gewinde auch die obere Leiste zum Theil ausfüllen. Es befindet sich oben nur noch das Churwappen. Unten das Rautenwappen, gehalten von zwei geflügelten knieenden Putten. Schwarzer Grund, unten mit weissen Punkten. Die Bordüre besteht aus vier einzelnen Leisten, die aber ganz genau auf einander passen; sie ist wohl, wie man das öfter findet, zersägt worden, um in ihren einzelnen Theilen weitere Verwendung für ornamentale Ausschmückung zu finden.

54. Leitomischl = Mons olivcti, [Pawel Meziřický] 1523: 195.
Aussenrand 157×108 mm. Schriftfeld 113×73 mm. R. und l. ornamentirte Sockel; auf denselben je eine Schale, aus welcher eine Weinrebe emporsteigt, die auch die obere Leiste zum Theil ausfüllt, in der in der Mitte nur ein Schild mit dem Abendmahlskelch. Unten zwei geflügelte Putten; die rechte hält den Schild mit dem böhmischen Löwen, die linke den mit dem mährischen Adler. Zwischen den Schilden Monogramm: 𝔉. Schwarzer Grund, mit spärlichen weissen Punkten. Wie die vorige Bordure in vier Leisten zersägt.

55. [Nürnberg, Johannes Stüchs, 1522]: 125.
Aussenrand 175×122 mm. Schriftfeld 110×78 mm. Aus vier Leisten. L. und rechts bauchige Säulen mit Arabeskenornament. Von den Capitälen hängen Perlenschnüre und Quasten herab; auf den Capitälen über Widderköpfen zwei verschieden geformte Vasen. Am Fusse der Säulen obscönes Monstrenpaar. Oben eine Vase, von der zwei Füllhörner ausgehen, über welchen zwei geflügelte Ungeheuer mit Menschenköpfen und Schlangenleibern stehen. Unten drei durch Pfeilerchen von einander getrennte Nischen; in der rechten Joh. Ev. mit dem Kelch, links Simon Apost. mit der Säge über der l. Schulter und der Palme in der r. Hand, in der mittleren Nische Maria als Himmelskönigin, in der l. das Scepter, auf dem r. Arm das Kind mit dem Apfel. Alle drei Figuren Brustbilder mit mondförm. Nimbus.

Die r. und l. Leiste finde ich in dem a. F. datirten Druck des „Joh. Stüchs Nürnberg": Uon Ehe= | sachen. ‖ Martinus Luther. Wittemberg. ‖ M.D.XXX. ‖

Aehnliche Bordure bei v. Dommer Ornam. 156 und unsere No. 61.

56. Prag, [— —], 1520: 82.
Doppelter Linienrand. Aussenrand 180×125 mm. Schriftfeld 87×62 mm. Rechts Eva mit dem Feigenblatt in der r. und dem Apfel, den sie vor die Brust hält, in der l. Hand. Links Adam, die Schlange um den l. Arm und über den Nacken geschlungen; mit der r. Hand umfasst er ihren Hals. Beide Figuren stehen auf Postamenten. Oben Moses in Brustbild nach links, in den Händen die Gesetztafeln, auf denen hebräische Buchstaben. In den oberen Ecken Ranken, die in Menschenköpfe enden. Von ihnen hängen an Schnuren Deckel herab, die über dem Haupte Adams und Evas schweben. Unten Saul zu Pferde. Blitze, aus einer Wolke rechts hervorschiessend, stürzen ihn von demselben.

57. Schlettstadt, Lazarus Schurer, 1520: 64.
Schriftfeld 137×65 mm. Aus vier einfachen, aber hübschen Leisten. Oben zwei sitzende Putten, die an einer quer über die Leiste gehenden Schnur ein leeres Schildchen halten, darunter Feston. R. und l. Stäbe mit reichem Ornament [wohl aus einer anderen

Bordüre herausgeschnitten]. Unten Korb mit Füllhörnern r. und l.

58. **Wittenberg**, [Melchior Lotter], 1523: 156.
Aussenrand 172×124 mm. Schriftfeld 94×59 mm. Vgl. die Beschreibung bei v. Dommer Ornam. 83. Unsere Bordure ist aber nicht vom Originalstock, sondern ein Nachschnitt. Die Bemerkung von Schwarz (Von einem Hilfsmittel, Schriften nach Ort und Drucker zu bestimmten in „Strobels Neuen Beiträgen etc. II. S. 122, No. 26), dass sich auch der j. Melchior Lotter eines Nachschnittes des Schirlentz'schen Originalstocks bedient hat, wäre also doch richtig. Die Typen unseres Druckes weisen sicher auf seine Firma hin.

59. **Wittenberg**, Nickel Schirlentz, 1523: 191.
In 8°. Aussenrand 135×85 mm. Schriftfeld 63×43 mm. Portal. Vorn zwei runde Säulen. Im Gesims zweiarmiges Blattornament. In der Decke des Portals eine kreisrunde Oeffnung. Unten Blattmascaron mit runden schwarzen Augen, aus den Schultern quellen dicke, nach oben sich windende Ranken. Mit horizontaler Schraffirung. Ganz in der Manier des Meisters, der für den j. Lotter die Blatt- und Maskenbordüren und Alphabete schnitt.

60. **Zwickau**, Jörg Gastel, [1523]: 178.
Schriftfeld c. 135×95 mm. Aus vier Leisten. L. und r. je die Hälfte einer vertical durchschnittenen Säule; an jeder in Blätterkelchen zwei Engel mit den Marterwerkzeugen, die r. mit Kreuz und Dornenkrone, die l. mit Leiter und Nägeln. Am Fuss jeder Säulenhälfte eine sich ringelnde Schlange. Jeder der beiden Halbsäulen bildet übrigens einen Stock für sich. Oben einfache Kette von Blüthen, die immer wechselseitig aneinander gereiht sind. An den Enden geflügelte Engelsköpfchen. Die Leiste steht in unserer Bordüre verkehrt. Unten zweiarmiges Blattornament in Schalen oder Consolen endend.

61. **Unbekannt.** [1520]: 76.
Aussenrand 154×113 mm. Schriftfeld 98×71 mm. R. und l. bauchige Säulen mit Widderköpfen an den Capitälen, von denen Perlenschnüre und Quasten herabhängen. Am Fusse der Säulen ein Monstrenpaar. Oben Feston mit einer Vase in der Mitte. Unten fünf Putten, von denen die eine auf einem vierrädrigen Karren sitzt, den zwei stossen und eine an einer Deichsel zieht. Im Hgr. bläst eine fünfte ein Instrument. Horizontal schraffirt. Die linke Leiste ist bereits abgetrennt. In der unteren rechts das Zeichen ↑

62. **Unbekannt.** [1522]: 127.
Schriftfeld 93×77 mm. Aus fünf Leisten. Oben Christus zum jüngsten Gericht bereit, auf dem Regenbogen thronend, die Erdkugel seiner Füsse Schemel. L. und r. je drei übereinandergestellte, aus Kelchen hervorwachsende bewaffnete Männer. Unten zwei auf der Erde hingestreckte Narren. Darunter in einer schmalen fünften Leiste ein Knabe, der mit einem Korbe auf Fische lauert, und ein Fuchs, der auf eine Gans zuschleicht.

Weller (2129) hat den Druck nach Strassburg gewiesen; ich möchte ihm zustimmen, doch fehlt mir bis jetzt der Beweis.

II. Drucke.

An den deutschen Adel 1520: 69, 70.
— die Herren deutschen Ordens 1523: 145.
Anbeten des h. Leichnams 1523: 159, 162.
Antwort auf das Buch Emsers 1521: 94.
— auf das Heinrichs von England 1522: 121.
— zu Worms 1521: 95, 97.
— auf die Stolper Zettel 1520: 63.
Appellation 1520: 80.
Auf des Bocks zu Leipzig Antwort 1521: 92.
Auslegung des Ev. Luc. ij. 1523: 143.
Beicht, Von der 1522: 108.
Betbüchlein 1523: 191.
Beweisung vom Jüngsten Tag 1522: 127, 128.
Brief an die Christen in Niederland 1523: 153.
Büchlein, Ein geistlich edles 1516: 1.
— , Ein tröstliches 1522: 107.
— und Tractätlein 1520: 77.
Bulla coenae domini 1522: 110, 1523: 176.
Bulle wider die Päpstischen Bischoff 1523: 175.
Bullen, Von den neuen Eckischen 1520: 78.
Bußpsalmen 1519: 12.
Capitel vij Pauli an die Corinther 1523: 154, 155, 156.
Copia einer Missive zu Worms 1521: 98.
Daß Jesus Christus ein geborner Jude sei 1523: 150.
Daß eine Christliche Versammlung Macht habe 1523: 161.
Epistel Petri 1523: 167.
Erklärung etlicher Artikel 1520: 62.
Evangelium von den zehn Aussätzigen 1521: 105. 1523: 185.
Evangelium vom Fischfang Petri 1523: 186.
Evangelium Matthaei vij. 1523: 188.
Freiheit eines Christenmenschen 1520: 76. 1521: 85.
Freiheit des Sermons 1518: 7.
Gebote, Zehn — nützliche Erklärung 1520: 53.
— , Glauben und Vater unser, Kurze Form 1520: 61.
Gefängnis, Von der babylonischen 1520: 74, 75.
Geschicht und Handlung zu Worms 1521: 99.
Gestalt, Von beider — des Sacraments 1522: 116, 117.
Grund und Ursach aller Artikel 1521: 91.
Handlung zu Worms 1521: 96.
Hauptstück, Das — des n. Testam. 1523: 177, 178.
Leben, Von ehelichem 1522: 125.
Magnificat 1521: 100.
Menschenlehre zu meiden 1522: 118, 119. 1523: 135.
Mißbrauch der Messen 1522: 112.
Obrigkeit, Von weltlicher 1523: 142.
Ordnung Gottesdiensts 1523: 149.
— eines gemeinen Kastens 1523: 157.
Papstesel und Mönchkalb 1523: 144.
Papstthum zu Rom 1520: 68.
Postille 1522: 123, 124.
Predigt von der Bereitung zum Sacrament 1518: 4, 5, 6.
Predigten, Vierzehn 1523: 170, 171.
Sendbrief an Schleynitz 1523: 151.
— ob jemand ohne Glauben selig werde 1523: 140.
Sermon vom Ablaß 1516: 13.
— vom Bann 1520: 58.

Sermon von der Bereitung zum Sterben 1519: 49. 1522: 132.
— von der Betrachtung des Leidens Christi 1519: 21, 22.
— von den sieben Broten 1523: 169.
— von der Buße 1519: 52.
— am h. Dreikönigstage 1521: 88.
— vom Empfängnis der Jgfr. Maria 1523: 137.
— von Gebet und Procession 1519: 44.
— von der Geburt Mariae 1523: 136.
— vom Glauben und Fried des Herzens 1523: 180.
— am Gründonnerstag 1523: 146.
— von den Heilthümern 1522: 126.
— auf S. Jacob's Tag 1523: 173.
— Ev. Joh. iv 1523: 179.
— vom Kreuz und Leiden 1522: 122, 130.
— von dreierlei gutem Leben 1521: 102.
— vom Leichnam Christi 1520: 56, 57.
— zu Leipzig 1519: 45. 1520: 84.
— Lucae j 1523: 168.
— vom unrechten Mammon 1523: 141.
— vom reichen Mann 1523: 138, 139.
— Marci xvi 1523: 190.
— Marci am letzten 1523: 188.
— von der Messe 1520: 71.
— auf den Pfingsttag 1522: 129.
— am Sonntag Cantate 1523: 187.
— am Sonntag nach der Himmelfart Christi 1523: 181, 182.
— am iv. Sonntag nach Ostern 1523: 148.
— am Sonntag Quasimobogeniti 1522: 131.
— vom ehelichen Stand 1519: 41, 42.
— — , verändert 1519: 43.
— von der Taufe 1520: 55. 1523: 189.
Sermone, Drei 1523: 172.
— , Vier 1522: 133.
— , Etlich 1523: 193.
Taufbüchlein, 1523: 165, 166. Theologie, Deutsche 1519: 51, 1523: 192.
Unterweisung zum Beichten, Kurze 1519: 18.
Ursach, daß Jungfrauen Klöster verlassen mögen 1523: 147.
Urtheil der Theologen zu Paris 1521: 101.
Vater unser, Auslegung deutsch 1519: 19, 20. 1520: 54.
Vermahnung sich zu hüten vor Aufruhr 1522: 115.
Warum des Papst's Bücher verbrannt seien 1520: 81.
Werken, Von den guten 1520: 65, 66, 67.
Wider die Bulle des Entchrists 1520: 79.
Wider den geistlichen Stand 1522: 120.
Wider die Verkehrer kaiserlichen Mandats 1523: 152.
Wie man einen Menschen taufen soll 1523: 184.

Adversus falsonominatum ordinem episcoporum 1523: 174.
Appellatio ad Concilium 1518: 11.
Assertio omnium articulorum 1520: 90.
Condemnatio librorum per Lovanienses et Colonienses 1520: 64.
Confutatio rationis Latomianae 1522: 106.
Disputatio. [Schriften über die Leipz. Disputation, chronologisch.]
— Eccii et Lutheri in studio Lips. futura 1519: 23, 24.
— et excusatio Eccii adv. criminationes Lutheri 1519: 25, 26.
   Conclusiones Carolostadii ca. Eccum tuendae 1519: 27, 28.

Disputatio et excusatio Lutheri adv. criminationes Eccii 1519: 29. 30.
   Erasmi Rot. epistola ad Fridericum Sax. etc. 1519: 31.
   Petri Mosellani de ratione disputandi 1519: 32, 33.
   Joh. Langii Encomium theol. disputationis 1519: 34.
   (Melanchth.) Epistola de Lipsica disputatione 1519: 35, 38.
   Eckii excusatio ad ea quae sibi Melancht. adscripsit 1519: 36, 37, 38.
   Melanchth. defensio contra Eckium 1519: 39.
   Melanchth. defensio contra Eckium 1519: 39.
   Joh. Cellarii de serie theol. disputationis 1519: 40.
Disputatio Lipsiae habita 1519: 46.
Epistola ad Leonem X 1521: 86, 87.
— Pauli ad Galatas 1519: 48.
Formula Missae 1523: 163, 164.
Judicium de votis ad episcopos Wittenb. ecclesiae 1521: 103, 104.
— de votis monasticis 1521: 113. 1522: 114.
Lucubrationum pars una 1520: 83.
Ministris ecclesiae, De instituendis 1523: 160.
Opera ad Leonem X 1519: 50.
— s. Lucubrationum pars una.
Postilla 1521: 93.
Praecepta, Decem — Wittenbergae praedicata 1518: 8.
Praeludium de captivitate Babylonica 1520: 72, 73.
Propositiones Lutheri, Melanch. Carolostadii etc. 1522: 134.
Psalmos, Operationes in 1521: 89.
Psalmus XXI 1522: 109.
Ratio confitendi 1520: 60.
Replica Prieriatis 1519: 17.
Resolutiones super propositionibus Lips. disputatis 1519: 47.
Responsio ad dialogum Prieriatis 1518: 10.
Savonarolae meditatio super Psalmos 1523: 158.
Sententia de abroganda missa privata 1522: 111
Sermo de triplici iustitia 1519: 15, 16.
— de poenitentia 1518: 2.
— de digna praeparatione ad Eucharistiam 1518: 3.
— de virtute excommunicationis 1518: 9. 1519: 14.
Tessaradecas consolatoria 1520: 59.

Kázaní na desatero přikázaní 1520: 82.
Spis co se mu při bratřích zdá 1523: 194.
Odpowěd na spis 1523: 195

III. Druckorte und Drucker.

Augsburg, Sigm. Grimm & Marx Wirsung **1521**: 95. **1523**: 184.
        Ornamente 1, 41.
    Silvan Otmar **1520**: 54. **1523**: 140.
    Melch. Ramminger **1522**: 130, 131. **1523**: 136.
        Ornamente 2—4, 42—44.
Basel,   Andreas Cratander **1520**: 77.
        Ornamente 45.
    Pamph. Gengenbach **1518**: 2.
        Ornamente 5, 46.
    Adam Petri **1520**: 53, 67, 83. **1521**: 57, 69. **1522**: 106, 109, 128, 134. **1523**: 171, 192, 193.
        Ornamente 6, 47.
Breslau,   Adam Dyon **1519**: 13, 24, 26, 28, 30, 33, 42, 47. **1521**: 86, 92, 102. **1523**: 137.
        Ornamente 7—12, 48.

	Caspar Libisch **1523**: 135, 143, 146, 169, 173, 182, 186—188.
	Ornamente 49, 50.
Eilenburg,	Nicol. Widemar **1522**: 133.
	Ornamente 51.
Erfurt,	Mattes Maler **1519**: 46, **1522**: 122, 126, **1523**: 138, 137.
	Ornamente 13.
	Ludw. Trutebul **1523**: 177, 180.
Hagenau,	Thom. Anshelm **1520**: 66.
Leipzig,	Martin Landsberg **1519**: 16, 23, 25, 27, 29, 35, 36, 37, 40, 51, **1521**: 98, 99.
	Ornamente 14—20.
	Melch. Lotter **1518**: 10, **1519**: 17, 18, 22, 31, 32, 34, 48, 49, 52, **1520**: 58, 59.
	Valent. Schumann **1518**: 3, 4, 5, 8, 9, 11, **1519**: 14, 15, 19, 21, **1520**: 56, 62, 70, 81.
	Ornamente 21—25.
	Wolfg. Stöckel **1518**: 7, **1519**: 41, 43, **1520**: 57, 63, 84.
	Ornamente 26, 27, 52.
	Jac. Thanner **1519**: 12.
Leitomischl,	Paul Mezificky **1523**: 194, 195.
	Ornamente 28, 29, 53, 54.
Nürnberg,	Jobst Gutknecht **1519**: 6, 44, 45. **1520**: 55, **1523**: 151, 168.
	Hier. Hölzel **1522**: 129.
	Friedr. Peypus **1520**: 61.
	Joh. Stüchs **1522**: 125.
	Ornamente 55.
Prag,	— — **1520**: 82.
	Ornamente 30, 31, 56.
Schlettstadt,	Lazarus Schurer **1520**: 64.
	Ornamente 57.
Strassburg,	Renatus Beck **1523**: 181.
	Joh. Pryss **1521**: 97, **1522**: 108.
	Matthias Schurer **1519**: 50.
	Joh. Schott **1520**: 73, 74, 75, **1521**: 96, **1522**: 124, **1523**: 170.
	Ornamente 32—36.
Wittenberg,	Luc. Cranach & Döring **1523**: 147, 149, 150, 152, 154, 155, 160, 161.
	Joh. Grünenberg **1516**: 1, **1520**: 71, 80, **1521**: 85, 93, 94, 101, **1522**: 107, 112, 114, 116, 117, 119, 120, 123, 132, **1523**: 144, 145, 148, 158, 159, 174.
	Melch. Lotter d. j. **1519**: 20, **1520**: 60, 65, 68, 69, 72, 78, 79, 90, **1521**: 86, 91, 100, 103, 104, 105, **1522**: 110, 111, 113, 115, **1523**: 139, 141, 156, 176, 185.
	Ornamente 58.
	Hans Luft **1523**: 153, 179.
	Nickel Schirlentz **1522**: 118, 121, **1523**: 142, 162—165, 167, 189, 190, 191.
	Ornamente 37, 59.
Zwickau,	Jörg Gastel **1523**: 178.
	Ornamente 38, 60.
Unbekannt	**1519**: 38, **1520**: 76, **1522**: 127, **1523**: 166, 172, 175, 183, 184.
	Ornamente 39, 40, 61, 62.

Breslau.   A. Heyer.

Eine gräfliche Bibliothek im 15. Jahrhundert.

Unter den zahlreichen Katalogen fürstlicher Hausbibliotheken wie Klosterlibereien, aus denen sich — natürlich mit Ausscheidung der Doubletten — die gegenwärtige Oettingen-Wallerstein'sche Bibliothek zu Maibingen zusammensetzt, nimmt das im Folgenden unter I mitgetheilte Bücherverzeichniss durch sein Alter und seine Bedeutung die erste Stelle ein. Der Katalog stammt aus dem Fürstlichen Archiv in Wallerstein, ist auf hohes und schmales Papier (30, 7 : 11 cm; mit dem Wasserzeichen: Waldhorn sammt Anhängeband) geschrieben und umfasst 8 Blatt, giebt aber selbst weder den Besitzer der Bibliothek noch die Abfassungszeit des Kataloges an. Dies scheint jedoch aus einem beigefügten, freilich nicht angehefteten gleich hohen und schmalen Blatte hervorzugehen, auf welchem die Ausleihungen verzeichnet sind, das als Nro. II hier folgt. Hier steht zu oberst: „W. G. Z. Ö.", d. h. Wilhelm Graf zu Öttingen (1425—1467) und darunter „in dem lxvii iar," also 1462. Beides scheint zusammenzugehören, und demnach hat auch unsere Archivtradition das Verzeichniss diesem Grafen Wilhelm zugeschrieben. Einen Zweifel erweckt nur 1) der Umstand, dass die Schrift des Ausleihverzeichnisses weder mit der einen noch andern der zwei Schriften genau übereinstimmt, welche sich im Kataloge finden, auch ist eine blässere Tinte verwendet; sodann spricht 2) der Katalog unter Nro. 22 von einem deutschen Psalter „ist gewesen meiner Frau selig." Demnach muss zur Zeit der Abfassung dieses Verzeichnisses die Frau des Grafen schon gestorben gewesen sein. Die Frau des Grafen Wilhelm — an einen andern mit W anfangenden Namen ist nicht zu denken — Beatrix della Scala starb aber 1466 (14. Febr.), Graf Wilhelm 1467 (14. März). Es wäre also als Abfassungszeit die Zeit zwischen dem 14. Febr. 1466 und dem 16. März 1469 anzunehmen. Sollte man infolge dieser Umstände an dem Zusammengehören eines 1462 und eines 1466/7 geschriebenen Schriftstückes zweifeln, so bliebe doch bestehen, dass der Katalog dem ausgehenden 15. Jahrhundert angehört, worauf die Schriftzüge und die angegebenen Worte hindeuten.

Die angegebenen Werke sind theils erbaulicher, theils unterhaltender, theils praktischer Natur. Zu der ersten Kategorie gehören die zahlreichen Gebetbücher und biblischen Bücher: Lektionarien, Homilienbücher, Psalterien, Leiden Christi, Frauenleben, das goldene Schlösslein (65), die goldene Schmiede, der Rosengarten (31), das Buch vom hl. Reich, Breviere und Messbücher (72—77). Zu der zweiten Gattung gehören die Dichtungen Hugo v. Trimbergs, Eschenbachs (20), Konrads v. Würzburg, Marners, Regenbogens, die Erzählungen vom König Marroch, Herzog Ernst, Dietrich v. Bern, Ortnit, Wolf und Hugdietrich. Endlich mehr praktischer Art sind die Rechts-, Arznei- und Pulverbücher. Die überwiegende Zahl dieser Bücher — Ausnahmen scheinen nur die Bibel (42) und die liturgischen Bücher (72—74) zu bilden — sind in deutscher Sprache verfasst, ähnlich wie die Bibliothek des Cistercienserinnen-Klosters Kirchheim im 15. Jahrhundert, die vielleicht an einem andern Orte aufgezählt werden wird. Ich lasse nun die beiden Schriftstücke hier folgen.

I. Bücherkatalog des Grafen Wilhelm zu Öttingen (1425—1467).

Nv̄ difs nachgeschriben Bücher hat min Her in seiner liberey.
1. Ein buch gūt [genannt] dittelers¹) buch.
2. Ein buch von Sant Wilhelm.
3. Ein buch von kaiserlichen Rechtten.
4. Ein buch von erkantnufs der fünd.
5. Ein buch gūt ein fpiegel menschlicher bekantnufs.
6. Ein buch von Ewangeli daz gantz jar und predigen darzu.
7. Ein buch gūt glofs über den pfalter.
8. Ein buch von den xxiiii altten.
9. Ein buch gūt fachffenspiegel.
10. Ein buch gūt lantrechtbuch.
11. Ein buch von troy und von dem groffen alexander.
12. Ein buch über die Ewangely in dem advent mit ander gutter ler n paſſione criſti.
13. Ein buch gūt vocabolary in teutfch und latin.
14. Ein buch von der guldin bull.
15. Ein buch gūt der teutfch pfalter mit filber beschlagen.
16. Ein buch gūt unfers hern leben.
17. Ein buch mit den vier paſſion in teutsch und mit andern materien von unsers hern leiden.
18. Ein alt buch von sant wilhelm der martiger.
19. Ein buch von dem fchachzabelfpil.
20. Ein buch gūt der Reñer. Darin sind auch vil stuk her wolffrands von efchenbachs lieder
    von dez weifen manfs ler
    von des Sunfs lere
    von dez torochtten vaters lere
    von dem krieg von öfterrich
    von dez neithartz lieder
    von dem frawenlob
    von dez brenbergerz²) lieder
    von dez regenbogez lieder
    von maifter Cunratz von wirtzburg lieder
    Aber von maister Cunratz lieder

---

1) Vielleicht liber titulorum oder titulatoris?
2) Brembergers, Gödeke, Grundriss d. Gesch. d. Dichtung I², 230.

von dem marner
Aber von den marner.
21. Ein buch von iohanne de monte villa.
22. Ein buch gůt der teutsch pfaltter und och in latein | ift gewesen miner frowen felig
23. Ein buch von allerlay lieder.
24. Ein buch von Otten von den meringen ein dumherre zu metze in luttringen hat ditz buch gemacht von welfch und latein zu tewtfch gemacht daz fet von fremden landen von fremden tieren von wunder fremden lutten und von vil andern wundern nach den Cappitteln alfz hernach stat.
25. Ein buch gůt vorred von unserer frawen.
26. Ein buch von beyspilen.
27. Ein buch von der falckenbaifs und von dem brakensail.
28. Ein buch mit fpruchen und liedern.
29. Ein birmittin¹) läfsbuch.
30. Ein birmittin klain ertzney büchlein in rottem copert.²)
31. Ein büchlein gůt die guldin Schmitt.
32. Ein buch von johanne de monte villa in rot copert.
33. Ein buch gůt hundert pfund von unfs frawen leben.
34. Ein buch von ertzney zu dem mentfchen.
35. Ein büchlein von bulwer von falpeter zu machen.
36. Ein latinifch büchlin in rot gebunden set von lectionibus et oracionibus per totum annum usque ad adventum domini.
37. Ein bettbüchlin mit filber befchlagen ift in ainem futtral.
38. Ein fexftern set von kung marroch.
39. Ein teutfch betbüchlin mit allerlay gutter bet in rottem copert ingebunden.
40. Ein buch gůt der fpiegel hyftorial.
41. Ein buch haift liber genefis liber exodus liber numerum quartus liber deutronomy liber josobe liber levitici liber judicum liber primus regum fecundus liber regum liber tercius malachim³) regum quartus liber regum liber tobie liber Eftri liber machabiorum liber de hyftoria fcolaftica der newen Ee⁴) liber Job liber de xv (15) fignis sequitur nunc actus apostolorum fecundum lucam. Nunc incipit vita fetorum liber appocalipfis. Daz vint man alfs (alles) in einem Buch beyenander gefchriben.
42. Ein buch gůt der Rosengart daz ift gemalt und och beyfpil darbey gefchriben.
43. Ein büchlin von fibilla weiffagung nnd von den xij gefchlechtten her moyfi beyenander eingebunden.
44. Ein buch gůt hiftori hertzog ernst von bayrn und von öfterrich und von feiner mutter adelhaidifs.

---
1) pergamenten.
2) copertorium Deckel.
3) Der hebräifche Ausdruck für regum.
4) novi testamenti.

45. Ein büchlin von häbichten zu ertzneyen.
46. Ein büchlin von falken zu ertzneyen.
47. Ein buch gūt prologus fancti johannis dez decretz.
48. Ein buch gūt der belial ift gemalet.
49. Ein buch wie man falpeter und pulver machen fol mit andern materien in rot lösch gebunden verfchloffen mit ainem fchlöfslin mit fpangen befchlagen.
50. Ein klain pfalterlin gebunden und in ruch rotleder befchlagen mit fpengli.
    [Hier können möglicherweise zwei Blätter ausgefallen fein.]
51. Ein buch von fant hedwigen gemalet von ir wunder daz fy hat geton.
52. Ein grofs gemaletz betbuch mit oracionibus befchlagen mit fpangen.
53. Ein klain rot betbuch gemalet teutfch und latein cum oracionibus befchlagen mit fpenglach.
54. Ein klain betbuch befchlagen über egg cum oracionibus.
    [Von hier an geht eine andere Schrift.]
55. Ein buch der hailigen drei kung leben.
56. Ein buch von den Altvater und kungen.
57. Ein pappeirin betbuch-regelpleter mit allerlai oraciones.
58. Ein buch von allerlay naturlichen dingen das man erdenken mag genant.
59. Ain cronic von päbften und kayfern uf pergamen gefchriben Reimen weyfs und ganz gemalt.
60. Ain andre Cronic von pabften und kayfern uf welfchem papier gefchriben und gantz gemalt.
61. Ain bnch von peyfpiln und des teufels fegen und Sibilla.
62. Ain buch genant Stimulus amoris Oder Raiffung zu gotlicher min oder lieb.
63. Ain buch von kung Otneit und von Hugdietrich und von Wolfdietrich.
64. Ain buch von her Dietrich von pern und dem Clainen lawrein.
65. Ain püchlin genant das guldin Schlüfslin und ain ufslegung des pater nofters.
66. Item ain buch das da fagt bairifche recht und freyfinger recht.
67. Item dem Sachfenfpiegel in grön koppert eingebunden.
68. Item ein lehenbuch ein weifs koppert eingebunden.
69. Item ein buch von gaiftlichen rechten gūt der Sext [liber sextus decretalium] auch in weis koppirt gebunden.
70. Item ein buch von dem heyligen reich wie fich das reich erhaben hat auch in weifs koppert gebunden.
71. Item ain gemain lantrecht buch in fwartz leder gebunden.
    [Nach einem Zwifchenraum von zwei leeren Blättern folgt von der frühern Hand gefchrieben:]
72. Item zway newy klainy zeitbücher fumertail und winttertail in weifs leder gebunden mit langen fchwentzen [Merkzeichen].

73. Item ein gradual in rot löfch gebunden mit fpangen.
74. Item zwen anttiffner [Antiphonare] ach ingebunden in rot löfch mit fpangen.
75. Item ain Raifsmefsbüchlin mit filber beschlagen.
76. Item ain grofs newes mefsbuch in weifs leder gebunden mit fpangen befchlagen.
77. Item ein fpecial in rot ruch leder gebunden befchlagen mit fpangen do ettwen fil ufszogner mefs in ftand.

II. Ausleihverzeichniss:

W G Z Ö

Año in dem lxii jar.

1. Item wir haben dem offelin dem münch von kayfshin (Kaisheim) ein pasgenal (Passional) gelichen das er uns daz abfchreibe am famstag vor thome apoftoli.
2. Item wir haben dem offelin gelichen ein vocabularyum eadem die ut supra.
3. Item wir haben dem offelin ein gemaltz betbuch dargelichen darinen oraciones ftanden eadem die ut supra.
4. Item wir haben dem offelin ein dewfchtz betbuchlin gelichen daz er uns daz gemalt betbuch und das dewfchtz abfchreiben sol eadem die ut supra.
5. Item wir haben dem rapen der ein confers (Converse) ift zu kayshin gelichen ein dewfchtz buch daz da fagt von johanes de monte villa eadem die ut supra.
6. Item wir haben hern Hainrich dem langen pfarer zu beliczhin (Belzheim) trin bücher gelichen mit der birmidin bibell.
7. Item wir haben meiner frawen von kirchin die gemalt bibel gelichen.

Fragt man sich, welche der aufgezählten Handschriften sich in der Fürstl. Bibliothek erhalten haben, so kann darauf keine ganz sichere Antwort gegeben werden.

Zwar lässt sich fast für jede der aufgezählten Handschriften eine ähnliche oder gleichbetitelte unter dem gegenwärtigen Handschriftenbestand auffinden, allein nur von ganz wenigen lässt sich der unzweifelhafte Nachweis liefern, dass sie im Besitze des Grafen Wilhelm sich befunden, so z. B. von Nro. 8, 61 u. 62. Das noch vorhandene Buch von den 24 Alten, das Buch von Beispielen und der Stimulus amoris ist durch äussere Kennzeichen als ehemaliger Besitz des Grafen W. sichergestellt. Noch heute ist, wie es bei Nro. 61 angegeben ist, zusammengebunden: ein Buch von Beispielen (m. a. W. Boner's Edelstein), des Tüfels Segi und Sibilla weiſſagung, nur dass des Tüfels Segi zuletzt kommt. Der Gewissheit nahe liegt die Annahme, dass auch folgende Werke zu der Wilhelm'schen Bibliothek gehörten, welche sich durch die Hand seiner Tante Agnes v. Werdenberg (Vaters Schwägerin) an deren Tochter Magdalena Aebtissin von Kirchheim vererbte, nämlich Nro. 17 und 21 (oder auch II, 5). Das erstere hat den Titel: „Das ist von unsers Heren leyden, als die vier evangeliſten das geſchriben han mit der lerer aufslegung" (III, 1. 4⁰, 17). Auf der Innenseite des vordern Deckels steht: „Daz buch gehort gen kyrchen zu gebrauch ſchwester Magdalenen von Öttingen Eptiſſin daſelbs und iſt geweſen fraw agneſen von Werdenberg ir mutter ſelig." Das zweite Buch behandelt Johann Mandevilles Reise nach Jerusalem, war laut Inschrift Eigenthum der Magdalena v. Ö. und ist unter I, 17 oder 21 gemeint. Nro. 32 giebt das nämliche Werk an, aber seine Beschreibung (rot copert) stimmt nicht mit dieser Handschrift.[1]) Dagegen könnte die eine oder andere der überdem noch vorhandenen zwei Mandeville'schen Reisebeschreibungen, die eine deutsch, die andere lateinisch (I, 3 f. 11 und I. 2 f. 31) gemeint sein, von denen allerdings die letztere einen neuen Deckel hat und die erstere in Schweinsleder gebunden ist.

Sehr wahrscheinlich sind folgende Wilhelm'sche Handschriften heute noch vorhanden: Nro. 5. Spiegel menschlicher Bekenntniss (I. 3 f. 6). 19. Das Schachzabelbuch (I. 3 f. 9.). 42. Der Rosengarten (III. 3. 4⁰. 19). 51. von sant Hedwigen (I. 3. f. 7.). Vielleicht darf auch der Schwabenspiegel, das Lantrecht (3, 10, 71), das bairische Recht (66), das deutsch-lateinische Vocabularium (13), die Arzneibüchlein (30, 34), von allerlei natürlichen Dingen (58) hier gesucht werden. Auch ein Renner (20) findet sich in späterem Pappdeckel eingebunden, aber ohne die in dem Verzeichniss angegebenen Suffixen. Darf unter der in Nro. 59 u. 60 angegebenen Reimchronik von Kaisern und Päbsten die Weltchronik des Rud. v. Hohnems verstanden werden, so könnte auf die drei vorhandenen Exemplare dieses Werkes (I. 3. f. I. II. u. 5) mit Malereien hingewiesen werden, wiewohl manche Anzeichen auf andere Besitzer als Wilhelm v. Ö. hindeuten. Man könnte nun noch allerdings für manche andere Angaben Parallelen suchen, aber es ist entweder die Bezeichnung ungenügend, wie bei den Gebet- und liturgischen Büchern oder es ist fremder Besitz und spätere Erwerbung durch Kauf und Säkularisation sicher. Einige der interessantesten Werke, wie Wolframs, Neitharts, Konr. v. Würzburgs, Marners Lieder, die Sagen von Marroch, Herz. Ernst, Dietrich v. Bern, Ortnit, Wolfdietrich sind dem fürstl. Hause verloren gegangen. Immerhin er-

---

[1]) Es sind noch zwei Werke mit ähnlicher Besitzwechselnotiz, wie bei dem Leidensbuch Christi nennenswerth, nämlich Nider's guldine Harpfen und ein geistliches Betrachtungsbuch, in welchen die Jahrzahl 1466 vorkommt. Keines von beiden Büchern ist indessen in dem obigen Verzeichniss zu suchen und zu finden.

sieht man aus dem Vorstehenden, dass die ansehnliche und achtungswerthe, in der Ferne aus begreiflichen Gründen keineswegs überschätzte Fürstl. Büchersammlung in Maihingen ihren Umfang nicht allein zusammengerafften Klosterbibliotheken, wie viele meinen, sondern zu einem guten Theil der wissenschaftlichen und litterarischen Theilnahme der fürstlichen Herren verdankt. Eine Reihe von Händen waren thätig, die gegenwärtige Sammlung zu bilden und zu erhalten, und auch die Zukunft dieser Sammlung wird auf vielseitiger und beharrlicher Theilnahme beruhen.

Maihingen. Dr. G. Grupp, fürstl. Bibliothekar.

Die Kestnersche Handschriften-Sammlung auf der Universitäts-Bibliothek in Leipzig.

Seit dem 16. Juli d. J. enthält die Leipziger Universitätsbibliothek einen neuen ihr durch hochherzige Schenkung nach dem letzten Willen der Besitzer verliehenen Schatz, die von Kennern und Eingeweihten längst werthgehaltene Kestnersche Handschriften-Sammlung.

Am 9. Februar 1892 starb hochbetagt in Dresden, wo er in der stillen Zurückgezogenheit des Privatmannes seit Ostern 1867 seinen wissenschaftlichen, litterarischen und künstlerischen Neigungen gelebt hatte, Johann Georg Wilhelm Eduard Kestner. Wenige Wochen später am 15. März folgte die Gattin Sophie Kestner dem geliebten Manne im Tode nach. 24 Jahre lang war es den beiden vergönnt gewesen, in den weiten und behaglichen Räumen derselben Wohnung inmitten alter, mit hohen Bäumen bestandener Gärten einer beinahe ländlichen Musse zu geniessen. Und doch hatte in diesen stillen Räumen treuer Fleiss eine emsige Thätigkeit entfaltet, eigene Neigung wie die Ueberlieferung der Familie hatten die Bewohner angetrieben, sie mehr und mehr mit seltenen Schätzen der Kunst und der Wissenschaft zu erfüllen. Da gab es Bilder und Medaillons und Statuetten und Bücher und Zeitschriften allerwärts; was aber zahlreiche Gelehrte von Namen und Ruf herbeiführte, woran das Herz der Besitzer am meisten hing, das war die zum grossen Theil schon vom Vater überkommene mit Verständniss und Liebe fortgeführte Handschriftensammlung.

Georg Kestner, geboren in Hannover am 9. Juli 1805, entstammt einer alten und bekannten Hannöverschen Juristenfamilie. Sein Grossvater Johann Christian Kestner war der Gemahl von Charlotte Buff, Goethes lieber Lotte, sein Vater Georg, gestorben 1867 als Archivrath in Hannover, war Lottens Erstgeborener. Unser Kestner, dessen Knabenjahre in die Napoleonische Kriegszeit fallen, wurde bald daheim bald auswärts im Verein mit einem geliebten Bruder in jener Freiheit herangebildet, die unsere heutige Jugend grossentheils entbehren muss;

bestimmende Eindrücke empfing er in Frankfurt a. M. durch die Unterweisung eines freigesinnten Predigers. Dem Familienherkommen folgend studirte er in Göttingen und Heidelberg die Rechte und, wie Zeugnisse von Mittermaier und Thibaut erweisen, mit Begabung und Erfolg. Den heimatlichen Justizdienst indessen, der damals nicht die Unabhängigkeit gewährte, die Kestners Natur gemäss war, verliess er bald und wandte sich dem Steuerfache zu, aber auch hier aus dem gleichen Freiheitsgefühl ein höheres Aufsteigen, das ihn etwa beschränken konnte, vermeidend. Noch bei Lebzeiten seines Vaters (1865) trat er, zuletzt in Celle thätig, ganz aus dem Staatsdienste zurück. Die Dresdner Zeit bildet dann den seinen Wünschen und Neigungen gewiss am meisten entsprechenden Abschluss. Für dieses anmutige Stillleben in Dresden sind zwei Aufnahmen aus dem Jahre 1887 charakteristisch, die, durch freundliche Spende gleichfalls in den Besitz der Universitätsbibliothek gelangt, jetzt unmittelbar neben der Sammlung ihren Platz gefunden haben. Auf dem einen Bilde erblickt man den alten Herrn in seinem Zimmer bei der Arbeit, wie er wohl nach einem Morgenspaziergang beinahe den ganzen Tag über zu sitzen pflegte, ihm zur Seite steht ein Tisch mit einigen jener sauberen Pappkästen, die seine litterarischen Schätze in erfreulichster Ordnung bergen. Das andere Bild verewigt die Einrichtung und den Schmuck des Zimmers. Da sieht man zahlreiche Familienbilder, die liebe Lotte in der Jugend (von Schröder) und im Alter (von Hansern 1822), ihren Gatten, ihre Kinder, sowie jüngere Familienglieder. Da sind zwei Aquarelle, Fische und Vögel, auf denen einst Goethes Augen ruhten, da ist der Lottestuhl, ein mit Pietät betrachtetes Familienstück.

Die in diesen Bildern deutlich ausgeprägten Eigenschaften G. Kestners, gewissenhafte Arbeitsamkeit und treues Beharren in der Familienüberlieferung, sind nun für seine Handschriften-Sammlung vom grössten Nutzen gewesen.

Was der Vater aufs glücklichste begonnen, hat der Sohn mit gleichem Erfolge fortgesetzt, und so ist denn unter Mitwirkung von Verwandten und Freunden, gefördert durch weitreichende Verbindungen eine Autographensammlung grössten Stiles zusammengebracht worden, die von blos dilettantischer Spielerei nicht das geringste mehr verspüren lässt.

Die „General-Uebersicht der Handschriften-Sammlung des Archivrath Kestner, Hannover im April 1849" besagt zunächst in der Einleitung, dass sich die Sammlung erstrecken soll „auf die Handschriften aller in irgend einer Beziehung merkwürdiger Personen, wovon auch sonstige Urkunden, Actenstücke u. andere, besonders gleichzeitige, geschriebene oder gedruckte, Nachrichten über merkwürdige Begebenheiten und Verhältnisse, in religiöser, wissenschaftlicher, politischer oder künstlerischer Hinsicht, nicht ausgeschlossen sind." Betreffen diese nicht einzelne Personen, so gehören sie in die jeder Abtheilung voraufgehende Rubrik „Generalia." Bezeichnend für die Gesinnung des Sammlers sind die hierauf folgenden Sätze, in denen ausgeführt wird, dass bei der Auswahl der zur Aufnahme bestimmten Schriftstücke ihr „Inhalt stets vorzüglich berücksichtiget" werden soll. Blosse Namen und Fragmente ohne Inhalt werden nur in Ermangelung eines besseren aufgenommen. „In der Regel sollte jede Handschrift ein Ganzes in ihrer Art ausmachen." Andererseits werden gern von ein und derselben Person mehrere Briefe, ja ganze Reihen und Briefwechsel aufgenommen. Zum Beleg sei aus dem Catalog folgendes angeführt: Die Correspondenz Gellerts mit Johann Adolf Schlegel (115 Briefe); 23 Briefe von Hagedorn, worunter 19 an N. D. Giseke; 23 Briefe von Bodmer an Hagedorn; 22 Briefe von Giseke an Hagedorn; zahlreiche Briefe von J. G. Zimmermann; eine anscheinend vollständige Folge von Briefen A. von Hallers an Professor Heyne in Göttingen 1770 – 77; 29 Briefe des Geschichtschreibers Johann v. Müller an denselben Heyne; besonders umfangreiche Convolute von Briefen, Poesien und Nachlassstücken des Mathematikers und Dichters A. G. Kaestner in Göttingen; 11 Originalbriefe und 2 Abschriften des unglücklichen K. W. Jerusalem aus Wetzlar; 30 Briefe von Friederike Unzelmann geb. Flittner an ihren Stiefvater, den Schauspieldirector Grossmann, und an ihre Mutter 1784 — 94; auch die briefliche Liebeserklärung des Schauspielers C. W. F. Unzelmann an seine nachmalige Gattin ist vorhanden. Zum Erweis, dass auch umfänglichere Stücke aufgenommen worden sind, können die folgenden Anführungen dienen: Eine Handschrift des Buches „de regimine principum" vom Cardinal Aegidius Romanus de Colonna für Philipp den Schönen von Frankreich geschrieben; eine Handschrift der Geschwister von Goethe, geschrieben von L. von Göchhausen, mit eigenhändigen Correcturen Goethes und einer von ihm nachgetragenen Stelle auf dem letzten Blatte, Geschenk des Dichters an G. Kestners Grosseltern; die Handschrift des neunten Gesanges der Abassiden von Platen; A. von Kotzebues „eigenhändiges und erstes Manuscript" des Dramas „der Schutzgeist."

Den Briefen und sonstigen Handschriften sind Porträts der Verfasser in grosser Zahl (Kupferstiche, Holzschnitte, Photographien, Schattenrisse), Abbildungen bezüglicher Localitäten, Illustrationen zu ihren Werken, Andenken an sie, Brochuren, Zeitungsausschnitte u. dergl. beigelegt.

Zur Aufbewahrung der Handschriften dienen, wie schon erwähnt, 6 Schränke, deren jeder in verticaler Richtung in 4, in horizontaler in 10 Fächer abgetheilt ist. Oben und unten bleibt noch etwas freier Raum. In jedem Fache steht ein Pappkasten 38^{cm} lang, 11^{cm} hoch, 22^{cm} breit. Es sind ihrer im ganzen 224 Stück. Die Vorderwand und ein Theil der Oberwand jedes Kastens können leicht aufgeklappt werden, wodurch ein bequemes Herausnehmen der Handschriften möglich gemacht wird.

Die Sammlung, wie sie jetzt vorliegt, ist in 2 Hauptabtheilungen eingetheilt, nämlich

  Section I. „bei welcher die Verschiedenheit der Länder oder Nationen nicht in Betracht kommt" und

Section II, „nach den verschiedenen Ländern oder Nationen geordnet."

Die Generalia von Section I bringen unter A Subscriptionslisten und eine Anzahl Stammbücher, darunter das von Joh. Christ. Kestner; unter B folgen „Religionssachen," worunter ein Convolut „Hexenprocesse," ferner Schriftstücke von Luther, Bugenhagen, G. u. F. M. Calixtus, Cordatus, G. Major, Jh. Rivius, H. Weller u. a., auch einiges wenige über Böhmische und Mährische Brüder. Ein Specialkatalog über diese nicht sehr umfangreiche Abtheilung ist begonnen, aber nicht ganz zu Ende geführt.

I C enthält Autographen von Künstlern jeder Art. Unter 1 sind Maler, Bildhauer, Baumeister, Kupferstecher, auch Kunstschriftsteller zusammengefasst. Der Specialkatalog, wie der vieler anderen Abtheilungen, von G. Kestners Hand geschrieben, zählt 1064 Nummern, doch ist die Zahl der wirklich vorhandenen Autographen hier wie sonst sehr viel grösser, indem jeder Autor immer nur eine Nummer hat, gleichgiltig, ob ein oder mehrere Schriftstücke von ihm bei der Sammlung sind. Die Anlage dieses Cataloges ist, wie bei allen, die G. Kestner gemacht hat, alphabetisch nach den Autorennamen. Jeder Autor wird im Catalog nach verschiedenen Rubriken abgehandelt. Die erste enthält die laufende Nummer, dann folgt Geburts- und Todesjahr, Lebensalter, Name und kurze oder längere Biographie des Autors, aus verschiedenen Quellen fleissig zusammengetragen, hierauf die von ihm oder über ihn vorhandenen Gegenstände der Sammlung, endlich „Anmerkungen," Erwerb des Schriftstücks, Namen des Benutzers, Verweisungen oder ähnliches enthaltend.

Von den Briefen dieser Abtheilung sind viele an A. Kestner in Rom gerichtet, noch mehr an den Kunstverein in Hannover. Die überwiegende Mehrzahl stammt aus diesem Jahrhundert, namentlich sind viele aus den fünfziger Jahren vorhanden. Von älteren Stücken wären u. a. zu nennen ein Brief von Anton Graff, 9 Briefe von A. F. Oeser aus den Jahren 1770—95, 12 verschiedene Briefe von D. N. Chodowiecky (1772—82), 12 Briefe von H. V. Schnorr von Carolsfeld 1788—90 meist an Demoiselle Oeser, (daneben liegt ein Brief des mystisch gestimmten Sohnes Ludwig Ferdinand an Justinus Kerner), Briefe von 6 verschiedenen Tischbeins, worunter 8 des Kasseler Akademiedirectors, von dem die Bibliothek ein schönes Porträt besitzt. An berühmten Namen ist hier wie in allen andern Abtheilungen Ueberfülle. So finden sich, um nur einiges herauszugreifen, von Deutschen A. und O. Achenbach, die verschiedenen Beckers, K. Begas, E. Bendemann, P. von Cornelius, Dannecker, der am 24. März 1795 Th. Körners Vater Schillers Büste übersendet, A. Feuerbach, B. Genelli (4 Briefe), W. Kaulbach, L. Klenze (7 Schreiben), Fr. Lenbach, A. Menzel, Fr. Overbeck (6 Briefe), Piloty, Fr. Preller (26 Briefe), Chr. Rauch (5 Schreiben und eine Haarlocke), Schinkel, G. Semper; von Franzosen A. Constantin, J. B. Corot, J. L. David, P. J. David, Daguerre, P. Delaroche, F. Gérard, die Vernets. Der Däne Thorwaldsen, Engländer, Italiener, Niederländer fehlen nicht.

Unter 2 kommen „Musiker"; G. Kestner's Specialkatalog zählt 458 Nummern auf. Bei den Generalia liegen hier ausser zahlreichen Facsimilia 6 Pergamentblätter alter Kirchengesänge mit Noten. Von den Autoren sind die Componisten entweder durch Briefe oder durch Noten von ihrer Hand oder durch beides vertreten wie z. B. Mozart, L. Erk, A. Methfessel, R. Wagner. Von besonderen Berühmtheiten können hier noch genannt werden Auber, Beethoven, Berlioz, Boieldieu, Cherubini, M. Hauptmann, J. Haydn, K. Kreutzer, der in einem Briefe aus Wien vom 12. August 1823 seine Opern Libussa und Cordelia für 30 und 15 Ducaten überlassen will, Fr. Lachner, Fr. Liszt (6 Briefe 1841—54, dabei liegen 4 Briefe der Fürstin Wittgenstein), Lortzing, Marschner, Mendelssohn-Bartholdy, Meyerbeer, Rossini, Robert u. Clara Schumann, Spohr, Spontini (6 Briefe 1838—39), K. M. von Weber. Hier trifft man ferner Musikschriftsteller, Virtuosen der verschiedensten Instrumente, Sänger und Sängerinnen in grosser Zahl, z. B. die Catalani, C. v. Heygendorf geb. Jagemann, Jenny Lind (7 Briefe), die Milder-Hauptmann, Giuditta Pasta, die Schröder-Devrient (3 Briefe und Noten), Henriette Sonntag.

Die Zeit, aus der diese Briefe stammen, ist dieses und das letzte Drittel des vorigen Jahrhunderts. Zu den älteren Autoren gehört Jh. André von Offenbach, der Componist von Goethe's Erwin und Elmire, der mit 4 Briefen vertreten ist. Als Adressat bei Sänger und Sängerinnen erscheint häufig der Schauspieldirector Grossmann.

Unter 3 folgen Schauspieler und Schauspielerinnen, u. a. C. Bauer, Fr. Beckmann, die Devrients, Th. Döring, Firmin, die Georges, Fr. Gossmann, J. Ph. Kemble, Larive, Laroche, Lebrun, die Mars, Louis Schneider, Fr. L. Schröder (u. a. mit 34 Briefen an Grossmann vertreten), Sophie Schröder, Seydelmann, die Crelinger, F. J. Talma, P. A. Wolff; ferner Tänzer und Tänzerinnen wie Therese und Fanny Elsler, die Leverd, die Taglioni; aber auch Theaterdichter wie Angely, Bauernfeld, die Birch-Pfeiffer (mit 7 Briefen und einem Briefe ihres Mannes), Holtei (mit 6 Schriftstücken), Iffland (10 Briefe), Klingemann (5 Briefe), F. Raymund, mit „Couplets über den schnellen Tod der Sängerin Falkheim," 2 Strophen, die er, wie aus dem Refrain hervorgeht, in seiner berühmtesten Rolle als Aschenmann im Bauer als Millionär vorgetragen hat. Dazwischen finden sich hier auch Intendanten, Theaterdirectoren und Dramaturgen, wie Graf Brühl, Graf Hahn, v. Holbein, Köchy, K. Th. von Küstner, Freiherr von Lichtenstein, Baron Perglass, Graf Redern, J. Schreyvogel.

Der Catalog besteht hier aus einem Hauptverzeichnisse (mit 308 Nummern) und 2 Nachträgen (523 und 125 Nummern). Doch ist dabei zu bemerken, dass Sänger und Sängerinnen der vorigen Abtheilung hier nochmals aufgezählt sind. Als Adressaten im Hauptverzeichnisse erscheinen vielfach die Direction des Hoftheaters in Hannover oder Personen, die bei ihr angestellt sind (diese Briefe sind aus unserm

Jahrhundert), ferner oft der Theaterdirector Grossmann mit Briefen aus dem letzten Drittel des vorigen Jahrhunderts, bisweilen der Sänger Hauser (dieses Jahrhundert), zweimal auch G. A. Bürger. Nachtrag 1 enthält die „Correspondenz Grossmann" d. h. Briefe von Schauspielern und Sängern an den angesehenen Schauspieler, Schauspieldichter und Schauspieldirector Gustav Friedrich Wilhelm Grossmann (1744 oder 46 bis 1796), an den und seine Frau sich auch verschiedene Briefe von Goethe's Mutter aus den Jahren 1773—1793 vorfinden, wenn schon nicht in dieser Abtheilung. Ferner liegen hier eine ziemliche Anzahl Briefe von Grossmann selbst an verschiedene Personen. Nachtrag 2 endlich bringt die „Correspondenz mit Grossmann von dessen Anverwandten, Theaterfreunden u. z. Th. unbekannten Personen (1776 bis 1795)."

Mit der Abtheilung C 3, die für die Geschichte namentlich des deutschen Theaters in einer seiner wichtigsten Epochen von der grössten Bedeutung ist, schliesst die I. Section.

Section II beginnt unter A mit Deutschland. Die Generalia enthalten hier zunächst Universitäten und Lyceen; dann kommen Convolute mit der Bezeichnung Fehden und andere Landfriedensbrüche, Schwäbischer Bund, Bauernkrieg, Schertlin von Burtenbach, Grumbachische Händel, Westfälischer Friede; ferner als Anhang einiges über „Deutsche Zustände nach Auflösung des Deutschen Reichs 6. August 1806", Befreiungskrieg, deutsche Völkerbewegungen seit 1848, Vorparlament, Nationalversammlung, Bundestag, Preussisch-Oesterreichische Differenzen u. s. w. — meist Zeitungsblätter und Ausschnitte. Hierauf folgen die im Deutschen Bunde vereinigten deutschen Einzelstaaten alphabetisch von Anhalt bis Würtemberg mit Ausnahme der freien Städte, die später bei der Rubrik „Deutsches Reich" untergebracht sind, — alles in allem 1116 Nummern. Bei jedem Staate werden zunächst die Fürsten und Fürstinnen, so weit sie vertreten sind, chronologisch geführt. Den Schluss jeder Unterabtheilung bilden „ausgezeichnete Staatsbeamte, auch andere zunächst in Beziehung auf diese Lande bemerkenswerthe Personen." Die Reihen der hier vereinigten Documente der mannichfaltigsten Art pflegen im 16., bisweilen schon im 15. Jahrhundert zu beginnen und gehen bis in die sechziger und siebziger Jahre unseres Jahrhunderts.

Dem Umfange nach an erster Stelle stehen die Welfischen Länder mit 266 Nummern. Dann folgt Oesterreich, bei dem die deutschen Kaiser des Hauses Oesterreich geführt werden (167 Nummern). Das älteste Stück ist hier ein kaiserliches Schreiben von 1485, dem allerdings die Unterschrift Friedrichs III. fehlt. Sachsen (alle Linien zusammen 166 Nummern), beginnt sehr früh mit einer Urkunde Wilhelms II. von 1402. Auf Hessen folgt fünftens Brandenburg-Preussen, mit Hohenzollern zusammen 70 Nummern; zu diesen kommen aber noch hinzu 211 Nummern „Staatsbeamte von Brandenburg-Preussen," die in einem von G. Kestner gearbeiteten Specialkataloge behandelt sind. Da stösst man in nächster Nähe eines Schriftstücks vom alten

Blücher, das mit einem characteristischen „der obrist von Grollman bringt mich die nachricht" anhebt, auf einen Brief des Fürsten Bismarck (Octavbogen, als Kopf der Reichsadler mit der Umschrift „Deutscher Reichstag"), worin er dem Ministerialdirector Greiff auf seine Bitte um ein Autograph folgendes erwidert:

Reichstagssitzung
16. Dec. 1874.

> Geehrter Herr Geheimrath
> Die Thatsache, daß ich fast täglich
> in die Lage komme ähnliche
> Wünsche abzulehnen, oft wider-
> strebend, aber doch der überwäl-
> tigenden Menge wegen.
> Ihrem Zwecke wird es aber
> genügen, wenn ich meine Ablehnung
> eigenhändig schreibe.
>
> v. Bismarck.

Die 16. und letzte Stelle, was die Zahl der Stücke betrifft, nimmt Reuss ein mit 9 Nummern. In einem Anhange stehen sodann diejenigen Staaten des Rheinbundes, die nicht in den Deutschen Bund aufgenommen wurden die Aremberg, Ysenburg, Leyen, Salm etc., das Königreich Westphalen, das Grossherzogthum Würzburg (diese beiden zusammen mit 86 Nummern).

Die nächste Rubrik „Deutsches Reich aufgelöset 1806" bringt als Generalia Reichs- und Kreisangelegenheiten, Münzsachen, Reichscammergericht etc. (72 Nummern). Es folgen die geistlichen Churfürsten mit Schriftstücken vom Ende des 15. bis zum Ende des 18. Jahrhunderts (No. 73—116). Hieran schliessen sich die geistlichen Reichsfürsten mit Sitz und Stimme im Reichstage, Augsburg bis Würzburg dem Alphabet nach aufgeführt, innerhalb der einzelnen Fürstenthümer chronologisch (No. 117—475). Diese Schriftstücke sind etwa aus derselben Zeit. Doch gehört zu ihnen auch das wahrscheinlich älteste Stück der Sammlung, eine Urkunde Bernhards II. von Ibbenbüren, Bischofs von Paderborn, vom Jahre 1202, worin dem Kloster Willebadessen der Erwerb einiger Zehnten bestätigt wird, mit dem wohlerhaltenen bischöflichen Siegel. (Vgl. R. Wilmanns, Westf. Urkundenbuch Bd. 4, S. 5, wo nur ein Regest der Urkunde aus späten Excerpten gegeben wird.) Auf einen kurzen Anhang „geistliche Titularreichsfürsten" Breslau, Chiemsee, Laibach, folgen die Reichsprälaten mit Sitz und Stimme, dann Stifter und Klöster, beide alphabetisch angeordnet (No. 486—576). Hierauf kommen die weltlichen Reichsfürsten mit Sitz und Stimme, zunächst Böhmen mit einigen Schriftstücken, worunter ein Schreiben König Wenzels von 1395, alsdann die übrigen in alphabetischer Folge. Der Specialkatalog dieser Abtheilung bricht bei No. 747 (Oettingen) d. i. ungefähr in der Mitte der Rubrik ab. Auf einen Anhang „weltliche Titularreichsfürsten" folgen die Reichsgrafen, die etwa ³/₄ des Umfangs der Reichsfürsten einnehmen, dann 3 Convolute „Reichsritterschaften", nämlich Götz von Berlichingen, Franz von Sickingen und Reichsritterschaft in Franken. Den Schluss bilden 29 Reichs-, Hanse- und andere Städte im ehemaligen deutschen Reiche.

Die letzte Deutschland betreffende Abtheilung, die umfangreichste der ganzen Sammlung, bringt „Gelehrte, Dichter, Schriftsteller oder in sonstiger Beziehung bemerkenswerthe Personen, insoweit selbige nicht in andere Rubriken gehören." Der in 7 stattlichen Foliobeften vorliegende, von G. Kestner mit liebevollem Fleisse gearbeitete Katalog zählt 2095 Nummern. Hier finden sich in überraschender Vollzähligkeit die allermeisten Namen, die in der 2. Hälfte des vorigen und in diesem Jahrhundert in deutscher Wissenschaft und Litteratur eine Bedeutung gewonnen haben, vereinigt. Es ist ganz unmöglich, dieser Fülle durch einige Andeutungen gerecht werden zu wollen. Einiges stammt aus dem 17., die Hauptmasse aus den letzten Jahrzehnten des vorigen und aus diesem Jahrhundert. Da sind Theologen wie Chr. Fr. v. Ammon, K. F. Bahrdt, Bengel, Binterim, Dräseke, Sailer, Schleiermacher, Wichern; Juristen wie Albrecht, Eichhorn, Gaupp, Hugo, Savigny; Publicisten wie H. Conring, die Gagern, Gruner, A. Ruge; politisch bekannte Personen wie K. Blind und R. Blum; Historiker wie Archenholz, Böhmer, Dahlmann, Gervinus (15 Briefe 1832—49), Hormayer (5 Schreiben 1832—49), Ranke, Schlözer, Schlosser, der Geograph Ritter; Philosophen wie Fr. X. Baader mit einem Briefe vom 1. Juli 1848, worin er die Savignysch-Schleiermachische Compagnie als „mir die ungoutablste in Berlin" bezeichnet, Garve, Hegel, Herbart, F. H. Jacobi, Kant, u. a. mit einem kleinen Manuscript von $3^{1}/_{2}$ enggeschriebenen Octavseiten über eine an ihn gerichtete Frage: Warum Kan der Verstand, der Zahlen willkührlich hervorbringt Keine $\sqrt{2}$ in Zahlen denken, Leibniz, S. Reimarus, Schelling, G. H. Schubert, Chr. Wolff; Aerzte wie Carus, Dieffenbach, der Phrenolog Gall, Hahnemann, Hufeland; Naturwissenschafter, Mathematiker etc. wie Bischof, Bode, L. v. Buch, Fechner, R. Forster, Gauss, O. v. Gerike, Herschel, A. v. Humboldt (13 Briefe und anderes), Liebig, Wöhler; Philologen wie Bernhardy, Bouterweck, Creuzer, J. M. Gesner, Heyne, Lachmann, F. A. Wolf neben vielseitigen Naturen wie J. Bunsen und W. v. Humboldt; Germanisten wie J. Chr. Adelung, G. F. Beneke, Büsching, Gottsched, Gräter, die Grimms; Orientalisten wie Ewald, Fallmerayer, Gesenius, Hammer-Purgstall, Neumann; Paedagogen wie Basedow, J. H. Campe, Diesterweg, A. H. Francke, der Turnvater Jahn. Da finden sich bekannte Buchhändler wie A. Brockhaus, J. Campe, J. F. v. Cotta, Göschen oder Banquiers wie Bethmann und die Rothschilds. K. Hauser fehlt so wenig wie gelegentlich ein berüchtigter Mörder oder eine Giftmischerin. Da sind unsere Classiker vollzählig und aufs stattlichste vertreten: Herder mit 4 Briefen und einem seiner Frau; Klopstock mit 9 Briefen, einem gemeinsamen von ihm, Gleim u. Schmidt und je einem seiner Frau und Schwägerin; Lessing u. a. mit dem bekannten Briefe an Eschenburg über Goethes Werther (bei Lachmann XII, S. 420); Schiller mit 4 Briefen, dem Bericht von H. Voss über Schillers letzte Lebenstage 31. Juli 1805 und einem starken Convolut Schillersche Familie; Wieland mit 5 Briefen. Wenn Goethe bei dem Enkel der Lotte nicht so bedeutsam auftritt, wie man zunächst vermuthen sollte, so ist dies damit zu erklären, dass seine 97 Briefe an Kestners nach dem letzten Willen der Besitzer ins Weimarer Goethe-Schiller-Archiv gelangt sind. Immerhin liegen noch bei der Sammlung ausser einigen Kleinigkeiten (Couverts mit Goethes Unterschrift etc.) 4 schöne eigenhändige Briefe (10. Nov. 1801; 26. Okt. 1803; 23. Nov. 1803; 9. Okt. 1816 an Lotte, die damals in Weimar auf Besuch war, worin er ihr seinen Wagen und seine Loge anbietet) sowie 2 von ihm unterzeichnete Briefe (4. Okt. 1819; 26. Juni 1826), endlich die Handschrift der Lustigen in Weimar und das schon erwähnte Manuscript der Geschwister. Goethes Familie ist vertreten durch schöne Briefe der Frau Aja und der Ottilie, sowie durch einen Brief von August Goethe — alles in allem eine sehr erfreuliche Ergänzung der Hirzelschen Goethe-Bibliothek.

Aber auch die Zeitgenossen der Classiker und namentlich die ihnen unmittelbar voraufgehende Epoche, nicht minder die Romantiker, das junge Deutschland und die Neueren, z. B. J. V. v. Scheffel mit einem eigens für die Sammlung geschriebenen Spruche liegen aufs reichste vor bis herab auf Carmen Sylva. Ganz besonders zahlreich erscheint die Familie Schlegel: Johann Adolf mit 4 Söhnen, darunter die berühmten August Wilhelm und Friedrich mit ihren Frauen. Dorothea Schlegel berichtet in einem Briefe aus Wien vom 28. Jan. 1829 an Karl Schlegel in Hannover über den Tod Friedrich Schlegels.

An Deutschland schliesst sich unter B Italien. Der Specialkatalog von G. Kestners Hand führt 221 Nummern auf. Bei den Generalia liegen einige gedruckte Proclamationen „Republica Romana" 1849. Dann beginnen mit einem Breve Pauls II. vom Februar 1468 die Päpste, im ganzen ihrer neun. Es folgen Cardinäle des 15. bis 19. Jahrhunderts, hierauf Fürsten u. s. w. nach alphabetischer Anordnung ihrer Länder aus dem Anfang des 16. bis 19. Jahrhunderts (No. 48—81), den Schluss machen „Merkwürdige Italiener", dabei als letzte Abtheilung (No. 207—221) „Neapel unter den Könige Gioechino Murat", zahlreiche z. Th. intime Documente, Copie eines Briefes von Murat an seine Frau, dessen Urschrift, wenige Stunden vor dem Tode des Königs aus dem Gefängnisse in Pizzo geschrieben, nicht zum Vorschein gekommen ist, Berichte des Gouverneurs und der Gouvernante der königlichen Kinder, 1813 aufgefangene Depeschen der Regierung an den König u. a. m.

Unter C werden „verschiedene Europäische Länder" in alphabetischer Folge zusammengefasst. Dänemark beginnt mit einer Urkunde Friedrichs I. aus dem Anfange des 16. Jahrhunderts, im ganzen 25 Könige und Königinnen, hierunter die unglückliche Caroline Mathilde mit einem Patent für den Hofagenten und Schutzjuden Isaac Gans aus

Celle 30. März 1774. Als Anhang liegen hier zwei starke Convolute „Herzöge von Holstein", in denen u. a. zahlreiche Briefe von Pauline, Herzogin von Schleswig-Holstein an den Archivrath Kestner sich finden. Mit 32 Nummern schliessen die „merkwürdigen Dänen" diese Abtheilung, unter ihnen der Dichter Oehlenschläger, vertreten durch ein dänisches Sonett und eine deutsche Romanze „Götz von Berlichingen und der Schmidt." Ein Specialkatalog ist nicht vorhanden.

Es folgt England, Schottland, Grossbritannien. Hier beginnt die Herrscherreihe mit einer Originalurkunde der Königin Elisabeth, bei Karl II. liegen 12 Stücke einer Correspondenz zwischen den Herzögen von Braunschweig-Lüneburg Christian Ludwig, Georg Wilhelm und August und mit den betreffenden Gesandten Karls die Restitution des Königs betreffend vom 1. März 1649 bis zum 22. Januar 1650. Auf die Stuartischen Prätendenten folgen die Könige aus dem Hause Hannover mit Gemahlinnen, Familie und Maitressen bis herab auf die Königin Victoria und den Prinz-Gemahl, gegen 40 Nummern. Die „merkwürdigen Engländer", in ihrem Umfange noch nicht ein Zehntel der „merkwürdigen Deutschen" ausmachend, immerhin eine sehr stattliche Reihe beschliessen. Ein Specialkatalog fehlt. Frankreich (vortrefflicher Specialkatalog von G. Kestners Hand) hat unter Generalia als „Kirchen- und Religionssachen unter Ludwig XV." zunächst die „Affaire du Pretre Besogne relative à la Bulle Unigenitas 1722—31", es folgt einiges über die Sorbonne, das Parlament von Paris, die protestantische Kirche in Frankreich, die Juden unter Napoleon I., dann je ein Convolut Staatssachen und Künste und Wissenschaften. Die Könige beginnen mit einem kurzen, vom König Ludwig XII. und von Noblet unterschriebenen Billet ohne Datum und gehen herab bis auf Ludwig Philipp, mit ihren Familien, den Prinzen von Geblüt etc., zusammen 38 Nummern. Bei „Louis Philipps Vorfahren" liegt ein französischer Brief der Lise Lotte „a Versaille le Dimanche 9 de fevrier 1698" an „Mad. de Klenck à hernhausen" und aus ihrer Bibliothek Band 1 der Histoire de Primaleon de Grece mit ihrem eigenhändig hineingeschriebenen Namen. Von No. 39—1355 folgt die lange Reihe der merkwürdigen Franzosen von d'Alembert bis zu Voltaire etc., viele berühmte Namen aus dem 16. bis 19. Jahrhundert. Zwei Anhänge bringen dann noch die Revolution von 1789 (No. 1356—67) und Napoleon I. und seine Familie (1368—1396). Griechenland ist vertreten durch die vier bayerisch-griechischen Regenten Armansperg, Heideck, Maurer und Kobell und durch einige merkwürdige Griechen, meist Staatsmänner, worunter Capodistrias. Kurland repräsentirt sich mit einer Urkunde der Herzogin Charlotte Sophie, Aebtissin von Herford von 1691 und mit einem Briefe der Herzogin Dorothee „Bareuth (so!) 10. Oct. 1819" an Anselm Feuerbach. Lothringen beginnend mit einer schönen Urkunde Johanns II. von 1540, zählt 15 Nummern der deutschen und 2 der französischen Linie. Die Niederlande mit Belgien haben als Generalia einige Schriftstücke der General-Staaten aus dem 17. Jahrhundert, sowie einige Kleinigkeiten zur Geschichte der Bischöfe von Antwerpen und der Universitäten Leyden und Harlem. Mit Wilhelm dem Schweiger beginnen die Grafen von Nassau-Oranien. Die jetzt regierende Linie, in ihren Vorfahren stark vertreten, geht herab bis auf die erste Gemahlin König Wilhelms III. Belgien weist Leopold I. und seine Gemahlin auf. Die bemerkenswerthen Niederländer und Belgier erfüllen 2 Pappkästen. Bei Polen kommen einige Herrscher und Herrscherinnen des 17. und 18. Jahrhunderts, Bilder und Facsimilia aus der Revolution von 1830, sowie etwa 25 Nummern ausgezeichneter Polen. Portugal schliesst sich an mit 2 Königen und 2 Königinnen aus diesem und dem vorigen Jahrhundert und noch nicht 10 Portugiesen, worunter Pedro Gabe mit zahlreichen Briefen an den Geh. Canzleisecretär A. Kestner in Hannover aus dem Anfange dieses Jahrhunderts. Die russischen Herrscher reichen von Peter dem Grossen, der allerdings nur durch sein Siegel vertreten ist, bis auf Kaiser Nicolaus. Ausgezeichnete Russen sind etwa in dem Umfange wie Belgier und Niederländer vorhanden. Bei Schweden liegen als Generalia Donationen im 30jährigen Kriege mit Unterschriften von J. Baner, L. Torstenson u. a. Die Folge der Herrscher beginnt mit einem Schriftstücke Gustavs I. von 1536 und geht bis auf Bernadotte. Berühmte Schweden haben etwa die Hälfte des Umfangs der Russen. Bei diesen zuletzt genannten Abtheilungen seit Frankreich ist ein Specialkatalog nicht vorhanden. Bei den Generalia der Schweiz liegen u. a. einige in dem Feldzuge gegen den Sonderbund von 1847 am 1. December im Jesuitencollegium in Luzern gefundene Gegenstände, z. B. ein Amulet gegen Kugeln. Der von G. Kestner gearbeitete Specialkatalog der „berühmten Schweizer" zählt 72 Nummern aus dem 18. und 19. Jahrhundert. Hier treten besonders Bodmer, A. von Haller, J. v. Müller, auch Lavater und Zschokke bedeutsam hervor. Bei den nun folgenden Abtheilungen der Sammlung fehlt der Specialkatalog. Spanien beginnt mit Schriftstücken Philipps I. aus dem Ende des 15. Jahrhunderts. Don Juan d'Austria, Philipp II. folgen. Die Reihe führt herab bis auf Karl III. mit 2 Unterschriften von 1761 u. 1770. Unter den etwa 30 Nummern berühmter Spanier befindet sich auch der Herzog von Alba mit 2 Schreiben von 1569. Die beiden Europa abschliessenden Staaten, Ungarn und die Türkei, sind nur unbedeutend vertreten.

Unter D werden „fremde Welttheile" geführt, zunächst Amerika. Die „General-Uebersicht" bemerkt: „Von Nord-Amerika ist die Sammlung vorzüglich reichhaltig, in den folgenden Rubriken hingegen nur dürftig." Nord-Amerika beginnt mit einem starken Convolut „Vereinigte Staaten vor der Revolution. Englische Gouverneurs, Beamte und Militairs" (30 Nummern). Dann folgen die Präsidenten von Washington bis A. Johnson beinahe vollständig und viele Vice-Präsidenten (21 Nummern), endlich eine grosse Menge bemerkenswerther Nordamerikaner (265 Nummern). Das übrige Amerika beginnt mit einer deutschen Ausgabe des Buches „Beschreibung der Indianischen Länder" vom Bischof Bartholomaeus de las Casas 1665. Brasilien ist vertreten durch einen Brief des kaiserlichen Obersten v. Schaeffer 1828, Mexico durch den Regenten A. Lopez de St. Anna 1847, Paraguay durch den Dictator C. Francia, Hayti durch den Präsidenten J. P. Boyer, die Königin Wittwe Marie Louise Christophe und einen Senator, Costa Rica durch den General Flores. Nun folgt Africa, zunächst Algier mit 2 Doppelversen des Bey Hussein Pascha und einem Schriftstück des Abd el Kader, hierauf Tripoli mit 3 Stücken, zum Schluss der Kaffernhäuptling Jan Tzatzoe mit einigen Zeilen in holländischer Sprache. Die letzte Abtheilung der Sammlung bildet Asien. Hier liegt ein Armenischer Brief sowie 2 Nummern einer Armenischen Zeitung, ein Arabischer Brief, ein von einem Chinesen gemalter Kalender und 2 Chinesische Briefe, die Unterschrift des Bruders des Kaisers von Cochinchina 1827, die Abbildung eines Japanischen Schutzengels, die Handschrift eines Javaners und eine Nummer der Zeitung „Javasche Courant", 3 Malayische Briefe, der interessante Bericht des Hannöverschen Officiers König an seine Frau über den Feldzug der von England nach Ostindien gegen die Franzosen entsendeten hannöverschen Truppen, März bis Juni 1783 (3 Foliobogen) und endlich eine religiöse Persische Inschrift.

Diese Andeutungen, in denen es möglich war, Charakter, Anordnung und Umfang der Sammlung wenigstens einigermassen zu umschreiben, müssen vorerst genügen. Es ist G. Kestners in seinem Testament ausdrücklich verlautbarter Wille gewesen, dass seine Sammlung der öffentlichen Benutzung so viel als nur immer möglich zugänglich gemacht werden sollte. Deswegen hat er zu ihrem künftigen Sitze eine bedeutende Universitätsstadt gewählt, in der er einen Mittelpunkt des litterarischen Verkehrs voraussetzen konnte. Als Richtschnur bei der geforderten öffentlichen Benutzung wird man folgende Sätze der „Generalübersicht" zu betrachten haben: „Ohne übrigens die Sammlung einem gemeinnützigen wissenschaftlichen Gebrauche entziehen zu wollen, wird sorgfältig jede Mittheilung, wovon eine indiscrete Veröffentlichung die Folge sein könnte, vermieden, wie denn überhaupt der Abdruck irgend einer Handschrift, mit deren Verfasser, Geber oder ihren Erben der Besitzer bekannt ist, niemals anders gestattet wird, als mit ausdrücklich dazu ertheilter Genehmigung, wo diese nicht etwa als völlig unzweifelhaft supponirt werden darf. Ein gleich discretes Verfahren ist ebenfalls seinen Erben zur Pflicht gemacht." G. Kestner selbst hat sich, wie es scheint, wenn er Abschrift eines Stücks seiner Sammlung gestattete, immer darüber quittiren lassen. Diese Quittungen pflegte er dann an den betr. Stellen einzulegen. Es wird auch fernerhin so gehalten werden.

Wenn man den Handschriftensaal der Universitätsbibliothek betritt, der sich eines reichen z. Th. kostbaren Bilderschmuckes erfreut, so erblickt man gleich links zunächst dem Eingange bei älteren Gönnern und Wohlthätern der Bibliothek, Kregel von Sternbach, G. Hänel, W. Engelmann, E. Härtel, S. Hirzel auch die Bilder von Georg und Sophie Kestner und vom alten Archivrathe. Dieser Platz, den sie hier gleich unter den Ersten gefunden haben, wird ihnen auch aufbehalten bleiben in der Geschichte der Bibliothek. Sie werden im dankbarsten Angedenken fortleben nicht nur bei uns und den nach uns mit der Bibliotheksverwaltung Befassten, sondern vorzüglich auch bei allen denen, die die Kestnerschen Schätze werden verwenden dürfen im Dienste und zum Nutzen von Wissenschaft und Kunst.

15 Jahre sind verflossen, seitdem Salomon Hirzels berühmte Goethe-Sammlung der Universitätsbibliothek zu Theil wurde. Jetzt kurze Zeit, nachdem sie die Schwelle ihres neuen Hauses überschritten hat, gleichsam zum Beginn einer neuen bedeutsameren Entwicklung, erhält sie wiederum eine kostbare Schenkung. Möge dies herrliche Vermächtniss, wie es unserer Anstalt zweifellos eine grössere Bedeutung giebt, nun auch das Interesse für sie in allen betheiligten Kreisen wecken oder neu beleben.

Leipzig, 12. August 1892.

Dr. Otto Günther.

Nachtrag zu dem Aufsatz
„Ueber Tarifirung von Buchbinderarbeiten."

Den im Centralblatt für Bibliothekswesen 1891 pag. 529 f. gegebenen Ausführungen über Tarifirung von Bucheinbänden ist in Rücksicht auf die Handhabung des Buchbinder-Journals von Seiten der Bibliothek folgendes ergänzend und berichtigend hinzuzufügen.

Es muss daran festgehalten werden, dass für den Buchbinder die Führung eines geschäftsmässigen Buches einem Zettelapparat vorzuziehen ist. Wiederholend bemerken wir, dass die Zeitersparniss mit letzteren nur eine scheinbare ist. Und wenn Bibliotheken rücksichtlich ihrer Buchführung den Bestimmungen des Handelsgesetzbuches nicht unterliegen können, so ist doch mit Rücksicht darauf, dass ihre Geschäftsführung publici iuris ist, und der Raum gelassen werden muss, derselben wo nöthig zu rechtlicher Geltung zu verhelfen, das fortlaufende Journal vorzuziehen. Es ist auch übersichtlicher. Die nothwendige Manipulation des Beamten, sobald er entweder durch Bleistiftstrich auf dem Umschlag die für den Titeldruck bestimmten Worte hervorhebt, auch wohl noch den Verfassernamen ausdrücklich an die Stelle vor dem eigentlichen Titel setzt, oder das für den Druck bestimmte auf dem Umschlag vermerkt, ist gering.

Im übrigen bleibt trotz mancher schiefen und in der That nicht erschöpfenden Ausführung in meinem früheren Aufsatze pag. 545—547 diese Ausführung in ihren Grundlagen bestehen, ja, liesse sich noch erheblich begründen. Jedoch ist inzwischen die Führung des Journals wesentlich vervollkommnet und praktischer gestaltet worden, so dass man jetzt sagen kann, dass es sich gut bewährt. Mit Rücksicht auf die getroffenen Neuordnungen dem Buchbinder gegenüber ist die folgende Form festgestellt worden.

Das Folio des Journals ist von links nach rechts in folgende Columnen getheilt:

1) 2^{cm} für Datum der Eintragung (zugleich Ablieferung an den Buchbinder).
2) 1^{cm} für laufende Nr. (Jährlich abzuschliessen).
3) 10^{cm} für Stichwort des Buches nebst kürzester Titelangabe.
4) 1^{cm} für Bezeichnung des Rückenmaterials. Siglen: p. (pappe), l. (halbleinwand), f. (halbfranz); sind unter einer Nummer mehrere Bände zu liefern, so wird neben der betreffen-Sigle die Anzahl derselben bemerkt (2 p. oder ähnlich).
5) 1^{cm} für Angabe der Grundform laut Schema.
6) 1^{cm} für Angabe der Bogenzahl für die betr. laufende Nummer.
7) 1^{cm} für Angabe der Karten oder Tafelnanzahl, wie bei 6). „Aufziehen" mit „a." vermerken. Die Masse in Col. 3 eintragen.
8) 1^{cm} für Angabe der Schildausführung, wo nöthig. Gold oder Schwarzdruck (g. und s.); bei mehreren für ein Buch oder unter einer Nummer zu druckenden Schilden mit Zusatz der Anzahl wie bei 4).
9) $2+1^{cm}$ für Eintrag des dem Buchbinder gezahlten Preises in Mark und Pfennig.

Die Ausfüllung der Columnen ausser dem Preise hat bei Ablieferung an den Buchbinder zu erfolgen, sie ist besonders in Rücksicht auf die spätere grosse Erleichterung bei der Controle der Rechnung mit einem wesentlichen Zeitaufwand nicht verbunden. Das Verfahren ist in kurzer Zeit rasch und sicher zu handhaben.

Der Eintrag der Rücklieferung Seitens des Buchbinders erfolgt mit „z." hinter der Schildcolumne. Es ist hervorzuheben, dass auch die Musterbände in je eine Zeile eingetragen werden, und demgemäss ihre Rücklieferung mit „z." zu vermerken ist. Die Rechnung reicht der Buchbinder vierteljährlich ein, weshalb er 14 Tage vor Vierteljahrsschluss bis zur Anweisung der Rechnung keine Bücher mehr zum Binden erhält. Wie der Bibliothekbeamte die laufende Nummer auf dem Umschlag vermerkt, so der Buchbinder seinerseits zur vermehrten Controle neben seinem Stempel auf dem hinteren Deckel jedes Buches.

Demgemäss lauten nun die entsprechenden in die Instruction über den Geschäftsgang eingetragenen Bestimmungen:

3) Eintrag der für den Buchbinder bestimmten Bücher in das Buchbinderjournal unter Angabe von Datum, laufender Nummer, Titel, Einband, Grundformat, Bogenzahl, Karten, Tafeln, Schild.

4) Rücklieferung durch den Buchbinder wird mit „z." unverzüglich in dem Buchbinderjournal bemerkt.

Karlsruhe.   Paul Ladewig.

Eine Botschaft des Mainzer Erzbischofs Diether von Isenburg an Papst Pius II. vom Jahre 1462.

Die Streitigkeiten Diethers von Isenburg mit Adolf von Nassau um den Besitz des erzbischöflichen Stuhles zu Mainz bilden in mehr als einer Beziehung eine interessante Begebenheit des späteren Mittelalters. Für die Geschichte der christlichen Kirche wie für die Geschichte der Buchdruckerkunst hat jene Fehde in gleicher Weise ihre grosse Bedeutung. Die Opposition Diethers gegen Papst Pius II. kann wohl als der letzte namhafte Versuch einer Reformation der deutschen Kirche auf Grundlage des konziliaren Principes angesehen werden. Aber auch diese Bewegung verlief ohne Erfolg, und das mit dem Anspruch der Unfehlbarkeit auftretende Papstthum gewann aus jenem Kampfe nur neue Kraft. Doch liegt hier nicht die Absicht vor, den Streit um das Mainzer Erzbisthum im einzelnen zur Darstellung zu bringen, es sei dafür auf die quellenmässige Behandlung Menzels[1]) verwiesen. Für die Entwickelung der Buchdruckerkunst ist aber jene Fehde darum wichtig, weil sie unseres Wissens die erste Veranlassung bot, die kaum gemachte Erfindung zur Vervielfältigung von Bullen und öffentlichen Erklärungen in Anwendung zu bringen. Eine Anzahl von Einblattdrucken verdankt ihre Entstehung diesem Zwiste. Während jedoch von den für Adolf von Nassau gedruckten Erlassen mehrere bis auf unsere Tage gekommen sind, ist von Diether nur ein einziges Manifest weiterhin bekannt, das 106zeilige vom 30. März 1462. Die meisten jener Erklärungen haben Weigel und Zestermann[2]) abgedruckt. Sie sind bis auf eine einzige Ausnahme alle mit der Durandustype gedruckt und stammen sämmtlich aus der Officin von Fust und Schöffer in Mainz. Auch Diether hat, bemerkenswerther Weise in diesem Punkt von der Gegenpartei nicht abweichend, das erwähnte Manifest aus eben derselben Druckerei hervorgehen lassen.

Eine zweite, bislang wohl ganz unbekannte Erklärung desselben Bischofs gelangte dieses Semester in den bibliographischen Uebungen des Herrn Oberbibliothekar Professor Dr. Dziatzko zur Besprechung. Das Manifest, ebenfalls ein Einblattdruck in der Durandustype, entstammt der Culemannschen Sammlung des Kestner-Museums zu Hannover (No. 644), ist auch bei Fust und Schöffer gedruckt und umfasst 31 Zeilen. Der Text dieser an Pius II. gerichteten Botschaft lautet wie folgt:[3])

(B)Eatiffime pater. Nouum non eſt. Vt nonnumquam princeps importunitate petentium vel falſa ſuggerentium inſinuatione circum-|| uentus. ea concedat. que poſtmodum veritate comperta aut in irritum

---

[1]) Diether von Isenburg, Erzbischof von Mainz 1459—1463. Erlangen 1868.

[2]) Die Anfänge der Druckerkunst in Bild und Schrift. 2. Band. Leipzig 1866 S. 417 - 434.

[3]) Die Abkürzungen im Text der Vorlage sind hier kursiv gedruckt worden.

renocat vel in melius commutat. protanto. et cum proximis || hijs diebus Dominus Adolffus de Naſſau Canonicus Maguntinenſis denotum veſtre Sanctitatis Oratorem Dietherum Electum et || Confirmatum Maguntinum pretextu quarundam aſſertarum litterarum et proceſſuum apoſtolicorum quibus Dominus Dietherus non || vocatus. non confeſſus. nec connictus. porpter [so!] quedam aſſerta crimina delicta vel exceſſus. prefata dicebatur Maguntina Ec- || cleſia. per. S. veſtram prinatus et de illa prefato domino Adolffo prouiſum multipliciter vexauerit. turbauerit. et iniquitauerit.[1]) ac || quibuſdam poſſeſſionibus dominijs terris caſtris rebus et bonis ad eccleſiam Maguntinam pertinentibus. et in quorum quarumque || poſſeſſione dictus Orator extiterat ac pacifice poſſederat temere innaſerit. occupauerit. et illis illorumque et illarum poſſeſſione eun- || dem Oratorem et Maguntinam Eccleſiam ſpoliauerit. ac ipſum vt eiſdem aſſertis litteris et proceſſibus pareret etiam vt dicitur mo- || ueri et requiri facere preſumpſerit. Orator ipſe a pretenſis monitionibus et requiſitionibus moleſtationibus vexationibus perturbatio- || nibus et inquietationibus huiuſmodi alijſque in defuper ad. S. veſtram ſedemque apoſtolicam interiecta appellatione latius contentis. || et ipſi Oratori per memoratum Dominum Adolffum illatis grauaminibus prouocauit et appelauit. Dignetur igitur eadem veſtra San- || ctitas quo ad ipſum Dominum Adolffum et ſua intereſſe putantes cauſam et cauſas appellationis et appellationum ac ſpolij hu- || iuſmodi. Nullitatiſque iniquitatis et iniuſticie omnium premiſſorum tociuſque pretenſi proceſſus deſuper quomodolibet habiti et facti. || alicui in partibus reſidenti vbi cum minoribus parcium ſumptibus et expenſis cauſe huiuſmodi fieri poterit proſecutio commit- || tere audiendas cognoſcendas decidendas et fine debito terminandas Cum omnibus et ſingulis ſuis emergentibus. inciden- || tibus. dependentibus et connexis Cum poteſtate dictum Dominum Adolffum. et ſua intereſſe putantes citandi Sibique vt ab vlte- || rioribus turbationibus moleſtationibus et impedimentis ceſſet et deſiſtat ſub excommunicationis et mille marcarum auri media- || tim camere et mediatim parti applicandarum Alijſque de quibus ſibi videbitur penis ſententijs et cenſuris in forma inhibendi. || Contradictores et rebelles penas ſententias et cenſuras huiuſmodi incidiſſe declarandi proceſſuſque aggrauandi reagrauandi || et bracchium ſeculare cum interdicti eccleſiaſtici appoſitione inuocandi Ac ipſum Oratorem a quibuſcumque pretenſis penis ſen- || tentijs et cenſuris quibus premiſſorum occaſione ligatus reperiatur ſimpliciter vel ad cautelam abſoluendi. Quo vero ad aſſer- || tam prinationem et mandata veſtre Beatitudinis et cenſuras Illa humiliter petit tolli. renocari. caſſari. ac pro caſſis millis et || infectis declarari Sibique pro ſua defenſione et contra et aduerſus dictum Dominum Adolffum et quemlibet alium ſua intereſſe pu- || tantem et ſuper illis eum accuſare denunciare vel deferre ſeu vti volentem ſuper eiſdem aſſertis criminibus exceſſibus ſeu delictis || indulgeri et ad illam ſe admitti. Aliaſque ſibi et Maguntinae Eccleſie premiſſorum occaſione

---

[1]) Handſchriftlich verbeſſert in: *iniquietauerit*.

nimium quaſſate in omnibus et per || omnia ac ſi littere apoſtolice et mandata huiuſmodi non emanaſſent ex incumbenti vobis paſtorali officio. taliter prouideri vt || ab vlterioribus tuta ſit moleſtijs. et perpetue ſubiacere non habeat deſolationi. veſtram ſanctitatem quam altiſſimus ad eccleſie ſue || regimen ſanam preſeruare dignetur et incolumem deſuper humiliter implorando. premiſſis nec non conſtitutionibus et ordinationibus apoſtolicis ſtilo palacij Juribus ſtatu cauſe ipſum cum hincinde litterarum et proceſſuum penarum Sententiarum et cen- || ſurarumtenoribus preſentibus pro ſufficienter expreſſis habentes Alijſque in contrarium facientibus non obſtantibus quibuſcunque.

Datum und Unterſchrift fehlen ebenſo wie natürlich Siegel und Adreſſe der Erklärung in der uns vorliegenden Geſtalt, obwohl an der Abgeſchloſſenheit des Inhaltes nicht zu zweifeln iſt.

Bei genauerer Prüfung ſtellte ſich nun freilich heraus, daſs das Blatt aus der genannten Sammlung überhaupt kein Original, ſondern nur ein modernes Facſimile jenes Erlaſſes Diethers darbietet, wenn auch auf altem Papier. Das Folioblatt, das ein Waſſerzeichen nicht trägt, iſt jedenfalls, wie ſich aus dem eingeſtaubten Rande einer langen und einer ſchmalen Seite erſehen läſst, einem alten Buche entnommen. Mit der gewonnenen Erkenntnis erhob ſich aber die Frage, wo wohl das Original zu der Copie zu ſuchen ſei. Einen Anhaltspunkt für die Auffindung gab zunächſt die von Herrn Profeſſor Dziatzko gemachte Entdeckung, daſs das Facſimile des 106zeiligen Manifeſtes Diethers aus der Culemannſchen Sammlung demjenigen Original nachgebildet iſt, welches das ſtädtiſche Archiv zu Frankfurt a. M. verwahrte,[1]) und welches Schaab daſelbſt „in einem Band alter Originalſchreiben und Acten, die alle Diethers und Adolfs Fehde betrafen," vorfand.[2]) Bei der Durchſicht jener von dem Director des Frankfurter Archivs, Herrn Dr. Jung, bereitwilligſt hierher geſandten Akten[3]) fand ſich die betreffende Botſchaft allerdings nicht, wohl aber die Bemerkung, daſs ſie ebenſo wie das 106zeilige Manifeſt wegen der groſſen typographiſchen Seltenheit an die dortige Stadtbibliothek abgegeben ſei. Auch war an Stelle des herausgenommenen Druckblattes eine genaue Abſchrift eingefügt worden. Eine Vergleichung derſelben mit unſerem Texte namentlich in Rückſicht auf die Art der Correctur in dem Worte *iniquietarerit* machte die Nachbildung unſeres Blattes nach dem Frankfurter Originale höchſt wahrſcheinlich. Volle Sicherheit erhielt dieſes Ergebniſs aber durch eine Auskunft, die Herr Oberbibliothekar Dr. Ebrard zu Frankfurt auf eine diesbezügliche Anfrage freundlichſt ertheilte. Die Vergleichung einer dorthin geſandten Copie des Initialbuchſtabens

---

1) Vergl. Centralblatt für Bibliothekswesen. IX, S. 337 f.
2) Vergl. Schaab, Geschichte der Erfindung der Buchdruckerkunst. Bd. I. S. 419.
3) Bezeichnet als: Reichsangelegenheiten Betreffendes, I Akten, 71. und 72. Fascikel, No. 5293 a. b.

B[1]) sowie der Correctur in dem *iniquietaverit* ergab auch in diesen Punkten eine völlige Uebereinstimmung unseres Manifestes mit dem Frankfurter Originale.

Auch das Frankfurter Original ist weder datirt noch unterschrieben, doch findet sich in den erwähnten Acten der Brief, in welchem Diether seine Erklärung „dem ehrsamen Bürgermeister und Rat" jener Stadt übersandte. Das Schreiben, welches bei seinem Eingange mit der Bemerkung: „Unseres gnädigen Herrn zu Mainz, Herrn Diether, dass der Papst seine Appellation und Supplication nicht habe wollen aufnehmen," versehen worden ist, beginnt nach Vorausschickung des üblichen Grusses wie folgt: „Nachdem unser heiliger Vater der Papst Pius ... uns ... unterstanden zu entsetzen, Adolfen von Nassau mit ... unserem Stift zu versehen unterstanden, ... und wir derzeit, wiewohl aller Prozess ... gegen uns ... für nichts zu achten ... ist, desshalb berufens und appellierens nicht not gewesen wäre, ... solcher Schuldigung, uns in unschulden ... zugemessen, durch unser ... Appellation an seine Heiligkeit berufen, ... haben wir, solcher unser Appellation und Berufung rechtlich nachzukommen und ... ausfindig zu machen, dass uns an der vorberührten Schuldigung ungütlich und unrechtlich beschehen ist, desshalb wir mit solcher hoher Beschwerung unbillig und wider Recht belästigt worden sind, unser vollmächtig Botschaft in wenig sieben Monden nach Verkündigung der vorbestimmten unser Appellation zu dem benannten unserem heiligen Vater dem Papst gefertigt ..., deren Copie wir euch hiermit verschlossen schicken ..., das aber und alle Gerechtigkeit von seiner Heiligkeit ... uns verschlagen und versagt worden ist." Nachdem dann Diether die Leser von der redlichen Absicht seiner Appellation nochmals versichert hat, erklärt er es für seine Pflicht „zu bezeugen und zu protestiren", dass er allerdings der „gemeldeten Berufung rechtlich nachgekommen," vom „heiligen Vater dem Papst" aber „alle Gerechtigkeit gänzlich verweigert und versagt worden sei." Der Brief ist geschrieben zu Aschaffenburg am Donnerstag nach St. Dionysientag 1462, also am 14. October jenes Jahres.

Hinsichtlich der Abfassungszeit unserer Botschaft, die zunächst bloss für den Papst bestimmt und vorerst ihm allein überschickt war, ergiebt sich aus dem Briefe soviel, dass sie nicht ganz sieben Monate nach der Appellation Diethers anzusetzen ist. Nun appellirte der Bischof am Ende des September 1461.[2]) Die Anfertigung jener Erklärung würde demnach ungefähr in die Mitte des April 1462 fallen, also nur kurze Zeit hinter die Abfassung des 106zeiligen Manifestes. Die Veranlassung zu diesen Erklärungen boten vermuthlich die letzten Massregeln Pius II. Am 8. Januar 1462 hatte er durch die Bulle „Pastoris aeterni" dem Diether wie seinen Anhängern für den Fall

---

1) Dieser ist im Original geschrieben, im Facsimile gedruckt, nur am unteren Ende mit Dinte verlängert.
2) Nach Menzel am 26. Sept., vergl. a. a. O. S. 155 f.

eines weiteren Widerstandes mit der Excommunication gedroht.[1]) Am 1. Februar hatte er dann wirklich den Bann über den Isenburger und seine Partei ausgesprochen und allen Erzbischöfen eine alltägliche Verkündigung des Bannfluches in den Kirchen befohlen.[2]) Wie sich aus dem Begleitschreiben Diethers weiterhin ergiebt, wartete er nach Abschickung seiner Botschaft an den Papst auf einen Entscheid. Als aber Pius diese Verantwortungsschrift keiner Beachtung würdigte, ging er daran, seine Erklärung, die zunächst einen privaten Charakter trug, durch den Druck zu veröffentlichen und zu seiner Rechtfertigung an die Stellen zu verschicken, welche er für seine Sache interessiren wollte. Wann die Drucklegung geschah, lässt sich freilich genau nicht ermitteln; da jedoch das für Frankfurt bestimmte Exemplar Mitte October abging, wird man wohl nicht irren, wenn man den Druck der Botschaft in den September des Jahres 1462 verlegt.

Göttingen. Dr. Molsdorf.

Die erste Ausgabe des „Seelentrost," Köln 1474.

Des Johann Moirs Seelentrost, ein Exempelbuch zum Decalog, war ein sehr beliebtes Volksbuch, wie die Handschriften und Drucke darthun. In den Jahren 1474—1523 erschienen 14 Auflagen, in verschiedenen Orten und in verschiedenen Dialekten. Vergl. Falk, Himmelstrass und Seelentrost: Werk und Verfasser, in: Hist.-pol. Blätter CVIII, 206—218. Von den Ausgaben ist die erste zugleich die allerseltenste, ja es scheint nur ein einziges Exemplar bekannt zu sein, jenes im britischen Museum.[3]) Herrn Martineau's Güte daselbst verdanke ich eine bibliographische Beschreibung dieses Unicums, deren Abdruck hier folgen möge:

Fol. 1: Hyr begynnet de tafel dyſſes boy | ches vnd war eyn ſtypchen ſteyt | vor dem tzail dat ys in der eyrſtē | ſijt des blaitz vn̄ war dat ſtipche | na ſteyt dat ys in der anderen ſyt | des blades

Fol. 5, col. 2. l. 10: Hyr heft de tayffel dyſſes boches eyn ende etc.

[Es muss aber vor dem jetzigen Fol. 1 ein leeres Blatt gegeben haben, also 6 Blätter vor dem eigentlichen Anfang des Buches. Auch ein leeres sig. a 1 muss vor dem a 2 gestanden haben. Die Tafel hat zwei Columnen, nicht aber das Buch selbst. Das Blatt hat 41 Zeilen. Blätter nicht numerirt, doch cum sign., also. Pars I. a 10 Z.

---

1) Ebendas. S. 172.
2) Ebendas.
3) Daselbst auch die Ausgaben von Augsb. 1478, Cöln 1484 u. 1489; Cöln 1523.

b—k 8 Z., l. 12 Z. (letzte Zeile leer und in diesem Ex. fehlend).
Pars II a 10 Z., b—e zu 8 Z.]

Sig. a 2 recto: (l)lber iſte collectus eſt ex diuerſis libris De biblia De paſſionali. De | hiſtoria eccleſiaſtica De ſpeculo hiſtoriali De decretis et derretalibɔ (sic) De cronicis diuerſis De vita patrū De dijalogo. De compendio | theologie De ſumma Raymundi De ſumma viciorum. De ſumma | Gotbfridi. De ſumma Heinrici. De ſumma virtutum. Et de omnibus libris | quoſcunq3 legere potero et audire Intentionis mee est colligere et ſcribere q̄dq̄d | eſt deuotius ad intelligendum. Et precipue iſte liber tractat de decc preceptis domini. | Et ſunt hec Primum eſt Non adorabis deos alienos. Scðm eſt Non aſſumes | nomen dei inuane. Tercium eſt Sabbata ſanctifices Quartum Honora patrem | et matrem Quintum Non occides Sextum Non mechaberis Septimum Non | furaberis Octauum Non falſum teſtimonium des Nonum Nö concupiſces do- | num. Decimum Non deſiderabis vxorem proximi tui.

(d)Eer [sic] felen troiſt lycht an heillygher lere vnde an betrachtynghe | der hylligher ſcryfft want gelycherwijs alſo der licham lenet vā | der ertſher (sic) ſpijſe Also leuet de ſele vā hylliger lere. wāt der myn | ſche en leuet nycht alleyne vā dē vſwēdyghen brode. ſuder ouch | van dem worde dat da geyt van dem munde godes vnde dat is | de hyllyghe ſcrift de got geſprochen hait dorch den munt der p | pheten vnde durch de hilligen lerer vnde noch alle daghe ſpricht dorch der pro | pheten munt.

(k)Int leue dar vmb ſaltu gerne leſen vnde horen der lere der hyllygher ſcrifft. | etc.

Ende des ersten Theils ("grosser Seelentrost") Bl. l. 11 verso also:

Des | helpe vns alle der vað de ſoen vñ de hyllyghe geyſt
AMEN | Et ſic eſt finis

Impressa ē hec materia Colonie p me Johānem Coilhoff
Anno dñi M⁰cccc⁰ᴧᴙ⁰ |

Zweiter Theil: erstes Blatt recto:
Hyr begynnet dat gulden aue maria.
Aue Got groyſſe dych moder maget ſyn etc.
Zweites Bl. (a 2) recto: | Hyr na volget der cleyne ſelen troyſt vnde leret vns van den ſeuen ſacramenten | der hyllighen kyrchen.

Leider fehlen in diesem Ex. die letzten zwei Blätter, d. i. e 7 und 8.   Dr. F. Falk.

Recensionen und Anzeigen.

Xenia Bernardina. Sancti Bernardi, primi abbatis Claravallensis, octavos natales saeculares pia mente celebrantes ediderunt antistites et conventus Cistercienses provinciae Austriaco-Hungaricae.
Pars I. S. Bernardi Sermones de Tempore, de Sanctis, de Diversis, ad tertiam editionem Mabillonianam cum codicibus Austriacis, Bohemicis, Styriacis collatam excusi. 2 Bde. (XII, XXXVI, 1040 SS.)
Pars II. Die Handschriften-Verzeichnisse der Cistercienser-Stifte Reun in Steiermark, Heiligenkreuz-Neukloster, Zwettl, Lilienfeld in Nieder-, Wilhering und Schlierbach in Ober-Oesterreich, Ossegg und Hohenfurt in Böhmen, Stams in Tirol. 2 Bände (VIII, 561, 511 SS.)
Pars III. Beiträge zur Geschichte der Cistercienserstifte Reun in Steiermark, Heiligenkreuz-Neukloster, Zwettl, Lilienfeld in Nieder-, Wilhering und Schlierbach in Ober-Oesterreich, Ossegg und Hohenfurt in Böhmen, Mogila bei Krakau, Szczyrzic in Galizien, Stams in Tirol und der Cistercienserinnen-Abteien Marienthal und Marienstern in der kön. sächsischen Lausitz. (VIII, 428 SS.)

Leider ziemlich post festum erscheint hier die Anzeige von Festschriften, die beinahe zu gleicher Zeit, bereits etwas verspätet, erschienen, das gemeinsam haben, dass die trockene und vieljährige Arbeit des Katalogisirens von einem klösterlichen Jubiläum Veranlassung nimmt, ihre Resultate der wissenschaftlichen Welt bekannt zu geben. Sie sind zudem mit einem Festkleide ausgestattet, welches nicht nur den Herausgebern, sondern auch dem Drucker und Verleger alle Ehre macht. Gewiss giebt es für klösterliche Institute keine bessere Gelegenheit, nach alter Uebung bei solchen festlichen Anlässen Proben abzulegen von ihren wissenschaftlichen Studien — quibus oppressis aeque oppressam iacere constat observantiam et disciplinam regularem, wie Prior und Convent von Engelberg in ihrer Widmung sich aussprechen. — 1891 waren acht Jahrhunderte verflossen, seitdem der hl. Bernhard das Licht der Welt erblickte. Schon seit dem Jahre 1880 waren die 14 Klöster der österreichisch-ungarischen Ordens-Provinz auf eine würdige Feier bedacht, wozu namentlich auch wissenschaftliche Werke beitragen sollten. Eine Versammlung der Aebte zu Wien im Jahre 1884 beschloss auch, eine litterarische Festgabe herauszugeben, aber erst im Mai 1887 wurde das Programm der Xenia Bernardina definitiv festgesetzt und die Ausführung den Patres Dr. Benedikt Gsell von Heiligenkreuz und Dr. Leopold Janauschek von Zwettl übertragen. Beide sind durch ihre wissenschaftlichen Leistungen rühmlichst bekannt und dürften als Gelehrte in ihrem Orden unübertroffen dastehen. Die Zeit zur Ausführung war nicht zu reichlich zugemessen; dazu kam noch ein Buchdruckerstreik, welcher die Herausgabe um einige Monate verzögerte. Dafür bilden die stattlichen 6 Bände der Xenia, von denen bisher nur Pars IV, leider mit Druckfehlern im Titel, angezeigt war (S. unten S. 536), ein litterarisches Festgeschenk von dauernder Bedeutung, das im C. f. B. eine angemessene Würdigung verdient.

Pars I, die Reden des hl. Bernhard de tempore, de Sanctis, de diversis kann mit wenigen Zeilen abgethan werden. Es handelte sich offenbar um ein praktisches Bedürfniss weiterer Kreise, in welchen dieser Theil von Bernhards Werken schwer zu bekommen war, eine handliche und correcte Ausgabe für den täglichen Gebrauch, wobei immerhin auch der Kritik ihr Recht werden sollte. Eine Einleitung von P. Otto Grillnberger, Archivar von Wilhering, giebt eine Uebersicht über die in den österreichischen Cistercienser-Klöstern vorhandenen Handschriften der Sermones und stellt in einem Schema die gegenseitige Verwandtschaft dar. 7 Codices gehören noch dem 12. Jahrhundert, einer der Grenze des 12. und 13., 7 dem 13. Jahrhundert an, einige andere dem 14. und 15. Derselbe Verfasser fügte auch S. 416—474 die Anmerkungen zu den Sermones de tempore hinzu, während die der übrigen Abtheilungen von Gsell und Janauschek herrühren. Die Ausgabe verdient volles Lob, nur gegen die veraltete Orthographie (z. B. j statt i) dürften unsere Philologen Einwendung erheben.

Pars II geht uns näher an. In zwei starken Bänden werden die Handschriften-Verzeichnisse von 10 Klöstern vorgeführt. Jede Abtheilung ist von einem eigenen Bearbeiter beschrieben, der auch die Einleitung, Indices u. s. w. besorgte. Den Anfang macht Reun mit seinen 210 Handschriften. P. Anton Weis hatte bereits 1875 in den „Beiträgen zur Kunde steyermärkischer Geschichtsquellen XII" ein Verzeichniss veröffentlicht. Dieses erscheint hier wieder, zwar etwas verkürzt, aber verbessert, mit Litteratur-Nachträgen, einem ausführlichen alphabetischem Fachregister, Verzeichniss der Autoren, Schreiber u. s. w. versehen. Heiligenkreuz besitzt 550 Handschriften, worin namentlich die Scholastiker und Heiligenleben ansehnlich vertreten sind. Die Beschreibung ist von dem bereits erwähnten Stifts-Archivar P. B. Gsell. — Neukloster zu Wienerneustadt hat nur 81 Handschriften, was sich daraus erklärt, dass das Stift erst 1444 an die Cistercienser kam. Die älteste Handschrift gehört aber noch in das 13. Jahrhundert. Besondere Beachtung verdienen eine Bibelübersetzung in slavischer Sprache, ein maronitisches Messbuch, das Gebetbuch Kaiser Karl IV., die kirchenhistorischen Schriften des Jesuiten Markus Hansiz. Die Beschreibung ist von P. Eugen Bill. — Eine Masse handschriftlichen Materials ist in den 420 Nummern der Sammlung von Zwettl enthalten und durch den gelehrten Abt Stephan Rössler beschrieben. Als Seltenheit verdient Beachtung No. 328.7 die Notatio Notkeri de illustribus viris, die von Pertz nach dieser Handschrift erstmals herausgegeben wurde. Interessant dürfte auch das auf einem Buchdeckel (No. 330) geschriebene Verzeichniss von Buchbinderwerkzeug aus dem Jahre 1470 sein. Viele Handschriften des 13. und 14. Jahrhunderts sind datirt. — P. Conrad Schimek beschreibt die 229 (230?) Handschriften von Lilienfeld. Davon ist No. 217 aus dem 14. Jahrhundert wegen Kleinheit der Schrift von freiem Auge gar nicht und selbst mit einer Lupe sehr schwer zu lesen. — P. Otto Grillnberger beschreibt 224 Handschriften von Wilhering, wovon aber 5 Nummern, wenn ich recht gezählt habe, in den Jahren 1850—80 abhanden gekommen sind. — Ossegg besitzt 103 Codices, welche der Bibliothekar P. Bernhard Wohlmann beschreibt. „Wer die Catastrophen sich vergegenwärtigt, die im Laufe der Jahrhunderte über die Stiftung verheerend hereingebrochen sind, dürfte es sogar wundern, dass noch so viel geblieben ist." Manche Nummern sind übrigens recht mank und zeigen Spuren der angethanen Gewalt; immerhin ist noch manches werthvolle Stück vorhanden, z. B. 14 hebräische und 3 arabische Bücher. — Am reichsten an Handschriften ist Hohenfurt, 1210 an der Zahl, wovon 204 auf Pergament. Die Beschreibung gab der Subprior und Bibliothekar P. Raphael Pavel. Es finden sich manche interessante Stücke darunter, Chinesisches, Türkisches, 5 arabische Handschriften, viel Böhmisches, das sogar in das 14. Jahrhundert zurückgeht, altböhmische Lieder mit den Melodieen, eine lateinische Bibel mit Noten von Melanchthon, Formelbücher, einiges Altdeutsche, endlich ein Decretum Gratiani mit Miniaturen, auf welches erst vor wenigen Jahren von einem Frankfurter Antiquitäten-Liebhaber 10,000 Silbergulden geboten wurden. — Stams besitzt nur 61 Handschriften. Das vorliegende Verzeichniss wurde von dem zeitweilig im Stifte sich aufhaltenden deutschen Gelehrten A. Harnack aus Liebe zur Sache angelegt und von einem Laien für den Druck hergerichtet. — Schlierbach kam erst im 17. Jahrhundert an die Cistercienser und aus jener Zeit stammen auch die meisten der 117 Handschriften, welche der Bibliothekar P. Benedikt Hofinger beschreibt. Es finden sich darunter die Bücher der Familie Enenkel und manches Altdeutsche von Werth, namentlich die Gedichte Suchenwirts.

Im Allgemeinen lässt sich über den Inhalt der Handschriften sagen, dass neben solchen, die man beinahe überall antrifft, auch manche Seltenheiten sich finden. Vorwiegend sind Bibeln, Predigtwerke, liturgische, Erbauungs-, Wörter- und Schulbücher; auch die Geschichte, namentlich der Klöster und der Heiligen ist noch ansehnlich vertreten, während lateinische Klassiker nur als rari nantes erscheinen, griechische ganz fehlen. Unter den Theologen sind die Kirchenväter weniger zahlreich, als die Scholastiker der späteren Zeit. Die wenigen altdeutschen und orientalischen Handschriften wurden bereits erwähnt. Uebrigens sind alle Fächer, selbst Medizin, Kriegs- und Baukunst durch einzelne Repräsentanten vertreten. Auch darf man nicht ausser Acht lassen, dass mehrere Sammlungen einst viel umfangreicher waren und mancher Codex dem Zahn der Zeit und räuberischen Händen zum Opfer gefallen ist, viele Miniaturen von diebischem Messer amputirt wurden.

In Bezug auf die Art und Weise, wie die Beschreibung gemacht ist, so hat wohl P. Otto Grillnberger im Geiste seiner Collegen geredet, wenn er sich in der Vorrede so ausspricht (II. 3): „Vorliegende Arbeit hat nicht den Ehrgeiz, alle Fragen zu beantworten, welche sich an die Wilheringer Handschriften knüpfen; sie will über dieselben keine Abhandlungen liefern, sondern bloss ein knapp beschreibendes Verzeichniss derselben bieten. Wenn ich aber in einzelnen Fällen mehr gethan, als die Natur eines solchen Verzeichnisses fordert, so bitte ich, das für nichts weiter als für eine — wie ich hoffe — nicht gerade unerwünschte Zugabe anzusehen." Da die einzelnen Stücke der Handschriften mit Anfang und Ende angegeben und in mehreren Registern verzeichnet sind, so ist den wichtigsten Anforderungen entsprochen. Mehr zu geben, reichten in vielen Fällen die Mittel nicht, und es ist mir bei diesen Verzeichnissen wieder aufs Neue deutlich geworden, wie viel Zeit, Mühe, Wissen und Hilfsmittel zusammengehören, um einen vollkommenen Handschriften-Katalog herzustellen. Sehr zu wünschen wäre ein General-Index gewesen. Dieser hätte nicht nur das Nachschlagen bedeutend erleichtert, sondern auch noch manches Schriftstück genauer ins richtige Licht gestellt. So wird z. B. eine Handschrift von Reun (No. 56. I. S. 39) als Horologium sapientiae bezeichnet, welches P. Weis richtig dem Heinrich Suso als Verfasser zuweist. In Lilienfeld (No. 127. 2. I. S. 521.) und in Hohenfurt kommt dasselbe Werk vor, (No. 68. II. S. 263), wo aber über den Verfasser nur gesagt wird, dass er Dominikaner war. Anderwärts (I. 334. No. 89) erscheint ein Schriftsteller Angelonius; möglich dass die Handschrift diese Namensform hat; die richtige Angelomus steht das. 535. No. 160. — II. S. 239. No. 227. wird eine Schrift Seneca's: De quatuor virtutibus cardinalibus als unächt aufgeführt. Der wahre Verfasser, Martin von Bracara, wäre zu erfahren gewesen I. 172. No. 212. 7. und 509. No. 82; ferner II. 58, No. 108. 6. zu vergleichen I. 392. No. 269. 13. Ein Gedicht des Prudentius wird I. 526. No. 139. als Psychomachia angesehen: es wäre doch nicht schwer als dessen Enchiridion zu erkennen gewesen. Ueberhaupt liessen sich nach dieser Richtung noch viele Ergänzungen beibringen, da die gedruckte Litteratur nothwendig zum Vergleiche beigezogen werden muss, um über den Charakter und Werth einer Handschrift zu urtheilen. Am auffallendsten war mir dies Bd. II. S. 41. No. 79. 7., wo es heisst: De festo Concepcionis Virginis Mariae. Es ist dies der bekannte Brief des hl. Bernhard an die Canoniker von Lyon, in der Ausgabe v. Migne P. l. 182, 332—36. — Vita B. Mariae Virginis (II. 76. No. 164.) ist herausgegeben von Vögtlin in der Bibliothek des litterarischen Vereins; das A Septililium B. Dorotheae von Hipler in den Analecta Bollandiana II—IV. — Bei Placidus Fixlmillner (II. 494. No. 32 und 496. Nr. 47) wäre neben Hayn zu verweisen gewesen auf Scriptores O. S. B. qui 1750—1880 in imperio Austriaco-Hungarico floruerunt. Wien 1881. S. 95—98. Ebenso bei Schirrmann das. 497 No. 54. u. 55. l. c. 408—9. Oefter sind auch veraltete Ausgaben citirt. So I. 21. No. 25 Hugo v. St. Victor nach der Strassburger Ausgabe von 1485. I. 34. No. 47 heisst es, Erigenas Uebersetzung des Dionysius Areopagita sei das letzte Mal zu Köln 1536 erschienen. Dem gegenüber sei auf die treffliche Ausgabe von Floss in der lateinischen Patrologia von Migne Bd. 122. Paris 1853 verwiesen. Solche Ungenauigkeiten sind übrigens selten und finden ihre Entschuldigung in der für die Herstellung so kurz bemessenen Frist.

Pars III. ist zum grösseren Theil von den gleichen Verfassern hergestellt, welche die Handschriften-Verzeichnisse des 2. Theils geliefert haben. Der Inhalt betrifft auch mehrfach das Bücher- und Bibliothekswesen. So schon das Vorwort, unterzeichnet von Gsell und Janauschek, worin (S. VII) darauf gedrungen wird, es sollte „vor Allem auch unter Opfern dahin getrachtet werden, dass jedes Haus wenigstens einen aus tüchtiger Schule hervorgegangenen Archivar und Bibliothekar dauernd besitze, der, wie es in alter Zeit geschah, seinen Amanuensis, beziehungsweise Amtsnachfolger nöthigenfalls selbst auch zu bilden im Stande wäre." Im vorliegenden Bande wird zunächst der litterarische Apparat, sowohl der handschriftliche als der gedruckte, für die Geschichte jedes Stiftes gesammelt, geordnet und bekannt gegeben. Auf unbedingte Vollständigkeit erheben indess die Verfasser keinen Anspruch. Dringend nöthig schien sodann eine Revision der Abtsreihen sämmtlicher Klöster, worüber die neuesten Resultate der Forschung herbeigezogen und veröffentlicht werden, in einer Weise, dass sämmtliche hier mitgetheilte Daten absolut unanfechtbar seien. Für die Gelehrten- und Künstlergeschichte wichtig sind dann die Namen der Codexschreiber „jener unverdrossenen Männer, welche so viele Jahre ihres Lebens mühevoller Arbeit weihten und dadurch wahrhaftig einen Platz neben den Autoren selbst verdienten. Leider verwehrten die strengen Statuten unseres Ordens ihnen die Unsterblichkeit des Namens und nur wenige aus den ersten zwei Jahrhunderten desselben sind bekannt geworden." „Vielfach theilten das Schicksal der Codexschreiber jene Gelehrten, deren Werke nicht durch den Druck verbreitet wurden, und doch — welche Fluth von Namen und Werken tritt uns hier entgegen, die früher ausserhalb der Klöster ganz oder in Beziehung auf ihre schriftstellerische Thätigkeit nur unvollständig bekannt waren! Wir sind überzeugt, dass die Literar-Historiker dieser Partie besondere Aufmerksamkeit schenken und kostbare Perlen darin entdecken werden." Mit wahrem Bienenfleiss ist hier ein gewaltiges Material verarbeitet, leider nicht immer in systematischer Ordnung, und die angeführten Büchertitel sind ein paar Mal nicht mit der gehörigen bibliographischen Genauigkeit verzeichnet. Um aber nicht durch allgemeine Redewendungen den Leser zu ermüden, will ich lieber einige Einzelheiten herausheben, welche von allgemeinerem Interesse sein dürften. Heiligenkreuz (von P. B. Gsell S. 35) ist mit der Geschichte des Landes seit mehr als 700 Jahren auf's engste verknüpft. Da alle Quellen darüber anzuführen unmöglich ist, werden nur die wichtigsten aufgezählt S. 38—53. 62 Aebte standen dem Stifte vor, 36 sind von hier an die Spitze anderer Abteien berufen worden. Die Aufzählung der Schriftsteller, Künstler und Kunsthandwerker füllt 30 Seiten (S. 61—110). Unmittelbar daran schliesst sich die Filiale Neukloster (von P. Benedikt Kluge), die einen beständigen Kampf ums Dasein zu bestehen hatte. Dennoch giebt die in der That auserlesene Bücherei des Stifts Zeugniss von der opferwilligen Pflege der Litteratur sowohl von Seiten der Aebte als auch der Ordensgenossen. Viel reichhaltiger fällt der Bericht über das Kloster Zwettl von Abt Stephan Rössler aus. Noch reicher ist das Litteraturverzeichniss über Wilhering, weil der gelehrte Stiftsarchivar P. O. Grillnberger mit minutiöser Sorgfalt alle die in den verschiedensten Werken zerstreuten einzelnen Notizen über sein Stift nach der Zeitfolge zusammengestellt hat. Bei Lilienfeld, das so schwer durch die mannigfaltigsten Schicksalsschläge, einmal selbst durch die Aufhebung heimgesucht wurde, treffen wir (S 274 u. 291) auf den als Dichter berühmten Abt Ladislaus Pyrker de Felsö-Eör. — Hohenfurt besass ein glänzendes Dreigestirn von Gelehrten an dem „Riesengeiste" Abt Quirin Mickl 1711—1767; unter seinen Werken ragt hervor seine Encyclopädie der gesammten theologischen und Profanwissenschaften in 42 starken Foliobänden. P. Maximilian Millauer 1784—1840, Rector magnificus der Prager Universität im Jahre 1833; das Verzeichniss seiner Schriften beläuft sich auf 166 Nummern. Der dritte im

Bunde ist P. Siegfried Kühweg 1795—1853, ein verborgenes Veilchen, das bisher der gelehrten Welt unbekannt war, der als Bibliothekar und Archivar die Urkunden seines Stiftes in den 30 Bänden seines Diplomatarium zusammenstellte und erläuterte. Endlich verdient auch noch die bescheidene Arbeit der Laienbrüder Erwähnung, von denen der eine Joseph Raffer, † 1782, ein Bildhauer, die reichgezierten Bibliotheksschränke schuf, während Lucas Wawra, † 1804, den grossen Bibliothekssaal mit Gemälden schmückte. Ueber Stams handelt der Archivar P. Fortunat Spielmann. Ab: Bernhard Welsch, † 1501. Verfasser mehrerer theologischer Werke, war Professor in Heidelberg gewesen; P. Joachim Plattner, † 1789, Professor in Innsbruck; sein Zeitgenosse P. Cassian Primisser, einer der fünf Gelehrten Primisser, Archivar und Bibliothekar, starb erst 37jährig 1771 und hinterliess in 23 Foliobänden die Annales Stamsenses und manches unvollendete. Als Curiosum verdient Erwähnung, dass im Jahre 1806, als Stams unter bayerischer Administration stand, von dieser die ganze reiche Bibliothek mit allem, was drum und dran hing, um 67 Gulden dem Abte überlassen wurde. S. 375.

Von besonderem bibliographischen Interesse sind aber in diesem Bande die hier abgedruckten 7 alten Bibliotheks-Kataloge, welche mit zwei Ausnahmen hier zum ersten Mal veröffentlicht werden. Gottlieb, Bibliotheken des M. A. kennt nur einen von allen. Das älteste Bücherverzeichniss von Heiligenkreuz enthält fast nur Kirchenväter. Die zwei ältesten Bücherkataloge von Zwettl stammen aus dem 12. und 13. Jahrhundert. Der erste war schon früher gedruckt. S. 188 Z. 7 steht wohl durch Druckfehler feronimus statt ieronimus. Lilienfeld bietet ebenfalls 2 Kataloge, den ältesten vom Jahre 1388 u. den andern aus dem 15. Jahrhundert. Der älteste Katalog der Hohenfurter Bibliothek aus dem 13. Jahrhundert ist leider unvollständig. Das älteste Stamser Bücherverzeichniss aus dem Jahr 1341 ist sehr reichhaltig. Es erscheint hier in zweiter Auflage, ist übrigens durch Versehen im Inhaltsverzeichniss dieses Bandes S. 428 ausgefallen. Damit ist übrigens die Ausbeute für die Bibliothekswissenschaft noch nicht beendigt. Hie und da zerstreut finden sich noch verschiedene kleinere Notizen in verschiedenen Handschriften, welche in Pars II. beschrieben sind, aber hier am Besten an die alten Kataloge sich anreihen. In der Heiligenkreuzer Handschrift No. 93 findet sich ein Verzeichniss aus dem 14. Jahrhundert angegeben: „quomodo legantur libri in refectorio per totum annum", worin auf viele nachzuschlagende Werke verwiesen ist. (Pars II. p. 118; 146.) Auf dem Deckel der Handschrift No. 79 sind von einer Hand des 15. Jahrhunderts 7 Bücher verzeichnet als im Besitze des Bruders Andreas. Sie waren ihm wahrscheinlich nur zum Gebrauche überlassen. Das Verzeichniss ist abgedruckt. (l. c. S. 145.) Die Handschrift 861 von Zwettl enthält aus dem 14. Jahrhundert eine Nota über die dem Fr. Michael zu seinen Studien in Prag mitgegebenen Bücher. (l. c. S. 426.) Ein Bücherverzeichniss mit Ankaufspreis findet sich auch in Cod. 418. Fol. 250. aus dem 15. Jahrhundert. Ferner steht in der Lilienfelder Handschrift 206 fol. 141 ein „Inventarium der Sachen des resignirenden Priors Walter vom Jahre 1402." Ob sich darunter auch Bücher befinden? Eine Vergebung aus dem Wilheringer Todtenbuch vom Jahre 1462 kennt bereits Gottlieb l. c. No. 951. (Vergl. II. 5.)

Stift Einsiedeln.   P. Gabriel Meier.

G. Schmoller u. O. Hintze. Die preussische Seidenindustrie im 18. Jahrhundert und ihre Begründung durch Friedrich den Grossen. Bd. I—III. Berlin. P. Parey. 1892.

Wir würden dem Ersuchen der Verlagsbuchhandlung, eine Anzeige dieses Werkes in dem C. f. B. zu bringen, nicht nachkommen können, da ja das in ihm behandelte Thema sehr weit ab von dem Interessenkreise unseres Blattes liegt, wenn nicht mit ihm eine wissenschaftliche Unternehmung in die Erscheinung träte, von der jede grössere Bibliothek Notiz nehmen muss.

Denn mit diesen drei Bänden wurden die Acta Borussica, Denkmäler der Preussischen Staatsverwaltung im 18. Jahrhundert. Herausgegeben von der Königlichen Akademie der Wissenschaften, eröffnet. Da dieselbe ein grundlegendes Werk für die gesammte innere preussische Staatsverwaltung unter der Herrschaft König Friedrich Wilhelms I. und Friedrichs des Grossen zu werden bestimmt ist, so dürfte es doch angezeigt erscheinen, namentlich die ausserdeutschen Collegen auf diese Publication mit wenigen Worten aufmerksam zu machen. — Die Entstehungsgeschichte derselben ist kurz folgende. Im Jahre 1887 stellten die Mitglieder der Königlichen Akademie der Wissenschaften von Sybel, Schmoller und Lehmann bei der Akademie den Antrag, auf deren Kosten neben der politischen Correspondenz Friedrichs des Grossen eine Publication über die innere Staatsverwaltung Preussens im 18. Jahrhundert herauszugeben. Die Akademie stimmte dem Antrage bei und wendete sich in einer motivirten Eingabe an den Unterrichtsminister von Gossler und bat um eine Staatsunterstützung für dieses Unternehmen. Nachdem diese gewährt worden ist, wurde das Programm für die Publication endgültig festgestellt. Als die zu lösende Aufgabe wird angegeben: „Die Sammlung und Herausgabe der auf die innere Verwaltung Preussens bezüglichen Akten aus der Zeit von 1713—1786 in einer nach ihrer Wichtigkeit für die historische Erkenntniss bemessenen Auswahl theils in wörtlichem Abdruck, theils in Regestenform, theils in zusammenfassenden oder einleitenden Darstellungen." Die so in Aussicht genommene Sammlung wird in zwei Hauptabtheilungen zerfallen. Die erste wird die Akten über die Staats- und Beamten-Organisation bringen, die zweite soll zunächst die Verwaltung der indirekten Steuern einschliesslich der Gewerbe- und Handelspolitik, sowie die Militairverwaltung in Angriff nehmen. Alle die Zweige der Verwaltung, welche in jüngster Zeit ausführlicher behandelt worden sind, z. B. von Stölzel, Stephan, Schmoller, Stadelmann u. s. w. sollen für jetzt bei Seite gelassen werden, so dass die neue Publication schon Behandeltes nicht wiederholen, beziehungsweise ergänzen, sondern nur noch nicht Behandeltes veröffentlichen wird. Von dieser Abtheilung bilden die jetzt veröffentlichten 3 Bände der Anfang. Es werden ihr Arbeiten über die Wollindustrie und über die Bergwerks- und Hütten- und Eisenindustrie folgen. Es steht uns natürlich kein Urtheil über die vorliegende Arbeit zu. Sollte irgendwo aber das Bedenken gehegt werden, ob nicht die Verarbeitung des Materials in einer bestimmten Tendenz stattgefunden habe, so dürfte hiervon doch die Publication der Aktenstücke nicht berührt werden. Dass dieselbe hier in einem geschlossenen Zusammenhange für den wichtigsten deutschen Staat erfolgt, wird man der Verzettelung derartiger Arbeiten gegenüber, die z. B. in der grossen Collection des documents inédits sur l'histoire de France statt hatte, nur billigen können.

Wie schon gesagt, wer sich für die Geschichte des preussischen Staates interessirt und die innere Entwickelung desselben erkennen will, wird die in dieser Sammlung zuerst veröffentlichten Quellen nicht entbehren können.

O. H.

J. T. Doedes, Collectie van Rariora inzonderheid Godsdienst en Theologie. 2. vermeerd. Uitg. Utrecht (1892). XII u. 136 SS. 8°.

Die erste Ausgabe dieser Sammlung erschien 1887, die zweite enthält ungefähr 120 Stücke mehr. Die Sammlung ist Privateigenthum des Verfassers, „fragt man, wer die früheren Besitzer desselben gewesen, so kann ich darauf — heisst es in der Vorrede — ebensowenig antworten, als auf die Frage, wer sie später besitzen wird." Unika und ganz seltene Drucke bilden den Grundstock der Sammlung, um den sich ein Kreis von seltenen oder in irgend welcher Beziehung merkwürdigen Büchern ansetzte, ohne dass „der Adelsbrief der Seltenheit zur conditio sine qua non gemacht wurde." Es ist wirklich ein Schatz, den Dr. Doedes nicht bloss mit „geluk", sondern mit grossem Verständniss und unablässiger Ausdauer in den Niederlanden, Belgien, Deutschland u. s. w. gesammelt hat, mit dem er so gern mehr als bisher den Bibliographen nützen, und den er so gerne mehr als bisher Bücherfreunde, „gebruiken" sähe. Aus dem 15. Jahrh. zähle ich mehr als 50 Drucke, die ältesten von ca. 1470; das 16. und 17. Jahrh. sind besonders stark vertreten, auch aus dem 19. Jahrh. sind manche Drucke, sei es, weil sie mit besonderen Illustrationen versehen, weil sie auf besonderem Papier oder weil sie mit besonderen Typen gedruckt sind. Kants Werke in der Ausgabe von Rosenkranz und Schubert passen freilich m. E. nicht in die Sammlung. Wie schon der Titel angiebt, gehört die grosse Mehrzahl der Bücher dem theologischen Fache an, die Bibel, das Neue Testament, die Psalmen, der Katechismus, die deutsche Theologie u. s. w. sind in zahlreichen, zum Theil höchst seltenen Ausgaben vorhanden. Für die Sammlung ist im Allgemeinen die alphabetische Ordnung massgebend gewesen, besonders nach dem Namen der Verfasser, aber auch nach dem Stichwort der Titel und dem Inhalt der Bücher, so sind z. B. übersichtlich unter dem Stichwort Biblia, Bijbel die Bibel-Ausgaben, sowohl als die Ausgaben des Neuen Testaments, der Psalmen, Facsimile-Ausgaben verschiedener Codices und die Litteratur darüber, unter Doedendans-Danse Macabre die ganze in der Sammlung befindliche darauf bezügliche Litteratur zusammengestellt, desgl. unter Dordtsche Synode u. s. w. Die Beschreibung besteht in kurzer Titelangabe mit Hervorhebung charakteristischer Eigenthümlichkeiten und mit den erforderlichen bibliographischen Vermerken. Wetzel.

Ganguli, G. D., Catalogue of the Reference Library of the Provincial Museum, N.-W. P. and Oudh. Corrected to 1st December 1891. Allahabad 1892 pp. XXIII, 169. 8°.

Die Bibliothek des Provincial Museum der N.-W. Provinces and Oudh ist nicht sehr umfangreich und vorwiegend naturwissenschaftlichen und technischen Inhalts. Der philologische Theil ist sehr unbedeutend. Der Werth des von Ganguli zusammengestellten Kataloges beruht wesentlich auf den Appendices. Appendix I. enthält einen Catalogue of Reports and Departmental Publications und ist für Statistik, Verwaltungsgeschichte, Landwirthschaft, Geographie u. s. w. Indiens von hervorragendem Interesse und Werth. Appendix II. giebt eine Classified List of Arabic, Persian, and Urdu Manuscripts, verfasst von Munshi Chhote Lal. Wie der Verfasser hervorhebt, stammen die meisten dieser Handschriften aus der einst berühmten Royal Library der Könige von Oudh, die in dem Moti Mahal zu Lucknow aufbewahrt wurde. In den Besitz des Museums sind sie theils durch Kauf in den Bazaren von Lucknow gelangt, theils durch Ueberweisung aus dem Queen's College in Benares. Keine dieser Handschriften ist erwähnt in A. Sprenger's Catalogue of the Libraries of the King of Oudh, Vol. I., Calcutta 1854; am umfangreichsten und werthvollsten ist die Sammlung der Persischen Handschriften, 50 an Zahl. Appendix III. enthält eine Classified List of the Sanskrit, Prakrit, Pali, und Hindi Manuscripts, verfasst von A. Führer. Sie liefert eine Ergänzung zu Aufrecht's oben IX, 137 f. besprochenem Catalogus Catalogorum, freilich mehr der Quantität nach. Wirklich neue Werke von Werth sind kaum darunter; manche tragen einen etwas abweichenden Titel, wie z. B. der Rudravilāsa No. 53 gewiss identisch ist mit dem Sarasvativilāsa. Besondere Beachtung verdienen die in Çāradā-Charakter geschriebenen MSS. No. 83. 97. 100. 101. 107. 109. 115. 150. 159. Die 6 Pāli-MSS. sind nur zur Hälfte vollständig, was namentlich bei No. 259, einem offenbar sehr alten MS. des Dhammapada, zu bedauern ist.

Halle (Saale). R. Pischel.

Mittheilungen aus und über Bibliotheken.

In No. 168 der „Wernigeroder Zeitung und Intelligenzblatt" findet sich unter dem Titel „Nachricht über die Fürstliche (Stolbergische) Bibliothek zu Wernigerode" ein eingehender Jahresbericht über die Zeit vom 1. Juli 1891 bis dahin 1892. Danach besteht die Bibliothek jetzt aus 101,421 Bänden und mit den 2356 Bänden des „Harzvereins für Geschichte und Alterthumskunde" aus 103,777 Bänden.

In Ostindien wurde die erste freie Bibliothek vor einiger Zeit zu Baroda eröffnet, welche der Bruder des Maharaja Gaikwar, Shrimant Sampatrao Gaikwad, gegründet und zu Ehren des gegenwärtigen Herrschers die Shri Sayaji genannt hatte. Eine grosse Halle in dem alten Palast von Sakarvada wurde der Bibliothek zugewiesen, die aus 10000, für den Preis von einer Lakh Rupies (= ca. 7000 £) von Shrimant Sampatrao erworbenen Bänden besteht. Unter den Büchern sind 7000 englische, der Rest in Marathi, Guzerati und Sanskrit. Die Kataloge der englischen, Marathi- und Guzerati-Werke sind bereits fertiggestellt, während derjenige für die Sanskritlitteratur noch in Bearbeitung ist. Die Regeln für die Benutzung der Bibliothek und für das Entleihen von Büchern entsprechen im allgemeinen den für die englischen freien Bibliotheken bestehenden.

Das Jahresverzeichniss der Accessionen der öffentlichen Bibliotheken Schwedens in Stockholm, Upsala, Lund und Göteborg von 1891 ist jetzt erschienen und bringt auf 368 Oktavseiten die Titel aller von den öffentlichen Bibliotheken Schwedens im vorigen Jahre erworbenen Werke. Ist dieser Katalog natürlich in erster Linie für die schwedischen Leser von Bedeutung, die durch denselben auf die einfachste Weise darüber unterrichtet werden, wo sie ein neu erschienenes Werk zu suchen haben, so ist es doch auch für die Ausländer nicht ohne Interesse die Strömungen der Wissenschaften in Schweden indirekt an der Hand der bibliothekarischen Anschaffungen zu verfolgen. Die deutsche Litteratur ist in diesen Anschaffungen sehr gut vertreten. Die Herausgabe des Katalogs hat Herr E. W. Dahlgren von der Königl. Bibliothek zu Stockholm besorgt. Ebenso ist auch das Universitets-Bibliotekets Aarbog for 1891 von der Königl. Norwegischen Friedrichs-Universität in Christiania erschienen, das einen Verwaltungsbericht dieser trefflich geleiteten Bibliothek und den Accessionskatalog von 1890/91 enthält. Dieser zerfällt wie immer in zwei Haupttheile, von denen der erste die 1890 erschienene norwegische Litteratur verzeichnet, mit einem Anhang, der andere die Anschaffungen der Bibliothek aus der ausländischen Litteratur aufzählt. x. x.

Amerikanische Bibliotheken. Nach dem 43. Annual Report der Astor Library, für das Jahr 1891 (New York 1892), wurden in der Bibliothek 180,505 Bände von 62,182 Lesern benutzt; die Accessionen beliefen sich auf 5428 Bände; an Geschenken gingen 1077 Bände und 1162 Broschüren ein; der Gesammtfundus erreichte nahezu die Summe von zwei Millionen Dollars. — Von dem Quarterly Index of additions to the Milwaukee Public Library liegt uns No. 24 des dritten Bandes vor, welche den Zuwachs für die Monate October bis Dezember 1891 verzeichnet. — Die 1865 gegründete Public Library von St. Louis, die grösste Bibliothek westlich vom Mississippi, enthält zur Zeit fast 80,000 Bände; da dieselbe sehr stark benutzt wird, aber nur über einen geringen Dotationsfonds verfügt, so fordert die Verwaltung zur Subscription von $ 20.000 auf, um eine technologische Abtheilung einrichten zu können. — Die St. Louis Mercantile Library hat den ersten Theil ihres Cataloges veröffentlicht, der die English prose fiction umfasst (St. Louis, Nixon-Jones Printing Co. 1892. IV, 212 p. 50 cents.) Jedes Buch ist sowohl unter dem Verfasser wie dem ersten Wort seines Titels verzeichnet; den Schluss bildet dann noch eine sachliche Aufzählung mehrerer Romankategorien, vor allem der historischen Romane. Bei seiner Reichhaltigkeit (es sind hier 14000 Bände verzeichnet) ist der Catalog auch brauchbar als Nachschlagbuch für englische Romanlitteratur. — Vom Public Library Bulletin Los Angeles (California) erschien Vol. I. No. 5, worin sich S. 69 auch ein Verzeichniss alter und neuer Karten von Californien befindet, und No. 6, die Musikalienlitteratur enthaltend. — Das Library Bulletin der Cornell University, Ithaca, No. 29, vom Dezember 1891, und No. 30, vom Juni 1892, enthält ausser den Accessionen eine Desiderienliste der „May Anti-Slavery Collection," worin um Ergänzung der bereits 4000 Nummern zählenden Sammlung durch die periodischen Schriften verschiedener abolitionistischer Gesellschaften ersucht wird, sowie eine Liste der neueren Publicationen der dortigen Universität. — Justin Winsor, der Bibliothekar der Harvard University, Cambridge, Mass., veröffentlicht den 14. Bericht für 1891, sowie No. 46 der „Bibliographical Contributions." Letztere enthalten eine Mitgliederliste der Classe von 1828 nebst einem Verzeichniss der von den einzelnen Mitgliedern verfassten Schriften. Nach dem Bibliotheksbericht betragen die Accessionen 13276 Bände, so dass sich der ganze Bestand auf 380.186 Bände und 312,670 Broschüren beläuft. In Gore Hall, der eigentlichen Universitätsbibliothek, mit welcher die Institutsbibliotheken zusammen verwaltet werden, sind in dem verflossenen Berichtsjahre 85,897 Bände (gegen 92,109 i. J. 1889/90) benutzt worden. — Die Free Public Library von Jersey City, N. J., hat ihren ersten Jahresbericht ausgegeben. Derselbe umfasst die Monate Juli bis Dezember 1891. Wie der Bibliothekar Geo. Watson Cole berichtet, circulirten in dieser Zeit nicht weniger als 78,900 Bände, wovon der Löwenantheil (über 84%) auf die Gruppe „Fiction" entfiel; geschenkt wurden 6931 Bände und 1021 Broschüren. Das Gehalt des Bibliothekars beträgt dort 2000 Dollars, der Assistent und der Head Cataloguer beziehen je 900, die 4 Assistenten der einzelnen Abtheilungen zusammen 1500 Dollars; die Gesammtausgabe für die Angestellten der Bibliothek beläuft sich auf 9750 Dollars. Ein seit dem 15. Februar 1892 monatlich erscheinender Library Record verzeichnet hauptsächlich die neuen Erwerbungen. Nach No. 5 vom 15. Juni 1892, war nach einjährigem Bestehen der Bibliothek bereits mehr als eine Viertelmillion Bände (294,796!) in Circulation, (davon in dem Halbjahr bis Mai 1892: 154,454 Bände, d. h. im Durchschnitt täglich über 1000 Bände). Und doch beträgt die Anzahl der in der Bibliothek vorhandenen Bände nur 25.312! Dass in der Benutzungsstatistik und bei den Accessionen die Geisteswissenschaften am schlechtesten wegkommen, wie überhaupt in fast allen amerikanischen Bibliotheken (so wurden z. B. in Jersey City nur 60 philologische Werke = 0,8 % verlangt), wundert uns schon längst nicht mehr, da sich dieselbe Erscheinung auch bei den deutschen Volksbibliotheken gezeigt hat; dem verwöhnten Geschmacke des Volkes scheint diesseits und jenseits des Oceans nur noch leichte Kost zu behagen. Die Folgen davon werden nicht ausbleiben. Hbrln.

— —

Die Wittwe des Professors des römischen Rechts an der Universität Leyden, W. M. d'Ablaing hat der Universitätsbibliothek dieser Stadt eine Sammlung von 43 Handschriften zur Geschichte des römischen und kanonischen Rechts im Mittelalter, Glossatoren etc. vermacht. Die ältesten von ihnen stammen aus dem 14. Jahrhundert. Ausserdem enthält die Sammlung noch zahlreiche Abschriften von Schriften der Glossatoren von der Hand des

Herrn d'Ablaing. Ueber die Sammlung handelt Herr J. Tardif in der Nouvelle revue historique de droit français et étranger. 1892. S. 357 u. f.

O. H.

In No. 7 des „Przewodnik bibliograficzny" 1892 S. 108 theilt Dr. Wisłocki ein Verzeichniss von 73 Handschriften mit, welche die Universitäts-Bibliothek zu Krakau erworben hat: dieselben gehören meistens den drei letzten Jahrhunderten an und beziehen sich auf polnische Geschichte und Litteratur.

P.

Nach dem von dem Bibliothekar C. P. Burger Jr. herausgegebenen Bericht über die Universitätsbibliothek zu Amsterdam für das Jahr 1891 hat der Bücherschatz derselben in diesem Zeitraum eine grössere Bereicherung erfahren als je zuvor, was hauptsächlich den zahlreichen Schenkungen zu verdanken ist. Zu denselben gehören die medicinische Bibliothek des Prof. C. L. Wurfbain, die wissenschaftlichen Büchersammlungen der Herrn de Bull, Beaujon und Brugmans, die Sammlung von Büchern, Kupfern, Handschriften und Zeichnungen von W. Bilderdijk, welche Herr J. de Vries angelegt hatte, die Kunstsammlung des Herrn C. P. van Eeghen, eine von Herrn J. P. R. Galesloot geschenkte Collection von Werken über die Pariser Weltausstellung von 1878, sowie eine Anzahl militärischer, amerikanischer und russischer Publikationen. Im Ganzen wurden 6337 neue Werke notirt, während 1890 nur 875 Werke aufgenommen wurden. Auch in den Jahren 1882—84, wo die Vermehrung der Bibliothek besonders stark war, haben die neuen Erwerbungen nie die Zahl 5000 erreicht. Ausserdem kamen 884 Dissertationen und 58 neu angeschaffte Zeitschriften dazu. Das ständige Personal der Bibliothek blieb während des Jahres 1891 unverändert; die Katalogisirungsarbeiten nahmen ihren regelmässigen Fortgang, die Benutzungsstatistik weist gegen das Vorjahr ein Plus von ca. 30 Procent auf. Ausgeliehen wurden im Ganzen 8398 Bücher (gegen 4823 im Vorjahre); die höchste Ziffer pro Tag betrug 116 (61); in der Bibliothek benutzt wurden 17386 Bücher (13225), die höchste Ziffer pro Tag betrug 131 (111); die Anzahl der Besucher belief sich auf 17046 (13217); höchste Tagesziffer war 127 (93). Gegen Feuersgefahr wurde die Bibliothek durch die Anlegung eines Wasserleitungsrohrs in den inneren Hof, sowie durch Anbringen einer Feuerglocke im Vestibul geschützt.

Hbrln.

Von der Freiherrlich Carl von Rothschild'schen öffentlichen Bibliothek in Frankfurt a/M. (s. Centralbl. VIII. 1891 S. 513—515) ist Ende Juni 1892 ein Verzeichniss der laufenden periodischen Schriften, geschlossen am 31. Juli 1891, und ein Zuwachsverzeichniss für das Jahr 1891 ausgegeben worden. Das erste verzeichnet auf 21 S. in 12 Abtheilungen 124 Zeitschriften (incl. Zeitungen) in systematischer und 177 Periodica in weiterem Sinne in alphabetischer Reihenfolge; in dem 2., das alle Jahre erscheinen soll, sind in 25 Abtheilungen 275 Werke aufgeführt: am stärksten vertreten ist Fach 1: Aesthetik und Kunstwissenschaft (48 Nrn) und 9: gesammelte und vermischte Werke, in dem sich die beiden Reihen der Early English Text Society unter den Neuanschaffungen des vorigen Jahres befinden.

P.

In dem Bericht, den der abgehende Rektor der Universität Lüttich, Prof. Roersch, über das Universitätsjahr 1890/91 erstattet, werden über die dortige Bibliothek folgende Angaben gemacht. Die Bibliothek verfügte im Ganzen über 16,100 Francs; von dieser Summe gingen zwei Dritttheile für Zeitschriften und Fortsetzungen auf, ungefähr 5000 Francs blieben für Neuanschaffungen und Einbände nach. Die Stadt Lüttich gab einen Zuschuss von 1000 Francs für Ergänzung und Vermehrung der Sammlungen, die die lokale Bibliographie und Geschichte des alten Fürstenthums Lüttich betreffen. Die Bibliothek wuchs einschliesslich Thesen und Dissertationen (3,261) um 4,562 Bände und Broschüren. Im Lesesaal wurden 15,094 (1889/90: 11,920) Bände benutzt, ausgeliehen wurden 8,074 (1889/90: 8,047) Bände. In dem besonderen Zeitschriften-Zimmer, das im Durchschnitt täglich von 12 Lesern benutzt wurde, lagen ungefähr 400 Zeitschriften aus.   W.

In dem vor Kurzem erschienenen 1. Hefte des 4. Bandes der Aarsberetninger og Meddelelser fra det Store Kongelige Bibliothek in Kopenhagen erstattet der Bibliothekar Chr. Bruun Bericht über die Finanzjahre 1889—90 und 1890—91. An Pflichtexemplaren wurden für die dänische Abtheilung von 242, bezw. 247 Buchdruckern abgeliefert: 190 u. 197 Zeitungen, 76 u. 317 Zeitschriften, 1309 u. 3689 Bücher einschliessl. kleiner Schriften. Die dänische Abtheilung vermehrte sich ausserdem durch Kauf um 2 Zeitschriften, 292 u. 1114 Bücher, dazu aus ganz neuer Litteratur in fremder Sprache um 85 u. 101 Bücher und um eine Sammlung von 30,000 Liedern meist aus diesem Jahrhundert, die von Buchhändler O. Wroblewski gekauft wurden. Von grösster Seltenheit ist die im J. 1890—91 erworbene Druckschrift: Collatio de impositione manuum, in dedicando Sacerdote, & dedicanda victima scripta in Conventu Ratisbonensi a Philip. Melan[thone]. Impressa Hafniae per Joannem Vinitorem 1542. 4 Bl. in 4°. (Man kannte bislang nur eine Ausg. dieser Dichtung, gedr. in Wittenberg, 1541.) Gebunden wurden in dieser Abtheilung 3346 u. 2770 Bände, 1889—90 beliefen sich die Bindekosten auf 4177 Kronen, 6 öre. Das Einbinden der Zeitungen kostete 1661 bezw. 1566 Kronen. In die Kataloge dieser Abtheilung wurden 3364 u. 4429 neue Titel eingetragen. Die Zahl der Zettelkatalog-Kasten beträgt 450. Die Vermehrung der dänischen Abtheilung betrug im Ganzen — ohne Geschenke und Zeitungen (s. o.) — 364 u. 350 Zeitschriften, 4104 u. 5133 Bücher u. s. w. Die Abtheilung für ausländische Litteratur wurde durch Kauf vermehrt um 2260 und 2411 Bände, an Geschenken empfing die Bibliothek 1113 und 994 Bände, Hefte und Broschüren. Im Ganzen belief sich die Vermehrung der Bibliothek an gedruckten Büchern auf 8490 und 9353 Bände und Hefte, im Ganzen wurden eingebunden 5261 u. 4736 Bände, von denen 1543 bezw. 1000 mit Draht geheftet wurden. In der Gesammtzahl der gebundenen Bücher ist auch eingerechnet eine Anzahl kleinerer älterer Bücher aus dem 16. Jahrh., von denen die Bibliothek tausende ungebunden besitzt. Abgesehen von der Katalogisirung aller neu eingehenden Bücher ist die Umarbeitung und Neubearbeitung verschiedener Kataloge ein gutes Stück vorwärts gekommen. Auch die Handschriftensammlung und die Musikabtheilung haben mannigfachen Zuwachs erfahren. Von hinzugekommenen Handschriften sind zu nennen die Briefsammlungen Chr. Molbechs, K. und L. Rahbeks, A. E. Boye's, Joach. Fred. Schouw's und Fred. Brun's, die aus dem Reichsarchiv übernommenen Bruchstücke von Saxo-Handschriften (wodurch nun alle Saxo-Fragmente in der Grossen Königl. Bibliothek vereinigt sind), ein Blatt eines unbekannten Codex von Adam v. Bremen u. A. Der neue Handschriften-Katalog geht seiner Vollendung entgegen; aber die Ausarbeitung eines ausführlich kritisch raisonnirenden Handschriften-Katalogs geschrieben auf Grund genauer Untersuchung der Handschriften selbst und zur Ausgabe bestimmt, ist noch der Zukunft vorbehalten. Ausgeliehen wurden 10,097 und 11,206 Bände, der Lesesaal wurde von 9113 und 9221 Personen benutzt, von deren 16,183 bezw. 16,676 Bestellungen 517 bezw. 620 nicht befriedigt wurden. Die Zahl der vom Publikum überhaupt benutzten Bücher betrug 34,612 und 38,548 Bände. Der Etat der Bibliothek balancirte mit rund 65,260 u. 65,921 Kronen, davon für Kauf und Binden der Bücher 35,820 und 35,938 Kronen. Eine willkom-

mene Beigabe des Jahresberichts bilden die ersten beiden Bogen des Index librorum s. 15mo. impressorum, quorum exempla possidet Bibl. Reg. Hafn. e schedis editus quas scripsit Jørgen Andresen Bølling quond. praef. Bibl.
W.

Die Curatoren und der Bibliothekar der **Newberry Library** in **Chicago** veröffentlichen den Bericht (Proceedings) für das Jahr, das mit dem 5. Januar 1892 schliesst. Die Total-Ausgaben für die Bibliothek betrugen $ 62,481,26, davon für Neuanschaffungen $ 32,432,80. Die Bibliothek wächst schnell, ist aber noch in der Entwickelung begriffen und erreicht noch in keinem Fache annähernd Vollständigkeit, die Zahl der Bände beträgt 78,179, dazu 27,807 Broschüren, der Zuwachs im Berichtjahr betrug 17,565 Bücher (davon 2,701 geschenkt) und 3,849 Broschüren, den grössten Zuwachs erfuhr die Abtheilung für Musik, für die die Sammlung Mr. George P. Upton's mit 3,041 Bänden erworben wurde, 2,050 Bände kamen zur medicinischen Abtheilung hinzu. An Incunabeln wurden die Nürnberger Bibeln von 1477 und 1487 (Nicol. de Lyra), Cicero's orationes Vened. 1472, Plinius Hist. natur. Vened. 1472, Isidorus Etymolog. 1472 u. A. gekauft. Der allgemeine Lesesaal und der medicinische wurden von 11,864 männlichen und 4,938 weiblichen, durchschnittlich täglich von 55 Personen benutzt, im allgemeinen Lesesaal lagen 538, im medicinischen 383 periodische Schriften aus. Für die Bibliothek ist ein ausreichendes neues Heim im Bau, das man noch im Juni d. J. unter Dach zu bringen hoffte. Die Bibliothek verlor durch Tod am 26. Februar 1891 den Vorsitzenden der Verwaltung der medicinischen Abtheilung: Hosmer Allen Johnson, dessen Sohn an des Vaters Stelle gewählt wurde, und am 1. März 1892 einen der beiden Curatoren der Bibliothek, William Henry Bradley, geb. in Ridgefield, Conn. am 29. Nov. 1816, der 21 Jahre lang seines verantwortungsvollen Amtes mit grosser Umsicht und regstem Eifer gewaltet hatte.
W.

Im Annual Report of the board of regents of the **Smithsonian Institution** to July, 1890 (Washington 1891) giebt der Bibliothekar John Murdoch den Gesammtzuwachs der Gesellschafts-Bibliothek auf 20,187: Bände (1,763), Bandtheile (13,458), Broschüren (4,330) und Karten (636) an, von denen 8,695 für das National-Museum behalten, 1,059 medicinische Dissertationen der Bibliothek des Surgeon-General U. S. Army einverleibt, die übrigen Bände an die Bibliothek des Congresses abgeführt wurden. Im Lesesaal lagen 468 Zeitschriften aus, aus der Congress-Bibliothek wurden die Abhandlungen und Denkschriften in 4° der meisten grossen europäischen Akademien wieder herausgezogen und im Lesesaal aufgestellt. In Folge des in der letzten Notiz über die Bibliothek der Smithson. Institution erwähnten Rundschreibens konnte die S. I. in 201 Fällen Schriftentausch neu einführen und 360 defecte Serien zum Theil oder ganz completiren.
W.

In den Sitzungsberichten der Gesellschaft für Geschichte und Alterthumskunde der **Ostseeprovinzen** Russlands aus d. J. 1891 ist der Hauptinhalt des vom Bibliothekar der Gesellschaft Dr. Alex. Bergengrün verlesenen Rechenschaftsberichts S. 105 ff. abgedruckt. Die Zahl der in der Bibliothek vorhandenen Bände kann danach nicht angegeben werden, weil die Katalogisirungs-Arbeiten noch nicht weit genug gediehen sind, im J. 1891 sind weit mehr als 1000 Bände, Lieferungen etc. hinzugekommen, ein grosser Theil der Bibliothek des weiland Oberpastors Treu ist definitiv in den Besitz der Gesellschaft übergegangen, die Bibliothek des verstorbenen Dr. H. Hildebrand, die manche werthvolle Ergänzung besonders an schwedischen und dänischen Werken brachte, ist für 200 Rubel angekauft. Die Ordnungsarbeiten an der Bibliothek sind durch Herrn Direktor Anton Buchholtz um ein Erhebliches gefördert und ein Doubletten-Katalog auf 3000 Zetteln fertiggestellt, die Doubletten sollen, um dringend erforderlichen Raum zu schaffen, möglichst bald veräussert werden. Die Buchbinderrechnung ist wieder eine recht grosse gewesen. W.

Ueber die Entwickelung der grossen Omaha Public Library (Benutzungs-Gesammtziffer 1885/86: 214,070) aus den sehr bescheidenen Anfängen der Omaha Library Association von 1872—77 berichtet Miss E. E. Poppleton in den Transactions and reports of the Nebraska State Historical Society Vol. 4 (Lincoln, web. 1892) S. 119—27. W.

Herr Dr. Karl Scherer hat im 17. Bande der N. F. der Zeitschrift des Vereins für hessische Geschichte und Landeskunde eine aktenmässige Geschichte der Kasseler Bibliothek im 16. u. 17. Jahrhundert erscheinen lassen. Sie füllt die Lücke zwischen zwei Arbeiten A. Dunckers in dankenswerther Weise aus, in denen die Gründung der Bibliothek und die Bereicherung derselben durch die Pfälzer Hofbibliothek im J. 1686 (C. f. B. II. S. 213 u. f.) erzählt waren. Im Laufe seiner fleissigen Arbeit kommt Herr Scherer auch auf das schon so oft behandelte Problem zurück, das Verschwinden der einst so reichen und berühmten Fuldaer Handschriftensammlung zu erklären. Bekanntlich finden sich von ihr einige Reste in Kassel wohin sie wahrscheinlich 1632 gekommen sind. Da sich unter den in Kassel vorhandenen Drucken, die aus Fulda stammen, keiner jünger als 1632 ist, vermuthet Herr Scherer, dass die 1632 von Fulda nach Kassel gebrachte Bibliothek, von der uns ein Zeitgenosse berichtet, die Jesuitenbibliothek gewesen sei, in der die 20—25 noch vorhandenen Handschriften der alten Fuldaer Bibliothek damals aufgestellt gewesen, während der Haupttheil der Bibliothek damals schon nicht mehr vorhanden war. „Dass die Jesuiten, nach Fulda zurückgekehrt, im 18. Jahrhundert noch Handschriften der alten Benediktinerbibliothek besassen, war damals in Fulda ein offenes Geheimniss." Sind sie also bei dem spurlosen Verschwinden der Bibliothek betheiligt gewesen? O. H.

Die Sammlung von Schriften zur Faustsage und der Faustdichtung, welche der Major a. D. J. Bock zusammengebracht hat, und die angeblich die grösste dieser Sammlungen sein soll, ist nach dem Tode des Besitzers (20. Juli d. J.) in die Hände des Herrn Dr. A. Tille in Glasgow unter der Bedingung übergegangen, dass er dieselbe nach seinem Tode der Bibliothek der Universität Leipzig übergebe.

Die Königliche Bibliothek im Haag ('s Gravenhage) veröffentlicht unter dem Titel: Verslag over den toestand der Koninklijke Bibliotheek Jahresberichte, die aus einem Berichte an den Minister des Innern (Minister van Binnenlandsche Zaken), dem die Bibliothek untersteht ist, bestehen und dem dann verschiedene Beilagen beigegeben sind. Die grösste von ihnen ist natürlich das Verzeichniss von den Neuanschaffungen der Bibliothek. Uns liegt der Verslag von 1891 vor, aus dem hervorgeht, dass das Jahresbudget der Bibliothek von 1891 21,575 Gulden betrug. Die Bücher sind in vierzehn Hauptabtheilungen geordnet. Dem Verslag von 1890 war ein Verzeichniss der Periodica beigegeben, welche die Bibliothek besitzt. Dasselbe ist durch eine Liste, die dem Verslag von 1891 beigefügt ist, ergänzt. Den Beschluss des letzten Verslag bildet eine Tabelle über die Benutzung der Bibliothek. Danach ist sie im J. 1891 von 13,064 Personen benutzt worden, von denen 7435 den Lesesaal besucht und 5629 Bücher entliehen haben. Auch die Zahlen der verlangten, aber nicht vorhandenen Werke ist angegeben. Verfasst ist der Bericht von Herrn Bibliothekar Dr. Th. C. L. Wijemalen.

In den Quartalblättern des histor. Vereins für das Grossherzogth. Hessen N. F. Jg. 1891 S. 14 ff. werden von dem Herausgeber Dr. Gustav Nick die als 6. Beiheft des Centralblattes veröffentlichten Beiträge zur Geschichte der Universitäts-Bibliothek Giessen von Emil Heuser eingehend besprochen. Nach einem kurzen Ueberblick über den Inhalt der Schrift nach sachlichen Gesichtspunkten lässt Nick weitere Bemerkungen, die zugleich Nachträge und Berichtigungen sind, folgen, aus denen besonders hervorzuheben ist, dass das wissenschaftliche System, nach dem die Bibliothek geordnet ist, von Heuser nicht ganz klar aufgefasst und nicht als das Schleiermachersche erkannt worden ist. Trotz mancher wie es scheint berechtigter Bemängelungen kommt Nick aber zu dem Schluss, dass man unrecht handeln würde, wollte man dem Verfasser den Dank, der ihm für seine fleissige Arbeit gebührt, vorenthalten. W.

In den „Mittheilungen des Vereins für Anhaltische Geschichte und Landeskunde" Band V. S. 616—653 giebt Franz Heimann eine eingehende und sorgsame Geschichte der Bibliotheken in Anhalt; ausser gelegentlichen Notizen in der gedruckten Litteratur verwerthet er vor allem die Eigenthumsbezeichnungen in den Büchern selbst. Am weitesten zurück reichen die Klosterbibliotheken, doch lässt sich nur bei zwei Anhaltischen Klöstern die Existenz einer Bibliothek nachweisen, bei Münchenrienburg und bei Gernrode. Reicher vertreten sind die fürstlichen Bibliotheken: an die Geschichte der fürstlichen Bibliotheken in Bernburg, Cöthen, Zerbst und Dessau wird zugleich die Geschichte der sonstigen Anhaltischen Bibliotheken, sei es, dass sie von Gesellschaften oder von Privaten zusammengebracht wurden, angeschlossen, zumal da sie meist in eine dieser fürstlichen Bibliotheken übergegangen sind. — In derselben Zeitschrift Band V. S. 653—659, Band VI. S. 197—206 giebt W. Gröpler ein „Verzeichniss einiger Autographen der Herzogl. Anhalt. Behörden-Bibliothek in Dessau."
W. Sch.

Vermischte Notizen.

Die reichhaltige Bibliothek des in Jena verstorbenen Geh. Kirchenraths und Professors D. Lipsius soll einem Wunsche des Sammlers derselben entsprechend womöglich zusammengehalten und von der Wittwe an eine grössere Bibliothek verkauft werden.

Unter dem Titel Notes sur Pierre de Chalus Evêque de Valence et de Die veröffentlicht Félix Vernet im Bulletin d'histoire ecclésiastique et d'archéologie religieuse des diocèses de Valence Gap etc. Ann. 11. (1891) S. 155—66 u. 199—207 zwei Inventare des Nachlassenschaft des genannten Bischofs vom 15. März 1352 und 1353 aus dem Vatikanischen Archiv, das erste aus einem Band Solutiones Servitiorum communium 1351—53 mit den Nummern 28 und 338, fol. 109^b—12^a, das andere aus T. 2 von Innocens VI. (Ser. Avign.) Ann. 1, fol. 204—6. Das erste Inventar ist zugleich durch seine ein- und ausleitenden Worte als eine Quittung des päpstlichen Thesaurars über den Empfang der in ihm verzeichneten Nachlassgegenstände gekennzeichnet und umfasst in erster Linie die Kleinodien, Schmucksachen etc. des Verstorbenen, zwischen denen nur einzelne Bücher genannt werden: item unus liber De officio corone. Item unus Liber pontificalis, ad ordinem curie romane, Item alius liber pontificalis parvus, dann aber fortlaufend ein Verzeichniss seiner Bibliothek, die aus ungefähr 50 Werken meist des canonischen und Civil-Rechts und wenigen theologischen u. a. Inhalts besteht. Diese Abtheilung beginnt: Item unus liber vocatus Codex, qui incipit in secundo folio ... cioni et in penultimo ...... datur facultas conferentibus et (finit in eodem) u. s. w. Digestum novum et vetus Volumen, Chinus, summa Assonis (Azonis), Lombarde, Decretales, Decretum, Innocentius (I.), Rosarium, Speculum juris, Sextus liber cum Apparatu Jo. Andree et Jo. card., Extravagantes Bonifacii, Dinus (Dum?), Archidiaconus, Vincentus, Petrus de Samsone, Apparatus Gracie, Summa Ostiensis, Liber Sentenclarum. Summa Gaufridi, Paulus super Clementinis, Lectura Ostiensis, Lectura Ugucionis super Decretum, Summa Raymundi de Casibus, Sermones magistri J. de Arbavilla, Martinus cum glosis magistri Adde, Flores Sanctorum, parvissime Clementine, alie Clementine cum Apparatu, Apparatus domini Genselini in Clementis et Extravagantes Johannis, Compostellanus cum glosis grogonanorum(?) sine postibus, Summa Damasi, regula b. Benedicti et constitutiones facte per Benedictum papam XII super religione monachorum nigrorum. Das sind in Kürze die Schriften, die das Inventar verzeichnet. Daneben heisst es ohne Angabe des Verfassers oder Inhalts: Item quidam papirus in lingua Yspania, Item quidam parvus liber qui inc. ..... cum efranate. et in s. fol. inc. a. .... laiculem, et in ultimo fol. inc. ..... notandum et finit .... libri sub monicionem factam, Item quidem alius parvus liber, consimilis illi, copertus derubea, qui eodem modo incipit et finit" und zum Schluss leider ganz allgemein: et quedam archa, in qua erant multi libri et cartularii. Das zweite Inventar, dessen Zweck nicht angegeben ist, hat über seiner zweiten Abtheilung die Ueberschrift: Sequuntur libri episcopi Valentin. Es ist veröffentlicht von Ehrle in seiner Geschichte der Päpstl. Bibliothek (1890) S. 202 f. ist viel kürzer als das erste, enthält aber doch wichtige Ergänzungen des ersten, wie den Cassiodorus, Job, Ystoria Scolastica super Genesi (auct. Petro Comestor) u. A.   W.

Im „Centralblatt der Bauverwaltung" Nr. 33, vom 13. Aug. 1892 S. 342 bis 343 befindet sich ein Aufsatz von dem Stadt-Bauinspector C. Wolff in Frankfurt a. M. „Das Einheitsmass für die Raumberechnung der Büchermagazine", der sich auf Messungen in der Frankfurter Stadtbibliothek gründet. Nach den Ergebnissen des Verfassers kommen dort im ganzen 170,971 Bände auf 1669,1 qm Fläche der Gestelle, oder auf 1 qm Ansichtsfläche der Büchergerüste im Durchschnitt 102 Bände (gegen 66 Bände nach Staenders, 83 nach Gliberts Messungen in Greifswald; vgl. C. f. B. IX. S. 317 ff.).

Ergänzungen zu: „Systematisches Verzeichniss der Abhandlungen, welche in den Schulschriften von 1876—1885 erschienen sind, von Rudolf Klussmann."
Fortsetzung vom C. f. B. Jahrgang IX. 1892. Heft 7—8. S. 376—378. Heft 9. S. 430.

Kallenberg, H[ermann] — Kallius, A[lbert] — Kayser, W[ilhelm] C[arl] — Keil, Alb[ert] — Keitz, E[mil] v. — Kelber, Chr[istian] — Kell, R[ichard] — Kellerbauer, Alb[ert — Kessemeier, Th[eodor] — Kessler, Fr[iedrich] Herm. — Kestner, E[rnst] — Kettner, G[ustav] — Kiesow, J[ohannes] — Kirchhoff, Fr. Chr[istian] — Kirchner, M[oritz] — Kirschstein, H[ermann] — Kissling, G[ustav] — Klatt, M[aximilian] — Kleiber, L[udwig] — Kletke,

C[arl] A[lbano] — Klinghardt, H[ermann] — Klöpper, Kl[emens]. — Klotzsch, Th[eodor] B[ernhard] A[lbert] — Klügel, A[dolf] — Kluth, L[ieberecht] — Knabe, C[arl] — Knabl, Ed[uard] — Knape, Ed[uard] — Knitterscheid, A[nton] — Knott, Fr[iedrich] W[ilhelm] — Koch, C[arl] F[erdinand] — Köhler, J[oseph] — Köhn, Alb[ert] — König, F[riedrich] E[duard] — Koenighoff, J[ohannes] — Körber, J[ohannes] — Koerber, W[olfgang] — Kohl, O[tto] — Koldewey, Fr[iedrich] — Kopetsch, G[ustav] — Koppin, K[arl] — Korneck, G[ottfried] — Kotelmann, L[ouis] — Kotthoff, W[ilhelm] — Kramer, P[aul] — Kraus, J[ohann] Ev[angel.] — Krause, K[arl] E[mil] — Krause, K[arl] E[rnst] H[ermann] — Krause, P[aul] — Kraushaar, L[eopold] — Kraut, K[arl] Kriehauff, E[rnst] — Krieg, Fr[iedrich] — Kropatschek, H[ermann] — Krosta, Fr[iedrich] — Krug, A[ugust] — Kučera, Ed[uard] — Kübler, O[tto] Külp, L[udwig] — Küsel, Ed[uard] — Kummer, A[rthur] — Kuntze, Franz] — Kuthe, A[nton] — Lachmund, A[ugust] — Lambeck, G[ustav] A[dolf] — Lambeck, H[ermann] — Lamprecht, H[ermann] nicht Karl — Landgraf, G[ustav] — Landsberg, Ign. J[oseph] — Langer, P[aul] — Langguth, H[ugo] — Langhoff, F[riedrich] — Langrehr, G[eorg] — Laubert, Ed[uard] — Laves, A[ugust] — Lebierre, J[osef] — Lehmann, F[riedrich] W[ilhelm] Paul — Lehmann H[ermann] — Lehnebach, A[dolph] — Lehnerdt, Alb[ert] — Leimbach, Karl L[udwig] — Leist, O[tto] — Liepert, J[oseph] — Liersemann, K[arl] H[einrich] — Liessem, H[ermann] Joseph — Lilie, C[urt] — Lindner, P[aul] — Loebl, Fr[iedrich] — Lohr, Fr[iedrich] — Lommer, Fr[anz] [Xaver] — Loose, W[ilhelm] — Lorey, A[dolph] — Lubarsch, E[rnst] O[scar] — Lubarsch, O[scar] — Luckow, R[ichard] — Lueck, G[erhard] — Lüdecke, W[ilhelm] — Lühmann, Fr[iedrich] — Lüngen, W[ilhelm] — Lüttge, Alb[ert] — Lüttgert, G[ottlieb] — Lüttich, S[elmar] — Lütze, Fr[iedrich] — Lupus, B[ernhard] — Lutsch, O[tto] — Lutze, G[ünther]. — E. Roth.
(Fortsetzung folgt.)

Unter dem Titel: **Bibliographisches Jahrbuch der deutschen Hochschulen** hat der k. k. Bibliotheksscriptor Dr. R. Kukula, zur Zeit Vorstand der Landesbibliothek in Klagenfurt, eine 2. vollständig umgearbeitete Auflage seines 1888 in Wien erschienenen „Allgemeinen deutschen Hochschulen-Almanachs" in Innsbruck in der Wagnerschen U.-Buchhandlung erscheinen lassen. Seine Anlage ist kurz folgende. Alle Docenten an Universitäten, technischen und landwirthschaftlichen Hochschulen, an welchen in deutscher Sprache vorgetragen wird, sind in alphabetischer Reihenfolge, mit ihren Vornamen, kurzer Angabe ihrer Titel, ihrem gegenwärtigen Wirkungsorte und ihren Geburtsjahren aufgeführt. Dann folgt eine Aufzählung ihrer Schriften, chronologisch geordnet mit Angabe der Jahre, in denen sie erschienen sind. Das Buch kann also auch zum Nachschlagen auf Bibliotheken mit Nutzen verwendet werden. Da Herr Kukula die U.-Bibliotheksbeamten, die doch, so zu sagen, auch zu den deutschen Hochschulen gehören, grundsätzlich übergangen hat, so finden wir wohl den Herrn Oberbibliothekar Professor Dr. Dziatzko berücksichtigt, die übrigen Universitäts-Bibliothekare und Beamten aber nicht genannt. Warum Herr Kukula einen Gelehrten wie Herrn Professor Wilhelm Meyer aus Speyer auch durch Abwesenheit glänzen lässt, ist nicht zu eruiren. Jedenfalls reicht zu dieser Auslassung die Erklärung nicht aus, dass zwei Jahre an dem sonst gut ausgestatteten Werke gedruckt worden ist und deshalb demnächst ein Supplementheft erscheinen soll. Vielleicht ersteht in ihm dann auch Herrn Wilhelm Meyer aus Speyer wieder von den Todten.
O. H.

In der Oversigt over det Kongel. Danske Videnskabernes Selskabs Forhandlinger i Aaret 1891 S. 305 ff. veröffentlicht J. L. Heiberg die Kataloge über die ersten griechischen Handschriften der päpstlichen

Bibliothek von 1295 und 1311 nach F. Ehrle's Hist. biblioth. Rom. Pontificum und Ehrle's Arbeit im Archiv f. Litt.- und Kirchengeschichte des Mittelalters Bd. I, S. 21 ff. und knüpft daran werthvolle kritische Bemerkungen.
W.

Von unserem unermüdlich fleissigen Mitarbeiter, Herrn H. Omont, haben wir folgende 3 Arbeiten, die in Sonderabzügen erschienen sind, zu verzeichnen. In der Revue archéologique von 1892. T. XIX. hat er unter dem Titel: Lettre grecque sur papyrus émanée de la Chancellerie Impériale de Constantinople die Ueberreste eines Schreibens eines nicht sicher feststellbaren byzantinischen Kaisers aus der ersten Hälfte des 9. Jahrhunderts an Ludwig den Frommen oder einen seiner Söhne mit gelehrten Anmerkungen publicirt. — Welche Schwierigkeiten der Druck des berühmten Glossarium ad scriptores mediae et infimae graecitatis von Du Cange gemacht hat, ergiebt sich aus dem Briefwechsel, den der gelehrte Autor mit seinem Verleger Jean Anisson in Lyon von 1682 bis 1688 geführt hat, und von dem Herr Omont in der Revue des Études Grecques 1892 p. 212—249 dreissig Piecen mit einer Einleitung mittheilt. Der Hellenist J. Spon spielt auch eine Rolle bei dem Drucke dieses Wörterbuchs. Er war der Korrektor, bis er der Religionsverfolgung wegen nach Genf fliehen musste. — Der Katalog des manuscrits grecs datés des XVe et XVIe siècles de la Bibliothèque nationale et des autres bibliothèques de France, den Herr Omont in den Heften der Revue des Bibliothèques 1892 veröffentlicht hat, ist den meisten unserer Leser wohl bekannt. Dieses Verzeichniss in Verbindung mit den Notizen über die älteren datirten griechischen Handschriften, welche sich in den Fac-similés des manuscrits grecs datés de la Bibliothèque nationale du IXe au XIVe siècle finden, geben nun einen vollständigen Katalog dieser in Frankreich aufbewahrten Manuscripte.

Unter den neu erschienenen Bibliographieen, welche uns zugegangen sind, verdient in erster Linie der in französischer Sprache abgefasste Catalogue 81 des Rosenthal'schen Antiquariats in München Erwähnung, welcher die Litteratur über die Imitatio Christi enthält und so gewissermassen eine Ergänzung zu E. Fromm, Die Ausgaben der Imitatio Christi in der Kölner Stadtbibliothek bibliographisch bearbeitet (Veröffentlichungen der Stadtbibl. in Köln, 2. Heft, Köln 1886), bildet. Der Katalog zählt 680 Nummern, darunter 4 Handschriften, ca. 150 Ausgaben und ebensoviel Uebersetzungen in 42 verschiedenen Sprachen, einen Reliefdruck für Blinde und die nahezu vollständige Controverslitteratur. Die bibliographische Beschreibung ist so detaillirt als möglich; beigegeben sind mehrere Handschriften-, Druck- und Bilderproben in Facsimile. — Von J. P. J. W. Korndörffers Militair Onderwijs in Nederland en Nederlandsch-Indië, einer Uebersicht der kriegswissenschaftlichen holländischen Bücher und Reglements, ist die zweite Folge (1892) mit 68 Nummern erschienen. — Auch der amerikanische Schriftsteller und Staatsmann George Perkins Marsh, ehemals Ministerresident und Botschafter der Vereinigten Staaten bei der Hohen Pforte und in Rom (1861—1882), hat an H. L. Koopman seinen Bibliographen gefunden. Die von der Bibliothek der Universität Vermont herausgegebene „Bibliography of G. P. Marsh" (Burlington, Ut., 1892) ist lediglich eine verbesserte und vermehrte Wiedergabe des im Library Journal vom December 1886 erschienenen Verzeichnisses der von und über Marsh geschriebenen Werke.
Hbrln.

Am Ende des 15. und im Anfang des 16. Jahrhunderts war Venedig der erste Marktplatz für griechische Handschriften. Unter den Händlern mit diesen kostbaren Resten des Alterthums nahm Antonius Eparchos aus Corfu,

der sich 1537 aus seiner Heimath mit seinen Schätzen nach Venedig geflüchtet hatte, die erste Stelle ein. Ein Katalog von 89 griechischen Handschriften, von Eparchos mit eigener Hand geschrieben, befindet sich in der Handschrift 3958 der Vaticana. Aus ihr hat denselben Herr Henri Omont im 53. Bande der Bibliothèque de l'École des chartes herausgegeben. Da die Handschriften zum grössten Theil in die Bibliothek des Königs Franz I. in Fontainebleau durch die Vermittlung von Guillaume Pélicier übergegangen und dann in die Bibliothèque Nationale gekommen sind, kann jetzt dank der Veröffentlichung des Herrn H. Omont genau festgestellt werden, welche Bedeutung Eparchos für das Zustandekommen der berühmten Pariser Sammlung der griechischen Handschriften gehabt hat. Ein unvollständiger lateinischer Katalog der griechischen Handschriften ist in der Pariser Handschrift Nr. 3064, aus der Herr Omont die Verlagskataloge des Aldus Manutius veröffentlicht hat, enthalten. Auch diese viel unvollständigere Liste hat Herr Omont hier abdrucken lassen. Von den 89 Handschriften des Eparchos sind ungefähr 30 nicht nach Fontainebleau gekommen, scheinen aber in der Ambrosiana wenigstens theilweise erhalten zu sein.
O. H.

Das Herzogthum Bukowina hat jetzt auch einen Bibliographen in dem Custos der Universitätsbibliothek zu Czernowitz, Herrn Dr. J. Polek gefunden. Er hat in seinem Repertorium der landeskundlichen Literatur der Bukowina (Czernowitz 1892) die über die Bukowina seit 1775, d. h. seit dem Anfall des Landes an Oesterreich, bis 1891 erschienene Literatur im Allgemeinen nach den Grundsätzen des Schemas der Centralcommission für wissenschaftliche Landeskunde Deutschlands verzeichnet und die Titel von 774 hierhergehöriger Werke, die zum guten Theile in der Universitätsbibliothek zu Czernowitz sich befinden, zusammengebracht. In einem Vortrage „Rückblick auf die Forschungen zur Landes- u. Volkskunde der Bukowina seit 1873", den Herr Dr. Polek zur Eröffnung des Vereins für das Bukowinaer Landesmuseum am 21. Febr. 1892 gehalten hat, hat er dann eine Uebersicht über die wichtigsten hiervon gegeben. Das Repertorium ist ein Separatabdruck aus dem 1. Hefte der Mittheilungen des statistischen Landesamtes der Bukowina. Die Universität Czernowitz ist offenbar eine erfolgreiche Trägerin der Cultur nach Osten und wir begrüssen unsere Special-Collegen in dieser ihrer Thätigkeit recht herzlich.
O. H.

Die Smithsonian Institution (Washington) hat seit einiger Zeit die eigenthümliche, aber, wie es scheint, ganz praktische Einrichtung getroffen, ihren Publicationen auf einem einseitig bedruckten Blatte Titelcopien zum Ausschneiden und Aufkleben für Bibliothekskataloge mitzugeben, und zwar in dreifacher Form: für das Accessionsjournal und fortlaufende Erscheinungen (Series title); für den alphabetischen Katalog (Author title) und für den Realkatalog (title for subject entry), letztere allerdings ohne Stichwort.
Hbrln.

Die Stadtbibliothek zu Magdeburg hat kürzlich ein seltenes und kostbares Kalenderwerk erworben, das auf 7 Tafeln eben so viele verschiedene Kalendarien enthält. Es stammt aus Magdeburg selbst und ist der, so viel man weiss, einzig erhaltene Ueberrest einer bis zur Zerstörung der Stadt in ihr gepflegten Technik. Herrührt das Werk von Nickel Nerrlich, einem der beiden in Wittenberg und später in Leipzig angesiedelten Formenschneider dieses Namens, und dem „Briffmaler Friderich Oertenbenck in der Altenstadt Magdeburgk." Es gehört dem Ausgange des 16. Jahrhunderts an.

Von den „Lateinischen Literaturdenkmälern des 15. und 16. Jahrhunderts" (Berlin, Speyer u. Peters) sind zwei neue Hefte erschienen. Als Lieferung 5 hat Herr Karl Krause die 3 ersten Bücher der Epigrammata des Euricius Cordus, die 1520 zuerst erschienen sind, mit einer sehr eingehenden, ganz neue Aufschlüsse über das Leben des Dichters bringenden Einleitung herausgegeben. Heft 6 bringt den Stylpho des Jacobus Wimphelingus in seiner ursprünglichen Fassung nach einer Handschrift in Upsala. Diese Ausgabe hat Herr Hugo Holstein besorgt. Die Drucklegung beider Schriften konnte keinen besseren Editoren anvertraut werden, als die beiden genannten sind. Herr Krause, der Biograph des Eobanus Hessus, hat sich in einer Weise in die Literatur der hessischen Humanisten, die an der Universität Erfurt ihre Studien gemacht hatten und hier oder in der Nähe, in Gotha, wie Mutianus Rufus lebten, hineingelesen, dass er jetzt als der beste Kenner dieser Humanistengruppe gelten kann. Herr Hugo Holstein ist nicht minder als Kenner Reuchlins und Wimpheling's bekannt. — Es ist hier nicht der Ort auf die Einleitungen zu den beiden trefflichen Ausgaben näher einzugehen. Es kann nur versichert werden, dass sie Alles leisten, was zum literaturgeschichtlichen Verständnisse der nach richtigen kritischen Grundsätzen gearbeiteten Textausgaben nöthig ist. Dass Herr Krause es fast bis zur absoluten Gewissheit bewiesen hat, dass Euricius Cordus der oberhessischen Familie Solde, die jetzt noch in zahlreichen Zweigen unter dem Namen Soldan fortlebt, angehört und der Dichter also ursprünglich Heinrich Solde geheissen hat, mag doch noch bemerkt werden. Denn Krause hat diese Entdeckung zuerst gemacht. x. x.

Von unserm Mitarbeiter Herrn Prof. Dr. E. Reyer in Wien sind einige Aufsätze erschienen, die sich sämmtlich mit den Volksbibliotheken beschäftigen und insofern zugleich die in diesem Blatte (IX. S. 351 ff.) veröffentlichten Arbeiten desselben Verfassers ergänzen und erweitern. Einer derselben, „Entwickelung und Bedeutung der Volksbibliotheken" (Deutsche Rundschau XVIII. Jahrg. Heft 10), giebt einen interessanten Vergleich der wissenschaftlichen mit den Volksbibliotheken, sowie ihrer Leistungen und Jahresauslagen mit besonderer Berücksichtigung der amerikanischen „Public Libraries." — Der zweite, „Was das Volk liest", (Wiener Literatur-Zeitung III. Jahrg. No. 6) enthält eine Statistik der Benutzungsverhältnisse in den Volksbibliotheken deutscher, englischer und vor allem amerikanischer Städte. Dass der Gruppe „Fiction und Jugendschriften", also der leichten Lectüre, 70—80 % aller gelesenen Werke angehören und dass die Klassiker vom Volke weniger gelesen werden als die Romantiker, wird keinen Kenner der einschlägigen Verhältnisse überrascht haben. — „Die Volksbibliotheken in Wien 1890/91" behandelt ein dritter Artikel, dem eine tabellarische Uebersicht der zehn Wiener Volksbibliotheken und ein Vergleich mit der Hofbibliothek hinsichtlich ihrer Benutzung im Verhältniss zu den aufgewandten Kosten angehängt ist. Hbrln.

Wie in der Beilage zum Staatsanzeiger für Württemberg vom 20. Juli d. J. von Herrn Professor Dr. Steiff berichtet wird, sind in der Königl. öffentlichen Bibliothek in Stuttgart vier neue, bisher unbekannte, zum Theil nur fragmentarisch erhaltene Briefe M. Luthers aufgefunden worden. Der interessanteste von ihnen ist ein Entwurf zu dem ersten Schreiben des Reformators an den Papst aus dem Mai 1518, das entgegenkommender gehalten ist als das wirklich abgesendete.

Drei Buchbinder-Taxen aus dem Jahre 1782.[1]

I. Berlin.[2]

	Folio		Quart		Octav	
	Rthlr.	Ggr.	Rthlr.	Ggr.	Rthlr.	Ggr.
1. Ein englischer Band, mit Gold abgedruckt	1	8	—	16—18	—	8
2. „ ganzer Franzband, do.	1	4	—	14	—	7
3. „ halber englischer oder halber Franzband	1	—	—	10	—	5—6
4. „ ganzer Pergamentband	—	20	—	10	—	5
5. „ welscher Band; Rücken u. Ecken von Pergament	—	18	—	8	—	4
6. „ schaflederner Band, unvergoldet	—	18	—	8	—	4
7. „ Pappband, mit Papier überzogen	—	7	—	5	—	3
8. „ Buch geheftet, planirt und überzogen	—	5	—	3	—	2
9. „ Buch geheftet, unplanirt	—	—	—	—	—	1
10. „ dünnes Buch, mit Spohn angesetzt, hinten Leder	—	—	—	—	—	1—2

II. Braunschweig.[3]

	Gross-Octav		Mittel-Octav		Klein-Octav	
	Rthlr.	Ggr.	Rthlr.	Ggr.	Rthlr.	Ggr.
1. Ein Band in feinem Ziegen-Corduan, auf d. Schnitte echt vergoldet	—	18	—	10	—	9
2. „ Band in schlicht. Cord., do.	—	14	—	8	—	7
3. „ Band in schlechterm Corduan, do.	—	10	—	6	—	$5^{1}/_{3}$
4. „ Band in br. od. schw. Schafleder, auf d. Schnitte weiss oder gesprengt	—	7	—	$4^{2}/_{3}$	—	4
5. „ Band wie Nr. 4, aber mit Haken	—	8	—	$5^{1}/_{3}$	—	$4^{2}/_{3}$

III. Dresden.[4]

	Folio		Quart		Octav	
	Rthlr.	Ggr.	Rthlr.	Ggr.	Rthlr.	Ggr.
1. Ein schweinslederner Band	1	8—10	—	14—16	—	6
2. „ Pergamentband	—	20[5]	—	10—12	—	4—6
3. „ Franzband	1	8—16	—	16—20	—	10—12
4. „ Corduanband, auf dem Schnitte vergoldet	3—4	—	1	8—12	—	8—10
5. „ Band mit Pappe	—	6—8	—	4—5	—	2—3

Münster i/W.   P. Bahlmann.

---

1) Nach: Westphäl. Beyträge zum Nutzen u. Vergnügen. (Beil. z. d. Osnabr. Intellig.-Blättern) 1782 pag. 165, 391 u 143.
2) Bücher von grösserem Format als ord. Folio, Quart u. Octav kosteten 1, 2 bis 3 Ggr. mehr, solche in Duodez 1 bis 2 Ggr. weniger.
3) „in Ansehung der neuen Gesangbücher."
4) Wurden Rücken und Ecken von Pergament gewünscht, so wurde für Nr. 1, 3 u. 4 nur halb so viel als sonst, für Nr. 5 dagegen die Hälfte des für Nr. 2 angegebenen Preises bezahlt. — In Duodez kosteten Nr. 2: 3—4 Ggr.; Nr. 3: 5—6 Ggr.; Nr. 5: 1 Ggr. 6 Pf.
5) bis 1 Rthlr.

Nach dem „Russischen Bibliographischen Anzeiger" der Stuhr'schen Buchhandlung in Berlin S. 12. 13. betrug die Bücherproduktion in Russland von 1883—1887 12,570 Bücher, und zwar entfallen auf Theologie 1893, Philosophie 195, Pädagogik 1441, Jurisprudenz 795, Technologie 157, Landwirtschaft 317, Geschichte 770, Geographie 535, Mathematik 483, Kriegswissenschaft 475, Naturwissenschaften 464, Medicin 741, Sprachwissenschaft 1058, Belletristik 2715, Kunst 391, Almanache, Adressbücher etc. 138. P.

In den Handelingen der Maatschappij der Nederlandsche Letterkunde te Leiden für 1890—91 sagt der Kassirer in seinem Bericht von der Bibliothek der Gesellschaft in höchst launiger Weise (frei übersetzt) S. 105:

Die Bibliothek ist ein wahrer Gargantua. Sie schluckt alles über und trachtet stets nach mehr. Ausser Gulden 671,40 aus dem Ordinarium des abgeschlossenen Jahres nahm sie als Zugabe Gulden 2132 aus dem de Fremery-Fonds, zusammen rund G. 2800. Von Indigestion keine Spur! Sie ist noch lange nicht bei dem Nachtisch, ja sie hatte noch eine neue Speise auf ihrer Tischkarte, den Katalog der Bibliothek von weiland Dr. Sepp und ein delikates Gericht ist wieder für sie im Anzuge. Sollte sie nicht endlich die Dehnbarkeit ihrer Eingeweide überspannen? Nicht wahrscheinlich, sie sind der Erweiterung fähig, und für die Zeit da ein Supplement-Katalog nöthig sein wird, müssen wir sparen etc. etc. W.

Sperlings Adressbuch der deutschen Zeitschriften und der politischen Tagesblätter, von dem jetzt der 33. Jahrgang erschienen ist, entnehmen wir, dass sich die Zahl der gegenwärtig erscheinenden deutschen Zeitschriften (Wochen-, Monats- u.s.w. Blätter jeder Art) auf nicht weniger als 3538 beziffert, gegen 3443 im Jahre 1891, 3204 im Jahre 1890, 2052 im Jahre 1889 und 2729 im Jahre 1888, im letzten Jahre also eine Zunahme von 95 und seit 1888 eine Vermehrung von 809 Blättern.

In den Romanischen Forschungen Bd. 7 (1892) S. 231 ff. beschreibt Reinhard Jonathan Albrecht die Dresdner Handschrift der Erotica des Tito Vespasiano Strozzi, die in dreifacher Gestalt und Anordnung bekannt sind: 1) der jüngsten und umfassendsten, dargestellt durch die Aldinische Ausgabe: Strozzii Poetae Pater et Filius (Venetiis in aedibus Aldi et Andreae Asulani soceri 1513); 2) dem Codex Venetus (im Kamaldulenserkloster S. Michele zwischen Venedig und Murano); 3) dem Codex Dresdensis (Königl. öff. Bibliothek C. 105c) von 176 Pergamentblättern, 9 Bücher sog. Erotica enthaltend. Der Inhalt der beiden Codices im Vergleich zur Aldina ist übersichtlich in Tabellenform neben einander gestellt. W.

In den Quartalblättern d. hist. Ver. f. Hessen 1891 S. 88 ff. bespricht Dr. Ad. Schmidt unter dem Titel „Ein Schweizer Kartenspiel aus dem Anfange des 16. Jh. in der Grossh. Hof-Bibliothek zu Darmstadt" die alten Einbände, deren Deckel durch Aufeinanderkleben einzelner Bogen Papiers oder Pergaments hergestellt wurden und deren Auseinanderlösung schon so manches unschätzbare Erzeugniss der älteren Druck- und Holzschneidekunst zu Tage gebracht hat. Derartige Einbände hat die Darmstädter Hofbibliothek besonders dem Wimpfener Dominikaner Wendelin Schüler aus Heilbronn (Ende des 15., Anfang des 16. Jahrh.) zu verdanken, der sie seinem Kloster hinterliess, mit dessen Bibliothek sie zu Anfang unseres Jahrhunderts nach Darmstadt gelangt sind. Bemerkt sei, dass Wendelin Schüler ein äusserst gewissenhafter Mann war, der auf den ersten Blättern seiner Bücher meist genau bemerkte, wann, wo, und für welchen Preis er sie erwarb, ja einmal sogar, wer ihm das Geld zum Ankauf geschenkt hatte. Schmidt führt mehrere derartige Einzeichnungen wörtlich an. W.

In den Verhandlungen der gelehrten Estnischen Gesellschaft zu Dorpat Bd. 16 (1891) S. 1 ff. stellt L. v. Schroeder aus Briefen des Dr. F. R. Kreutzwald an die Herren Dr. Sachssendahl und Pastor Reinthal (1850/59) die Entstehungsgeschichte der Ausgabe des „Kalewipoeg eine estnische Sage" zusammen und beleuchtet sie kritisch. W.

In den Mémoires de la Société de l'Histoire de Paris et de l'Île de France t. XVIII handelt Herr Henri Omont über die Anfänge des Druckes mit griechischen Lettern in Paris. Die gelehrte Arbeit trägt den Titel: Essai sur les débuts de la typographie grecque à Paris (1507/16). Nachdem das biographische Detail über den Einführer des Druckes mit griechischen Lettern in Paris, den Dr. jur. utr. François Tissard, der in Verbindung mit dem Drucker Gilles de Gourmont 1507 den frühesten griechischen Druck in Paris erscheinen liess, beigebracht ist, wird die Thätigkeit des Girolumo Aleandro, der seit 1509 an die Stelle Tissards trat, geschildert und Proben dieser ältesten Drucke photographisch wiedergegeben. Dann folgt eine genaue Beschreibung der 25 ältesten in Paris von 1507—16 erschienenen griechischen Drucke, die Tissard, Aleander und Andere besorgt haben, in chronologischer Ordnung, und schliesslich werden einzelne Vorreden zu diesen Drucken, die von Interesse sind, und einige Briefe Tissards und Aleanders vollständig mitgetheilt, so dass man in dem sehr gut ausgestatteten Hefte von 12 Oktavseiten wohl Alles zusammen hat, was man jetzt über die ältesten Pariser griechischen Drucke weiss. Hätte man über alle Stätten der frühesten Typographie solche Monographien, wie diese von Herrn H. Omont, dann wäre es leicht, eine zusammenfassende Geschichte der Typographie im 1. Jahrhundert ihrer Entstehung zu schreiben. O. H.

In den Miscellaneous Publications, die das Bureau of ethnology der Smithsonian Institution unter Leitung von J. W. Powell herausgiebt, hat James Constantine Pilling bereits 1888 u. 89 sehr fleissige und sorgfältige Bibliographien der Irokesischen und der Muskhogie-Sprache zusammengestellt, im vorigen Jahre ist ihnen eine neue umfangreiche Arbeit gefolgt, in der Pilling auf 614 Seiten die Bibliographie der Algonkin-Sprachen (107 an der Zahl) mit bewundernswerther Genauigkeit nach bestimmter alphabetischer Reihenfolge zum Besten giebt. 82 wohlgelungene Facsimile's von Titelblättern u. s. w. zieren diese hervorragende Leistung des verdienstvollen Bibliographen. W.

Der Jahresbericht des Königlichen Kathol. Gymnasiums zu Glatz für 1891/92 bringt als Beilage „Handschriften und Wiegendrucke der Gymn.-Bibliothek in Glatz." Von Emil Beck. 1. Theil. Die Schätze der Bibliothek, deren ältester Bestandtheil auf die Mitte des 14. Jahrh. zurückgeht, sind leider im Jahre 1618 von den Soldaten „theils zerrissen, theils auch fuderweise an andern Orten verkauffet." Einiges ist aber doch gerettet und durch Zuwendungen aus den benachbarten Stiftern Kamenz und Heinrichau vermehrt worden. Die Handschriften sind sämmtlich Papierhandschriften, in dem vorliegenden 1. Theil der Beck'schen Arbeit werden folgende 4 Handschriften ausführlich beschrieben: Henricus Langenstein dictus de Hassia, Libellus collectaneus Glacensis, Thomas de Aquino: Secunda

Secundae Summae Theologicae, Cantata s. Missac Conventus Styrensis Ordinis Praedicatorum, der zweite Theil soll eine knapper gehaltene Musterung der Wiegendrucke und der unerledigt gebliebenen Handschriften aus dem 16. und 17. Jahrhundert enthalten. W.

Karten und Pläne zur Palästinakunde aus dem 7.—16. Jahrhundert bespricht Reinhold Röhricht in der „Zeitschrift des Deutschen Palästina-Vereins" Bd. 15 (1892) S. 34—39. Abbildungen von Plänen, deren Originale sich in Kopenhagen, Haag, Stuttgart und Paris befinden, und die Abbildung eines Planes unbekannter Provenienz sind der Arbeit beigegeben. W.

In der „Revue des deux mondes" vom 15. August 1892 findet sich ein lesenswerther Artikel von Nourrisson: „La bibliothèque de Spinoza." Der Essay ruht auf der Arbeit von A. J. Servaas van Roijen, Inventaire des livres formant la bibliothèque de Bénédict Spinoza etc. La Haye 1888. W.-C. Tengeler. Kl. 4°.

In Histor. Tidsskrift udg. af den danske histor. Forening 6. Række Bd. 3 (1892) S. 627—42 veröffentlicht H. O. Lange eine bibliographische Untersuchung über Dänemarks ersten Buchdrucker Johan Snell (Snel), von dem nur zwei Bücher existiren, an deren Schluss er seinen Namen nennt, Caorsin's: descriptio obsidionis Rhodii urbis (Odensee 1482) und der Dialogus creaturarum moralizatus (Stockholm 1483). Lange glaubt ihm auch das Breviarium Otthoniense (Odensee 1482?) zuschreiben zu können, das Bruun (Aarsberetninger fra det St. Kongel. Bibl. Bd. 1, 16—17) auf eine Lübecker Druckerei zurückführte, eine gewisse Wahrscheinlichkeit kann man dieser Lange'schen Hypothese nicht absprechen, während seine Annahme, Snell habe ferner Sixtus IV. Bulle gegen den Hochmeister des deutschen Ordens 1479 und Nic. Weigel's Clavicula indulgentialis 1480 gedruckt, mir zu schwach begründet erscheint. Dagegen macht er m. E. es sehr wahrscheinlich, dass Snell nicht, wie bisher meist angenommen wurde, aus den Niederlanden, sondern aus Norddeutschland, vielleicht aus Rostock stammte. Dass er bald nach 1483 in Stockholm gestorben ist, bleibt Vermuthung. W.

Ein Lebensbild des venetianischen Buchdruckers und Gelehrten Paolo Manutio, des am 12. Juni 1512 geborenen jüngsten Sohnes des berühmten Aldo Manutio's, entwickelt Martin Fickelscherer in der wissenschaftl. Beilage zum Jahresbericht des Königl. Gymnasiums zu Chemnitz, Ostern 1892. Der Geschichtschreiber aller drei Manutier, Renouard sah die Hauptaufgabe seiner Annales de l'imprimerie des Aldes (3. Édit., Paris 1834) in der genauen Aufzählung ihrer Ausgaben und der Ausscheidung untergeschobener Drucke, in den eigentlichen Lebensbeschreibungen trat die Wirksamkeit der Manutier als Buchdrucker und Verleger überwiegend hervor. Fickelscherer schildert nun besonders auf Grund der Lettere Manuziane inedite p. p. Renouard, Paris 1834 den zweiten Manutier, Paolo, als Menschen, Familienvater und vor Allem als Gelehrten unter steter Berücksichtigung der Thätigkeit Manutios als Buchdrucker und Verleger sowohl in Venedig als in Rom. Paolo's rastlos thätiges, an Leid und bittern Erfahrungen reiches Leben endete der Tod am 6. April 1574. W.

Nach dem Rapport sur l'activité de l'Académie hongroise des sciences en 1891 S. 10—11 besitzt die ungar. Akademie eine Bibliothek, deren bereits geordnete 51 wissenschaftliche Abtheilungen 46,601 Bände umfassen, über die Spezial-Kataloge mit 91 Bänden existiren. W.

In der Ungarischen Revue 12. Jg. (1892) S. 345 ff. wird nach „Akademiai Erterito" (Akadem. Anzeiger) Redig. v. Koloman v. Szily 1892 März ein kurzer Bericht über die Manuscriptensammlung der Ungarischen Akademie der Wissenschaften gegeben. „Um die Ordnung und Registrirung der ungeheuren Schätze, welche die Akademie an Handschriften besitzt, bemühte sich 1861/71 Florian Römer, seit 1876 Alexius Jakab, der im laufenden Jahre seinen Bericht über die Durchführung der Arbeit vorgelegt hat." Die Codices sind von Römer besonders sorgfältig behandelt, „in ausführlichen Excerpten aufgearbeitet und Stück für Stück und band-, selbst blattweise katalogisirt!" 6000 Urkunden wurden von ihm in 70 Folio-Bänden chronologisch geordnet, über die Jakab sodann einen Zettelkatalog anfertigen liess, jetzt ist die Zahl der Urkunden auf 10,969 in 95 Bänden angewachsen. Die Gesammtzahl der Bände der Sammlung, nach den vier Formaten fol., 4°, 8°, 12° gesondert aufgestellt, überträgt z. Z. 2417, die sich auf 17 Abtheilungen oder Fächer vertheilen. Das Kostbarste des sprachwissenschaftlichen Faches (1) sind die Sammlungen Reguly's von seinen Reisen im nördl. Russland, von den Ungar. Codices (2) der schönste der von Érsekujvár (Fol. No. 81), der erste des lateinischen (in eine Rolle gefasst) ist „ein Codex in einer unbekannten Sprache, welcher bereits allen grossen Sprachkennern und Paläographen Europa's vorgelegen hat, ohne bislang entziffert zu sein." Fol. 1 ist ein Breviarium, Perg.-Cod. des 15. Jh., es folgen Justinian's Institutionen, Plutarchs Graechen, Seneca's Proverbien etc. Das 4. Fach, Briefwechsel, ist „eine wahre Schatzkammer," es enthält nach der letzten Zählung 182 Bände mit 23,963 Briefen. Zu den werthvollsten Stücken des 8. Faches (Geschichte mit Hülfswissenschaften, 359 Bdn.) gehören Franc. Forgach Ep. Varadiensis Historiae arcanae II. 2?, Gasp. Boithini Pannoni de Rebus Gestis M. Gabrielis Bethen Liber III. etc. In diesem Fach sind in der Unterabtheilung Diplomatik in 95 Bänden auch noch etwa 9000 copirte und Original-Urkunden, so dass die ganze Sammlung 20,000 (s. oben) besitzt. Ueber den gesammten Manuscriptenschatz orientirt der alphabetische General-Katalog. W.

Einige unbekannte Herborner Drucke, die zum Theil in den Nassauer Drucken von A. v. d. Linde fehlen, Trauerreden und Hochzeitspredigten, beschreibt F. Otto in den Annalen des Vereins für Nassauische Alterthumskunde und Geschichtsforschung 24. Bd. 1892 S. 95 ff. W.

Neue Erscheinungen auf dem Gebiete des Bibliothekswesens.*)

The Library Journal. Vol. 17, No. 7, July 1892: Considerations on the card catalog and library construction, Edith E. Clarke. — List of books for model libraries, H. M. Stanley. — The Peabody Institute system of press-marks, J. Parker. — The Los Angeles Public Library training class. — The Albright memorial library, Scranton, Pa. — The use of the Tilden Library fund. — The Pratt Institute, free public library and library school. — The Hartford Library Association.

No. 8, August 1892: Lakewood Conference number. University extension, J. B. Thompson. — Memorial of Lewis H. Steiner, W. Hayes Ward. — Notes on binding, D. V. R. Johnston. — Elements of good binding, R. B. Poole. — The evaluation of literature, G. Iles.

---

*) Von den mit † bezeichneten Zeitschriften sind nur die Artikel bibliographischen oder bibliothekarischen Inhalts angezeigt.
Die mit * bezeichneten Bücher haben der Redaktion vorgelegen.

† The Bookworm. No. 58, Sept. 1892: Illuminated manuscripts, W. Roberts. — Reminiscences of a bookseller. — Some old english metrical versions of the Psalms, W. A. Clouston. — Althorp and its library.

Association of the city of New York Library catalogue. New York. 1135 p. 8°.
Beiträge zur Erläuterung des deutschen Rechts. Red.: Rassow und Küntzel. Haupt-Register zu den Jahrgängen XXI—XXXV nebst 12 Beilageheften. Bearbeitet von M. Friedländer. Berlin, Frz. Vahlen. III. 285 S. gr. 8°. M. 5.—
*Bergmans, P. Répertoire méthodique décennal des travaux bibliographiques parus en Belgique. 1881—1890. Liége, H. Vaillant-Carmanne. 76 p. gr. 8°.
   Extr. du Bulletin de la Soc. liég. de Bibl., tiré à 100 exemplaires.
*Boletin de la libreria. (Publicacion mensual.) Obras antiguas y modernas. Año XX. No. 1. Madrid, M. Murillo. gr. 8°. Suscricion un año 5 pes., extranjero 8 fr.
Catalogue des livres faisant partie du service du prêt de la bibliothèque communale de la ville de Lille. 2. édition. Lille, impr. Danel. 90 p. 8°.
Catalogue général de la librairie française. Continuation de l'ouvrage d'Otto Lorenz. Tome 12: 1886 à 1890. Rédigé par D. Jordell. Fascicule 3 Guérin—Meylan. Paris, lib. Per Lam. P. 481—720 à 2 col. 8°.
*Chauvin, V. Bibliographie des ouvrages arabes ou relatifs aux Arabes publiés dans l'Europe chrétienne de 1810 à 1885. I. Préface. Table de Schnurrer. Les proverbes. Liége, H. Vaillant-Carmanne. (Leipzig, Otto Harrassowitz.) CXVII. 71 p. gr. 8°. M. 4.80
Claudin, A. Les origines de l'imprimerie à Salins en Franche-Comté (1484—1485). Paris, Claudin. 24 p. 8°.
   Extrait du Bulletin du bibliophile, tiré à 100 exemplaires.
Export-Journal. Internationaler Anzeiger für Buchhandel und Buchgewerbe. Jahrgang 6: 1892/93. (12 Nrn.) No. 1. Leipzig, G. Hedeler. 4°. Jährlich M. 4.—
*Gracklauer's, O., Deutscher Journal-Katalog für 1893. Zusammenstellung von über 2690 Titeln deutscher Zeitschriften, systematisch in 38 Rubriken geordnet. Jahrgang 29. Leipzig, O. Gracklauer. 68 S. gr. 8°. M. 1.35
Graux, Ch. Facsimilés de manuscrits grecs d'Espagne, gravés d'après les photographies, avec transcriptions et notices par Albert Martin. Paris, Hachette & Cie. VII. 132 p. et 18 planches. 8°. Fr. 25.—
Griswold, W. M. A descriptive list of novels and tales dealing with life in France. Cambridge, Mass., W. M. Griswold. 618. 712. 9 p. 8°. D. 1.—
Jahresbericht, Kritischer, über die Fortschritte der romanischen Philologie, herausgegeben von K. Vollmöller und R. Otto. Jahrgang 1: 1890. (6 Hefte.) Heft 1. München, R. Oldenbourg. 146 S. u. Anzeigeblatt 8 S. gr. 8°. Für den Jahrgang M. 16.—
Just's Botanischer Jahresbericht. Systematisch geordnetes Repertorium der botanischen Litteratur aller Länder. Herausgegeben von E. Koehne. Jahrgang 18: 1890. 1. Abtheilung, 1. Heft. Berlin, Gebr. Bornträger. 240 S. gr. 8°. M. 8.—
Katalog der pädagogischen Centralbibliothek (Comenius-Stiftung) in Leipzig. Band 1. 2. Auflage. Leipzig, Emil Gräfe. VII. 144 S. gr. 8°. M. 1.25
Katalog der in den Jahren 1820—1891 in deutscher Sprache erschienenen Bücher über Fischerei, Fischzucht, Fischrecht etc. Festschrift zur Allgemeinen Fischerei-Ausstellung in Nürnberg. Nürnberg, J. Ph. Raw'sche Buchh. 29 S. gr. 8°. M. —.55 Pfg.

Labitte, A. Les manuscrits et l'art de les orner. Ouvrage historique et pratique, illustré de 300 reproductions, de miniatures, bordures et lettres ornées. Paris, libr. Mendel. XI. 400 p. 4°.

New London, Conn., Public Library. Finding list, Jan. 1892. New York. 154 p. 8°.

Omont, H. Essai sur les débuts de la typographie grecque à Paris (1507—1516). Nogent-le-Rotrou, imp. Daupeley-Gouverneur. 76 p. 8°.
Extrait des Mémoires de la Société de l'histoire de Paris.

Scherer, C. Die Kasseler Bibliothek im 1. Jahrhundert ihres Bestehens (16. und 17. Jahrhundert). [Aus: Zeitschrift des Vereins für hessische Geschichte.] Kassel, A. Freyschmidt. 39 S. gr. 8°. M. —.80 Pfg.

Straven, Fr. Inventaire analytique et chronologique des archives de la ville de Saint-Trond. Tome IV. Saint-Trond, Moreau-Scouberechts. 520 p. 8°. Fr. 5.—

*Tokyo-Library. Extrait of annual report. Tokyo, Tokyo Tsukji type foundry. 8 p. 8°.

Tuetey, Al. Répertoire général des sources manuscrites de l'histoire de Paris pendant la révolution française. Tome 2: Assemblée constituante. 2. partie. Paris, H. Champion. XXXIX. 593 p. à 2 col. gr. 8°. Fr. 10.—

*University of California. Library bulletin No. 1 (second edition): Coöperative list of periodical literature. [Supplement to the Secretary's report to the Board of regents, 1892.] Berkeley, Cal. 54 p. 8°.
Library bulletin No. 4 (second edition): Catalogue of the Bacon art gallery. [Supplement to the Secretary's report to the Board of regents, 1892.] Sacramento. 15 p. 8°.

Volkening, E. Die Preisherabsetzungen der Verlags-, Rest- und Partie-Artikel im deutschen Buchhandel. Ein Verzeichnis von Büchern, welche zu ermässigten Preisen zu beziehen sind, mit Angabe von Jahren, Formaten, Illustrationen, Tafeln, Bezugsquellen, Laden- und ermässigten Preisen, nebst Rabattbezeichnung. [Veränderungen im deutschen Buchhandel. III. Abteilung.] Lieferung 1. Leipzig, Ed. Volkening. 48 S. gr. 8°. M. 2.—; einseitig bedruckt M. 2.50

Antiquarische Kataloge.

Ackermann, Th., München. No. 337: Gothisch, Alt- u. Mittelhochdeutsch. 631 Nos. — No. 339: Bavarica. (Bibl. d. Reichsarchivdirectors Dr. Frz. v. Löher.) 1337 Nos.

Freiesleben's Nf. Strassburg. Mittheil. No. 7: Land- u. Forstwiss. Hauswesen. 460 Nos.

Geering Basel. No. 229: Bibl. histor.-geograph. 1655 Nos. — Anz. No. 107: Grössere Werke. Architektur. Vermischtes. 287 Nos.

Georg Basel. No. 68. II: Choix de livres et collect. scientif. No. 2001—2494.

Harrassowitz Leipzig. No. 181: Americana. Australien. Südsee. 436 Nos. — No. 182: Rechts- u. Staatswiss. (Bibl. d. Staatsmin. C. F. v. Gerber.) 1757 Nos. — No. 183: Grammatiken, Lexica u. Chrestomathien aller Sprachen. 1450 Nos.

Jacobsohn & Co. Breslau. No. 113: Orientalische Literatur. 64 S.

Kantorowicz Milano. No. 8: Auctores gr. et lat. 187 Nos. — No. 9: Littérature franç. 423 Nos.

Kende Wien. No. 11: Alte Drucke. Holzschnitt- u. Kupferwerke. Schach. 405 Nos.

Koppe's Bh. Nordhausen. No. 2: Vermischtes. 1199 Nos.

Kubasta & Voigt Wien. No. 99: Vermischtes. 8 S.

Lempertz Ant. Bonn. No. 186: Evangel. Theologie. 64 S.
Liesching & Co. Stuttgart. No. 57: Autores gr. 11 S. — No. 58: Autores lat. 11 S. — No. 59: Alterthumskunde. 16 S.
Mirauer & Salinger Berlin. No. 17. 18. 19: Geschichte. I: Lübeck, Hamburg, Bremen, Frankfurt, Mecklenburg. 876 Nos. — II: Bayern, Württemberg, Baden. 472 Nos. — III: Russland u. Polen. 497 Nos.
Quidings Ant. Lund. No. 22: Bibliografi, romaner. 501 Nos. — Historia och biografi. 406 Nos.
Raunecker Klagenfurt. No. 57: Vermischtes. 699 Nos.
Rosenthal's Ant. München. No. 80: Bibl. cathol. theol. XIV. 3: T—Zype. No. 3706—4683.
Rother Leipzig. No. 24: Theologie. 3119 Nos.
Salomon Dresden. No. 15: Genealogie. Geschichte. 841 Nos. — No. 16: Vermischtes. 565 Nos.
Sattler Braunschweig. No. 55: Geschichte und Litteratur Niedersachsens. 1163 Nos.
Scheible Stuttgart. Anz. No. 85: Miscellanea. 223 Nos.
Schmidt Halle. No. 572: Jurisprudenz. 1840 Nos. — No. 573: Naturgeschichte. 725 Nos. — No. 574: Bibliographie. Biographien. Literatur. 1519 Nos. — No. 575: Deutschland m. Ausschluss v. Preussen. 50 S. — No. 576: Numismatik. Siegelkunde. 16 S. — No. 577: Altdeutsch, Mitteldeutsch. 4 S. — No. 578: Französisch. Englisch. Italienisch. 22 S. — No. 581: Geschichte v. Oesterreich, Dreissigjähr., Siebenjähr. Krieg. 20 S.
Schweitzer Aachen. No. 2: Theologie. Deutsche Litteratur. 40 S.
Seiling Münster. No. 10: Geschichte Westfalens. 2033 Nos.
Volckmann & Jerosch Rostock. No. 13: Protestant. Theologie. 482 Nos.
Windprecht Augsburg. No. 468: Vermischtes. 368 Nos.
Würzner Leipzig. No. 128: Literaturgesch. Kunstgeschichte. 16 S.

Berichtigung.

Auf S. 135 muss es, worauf wir nachträglich mit der Bitte um Berichtigung aufmerksam gemacht werden, in Zeile 2 v. o. heissen: singulorum editiones (ac versiones etc.).

Personalnachrichten.

Der bisherige etatsmässige Hülfsarbeiter an der Kgl. Universitätsbibliothek zu Halle Dr. Walther Schultze ist zum Custos an derselben Bibliothek befördert worden.

Der Assistent an der Königl. Universitäts-Bibliothek zu Halle Dr. Carl Haeberlin ist zum Custos der von Ponickau'schen Bibliothek ernannt worden.

Dem Bibliothekar des India Office Dr. Reinhold Rost ist die Amtsdauer um ein Jahr verlängert worden.

Am 28. Juni 1892 starb der Conservator der Stadtbibliothek zu Besançon M. Ferréol-François-Joseph-August Castan, geboren am 20. November 1833, Verfasser zahlreicher historischer und bibliographischer Arbeiten.

Am 26. Juni 1892 starb der Stadtbibliothekar von Langres M. de la Boullaye.

Centralblatt
für
Bibliothekswesen.

IX. Jahrgang.   12. Heft.   December 1892.

Prinz Baldassarre Boncompagni und seine Bibliothek.

Die Mäcenaten sind selten, aber sie sterben nicht aus. Seit jener Römer aus altem Königsgeschlechte, den Horaz besungen, die reichen Glücksgüter, welche das Geschick ihm anvertraut hatte, dazu verwandte, Dichter und Künstler zu unterstützen, und so einen wenigstens mittelbar verdienten Platz in der Geschichte der geistigen Entwicklung seines Volkes sich sicherte, seit jener um 19 Jahrhunderte vor unserer Gegenwart zurückliegenden Zeit hat es immer Männer gegeben, welchen weder die Geldmittel noch die Neigung sie bildungsfreundlich auszugeben fehlten, und welche darum als Nachkommen des Mäcenas gerühmt werden. Sollen wir Beispiele von solchen Freunden der Künste und der Künstler, der Gelehrsamkeit und der Gelehrten nennen, so fällt es uns selbst in dem verhältnissmässig engen Bereiche, den wir bei unseren geschichtlichen Forschungen über das Werden der mathematischen Wissenschaften kennen gelernt haben, nicht schwer, sie aufzufinden. Die Bilibald Pirckheimer und Marcus Welser in Deutschland, die Pierre de Carcavy und Nicolas-Claude Fabri de Peiresc in Frankreich, Henry Percy von Northumberland in England, Federico Cesi in Italien sind Namen, die unvergessen bleiben werden, so lange man Dürer, Kepler, Fermat, Harriot, Galilei rühmt. Ihnen schliesst unter den jetzt Lebenden Baldassarre Boncompagni sich an, seinen Vorgängern ähnlich, aber auch unähnlich, und die Merkmale hervorzuheben, auf welche Aehnlichkeit und Unähnlichkeit sich stützen, ist die Aufgabe, welche wir uns gestellt haben.

Das Fürstenhaus der Boncompagni ist ein altangesehenes. Mehrere Cardinäle und auch Papst Gregor XIII., unter welchem die Kalenderverbesserung sich vollzog, sind ihm entstammt, so dass man eine Vorliebe seiner Angehörigen für Mathematik und Astronomie mehr als drei Jahrhunderte zurückverfolgen kann. Am Ende des ersten Drittels des XVII. Jahrhunderts wurde Nicolo Ludovisi mit dem Fürstenthum Piombino belehnt, dessen feste Hauptstadt an der Westküste Italiens der Insel Elba gegenüber liegt. Fünfzig Jahre später kam das Fürstenthum durch Vermählung einer Ludovisi'schen Erbtochter mit Hugo Boncompagni an letzteres Haus, welches nun den vereinigten Namen Boncompagni-Ludovisi annahm. Der Besitz des Fürstenthums Piombino erwies sich als ein sehr wechselvoller. Sollen nur Ereignisse, welche unserem Jahrhunderte angehören, erwähnt werden, so bemerken wir, dass Kaiser Napoleon 1805 seine Schwester Elisa Bacciocchi als Fürstin von Piombino einsetzte. Die Wiener Congressakte gab 1815 das Fürstenthum dem Hause Boncompagni-Ludovisi, wenn auch unter Toscanischer Landeshoheit, zurück. Seit 1860 bildet es einen Bestandtheil des Königreichs Italien, und nur der an der Piazza Colonna in Rom gelegene Palazzo Piombino als Wohnung des Fürsten D. Baldassarre Boncompagni-Ludovisi lässt das einstmalige Regentenverhältniss noch äusserlich erkennen.

Der wiederholt von uns Genannte ist am 10. Mai 1821 als Sohn des Fürsten Ludovico Boncompagni-Ludovisi in Rom geboren, steht also gegenwärtig in seinem 72. Lebensjahre. Seine Erziehung leitete unter den Augen des Vaters der als Dichter und Litterarhistoriker bekannte Dominico Santucci. Frühzeitig legte Baldassarre Boncompagni, wie die gleichmachende Wissenschaft ihn unter Entkleidung von seinem Titel zu nennen pflegt, eine hohe Begabung für mathematische, insbesondere für geschichtlich-mathematische Untersuchungen an den Tag, und hierin finden wir das unterscheidende Merkmal zwischen ihm und jenen früheren Förderern der Wissenschaft, in welchen wir seine Vorgänger sahen. Die Leistungen Bald. Boncompagni's sind der Art, dass sein Name mit gutem Klange auch bei Solchen sich erhalten wird, die auf seine uneigennützige Verwendung grosser Summen zu Gunsten der Wissenschaft kaum Gewicht legen.

Es sind vornehmlich fünf grössere Schriften Boncompagni's, welche einen bleibenden Werth besitzen: ein Octavband aus dem Jahre 1851: *Della Vita e delle Opere di Guido Bonati, astrologo ed astronomo del secolo decimo terzo*, zwei Quartbände aus demselben Jahre: *Della Vita e delle Opere di Gherardo Cremonese, traduttore del secolo duodecimo, e di Gherardo da Sabbionetta, astronomo del secolo decimoterzo* und *Delle Versioni fatte da Platone Tiburtino, traduttore del secolo duodecimo*, ein Octavband von 1854: *Intorno ad alcune opere di Leonardo Pisano, matematico del secolo decimoterzo*, endlich eine sehr umfangreiche Arbeit aus den Jahren 1862—1863: *Intorno ad un trattato d'aritmetica stampato nel 1478*. Die vier erstgenannten Schriften sind als solche besonders erschienen, die letzte nimmt den grössten Theil des XVI. Bandes der Atti dell' Academia Pontificia De' Nuovi Lincei ein, jener päpstlichen Akademie, welcher Boncompagni seit ihrer Begründung am 3. Juli 1847 durch Papst Pius IX. angehört, seine in jugendlichem Alter erfolgte Ernennung durch die ihr nachfolgenden Veröffentlichungen reichlich rechtfertigend. Man darf getrost sagen, dass erst seit diesen Schriften, deren Inhalt über das im Titel Angedeutete weit hinausgreift, und durch sie es möglich geworden ist, einen klareren Einblick in die Entwicklung der Mathematik in Italien, theilweise auch jenseits der italienischen Grenzen im XII., im XIII., im XV. Jahrhundert zu gewinnen, als Libri ihn noch besass, und wenn es dem Verfasser dieses Versuches gelungen sein sollte, in seinen „Vorlesungen über Geschichte der Mathematik" Bd. I. (1880) und II. (1892) übersichtlicher zusammenzufassen, was in breit angelegten Darstellungen nicht selten verschwommener aussieht, so nimmt er keinen Anstand, Bald. Boncompagni als den zu nennen, der das Material zu einer solchen Zusammenfassung aus lange verschütteten Schachten an das Licht zu bringen wusste.

Es dürfte wohl keinen Schriftsteller jemals gegeben haben, dessen Schreibweise jedem Leser zusagte, und gerade was der eine Leser besonders lobt, kann dem anderen ein Gegenstand des Tadels sein und umgekehrt. Wir wollen, ohne deshalb unser Urtheil Anderen aufdrängen zu wollen, auch mit zwei leisen Ausstellungen nicht zurückhalten, welche wir an Boncompagni's Schriften zu machen haben. Sie betreffen ein Zuwenig und ein Zuviel. Wir vermissen alphabetisch geordnete Register, und wenn auch in dem Werke über Leonardo von Pisa eine umfassende und vorzüglich ausgearbeitete Inhaltsangabe den Mangel einigermassen ersetzt, ganz unfühlbar wird er darum doch nicht, davon haben gerade wir persönlich uns bei häufiger Benutzung jenes Bandes überzeugen können. Nun das Zuviel. Bei geschichtlichen Arbeiten bringt die Natur des Gegenstandes es mit sich, dass zahlreiche Verweisungen auf andere Werke vorkommen können, vorkommen müssen. Sind es ältere, selten gewordene Schriften, auf welche verwiesen wird, so wird man es dankbar anerkennen, wenn die erwähnte Ausgabe, ihr Titel, Seite und Zeile der angeführten Stelle in genauester Wiedergabe erscheint, wenn auch darüber die Belehrung nicht fehlt, in welcher Bibliothek etwa und unter welcher Signatur das betreffende Werk sich vorfinde. Für solche Angaben sind Boncompagni's Verweisungen mustergiltig. Aber man kann des Guten auch zu viel thun! Wenn Sammelwerke, Zeitschriften, Akademische Veröffentlichungen aus unserem Jahrhunderte, die in keiner öffentlichen Bibliothek fehlen, und die voraussichtlich vermöge der Grösse der Auflage, in welcher sie Verbreitung finden, in absehbarer Zeit nicht zu den bibliographischen Seltenheiten gehören werden, genau mit der gleichen Umständlichkeit beschrieben sind, als wenn es um Incunabeln des XV. Jahrhunderts sich handelte, wenn statt eines solchen Werkes gar auf drei, vier gleichartige in gleich breiter Weise verwiesen ist, dann schwellen die Anmerkungen zu einem Umfange an, gegen welchen der Text zurücktritt, und die Lesbarkeit des Textes wird nach unserem Geschmacke wenigstens beeinträchtigt. Wir hoffen, unser verehrter und gelehrter Freund werde uns diese Ausstellung nicht verübeln. Sie betrifft einen so kennzeichnenden Bestandtheil der Boncompagni'schen Schriften, dass unsere Leser, wenn wir davon geschwiegen hätten, deren Charakter nicht genügend kennen gelernt haben würden.

Neben den genannten grösseren Arbeiten hat Boncompagni deren auch zahlreiche von geringerer Ausdehnung verfasst. Die älteren derselben erschienen im Giornale Arcadico di Scienze, Lettere ed Arti, eine rein mathematische (über bestimmte Integrale) im XXV. Bande des Crelle'schen Journals für reine und angewandte Mathematik; eine Abhandlung „*Testamento inedito di Nicolò Tartaglia*" ist 1881 als Broschüre veröffentlicht worden. Den Schwerpunkt seiner schriftstellerischen Thätigkeit verlegte er von 1868 bis 1887 in das von ihm herausgegebene *Bulletino di Bibliografia e di Storia delle Scienze matematiche e fisiche*, welches unter den Fachgelehrten als **Bulletino Boncompagni** bekannt ist. Nahezu sämmtliche dort zum Abdrucke gebrachte Aufsätze hat der Herausgeber mit Anmerkungen von der Art, wie wir sie schilderten, versehen; Inhaltsverzeichnisse der meisten Zeitschriften mathematischer oder physikalischer Richtung sind beigegeben; ausführliche alphabetisch geordnete Register sind für jeden Band vorhanden; überdies sind eigne Arbeiten des Herausgebers veröffentlicht, welche an Gediegenheit des Inhaltes seinen von uns schon genannten Untersuchungen nicht nachstehen. Wir erwähnen davon nur Aufsätze über eine lateinische Uebersetzung der Optik des Ptolemäus und über die heronischen Definitionen, beide im IV. Bande, über das Leben und die Arbeiten von Meindert Semeijns im V. Bande, über die das Sternfünfeck betreffende Stelle in einigen Boethiusausgaben im VI. Bande, über Johannes Widmann von Eger im IX. Bande, über die Reihe der vierten Potenzen der Zahlen im X. Bande, über Geburts- und Todesdatum von Laplace im XV. Bande, über Francesco Barozzi im XVII. Bande, ohne dass diese Aufzählung Anspruch auf Vollständigkeit machte.

Mit Nennung des Bulletino Boncompagni haben wir bereits den Uebergang zu jener Abtheilung unseres Versuches gemacht, in welcher wir zu zeigen beabsichtigen, wie Fürst Boncompagni gleich so manchen Vorgängern, die ihn an unmittelbaren schriftstellerischen Verdiensten nicht erreichten, sein Vermögen und seinen persönlichen Einfluss in den Dienst der mathematisch-physikalischen Wissenschaften stellte.

Es ist eine hergebrachte Klage, die aber dadurch nicht an Berechtigung gewinnt, dass sie wieder und wieder ausgesprochen wird, das Gelehrtenthum bilde eine Kaste eng in sich abgeschlossen, die es nicht dulde, dass ein Fremder in sie eindringe, während verwandtschaftliche Verbindung oder die Beziehung des Lehrers zum Schüler die verriegelte Pforte sofort öffne. Die Klage, wiederholen wir, ist unberechtigt, sofern sie behauptet oder wenigstens verstehen lässt, auch ohne persönliches Verdienst könne seinen Weg machen, wem ein persönlicher Beschützer zur Seite stehe. Nein, das ist unwahr, und sollte einmal Verdienstlosigkeit zu hoher Stellung gelangen, so wird sie dort um so sicherer erkannt und vermag sich nicht zu halten. Richtig aber ist und in der menschlichen Natur begründet, dass das Verdienst leichter und rascher erkannt wird, wenn ein Beschützer die Bahn ebnet, sein Fürwort einsetzt, um die Druckgebung von Erstlingswerken zu ermöglichen, die Verantwortung für eine Tüchtigkeit übernimmt, die noch nicht die Gelegenheit hatte, sich öffentlich zu erproben. Fürst Boncompagni hat nie Anstand genommen, diese Verantwortlichkeit auf sich zu laden, wo er jung aufstrebenden Talenten begegnete oder sie aufstöberte. Es widerstrebt uns, es würde noch weit mehr dem Beschützer widerstreben, sollten hier bestimmte Namen genannt werden, aber da und dort in Italien, in Frankreich, in Deutschland giebt und gab es jüngere Gelehrte — Einen deckt allzufrühe die dunkle Erde — welche dem Fürsten Boncompagni den Zoll der Dankbarkeit dafür schulden, dass er seinen Einfluss für sie da und dort in die Wagschaale warf.

Auch sein Vermögen, wir haben es oben gesagt, stellte Fürst Boncompagni in den Dienst der Wissenschaft. Veröffentlichungen, welche er veranstaltete, und von denen wir immer nur hörten, dass, wer dafür sich interessirte, in ihren Besitz gelangte, ohne dass wir je von einem Ankaufe vernommen hätten, Abschriften, welche er fast aller Orten auf seine Kosten anfertigen liess, Bücher, welche er erwarb, um sie zu verschenken, müssen Unsummen in Anspruch genommen haben. Von den werthvollen Veröffentlichungen nennen wir die nachgelassenen Schriften von Pietro Cossali (1857), dem verdienten Verfasser der *Origine, trasporto in Italia, primi progressi in essa dell' Algebra*, die Werke von Leonardo von Pisa (Bd. I, 1857; Bd. II, 1862), den facsimilirten mit einer Einleitung von Herrn Giordani versehenen Neudruck der sogenannten *Sei cartelli di matematica disfida*, welche einst zwischen Ludovico Ferrari und Nicolo Tartaglia gewechselt wurden (1876), den erstmaligen Druck wichtiger Briefe von Lagrange (1877 und 1878); wir nennen wiederholt die zwanzig Bände des Bulletino Boncompagni (1868 bis 1887). Jedem, der Geschichte der Mathematik treibt, sei es als Mitarbeiter, sei es als Leser neuerer Werke über dieses Fach, begegnet auf Schritt und Tritt jene Sammlung, in welcher die werthvollsten Abhandlungen Verbreitung fanden, zu deren Bearbeitung Fürst Boncompagni selbst nicht selten handschriftliches Material zur Verfügung stellte.

Ihm war dieses theils durch das weitgespannte Netz seines Briefverkehrs, durch die Abschriften, welche er auf seine Rechnung nahm, möglich, theils durch seine eigene Büchersammlung, welche von einem Reichthume an Handschriften ist, wie noch kein Privatmann ihn besessen haben dürfte.

Erstmalig im Jahre 1862 hat H. Enrico Narducci einen Katalog der im Besitze des Fürsten Boncompagni befindlichen Handschriften veröffentlicht. Er umfasste mit einem Anhange und Register 219 Druckseiten, auf welchen 367 alphabetisch nach den Autoren geordnete Handschriften beschrieben waren. In unseren Tagen (1892) ist wieder aus H. Narducci's Feder eine zweite Auflage erschienen. Die Seitenzahl ist bei nahezu gleichem Formate und Drucke auf 520 angewachsen, die Zahl der handschriftlichen Nummern beträgt 614! Die Anordnung ist nicht mehr alphabetisch, sondern nach der Aufstellung in den Bibliotheksräumen, wodurch eine Auffindung etwa gesuchter Bände an Ort und Stelle wesentlich erleichtert ist; eine Erschwerung für auswärtige Benutzung ist in der neuen Anordnung aber auch nicht vorhanden, da ein alphabetisch geordnetes Generalregister dem Bande beigegeben ist. Als sehr erwünschte weitere Zugabe ist ein Register der nach den Jahrhunderten ihres Entstehens geordneten Codices anzusehen, aus welchem wir entnehmen, dass die vier ältesten Handschriften dem XII., 9 dem XIII., 25 dem XIV. Jahrhunderte entstammen u. s. w.

Die Handschriften gehören, wie man sich leicht denken kann, ebensowenig wie einem Jahrhundert, einer und derselben Wissenschaft an. Der richtige Sammler sammelt zwar vorzugsweise Gegenstände einer bestimmten Natur, aber er verschmäht Nichts, was ihm unterwegs begegnen mag, und Fürst Boncompagni ist ein richtiger Sammler. Einige Nummern beziehen sich beispielsweise auf ganze Kasten voll eigenhändiger Briefe von auf den verschiedenartigsten Gebieten bekannten Persönlichkeiten, und diese Briefe dürften zum grossen Theil mehr durch ihre Handschrift als durch ihren Inhalt zu fesseln vermögen. Wir erachten es nicht als unsere Aufgabe, von diesen Briefen oder von uns inhaltlich fern liegenden Manuscripten zu reden. Man verzeihe uns, wenn wir diesen Perlen gegenüber den Hahn aus der Fabel spielen, wir wissen deren Werth nicht zu schätzen. Dagegen werden unsere Leser gestatten müssen, dass wir der Nummernfolge des Katalogs uns anschliessend auf einige Handschriften wenigstens hinweisen, welche unsere Aufmerksamkeit besonders fesselten.

No. 62 und 63. Bernardino Baldi, der gelehrte Abt von Guastalla hat ausser seiner Mathematikerchronik, welche 1707 im Drucke erschien, auch Mathematikerbiographien geschrieben. Die Originalhandschrift dieses zweibändigen Werkes gehört der Boncompagni'schen Sammlung an. Eine Anzahl von Lebensgeschichten daraus ist in dem Bulletino veröffentlicht worden.

No. 70. Brunetto Latini hat im XIII. Jahrhunderte während eines Aufenthaltes in Frankreich (1260—1284) in französischer Sprache *sellon le patois de France* eine Encyclopädie verfasst, von welcher 1474 eine recht mangelhafte italienische Uebersetzung unter dem Namen *il Tesoro* gedruckt wurde. Die Abschrift des französischen Originals ist aus der berühmten oder berüchtigten Libri'schen Bibliothek in den Besitz des Fürsten Boncompagni übergegangen.

No. 121 entstammt ebenfalls der Libri'schen Bibliothek. Neben Astronomischem von Hyginus und von Sacrobosco enthält diese Handschrift aus dem XV. Jahrhundert ein in italienischer Sprache verfasstes Lehrbuch der Mathematik, welches einmal näher studirt zu werden lohnen möchte. Da es etwa gleichalterig mit den Schriften des Paciuolo ist, so wäre es damit zu vergleichen.

No. 131 Prattiche mathematice aus dem XV. Jahrhundert fordert aus dem gleichen Grunde zur Untersuchung auf.

No. 168 aus dem XII. Jahrhundert, früher in der Naumann'schen Sammlung enthalten, dürfte leicht der werthvollste von den beschriebenen Codices sein. Er enthält den Abacus des Bernelinus und ebenso den des Gerlandus in guten Niederschriften. Den Abacus des Gerlandus hat bekanntlich H. Trentlein im Bullet. Boncomp. aus einem Karlsruher Codex veröffentlicht.

No. 184 ist eine noch nicht gedruckte, theils italienisch, theils lateinisch, theils in Prosa, theils in Versen verfasste Encyclopädie aus dem XVI. Jahrhundert, vielleicht das Autograph des unbekannten Verfassers.

No. 306. Ein astrologischer Sammelband aus dem XIII. Jahrhundert. Darin die von 1268 datirte Abschrift einer Uebersetzung des Almansor durch Plato von Tivoli, welche Fürst Boncompagni, als er seine Monographie über diesen Uebersetzer des XII. Jahrh. schrieb, noch nicht kannte.

No. 357 muthmasslich aus dem Ende des XIV. Jahrh. enthält diejenigen Lehrbücher, deren man sich an der Universität Oxford bediente. Das Hauptgewicht der Handschrift liegt darin, dass in ihr die bekannte Sphära des Sacrobosco als ein Werk des Richard Elys bezeichnet ist, welcher spätestens 1195 starb, mithin älter als Sacrobosco ist. Ob demnach Sacrobosco nur als Abschreiber der Sphära gelten darf, bedarf genauerer Untersuchung.

Die Handschriften, deren wir so weit gedachten, sind bereits in dem Kataloge von 1862 beschrieben, also über 30 Jahre in dem Besitze des Fürsten. Wir nennen nun noch einige wenige inzwischen erworbene, in der neuen Auflage mithin zuerst beschriebene Codices.

No. 434 ist die noch ungedruckte Originalhandschrift einer Mechanik von Geminiano Montanari (1633—1687), einem vielseitigen Gelehrten, zuletzt Professor der Astronomie in Padua.

No. 457, ein Sammelcodex aus dem XIII. Jahrh. Das erste darin enthaltene Schriftstück ist der Algorismus in Versen Alexanders von Villedieu, den Halliwell in seinen Rara Mathematica veröffentlichte. Auch der oben erwähnte Band No. 357 enthält dieses Lehrgedicht mit einzelnen Abweichungen gegen Halliwell. In No. 457 sind 28 Verse mehr als sonst vorhanden, welche der Katalog zum Abdruck bringt.

No. 535 schliesst die von 1365 datirte Abschrift der *Geometria assecutiva est arismetrice* in sich, in welcher diese in anderen Handschriften und in Drucken von 1495 und 1516 Bradwardin zugeschriebene Geometrie als Verfasser vielmehr Petrus von Dacien nennt, genau wie es in einer Vatikanhandschrift von 1414 der Fall ist.

Man sieht aus diesen kurzen Notizen, welchen Reichthum an Handschriften die Bibliothek des Fürsten Boncompagni besitzt. Was er an gedruckten Werken sein eigen nennt, dürfte nicht minder weit über das hinausgehen, was man als Privatbesitz zu denken pflegt. In würdigere Hände konnten diese literarischen Schätze nicht gelangen, denn wenn wir etwa mit ähnlichen Worten schliessen wollen wie wir anfingen: Fürst Baldassarre Boncompagni ist ein Mäcen in des Namens edelster Bedeutung, und was ihm gehört, gehört der Wissenschaft.

Moritz Cantor.

Fünfte Nachlese zu Weller: Die ersten deutschen Zeitungen.
Aus der Grossherzoglichen Hofbibliothek in Darmstadt.

Im Anschluss an die Nachträge zu Emil Weller „Die ersten deutschen Zeitungen. Tübingen. 1872." (Bibliothek des litterarischen Vereins in Stuttgart. CXI.), die Weller selbst im 26. Band der „Germania" 1881. S. 106—114, A. Heyer im „Centralblatt für Bibliothekswesen" V, 214—225 und 272—283. 1888 und ebd. Fünftes Beiheft S. 1 ff. 1889 und P. Bahlmann ebd. VII, 142—144. 1890 veröffentlicht haben, theile ich aus dem reichen Besitze der Grossherzoglichen Hofbibliothek in Darmstadt an alten Zeitungen eine weitere Nachlese mit.

1. 1532. 31. III—30. VIII. — Reuwe zeitungen vom | Türckischen Kaiser, vß was vrsachen | er sich so lang vnter wegen im offer ziehen off teutsche land, | gesaumpt, Vnd was jme für vnfall zů handen gestoß= | sen. Dergleichē wie es sich mit Rö. Kay. Mai. herzeüg halten thůt. Von eim des Raths zů | Wien gen Strassburg oberschicket. | Zwo Missiuenn | So herr Niclaus Jurischitz, Haupt | man zů sanct Veit am Pflaum, vnd Gintz, — seiner Kön. Ma. oberschickt, | Inhaltende, | Wie der Türckisch Kaiser, mit all seiner macht sich für Gins | gelegert, vilfaltig gesturmbt, vnd doch durch eyn kleyne anzal | Landvolcks, mit Gottes hülff vnnd beistand, wunderbarlich | für desselben tyranney erhalten worden. |
   <small>o. O. u. J. 4°. 2 Bog. —, Aij, B, Bij, Biij —. Bl. 8 b. leer. Fehlt bei Weller.</small>

2. 1532. 18. IX. — Newe zeyttung, von | der Flüchtigen schla= | cht vnd niderlegunge | der Türcken, Geschehen am xviii. tage | des herbst= monats, im Jare, | M. D. xxxij. | Sampt andern new= | en zeyt= tungen, Wie Keyser. Maiestat ; Hauptmā Anbreas be Doreo, dem Türcke off dem | Meer grossen schaden gethan, darzu Cöstanti | nopel belägert, vnd den britten sturm | baruor gethan habe. | Darunter zwei Hände, in deren Mitte ein Kleeblatt.
   <small>o. O. u. J. 4°. 1 Bog. Als Signatur dient das auch auf dem Titelblatt verwandte Kleeblatt mit den Zahlen ij und iij. Bl. 1 b Abschrifft eynes Brieffs so der Stadt | Augspürg hauptmann seynen herrn am. xviii. tag des | Herbstmonats hat zů geschrieben, — Bl. 4 a. ¶ Geben im</small>

ffver zů Lebbersdorff, am achtzehen= | ben tage des Herbstmonats, im Jare, | M. D. XXXII. | Darunter: Andere Newe zeitung. | Bl. 4 b. Holzschnitt: 99 × 82 mm., beflügelte Weltkugel, auf welcher von zwei aus Wolken ragenden Händen mit einem Stein eine Sanduhr niedergehalten wird. Darunter auf dem Holzschnitt die Inschrift: Das fliegende Glück, | Lestt nit seyn bück. | Ueber dem Holzschnitt die Verse:

> Fräftlicher Gwalt steht doch seyn jetzt,
> So lang der HERR dasselbig lebbt.
> Wann dann das stündlein ist verloffen,
> Thut Gott den fräfel zwifach straffen.

Fehlt bei Weller. Vielleicht andere Ausgabe von Wellers No. 62.

3. 1538. 8. II. — Chriftliche bündtnuß vñ | Kriegßrüftung Keyfer Carls vnfer aller | Herrn, Bapft Pauli, Der Herrfchafft zu | Benedig, vnd irer mitverwanten, wider | den Türcken, zu Rom beschloffen ben 8. Februarij, anno 1538. Darunter Holzschnitt: das kaiserliche Wappen zwischen den Säulen des Herkules mit Karls V. Wahlspruch PLVS VLTRE | .

o. O. u. J. 4°. 1 Bog. — ij, iij — Bl. 1 b. und 8 b. leer.
Andere Ausgabe bei Weller No. 113.

4. 1539. 24. VII. — 15. VIII. — Warhafftige Newe zeittung | von einem Namhafftigen aus | Benedig an einen Großmechtigen Herrn Deutscher Lande gefchrieben. | 1539. | Darunter Holzschnitt in Siegelform: Kopf eines Türken mit der Umschrift: DY. STERCK . GOTTES IST . ALLER . MENSCHEN . SIGEL · . 1530: |

o. O. u. J. 4°. 1 Bog. — aij, aiij — Bl. 1 b. leer, Bl. 4 (leer) fehlt. Schluss Bl. 3 b.: Datum den rv. | Augufti in Zartt. 1539. !
Fehlt bei Weller.

5. 1544. 12. V. — 24. IX. — Newe Zeyttung des Kri= | egs, vnd Zugs zwischen Rhö. Kayferli= | cher Mt. vnd dem Künig zů Franck= reich, | von Camerbrey auß, mit Herr Jörg von | Regenspurgs Regimentt, auff das | Landt Lucelburg, Luttringen | vnd Franckreich | im . . 15 44. | Darunter Holzschnitt wie bei No. 3. Am Ende: Steffan Hamer zů Nürnberg | auff der Schmelzhütten. | [Schnörkel.]

o. J. 4°. 2 Bog. — Aji, B — Bl. 1 b und 8 b leer.
Andere Ausgaben bei Weller No. 157.

6. 1544. 12. V. — 24. IX. — Newe Zeittunge | Der warhafftigen be= | fchreibung des Krieges vnd Zugs zwi= | fchen Röm. Kay. May. vnd dem Künig zu | Franckreich, von Camerbrey auß, mit | Herr Jörgen von Regenspurgs | Regiment, auff das Landt | Lucelburg, Lutringen | vnd Franckreich | inn dem | jar | M. D. XLIIII. | Darunter Holzschnitt wie bei No. 3 und 5, aber verschiedener Stock. Wahlspruch: PLVS OVLTRE |

o. O. u. J. 4°. 2 Bog. — aij, aiij, b, bij, biij —. Bl. 8 b. leer.
Andere Ausgaben No. 5 und bei Weller No. 157.

7. 1544. (21.) IX. — New Zeitung | Die Artickel der | vertreg, zwischen Kei. Mai. | vnd dem König von Franck- | reich. In Pforten vnnd | Vorstetten der Stab | Paris auffgericht, | In dem Monat | Septembris. | An. M. D. XLIIII. |

    o. O. u. J. 4°. 1 Bog. — Aiij -- Bl. 1b. und 8b. leer.
    Andere Ausgabe bei Weller 156.

8. 1546. 13.—18. XI. — Newe Zeittung, | Wie es vom dreizehenden bis auff | den achtzehenden Nouembris, in | des Churfürsten von Sachssen, | vnnd Landtgraffen von | Hessen Leger ge- | standen. ❦ | Auch welcher gestalt jrenthalben | bey der Röm. Kay. May. vmb anstand | mehrmals angesucht worden. | Von einem glaubwirdigen an eine hohe | Person, des xxiij. Nouembris | geschrieben.

    o. O. u. J. 4°. 1 Bog. — Aij, Aiij —
    Fehlt bei Weller. Vielleicht andere Ausgabe von No. 170.

9. 1547. 24. IV. — Newe zeytung. | Ware vnd gründtliche | anzaygung vnnd bericht, inn was gestalt, | auch wenn, wie vnnd wo, Hertzog Johann Fri- | berich, gewesner Churfürst zů Sachsen, von der Römischen Kaiserlichen Maiestat, | neben Hertzog Moritz zů xc. | Am Sontag Misericordie | Dni, der da wz d' xxiiij | tag April erlegt | vnd gfange | worbē | ist. | Anno Salutis. | M. D. XLVII. |
Bericht vom 12 Mai 1547. Die Widmung an Bürgermeister und Rath der Stadt Rothenburg an der Tauber ist auf Bl. 2b. unterzeichnet: Hans Bawman von Rottenburg | auff der Tauber, Buchdrucker gsel | jetzo .... Her | ren Ferdinande, Hertzog zů Alba, ... Diener vnd Tra | bant. |

    o. O. u. J. 4°. 2 Bog. — Aij, Aiij, B, Aij (sic.) — Bl. 8b. leer.
    Andere Ausgaben bei Weller 186, Bahlmann III und Heyer 111.
    Nachlese 18. Sehr ähnlich, aber mit Titelwappen ist der unter No. 186 an erster Stelle beschriebene Druck.

10. 1550. — ❦ Von dem new ge- | bornen Abgott zu Babel. Ein ab- | schrifft, Welche durch die Kauffleut von Robieß | für ein warheit gen Benedig vnd in Welschland | auch nachmals auß Rom den letzten decembris | im 49. vnd auß Benedig den 9. Januarj dieses Fünfftzigsten Jares xc. | [darunter drei Blüten.] An die Kauffleut gen Augspůrg | geschriebenn. |

    Kauff mich O frummer Christ in trewen,
    Laß dich zulesen seyn mühe rewen.
    Dann dir ist viel hieran gelegen,
    Von des Sathans schalckheit wegen.

    1550

Bl. 1b. Verse. Bl. 2a: [Blüte.] Abschrifft, einer erschrecklichen Historien oder newen zeitung auß Babilonia etc. Am Ende: C. S. A.

    o. O. u. J. 4°. 1 Bog. ohne Sign.
    Fehlt bei Weller.

11. 1550. — ✠ Vom vffgang deß | wort Gottes by den Chriſten in Vn= | gern, So den Türcken vnderworf= | fen ſindt, Nüwe zyt- tungen. | Matthei: XXIIII. | Vnd es wirt prediget das Euange- lium etc. 4 Zeilen. darunter: M. D. L. | Bl. 2 a: Brief an „Chriſtoff Müller, etwann Stattſchreiber | zů Lindaw, yetzt wonhafft zů Biel," unterzeichnet Bl. 2 b.: „Wolffgang | Müßlin." | Es folgen noch 6 andere Schreiben aus Ungarn. Schluss:

   Im bett, gedulbt, vnd Danckbarkeyt,
  Würt bſtan die bſchwerte Chriſtenheyt.

 o. O. u. J. 4°. — 2½ Bog. — A ij, A iij, B, B ij, B iij, C — Bl. 1 b. und 10 b. leer.
 Fehlt bei Weller.

12. 1553. 11. IX. — Warhafftige Zeitūg. | Wie Margraff Albrecht der Jünger von | Brandenburg, etc. Abermals eine | Schlacht verlo- ren, vnd durch Her | tzog Hainrichen vonn Braun= | ſchweig etc. den ṛj. tag des | Monats Septembris, | geſchlagen vnd erlegt worden, Anno do= | mini. 1553. | Am Ende: ¶ Gedruckt zů Nürn- berg, durch Georg | Merckel. Wonhafft auffm Newen | Baw, bey der Kalchhütten |

 o. J. 4°. 1 Bog. — A ij, A iij. — Bl. 1 b und 4 a b leer.
 Andere sehr ähnliche, aber mit Titelholzschnitt versehene Ausgabe bei Weller 201.

13. 1554. 19. VII—17. VIII. — ✠ Newe Zeitung was | ſich yetzt verſcheinenen tagen mit des | Printzen ankunfft in Engellandt, vnd mit der Schlacht in | Italien. Auch mit dem groſſen Kriege zwi- ſchen der | Röm. Keyſ. Maieſtat vnd dem Frantzöſiſchen | Künig zů getragen hat. | Darunter Holzschnitt: der Kaiser mit Reichsapfel und Scepter auf dem Throne sitzend, dann folgt: HEXASTICHON AD DIVVM | Carolum Quintum. |

 Schluss Bl. 8 b.: Datum im Keyſerlichen Feldleger zů Sanct Leuin, am | ṛvij. tag Auguſti, Im Jar, M. D. Liiij. |
 o. O. u. J. 4°. — 2 Bog. — A ij, A iij, B, B ij, B iij.
 Andere Ausgaben bei Weller 202 und Bahlmann V.

14. 1555. (bzw. 1554 und 1555.) — Erſchrecklichen, | Wunderbarliche vnnd | warhafftige mirakel vnnd zeychen, inn | nachgeſchrieben Stet- ten vnd Flecken | grauſam erſehen in vergangen vnd gegenwertigē Jar | onſers Herrn M. D. LIIII. vnd M. D. LV. jetzt von | gleub- wirdigen leüthen auß Meychſſen land zůſam= | men gebracht, yeder meniglich vor augen geſtelt, zůr | anzeygung vnnd warnung des zůkünfftigen ende der | Welt, vnd erſchröcklichen letzſten tags, vnd gerichts vnſers Herren, vnd hey= | lands Jheſu Chriſti. | ✠ Bl. 2 a: Newe Zeitung vß Meychſſen komen, | Anno M. D. LIIII. vnd M. D. LV. Jar. | Am Ende: ¶ Getruckt zů Erffurt. |

 4°. 1 Bog. — A ij, A iij — Bl. 1 b und 4 b leer.
 Fehlt bei Weller.

15. 1559. 6. VI. — 12. VII. — Warhafftige Newe | Zeitung Von dem Großmechtigen Kö= | nig zů Franckreich, Wie seine Königliche Ma= yestat, | zů Pariß, im Thurnier, von einem Edelman vnnd | Capitan beschedigt worden, dē Eylfften tag deß Hew | monats, dieses Neun vnd fünfftzigsten Jars, | durch ein zůschlahendt töblich Fieber, in Gott seliglich ver= | schiden ꝛc. | [Lilienwappen.] Zů Nürn= berg, bey Herman | Gall, Brieffmaler | AM NO. [sic] MDLIX. |
    4°. 1 Bog. — A ij — Bl. 1 b und 8 b leer.
    Andere Ausgaben bei Weller 231.

16. 1561. — Sehr grewliche ersch= | reckliche, vor vnerhörte, warhaff= teig | Newe zeitung, was fur grausame Tyranney der Mosco= uiter, an den gefangenen, hinweggefurten Christen aus | Lyffland, beydes an Mannen vnnd Frawen, Junckfra= | wen vnnd kleinen Kindern, begehet, vnnd was taglichs | schadens er jnen in jrem Land zufüget, Bey neben ange= | zeigt, in was grosser fahr vnd noth die Lyfflender | stecken. Allen Christen zur warnung, vnd bes= | serung jres Sündlichen Lebens, aus | Lyffland geschrieben, vnd in | Druck verfertiget. | Anno M. D. LXI. |
    (Holzschnitt: 87 × 82 mm. Fussvolk auf dem Marsche in einer waldigen Gebirgsgegend. Im Hintergrund die Thürme einer Stadt.)
    o. O. 4°. — 1 Bog. — A ij, A iij —. Bl. 1 b und 4 b leer.
    Andere Ausgaben bei Weller 247 und Germania 26, 108 No. 8 (3.)

17. 1561. — Sehr grewliche, erschre | ckliche, vor vnerhörte, warhafftige Newe | zeitung, was fur grausame Tyranney der Mosco= | uiter, an den Gefangenen, hinweggefürten Christen aus Lyff= | landt, beydes an Mannen vnd Frawen, Jungfrawen vnd klei= | nen Kindern, begehet, vnd was teglichs schadens er jnen in | jrem Land zufüget, Beyneben angezeigt, in was | grosser fahr vnd not die Lyf= lender stecken. Al= | len Christen zur warnung, vnd besserung | jres Sündtlichen lebens, aus Lyfland | geschrieben, vnd in Druck ver= | fertiget. | [Holzschnitt: 52 × 70 mm., Heer vor einer belagerten Stadt.] | Anno 1561. |
    o. O. 4°. — 1 Bog. — A ij, A iij — Bl. 4 b. leer.
    Andere Ausgabe von No. 16.

18. 1561. 27. II. — Neůwe Zeytung. | Gründtlicher vnd warhaff- | tiger Bericht von dem erschrecklichē vnd wun= | derbarlichen Zeychen, welchs am Hymmel am Donnerstage | nach Inuocauit des 61. Jars, zwischē Eyßleben vnnd Mans= | feldt, auff den abendt mit der Sonnen vn= dergang, | zwischen 5. vnd 6. vhr von vilen Personen gesehen | ist worden. An einen gůtten Freundt zů | Nürnberg geschrieben vnd mit geteylet. | [Holzschnitt: 80 × 122 mm.: zwei Säulen, aus denen Dampf aufsteigt, eine Ruthe und ein Kruzifix über der untergehenden Sonne.] Bl. 1 b. Widmung an „Martzen | Biching, jetzt zů Nürnberg", vnterzeichnet: „Datum Wein= | mar, den 12. Martij des 61. Jars. | E. W. | Johannes Wittich. M. S. | Am Ende:

Getruckt zu Straßburg am Kornmarckt | bey Christian Müller, Im jar | M. D. LXI. | [Druckerstock.]
> 4°. 1 Bog. — A ij, A iij — Bl. 4 b leer.
> Fehlt bei Weller.

19. 1561. 11. VI. — Zeitung. | Warhafftiger bericht, | von dem erschröcklichen Mordt, an | acht vnd achtzig Christlichen, vnschúldigen, personen, vmb des Euangelions willen zu Mon= | talo, im Königreich Neaplis began | gen, den 11. Junij, 1561. | Auß Welscher inn die Teutsche sprache gebracht. | [Holzschnitt: 68 × 75. Ermordung einer Frau.] Psalm 44. | . . . . | ANNO M. D. LXI. Am Ende: Gedruckt zu Franckfurt am Meyn, | Anno M. D. LXI. |
> 4°. 1 Bog. — A ij, A iij — Bl. 1 b leer.
> Andere Ausgaben bei Weller 248.

20. 1561. — Neüwe Zeitung | Von der Kirchen inn | eussern Morenlandt. | Allen frommen Christen lieblich, tröstlich | vnd nützlich zu lesen. | Erstlichen durch den hochgelerten | Herrn D. Casparn Peucerum von Witten= | berg in lateinischer sprach beschriben, | Jetz aber durch ein gütherzigen | Christen verteütschet. | ¶ Getruckt zu Strassburg bey Thiebolt Berger | am Barfüsser platz. | Anno M. D. LXI. | Am Ende: Geben zu Wittemberg den sibenze= | henden tag Weinmonts, Im Jar . . . . Tausent, fünffhundert vnd sechtzig Jhare. |
> 4°. 1 Bog. — a ij, a iij — Bl. 1 b und 4 leer.
> Von Weller, der den Druck nicht gesehen hat, unter No. 244 ungenau beschrieben. Wellers No. 245, die hier gleichfalls vorhanden, ist eine andere Uebersetzung desselben Originals.

21. 1562. 23. IV — 9. V. — Gründtlicher vnd war- | haffter bericht, was sich mit dem Man̄, | der sich Hans Vatter vō Mellingen, auß dem land | zu Düringen genennt, vnd ein zeitlang im Teütsch= | land herumb gezogen, zur Buß geruffen, vnnd bey | den leüten fürgegeben, als ob er vom Sathan gebun= | den vnd geplagt würde, zu Nürenberg züge= | tragen vnd verloffen hat. | [Holzschnitt: 83 × 59 mm.: Hans Vatter mit gebundenen Händen und blutendem Ohre kniend.] Darunter: M. D. LXII. | Am Ende: Menigklich zu warhafftem bericht verloffner hand- | lungen in druck gegeben, durch mich Valen= | tin Geyßler, Buchtrucker | zu Nürenberg. |
> 4°. 2 Bog. — A ij, A iij, B, B ij, B iij, B iiij —.
> Andere Ausgaben bei Weller 252 und Heyer II. Nachlese 12.

22. 1563. — Warhafftige vnd er= | schreckliche Zeitung von dem | grausamen Feind bem | Moscowiter. | [Kleeblatt, darunter Holzschnitt: Bild eines Moskowiters.] Darunter die Jahreszahl: 1563. |
> o. O. u. J. 4°. ½ Bog. — A ij —
> Andere Ausgaben bei Weller 263 und Heyer II. Nachlese 14.

23. 1563. (bzw. 19. XII. 1562.) — Wahrhafftige Zei= | tung von der Schlacht in Franckreich, | wie sich die zwüschen dem Hertzog von

Conde, vnd Hertzog von Guise, den xix. | tag Chriftmonats im Tau-
fent Fünff- | hundert vnd zwaiundfechtzigften Jar | begeben, vnd zů-
getragen hat. Vnd wie | vil vom Abel vnd groffen Herren oft
beeden feiten vmbkomen vnd | gefangen worden | find. | Item, wie
der Hertzog von Guise | erfchoffen vnd vmbkom= | men ift. |
M. D. LXIII. |

    o. O. 4°. 2 Bog. — A_2, A_3, B, B_2, B_3 — Seitenzahlen 4—15 —
    Bl. 1 b und 16 b leer.
    Andere Ausgaben bei Weller 254.

24. 1564. (bzw. 8—10. XI. 1563.) — Newe zeitung, | Was fich zwi-
fchen bei= | den, Königlicher Mayeftat Den= | nemarck vnnd Schwe-
ben etc. Den | achten, Neünden vnd zehenden tag Nouembris,
Anno 1563. Sampt dero beyden Königlichen | Mayeftat beftalten
Kriegsvolck, vor vnnd bey | einem Stettlein im Reiche Dennemarck
etc. | gelegen, Helmftedt genant, hat bege= | ben vnd endlich zů-
getragen. | ❧ | ANNO M. D. LXIIII. |

    o. O. 4°. 1½ Bog. -- Aij, Aiij, Aiiij, B — Bl. 1 b und 6 b leer.
    Andere Ausgabe bei Weller 267.

25. 1564. 6. VI. — Newe zeitung. | Bericht fo befchehen | von dem
fürnemen oberften Haupt= | man, des Benedifchen Kriegszugs auff
bē Meer, | an den Durchleüchtigen Hertzogen von Venedig, | antref-
fende die graufam vñ vngeftüm zerftörung | der Statt Cattaro, durch
einen Erdbidem, auff | das 1564. Jar, fampt andern erfchröckli-
chen | zeichen fo erfchinen. | ❧ | Aus einem Italiänifchen exemplar
zů Padua getruckt verdolmetfchet. | Getruckt zů Strafzburg. |

    o. J. 4°. 1 Bog. — Aij, Aiij — Bl. 1 b und 4 b leer. Auf Bl. 2 a
    Schnörkel, auf 4 a Zierleiste.
    Andere Ausgaben bei Weller 271.

26. 1564. 20. VII. — Newe zeitung, | Wunderbare, graufame, fchreck-
liche, vnd vnerhörte Newe Zeitung, Von ei= | nem Erdbidem, So
fich in diefem 1564. | Jar, im Julio, hat fehen vnd hören laffen,
in | Franckreich, in einer Prouincien, nahe bey ei= | ner Stadt, Nice
genant, Vnd find dafelbft | durch den Erfchwanck folcher Beweli-
keit | des Erdbidems, Sieben Stedte verfun | cken vnd vntergangen.
Ift auch ein | Fewerflammiger Berg erfchie- | nen, vnd gefehen wor-
den. (⸫) [Druckerftock, ein anderer am Schluss.]

    o. O. 4°. 1 Bog. — A_2, —. Bl. 1 b und 4 leer.
    Fehlt bei Weller.

27. 1565. 7—8. II. — Newe Zeitung | Von eynem Erdbidem, | wel-
cher fich in etlichen Landfchafften am | Rhein, in der nachte, zwi-
fchen dem fibenden vnd ach= | ten tage des Hornungs, jetzlauffen-
den M. D. LXV. | Jars, erzeigt vnd begeben hat, Auch was für
groffe gewäffer in wenig tagen | hernach gevolgt. | [Kleiner
Druckerftock, derselbe auf Bl. 4 a.] Mit anhangender erzehlunge
Was für Erdbidem vnd vngewöhnliche | vbergieffunge der Waffer-
ftröme in Teutfchen Lan= | den, von etlichen hundert jaren her,

souil in den Chroniken | vnd Zeitbüchern vermeldt, sich vor diser
zeite haben begeben | vnd zugetragen, aus etlichen D. Michael Beu-
thers | Historischen Schrifften gezogen, vnd | jetz inn Truck verord-
net. | Mit Römis. Key. Mai. Freiheyte, | nachzutrucken verbotten.
M. D. LXV. |
    o. O. 4⁰. 2 Bog. — Aij, Aiij, B, Bij, Biij — Bl. 1b und 8b leer.
    Auf Bl. 4b und 8a der gleiche Druckerstock.
    Fehlt bei Weller.

28. 1565. 15—22. VI. — Newe zeitung. | Warhafftige beschrei- | bung,
der Porto von Malta, mit | allen jhren vestungen, sampt der be-
legerung | deß Erbfeinds des Türcken, was sich | der zeit her der
belegerung zu getragen | vnd verloffen, aigentlich vnd grundlich
beschriben. Auß Italianischer | sprach ins Teutsch | verdolmetscht.
[Holzschnitt: 50×70 mm.: die Türken erstürmen die Stadt.]
Getruckt zu Tübingen, | Ulrich Morhart. | Anno | D. M. LXV. | Bl.
2a: Relation des Orlando | Magro Piloto, oder regirer der
grossen vnnd obersten Gallea des gro- | sen Maisters, der in Se-
cilia an- | kam zu Messina. Abj 22. Junij, Im | 1565. Jar. |
    4⁰. 1 Bog. — Aij, Aiij —. Bl. 1b leer. — Bl. 3b Druckerstock.
    Fehlt bei Weller.

29. 1566. (bzw. 1565. 9 V — 5 X.) — Warhafftige newe Zei | tung, mit
was Spott vnd schanden der | Türck von Malta gewiechen, was
geschütz er hinder |.sich gelassen, wie vil auff beiden seiten todt ge-
blieben, | auch was sich sunst für stürmen in der beldgerung zuge-
tragen, auß den allerletsten Italianischen brieffen den | 13. De-
cember, vnd anderen auß Malta gehn Neapoli, | Rom vnd Bene-
dig geschrieben, also zusamen | gezogen das alle vmbstendigkeit der
gan- | zen belegerung, kürzlich darein | begriffen, Anno 1565.
[Holzschnitt: 71×90 mm.: Kinder mordende Türken.] M. D. Lxvj.
Am Ende: Getruck zu Franckfurt am Mayn, | durch Nicolaum
Basse. | M. D. Lxvj. |
    4⁰. 1 Bog. — A₂, A₃ —.
    Fehlt bei Weller.

30. 1566. —. [Zierleiste] Warhaftige Newe | Zeittung, | Von dem Tür-
cken wie daß er sich mit Key- | serlicher Maiestat vertragen, vnd
ein ewi- | gen frieden gemacht, Darneben | auch den Christlichen
glau- | ben angenommen .·. ❧ | M. D. LXVI. | [Die Jahres-
zahl zwischen drei Strichen.] |
    o. O. u. J. 4⁰. 1 Bog. — Aij, Aiij — Bl. 1b und 4 leer.
    Fehlt bei Weller.

31. 1566. 30. VI. — 21. VII. — Außzug, etlicher zeit= | tungen, Was
sich zum anfang des | jetzigen Türckenkriegs, an etlichen | orten in
Ungern, verloffen vnd | zugetragen hat, mit sampt | eroberung der
Veste vnd | Schloß, Dotes | genant. | 1566. | [Holzschnitt: 72×

102 mm.: Reitergefecht vor dem belagerten Schloss.] Getruckt zů Augspurg, durch | Hans Zimmermann. |

o. J. 4°. 1 Bog. — A ij, A iij — Bl. 1 b und 4 b leer.

Andere Ausgaben bei Weller 297.

32. 1566. 2. VII. — Newe zeitung aus | Vngern, wie Palata entsetzet, vnd | Vesperin erobert, aus Wien geschrieben, | durch Graff Volrath von Mansfeld, | den andern Julij, Anno | M. D. Lxvj. [Druckerstock, ebenso auf Bl. 3 b.]

o. O. u. J. 4°. 1 Bog. — A ij — Bl. 1 b leer. Das wohl gleichfalls leere Bl. 4 fehlt.

Fehlt bei Weller. Vielleicht andere Ausgabe von 299.

33. 1566. 7—12. VIII. — Zeittung, | Wie vorbewüst, so ist der | Türckische Oberst, von der Statt Jula | abgezogen, darumb der Türckische Kayser, so | hart erzürnet, vnd den ernanten Obersten (vmb das er nit | fort gerůckt, oder lenger alda biß zů eroberung verharret | ist) vmbpringen lassen, Jetzundt aber von newem ist ermelte Statt oder Veste, widerumb von ernantem Erb= | feind hart belegert, vnd die Mawr schon dermassen | gefallen, vnd gebrochen, das zwen Wägen wol | neben ainander möchten hinein kommen, gleichwol die Christen darinn wehren | sich Ritterlich, Gott wöl jnen | beystehen. 1566. | [Holzschnitt: 50×81 mm., Lagerscene vor der Stadt. Zu beiden Seiten des Holzschnittes Zierleisten.] Getruckt zů Augspurg, durch | Hans Zimmermann. |

o. J. 4°. 1 Bog. — A ij, A iij — Bl. 1 b und 4 leer. Auf Bl. 3b am Schlusse: ❦

Drei andere, ebenfalls bei Hans Zimmermann gedruckte, aber von obiger verschiedene Ausgaben bei Weller 309.

34. 1566. 12—21. VIII. — Warhafftige Newe | zeitung vnd grůndlicher bericht, des | jtzigen Kriegs im Vngerland, Was sich alda in dem vergangen monat Augusti, für Belegerun= | gen etlicher fürnemer Stedt, Schlösser, vn̄ Scher= | mützeln, Auch von Gott dem allmechtigen gne= | dig vorliehnem sieg, zwischen Röm. Kei. May. vnsers aller gnedigsten Herrn, vnd des Tür | cken Kriegsvolck, zugetragen vnd bege= | ben hat. Alles aus glaubwirdiger | vnd fürnemer Leute Schreiben | ausgezogen vnd im druck | verfertigt wor= | den, 1566. [Holzschnitt: 69×74: Türke zu Pferd.]

o. O. u. J. 4°. — 1 Bog. — A iij — Bl. 1 b und 4 b leer. Bl. 4a Druckerstock.

Fehlt bei Weller. Vielleicht andere Ausgabe von 310.

35. 1566. 12—21. VIII. — Zeitungen vnd bericht, wel= | cher gestalt die Röm. Kay. Mayt. mit der Fürst= | lichen Durchleuchtigkeit Ertzhertzog Ferdinanden zu O= | sterreich, ꝛc. vnd andern Fürsten, Herrn, Obersten vnd jhrem Kriegs= | volck den 12. Augusti auß Wien wider den Türckischen | feind angezogen, vnd was sich biß auff den 21. Augusti zugetragen. | [Holzschnitt: 75×106 mm. Auszug des Hee-

res aus Wien.] Getruckt durch Balentin Geißler, mit | Kay. Mayt. Privilegien, nit nachzutrucken. | M. D. LXVI. |
    4º. 1 Bog. — A iij (sic.), A iij — Bl. 1 b und 4 b leer.
    Andere Ausgaben bei Weller 306. Valentin Geissler druckte in Nürnberg.

36. 1566. 4. IX. — Die sibend new Zeittung, | Newer zeitungen auß der Römischen Kayserlichen May= | stat Felbleger in Vngern jetz | bey Gamorren, von dem | IIII. tag Septem= | ber, Anno, M. D. LXVI. | [Holzschnitt: 44×40. Einköpfiger Adler. An den vier Seiten Zierleisten.] Getruckt zů Strasburg bey Peter Hug in | S. Barbel Gassen. | Die Druckerangabe auf Bl. 4 a wiederholt [Hug | in], darunter Schnörkel.
    o. J. 4º. 1 Bog. — A ij, A iij — Bl. 1 b und 4 b leer.
    Ungenau nach einem antiquarischen Kataloge beschrieben bei Weller 313 (4).

37. 1566. 5. IX. — Newe Zeittungen, | Von des Türckischen | Keysers, Solban Solimanus, tödt= | lichem abgang, vnnd auffa= | tzung seines Sons | Selins. | M. D. LXVI. | [Holzschnitt: 42×50. Kopf eines Mannes.]
    o. O. u. J. 4º. 1 Bog. — A ij, A iij —. Bl. 1 b und 4 b leer.
    Andere Ausgaben bei Weller 316 und Heyer III. Nachlese 28.

38. 1567. 8. III. — Neuwe Zeitunge | Von der weitberümpten | Statt Hertzogen Bosch in Brabant gele= | gen, wie dieselbige mit verrähterey angegriffen, vnnd | wie durch entdeckung solcher Verrähterey die Statt für jren | Feinden, durch sonderlichen Raht Gottes | bewaret. | Deß gleichen von einem Brandt eines Klosters zu | Antorff, wie allda nacket Weiber vnd Cappaunen in der Fasten bey | den München gefunden, Vnd von einem Scharmützel vor | der Statt zwischen dem Marggraffen vnd | den Geusen gehalten. | Von wort zu wort treuwlich in vnser Teutsch vertiert, | auß einem Sendbrieffe, von einem Franciscaner Münch seinem | Bruder zu geschrieben, den achten Martij, | Anno 1567. | [Darunter acht Verszeilen.] M. D. LXVII. |
    o. O. 4º. — 1 Bog. — A ij, A iij, A iiij —.
    Andere Ausgabe bei Weller 318.

39. 1568. III. — 4. VI. — Newe zům theil glückliche vnd fig= | liche zeittung aus den Niderlanden. | Wie der Wolgeboren Herr, Herr Ludwig Graue zů Nassaw, ꝛc. des Printzen von | Oranigen Feldt Oberster, mit den Spaniern in | Frießland, ein zům theil gantz figliche vnnd glück= | liche Schlacht begangen vnnd verbracht hat. Sampt anzeig was für fürneme Per= | sonen in der selben verblieben | seind, vnd wie es sonst | ergangen. | [Holzschnitt: 94×86. Landsknechte unter einem Baum.] Am Schluss Bl. 4 a: Getruckt zů Strasburg bey Peter | Hug in S. Barbel | Gassen. |
    o. J. 4º. — 1 Bog. — A ij, A iij — Bl. 1 b und 4 b leer.
    Fehlt bei Weller. Andere Ausgabe von 336?

40. 1570. 3—7. VIII. — **Erschreckliche | newe zeittung von ettlichen Hochteutschen Landtsknechten so vō dem | Duca de Alba newlich im Niderlandt | gericht sein worden, jn diesem | 1570 jar. im Monat | Augusti, ꝛc. | Darzu ist gethan ein warnung auß der heiligen schrifft in reime verfasset ꝛc. |** [Holzschnitt: 65 × 65. Landsknechte im Kampf.] **Getruckt in jar M.D.Lꝛꝛ. |**

 o. O. u. J. 4°. 1 Bog. — A ij — Bl. 3 b—4 b in Reimen.
  Bei Weller 363 nach Weigel, Thesaurus 1870 no. 2859 unvollständig beschrieben.

41. 1570. 11. VIII. — **Warhafftige gutte zeittung von | dem Vertrag auß Franckreich. | Nåmlich das. | Offen außschreiben, oder | edict des durchleuchtigstē Christlichsten | Fürsten vnd Herren, Herren Caroln des Namens des | Neunten Königen zů Franckreich von wegen der widerum | jetzmalē verhoffentlichen bestendigē fridtshandlung vñ ab= | schaffung der empörungē, so biß anhero ein lange zeit | zwischen jrer Königlichen würde, vnd denen, so | sich der reformirtē Religion anmassen | oder Hugenotten als man sie nen= | nen thůt, in der Cron Franck= | reich hin vnd wider | gewåret. | Zu Pareis, Durch Wilhelm von Eniuers, | Ytzund auß Französischer sprach in | Teutsch verdolmetschet. | Anno. 1570. |**

 o. O. u. J. 4°. 2 Bog. — A iij, B, B ij, B iij — Bl. 1 b und 8 leer.
  Fehlt bei Weller.

42. 1570. 2. XI. — **Jammerliche vnd er= | schröckliche zeittung, auß Niberland, | Brabandt, Holandt, Seelandt, Flandern vñ Fries | landt, Nemlich, von dem schådlichen vnd erbermli= | chen schaden viler Landt, Sått (sic). Flecken vnd Dörf= | fer, sampt einem vnzehlichen verlust, beyder Men= | schen vnd Viehe, welche durch schröckliche Wassers | not des Meers ertruncken vñ vndergången seind. | Gescheen in disen gegenwertigen Monat | Nouēbris, dieses 1570.** [Nach weiteren drei Zeilen (Joel III) ein die Wassersnoth darstellender Holzschnitt: 78 × 101.] **Getruckt durch Jacobum Weiß, Bürger zu Cöllen |**

 4°. 1 Bog. — a ji, a iij — Bl. 1 b und 4 b leer.
  Andere Ausgaben bei Weller 366 und Heyer III. Nachlese 33.

43. 1570. 2. XI. — **Jemmerliche vnnd er= | schröckliche Zeitung, aus Niberland, | Holland, Seeland, Flandern vnd Frießland, Nem | lich, von dem schådlichen vnd erbermlichen schaden, | viler Land, Stett, Flecken vnd Dörffer, mit sampt ei= | nem vnzehlichen verlust, beider Menschen vnd Viehe, | welche durch schröckliche Wassernoth des Meers | ertruncken vnd vntergangen seind. | Geschehen am anderen tag Wintermonats | Anno M.D.LXX. |** [Holzschnitt: 94 × 103. Ueberschwemmte Stadt.]

 Am Schluss: **Getruckt zů Strasburg bey Thiebolt Berger | am Wynmarckt zům Treübel |**

 o. J. 4°. 1 Bog. — a ij, a iij — Bl. 1 b und 4 b leer.
  Andere Ausgaben bei Weller 366 und Heyer III. Nachlese 33.

44. 1570. 6. XII. | Neuwe Zeittung, | Vnd warhafftige bschrei | bung, der erschröcklichen bekandtnus, des | Paulo Wasansky, vnd Martin Farkas, welche hundert | vnd rriiij. Mördt bekennet, vnd auff solche jre | bekantnus zů Ewantzitz im Land zů | Merhern ben vj. tag Nouembris | gerichtet seind worden. | Im Jar M. D. LXX. | [Holzschnitt: 72×72. Die beiden Mörder werden verbrannt.] Getruckt zů Strasburg bey Peter Hug in S. | Barbel Gassen. |

    o. J. 4°. 1 Bog. — Aiij — Bl. 1 b und 4 b leer.
    Andere Ausgaben bei Weller 360 und 361, sowie bei Heyer II. Nachlese 24 und III. Nachlese 32.

45. 1570. 16—21. XI. — Newe Zeittung, | Vnd warhafftige er= | schröckliche geschicht, Von den grau= | samen Erdbidemen, so angefangen hab⁻ off be͞ rvj | Nouembris, vnd gewähret biß auff den rrj. tag bi | ses Monats, inn vnd ausserhalb der Statt Ferrar vnd Finale in Italia am wasser Pho ge= | legen, bis jetz verschinen | 1570. Jars. | [Holzschnitt: 51×82. Die zusammenstürzende Stadt.] Getruckt zů Strasburg bey Peter Hug | in S. Barbel Gassen. |

    4°. 1 Bog. — A ij — Bl. 1 b und 4 leer. — Auf Bl. 3 b Druckerstock.
    Fehlt bei Weller. Vgl. 364 und 365.

46. 1571. 7. X. — Newe Zeittung auß Venedig. | Warhaffte vn̄ gründ= | liche beschreibung des herrlichen vnd | trefflichen Siegs, der Christlichen Arma= | da, der Venediger, vnd jhrer mitbundtgenossen, wider den Erbfeindt der Chri= | stenheyt, den Türcken, vnd seinen | anhang, beschehen den 7. | tag Octobris, Anno | 1571. [Holzschnitt: 63×71. Flotte vor einer Stadt.] Getruckt zů Strassburg am | Kornmarckt. | M. D. LXXI. |

    4°. 1 Bog. — A₂, A₃ — Bl. 1 b und 4 b leer.
    Fehlt bei Weller. Drucker ist Christian Müller, vgl. Weller 385.

47. 1572. (bezw. 1570—71.) — Kurtze glaubwürdige | Zeitung, vnnd Summarische Verzeich= | niß deren verloffenen Geschichten vnnd Handlung, so sich newlicher zeit deß | LXX. vnnd LXXI. Jars in der | Moscow vnd Reußlandt | begeben. | [Druckerzeichen.] Getruckt zu Franckfort am Mayn im Roseneck, | bey Niclas Basse. M. D. LXXij. |

    4°. 5 Bog. — A ij, A iij, A iiij, B, B ij, B iij, C, C ij, C iij, C iiij, D, D ij, D iij, D iiij, E, E ij, E iij — Bl. 1 b leer.
    Fehlt bei Weller.

48. 1572. IV. — Neuwe Zeittung, Wie die Ritter Sanct | Johansen Ordens zů Malta, dem | Türckischen Keyser Selymus, auff wasser vnd | Landt grossen abbruch vnd schaden, in behendi= | gung etlicher Galleen vnd zerstörung seiner neü= | wen Schiffrüstung, so er wider die Christen= | heit fürgenommen, in disem M. D. LXij. | Jar, zů außgang des Aprellens, | zůgefügt haben. | [Holzschnitt: 46×66. Schiff im Hafen.] ANNO M. D. LXXII. |

o. O. 4°. 1 Bog. — a ij, a iij — Bl. 1 b leer. Das (leere) Bl. 4 fehlt.
Andere Ausgabe bei Weller 391.

49. 1572. 24. VIII. — Newe zeitung | Auß Franckreich. | Was sich den vier vnnd zwentzigsten | Augusti biß M. D. LXXij, Jars, zu Pariß für | ein jämmerlicher Mordt vnd Tumult erhaben, Son= | derlich an dem Amiral, darab sich menniglichen spie= | geln, auch nicht leichtlich vertrawen, vnd was | dann für gefahr nun mehr vor= handen, betrachten. | [Druckerstock.] M. D. LXXII. |
o. O. 4°. 1 Bog. ohne Signatur. — Bl. 1 b und 4 b leer. Auf Bl. 4 a Druckerstock.
Andere Ausgabe bei Weller 399.

50. 1572. 24. VIII. — Erschreckliche newe Zeitungen, | Was sich den vier vnd | zwentzigsten Augusti 72 Jars, zu | Pariß für ein jäm= merlicher Mordt vnd Tumult | erhabein, Sonderlich an dem Amiral, bar ab sich men | niglich spiegeln, anch nicht leichtlich vertrawen, | vnd was dann für gefahr nunmehr | vorhanden, betrachten. [Holzschnitt: Lilienwappen.] 1572 |
o. O. 4°. 1 Bog. — A ij, A iij — Bl. 1 b und 4 b leer. Bl. 4 a Druckerstock.
Andere Ausgaben s. die vorhergehende Nummer und Weller 399.

51. 1572. 8. X. — Newe zeitung auß | Engelland. | Warhafftige vnd Sum | marische Beschreibung, von der grau= | samen Verrähterey, So gegen die Königin (die | Gott gnedigklich behütet) vnd dem gan= tzen Königs | reich Engelland, durch anstifftung vnd eingeben deß | listigen Bapsts, Cardinäl, Hertzogen von Nortfoltz= | en, auch etlicher Italienischen Herzen, Sampt dem | falschen Duca de Alba, fürgenommen, vmb wel= | cher Verrähterey willen, die Königin zum theyl jre Oberste Räht hat lassen | vmbringen, rc. | [Zwei Drucker- stöcke] M. D. LXXII. | Am Ende: Getruckt zu Cöllen, im Jar nach Christi ge= | burt, Anno M. D. LXXij. |
4°. 1 Bog. ohne Sign. — Bl. 1 b und 4 b leer.
Fehlt bei Weller.

52. 1573. 25—28. III. — Warhafftige, vnd | Gewisse Newe Zeitung von der Belegerung Harlem in Holand, | Sampt wie sich des Prin= tzen Volck, vnnd die in der | Statt vereiniget haben, einen Hauffen zů machen, | vnnd den 25. tag Martij 1573. mit einander in des Duc de Alba Läger gefallen, jhm ein groß Volck von | Teutschen vnd Welschen erschlagen, der Teutschen | Läger angesteckt vnd ver- brandt, etlich Geschütz vn͂ | Fenlin erobert, vnd wie sie auch den britten tag | desselbigen Monats xviij Spanische Fehnlin | in einem anlauff erobert, vnd vil | Spanien erschlagen. | [Druckerstock.] Erstlich auff Niberlendisch sprach zů | Delfft gedruckt, jetz aber auff vnser | Hochteutsch getruckt. | M. D. LXXIII |
o. O. u. J. 4°. 1½ Bog. — B — Bl. 1 b und 6 b leer.
Fehlt bei Weller.

53. 1576. 2. II. — Neuwe Zeitung auß Franckreich. | Warhafftige Erklerung, | vnd gründtliche Beschreibung, was sich | verlauffen vnd zugetragen in Kriegßhandlung, zwi- | schen dem Durchleuchtigen, vnd Hochgebornen Fürsten vnd | Herrn, Herrn Casimiro, Pfaltzgrauen bey Rhein, ꝛc. Vnd | seinem Anhang, Gegen dem König von Polen, | vnd dem Hertzogen von Gwisse. | [Holzschnitt: 75 × 106. Heer vor einer Stadt.] Auch von der grossen Schlacht vnd Niderlag beß Königs, | geschehen in diesem jetztlauffenden Jar, 1576. den 2. Februarij. | Am Ende: Jetzund vbergesetzt auß dem Frantzösischen in | vnser Teutsche Sprach. Zu Straßburg, | Anno M. D. LXXVI. | Auf der Rückseite des letzten Blattes ein Holzschnitt: 84 × 72: Landsknechte darstellend.

o. O. 4°. 1 Bog. — A ij, A iij — Bl. 1 b leer. — Die bei Valentin Geissler [in Nürnberg] gedruckte, oben unter No. 35 beschriebene Zeitung hat denselben Titelholzschnitt.

Nachdruck von Wellers No. 449. Andere Ausgabe bei Heyer III. Nachlese 41.

54. 1576. 16—23. III. — Warhaffte Newe Zeitung, | Welcher massen die Rö- | mische Keis: Maiest. vnser Allergne- | bigster Herr, von ben Polnischen Abge- | sandten in Wien, zu einem König in Polen beclariert vnd außgeschryen worden. | Was auch die Türckische Bottschafft vor | beschehener Wahl basselbsten geworden | vnd anbracht. | Folgends, wie der Groß Fürst auß der Moscaw die an jnen | abgesandte Türckische Legation, tractirt | vnd gehalten: Letzlich was Bäpstliche heiligkeit, vnd der Groß Fürst auß der | Moscaw, auch andere Fürsten vnd Herrn, höchst gedachter | Röm. Kaiß. Maiest. für Steur vnd | Hilff wider jre Feind zu gesagt. | [Druckerstock.] M. D. LXXVI. | Am Ende: Getruckt zu Franckfurt Anno 1576. |

4°. 1 Bog. — A ij, A iij —
Andere Ausgaben bei Weller 452 und Heyer III. Nachlese 42, 43.

55. 1578. (bzw. 1577. 10. XI.) — Zeitung auß Vngern, von | dem vnversehenen einfall der Türcken zu | Sigo beschehen, am tag Martini, des vergangenen | 1577. Jars, auch welcher gestalt die Türcken von den vnsern widerumb abge- | wisen worden seind. | [Holzschnitt: 85 × 112. Kampf zwischen Christen und Türken vor einer Stadt.] M. D. LXXVIII. | Am Ende: Getruckt zu Straßburg bey | Thiebolt Berger. | [Druckerstock.]

4°. 1 Bog. — A ij, A iij — Bl. 1 b und 4 b leer.
Andere Ausgabe bei Weller 471.

56. 1578. 1. I. — Warhafftie Zeitüg, | Von der Grossen Schlacht, bey Ra- | men ander Maß geschehen, ben 31. | Jenner, In diesem 1578. von Don | Johan de Austria, vnd ben | Algemeinen Staten des Niederlandes. | [Holzschnitt: 68 × 94. Reiterkampf.] Gebruckt zu Cöllen Bey Niclaus | Schreiber. |

4°. 1 Bog. — A₂, A₃ — Bl. 1 b und 4 b leer.
Andere Ausgaben bei Weller 493 und Heyer III. Nachlese 47.

57. 1578. 28. III. — 19. V. — **Warhafftige Erschröck-** | **liche Zeitung**, was sich vor Ofen vnd | Best verloffen vnd zügetragen hat, biß 1578. Jar, | den 19. tag Maij, wie allda das Fewr vom Himmel herab gefallen, das Schloß sampt der Statt | verheret bnnd (sic) verbrendt hat. | Die ander Zeitung, wie das der Türck | den 28. tag Marcij ist für die Statt Neblinge gezo- | gen, vnd eingenommen, vnd allda zwey tausent Chri- | sten vmbracht, vnd vil hinweg geführet, | wie hernach beschrieben ist. | Die britt Zeitung, wie das viij tausent | Windische vnnd Krabatische Bawren, inn die | zwölff Tausent Türcken haben erschlagen, | den 12 tag Aprilis, biß 1578. Jars. | [Druckerstock.] Anno M. D. LXXVIII. | Am Ende: ¶ Getruckt zů Augspurg. |

    4°. 1 Bog. — A ij, A iij — Bl. 4 b leer.
    Fehlt bei Weller.

58. 1579. 2. VIII. — 8. X. — **Newe Zeitung,** | Von einer **Erschreckli-** | **chen That**, welche zu Dillingen, von ei- | nem Jhesuwiber, vnd einer Hexen, geschehen ist, | welche sie denn offentlich, durch strenge Marter bekant haben, | wie sie es getrieben, vnd was sie vor grossen schaden gethan, | Auch insonderheit, Von diesem grossen gewitter, welches | sie den 2. Augusti, dieses 1579. Jars, durch jre Zauberey gemacht haben. ... Auch ist die Hexe, welche 23. Jahr, mit | dem bösen Feindt, dem leidigen Teuffel, gebuhlet, | den 8. October, zu Dillingen, zum Fewer verurtheilt | worden, Aber schrecklicher weise, von dem Teuffel, | aus dem Fewer, in den Lüfften weg ge- | führet worden. | Beschrieben durch Hans Kuntzen. | Gebruckt zu Brssel, burch | Niclaus Heinrich. |

    4°. 1 Bog. — A₂, A₃.
    Wenn Wellers Beschreibung richtig ist, von dessen No. 511 verschieden. Andere Ausgabe bei Heyer III. Nachlese 48.

59. 1579. 30. VIII. — **Newe zeittung** | Von eröberung des schlosses Polocia | den 30. Augusti durch den Kunig von Polen geschehen, welcher gestalt die in einem Kuniglichen Edict, von | wort zu wort wie folgt lautende, beschriben ist. | Aus dem Lateinischen ins Teutsch gebracht. | [Druckerzeichen.] Gedruckt zu Speyr, bey Bernhard Dalbin, | jm 1579. Jhar. |

    4°. 1 Bog. — A ij, A iij — Bl. 1 b und 4 b leer.
    Andere Ausgaben bei Weller Germania 26, 111. No. 16 und Heyer II. Nachlese 31.

60. 1580. — **Newe Zeitung.** | Eine schreckliche Histo- | ria, so sich zu Stettin in Pommern mit ei- | ner Zeuberinn zugetragen, welche dadurch offenbar | worden, das sie auff vielfeltige vermanung jres Mannes, auch | in den hohen Festen nicht hat wollen in die Kirchen gehen, | welche solche grawsame dinge bekendt, das sie auch für züchtigen Ohren nicht zu re- | den oder zu schreiben | sind. [Druckerstock.] Geschrieben durch den Herrn Mar- | tinum Marckwart, Predigern | in Pommern. | ANNO | 1580. |

o. O. u. J. 4⁰. 2 Bog. — Aij, Aiij, B, Bij — Bl. 1b leer. Das [leere] Bl. 8 fehlt. Auf Bl. 7a am Ende derselbe Druckerstock wie auf dem Titelblatt. Auf Bl. 7b Holzschnitt: 124×84: Ein Wappen. Fehlt bei Weller.

61. 1580. 2. VI. — Von der Maulesel Auff= | rhur zu Rom, auff den Heil. Fronleich= | namstag, den 2. dieses lauffenden Monats | Junij vergangen. | Für sonderliche Frembde Newe Zeittung von jrer Bepst= | lichen Heyligkeit Poenitentiario, oder Beichtvater, | von Rom her= auß an den Ehrwürdigen | B. C. ordenlich geschrieben: Vnd fol= | gender gestalt von der Miß= | siff ausgezogen. | Getruckt zu Du= lingen, bey Andreas Mannbar. | Anno M.D. LXXX. |

    4⁰. 1 Bog. — A₂, A₃ —
    Von Wellers No. 536 (3), wenn diese richtig beschrieben ist, verschieden.

62. 1581. — Newe Zeitung, von | einem Newen Propheten, so sich | jtzund sehen lest in der Herrschafft | Heneberg, aber seiner Geburt, end | vnd ankunfft, ist er auß | Gallia. | Holzschnitt: 62×55. Der Prophet auf einer Bank sitzend vom Volke angestaunt.] Gedruckt im Jar | 1581. |

    o. O. u. J. 4⁰. — ½ Bog. - Aij — Bl. 2b am Ende Druckerstock. Fehlt bei Weller.

63. 1583. — Grausame erschröckliche Ne= | we zeitung | Von einem Würth in | Osterreich, vnder der Ens, in einem | Flecken Rohrbach genent, dritthalbe Meil | wegs von Wien, eine halbe Meihl von Korneuburg gelegen, | Wie derselbige viel Leute geherbriget, Edle vnd Vnedle, | Sie dornach vmbgebracht, den andern Gesten das Fleisch | im Schwartzen Pfeffer zu essen gegeben, Sie berich= | tet, wie es so weich Schweinen | Fleisch sey. | Auch wie er vmb solche Mißhandlung ist | gerichtet worden, in dem er bekandt, das er Hundert | vnd fünff vnd achtzig Personen vmb= | gebracht hat. | [Holzschnitt: 42×51. Der Wirth einen Gast ermordend.] ❦ 1583. ❦ | Am Ende: Getruckt zu Wien durch Mi= | chael Apffel zum grünen Rößle | in der Schulstraffen. |

    4⁰. 1 Bog. — A₂, A₃ — In Reimen.
    Andere Ausgaben bei Weller 593 und Germania 26, 111. No. 18.

64. 1583. 17.—20. I. — Warhafftige | Newe Zeitung von | Andorff, wie vnd in welcher manier | Anschlag gegen dieselbige Stadt an= gericht, | den 17. dieses Monats Januarij, Anno | 1583. Stylo nouo. | Mit sampt den Crebentz Brieffen, | vnd Instruction von seiner Hocheit gesandt | an die vorschriebene Stadt, vnd sichere | Missiue an den Herren vom | Tempel. | Aus dem Exemplar, so zu Andorff in Druck auß= | gangen, durch Bürgemeister vnd Scheffen baselbst | approbiret, vnd allhie auffs vleissigst | vbersetzt. | Gedruckt zu Cöln auff der Burgmauern, bey | Gottfried von Kempen, Anno | 1583. |

    4⁰. 2 Bog. — Aij, Aiij, B, Bij, Biij — Auf Bl. 8b Druckerstock. Fehlt bei Weller.

65. 1584. (bezw. 1583. 10. X. — 1584. 23. I.) — Newe Zeitung | Vom jetz werenden | Cöllnischen Krieg, belangend die Be- | läge- rung vnd eroberung des Schlosses Go- | ßbergs, Sampt einemung der Statt Bonn, alles or- | dentlich vnd warhafftig verzeichnet, vnd auß den Missi- | uen, so auß der Statt Cölln geschickt worden, | außgezogen, vnd eygentlich | beschrieben. | Durch | Ein liebhaber seins Vatterlandts, so auch | selbs mit vnd bey gewesen, vnnd groß ge- ßfahr | deßwegen außgestanden hatt. | [Druckerstock.] Gedruckt im Jar, Anno | M.D.LXXXIIII. | Am Ende Druckerstock, dann: Gedruckt zu Marpurg, durch | Augustin Kolben, | M.D.LXXXIIII. |

    4°. 2 Bog. — A ij, A iij, B, B ij, B iij — Bl. 1b leer. Das leere Bl. 8 fehlt.

    Andere Ausgabe bei Weller 611.

66. 1586. (bezw. 1585. 1. IX.) — Newe Zeitung | Warhafftige vnd eygent | liche beschreibung, der Person vnd Ge- | stalt, auch aller Wort, der Prophecehung vnnd Pre- | digt des newen Propheten, So in der Marck, vor der | Statt Stettin erschienen, vnnd das Volck mit grossem | Ernst zur Bus vermanet, vnnd erschröckliche ding, so | die Fünff Jar nach einander vber die gantze | Welt komen vnd ergehen sollen, Pro- | phecehet vnd Verkündiget hat. | [Holzschnitt: 70×45. Bild des Propheten.] Allen Christen zur vermanung in Truck gegeben, | Durch | Leonhart Roth von Dantzka. | M.D.LXXXVI. | Am Ende: Getruckt zum Hoff, durch Mat- | theum Pfeilschmidt. |

    4°. 1 Bog. — A₂, A₃ — Bl. 4b leer.

    Wenn Wellers No. 637 richtig beschrieben ist, von dieser verschiedener Druck.

67. 1586. — Alte Zeittung auß Con- | stantinopel, | Vom Beschluß des | Heiligen Vatter vnsers. Dann | dein ist das reich, ꝛc. Item, von | Gespänsten, Rumpel vnnd Polbergeistern. | Durch Conradum Wolffgangum Platzium, | H. Göttlicher schrifft Doctorn. | [Druckerstock.] Getruckt zu Tübingen, bey Alexander | Hock, im Jar als man zalt, 1586. | [Titel von Zierleisten eingefasst.] Die Widmung an „Andream Böhem, Bur- | ger zu Nürnberg," ist datirt: Datum Biberach | den 19. Octobris, Anno, der Mindern Christ- | gleubigen Jarzal, 85. |

    4°. 3½ Bog. — A₂, A₃, B, B ij, B iij, C, C ij, C iij, D — Bl. 1b und 14b. leer. Bl. 14a am Ende Druckerstock.

    Verschieden von Wellers No. 635.

68. 1590. 15. VII. — 29. VIII. — Paryßische Zeitung. | Nemlich vie- rerley schrei | bens, Erstlich, Eines Catholischen | Edelmannes Klag- schrifft vber das elend in | Pariß an seinen guten Freund. | Das Ander, Aus dem Leger vor Pariß: Das dritte von | Kön: May: selber, an den Obersten der Stadt Langers, | den 10. Augusti. Das Vierdte Doctoris Guarneri | an den Rhat zu Langers, anzeigen was sich | bis auff den 14. Augusti zugetragen. | NEben waren abconterfeyungen: Erstlich, Welcher Ge- | stalt, der Profiand ben

Parisern wird abgeschlagen: Zum An- | dern, Ein abriß der Stadt Pariß mit jrer ganzen Belegerung. | Vnd zum Dritten, Wie der von Parma seine Schlacht | ordnung anstellet: Vnd sich dargegen der König | von Nauarra wider jm verschanzet. | [Holzschnitt: Lilienwappen.] Links davon: Alles mit Buch | staben ordent= | lich verzeich= | net. | Rechts: Aus dem Fran= | zösischen in | Deutsch trans= | feriert. | Darunter: Gedruckt, Im Jor. 1590. |

o. O. 4°. — 2 Bog. — A₂ (sic), A₃, B, B₂, B₃ — Auf Bl. 1b das Kgl. Französische Wappen, auf Bl. 3b Druckerstock. Dazu die drei auf dem Titelblatte erwähnten Kupferstücke. Das erste (180×280 mm.) hat zur Ueberschrift: „Wie der König aufs Franckrich Vnd Naüarra den Parisern iren | Profiand abschlegt findestü Weiter dürch die büchstaben in der | Parisische Zeittüng explicirt" |, das zweite (224×282 mm.) zur Unterschrift: „Von diſſe ware abcontrafactüng der Stadt vnd gewaltige belagerüng Paris, Vintman durch die Ziffer inder Pariſiſche Zeitüng ercleret datüm Aüſti 15.9.0." | Unter dem dritten (182×277 mm.) steht einfach: „liſz hierüon inder Pariſiſchen Zeitüng 1590" |
Andere Ausgaben, alle ohne die dazugehörigen Kupferstücke, bei Weller 714 und Heyer II. Nachlese 41, mit denselben Heyer III. Nachlese 68.

69. 1591. (bezw. 1590. 14. III. — 6. VIII.) Parisischer Jammer. | Was sich in Zeit der Be- | legerung alba zu getragen, wie viel Men= schen | jemmerlich Hungers gestorben: Auch welcher massen | eine reiche Frawe zwey jhrer eigene Kinder gessen: Vnd | letzlich, wie zweene Mönche, Panigerolle, vnd Be- | lerminus, dem Herrn von Nemours, außgelegt, | was die gifftige Thier, so teglich zu | Paris sich erzeigen, be= | deuten. | Aus dem Frantzösischen ins Teut- | sche vbersetzet. | [Druckerstock.] Erstlich gedruckt zu Basel, durch | Leonhardt Ostein. | M. D. XCI. |

4°. 2 Bog. — A ij, A iij, B, B ij, B iij — Am Ende Druckerstock.
Andere vermehrte Ausgabe bei Weller 732.

70. 1591. (bezw. 1590. 18. XI.) — Warhafftige | Newe Zeittungen von | Paris den 18. Nouembris an einen guten | Freund geschrieben, wie es mit der Stadt Paris vnnd | dem von Parma vnd dem Könige von Franckreich jtz | newlich sich begeben, auch was von Tewrung in Paris | jtz verhanden, also das sie 2000 Pferde, 800 Esel, | vnd welches sehr schrecklich ist 22. Kinder aus | hungers noht gefressen, etc. | Ferner was sich in Engellandt, Benedig, | Italien, Spanien, Niderlandt, Brabant, Hollandt, | vnd von erweh= lung eines newen Bapsts Vrba= | nus Septimus genandt, zugetragen. | Vnd was ein Jesuiter von der harten | Belagerung der Stadt Paris vnnd den | Ligisten geschrieben, etc. | [Druckerstock.] Gedruckt zu Strasburg, bey Samuel | Appiario, Anno 1591. |

4°. 1 Bog. — A ij, A iij — Bl. 1b leer. Bl. 4b Druckerstock.
Fehlt bei Weller.

71. 1591. — Eine | Warhafftige vnd | Erschreckliche newe Zeitung, so | sich im lauffenden 1591. Jar zu | Breßburg in Vngern zuge= |

tragen. | Wie daselbst etliche Juben zwey con- | secrirte Hostien oberkommen, damit ei= | nen schendlichen mißbrauch vnnd Gottesleste= | rung geübt, aber hefftig darumb von Gott | gestraffet, vnd jhren rechten vorbienten | Lohn empfangen. | Allen frommen Christen zu trewer war= | nung in ben druck vorfertigt. | [Zierleiste.] Gedruckt zu Wien in Osterreich, durch | Leonhart Naßinger. 1591. |

    4°. 1 Bog. — Bij (sic), A iij — Bl. 1b und 4b leer.
    Fehlt bei Weller.

72. 1591. 31. VII. — 28. X. — Frantzösische Zeitung, | Von allen fürnembsten | sachen, so sich in disem Jar in Franckreich vnd im Ni= | berlandt verlauffen vnd zugetragen hat, Auch wie die Teutsch | Reuter vnd Kriegsvolck im Anzug nach Franckreich, | vnd was sie für Stätt vnd Festungen vnderwegen | zu jrem vortheil einbekomen haben. | Auch wie der König von Nauara, jnen in voller orb= | nung, zwischen Schallo vnd Reintz, in weitem Feld entgegen | komen, ... | Weiters, wie sie dem Hertzogen von Lotringen vnd Guise, sein | bestes Kriegsvolck geschlagen vnd erlegt haben, vnd beß | Hertzogen von Lotringen seinen Son gefangen, | mit sampt zweyen grossen Herren. | [Holzschnitt: 59×80. Reiterschlacht.] Auch wie Graff Moritz die Statt Nůmegen mit ei= | nem gewaltigen Storm einbekomen hat, darin alles | Ermordt vnd vmbbracht ist worden. | Getruckt zu Cöllen, bei Gereb von Cambem. 1591. |

    4°. 1 Bog. — a₂, a₃ — Bl. 4a Holzschnitt: 57×76. Beschiessung einer Stadt. — Bl. 4b Holzschnitt: 53×76. Ueberschreitung eines Flusses.
    Fehlt bei Weller.

73. 1592. (bezw. 1591. 31. VII. — 28. X.) — Frantzösische Zeitung, | Von allen fürnembsten sach= | en, so sich in diesem Jar in Franckreich | vnd im Niberlandt verlauffen vnd zugetragen hat, Auch wie die | Teutschen Reuter vnd Kriegsvolck im Anzug nach Franckreich, vñ | was sie fur Stätt vnd Festungen vnterwegen zu ihrem | vortheil einbekomen haben. | ...... [Holzschnitt: 60×55. Gefangennahme des Sohnes des Herzogs von Lothringen durch Landsknechte?] Auch wie Graff Moritz die Statt Nůmegen mit ei= | nem gewaltigen Storm, einbekomen hat, darinn alles Ermordt | vnd vmbbracht worden. | Gedruckt zu Erffurbt, bey Martin Wittel, 1592.

    4°. 1 Bog. — a₂, a₃ — Bl. 4b Druckerstock.
    Fehlt bei Weller. Neudruck der vorhergehenden Nummer.

74. 1593. (bezw. 1591. 3. — 8. XI.) — Viererley schreibung vnd zeittung aus Franckreich | vnd Niberlandt, von Dato 9. vnd 11. | Nouemb. Noua styl, | Zum ersten, Von der | Furtrefflichen vnd glückseligen Schlacht, | so in Franckreich gehalten, nach dem CHRISTIA= | NVS Fürst zu Anhalt, mit seinen Deutschen Reu= | tern vnd Fußknech= | ten, alba ist an= | kommen. | Darnach, Was der Herr Marschald,

Caspar von | Schönburgk mit seinem Volck mitlerweile hat ausge- | standen: Vnd wie Er die Stadt Digon | jtziger zeit belagert. | Zum britten, Wie der König von Franckreich vnd | Nauarra mit dem andern Kriegsvolck, den 3. Nouemb. | dieses 91. Jahrs, dem Hertzog von Meyne | bey Soisons antrifset. | Zum vierden, Wie des Printzen von Oranien Sohn, | Hertzog Mauritius die Stadt Nim= wegen, so im | Niderlandt gelegen, hat einge= | nommen. | Gedruckt erst zu Basel, 2. Monat vorm | Jhar, 1592. |

> o. O. 4°. 1 Bog. — Aij, Aiij — Bl. 1 b leer. Bl. 4 a Druckerstock. Fehlt bei Weller. Die auf Bl. 3 b erwähnte „Landtaffel" fehlt.

75\. 1592. (bezw. 1591. 31. VII. — 1592. 25. II.) — Gewisse vnd War= hafftige | Newe Zeitung aus Franck= | reich: Was sich allenthalben im 91. Jahr, vnnd | dann biß auff nechst verschienen 25. Februarij deß Newen, | vnd den 15. deß alten Calendarij dieses 92. Jahrs verlauffen, | wo die Deutschen Reuter vnnd Fußknecht gemustert, wie sie | in Franckreich geführet, Roan belagert, vnnd Fürst Chri- | stian zu Anhalt in einen Fuß vorm Lager geschossen worden, | Auch der Printz von Parma, vnd der Duca de Mayne, als | Feinde, dem Könige vnd gantzem Feldlager nach gezo= | gen, Vnnd was sonsten in Lothringen vnnd | Franckreich ferner sich zuge= | tragen. | Alles durch eine Person, so selbs darbey gewesen, | mit Fleis verzeichnet, vnd zum Druck | verordnet. | [Zwei Holzschnitte: Lilienwappen, rechts davon Fussvolk im Kampf. 53×53.] Jm Jahr, 1592. |

> o. O. 2 Bog. — A₂, Aiij, B, Bij, Biij — Bl. 1 b und 8 leer. Bl. 7 b Druckerstock.
> Fehlt bei Weller.

76\. 1592. 17. IV. — 17. VI. — Kurtze | Warhafftige vnd vn- | par= theyische Zeittung, was sich in Franck= | reich der mechtigen Statt Roan zwischen Heinrico | König von Franckreich vnd Nauarra, Auch | Alexan= | dro Farnesio Hertzog von Parma vnd Gubernator | deß Königs von Hispanien, in den Niderlanden, zu= | getragen. Auß der Niderländischen gedruck= | ten Zeittung, in hoch Teutsch gebracht, | sampt zwey Kupffer- | stück. [Holzschnitt: Kgl. fran- zösisches Wappen.] Gedruckt im Jar, | 1592. |

> o. O. 4°. 1 Bog. — Aij, Aiij — Dabei die zwei Kupferstücke auf einem Folioblatt. Das erste (155×270 mm.) hat zur Aufschrift: „Die stadt ROVAN | mit ihren grentzen. | Anº. 1592." | . Das zweite (208×270 mm.) stellt ohne Aufschrift den Kriegsschauplatz zwischen Eureux, Soissons, CHartres und Monterrault sur Jonne dar.
> Fehlt bei Weller.

77\. 1592. VII. — Warhaftige zeitung aus Krabatn, was massen ein Türckischer wasch | Hassan Bascha genand, mit etlich hundert starck, bey dem Kloster vnd Vestung Ziseth ankommen, dasselbe | vermeint ein zu nemen, welches vorhaben jhm Gott lob mißlungen, vnd durch den Hochwir- | digen Herrn Nicolaum Miscotium, Abt da- selbst, dem Türcken in die 500. Roß vnd Mann erschossen, vnd vber die Mauer in Lufft | geschicket, geschehen im monat Julij, biß

1592. Jahrs. Gesangweiß, wie man den Lindenschmidt singt. | [Holzschnitt: 189×276 mm. Titelbild.] Dann folgt das Lied in 26 Strophen, gedruckt in drei Spalten, Schluss: Zum bschlus ich Gott von Himel bitt, das Er vns | geb hie zeitlich frid die Ewig frewd auch nacher von | nu an biß in Ewikeit spricht Abam Maderspacher. | Unter den drei Spalten: Erstlich Gedruckt zu Wienn bey Wolffgang Halbmaister Brieffmaler. |
    Einblattdruck in Fol.
    Eine Ausgabe in Buchform bei Weller 742.

78. 1592. 21—23. VI. — Warhafftige Newe Zeitung, | Aus Vngern, Graitz, | vnd Wien. | Welicher massen der | Türck bir (sic) Festung vnd die Stat Wihitsch | hat eingenommen, Vnd was er sonsten für | mercklichen Schaden gethan hat, | vnd noch teglich thut. | Auch wie er vber die Fünff Tausend Chri- | sten hat niderhawen lassen, vnd vber Acht hun- | dert Kinder in die Türckey geführt, | Gott helffe jnen, Amen. | [Druckerstock.] Gedruckt zu Regenspurg, bey | Andreas | Burgern, Im Jar, | M. D. XCII. |
    4°. ½ Bog. ohne Signatur.
    Fehlt bei Weller.

79. 1592. 19—23. VII. — Newe vnd doch Laidige | Zeitung, | Welcher massen das | Steyrische, wider den Türckischen | Bassa von Boßna, auffgemanet Kriegs ober | Landvolck, Erbärmlich auff den 19 Tag Julij, in diesem | 1592. Ihare, bey der Brücken vber die Kulpa, na- | hend Petrina, in Crabaten, von gemeldtem Bassa | geschlagen, vnd biß auffs Häupt erlegt | worden sey. | [Holzschnitt: 66×52. Schild mit Türkensäbel zwischen Sonne, Mond und Stern.] Allen Gutherzigen, Frommen vnd Reblichen Christen, | zu auffmunterung vnd trewer warnung, in den Truck | verfertiget, durch Eliam Balbum, von der | Freystadt, Im Jahr 1592. |
    o. O. 4°. 1 Bog. ohne Signatur. — Bl. 1 b und 4 b leer.
    Andere Ausgaben bei Weller 753 und Heyer III. Nachlese 73.

80. 1592. 12—14. X. Erschreckliche näwe Zeitung, | Aus Newheusel, Carl- | stadt, vnd Rab, den 12. 13. 14. Octob: | von dem wü- tenden Erbfeind dem | Türcken, biß 92. Jahrs. | [Holzschnitt: 64×84. Zweikampf eines Türken und eines Christen zu Pferd.] Copey des Türckischen Keisers Absag- | brieffs, an den Römischen Keyser | im Septemb. biß 92. Jars. | Am Ende: Erstlich gedruckt zu Nürnberg, bey | Lucas Meyer. |
    o. O. 4°. 1 Bog. ohne Signatur. — Bl. 4 b leer.
    Die Originalausgabe auf einem Querfolioblatt bei Weller 750.

81. 1593. (bezw. 1592. 28. VI. — 9. IX.) — Straßburgische newe Zei- tung. | Von dem Lottringischen krie- | ge darzu der Hochwirdiger, Durchlauch- | tigster vnnd Hochgeborner Fürst vnd Herr, Herr Jo- | hans Georg, postulirter Administrator des Stiffts Straßburg, | ... (drei Zeilen Titel) ... | wider den vermeinten Bischoffen Her- zogen von Lot- | tringen zum höchsten verursacht. | Item, | Bericht,

was für Schlachten vnd Schar- | mützeln zu tag vnd nacht beyder-
seits geschehen, sampt | allem zustande des Krieges vnd der Stadt
Straßburgk, von | anfang bis auff diese Zeit, Vnnd wie thewer jetzt
allda | alles im kauffe zu bekommen ist. | Deßgleichen warhafftiger
Bericht, | Wie Fürst Christian von Anhalt mit wenigem Krie- | geß-
volck in newlicher zeit zu dem Lottringischen grossen hauffen, | an
jhr Leger, dasselbe, so nur ein Büchsenschuß von jhnen gerückt, mit
| wenigem Kriegesvolck angefallen, jhnen drey Fanen genommen,
.. | [folgen noch acht Zeilen über dieses Gefecht] ❦ | An einen
guten Freundt geschrieben, aus | dem Straßburger Feldtlager Ge-
spitz im | Elsaß, Anno 1593. | [Das Schreiben ist datirt vom
9. Sept. Anno 92.]

 o. O. 4⁰. 1 Bog. — A ij, A iij — Bl. 1 b und 4 b leer.
 Fehlt bei Weller.

82. 1593. (bezw. 1592. 22. X. — 1593. 30. I.) - Warhaffte Gewisse |
Newzeitung aus Reval in Lief- | landt, von einem newen Cometen.
Auch wie der Mus- | cowiter wieder die armen Lieflender tobet
vnnd wütet, | Wie er Derpß belagert, aber widerumb hat abziehen
| müssen, Wie er vor dem Haus Loba geschlagen, vnd | wie er
wegen der weissen Tartern vnd des jtzi- | gen Königs Sigismundi
in Polen | gewichen. | [Holzschnitt: Türkensäbel zwischen Sonne,
Mond und Stern.] Getruckt zu Erffordt, durch Martin: | Wittel,
im Jahr 1593. |

 4⁰. 1 Bog. — A ij, A iij — Bl. 1 b und 4 b leer. Bl. 4a Druckerstock.
 Anderer Druck bei Weller 769.

83. 1593. 27. II. — Zeytung, Welcherley massen vnd | gestalt, die Friedts-
habelung, sich mit der Statt Straß- | bürg, vnnd dem Hertzogen
von Lotringen, sampt | dem Marggraffen von Brandenburg, ꝛc. zu |
getragen vnd begeben hat . den 27. | Februarij 1539. (sic.) | [Holz-
schnitt, Durchmesser: 38 mm. Siegel mit drei Lilien, darüber
eine Krone. Umschrift: NIL. NISI. CONSILIO.] Gedruckt zu
Cölln bey S. Marien Ablaß, | durch Nicolaus Schreiber. | 1593. |

 4⁰. 1 Bog. ohne Signatur.
 Fehlt bei Weller.

84. 1593. 21. VI. — Newe Zeitung, | Von dem Glückseligen | Sieg vnd
Triumph der Christen im Cra- | batischen Lande, wider den Erb-
feind der Christen- | heit, den Türcken, Wie er durch Gottes hülffe
| ist geschlagen, vnd ein grosse Summa | Türckisches Kriegsvolcks |
vmbkommen. | Geschehen den 21. Junij, dieses | jetztlauffenden drey
vnd neun- | tzigsten Jhars. | ❦ | [Druckerstock.] Erstlich gedruckt
zu Prag. |

 o. O. 4⁰. 1 Bog. — A ij, A iij — Bl. 4 b leer.
 Andere Ausgaben bei Weller 765 und Heyer II. Nachlese 42. III.
 Nachlese 75.

85. 1593. 22. VI. — **Warhaffte Newe Zeittung, | Von dem gewaltigen | Sig vnd Niberlag der Türcken, so | geschehen ist, bey Sißegt, inn Crabatten gele= | gen, wie alba bey die Sechzehentausent Türckē, mit sampt | jhren Rossen vnnd Fornemsten, auff der Wahlstat bliben seind, geschehen den 22. tag Junij, diß | lauffende 1593. Jar. |** [Holzschnitt, zu beiden Seiten Zierleisten: 50×68 mm. Beschiessung der auf einem Berg liegenden Festung.] **Nach dem Grätzischen Exemplar getruckt, | im jar so man zalt nach Christi Geburt, | M. D. LXXXXIII. |**

o. O. 4°. 1 Bog. — A$_3$ — Bl. 4 b leer. Auf Bl. 1 b Holzschnitt: 86×60 mm. Landsknechte mit Fahnen, auf Bl. 4 a Druckerstock.
Fehlt bei Weller.

86. 1596. 4. IV. — **Warhafftige newe Zeytung auß Prag den 4. Aprilis, wie der Herr Nabasti | im wider zu rück reisen, alß er mit seinem Volck den Siebenbürger heim geleiten helffen in die 700 Türcken erlegt, | vnd etliche schöne Pferdt, Kleider, vnd 7 gefangene Türcken mit sich gebracht, im 1596 Jar. |** [Holzschnitt: 150× 340 mm. Begegnung der beiden Schaaren.]

Einblattdruck in Fol., von dem leider nur Titel und Holzschnitt in dem Thesaurus picturarum der Gr. Hofbibliothek, Band II. der Ungarica. Bl. 168 erhalten sind.
Fehlt bei Weller.

87. 1597. 2/12. IV. — **Seltzame vnerhörte Newe Zeytunge, | Was gestalt Ge= | org Hanober von Olmitz | auß Merzhē, vermeinter Alchimist | vnnd Goldmacher zu Stutgart, im | Land Würtenberg, von wegen seiner manigfal= | tigen Bubenstucken vnd betrigereyen, (in dem er auß | Eißen Gold zůmachen felschlich vnderstanden) den 2. | vnd 12. Aprilis bises 97. Jahrs, mit dem strang | vom Leben zum Todt ist hingericht worden. |** [Holzschnitt: 75×72. Galgen an dem der Missethäter hängt.] **Gebruckt im Jahr, 1597. |**

8°. ½ Bog. — A ij, A iij — Lied, abgedrckt in etwas abweichender Fassung nach einem Einblattdruck in Scheible's Schaltjahr I, 45—50. Am Schlusse eine bei Scheible fehlende „Grabschrift: Georgen | Hanobers, Alchimisten." | in 26 Versen. [Im Thesaurus picturarum. Einzüge. Bl. 193—196.]
Die bei Scheible abgedruckte Ausgabe hat Weller unter No. 847.

88. [Undatirt.] — **Neůwe wunder seltza= | me vnd vnchristliche Spannische | Zeittung, | Nemlich | Wie vnd mit was vnchristlichen vnnd | vnerhörten sünden vnnd geschwindigkeiten sich der | König von Hispanien durch sein vnzifer vnd werck= | zeůg der inquisitoren vnd Commissarien in Hispanien | vnd Niberlanden vnuersehener weiß vil gůte leůt mit | glatten vnd gůten worten bereden, vor jren Richter= | stůl zůerscheinen, da sie strenglich viler sachen halben | sie selb vnd andere betreffendt, befragt vnd genö= | tigt, vnd hertiglich in hafftung gezogen | werden, auch wie vngebürlich mit | jren hab vnd gütern gehan= | delt würt.** [Holzschnitt: 64×69. Eine Volksmenge nimmt einen Mann gefangen. Im Hintergrunde die Köpfe

von zwei Kameelen hereinschauend.] Am Ende: **Getruckt zů Straßburg beŋ Peter Hug | in S. Barbel Gassen. |**

o. J. 4⁰. 1 Bog. — Aij, Aiij — Bl. 1b und 4b leer. Weller hat von Peter Hug Drucke aus den Jahren 1566 (No. 290) bis 1569 (No. 353).

Fehlt bei Weller.

Die Grossherzogliche Hofbibliothek in Darmstadt besitzt ferner die unter den folgenden Nummern von Weller beschriebenen Zeitungen: 17, 108, 110, 114, 118, 131, 135 (2), 138, 143, 147, 166, 169 (2), 174, 175, 176, 186 (7), 197, 210, 211, 245 (2), 247 (5), 254 (2), 262, 266 (2), 280, 294, 297 (3), 303 (4), 303 (5), 308 (3), 319, 322, 325, 338, 357, 376, 379, 385 (3), 391, 395 (2), 408, 424, 425, 430, 436, 438, 448, 465, 466, 468, 469, 473 (3), 484, 485, 529, 597, 598, 599, 708, 720, 732, 751, 760, 828, 837; sodann Germania 26, 107 No. 5 (3) und Heyer II. Nachlese No. 7, 17, 61. III. Nachlese Nr. 56, 68, 71, 73.

Bei einigen Nummern zeigen die Darmstädter Exemplare von den bei Weller beschriebenen kleine Abweichungen, die z. T. ebensowohl auf Fehlern Wellers wie auf Druckverschiedenheiten beruhen können:

No. 17 ist Fol., nicht 4⁰.

143. Zeile 2 **Durch** ... Weller: durch. Nach **Item** fehlt bei Weller ein Komma.

294. **Septemb.** Weller: Septem.

303 (5.) **Mayer** ... Weller: Mayr.

357. **Zeitung** ... Weller: Zeittung.

376. Das Darmstädter Exemplar stimmt mit dem von Weller beschriebenen überein, hat aber am Schlusse keine Angabe über den Druckort. Woher hat Weller diese überhaupt, da dem einzigen von ihm erwähnten Münchener Exemplar der Schluss fehlt. Das Darmstädter hat 20 Bl. (5 Bogen) und ist vollständig, wie sich aus der Anordnung des Satzes der letzten Zeilen ergiebt.

391. Zeile 5. **grossen** ... Weller: grosser.

408. Zeile 9. **Brouiant** ... Weller: Broviant.
Zeile 12 hinter **hat** zwei Punkte .., bei Weller nur einer.

485 ist wahrscheinlich bei Thiebolt Berger in Strassburg gedruckt, der den gleichen Holzschnitt in der oben unter No. 55. beschriebenen Zeitung verwendet hat.

529. Zeile 6 **sachen** ... Weller: sagen.
Den Druckerstock auf dem Titelblatt lässt Weller hier wie immer weg.

Darmstadt.   Adolf Schmidt.

Ueber den Neubau der Universitäts-Bibliothek in Graz.

Vor etwa zwei Jahren hat der Verfasser dieser Zeilen in einem Grazer Lokalblatte einen längeren Aufsatz veröffentlicht, welcher den damals in Aussicht genommenen Neubau der Universitäts-Bibliothek in der steirischen Hauptstadt behandelte. Ein in Etwas verbesserter Separatabdruck dieses Aufsatzes wurde an mehrere der Herren Oberbibliothekare versendet und fand eine freundliche Aufnahme. Auch der Herausgeber des „Centralblattes f. B." (VII. Jahrg. 1890 Aprilheft S. 157) hat der erwähnten kleinen Arbeit in einer Notiz freundliche Worte mitgegeben. Die beschränkte Auflage des Separatabdruckes, den ich auf eigene Kosten der Sache zu Liebe veranstaltete, gestattete es leider nicht, so manchen Anfragen um Einsendung desselben, die seitdem aus Fachkreisen an mich gelangt sind, Folge zu geben, und bitte ich noch an dieser Stelle die betreffenden Herren, denen ich das Schriftchen nicht zusenden konnte, um Entschuldigung. Es wurde in dem erwähnten Aufsatze manches Selbstverständliche besprochen. Der Grund davon liegt darin, dass ich in dem Lokalblatte, worin er zunächst erschien, dem grösseren Publikum einmal eine Uebersicht des Wichtigsten geben wollte, was die Verwaltung einer grösseren Bibliothek verlangt, denn leider sind wir uns ja darüber im Klaren, dass in weiteren, ja selbst in den „gebildeten" Kreisen noch gar merkwürdige Ansichten über die Verhältnisse einer Bibliothek, über die an derselben Angestellten, über die Erfordernisse einer solchen Anstalt u. dgl. m. herrschen. Man könnte hierüber seltsame Geschichten und sogar Anekdoten erzählen, die für bibliothekarische Kreise erheiternd wirken würden.

Seit der Abfassung jenes Aufsatzes hat sich in der Bibliotheksbauangelegenheit Manches, und freudig kann man es sagen, zu deren Gunsten geändert. Verzögert wurde die Sache durch die zur Sprache gekommene Frage der Vereinigung der in Graz bestehenden zweiten grossen Büchersammlung, der Joanneumsbibliothek (Landesbibliothek) mit der Universitätsbibliothek. Nachdem eine Einigung zwischen den Vertretern des Landes und des Staates in dieser Angelegenheit nicht erzielt wurde und der Zubau zur Landesbibliothek, welcher nothwendig erschien, keinen Aufschub mehr erleiden konnte, wurde dieser in Angriff genommen und steht heute von Aussen fast vollendet da. Auch mit dem Neubau der Universität selbst, welcher sich schon seit etwa zwanzig Jahren als nothwendig herausgestellt hatte, ging es nun rascher. Allerdings waren die alten seinerzeit entworfenen Baupläne für die Hochschule, in denen noch die Universitätsbibliothek dem Hauptgebäude einverleibt erschien, nicht mehr brauchbar. Die Verhältnisse hatten sich eben bedeutend geändert, und was für 1871 etwa recht zweckmässig gewesen wäre, zeigte sich als nicht brauchbar für die Anforderungen der Hochschule im Jahre 1891. Der lange brach gelegene, von der Unterrichtsverwaltung des Staates für den Universitätsbau damals schon bestimmte Platz selbst wäre beinahe für den Neubau zu klein geworden. Das Bedürfniss nach einem solchen war aber zuletzt unabweislich, und in den letzten Jahren wurden, nachdem auch die Kostenfrage gelöst erschien, über Antrag des k. k. Unterrichtsministeriums im k. k. Ministerium des Innern neue Pläne angefertigt, welche allerdings bedeutende Rücksichtnahme auf den nicht gerade reichlich bemessenen Raum verlangten, in denen jedoch diesmal der Bibliotheksbau nicht in das Hauptgebäude mit einbezogen war. Gegenwärtig steht letzteres im Rohbau vollendet fertig da. Zum Verständniss der nachfolgenden Andeutungen über den nunmehr auch gesicherten Bibliotheksbau sind einige Bemerkungen über dieses Universitätshauptgebäude nothwendig. Die zahlreichen Neubauten der Stadt Graz, welche in den letzten Jahrzehnten entstanden sind, haben grosse schöne Stadttheile gegen Osten und Nordosten der Stadt, insbesondere auch hübsche Villenanlagen daselbst geschaffen, da die freundliche Lage mit Gärten und Wäldern in der Nähe und mit schönen Ausblicken auf die Berge dazu einlud. In das nordöstliche Gebiet, welches übrigens noch weniger geschlossen verbaut erscheint, wurde schon seinerzeit der Platz für den Universitätsbau verlegt. Ein grosser freier Raum wurde hierfür bestimmt und nachdem schon früher in der nächsten Nähe desselben das physiologisch-anatomische Institut auch rechts und links auf dem erwähnten Raume das physikalische beziehungsweise chemische Institut errichtet worden waren, erhebt sich nun, wie erwähnt, noch im Rohbau zwischen diesen beiden letzteren mit zur Universität gehörigen Bauten, welche schon Jahre lang bestehen, das Hauptgebäude der Hochschule, ein grosses Viereck in der Höhe von 2 Stockwerken, dessen Frontseite der Stadt zugekehrt ist. Hinter diesem Universitätshauptgebäude soll nach dem Zukunftsplan der Stadt eine Strasse angelegt werden (die nebenbei bemerkt sehr überflüssig ist), und zwischen diesem Strassenzuge und der Rückseite des Universitätshauptgebäudes soll der Bibliotheksbau seine Stelle finden, dessen genauer Plan vom Herrn Ministerialrath v. Köchlin im k. k. Ministerium des Innern angefertigt nunmehr vorliegt und in der That, so weit es der auch hier beschränkte Raum gestattet, den Anforderungen entspricht, die man in unserer Zeit an eine derartige Heimstätte wissenschaftlicher Thätigkeit stellen kann. Zweifellos wird in der Hauptsache dieser Plan die allerhöchste kaiserliche Sanction erhalten und der Bau rasch in Angriff genommen werden, da er in zwei Baujahren vollendet sein soll. Wir betrachten den Plan nun genauer. Die Breite des Raumes von der Rückwand des Universitätshauptgebäudes an bis zu der in derselben Parallele fortlaufenden Zukunftsstrasse beträgt etwa 38 m. Das Bibliotheksgebäude, welches auf diesem Raume errichtet wird, ist selbstverständlich bedeutend kleiner und viel kürzer als der Hauptbau der Hochschule, die Frontseite der Bibliothek ist gegen jene mehrerwähnte noch nicht bestehende Strasse, die sich übrigens gerade der Bibliothek gegenüber zu einem Platze erweitern soll, gegen Nordosten zu gerichtet. Ein gedeckter Gang führt von dem rückwärtigen Portal der Universität in das freistehende Bibliotheksgebäude, welches 11,50 m. von der Rückseite der Universität entfernt sich erheben soll. Der rechteckige Bibliotheksbau, an welchem noch ein kleiner Vorbau gegen die Universitätsseite zu vorspringt, der das Treppenhaus, Closets u. dgl. enthält und mit dem angedeuteten Gange zusammenhängt, hat eine Länge von 48,90 m. und eine Breite von 26,10 m. Der ganze Bau ist ein Stockwerk hoch, jedoch gilt diese Höhe nur für den grossen Lesesaal und die Büchermagazine, die Räume für die Beamten, das Katalogzimmer, Professorenzimmer, kleinere Lesezimmer u. dgl. liegen hochebenerdig. Es stellt sich nun die Raumeintheilung innerhalb des 11,50 × 48,90 m. grossen Gebäudes folgendermassen dar, wobei übrigens kleine praktische Aenderungen, welche die Hauptmauern nicht berühren, durchaus nicht ausgeschlossen erscheinen. In der Mitte des Baues befindet sich der grosse 32,10 m. lange und 10,50 m. breite Lesesaal, in welchen man von der Universitätsseite durch einen Vorsaal gelangt, in den eben der mehrerwähnte gedeckte Gang durch den oben erwähnten Vorbau leitet. Dieser Vorsaal ist zugleich für die Garderobe bestimmt. Rechts und links vom grossen Lesesaale schliessen sich die zwei Büchermagazine an, deren jedes 22,70 m. lang (die ganze Breitseite des Gebäudes rechts und links einnehmend,) und 6,75 m. breit erscheint. Aus dem grossen Lesesaale gelangt man in einen zweiten kleineren Lesesaal, der 17,85 × 6 m. gross nordostwärts gelegen ist. In derselben Flucht, also ebenfalls nordostwärts gelegen, findet sich ein dritter Leseraum, 14,25 × 6 m. umfassend. Dieser letztere in der Planskizze verzeichnete Raum dürfte übrigens durch Einfügen einer Zwischenmauer zu einem kleineren, feuersicher zu verwahrenden Handschriftenzimmer (etwa 4 × 6 m. gross) sowie zu dem Professorenlesezimmer, für welches noch Platz genug übrig bleibt, umgestaltet werden. Letzteres hätte dann die Grösse von etwa 10 × 6 m. Auf der südwestlichen Seite des grossen Lesesaales liegen vom Garderobevorsaal aus erreichbar durch Thüren verbunden die eigentlichen Amtslokalitäten, zunächst nordwestlich beginnend das Zimmer des Vorstandes (3,45 × 6 m.), daran ein Catalogzimmer (6,82 × 6 m.), durch den Garderobevorsaal getrennt weiterhin gegen Südosten noch zwei projectirte Amtsräume für den Custos und andere Beamte in dem Umfange von zusammen 10,57 × 6 m. Diese sind vorläufig noch in der Planskizze als ein Raum behandelt, der eine andere Bestimmung haben sollte, aber des Bedürfnisses wegen in der angedeuteten Weise umgestaltet d. h. in zwei Zimmer getheilt werden soll. Die Höhe des grossen Lesesaales mit Oberlicht, welcher für 150 Leser berechnet ist und um den in entsprechender Höhe eine Gallerie läuft, beträgt 10,50 m., die Höhe aller übrigen Räume und Zimmer ausser jener der Büchermagazine 5,40 m. Auf einen Umstand, welcher sehr wichtig erscheint, wäre vielleicht aufmerksam zu machen. Da die Bibliothek nämlich wegen des knappen Raumes dem hohen

Universitätsgebäude bis auf 11,50 m. nahe gerückt ist und gerade die Fenster der Amtsarbeitsräume diesem Gebäude gegenüberliegen sollen, so läge die Befürchtung nahe, dass es an dem für die genaueren bibliothekarischen Arbeiten nöthigen Lichte mangeln könnte.[1]) Ein Wechsel der nordöstlichen und südwestlichen Zimmerreihe wäre daher jedenfalls angezeigt. Für diesen Fall hätten alle Amtszimmer vortreffliches Licht von Nordosten, zumal sich auf jener nordöstlichsten Seite die projectirte Strasse zu einem Platze erweitern soll. Damit der Durchgang der Beamten durch den grossen Lesesaal, um zu den Amtszimmern zu gelangen, vermieden werde, könnte auf der nordöstlichen Frontseite ein Thor in der Mitte angebracht werden, das zunächst in einen kleinen Vorraum führt, und dann durch Thüren rechts und links die Amtszimmer leicht zugänglich macht.

Was die eigentlichen Büchermagazine betrifft, deren Dimension (22,70 × 6,75) und Lage oben schon angegeben wurde, so erscheinen dieselben im Verhältnisse zu den übrigen Räumen vielleicht etwas klein, sollen jedoch 5 Etagen erhalten, welche durch Treppen mit einander verbunden sind und bei der zweckmässigen Ausnützung des Raumes 300,000 Bücher aufnehmen können. Rechnet man hinzu auch noch die entsprechenden Räume des Souterrains, in dem minder werthvolle und weniger begehrte Stücke zur Aufstellung gelangen können, so wäre für einen Bücherzuwachs von mehr als 50 Jahren Sorge getragen, da der gegenwärtige Bücherbestand der Bibliothek etwa 125,000 Stücke aufweist. Jedes der zwei Büchermagazine hat 3 grosse Fenster, in jedes derselben führt eine Thür aus dem grossen Lesesaale. Es ist selbstverständlich, dass überall hier Eisenconstruction zur Anwendung gelangt, die Fussböden der Etagen werden aus eisernen Rosten gebildet, welche auch dem Lichte überallhin Zugang verschaffen.

Im Souterrain des Gebäudes sind auch zwei geräumige Wohnungen für Diener und Hauswart projectirt, die Erwärmung aller Localitäten soll durch Centralheizung geschehen.

Damit wäre der Plan der Neuanlage unserer Universitätsbibliothek in den Hauptpunkten besprochen und den Herren Fachgenossen dargelegt. Es lässt sich nicht leugnen, dass in demselben, so weit es die Verhältnisse gestattet haben, allen Bedürfnissen Rechnung getragen ist. Das liebenswürdige Entgegenkommen der staatlichen Bauleitung, welche Herr Ministerialrath R. v. Köchlin in Wien als Oberleiter und Herr Oberingenieur R. v. Rezori an der Baustelle selbst führen, wird zweifellos noch manchem berechtigten Wunsche zur Verwirklichung verhelfen, der für die künftige Heimstätte wissenschaftlicher literarischer Arbeit von sachverständiger Seite aus vorgebracht wird. Der Güte des letzteren Herren Oberingenieurs verdanke ich

---

[1]) Gräsels Bibliothekslehre S. 32 betont die Wichtigkeit lichter und gegen Norden zu gelegener Arbeitsräume besonders, die Nordostlage käme hier der nördlichen Lage am nächsten.

den genauen Einblick in die Pläne, welcher die Abfassung der obigen Darstellung ermöglichte. Nachdem die Mittel zur Vollendung des Baues von Seiten der k. k. Unterrichtsverwaltung ebenfalls erbracht sind, so leidet es keinen Zweifel, dass, wie es der Wunsch der erwähnten Oberbehörde ist, das Bibliotheksgebäude im Jahre 1894 vollendet und beziehbar ist.

Graz. Dr. Anton Schlossar.

Recensionen und Anzeigen.

L'abbaye de Rossano. Contribution à l'histoire de la Vaticane par Pierre Batiffol. Paris, Alphonse Picard, 1891. 8°. XL, 182 S. (Thèse.)

Bevor ich auf den Inhalt des vorliegenden Buches eingehe, kann ich nicht umhin, gegen den dafür gewählten Titel zu protestiren: ein Titel, welcher recht dazu ersonnen zu sein scheint, den Bibliothekaren ein Bein zu stellen. Nicht als ob ich an der Kürze desselben etwas auszusetzen hätte; diese wäre im Gegentheil zu loben, wenn nur die Sache, um die es sich handelt, damit deutlich erkennbar gemacht wäre. Letzteres ist jedoch so wenig der Fall, wie wenn jemand über die Abtei S. Trinità de la Cava schreiben wollte und gäbe seinem Buche den Titel *'L'abbaye de Salerno.'* Denn in der That handelt es sich garnicht um eine Abtei der Stadt Rossano, sondern um ein Kloster, welches von Rossano ungefähr ebenso weit entfernt gelegen ist wie La Cava von Salerno. Das weiss der Verf. selbst am besten, denn er hat zu Pferde zwei Stunden gebraucht, um auf einem Wege, der allerdings beschwerlicher ist als der von Salerno nach La Cava, von Rossano aus zu den Ruinen des i. J. 1806 aufgehobenen Basilianerklosters S. Maria del Patire zu gelangen (p. 30). Mit diesem Kloster und seiner einst nicht unbedeutenden Bibliothek beschäftigt sich das vorliegende Buch: warum hat der Verf. das verschwiegen? *'L'abbaye de Sainte-Marie du Patir'*, etwa mit dem Zusatz *'près de Rossano'*, wäre doch gar kein übler Titel gewesen. Dann war auch den Bibliothekaren geholfen, welche jetzt das Buch arglos zu den Schriften über Rossano fügen, statt zu der alsbald zu erwähnenden Monographie von Mariano Rende — welche freilich so selten ist, dass nicht viele Bibliotheken sich ihres Besitzes werden rühmen können.

Nachdem ich dies an dem Titelblatt gerügt, kann ich um so rückhaltsloser die Vorzüge des Buches selbst anerkennen, welches ich als eine sehr tüchtige Leistung zu bezeichnen keinen Anstand nehme. Am wenigsten Neues bietet die Einleitung (p. I—XL), welche über die Schicksale Unteritaliens in byzantinischer Zeit orientirt. Es ist eine gut geschriebene Zusammenstellung bekannter Daten, welche überall die grosse Belesenheit des Verf. in der einschlägigen älteren und neueren Litteratur durchblicken lässt. Zur Sache selbst übergehend behandelt er im ersten Kapitel die Geschichte des Klosters del Patire (p. 1—36), im zweiten die Bibliothek desselben (p. 37—77), im dritten und letzten die graphischen Eigenthümlichkeiten der in Patire und anderen Orten Unteritaliens hergestellten griechischen Handschriften (p. 78—105). Darauf folgen *Pièces justificatives* (p. 107—167) und Indices (p. 169—182).

Die Geschichte des Klosters del Patire zu schreiben, war ein schwieriges Unternehmen, da die Quellen dafür nur spärlich fliessen und für grosse Zeiträume gänzlich fehlen. Mit anerkennenswerthem Fleiss und geschicktem Spürsinn hat der Verf. hier zusammengetragen, gesichtet und combinirt wessen er nur irgend habhaft werden konnte. Die einzige zusammenhängende

Vorarbeit, welche zur Benutzung stand, war die 'Cronistoria del monistero, e chiesa di S. Maria del Patire dell' ordine di S. Basilio magno scritta dal P. Maestro D. Mariano Rende abate del medesimo monistero', welche 1717 in Neapel erschien: ein für die ältere Zeit fast werthloses Werkchen, welches nur insofern Beachtung verdient, als man daraus den Zustand des Klosters zu Anfang des 18. Jahrhunderts kennen lernt. Die Hauptquelle desselben bildet die Lebensgeschichte des Gründers und ersten Abtes von Patire, des h. Bartholomaeus von Simeri. Sie ist uns im griechischen Originale in einer einzigen Hs., dem Messan. 29, erhalten, und hieraus, nach einer fehlerhaften Abschrift des 17. Jahrh., bei den Bollandisten abgedruckt. Da sie nicht von einem gleichzeitigen Autor herrührt und andere Zeugnisse für die ersten Anfänge des Klosters fehlen, ist es schwer, das Mass ihrer Glaubwürdigkeit zu bestimmen. Auf diese Quelle geht auch die Gründung des Klosters S. Salvatore de' Greci bei Messina durch den genannten Bartholomaeus zurück, welche sonst ebenfalls urkundlich nicht nachweisbar zu sein scheint. Dagegen ist es lediglich Conjectur, wenn der Verf. auch Carbone in der Basilicata zur Colonie von Patire macht: eine Conjectur, welche mit solcher Zuversicht um so weniger hätte vorgetragen werden sollen, als der dabei betheiligte Nilus, der durch die Tradition nur als Mönch von Rossano (nicht von Patire) bezeichnet wird, nach B.'s eigener Ermittelung kaum jünger als sein vermeintlicher Lehrer Bartholomaeus gewesen zu sein scheint, da er diesen († 1130) nur um wenige Jahre überlebte († zwischen 1136 und 1139). Die uns erhaltenen Urkunden des Klosters Patire, welche der Verf. p. 16 ss. in Regestenform verzeichnet, beginnen mit dem Jahre 1103 und schliessen mit dem Jahre 1510. Es sind im Ganzen 25, darunter drei Fälschungen. Die meisten fallen ins 12. und 13. Jahrh.; dem 14. gehören nur zwei an, das 15. ist garnicht vertreten. Bis in die Mitte des 13. Jahrh. reicht die Blüthe des Klosters, dann beginnt der Verfall, welcher auch durch die dem Cardinal Sirleto i. J. 1580 übertragene Reform nicht aufgehalten werden konnte.

Das der Bibliothek von Patire gewidmete zweite Kapitel liefert einen dankenswerthen Beitrag zur Geschichte der Bibliotheken der italienischen Basilianerklöster überhaupt und insbesondere seit dem 16. Jahrh. Der Verf. hat dafür die den Basilianern gewidmeten Acten des Vaticanischen Archivs und den ebendaselbst aufbewahrten handschriftlichen Nachlass des Cardinals Sirleto benutzt. Leider gelang es nicht, das Verzeichniss der Hss. von Patire aufzufinden, welches Sirleto besass, und auch ein zweites, welches Montfaucon von dem Basilianer-General P. Menniti empfing und zur Aufnahme in seine Bibliotheca bibliothecarum bestimmte, ist spurlos verschwunden. Dass letzteres nicht sehr umfangreich war, ersieht man aus dem noch erhaltenen Index einer Sammlung von 132 Katalogen, wo an 32. Stelle 'Manuscrits de Patyrion' mit der Seitenzahl 454 aufgeführt sind, worauf schon p. 455 die Nummer 33 folgt. Doch lässt sich hieraus ein Schluss auf den Umfang der Bibliothek von Patire nicht ziehen, da Montfaucon auch in diesem Falle nur einen Auszug aus dem vollständigen Verzeichnisse — falls ihm ein solches vorlag — gegeben haben kann. Eine sicherere Schätzung hat der Verf. auf anderem Wege gewonnen. Unter den Hss., deren Provenienz aus Patire er auf Grund verschiedener Kriterien ermittelte, befinden sich 30, bei welchen die im 16. Jahrh. vorgenommene Nummerirung sich noch erhalten hat. Die Nummern bewegen sich zwischen 1 und 147. Man wird also annehmen können, dass damals — mit Ausnahme der anscheinend nicht mit gezählten liturgischen Manuscripte — nicht viel mehr als 150 griechische Hss. vorhanden waren. Hiervon hat B. fast die Hälfte, nämlich 71 Stück, wiedergefunden, und zwar 60 in der Vaticana, 10 in Grotta Ferrata und eine in der Bibliothek Barberini: ein gewiss sehr günstiges Resultat, wenn man in Betracht zieht, mit welchen Schwierigkeiten eine solche Identificirung verbunden ist. Was aus der anderen, etwas grösseren Hälfte geworden ist, wird sich schwerlich ermitteln lassen, es sei denn, dass ein Zufall einmal den alten Katalog ans Licht bringt, mit dessen Hülfe die Nachforschung aufs neue aufgenommen werden könnte. Der grösste Theil der jetzt in der Vaticana befindlichen Hss. aus Patire ist derselben i. J. 1780 durch Pius VI. einverleibt worden, nachdem sie bis dahin dem römischen Basilianerkloster angehört, welchem Menniti sie überwiesen hatte; zehn oder elf stammen aus Grotta Ferrata und zwei tragen die Aufschrift 'Emptum ex libris Card. Sirleti.' Eine der letzteren, der Cod. Vat. 1431, verdient unsere besondere Beachtung, da sie, infolge eines eigenthümlichen Quid pro quo, zur Entdeckung des seitdem berühmt gewordenen Purpurcodex von Rossano geführt hat. Aus dieser damals noch in Patire befindlichen und seitdem, wie es schien, verschollenen Hs. hatte nämlich i. J. 1582 Sirleto in einem Briefe an den Canonicus de Saint-André in Paris 'Dionysii Alexandrini adversus Noëtianos et Hippolyti martyris adversus Noëtii haeresim et contra Paulum Samosatenum opuscula' signalisirt (vgl. P. de Lagarde, Hippolyti Romani quae feruntur omnia Graece. Lips. 1858 p. 216), und diese Notiz war es, welche Prof. Harnack und den Unterzeichneten veranlasste, auf einer italienischen Reise i. J. 1879 in Rossano Halt zu machen, um nach etwa versprengten Ueberbleibseln der Bibliothek von Patire zu suchen. Es ist das Verdienst B.'s, diese vermeintlichen Inedita aus der Welt geschafft zu haben. Stutzig musste schon die unmögliche Zusammenstellung Hippolyt's mit Paul von Samosata machen. Nun enthält aber der Cod. Vat. 1431, welchen einst Sirleto besass, 1) den bekannten Brief des Dionysius an Paul von Samosata und 2) das griechisch zuerst von Fabricius veröffentlichte Fragment Hippolyt's εἰς τὴν αἵρεσιν Νοήτου τινός. Es unterliegt also keinem Zweifel, dass die betreffende Stelle in dem Briefe des Cardinals Sirleto so hätte lauten müssen wie B. sie herstellt, nämlich: 'Dionysii Alexandrini contra Paulum Samosatenum et Hippolyti martyris adversus Noëtianos opuscula sunt inventa.' Wie die Verwirrung entstanden ist, ersieht man deutlich aus dem von B. aufgespürten Brouillon Sirleto's zu seinem Briefe an den Canonicus de Saint-André. Hier sind Noët und Paul von Samosata einfach mit einander vertauscht: 'Dionysii Alexandrini adversus Noëtianos et Hippolyti martyris contra Paulum Samosatenum opuscula'. Nochher wurde zu Hippolyt richtig Noëtii haeresis gefügt, aber der Ersatz der Noëtiani durch Paul von Samosata bei Dionys. Alexandr. aus Versehen unterlassen. S. den Excursus D, p. 75 ss. Der diesem vorhergehende Excursus C (p. 71 ss.) beschäftigt sich mit dem Cod. Patir. 27, einem zuerst von Montfaucon erwähnten, neuerdings von Gregory im 2. Theile seiner Prolegomena zu Tischendorf's Ed. VIII. maior des Neuen Testaments p. 447 s. nach Mittheilungen B.'s beschriebenen neutestamentlichen Palimpsest, welcher auf 21 Blättern Bruchstücke der Apostelgeschichte, der katholischen und der Paulinischen Briefe anscheinend aus dem 5. Jahrh. enthält (jetzt Cod. Vat. 2061, von Gregory ℶ genannt). Leider scheint nach den Mittheilungen, welche B. über die jetzige Beschaffenheit der betreffenden Blätter macht, wenig Aussicht auf vollständige Entzifferung des Textes zu sein. Cardinal Mai, welcher ihn zu lesen versuchte, bediente sich, um die alte Schrift hervorzurufen, der Gallapfeltinctur und liess, in der Befürchtung, dass die damit behandelten Blätter auseinanderfallen möchten, auf je einer Seite Pflanzenpapier darüber kleben. Dieses Papier ist aber durch den Leim undurchsichtig geworden und müsste entfernt werden, wenn der Versuch gemacht werden soll, den Palimpsest zu entziffern: eine nicht ungefährliche Manipulation, zu deren Ausführung Herr B. die Erlaubniss nicht erlangen konnte. Indessen hat er doch, wie es scheint, die nicht überklebten Blattseiten, soweit er dies vermochte, abgeschrieben. Denn zum Schluss seiner Beschreibung der Hs. bemerkt er: 'Du texte même de mon manuscrit je ne dirai rien. Tout ce que j'en ai transcrit, je l'ai communiqué à mon ami M. le prof. W. Sanday, d'Oxford, le savant d'Europe le mieux exercé dans ces sortes d'études textuelles, et l'on pourra bientôt, j'espère, lire le mémoire composé par lui. Qu'il me soit seulement permis de dire que mes observations personnelles m'avaient fait reconnaitre une remarquable parenté entre le Patiriensis et l'Alexandrinus' (p. 74).

Nachdem der Verf. im zweiten Kapitel ausführlich über die Bibliothek des Klosters del Patire gehandelt, ist man überrascht, das dritte Kapitel 'Origines de la librairie du Patir' überschrieben zu finden. Diese Ueberschrift lässt nicht errathen, dass hier hauptsächlich von der Entwickelung der griechischen Schrift in Unteritalien die Rede ist, von der 'librairie du Patir' nur insofern als dabei u. a. auch solche Hss. in Betracht kommen, welche aus dem Patire-Kloster hervorgegangen sind. Ueber den Werth der hier niedergelegten Beobachtungen enthalte ich mich des Urtheils, da ich mir ein solches auf Grund der Schilderungen des Verf., welche keine Schriftproben erläutert werden, nicht zu bilden vermochte. Nur eine Bemerkung vermag ich nicht zu unterdrücken. Wenn der Verf. die unteritalischen Hss. den byzantinischen gegenüberstellt und die ersteren nach lokalen Unterschieden zu gruppiren und verschiedenen Schulen zuzuweisen sucht, so ist das insofern ein missliches Unternehmen, als es sich im einzelnen Falle kaum wird feststellen lassen, ob der betreffende Schreiber seine Kunst in Constantinopel oder in Italien erlernte — Ersteres mag gerade bei den Basilianermönchen Calabriens im 11. bis 13. Jahrh. (aus dieser Zeit stammt der bei weitem grösste Theil der in Betracht kommenden Hss.) nicht selten der Fall gewesen sein. Ich bin natürlich weit davon entfernt, die charakteristischen Unterschiede zwischen abendländischer und morgenländischer Schrift zu verkennen oder gar zu leugnen. Nur kann ich mich dem Eindruck nicht entziehen, als ob B. mitunter für eine abendländische Hand in Anspruch nähme, was allenfalls durch kleine Aeusserlichkeiten seine Entstehung auf italienischem Boden verrathen mag: so z. B. wenn er zu dem Bombycinus Vat. 2006 bemerkt: '*pourrait de même passer pour un manuscrit levantin, n'était ici encore le coup de pinceau (jaune clair) dont le copiste a souligné les initiales et les titres*' (p. 100). Immerhin verdient dieser neue Versuch einer Charakteristik der griechischen Schrift, wie sie in Hss. unteritalischer Provenienz gefunden wird, schon deshalb Beachtung, weil dem Verf. ein ungleich reicheres Material zu Gebote stand als seinem Vorgänger auf diesem Gebiete, V. Gardthausen.

Unter der Ueberschrift *Pièces justificatives* findet man p. 107 ss. 1) ein Verzeichniss der Basilianerklöster Unteritaliens im 15. Jahrh., aus dem Liber taxarum S. R. E. (Cod. Vat. lat. 9239) v. J. 1482, 2) ein Verzeichniss der Basilianerklöster Calabriens im 16. Jahrh. aus den Visitationsacten v. J. 1551, 3) eine 'Taxa decime papalis ecclesie Rossanensis et eius diocesis' aus dem 15. Jahrh., 4) ein Verzeichniss der Hss. von Grotta Ferrata aus dem 13. Jahrh. (hier wäre zuweilen ein Commentar erwünscht; hinter 'Epistulas ad Jacobum apostolum' verbirgt sich wohl eine Hs. der Clementinischen Recognitionen, was aber bedeutet 'Unum librum Jacobi apostoli super Apocalipsim'?), 5) ein Verzeichniss der Hss. des Klosters S. Eliae in Carbone aus dem 17. Jahrh., 6) ein Verzeichniss der Hss. des Klosters S. Petri de Arena (sehr summarisch; zum Schluss heisst es: 'Item quarantasei pezi di libri piculi e grandi di differenti autori'), 7) eine Notiz über einige Hss. des Klosters S. Philareto di Seminara, 8) ein Ausleiheregister des Klosters S. Nicolai de Casula aus dem 14.-15. Jahrh., 9) ein Verzeichniss der Hss. des Klosters S. Salvatoris zu Palermo aus dem 17. Jahrh., 10) ein Verzeichniss der Hss. des Klosters S. Salvatoris zu Messina aus dem 16. Jahrh. (der Verf. hat übersehen, dass dieses Verzeichniss schon bei Possevinus, Apparatus sacri T. II. Venet. 1606, p. 45—53 des Anhangs, abgedruckt ist, und zwar ohne die schon durch die Weglassung der Formatbezeichnung eine andere Hand verrathenden Nummern 120—150), 11) ein Verzeichniss der Hss. des Klosters SS. Petri et Pauli de Agro aus dem 17. Jahrh., 12) Unterschriften der vom Verf. besprochenen griechischen Hss., 57 an der Zahl, meist unedirt. Hier bleibt manches dunkel; doch soll dem Verf. daraus kein Vorwurf gemacht werden, da bekanntlich die Entzifferung der Subscriptionen zu den schwierigsten Problemen der Paläographie gehört. Ich bemerke nur zu No. 1, dass (ἐπληρώθη) εἰς τὴν σχολὴν τοῦ ἁγίου πέτρου p. 48 nicht '*pour l'école de*

Saint Pierre' hätte übersetzt werden sollen. Zu dem unverstandenen μετὰ τὸ ἐμ. μοῦλτ. hätte B. sich bei Sophocles, Greek Lexicon, s. v. μοῦλτος (μοῦλτον) Rath holen können.

Nachdem uns der Verf. so viel gebracht, wäre es unbescheiden, noch mehr zu verlangen; sonst möchte man den Wunsch aussprechen, dass er zu den 'pièces justificatives' auch das uns erhaltene Verzeichniss der griechischen Hss. des Cardinals Sirleto gefügt hätte. Eine günstige Gelegenheit zur Veröffentlichung dieses Verzeichnisses hat übrigens Herr B. schon vor zwei Jahren ungenützt gelassen, als er sein hübsches Büchlein über *La Vaticane de Paul III à Paul V* (Paris 1890) veröffentlichte, dessen erstes Kapitel sich eingehend mit Sirleto und seiner Handschriften-Sammlung beschäftigt.

O. v. Gebhardt.

Dieser Besprechung des Buches des Herrn Batiffol durch den Herrn Referenten möchte ich noch hinzufügen, dass Herr Batiffol die grosse Bedeutung, welche das Kloster St. Maria de lo Patire für die Geschichte des mittelalterlichen Rechtsstudiums gehabt hat, nicht hervorgehoben hat. Stammt doch z. B. die älteste Handschrift der Novellen Justinians, die durch den Cardinal Bessarion in die Marcusbibliothek von Venedig kam, aus St. Maria de lo Patire und war nach der Subscription hierher durch eine Schenkung des Senators Malenus gegen 1234 gekommen. Ueber diese Dinge hat am Gründlichsten Herr C. E. Zachariae von Lingenthal in den Rendiconti del R. Istituto Lombardo. Ser. II. Vol. XVIII S. 694 u. f. gehandelt. Die Subscriptionen der Novellen-Handschriften theilt der genannte Gelehrte in seiner Ausgabe der Justiniani novellae quae vocantur etc. T. I. S. VIII u. f. mit.

O. H.

Die Büchersammlungen der Universität München. Geschichtlich-statistisches Handbüchlein. Von Dr. Christian Ruepprecht. Regensburg. Verlags-Anstalt vorm. G. J. Manz. 1892. gr. 8°. 51 S. 0.80 Mk.

Nach dem Vorwort ist die vorliegende Schrift in erster Linie für die Professoren und Studierenden der Universität München bestimmt, und den Zweck, diesen ein genügendes und zuverlässiges Orientirungsmittel über die Bücherschätze der Hochschule zu bieten, dürfte sie im allgemeinen erfüllen. Dass sie freilich ausserdem „für die kommenden Zeiten äusserst werthvoll sein wird und grosse geschichtliche Bedeutung beanspruchen kann", wie dies nach dem Vorwort der Verf. anzunehmen scheint, ist mir doch etwas sehr zweifelhaft. Den Löwenantheil des „Handbüchleins" nimmt naturgemäss die Münchener Universitätsbibliothek (S. 6—27) ein, wobei der Verfasser vor allem aus Prantls Geschichte der Münchener Universität schöpft, doch auch manches auf Grund eigener Forschungen mittheilt. Den zweiten Abschnitt der Schrift bildet eine Aufzählung der Bibliotheken der Universitäts-Institute. Berührt schon im ersten Theil eine gewisse Breite der Darstellung etwas störend, so steigert sich dies bei dem zweiten bis zum unerträglichen: es ist doch wahrhaftig nicht nöthig, über die Zusammensetzung der einzelnen Bibliotheken eingehende Mittheilungen zu machen, da es sich von selbst versteht, dass eine Institutsbibliothek der Wissenschaft dient, die das Institut vertritt; auch die Angaben über Aufstellung und Benutzungsweise gehen gar zu sehr in uninteressantes Detail. Ja der Verf. hält es für nöthig von Bibliotheken zu reden, die noch gar nicht existiren, z. B. „Universitäts-Kinder-Klinik. Die Bibliothek ist erst im Entstehen begriffen" oder „Ethnographische Sammlung. Dieselbe besitzt keine nennenswerthe Bibliothek" u. s. w. Dagegen fehlt gerade etwas, was sehr instructiv wäre: eine statistische Gesammttabelle über den Umfang und die Anschaffungsmittel der einzelnen Institutsbibliotheken. Ausser der grossen Weitschweifigkeit wirkt bei der Lectüre sehr störend der wunderbar unbeholfene Stil des Verfassers: er hat eine Vorliebe für die schönen Worte 'derselbe', 'derjenige', 'welcher'; er bildet mehrfach seltsame Constructionen; er lässt sich Fehler gegen die deutsche Sprachrichtigkeit zu Schulden kommen: z. B. S. 22 „Ueber ... die Geschichte der Universität handelt eine Reihe von zum Theil Sammelbänden"; S. 26 „In diesem [dem Lesesaal] liegen ... die neuesten Nummern der ... Zeitschriften auf, von denen allerdings ein grosser Theil auf dem Pflichtwege für die hiesigen Interessen kaum in Betracht kommt"; wiederholte Inversion der Wortstellung nach 'und' u. ä. In der Interpunction weicht der Verf. vollends von dem allgemein üblichen ab: er setzt das Ausrufezeichen nicht bloss da, wo es hingehört, sondern mit Vorliebe gerade da, wo es nicht hinpasst; mit ein paar Beispielen muss ich mich begnügen: S. 48 als Ueberschrift „Botanische Sammlung (der Universität!) und botanisches Museum (des Staates!)", S. 3 „wo ich ... nur drei (theilweise!) Anstaltsbibliotheken ... vorführen konnte", S. 10 „In Heidelberg (Winkelmann II, 198! No. 1614) erhielt der Bibliothekar ...", S. 25 „die Bibliothek ... enthält heute: 656 Nummern (!), welche ...." — — Der sachliche Werth der Arbeit Ruepprechts soll mit den vorliegenden Bemerkungen in keiner Weise in Abrede gestellt werden, nur rathen wir ihm, wenn er wieder etwas zu veröffentlichen beabsichtigt, vorher zunächst energisch den Blaustift zu gebrauchen, sodann seine Schrift vor dem Druck einem mit der hochdeutschen Schriftsprache Vertrauten zur Durchsicht zu übergeben. W. Sch.

Mittheilungen aus und über Bibliotheken.

Von den Handschriften der Grossherzoglich Badischen Hof- und Landesbibliothek zu Karlsruhe ist Heft II erschienen, (X u. 61 S. in gr. 8°.), das die Beschreibung der orientalischen Handschriften enthält (C. f. B. 1891. S. 562). Von den hier sorgfältig beschriebenen Handschriften ist der „Prophetencodex" aus dem Nachlasse Reuchlins die berühmteste und wichtigste. Es ist gelungen, die Geschichte dieser Handschrift, die Reuchlin in Rom für 11 Goldgulden 1498 gekauft hat, durch Lesung von bisher nicht entzifferten Subscriptionen um 130 Jahre weiter hinauf zu verfolgen. Sie gehörte während dieser Zeit der Gelehrtenfamilie Mansi oder Piatelli in Rom. Geschrieben ist die Handschrift 1105. Sie ist vielleicht die älteste datirte hebräische Handschrift, welche wir besitzen. O. H.

Am 5. November ist der neue, geräumige und zweckmässig angelegte Lesesaal der Universitätsbibliothek zu Breslau der Benutzung durch das Publikum übergeben worden.

In der Zeitschrift „The American Antiquarian" Vol. 14 (1892) S. 232 ff. wird der von Hubert Howe Bancroft seit 1859 gesammelten, für die Ethnographie und Geschichte Kaliforniens wichtigen Bibliothek in San Francisco gedacht, leider ohne Angabe des jetzigen Umfanges der Bibliothek, die noch 1862 nur etwa 1000 Bände zählte und erst nachher z. B. durch den Ankauf von Maximillians Bibliothek (1869), von Squier's Sammlung (1876), der Bibliotheken Cushing's (1879) und Ramirez (1880) in ihrem Werthe bedeutend gestiegen ist. W.

Nach dem „Jahresberichte der Stadtbibliothek zu Aachen für 1891—92", den der Herr Stadtbibliothekar Dr. Fromm erstattet hat, ist die Bibliothek in dem genannten Jahre um 1135 Bände vermehrt worden. Es befinden sich darunter zahlreiche Geschenke. Der Anschaffungsfond beträgt jetzt 3000 M. Die Anstellung eines Hilfsarbeiters ist für 1892—93 von den städtischen Behörden bewilligt worden.

Vermischte Notizen.

Zum Seelentrost. Im vorigen Heft dieser Zeitschrift (oben S. 508) nennt Falk als Verfasser des Seelentrostes einen gewissen Johann Moirs. Hoffentlich hat darauf hin keine Bibliothek ihre Kataloge geändert, denn jene Angabe beruht auf einem Irrthum Hartzheims in dessen Bibliotheca Coloniensis, und Hartzheim kann zu seinem Irrthum, weil in der Kölner Handschrift des Seelentrosts von 1445 (früher in der Bibliothek der katholischen Gymnasien, jetzt auf dem Stadtarchiv) auf Bl. 150 Rücks. steht: Finitū et completū p me Johēm dictū Moirffultze Colonie natum. Dass sich hier nur der Schreiber nennt, ist schon längst erkannt, s. Reifferscheid in der Z. f. deutsche Philologie 6, 424 und im Jahrb. d. V. f. niederd. Sprachf. 11, 101 Anm. 5. — Die oben von Falk mitgetheilte Beschreibung des Drucks habe ich mit einer für mich vor einigen Jahren gemachten Collation verglichen und genau befunden.
C. Nörrenberg.

Der Verlagsbuchhändler Herr Hubert Welter in Paris hat uns ein prachtvoll ausgestattetes Werk unseres geehrten Herrn Mitarbeiters Henry Harrisse mit der Bitte um baldige und eingehende Besprechung im C. f. B. übersendet; der Titel desselben lautet: Christophe Colombe devant l'histoire. Es ist zum 12. October 1892 erschienen. Selbstverständlich können wir dieser Bitte nicht nachkommen, da das Buch kein bibliothekswissenschaftliches Interesse hat. In diesem Falle würden wir aber doch glauben, unsern Lesern einen Schaden zuzufügen, wenn wir sie nicht darauf aufmerksam machten. Wer sich einmal ein paar angenehme und heitere Stunden machen will, nehme das Buch zur Hand und lese, mit welcher souveränen Ueberlegenheit und sprühendem Witze Herr Henry Harrisse die Unmasse von Fabeln, Legenden und Fälschungen zerpflückt, die an das Leben und die Thaten des Entdeckers von Amerika seit Jahren angeheftet worden und gelegentlich des Centenariums und der Weltausstellung von Chicago ganz besonders üppig ins Kraut geschossen sind. — Dürften wir bei dieser Gelegenheit die Herren Verleger bitten, uns alle Werke zur Besprechung zu senden, die einen Zusammenhang mit dem Bibliothekswesen im weitesten Sinne haben, solche aber nicht zu schicken, die mit diesem in keinerlei Verbindung stehen?
O. H.

Vom Custos des Buchgewerbemuseums zu Leipzig, Herrn Konrad Burger herausgegeben, ist das erste Heft einer neuen Monatsschrift „Buchgewerbeblatt, Monatsschrift für alle Zweige des Buchgewerbes" im eigenen Verlage erschienen, welche eine würdige Vertreterin dieses in Deutschland so hoch entwickelten und trefflich organisirten Gewerbes zu werden verspricht. Das Heft ist namentlich mit zahlreichen guten Abbildungen ausgestattet.

Von dem trefflichen Werke des Herrn Pfarrers D. theol. W. Walther: Die deutschen Bibelübersetzungen des Mittelalters ist das Schlussheft allerdings schon längere Zeit erschienen, uns aber jetzt erst zugegangen. Da wir schon auf dieses wichtige Werk aufmerksam gemacht haben (VII. 103), als eben der erste Theil erschienen war, mag doch auch das Schlussheft hier erwähnt und versichert werden, dass auch dieser 3. Theil, der die Uebersetzungszweige 15—34 und die niederdeutschen Arbeiten behandelt und dann die Resultate aus den gesammten Untersuchungen prüft, in demselben Geiste der Unabhängigkeit von vorgefassten Meinungen gründlich gearbeitet ist wie die früheren Theile. Dass hier noch Manches zu thun bleibt, weiss der Herr Verfasser, der Sicheres und Unsicheres wohl zu scheiden versteht, recht gut. Er ist daher auch auf Widerspruch im Einzelnen gefasst, wie ihn ja auch schon Ed. Sievers in der 2. Aufl. seines Tatian S. LXXI. gegen Ausführungen von Walther S. 446 erhoben und begründet hat.

O. H.

Mit Bezugnahme auf die im C. f. B. Jahrgang IX. 1892 Heft 9 S. 430—431 gerügte, wenig erfreuliche Ueberraschung dürfte es wünschenswerth erscheinen, ebenfalls das folgende Vorgehen einer Leipziger Verlagsbuchhandlung öffentlich bloszustellen.

Kürzlich erschien:

Bericht über die Leistungen in der Ohrenheilkunde während der Jahre 1890 und 1891. Von Dr. Louis Blau, Specialarzt für Ohrenkrankheiten in Berlin. Leipzig, Verlag von Otto Wigand. 1892. 8°. V. 294 SS. 4 M., während auf dem Umschlag auf einen Bericht desselben Verfassers für die zwei vorhergehenden Jahre Rücksicht genommen ist. Ebenda 1890, VII. 239 SS. 3 M.

In Wirklichkeit hat man es in beiden Fällen nur mit Sonderabzügen zu thun und zwar aus Schmidt's Jahrbüchern der in- und ausländischen gesammten Medicin.

Man vergleiche den Bericht für 1888 und 1889 und Schmidt's Jahrbücher Band 226, 1890 S. 177—212 wie 253—289; für den vorliegenden Sonderdruck ist

S.   1— 80 = Schmidt's Jahrbücher Band 235 1892 S. 76—100.
S. 81—220 =   „   „   „   „   „ 177—218.
S. 221—294 =   „   „   „   „   „ 257—279.

Ein derartiges Verfahren bedingt ebenfalls eine schwere Schädigung des deutschen Buchhandels. Nach dem Titel dürfte sich vielfach auf den öffentlichen Bibliotheken Geneigtheit finden, das Buch zur bibliographischen Bestimmung ungenauer Bestellungen anzuschaffen, aber nur an sehr wenigen Anstalten werden sich Beamte finden, welche derart mit der medicinischen Litteratur vertraut sind bezw. sich mit ihr fortgesetzt beschäftigen, um diese buchhändlerischen Kniffe aufzudecken und den Sonderdruck herauszufinden.

Es muss als unstatthaft bezeichnet werden, wenn derartige Abzüge in den Buchhandel gebracht werden, ohne die deutliche Angabe: Sonderdruck, sei es nun auf dem Titel oder in der Vorrede.

Diese Geschäftspraxis als das zu kennzeichnen, was sie ist, und um ähnlichem Vorgehen in dieser Richtung vorzubeugen, möge diesen Zeilen eine weitere Verbreitung gegönnt sein.

E. Roth.

In der Bibliothèque de l'école des chartes T. 53 (1892) S. 66 ff. beschreibt L. Delisle ein von dem Lyoner Bibliophilen Baudrier der Nationalbibliothek in Paris geschenktes Breviar von Viviers (Breviarium secundum ecclesie Vivariensis usum), gedruckt in Privas 1503 von Jean Belon aus Lyon. Ueber den Drucker und einige seiniger Druckwerke fügt Delisle einige Bemerkungen an; nach dem Dictionnaire de géographie etc. à l'usage du libraire nahm man bis jetzt an, dass in Privas vor 1790 (!) keine Druckerei gewesen sei.

W.

In demselben Bande der Bibliothèque de l'école des chartes S. 115 ff. beschreibt Paul Durrieu französische Handschriften und Handschriften französischen Ursprungs, die in deutschen Bibliotheken aufbewahrt sind und zwar in der Kaiserl. Bibliothek zu Wien, im Kupferstichkabinet des Königl. Museums zu Berlin und in den Königlichen Bibliotheken zu München und Dresden. Den Handschriften, die von Jacques d'Armagnac, Herzog von Nemours herrühren und von denen zwei durch Jacques von Besançon illuminirt sind, und den Handschriften von Werken des Königs René von Anjou und seiner Umgebung sind besondere Abschnitte gewidmet. W.

Die Schüler der École des Chartes zu Paris wollen eine bibliographische Zusammenstellung aller Arbeiten veröffentlichen, welche von den Angehörigen dieser ausgezeichneten Anstalt verfasst worden sind. Dieselbe wird in drei Theile zerfallen. In der Bibliothèque de l'École des Chartes 1892. S. 328 findet man das Nähere über diese Unternehmung.

Anfrage.

Herr Professor D. theol. Riggenbach in Basel hat auf der vaterländischen Bibliothek zu Basel eine Kirchenordnung gefunden, welche Huldrich Coch, Rektor der hohen fchul vñ Diener d'kilchen zu Basel 1563 für einen Junker von Schweinsberg gemacht hat. Leider fehlt dem Exemplar der Titel und die Blätter 7 u. 8. Erhalten sind 60 Blätter. Kann einer der Herren Collegen ein anderes Exemplar dieser bisher ganz unbekannten Kirchenordnung nachweisen, so bitte ich, dieses Herrn D. Riggenbach gefälligst mitzutheilen. O. H.

Neue Erscheinungen auf dem Gebiete des Bibliothekswesens.*)

†The Bookworm. No. 59, Oct. 1892: The Musée Plantin-Moretus, W. Al. Smith. — A west of England bibliography, Cornubicuris. — A book hunter's spoils. — Illuminated manuscripts in the market. — The British Museum in 1891.
No. 60, Nov. 1892: A horticultural library. — Booksellers in the seventeenth century.

The Library. No. 43—45, July—Sept. 1892: Espinosa's Flores, W. E. A. Axon. — English romance in french translation, 1780—1830, J. Macfarlane. — Jan van Doesborgh, R. G. C. Proctor. — Children in the library, A. J. Edmunds. — Women librarians, M. S. R. James. — Carlyle's lectures on literature a note respecting the various manuscripts, R. Cade. — The bibliography of bookbinding and binding patents. — The Bibliographical Society. — „A librarian", by his assistant. — The dictionary of national biography. — The municipal libraries of Paris.

The Library Journal. Vol. 17, No. 9, Sept. 1892: Floundering among the maps, H. C. Badger. — The Tilden Trust library: what shall it be, J. Bigelow.
No. 10, Oct. 1892: Indexing, J. B. Nichols. — The local collection in the Woburn Public Library, W. R. Cutter. — The sliding-press at the British Museum, R. Garnett.

---

*) Von den mit † bezeichneten Zeitschriften sind nur die Artikel bibliographischen oder bibliothekarischen Inhalts angezeigt.
Die mit * bezeichneten Bücher haben der Redaktion vorgelegen.

Revue des bibliothèques. Année II, No. 7—8, Juillet-août 1892: Essai d'une bibliographie historique de la Bibliothèque nationale, E. Pierret. — Les délégués des universités françaises au concile de Constance, nouvelle rectification aux ouvrages de M. Fournier, H. Denifle. — Le papier au moyen âge d'après les plus récentes recherches, V. Mortet.
No. 9—10, Sept.—octobre 1892: Latino Latini et la bibliothèque de Viterbe 1, L. Dorez. — Le rayon provisoire, G. Canestrelli. — Essai d'une bibliographie historique de la Bibliothèque nationale (suite), E. Pierret. — Notes sur François Bergaigne, A. Thomas.

Allen, Edw. H. De Fidiculis bibliographia, being the basis of a bibliography of the violin and all other instruments played with a bow in ancient and modern times, catalogue raisonné of all books, pamphlets, magazine and newspaper articles, etc., relating to instruments of the violin family, hitherto found in private or public libraries or referred to in known works on the subject. Part 3. London, Griffith, Farran & Co. 4°. Sh. 2.6

Baldwin, J. The book-lover: a guide to the best reading. New edit. London, Putnam. 222 p. 8°. Sh. 2.6

Beek, J. A. van. Lijst van eenige boeken en brochuren uitgegeven in de Oud-Katholieke Kerk van Nederland, sedert 1842. Rotterdam, H. T. Hendriksen. 11 p. 6°. Fl —.25

*The Benefactors of the University of Toronto, after the great fire of 14th February 1890. Toronto, the Williamson Book Co. 58 p. 8°.

Bericht über die wissenschaftlichen Leistungen in der Naturgeschichte der niederen Thiere. Begründet von R. Leuckart. Neue Folge, V. Band. Von M. Braun, v. Linstow, W. Michaelsen, A. Kollin, M. Meissner, E. Vanhöffer, A. Ortmann. Berlin, Nicolai'sche Verlagsbuchh. IV. 179 S. gr. 8°. M. 12.—

Bertolotti, A. L'archivio di stato in Mantova: cenni storici e descrittivi. Mantova, Mandovi. 61 p. 8°.

Bibliographie théâtrale. (Année 1891.) Paris, imp. Morris. 129 p. 8°. oblong.
  Extrait de l'Annuaire de la Société des auteurs.

La Biblioteca comunale e gli antichi archivi di Verona nell' anno 1891. Verona, stab. tip. lit. G. Franchini. 16 p. 4°.
  Estr. dal Resoconto della amministrazione del comune di Verona.

Bibliotheca Burghesiana: catalogue des livres composant la bibliothèque de S. E. d. Paoli Borghese, prince de Sulmona. Partie III: Musique. Rome, V. Menozzi. 64 p. 8°.

Bibliotheca danica. Systematisk fortegnelse over den danske litteratur fra 1482—1830. Udgivet ved C. V. Bruun. Heft 18: Historie II. Kopenhagen, Gyldendal'sche Buchh. 4°. Kr. 1.75

*Bibliotheca zoologica II. Verzeichniss der Schriften über Zoologie, welche in den periodischen Werken enthalten und vom Jahre 1861—1880 selbständig erschienen sind. Bearbeitet von O. Taschenberg. Lieferung 10. Leipzig, W. Engelmann. 3. Band, S. 2929—3248. gr. 8°. M. 7.—, auf Velinpapier M. 12.—

Bickell, L. Bucheinbände des XV. bis XVIII. Jahrhunderts aus hessischen Bibliotheken, verschiedenen Klöstern und Stiften, der Palatina und der landgräflich hessischen Privatbibliothek entstammend, aufgenommen und beschrieben. 53 Lichtdrucke auf 42 Tafeln mit 18 S. Text. Leipzig, Karl W. Hiersemann. Fol. In Halblederband oder Halbledermappe. M. 75.—

Bijdragen tot de geschiedenis van den Nederlandschen Boekhandel. Uitgegeven door de Vereeniging ter bevordering van de belangen des Boekhandels. Deel V, aflevering 1: W. P. Sautijn Kluit, Arnhemsche couranten. Amsterdam, P. N. van Kampen & Zoon. IV. 148 p. 8°. Fl. 1.25

Blades, W. Books in chains and other bibliographical papers. (Book-lover's library.) London, Eliot Stock. XI. 232 p. gr. 8°. Sh. 4.6
Blado, impressori camerali a Roma. Quattro lettere. Firenze, Le Monnier. 10 p. 8°.
*Bollettino della Biblioteca Nazionale di Palermo. Anno III No. 3: Luglio-Settembre 1891. P. 89—136. gr. 8°.
Brockhaus' Katalog ausgewählter Werke der ausländischen Literatur. Jahrgang 14. Leipzig, F. A. Brockhaus Sort. 238 S. mit Abbildungen. Lex. 8°. M. —.40
— Katalog ausgewählter Werke der englischen Literatur. Jahrgang 14. Leipzig, F. A. Brockhaus Sort. 46 S. Lex. 8. M. —.20
— Katalog ausgewählter Werke der französischen Literatur. Jahrgang 14. Ebenda. 88 S. mit Abbildungen. Lex. 8°. M. —.30
— Katalog ausgewählter Werke der italienischen Literatur. Jahrgang 14. Ebenda. 60 S. mit Abbildungen. Lex. 8°. M. —.20
*Die Büchermarken oder Buchdrucker- und Verlegerzeichen. (Bd. I:) Elsässische Büchermarken bis Anfang des 18. Jahrhunderts. Herausgegeben von P. Heitz. Mit Vorbemerkungen und Nachrichten über die Drucker von W. A. Barack. Strassburg i/E., J. H. Ed. Heitz. XXXIV. 160 S. mit 76 eingedruckten Tafeln. M. 30.—
*Buchgewerbeblatt. Monatsschrift für alle Zweige des Buchgewerbes, herausgegeben von K. Burger. Jahrgang I: October 1892 — September 1893. 12 Hefte. Leipzig, Verlag des Buchgewerbeblatts. Mit Illustrationen. gr. 4°. Jährlich M. 12.—
Catalogo generale della libreria di Vincenzo Garramone in Potenza: anno scolastico 1891—1892. Potenza, tip. Editrice. 124 p. 8°.
Catalogue de la bibliothèque musicale du Cercle artistique et littéraire, 7 Rue Volney. Paris, imp. Noizette. 120 p. 8°.
Catalogue de la bibliothèque Saint-Michel de Montauban. Montauban, impr. Forestié. 56 p. 8°.
Catalogue de la bibliothèque de la ville de Troyes, préparé par feu Em. Socard, revu et publié par A. S. Det. Tome 18: Théologie, tome II. Troyes, imp. Martelet. V. 668 p. 8°.
Catalogue des documents géographiques exposés à l'occasion du IV. centenaire de la découverte de l'Amérique, à la section des cartes et plans de la Bibliothèque Nationale. Paris, J. Maisonneuve. 8°. Fr. 4.—
Catalogue méthodique de la bibliothèque de la ville de Tours. Histoire. Tome II: No. 2679 à 5611. Tours, impr. Bousrez. 330 p. 8°.
The Caxton Head catalogue. No. 250, 1892. London, J. & M. L. Tregaskis. 72 p. 4°.
Chapelier, Ch. Bibliographie de Saint Hidulphe. Saint-Dié, imp. Humbert. 9 p. 8°.
Extrait du Bulletin de la Société philomatique vosgienne.
*Chicago Public Library. Twentieth annual report of the board of directors. June 1892. Chicago. 46 p. 8°.
Cosentino, Gius. Elenco delle scritture e dei sigilli esposti nella bacheca della seconda stanza della biblioteca. Palermo, tip. Boccone del povero. 17 p. 8°.
Courcelle-Seneuil (1813—1892). Notices, discours prononcés à ses obsèques, bibliographie de ses ouvrages. Paris, impr. Davy. 32 p. et portr. 8°.
Daunou. Catalogue des incunables de la bibliothèque de Sainte-Geneviève. Publié par M. Pellechet. Avec une introduction de M. H. Lavoix. Paris, A. Picard & fils. XXVIII. 310 p. 8°. Fr. 12.—
Delisle, L. Essai sur l'imprimerie et la librairie à Caen de 1480 à 1550. Caen, imp. Delesques. 49 p. et planche. 8°.
Extrait du Bulletin de la Société des antiquaires de Normandie.

Delisle, L. Sir Kenelm Digby et les anciens rapports des bibliothèques françaises avec la Grande-Bretagne, communication faite à la „Library Association of the United Kingdom." Paris, Plon, Nourrit & Cie. 29 p. 8°.

Denk, V. M. O. Einführung in die Geschichte der altcatalanischen Litteratur von deren Anfängen bis zum 18. Jahrhundert. Mit vielen Proben, bibliographisch-litterarisch-kritischen Noten und einem Glossar. München, Münchner Handelsdruckerei und Verlagsanstalt, M. Poessl. XXI. 510 S. gr. 8°. M. 9.—

Dubois, A. L'imprimerie, ses origines, son influence. conférence. Limoges, libr. Vᵛᵉ Ducourtieux. 32 p. avec gravures. 6°.

Ducourtieux, P. L'imprimerie. Notions de typographie: le livre, le journal. Conférence. Limoges, impr. Vᵛᵉ Ducourtieux. 32 p. avec gravures. 8°.

Etat sommaire par séries des documents conservés aux Archives nationales. Paris, libr. Delagrave. XIV. 880 p. 4°.

Fage, René. Etat des études historiques et archéologiques dans le département de la Corrèze. Caen, H. Delesques. 36 p. 8°.
„L'auteur relève les titres des ouvrages généraux sur la province et des monographies relatives à div. localités." Extrait du Compte rendu du 57. Congrès archéol. de France.

*Feilberg, M. W. Norsk bogfortegnelse, 1883—1890, med tillaeg musikalier, 1883—1890. Christiania, H. Aschehoug & Co. 2 Bl. 516 S. 8°. Kr. 8.—

Finot, J. et Vermaere. Inventaire sommaire des archives hospitalières antérieures à 1790 (hôpital de Seclin, département du Nord). Lille, imp. Danel. XXXV. 63 p. 4°.

Fumagalli, G. Bibliografia etiopica. Catalogo descrittivo e ragionato degli scritti pubblicati dalla invenzione della stampa fino a tutto il 1891 intorno alla Etiopia e regioni limitrofe. Milano, U. Hoepli. XII. 290 p. gr. 8°. L. 12.—

Garnier, E. A. Bibliographie de la Russie, publiée sous la direction de Th. Sabachnikoff. Répertoire méthodique des ouvrages en langue française, relatifs à l'empire de toutes les Russies, qui se trouvent à la Bibliothèque Nationale de Paris (avec indication de la cote ou numéro d'ordre de classement). Histoire, 1. fascicule. Paris, Rouveyre. VII et p 1 à 76. 8°.

Gatfield, G. Guide to printed books and manuscripts relating to english and foreign heraldry and genealogy. London, Mitchell and Hughes.

Gerdebat, L. Bio-bibliographie. Sophronyme Loudier, membre de la Société des gens de lettres et professeur de l'Association polytechnique. 2. édition. Paris. Lemerre. 20 p. 8°.

*Goedel, Vilh. Katalog öfver Upsala universitets biblioteks fornisländska och fornnorska handskrifter. Upsala. II. 76 p. 8°.
Skrifter utgifna af Humanistiska Vetenskapssamfundet i Upsala II. 1.

Griswold, W. M. Descriptive lists of American, international, romantic and British novels. Cambridge, Mass., W. M. Griswold. 617 p. roy. 8°.

Die Handschriften der Grossherzoglichen badischen Hof- und Landesbibliothek in Karlsruhe. II: Orientalische Handschriften, von W. Brambach. Karlsruhe, Ch. Th. Groos. X. 62 S. gr. 4°. M. 1.50

Die Handschriften-Verzeichnisse der Königlichen Bibliothek zu Berlin. 5. Band, 3. Abtheilung: Verzeichniss der Sanskrit- und Prakrit-Handschriften von A. Weber. 2. Band. 3. (Schluss-)Abtheilung. Berlin, A. Asher & Co. XXVII u. S. 829—1363 mit 5 Tafeln. gr. 4°. Cart. M. 27.—

Hardy, G. E. Five hundred books for the young: a graded and annotated list. New York, C. Scribner's Sons. 5. 94 p. 8°. cloth. D. —.50

*Harvard University Bulletin. No. 53, or vol. VII No. 1. Edited by Justin Winsor. 68 p. gr. 8°.
Contents: Accessions to the libraries. — Index to the subject catalogue, supplementary. — Special collections in American libraries.

Jacobsen, E. Chemisch-technisches Repertorium. 1891. 2. Halbjahr,
2. Hälfte. Berlin, R. Gaertner's Verlag. S. 193—384 mit Illustrationen.
gr. 8°. M. 4.80
Jahrbuch über die Fortschritte der Mathematik. Herausgegeben von E.
Lampe. Band 21: Jahrgang 1889, Heft 3. Berlin, G. Reimer. LXVI u.
S. 849—1309. gr. 8°. M. 13.—
Jahrbücher für wissenschaftliche Botanik. Herausgegeben von N. Prings-
heim. Band 24, Heft 2. Berlin, Gebr. Borntraeger. S. 173—316 mit 4 Taf.
gr. 8°. M. 9.—
Jahresbericht der Pharmacie, herausgegeben vom deutschen Apotheker-
verein unter Redaction von H. Beckurts. Neue Folge, Jahrgang 26: 1891.
(Der ganzen Reihe 51. Jahrgang.) 1. Hälfte. Göttingen, Vandenhoeck &
Ruprechts Verlag. 272 S. mit 1 Tabelle. gr. 8°. M. 7.—
Jahresbericht über die Fortschritte auf dem Gebiete der Geburtshilfe und
Gynaekologie. Unter der Redaction von E. Bumm und J. Veit heraus-
gegeben von R. Frommel. Jahrgang 5: Bericht über das Jahr 1891. Wies-
baden, J. F. Bergmann. XII. 952 S. gr. 8°. M. 21.—
Jahresbericht über die Fortschritte der Chemie und verwandter Theile
anderer Wissenschaften. Begründet von J. Liebig und H. Kopp, heraus-
gegeben von F. Fittica. Für 1889. 2. Heft. Braunschweig, Fr. Vieweg
& Sohn. S. 459—960. gr. 8°. M. 10.—
Jahresberichte für neuere deutsche Litteraturgeschichte, unter ständiger
Mitwirkung von J. Bolte, W. Creizenach, G. Ellinger etc. herausgegeben
von J. Elias, M. Herrmann, S. Szamatólski. Band I: Jahr 1890. Stutt-
gart, G. J. Göschen'sche Verlagsh. XI. 196 S. Lex. 8°. M. 10.—
*Jensen, Chr. Zur Litteratur der nordfriesischen Inseln: Sylt, Föhr, Am-
rum und die Halligen. (Börsenblatt für den Deutschen Buchhandel. 1892.
No. 221. S. 5353—5358.)
Index catalogue of the Library of the Surgeon-General's office; authors
and subjects. Vol. XII: Reger—Shuttleworth. Washington, Government
Printing Office. II. 1004 p. 8°.
Inverardi. Bibliografia dell' educazione e dell' istruzione. Vol. I, parte 1.
Roma, G. Balbi. 8°. L. 3.—
*Jorio, G. Codici ignorati nelle biblioteche di Napoli. Fascicolo I: Un
codice ignorato delle elleniche: Ξενοφῶντος τα παραλιπόμενα ἅπερ
καὶ ἑλληνικὰ ἐκάλεσεν · εἰς ὀκτώ βιβλία διαιρούμενα. Leipzig, O. Har-
rassowitz. 60 p. gr. 8°. M. 3.50
*Josephson, Aksel G. S. Avhandlingar ock program utgivna vid svenska
ock finska akademier ock skolor under åren 1855—1890. Bibliografi.
Häftet 2: Dahlbom—Jungner. Uppsala. P. 49—112. gr. 8°.
Just's Botanischer Jahresbericht. Systematisch geordnetes Repertorium der
botanischen Literatur aller Länder. Herausgegeben von E. Koehne. Jahr-
gang 18. (1890.) 1. Abtheilung, 2. Heft. Berlin, Gebr. Borntraeger. S. 241—
480. gr. 8°. M. 8.—
Katalog der Bibliothek der Gehe-Stiftung zu Dresden. II. Staatslehre,
Staats- und Völkerrecht. Verwaltung. Dresden, von Zahn & Jaensch.
XXIV, 571 S. mit 1 Lichtdruck-Tafel. gr. 8°. Gebunden M. 6.—
Katalog der Grossherzoglichen Hof- und Landesbibliothek in Karlsruhe.
XIX: Zugangsverzeichniss 1891. Enthält ausser dem regelmässigen Zu-
wachs die letztwillige Schenkung einer Büchersammlung zur Litteratur
des römischen Rechts, von M. Gerstlacher. Karlsruhe, Ch. Th. Groos.
S. 1921—1986. gr. 8°. M. .50
Keysser, Ad. Veröffentlichungen der Stadtbibliothek in Köln. Heft 4:
Zur geschichtlichen und landeskundlichen Bibliographie der Rheinpro-
vinz. Köln, Du-Mont Schauberg'sche Buchh. III. 46 S. 8°. M. 1.80
Der Katholik. General-Register vom Jahre 1821—1889. Zugleich ein Beitrag zur Bibliographie der katholischen Wissenschaft und zur Geschichte
des kirchlichen Lebens im 19. Jahrhundert. Von J. Stillbauer. Mainz,
Frz. Kirchheim. VII. 255 S. gr. 8°. M. 7.—

*Koehler, K. F. Jahrbuch für den deutschen Buchhandel. Lagerverzeichnis in systematischer Anordnung mit alphabetischem Sach- und Schlagwortregister. Kalendarium, Tabellen, Fachlitteratur, Bezugsquellen etc. Leipzig, K. F. Koehler Baarsort. 383. XXXVIII S. 8°. cart. M. 1.—; als Brieftasche M. 1.30

Labande, L. H. Catalogue sommaire des manuscrits de la bibliothèque d'Avignon (Musée Calvet). Paris, A. Picard et fils. VI. 433 p. gr. 8°. Fr. 7.50

Labaye, L. Inventaire analytique des pièces et dossiers contenus dans la Correspondance du Conseil provincial et du procureur général de Namur. Namur, Delvaux. 372 p. 4°. Fr. 10.—

Laehr, H. Die Literatur der Psychiatrie im XVIII. Jahrhundert. Festschrift zum fünfzigjährigen Jubiläum der Heilanstalt Illenau, Baden, am 27. September 1892. Berlin, G. Reimer. 53 S. imp.-4°. M. 5.—

Lang, A. The library. With a chapter on modern english illustrated books by Austin Dobson. 2. edit. London, Macmillan. 206 p. 8°. Sh. 4.6

Langlois, Ch. V. et H. Stein. Manuels de bibliographie historique. I. Les archives de l'histoire de France. Fasc. 2. Paris, Picard et fils. P. 304 à 608. 8°. Fr. 6.—

*Liber Regum. Nach dem in der k. k. Universitäts-Bibliothek zu Innsbruck befindlichen Exemplare zum ersten Male herausgegeben, mit einer historischen Kritik und bibliographischen Einleitung und Erläuterung von R. Hochegger. Leipzig, O. Harrassowitz. Mit 20 Tafeln in Facsimile. M. 25.—

*The Library Association Year-book 1892. London, Office of the Library Association. 55 p. 8°. Sh. 1.—

*Library of Harvard University. Bibliographical contributions, edited by Justin Winsor. No. 45: Notes on special collections in American libraries, by W. Coolidge Lane and Ch Knowles Bolton. Cambridge, Mass. 82 p. gr. 8°.

List, Bibliographical, of books on Africa and the East, published in England between the meetings of the 8th Oriental Congress at Stockholm in 1889 and the 9th Oriental Congress at London in 1892. Systematically arranged with preface and author's index. London, Luzac & Co. 79 p. gr. 8°. Sh. 1.—

Liste des prix d'adjudication des livres composant la bibliothèque de S. E. d. Paolo Borghese, prince de Sulmona. Première partie. Rome, V. Menozzi. 62 p. 8°.

Mayer, H. Annuaire de la presse française des colonies, 1892. Paris, A. Challamel. 8°. cart. Fr. 3.50

Maignien, L. Bibliothèque historique du Dauphiné. Dictionnaire des ouvrages anonymes et pseudonymes du Dauphiné. Grenoble, lib. Drevet. 383 p. 8°. Fr. 10.—

Manitius, M. Philologisches aus alten Bibliothekskatalogen (bis 1300). Frankfurt a M., J. D. Sauerländers Verlag. VIII. 152 S. gr. 8°. M. 3.60
Rhein. Museum f. Philologie. Neue Folge, Bd. 47, Ergänz.-Heft.

*Manuel de bibliographie biographique et d'iconographie des femmes célèbres contenant: un dictionnaire des femmes qui se sont fait remarquer à un titre quelconque dans tous les siècles et dans tous les pays, les dates de leur naissance et de leur mort, la liste de toutes les monographies biographiques relatives à chaque femme, avec la mention des traductions, l'indication des portraits joints aux ouvrages cités et de ceux gravés séparément avec les noms des graveurs, les prix auxquels les livres, les portraits et les autographes ont été portés dans les ventes ou dans les catalogues; suivi d'un répertoire de biographies générales, nationales et locales et d'ouvrages concernant les portraits et les autographes, par un vieux bibliophile. Turin, L. Roux & C. IX. 696 p. à 2 col. gr. 8°. Fr. 30.—

Marion, A. et P. L. Tissot. Catalogue de la bibliothèque communale de Brest. Sciences et arts. Brest, imp. Uzel-Caroff et fils. 482 p. 8°.

Maruffi, Gioac. La biblioteca Palatina di Lucca. Firenze, tip. di G. Carnesecchi e figli. 7 p. 8°.
  Estr. dalla Rivista delle biblioteche.

Massingham, H. W. The London daily press. London, Tract Society. 8°. Sh. 2.—

Mély, Ferd. de, et Edm. Bishop. Bibliographie générale des inventaires imprimés. Tome I: France et Angleterre. Paris, E. Leroux. IX. 336 p. 8°. Fr. 12.—

Mittheilungen aus dem Stadtarchiv von Köln, begründet von K. Höhlbaum, fortgesetzt von J. Hansen. Heft 22. Köln, Du Mont-Schaubergsche Buchh. V. 185 S. gr. 8°. M. 5.—

Molinier, A. Catalogue des manuscrits de la Bibliothèque Mazarine. Tome IV. Paris, Plon. 324 p. 8°.

Monatsbericht, Bibliographischer, über neu erschienene Schul- und Universitätsschriften (Dissertationen, Programmabhandlungen, Habilitationsschriften etc.). Jahrgang 4: 1892—93, No. 1. Leipzig, G. Fock. gr. 8°. Jährlich M. 2.—

Monatsbericht, Wissenschaftlich-litterarischer. Monatliche Uebersicht aller wichtigen Erscheinungen des In- und Auslandes. Redacteur: H. Bloch. Jahrgang 2: 1892/93. No. 1. Berlin u. Leipzig, Verlag des Wissenschaftlich-Litterar. Monatsberichts. Vierteljährlich —.60 Pfg.

Morel-Fatio, Alfr. Catalogue des manuscrits espagnols et des manuscrits portugais du département des manuscrits de la Bibliothèque nationale. Livraison 2: Manuscrits portugais. Paris, Impr. nationale. XXVII + p. 247—422. 4°.

Musterkatalog für Haus-, Vereins-, Volks- und Schulbibliotheken. Nebst einer Anleitung zur Errichtung und Verwaltung von Bibliotheken. Mit Formularen. Herausgegeben von der Gesellschaft für Verbreitung von Volksbildung in Berlin. 6. Auflage. Hannover-Linden, Manz & Lange. VIII. 160 S. 8°. M. 1.—

Omont, H. Facsimilés des plus anciens manuscrits grecs en onciale et en minuscule de la Bibliothèque Nationale du IV. au XII. siècle. Paris, E. Leroux. Avec 50 planches in-fol. Fr. 32.—

*Peoria: City clerk's report. Statement of the finances of the city of Peoria for the fiscal year ending Dec. 31, 1891, together with reports of the various departments. Peoria, Ill., Edw. Hine & Co. 99 p. 8°.
  P. 88—99: Peoria Public Library.

Perles, M. Adressbuch für den Buch-, Kunst-, Musikalienhandel und verwandte Geschäftszweige der österreichisch-ungarischen Monarchie, mit einem Anhang: Oesterreichisch-ungarisches Zeitungs-Adressbuch. 1892—1893. XXVII. Jahrgang. Wien, M. Perles. VIII. 311 S. mit dem Bildnisse von J. Schellbach. gr. 8°. Gebdn. M. 5.80; ohne Bild M. 5.—

Perrin, A. Les Caproni (Caprony, Capprony, Caperony), fabricants de papier à la Serraz (Bourget-du-Lac) et à Divonne aux XVIIe et XVIIIe siècles, leurs marques et filigranes. Chambéry, impr. savoisienne. 64 p. avec planches en couleur. 4°.
  Extrait des Mémoires de l'Académie de Savoie.

*Pierret, E. Essai d'une bibliographie historique de la bibliothèque nationale. Paris, E. Bouillon. 162 p. gr. 8°. Fr. 5.—

Prospetto cronologico delle stamperie erette in Bergamo dall' anno 1555 al 1884 (Esposizione operaia d' arti e mestieri in Bergamo, 1892: sezione dell' arte antica). Bergamo, stab. tip. Cattaneo succ. Gaffuri e Gatti. 3 p. 8°.

The Publishers' Trade List annual 1892: the latest catalogues of American book publishers. Preceded by a complete list, by authors, titles and subjects, of books recorded in the Publishers' Weekly, January—June 1892, and by the American Educational Catalogue for 1892. New York, office of the Publishers' Weekly. roy. 8°.

*Redogörelse för Kongl. Universitetet i Upsala under det akademiska aret 1891—1892. På uppdrag af det större akademiska konsistoriet utgifven af E. H. Lind. Upsala. 86 p. gr. 8°.

Revue générale des chemins de fer: Table générale méthodique des mémoires et documents techniques insérés depuis le 1 janvier 1884 jusqu'au 31 décembre 1891. „Table alphabétique par noms d'auteurs." Paris, V° Dunod. 68 p. 4°.

*Rosenthal, L. No. LXIX. Catalogue illustré d'une belle collection d'ornements dessinés et gravés. Calligraphie, décoration de jardins, dentelles et broderies, reliures artistiques. Illustrirter Katalog einer reichhaltigen Sammlung von Ornamentstichen und Zeichnungen. Calligraphie, Gartenkunst, Stick- und Spitzenmuster. Prachteinbände. München, L. Rosenthal's Ant. 186 S. mit 60 Illustr. gr. 8°. M. 4.—

Sabin, Jos. Bibliotheca Americana: a dictionary of books relating to America, from its discovery to the present time. Parts 115—116, Simms to Smith. New York, Sabin. 5. 196 p. 8°. D. 5.—

Schack, A. F. v. Giuseppe Mazzini e l'unità italiana. Traduzione di G. Canestrelli, coll' aggiunta di un profilo biografico dell' autore, di un indice e di una bibliografia degli scritti di G. Mazzini. Roma, Società Laziale. L. 4.—

*Schmidt, Ch. Répertoire bibliographique Strasbourgeois jusque vers 1530, I: Jean Grüninger, 1483—1531. Strassburg i. E., J. H. Ed. Heitz. XIII. 103 S. mit 4 Tafeln. gr. 4°. M. 10.—

Slater, J. H. Book collecting: a guide for amateurs. (Young collector series.) London, Swan Sonnenschein. 130 p. gr. 8°. Sh. 1.—

Stephen, L. Hours in a Library. New edition with additions. Vol. I. London, Smith, Elder & Co. XIII. 376 p. 8°. Sh. 6.—

Vachez, A. Les Livres de raison dans le Lyonnais et les provinces voisines. Lyon, L. Brun. 70 p. gr. 8°.

Varnhagen, H. De libris aliquot vetustissimis bibliothecae academiae Erlangensis sermone italico conscriptis. Erlangae, Fr. Junge. III. 62 S. gr. 4°. M. 4.—

Vernière, A. Le président Jean Savaron, érudit, curieux, collectionneur, et ses rapports avec les savants de son temps. Clermont-Ferrand, L. Bellet. 100 p. gr. 8°.
„Un catalogue des oeuvres imprimées de Jean Savaron occupe les 16 dernières pages."

Vierteljahrs-Katalog der Neuigkeiten des deutschen Buchhandels. Nach den Wissenschaften geordnet. Mit alphabetischem Register. Jahrgang 47: 1892, Heft 3: Juli—September. Leipzig, J. C. Hinrichs'sche Verlagsbuchh. S. 303—473. gr. 8°. M. 1.50

Vogel, E. Bibliothek der gedruckten weltlichen Vocalmusik Italiens. Aus den Jahren 1500—1700. Enthält die Litteratur der Frottole, Madrigale, Canzonette, Arien, Opern, etc. Herausgegeben durch die Stiftung von Schnyder von Wartensee. 2 Bde. Berlin, A. Haack. XXIV. 530 + 597 S. gr. 8°. M. 24.—

Wilson, G. H. The musical year book of the United States. Volume 9, season of 1891—1892. Boston, G. H. Wilson. 101 p. D. 1.—
„Contains also a list of new American compositions and of American music performed abroad. Index of titles."

Antiquarische Kataloge.

Ackermann, Th., München. No. 340: Genealogie, Heraldik. 957 N°s.

Antiquariat, Schweizer., Zürich. No. 155: Bibl. d. Prof. Oberst K. Pestalozzi. 1023 N°s. — No. 160: Sprachwissenschaft. Geschichte d. Literatur. 4208 N°s. — General-Catalog, II, III. No. 1938—3270. 3271—4757.

Auer Donauwörth. No. 121: Philologie. 1145 Nos. — No. 122: Ausländ. Sprachen u. Litteratur. 505 Nos. — No. 123: Theologie. 1314 Nos.
Baer & Co. Frankfurt. No. 293: Die socialen Fragen. 957 Nos. — No. 298: Chemie. (Bibl. v. Dr. Renz in Worms.) 527 Nos. — No. 299: Archaeologie, Architektur u. Kunstgewerbe. (Bibl. d. General-Vicar Straub in Strassburg.) 725 Nos. — No. 300: Französ. u. provenzal. Literatur u. Sprache. (Bibl. v. Prof. Mall in Nürnberg.) 741 Nos. — No. 301: Neuere Geschichte Oesterreichs. 680 Nos. — Kunstgewerbl. Mittheilungen. No. 4: Kunst und Technik d. Textilgewerbe. Costüme. 571 Nos.
Bauer Zürich. No. 200. 201: Vermischtes. 2986. 2706 Nos.
Beck'sche Bh. Nördlingen. No. 205: Lagerauswahl zu reducierten Preisen. 1007 Nos. — No. 206: Protestant. Theologie. (Bibl. d. Propstes Jess in Kiel.) 1678 Nos.
Beijers'sche Bh. Utrecht. No. 145: Volkswirthschaft, Finanzwiss., Socialismus. No. 547—1116. — No. 146: Sprachwiss. u. Literatur. 1608 Nos. — No. 147: Geschichte u. Geographie. Reisen. 1517 Nos.
Bermann & Altmann Wien. No. 112: Stenographie. 26 S.
Bertling Danzig. No. 88: Alte Aerzte, Naturwissenschaftler, geheime Wissenschaft. 585 Nos.
Bertling Dresden. No. 21: Musikal. Literatur. 1146 Nos. — No. 22: Philosophie. Freimaurerei. Occultismus. 758 Nos. — Anz. No. 7: Vermischtes. 344 Nos.
Bertram Sondershausen. No. 20: Theologie, Pädagogik etc. 12 S.
Bose Leipzig. No. 20: Exacte Wissenschaften. 1439 Nos.
Brill Leiden. No. 44: Biblioth. orient. II. Histoire, géographie, ethnographie, voyages. No. 3747—8119.
Brockhaus' Ant. Leipzig. No. 122: Geographie, Ethnographie, Reisen. 1962 Nos. — No. 123: Bibl. botanica. 2394 Nos. — No. 124: Philosophie. Paedagogik. 1146 Nos. — No. 125: Anatomia compar. Embryologie. 745 Nos.
Carlebach Heidelberg. No. 189: Protest. u. kathol. Theologie. 792 Nos. — No. 190: Hebraica. Judaica. 440 Nos.
Clausen Turin. No. 91: Teologia, storia ecclesiast., jus canon. 3397 Nos. — No. 92: Astronomia, matematica. 796 Nos. — No. 93: Storia d'Italia. 412 Nos.
Conrad's Bh. Berlin. Rechts-, Staatswissenschaften, Verkehrswesen. No. 1292—2215.
Dieterich's Un.-Bh. Göttingen. No. 15: Theologie. Philosophie. 1517 Nos. — No. 16: Naturwissenschaften. 1790 Nos. — No. 17: Medicin. 726 Nos.
Dobrowsky Budapest. No. 58. 59: Bibliotheca Gust. Wenzel. I. II. 1766. 1202 Nos.
Eichinger Ansbach. No. 6: Aeltere Bücher aus allen Wiss. 294 Nos.
Fock Leipzig. No. 68: Chemie u. Pharmacie. (Bibl. v. Prof. Reichardt Jena u. Maly Prag.) 2204 Nos. — No 69: Engl. Sprache u. Litteratur. 1845 Nos.
Fränkel Berlin. No. 3: Staats- u. Volkswirthschaft. 1083 Nos.
Fraenkel Utrecht. No. 32: Geneeskunde. 1407 Nos.
Freiesleben's Nf. Strassburg. No. 14: Philologie. 1279 Nos. — No. 15: Philosophie u. Paedagogik. 964 Nos.
Fritzsche Hamburg. No. 20: Deutsche Sprache u. Litteratur. 3596 Nos.
Gilhofer & Ranschburg Wien. Anz. No. 20: Vermischtes. No. 2311—2614.
Greif Wien. No. 23: Kunst, Prachtwerke. 422 Nos.
Harrach Kreuznach. No. 15: Neue Erwerbungen. 617 Nos.
Harrassowitz Leipzig. No. 183: Grammatiken, Lexica u. Chrestomathien aller Sprachen. 1450 Nos. — No. 184: Culturgeschichte u. Folklore. 1649 Nos. — No. 185: Bibliographie u. Bibliothekswiss. 1028 Nos.
Haugg Augsburg. No. 125: Samml. seltener Bücher aus d. XV. Jahrhundert. 487 Nos. — No. 126: Neues u. Altes aus allen Fächern. 2366 Nos.
Heinrich Berlin. No. 31: Gelehrtengeschichte. Neulateiner. 603 Nos.

Hiersemann Leipzig. No. 105: Deutschland. I. Topograph. Kupfer etc. 1169 Nos.
— No. 106: Königreich Sachsen u. Leipzig. 895 Nos. — No. 107: Semitica.
(Bibl. v. Prof. Wüstenfeld.) 1500 Nos. — No. 108: Architektur. (Bibl. d.
Archit. Heinr. Müller in Bremen.) 3063 Nos.

Hirsch Dresden. Porträts. I: Fürsten, Feldherren, Staatsmänner. 504 Nos.

Hoepli Mailand. No. 81: Sciences mathém. et phys. 2679 Nos. — No. 82:
Serie di testi di lingua ital. 1357 Nos.

Kampffmeyer Berlin. No. 337: Theologie u. Philosophie. 112 Nos.

Kantorowicz Milano. No. 10: Letteratura ital., letter. spagnuola e portogh. 33 S.

Kerler Ulm. No. 180: Medicin. 44 Nos. — No. 181: Theater. (Bibl Frz.
Engels.) 3827 Nos. — No. 182: Pädagogik. Gelehrtengeschichte. (Bibl. d.
Prof. Oppenrieder in Augsburg.) 1279 Nos. — No. 183: Orientalia. 1297 Nos.

Kirchhoff & Wigand Leipzig. No. 896: Deutsche Sprache u. Literatur-
geschichte. 1118 Nos. — No. 897: Deutsche Literatur bis 1750. 1295 Nos.
— No. 898: Dichtergrössen der klassischen Zeit. 907 Nos. — No. 899:
Neuere deutsche Literatur seit Friedrich d. Gr. 4271 Nos. — No. 900:
Fremdländ. Literatur. 2024 Nos. — No. 901: Geschichte. 1974 Nos. —
No. 902: Kunst, Curiosa, Vermischtes. 2597 Nos. — No. 903: Oriental. u.
neuere Linguistik. 2080 Nos.

Klemmings Ant. Stockholm. No. 96: Blandad litteratur. 48 S.

Klincksieck, P., Paris. No. 29: Physique. 642 Nos. — No. 30: Chimie.
831 Nos.

Koehler's Ant. Leipzig. No. 515: Anatomie, Physiologie, Medicin. (Bibl.
d. Prof. Dr. W. Braune in Leipzig.) 2328 Nos.

Krüger & Co. Leipzig. No. 2: Medicin u. Pharmacie. 2746 Nos. — No. 3:
Chirurgie. 1722 Nos.

Lama, C. v., Regensburg. Lagerkatalog. 321 Nos. — Anz. No. 11: Theologie. Varia. No. 2239—2625.

Lau & Cie. München. No. 22: Deutsche Literatur. 1413 Nos.

Lehmann, P., Berlin. No. 72: Deutsche Literatur u. Sprache. 2539 Nos.

Lempertz Ant. Bonn. No. 187: Syphilis u. Hautkrankh. 16 S.

Liebisch Leipzig. No. 72: Prakt. Theologie. 4662 Nos. — No. 73: Rechts-
u. Staatswiss. 3358 Nos.

Liepmannssohn Berlin. No. 96: Deutsche Literatur. 1515 Nos. — No. 97:
Russische Literatur. (Bibl. v. Jw. Turjeniew.) 400 Nos. — No. 98: Musikliter-
tur. 185 Nos.

List & Francke Leipzig. No. 240: Kunst. Illustr. Werke. Architektur.
(Bibl. v. Al. Frh. v. Warsberg in Wien.) 1758 Nos. — No. 241: Botanik.
Landwirthschaft. 2540 Nos. — No. 242: Mathematik. Astronomie. 1256 Nos.

Lorentz Leipzig. No. 68: Bibliotheca Aubertiana. (Medicin. Bibl. d. Physiol.
Prof. Aubert in Rostock.) 4014 Nos.

Loescher & Co. Rom. No. 31: Orientalia. 1956 Nos.

Mampe Berlin. No. 32: Militaria. 654 Nos.

Merkel Erlangen. No. 125: Bibl. u. exeget. Theologie. (Bibl. v. Prof. Joh.
Gloël.) 2168 Nos. — No. 127: Prakt. Theologie. (Bibl. d. Pfarr. Mergner
in Kloster Heilbronn.) 2048 Nos.

Müller & Co. Amsterdam. Nederlandsche letterkunde. 1559 Nos.

Nauck Berlin. No. 56: Theologie. 3267 Nos.

Neubner Köln. No. 38: Bibl. histor.-geograph. XII. Gesch. Deutschl. z. Z.
d. Wiedererstehung d. Kaiserreichs. No. 15306—16346. — No. 39: Incunabeln. Reformations-Literatur. 718 Nos. — No. 40: Arbeiterfrage. Socialismus. 1020 Nos. — No 41: Volkswirthsch. Zeitfragen. 1348 Nos. —
Bibliotheca historico-geograph. I. 16346 Nos. M. 1.—

Nijhoff Haag. No. 235: Livres en langue espagnole. 1123 Nos.

Nutt London. No. 31: Rare and curious books. 625 Nos. — No. 32: Greek
and latin writers. 823 Nos.

Peppmüller Goettingen. No. 19: Orient. u. europ. Linguistik. 507 Nos.

Prager, R. L., Berlin. No. 124: Rechts- und Staatswissenschaften. II.
No. 2587—4517.

Raabe's Nf. Königsberg. No. 92: Botanik. (Bibl. d. Botan. C. A. Patze in Königsberg.) 2562 Nos.
Raunecker Klagenfurt. No. 58: Vermischtes. 604 Nos.
Sattler Braunschweig. No. 56: Auswahl von Werken aus allen Wissensch. Curiosa. 1461 Nos.
Schack Leipzig. No. 72: Staats- u. Gesellschaftswiss. 1245 Nos.
Schmidt Halle. No. 582: Magie, Chiromantie, Mystica. 24 S. — No. 583: Griech.-kathol., russ. u. poln. Kirche. 14 S. — No. 584: Gesch. d. Schweiz, Italien, Portugal. 18 S. — No. 585: Türkei. 8 S. — No. 586: Nationalökonomie. 18 S. — No. 588: Porträts. 102 S. — No. 589: Mathematik. 40 S.
Schnurpfeil Leobschütz. No. 18: Vermischtes. 16 S.
Siebert Berlin. No. 215: Ansichten deutscher Städte, Dörfer, Burgen etc. 2304 Nos.
Spirgatis Leipzig. No. 9: Aegyptologie. 738 Nos. — No. 10: Wörterbücher u. Grammatiken. 912 Nos.
Spiro Posen. No. 6: Kathol. Theologie. Poln. Literatur. (Bibl. d. Propstes X. Cichowski in Gozdowo.) 754 Nos.
Steinkopf Stuttgart. No. 421: Predigt- und Erbauungsbücher. 21 S. — No. 422: Theologie. 21 S.
Storch Sohn Prag. No. 108: Vermischtes.
Thoma München. No. 887—888: Vermischtes. 503. 526 Nos.
Uebelen München. No. 48. 49: Vermischtes. 358. 416 Nos.
Velten Karlsruhe. Kunstkatalog. 727 Nos.
Volckmann & Jerosch Rostock. No. 14: Wiegendrucke u. Seltenheiten. 794 Nos.
Weg Leipzig. No. 17: Mathematik. Physik. 2424 Nos. — No. 19: Geheime Wissensch. Curiosa. 1152 Nos.
Weigel, Ad., Leipzig. No. 5: Auswahl aus Wissensch. u. Kunst. 596 Nos. — No. 6: Deutsche Sprache u. Literatur. 1134 Nos.
Weigel's Ant Leipzig. No. 56: Gelehrtengesch. Bibliothekswiss. 2329 Nos.
Wellersche Bh. Bautzen. No. 142: Philosophie. 915 Nos.
Westphalen Flensburg. No. 42: Theologie. Philosophie. 40 S. — No. 43: Geschichte u. Geographie. 26 S.
Winckelmann Berlin. No. 3: Botanik. 1695 Nos.
Windprecht Augsburg. No. 470: Vermischtes. 415 Nos.
Winter Dresden. No. 40: Pädagogik u. Hilfswiss. 2785 Nos. — No. 46: Allg. Literaturgeschichte. 3828 Nos.
Würzner Leipzig. No. 127: Theologie, Philosophie. 16 S.

Personalnachrichten.

Der Stadtbibliothekar von Poitiers M. Lièvre wurde zum Ritter der Ehrenlegion ernannt.

Der Bibliothekar und Abtheilungschef der Königlichen Bibliothek zu Berlin Professor Dr. O. von Gebhardt hat einen Ruf als Vorstand der Universitäts-Bibliothek zu Leipzig erhalten und angenommen.

Bei der Universitäts-Bibliothek in Jena ist im November 1892 als Volontär eingetreten Dr. phil. Franz Ferdinand Heitmüller, ev., geb. 16. März 1864, stud. germanistische Philologie, Philosophie und alte Kunstgeschichte.

Am 11. November 1892 starb in Leipzig Friedrich Hermann Meyer, der Bibliothekar des Börsenvereins der deutschen Buchhändler, im 69. Lebensjahre.